KB041441

아리스토텔레스

형이상학

아리스토텔레스

형이상학

김진성 역주

서광사

아리스토텔레스
형이상학

김진성 역주

펴낸이 | 이숙
펴낸곳 | 도서출판 서광사
출판등록일 | 1977. 6. 30.
출판등록번호 | 제 406-2006-000010호

(10881) 경기도 파주시 회동길 77-12 (문발동)
대표전화 (031) 955-4331 팩시밀리 (031) 955-4336
E-mail: phil6161@chol.com
http://www.seokwangsa.co.kr | http://www.seokwangsa.kr

제1판 제1쇄 펴낸날 — 2022년 6월 30일

ISBN 978-89-306-0643-1 93160

김남두 선생님께 이 책을 삼가 바칩니다.

티모테오스가 있지 않았더라면,
많은 서정시를 우리는 갖지 못했을 것이다.
그러나 프뤼니스가 없었더라면,
티모테오스도 없었을 것이다. (α993b 15-16)

차례

해설

1. 『TA META TA ΦΥΣΙΚΑ』(형이상학)란 명칭의 유래

우리말로 『형이상학』이라 불리는 TA META TA ΦΥΣΙΚΑ(타 메타 타 퓌시카)란 제목은 아리스토텔레스 자신이 직접 붙인 것이 아니라, 기원전 1세기 후반 아리스토텔레스의 저술을 최초로 편집한 안드로니코스에 의한 것으로 알려져 있다. 페리파토스학파의 수장이었던 그는 술라가 아테네를 정복할 때 아펠리콘으로부터 입수하여 로마로 가져온 아리스토텔레스의 학파 내부용 강의 자료들을 처음으로 정돈하고 편집하게 되었다(5권의 각주 59 참조). 이때 그는 논리학적인 저술 군(群)인 오르가논에도, 자연학적인 저술들에도, 윤리학이나 창작술에 관련된 저술들에도 분류시킬 수 없었던 일련의 저술들을 자연학적인 저술 군인 TA ΦΥΣΙΚΑ(타 퓌시카) '뒤에'(META) 두고 TA META TA ΦΥΣΙΚΑ('자연학적인 저술들 또는 문제들 뒤의 것들')란 명칭을 붙였다. 현재 남아 있는 아리스토텔레스의 저술 목록이나 50여 개의 『형이상학』 필사본은 이에 바탕을 두고 책 제목을 붙이고 있다. 안드로니코스의 동시대인이었던 다마스코스 출신의 역사학자 니콜라오스(기원전 64년생) 이후로 꾸준히 이 명칭이 언급되었다. 그러나 아리스토텔레스 자신은 이런 책 제목에서 유래한 철학의 분과 형이상학을 자신의 다른 저술들에서는 '으뜸 철학'(prōtē philosophia)이란 이름으로 언급하고 있으며, 『형이상학』에서는 '지혜'(sophia)나 '으뜸 철학'(prōtē philosophia) 또는 '신학'(theologikē)이란 이름으로 부르고 있다. 이를 바탕으로 『형이상학』 대신 『으뜸 철학』이라는 제목을 붙이는 학자들도 있다.

다른 한편으로, 형이상학이 감각으로 경험할 수 있는 세계의 구조에 대한 이해를 얻은 다음에야, 즉 자연학적인 탐구를 한 다음에야(META) 비로소 탐구의 시도를 할 수 있는 또는 해야 하는 영역이란 점에서, META를 단순히 편집 순서를 가리키는 말보다는 학문 방법론을 함축하는 말로 해석하는 입장도 있다. 이에 따르면, 자연학적인 문제들이 형이상학적인 문제들보다 탐구의 순서상 먼저다. 이는 변하지 않는 형상의 개수와 본성에 관한 문제를 으뜸 철학, 즉 형이상학의 과제로 보고 이 문제를 적절한 때까지 제쳐 두자는 『자연학』의 언급을 토대로 하고 있다(190a 34-192b 1 참조).

2. 『형이상학』의 저술 형태와 저술 시기

여러 곳의 목록들을 통해 약 200편의 저술 명칭이 아리스토텔레스의 것으로 전해 내려오고 있지만, 제목과 더불어 온전한 형태로 남아 있는 저술은 5분의 1도 못 되는 것으로 알려져 있다. 안드로니코스의 편집 작업에 바탕을 두고 〈아리스토텔레스 전집(Corpus Aristotelicum)〉의 형태로 모아져 내려오는 그의 저술들은 일반 대중들의 관심과 이해를 끌기 위한 목적으로 쓰인 외부용 저술들(exōterika)이 아니라, 학파 내의 철학적인 탐구와 토론을 위해 쓰인 내부용 저술들(esōterika)이다.

내부용 저술들은 불완전한 텍스트 구성 때문에 아리스토텔레스가 살아 있을 때 편집되어 출판되지는 않은 것들로 짐작된다. 오로지 그의 학원 뤼케이온 내에서만 공개된 저술의 성격이 짙다. 대화편 형식의 외부용 저술들은 367년 아카데메이아에 들어간 다음부터 플라톤이 세상을 떠난 347

년 사이에 쓰인 것으로서 오늘날 대부분 남아 있지 않지만, 키케로가 전하듯 뛰어난 문체로 다듬어진 격조 높은 저술로 고대에 평가받았다.

아리스토텔레스의 철학을 대표하는 핵심 저술인 『형이상학』도 남아 있는 다른 저술들처럼 내부용 저술이다. 외부용 저술들에 가까운 플라톤의 저술들과 같은 완결된 형태의 글로 남아 있지 않다. 내부용 저술들은 나중에 더 발전적으로 보완되고 다듬어질 강의 노트나 초고의 모습을 띠고 있기 때문이다. 여기에서는 논의가 생략되거나 뒤바뀌거나 또는 어울리지 않는 자리에 삽입되어 있는 경우도 있다. 또 권별로도 2권(α), 5권(Δ), 12권(Λ)처럼 독립적인 저술의 형태를 띠는 경우도 있고, 11권(K)처럼 다른 권들과 다른 저술의 내용이 요약되고 반복되는 경우도 있다. 헤쉬키오스(Hesychios, 5세기)가 아리스토텔레스의 저술 목록에서 『형이상학』을 열 권으로 이루어진 저술로 언급하고 있는 것은 바로 앞의 네 권을 제외한 것으로 추정된다. 이에 바탕을 두고 『형이상학』을 열 권으로 편집하여 내놓는 사람들도 있었다.

『형이상학』은 그 내용이 난해할 뿐만 아니라 그 구조도 당혹스러워서, 만들어지게 된 과정과 관련해서도 많은 의문점들이 나온다. 고대부터 『형이상학』의 일그러진 구조는 이미 잘 알려져 있었다. 여러 시기에 걸쳐 개작을 한 저술이라든가 아니면 여러 층으로 된 저술이라는 해석이 나오기도 했다. 이에 따라 『형이상학』이 미완의 저술임이 끊임없이 강조되었다. 2권(α), 5권(Δ), 11권(K)은 나중에 추가된 부분들이며, 다른 권들에서도 단일 저술에서 볼 수 있는 밀접한 관계가 없다. 또 저술의 일부는 아카데메이아 시절에, 일부는 뤼케이온 시절에 쓰인 것으로 추정하기도 하며, 어떤 부분이 먼저 쓰이고 나중에 쓰인 것인지에 대해서도 학자들마다 의견이 분분하다. 어떤 학자는 플라톤에 적대적인 초기 단계와 플라톤에 가까운 입장을 보이는 후기 단계를 나누기도 하고, 어떤 학자는 거꾸로 초기에

호의적이다가 나중에 플라톤의 이론에 적대적이게 되었다는 상반된 입장을 보이면서 저술 시기를 추정하기도 한다. 그러나 『형이상학』의 각 권들이 다른 시기에 씌었다고 하더라도 아리스토텔레스가 막판에는 『형이상학』의 여러 부분들에 손질을 가해 통일성을 시도했다고 보고 각 부분들의 내적 연관에 따라 『형이상학』의 통일성을 찾아보려는 시도도 나오고 있다. 형식상 불완전한 형태를 보이지만, 내용상 단일한 저술로 볼 수 있는 일정한 구조를 갖추고 있다는 것이다.

3. 『형이상학』의 내용

아리스토텔레스는 형이상학을 학문으로서 최초로 정립한 철학자였다. 그는 철학의 분과와 같은 이름으로 오늘날 불리는 저술 『형이상학』에서 이론철학의 가장 근본적인 문제들을 다루면서 정점에 이른 자신의 사상을 보여 준다. 『형이상학』에서 그가 묻는 근본 물음은 '있다'는 것은 무엇인가이다. 이 있음의 의미를 파헤치면서 그는 '있는 것'들의 으뜸가는 원인(또는 원리)들을 찾아 나선다. 이런 탐구 과정에서 있는 것들 중에서도 실체가 양, 질, 관계 등의 다른 모든 범주들의 원인으로, 실체들 중에서도 으뜸 실체인 형상이 다른 모든 실체들의 원인으로, 으뜸 실체 중에서도 영원불변의 신이, 천구들을 움직이는 이성(nous)들과 더불어 있는 것들 모두의 궁극적인 원인으로 드러난다. 신은 '자신은 움직이지(변하지) 않으면서 다른 모든 것들을 움직이는 으뜸가는 것'(부동의 원동자)으로서 모든 존재와 변화의 시작점에 서 있다.

『형이상학』은 모두 14권으로 되어 있다. 소문자를 써서 나중에 끼워진

2권(α)을 제외하고 모두 그리스어 대문자를 써서 그 순서를 나타낸다. 각 권의 내용을 순서대로 간단히 소개하자면 다음과 같다.

『형이상학』의 1권(A)은 "모든 인간은 본래 앎을 욕구한다"는 잘 알려진 문장으로 시작한다. 인간이면 누구나 가지고 있는 앎에 대한 이런 본래적인 욕구는 가장 낮은 단계의 감각에서 시작하여 기억, 경험을 거쳐 최고 단계의 기술이나 학문의 형태로 구현된다(1장). 최고의 학문인 철학은 어디에서 비롯하는가? 의아하게 생각함 또는 여김(驚異, thaumazein)에서 비롯한다. 인간은 주변의 사소한 일들에서 '왜 그럴까?'라는 물음을 던지며 점차 그 관심의 영역을 넓혀 천체 현상이라든지, 보이지 않는 영원불변의 대상들에까지 영역을 넓혀가며 물음을 던지면서 모든 것들의 원인을 찾아 나서며 앎을 얻고자 한다. 그런데 원인들 중에서도 어떤 사물이 있게 된 가장 가까운 원인이 있는가 하면 그것의 궁극적인 원인이 있다. 아리스토텔레스가 『형이상학』에서 찾는 학문은 후자의 원인, 즉 사물의 으뜸가는 원인을 알아내는 것을 목표로 삼는다. 온갖 원인들 중에서도 다른 것들의 원인이 되는 이 앞선 원인들이 철학이 추구하는 대상이다(2장).

이렇듯 어떤 사물을 안다는 것은 그것이 왜 있는지/…인지를 아는 것과 관련되어 있다. 사물이 있는 원인(aitia)을 아리스토텔레스는 네 가지로 구분한다. 다시 말해, 어떤 것의 재료, 어떤 것의 형상, 어떤 것을 변하게 하는 것, 그리고 어떤 것의 목적으로 분류한다. 어떤 것이 있다/…이다는 것은 첫째, 그것이 어떤 재료로 이루어져 있다는 것을 뜻하며, 둘째, 그것의 본질을 나타내는 형상이 무엇이다는 것을 뜻하며, 셋째, 그것이 어떤 것으로 말미암아 있(게 되었)다는 것을 뜻하며, 마지막으로, 그것이 어떤 목적을 위해 있다는 것을 뜻한다. 예를 들어, "맥주잔은 왜, 어떻게 해서 있는가?"라는 물음에 우리는 아리스토텔레스에 따라 다음처럼 그 원인을 찾아볼 수 있다. 맥주잔은 유리로 되어 있다. 맥주를 따라 마시기 좋도록 일정한 형태로 되어 있다. 공장의 노동자들이 만들어 놓아 있(게 되었)다. 술을 따라 마시도록 우리 앞에 놓여 있다. 사물이 있는 또는 있게 된 이런 네 가지 원인들은 흔히 전문용어로 재료인(또는 질료인, causa materialis), 형상인(causa formalis), 운동인(또는 작용인, causa efficiens), 목적인(causa finalis)이라 불린다. 아리스토텔레스는 자신이 『자연학』에서 구분한 이 네 가지 원인의 틀에 맞춰 사물들의 원인들 또는 원리들에 관한 이전 철학자들의 이론을 검토하면서 그들이 그 외의 다른 원인을 찾아내지 못했음을 확인하고, 아울러 그들이 원인들을 모호한 방식으로 다뤘다고 비판한다(3-10장).

나중에 끼워진 것으로 추정되는 짤막한 2권(α)에서 아리스토텔레스는 진리의 탐구는 한편으로는 어렵기도 하고 한편으로는 쉽다는 점을 지적하면서, 모든 것이 아무것도 없는 상태에서 출발하지는 않는다는 근본 생각을 바탕으로, 이전 사람들이 이루어 놓은 성과의 중요성을 강조한다(1장). 더 나아가 무한정 원인을 찾아갈 수 없으므로 사물들이 갖는 원인들의 수와 종류는 어느 정도로 한정되어 있으며(2장), 학문에 따라 다양한 강도의 엄밀함이 그 탐구 방식에서 요구된다고 설명한다(3장).

아리스토텔레스는 형이상학을 '찾고 있는 학문'으로 여러 번에 걸쳐 언급한다. 그는 이 학문이 성립하기 위해서 거쳐 가야 할 어려운 물음(aporia) 14개를 3권(B)에서 나열한 후(1장), 나름의 해결책을 부분적으로 제시하면서 이 물음들에 대해 가능한 두 가지 상반된 입장을 철학적 대화술의 방식으로 논의한다(2-6장). 특히 처음 4개의 물음, 즉 형이상학은 모든 종류의 원인들 및 원리들을 탐구하는가? 있는 것들의 원리인 실체와 더불어, 있는 것들 모두에 타당한 모순율과 같은 원리를 탐구하는 것은 형이상학의 과제인가? 실체들의 종류는 얼마나 많으며, 형이상학은 모든 종류의 실체들을 모두 다루는가?라는 물음들은 최고 학문으로서의 형이상학의 가능성과 영역을 규정하는 대표적인 물음들이 된다. 이 14개의 물음들은 4권(Γ), 6권(E)-10권(I), 13권(M)과 14권(N)에서 본격적으로 논의되면서, 해결이 시도된다.

4권(Γ)은 특히 3권에서 제기된 물음에 기초하여 『형이상학』의 탐구가 본격적으로 시작되는 곳이다. 으뜸 철학은 도대체 무엇을 다루는가? 으뜸 철학의 대상은 무엇인가? 그것은 있는 것들 모두다. 그러면, 으뜸 철학은 자신의 대상인 모든 있는 것들을 어떤 관점에서 다루는가? 그것은 그것들을 그것들이 그대로 있다는 점에서 다룬다. 이는 변화의 관점에서, 즉 탐구 대상들이 변한다는 점에서 다루는 자연학과 대조된다. 제한된 영역의 대상을 특정의 조건 아래에서 탐구하는 자연학, 수학 등의 다른 개별 학문들과 달리 으뜸 철학은 모든 사물들에 대해서 그것들이 있다는 점에서 갖는, 또는 있다는 이유로 갖는 속성들을 보편적으로 탐구한다. 이로써 으뜸 철학은 모든 존재와 그 속성을 탐구하는 보편 형이상학(metaphysica generalis) 또는 보편 존재론으로서 등장한다(1장).

그러면, 우리는 어떤 것들을 있다고 말하는가? 있는 것들로 무엇이 있는가? 『범주들』에서 구분한 실체, 양, 질, 관계 등의 있는 것들의 열 가지 범주들을 바탕으로 아리스토텔레스는 『형이상학』에서 이것들을 크게 양분한다. 즉 실체의 존재와 그 밖의 존재로 구분한다. 있는 것들이 모두 다 똑같이 있는 것은 아니다. 실체는 따로 떨어져 있을 수 있는 것, 즉 독립적인 존재이며, 그 밖의 양, 질, 관계 등의 존재들은 실체에 매달려 있는 것들로서, 실체가 없어지면 더불어 소멸하는 것들이다.

있는 것들이 있다는 점에서 갖는 기본적인 속성들로서 아리스토텔레스는 같음과 다름, 비슷함과 비슷하지 않음, 유(類)와 종(種), 먼저와 나중, 전체와 부분 등을 제시한다. 어떤 대상이든지 그것이 있는 한에서는 이런 속성들을 기본적으로 갖는다(2장). 그리고 있는 것에 관한 형이상학적 탐구는 모든 있는 것들에 대해 타당한 근본적인 원리에 관한 탐구로 이어진다. 여기서 아리스토텔레스는 "같은 속성은 같은 대상에 들어있으면서 동시에 들어있지 않을 수 없다"는 모순율을 최고의 원리로서 소개하면서(3장), 이를 부인하는 사람들이 또는 특정의 철학자들이 전제하고 있는 인식론과 존재론의 불합리한 점들을 파헤침으로써 그들을 상대로 간접 증명 형식의 반박을 시도한다(4-6장). 이처럼 으뜸 철학은 있는 것들 모두를 다루면서 그 존재의 원인 및 원리가 되는 실체를 찾아가는 존재론이면서 또한 그것들에 타당한 보편적인 인식의 원리들을 다루는 학문이기도 하다.

5권(Δ)은 '철학 사전'의 성격을 띤 부분이다. 다른 권들 및 『자연학』의 요약판인 11권(K)과 더불어 『형이상학』의 단일성에 의문을 품게 만드는 권이지만, 『형이상학』과 그의 철학 전반에서 쓰인 주요 개념 30개가 일상적인 쓰임새와 더불어 설명되어 있다.

6권(E)은 여느 학문들, 즉 수학과 자연학과 다른 점들을 부각시키면서 형이상학의 일반적인 성격을 규정한다. 여기에서, 있는 것 모두에 관한 학문, 즉 존재론으로서의 보편 형이상학은 변하지 않는 독립적인 실체를 다루는 신학이라는 특수 형이상학(metaphysica specialis)의 모습으로 나타난다. 진리를 목표로 삼는 철학(또는 학문)은 이론에 관련된 철학(또는 이론학, theōretikē)이라고 불리는데, 여기엔 자연학과 수학과 신학이 있다. 이 가운데 신처럼 감각되지도 않고 변하지도 않는 영원한 실체를 다루는 신학이 그 대상이 다른 학문들이 다루는 대상들보다 우위를 차지하기 때문에 다른 학문들보다 앞선 철학, 즉 으뜸 철학이다. 으뜸 철학처럼 독립적인 실체를 다루긴 하지만 변하는 것들을 다루는 자연학은 그에 뒤진 버금 철학이다(1장). '있음'(einai)은 '10가지 범주적 구분에 따른 있음'뿐만 아니라, 더 나아가 '우연히 딸려 있음'(2-3장)과 '참임'(4장)의 뜻이 있는데, 이것들은 형이상학의 탐구 대상이 못 된다. 앞의 것은 필연성이나 개연성이 결여된 것이어서 학문의 대상조차 될 수 없기 때문이고, 뒤의 것은 사물들과 관련된 존재의 문제, 즉 형이상학의 문제가 아니라 사물들에 관한 진술과 관련된 사유의 문제, 즉 논리학의 문제이기 때문이다. 더 나아가 '있음'은 '잠재/가능 상태로 있음/…임'과 '발휘/실현 상태로 있음/…임'을 뜻한다. 이 뜻은 주로 9권에서 논의된다.

7-9권은 흔히 실체에 관한 논의가 핵심 주제여서 흔히 통틀어 '실체의 권(卷)들'이라 불린다. 7권(Z)은 있는 것들이 다양한 방식으로 있음에도 결국 실체와 관련되어 있음에 주목하여 논의가 전개된다. 여기에서 아리스토텔레스는 철학사에서 가장 핵심적인 물음으로 제시된 물음, 즉 '있는 것이란 무엇인가?'라는 물음을 '실체(ousia)란 무엇인가?'라는 물음으로 대체한다(1장). 양, 질, 관계 등의 나머지 존재들이 없어지더라도 남아 있는 실체는 그것들의 원인이 되는 으뜸 존재이기 때문이다. 또한 실체들 중에서도 다른 것보다 먼저인 것, 다른 것의 원리 및 원인이 되는 으뜸 실체가 있다. 이것은 다른 실체들의 원인이 됨으로써, 있다고 말해지는 모든 것들의 궁극적인 원인이 된다. 이에 따라, 실체에 관한 여러 가지 견해들을 소개하고(2장), 실체가 될 만한 것들, 즉 바탕(基體, hypokeimeon, 3장), 본질(to ti ēn einai, 4-6장, 10-12장), 보편적인 것(보편자, to katholou, 13-14장)에 관해 이것들이 실체일 자격이 있는지를 검토한 후, 아리스토텔레스는 실체는 이것들이 아니라 형상(eidos, 17장)이라는 난해한 결

론에 이른다. 생성의 문제를 다루고 있는 7-9장은 7권의 나머지 부분과 내용 면에서 독립되어 있다.

8권(H)은 형상(eidos)과 재료(hylē)가 합쳐서 된 복합물에서 형상과 재료가 각기 어떤 역할을 하는지를, 4권 4-5장에서 잠깐 언급된 잠재/가능 상태(dynamis)와 발휘/실현 상태(energeia) 개념을 집중적으로 대조함으로써 설명한다.

앞의 두 개념은 9권(Θ)의 핵심적인 논의 주제가 된다. 결론적으로, 발휘/실현 상태는 잠재/가능 상태에 앞선다. 비물질적인 실체를 다루는 12권(Λ)의 신학에 대한 논의는 9권의 이런 결론에 바탕을 두고 전개된다.

10권(I)은 하나(to hen)와 여럿(ta polla)에 관한 논의를 담고 있다. '하나'는 '있음'처럼 보편적인 개념이다(2장). 어떤 것이든 그것은 있으며, 또한 하나다. 4권에서 원리의 자격을 얻었으며, 또 7권의 정의의 단일성과 관련된 논의를 통해 의미를 명확하게 정리할 필요가 있게 된 이 개념들은 플라톤의 아카데메이아와 피타고라스주의자들에서 벌어진 논의의 핵심 주제이기도 하다. 있다는 점에서 사물들을 다룰 때, 그것들이 갖는 기본적인 성질들로 4권 2장에 나열된 것처럼 같음과 다름, 비슷함과 비슷하지 않음, 닮음과 닮지 않음 등이 있다. 이것들은 자연학의 대상처럼 변하는 존재이든 수학의 대상처럼 양인 것들이든 그 대상들에 일반적으로 적용되는 개념들이다. 모든 학문들이 사용하는 기본적인 개념들이다. 이 개념들이 어떤 방식으로 쓰이고, 구분이 되는지 정리하는 작업을 아리스토텔레스는 5권에 이어 10권에서도 벌인다.

11권(K)의 앞부분에는 3권, 4권, 6권에 대한 요약이 담겨 있으며, 뒷부분에는 『자연학』 2-3권, 5권의 논의가 발췌되어 있는데, 이 권은 아리스토텔레스가 세상을 떠난 후 그의 제자들이 작성한 것으로 추정된다.

12권(Λ)은 독립적인 저술의 형태를 띠지만 아리스토텔레스가 3권에서 제기한 난문들에 대한 답변이 우연찮게 이루어지고 있다. 『형이상학』의 가장 핵심적인 부분이며, 집중적으로 연구되고 있는 부분이기도 한 이곳에는 최고의 존재인 신에 관한 논의가 담겨 있다(6-10장). 이로써 6권 1장에서처럼 형이상학은 다시 신학(theologikē)이 된다. 여기서 아리스토텔레스는 신을 자신은 변하지 않으면서 다른 것을 변화시키는 것(不動의 原動者)으로서, 자연의 모든 과정의 근원적인 힘으로서 파악한다. 감각되지 않는 실체로서의 신과, 천구를 움직이는 이성들에 관한 이 부분의 논의는 7권의 실체론과 9권의 잠재/가능 상태와 발휘/실현 상태에 대한 논의를 이어가며 전개된다(1-5장).

13권(M)과 14권(N)은 1권과 3권의 논의와 연결되어 있다. 여기서 플라톤 철학 체계에 대한 비판이 그의 이데아론과 수론(數論)에 대한 검토를 통해 이루어진다. 먼저 13권에서 이데아와 수를 각각 실체로 보는 플라톤과 피타고라스 또는 이들을 추종하는 사람들의 입장이 검토된다. 플라톤주의자들이 말하는 이데아나 수학적인 대상들은 독립된 실체일 수 없다. 우리가 주변의 경험 세계에서 체험하는 구체적인 개별자들에서 우리는 이것들에 공통된 성질들을 발견하게 된다. 이것들을 독립적인 것으로서 따로 떼어 놓으려는 플라톤에 반대하여 아리스토텔레스는 이것들을 개별자들 안에 구현된 것으로 놓으려 한다. 예를 들어, 아이가 될 사람의 형상은 이미 그의 아버지 안에 구현되어 있다는 것이다. 이것을 플라톤처럼 독립적인 실체로서 따로 떼어 놓을 필요가 없다고 아리스토텔레스는 거듭 강조한다. 수학적인 대상들도 보편자인 이데아들과 마찬가지로 독립적인 실체가 아니며, 단지 추상의 결과물일 뿐이다(M 2장).

4. 번역에 관하여

아리스토텔레스의 저술을 우리말로 옮기는 작업의 어려움은 굳이 말하지 않아도 될 것이다. 난해한 『형이상학』을 되도록 원문의 틀에서 벗어나지 않는 범위 내에서 글의 이해에 중점을 두어 쉽고 친근한 표현을 써서 옮기려고 노력하였다. 외국어를 자국어로 번역하는 데 지켜야 할 기본 원칙은 원문에 충실하게 옮기는 것과 독자가 이해하기 쉽게 옮기는 것이다. 그러나 누구나 동의할 법한 이 원칙은 실제의 번역에서는 지키기가 힘든 요구가 된다. 원문에 너무 충실하다 보면 옮겨진 글을 이해하기 쉽지 않게 되고, 반대로 독자의 이해를 너무 고려하다 보면 원문에서 많이 벗어나게 된다. 옮긴이는 원문에 좀 더 충실한 쪽으로 방향을 잡아 『형이상학』을 우리말로 옮겼다.

원문의 매끄럽지 못한 문체와 압축적인 논증들로 말미암아 번역문도 이해하기가 쉽지만은 않다. 원문에는 없는 내용을 ( ) 안에 보충함으로써 독자의 이해를 돕고자 했다. 그리고 아리스토텔레스의 용어를 그대로 받아들여 새로운 용어를 만들어 쓴 라틴어 번역자들처럼 옮긴이도 '겪이'(pathos), '무엇을 위해'(to hou heneka) 등의 새로운 번역 용어를 만들어 쓰기도 했다. 그리고 기존의 일본식 한자 용어들을 쉬운 한글 개념으로 바꾸려고 노력하였다. 중요한 기본 개념들을 몇 가지 들면 다음과 같다. 존재(einai) → 있음; 존재하는 것(to on) → 있는 것; 일자(to hen) → 하나; 질료(hylē) → 재료; 기체(基體, hypokeimenon) → 바탕.

옛 그리스어를 아는 독자들은 물론 본 역서와 더불어 원문을 읽어야 할 것이다. 원문을 대체할 만큼 좋은 번역은 없기 때문이다. 번역문은 옛 그리스어로 된 아리스토텔레스의 사유를 언어적인 특성과 더불어 그대로 전달해 주지 못한다. 하지만 옛 그리스어 독해 능력이 없는 일반 독자들도 그리스어-우리말 찾아보기에 나와 있는 각 낱말의 어원 설명과 해당 영어 번역어를 잘 활용하면 원어가 갖는 의미에 조금 더 가까이 다가갈 수 있을 것이다. 그리스어-우리말 찾아보기는 수사, 관형사 등 별다른 의미가 없는 낱말들을 제외한 나머지 약 1850개의 낱말들을 사전 형식으로 정리해 둔 것이다. 50회보다 적게 나온 낱말들은 일일이 나온 곳을 다 찾아 놓았고, 그 이상 되는 낱말들은 선택적으로 그 출처를 표시해 놓았다. 본문의 내용에 대한 상세한 주석 및 해석과 관련해서는 아리스토텔레스 연구자들이 한결같이 덕을 보고 있는 로스(Ross, 1924)의 기념비적인 저술과 더불어 '참고문헌'에 소개되어 있는 저술이나 논문을 읽기 바란다.

2022년 2월

김진성

일러두기

1. 이 책은 아리스토텔레스의 저술 『TA META TA ΦΥΣΙΚΑ』(타 메타 타 퓌시카)를 우리말로 옮기고 풀이한 것이다. 원문으로 베르너 애거(W. Jaeger)가 편집한 *Aristotelis Metaphysica*, Rec. brevique adnot. critica instr. W. Jaeger. Oxford: Clarendon Press, 1957(10쇄 1992)을 기준으로 삼았고, 데이비드 로스(D. Ross)의 것을 부분적으로 참조했다. 현대 서구어 번역과 주석은 Ross(1924), Tricot(1933), Apostle(1966)의 것을 주로 참고하였다.

2. 각 장의 소제목과 본문 안의 (1), ㉮ 등의 표시는 원문에는 없는 것들이다. 본문 안의 숫자는 임마누엘 벡커(I. Bekker)가 편집한 아리스토텔레스 전집(*Aristotelis Opera*, 1, 2권)에 따른 쪽 매김이다. 예를 들어 1003a 15에서 1003은 쪽을, a는 한 쪽을 좌우 두 단(段)으로 나눈 것 중 왼쪽을, 15는 줄을 뜻한다. 따라서 1003a 15는 1003쪽 왼쪽 단 15번째 줄을 뜻한다. 같은 면의 오른쪽 단은 b로 표기된다. 번역문 안의 'l'은 단과 쪽의 바뀜을 나타낸다. 원문과 우리말의 문장 구조가 다르기 때문에 줄의 수가 조금 차이가 있지만, 2줄 이상의 차이가 나지 않도록 노력하였다.

3. 각종 부호의 쓰임새

㉮ [ ]와 [[ ]]: 직접 또는 간접적으로 원문이라고 전해 오는 것 중에서, 아리스토텔레스 자신이 쓰지 않은 것으로 짐작되거나 해석상 불필요한 부분으로서 생략될 수 있음을 나타낸다. 특히 [[ ]]는 아리스토텔레스 자신이나 후대의 사람이 나중에 추가한 부분을 나타낸다.

㉯ 〈 〉: 애거가 편집한 원문과 달리 읽은 부분을 나타내거나 해석상 원문으로

덧붙여야 하는 부분을 나타낸다. 예) 1070a 19: 〈예를 들어, … 재료이다.〉

㉰ 작은 ( ): 원문에는 나와 있지 않지만 의미를 분명하게 하고 번역을 매끄럽게 하기 위해 옮긴이가 보탠 말들을 나타낸다. 예) 980b 1: (기억력이 있는) 앞의 동물들은. —애매함을 피하기 위한 한자 표기 및 기존의 번역어나 원어가 담긴 부분이다. 예) 980a 26의 각주 5: 인상(印象, phantasia). —문맥으로 볼 때 그 안에 든 말의 뜻으로 읽어야 함을 나타낸다. 예) 992a 24: 지혜(철학)는 보이는 것들의 = 철학은 보이는 것들의.

㉱ 큰 ( ): 논의를 보충하는 말들이 담긴 부분으로, 앞뒤의 논의를 연결하기 위해서는 빼고 읽는 게 좋다.

㉲ ' ': - 잘못 읽히는 것을 막기 위해 썼다. 예) '하나'의 실체: 1053b 9.

4. 고딕체는 강조할 낱말이나 이전 철학자들이 원리로 내세운 것들을 나타낸다. 예) 982b 10: **'무엇을 위해'**(목적). 987b 19-20: 플라톤의 **형상**(이데아), **하나**와 **큼과 작음**.

5. 주요 필사본의 약칭

E = Parisinus graecus 1853: 10세기쯤 완성 (프랑스 파리의 국립도서관 소장)

J = Vindobonensis phil. graecus 100: 9세기 후반쯤 완성 (오스트리아 빈의 국립도서관 소장)

Π = E와 J의 일치 부분

A^b = Laurentianus 87, 12: 12세기쯤 완성 (이탈리아 피렌체의 로렌초 도서관 소장)

* 아리스토텔레스의 『형이상학』과 관련된 필사본은 현재 50여 개가 남아 있으며, 이 가운데 빈에 있는 J가 가장 오래되었다.

1권(A)[1]

1장 감각, 기억, 경험, 기술, 학문, 지혜

980a

모든 인간은 본래 앎을 욕구한다.[2] 이 점은 인간이 감각을 즐긴다는 데에서 드러난다. 우리는 정말 쓸모를 떠나 감각을 그 자체로 즐기는데, 다른 어떤 감각들보다도 특히 두 눈을 통한 감각을 즐긴다. 무엇을 실천하기 위해서뿐만 아니라, 또한 우리가 어떤 것도 행하려 하지 않을지라도, 우리는 말하건대 무엇보다도 보는 것을 선호한다.[3] 왜냐하면 감각들 중 시

---

1 1권(A)은 『형이상학』에 대한 입문 성격의 글이다. 철학사에서 중요한 전거(典據)가 되는 소크라테스 이전 철학과 플라톤 철학에 대한 서술이 1권의 곳곳에 담겨 있다.

2 여기서 '안다'(eidenai)는 것은 원인을 통해 앎을 가진다는 뜻이다(981a 24-30, 3장 983a 25-26, 『자연학』 194b 18-20 참조). '본래'(physei)는 날 때부터 장애가 있어서, 또는 다른 이유 때문에 앎을 욕구하지 않는 경우를 제외한다는 말이다(『토포스론』 134a 5-11, 『자연학』 199b 14-18 참조). 앎에 대한 욕구에 대해서는 『에우데모스 윤리학』 1244b 26-29 참조.

3 다른 감각들보다 우위를 차지하는 시각이 그 자체로 선호되듯이, 앎도 감각보다 우위를 차지하며, 선호된다. 시각의 중요성 및 다른 감각에 대한 우위에 관해서는 『혼에 관하여』 429a 2-3, 435b 20-22, 『감각과 감각 대상에 관하여』 436b 18-437a 18, 442b 13, 『자연학적인 문제들』 886b 35, 『니코마코스 윤리학』 1176a 1, 『연설술』

980a

각을 통해 우리는 가장 많이 지각하며, (시각을 통해 사물들의) 여러 가지 차이성들이 드러나기 때문이다.[4]

동물들은 본래 감각을 가지고 태어난다. 그리고 이 감각을 바탕으로 어떤 동물들 안에는 기억이 생겨나지만, 다른 어떤 동물들 안에는 기억이 생
980b 겨나지 않는다.[5] | 그렇기 때문에 (기억력이 있는) 앞의 동물들이 기억력이 없는 동물들보다 더 영리하며,[6] 더 잘 배운다. 벌 따위의 동물들처럼,[7] (기억력은 갖지만) 소리를 못 듣는 동물들은 배우지는 못해도 영리하다. 기억력과 더불어 청각까지 가진 동물들은 (들어서) 배울 줄도 안다.[8]

그런데, 다른 동물들은 인상들과[9] 기억들을[10] 통해 살아가며, 경험은[11]

1364a 38, 플라톤의 『국가』 507c, 『티마이오스』 47a, 『파이드로스』 250c-d 참조.

4 우리는 물체들에 든 색을 보면서, 동시에 공통 감각 성질인 물체의 형태, 크기, 운동, 수를 간접적으로 보게 된다. 『혼에 관하여』 425a 14-16 참조.

5 아리스토텔레스는 『혼에 관하여』에서, 기억을 위해 필요한 인상(印象, phantasia)을 갖지 못하는, 따라서 기억을 갖지 못한 동물의 예로 개미, 벌, 굼벵이를 든다(428a 10 참조). 그러나 이는 개미와 벌을 영리한(phronimon) 동물로, 따라서 기억력을 가지고 있는 듯한 동물로 서술하고 있는 980b 23과 『동물의 몸에 관하여』 648a 5, 650b 25의 대목과 상충하는 듯하다. 그래서 토어스트릭(Torstrik) 같은 학자는 고대의 주석에 바탕을 두고, 개미와 벌은 기억을 갖는 동물로, 굼벵이는 그렇지 못한 동물로 구분하여 『혼에 관하여』의 관련 원문을 고쳐 해석한다.

6 '영리하다'의 원어는 phronimon이다. 명사형은 phronēsis로 아리스토텔레스의 윤리학에서는 '실천적 지혜'로 옮겨진다(2장 982b 24의 각주 참조). 이 말은 하등 동물들도 가지고 있는 능력을 가리키는 것으로도 넓게 쓰이지만(『니코마코스 윤리학』 1141a 26 참조), 동물들이 가진 실천적 지혜는 이성(logos)을 결한 능력이다. 이런 쓰임과 구분하여, 인간과 신에 대해 쓰이는 경우에는 phronimon을 '현명하다'로 옮겼다(3권 4장 1000b 4, 5권 29장 1025a 8 참조).

7 벌들이 청각을 가지는지에 대해 아리스토텔레스는 의문을 품는다. 『동물 탐구』 627a 17 참조.

8 『동물 탐구』 608a 17 참조.

9 '인상'의 원어는 phantasia이다. 이 말은 흔히 '상상력'을 뜻하는데, 여기서는 감각

조금밖에 갖지 못한다. 그러나 인간의 무리는 기술과 헤아림을[12] 통해서 살아가기도 한다. 그리고 인간에게는 기억을 바탕으로 해서 경험이 생겨난다. 다시 말해, 같은 것에 대한 거듭된 기억은 | 마침내 단일한 경험의 가능성을 이루어 낸다. 그리고 경험은 학문이나 기술과 아주 비슷한 것처 981a
럼 보이지만, 학문과 기술은 경험을 거쳐서 인간에게 생겨난다.[13] 다시 말해, 폴로스가[14] 맞게 말하듯이, "경험은 기술을 낳지만, 무경험은 운을 낳

을 통해 받아들여진 '이미지'(影像), '인상'(impression)을 뜻하여, phantasma와 같은 뜻으로 쓰였다. 인상은 기억을 통해 굳어지며, 앎을 통해 확실한 개념으로 바뀐다. phantasia 개념에 관한 자세한 논의는 『혼에 관하여』 427b 29-429a 9 참조.

10 기억(mnēmē)은 인상이 어떤 대상에 대한 이미지로서 보존되면서 생겨난다. 『기억과 기억해 냄에 관하여』 451a 14 참조.

11 '경험'의 원어는 empeiria로, 말 그대로는 '어떤 것을 시도해 본 상태'를 뜻한다. 근거나 원인을 인식함이 없이 어떤 사실을 단순히 접하고 있는 상태를 말한다. 같은 대상에 대해 거듭 기억을 잘하는 동물들도 부분적으로 경험을 갖는다. 경험은 어렴풋하게나마 보편자로서 우리 머리 안에 자리 잡는다. 『뒤 분석론』 100a 15-b 1 참조.

12 '헤아림'의 원어는 logismos이다. 이 말은 기본적으로, '(수나 양을) 셈'을 뜻하는데(플라톤의 『법률』 817e, 『프로타고라스』 318e 참조), 일반적으로는 합리적 계산이나 추론적 사유를 나타내어 '미루어 짐작함'(추리)을 뜻한다(『연설술』 1369b 5-9, 플라톤의 『메논』 98a, 『티마이오스』 30b 참조). '헤아림'을 이 두 가지 뜻을 포괄하는 말로 골랐다. syllogismos(추론, syn+logismos)는 이런 헤아림(추리)이 여러 개 모여 이루어진 구성물이라 할 수 있다.

13 그러나 경험은 가르침을 통해 전수될 수 있어서, 스스로 경험하지 않고서도 기술을 가질 수도 있다. 아래의 14행 참조.

14 플라톤의 『고르기아스』에는 그의 말이 조금 다르게 표현되어 있다. "경험은 우리의 삶을 기술에 따라 나아가도록 만드는데, 무경험은 운에 따라 나아가도록 만든다"(448c). 폴로스(Pōlos, 기원전 430-360년 무렵, 아크라가스 출신)는 소피스트이자 연설가였던 고르기아스(Gorgias, 기원전 약 485-380년)의 제자로 잘 알려져 있다. 연설술에 관한 그의 저술을 읽었다고 소크라테스는 그가 대화 상대자로 나오는 『고르기아스』에서 언급한다(462b-c 참조). 『파이드로스』 267b에는 그의 저술 이름과 내용이 나온다.

는다." 그리고 경험을 통해 얻은 여러 심상(心象)들에서[15] 한 가지 보편적인 생각이 비슷한 것들에 대해 생겨날 때, 기술이 이뤄진다. 다시 말해 특정한 병을 앓고 있는 칼리아스에게[16] 특정한 것이 도움이 되었고, 또 소크라테스나 다른 많은 개인들에게도 도움이 되었다는 견해를 갖는 것은 경험의 문제다. 그러나 한 부류로 구분되는 특정인들이 특정의 병을 앓을 때, 예를 들어 점액질의 사람들이나 담즙질의 사람들이 고열로 앓을 때, 그들에게 특정한 것이 도움이 되었다는 견해를 갖는 것은 기술의 문제다.

그런데, 실천에 관한 한, 경험은 기술과 조금도 달라 보이지 않는다. 오히려 우리는 경험 있는 사람들이 경험 없이 이론만 가진 사람들보다 더 많은 성공을 거둠을 본다(그 까닭은 경험은 개별적인 것에 대한 인식이고, 기술은 보편적인 것에 대한 인식인데, 실천과 산출은 모두 개별적인 것에 관련되어 있기 때문이다. 예를 들어 간접적으로 딸린 방식이 아니고서는, 의사는 사람을 치료하지 않고, 칼리아스나 소크라테스를 치료한다.[17] 아니면 그런 식으로 말해지는,[18] 사람-임이[19] 속성으로 딸리는, 다른 어떤 사

---

15 '심상'(心象)의 원어는 ennoēma이다. 경험을 통하여 마음 안에 떠오르는 여러 가지 상(像)을 말한다. 단순히 우리의 감각기관에 비춰지는 것인 인상보다 한 단계 더 나아간 것으로서 단일한 개념으로 발전한다.

16 칼리아스(Kallias)는 소피스트들, 특히 프로타고라스의 주변 인물들 중 한 사람이다(플라톤의 『변론』 20a, 『프로타고라스』 314d, 315d, 『크라틸로스』 391c 참조). 아리스토텔레스는 플라톤이 했던 것처럼 자신의 저술에서, 칼리아스 외에 소크라테스, 코리스코스 등 실존 인물을 연상시키는 이름들을 예로 많이 들고 있다.

17 의사는 칼리아스나 소크라테스 따위의 개인의 병을 직접 치료하지만, 간접적으로는 사람을 치료한 셈이다. '사람'은 칼리아스나 소크라테스에 딸린 속성이기 때문이다. 13권(M) 10장 1087a 19 참조.

18 "그런 식으로 말해지는 … 다른 어떤 사람"은 칼리아스나 소크라테스처럼 특정한 이름이 붙은 사람을 말한다.

19 '사람-임'의 원어는 to anthrōpō einai로, 내용상 같은 의미인 to anthrōpon

람을 치료한다. 그래서 어떤 이가 경험 없이 이론을 가지며 보편적인 것을 알지만 그 안에 든 개별적인 것을 모른다면, 그는 치료를 잘못하는 경우가 잦을 것이다. 치료 대상은 개별적인 것이기 때문이다). 그럼에도 우리는 앎과 이해가 경험보다는 기술에 더 들어있다고 생각한다. 그리고 앎에 맞춰 지혜가 모든 사람들에게 더 따르기 때문에, 경험 있는 사람들보다 기술을 가진 사람들이 더 지혜롭다고 믿는다. 한쪽의 사람들은 원인을 알지만 다른 쪽의 사람들은 그렇지 못하기 때문이다. 다시 말해 경험 있는 사람들은 어떤 것이 어떻다는 사실은 알지만, 무엇 때문에 그러는지 그 까닭은 알지 못한다. 그러나 기술자들은[20] 무엇 때문에 그러는지와 원인을 안다. 그렇기 때문에 우리는 도편수들이[21] 여러모로 일꾼들보다 더 훌륭하고, 더 많이 알며, | 더 지혜롭다고 생각한다. 그들은 자신들이 만들어 낸 981b
것의 원인을 알기 때문이다(반면, 일꾼들은 예를 들어 불이 타듯, 자신이 만들어 내는 것을 알지 못한 채 만들어 내는 혼이 없는 것들과 같다. 무생물은 제 본성에 의해 각각의 결과물을 만들어 내며, 일꾼들은 습관에 의해 그것을 만들어 낸다). 그래서, 우리는 도편수들의 실천 능력에 따라서가 아니라, 이론을 가짐과 원인을 앎을 기준으로 삼아, 그들이 더 지혜롭다고

---

einai(사람임)와 형식상 구분하기 위해 사이에 '-'을 넣었다.

20 '기술자'의 원어는 technitēs이다. 5권(Δ) 1장 1013b 33에서는 의사가, 플라톤의 『소피스테스』 218e-219a에서는 낚시꾼이 기술자로 불린다. 일반적으로, 각 분야에서 솜씨가 뛰어난 사람을 일컫는다.

21 '도편수'의 원어는 architektōn이다. architektōn은 건축물의 형태를 기획하고, 결정하며, 건축 현장을 감독하고 지휘하는 총책임자다. 자신은 직접 집을 짓는 일꾼이 아니며, 일꾼을 다스리는 우두머리다(플라톤의 『정치가』 259e 참조). 집을 짓는 목수들의 우두머리를 가리키는 '도편수'가 우리말 가운데 가장 architektōn의 뜻에 가깝다고 본다. 현대적인 의미로는 '건축가'이다. 도편수와 일꾼의 관계를 장인과 직공의 관계로 넓혀 이해할 수도 있다.

981b

본다. 일반적으로, 아는 사람과 모르는 사람을 구분하는 기준은 앎의 사람이 가진 가르침의 능력이다.[22] 그렇기 때문에 우리는 기술이 경험보다 더 학문에 가깝다고 생각한다. 기술을 가진 사람들은 남을 가르칠 수 있지만, 경험만 가진 사람들은 그렇지 못하기 때문이다.

더 나아가, 우리는 감각들 중 어느 것도 지혜라고 생각하지 않는다. 물론, 감각은 개별적인 것들에 대해 가장 권위 있는 앎을 제공한다. 그러나 감각은 어느 것에 대해서도 '무엇 때문에'를, 예컨대, 왜 불이 뜨거운지를 말해 주지 않고 단지 불이 뜨겁다는 것만을 말해 준다.[23]

그러므로, (누구나 가진) 공동의[24] 감각들을 넘어서 어떤 기술을 처음으로 찾아낸 사람은 사람들로부터 감탄을 받을 만했다. 그의 발견물에 어떤 쓸모가 있었기 때문이 아니라, 그 자신이 지혜롭고 다른 사람들보다 뛰어났기 때문이었다. 더 많은 기술들이 발견되었을 때, 어떤 기술들은 (옷, 집 따위의 삶에) 필요한 것들을 위해, 또 어떤 기술들은 삶의 즐김을[25] 위해 발견되었을 때, 그들의 앎이 쓸모를 위한 것이 아니기 때문에 뒤의 기술을 가진 사람들이 앞의 기술을 가진 사람들보다 늘 더 지혜롭다고 생각해야 마땅하다. 그러한 기술들이 모두 다 세워지고 나서, 쾌락이나 삶에 필요한 것들을 겨냥하지 않은 학문들이 사람들에게 발견되었는데, 그것도 사람들이 여가를 가질 수 있었던 곳에서 처음으로 발견되었다. 그래서 이집트에서 수학 계열의 기술들이 처음으로 모습을 드러냈다.[26] 그곳에서 여가를

---

22 플라톤의 『알키비아데스 I』 118d, 『프로타고라스』 348e 참조.

23 감각에서 인식으로의 발전에 관해서는 『뒤 분석론』 2권 19장 참조.

24 '공동의'(koinē)는 '모든 사람들이 더불어 가진'이란 뜻이다. 2장 982a 12 참조.

25 '삶의 즐김'의 원어는 diagōgē이다. 『니코마코스 윤리학』 1127b 34, 1171b 13, 1176b 12, 14, 『정치학』 1334a 17, 1339b 17, 1341b 40 참조. 이와 다른, 좁은 뜻으로는 '관조적인 삶'을 뜻한다. 12권(Λ) 7장 1072b 14 참조.

26 『천체에 관하여』 292a 8과 플라톤의 『파이드로스』 274c 참조. 헤로도토스(기원전

갖는 것이 성직자 계층에게 허용되었기 때문이다.

기술과 학문, 그리고 이와 비슷한 종류의 것들이 갖는 차이점이 무엇인지는 『윤리학』에서 얘기되었다.[27] 그러나 지금 우리가 이렇게 논의하는 까닭은 바로, 모든 사람들이 '지혜'란 이름이 붙은 것이 사물들의 으뜸 원인들과 원리들을[28] 다룬다고 생각하고 있기 때문이다. 그래서 앞서 말했듯이, 경험 있는 사람이 어떠한 감각을 가진 사람들보다 더 지혜로운 듯하며, 기술자가 경험자들보다, 도편수가 | 일꾼들보다, 이론에 관련된 학문 982a
들이 제작에 관련된 학문들보다 더 지혜로운 듯하다.[29] 그러므로, 분명히 지혜는 특정한 원리들 및 원인들에 관한 앎이다.

2장 지혜의 특징

우리는 지금 이런 앎을 찾고 있으므로, 어떤 종류의 원인들과 어떤 종

약 484-430년)는 번번한 홍수로 말미암아 토지를 다시 재게 된 것이 이집트에서 측량술이 나오게 된 실질적 원인이라고 말하고 있다(『역사』 2권 109절 참조). technē(기술)는 여기서 '학문'의 뜻으로 쓰였다.

27 『니코마코스 윤리학』 1139b 14-1141b 8 참조. '이와 비슷한 종류의 것들'은 현명(phronēsis), 지혜(sophia), 이성(nous)을 가리킨다.

28 '원리'의 원어는 archē이다. archē는 법칙이나 원칙뿐만 아니라, 시작, 출발점, 요소, 근원, 출처를 나타내는 폭넓은 뜻을 가진 용어다. '원리'를 이런 넓은 뜻으로 쓰기로 한다. 원리는 크게, 실체와 같은 존재의 원리(principium reale)와 모순율과 같은 인식의 원리(principium cognoscendi)로 양분된다. 5권(Δ) 1장 참조.

29 예를 들어 제화술은 '제작에 관련된 학문'(poiētikē)으로서, 신발을 만들기 위한 수단이 되는 기술이다. 그러나 '이론에 관련된 학문'(theōretikē)은 다른 어떤 것을 위한 수단이 아니라, 이론 자체를 위한 것, 즉 스스로가 목적인 것이다. 그렇기 때문에 이론학이 제작학보다 더 낫다.

982a

류의 원리들에 관한 앎이 지혜인지를 살펴보아야 한다. 우리가 지혜로운 사람에 관해 갖고 있는 견해들을 든다면, 이로부터 (다루고 있는 문제가) 보다 분명해질 것이다. 우선, 우리는 지혜로운 사람은 힘닿는 대로 모든 것들을 안다고 믿는다. 그것들 낱낱에 대한 상세한 앎을 가지고 있지 않더라도 말이다. 더 나아가, 우리는 어려운 것들과 사람들이 알기 쉽지 않은 것들을 알아낼 수 있는 이가 지혜롭다고 믿는다(감각은 모든 사람에게 공통된 것이기 때문에 쉬우며, 결코 지혜라 할 수 없다). 더 나아가, 우리는 모든 앎의 영역에서, 더 정확한 사람이, 그리고 원인들을 더 잘 가르칠 수 있는 사람이 더 지혜롭다고 생각한다. 그리고 학문들 중 그 자체를 위해 그리고 그것을 알려고 하여 선택한 학문이 그로부터 나온 결과물들 때문에 고른 것보다 더 지혜이며, 또 더 지배적인 학문이[30] 종속된 학문보다 더 지혜라고 생각한다. 지혜로운 사람은 명령을 받지 않고 명령을 내려야 하고, 또 그가 남이 시키는 대로 따르는 것이 아니라, 덜 지혜로운 사람이 그가 시키는 대로 따라야 하기 때문이다.

이러한 견해들을 이만큼, 우리는 지혜와 지혜로운 사람들에 관해 가지고 있다. 이 특징들 가운데 '모든 것들을 안다'는 특징은 보편적인 앎을 가장 많이 가진 사람이 꼭 갖고 있다. 이 사람은 보편적인 것 아래에 드는 사례들을 어떤 점에서[31] 모두 알고 있기 때문이다. 그러나 바로 이런 것들

---

30 여러 학문(또는 기술)들이나 능력들 사이에서 성립하는 상하 종속 관계는 『니코마코스 윤리학』에도 나와 있는데, 여기서는 정치학이 가장 지배적인(architektonikē) 학문으로 등장하며, 전략술, 경제학, 연설술과 같은 학문, 기술들은 정치학에 종속된다고 기술되어 있다(1094a 26-b 2 참조). 그렇다고 정치학이 지혜(형이상학)보다 우위에 있다는 것을 뜻하진 않는다. 정치학은 지혜가 생기도록 힘쓸 뿐이며, 지혜를 위해 명령을 내리지, 지혜에게 명령을 내리지는 않는다(같은 책, 1145a 6-11 참조).

31 '어떤 점에서'는 '잠재적으로'(dynamei)를 뜻한다. 예를 들어, '모든 삼각형의 내각의 합은 180도다'(보편적인 앎)를 알고 있는 사람은 이등변 삼각형의 내각의 합이

은, 즉 가장 보편적인 것들은 사람들이 알아내기에 가장 힘들다. 그것들은 감각들에서 가장 멀리 떨어져 있기 때문이다.[32] 그리고 학문들 중 가장 엄밀한 것들은 으뜸가는 것들을 가장 많이 다루는 학문들이다. 다시 말해, 더 적은 원리들을 끌어대는 학문들은 원리들이 추가된 학문들보다, 예를 들어 산학(算學)은[33] 기하학보다 더 엄밀하다.[34] 더 나아가, 원인들에 관한, 이론에 관련된 학문에는 또한 가르침의 능력이 더 많이 있다. 가르치는 사람은 각 사물에 관해 원인을 말하는 사람들이기 때문이다. 그리고 자신을 위한 이해와 앎은 특히 최고의 인식 대상에 관한 앎에 들어있다(왜냐하면 앎 자체를 위해 앎을 선택한 사람은 무엇보다도 최고의 앎을
선택하려 하며, 이것은 최고의 | 앎의 대상에 관한 앎이기 때문이다). 그 982b
리고 으뜸가는 것들과 원인들이 최고의 앎의 대상들이다.[35] 바로 이것들

180도란 것을 '잠재적으로' 알고 있다. 『뒤 분석론』 86a 22-27 참조.

32 여기서 앎(인식)은 '개별적인(특수한) 것'(to kath' hekaston)에서 '보편적인(일반적인) 것'(to katholou)으로 나아가는 것으로 전제되어 있다. 그러나 보편적인 것이 구체성을 더 많이 보이는 경우가 있다(『자연학』 184a 21-b 14 참조).

33 arithmetikē를 흔히 '산술학'(算術學)으로 옮기는데, 비슷한 개념인 '술'과 '학'이 불필요하게 반복되기에, '산학'이라 옮겼다. iatrikē를 '의학'이나 '의술'이라고 하지 '의술학'이라고 하지 않는다. 14권(N) 2장 1090a 14 참조.

34 더 적은 수의 원리들에서 출발하는 학문은 더 단순하고 더 추상적인 학문으로서 더 정확하다. 예를 들어, 기하학(幾何學, geōmetrikē)은 수에 대한 원리들에다 크기에 대한 원리들을 추가하기 때문에 산학(算學, arithmetikē)보다 엄밀성이 떨어진다. 『뒤 분석론』 1권 27장과 플라톤의 『필레보스』 56c 참조.

35 모든 증명하는 학문은 실체나 모순율과 같은 으뜸가는 것, 즉 원리들을 전제한다. 이런 것들은 앎의 대상, 즉 증명의 대상이 아니라 이성(nous, 직관적 파악) 또는 ('이성'의 뜻을 포함한 넓은 뜻의) 지혜(sophia)의 대상이다(『뒤 분석론』 100b 5-17, 『니코마코스 윤리학』 1140a 33-35 참조). 그러나 여기에서 '앎'(epistēmē)은 nous와 구분되지 않는, 확장된 뜻으로 쓰여서 '추론적인 앎'보다는 '직관적인 앎'이라는 의미에 가깝다(『뒤 분석론』 72b 19, 88b 36 참조).

982b

때문에, 이것들로부터 다른 것들이 인식되지만, 이것들이 자신들 아래에 드는 것들을 통해 인식되지는 않기 때문이다. 그리고 학문들 중 종속적이기보다는 지배적인 것으로서, 무엇을 위해 우리가 각각의 일을 행해야 하는지를 아는 학문이 가장 지배적이다. 그것은 각 사물의 좋음(善)이며, 일반적으로 모든 자연 속에 깃든 지고(至高)의 선(善)이다. 이렇듯, 앞서 말한 모든 점으로 보건대, 우리가 찾는 이름(지혜)은 같은 학문이 차지하게 된다. 다시 말해, 이 학문은 으뜸 원리 및 원인에 관한, 이론에 관련된 학문(이론학)이어야 한다. 좋음과 '무엇을 위해'(목적)는[36] 원인들 가운데 하나이기 때문이다.

그리고 그 학문은 제작에 관련된 학문(제작학)이[37] 아니라는 것을 가장 먼저 철학을 했던 사람들은 또한 분명히 보여 준다. 지금이나 예전이나 사람들은 어떤 것을 의아하게 생각함(驚異)으로써[38] 지혜를 추구하기(철학하기) 시작했다.[39] 처음에는 가까이에서 벌어진 뜻밖의 일들을 의아하게 생

---

36 '무엇을 위해'의 원어는 to hou heneka이다. 이 용어는 행위나 생성, 변화의 목적을 나타낸다. '무엇을 위해'에서 '무엇'이 바로 그 목적이다. 이를 강조하기 위해 고딕체로 썼다.

37 '제작에 관련된 학문'(제작학, poiētikē)은 예를 들어, 집을 만드는 건축술과 같은 것이다. 기원전 5세기에는 특히 '시인들의 기술'을 가리키는 말로서 사용되었으며(플라톤의 『이온』 532c, 『고르기아스』 502c 참조), 아리스토텔레스에서는 창작에 관련된 학문, 즉 '창작술'(시학)의 의미로도 쓰인다.

38 '의아하게 생각함'의 원어는 thaumazein이다. 주어진 현상에 단순히 놀라는 수동적인 마음의 상태가 아니라, 주어진 현상에 놀라 이를 의아하게 생각하여 묻는 능동적인 태도를 뜻한다. '지혜를 추구하는 마음 상태'가 바로 thaumazein이다(플라톤의 『테아이테토스』 155d 참조).

39 '지혜를 추구하다'의 원어는 philosophein이다. '사랑하다', '추구하다'란 뜻의 philein과 '지혜', '앎'이란 뜻의 sophia로 이루어진 말이다. 철학의 시작에 대해서는 983a 12-16과 플라톤의 『테아이테토스』 155d 참조.

각하고, 그 다음에는 조금씩 나아가면서, 커다란 일들, 예를 들어 달의 현상들, 해와 별들의 주변 현상들, 우주의 생성에 관해서도 의문을 품었다.[40] 그리고 영문을 몰라 어떤 것을 의아하게 생각하는 사람은 자신이 모른다고 생각한다(그렇기 때문에 신화 애호가들도 어떤 점에서 철학자다. 신화는 놀라운 일들로 짜여 있기 때문이다). 그래서 그들이 무지에서 벗어나려고 철학을 했다면, 그들은 분명히 쓸모를 위해서가 아니라 이해를 위해 앎을 추구했다. 이는 벌어진 일을 통해 확인된다. 다시 말해 사람들은 안락과 오락을 위해 필요한 모든 것들이 거의 다 갖추어졌을 때, 그러한 앎을[41] 찾아 나섰다. 이렇듯, 우리는 분명히 어떤 다른 쓸모 때문에 지혜를 찾지 않는다. 마치 남이 아니라 자신을 위해 있는 사람을 자유인이라 부르듯이,[42] 이런 앎만이 모든 앎들 가운데 또한 자유롭다고[43] 우리는 말한다. 그것만이 제 자신을 위해 있기 때문이다.

그렇기 때문에 또한 이런 앎을 얻는 것은 인간의 능력을 벗어난 것이라고 마땅히 생각하기도 한다.[44] 인간의 본성은 여러모로 노예와 같기 때문이다. 그래서 시모니데스가[45] 읊듯, "신(神)만이 이런 (훌륭한 상태에 머무

---

40 처음엔 주변에서 벌어지는 일들, 예를 들어 왜 호박(琥珀)이 왕겨를 끌어당기고, 왜 '헤라클레스의 돌'(=자석)이 철을 끌어당기는지, 무지개가 뭔지, 안개의 성분이 어떤지, 천둥이 어디서 오는지, 번개가 왜 생기는지에 대해 의문을 품고 깊이 생각하게 되었다. 그 다음에 좀 더 커다란 일에 대해, 예를 들어 월식, 달 크기의 증감, 그리고 일식, 해돋이, 해넘이 등에 대해 의문을 품고 사색하게 되었다. 알렉산드로스의 『형이상학 주석』, Hayduck 편집(1891), 16쪽 3-11행 참조.

41 '앎'의 원어는 phronēsis이다. 흔히 좁은 뜻으로 쓰여, 좋음의 실현을 위한 '실천적 지혜'라 옮겨지는데(『니코마코스 윤리학』 6권 5장 참조), 여기서는 넓은 뜻으로 쓰여서 sophia(지혜)나 epistēmē(앎)와 같은 뜻이다.

42 『정치학』 1254a 14 참조.

43 '자유로운 앎'(eleuthera epistēmē)에 대해서는 플라톤의 『국가』 499a, 536e 참조.

44 『니코마코스 윤리학』 1177b 31-33 참조.

를) 특권을 누릴지어다." 그리고 인간이 자신에 맞는 앎을 구하려 하지 않는 것은 적절하지 못한 태도일 테다. 정말 시인들의 말에 일리가 있고 신
983a 적인 존재는 | 질투하기 마련이라면, 그것은 무엇보다 바로 이 경우에 일어날 것이고, (그런 앎에서) 뛰어난 사람들은 모두 불행할 것이다.[46] 하지만 신이 질투할 수는 없으며[47](또 속담에 따르면 "시인은 거짓말을 잘한다"),[48] 어떤 앎도 그런 앎보다 더 값지다고 생각해서는 안 된다. 가장 신적인 앎이 또한 가장 값진 앎이기도 하기 때문이다. 이것만이 두 가지 의미에서 신적이다. 즉, 신이 가장 많이 가질 앎이 신적인 앎이며, 신적인 것들을 다루는 앎이 또한 그런 것이다. 그리고 이런 앎만이 이 두 가지 성질을 갖추고 있다. 왜냐하면 사람들은 무릇 신이 모든 사물들의 원인이자 어떤(으뜸가는) 원리라 생각하기 때문이다. 그리고 신만이 그런 앎을 갖거나, 아니면 누구보다도 신이 그런 앎을 가장 많이 가질 것이기 때문이다.[49] 정말, 다른 앎들은 모두 이런 앎보다 (실생활에) 더 필요한 것이겠지만, 어

---

45 시모니데스(Simōnidēs, 기원전 555-467년). 케오스(Keos)섬 출신으로 핀다로스에 버금가는 서정 시인이다. 삶의 지혜에 대한 성찰을 담은 시를 썼다. 플라톤의 『프로타고라스』 341e와 344c에 같은 말이 인용되어 있다. 344b-c에서 플라톤은 "훌륭한 사람이 되기란 정말 어렵고"—얼마 동안은 가능할지 모르겠지만 말이다—또 그렇게 되어 그런 상태를 유지하는 것과 "훌륭한 사람으로 머물러 있기란" 불가능하며, 이런 것은 인간에게 어울리지 않고, "신만이 이런 훌륭한 상태에 머무를 특권을 누린다"고 풀어 말한다.

46 신들의 질투심 때문에 사람들은 철학을 추구하면서 자신들이 지닌 뛰어난 지적 능력을 발휘할 기회를 빼앗기게 되어 불행하게 된다.

47 질투는 나쁜 것(악덕)인데, 나쁜 것이 신의 속성일 수는 없다.

48 아테네의 정치인이자 시인이었던 솔론(Solōn, 기원전 640-560년쯤)이 이미 인용했던 속담이기도 하다. Leutsch/Schneidewin(1839-51), 1권 371쪽과 2권 128, 615쪽 참조.

49 여기에서는 신에 대한 일반인의 통념이 이야기되고 있다. 12권(Λ)의 설명에 따르면, 신의 사유는 오로지 자기 자신만을 대상으로 삼는다.

떤 앎도 더 낫지 않다.

이런 앎의 획득은 우리의 원래 탐구에 반대되는 마음 상태에서 끝나야 한다.[50] 앞서 우리가 말했던 것처럼, 사람들은 모두 어떤 것이, 예를 들어, (인형극의) 저절로 움직이는 신기한 물건(꼭두각시)이나[51] 태양의 지점(至點, 동지점이나 하지점), 또는 정사각형의 한 변과 대각선을 같은 단위로 잴 수 없음에[52] 관해 정말 그러한지 의아하게 생각함(驚異)에서 (원인에 대한 앎을 얻고자 하는 노력을) 시작한다. 왜냐하면 〈원인을 보지 못한 모든 이들에게는〉 어떤 것이 (자신과 같은 종류의 것인) 최소 단위로 측정되지 않는다는 것이 이상한 일인 듯하기 때문이다. 그러나 앞의 예들에서 원인을 배운 경우에서처럼 반대되는 상태에서, 속담에 나오듯이[53] 나은 상태에서 끝나야 한다. 기하학자는 정사각형의 대각선이 한 변과 같은 단위로써 측정된다고 할 때 가장 놀랄 것이기 때문이다.

이로써 우리가 찾고 있는 학문의 본성이 무엇인지,[54] 그리고 그 탐구와

---

50 몰랐을 땐 참을 보고 의아하게 생각하지만, 알고 난 뒤엔 참에 반대되는 것, 즉 거짓을 보고 의아하게 생각한다.

51 플라톤의 『국가』 514b 참조.

52 아리스토텔레스가 즐겨 드는 수학적인 참의 예이다. 『앞 분석론』 41a 23–27에 처음 등장하는데, 그 기원은 피타고라스학파까지 거슬러 올라간다. 10권(I) 1장 1053a 17, 『토포스론』 106a 38, 163a 12, 『자연학』 221b 24, 『동물의 발생에 관하여』 742b 27, 『니코마코스 윤리학』 1112a 22 참조.

53 '두 번째 생각이 더 낫다.' Leutsch/Schneidewin(1839–51), 1권 62, 234쪽, 2권 357쪽 참조.

54 우리가 찾는 학문은 실천학이 아닌 이론학이며, 으뜸 원인 및 원리를 인식하는 학문이다. 그러나 이 학문은 수학이나 자연학이 아니다. 수학이나 자연학도 이론학으로서 넓은 뜻에서는 지혜라 불릴 수 있지만(『니코마코스 윤리학』 1141a 23, b1 참조), 으뜸 지혜는 아니다(4권 3장 1005b 1–2 참조). 으뜸 지혜(학문 또는 철학)는 변하지 않는 실체를 다루는 신학(theologikē)이다(6권 1장 1026a 19, 11권 7장 1064b 3 참조).

모든 연구가 이르러야 하는 목표점이 무엇인지를 얘기했다.

3장 원리 및 원인에 관한 옛 철학자들의 이론

분명히, 근원적인 원인들에 관한 앎을 얻어야 한다(왜냐하면 으뜸 원인을 깨달았다고 믿을 때, 우리는 각 사물을 안다고 말하기 때문이다). 그리고 원인은 네 가지 뜻으로 말해진다.[55] 그 가운데 하나를 우리는 실체, 즉 본질이라고[56] 부른다('무엇 때문에'는 마지막에 정의(定義)로 환원되며, 으뜸가는 '무엇 때문에'는 원인과 원리이기 때문이다). 그리고 다른 하나는 재료나[57] 바탕(基體)이며,[58] 셋째는 운동이 비롯하는 곳(운동의 근원)이며,

---

55 10장 993a 11-13 참조.

56 '실체'로 옮긴 ousia는 einai(있다 또는 …이다)의 현재분사 여성형 ousa에서 파생된 개념인데, 말 그대로는 '(정말) 있는 것'을 뜻한다. 7권(Z) 3장에서 본질, 보편적인 것(보편자, to katholou), 유(類, genos), 바탕(基體, hypokeimeinon), 이 네 가지가 실체의 후보로 등장하지만, 아리스토텔레스는 결국 한 사물의 형상(形相) 또는 본질에서 실체를 찾으며, '실체'란 말을 주로 이 뜻으로 쓰고 있다. '본질'은 아리스토텔레스가 만들어 쓴 그리스어 to ti ēn einai(the 'what it was to be', 어떤 것이 있다는-것은-무엇-이었는가?)를 영어 번역어 essence에 맞춰 옮긴 것이다. 그것은 '인간'을 예로 들면, '인간이 있다는 것은 무엇이었는가?' 또는 '어떤 것이 인간이다는 것은 무엇이었는가?'란 물음이 되는데, 이는 인간의 본질을 묻는 물음이다. 이 물음은 인간의 형상을 표현하는 정의(定義, horos)를 통해(예를 들어 '인간은 이성적인 동물이다') 답변된다. 이 용어의 반과거형 ēn(…이었는가)에 대해서는 여러 가지 해석이 가능하지만, 앞서 얘기된 사항이나 주어진 정의를 언급할 때 쓰이는 것으로 보고(12권 6장 1071b 3 참조), 보통 '철학적인 반과거형'(philosophical imperfect)이란 이름을 붙인다(7권 17장 1041a 30, 12권 6장 1071b 7 참조).

57 '재료'의 원어는 hylē로, 원래 나무와 관련된 모든 사물들을 가리킬 때 쓰는 말이다. 즉, '숲, 수풀, 덤불, 나무, 재목, 가지, 줄기, 장작, 땔감, 편비내, 야생 열매' 등의 다양한 뜻을 가진 낱말이다(『동물 탐구』 550b 8 참조). 이를 바탕으로, '날것, 목재,

넷째는 이것에 대립되는 원인, 즉 무엇을 위해(목적)와 좋음(善)이다(이것이 바로 모든 생성과 운동의 목적이다).[59] 이것들에 관해 우리는 자연에 관한 저술들에서[60] 충분히 살펴보았지만, 우리보다 먼저, 있는 것들에 대한 연구로 들어가 (사물의) | 참모습에[61] 관해 철학을 했던 이들을 또한 끌어들여 보자. 그들도 분명히 특정한 원리와 원인을 논의하기 때문이다. 또 그들의 견해를 검토해 보는 것은 현재의 연구에 도움이 될 것이다. 왜냐하 983b

---

재료, 원료, 구성 요소, 진흙, 바닥짐, 저장물' 등의 뜻을 가지기도 한다(플라톤의 『필레보스』 54c, 『티마이오스』 69a 참조). 아리스토텔레스의 철학에서는 '어떤 것이 생겨 나오거나 어떤 것을 이루고 있는 재료'를 뜻한다.

58 '바탕'의 원어는 hypokeimenon(hypo …밑에+keisthai 놓여 있다)으로 말 그대로는 '어떤 것의 밑에 놓여 있는 것'을 뜻한다. 형용사형으로도 쓰여 뒤의 명사, 예를 들어 실체, 물체, 재료를 꾸며 주기도 한다(그리스어-우리말 찾아보기 참조). 아리스토텔레스의 철학에서 일반적으로 '바탕'은 형상과 재료, 그리고 이 둘로 된 전체를 모두 가리키는 말로 쓰이고 있다. 흔히 '기체'(基體)로 옮겨지지만, 동사형인 hypokeisthai도 같은 맥락에서 쓰이므로(7권 13장 1038b 5, 10권 2장 1053b 13, 14권 1장 1088a 26 참조), '바탕'이 더 적절한 번역어라 생각한다. '주어', '대상', '전제', '사례' 등의 뜻도 있다.

59 예를 들어, 씨는 한 그루의 나무가 되기 위해 싹이 트고 자라는 생성의 과정을 거치며, 나는 야구 경기를 즐기기 위해 야구 경기장으로 가는 움직임(운동)의 과정을 거친다.

60 『자연학』 2권 3장과 7장 참조.

61 '참모습'의 원어는 alētheia이다. 숨겨져 있음을 뜻하는 어간 lēth 앞에 부정소(否定素) a가 붙어 만들어진 말인데, 말 그대로는 '숨겨져 있지 않음'을 뜻한다. 하이데거의 용어를 빌리면, '비은폐성'(Unverborgenheit)을 뜻한다. 이 개념의 형용사 alēthes는 어떤 사물 내지 사태가 '실제로 또는 정말로 있음'을, 어떤 주장이나 진술이 '참임'을 뜻하며, 또 어떤 개인이 '솔직함 또는 바름'을 나타낸다. 『형이상학』에서 alētheia는 존재론적으로 쓰여 사물이나 사태의 '참모습'(眞相 또는 實相, real nature) 또는 '궁극적인 본성'(ultimate nature)의 뜻으로 주로 쓰였지만, 4권(Γ) 3장 1005b 3에서처럼 사태에 대한 인식의 결과물인 판단이나 언명 또는 문장의 '참임'(진리성)을 뜻하기도 한다.

면 이를 통해 우리는 다른 종류의 원인을 발견하거나 또는 방금 말한 원인들을 더 믿게 될 것이기 때문이다.

가장 먼저 철학을 했던 사람들은 거의 재료 형태의 원리만을 모든 사물들의 원리로 삼았다. 그들은 사물들을 이루고 있는 것, 그것들이 생겨 나오는 맨 처음의 것, 그리고 그것들이 마지막에 사라져서 되는 것이(실체는 그대로 남아 있고 오로지 그 양태들만이 변한다) 사물들의 요소 및 원리라고 말한다. 그래서 또한 그들은 그러한 실재가[62] 늘 보존되기 때문에, 어떤 것도 생겨나지도 없어지지도 않는다고 생각한다. 예를 들어, 우리는 소크라테스가 멋있게 되거나 교양 있게 될 때 그가 단적으로 생겨난다거나,[63] 또는 그가 이러한 지속적 상태를[64] 잃을 때 그가 소멸한다고 말하지 않는다. 그 상태의 바탕인 소크라테스 자신은 그대로 남아 있기 때문이다. (그들에 따르면) 다른 것들의 경우도 이와 마찬가지다. 하나든, 하나보다 많은 여럿이든, 어떤 실재가 있어야 하며, 이것이 보존되면서 이것으로부터 나머지 것들이 생겨난다.

하지만 그런 원리의 수효 및 종류에 관해 사람들이 모두 다 같은 것을 주장하지는 않는다. 그런 종류의 철학의[65] 창시자인 탈레스는 물이 그런

---

62 여기서 physis는 인공물이나 자연물들을 구성하고 있는 재료를 뜻한다. '실제로 있는 것'이란 뜻에서 '실재'(entity)로 옮겼다. 5권(Δ) 4장 1014b 26, 31 참조.

63 '단적으로 생겨남'(gignesthai haplōs)은 없던 것이 있게 되는 변화를 뜻한다. '소크라테스가 멋있게 됨이나 교양 있게 됨'은 질적인 변화만을 뜻한다. 질의 일종인 '멋있음'과 '교양 있음'의 습성(習性, hexis)을 잃는다 해도 소크라테스가 소멸하는 것은 아니다.

64 원어는 hexis로, 정의, 지혜 등의 덕과 같이 지속적이고 쉽게 바뀌지 않는 지속적 상태(습성)를 가리키는 말이다. 따뜻함과 차가움, 병과 건강 등 오래가지 못하고 쉽게 변하는 일시적 상태를 가리키는 말인 diathesis와 구분된다(『범주들』 8b 26-9a 13 참조).

65 '그런 종류의 철학'은 '모든 사물들의 재료를 찾는 탐구'를 뜻한다. philosophia

원리라고 말한다(그래서 그는 또한 땅이 물 위에 있다고 밝힌다).[66] 모든 것들의 양분이 습하고 (동물의) 체열 자체도 이 습한 것에서 생겨나서 이것으로써 살기 때문에,[67] 그가 이런 견해를 갖게 된 듯하다(모든 것들이 생겨 나오는 것은 모든 것들의 근원이다). 이 때문에, 또 모든 것들의 씨가 습한 본성을 갖고, 물은 습한 것들이 갖는 본성의 원리(근원)이기에 그는 그런 견해를 갖게 되었다.

어떤 이들은[68] 지금 세대보다 훨씬 전에 맨 처음으로 신들을 논했던[69] 아주 먼 옛날 사람들도 자연에 관해 이렇게 생각했으리라 믿는다. 그들은 오케아노스와 테튀스를 생성의 부모로 삼았고,[70] 신들의 맹세도 시인들 사이에서 스튁스라 불리는 물을 두고 하도록 했다.[71] 가장 오래된 것이 가장

(철학)란 말은 플라톤에 와서 처음으로 등장한다. 그는 철학을 지혜에 대한 추구로 규정한다(『뤼시스』 218a-b, 『향연』 203c-204b 참조). 아울러 신들만이 지혜로울 뿐이며, 인간은 지혜를 계속 추구할 수 있을 뿐이라고 말한다. 이런 플라톤적인 '철학함'의 뜻에서 출발하여, 아리스토텔레스에 와서는 '학문 일반', '이론에 관련된 학문'(이론학)들로 philosophia의 의미가 넓어진다(4권 2장 1004a 3, 6권 1장 1026a 18 참조).

66 『천체에 관하여』 294a 28-30 참조.

67 동물들은 습기가 든 음식을 섭취함으로써 열을 발생시켜 체온을 유지한다.

68 플라톤을 가리키는 듯하다. 『크라튈로스』 402b, 『테아이테토스』 152e, 162d, 180c 참조.

69 '신을 논하다'의 원어는 theologein이다. 명사형 theologos(신을 논하는 사람)는 자연철학자(physikos)와 구분하여 호메로스, 헤시오도스, 오르페우스 같은 사람들을 가리키는 말이다(플라톤의 『테아이테토스』 181b 참조).

70 오케아노스(Ōkeanos)는 대양(大洋)의 신이며, 테튀스(Tethys)는 바다와 강의 어머니로서 우라노스(Ouranos, 하늘의 신)와 가이아(Gaia, 땅의 여신, 우라노스의 아내) 사이에 태어난 딸이다. 호메로스의 『일리아스』 14권 201, 246, 302행, 플라톤의 『크라튈로스』 402b-c 참조.

71 스튁스(Styx)는 지하계의 강 또는 늪을 가리킨다. 이곳의 물을 떠 놓고 신들은 자신들의 맹세를 엄숙히 거행했다고 한다. 요정으로서는 오케아노스와 테튀스 사이에 난 맏딸이다. 호메로스의 『일리아스』 2권 755행, 14권 271행, 15권 37행 참조.

983b

값진 것이며, 가장 값진 것은 맹세를 보증하는 것이기 때문이다. 이것이 984a | 정말 자연에 관해 처음으로 가진 옛날의 견해였는지는 분명하지 않아 보인다. 어쨌든 탈레스는 으뜸가는 원인에 관해 그렇게 자신의 생각을 밝혔다고 한다. 힙폰의[72] 생각은 깊이가 없기 때문에 아무도 그를 이들 대열에 넣는 것이 마땅하다고 여기지 않을 것이다.

그러나 아낙시메네스와[73] 디오게네스는[74] 공기를 물보다 먼저인 것으로,[75] 그리고 이것을 단순 물질들 가운데 가장 많이 원리인 것으로 놓았으며, 반면 메타폰티온 출신의 힙파소스와[76] 에페소스 출신의 헤라클레이토스는 불을, 그리고 엠페도클레스는 얘기된 것들 말고 넷째의 것으로 흙을 보탬으로써 네 가지 원소를 원리로 놓았다(왜냐하면 이 원소들은 항상 줄곧 남아 있으며 생겨나지(도 사라지지도) 않으며, 많아지든 적어지든, 하나의 것으로 결합되거나 하나의 것으로부터 분리될 뿐이기 때문이다).[77]

나이로 볼 때는 엠페도클레스보다 먼저이지만 활동으로 볼 때는 그보

---

72 힙폰(Hippōn, 기원전 470-400년쯤). 레기온(Rhegion) 출신으로 탈레스의 이론을 발전시킨 자연철학자이다. 아리스토텔레스의 『혼에 관하여』 405b 2 참조.

73 아낙시메네스(Anaximenēs, 기원전 580-520년쯤). 밀레토스(Milētos) 출신으로서 이오니아 자연철학자였다. 고대에 아낙시만드로스의 제자로 여겨졌으며, 그에 따르면 사물은 공기의 압축과 팽창으로 말미암아 생겨난다. 김인곤 외(2005), 149-162, 694-701쪽 참조.

74 디오게네스(Diogenēs, 기원전 460-390년쯤). 아폴로니아(Apollonia) 출신. 자신의 공기 이론으로 아낙시메네스를 추종하였고, 그 밖에 엠페도클레스, 아낙사고라스, 레우킵포스의 견해를 이용하였다. Diels/Kranz(1960-61), 2권 51-69쪽 참조.

75 이들에 따르면, 공기가 물로 이루어진 것이 아니라, 물이 공기로 이루어졌다.

76 힙파소스(Hippasos, 기원전 5세기). 피타고라스주의자로서 헤라클레이토스와 피타고라스의 사상을 결합하여 자신의 사상 체계를 만들어 냈다. 그의 사상과 정치 활동에 대해서는 불확실한 보고만이 있을 뿐이다.

77 우애에 의해 하나의 것으로 결합되고, 싸움에 의해 하나의 것으로부터 분리된다. 아낙사고라스의 글조각 12, 김인곤 외(2005), 356-361쪽 참조.

다 나중인[78] 클라조메나이 출신의 아낙사고라스는 원리들이 수없이 많다고[79] 주장한다. 그는 같은 질의 부분(同質素)들로 된 것들이[80] 물이나 불과 같은 방식으로[81] 거의 모두 이렇게, 즉 결합과 분리로써만 생겨나거나 사라지고, 다르게는 생겨나지도 사라지지도 않고 영원한 것들로 줄곧 남아 있다고 주장한다.

그러므로 이러한 것들로부터, 누구든 재료 형태로 이야기되는 원인이 하나뿐인 원인이라고 생각할 수 있을 것이다. 그러나 이렇게 사람들이 앞으로 나아가면서 사물 자체를 통해 (탐구의) 길이 열렸으며, 이와 더불어 그들은 더 탐구할 수밖에 없었다. 정말, 아무리 생성과 소멸이 모두 하나든 여럿이든 어떤 것에서 비롯된다 하더라도, 무엇 때문에 그런 것이 일어나며, 무엇이 그 원인인가? 바탕(재료) 자체가 자신의 변화를 일으키지

---

78 '나중인'(hysteros)을 '뒤진'으로 옮길 수도 있다. 아리스토텔레스는 한정된 수의 원리를 내세우는 엠페도클레스를 더 좋아한다. 『자연학』 188a 17, 189a 15 참조.

79 종류가 수없이 많다는 것을 뜻한다(『천체에 관하여』 302b 10-24 참조). 따라서 개수도 무한히 많게 된다.

80 '(자신과) 같은 부분들로 된 것'의 원어는 homoiomeres로 아리스토텔레스가 만들어 낸 용어로 보인다. 이에 대응하는 아낙사고라스 자신의 용어는 sperma(씨앗)이다. 아낙사고라스의 생각에 따르면, "같은 씨앗 안에 머리털도 손톱도 정맥도 동맥도 힘줄도 뼈도 있으며, 이 부분들은 작아서 보이지 않지만 자라면서 조금씩 분리된다."(그의 글조각 10, 김인곤 외, 2005, 517쪽 참조). 이 씨앗 안에는 '이 씨앗이 자라서 될 것'을 이루게 될 부분들이 특정한 방식으로 결합되어 들어있다. 이런 뜻에서 씨앗은 자신으로부터 나온 산물(産物)과 '같은 부분들로 된 것'이다(『생성과 소멸에 관하여』 314a 18-21 참조). 아리스토텔레스는 homoiomeres를 ① (물, 불 따위의) 요소들(9장 992a 7, 『토포스론』 135a 24-b 6), ② 광석, 금속, 돌(『기상학』 388a 14), 특히 ③ 뼈, 살, 근육, 나무, 나무껍질과 같은 동식물의 조직(『기상학』 388a 16)에 대해서 쓰고 있다.

81 『천체에 관하여』 302a 28-b 5, 『생성과 소멸에 관하여』 314a 24-29의 보고에 따르면 아낙사고라스에서 물과 불은 공기와 흙과 더불어 '같은 부분들로 된 것들'이 혼합되어 생겨나는 것들이다. 이런 것들은 씨앗들과 달리 영원한 것들이 아니다.

는 않기 때문이다. 내가 말하고 싶은 것은, 예를 들어 나무도 청동도 이들 각각의 변화의 원인이 아니라는 점이다. 나무가 침대를 만들지도 않고, 청동이 조각상을 만들지도 않는다. 다른 어떤 것이 그 변화의 원인이다. 이것을 찾는 것은 또 다른 원리를, 다시 말해 우리가[82] 부르고자 하듯 운동이 비롯하는 곳(운동의 근원)을 찾음을 뜻한다. 그런데, 맨 처음 이런 연구 방식을 접하고서 바탕이 하나라고 주장했던 사람들은[83] 전혀 불만족스러워하지 않았지만, 한 가지 것을 주장하는 사람들 가운데 몇몇은[84] 마치 이런 (운동의 근원에 대한) 탐구에 항복이라도 하듯이, 하나와 자연 전체가 생성과 소멸뿐만 아니라(이것은 초창기의 생각이었고, 모든 사람들이 이에 동의했기 때문이다) 다른 모든 변화에서도[85] 변하지 않는다고 | 주장한다. 그리고 이것은 그들에게만 있는 점이다. 그러므로 모든 것(우주)이 하나라고 주장했던 어느 누구도, 아마 파르메니데스 말고는, 그런 종류의 원인을 알아내는 데에 이르지 못했다. 원인을 하나만이 아니라, 두 개로 놓은 점에서 파르메니데스는 그것을 어느 정도 알아냈다.[86] 그러나 여러 가지 원인들을, 예를 들어 뜨거운 것과 차가운 것, 또는 불과 흙을 받아들이는 사람들에게는[87] 그런 원인에 대해 말하는 것이 가능하다. 다시

---

82 1권(A)에서 '우리'는 플라톤주의자들을 가리킨다.

83 탈레스, 아낙시메네스, 헤라클레이토스를 가리킨다.

84 엘레아학파를 가리킨다.

85 장소, 양, 질의 변화에서도.

86 파르메니데스의 두 가지 원인은 '뜨거운 것'과 '차가운 것', 또는 '불'과 '흙'을 가리킨다(5장 986b 27-987a 2, 『자연학』 188a 19-22, 『생성과 소멸에 관하여』 318b 6, 330b 13-15 참조). 그러나 그의 글조각에는 '흙' 대신에 '밤'이 한 가지 원리로서 나온다(글조각 8, 50-59행, 김인곤 외(2005), 286-287쪽 참조).

87 엠페도클레스를 가리키는 듯하다. 4장 985a 29-b 2, 『생성과 소멸에 관하여』 330b 19 참조.

말해 이들은 불을 사물들을 움직이게 하는 본성을 가진 것으로 다루지만, 물, 흙 따위는 이에 반대되는 것으로 다룬다.

이 사람들과 그러한 종류의 원리들[88] 다음으로, 이것들이 사물들의 본성을 낳기에는 충분하지 못했기 때문에, 사람들은 우리가 말했듯이[89] 다시 사물의 참모습 자체에 이끌려[90] 다음 원리를[91] 찾게 되었다. 사물들이 좋고 아름답거나 그렇게 되는 데에, 아마도 불이나 흙 따위가 그 원인일 것 같지 않고, 또 그들이 이렇게 생각했을 것 같지도 않기 때문이다. 그렇다고 우발과 운에[92] 그런 중대한 일을 맡기는 것도 옳지 않았다. 누군가가 이성이 동물에서처럼 자연에서도 그 안에 모든 아름다움과 질서의 원인으로서 있다고 주장했을 때, 그는[93] 마구잡이로 주장하는 이전 사람들에 비해 맑은 정신을 가진 사람처럼 보였다. 우리는 아낙사고라스가 분명히 이러한 생각에 접했다는 것을 알고 있지만, 클라조메나이 출신의 헤르모티모스가 먼저 이것을 주장했다는 것도 일리가 있다. 그렇게 생각했던 사람들은 사물들의 원리로서 좋음의 원인과 더불어 사물들의 움직임이 비롯하는 근원을 내놓았다.[94]

---

88 재료인과 재료-운동인을 가리킨다.

89 984a 18 참조.

90 『자연학』 188b 30 참조.

91 재료인이면서 운동인인 것, 즉 재료-운동인이 아니라, 순수한 운동인을 가리킨다.

92 '우발'(to automaton)과 '운'(tychē) 개념에 대해서는 7권(Z) 7장과 9장, 11권(K) 8장 1065a 27-b 4 참조. 앞의 것은 우연적인 것에 대해 일반적으로 쓰이는 개념이고, 뒤의 것은 특히 인간사의 영역에서 벌어진 우연적인 것에 대해 쓰이는 개념이지만(『자연학』 2권 4-6장 참조), 아리스토텔레스는 종종 이 둘을 구분하지 않고 쓰기도 한다.

93 아낙사고라스를 가리킨다. 그의 글조각 12, 김인곤 외(2005), 510-512쪽 참조.

94 그러나 그들은 좋은 것인 우애(philia)나 이성(nous)을 그저 운동인으로서 사용했을 뿐, 우주의 목적인으로서는 사용하지 못했다. 7장 988b 6-11 참조.

984b

4장 옛 철학자들의 이론(계속)

헤시오도스가 처음으로, 그리고 다른 어떤 이가, 예를 들어 파르메니데스처럼 사랑이나 욕망을 있는 것들 안에 든 원리들로서 놓았다면, 그도 그런 것을 찾지 않았는가 생각할 수 있겠다. 다시 말해, 파르메니데스는 우주의 생성을 구성하면서,

> "아프로디테는 모든 신들 가운데 에로스를 〈맨 먼저〉 궁리해 냈다"

고 말한다.[95] 헤시오도스는

> "모든 것들 중에서 가장 먼저 카오스가 생겨났고, 그 다음에는 가슴이 넓은 가이아가, … 그리고 죽지 않는 신들 가운데서도 돋보이는 에로스가 생겨났다"

고 말한다.[96] 마치 있는 것들 안에 그것들을 움직이고 한데 모으는 어떤 원인이 들어있어야 한다는 듯이 말이다. 이들 중 누구를 으뜸으로 꼽아야 하는지는 나중에 결정하도록 하자.[97] 하지만 좋은 것들에 반대되는 것도 자연 안에 있는 것으로 보였으므로, 질서와 아름다운 것뿐만 아니

---

95 그의 글조각 13, 김인곤 외(2005), 291쪽 참조. 아래의 헤시오도스의 말과 함께 플라톤의 『향연』 178b에도 나온다. '궁리해 냈다'(mētisato)의 주어는 심플리키우스와 플루타르코스에 바탕을 둔 로스의 해석에 따라 아프로디테(Aphroditē, 사랑의 여신)로 보았다. 아낭케(Anankē, 필연 또는 운명의 여신), 디케(Dikē, 정의), 게네시스(Genesis, 생성), 퓌시스(Physis, 자연)를 주어로 보는 입장도 있다.

96 헤시오도스의 『신들의 계보』 116-120행에 나온 것과 조금 다르게 인용되었다.

97 이에 대한 논의는 남아 있는 저술에는 없다.

라 | 무질서와 추한 것도 보였으므로, 게다가 좋은 것보다는 나쁜 것이, 985a 고귀한 것보다는 비천한 것이 더 많이 보였으므로, 어떤 사람은 우애와 싸움을 이것들 각각의 원인으로 끌어들였다. 누군가가 엠페도클레스를 추종하여, 웅얼거리는 그의 말이 아니라 그가 꾀한 생각에 따라 그의 견해를 받아들인다면,[98] 우애는 좋은 것들의 원인이고, 싸움은 나쁜 것들의 원인임을 알아차리게 될 것이다. 그래서 누군가가 엠페도클레스가 어떤 점에서 둘 다 언급하며, 그가 나쁨과 좋음을 원리로 주장한 최초의 사람이라고 얘기할 때, 정말 좋음 자체가 모든 좋은 것들의 원인이고 나쁨이 모든 나쁜 것들의 원인이라면, 그의 말은 아마 맞을 것이다.

우리가 말하듯이, 이들은 분명히 그런 정도로, 다시 말해 우리가 자연에 관한 저술들에서 구분했던[99] 원인들 중 두 가지를, 즉 재료와 움직임이 비롯하는 곳(운동의 근원)을 접했을 뿐이다. 물론 어렴풋이 그리고 분명치 않게, 마치 훈련되지 않은 사람들이 싸움을 벌일 때처럼 접했다. 왜냐하면 이 사람들은 이리저리 옮겨 다니며 때론 적을 잘 치지만 전투 지식에 바탕을 두고 그렇게 하지는 않으며, 저들도 또한 자신들이 말하는 바를 이해하지 못하는 사람들과 비슷하기 때문이다. 다시 말해 그들은 분명히 이 원리들을 거의 사용하지 않거나 단지 조금 사용한다. 아낙사고라스는 우주(의 구조)를 만들어 낼 때 이성을 인위적인 장치로[100] 사용하는데, 어떤 이

98 5장 986b 5, 8장 989a 32, 10장 993a 15, 3권(B) 6장 1002b 27 참조.

99 『자연학』 2권 3장과 7장 참조.

100 '인위적인 장치'의 원어는 mechanē이다. 라틴어 표현 deus ex machina(무대 장치를 통해 내려온 신)가 바로 이 말에서 비롯되는데, 극의 마지막 장면에서 기중기 같은 장치를 사용하여 신을 무대에 등장시킴으로써 얽힌 행위의 매듭을 풀도록 한다는 내용이다(플라톤의 『크라튈로스』 425d 참조). 그리스 3대 비극작가 에우리피데스(기원전 480-406년)가 즐겨 쓴 방법인데, 일반적으로 deus ex machina는 '뜻밖의 구원자' 또는 '해결사'라는 뜻을 담고 있다.

985a

유로 어떤 것이 필연적으로 있어야 하는지 몰라 곤경에 처했을 때, 그는 이성을 끌어들인다. 그러나 다른 경우들에서는 이성보다는 다른 것들을 더 생겨나는 것들의 원인으로 삼는다.[101] 그리고 엠페도클레스는 아낙사고라스보다 원인들을 더 많이 사용하면서도, 충분하게 사용하지 못하며, 또 그 사용에서도 일관성을 갖지 못한다. 적어도, 그는 여러 곳에서 우애로 하여금 분열시키게 하며, 싸움으로 하여금 결합시키게 한다. 왜냐하면 모든 것이 싸움의 영향 아래 요소들로 분해될 때마다, 불(의 부분들)은 하나로 결합되며, 다른 요소들(의 부분들)도 저마다 그럴 것이기 때문이다. 그리고 다시 우애의 영향 아래 (여러 가지 요소들이) 하나로 합쳐질 때마다, (각 요소의) 부분들은 다시 (그것들이 들어있던) 각 요소로부터 분리되어야 한다.[102]

이렇듯 엠페도클레스는 한 가지 운동 원리가 아니라, 상이하고 상반된 것들을 원리로 삼았다. 그럼으로써 이전 사람들과 달리 처음으로 이 원인을 (둘로) 나누어 도입했다.[103] 더 나아가 그는 처음으로 이른바 재료 형태의 네 가지 요소들을 말했다. 하지만 이를 넷으로 쓰지 않고 마치 둘뿐인
985b 양 쓴다. | 즉 불 자체를 하나로, 이것에 대립되는 흙, 공기, 물을 하나로 놓고 쓴다. 그의 시구(詩句)들을 잘 살펴보면 이 점을 얻어 낼 수 있을 것이다.[104]

우리가 말한 것처럼, 그는 이런 방식으로 이만큼의 원리들을 주장하였

---

101 플라톤의 『파이돈』 98b-c, 『법률』 967b-d 참조.

102 3권 4장 1000a 26, b 9 참조. '요소들'(stoicheia)에 해당하는 엠페도클레스 자신의 용어는 '뿌리들'(rizōmata, 물, 불, 흙, 공기)이다.

103 위의 2-4행 참조.

104 불은 움직이려는 성향을 가지며, 나머지 것들은 가만히 있으려는 성향을 갖는다. 엠페도클레스의 글조각 62, 김인곤 외(2005), 391-393쪽 참조.

다. 그렇지만 레우킵포스와[105] 그의 동료 데모크리토스는 찬 것과 빈 것이 요소라고 말한다. 그러면서 앞의 것은 있는 것이고, 뒤의 것은 있지 않은 것이라고 주장한다. 이것들 가운데, 찬 것이나 단단한 것은 있는 것이고, 빈 것은 있지 않은 것이다(그렇기 때문에 그들은 있는 것이 있지 않은 것보다 결코 더 많이 있지 않는다고도 말한다. 물체가 빈 것보다 더 있지 않기 때문이다). 이것들은 '재료'의 뜻으로, 사물들의 원인이다. 그리고 바탕이 되는 실체를 하나로 놓는 사람들이 나머지 것들을 이것의 양태들로 만들고 이때 성김과 촘촘함을 이 양태들의 원리로 놓듯이, 바로 이런 방식으로 그 두 사람도 또한 찬 것의 차이성들이 나머지 속성들의 원인이라고 말한다. 그런데 그들은 이 차이성들로 세 가지가, 즉 모양, 순서 그리고 놓임새가 있다고 주장한다. 다시 말해 그들은 있는 것은 생김새, 상호 접촉, 방향을 통해서만 차이가 난다고 말한다.[106] 여기에서 생김새는 모양을, 상호 접촉은 순서를, 방향은 놓임새를 뜻한다. 예를 들어, A는 모양에서 N과 차이 나며,[107] AN은 순서에서 NA와, 그리고 Z는 놓임새에서 N과 차이 난다.[108] 그러나 운동에 관련하여, 사물들이 어디로부터, 어떻게 운동을 하게 되느냐는 문제를 그들은 다른 사람들과 마찬가지로 안이하게 제

---

105 레우킵포스(Leukippos, 기원전 5세기 무렵). 밀레토스에서 태어난 것으로 추정된다. 이탈리아 남부로 가서 엘레아(Elea)에 머물렀으며, 이후 압데라(Abdera)로 돌아와 학교를 세웠다. 제자 또는 동료인 데모크리토스의 빛에 가려 실제 인물이 아니라는 주장까지 나왔다. 원자론과 관련해서 이 두 사람의 사상은 구분되지 않고 논의된다.

106 8권(H) 2장 1042b 14, 『생성과 소멸에 관하여』 315b 35, 327a 18 참조.

107 찬 것들, 즉 원자(atomon)들의 세 가지 차이성(생김새 rhythmos=모양 schēma, 상호 접촉 diathigē=순서 taxis, 방향 tropē=놓임새 thesis)들 중 유일하게 변함없는 성질은 원자의 모양뿐이다(『자연학』 184b 21, 『천체에 관하여』 275b 31, 『생성과 소멸에 관하여』 325b 18, 326a 15 참조). 그러면서도 원자의 모양은 수없이 많다.

108 『자연학』 188a 22-23 참조.

쳐 놓았다.[109]

두 가지 원인에 관해,[110] 우리가 앞서 말했듯이 이전 사람들은 이만큼 찾으려 한 듯하다.

5장 피타고라스주의자들과 엘레아학파

이 시기에, 그리고 이전에[111] 이미, 이른바 피타고라스주의자들이[112] 처음으로 수학을 접하면서 이 학문을 발전시켰을 뿐만 아니라, 이 속에서 자라서 수학적인 원리들이 모든 사물들의 원리라고 생각하였다. 이런 원리들 중에서도 수(數)들이[113] 본래 으뜸가는 것들이며, 불, 흙 그리고 물에서보다 수들에서, 있는 것들 및 생겨나는 것들과의 닮은 점들을 더 많이 본다고 여겼다. 즉, 수들의 이런 양태는 올바름(正義)이며, 또 저런 양태는

---

109 아리스토텔레스는 원자론자들이 모든 것을 필연으로 돌린다고(『동물의 발생에 관하여』 789b 2), 원자들의 자연적인 운동이 무엇인지 말하지 않는다고(『천체에 관하여』 300b 8) 비난한다. 그들은 원자들의 운동이 영원하다고 전제하지만 그에 대한 근거는 대지는 않고 있다(12권 6장 1071b 32-34).

110 재료인(causa materialis)과 운동인(causa efficiens)을 말한다. 985a 12 참조.

111 '원자론자들의 시기에'와 '원자론자들 전에'를 가리키며 이 시기(기원전 5세기 말쯤)의 피타고라스주의자들은 소크라테스와 동시대인이었던 필롤라오스(Philolaos, 기원전 470-385년쯤) 같은 사람들이다.

112 아리스토텔레스의 남아 있는 저술들에서 피타고라스는 『연설술』 1398b 14에 딱 한 번 분명하게 언급될 뿐, 그의 사상은 대부분 '피타고라스주의자들'(Pythagoreioi)이란 이름으로 전달된다.

113 아리스토텔레스의 『형이상학』에서 '수들'(arithmoi)은 여러 개의 단위(1)들을, 즉 1을 제외한 '자연수(natural number)들'을 뜻한다. 수들이 '으뜸이다'(prōtoi)는 말은 수들이 다른 수학적인 대상들, 즉 선, 면, 입체 등의 공간적인 크기들보다 더 '단순하다'는 말이다. 2장 982a 26 참조.

혼과 이성이고, 또 어떤 것은 제때(適時)를 나타낸다.[114] 그리고 다른 사물들도 거의 모두 마찬가지로 수로 표현된다.[115] 그들은 더 나아가 음계의 양태 및 비율을 수들 안에서 본다.[116] 그들에겐 정말 다른 모든 사물들이 제 본성에서 수들을 닮은 것처럼 보였고, | 수들은 자연 전체에서 으뜸가는 것들이었기 때문에, 그들은 수들의 요소가 모든 사물들의 요소라고, 우주 전체가 (천체들 각각이 내는 음들의) 협화음과 수라고 믿었다.[117] 그리고 우주의 속성들과 부분들과 관련하여, 또 우주의 전체 구조와 관련하여, 이것들이 수와 협화음에 대해 가졌던 일치점들을 한데 모아 (자신들이 가진 이론의 틀에) 짜 맞췄다. 그리고 어딘가에 허점이 보이면, 자신들의 이론 전체가 일관된 것으로 보이도록 추가적인 규정에 매달렸다. 이를테면,

---

114 여기서 4권(Γ) 2장 1004b 10에서 열거된 '홀수임', '짝수임', '같은 단위로 잴 수 있음' 등의 '수에 고유한 양태(성질)들'이 정의, 혼 등과 동일시되고 있는 것처럼 말하는데, 피타고라스주의자들은 이것들을 실재하는 수로 보고 있다(8장 990a 25 참조). 그래서 올바름(正義, dikaiosynē)은 두 요소가 균등하다는 의미에서, 4(2×2)와 같은 제곱수이며(『대 윤리학』 1182a 11-14 참조), 혼(psychē)과 이성(nous)은, 작은 것이 큰 것보다 더 앞서 존재하며 더 중요한 원리로 생각되기 때문에, 수의 단위인 1이거나 2이며, 제때(適時, kairos)는 인간사와 자연사가 7을 하나의 구분점으로 해서 일어나기 때문에(7개월 후의 출생, 14살의 사춘기, 21살의 성년) 7이다(14권 6장 1093a 13-16 참조).

115 피타고라스주의자들의 전통에 따르면, 점은 1이고, 선은 2, 평면은 3, 입체는 4, 성질이나 색이 든 물체는 5, 혼이 든 물체는 6, 이성이 든 물체는 7이었다. 또 물, 불 등의 원소들, 인식, 감각 등의 개념들, 그리고 싸움, 결혼 등의 일상사적인 개념들에 대해서도 특정 수가 지정되어 내려오기도 한다.

116 옥타브, 5도, 4도의 수적인 비율(2:1, 3:2, 4:3)을 피타고라스주의자들인 필롤라오스나 아르퀴타스(Archytas)는 알고 있었다.

117 피타고라스주의자들은 해, 달, 별들이 우주 중심으로부터 떨어진 거리에 비례한 속도로 움직이며, 이에 따라 고음과 저음을 내어 협화음(harmonia)을 이룬다고 생각하였다(『천체에 관하여』 2권 9장 참조).

그들은 수 10이 완전하고,[118] 수의 모든 본성을 포괄한다고 믿으므로, 하늘에서 운행하는 물체들도 10개라고 주장한다. 그런데 보이는 천체들이 아홉 개여서 그들은 열 번째의 것으로 대지구(對地球)를[119] 꾸며 냈다. 이에 관해서 우리는 다른 곳에서[120] 더 꼼꼼하게 다룬 바 있다.

그들로부터도, 그들이 어떤 것들을 원리로 내놓으며, 또 이 원리들이 앞서 말한 원인들로 어떻게 분류되는지를 얻어 내기 위하여 이런 문제를 우리는 검토하고 있다. 분명히, 이들 피타고라스주의자들도 수를 원리로, 즉 사물들의 재료로,[121] 그리고 사물들의 양태와 지속적인 상태로[122] 여긴 듯하다. 그리고 그들은 홀과 짝을 수의 요소들로 여기는데, 이 가운데 홀

---

118 피타고라스주의자들은 '테트락튀스'(tetraktys, '처음 네 수의 합')라 불리는 다음과 같은 도형으로써 10을 표현한다.

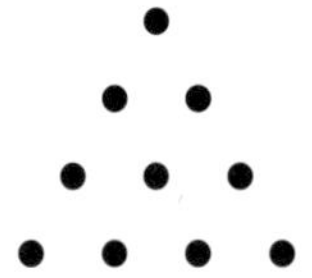

119 '대지구'(antichthōn)는 말 그대로는 '지구 반대편의 것'을 뜻한다. '반대'를 나타내는 anti(對)와 '땅', '대지의 신', '조국', '고향', '지구'를 나타내는 chthōn으로 이루어진 복합어이다. 중앙의 불 주위를 항상 지구의 반대편에서 돌기 때문에 이 불빛에 가려 보이지는 않는다. 후기 피타고라스주의자들의 이론에 따르면, 이 대지구를 포함하여 지구, 달, 해, 5개의 행성, 항성들의 구가 10개의 천체를 이룬다.

120 사라진 저술 『피타고라스주의자들에 관하여』를 가리킨다. 『천체에 관하여』 2권 13장 참조.

121 수들은 바로 사물들이거나(986a 2, 21, 6장 987b 27, 30, 13권 8장 1083b 17, 14권 3장 1090a 22), 또는 사물들 안에 들어 있거나(13권 6장 1080b 1, 『자연학』 203a 6), 또는 사물들의 구성 요소들이거나(8장 990a 22, 13권 6장 1080b 2, 17, 8장 1083b 11, 18, 14권 3장 1090a 23, 32), 또는 공간적인 크기들이다(13권 6장 1080b 19, 32).

122 사물들은 수를 모방함으로써 수가 가진 성질들을 갖는다.

은 한정된 것이고 짝은 한정되지 않은 것이다. 또 하나는 이 둘로 이루어져 있고(하나는 짝수이자 홀수이니까),[123] 수는 하나로부터 나오고,[124] 앞서 말했듯이 우주 전체가 수라고 생각한다.

같은 학파에 든 다른 어떤 사람들은[125] 원리가 10개의 쌍이라고 말하는데, 이를 줄(列)을[126] 만들어 주장한다.[127]

유한	무한
홀	짝
하나	여럿
오른쪽	왼쪽[128]

123 홀수에 더해져 짝수를 만들어 내고, 짝수에 더해져 홀수를 만들어 내기 때문이다(알렉산드로스의 『형이상학 주석』, Hayduck 편집(1891), 40쪽 20행, 41쪽 12행 참조). 아르퀴타스가 이런 견해를 품었다고 전해 내려온다.

124 피타고라스주의자들은 첫 짝수로 2를, 첫 홀수로 3을 놓고서, 나머지 수들을 (2×2=4, 2+3=5의 식으로) 이 두 수로부터 만들어 낸다. 2와 3은 1에 든 홀수임과 짝수임을 분할함으로써 나온다고 설명할 수 있을 것이다.

125 필롤라오스를 가리키는 듯하다.

126 '줄'의 원어 systoichia(syn 함께 + steichein 줄지어 가다)는 원래 병사들이나 합창단의 '열'(列)을 뜻하는데, 여기에서는 비슷한 부류의 것들이 드는 '줄', '목록'이란 뜻으로 쓰였다.

127 10쌍 가운데에서 '한정됨과 한정되지 않음', '홀과 짝' 쌍만이 피타고라스주의자들의 체계에서 핵심을 이루지만, 10이라는 수 때문에 그들 사이에서 유행했을지도 모른다.

128 아리스토텔레스는 '오른쪽과 왼쪽' 못지않게 '위와 아래', '앞과 뒤'도 중요하다며 피타고라스주의자들을 비판한다(『천체에 관하여』 285a 11-13 참조). 알크마이온이나 피타고라스는 행성들은 '서쪽에서 동쪽으로'(오른쪽으로) 움직이지만, 다른 별들은 '동쪽에서 서쪽으로'(왼쪽으로) 움직인다는 견해를 가진 것으로 전한다. 그리고 피타고라스주의자들의 한 규칙에 따르면, 오른쪽 신발을 먼저 신어야 한다.

수	암[129]
가만히 있음	움직임
곧음	굽음[130]
빛	어둠[131]
좋음	나쁨[132]
정사각형	직사각형[133]

---

129 수(雄, arren)는 형상으로서 원리이고, 암(雌, thēly)은 재료로서 원리이다. 6장 988a 5, 『동물의 발생에 관하여』 729a 9, 28, 730b 8, 플라톤의 『티마이오스』 50d 참조.

130 '곧음과 굽음'은 '하나와 여럿'의 특수한 예로 볼 수 있다. 곧은 선은 줄곧 한 방향으로 뻗지만, 굽은 선은 여러 방향으로 뻗는다.

131 피타고라스주의자들은 우주 밖에 있는(『자연학』 203a 7), 무한한 공기(또는 빈 것이나 어둠)를(『자연학』 204a 31), 한계에 의해 조금씩 끌어당기고(구속하고) 한정함으로써(14권 3장 1091a 17) 세계가 형성된다고 생각한다. 그리고 '물체를 한정하는 표면'을 빛과 연결시키고, 어둠은 '부정(不定)의 것'으로 여긴다.

132 『니코마코스 윤리학』 1096b 6("피타고라스주의자들은 하나를 좋은 것들의 줄에 놓았다")에서 '좋음'은 줄의 구성원이 아니라 줄을 대표하는 술어로서 나온다.

133 왜 정사각형이 한정된 것이고, 직사각형이 한정되지 않은 것인지는 아래의 도형들로써 예시된다(『자연학』 203a 13 참조). 한 점의 부분에 그노몬(gnōmōn, 어떤 도형에 덧붙여져서 그것과 똑같은 모양을 만들어 내는 부분)이 계속해서 덧붙여지더라도 항상 한 가지 일정한 모양의 도형, 즉 정사각형이 나오지만, 두 점의 부분에 그노몬이 더해지면 가로와 세로의 비율이 다른 여러 가지 모양의 직사각형들이 나온다. 이를 수로 표현하면, 주어진 점(1)에 더해진 홀수는 항상 일정한 제곱수(n^2)를 만들어 내지만(4, 9, 16,…), 주어진 짝수(2)에 더해진 짝수들은 $n(n+1)$의 형태로 일정하지 않은 짝수들을 만들어 낸다(6, 12, 20,…).

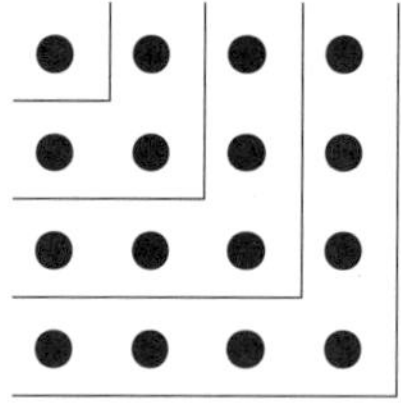

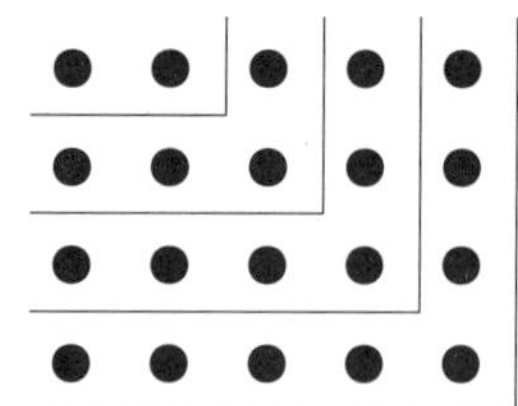

크로톤 출신의 알크마이온도[134] 이와 비슷하게 생각한 것처럼 보인다. 그가 이러한 견해를 그들로부터 받았든, 아니면 그들이 그로부터 넘겨받았든지 간에 말이다. [늙은 피타고라스에 비해] 알크마이온은 [한창 활동하던 나이였고][135] 이들과 비슷한 말을 피력했기 때문이다. 다시 말해, 그는 인간사의 대부분이 둘이라고 말하는데, 그들처럼 반대되는 성질들을 (위의 10쌍과 같은) 특정한 것들로 주장하지 않고, 아무런 것들을, 예를 들어 흼과 검음, 닮과 씀, 좋음과 나쁨, 큼과 작음을 말한다.[136] 이렇듯 그는 나머지 성질들에 관해 불분명하게 말로 내뱉었지만, | 피타고라스주의자들은 반대되는 것들이 얼마만큼 있는지, 그리고 그런 것으로 어떤 것들이 986b
있는지를 밝혔다.

그러므로 이 두 학파의 사람들로부터[137] 이만큼을, 즉 반대되는 것들이 있는 것들의 원리라는 점을 얻어 낼 수 있다. 하지만 얼마만큼의 원리들이 있고, 또 (구체적으로) 어떤 것들이 그것인지는 피타고라스주의자들로부터

---

134 알크마이온(Alkmaiōn, 기원전 570-500년쯤). 남부 이탈리아의 크로톤(Krotōn) 출신. 피타고라스의 영향을 받아 종교적이고 신비적인 이론을 펼쳐, 사변적으로 플라톤에게 큰 영향을 끼친 철학자였지만, 다른 한편 감각기관의 탐구에 몰두하여, 최초로 눈 수술을 시도하고 감각기관과 뇌를 연결하는 관(管)을 발견해 내는 등 경험과학의 영역에서 새로운 결과를 얻어 그리스 의학에 토대를 마련해 준 의사이기도 했다. Diels/Kranz(1960-61), 1권 210-216쪽 참조.

135 피렌체에 있는 필사본 A^b와 알렉산드로스의 주석에는 두 [ ] 부분이 빠져 있다. 사실에 맞는 진술로 받아들여지지만, 나중에 여러 필사본들에 추가된 것으로 보인다. 아리스토텔레스는 남아 있는 저술에서 이곳 말고 딱 한 번 더 피타고라스의 이름을 거론하고 있을 뿐(『연설술』 1398b 14 참조), 그의 활동 연대에 대해서는 아무런 언급이 없다.

136 알크마이온의 의학 이론에 따르면 건강의 근원은 습함과 마름, 차가움과 뜨거움, 닮과 씀 등의 힘들이 균형을 이룬 상태(isonomia)이며, 이 두 반대되는 성질 중 어느 한쪽이 지배하는 상태(monarchia)는 병의 근원이 된다.

137 피타고라스주의자들과 알크마이온을 가리킨다.

만 얻어 낼 수 있다. 그럼에도, 이 원리들이 어떻게 앞서 말한 원인들로 한데 모아질 수 있는지는 그들은 분명하게 구분해 놓지 않았다. 그렇지만 그들은 그런 요소들을 재료의 종류에 드는 것으로 놓은 것처럼 보인다. 그들은 실체가 이 요소들로, 마치 이것들이 실체 안에 들어있기라도 하듯이, 이루어져 있고, 빚어져 있다고 주장하기 때문이다.

이로부터 자연의 여러 요소들을 주장하는 옛 사람들의[138] 생각을 충분히 살펴볼 수가 있다. 하지만 모든 것(우주)에 관해 그것이 마치 한 가지 실재인 양 말하는 사람들이 있지만, 이들의 주장이 옳은 것인지, 그 주장이 자연(의 사실들)에 맞는 것인지 따져 볼 때 그들 모두가 똑같지는 않다.[139] 그런데 그들의 주장에 관한 논의는 원인에 대한 현재의 고찰에 결코 어울리지 않는다.[140] 그들은 한 가지 것을 전제하면서도 몇몇 자연철학자들이 하듯 이것을 재료로 삼아 이것으로부터 있는 것을 만들어 내지 않고, 이와 다른 방식으로 주장하기 때문이다. 다시 말해 자연철학자들은 모든 것을 생겨나게 함으로써 움직임(운동)을 덧붙이는 반면, 그들은 모든 것이 움직이지 않는 것이라고 주장한다. 그럼에도 다음만큼은 현재의 고찰과 관련이 있다. 다시 말해, 파르메니데스는 하나를 정의(定義)의 면에서 파악하지만,[141] 멜릿소스는 그것을 재료의 면에서 파악한 듯하

---

138 3장 984a 8부터 논의되어 온 다원론자들, 엠페도클레스, 아낙사고라스, 원자론자들, 피타고라스주의자들을 가리킨다.

139 아리스토텔레스는 파르메니데스가 멜릿소스보다 더 사물의 본성에 주의를 기울였다고 평가한다. 아래 986b 21 참조.

140 여럿(다수성)과 변화의 존재를 부인하는 엘레아학파는 원인 개념을 무의미한 것으로 만든다. 왜냐하면 원인은 무엇의 원인, 즉 여럿을 전제하는 개념이기 때문이다. 『자연학』 184b 25-185a 4 참조.

141 엘레아학파 사람들이 '모든 것들은 하나다'고 주장할 때, 그것들이 다 붙어 있어서 또는 분할이 안 되어서 하나가 아니라, 같은 정의를 가지기 때문에 하나라고 아리

다.[142] 그렇기 때문에 또한 파르메니데스는 하나가 한정된 것이라고 하고,[143] 멜릿소스는 그것이 한정되지 않은 것이라고 주장한다.[144] 반면에, 크세노파네스는[145] 이들 중 가장 먼저 하나를 원리로 내세웠지만(파르메니데스는 그의 제자였다고 전해진다) 전혀 명확하게 설명하지 않았으며, 이 두 가지 원인들[146] 중 어떤 것의 본성도 파악한 것 같지 않고, 물질적인 우주[147] 전체를 바라보면서 하나가 신이라고 말한다.[148] 그러므로 이런 사

스토텔레스는 그들의 주장을 해석한다. 모든 것들은 '하나'에 대한 정의를 공유하기 때문에 정의로 보아 하나다(『자연학』 185b 7-25, 187a 1-2 참조).

142 멜릿소스(Melissos, 기원전 5세기 전반에 활동). 사모스(Samos)섬 출신. 파르메니데스의 제자였던 그는 전략가로서 아테네를 상대로 한 전투(기원전 441년)에 참가하기도 했다. 파르메니데스와 달리 하나를 '무한한 크기의 물질'로 본 그는 '빈 것'(공간)의 존재를 부정하였다. 김인곤 외(2005), 327-338, 758-760쪽 참조.

143 그의 글조각 8의 32-33행과 42-43행, 김인곤 외(2005), 283-285쪽 참조.

144 『자연학』 185a 32-b 3, 207a 15-17의 논의와 그의 글조각 3, 김인곤 외(2005), 331쪽 참조.

145 크세노파네스(Xenophanēs, 기원전 565-475년쯤). 이오니아 중부의 도시 콜로폰(Kolophōn) 출신. 인간의 모습, 생각, 행동을 닮은 것으로 신을 그린 전통적인 종교관(神人同形論, anthropomorphism)을 비판하며, 일신론을 주장하였다. 그가 주장한 유일신은 파르메니데스가 가정한 하나의 전조가 되었다. 김인곤 외(2005), 195-217, 716-720쪽 참조.

146 재료로서의 원인(재료인)과 형상으로서의 원인(형상인)을 말한다.

147 아리스토텔레스는 ouranos의 뜻을 세 가지로 구분한다(『천체에 관하여』 278b 9-21 참조). 먼저, 그것은 모든 것(to pan)의 맨 끝에 있는 둘레, 즉 천구(天球, sphaira)를 뜻하며, 이 천구의 면에 있는 자연의 물체를 뜻하기도 한다. 둘째, 이 천구의 면에 이어져(연속되어) 있는 공간, 즉 천공(天空) 또는 우주(宇宙)를 뜻한다. 이 안에 달과 해와 별들이 들어 있다. 마지막으로, 천구 안에 포함된 물체를 가리키는데, to holon(전체), to pan(모든 것), kosmos(세계)와 같은 뜻으로 쓰여서, 물질적인 우주(material universe) 또는 천체(天體)를 뜻한다. 이렇듯, ouranos는 하늘의 둘레(천구), 하늘 안(천공), 하늘 안에 있는 것들(천체)을 뜻하는데, 여기에서는 마지막의 뜻으로 쓰였다.

람들은, 특히 두 사람, 즉 크세노파네스와 멜릿소스는, 우리가 앞서 말했듯이 지금의 탐구에서 제쳐 두어야 한다. 이 두 사람의 생각은 상대적으로 조금 조야하기 때문이다. 반면, 파르메니데스는 더 통찰력 있게 말하는 것 같다. 있는 것 외에, 있지 않은 것은 결코 있지 않다고 주장하면서, 그는 필연적으로, 있는 것이 하나이며 다른 어떤 것도 아니라고 생각한다(이 점에 대해서 우리는 자연에 관한 저술들에서[149] 보다 분명하게 말한 적이 있다). 그러나 그는 보이는 현상들을 따르지 않을 수 없어서, 정의에 따르면 한 가지 것이 있지만, 감각에 따르면 여러 가지 것이 있다고 믿었다. 그래서 두 원인과 두 원리를 놓고, 이것을 뜨거운 것과 차가운 것, 즉 불과 흙이라 불렀다. | 그리고 이 가운데 뜨거운 것을 있는 것의 줄(列)에, 차가운 것을 있지 않은 것의 줄에 넣는다.

앞서 말해진 것으로부터, 그리고 이미 우리와 함께 여기서 논의한 지혜로운 사람들로부터 우리는 그만큼 물려받았다. 원리를 물질적인 것으로(물과 불 따위가 이런 물질들이다) 본 초기의 철학자들 중 어떤 사람들은[150] 물질적인 원리를 하나로 놓고, 어떤 사람들은[151] 여럿으로 놓는데, 양쪽 사람들 모두 다 이것들을 재료의 형태로 놓는다. 그리고 어떤 사람들은 또 이 원인에 덧붙여 움직임이 비롯하는 곳(운동의 근원)을 놓는데, 이것을 어떤 사람들은[152] 하나로 놓고 어떤 사람들은[153] 둘로 놓기도 한다.

---

148 그는 여러 신들을 말하는 시인들과는 반대로, 하나인 우주가 유일한 신이라고 말한다. 그의 글조각 23, 김인곤 외(2005), 206-207쪽 참조.

149 여러 가지 뜻으로 말해지는 '있는 것'(to on)을 단순하게 한 가지 뜻으로만 받아들였다는 것이 아리스토텔레스가 파르메니데스에게 가하는 비판의 요지이다. 『자연학』 1권 3장 참조.

150 탈레스, 힙폰, 아낙시메네스, 디오게네스, 힙파소스, 헤라클레이토스(3장 984a 2-8), 멜릿소스(986b 19)를 가리킨다.

151 레우킵포스와 데모크리토스(4장 985b 4-20)를 가리킨다.

그러므로 이탈리아인들에[154] 이를 때까지, 이들을 제외한 나머지 사람들은 사물들의 원인들에 관해 더 모호하게 말했다. 우리가 말했듯이, 그들은 두 가지 원인을 단지 사용했을 뿐인데 이 중 한 가지 원인을, 즉 움직임이 비롯하는 곳을 어떤 이들은 하나로, 다른 이들은 둘로 본다. 피타고라스주의자들도 그들과 같은 방식으로 두 가지 원리가 있다고 주장했지만, 자신들만의 고유한 점을 거기에 덧붙여 놓았다. 즉 그들은 유한과 무한이 불, 흙 따위와 같은 다른 어떤 실재라 생각하지 않았으며, 무한 자체와 하나 자체가[155] 그것들이 술어로 말해지는 사물들의 실체라고 생각했고, 그렇기 때문에 수가 또한 모든 사물들의 실체라고 생각하였다. 원인들에 관해 그들은 이런 방식으로 설명하였고, 본질에 관해 말하고 정의를 내리기 시작했지만, 너무 단순하게 이 문제를 다루었다. 그들은 피상적으로 정의(定義)를 내렸고, 또 주어진 정의가 맨 먼저 들어있는 것(수)이 (정의 내린) 사물의 실체라고 생각했다.[156] 마치 누군가 '두 배'와 '둘'이, '두 배'가 맨 먼저 '둘'에 (속성으로서) 들어있으므로, 같은 것이라고 생각하는 경우처럼 말이다.[157] 그러나 아마도 두 배-임과 둘-임은 같지 않은 듯

---

152 파르메니데스(3장 984b 3-8), 아낙사고라스(3장 984b 15-22)를 가리킨다.

153 엠페도클레스(4장 985a 2-10)를 가리킨다.

154 피타고라스주의자들을 가리킨다. 피타고라스는 그리스의 사모스(Samos)섬에서 태어났지만, 이탈리아 남부 크로톤(Kroton)에서 학파를 설립하였다.

155 여기서 '하나'(to hen)는 앞의 '유한'(peperasmenon)과 동의어로 쓰였다. 14권(N) 3장 1091a 14-18 참조.

156 예를 들어, 피타고라스주의자들은 정의(正義)를 '한 만큼 되받는 것'(antipeponthos allō, '다른 것 또는 사람에게 행한 것을 그대로 겪는 것')이라고 하는데, 이는 적합한 정의(定義)가 못 된다(『니코마코스 윤리학』 1132b 23 참조). 그들에 따르면, 가장 먼저 '서로 똑같이 대하는' 수인 2×2, 즉 4가 정의(正義)이다.

157 두 배-임과 둘-임이 같다면, 어떤 수들의 두 배인 4, 6, 8 등은 2와 같게 되는, 이치에 어긋난 결과가 나올 것이다.

하다. 그렇지 않다면, 피타고라스주의자들에게 실제로 따르게 된 일이기도 한데, 한 가지 것(수)이 여럿(의 사물)이 될 것이다.[158] 이만큼 이전 철학자들로부터, 그리고 (이들보다 나중에 활동한) 다른 사람들로부터 얻을 수 있다.

6장 원리에 관한 플라톤의 이론

앞서 말한 철학들 다음으로 플라톤의 이론이 나왔다. 이것은 많은 점에서 이 철학들을[159] 따랐으나, 이탈리아인들의[160] 철학과 달리 독특한 점들도 또한 가졌다. 플라톤은 젊었을 때 먼저 크라튈로스와[161] 친하게 되었고, 모든 감각 대상들은 늘 흐르는(변하는) 상태에 있으며 이에 관한 앎은 있지 않다는 헤라클레이토스의 이론에 친숙하게 되었으며, 세월이 지난
987b 뒤에도 | 그런 생각을 그대로 지니고 있었다. 반면 소크라테스는 윤리적인 문제들은 다루었지만 자연 전반에 관해서는 전혀 다루지 않았다.[162] 그는 윤리적인 문제들에서 보편적인 것을 추구했으며 최초로[163] 정의(定義)

---

158 예를 들어 4는 정의(正義)일 뿐만 아니라, 입체이기도 하다. 985b 29-31 참조.

159 피타고라스주의자들의 철학 등을 가리킨다.

160 피타고라스주의자들을 가리킨다. 7장 988a 26 참조.

161 크라튈로스(Kratylos, 기원전 5세기). 아테네의 소피스트로서, 스스로를 헤라클레이토스주의자라 불렀으며, '모든 것은 끊임없이 흐른다(변한다)'는 헤라클레이토스의 테제를 극단적으로 밀고 나갔다(4권 5장 1010a 12-15 참조). 그의 이름을 딴 대화편 『크라튈로스』에서 플라톤은 이름(낱말)이 자연(사물의 본성)에 따라 사물에 붙여진다는 입장을 대변하는 인물로 그를 등장시킨다.

162 플라톤은 『파이돈』 96a에서 소크라테스가 젊었을 적에 자연에 관한 탐구에 실망하여, 이를 포기한 것으로 전하고 있다.

163 피타고라스주의자들도 "정의를 내리기 시작했지만", 그들의 정의는 피상적인 것

에 몰두했다. 플라톤은 그의 생각을 받아들여, 감각 대상들이 아닌 다른 것들에 대해 정의가 적용된다고 믿었다. 감각 대상들은 늘 변하기에, 그것들 중 어느 것에 대해서도 공통된 정의가 있을 수 없다는 것이다. 그래서 그는 감각 대상들이 아닌 다른 종류의 사물들에 '이데아'란 이름을 붙였다.[164] 반면 감각 대상들은 모두 이것들의 이름을 따서 이름이 지어지며, 이것들과 맺는 관계로 말미암아 그 이름으로 불린다. 다시 말해 형상(이데아)들과 이름이 같은 많은 대상들은 형상들을 나눠 가짐으로써 존재한다. 그는 이름을 '나눠 가짐'으로 바꾸었다. 다시 말해, 피타고라스주의자들은 사물들이 수들을 모방함으로써 존재한다고 주장하지만, 플라톤은 이름을 바꿔 사물들이 형상들을 나눠 가짐으로써 존재한다고 주장한다. 그렇지만 그들은 형상들을 나눠 가짐이나 모방함이 무엇을 뜻하는지를 말하지 않고 공동의 숙제로 남겨 놓았다.

더 나아가, 플라톤은 감각 대상들과 형상들과 따로 수학적인 대상들이[165] 이것들 사이에 있다고 주장한다. 수학적인 대상들은 영원하고 변하지 않는다는 점에서 감각 대상들과 구분되며, 또 수학적인 대상들에는 비슷한 것들이 많이 있지만,[166] 형상 자체는 저마다 오로지 하나란 점에서 수학적인 대상들은 형상들과 구분된다.

그리고 그는 형상들이 다른 사물들의 원인들이므로 형상들의 요소들이

이었다(5장 987a 20-27 참조).

164 987a 32-b 8의 내용은 13권(M) 4장 1078b 12-32에 보다 상세하게 기술되어 있다.

165 '수학적인 대상들'(ta mathēmatika)은 수, 점, 선, 면, 입체 따위를 가리킨다(9장 991b 29, 3권 2장 997b 2 참조). 감각 대상들과 따로 떨어져 있다고 보는 플라톤과 달리, 이후의 플라톤주의자들은 수학적인 대상들을 감각 대상들 안에 있는 것으로 파악한다. 3권(B) 2장 998a 7, 13권(M) 1장 1076a 33 참조.

166 예를 들어, 합동인 두 삼각형, 같은 두 수.

987b

모든 사물들의 요소라고 생각하였다.[167] 그래서 큼과 작음이[168] 재료로서, 하나가 실체(형상)로서 원리였다.[169] 왜냐하면 (이데아적인) 수(數)들은 [형상들은] 하나를 나눠 가짐으로써 큼과 작음으로부터 생겨나기 때문이다.

플라톤은 하나는 실체이며, 이것 말고 다른 어떤 있는 것도 하나라고 불리지 않는다며, 피타고라스주의자들과 비슷하게 주장하기도 한다.[170] 그리고 그들처럼 수들이 다른 사물들의 존재 원인이라고 주장한다. 그러나 무한을 하나가 아닌 두 짝으로[171] 놓고, 이것을 큼과 작음으로 이루어지게 했다는 점은 그만의 독특한 점이다. 더 나아가, 플라톤은 감각 대상들과 따로 수들이 있다고 했지만, 피타고라스주의자들은 수들이 바로 사물들이라고 주장하며, 수학적인 대상들을 감각 대상들과 형상들 사이에 따로 놓지 않는다. 플라톤이 피타고라스주의자들과 달리 하나와 수들을 사물들과 따로 있는 것으로 만들어 놓고, 형상들을 끌어들인 것은 그가 (이 형상들에 대한) 정의(定義)의 틀 안에서 (사물들을) 고찰하기 때문이

---

167 988a 11-17 참조.

168 큼과 작음은 하나와 결합되어 이데아들을 만들어 내고, 이데아들과 결합되어 구체적인 개체들을 만들어 낸다(아래 988a 11-14 참조). '큼과 작음'(to mega kai to smikron) 대신 '같지 않음'(to anison, hē anisotēs, 3권 1001b 23, 13권 1075a 33, 14권 1087b 5, 10, 1088b 29, 1089b 6, 11, 1091b 31, 1092b 1)이나 '무한'(1권 987b 26)이란 표현이 쓰이기도 하고, 큼과 작음이 '두 짝'(dyas)으로 지칭되기도 한다(1권 987b 26, 33, 988a 13, 13권 1083a 12, 1087b 7). 『자연학』 206b 27-29 참조.

169 『자연학』 187a 17-18 참조.

170 아리스토텔레스는 '하나'(to hen)를 '있음'(의 범주 또는 술어)만큼 많은 뜻을 가진 것으로 본다. 그에게 '하나'는 실체가 아니라 실체에 붙는 술어이다. 10권(I) 2장 1053b 25-1054a 19 참조.

171 플라톤에서 '(확정되지 않은) 두 짝'(dyas), 즉 큼과 작음은 사유계와 감각계의 사물이 나오는 바탕(재료)이 되는 원리, 즉 물질적인 요소의 노릇을 한다. 하나(또는 좋음, 14권 1091b 13-15)는 확정되어 있지 않은 이것을 확정하는 원리, 즉 형상적인 요소이다(13권 1081a 24-25, 1083b 24, 14권 1091a 25).

다[172](다시 말해, 이전 철학자들은 철학적 대화술을 공유하지 못했다).[173]
그리고 그는 (이데아적인) 수들이 〈홀수들〉[174] 말고는 두 짝으로부터, 마치
말랑말랑한 덩어리로부터 생겨나듯, 자연스럽게 산출된다고 생각하여,
(하나 이외의 원리로서) | 다른 실재를 두 짝으로 놓았다. 하지만 실제로 일 988a
어나는 일은 이와 반대다. 다시 말해 그러한 이론은 이치에 맞지 않다. 그
들은[175] 같은 재료로부터 많은 사물들을 만들어 내지만, 형상은 오직 한 번
만 낳기 때문이다. 그러나 실제로, 우리는 한 개의 재료에서 한 개의 탁자
가 생겨나는 것을 보며, 형상을[176] 재료에 적용하는 사람은 한 사람이지만
여러 개의 탁자를 만들어 낸다.[177] 이와 비슷하게 또한 수컷이 암컷에 관

---

172 9권(Θ) 8장 1050b 35, 12권(Λ) 1장 1069a 26, 13권(M) 8장 1084b 23 참조. 플라톤의 『파이돈』 100a에서 소크라테스는 자신의 방법을 "사물들을 (말 또는 개념들에 대한) 정의의 틀 안에서(en tois logois) 살피는 것"으로 기술한다.

173 피타고라스주의자들은 자신들의 이론을 철학적 대화술(dialektikē, 변증술)의 방법에 따라 전개하지 못하고, 독단적으로 전개하였다(5장 987a 20-25, 13권 1078b 25 참조).

174 prōtōn(으뜸(=이데아적인) 수들 또는 소수들) 대신 perittōn(홀수들)으로 읽는 하인체(Heinze)에 바탕을 둔 아포스틀(Apostle)의 해석에 따랐다(1966, 260쪽 참조). '으뜸(=이데아적인) 수들'을 제외한 수학적인 수들, 감각되는 수들이 자연스럽게 산출된다고 볼 수 없으며, 또 9처럼 여러 수로 복합된 수들보다는 3과 같은 '소수'(素數, prime number)들을 만들어 내는 것이 더 쉽기 때문이다(13권 8장 1084a 3-7 참조). 이 구절에 대한 해석 문제에 관해서는 Ross(1924), 1권 173-176쪽 참조.

175 플라톤주의자들은.

176 '형상'의 원어는 eidos로 겉으로 드러나 보이는 모습을 뜻한다. 플라톤의 '이데아'란 뜻으로 쓰인 때에는 위와 구분하기 위해 고딕체로 표기하여 '형상'이라고 옮기고, 괄호 안에 '이데아'를 함께 써 놓았다. 플라톤은 eidos와 idea를 별다른 구분 없이 쓰고 있다.

177 여러 개의 사물들이 나오려면 재료에 형상(이데아)이 일률적으로 한 번만 적용되는 것으로는 부족하며, 재료마다 형상이 적용되어야 한다고 아리스토텔레스는 지적하고 있다.

계한다. 암컷은 한 번의 교접으로 임신하게 되지만, 수컷은 여러 암컷을 배부르게 만든다.[178] 하지만 이것들은 저 원리들을 흉내 낸 것이다.

이렇듯 플라톤은 탐구하고 있는 문제에 관해 그런 방식으로 설명했다. 앞서 말한 바에 따르면, 그는 분명히 두 가지 원인만을, 즉 '본질'이란[179] 뜻의 원인과 '재료'란 뜻의 원인만을 사용했으며[180](다시 말해 형상은 다른 사물들의 본질의 원인이고, 하나는 형상들의 본질의 원인이다), 바탕이 되는 재료가(이것에 대해 감각 대상들의 경우에는 형상이, 형상들의 경우에는 하나가 서술된다) 무엇인가라는 물음에 그는 그것이 두 짝, 즉 큼과 작음이라고 대답하며, 더 나아가 그는 좋음과 나쁨의 원인을 이 요소들에 돌린다. 즉 한 요소에는 좋음의 원인을,[181] 또 다른 한 요소에는 나쁨의 원인을 돌린다. 마치 우리가 이미 몇몇 이전 철학자들이, 예를 들어 엠페도클레스와 아낙사고라스가 하려고 노력했다고 말한 것처럼[182] 말이다.

---

178 자식의 탄생을 위해, 수컷은 형상을, 암컷은 재료를 제공한다. 5장 986a 24의 각주 참조.

179 '본질'(essence)로 옮긴 그리스어 to ti esti는 그대로 옮기면 '어떤 것은 무엇인가?'라는 물음의 형태로 되어 있다. to ti ēn einai와 같은 뜻이다. 각주 56 참조.

180 아리스토텔레스는 운동인(causa efficiens)과 목적인(causa finalis)에 대한 언급으로 볼 수 있는, 플라톤에 나오는 여러 가지 구절들을 무시하고 있다(『파이드로스』 245c, d와 『법률』 891-899의 '스스로 움직이는 혼', 『소피스테스』 265b-d와 『티마이오스』 28c 이하의 '조물주', 『필레보스』 23d, 26e-27b의 '혼합의 원인', 『필레보스』 20d, 53e의 '무엇을 위해', 『티마이오스』 29d 이하, 『법률』 903c).

181 플라톤의 『필레보스』 25e-26b에서 한정(限定, peras)은 좋음의 원인으로 나온다.

182 3장 984b 15-19, 4장 984b 32-985a 10 참조.

7장 이전 철학자들과 네 가지 원인

이와 같이 우리는 누가, 어떻게 원리와 (사물의) 참모습(眞相)에 관해 말했는지 핵심을 간추려서 검토해 보았다. 어쨌든, 우리는 그들로부터, 원리 및 원인에 관해 말한 사람들 가운데 어느 누구도 자연에 관한 저술들에서[183] 우리가 규정했던 것들밖에 말하지 않았으며, 모두 어렴풋이나마 어느 정도 그것들을 파악한 것처럼 보인다는 점만큼은 알 수 있다. 다시 말해, 한편의 사람들은 재료를, 이것을 하나로 놓든 여럿으로 놓든, 그리고 물질로 놓든 비물질적인 것으로 놓든, 원리로 여긴다. 예를 들어, 플라톤은 **큼과 작음**을 말하고, 이탈리아인들은[184] **한정되지 않음**을 말하며, 엠페도클레스는 **불, 흙, 물, 공기**를, 아낙사고라스는 같은 질의 부분들(同質素)로 된 것들의 무한성을 이야기한다. 이처럼 이들은 모두 그런 종류의 원인을 파악했으며, 더 나아가 **공기**나 **불, 물** 또는 '불보다는 더 촘촘하지만 공기보다는 더 성긴 것'을[185] 주장했던 사람들도 마찬가지였다. 어떤 사람들은 그런 종류의 것이 으뜸 요소라고 여겼기 때문이다.

이 사람들은[186] 이처럼 이런 종류의 원인만을 접했지만, 다른 이들은 움직임이 비롯하는 곳(운동의 근원)을 접했다. 예를 들어 **우애와 싸움**,[187] **이성**[188] 또는 **사랑**을[189] 원리로 삼은 사람들은 말이다. 그러나 어느 누구도 본

---

183 『자연학』 2권 3장, 7장에서.

184 피타고라스주의자들을 말한다.

185 '불보다는 더 촘촘하지만 공기보다는 더 성긴 것'을 주장한 사람은 아낙시메네스의 제자를 가리키는 듯하다. 8장 989a 14 참조.

186 운동인을 파악하지 못한 이오니아의 철학자들을 가리킨다.

187 엠페도클레스.

188 아낙사고라스.

189 파르메니데스나 헤시오도스를 염두에 두고 하는 말이다(4장 984b 23-31 참조).

질과 실체를 또렷하게 제시하지 못했다. 누구보다도 형상(이데아)들을 놓는 988b 사람들이[190] | 그런 것을 얘기한다. 이들은 형상들을 감각 대상들의 재료로, 하나를 형상들의 재료로 놓지 않고, 또 그것들을 움직임이 비롯하는 곳(운동의 근원)으로 생각하지도 않는다[191](이들은 그것들이 오히려 움직이지 않음과 가만히 있음의 원인이라 말하기 때문이다). 그렇지 않고 형상들을 다른 것들 저마다의 본질로서 내놓고, 하나를 형상들의 본질로서 내놓는다.

그들은 행위, 변화, 운동의 목적이 어떤 점에서 원인이라고 말하지만, 우리가 하는 이런 방식으로 말하지 않고, 또 사물의 본성에 적합한 방식으로도 말하지 않는다. 다시 말해 이성이나 우애를 말하는 사람들은 이 원인들을 좋은 것으로 놓지만, 사물들 중 어떤 것이 이것들을 위해 있거나 생겨나지 않고, 이것들로부터 운동이 나온다고 주장한다. 마찬가지로 하나나 있음이 그런 좋은 것이라고 말하는 사람들도 하나나 있음이 (다른 것들의) 실체의 원인이라고 주장하지만, 하나나 있음을 위해 실체가 있거나 생겨난다고 주장하지는 않는다.[192] 그래서 그들은 어떤 점에서, 좋음이 원인이라고 말하면서 동시에 이를 부인하는 셈이 된다. 그들은 좋음을 단적인 원인으로 주장하지 않고, 간접적인 원인으로 주장하고 있기 때문이다.

이와 같이, 원인들에 관해 그 개수와 종류가 올바로 규정되었다고 이 모든 이들은 또한 우리들에게 증언하는 듯하다. 그들은 그 밖의 다른 원인을 파악할 수 없었기 때문이다. 그러나 원리들 모두가 이렇게 또는 이런 방식 중 하나로 추구되어야 한다는 점만은 분명하다. 그들이 저마다 어떻게 주장했는지, 또 원리에 관해 어떤 태도를 갖는지 등 원리들과 관련하

---

190 플라톤주의자들.

191 9장 991a 11, b 4, 992a 25, 12권(Λ) 6장 1071b 14, 10장 1075b 28 참조.

192 플라톤주의자들은 하나나 있음을 목적인(causa finalis)으로서 좋은 것으로 보지 않고, 형상인(causa formalis)으로서 좋은 것으로 본다.

여 생길 법한 난문들을 다음으로 검토해 보자.

8장 플라톤 이전의 이론에 대한 비판

모든 것(우주)을 한 가지 것으로, 그리고 어떤 한 가지 실재를 재료로, 그것도 물질적이고 크기를 갖는 재료로 놓는 사람들은 분명히 여러모로 잘못을 저지르고 있다. 그들은 오로지 물체들의 요소들만을 놓을 뿐, 비물체적인 것들이 있는데도 비물체적인 것들의 요소들은 놓지 않기 때문이다. 그리고 그들은 생성과 소멸에 관한 원인을 말하려고 하면서, 또 모든 사물들에 관해 자연학의 방식에 따라 살피면서, 운동의 원인을 없애 버린다. 더 나아가, 이들은 실체와 본질을 어느 것의 원인으로도 놓지 않는다.[193] 그 밖에 그들은 흙을 제외한 단순 물질들 중 아무거나 쉽게 원리라고 주장한다. 그것들이(불, 물, 흙, 공기를 말한다) 어떻게 서로로부터 생겨나는지를 주목하지 않고서 말이다. 왜냐하면 어떤 것들은 결합을 통해, 어떤 것들은 서로로부터의 분리를 통해 생겨나는데, 이것은 그것들의 우선성에 관련하여 가장 큰 차이를 만들어 내기 때문이다. 이는 (1) 어떤 점에서 그런 물질이 모든 것들 가운데 가장 요소적인 것이며, 으뜸가는 이것으로부터 결합을 통해 | 그 밖의 것들이 생겨나기 때문인데, 물질들 가운데 가장 작은 부분인 것과 가장 미세한 것이 그러한 종류의 것이겠다. 그렇기 때문에 불을 원리로 놓는 이들이 이 주장에 가장 많이 동의하여 말할 것이다. 그리고 다른 사람들도 다들 물체들의 요소가 그러한 것이라

193 그들은 운동인(causa efficiens)뿐만 아니라 형상인(causa formalis)도 다루지 않는다.

는 데 동의한다. 적어도, 한 가지 것을 주장하는 이들 가운데 어느 누구도 흙이 요소라고 주장하지 않았는데, 이는 분명 흙의 부분이 크기 때문이다. 그러나 나머지 세 요소들은 나름대로 심판관(지지자)을 가져서, 어떤 이들은 불이, 어떤 이들은 물이, 어떤 이들은 공기가 이런 요소라고 주장한다(그렇지만 왜 그들은 대다수의 사람들처럼 흙을 또한 언급하지 않는가? 이들은 모든 것들이 흙이라고 말하며, 헤시오도스도[194] 흙이 물질들 가운데 맨 처음 생겨났다고 말하기 때문이다. 이렇듯 (흙이 원리라는) 이 생각도 오래되고 대중적이었는데 말이다). 그러므로 그러한 관점에 따르면, 불을 제외한 다른 어떤 것을 원리로 주장하는 사람의 말은 맞지 않으며, 공기보다 촘촘하고 물보다 성긴 것을 원리로 내놓는 사람의 말도 맞지 않을 것이다. 그러나 (2) 생성에서 나중인 것이 본성에서 먼저인 것이라면,[195] 그리고 익힌(가공된) 것과 결합된 것이 생성에서 나중인 것이라면, 그에 반대되는 결과가 생길 것이다. 다시 말해, 물이 공기보다 먼저이고, 흙이 물보다 먼저일 것이다.

우리가 말했듯이 한 가지 원인을 놓는 사람들에 대해서는 이쯤 말해 두자. 그러나 엠페도클레스가 네 가지 물질이 재료라고 말하듯, 여러 가지 원리들을 놓는다 하더라도 마찬가지다. 한편으로는 앞서 말한 것과 같은 결과가 따르며, 다른 한편으로는 그에게만 고유한 결과가 그에게 반드시 따른다. 우리는 이 물질들이 서로로부터 생겨남을 보는데, 이는 불과 흙이 늘 같은 물질로 존속하지는 않음을 뜻하기 때문이다(이에 관해서 자연에 관한 저술들에서[196] 논의한 바 있다). 그리고 변하는 것들의 원인에 관해, 그것을 하나로 놓아야 하는지, 아니면 둘로 놓아야 하는지에 대해 그가 (사

194 4장 984b 28과 헤시오도스의 『신들의 계보』 116행 참조.

195 9권(Θ) 8장 1050a 4-7 참조.

196 『천체에 관하여』 3권 7장, 『생성과 소멸에 관하여』 333a 16 참조.

실에) 맞게 진술했다고도, 또 (논리적으로) 아주 그럴 법하게 진술했다고도 생각해서는 안 된다.[197] 일반적으로, 그런 식으로 말하는 사람들은 질의 변화를 없애기 마련이다. (그들에 따르면) 뜨거운 것으로부터 차가운 것이 생겨나지도 않고, 차가운 것으로부터 뜨거운 것이 생겨나지도 않을 것이다. 그렇지 않을 경우, 어떤 것이 이런 (뜨거움과 차가움이란) 반대되는 성질들을 겪을 것이고, (따라서 뜨거운 것과 차가운 것인) 불과 물이 될 어떤 한 가지 실재가 (원리로서) 있을 텐데, 엠페도클레스는 그런 실재를 부인하기 때문이다.

누군가가 아낙사고라스가[198] 두 가지 요소를[199] 말했다고 가정한다면, 이는 아낙사고라스 자신이 직접 분명하게 말하지는 않았어도, 그 논의로 데려가면 그가 틀림없이 수용했을 논의와 가장 맞아떨어질 것이다. 더군다나, "처음에 모든 것들은 섞여 있었다"고 말하는 것은 정말 이치에 어긋
난다. | 다른 이유도 있겠지만,[200] 모든 것들이 그에 앞서 섞이지 않은 채 989b
로 있어야 하는 결과가 나오기 때문이며, 또 아무것도 아무런 것과 맘대로 섞이지는 않도록 본래 되어 있기 때문이며, 더 나아가 (그런 주장에 따

---

197 4장 985a 23-29 참조.

198 아낙사고라스(Anaxagoras, 기원전 500-425년쯤). 클라조메나이(Klazomenai)에서 태어나 람프사코스(Lampsakos)에서 세상을 떠난 자연철학자로, 460년쯤 아테네로 와서 페리클레스, 에우리피데스와 친분을 맺었다. 430년에는 자신의 천문학 이론 때문에 불경죄로 고소되어 아테네를 떠나야 했다. 그의 이론을 데모크리토스는 조목조목 비판하였지만, 아리스토텔레스는 그를 높이 평가한다. 그에 대한 전기는 그를 '이론적인(관조적인) 삶'(bios theōrētikos)의 대표자로 기술한다. 그는 이오니아의 자연철학을 파르메니데스의 존재론과 교묘하게 종합하였다.

199 '이성'(nous)과 '다른 모든 사물들의 혼합'(mixis)을 말한다. 여기서는 아낙사고라스의 '이성'을 3장 984b 15에서와 달리 운동인으로서가 아니라 재료인으로서 다루고 있다.

200 이를테면, 혼합의 과정도 있어야 할 것이다.

989b

르면) 양태들과 속성들이 실체들로부터 따로 떨어져 있게 될 것이기 때문이다.[201] 섞여 있는 것은 따로 떨어질 수 있으니까. 그럼에도, 누군가가 그가 말하고자 하는 바를 꿰맞춰서 그를 따른다면, 아마도 그는 (이전의 철학자들)보다 더 새로운 방식으로 말하는 것처럼 보일 것이다. 왜냐하면 어떤 것도 (확실하게) 분리되어 있지 않았다면, 분명히 (처음의) 저 실체에 대해 어떤 것도 참인 것으로 진술될 수 없었을 것이기 때문이다. 예를 들어, '어떤 것이 희다거나 검다거나 회색이라거나 또는 다른 어떤 색이 아니었고, 필연적으로 무색이었다'는 것을 두고 하는 말이다. (그렇지 않을 경우) 이런 색들 가운데 하나를 그것이 갖게 될 것이기 때문이다. 같은 논리로 그것은 맛을 갖지도 않고, 다른 어떤 비슷한 속성도 갖지 않았다. 그것은 특정한 질일 수도, 양일 수도, 어떤 것(실체)일 수도 없었다. 그렇지 않을 경우 얘기한 형상들 중 특정한 것이 그것에 들어있었을 것이기 때문이다. 그러나 이는 모든 것들이 섞여 있었으므로 불가능하다. 그렇지 않을 경우 그것은 이미 분리되어 있었을 것이다. 그러나 그는 이성 말고는 모든 것들이 섞여 있었고, 이성만이 섞이지 않은 순수한 것이라고 말한다.[202] 이로부터, 원리로서 하나와(이것은 단순하고 섞이지 않은 것이기 때문이다) 다름을 말하는 결과가 그에게 따른다. 그리고 다름이 확정되고 어떤 형상을 나눠 갖기 전까지는 우리는 다름을 규정되지 않은 것으로 놓는다. 이렇듯, 그는 맞게 말하지도 않고, 또 분명하게 말하지도 않았다. 그렇지만 나중의 철학자들이 말하는 것과 비슷한 것을, 그리고 지금 분명히 더 맞는 것으로 보이는 것들을 말하려 했다.

그러나 이들은 생성 및 소멸과 운동에 관한 논의에만 익숙하다. 정말이

201 양태(pathos)와 속성(symbebēkos)은 항상 실체 안에 들어있으며, 실체와 따로 떨어져 있을 수 없다.

202 아낙사고라스의 글조각 12, 김인곤 외(2005), 510-512쪽 참조.

지, 그들은 거의 이런 종류의 (변하는) 실체에 관해서만 원리들 및 원인들을 찾고 있다. 반면 모든 있는 것들에 관해 연구하고, 있는 것들의 일부를 감각되는 것으로, 다른 일부를 감각되지 않는 것으로 놓는 사람들은 분명히 이 두 가지 유(類, 대상)에 관해 연구하고 있다. 그렇기 때문에, 이것들에 관해, 그들이 지금 우리 앞에 놓인 것들에 대한 탐구와 관련하여 무엇을 옳게 또는 옳지 않게 주장하느냐는 물음에 더 많은 시간을 내어 살펴볼 수 있을 것이다.

이른바 피타고라스주의자들은 자연철학자들이 사용하는 것보다 더 낯선 원리들과 요소들을 사용한다. 왜냐하면 그들은 이 원리들과 요소들을 감각 대상들로부터 이끌어 내지 않았기 때문이다. 사물들 중 (해, 달, 별 등) 천문학이 (수학 계열의 학문으로서) 다루는 대상들을 제외하고는 (수, 점, 선 등과 같은) 수학적인 대상들은 움직임이 없는 것들이다.[203] 하지만 그들은 자연에 관해 모든 점을 토론하고 연구한다. 즉 그들은 하늘을 생겨나게 하고,[204] | 이것의 부분, 속성, 활동에 관련된 현상을 자세히 관찰한 990a
다. 그리고 그것들에다 원리들과 원인들을 다 써 버린다. 감각되는 대상이, 또 이른바 하늘이 에워싸고 있는 것이 바로 존재하는 것이라고 다른 자연철학자들에게 동의하는 듯 말이다. 그러나 우리가 말했듯이,[205] 그들은 자신들의 원인들과 원리들이 더 높은 곳에 있는 존재들로 오르기에 또한 충분하며, 자연에 관한 논의에 적합하기보다는 이것들에 더 많이 적합하다고 주장한다. 하지만 그들은 한정됨과 한정되지 않음, 홀과 짝만이 전제된다고 할 때, 어떤 방식으로 운동이 있게 되는지에 대해서는 아무 말도

203 13권(M) 3장 1077b 17-34 참조.

204 '하늘을 생겨나게 한다'는 여기서 '하늘의 생성을 논한다'는 뜻이다. 11권(K) 2장 1060b 8, 13권(M) 7장 1081b 18, 8장 1084a 32 참조.

205 989b 31-33 참조.

990a

안 한다. 어떻게 운동과 변화 없이 생성과 소멸이 있을 수 있는지, 그리고 어떻게 천체들의 운행이 가능한지에 대해서도 아무 말도 안 한다.

더 나아가, 누군가가 그들에게 그런 원리들로 공간적인 크기가 이루어져 있다고 인정하거나, 아니면 이 점이 증명된다고 하더라도, 어떻게 해서 어떤 물체들은 가볍고, 어떤 물체들은 무겁냐는 물음은 그대로 남게 될 것이다. 그들이 전제하고 주장하는 바에 따르면, 그들은 수학적인 물체들을 다루는 것 못지않게 감각되는 물체들을 다룬다고 하니까 말이다. 그렇기 때문에, 내가 생각하기에 그들은 감각 대상들에 고유한 점이라고 주장할 것을 갖지 못해서, 불, 흙 따위의 물질들에 관해 아무 말도 하지 못했다.[206]

더 나아가, 한편으로는 수의 속성들이,[207] 그리고 수 자체가 처음부터 그리고 지금도, 하늘에 있고 생겨나는 것들의 원인들이라고 하고, 다른 한편으로는 세계를 구성하고 있는 이 수 말고 다른 어떤 수도 있지 않다고 하는데, 어떻게 이 두 가지를 동시에 받아들일 것인가?[208] 다시 말해, 그들의 주장대로 어느 특정 지역에 단순한 생각과 제때(適時)가 놓여 있고,[209] 이보다 조금 위쪽이나 아래쪽으로는 부정(不正)과 분리 또는 혼합이[210] 있다면, 그리고 그들이 이에 대한 증거로서 이것들이 저마다 수라고

---

206 '피타고라스주의자들은 불, 흙 따위의 원소들을 기하학적 도형과 같은 것으로 볼 뿐, 원소들이 갖는 감각적인 성질들에 대해서는 아무 말도 하지 않는다'는 것이다.

207 5장 985b 29 참조.

208 어떻게 수가 '있는 것, 생겨난 것'(사물)들의 원인이면서, 이와 동시에 '있는 것, 생겨난 것'(사물)들 자체일 수가 있는가? 이는 수가 수의 원인이라는 말과 같다.

209 피타고라스주의자들에 따르면, '단순한 생각'(doxa)은 3(또는 2)이며, '제때'(kairos)는 7이다.

210 주석가 아스클레피오스(Asklepios, 6세기)는 두 개의 홀수로 '나눠지는' 첫 번째 수가 6이기 때문에 '분리'(krisis)는 6이고, 짝수인 6과 6, 홀수인 3과 3으로 나눠질 수 있기 때문에 '혼합'(mixis)은 (짝수와 홀수의 혼합인) 12라고 설명한다. 로스(Ross)는 피타고라스주의자들이 10 이상의 수를 써서 사물을 설명하지 않았을 거란 추측 아

주장하고, 또 수의 이런 속성들이 다양한 자리를 차지하기 때문에 수들로 이루어진 다수의 (연장된) 크기(물체)들이[211] 이 특정 자리에 이미 (함께 몰려) 있다고 주장한다면, 이 수, 즉 각각의 속성에 해당되는 (추상적인) 수는 (물질적인) 우주에 있는 (구체적인) 수와 같은 것인가, 아니면 이것과 별개인 다른 수인가? 플라톤은 그것이 다른 수라고 주장한다.[212] 하지만 그는 그런 크기들과 이 크기들의 원인이 모두 수이지만, 사유되는 수들은 (사물들의) 원인인 반면, 다른 수들은 감각되는 수들이라고 생각한다.

9장 플라톤의 이데아론에 대한 비판[213]

피타고라스주의자들에 관해서 이제 제쳐 두자. 이만큼 그들을 접해 본 것으로 충분하기 때문이다. (1) 그러나 이데아들을 원인들로 | 놓는 사람

래, 홀수(3)와 짝수(2)가 합해진 첫 번째 수인 5를 '혼합'으로 본다. 그의 책(1924), 1권 184쪽 참조.

211 피타고라스주의자들은 흙을 정6면체, 불을 정4면체, 공기를 정8면체, 물은 정20면체, 천공(天空)은 정12면체로 보았다고 전해 내려온다. 그들에 따르면 특정의 수로 이루어져 있는 크기들에 해당되는 각 원소들은 자신들에게 적합한 곳에 몰려 자리를 잡고 있다. Ross(1924), 1권 184-185쪽 참조.

212 플라톤은 이데아적인 수들이 감각 대상들인 수들의 원인이라고 주장함으로써 피타고라스주의자들이 갖는 난점을 피한다.

213 9장의 상당한 부분인 990b 2-991a 8과 991a 8-991b 9는 13권(M) 4장 1078b 34-1079b 3과 5장 1079b 12-1080a 8에 거의 그대로 되풀이되어 있다. 1권(A)과 3권(B)에서 '우리'라는 1인칭을 사용하면서 아리스토텔레스는 자신을 플라톤주의자의 한 사람으로서 언급하고 있지만, 13권(M)에서는 인칭이 3인칭으로 바뀐다. 이에 주목하여 대부분의 학자들은 1권(A)이 플라톤주의자들과 거리를 두는 3인칭으로 쓰인 13권(M)보다 앞서서, 기원전 348-345년쯤에 저술된 것으로 추정한다. 로스(Ross)의 구분에 따라 9장을 23가지의 비판으로 나누었다.

990b 들은 먼저, 우리 주위에 있는 사물들의 원인들을 찾으면서 이것들과 같은 수만큼의 다른 것들을 끌어들였다. 마치 누군가가 어떤 것들의 수를 세려고 하면서 그것들보다 적은 것들이 있을 땐 셀 수 없다고 생각하고, 더 많은 개수의 것들을 만든 다음에 세는 것처럼 말이다. 그래서 형상(이데아)들(의 종류)은 그 개수가 거의 감각 대상들(의 종류)과 같거나 아니면 이것들보다 적지 않겠다.[214] 이 감각 대상들의 원인을 찾고자 그들은 감각 대상들로부터 형상들로 나아갔다. (그들에 따르면) 각 사물에 대해서 이 사물과 이름이 같은 것이 〈실체들과 따로 떨어져〉 있으며, 여럿에 걸친 하나가[215] 있는 (실체 외의) 다른 (범주의) 것들에 대해서도 이와 마찬가지다. 그 여럿이 우리 주위에 있는 것들(의 영역)에 있든 (해, 달, 별 따위의) 영원한 것들(의 영역)에 있든 말이다.

(2) 더 나아가, 우리가[216] 형상들이 존재한다는 것을 증명하기 위해 끌어들이는 방식들은 어느 것도 분명하지 않다. 몇 가지 방식들에서는 (형상들의 존재에 대한) 추론이 필연적으로 이루어지지 않으며, 다른 몇 가지 방식들에서는 우리가 전혀 형상을 생각하지 않는 것들에 대해서도 형상이 있게 되기 때문이다.[217] 다시 말해, 학문들의 존재에 의거한 논증에 따르면,

---

214 물론 '개별적인 것'(개체)들이 개수에서 해당 이데아보다 훨씬 더 많다. 따라서 여기서 개수는 종류의 개수를 뜻하는 것으로 봐야 한다. 예를 들어, 실제로 그려진 여러 가지 종류의 삼각형들, 즉 '이등변 삼각형', '직각 이등변 삼각형', '정삼각형', '직각삼각형', '부등변 삼각형'에 대해서뿐만 아니라 이 모든 것들이 또한 삼각형이기 때문에 '삼각형'(더 나아가 '도형')에 대한 이데아가 있게 되어, 개별 삼각형들의 종류보다 더 많은 종류의 이데아가 있게 된다. 14권(N) 4장 1078b 36 참조.

215 '여럿에 걸친 하나'(hen epi pollōn)는 여러 가지 것들에 대해 적용되는 한 가지의 것으로서, '보편적인 술어'(보편자)나 '이데아'를 가리킨다.

216 플라톤의 아카데메이아에 몸담고 있으면서도 그의 이데아론을 지지하지 않는 아리스토텔레스가 이데아론을 지지하는 사람들을 가리켜 '우리'라고 표현하고 있다.

217 아리스토텔레스에 따르면, 플라톤주의자들은 다음의 네 가지의 것들에 대해서

학문의 대상인 모든 것들에 대해 형상이 있을 것이며,[218] '여럿에 걸친 하나'란 논증에 따르면, 부정어(否定語)들에 대해서조차 형상이 있을 것이며,[219] 소멸된 것에 대해 뭔가를 생각한다는 논증에 따르면, 소멸된 것들에 대한 형상도 있게 될 것이다. 이런 소멸된 것들에 대한 인상들이 (우리 기억에 남아) 있(어서 우리는 이것들로써 그것들에 대해 생각을 하)기 때문이다.[220] 더 나아가, (앞의 것들보다) 좀 더 엄밀한 논증들이 있는데, 이 중 어떤 논증들은, 그 유(類)가 독자적으로 있다는 것을 우리가 부인하는 관계 개념들의[221] 이데아들을 만들어 내며,[222] 어떤 논증들은 (이데아로서의 '사

는 이데아가 있지 않다고 생각했다. ① 일부 학문(기술)들의 대상인, 집이나 침대 따위의 인공물들, ② 부정어(否定語)들, ③ 소멸하는 것들, ④ 관계 개념들. 12권(Λ) 3장 1070a 18-21 참조.

218 집이나 반지 따위를 만드는 '제작에 관련된 학문(기술)들'을 염두에 두고 하는 말인 듯하다. 모든 학문들의 대상에 관하여 이데아가 있다면, 집이나 반지의 이데아도 있게 될 것이다(991b 6-7 참조).

219 여러 구체적인 사물들이 공통된 성질 또는 본성을 가지고 있다는 것은 그것들이 나눠 갖는 한 가지 이데아가 있다는 것을 뜻한다(플라톤의 『국가』 596a 참조). 이런 논증을 밀고 나가면, 수없이 많은 구체적인 대상들에게 긍정어인 '사람', '흼'뿐만 아니라, '사람 아닌 것'과 '희지 않음' 같은 부정어(apophasis)가 서술되고 이것들에 대해서도 이데아가 있을 것이다.

220 개별적인 사람들이 사라지고 없더라도 '사람'의 인상(phantasma)이 우리의 마음속에 남아 있다는 논증을 말한다. 이 논증에 따르면, 각 개체들, 즉 소멸하는 것들에 대해서도 이데아가 있게 된다. 그러나 보편적인 것(보편자), 즉 '사람'에 대해서만 이데아, 즉 사람의 이데아를 주장하는 플라톤주의자들은 개별적인 것(개별자)에 대한 이데아, 예를 들어 '사람 소크라테스'의 이데아를 허용하지 않는다.

221 4는 2의 두 배이며, 2는 4의 절반이다. '두 배'나 '절반' 등의 관계 개념들은 다른 어떤 것에 대한 언급(reference) 없이 따로 있을 수 없다. 『범주들』 7장 참조.

222 예를 들어, '4'는 2의 두 배이며, '8'은 4의 두 배인데, '4'와 '8'이란 두 개의 다른 사물에 '두 배'라는 하나의 이데아가 있게 된다. 플라톤의 『파이돈』 74a-77a, 『국가』 479a-480a 참조.

람'과 개체로서의 '사람' 외에) '세 번째 사람'을 (또 하나의 이데아로서) 말한다.[223] (3) 그리고 일반적으로, 형상의 존재를 증명하는 논증들은 우리가 이데아들이 있는 것보다 더 있기를 바라는 것들을 없앤다. 왜냐하면 (큼과 작음이라는 확정되지 않은) 두 짝이[224] 아니라 수가 으뜸가는 것이게 되고,[225] 또 관계적인(상대적인) 것이 독자적인(절대적인) 것보다 앞선 것이 되는[226] 결과가 따르며, 그 밖에 사람들이 이데아론을 따름으로써 이 이론의 원리들과 충돌하게 될 다른 모든 점들이 따르기 때문이다.

(4) 더 나아가, 우리가 이데아가 존재한다고 말하면서 바탕을 두고 있는 견해에 따르면 실체들의 형상뿐만 아니라 다른 것(속성)들의 형상도 있게 될 것이다(왜냐하면 개념은 실체들에 대한 것뿐만 아니라 다른 것들에 대한 것도 하나이고, 또 학문들은 실체에 대해서뿐만 아니라 다른 것들에 대해서도 있기 때문이다. 그리고 이와 비슷한 어려운 점들이 수없이 따른다). 그러나 필연적인 귀결에 따라, 그리고 이데아에 관한 생각에 따라,

---

223 '어떤 사람'과 '사람의 이데아'가 모두 사람이라면, 이 둘이 나눠 갖는 것이 이 둘에 앞서 세 번째의 것으로서 있게 될 것이고, 또 이것과 앞의 둘이 공통으로 나눠 갖는 것이 또 있게 되는 식으로 무한히 계속될 것이라는 내용의 논증이다. 7권(Z) 13장 1039a 2, 11권(K) 1장 1059b 8, 『소피스트식 논박』 178b 36-179a 10, 플라톤의 『파르메니데스』 132a-133a 참조.

224 아리스토텔레스는 여기서 두 짝을 수 집합의 한 원소인 2로 잘못 해석하고 있다.

225 확정되지 않은 두 짝이 수의 이데아 아래에 놓이게 되어서, 이데아가 확정되지 않은 두 짝보다 앞선 것이 된다. 그래서 두 짝은 이데아의 원리이기를 그만두게 된다. 그러나 플라톤주의자들은 두 짝을 이데아의 물질적인 원리로 놓으며, 그들에 따르면 (이데아인) 수보다 둘이 먼저 생겨난다.

226 큰 것이나 작은 것은 다른 것과 관계 맺지 않고는 존재할 수도 인식될 수도 없다. 하지만 수는 큰 것이나 작은 것에 관계 맺지 않고도 존재하거나 인식될 수 있어서, 수가 큼이나 작음보다 더 앞선 것이 된다. 그러나 플라톤주의자들은 큼과 작음을 수에 앞선 원리로 내세운다.

형상들이 나눠 가져질 수 있는 것이라면, 실체들의 이데아들만 있어야 한
다. 왜냐하면 형상들은 딸린 방식으로[227] 나눠 가져지지 않으며, 형상들은
모두 주어에 대하여 말해지지 않는 것으로서[228] 나눠 가져져야 하기 때문
이다[229](여기서 '딸린 방식으로 나눠 가짐'은 어떤 것이 '두 배 자체'를 나
눠 가질 때, 또한 '영원함'을 딸린 방식으로만 나눠 갖는다는 것을 뜻한다.
'두 배인 것'에 '영원함'이 딸리기 때문이다).[230] 그러므로, 형상들은 실체
일 것이다. 그러나 같은 말이 이곳(감각계)과 | 저곳(이데아계)에서 실체를
가리킨다. 그렇지 않다면, 이곳에 있는 것들과 따로 어떤 것이, 즉 '여럿에 991a
걸친 하나'(이데아)가 있다고 말하는 것은 무슨 뜻일까? 그리고 이데아들
과 이것들을 나눠 갖는 것들이 같은 형상의 것이라면, 이 둘에 공통된 것이
무언가 있을 것이다. 소멸하는 둘들과 여럿이지만 영원한 둘들의[231] 경우에
'둘임'이 동일한데, 둘 자체와 특정한(소멸하는) 둘의 경우에는 '둘임'이 그
렇지 말란 법이 있는가? (이데아와 이를 나눠 갖는 사물들에 대해) 동일한 형
상이 있지 않다면, 그것들은 (정의는 다르고) 단지 이름만 같을 뿐이다. 그
리고 이것은 마치 누군가가 두 가지 것의 공통점을 못 보고 칼리아스와 (그
를 본뜬) 목상(木像)을 두고 '사람'이라 부를 때와 다를 바 없다.[232]

---

227 '딸린 방식으로' = 속성으로서.

228 '주어에 대해 말해지지 않는 것으로서' = 실체로서.

229 이데아론자들에 따르면 이데아는 실체다. 따라서 실체인 이데아를 나눠 갖는(metechein) 것도 실체이어야 한다. 그러나 플라톤주의자들을 추종하여 '두 배 자체'가 실체라고 하더라도 '두 배임'은 속성이지 실체가 아니다.

230 이데아인 두 배 자체는 영원한 것이지만 이것을 나눠 갖는 사물인 두 배인 것이 반드시 영원한 것은 아니다.

231 '여럿이지만 영원한 둘'은 수학적인 둘을 뜻한다. 수학적인 대상들은 하나인 이데아들과 달리 여럿이다. 6장 987b 16-18 참조.

232 990b 2-991b 9 ≒ 13권(M) 4장 1078b 34-1079b 3.

991a

(5) 무엇보다도, 형상들이 감각되는 것들 중 (해, 달, 별 등의) 영원한 것들에게, 또는 생성, 소멸하는 것들에게 어떤 영향을 미치느냐는 물음을 누구든 제기할 수 있을 것이다. 왜냐하면 형상들은 그것들에게 운동의 원인도, 어떤 변화의 원인도 못 되기 때문이다. 또, 형상들은 다른 사물들에 관한 앎을 위해 전혀 도움이 되지 않으며(형상들은 그것들의 실체가 아니기 때문이다. 그렇지 않을 경우, 형상들은 그것들 안에 있을 것이다), 자신들을 나눠 갖는 사물들 안에 (구성 요소로서) 있지 않기 때문에, 이것들의 존재를 위해서도 전혀 도움이 되지 않는다.[233] 아마도 형상은 어떤 사물과 섞인 흰이 그 사물이 가지는 흰의 원인이란 방식으로 원인인 듯싶다. 그러나 아낙사고라스가[234] 처음으로, 그리고 이후 에우독소스와[235] 더불어 다른 몇몇 사람들이 말했던 이런 견해는 쉽게 뒤집힌다. 그러한 견해를 반증하는 수많은 불합리한 점들을 쉽게 모을 수 있기 때문이다.

(6) 그러나 또한, 우리가 으레 '…에서'를 말하는 방식들 가운데 어떤 것에 따르더라도 다른 모든 것들은 형상들에서 나오지 않는다. 그리고 형상들이 본이고 다른 것들은 이것을 나눠 갖는다고 말하는 것은 빈말하는 것과 같고, 시적인 비유를 말하는 것과 같다. 도대체 이데아들에 시선을 두

---

233 한 사물의 실체가 그 사물 안에 있지 않다는 것은 목상의 형태가 목상 안에 있지 않다고 하는 것과 마찬가지로 불합리하다.

234 각 사물이 갖는 두드러진 성질은 수없이 많은 '씨'(sperma)들 가운데 어느 하나가 우세함으로써 정해진다. 아낙사고라스의 글조각 12의 끝부분, 김인곤 외(2005), 512쪽 참조. 이에 대한 아리스토텔레스의 비판은 8장 989a 33 이하, 『자연학』 1권 4장 참조.

235 에우독소스(Eudoxos)는 이데아의 독립성을 주장한 플라톤과 달리 아리스토텔레스처럼 이데아가 개별적인 것들 안에 들어있다고 본 듯하다. 하지만 이데아와 같은 보편자들을 실체로 보지 않은 아리스토텔레스와 달리 그는 플라톤처럼 이데아를 완전한 의미의 실체로 본 것으로 추정된다. 그의 생애에 대해서는 12권(Λ) 8장 1073b 17의 각주 참조.

고 (이를 본뜨며) 일하는 것은 무엇이란 말인가?[236] 아무런 것이 어떤 것을 본뜨지 않고서도 이것과 비슷한 것이거나 비슷한 것이 될 수 있어서, 소크라테스가 있든 없든 소크라테스를 닮은 사람이 태어날 수 있는 것이다. 영원한 소크라테스가 있다 하더라도 분명히 마찬가지다.[237] 그리고 동일한 사물에 대해 여러 본들이 있게 될 것이고, 따라서 여러 형상들이 있게 될 것이다. 예를 들어, 어떤 사람에 대해 동물, 두 발 달림, 그리고 이와 동시에 사람 자체가 있게 될 것이다. 더 나아가, 형상들은 감각되는 것들의 본일 뿐만 아니라 또한 형상 자신들의 본일 것이다. 마치 유(類)가 종(種)들의 유이듯이 말이다. 그래서 같은 형상이 본이자 본뜬 것이 | 될 것이다.[238]

(7) 더 나아가, 사물들과 그 사물들의 실체가 따로 떨어져 있을 수 없는 것처럼 보일 것이다. 그러니, 어떻게 이데아들이 사물들의 실체들이면서 이 사물들과 따로 떨어져 있을 수 있겠는가? (플라톤의) 『파이돈』에서[239] 형상들이 사물들의 존재와 생성의 원인이라고 주장되었다. 하지만 형상들이 존재한다 치더라도 그것들을 나눠 갖는 것들은 자신들을 움직이는 것이 있지 않는 한, 생겨나지 않는다. 그리고 집이나 반지처럼, 우리가[240] 그것에 대한 형상들이 있지 않다고 말하는 나머지 것들이 많이 생겨난다.[241]

---

236 플라톤은 『티마이오스』 28c, 29a에서 이런 것으로서 '조물주'(데미우르고스, Dēmiourgos)를 얘기한다.

237 영원한 소크라테스는 '소크라테스라는 개인이 존재함'의 원인이 될 수 없다.

238 사람 자체는 개별적인 사람들에 대해서는 '본'(paradeigma)이지만, 동물 자체에 대해서는 이것을 '본뜬 것'(eikōn)이 된다. 그러나 플라톤주의자들에 따르면, 이데아는 결코 '본뜬 것'일 수 없다.

239 100c-e 참조.

240 플라톤주의자들이.

241 990b 10-11, 12권(Λ) 3장 1070a 18-19 참조.

그러므로 분명히, 방금 말한 두 가지 것을 산출하는 그러한 종류의 원인들을 통해서 다른 사물들조차도 있을 수 있고 생겨날 수 있다.[242]

(8) 더 나아가, 형상들이 수(數)들이라면, 어떻게 그것들이 (사물들의) 원인들일 수 있겠는가? 있는 것들이 다른 수들이기 때문인가? 예를 들어 이 수는 사람이고, 저 수는 소크라테스이며, 다른 어떤 수는 칼리아스이기 때문인가? 그렇다면, 왜 앞의 (이데아적인) 수들이 이런 (구체적인) 수들의 원인인가? 앞의 수들은 영원하고 뒤의 수들은 그렇지 않다고 하더라도 이런 차이로는 전혀 설명할 수 없을 것이다. 그러나 여기(감각계)에 있는 것들이, 예컨대 협화음이 수들의 비율들이기 때문(에 수가 있는 것들의 원인)이라면, 분명히 어떤 한 가지 것이 있어서 있는 것들은 이것의 비율일 것이다.[243] 그런 어떤 것, 즉 재료가 있다면, 분명히 수 자체도 어떤 것이 다른 어떤 것에 대해 갖는 비율일 것이다. 예를 들어, 칼리아스가 불, 흙, 물 그리고 공기의 수적 비율이라면, 칼리아스에 대한 이데아도 다른 어떤 바탕들의 수일 것이다. 그리고 사람 자체도 그것이 특정한 수이든 아니든, 어떤 것들의 수적 비율이지, 그저 수이지만은 않다. 그렇기 때문에 어떤 〈이데아도〉[244] 수이지 않을 것이다.

(9) 더 나아가, 여러 수들에서는 (이것들이 합해져) 하나의 수가 생겨나지만, 어떻게 여러 형상들에서 하나의 형상이 생겨날 수 있겠는가? 그리고 (이데아적인) 수가 여러 수들의 합으로부터 생기지 않고 이 수들 안에 있는, 예를 들어 10,000 안에 든 단위(하나)들로부터 생겨난다면, 그 수

---

242 집이나 반지가 형상의 도움 없이 만들어진다면, 사람이나 식물 따위도 형상의 도움 없이 생겨날 수 있다. 991a 8-b 9 ≒ 13권(M) 5장 1079b 12-1080a 8.

243 플라톤은 『티마이오스』 73b, c에서 네 가지 원소들(물, 불, 흙, 공기)이 일정 비율로 혼합된 것이 동물의 몸이라고 기술한다.

244 알렉산드로스의 주석에 따라 애거(Jaeger)는 idea(이데아)를 텍스트에 추가했다.

안의 단위들은 서로 어떤 관계를 갖는가? 단위들이 (수학적인 수들처럼 서로) 같은 종류의 것들이라면, 이치에 어긋나는 점들이 많이 따를 것이다. 단위들이 같은 종류의 것이 아니라고 하더라도 마찬가지다. (주어진 어떤 수 안의) 어떤 단위가 다른 어떤 단위와 같은 종류의 것이 아니어도, 또 어떤 수 안에 든 단위들이 다른 어떤 수 안에 든 단위들과 서로 같은 종류의 것이 아니어도 말이다.[245] 아무런 성질의 변화도 겪지 않는데, 단위들이 어디에서 차이가 날 것인가? 그것은[246] 그럴듯해 보이지도 않고, 또 (단위들에 대한) 우리의 생각에 일치하지도 않는다.

(10) 더 나아가, (단위들이 같은 종류의 것들이 아니라면) 그들은 산학(算學)이 다룰 대상으로서 다른 종류의 수를, 그리고 어떤 이들이 '중간에 있는 것들'이라 부르는 것들을[247] 다 내세워야 할 텐데, 이런 것들이 어떻게, 어떤 원리들로부터 나와 있을 것인가?[248] 다시 말해, 그것들이 여기(감각계)에 있는 것들과 이데아들 사이에 놓여 있어야 할 근거는 무엇인가?

(11) 더 나아가, 둘(2) 안에 있는 단위들은 저마다 이전의 어떤 둘로부터[249] | 나와 있어야 할 것인데, 이는 불가능하다. 992a

(12) 더 나아가, 왜 (여러 단위들이) 함께 잡힌 (이데아적인) 수가 하나인

---

245 '같은 종류의 것'(homoeides)에서 '비교될 수 있는 것'(symblēton)으로 용어가 바뀌어, 수의 특징과 관련한 같은 내용의 논의가 13권(M) 6장 1080a 18-23에 이어진다.

246 단위들(monades)이 같은 종류의 것이 아니라는 가정은.

247 '중간에 있는 것들'(ta metaxy)은 수학적인 수를 비롯한 수학적인 대상들(mathēmatika)을 가리킨다. 6장 987b 14-18 참조.

248 13권(M) 8장 1084a 3-7 참조.

249 '이전의 어떤 둘'은 '큼과 작음의 확정되지 않은 두 짝'(ahoristos dyas)을 가리킨다. 아리스토텔레스는 이것을 수 2와 같은 것으로 곡해하고 있다. 2가 이것으로부터 나오고, 이와 더불어 두 개의 단위(1)들로 이루어져 있다면, 2는 자기 자신뿐만 아니라 1에 앞선 것이 된다는 것이다.

992a

가?[250]

(13) 더 나아가, 앞서 말한 것들 말고도, 단위들이 서로 차이가 난다면, 플라톤주의자들은 네 개 또는 두 개의 (서로 다른 종류의) 요소들을 말하는 사람들처럼 (서로 다른 종류의) 단위들을 말해야 할 것이다. 왜냐하면 이 사람들은 모두 공통된 것을, 예를 들어 물질을 '요소'라 부르지 않고, 어떤 공통된 것이, 즉 물질이 있든 없든,[251] 불과 흙을 '요소'라 부르기 때문이다. 그러나 플라톤주의자들은 하나가 불이나 물과 마찬가지로 같은 질의 부분(同質素)들로 된 것인 양 말한다.[252] 그럴 경우, (하나가 산출하는 이데아적인) 수들은 실체가 아닐 것이다.[253] 그리고 (플라톤주의자들에 따라) 하나 자체 같은 것이 있어서 이것이 (물질적인) 원리라면, 이때 '하나'는 분명히 여러 가지 뜻으로 쓰이고 있다.[254] (그들은 이 의미들을 구분해야 할 것이다.) 다른 방식으로는 불가능하기 때문이다.

---

250 플라톤주의자들은 단위들로 이루어진 수가 어떻게 해서 여럿을 모아 놓은 더미의 성격을 띠지 않고 단일성을 확보하게 되는지 설명하지 못한다. 8권(H) 3장 1044a 2–5 참조.

251 『생성과 소멸에 관하여』 320b 23에서 아리스토텔레스는 그런 공통된 것이 없다고 말한다. 불, 공기, 물, 흙 등으로 구체화되지 않은 무규정의 물질은 결코 존재하지 않는 추상물일 뿐이라는 것이다.

252 하나와 (큼과 작음의) 확정되지 않은 두 짝을 원리로 삼으면서, 플라톤주의자들은 불의 부분들처럼 하나는 그것이 있는 곳이 어디든 질적으로 차이가 없는, 같은 종류의 것이라고 말한다.

253 같은 종류의 단위들로 구성될 수 있는 이데아적인 수는 실체가 아니라, 수학적인 수나 다를 바 없고, 오로지 단위들의 개수에서만 수들은 서로 차이가 날 뿐이다. 10권(I) 2장과 13권(M) 7장 1081a 5 참조.

254 앞서 '(큼과 작음의) 확정되지 않은 두 짝'을 수 2로 보았듯이, 아리스토텔레스는 다시 플라톤의 '하나 자체'를 1, 즉 단위로 보며, 이것을 엠페도클레스의 4원소들처럼 물질적인 원리로 보고 있다. 그는 이에 바탕하여, 하나를 '확정되지 않은 두 짝에 적용되어 특정의 수를 만들어 내는 형식적인 원리'로 보는 플라톤주의자들을 비판한다.

(14) 실체들을 그것들의 원리들로 환원하려 할 때, 우리는[255] (이데아적인) 선(線)을 짧음과 긺으로, 즉 일종의 작음과 큼으로, 평면을 넓음과 좁음으로, 그리고 물체를 깊음과 얕음으로 이루어진 것으로 놓는다.[256] 그러나 어떻게 평면이 (자신의 원리들로 이루어지지 않은) 선을, 입체가 (자신의 원리들로 이루어지지 않은) 선과 평면을 가질 것인가? (평면의 원리인) 넓음과 좁음은 (입체의 원리인) 깊음과 얕음과 다른 유(類)이기 때문이다. 그러므로 (수의) 많음과 적음이 위의 (크기의) 원리들과 달라서 이 원리들 안에 수가 들어있지 않은 것처럼, 분명히 상위의 것들은 어느 것도 하위의 것들에 들어있지 않을 것이다. 그러나 넓음은 깊음의 유(類, 상위 개념)가 아니다. 그렇지 않으면, 물체('입체')가 평면의 일종일 것이기 때문이다.[257] 더 나아가, 점들은 어떤 원리를 바탕으로 선 안에 들어있을 것인가?[258] 플라톤 자신도

---

255 플라톤주의자들은.

256 플라톤주의자들에 따르면, 수는 1과 '많음과 적음'을, 선은 2와 '짧음과 긺'을, 평면은 3과 '넓음과 좁음'을, 입체는 4와 '깊음과 얕음'을 각각 형식적인 원리와 물질적인 원리로 삼아 나온다(7권 11장 1036b 13, 13권 8장 1084a 37-b 2, 14권 3장 1090b 20-24 참조). 확정되지 않은 '짧음과 긺'에 두 점이 주어져서 일정한 선이 생겨나며, 확정되지 않은 '넓음과 좁음'에 세 점이 주어져서 가장 단순한 평면 도형인 삼각형이 생겨나며, 확정되지 않은 '깊음과 얕음'에 네 점이 주어져서 가장 단순한 입체 도형인 4면체가 생겨난다(13권 9장 1085a 32, 『혼에 관하여』 404b 18-21 참조).

257 동물은 사람의 유(類, 상위 개념)이기 때문에, 사람은 동물의 일종이다. 마찬가지로, 넓음이 깊음의 유라면, 넓음의 종(種, 하위 개념)인 깊음으로 이루어진 입체는 평면의 일종일 것이다. 그러나 넓음은 깊음의 유가 아니다. 992a 10-19를 13권(M) 9장 1085a 9-19와 비교.

258 크기를 갖지 않는 점들은 선, 평면, 입체와 달리 어떤 종류의 큼과 작음을 물질적인 원리로 삼아서 나올 수 없는데, 어떻게 선 안에 들어있을 수 있겠는가? 피타고라스주의자들과 달리 아리스토텔레스는 플라톤과 마찬가지로 점들이 모여서는 선이 이루어질 수 없다고 보았다(3권 4장 1001b 18, 『자연학』 215b 18, 231a 24, 241a 3 참조). 그에 따르면 점은 선의 구성 요소가 아니라 선의 한계(peras)이며(992a 23 참조), 선은 무한히 분할되는 선들로 이루어져 있다.

그저 한 가지 기하학적 허구에 지나지 않는 것으로 보아 그런 종류의 것들에 반대하곤 했다.[259] 그는 선의 원리(출발점)를[260] (그는 이것을 여러 번 전제했다) '분할되지 않는 선'(線의 이데아)들이라 불렀다. 하지만 이런 (분할되지 않는) 선들도 한계를 가져야 한다. 그래서 (분할되지 않는) 선이 있다는 것을 증명하는 근거와 같은 근거를 바탕으로 또한 점이 있다(고 증명할 수 있다).[261]

(15) 일반적으로, 지혜(철학)는 보이는 것들의 원인을 찾지만, 우리는[262] 이 점을 내버려 두었다(변화가 비롯하는 원인에 대해 우리는 말하는 바가 전혀 없다). 우리는 보이는 것들의 실체를 설명한다고 생각하면서 다른 종류의 실체('이데아')들이 존재한다고 주장하지만, 어떻게 이것들이 보이는 것들의 실체인지에 대해선 빈말을 한다. '나눠 가짐'은 앞서[263] 말했듯이 아무것도 뜻하지 않기 때문이다.

(16) 그리고 형상들은, 우리가 학문(기술)들의 경우에서 보게 되는 원인과, 또 모든 정신과 모든 자연이 앞에 두고 활동하는 원인과, 그리고 우리가 원리들 중 하나라고 얘기하는 이 원인(목적인)과 전혀 관계가 없다.[264] 수학은 오늘날 철학자들에게,[265] 다른 것들을 위해 이 분야에

---

259 점들의 존재를 가정하며 선을 점들로 이루어진 것으로 보는 (피타고라스주의자들의) 입장을 받아들이지 않았다는 뜻이다.

260 플라톤은 『법률』 894a에서, 어떻게 하나의 원리(출발점, archē)에서 삼차원의 도형이 순차적으로 발생하여 우리의 시각에 보이게 되는지에 대해 언급하고 있다.

261 '분할되지 않는 선'(atomos grammē)들은 그 한계로서 점들을 갖는다. 따라서 그런 선들이 존재한다는 것을 증명한다면, 이와 더불어 점들이 존재한다는 것을 증명하는 셈이 된다.

262 플라톤주의자들은.

263 991a 20-22에서.

264 6장 988a 7-17 참조.

265 특히, 스페우십포스(Speusippos)에게. 7권(Z) 2장 1028b 22-24 참조.

| 몰두해야 한다고 그들은 말하지만,[266] 철학이 되었다. 992b

(17) 더 나아가, 재료로서 바탕이 되는 실체가 너무 수학적이라고 여길 수 있으며, 이것을, 즉 **큼**과 **작음**을 재료보다는 오히려 실체와 재료의 술어 및 차이성으로 여길 수 있을 것이다. 마치 자연철학자들이 또한 **성김**과 **촘촘함**을 언급하면서,[267] 이것들을 바탕(基體)의 으뜸가는 차이성들이라고 주장하듯 말이다. 이것들은 바로 일종의 **지나침**과 **모자람**이다. 그리고 움직임에 관한 한, **큼**과 **작음**이 움직임이라면,[268] 분명히 (이것들을 재료로 갖는) 형상들도 움직일 것이다. 그러나 그것들이 움직임이 아니라면, 어디서 (이데아를 본뜬 감각 대상들의) 움직임이 나왔겠는가?[269] 이렇게 되어 정말 자연에 관한 고찰이 모두 중단되었다.[270]

(18) 그리고 모든 것들이 하나임을 보여 주는 것이 쉬운 일처럼 보이지만, 이에 대한 증명은 이루어지지 않고 있다. 비록 (플라톤주의자들에게) 모든 가정들을 양보한다 하더라도,[271] (하나를 여러 사례들로부터) 빼냄으로써[272] 모든 것들이 하나가 되지는 않으며, 기껏해야 **하나 자체**가 있을 뿐이

---

266 수학은 철학적 대화술(dialektikē)을 위해 연구되어야 한다. 플라톤의 『국가』 7권 531d, 533b–e 참조.

267 4장 985b 11–14 참조.

268 큼과 작음은 확정되지 않은 물질적인 원리로서 끊임없는 변화 속에 있다. 『자연학』 201b 16–21, 플라톤의 『티마이오스』 52d–53a, 57e 참조.

269 큼과 작음이 움직임이 아니라면, 따라서 형상(이데아)들이 움직이지 않는 것이라면, 이것들의 모방물인 감각 대상들은 어디에서 자신들의 움직임의 근원을 찾을 것인가?

270 자연학에서 '운동의 원인'(운동인)은 필수적으로 탐구해야 할 대상인데, 플라톤주의자들은 이런 원인을 갖고 있지 않아서, 이들의 입장에서는 자연학적 탐구가 불가능하다.

271 모든 공통된 이름에 상응하는 한 이데아가 있다고 인정하더라도.

272 플라톤의 이런 '빼냄'(추출, ekthesis)의 방법에 대해서는 7권(Z) 6장 1031b 21,

다. 그리고 보편적인 것이 유(類)라는 점을 인정하지 않을 때에는 그것마저 부정된다. 더군다나 그러한 인정은 몇몇 경우에서는[273] 불가능하다.

(19) 수들 다음으로 (크기로서) 나오는 선, 평면, 입체가 어떻게 존재하는지, 아니면 어떻게 존재할 수 있는지,[274] 그리고 어떤 힘을 갖는지에[275] 대해 전혀 설명이 없다. 그 크기들은 형상일 수도 없다. 그것들은 수가 아니기 때문이다. 중간에 있는 것들일 수도 없다. 이것들은 수학적인 대상들이기 때문이다.[276] 또 소멸하는 것들일 수도 없다. 그렇다면, 그것들은 다른 하나의 유, 즉 (이데아와 수학적인 대상들 사이에 놓인) 넷째 유인 것처럼 보인다.[277]

(20) 일반적으로, '있음'의 여러 가지 뜻을 구분하지 않고서는 있는 것들의 요소들을 찾아낼 수는 없다. 특히 사물들이 어떤 요소들로 이루어져 있는지를 묻는 방식으로 요소들을 탐구할 경우에 말이다. 정말이지 '가함'(能動)이나 '당함'(受動) 또는 '곧음'이 어떤 요소들로 이루어져 있는지

13권(M) 9장 1086b 9, 14권(N) 3장 1090a 17 참조.

273 유(類, genos)가 아닌 '보편적인 것'(보편자, to katholou)은 부정어(否定語)나 관계어를 가리키는 것일 수도 있고(990b 13, 16 참조), 아니면 가장 넓은 의미의 보편자인 있는 것(on)이나 하나(hen)를 가리키는 것일 수도 있다(3권 3장 998b 22, 8권 6장 1045b 6 참조).

274 이데아적인 수들의 경우, 어떤 수가 하나와 두 짝과 여러 가지 방식으로 결합함으로써 나머지 수들이 모두 나온다(13권 8장 1084a 3-7 참조). 그런데 이런 수가 아닌 크기들은 어떻게, 어떤 원리를 바탕으로 생겨날 수 있는가?

275 이데아적인 수들이 감각 대상들의 원인이라면, 크기들은 어떤 사물에 대해 어떤 영향력을 발휘하는가?

276 수학적인 대상들은 여럿일 수 있지만, 크기들은 하나이기 때문이다. 예를 들어 '삼각형'은 크기로서는 하나지만, 수학적인 대상으로서는 여럿이다.

277 이렇게 되면, 사물들은 다음의 네 가지로 분류된다: ① 이데아(=이데아적인 수), ② 크기, ③ 수학적인 대상들, ④ 감각 대상들.

는 알아낼 수 없으며, 그 요소들을 알아낼 수 있다면 오로지 실체들의 경우에만 알아낼 수 있을 뿐이다.[278] 그러므로 (플라톤주의자들처럼) 모든 있는 것들의 요소들을 찾는 것이나, 이것들을 (찾아서) 가지고 있다고 생각하는 것은 옳지 않다.

(21) 그리고 어떻게 해서 모든 것들의 요소들을 또한 남한테 배울 수가 있겠는가? 분명히, 이런 배움에 앞서 미리 알 수는 없을 것이다. 기하학을 배우는 사람이 그 전에 다른 것들은 알지 몰라도 이 학문이 다루는 대상과 그가 배우려 하는 점들에 대해서는 전혀 미리 알고 있지 않듯이, 다른 (학문들의) 경우에서도 마찬가지다. 따라서 몇몇 사람들이 말하듯 모든 것들에 대해 단일한 학문이[279] 있다면, 이 학문을 배울 사람은 아무것도 미리 알고 있지 않아야 할 것이다. 그러나 (연역적) 증명에 의한 것이든 정의에 의한 것이든 무릇 배움은 (정의나 귀납의 경우처럼) 미리 알고 있는 것들 모두를 통해서 이루어지거나 아니면 (연역적 증명의 경우처럼) 몇 가지의 것들을 통해서 이루어진다.[280] (어떤 학문을 배우는 사람은) 정의(定義)의 구성 요소들을 미리 알아야 하고 이것들은 (배우는 사람에게) 친숙한 것이어야 하기

---

278 '있는 것'(on)들 중 월식이나 잠(수면) 따위의 '당함'(수동, paschein)이나 '가함'(능동, poiein) 또는 곧음 같은 질(poion)들은 '실체'(ousia)와 달리 재료와 형상을 자신의 구성 요소로서 갖지 않는다. 8권(H) 4장 1044b 8-20 참조.

279 플라톤의 철학적 대화술(변증술, dialektikē)과 같은 학문을 가리킨다. 『국가』 7권 533 참조.

280 아리스토텔레스에 따르면, 모든 것을 증명하는 학문은 있을 수 없다. 어떤 학문이든 무-전제에서 출발하지 않고, 직접적으로 알려진 전제들로부터 출발한다. 이런 전제(원리)들, 예를 들어 모순율에 대한 앎은 플라톤이 말하는 것처럼 타고난 것이 아니라, 지성의 성찰을 통해 획득된다(『뒤 분석론』 2권 19장 참조). (연역적) 증명(apodeixis)의 경우, 그 구성 요소인 소전제가 결론에 앞서 알려지지 않고 결론과 더불어 알려지는 경우도 있지만(『뒤 분석론』 71a 17 참조), 정의(horismos)나 귀납(epagōgē)에서는 그 구성 요소들이 모두 미리 알려져 있어야 한다.

때문이다. 귀납(歸納)에[281] 따른 배움의 경우도 이와 마찬가지다. 더 나아가, | 이런 앎이 타고난 것이라면,[282] 어떻게 해서 앎들 가운데 가장 최고인 앎을 우리가 모른 채 가지고 있을 수 있는지 이상한 일이다.

993a

(22) 더 나아가, 사물들이 무엇으로 이루어졌는지를 어떻게 알게 될 것이며, 이것이 어떻게 해서 분명해지겠는가? 이것도 정말 어려운 문제다. 몇몇 음절들의 경우처럼, 이 경우에서도 의견이 갈릴 것이기 때문이다. 다시 말해, 어떤 사람들은 ZA(제타와 알파)가 ΣΔ(시그마+델타)와 A(알파)로 이루어져 있다고 주장하는 반면, 다른 몇몇 사람들은 그것이 우리에게 아직 알려져 있지 않은 다른 구분된 소리라고 주장한다.[283]

(23) 더 나아가, 해당 감각을 갖지 않고서 어떻게 감각 대상들을 인지할 수 있겠는가?[284] 하지만 복합된 음들이 음에 고유한 요소들로 이루어지듯, 사물을 구성하는 요소들이 모든 것들에[285] 대해 같다면, 그런 경우가 가능

281 아리스토텔레스에 따르면 귀납(epagōgē)은 소크라테스가 이미 실행했던 방법이다(13권 4장 1078b 27-29 참조). 구체적인 사례들을 통해 일반적인 명제로 가는 방법을 뜻한다. 연역적 추론(syllogismos)에 대비되는 개념이다(『토포스론』 105a 10-19 참조).

282 플라톤의 상기설(想起說)을 두고 한 말이다. 이에 따르면, 앎은 우리가 태어날 때부터 가지고 있는 것이며, 우리는 이것을 상기(anamnēsis)하기만 하면 된다. 다시 말해 이것을 의식으로 끌어내기만 하면 된다. 『파이돈』 72e, 『메논』 81c 참조.

283 그리스어 stoicheion은 '요소'뿐만 아니라 '철자'(자모), '분절음'을 뜻한다. 철자 Z(제타)가 그 자체로 하나의 요소인가, 아니면 더 작은 요소들로, ΣΔ(시그마+델타)로, 아니면 Ξ(크시)나 Ψ(프시)가 KΣ(카파+시그마)나 ΠΣ(피+시그마)로 나뉘는 것과 비슷하게, ΔΣ(델타+시그마)로 나누어질 수 있는가 하는 물음에 대해 의견이 분분한 것처럼(14권 6장 1093a 24의 각주 참조), 요소 전반에 대해서도 무엇이 궁극적인 요소인지 사람들의 의견이 분분하다는 점을 아리스토텔레스는 이야기하고 있다.

284 요소들에 대한 앎을 날 때부터 가지고 있다고 치더라도, 날 때부터 눈이 먼 사람은 눈앞에 놓인 특정한 색을 알지 못한다. 『자연학』 193a 4-9 참조.

285 감각 대상들과 이데아들에 대해.

해야 할 것이다.[286]

10장 첫째 권 마무리

이렇듯, 모든 사람들이 『자연학』에서[287] 말한 원인들을 찾는 것처럼 보인다는 점과, 우리가 이 원인들 말고는 다른 어떤 원인도 말할 수 없을 것이라는 점이 앞의 논의들로부터 분명하다. 그런데 그들은 원리들을 어렴풋이 찾아 나섰다. 그리고 어떻게 보면 모든 원인들이 이전에 논의된 듯하지만, 달리 보면 전혀 그렇지 못하다. 최초의 철학은 새롭고 시작 단계에 있었기에 모든 주제들에 관해 웅얼거리듯이 말한 듯하다. 예를 들어, 엠페도클레스는 뼈가 (요소들의 일정한 혼합) 비율로 되어 있다고 말하는데,[288] 이 비율이 바로 뼈의 본질 및 실체이다. 그러면 이와 비슷한 방식으로 살이라든지 다른 모든 신체 조직들도 저마다 (그것들을 이루고 있는 요소들이 일정한 혼합) 비율을 갖든지, 아니면 어떤 것도 그것을 갖지 않아야 할 것이다. 따라서 (요소들의 혼합) 비율로 말미암아 살과 뼈 따위의 것들이 저마다 있을 것이며, 엠페도클레스가 말한 재료, 즉 불, 흙, 물, 공기 때문에 그것들이 있지는 않을 것이다. 그가 이 점을 분명하게 말하지는 않았어도, 다른 이가 이 점을 지적했더라면, 틀림없이 그는 동의했을 것이다.

---

286 플라톤의 철학적 대화술과 같은 한 학문만이 있다면, 이 학문의 요소들을 아는 사람은 감각 대상들이든 이데아들이든 모두 다 알 수 있을 것이다.

287 『자연학』 2권 3장과 7장 참조.

288 뼈는 두 부분의 흙, 두 부분의 물, 네 부분의 불, 모두 합해 여덟 개의 부분으로 되어 있다. 그의 글조각 96, 김인곤 외(2005), 400쪽 참조. 여기서 아리스토텔레스는 엠페도클레스가 어렴풋하게나마 본질이나 형상인(causa formalis)에 대한 생각을 가졌지만, 이것을 일반화시켜 적용하지 못했다고 본다.

993a

이런 점들에 관해서는 앞에서 이미 설명한 바 있다. 그런데 바로 이 점들에 관해 어떤 난문들이 생길 수 있는지, 다시 한번 돌아가 열거해 보자.[289] 이것들로부터 우리는 아마도 나중의 난문들을 해결할 길을 찾을 수 있을 것이다.

289 3권(B)을 두고 하는 말이다.

2권(α)[1]

1장 철학적 탐구에 관한 일반론

993a

진리에 관한 연구는 어떤 점에서는 어렵지만, 어떤 점에서는 쉽다. 이는, 한편으로 어느 누구도 진리를 딱 맞게 얻을 수 없지만, | 다른 한편으로 모두가 진리를 전혀 얻지 못하지는 않아서 저마다 사물의 본성에 관해 무엇인가 참인 것을 말하고, 개인적으로는 전혀 또는 조금밖에 진리에 이바지하지 못하지만 모두 한데 모이면 꽤나 많은 양이 된다는 점에서 드러난다. 그래서 진리가 "누가 도대체 (화살로) 큰 문을 못 맞추랴"란 속담의[2] 큰 문과 같은 것이라면, 진리는 쉬울 것이다. 그러나 전체를 (대강은) 993b

---

1 2권(α)은 1권(A)과 마찬가지로 『형이상학』의 입문 성격을 띤 짧은 글로서 1권을 보충한다. 에우데모스(Eudemos)의 조카이자 아리스토텔레스의 제자였던 로도스(Rhodos)섬 출신의 파시클레스(Pasikles)가 쓴 글이라고 고대의 많은 학자들이 주장하였다. 주석가 알렉산드로스는 2권(α)이 아리스토텔레스의 저술임을 확신하면서도, 3장의 995a 14-19를 근거로 『자연학』의 서문이 되어야 할 저술이라고 판단을 내린다. 내용이나 문체로 보아 아리스토텔레스의 저술인 것으로 일반적으로 인정되고 있다.

2 '아주 쉬운 일'을 두고 하는 말이다. Leutsch/Schneidewin(1839-51), 2권 678쪽 참조. 큰 문처럼 넓은 면을 가진 것은 아무 데나 화살로 맞추기는 쉽지만, 정곡을 정

가질 수 있지만 (겨눈) 부분을 (정확하게) 가질 수 없다는 것은[3] 진리의 어려움을 보여 준다.

이런 어려움은, 아마도 두 가지 종류인 듯한데,[4] 지금의 어려움은 그 원인이 사물 안에 있지 않고 우리 안에 있다. 마치 박쥐의 두 눈이 대낮의 빛을 대하듯, 우리 혼 안의 이성도 모든 것들 중 본성상 가장 명백한 것들을[5] 대하기 때문이다.

우리가 견해를 함께할 수 있는 사람들뿐만 아니라, 다소 피상적으로 자기 견해를 밝혔던 사람들에게도 우리는 마땅히 감사해야 한다. 이들도 무엇인가 이바지했기 때문이다. 그들도 우리들에 앞서 (사유의) 습성을 닦아 놓았던 것이다. 티모테오스가[6] 있지 않았더라면, 많은 서정시를 우리는 갖지 못했을 것이다. 그러나 프뤼니스가[7] 없었더라면, 티모테오스도 없었을 것이다. 진리에 관해 자신의 의견을 밝혔던 사람들의 경우도 이와 마찬가지다. 우리는 어떤 이들로부터 일정한 견해들을 물려받았으며, 다른 어

확히 맞추는 것은 아주 어렵다는 내용의 속담이다.

3 우리 속담 "나무를 보면서 숲을 보지 못한다"를 거꾸로 생각하면 쉽게 이해가 가능할 것 같다. 숲(전체)을 보긴 쉽지만 나무(부분) 하나하나를 정확히 가려내기란 어렵다. 『자연학』 184a 23, 『앞 분석론』 67a 29 참조.

4 우리의 인식능력에 결함이나 한계가 있어서 어려움이 생길 수도 있고, 사물 자체의 본성이 이해하기 힘들어서 어려움이 생길 수도 있다.

5 이런 것들은 감각으로부터는 가장 멀리 떨어져 있는 것이지만, 본성상 가장 잘 알려진 원리들이거나 원인들이다. 『뒤 분석론』 71b 33-72a 5, 『자연학』 184a 16-b 14 참조.

6 티모테오스(Timotheos, 기원전 446-357년). 밀레토스 출신. 시인이자 음악가로 주로 아테네에서 활동하였으며, 에우리피데스와 친분을 가졌다. 주신(酒神)에 대한 송가인 『페르시아인들』이 200행쯤 남아 있다.

7 프뤼니스(Phrynis, 기원전 5세기 중엽 활동). 레스보스(Lesbos)섬의 뮈틸레네(Mytilene) 출신. 티모테오스의 스승이자 키타라 명인이었다.

떤 이들은 이 사람들이 생겨난 데 대한 원인이었기 때문이다.

그리고 철학을 '진리의 학문'이라 부르는 것은 옳다. 이론에 관련된 학문의 목표는 진리이고, (윤리학, 정치학 등) 실천에 관련된 학문의 목표는 행위이기 때문이다.[8] 다시 말해 실천학자들이 사물들이 어떠한 상태에 있는지를 숙고한다 하더라도, 그들은 영원한 것이[9] 아니라, 현재의 특정한 것에 관계된 것을 연구한다. 그러나 우리는 원인 없이는 참을 알지 못한다. 각 사물은, 자신이 가진 특정 성질로 말미암아 또한 다른 사물들이 그와 비슷한 성질을 가질 때, 다른 사물들보다 훨씬 많이 그 성질을 갖는다. 예컨대, 불은 가장 뜨겁다. 그것은 또한 다른 것들에게, 그 뜨거움의 원인이기 때문이다. 그래서[10] 가장 참인 것은 나중의 것들에게 그 참임의 원인이다. 그렇기 때문에 영원한 것들의 원리들이 항상 가장 참임에 틀림없다. 그것들은 한때만 참인 것은 아니며, 또 그것들의 있음의 원인이 되는 어떤 것도 있지 않고, 그것들이 바로 다른 것들에 대해 그 있음의 원인이 되기 때문이다. 그러므로 각 사물은 있음에 관계하는 방식으로 또한 진리에 관계한다.[11]

---

8 6권(E) 1장과 11권(K) 7장 참조.

9 로스(Ross, 1924, 1권)를 따라, to aition kath' hauto(원인 그 자체) 대신 to aidion(영원한 것)으로 읽었다.

10 있음(존재)에서와 마찬가지로 참임(진리)에서도.

11 어떤 사태의 있음(존재, to einai)과 그것에 대한 생각이나 말의 참임(진리, alētheia)은 서로를 함축하는 관계를 갖지만, 다시 말해, 어떤 사태가 있으면, 이 사태가 있다고 말하는 진술은 참이며, 또한 이 사태가 있다고 말하는 진술이 참이면, 이 사태가 있는 것이지만, 사태의 있음(또는 없음)은 생각이나 말이 참임(또는 거짓임)의 원인이다. 『범주들』 14b 10-22, 『앞 분석론』 52a 32 참조.

2장 원인들의 개수와 종류는 무한할 수 없다

994a | 그런데 분명히, 어떤 (맨 처음의) 원리가 있으며, 사물들의 원인들은 (위아래의) (1) 직선 방향에서도 무한하지 않고, (2) 그 종류에서도 무한하지 않다.[12] (1) 재료로서 어떤 것에서 어떤 것이 생겨남이 무한히 진행될 수 없기 때문이다. 예를 들어, 살이 흙에서, 흙이 공기에서, 공기가 불에서 생기는 식으로, 생성의 과정이 멈추지 않고 계속될 수 없다. 또 움직임의 시작이 비롯하는 곳(운동의 근원)도 마찬가지로 무한히 계속될 수 없다. 예를 들어, 사람은 공기에 의해, 공기는 태양에 의해, 태양은 싸움에 의해 움직이는[13] 식으로 끝없이 계속되듯이 말이다. 마찬가지로, 무엇을 위해(목적)도 무한히 계속될 수 없다. 걷기는 건강을 위해, 건강은 행복을 위해, 행복은 다른 어떤 것을 위해 있는 식으로 늘 어떤 것이 다른 어떤 것을 위해 있을 수는 없다. 그리고 본질의 경우도 마찬가지다. 왜냐하면 마지막에 있는 것과 더 먼저 있는 것이 관계를 맺는 중간에 있는 것들에서 더 먼저 있는 것은 필연적으로 그 다음에 있는 것들의 원인이기 때문이다. 우리가 이 셋 중 어느 것이 원인인지를 말해야 한다면, 우리는 맨 처음의 것이 원인이라고 말할 것이다. 마지막에 있는 것은 확실히 원인이 아니다. 끝에 있는 것은 어떤 것의 원인도 아니기 때문이다. 중간에 있는 것은 더군다나 원인이 아니다. 그것은 오직 한 가지 것에 대한 원인이기 때문이다(중

12 재료인, 운동인, 목적인, 형상인으로 볼 때 위쪽으로(994a 3-19), 재료인으로 볼 때 아래쪽으로(994a 19-b 6) 원인들의 끝을 계속해서 찾을 수는 없으며, 원인들의 가짓수도 무수히 많을 수가 없다(994b 28-31).

13 엠페도클레스의 우주론에서 빌려온 예시(例示)이다. 이에 따르면 싸움(불화)에 의해 불덩이로 형성된 태양은 다른 원소들에(1권 3장 984b 6, 4장 985b 1 참조), 특히 공기에 영향력을 미친다. 디오게네스 라에르티오스(Diogenes Laertios)의 『유명한 철학자들의 생애와 사상』 8권 77절 참조.

간에 있는 것이 하나든 여럿이든, 그 개수가 무한하든 유한하든 상관없다). 이런 방식으로 무한한[14] 계열의 일부들은, 그리고 일반적으로 무한한 것의 일부들은, 마지막의 것에 이르기 전의 것까지 똑같이 중간에 있는 것들이다. 그러므로 맨 처음의 것이 있지 않으면, (엄밀한 의미로) 원인이 되는 것은 전혀 있지 않다.

그러나 또한, 위쪽에서는 시작점을 가지면서 아래쪽으로 무한히 진행되어, 불에서 물이, 물에서 흙이, 그리고 이처럼 계속 다른 어떤 종류의 것이 나올 수도 없다. 어떤 것은 어떤 것에서 두 가지 방식으로 있게/…이게 되기 때문이다.[15][또는 이스트모스 경기에서[16] 올륌피아 경기가 있다고 말하듯이, 어떤 것이 어떤 것 '다음에'란 뜻도 있다.] 즉 (i) 아이에서, 그가 변해(자라), 어른이[17] 되는 방식, 또는 (ii) 물에서 공기가 나오는 방식이 있다.[18] 그런데, '아이에서 어른이 나온다'는 말은 어떤 것이 되어 가는 것에서 어떤 것으로 된 것이 나오거나, 또는 이루어지고 있는 것에서 이

---

14 시간과 공간처럼 '연속적인 것'(syneches)으로서가 아니라 수나 말(言)처럼 '불연속적인 것'(dihōrismenon)으로서 무한한.

15 그리스어 gignesthai는 여기서 ① 어떤 것에서 어떤 것이 '나오다', (어떤 것이 변해 다른 어떤 것이) '되다', ② (없던 것이) '있게 되다', '생겨나다', ③ (어떤 것) '다음으로' (어떤 것이) '있다'는 세 가지 뜻으로 세분되어 설명되고 있다. 이 셋을 포괄하는 개념으로 '있게/…이게 되다'를 골랐다.

16 2년마다 코린토스지협의 가문비나무 숲에서 포세이돈을 기려 거행된 스포츠 축제이다. 4년마다 열린 올륌피아(Olympia) 경기와 같은 해에 겹쳐 열리게 될 경우, 이스트모스(Isthmos) 경기는 봄에, 올륌피아 경기는 여름에 열렸다. '다음에'란 뜻의 ek에 대해서는 5권(Δ) 24장 1023b 5-11 참조.

17 pais와 anēr는 원래 사내아이와 성인 남자를 뜻한다. 성 구별이 없는 일반 개념인 '아이'와 '어른'으로 바꿔 옮겼다.

18 한 물질이 사라져 다른 물질로 변하는, 두 번째 경우가 본래적인 의미의 '생성'(genesis)이다. 아이가 자라 어른이 되는 경우는 양적인 변화인 '팽창'(auxēsis)이라 볼 수 있고, 무지한 사람이 학자가 되는 경우는 '질적인 변화'(alloiōsis)라 볼 수 있다.

루어진 것이 나옴을 뜻한다. 다시 말해 항상 사이에 어떤 것이 있다. 있음
과 있지 않음 사이에 어떤 것으로 되어 감이 있듯, 있는 것과 있지 않은 것
사이에 어떤 것으로 되어 가는 것이 있다. 예를 들어, 배우는 사람은 되어
[30] 가는 학자이고, 이는 곧 배우는 사람에서 학자가 나옴을 뜻한다. 다른 한
편으로, 공기에서 물이, 이전의 다른 어떤 것이 소멸함으로써 있게 된다
고 말한다. 그렇기 때문에 앞의 경우, 어떤 것이 이전의 어떤 것으로 되돌
아가지 않으며, 어른에서 아이가 나오지도 않는다(어떤 것으로 되어 가는
994b 것이 생성의 결과물로서 | 있게 되는 것이 아니라, 생성이 끝난 뒤에 있는
것이 (생성의 결과물로서 반드시) 있게 되기 때문이다. 이렇듯 또한 낮도 아
침 다음에 옴으로써 그것으로부터 나온다. 그렇기 때문에 또한 아침이 낮
으로부터 나오지 않는다). 그러나 뒤의 경우, 어떤 것이 다른 어떤 것으로
되돌아간다.[19] 하지만 두 가지 경우 모두, (원인들의 계열이) 무한히 계속될
수는 없다. 앞의 경우, 중간에 있는 것들은 끝을 가져야 하며, 뒤의 경우에
[5] 해당되는 것들은 서로에게로 되돌아가기 때문이다. 다시 말해, 뒤의 경우
어떤 것의 소멸은 다른 어떤 것의 생성을 뜻한다.

이와 더불어,[20] 맨 처음의 것은[21] 영원한 것이어서, 소멸하지 않는 것이다. 다시 말해, 생성의 과정은 위쪽으로 무한하지 않은데, 다음과 같은 맨 처음의 것은, 즉 자신이 소멸함으로써 그로부터 다른 어떤 것이 생겨난 맨 처음의 것은 영원할 수 없다.

더 나아가, '무엇을 위해'는 목적이며, 이것은 다른 것을 위해 있지 않

---

19 물이 없어지고 생겨난 공기가 다시 물이 될 수 있지만, 끊임없이 새로운 물질이 나오는 것은 아니다.

20 궁극적인 재료인(causa materialis)이 있으며(6-9행), 궁극적인 목적인(causa finalis)이 있으며(9-16행), 궁극적인 형상인(causa formalis)이 있다(16-27행).

21 사라지지 않는, 맨 처음의 물질을 뜻한다.

고, 다른 것들이 이것을 위해 있다. 그러므로 그런 마지막의 것이 있다면, (원인의) 과정은 무한하지 않을 것이고, 그런 마지막의 것이 없다면, 무엇을 위해도 없을 것이다. 그리고 무한을 주장하는 사람들은 자신도 모르게 좋음의 존재를 없앤다(하지만 어떤 사람도, 끝에 이르려 하지 않는다면, 아무것도 하려고 하지 않을 것이다). 그리고 사물들 안에 이성이 있지도 않을 것이다. 그러나 이성을 가진 사람은 늘 무엇인가를 위해 행동하며, 이 무엇은 끝이다. 목적이 바로 이런 끝이다.

그러나 본질도 개념적으로 늘어나는 다른 정의(定義)로 (무한히) 환원될 수 없다.[22] 왜냐하면 원래의 정의가 늘 더 많은 정도로 정의이고, 나중에 나온 정의는 그렇지 못하기 때문이다.[23] 맨 처음의 정의가 갖지 못한 것은 그 다음의 두 번째 정의도 갖지 못한다.[24] 더 나아가, 그런 식으로 말하는 사람들은 앎을 파괴한다. 더는 분석되지 않는 것들에[25] 이르기 전까지는 (어떤 것을 학문적으로) 안다는 것은 불가능하기 때문이다. 그리고 (그런 것들을 일상적인 의미에서) 인식할 수도 없다. 그런 방식으로[26] 무한한 것들을

---

22 다시 말해, 사람에 대한 정의인 '이성적인 동물'을 늘려서 '이성적인, 감각 능력을 가진, 살아 있는 실체'로 되돌릴(환원할) 수 있지만, 이 과정을 무한히 계속할 수는 없다.

23 '이성적인, 감각 능력을 가진, 살아 있는 실체'는 사람에 대한 정의라기보다는 사람에 대한 정의에 대한 정의라고 볼 수 있다.

24 '이성적인 동물'이 사람에 대한 맞는 정의가 아니라면, '이성적인, 감각 능력을 가진, 살아 있는 실체'와 같은 나중의 정의들은 어느 것도 사람에 대한 제대로 된 정의가 될 수 없다.

25 '더는 분석되지 않는 것들'(atoma)은 '더는 증명이 불가능한 전제들'이나 '더는 정의를 내릴 수 없는 것들'을 말하는 듯하다. 5권(Δ) 3장 1014b 10, 8권(H) 3장 1043b 35, 13권(M) 8장 1084b 14의 '분할되지 않는 것'(adihaireton)과 비교해 볼 것.

26 =실현 상태로. 선은 잠재 상태로 무한하다. 다시 말해 선은 무한히 분할 가능하다. 그러나 무한히 분할된 선들을 실현 상태에서 파악한다는 것은 불가능하다.

994b

어떻게 파악할 수 있을 것인가? 이 경우는 분할이 멈추지 않지만 그 분할을 멈추지 않고서는 우리가 생각할 수 없는 선의 경우와 같지 않다(그렇기 때문에 무한 분할 가능한 선을 통과하려는 사람은 분할된 선의 조각들을 낱낱이 셀 수 없을 것이다). 그러나 변하는 것 안에 든 재료는 (이것이 일종의 크기이기 때문에) 선의 경우처럼 생각해야 한다.[27] 더군다나 그런 것은 어떤 것도 (실현 상태로) 무한할 수 없다. 설사 그것이 무한한 것이라 하더라도, 무한성 개념 자체는 무한하지 않다.[28]

그런데, (2) 또 원인의 종류가 그 개수에서 무한히 많아도, 앎이 성립하지 않을 것이다. 우리는 어떤 것의 원인을 깨달았을 때 그것을 안다고 생각하는데, 우리의 사유는 무한히 더해지는 것들을[29] 한정된 시간에 통과할 수 없기 때문이다.

3장 탐구의 성격에 따른 여러 가지 방법들[30]

강연(의 방식)은 (이를 듣는 사람의 지적인) 습관에 달려 있다. | 우리에게
995a 익숙한 방식의 언어 사용을 우리는 (강연자에게) 요구하기 때문이다. 그리

---

27 hylēn en kinoumenō(변하는 것 안에 든 재료는) 대신 holēn ou kinoumenō(옮겨가지 않는 어떤 것에 의해 전체 선을)를 추정하는 로스(Ross)에 따라, 이 바뀐 구절이 든 전체 문장을 옮기면 다음과 같다. "선 전체도 선의 일부에서 다른 일부로 옮겨가지 않는, 우리 안에 있는 어떤 것(지적 능력)에 의해 파악되어야 한다." 그의 책(1924), 1권 219-220쪽 참조.

28 무한을 규정하는 정의를 구성하는 개념들의 수는 유한하다.

29 수많은 종류의 원인들을.

30 3장의 내용과 비슷한 논의가 『니코마코스 윤리학』 1권 3장에서도 이루어지고 있다.

고 여기에서 벗어난 것은 수준에 맞지 않는 것으로 나타나며, 익숙하지 않음으로 말미암아 상대적으로 알아듣기 힘든, 낯선 것이 된다. 익숙한 것이 이해하기 쉬운 법이다. 익숙함이 얼마만큼 센 힘을 갖는지를 어떤 법률들이 보여 주는데, 이 법률들에서는 신화적이고 유치한 요소들이 이에 대한 사람들의 습관으로 말미암아 앎보다 더 큰 힘을 발휘한다.[31] 그래서 어떤 사람들은 강연자가 수학의 방식으로, 또 어떤 사람들은 그가 예시적으로[32] 말하지 않으면, 그의 말을 받아들이려 하지 않으며, 또 어떤 사람들은 시인을 증인으로 끌어댈 것을 요구한다. 그리고 어떤 사람들은 모든 점에서 꼼꼼하게 할 것을 요구하지만, 어떤 사람들은 이런 꼼꼼함 때문에 (이렇게 꼼꼼하게 연결된 생각을) 좇아가지 못하거나, 아니면 그런 것을 자잘한 것으로 여기기 때문에 (꼼꼼함을) 귀찮아한다. 왜냐하면 꼼꼼함은 장사에서처럼 또한 (철학적인) 논의에서도 많은 이들에게 자유인답지 못한 것으로 비춰지기 때문이다.[33]

그렇기 때문에, 각각의 논의를 어떤 방식으로 받아들여야 할 것인지에 대해 미리 교육을 받아야 한다. 학문과 그 학문의 방법을 동시에 얻고자 하는 것은 이치에 어긋나는 일이기 때문이다. 그리고 이 둘 중 하나만이라도 얻기란 쉽지 않다. 수학적인 엄밀성을 모든 경우에서 요구할 것이 아니라, 재료를 갖지 않는 것들의 경우에서만 요구해야 한다. 그렇기 때문에 이런 수학적인 방법은 자연학의 방법이 아니다. 왜냐하면 자연은 모두 재료를 갖는 듯하기 때문이다. 그러니 우리는 (이 점을 확실히 매듭짓기 위해) 먼저, 자연이 무엇인지를 살펴보아야 한다. 이렇게 함으로써 자연학이 어

---

31 12권(Λ) 8장 1074b 3 참조.

32 플라톤의 대화편이 바로 일상생활의 사례들을 바탕으로 이루어진, 즉 예시적인 방법으로(paradeigmatikōs) 이루어진 논의라고 할 수 있다.

33 플라톤의 『테아이테토스』 184c 참조.

995a

떤 대상들을 다루는지가 [그리고 원인들 및 원리들에 대한 연구가 (단일)한 학문의 과제인지, 아니면 여러 학문들의 과제인지가][34] 또한 분명해질 것이기 때문이다.

34 단일 저술의 성격을 띤 2권(α)을 3권(B)에 연결하기 위해 누군가 자의적으로 이곳에 끼워 넣은 것처럼 보인다. 3권(B)에 나오는 14개의 난문들 가운데 첫 번째 난문에 해당된다.

3권(B)[1]

1장 형이상학이 다룰 주요 물음들의 열거

995a

찾고 있는 학문과 관련하여 우리는 우선 어떤 점들에 대해 특히 어려운 물음이 생길 수밖에 없는지를 검토해야 한다. 이 점들은 일부 철학자들이 으뜸가는 원리들에 관련하여 우리와 의견을 달리했던 것들이며, 그 밖에 지금까지 못 보고 지나친 것들이기도 하다. 그리고 (문제 해결의) 길을 찾고자 하는 사람들에게 그런 난문들을 제대로 다루어 보는 것이 도움이 된

1 1권(A)과 밀접하게 연결된 저술로서 1권과 마찬가지로 예비적인 성격을 띤다. 아리스토텔레스는 형이상학이 풀어야 할 14(또는 15)개의 난문(難問, aporia)들을 1장에서 간략하게 열거한 후, 2-6장에서 이전 철학자들의 다양한 이론들을 끌어들이고 또 자신의 해결책을 넌지시 비추면서 철학적 대화술의 방법에 따라 그에 대한 찬반 논증을 구성한다. 난문 1-4에 대한 해결 시도는 4권(Γ)과 6권(E)에 나오며, 나머지 난문들에 대한 해결 시도는 7-9권, 11-14권에 나온다. 특히 난문 1-4는 형이상학의 가능성과 영역에 관련된 중요한 물음이다. 1권(A)과 2권(α)이 입문서의 성격을 띠기 때문에, 고대의 주석가 알렉산드로스는 3권(B)에서 『형이상학』이 본격적으로 시작하는 것으로 보았다(『형이상학 주석』, Hayduck 편집, 1891, 172쪽 18행 참조). 3권(B)의 난문들은 11권(K) 1-2장에 간추려져 다시 소개되어 있다.

다. 왜냐하면 나중의 (지적인) 수월함은 이전의 난문들의 해결을 뜻하며, 매듭이 어디에 있는지도 모른 채 그것을 풀 수는 없기 때문이다. 사유의 어려움은 탐구 대상과 관련하여 매듭이 있음을 뜻한다. 왜냐하면 우리의 사유가 어려움에 빠져 있는 한, 우리는 속박된 사람들이 겪는 것과 비슷한 것을 겪기 때문이다.[2] 두 가지 경우 모두에서 앞으로 나아갈 수 없는 것이다. 그렇기 때문에 먼저 난문들을 모두 살펴보아야 한다. 이는 앞서 말한 이유 때문이기도 하며, 또 난문들을 다루지 않은 채 무엇인가를 찾는 사람은 어디로 가야 할지를 모르는 사람들이나 다름없고, 더 나아가 그가 찾고 있던 것을 찾아냈는지조차 알지 못하는 사람들이나 다름없기 때문이
995b 다. | 다시 말해, 이런 사람에게는 목표가 분명하지 않지만, 어려운 물음들을 미리 검토해 두었던 사람에게는 목표가 분명하다. 더 나아가, 소송 당사자들을 심문하듯, 모든 상반된 논증들을 귀담아들은 사람은 틀림없이 판정을 더 잘 내릴 수 있다.

첫 번째 난문은[3] 우리가 이미 도입 논의에서[4] 다루었던 것과 관련이 있다. 즉 (1) 원인들에 대한 연구는 한 학문만의 과제인가, 아니면 여러 학문들의 과제인가?[5] 그리고 (2) 실체의 으뜸 원리들만을 살펴보는 것이 이 학문의 과제인가? 아니면, 모든 사람들이 증명의 출발점으로 삼는 원리들에

---

2 이와 비슷한 비유로 소피스트식 추론에 따른 곤경 상태를 다루는 『니코마코스 윤리학』 1146a 24-25 참조. 이런 상태는 1권(A) 2장 982b 12-21에서 철학의 시작점으로 얘기된 '의아하게 생각함'(thaumazein)의 상태와 비슷하다.

3 '난문'(難問)의 원어는 aporia(a …이 없는+poros 길)로 갈림길에서 어느 쪽으로 가야 할지를 모르는 상태를 뜻한다(플라톤의 『법률』 799c-d 참조). dyschereia와 aporoumenon도 3권(B)에서 같은 뜻으로 쓰인다. 3권(B)에서는 '형이상학이 풀어야 할 문제'라는 뜻으로 주로 쓰였다.

4 네 가지 원인들에 관한 1권(A)의 논의들.

5 2장 996a 18-b 26 참조.

관해서도,[6] 예를 들어 같은 것을 동시에 긍정하고 부정할 수 있는지 그렇지 않은지를, 그리고 이러한 종류의 물음들에 관해서도 살펴보는 것이 이 학문의 과제인가?[7] 그리고 (3) 이 학문이 실체를 다룬다면, 단일한 학문이 모든 실체들을 다루는지, 아니면 (실체의 다양한 종류에 따라) 여러 학문들이 있는가?[8] 그리고 여러 학문들이 있다면, 모든 학문들이 같은 종류의 것인지, 아니면 그것들 중 몇몇 학문들만 지혜에 들고 다른 학문들은 다른 어떤 것이라고 말해야 하는가? 그리고 바로 다음과 같은 점이 연구되어야 한다. 즉 (4) 감각되는 실체들만이 있다고 말해야 하는가, 아니면 이것들 말고 다른 종류의 실체들도 있는가? 그리고 실체는 한 종류인가, 아니면 형상(이데아)들을, 그리고 이것들과 감각되는 실체들의 사이에 수학적인 대상들을 만들어 놓는 이들이 생각하듯, 그 종류가 여럿인가?[9] 우리가 지금 말하고 있듯이, 이런 점들에 관해 연구해야 한다. 그리고 (5) 우리의 연구가 실체들에만 관련된 것인가? 아니면 실체들의 본질적인 속성들에[10] 관한 것이기도 한가?[11] 이에 덧붙여, 같음과 다름, 비슷함과 비슷

---

6 아리스토텔레스는 이런 원리들로 2장에서 모순율과 배중률을 들며, 이에 대해 4권(Γ)에서 논의한다.

7 2장 996b 26-997a 15 참조.

8 2장 997a 15-25 참조.

9 2장 997a 34-998a 19 참조. 플라톤과 그의 추종자들을 염두에 두고 던진 물음이다. 1권(A) 6장 987b 14 참조.

10 ta kath' hauta symbebēkota(본질적인 속성들)은 '어떤 대상에 그 자체로 딸린 속성'을 뜻한다. 2장 997a 20, 13권(M) 3장 1078a 5 참조. 6권(E) 1장 1025b 12에 나오는 ta kath' hauta hyparchonta(어떤 대상에 그 자체로 들어있는 속성)과 같은 뜻이다.

11 '두 직각과 같은 세 각을 가짐'이 삼각형에 반드시 붙는 속성이듯이, '홀수임'이나 '짝수임'이 수에 붙는 본질적인 속성이듯이, 실체가 개체일 경우, '하나임'은 실체에 붙는 본질적인 속성들 중 하나다. 2장 997a 25-34 참조.

하지 않음, 반대됨, 또 먼저와 나중,[12] 그리고 철학적 대화술자들이 (개연적인) 통념들만을 전제로 삼아서 연구를 하면서 살피려고 하는, 위의 것들과 비슷한 다른 모든 개념들, 이 모든 개념들에 대해 고찰하는 것은 어떤 학문의 일인가? 그리고 바로 이러한 개념들의 본질적인 속성에 대해 이 속성들 각각이 무엇인지뿐만[13] 아니라 또한 한 개념이 오직 다른 한 개념에만 반대되는지를[14] 우리는 다루어야 한다.[15] 더 나아가, (6) 사물들의 원리들과 원소들은 유(類)들인가? 아니면 그것들은 각 사물 안에 들어있는 부분들로서, 이것들로 각 사물이 분할되는 것들인가?[16] 그리고 (7) 그것들이 유들이라면, 그것들은 분할되지 않는 것(개체)들에 대해 맨 마지막에 서술되는 유들인가, 아니면 그것들에 대해 맨 처음으로 말해지는 유들인가? 예를 들어 '동물'이나 '인간' 중 어느 것이 개별적인 것(개체)의 원리이며 개체로부터 더 많이 떨어져 있는가?[17] 그리고 (8) 재료 말고 그 자체로 원인이 되는 것이[18] 있는가, 없는가? 그리고 그것은 재료와 따로 떨어져 있는 것인가, 그렇지 않은가?[19] 그리고 그것은 개수에서 하나인가, 여럿인가? 그리고 (재료와 형상의) 복합물 말고 또 어떤 것이 있는가,

---

12 이것들은 '있는 것'(to on)이 있다는 점에서 갖는 근본 성질(pathos 또는 hyparchon)들이다. 4권(Γ) 2장 1005a 11-18 참조. 아리스토텔레스는 이 개념들을 10권(I)에서 집중적으로 다룬다.

13 예를 들어, '반대됨'의 개념은 '중간의 것이 있음'(예: 흼과 검음)이나 '중간의 것이 없음'(예: 짝수와 홀수)의 성질을 갖는다.

14 4권(Γ) 2장 1004b 3-4, 10권(I) 5장 참조.

15 4권(Γ) 2장 1003b 22-1005a 18 참조.

16 3장 998a 20-b 14 참조.

17 3장 998b 14-999a 23 참조.

18 형상(eidos)이나 본질(to ti ēn einai)을 가리킨다.

19 아리스토텔레스는 신(theos)이나 '(인간의) 능동적인 지성'(poiētikos nous) 같은 형상들은 재료와 따로 떨어져 있을 수 있는 것으로 본다.

없는가?(여기서 '복합물'은 어떤 것이 재료에 대해 서술될 때 생기는 것을 말한다).[20] 아니면 어떤 경우에는 그런 것이 있으며, 어떤 경우에는 없는가? 그리고 어떤 것들이 그러한 종류의 사물들인지에 대해 우리는 가장 많이 탐구하고 연구해야 한다.[21] | 더 나아가, (9) 원리들은, 정의(定義)들 속에 든 원리들뿐만 아니라 바탕(基體) 안에 든 원리들은,[22] 개수나 종류에서 한정되어 있는가?[23] 그리고 (10) 소멸하는 것들과 소멸하지 않는 것들에 대해 같은 원리들이 있는가, 아니면 각각에 다른 원리들이 있는가? 그리고 모든 원리들은 소멸하는가, 아니면 소멸하는 것들의 원리들만이 소멸하는가?[24] 더 나아가, (11) 모든 물음들 중 가장 어려운 물음, 그리고 가장 큰 까다로움을 주는 물음이 있다. 즉 하나와 있음은 다른 어떤 것(사물들의 속성)이지 않고, 피타고라스주의자들과 플라톤이 말했듯이 있는 것들의 실체인가? 아니면 그렇지 않고, 엠페도클레스가 우애를 주장하고,[25] 다른 이가 불을,[26] 또 다른 이가[27] 물이나 공기를 말하듯이, 바탕은

---

20 재료(hylē)는 그것의 존재가 아직 규정되어 있지 않으며, 따라서 알려진 것이 아니다. 형상(eidos)의 규정을 받음으로써 구체성을 띤 복합물(synholon)이 된다. 7권(Z) 3장 1029a 20-22 참조.

21 4장 999a 24-b 24 참조.

22 여기에서 '원리들'은 각각 '정의를 이루고 있는 개념들'과 '사물의 물질적 구성 요소들'을 가리킨다. 7권(Z) 11장에서 행한 구분과 같다.

23 4장 999b 24-1000a 4 참조.

24 4장 1000a 5-1001a 3 참조.

25 엠페도클레스에서 바탕(基體)은 물, 불, 흙, 공기의 4원소와 우애(philia)와 싸움(neikos), 이 6가지인데, 모든 것을 결합시키는 기능 때문에 아리스토텔레스는 우애 하나만 뽑아 바탕의 예로 들고 있다.

26 힙파소스와 헤라클레이토스를 가리킨다.

27 탈레스(물)와 아낙시메네스, 아폴로니아(Apollonia) 출신의 디오게네스(공기)를 가리킨다. 1권(A) 3장 983b 20, 984a 5, 7 참조.

996a

(하나와 있음이 아닌) 다른 어떤 것인가?[28] 그리고 (12) 원리들은 보편적인가, 아니면 개별적인 것들과 같은 것들인가?[29] 그리고 (13) 원리들은 잠재/가능 상태로 있는가, 아니면 발휘/실현 상태로 있는가?[30] 더 나아가, 원리들은 운동과 관련된 뜻과 다른 뜻에서 잠재/가능 상태로 있거나 발휘/실현 상태로 있는가?[31] 이런 물음들이 또한 많은 어려움을 가져다줄 것이다. 이에 덧붙여, (14) 수와 선, 도형과 점은 일종의 실체들인가, 아닌가? 그리고 그것들이 실체들이라면, 감각 대상들과 따로 떨어져 있는가? 아니면 이것들 안에 들어있는가?[32] 이 모든 물음들에 관하여 진리에 이르는 것이 힘들 뿐만 아니라, 이 물음들은 제대로 헤아려 보는 것조차도 쉽지가 않다.

2장 〈난문 1〉 모든 원인들 및 원리들의 탐구, 〈난문 2〉 증명의 원리들, 〈난문 3〉 모든 실체들, 〈난문 5〉 실체와 속성, 〈난문 4〉 실체의 종류

(1) 그럼 우선, 우리가 맨 먼저 말했던 것에 관련하여, 모든 종류의 원인들을 탐구하는 것은 한 학문의 일인가, 아니면 여러 학문들의 일인가?

---

28 4장 1001a 4-b 25 참조.

29 6장 1003a 5-17 참조.

30 6장 1002b 32-1003a 5 참조.

31 예를 들어, 신(神, theos)과 같은 원리는 형상으로서, 재료가 없이 발휘/실현 상태로서만 있지만, 운동이 있는 곳엔 재료가 있다. 9권(Θ) 6장 참조.

32 피타고라스주의자들과 플라톤주의자들은 수, 선 따위의 수학적인 대상들(ta mathēmatika)을 실체로 보았다. 수들이 바로 사물들 자체라고 주장한 피타고라스주의자들에게는 수들은 감각 대상들로부터 따로 떨어져 있지 않다. 5장 1001b 26-1002b 11 참조.

원리들이 반대되는 것들이 아니라면, 어찌 그런 원리들을 인식하는 것이 한 학문의 일이겠는가?[33]

더 나아가, 많은 사물들에는 모든 원리들이 다 들어있진 않다.[34] 어떻게 운동의 원리나 좋음의 본성이 변하지 않는 것들 안에 있겠는가? 왜냐하면 그 자체로, 제 본성으로 말미암아 좋은 것은 모두 목적이고, 이로써 다른 것들이 그것을 위해 생겨나기도 하고 또 있기도 하는 원인이기 때문이며, 또 목적과 '무엇을 위해서'는 어떤 행위의 목적이며, 모든 행위들은 변화를 수반하기 때문이다. 그래서 변하지 않는 것들 안에는 이러한 원리와 좋음 자체가 있을 수 없다. 그렇기 때문에 또한 수학에서는 어떤 것도 이런 종류의 원인을[35] 통해 증명되지 않으며, 어떤 증명도 '어떤 것이 더 좋기에, 또는 더 나쁘기에'란 식으로 성립하지 않는다. 정말 어떤 수학자도 그러한 것들을 전혀 언급하지 않는다. 그리고 이 때문에 소피스트들 중 어떤 이들은, 예를 들어 아리스팁포스는[36] 수학을 비웃곤 했다. 다른

---

33 원인들 또는 원리들의 종류에 따라 한 가지 학문이 아니라 여러 가지 학문들이 있으며, 반대되는 것(원리, 개념)들을 탐구하는 것은 한 가지 같은 학문의 과제이다. 4권(Γ) 1004a 9-10, 11권(K) 3장 1061a 19, 『혼에 관하여』 427b 5-6, 『니코마코스 윤리학』 1129a 13-14 참조. 예를 들어, 의술은 병과 건강을, 자연학은 운동과 정지를, 형이상학은 하나와 여럿 따위를 다룬다.

34 그렇기 때문에 모든 종류의 원인들에 대해 한 가지 같은 학문은 있을 수 없다.

35 운동인(causa efficiens)이나 목적인(causa finalis)을 말한다. 수학에는 '좋음'(to agathon)이 아니라, '아름다움'(to kalon)이 자리를 차지하고 있다. 13권(M) 3장 1078a 31-b 5 참조.

36 아리스팁포스(Aristippos, 기원전 425-355년쯤). 아프리카 북부의 퀴레네(Kyrēnē) 출신. 소크라테스의 제자였으며, 플라톤과 같은 시대에 살았다. 프로타고라스의 상대주의적 인식론을 받아들였기 때문에 소피스트로 불리기도 했다. 퀴레네학파의 창시자로서 수학뿐만 아니라 자연학과 논리학은 쓸모없는(achrēston) 학문들이기 때문에 피해야 한다고 말한 것으로 전한다. 디오게네스 라에르티오스(Diogenes Laertios)의 『유명한 철학자들의 생애와 사상』, 2권 92절 참조.

기술들에서는, 그리고 목공술과 제화술과 같은 수공업적인 기술들에서조차도, '어떤 것이 더 좋기에, 또는 더 나쁘기에'라는 근거를 늘 말하지만, 996b | 수학 계열의 학문들은 좋은 것들과 나쁜 것들에 관해 전혀 고려하지 않는다는 것이다.

그러나 원인들에 관해 여러 학문들이 있고, 원리마다 다른 학문이 있다면, 이 학문들 중 어떤 것을 우리가 찾고 있는 학문이라고 말해야 하는가? 또는 원인들을 이해하는 사람들 중 누가 우리가 찾고 있는 대상을 가장 많이 아는 사람이라고 말해야 하는가? 동일한 것에 모든 종류의 원인들이 들어있을 수 있기 때문이다. 예를 들어, 집의 경우, 움직임이 비롯하는 곳(운동의 근원)은 건축술과 목수이며, '무엇을 위해서'(목적)는[37] 집의 기능이며, 재료는 흙과 돌들이며, 형상은 (집의 본질에 대한) 정의(定義)이다. 이처럼 어떤 학문을 '지혜'라고 불러야 하느냐에 관한 앞의 논의로 보건대,[38] 각 학문을 그렇게 부르는 것이 마땅하다.[39] 왜냐하면 지혜가 가장 지배적이고 가장 주도적인 한, 그리고 다른 학문들이 여자 노예들처럼 말대꾸하는 것이 옳지 않는 한, 목적과 좋음에(이것을 위해 다른 것들이 있다) 관한 학문이 지혜이기 때문이다. 그러나 지혜가 으뜸 원인들, 그리고 가장 많이 앎의 대상인 것에 관한 학문으로 규정되었던 한에서는,[40] (본질 또는 형상으로서의) 실체에 관한 학문이 지혜가 될 것이다. 왜냐하면 동일한 것도 여러 가지 방식으로 인식되어서, 우리는 있음/…임으로써 한 사물이 무엇인지를 인식한 사람이 있지/…이지 않음으로써 인식하는 사람

37 사람, 가축, 재물을 보호하기 위함은.

38 1권(A) 2장 982a 8–19 참조.

39 목적인(10–13행), 형상인(13–22행), 운동인(22–24행)에 관한 앎을 지혜(sophia)라고 할 만한 충분한 근거가 있다.

40 1권(A) 2장 982a 30–b 2 참조.

보다 더 많이 안다고[41] 말하기 때문이다. 그리고 바로 앞의 사람들 중에서도 어떤 사람이 다른 어떤 사람보다 더 많이 알아서, 본질(또는 이에 대한 정의)을 아는 사람이 가장 많이 안다고 하지, 그 사물이 얼마만큼(양)인지, 어떠한 질의 것인지 또는 본성상 어떤 작용을 가하거나 당하는지를 아는 사람이 가장 많이 안다고 하지 않는다.[42] 더 나아가, 다른 경우에서도, [심지어 증명이 있는 경우에서조차,] 우리가 그것이 무엇인지를 알 때, 예를 들어 (주어진 직각사각형을) 정사각형으로 만들기가 무엇인지를 알 [20]
때, 즉 그것이 두 변 사이의 비례 중항을 찾아내는 일임을 알 때,[43] 비로소 우리는 각 사물을 안다는 것이 성립한다고 생각한다. 그리고 다른 경우들

---

41 '어떤 사물이 어떠하다'(예: 양털은 가볍다)고 긍정의 방식으로 아는 사람이 '어떤 사물이 어떠하지 않다'(예: 양털은 무겁지 않다)고 부정의 방식으로 아는 사람보다 사물의 본성을 더 많이 안다.

42 사람에 대한 정의(예를 들어, '사람은 이성적인 동물이다')는 사람에 대한 다른 어떤 서술들(예를 들어 '사람은 걸을 수 있다', '사람은 코끼리보다 가볍다')보다 더 사람에 대한 앎을 우리에게 준다.

43 도형 1처럼, 길이가 다른 두 변 a, c를 가진 직사각형이 있다고 해 보자. 도형 2처럼, 이 두 변을 옮겨 놓은 선분 AB(a), BC(c)를 지름으로 갖는 반원을 그린 다음, 점 B에 수선을 내려 이를 선분 BD(b)라 한다. 이때 ΔABD와 ΔDBC는 서로 닮은꼴이므로(에우클레이데스의 『원론』 6권 정리 8 참조), AB:BD=BD:BC의 관계가 성립하여, $BD^2=AB \cdot BC$가, 즉 $b^2=ac$가 된다. 이렇게 찾아낸 비례 중항(mean proportional) b의 길이를 한 변으로 하여 도형 3과 같은 '정사각형 만들기'(tetragōnizein)를 시도할 수 있다. 에우클레이데스(Eukleides, 프톨레마이오스 1세(기원전 306-283년) 때 알렉산드리아에서 활동)의 『원론(stoicheia)』 6권 정리(定理, theōrēma) 13 참조. 비례 중항을 통하지 않은 다른 방식의 증명에 대해서는 2권 정리 14 참조.

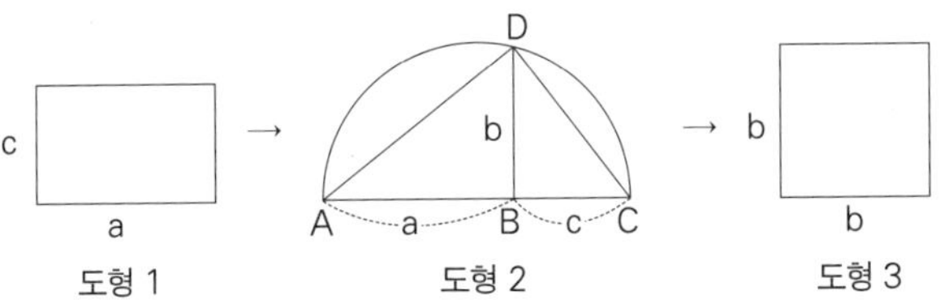

도형 1 도형 2 도형 3

996b

에서도 이와 마찬가지다. 생성과 행위에 관하여, 그리고 모든 변화에 관하여 우리가 움직임의 근원을 알 때, 우리는 안다고 믿는다. 그리고 이러한 근원은 목적과는 다른 것이며, 목적에 대립되는 것이다. 그래서 이런 원인들 각각을 탐구하는 것은 저마다 다른 학문의 일인 것처럼 보일 것이다.[44]

(2) 그러나 (네 가지 원인들뿐만 아니라) 증명의 원리들에 관해서도, 이것들이 한 학문의 탐구 대상인지, 아니면 여러 학문의 탐구 대상인지가 논쟁거리다(여기서 '증명의 원리들'이란 모든 사람들이 증명할 때 출발점으로 삼는 공동의 믿음들을[45] 말한다). 예를 들어 '모든 것을 긍정하거나 부정해야 한다'(배중률)는 것이나, '어떤 것이 있고/…이고 동시에 있지/…이지 않을 수는 없다'(모순율)는 것 등의 전제들이[46] 그런 것들이다. 다시 말해, 이런 증명의 원리들에 관한 학문과 실체에 관한 학문이 동일한 학문인지, 아니면 서로 다른 학문인지, 동일한 학문이 아니라면 그중 어느 것을 지금 우리가 찾고 있는 학문이라고 말해야 하는지가 문제다.

여기서 그런 원리들이 하나의 특정 학문의 탐구 대상이라고 하는 것은 이치에 어긋난다. 그것들에 대한 이해가 왜 다른 어느 학문보다 기하학에 더 고유한 일일 것인가? 똑같이 어느 학문의 일이기도 하지만 모든
997a 학문들의 일일 수는 없다면,[47] | 그 원리들에 관한 인식은 다른 어떤 학문

44 996a 18-b 26을 1장 995b 4-6과 11권(K) 1장 1059a 20-23과 비교. 996a 21-b 1을 11권(K) 1059a 34-38과 비교. 이 첫 번째 난문에 대한 해결은 4권(Γ) 1, 2장에서 시도된다.

45 koinai doxai(공동의 믿음)은 오늘날 '공리'(公理)로 옮겨지는 에우클레이데스의 koinai ennoiai(공동의 개념)의 선구적인 개념이다. Heath(1956), *Euclid's Elements*, New York, 1956, 1권 221-222쪽 참조.

46 있는 것들에 모두 타당한(4권 3장 참조) 모순율과 배중률 이외에, 아리스토텔레스는 『뒤 분석론』 76a 41, 77a 30에서 증명의 전제(protasis)가 되는 원리로서, "같은 것들에서 같은 것을 빼면, 그 나머지들도 같다"는 양의 공리를 또한 들고 있다.

만의 일일 수도, 실체를 인식하는 학문만의[48] 일일 수도 없다. 이와 더불어, 어떤 점에서 이런 원리들에 관한 (증명하는) 학문이 있을 것이냐는 물음도 생긴다. 더군다나, 우리는 이미 이 원리들 각각이 어떤 것인지를 알고 있다(어쨌거나 다른 학문들은 자신들에게 친숙한 듯이 원리들을 사용한다). 그런데 이것들에 관해 증명하는 학문이 있으려면, 어떤 유(類, 탐구 대상)가 바탕으로서 필요할 것이며, 원리들 중 일부는 그것이 갖는 (증명할 수 있는) 속성들이며 다른 일부는 (그것에 타당한, 더는 증명할 수 없는) 공리들일 것이다(이런 공리들이 있어야 하는 까닭은 모든 것들에 대한 증명은 있을 수 없기 때문이다). 다시 말해, 모든 증명은 어떤 것들로부터,[49] 어떤 것에 관한, 어떤 것들의 증명이다. 그래서 증명되는 모든 속성들이 한 가지 유에 속해야 한다는 결론이 나온다.[50] 증명하는 학문들은 모두 공리들을 사용하기 때문이다.

다른 한편으로, 실체에 관한 학문이 증명의 원리들에 관한 학문과 다르다면, 이들 중 어느 학문이 본성에서 더 권위 있고 앞설 것인가? 공리들은 가장 보편적이며, 모든 것들에 타당한 원리들이다. 그것들에 관해 참과 거짓을 탐구하는 것이 철학자의 일이 아니라면, 다른 누구의 일이겠는가?[51]

---

47 증명의 원리들을 다루는 것이 모든 학문들의 일이라면, 이 학문들은 서로 겹치게 될 것이기 때문이다.

48 '실체에 관한 학문'은 기하학처럼 '있는 것'(to on)의 일부를 다루는 개별 학문이 아니라, '있는 것 모두를 다루는 학문'(존재론 일반 또는 보편 형이상학)이다. 그렇기 때문에 이 학문은 있는 것들 모두에 타당한 증명의 원리들을 다루기도 한다. 4권(Γ) 3장 참조.

49 여기서 어떤 것 또는 어떤 것들은 차례로, ① '공리들'이나 더는 증명할 수 없는 '전제들', ② 각 학문의 '탐구 대상', ③ (이 탐구 대상이 갖는) 증명될 수 있는 '속성들' 또는 '성질들'을 가리킨다. 이런 증명의 세 가지 요소에 대해서는 『뒤 분석론』 75a 39, 76b 11, 21 참조.

50 그래서 모든 학문들이 한 학문이 되어 버리는 불합리한 결과가 나오게 된다.

(3) 그리고 일반적으로, 모든 실체들에 대해 한 학문이 있는가, 아니면 (각 실체에 따라) 여러 학문들이 있는가? 한 학문이 있지 않다면, (우리가 찾고 있는) 이 학문은 어떤 종류의 실체를 다룬다고 놓아야 하는가? (그러므로, 한 학문이 있다.) 다른 한편으로, 모든 실체에 대해 한 학문이 있다고 하는 것은 이치에 어긋난다. 그럴 경우 모든 증명하는 학문이 정말 어떤 바탕에 대해 그것의 본질적 속성들을 공동의 믿음들로부터 출발하여 연구하는데, 이 모든 속성들에 대해 한 가지 증명학이 있게 될 것이기 때문이다.[52] 분명히, 공동의 믿음들로부터 출발하여 같은 유(탐구 대상)에 관해 그것의 본질적인 속성들을 탐구하는 것은 한 학문의 과제이다. 탐구 대상은 한 학문의 것이며, 증명의 원리들도, (탐구 대상을 다루는 학문과) 같은 학문의 것이든 아니면 또 다른 한 학문의 것이든, 한 학문의 것이기 때문이다. 그래서 속성들도, 위의 학문들에 의해 연구되든 아니면 이 학문들로 이루어진 하나의 학문에 의해 연구되든, (탐구 대상과 증명의 원리의 경우와) 마찬가지로 한 학문의 것이다.[53]

(5) 더 나아가, 우리의 연구가[54] 실체들에만 관계하는가, 아니면 실체들의 속성들에도 관계하는가? 예를 들어, 입체가 실체라면, 또한 마찬가지로 선과 평면이 일종의 실체라면, 이것들을 인식하는 것과, 또 수학 계열의 학문들이 증명하는 유(類) 각각의 속성들을 인식하는 것은 동일한 학문의 일인가, 아니면 다른 학문의 일인가? 동일한 학문의 일이라면, 실체

---

51 996b 26–997a 15를 1장 995b 6–10, 11권(K) 1장 1059a 23–26과 비교. 이 난문에 대한 답으로 4권(Γ) 3장을 참조.

52 아마도 플라톤의 입장이 이럴 것이다.

53 997a 15–25를 1장 995b 10–13, 11권(K) 1장 1059a 26–29와 비교. 이 난문에 대한 답으로 4권(Γ) 2장 1004a 2–9, 6권(E) 1장 참조.

54 아리스토텔레스가 『형이상학』에서 찾고자 하는 학문, 즉 '으뜸 철학'(prōtē philosophia)을 말한다.

에 관한 학문은 또한 증명하는 학문일 테다. 그러나 어떤 것의 정의에 대한 증명은 없는 것 같다.[55] 그리고 그것이 다른 학문의 과제라면, 실체의 속성들을 탐구하는 학문은 어떤 학문인가? 이 물음은 정말 답하기가 어렵다.[56]

(4) 더 나아가, 감각되는 실체들만 있다고 말해야 하는가, 아니면 이것들 말고 다른 실체들도 있다고 해야 하는가?[57] 그리고 실체들의 종류는 한 가지인가, | 아니면 형상(이데아)들을 그리고 수학 계열의 학문들이 다룬다 997b
고 하는 중간에 있는 것들을 주장하는 사람들이[58] 말하듯 여러 가지인가? 어떤 뜻에서 형상들이 사물들의 원인들이자 독립적인 실체들이라고 우리가[59] 말하는지는 그것들에 관한 앞의 논의에서[60] 이야기되었다. 그러한 이론이 여러모로 난점을 가진다는 것을 제쳐 두더라도, 물리적인 우주에 있는 것(천체)들 외에 다른 어떤 실재들이 있고, 단지 그것들은 영원하고 이 감각 대상들은 소멸한다는 점을 빼고는, 그것들이 감각 대상들과 다를 바가 없다고 주장하는 것만큼 이치에 어긋난 것은 없을 것이다. 그들은 정말이지 사람 자체, 말(馬) 자체, 건강 자체가 있다는 것보다 더도 덜도 말하지 않고 꼭 그만큼 말하며, 마치 신들은 존재하지만 사람 모습이라고 주장하는 사람들과 비슷한 일을 한다. 이 사람들은 신들을 다름 아닌 영원한

55 실체나 본질 또는 이에 대한 정의는 증명될 수 없다. 『뒤 분석론』 2권 3-8장 참조.

56 997a 25-34를 1장 995b 18-20, 11권(K) 1장 1059a 29-34와 비교. 이 난문에 대한 답으로 4권(Γ) 2장 1003b 22-1005a 18 참조.

57 아리스토텔레스에서, 천구(天球)를 움직이는 신(神)이나 순수 형상들은 비물질적인 것이며, 감각되지 않는 실체다.

58 플라톤과 그의 추종자들을 말한다.

59 한때 아리스토텔레스 자신이 몸담았던 아카데메이아의 플라톤주의자들을 가리킨다.

60 1권(A)의 6장에서.

997b

인간들로서 만들어 냈지만, 그들은 형상들을 다름 아닌 영원한 감각 대상들로서 만들어 냈기 때문이다.[61]

또한 누군가가 형상들과 감각 대상들과 따로 (수학적인 대상들 같은) 중간에 있는 것들을 놓으려 한다면, 그는 많은 어려움들에 부딪히게 될 것이다. 그렇게 되면 분명히, 마찬가지로 선(線)들 자체와 감각되는 선들과 따로 또 어떤 선들이 있을 뿐만 아니라, 선 외의 다른 유(類)들도[62] 저마다 또한 그럴 것이기 때문이다. 그래서 천문학도 수학 계열의 학문들 중 하나이기 때문에, 감각되는 하늘과 따로 어떤 하늘이 또한 있을 것이며, 어떤 해와 달이, 그리고 마찬가지로 다른 천체들이 감각되는 천체들 외에 또 있을 것이다. 하지만 어떻게 이런 것들을 믿을 수 있겠는가? (중간에 있는) 하늘이 움직이지 않는 것이라고 생각하는 것은 이치에 어긋난다. 그러나 그것이 움직이는 것이라고 생각할 수도 결코 없다. 그리고 광학과 수학 계열의 화성학이 다루는 것들도 이와 마찬가지다. 이것들도 같은 이유로, 감각 대상들과 따로 떨어져 있을 수 없기 때문이다. (형상들과 개체들의 중간에 있는 것으로서) 감각 대상들과 감각들이 있다면, 분명 동물 자체와 소멸하는 동물들 사이에 (중간에 있는 것으로서) 동물들이 또한 있을 것이다.

따라서 우리는 어떤 종류의 있는 것들에 관련하여 그러한 (중간에 있는 것들에 관한) 학문들을 추구해야 하는지 물을 것이다. 측량술이[63] 감각되는

---

61 물론 형상(이데아, eidos)들은 감각되는 것들이 아니다. 여기서 아리스토텔레스는 플라톤이 형상들을 감각 대상들과 너무 비슷한 것으로 다루었다고 보고 있다. 플라톤주의자들은 '보편적인 것'(보편자, to katholou)이 개별자들 안에 들어있는 것으로 보지 않고, 개별자들 밖에 따로 놓고 '보편적인 것'을 또 다른 하나의 개별자로 만들었다고 아리스토텔레스는 비판한다. 10권(I) 10장 참조.

62 선 이외의 다른 수학적인 대상들, 즉 수, 점, 면, 입체 등을 말한다.

63 '측량술'(geōdaisia)은 땅의 측량에 한정되지 않고, 일반적으로 표면과 체적에 대한 실제 측량과도 관련된다.

대상들을 다루지만 기하학은 감각되지 않는 대상들을 다룬다는 점에서,
이 두 분야가 서로 다르다면, 분명 의학 외에 다른 어떤 학문이 의학 자체
와 이 특정 의학 사이에 있을 것이다. 그리고 다른 학문들도 저마다 이와
마찬가지일 것이다. 하지만 어떻게 이것이 가능하겠는가? 그럴 경우, 감 [30]
각되는 건강한 것들과 건강함 자체 외에 또 건강한 것들이 (중간에 있는 것
들로서) 있을 것이기 때문이다. 아울러, 측량술이 감각되는, 소멸하는 크
기들을 다룬다는 것조차도 맞지 않다. 그럴 경우, 크기들이 사라질 때, 측
량술도 사라질 것이기 때문이다.

그러나 다른 한편으로, 천문학은 감각되는 크기들을 다루지도 않고, 이
하늘을 다루지도 않는다. 왜냐하면 감각되는 선들은 | 기하학자가 말하 [35]
는 그런 선들이 아니기 때문이다. 감각되는 것들 중 어떤 것도 그가 '곧다', 998a
'둥글다'고 말하는 뜻으로 곧거나 둥글지 않다. 굴렁쇠는 한 점에서 곧은
자와 닿지 않고, 프로타고라스가[64] 기하학자들을 반박할 때 주장했던 방식
처럼 (자를 따라 여러 곳에서) 닿기 때문이다. 그리고 또 천체들의 운동들과
나선형 궤도들도[65] 천문학이 논하는 것과 같은 그런 종류의 것이 아니며, [5]
기하학의 점(點)들도 실제의 별들과[66] 같은 본성을 갖지 않는다.

그런데, 이른바 중간에 있는 것들이 형상들과 감각 대상들 사이에 있지
만, 이것들이 감각 대상들과 따로 떨어져 있지 않고 감각 대상들 안에 있
다고 주장하는 사람들이[67] 있다. 이들이 빠지는, 불가능한 결과들을 모두

---

64 아마도 그의 저술 『수학적인 대상들에 관하여』를 두고 말한 듯하다(디오게네스 라에르티오스의 『유명한 철학자들의 생애와 사상』, 9권 55절 참조). 14권(N) 2장 1089a 21, 『뒤 분석론』 76b 39, 87b 37에 나오는 비슷한 견해들도 프로타고라스의 주장으로 볼 수 있다.

65 '나선형의 궤도'(helix)들에 대해서는 플라톤의 『티마이오스』 39a 참조.

66 천문학자들은 별(astron)들을 편의상 점(點, sēmeion)들로 놓았던 것으로 보인다.

67 피타고라스와 플라톤의 생각을 이어받은 철학자들을 말한다. 13권(M) 1장 1076a

998a

훑어보려면 논의가 길어질 테니까, 다음의 몇 가지 점들을 살펴보는 것으로 만족하자. 즉, 그런 중간에 있는 것들만 그러한 상태에 있다는 것은 이치에 맞지 않으며, 형상들도 분명히 감각 대상들 안에 있을 수 있을 것이다. 이 두 가지는 같은 논의의 부분들이기 때문이다. 더 나아가, 그럴 경우 두 입체들이 같은 곳에 있을 것이며, 중간에 있는 것들은 움직이는 감각 대상들 안에 있기에 움직이지 않는 것일 수 없을 것이다. 일반적으로, 무엇 때문에 중간에 있는 것들이 있다고 놓으면서도, 그것들이 감각 대상들 안에 있다고 놓아야 하는가? (그럴 수 없다.) 앞서 말한 것들과 같은 터무니없는 점들이 따를 것이기 때문이다. 게다가 이 (감각되는) 하늘 외에 어떤 하늘이, 그러나 따로 떨어져 있지 않고 같은 곳에 있을 것이다. 그러나 이것은 훨씬 더 불가능한 일이다.[68]

3장 〈난문 6〉 유(類)와 요소, 〈난문 7〉 '원리'란 뜻의 유

(6) 이처럼 이런 문제들에 관하여, 진리에 이르도록 우리가 어떻게 놓아야 하는가? 그리고 원리들에 관하여, 유(類)가 요소이자 원리라고 믿어야 하느냐 아니면 그보다 각 사물에 들어있으면서 이것을 이루고 있는 으뜸가는 것들이 요소이자 원리이냐는 아주 어려운 물음이 생긴다. 예를 들어, 각 분절음에 들어있으면서 이것을 이루고 있는 으뜸가는 것들이 분절음의 요소들 및 원리들이지, 모든 것들에 공통된 것, 즉 분절음이[69] 요소

33, 2장 1076a 38-b 11 참조.

68 997a 34-998a 19를 1장 995b 13-18과 11권(K) 1장 1059a 38-b 21과 비교. 이 난문에 대한 답으로 12권(Λ) 6-10장, 13권(M) 1-9장, 14권(N) 참고.

69 '분절음'의 원어는 phōnē이다. 자음과 모음으로 가를 수 있는 음을 뜻하는데, 비

및 원리는 아닌 듯하다. 그리고 우리는 기하학의 명제들에[70] 대해서도, 그에 대한 증명이 모든 또는 대부분의 명제들에 대한 증명 안에 든 (기본) 명제들을 '요소'라[71] 부른다. 더 나아가, 물체들의 여러 요소들을 주장하는 사람들뿐만 아니라 한 가지 요소를 주장하는 사람들도 물체 안에 함께 놓여, 이것을 구성하는 것들이 원리라고 주장한다. 예를 들어, 엠페도클레스는 불과 물이, 그리고 이것들 다음의 것들이[72] 있는 것들 안에 들어있으면서 그것들을 이루고 있는 요소들이라고 말한다. 그러나 그는 이것들이 있는 것들의 유들이라고는 주장하지 않는다. 이에 덧붙여, 또한 | 다른 것
들의 경우에도, 누군가 그것들의 본성을 보고자 할 때, 마찬가지다. 예를 998b
들어, 침대가 어떤 부분들로 이루어져 있고, 이 부분들이 어떤 식으로 함께 놓여 있는지를 알 때, 우리는 침대의 본성을 안다. 이런 논의들로 보건대, 유들은 사물들의 원리일 수 없을 것이다.

그러나 우리가 각 사물을 정의(定義)들을 통해 알게 되고, 유(類)들이 이런 정의들의 원리인 한, 유들은 '정의될 수 있는 것(사물)'들의 원리이어야 한다.[73] 그리고 사물들에 대한 앎을 얻는 것이 종(種)들에(이것들의 이름을 따서 사물들은 제 이름을 갖는다) 대한 앎을 얻는 것이라면, 유들은

분절음인 짐승들의 소리(psophos)와 구분된다. 앞의 '분절음의 요소들'은 자모들을 말한다.

70 '기하학의 명제들'의 원어인 diagramma는 '기하학적 증명'(5권 3장 1014a 36), '기하학의 작도'(9권 9장 1051a 22), '기하학의 도형'(『범주들』 14a 39, 『소피스트식 논박』 175a 27) 등 다양한 뜻을 가진다.

71 기하학에서 말하는 '요소'(stoicheion)에 대해서는 5권(Δ) 3장 1014a 35, 『범주들』 14a 38, 『토포스론』 158b 35, 163b 24 참조.

72 공기와 흙을 가리킨다.

73 예를 들어, 사람에 대한 정의를 '이성적인 동물'이라고 할 때, 이 정의를 이루고 있는 두 가지 요소들, 즉 '이성적임'과 '동물'은 각각 차이성(種差, diaphora)과 유(類, genos)로서 이 정의의 원리들이다.

적어도 종들의 원리이다. 그리고 있는 것들의 요소로서 하나와 있음을[74] 또는 크고 작음을[75] 내놓는 사람들 중 일부 사람들도 이것들을 유의 뜻으로 쓰는 것처럼 보인다.

그러나 이런 두 가지 방식으로 원리들에 대해 말할 수 없다. 실체(본질)에 대한 규정은 오직 하나이기 때문이다. 그러나 유를 통한 정의는 어떤 것 안에 들어있으면서 이것을 이루고 있는 것들을 기술하는 정의와 다를 것이다.[76]

(7) 이에 덧붙여, 유가 가장 많이 원리라고 할 때, 맨 처음의 유(最上類)들을 원리로 여겨야 하는가, 아니면 쪼갤 수 없는 것(개체)들에 대해 맨 마지막으로 서술되는 것(最下種)을 원리로 여겨야 하는가?[77] 이것도 논쟁거리이다. 다시 말해, 보편적인 것들이 늘 더 많이 원리라면, 분명히 맨 위에 있는 유(最上類)들이 원리이겠다. 왜냐하면 이것들은 모든 것들에 대해 진술되기 때문이다. 따라서 맨 처음의 유들이 있는 만큼 있는 것들의 원리가 있을 것이다. 그래서 '있음'과 '하나'가 원리이자 실체일 것이다. 왜냐하면 이것들은 모든 있는 것들에 대해 가장 많이 말해지기 때문이다. 그러나 하나도 있음도 있는 것들에 대한 한 가지 유일 수 없다. 왜냐하면 각 유에는 차이성이 있어야 하고, 이 차이성은 저마다 한 가지이어야 하는데,[78] 유의

---

74 피타고라스학파와 플라톤을 두고 하는 말이다. 1장 996a 6 참조.

75 플라톤을 두고 하는 말이다. 1권(A) 6장 987b 20 참조.

76 앞의 정의(horismos)는 차이성과 유로 이루어진 정의이고, 뒤의 정의는 재료와 형상을 기술하는 정의이다. 998a 20-b 14를 1장 995b 27-9와 비교. 이 난문에 대한 답으로 7권(Z) 10장과 13장 참고.

77 '맨 위의 유들'(最上類, summa genera)은 원리일 수 없다(998b 20-999a 16). '맨 아래의 종들'(最下種, infimae species)은 원리일 수 없다(999a 16-23).

78 차이성이 '하나'와 '있음'을 술어로 가져야 하는데, 이는 유가 차이성에 대해 서술됨을 뜻한다.

종(種)들은 자신에 고유한 차이성(種差)에 대해 서술될 수도 없고,[79] 또 유는 제 종들과 따로 (자신에 고유한 차이성에 대해) 서술될 수도 없기 때문이다.[80] 그래서 '하나'나 '있음'이 유라면, 어떤 차이성도 있음이거나 하나이지 않을 것이다. 그러나 '하나'와 '있음'이 유가 아니라면, 유들이 원리이어야 하는 한, 그것들은 어느 것도 원리이지 않을 것이다. 더 나아가, (맨 처음의 유와 맨 마지막의 종 사이에 놓인) 중간의 것들이 차이성들과 함께 잡혀서, 더는 쪼갤 수 없는 종들에 이르기까지 유들일 것이다.[81] 그러나 어떤 것들은 유들인 듯하지만, 다른 어떤 것들은 유들이 아니다. 이에 덧붙여, 차이성들이 (맨 처음의 유 아래에 있는) 유들보다 더 많이 원리일 것이다.[82] 그리고 차이성들도 원리라면, 특히 우리가 맨 처음의 유를 원리로 놓을 때, 말하자면 수없이 많은 것들이 | 원리가 될 것이다.[83] 999a

그러나 또, '하나'가 원리의 모습을 더 많이 띠고, 분할되지 않는 것은

---

79 종(種, species)이 차이성(種差, differentia)에 대해 서술되는 것이 아니라 차이성이 종에 대해서 서술된다. 예를 들어, '사람은 두 발 달렸다.' 종이 차이성에 대해 서술될 수 없는 이유는 『토포스론』 144b 5-11 참조.

80 유(類, genus)는 차이성에 대해 서술되지 않고, 이 차이성을 가진 형상에 대해서 서술된다. 예를 들어, '사람은 (두 발 달린) 동물이다.' 유가 차이성에 대해 서술될 수 없는 이유는 『토포스론』 144a 36-b 3 참조. 유(동물) 〉 차이성(두 발 달림) 〉 종(사람) 순으로 외연(外延)이 넓다.

81 예를 들어, 양(poson)을 '맨 처음의 유'(최상류)라고 한다면, 여기에 차이성을 계속 더함으로써 크기, 평면, 다각형, 사각형 등의 개념들이 양과 '맨 마지막의 종'(최하위의 종), 예를 들어 정사각형 사이에 유들로서 놓인다.

82 예를 들어, '사람은 두 발 달린 동물이다'에서 '두 발 달림'(차이성)은 '맨 처음의 유' 아래에 있는 유인 '사람'(종)보다 외연이 더 넓어서, 더 많이 원리일 것이다.

83 유의 외연이 넓을수록, 원리가 되는 차이성의 수는 훨씬 더 많아진다. 998b 28-999a 1("더 나아가 … 될 것이다.")의 논의는 "유들이 도대체 원리인가?"라는 물음과 관련이 있다. 999a 1부터 다시 998b 19-28("따라서 맨 처음의 … 않을 것이다.")의 ('하나'는 원리가 아니라는) 논의가 이어진다.

'하나'이고, 각 사물은 모두 양이나 종(種)의 면에서 분할되지 않고, 이 가운데 종에서 분할되지 않는 것이 (양에서 분할되지 않는 것보다) 더 앞선 것이고,[84] 유(類)들은 종들로 분할된다면('사람'은 개별적인 사람들의 유가 아니기 때문이다),[85] 맨 마지막에 서술된 것이 더 많이 '하나'일 것이다.[86] 더 나아가, 앞선 것과 뒤진 것이 있는 곳에서는 그런 개별적인 것들에 대해 적용되는 보편적인 것이 개별적인 것들과 따로 떨어져 있을 수 없다. 예를 들어 둘(2)이 수들 가운데 맨 처음의 것이라면,[87] 수들의 종들과 따로 떨어져 어떤 (수학적인 또는 이데아적인) 수가 있을 수 없을 것이다. 마찬가지로 어떤 (수학적인 또는 이데아적인) 도형도 도형들의 종들과 따로 떨어져 있을 수 없을 것이다. 그리고 이런 사물들에 대한 유들이 종들과 따로 떨어져 있지 않다면, 이것들과 다른 사물들의 유는 더욱더 따로 떨어져 있지 않을 것이다. 왜냐하면 유들은 앞의 사물들에 대해 가장 많이 있는 것처럼 보이기 때문이다.[88] 그러나 쪼갤 수 없는 것(개체)들에서는 앞서거나 뒤진 것이 없다. 더 나아가, 더 좋은 것과 더 나쁜 것이 있는 곳에서, 더 좋

---

84 '형상이 앞선 것이다'는 점에 대해서는 4권(Γ) 5장 1010a 24, '질(또는 형상)보다 양이 앞선 것이다'는 점에 대해서는 10권(I) 1장 1053b 5-7 참조.

85 더는 종들로 나누어지지 않는 '사람'은 개별적인 사람들에 대한 유(類)가 아니라 종(種)이다.

86 '하나'가 원리라고 하더라도, 이것은 '맨 위의 유'(summum genus)가 아니라 '맨 아래의 종'(infima species)에서 찾아볼 수 있다.

87 '1은 수가 아니다'는 점에 대해서는 14권(N) 1장 1088a 4-8, '2가 가장 작은 수이다'는 점에 대해서는 『자연학』 220a 27 참조. 하나인 것은 셀 필요가 없고, 두 개인 것부터 비로소 셀 필요가 있다. 참고로, 수의 원어 arithmos의 어원은 arithmein(세다)이다.

88 수와 도형에 특별한 중요성을 두는 피타고라스주의자들과 플라톤을 염두에 두고 한 말이다. 이들은 수학적인 대상들과 그 원리들이 존재나 정의의 면에서 다른 것들보다 앞선(상위의) 것으로 보고, 그것들이 다른 유들의 원인이라고 주장한다.

은 것이 늘 앞선 것이다. 그래서 이런 것들에 대해서도 유는 있지 않을 것이다.

이 모든 점들로 보건대, 쪼갤 수 없는 것들에 대해 서술되는 종들이 유들보다 더 많이 원리인 듯하다. 그러나 또, 어떤 방식으로 이 종들을 원리로 받아들여야 할지 말하기가 쉽지 않다. 왜냐하면 원리나 원인은 자신의 사물들과 따로 있어야 하고, 이 사물들로부터 따로 떨어져 있을 수 있어야 하기 때문이다. 그러나 그것이 보편적으로 그리고 모든 것들에 대해 서술되기 때문이 아니라면, 우리가 개별적인 것들과 따로 그런 것이 있다는 것을 받아들여야 할 다른 이유가 있을까? 그런데 바로 그 때문이라면, 더 많이 보편적인 것들을 더 많이 원리로 놓아야 한다. 그래서 맨 처음의 유들이 원리가 될 것이다.[89]

4장 〈난문 8〉 형상의 존재, 〈난문 9〉 원리들의 수와 종류, 〈난문 10〉 소멸하는 것과 소멸하지 않는 것, 〈난문 11〉 하나와 있음

(8) 모든 난문들 중 가장 어렵고, 가장 연구가 필요한 난문이 앞의 난문들을 뒤따르는데, 이제 이에 대한 논의로 우리의 관심을 돌려야 하겠다. 한편으로, 개별적인 것(개별자)들과 따로 떨어져 아무것도 있지 않고, 개별적인 것들이 무수히 많다면, 어떻게 이런 수없이 많은 개체들에 관한 앎을 얻을 수 있겠는가? 단일한 것과 동일한 것이 있는 한에서, 그리고 어떤

89 998b 14-999a 23을 1장 995b 29-31과 비교. 답으로 7권(Z) 12장 1038a 19와 13장 참조. 난문 6과 7에 대해 11권(K) 1장 1059b 21-1060a 1 참조.

속성이 (그것들에) 보편적으로 들어있는 한에서, 우리는 모든 사물들을 알게 되기 때문이다.

그러나 이것이 필연적이고, 따라서 개별적인 것들 말고 무엇인가가 있어야 한다면, 맨 마지막의 유든[90] 또는 맨 처음의 유든, 유(類)들이 개별적인 것들과 따로 있어야 할 것이다. 그러나 우리는 방금 이것이 불가능하다는 점을 다루었다.[91]

더 나아가, 재료에 대해 어떤 것이 서술될 때마다 (형상과 재료로 된) 복합물과 따로 어떤 것(형상)이 완전한 의미에서 있다면, 그것은, 만일 있다면, 모든 것들과 따로 있어야 하는가? 아니면 어떤 것들과는 따로 있고,

999b | 어떤 것들과는 따로 있지 않는가? 아니면 어떤 것과도 따로 있지 않는가? 그런데, 개별적인 것들과 따로 어떤 것도 있지 않다면, 사유되는 것은 없고, 모든 것들은 오로지 감각되는 것일 것이다. 그리고 감각을 앎이라고[92] 말하지 않는다면, 어떤 것에 대해서도 앎이 성립하지 않을 것이다. 더 나아가, 어떤 것도 영원한 것이지도, 움직이지 않는 것이지도 않을 것이다. 왜냐하면 모든 감각 대상들은 소멸하며 운동 중에 있기 때문이다.[93] 그러나 영원한 것이 있지 않다면, 생성도 있을 수 없다. 왜냐하면 어떤 것이 되어 갈 것이 있어야 하고, 또 이것으로부터 어떤 것이 생겨나야 하기 때문이다. 그리고 생성은 어느 지점에서 멈추고,[94] 또 있지 않은 것으로부

---

90 '맨 마지막의 유들'(ta eschata)은 '더는 나눌 수 없는 종들'(最下種들, infimae species)을 뜻한다.

91 3장에서.

92 프로타고라스의 상대주의적 인식론을 염두에 두고 한 말이다. 4권(Γ) 5장과 6장, 플라톤의 『테아이테토스』 151e–153a 참조.

93 그러나 하늘과 천체들은 감각되는 것이지만 소멸하는 것은 아니다. 12권(Λ) 1장 1069a 30 참조.

94 2권(α) 2장, 특히 994a 3–5와 994b 6–9 참조. 아리스토텔레스는 물질적인 생성

터 생겨날 수 없다면, (생성의 과정 중에 있는 것들 중) 맨 마지막의 것은[95] 생겨날 수 없는 것이어야 하기 때문이다. 더 나아가, 생성과 운동이 있는 곳에는 또한 그 끝이 있다. 왜냐하면 어떤 운동도 무한하지 않으며, 모든 운동엔 끝이 있기 때문이다. 그리고 생겨난 뒤 있게 될 수 없는 것은 생겨나고 있는 중일 수 없기 때문이다. 이미 생겨난 것은 그것이 생겨나자마자 반드시 (생겨나고 있는 것이 아니라) 있는 것이어야 한다.[96] 더 나아가, 생겨날 수 없는 것이기 때문에 재료가 이미 있는 것이라면, 실체가, 즉 이 재료가 어느 때고 될 것이 있다는 것은 더욱더 이치에 맞다. 왜냐하면 실체와 재료가 있지 않다면, 결코 아무것도 있지 않을 것이기 때문이다. 그리고 이것이 불가능하다면, (재료와 형상으로 이루어진) 복합물과 따로 어떤 것이, 즉 형태나 형상이 있어야 하기 때문이다.

그러나 다시, 우리가 이것을 받아들인다면, 어떤 것들의 경우에 이것을 받아들이고, 어떤 것들의 경우에 받아들이지 않을 것이냐는 어려운 물음이 나온다. 왜냐하면 분명히, 모든 것들에 대해 그것을 받아들일 수는 없기 때문이다. 다시 말해, 우리는 어떤 특정의 집들과 따로 어떤 집이 있다고 전제할 수 없을 것이다.[97] 이에 덧붙여, 모든 것들에 대해, 예를 들어 (모든 개별적인) 사람들에 대해 실체는 하나인가? 그러나 이것도 이치에 어긋난다. 그 실체가 하나인 것들은 모두 하나이기 때문이다. 그렇다면, (개별자들이 갖는) 실체들의 수는 많고, 여러 가지인가? 이것도 말이 안 된

에는 끝이 있다는 점과 맨 처음의 물질적 원인이 되는 것은 무(無)에서 나올 수 없다는 점을 자명한 사실로 전제한다.

95 여기서 '맨 마지막의 것'(to eschaton)은 우리가 생성의 원인들을 찾아 계속 위쪽으로 거슬러 올라갈 때 맨 마지막에 부딪치게 되는 원인을 말한다. 따라서 생성의 출발점이 되는 '맨 처음의 원인'을 가리킨다.

96 이로써 그것의 생성에는 끝이 있다.

97 1권(A) 9장 991b 6 참조.

999b

다.[98] 이와 더불어, 어떻게 재료가 각각의 개체가 될 것인가? 또 어떻게 복합물이 이 둘(재료와 형상)인가?[99]

(9) 더 나아가, 원리와 관련해서 다음과 같은 물음을 또한 던질 수 있을 것이다. 원리들이 종류에서만 하나라면, 어떤 원리도 그 개수가 하나이지 않을 것이고,[100] 심지어 (두 가지 사물들에서 같은) 하나 자체나 있음 자체도 있지 않을 것이다.[101] 더군다나 모든 것들에 걸친 하나가 있지 않다면, 어떻게 앎이 성립할 수 있겠는가?

그러나 다른 한편으로, (종류에서 하나이지 않고) 개수에서 하나인 원리가 있고 원리들이 저마다 하나라면, 그리고 감각 대상들과 달리 사물들마다 다른 원리들이 있지 않다면(예를 들어, 이 특정 음절은 다른 특정 음절과 그 종류가 같으므로, 그것의 원리들도 다른 특정 음절과 그 종류가 같다. (종류에서만 같다.) 왜냐하면 그 원리들도 음절들처럼 개수에서는 다르기 때문이다), 그리고 이렇지 않고[102] (사물들이 갖는) 원리들의 개수가 하나라면, 요소들 말고는 다른 어떤 것도 있지 않을 것이다(왜냐하면 '개수가 하나인 것'은 '개별적인 것'과 어떤 점에서도 뜻이 다르지 않기 때문이
1000a 다. 그래서 우리는 개별적인 것을 | 개수에서 하나인 것이라고 하고, 보편적인 것을 개별적인 것들에 걸쳐 있는 것이라고 한다). 따라서 이는 분절

---

98 같은 실체(형상)를 갖는 개체들이 형상에서 서로 다르다고 하는 것은 모순이다.

99 재료와 형상이 서로 독립된 존재라면, 어떻게 해서 이것들이 '복합물'(synholon)로서 하나가 되는가? 999a 24-b 24를 1장 995b 31-36, 11권(K) 2장 1060a 3-27, b 23-28과 비교. 답으로 7권(Z) 8, 13, 14장, 12권(Λ) 6-10장, 13권(M) 10장 참조.

100 사물 A의 원리와 사물 B의 원리가 그 종류에서만 같다면, 사물 A와 사물 B는 '개수에서 하나인'(동일한) 원리를 공통으로 갖지 못할 것이다.

101 플라톤이나 피타고라스주의자들이 주장하는 원리인 하나 자체(auto to hen)와 있음 자체(auto to on)는 두 사물 A, B에서 같은 원리의 역할을 할 수 없을 것이다.

102 이렇지 않고=음절(syllabē)들의 경우와 다르게.

음의 요소들이 (종류에서 같은 것이 없고) 그 개수에서 제한되어 있는 경우처럼 될 것이다. 이 경우, 같은 종류인 두 개 또는 여러 개의 자모들이 있을 수 없으므로, (낱낱의 자모들로 이루어진) 이 모든 자모들은 요소들이 있는 만큼 있어야 될 것이다.[103]

(10) 다른 어떤 난문보다 결코 사소하지 않은 난문을, 즉 소멸하는 것들의 원리들과 소멸하지 않는 것들의 원리들은 같은가 아니면 다른가?라는 물음을 오늘날 철학자들뿐만 아니라 이전 사람들도 소홀히 다뤘다. 그것들이 같다면, 어떻게 그리고 어떤 이유로 어떤 것들은 사라지고 어떤 것들은 사라지지 않는가? 헤시오도스의 제자들은, 그리고 신을 논하는 다른 모든 사람들은[104] 자신들에게 믿을 만한 것으로 보이는 것에만 정신을 쏟을 뿐, (철학자인) 우리들은 아랑곳하지 않았다.[105] 그들은 신들을 원리들로 삼고 신들로부터 다른 모든 것들이 생겨나게 만들면서, 넥타르와 암브로시아를[106] 맛보지 못한 것들은 죽는 것들이 되었다고 얘기한다. 분명히, 그들이 이런 말들을 썼을 때, 자신들은 이해할 수 있는 말들이었다. 하지만 이런 원인들의 구체적인 적용 자체는 이미 우리의 이해력을 넘어선다.

---

103 자모들이 저마다 '개수가 하나인 것', 즉 '개별적인 것'이므로, 이 A와 저 A, 이 B와 저 B를 요소로 하여 이루어진 자모들인 이 AB와 저 AB도 개별적인 것이 되어 버려, 결국 개별적인(구체적인) 자모들의 수만큼 이 자모들로 이루어진 개별적인 자모들이 있게 된다. 999b 24–1000a 4를 1장 996a 1–2, 11권(K) 2장 1060b 28–30과 비교. 답으로 7권(Z) 14장, 12권(Λ) 4, 5장, 13권(M) 10장 참조.

104 1권(A) 3장 983b 29 참조.

105 이런 불만에 대해서는 플라톤의 『소피스테스』 243a 참조.

106 넥타르(nektar)는 올륌포스의 신들이 마시는 음료를, 암브로시아(ambrosia)는 그들이 먹는 음식(즙)을 뜻한다. 신들은 이것들을 마시고 먹음으로써 불멸성을 유지한다. 호메로스의 『일리아스』에, 여신 테티스(Thetis)가 죽은 파트로클로스(Patroklos)의 몸이 허물어지지 않도록 그의 코 안으로 암브로시아와 넥타르를 부어 넣는 장면이 나온다(19권 38–39행 참조).

다시 말해, 신들이 즐김을 위해 넥타르와 암브로시아를 먹고 마신다면, 이것들은 신들의 존재 원인이 결코 아니겠지만, 생존을 위해 먹고 마신다면, 그들도 음식물이 필요하다는 얘기인데, 그렇다면 어떻게 그들이 영원한 존재일 수 있겠는가?

신화의 방식으로 교묘하게 꾸며 내는 사람들을 상대로는 그들의 주장을 진지하게 살펴볼 만한 값어치가 없다. 그러나 증명을 통해 주장을 펼치는 사람들을 상대로는, 왜 같은 요소들로 이루어진 사물들이 어떤 것들은 본성에서 영원하고, 어떤 것들은 소멸하는지를 추궁하면서 물어야 한다. 그런데, 그들이 어떤 것에 대해 아무런 원인도 들지 않고, 또 어떤 것이 그들의 말대로 그러하다는 것이 이치에 어긋난다면, 분명히 (두 가지 종류의 사물들에 대해) 같은 원리들이나 원인들이 있을 수 없을 것이다. 가장 일관되게 자신의 주장을 펼친다고 생각되는 엠페도클레스조차도 똑같은 실수를 저지른다. 다시 말해, 그는 어떤 한 원리를, 즉 싸움을 소멸을 일으키는 원인으로 놓지만, 싸움도 여느 것 못지않게 하나를[107] 제외한, 다른 모든 것들을 산출해 내는 것처럼 보인다.[108] 다시 말해 그에 따르면 신(神)을[109] 제외한 다른 모든 것들이 싸움으로부터 나와 있다. 아무튼 그는 말한다.

"그것들에서,[110] 있었던 것들, 있는 것들, [앞으로 있게 될 것들,][111]

---

107 여기서 '하나'(to hen)는 우애(사랑, philia)를 가리킨다. 1001a 12-15 참조.

108 따라서 싸움(투쟁, neikos)은 소멸의 원인일 뿐만 아니라 생성의 원인이다. 1권(A) 4장 985a 23-29 참조.

109 여기서 신(ho theos)은 하나 또는 우애이거나 또는 우애를 통해 하나로서 조화를 이룬 우주(또는 천구, Sphairos)이다. 1권(A) 4장 985a 28, 『생성과 소멸에 관하여』 315a 7, 333b 21 참조.

110 네 가지 원소들과 우애와 싸움으로부터.

나무들, 남자들과 여자들,
들짐승들과 새들과 물속에서 자라는 물고기들,
그리고 오래 사는 신들이 생겨났다."[112]

그리고 이와 별도로 다음 또한 | 분명하다. 즉 싸움이 사물들 안에 있지 1000b
않았더라면, 그가 말하듯 모든 것들은 하나였을 것이다. 왜냐하면 (우애의 힘에 의해) 그것들이 한데 모였을 때, 그때 "싸움은 (소용돌이의) 맨 바깥으로 물러서 있었기"[113] 때문이다. 그렇기 때문에, 가장 축복받은 신이 다른 모든 것들보다 덜 현명하다는 결과가 또한 그에게 따른다. 신은 모든 원소들을 알진 못할 것이기 때문이다. 왜냐하면 신은 싸움을 자신 안에 가지고 있지 않고, 또 앎은 비슷한 것을 통한 비슷한 것에 대한 앎이기 때문이다.[114] 그 이유로 그는 말한다.

"우리는 흙으로써 흙을, 물로써 물을, 에테르로써 신성한 에테르를, 불로써 모든 것을 사라지게 하는 불을, 사랑을 사랑으로써, 그리고 싸움을 비참한 싸움으로써 안다."[115]

---

111 필사본 E, J와 A^b에 첨가되어 있는 구절.

112 엠페도클레스(Empedokles, 기원전 500–430년쯤, 아크라가스 출신)의 글조각 21의 9–12행, 김인곤 외(2005), 352쪽 참조.

113 엠페도클레스의 글조각 36의 7행, 김인곤 외(2005), 370쪽 참조. 우애의 힘의 작용으로 여러 가지 원소들이 한곳에 모일 때, 우애는 세계 발생의 소용돌이(dinē)의 중앙을 차지하고서 그 움직임을 통제한다. 힘을 빼앗긴 싸움은 소용돌이의 가장 아래로 또는 가장 바깥으로 밀려난다(그의 글조각 35, 김인곤 외, 374–376쪽 참조). 따라서 사물들 안에 싸움이 들어있어서가 아니라 사물들 바깥에 싸움이 있기 때문에, 사물들은 하나(통일체)이다.

114 싸움을 갖지 않는 신은 싸움을 갖지 않기 때문에, 싸움을 통해 일어난 것들은 알지 못한다. 왜냐하면 비슷한 것을 통해 비슷한 것을 알 수 있기 때문이다.

1000b

그런데 적어도, 논의의 출발점이었던 이 점만큼은, 즉 싸움은 존재의 원인일 뿐만 아니라 이에 못지않게 소멸의 원인이라는 것이 그에게 따른다는 점만은 분명하다. 이와 마찬가지로 우애도 존재의 원인이 못 된다. 왜냐하면 그것은 사물들을 하나로 모으면서 다른 것들을 파괴하기 때문이다. 이와 더불어, 엠페도클레스는 변화 자체의 원인을 전혀 들지 못하고,

> "그러나 마침내 싸움이 (천구의) 팔다리(四肢) 안에 크게 부풀고, 굳은 맹세를 통해 싸움과 우애가 갈마들도록 밀쳐진 때가 자기에게 무르익어서 제 명예를 펴기 위해 솟구쳤을 때"[116]

라고 말하면서 사물들이 본래 그렇다고밖에 말하지 못한다. 변함이 반드시 있어야 하는 것처럼 말이다. 그러나 그는 이 필연성의 원인을 결코 보여 주지는 못한다. 그럼에도 적어도 어느 선까지는 일관되게 주장한다. 왜냐하면 그는 있는 것들 중 어떤 것들을 소멸하는 것들로, 다른 어떤 것들을 사라지지 않는 것들로 놓지 않고, 요소들을 제외한 나머지 모든 것들을 소멸하는 것들로 놓기 때문이다. 그러나 지금 우리가 묻고 있는 물음은, "그것들이 같은 원리들로부터 이루어진 것들이라면, 무엇 때문에 그것들 중 어떤 것들은 소멸하는 것들이고, 어떤 것들은 사라지지 않는 것들인가?"이다.

(모든 것들의) 원리들이 같을 수 없다는 쪽은 이쯤 해 두자. 그러나 (사물들에 따라) 다른 원리들이 있다고 할 때 생기는 한 가지 어려운 물음은 '이 원리들도 (사물들처럼) 소멸하지 않는 것이거나 소멸하는 것인가?'이다.

---

115 엠페도클레스의 글조각 109, 김인곤 외(2005), 415-416쪽 참조. 이 글조각은 『혼에 관하여』 404b 13-15에도 인용되어 있다.

116 엠페도클레스의 글조각 30, 김인곤 외(2005), 370-371쪽 참조.

원리들이 소멸하는 것이라면, 분명히 그것들도 다시 다른 어떤 요소들로부터 나와 있어야 할 것이다(왜냐하면 모든 것들은 자신들을 이루고 있는 요소들로 분해되어 사라지기 때문이다). 그래서 이 원리들보다 (존재에서) 앞선 또 다른 원리들이 있어야 할 테다. 그러나 이것은, 그 과정이 멈추게 되든 끝없이 계속되든, 불가능하다.[117] 더 나아가, 그렇게 해서 원리가 되는 것들이 없게 된다면, 어떻게 해서 (이런 원리들을 가져야 할) 소멸하는 것들이 있을 수 있겠는가? 그러나, 원리들이 소멸하지 않는 것이라면, 왜 이 소멸하지 않는 원리들 중 어떤 것들로부터만 소멸하는 것들이 생겨나고, 어떤 것들로부터는 소멸하지 않는 것들이 생겨나는가? 이것은 이치에 맞지 않으며, 불가능하거나 아니면 많은 논증을 필요로 한다. 더 나아가, 어느 누구도 (두 가지 종류의 사물들에 대해) 다른 원리들을 내세우려 하지 않았으며,[118] | 사람들은 모든 것들에 대해 같은 원리들을 주장한다. 하지만 그들은 우리가 처음에 던진 난문을[119] 사소한 일이라고 생각하듯 살짝 떼어 먹고 만다.[120]

(11) 모든 난문들 중 탐구하기에 가장 어렵지만, 진리 인식을 위해서는 가장 필요한 물음은 '도대체 있음과 하나가 사물들의 실체인가?'라는 물음이다.[121] 그리고 '이 둘은 다른 어떤 것도 아닌 채 저마다 하나이거나 있

---

117 왜냐하면 자신보다 앞선 원리들을 갖는 원리들은 결코 '(참으로) 원리인 것'이라 할 수 없기 때문이다.

118 예를 들어, 플라톤은 소멸하는 것(감각 대상)들과 사라지지 않는 것(이데아들과 중간에 있는 것들)의 원리로서 하나와 (큼과 작음의) 두 짝을 놓는다.

119 1000a 5-b 21에서 논의된 '소멸하는 것들'과 '사라지지 않는 것들'이 같은 원리들을 갖느냐는 물음을 가리킨다.

120 1000a 5-1001a 3을 1장 996a 2-4, 11권(K) 2장 1060a 27-36과 비교. 이에 대한 답변으로 7권(Z) 7-10장 참조.

121 아리스토텔레스에 따르면, '있음'과 '하나'는 실체가 아니라 속성이다(7권 16장

1001a

음인가, 아니면 다른 어떤 실재가 이것들의 바탕이 된다고 생각해서,[122] 도대체 있음이 뭐고 하나가 무엇인지에 대해 탐구해야 하는가?'라는 물음이다.[123] 왜냐하면 어떤 사람들은 있음과 하나의 본성에 대해 앞의 입장을 택하고, 어떤 사람들은 뒤의 입장을 택하기 때문이다. 플라톤과 피타고라스주의자들은 있음과 하나가 (자기 자신 이외에) 다른 어떤 것도 아니라고 생각하며, 그것들의 실체가 하나-임과 있음-임이라는 믿음에서 그것이 그것들의 본성이라고 생각한다. 그러나 자연철학자들은, 예를 들어 엠페도클레스는 하나를 '더 쉽게 알 수 있는 것'으로 환원하면서 하나가 무엇인지 말하는데, 이때 우애를 염두에 두는 것처럼 보인다.[124] 적어도 우애는 '모든 것들이 하나임'의 원인이다. 그런데 어떤 사람들은[125] 불이, 또 어떤 사람들은[126] 공기가 이런 (실체 같은) 하나인 것이거나 있는 것이라고[127] 주장한다. 사물들이 그것들로 되어 있고 그것들로부터 생겨나 있다는 것이다. 하나보다 많은 요소들을 내놓는 사람들도 이와 비슷한 생각을 지니고 있다. 이들도 마찬가지로, 원리들이 있다고 말하는 꼭 그만큼 하나인 것들과 있는 것들을 주장해야 하기 때문이다.[128]

1040b 16-24 참조). '있음'과 '하나'는 따로 있는 독립적인 존재가 아니다(13권 8장 1083a 20-1085a 2 참조).

122 이럴 경우, '있음'과 '하나'는 속성일 것이다.

123 이 물음에 대한 아리스토텔레스의 답변은 7권(Z) 16장 1040b 16-24에 나와 있다.

124 1장 996a 8 참조.

125 힙파소스와 헤라클레이토스를 말한다. 1권(A) 3장 984a 7 참조.

126 아낙시메네스와 아폴로니아(Apollonia) 출신의 디오게네스를 가리킨다. 1권(A) 3장 984a 5 참조.

127 그리스어 to on과 to hen이 속성을 나타낼 때에는 '있음'과 '하나'로 옮기고, 실체를 나타낼 때에는 '(참으로) 있는 것'과 '하나인 것'으로 각각 옮겼다.

128 예를 들어, 엠페도클레스의 네 가지 원소인 물, 불, 흙, 공기는 저마다 하나인 것이자 있는 것이다.

그런데, 하나와 있음을 실체로 놓지 않는다면, 또한 다른 보편적인 것들 중 어느 것도 실체가 아닌 결과가 따른다. 하나와 있음이야말로 모든 것들 중 가장 많이 보편적이기 때문이다. 그리고 하나 자체나 있음 자체가 없으면, 이것들 말고 다른 어떤 것도 개별적인 것들이라고 말해지는 것들과 따로 있을 수 없을 것이다. 더 나아가, 하나가 실체가 아니라면, 분명히 수(數)도 있는 것들로부터 따로 떨어져 있는 어떤 실재일 수 없을 것이다. 수는 단위들이고, 단위는 일종의 하나이기 때문이다.

그런데, 하나 자체나 있음 자체가 있다면, 하나나 있음은 반드시 이것들의 실체이어야 한다. 다른 어떤 것이 있는 것들과 하나인 것들에 대해 보편적으로 서술되지 않고, 바로 하나와 있음이 그것들에 대해 서술되기 때문이다. 그러나 있음 자체와 하나 자체가 그저 있기만 하다면, 이것들과 따로 다른 어떤 것이 어떻게 있을 수 있겠는가? 다시 말해 '어떻게 있는 것들이 하나보다 더 많을 것인가?'라는 커다란 난문이 생긴다. 왜냐하면 있는 것과는 다른(異) 것은 있지 않아서, 파르메니데스의 논변에 따르면,[129] 있는 것들이 모두 하나이고, 이 하나는 있는 것이라는 | 결론이 반드시 나오기 때문이다. 1001b

그러나 양쪽의 입장 모두 만족스럽지 못하다. 하나가 실체가 아니든, 하나 자체가 (실체로서) 있든, 수는 실체일 수 없기 때문이다. 하나가 실체가 아니라면, 왜 수가 실체일 수 없는지는 앞서[130] 논의되었다. 그리고 하

---

129 그의 글조각 7, 김인곤 외(2005), 279쪽 참조. 이 글조각의 결론에 이르는 파르메니데스의 논변 과정은 다음과 같다. '있는 것'이 아닌 것은 '있지 않은 것'이다. 그러나 있지 않은 것은 있지 않다. 그러므로 '있는 것' 말고는 다른 어떤 것도 있지 않다. 이렇다면, 우주는 오로지 한 가지 것, '있는 것'만을 갖는다. 요컨대, '우주=하나=있는 것'의 관계가 성립한다. 그러나 아리스토텔레스처럼 'to on'을 실체가 아닌 속성으로 받아들일 경우, 다수성이 확보된다.

130 1001a 24-27에서.

1001b

나가 실체라면, 있음의 경우에 생기는 것과 같은 난문이 생긴다.[131] 다시 말해, 어떤 것으로부터 하나 자체와 따로 또 다른 하나가 나올 수 있겠는가?[132] 이 다른 하나는 필연적으로 하나가 아닌 것일 것이다. 그러나 있는 것들은 모두 하나이거나 여럿이며, 이 여럿의 각각은 하나이다.

더 나아가, (피타고라스가 주장하듯) 하나 자체가 분할되지 않는 것이라면, 제논의[133] 견해에[134] 따르면 그것은 아무것도 아닐 것이다. 왜냐하면 어떤 것에 더해져서 그것을 더 크게 만들지도 않고, 또 어떤 것으로부터 빼어져서 어떤 것을 더 작게 만들지도 않는 것은,[135] 있는 것은 분명히 크기를 갖는다고 생각한 그에 따르면, 있는 것이 아니기 때문이다.[136] 그리고 있는 것이 크기를 갖는 것이라면, 그것은 물질적인 것이다. 물질적인 것은 모든 차원에서 있는 것이기 때문이다. 반면, (수학적인 대상들과 같은 종류의) 다른 크기들은, 예를 들어 평면과 선은 어떤 방식으로 더해지면 더 크게 되고, 다른 어떤 방식으로는 그렇지 않지만,[137] 점(點)과 단위는 결코 더 크게 되지 못한다. 그러나 제논은 서투르게 연구하고 있다. 분할되지 않는 어떤 것이 있을 수 있다는 점 자체가 바로, (있는 것은 크기를 갖는다는) 제논의 주장에 대한 반박으로서 변호될 수 있다(왜냐하면 그런 분

---

131 1001a 30-1001b 1 참조.

132 '있음'을 실체로 놓을 경우 다른 어떤 것도 있을 수 없는 것처럼, '하나'를 실체로 놓을 경우도, 다른 어떤 것도 있을 수 없게 된다.

133 제논(Zenon, 기원전 490년-5세기 중엽). 엘레아 출신. 패러독스를 써서, 여럿, 생성, 소멸, 운동은 있지 않다는 파르메니데스의 견해를 옹호하였다.

134 Diels/Kranz(1960-61), 1권 252쪽 참조.

135 즉, 크기를 갖지 않는 것은.

136 그의 글조각 2, 김인곤 외(2005), 314-315쪽 참조.

137 예를 들어, 한 선이 다른 선 끝에 붙으면 이 선은 길어지지만, 한 선이 다른 선 옆에 놓이더라도 이 선은 넓어지지 않는다.

할되지 않는 것은 어떤 것에 더해졌을 때 그것을 더 크게 만들지 않고,[138] 더 많게 만들 뿐이기 때문이다). 그런데, 어떻게 해서 그런 분할되지 않는 하나에서 또는 그런 (하나들로 된) 여럿에서 크기가 생겨날 것인가? 이는 마치 선이 점들로 되어 있다고 말하는 것과 비슷하다.

그러나 어떤 사람들이 주장하듯이 수가 하나 자체와, 하나가 아닌 다른 어떤 것으로부터 생겨난다고 믿더라도, 하나가 아닌 것이 양이 같지 않음이고[139] 이것이 (수와 크기의 두 경우에서) 같은 원리였다면, 우리는 '왜 그리고 어떻게, 생겨난 것이 어떤 때는 수이고 어떤 때는 크기일 것인가?'라는 물음을 던져야 한다. 왜냐하면 어떻게 하나 자체와 양이 같지 않음으로부터, 또는 어떤 수와 양이 같지 않음으로부터 크기들이 생겨날 수 있는지가 분명하지 않기 때문이다.[140]

5장 〈난문 14〉 수학적인 대상들의 존재 방식

(14) 이런 난문들 다음으로, 수들, 물체(또는 입체)들,[141] 평면들,[142] 점들

---

138 아리스토텔레스는 선이 (분할되지 않는) 점들로 이루어져 있다고 보지 않는다. 『자연학』 231a 21-b 20 참조.

139 플라톤을 두고 한 말이다. 13권(M) 7장 1081a 24 참조. 물질적인 원리로서의 같지 않음(anistotēs), 즉 큼과 작음의 두 짝에 대해서는 14권(N) 1장 1087b 5, 2장 1088b 32, 1089b 6-15, 4장 1091b 35 참조.

140 플라톤주의자들의 원리들로부터는 수들만이 생겨난다. 그들은 크기 문제는 설명하지 않은 채 내버려 두었다(13권 8장 1084a 3-7 참조). 1001a 4-b 25를 1장 996a 4-9와 비교. 이 난문에 대한 답변으로 7권(Z) 16장 1040b 16-24, 10권(I) 2장 참조.

141 sōma는 '물체'나 '신체'(body)를 뜻하는데, 이와 더불어 (수학적인) '입체'(solid)를 함께 뜻하는 경우도 있다.

142 '평면'의 원어는 epipedon(평평한 면, plane)이다. 이와 비슷한 말로 epiphaneia

은 실체인가, 아닌가?라는 어려운 물음이 따른다. 그것들이 실체가 아니라면, 있음이 무엇인지를, 그리고 있는 것들의 실체가 무엇인지를 우리는 놓치게 될 것이다.[143] 양태, 운동, 관계, 상태와 비율은 어느 것에 대한 실체도 가리키는 것 같지 않다. 왜냐하면 이것들은 모두 바탕(基體)에 대해 말해지며, 어느 것도 이것이[144] 아니기 때문이다. 그렇지만 가장 많이 실체를 가리키는 것처럼 보이는 것들, 즉 복합 물체를 이루고 있는 | 물, 흙,
1002a 불, 공기의 경우, 그것들이 겪는 뜨거움, 차가움 따위의 것들은 양태들이지 실체들이 아니며, 그런 양태들을 겪는 물체만 일종의 있는 것으로서, 일종의 실체로서 줄곧 남아 있다. 그런데, 물체(입체)는 면보다, 면은 선보다 그리고 선은 단위와 점보다 덜 실체이다. 왜냐하면 물체는 이것들을 통해 규정되고, 또 이것들은 물체 없이 있을 수 있는 것처럼 보이지만, 물체는 이것들 없이는 있을 수 없기 때문이다. 그렇기 때문에 많은 사람들은, 그리고 이들 중에서도 이전 철학자들은 물체가 실체이자 있는 것이라고, 그리고 다른 것들은 이 물체의 양태들이라고, 그래서 물체들의 원리들이 또한 있는 것들의 원리들이라고 생각하였다. 그러나 이들보다 더 현명했던 나중의 철학자들은[145] 수(數)들이 (사물들의) 원리들이라고 믿었다. 그러므로 우리가 말했듯이, 그런 것들이[146] 실체가 아니라면, 실체나 있는 것은 결코 있지 않을 것이다. 이것들의 속성들은 있는 것들이라 부를 만한 것이 못 되기 때문이다.

(겉면, surface)가 있는데, 이 말은 '면'이나 '표면'으로 옮겼다.

143 그런 수학적인 대상들이 바로 실체라는 뜻이다.

144 '이것'의 원어는 tode ti(이것+어떤 것)로서, 주로 소크라테스와 같은 '개별적인 것'(개인 또는 개체), 즉 '으뜸 실체'(prōtē ousia)를 나타낸다. 『범주들』 3b 10-13 참조.

145 피타고라스주의자들과 플라톤을 가리킨다.

146 수, 물체(또는 입체), 평면, 선, 점을 가리킨다.

그러나 다른 한편으로, 선과 점이 물체보다 더 실체라고 동의하더라도, 그것들이 어떤 종류의 물체들에 속한 것들인지를 우리가 못 본다면(그것들은 감각 대상들 안에 있을 수 없다),[147] 결코 어떠한 실체도 있을 수 없을 것이다. 더 나아가, 그것들은 모두 넓이, 깊이, 길이에서 물체가 분할된 것들인 것처럼 보인다. 이에 덧붙여, 온갖 모양들이 입체 안에 똑같이 있다. 그래서 돌 안에 헤르메스의 모습이[148] 있지 않다면, 정육면체 안에도 정육면체의 절반이 한정된 것으로서 있지 않다. 따라서 (입체를 둘로 가르는) 면도 정육면체 안에 있지 않다. 왜냐하면 어떤 종류의 면이 그 안에 있다면, 정육면체의 절반을 구분하는 면도 바로 그 안에 있을 것이기 때문이다. 선, 점, 단위의 경우도 이와 마찬가지다. 그래서 물체가 가장 많이 실체라면, 그리고 점, 선, 면이 물체보다 더 실체인데도 그것들이 있지도 않고 실체도 아니라면, 있는 것이 무엇인지를, 그리고 있는 것들의 실체가 무엇인지를 우리는 놓치게 될 것이다. 이에 덧붙여, 또한 생성과 소멸에 관련하여 이치에 맞지 않는 점들이 따를 것이다. 왜냐하면 실체는, 그것이 이전에 있지 않았지만 지금 있거나 또는 이전에 있었지만 나중에는 있지 않을 때, 이런 변화를 생성과 소멸의 과정을 통해 겪기 때문이다. 그러나 점들, 선들, 면들은 때로는 있기도 하고 때로는 없기도 하지만, 생성이나 소멸의 과정 속에 있을 수 없다.[149] 왜냐하면 물체가 닿거나 떨어질 때
마다, | 닿을 때에는 이와 더불어 한 개의 면이, 떨어질 때에는 이와 더불 1002b
어 두 개의 면이 생겨나기 때문이다. 그래서 두 물체가 결합될 때에는 면

147 플라톤과 그의 추종자들은 수학적인 대상들이 감각 대상들과 따로 있다고 보았다.

148 조각가가 만들어 낸 헤르메스 상(像)을 말한다.

149 실체의 생성과 소멸은 시간을 필요로 하지만, 점, 선 등의 수학적인 대상들은 그렇지 않다. 8권(H) 5장 1044b 21-29, 『자연학』 241a 6-26 참조.

1002b

은 있지 않고 사라져 버리며, 두 물체로 분할될 때에는 이전에 있지 않았던 면들이 (나타나) 있게 된다. 물론, 분할되지 않는 점(點)은 결코 둘로 나뉘지 않는다. 그리고 면들이 생겨나거나 사라져 없어지는 것이라면, 그것들은 어떤 것으로부터 생겨나는가? 시간에서의 지금(순간)도[150] 이와 마찬가지다. 이것도 생성할 수도 소멸할 수도 없지만, 그럼에도 실체가 아니어서 매번 다른 것 같기 때문이다. 분명히, 점들, 선들, 평면들의 경우도 이와 마찬가지다. 이것들의 경우에서도, 같은 방식으로 설명할 수 있기 때문이다. 왜냐하면 그것들은 모두 똑같이 한계들이거나 분할된 것들이기 때문이다.[151]

6장 〈난문 13〉 잠재/가능 상태와 발휘/실현 상태, 〈난문 12〉 개별적인 것과 보편적인 것

일반적으로, 무엇 때문에 감각 대상들과 중간에 있는 것들과 따로 다른 어떤 것들을, 마치 우리가[152] 형상(이데아)들을 내놓듯 찾아야 하는지 물을 수 있을 것이다.[153] 그 이유가 수학적인 대상들은 어떤 면에서 여기(감각계)에 있는 것들과 다르지만,[154] 같은 종류의 것들이 많이 있다는 점에서는 그것들과 전혀 다를 바가 없어서, 그 원리들의 개수가 한정되어 있지

---

150 '지금'(순간, to nyn)에 대해서는 『자연학』 4권 13장 참조.

151 1001b 25–1002b 11을 1장 996a 12–15와 비교. 이 난문에 대한 답변으로 13권(M) 1–3장, 6–9장, 14권(N) 1–3(특히 1090b 5–13), 5, 6장 참조. 난문 11과 14에 대해서는 11권(K) 2장 1060a 36–b 19 참조.

152 플라톤주의자들이.

153 1002b 12–32의 논의는 난문 4와 9와 비슷한 문제를 다룬다.

154 수학적인 대상들은 변하지 않으며 영원하다. 1권(A) 6장 987b 14–18 참조.

않기 때문이라면(예를 들어, 개수에서도 한정되어 있을, 이 특정 음절이나 이 특정 음성의 원리들을 제외한다면, 여기에 있는 모든 글의 원리(요소)들은 개수에서 한정되어 있지 않지만, 종류에서 한정되어 있다.[155] (수학적인 대상들과 같은) 중간에 있는 것들의 경우도 이와 마찬가지다. 여기에서도 같은 종류의 것들이 수없이 많기 때문이다), 그래서 감각 대상들과 수학적인 대상들과 따로, 어떤 이들이 형상이라고 부르는 그런 것들이 따로 있지 않다면, 개수와 종류가 모두 하나인 실체는 없을 것이며, 있는 것(사물)들의 원리들은 종류에서만 한정되어 있을 뿐 개수에서는 한정되어 있지 않을 것이다. 그러나 원리들의 개수와 종류가 한정되어 있어야 한다면, 이것 때문에 또한 형상들이 있다고 놓아야 한다. 그리고 형상들을 주장하는 이들이 자신들의 생각을 명료하게 잘 표현하지 못하고 있더라도, 바로 그 점이 그들이 말하고자 하는 점이다. 그리고 그들이 형상들을 주장하는 이유는 바로, 형상들은 저마다 실체이고 어떤 형상도 속성으로서 있지 않기 때문이다.

그렇지만, 우리가 형상들이 있다고 놓고, 또 원리들의 종류가 하나는 아니지만 개수가 하나라고 놓을 경우에 반드시 따르게 될 불가능한 점들을 우리는 이미 말했다.[156]

(13) 이것과 밀접하게 연관된 물음이, 요소들은 잠재/가능 상태로 있는가, 아니면 다른 어떤 방식으로[157] 있는가?라는 물음이다.[158] 그것들이 다

155 예를 들어, 한글의 자모는 종류가 24가지이지만, 각 자모의 개수는 무수히 많다.

156 4장 999b 27-1000a 4에서.

157 다시 말해, 발휘/실현 상태로(kata energeian).

158 1장 996a 11에서 제기된 난문 13의 두 번째 물음, 즉 '원리들의 잠재/가능 상태(dynamis)와 발휘/실현 상태(energeia)는 운동과 관계되는가, 안 되는가?'라는 물음은 여기에서 다루어지지 않고 있다.

른 어떤 방식으로 있다면, 이 원리(요소)들보다 더 앞선, 다른 어떤 것이
1003a (잠재/가능 상태로) | 있어야 할 것이다.[159] 왜냐하면 잠재/가능 상태는 그런 (실제로 있는) 원인보다 더 먼저이지만, 어떤 것일 수 있는 모든 것이 반드시 그렇게 실제로 있어야 하는 것은 아니기 때문이다. 그러나 요소들이 잠재/가능 상태로 있다면, 있는 것들은 어느 것이든지 있지 않을 수 있을 것이다. 왜냐하면 바로 아직 있지 않은 것은 있을 수 있는 것이기 때문이다. 다시 말해, 있지 않은 것은 생겨나지만, 있을 수 없는 것들은 어느 것도 생겨나지 않는다.[160]

(12) 원리에 관해 이런 난문들을 다루어야 할 뿐만 아니라, 또한 원리들이 보편적인 것(보편자)인지, 아니면 우리가 말하듯 개별적인 것(개별자)들로서 있는지를 물어야 한다. 원리들이 보편적이라면, 그것들은 실체가 아닐 것이다. (보편적인 것처럼 많은 것들에) 공통된 것들은 어떤 것도 이것이 아니라 이러함(질)을 나타내는데, 실체는 이것이기 때문이다. 그리고 공통으로 서술되는 것(공통의 술어)이 이것이고, 또 (한 가지 것으로서) 떼어져야 한다면, 소크라테스는 여러 가지 것이 될 것이다. 다시 말해, 그는 그 자신이며, '인간'이며, '동물'일 것이다. 이것들이 저마다 이것을, 그리고 한 가지 것을 나타낸다면 말이다.

이렇듯, 원리들이 보편적인 것이라면 그런 결과들이 따른다. 그러나 원리들이 보편적인 것들이 아니고 개별적인 것들로서 있다면, 그것들은 앎

---

159 잠재/가능 상태로 있는 물질적인 요소들, 즉 재료에 앞서 발휘/실현 상태로 있는 형상이 있을 것이다.

160 1002b 32-1003a 5를 1장 996a 10-11과 비교. 14개의 난문들 중 이 난문만 11권(K)에 다시 나오지 않는다. 이를 한 가지 근거로 삼아 애거(Jaeger)는 11권(K)이 이 물음을 다루는 3권(B)보다 먼저 쓰인 것으로 추정한다. 난문 13에 대한 답변으로 9권(Θ) 8장, 12권(Λ) 6장과 7장 참조.

의 대상이 못 될 것이다. 왜냐하면 앎은 어떤 것에 대해서든 보편적이기 때문이다. 따라서 (개별적인 것들인) 원리들에 관한 앎이 있으려면, 그것들보다 앞선, 그것들에 대해 보편적으로 서술되는, 다른 원리들이 있어야 할 것이다.[161]

161 1003a 5–17을 1장 996a 9–10과 10권(I) 2장 19–23과 비교. 이에 대한 답으로 7권(Z) 13장과 15장, 13권(M) 10장 참조.

4권(Γ)[1]

1장 있는 것을 있다는 점에서 다루는 학문

1003a

있는 것을 있다는 점에서[2] 연구하는, 그리고 이것 자체의 속성들을[3] 연 [21]
구하는 학문이[4] 있다. 그러나 이 학문은 우리가 '개별 학문'이라 부른 것들

---

1 4권(Γ)은 3권(B)에서 열거된 난문들에 대한 해결이 처음으로 시도되는 부분이다. 1장과 2장에서 난문 1과 3에 대한 답변이 나오며, 3장에서 난문 2에 대한 답변이 나온다. 11권(K)의 3-6장에 4권(Γ)의 내용이 다시 간추려져 있다.

2 '있는 것을 있다는 점에서'의 원어는 on hē on(being qua being)이다. 말 그대로 옮기면, '있는 것으로서의 있는 것'이다. 여기서 '…으로서'는 대상을 다루는 제한 조건을 뜻한다. 예를 들어, 우리는 이순신을 연구할 때, '아버지로서', '장군으로서', '남편으로서' 그가 어떤 인물이었는지를 다룰 수 있다. 그가 장군으로서 갖는 속성은 '용감함'이 될 것이며, 이 '용감함'의 성격에 대해 우리는 구체적으로 더 탐구할 수 있을 것이다. 철학자는 자신의 탐구 대상을 있는 것으로서 다룬다. 다시 말해 있는 것을 그것이 있다는 점에서 다룬다. 반면, 수학자는 있는 것의 일부를 그것이 양이라는 점에서 다루고, 자연학자는 그것이 움직인다는 점에서 다룬다.

3 hyparchon(어떤 것에 들어있는 것)은 symbebēkos(어떤 것에 딸린 것)와 마찬가지로 어떤 대상에 속하는 성질, 즉 '속성'을 뜻한다.

4 형이상학(또는 으뜸 철학)을 말한다. 이 학문은 있는 것 모두를 있다는 점에서 다루는 존재론, 즉 보편 형이상학(metaphysica generalis)이기도 하고, 또한 있는 것의

중 어떤 것과도 같지 않다. 왜냐하면 이 개별 학문들은 어느 것도 있는 것을 있다는 점에서 보편적으로 살펴보지 않고, 있는 것에서 한 부분을 떼어 내어 이것의 속성을 살펴보기 때문이다. 예를 들어, 수학 계열의 학문들이 그렇다.[5] 그런데 지금 우리는 원리들과 최고의 원인들을 찾고 있으므로,[6] 분명히 이것들은 어떤 실재 자체의 원리들이자 원인들임에 틀림없다. 그래서 있는 것들의 요소들을 찾으려 했던 사람들도 바로 이런 원리들을 찾고자 했다면, 틀림없이 그 요소들도 간접적으로 딸린 방식으로[7] 있는 것의 요소들이 아니라, 있다는 점에서 본 있는 것의 요소들이었을 것이다. 그렇기 때문에 우리도 있다는 점에서 본 있는 것의 으뜸 원인들을 파악해야 한다.

특별한 일부인 '독립적으로 존재하고'(chōriston), '변하지 않는'(akinēton) 존재를 다루는 신학(theologikē), 즉 특수 형이상학(metaphysica specialis)이기도 하다. 재료가 없는 형상, 즉 순수한 존재는 모든 존재들의 원인이기에, 철학은 이런 존재의 본성을 탐구함으로써, 모든 존재들의 본성을 더불어 알게 된다. 6권(E) 1장(특히 1026a 10-23), 11권(K) 7장 1064b 3 참조.

5 산학자는 수를, 기하학자는 크기를, 즉 선, 면, 입체를 연구 대상으로 삼아 그 속성을 탐구한다. 수나 크기는 모두 있는 것의 일부인 양(量, poson)이다.

6 1권(A) 1장과 2장 참조.

7 '간접적으로 딸린 방식으로 있는 것'(to on kata symbebēkos)은 앞뒤의 '있다는 점에서 본 있는 것'(to on hē on)과 대비되는 표현이다. 그 자체로 존재하는 독립적인 것이라기보다는 다른 것에 간접적으로 딸려 있는 것을 가리키는 말이다. 예를 들어, 어떤 건축가가 환자를 치료할 수 있지만, 그건 어디까지나 그가 동시에 의사인 한에서이다. 다시 말해, 건축가는 '간접적으로 딸린 방식으로' 환자를 치료한다. 이와 달리, 의사는 의사인 한에서, 즉 직접적으로 환자를 치료한다. 환자의 치료와 관련하여, 건축가는 '간접적으로 딸린 존재'이며, 의사는 '직접적인 존재'이다.

2장 있는 것과 그것의 여러 가지 뜻

'있는 것'은 여러 가지 방식으로 말해지지만, 하나인 것에, 어떤 한 가지
실재에 관계 맺어, 한 이름 다른 뜻이 아닌 방식으로, 있다고 말해진다.[8]
마치 '건강한 것'이 모두 건강에 관계 맺어, 어떤 것은 건강을 지켜 줌으
로써, 어떤 것은 건강을 만듦으로써, 어떤 것은 건강의 징후임으로써, 어
떤 것은 건강을 받아들임으로써[9] | 건강하다고 말해지듯이, 그리고 '치료 1003b
하는 것'이 치료술(의술)에 관계 맺어 말해지듯이 말이다. 다시 말해, 어떤
것은 치료술을 가짐으로써 치료한다고 말해지며, 어떤 것은 치료술에 자
연적으로 적합함으로써, 어떤 것은 치료술의 행위임으로써 치료한다고 말
해진다.[10] 그리고 이것들과 비슷한 방식으로 쓰이는 다른 말들이 또한 있
을 것이다. 이와 마찬가지로, '있는 것'도 여러 가지 방식으로 말해지지만,
모두 한 가지 원리에 관계 맺어 말해진다.[11] 다시 말해, 어떤 것들은 실체
들이기 때문에 있다고 말해지며, 어떤 것들은 실체의 성질들이기 때문에,
어떤 것들은 실체로 되어 가는 길에 있거나[12] 아니면 실체의 소멸들이기

---

8 '있다'고 말해지는 모든 것들은, 즉 있는 것들은 어떤 한 가지 실재(mia tis physis), 즉 실체(ousia)에 관계 맺어 있다. 실체가 아닌 나머지 존재('범주')들과 실체는 서로 이름과 정의(定義)가 같은 '한 이름 한 뜻인 것들'(synōnyma)도 아니고, 서로 이름만 같은 '한 이름 다른 뜻인 것들'(homōnyma)도 아니다(『범주들』 1장 참조). 실체가 아닌 나머지 존재들은 으뜸 존재인 실체와 맺는 다양한 방식의 관계(pros ti)를 통해 규정된다.

9 예를 들어, 운동은 건강을 지켜 주며, 약은 건강을 만들어 주고, 좋은 안색은 건강의 징후이며, 몸은 건강을 받아들인다. 5권(Δ) 23장 1023a 11-13 참조.

10 7권(Z) 4장 1030a 35-b 3 참조.

11 '하나'(to hen)와 '좋은 것 또는 좋음'(to agathon)도 '있는 것 또는 있음'과 같은 방식으로 말해진다. 8권(H) 6장 1045b 6, 10권(I) 2장 1053b 22, 11권(K) 1장 1059b 33, 『니코마코스 윤리학』 1096b 27 참조.

1003b

때문에, 어떤 것들은 실체의 결여들이나 질들이기 때문에, 어떤 것들은 실체나 그것에 관계 맺어 말해지는 것들을 만들어 낼 수 있는 것들이거나 낳을 수 있는 것들이기 때문에, 어떤 것들은 실체가 가진 이 모든 성질들 중 어느 것의 부정(否定)이거나 아니면 실체의 부정들이기 때문에 있다고 말해진다. 그렇기 때문에 우리는 심지어 '있지 않은 것은 있지 않은 것으로서 있다'고[13] 말하기조차 한다.

그런데, 모든 건강한 것들에 관해 한 학문이 있듯이, 다른 것들에 대해서도 마찬가지다. 다시 말해, 한 가지 것에 따라 말해지는 것들에 관한 탐구뿐만 아니라,[14] 한 가지 실재에 관계 맺어 말해지는 것들에 관한 탐구도 한 학문의 과제다. 왜냐하면 뒤의 것들도 어떤 점에서 한 가지 것에 따라 말해지기 때문이다.[15] 그러므로 분명히, 있다는 점에서 있는 것들을 연구하는 것도 한 학문의 과제다. 그러나 모든 곳에서 학문은 주로 으뜸가는 것(원리), 다른 것들이 의존해 있는 것, 그리고 그것 때문에 다른 것들이 이름을 얻게 되는 것에[16] 관계한다. 그리고 이것이 실체라면, 철학자는 실

---

12 예를 들어, 배아나 씨는 실체인 사람이나 특정 식물로 되어 가는 중에 있기 때문에 '있다'고 말해진다. 다시 말해 '있는 것'이다.

13 또는 '있지 않은 것은 있지 않은 것이다'고.

14 예를 들어, 식물학은 온갖 식물들을 탐구한다. '식물'이라 불리는 것들은 모두 '한 가지 것에 따라 말해지는 것들'(ta kath' hen legomena), 즉 '같은 뜻을 가진 것들'(synōnyma)이다. 진달래든 코스모스든 우리가 이것들을 '식물'이라고 할 때, 그 '식물임'의 뜻은 같다. 그러나 '있다'고 말해지는 것들, 즉 있는 것들(ta onta)은 같은 이름으로 불리면서도, 그 '있음'의 뜻이 '식물'의 예처럼 같지 않다.

15 '한 가지 실재에 관계 맺어 말해지는 것들'(ta pros mian physin legomena) 중 하나인 '있는 것들'의 경우에서도, 이것들에 대한 규정 속에 '실체'의 개념이 '같은 뜻으로'(synōnymōs) 들어있기 때문이다.

16 이 세 가지 규정이 가리키는 것은 실체다. 실체의 우위성에 대해서는 7권(Z) 1장 1028a 31-36 참조.

체들의 원리와 원인을 (파악해서) 가져야 할 것이다.

그런데, 한 가지 유(類)마다 한 가지 감각과 더불어 한 가지 학문이 있다. 예를 들어, 문법학은 한 가지 학문으로서 모든 분절음들을 연구한다. 그렇기 때문에 있다는 점에서 있는 것의 모든 종(種)들을 연구하는 것은 유에서 하나인 학문의 일이다.[17] 그리고 그중 몇 가지 종들을 연구하는 것은 그 학문의 특별한 부분들의 일이다.

있음과 하나는 같은 규정으로 설명됨으로써가 아니라, 원리와 원인처럼 서로를 수반함으로써,[18] 동일한 것이다(우리가 이것들을 같은 뜻으로 생각하더라도, 아무런 차이도 없을 것이며, 오히려 더 도움이 될 것이다). 왜냐하면 '한 사람'〈과 '사람'〉, '있는 사람'과 '사람'은 같은 것이며, 〈'한 사람'과 '있는 한 사람'에서〉[19] 중복된 말이 다른 어떤 것을 나타내지 않기 때문이다(분명히, 생성의 경우든 소멸의 경우든 '사람'과 '있는'은 서로 분리되지 않는다). '하나'의 경우도 마찬가지다. 그래서 여기에서 이 낱말을 덧붙여도 같은 것을 나타낸다.[20] 그리고 '하나'는 '있음'과 따로 떨어져 있는 다른 어떤 것이 아니다. 더 나아가 각 사물의 실체는 딸린 방식이 아닌 방식으로 하나이다. 그것은 또한 일종의 본질적으로 있는 것이다. 그

---

17 '있는 것'의 모든 종(種, eidos)들을 연구하는 철학자는 이 종들이 얼마만큼이나 있는지, 그리고 이것들 각각이 무엇인지, 어떤 방식으로 있는지, 이것들의 원리가 되는 것은 무엇인지 따위를 연구한다. 있는 것의 종들은 '같음과 다름', '비슷함과 비슷하지 않음' 따위의 개념들을 말한다(1003b 35 참조). 이것들은 있다는 점에서 있는 것들이 갖는 본질적인 성질(pathos)들이다(1004b 5 참조).

18 있는 것은 모두 하나인 것이며, 하나인 것은 모두 있는 것이다. '하나'와 '있음'은 내포(connotation)는 다르지만, 외연(denotation)은 같다.

19 Ross(1924), 1권 258쪽의 독법(讀法)에 따랐다. 애거(Jaeger)의 텍스트 편집에 따르면, "'한 사람이 있다'와 '있는 한 사람이 있다'에서"로 옮겨지는 부분이다.

20 '있는 사람'에 '한'을 붙여 '있는 한 사람'으로 만들어도 같은 것을 나타낸다.

1003b

래서[21] '하나'의 종(種)들이 있는 만큼 '있음'의 종들이 또한 있을 것이다.[22] 그리고 이 종들에 관해 그것들이 무엇인지에 관하여 탐구하는 것은 같은 유(類)에 드는 학문의 일이다. 예를 들어, 같음과 비슷함[23] 따위(의 개념들)에 관한 [그리고 이것들에 대립하는 것들에 관한] 연구를 뜻한다. | 반대
1004a 되는 것들은 거의 모두가 이 ('있음'과 '있지 않음' 또는 '하나'와 '여럿'이란) 원리로 환원된다. 이것들은 『반대되는 것들의 모음』에서[24] 우리가 살펴본 걸로 해 두자.

그리고 실체들의 종류가 있는 만큼 철학의 부분들이 있다. 그래서 반드시 이 철학의 부분들 중 으뜸가는 어떤 철학이 있고 이것의 뒤를 잇는 철학이 있어야 한다.[25] '있음'[과 '하나']은 곧바로 (여러 가지) 유(類)들을 갖고 있기 때문이다. 그렇기 때문에 학문들도 이 유들에 상응하여 있을 것이다. 이를테면, 철학자는 수학자라 불리는 사람과 비슷하다. 왜냐하면 수학에서도 부분들이 있어서, 그 영역에서 으뜸 학문과 버금 학문이 있고, 또

---

21 '그래서'는 22-33행("'있음'과 '하나'는 … '본질적으로 있는 것'이다.")의 내용을 받는다.

22 '하나'나 '있음'의 종(種, eidos, 하위 개념)들을 말한다고 해서 '하나'나 '있음'이 유(類, genos, 상위 개념)라는 뜻은 아니다. 3권(B) 3장 998b 22, 8권(H) 6장 1045b 6, 10권(I) 2장 1053b 22 참조.

23 '실체가 하나인 것들은 서로 같으며, 질이 하나인 것들은 서로 비슷하다'(5권 15장 1021a 11-12 참조).

24 『반대되는 것들의 모음(eklogē tōn enantiōn)』은 디오게네스 라에르티오스의 목록에 나오는 『반대되는 것들에 관하여(peri enantiōn)』를 가리키는 것으로 추정된다. 아리스토텔레스는 이 문제를 『좋음에 관하여(De Bono)』에서도 다루었다고 전하는데, 이 저술도 앞의 저술과 마찬가지로 남아 있지 않다. 10권(I) 3장 1054a 30 참조.

25 여기에서, '으뜸 철학'(prōtē philosophia)은 형이상학 또는 신학을 가리키며, 이것 다음으로 나오는 철학인 '버금 철학'(deutera philosophia)은 자연학을 가리킨다. 으뜸 철학은 독립적이고, 변하지 않는 실체를 다루며, 자연학은 독립적이지만, 변하는 실체를 다룬다.

이것들의 뒤를 잇는 학문들이[26] 있기 때문이다.[27]

대립되는 것을 연구하는 것은 한 학문의 일이고, 여럿은 하나에 대립된다. 그리고 부정(否定)과 결여(缺如)를[28] 연구하는 것은 한 학문의 일이다. 이 두 가지 경우 모두에서 하나가 연구되는데, 부정이나 결여는 이 하나의 부정이나 결여이기 때문이다(다시 말해, 우리는 단적으로 하나(한 가지 속성)가 있지 않다거나, 아니면 특정한 유(類) 안에 있지 않다고 말한다. 결여의 경우, 부정되는 것과 따로 차이성이 하나에 덧붙는다. 왜냐하면 (어떤 한 가지 속성에 대한) 부정은 그 한 가지 속성의 있지 않음이지만, 결여에서는 바탕이 되는 어떤 실재가 또한 있어서, 이것에 대해 결여가 말해지기 때문이다).[29] 그러므로 앞서 말한 개념들에 대립되는 것들, 즉 다름, 비슷하지 않음, 양이 같지 않음, 그 밖에 이것들에서 또는 여럿과 하나에서 파생되는 나머지 개념들을 인식하는 것도 앞서 말한 학문의 일이다. 이

---

26 수학 계열의 학문들 가운데 으뜸가는 학문, 즉 으뜸 수학은 산학을, 버금가는 학문, 즉 버금 수학은 평면 기하학을 가리키며, 나머지 다른 수학들은 입체 기하학, 천문학, 화성학 등을 가리킨다.

27 앞뒤 단락과 내용이 단절되는 1004a 2-9를 고대 주석가 알렉산드로스에 따라 1003b 22에 옮겨 놓을 수도 있고, 슈베글러(Schwegler), 나토르프(Natorp)에 따라 1003b 19에 옮겨 놓을 수 있다. 이 단락은 3권(B)의 세 번째 난문에 대한 답을 제시하고 있다. 1004a 2-9를 3권(B) 1장 995b 10-13, 2장 997a 15-25, 6권(E) 1장과 비교.

28 부정(否定, apophasis)은 긍정(肯定, kataphasis)에 맞놓이고, 결여(또는 못 갖춤, sterēsis)는 소유(또는 갖춤, hexis)에 맞놓인다. 5권(Δ) 10장 1018a 20-38 참조.

29 예를 들어, 사람에 대해서 한 가지 속성을, 즉 '식물임'을 부정하여 '사람은 식물이 아니다'고 진술할 경우, 부정(apophasis)은 '식물임'이란 속성이 사람에게 (단적으로 또는 전혀) '있지 않음'(apousia)을 뜻한다. 그러나 결여(sterēsis)의 경우, 바탕(基體, hypokeimenon)이 특정하게 있어서, 이것에 대해 한 가지 속성이 서술된다. 예를 들어 '눈멂'이란 결여를 나타내는 술어는 시력을 본래 가지고 있어야 하는데 가지고 있지 못하는 특정 대상, 예를 들어 두더지에 대해 서술된다.

1004a

나머지 것들 중 하나가 반대됨(반대성)이다. 왜냐하면 반대됨은 차이 남(차이성)의 일종이며,[30] 차이 남은 서로 다름(상이성)의 일종이기[31] 때문이다. 그러므로 '하나'가 여러 가지 뜻으로 말해지기 때문에 위에 든 개념들도 여러 가지 뜻으로 말해질 것이다. 하지만 이것들 모두를 인식하는 것은 한 학문의 일이다. 왜냐하면 여러 가지 뜻으로 말해진다고 다른 학문의 일인 것이 아니라, 하나에 따라(한 가지 뜻으로) 말해지지도 않고 그 (반대) 개념들이 하나로 환원되지도 않을 때, (그것들에 대한 인식은) 다른 학문의 일일 것이기 때문이다. 그런데 모든 것들은 으뜸가는 것으로 환원되므로, 예를 들어 '하나'라고 말해지는 것들이 으뜸가는 하나에 관계 맺어 말해지는 것처럼, 우리는 같음, 다름, 그리고 그 밖의 다른 반대되는 것들에 관해서도 그와 마찬가지라고 말해야 한다. 그래서 우리는 개념들이 저마다 얼마나 많은 뜻으로 쓰이는지를 구분한 다음에, 어떻게 그것들이 으뜸가는 것에 관계 맺어 말해지는지를 말함으로써 (문제가 되는 '같음', '다름' 따위의) 술어마다 으뜸가는 것을 염두에 두고 설명해야 한다. 왜냐하면 어떤 것들은 으뜸가는 것을 가짐으로써, 어떤 것들은 그것을 만들어 냄으로써, 그리고 다른 어떤 것들은 다른 그와 같은 방식들로써 제 이름으로 불릴 것이기 때문이다.

이렇듯, 실체와 더불어 그런 개념들에 관하여 설명하는 것은 분명히 한 학문의 일이며(이것은 난문들에서 제기되었던 물음들 중 하나였다),[32] 철
1004b 학자는 이 모든 것들에 관하여 연구할 수 있는 | 능력을 갖추고 있다. 철

30 반대됨(enantiotēs)은 '가장 큰 차이가 남'(megistē diaphora), '완전히 차이가 남'(diaphora teleios)이다. 10권(I) 4장 1055a 4, 16 참조.

31 5권(Δ) 9장 1018a 12-15, 10권(I) 8장 1058a 7 참조.

32 3권(B) 1장 995b 18-27, 2장 997a 25-34에서 다룬 다섯 번째 난문(aporēma)을 가리킨다. 2장 끝부분까지 이 문제가 논의된다.

학자가 아니라면, 그 누가 '소크라테스'와 '앉아 있는 소크라테스'가 같은지,[33] 또는 하나의 속성이 하나의 속성에 반대되는 것인지,[34] 또는 '반대됨'이 무엇인지,[35] 또는 그것이 얼마나 많은 뜻으로 말해지는지를[36] 살펴보겠는가? 그리고 이런 종류의 다른 문제들에 관해서도 마찬가지다. 그런데, 그 개념들은 하나란 점에서 하나가, 그리고 있다는 점에서 있는 것이 갖는 본질적인 양태들이지, 수(數)나 선(線), 불(火)이라는 점에서 갖는 것들이 아니므로, 분명히, 이 양태들이 무엇인지와 더불어 이것들의 속성들을 인식하는 것은 그 학문(철학)의 일이다. 그리고 이 문제들에 관하여 탐구하는 사람들이 잘못을 저지르는 것은 그들이 철학적이지 못해서가 아니라, (양태나 속성보다) 앞선 것인 실체에 대해[37] 그들이 전혀 이해하지 못하고 있기 때문이다. 수는 수라는 점에서 고유한 속성들을, 예를 들어 홀수임과 짝수임, 같은 단위로 잴 수 있음과 양이 같음, 초과와 미만을 가지며, 수들은 이것들을 그 자체로 또는 다른 수에 관계 맺어 속성으로서 가진다.[38] 그리고 이와 비슷하게 입체, 변하지 않는 것, 변하는 것, 무게가 없는 것, 무게를 가진 것은 다른 고유한 속성들을 갖는다. 이와 마찬가지로 있는 것도 있다는 점에서 고유한 속성들을 갖는다. 철학자가 바로 이것들

---

33 '소크라테스'와 '앉아 있는 소크라테스'는 바탕(基體)에서 보면 같은 것이고, 그에게 딸린 속성에서 보면 다른 것이다(아스클레피오스의 『형이상학 주석』, 242쪽 10-11행 참조). 비슷한 물음이 6권(E) 2장 1026b 16-18, 7권(Z) 6장 1032a 8에도 나온다.

34 이 문제는 10권(I) 4장 1055a 19-23에 논의되어 있다.

35 이 문제는 10권(I) 4장 1055a 3-17, 23-33, 38-b 20에 논의되어 있다.

36 이 문제는 10권(I) 4장 1055a 33-38, b 20-26에 논의되어 있다.

37 실체는 정의(logos), 인식(gnōsis), 시간(chronos)의 면에서 앞선다. 7권(Z) 1장 1028a 31-b 2 참조.

38 2는 그 자체로 '짝수'라는 성질을 갖지만, 4에 관계 맺어서는 '절반'이라는 성질을 갖는다.

1004b

에 대해서 진리를 연구해야 한다. 이 점에 대한 증거는 다음과 같다. 철학적 대화술자들과 소피스트들은 철학자와 겉모습이 같다. 소피스트술만이 (철학적 대화술과 더불어) 지혜(철학)처럼 보이며, 철학적 대화술자들은 (철학자들처럼) 모든 것들에 관해 논하는데, 이는 있음이 모든 것들에 공통된 것이기 때문이다.[39] 모든 것들이 철학에 고유한 대상이기 때문에, 분명히 그들은 그것들에 관해 토론한다. 다시 말해, 소피스트술과 철학적 대화술의 관심은 철학과 같은 종류의 대상들을 향해 있다. 그러나 철학은 요구되는 능력의 성격에서 철학적 대화술과 다르며, 철학적인 삶의 지향이란 측면에서 소피스트술과 다르다.[40] 철학은 진정한 앎을 추구하지만, 철학적 대화술은 검토하는 기술일[41] 뿐이며, 소피스트술은 철학처럼 보이지만 철학이 아니다.

더 나아가, 반대되는 것들에서 한쪽 줄(列)은 결여다. 그리고 반대되는 것들은 모두 있음과 있지 않음으로, 그리고 하나와 여럿으로 환원된다. 예를 들어 서 있음(정지)은 하나에, 움직임(운동)은 여럿에 속한다.[42] 그리고 대부분 사람들은 있는 것들과 실체가 반대되는 것들로 이루어져 있다는

---

39 3권(B) 3장 998b 21, 4장 1001a 21과 비교해 볼 것.

40 소피스트술(sophistikē)은 명성이나 물질적인 이득을, 또는 논쟁에서 이기는 것을 추구한다. 『소피스트식 논박』 171b 28 참조.

41 '검토하는 기술'(peirastikē)은 대화 상대자의 주장을 비판적으로 따져 보는 기술을 가리킨다(『소피스트식 논박』 183a 37-b 6 참조). 자신은 어떤 것도 적극적으로 주장하지 않으면서 상대방의 주장의 타당성을 따져 보는 소크라테스의 문답법이 그 대표적인 예라 할 수 있다. 아리스토텔레스는 검토술을 철학적 대화술(dialektikē)의 일부분으로 보기도 하고(같은 책, 169b 25, 171b 4), 철학적 대화술이 검토술이라고 서술하기도 하여(171b 9, 172a 21), 두 용어를 확실하게 구분해 사용하고 있지는 않다. 이 두 가지 기술이 펼치는 논증의 차이에 대해서는 같은 책, 165b 3-7 참조.

42 변하지 않고 그대로 있는 것은 한 가지, 같은 것이며, 그렇지 않고 변하는 것은 여러 가지 모습을 보인다.

데 동의한다. 어쨌든, 사람들은 모두 반대되는 것들을 원리로서 든다. 어떤 사람들은[43] 홀과 짝을, 어떤 사람들은[44] 뜨거운 것과 차가운 것을, 어떤 사람들은[45] 한정됨과 한정되지 않음을, 어떤 이들은[46] 우애와 싸움을 (사물들의 원리로서) 든다. 그 밖의 다른 모든 것들도 하나와 여럿으로 환원되는
| 듯하다(이런 환원을 당연한 것으로 받아들여 보자). 그리고 다른 사람 1005a
들이 내놓은 원리들은 모두 하나와 여럿을 유(類)들로 삼아 이것들 아래로 분류된다. 그러므로 이러한 점들을 보더라도 있는 것을 있다는 점에서 연구하는 것은 분명히 한 학문의 일이다. 왜냐하면 모든 것들은 반대되는 것들이거나, 아니면 반대되는 것들로 되어 있으며, 하나와 여럿은 모든 반대되는 것들의 원리이기 때문이다. 그리고 하나나 여럿이 한 가지 뜻으로 말해지든 그렇지 않든, 그것들에 대한 탐구는 한 학문의 일이다. 아마도 (한 가지 뜻으로 말해지지 않는다는) 뒤의 말이 맞을 것이다. 그렇지만 '하나'가 여러 가지 방식으로 말해진다 하더라도, 다른 뜻들은 으뜸가는 것에[47] 관계 맺어 말해진다. 반대되는 개념들도 이와 마찬가지다. '있음'이나 '하나'가 보편적이고 모든 경우에서 같거나, 아니면 (특수한 경우들로부터) 따로 떨어져 있을 수 없다 하더라도 말이다(따로 떨어져 있지 않고, 하나는 어떤 경우에는 하나에 관계 맺어 하나이며, 어떤 경우에는 연속에서 하나인 듯하다). 그렇기 때문에 반대됨, 완전함, 하나, 있음, 같음, 다름이 무엇인지를 연구하는 것은, 기하학자의 일이 아니다. 그는 이 개념들을 가정

---

43 피타고라스주의자들을 가리킨다.

44 파르메니데스를 가리킨다. 그의 철학적인 서사시에서 여신이 설파하는 '진리(alētheia)의 길'과 '단순한 생각(doxa)의 길' 중 뒤의 길을 제시하는 부분에 나오는 내용이다. 1권(A) 3장 984b 4의 각주와 5장 986b 33 참조.

45 플라톤주의자들을 가리킨다.

46 엠페도클레스를 가리킨다.

47 다른 뜻들은 으뜸가는 것인 실체의 속성임으로써 이것과 관계를 맺는다.

(함으로써 자신의 탐구를 진행)할 뿐이다.

그러므로 있다는 점에서 있는 것을, 그리고 있다는 점에서 본 이것에 속하는 성질들을 탐구하는 것은 분명히 한 학문의 일이다. 이와 더불어 또한 분명히, 이론에 관련된 같은 학문이 실체들뿐만 아니라 이것들의 속성들을, 또한 앞서 말한 개념들 외에 먼저와 나중, 유(類)와 종(種), 전체와 부분 따위의 개념들을[48] 탐구한다.

3장 공리들과 모순율

수학에서 '공리'라고[49] 불리는 것들과 실체에 관하여 살펴보는 것이 한 학문의 일인지, 아니면 각기 다른 학문들의 일인지를 우리는 말해야 한다. 분명히, 그것들에 관한 고찰도 한 학문의 일, 그것도 철학자의 학문의 일이다. 왜냐하면 공리들은, 여타의 것들과 따로 떨어져서 특정 유(類)에 타당한 것이 아니라, 있는 것들 모두에 타당하기 때문이다. 그리고 사람들은 모두 공리들을 사용한다. 왜냐하면 그것들은 있다는 점에서 본 있는 것의 공리들이며, 모든 유는 있는 것이기 때문이다. 그러나 사람들은 자신들의 목적을 충족시키는 한에서만 공리들을 사용한다. 다시 말해, 그들이 증명하려는 유에 관련되는 한에서 그것들을 사용한다.[50] 그래서 분명히,

---

48 '있는 것'(to on)과 실체(ousia)의 속성인 이 개념들은 앞에 열거된 개념들과 더불어 5권(Δ)에 부분적으로 논의되어 있다. 1003b 22-1005a 18을 3권(B) 1장 995b 18-27, 2장 997a 25-34와 비교. 2장 전체를 11권(K) 3장과 비교.

49 이러한 공리(axiōma)들의 대표적인 예로서 모순율과 배중률이 각각 3-6장과 7장에서 논의된다.

50 예를 들어, 산학자는 있는 것들 모두에 타당한 공리들을 자신이 다루는 존재의 유(類, genos)인 수에 적용한다.

있다는 점에서 본 모든 사물들에 공리들이 타당하므로(왜냐하면 있음은 모든 사물들에 공통되기 때문이다), 공리들에 관한 연구도 있다는 점에서 본 있는 것에 관하여 인식하는 사람의 일이다. 이런 까닭에, 특정 부분에 초점을 맞춰 연구하는 자들 중 어느 누구도, 기하학자도 산학자도, 공리들에 대해 무엇인가를, (이를테면) 그것들이 참인지 거짓인지를 말하려 하지 않는다. 그러나 몇몇 자연철학자들은[51] 이런 시도를 제 딴은 해내었다. 왜냐하면 그들은 자신들만이 자연 전체에 관하여, 그리고 있는 것에 관하여 고찰한다고 생각하고 있었기 때문이다. 그러나 자연철학자보다 더 위에 있는 사람이 있으므로(왜냐하면 자연은 있는 것의 한 가지 특정한 유일 뿐이기 때문이다), 공리들에 관한 고찰도 보편적으로, 으뜸 실체에[52] 관하여 | 연구하는 사람의 일이다. 자연학도 지혜(철학)의 일종이기는 하지만 으뜸 지혜는 아니다.[53] 어떤 방식으로 (공리들의) 참임을 받아들여야 하는가에 대해 논하는 몇몇 사람들의 (잘못된) 시도는[54] (『뒤 분석론』의) 논리

---

51 '자연철학자들'의 원어는 physikoi다. 엘레아학파와 피타고라스주의자들과 대비되는 개념으로 쓰여서, 이오니아의 철학자들이나 엠페도클레스, 아낙사고라스, 원자론자들을 주로 가리킨다. 같은 말이 형이상학자, 수학자와 대비되어 쓰인 경우에는 '자연학자'로 옮겼다. 4장 1006a 2 참조.

52 '으뜸 실체'(prōtē ousia)는 비물질적인 실체인 형상(eidos) 또는 원동자(原動者, prime mover)인 신(神)을 가리킨다. 이를 연구하는 사람은 특히 으뜸 철학자(prōtos philosophos)라 불린다(『혼에 관하여』 403b 16 참조). 『형이상학』에서 철학자는 이 으뜸 철학자를 가리킨다.

53 자연학(physikē)은 '버금 철학'(deutera philosophia)이다. 7권(Z) 11장 1037a 15 참조. 1005a 19–b 2를 11권(K) 4장과 비교.

54 이곳과 4장 1006a 5–8, 5장 1009a 20–22, 6장 1011a 7–13, 7장 1012a 21의 논의는 안티스테네스(Antisthenes)를 두고 한 말인 듯하다. 그의 이론은 모순이나 거짓의 존재를 부인하는 결과를 낳는다(5권(Δ) 29장 1024b 34 참조). 이 사람의 '교육 부족' 또는 '지식 부족'(apaideusia)에 대해서는 5권(Δ) 29장 1024b 32, 8권(H) 3장 1043b 24 참조.

1005b

학에 관한 예비지식이 부족한 탓이다.[55] 왜냐하면 이러한 지식을 미리 갖추고 (특정 대상에 대한 탐구에) 와야지, (탐구 대상에 대해) 강의를 들으면서 (논리학의 문제를) 탐구해서는 안 되기 때문이다.

그렇다면 분명히, 추론의 원리들에 관하여 탐구하는 것은 철학자, 즉 모든 실체에 관하여 연구하는 사람의 일이다.[56] 그런데 각각의 유(類, 탐구 대상)에 관하여 가장 잘 알고 있는 사람은 그 유에 관한 가장 확실한 원리들을 말할 줄 알아야 한다. 따라서 있다는 점에서 본 있는 것에 관하여 가장 잘 알고 있는 사람도 모든 것들에 타당한 가장 확실한 원리들을 말할 수 있어야 한다. 이 사람은 철학자이다. 그리고 모든 원리들 중 가장 확실한 원리는 그것에 관하여 틀리게 생각할 수 없는 원리다. 이러한 원리는 사람들이 가장 잘 알고 있는 것이며(정말 사람들은 모두 자신들이 알지 못하고 있는 것에 관해 틀린다) 가정(假定)이 아닌 것임에[57] 틀림없기 때문이다. 왜냐하면 있는 것들 중 무엇인가를 이해하려는 사람이 반드시 가져야 할 이 원리는 (증명이 필요한) 가정이 아니기 때문이다. 그리고 무엇인가를 알고자 하는 사람은 그가 반드시 알아야 할 것을 미리 가지고 (특정 대상에 대한 탐구에) 와야 한다.

---

55 증명이 무한히 계속될 수는 없다. 더러는 모순율처럼 증명이 필요하지 않은, 증명이 되지 않는 원리들이 있다. 4장 1006a 5-8, 『뒤 분석론』 72b 5-35 참조.

56 이로써 3권(B)의 두 번째 난문에 대한 대답이 제시되었다. 이제부터, 공리들 가운데 가장 으뜸인 공리가 무엇인지를 규정하는 논의가 나오고, 이어서 이런 공리에 반대하는 사람들을 논박하고, 이들이 가진 존재론적, 인식론적 토대의 약점을 파헤치는 논의가 이어진다. 6장 1011b 13-15 참조.

57 '가정(假定)이 아닌 것'의 원어는 anhypotheton이다. 증명될 수 있지만 개별 학문들에서 그냥 받아들이는 가정과 달리 모순율(law of non-contradiction)은 다른 원리를 전제로 삼아 도출되지 않고, 자신을 통해서 알려지는 원리, 즉 자명(自明)한 원리이다.

이로써, 그러한 원리가 모든 원리들 중 가장 확실한 원리임은 분명하다. 그렇다면 이제 그것이 어떤 원리인지 말해 보자. 그것은 '같은 속성은 같은 관점에 따라 같은 대상에 들어있으면서[58] 동시에 들어있지 않을 수 없다'이다.[59] 그리고 (필요하다면, 소피스트들이 으레 하는 것과 같은) 말 트집에 대응하기 위해 다른 단서들을 (이 원리에 대한 규정에) 추가로 달아야 할 것이다.[60] 이 원리는 정말 모든 원리들 중에서 가장 확실한 원리다. 왜냐하면 이 원리는 앞에서 말한[61] 특성을 갖고 있기 때문이다. 정말이지 아무도 같은 것이 있으면서/…이면서 있지/…이지 않다고 믿을 수 없다. 어떤 이들은 헤라클레이토스가 그런 (모순율을 부인하는 식의) 말을 한다고[62] 생각하지만 말이다. 왜냐하면 자신이 말한 대로 반드시 믿는 건 아니기 때문

---

58 어떤 것이 어떤 것에 '들어있다'(hyparchein)는 것은 어떤 사물이나 대상이 어떤 성질이나 속성을 '가진다'(echein)는 것을 뜻하며, 더 나아가 어떤 주어에 대해 어떤 술어가 '서술된다'(katēgoreisthai)는 것을 뜻한다.

59 이는 모순율에 대한 존재론적 규정(ontological formulation)이다. 이후, '대립된(모순) 진술들은 동시에 참일 수 없다'는 내용의 논리적인(logical) 규정(6장 1011b 14)과 '같은 사람은 동시에 같은 것이 있으면서/…이면서 있지/…이지 않다고 믿을 수 없다'는 내용의 인식론적인(epistemological) 규정(1005b 29-30)이 이어진다. 모순율은 일차적으로 '존재의 법칙'(law of being)이며, 흔히 논리학자들이 말하듯 '사유의 법칙'(law of thought)만은 아니다.

60 예를 들어, 어느 소피스트가 위의 규정을 피해 '소크라테스는 다리(橋)가 없고 동시에 다리(脚)가 있다'고 말할 경우, 이에 대해 '다리'라는 속성이 '같은 뜻으로'(mē homōnymōs) 쓰인다는 단서를 추가로 달아야 할 것이다. 『명제에 관하여』 17a 34-37, 『소피스트식 논박』 167a 23-27 참조. 플라톤의 『국가』 4권 436b-437a에도 이 문제와 관련된 논의가 나온다.

61 1005b 13-14 참조.

62 헤라클레이토스의 견해에 대해서는 5장 1010a 7-11, 8장 1012a 24-26, 33-34, 11권(K) 5장 1062a 31-35, 6장 1063b 24-26 참조. 그의 글조각 36, 57('낮과 밤은 하나다'), 59('축융기의 곧고 굽은 길은 동일한 것이다') 등에 나오는 패러독스들을 모순율을 부인하는 듯한 진술의 예로 들 수 있다. 김인곤 외(2005), 255, 225, 241쪽 참조.

1005b

이다.[63] 그러나 반대되는 속성들이 동시에 같은 대상에 들어있는 것이 허용되지 않는다면[64](우리는 이 전제에도 의례적인 단서들을 추가로 달아야 할 것이다), 그리고 어떤 모순되는 사태에 상응하는 어떤 생각이 다른 생각에 반대되는 것이라면,[65] 분명히 같은 사람이 동시에 같은 것이 있으면서/…이면서 있지/…이지 않다고 믿을 수 없다. 그가 이 점에 관하여 잘못 생각하고 있다면 그는 동시에 반대되는 생각들을 가질 것이기 때문이다. 그렇기 때문에, 증명하는 사람들은 (모순율 같은) 그러한 궁극적인 믿음으로 되돌아간다. 왜냐하면 이 믿음은 본질적으로, 다른 모든 공리들의 원리이기 때문이다.[66]

4장 모순율에 대한 간접 증명

그러나 우리가 말했듯이,[67] 같은 대상이 있으면서/…이면서 있지/…이

63 '자기가 말한 것을 제대로 이해했더라면, 헤라클레이토스 자신도 자신의 말을 믿지 않았을 것이다'라는 뜻이다. 11권(K) 5장 1062a 34 참조.

64 '모순되는 두 속성들이 동시에 성립할 수 없다'는 내용의 모순율에 대한 새로운 형태의 규정이다. '반대되는 두 속성들이 동시에 성립할 수 없다'는 내용을 가지기 때문에 앞의 모순율과 구분하여 '반대율'이란 이름으로 부를 수도 있다. 앞의 모순율에 대한 규정과 맺는 관계에 대해서는 6장 1011b 15-22 참조.

65 '어떤 생각(doxa)이 어떤 생각에 반대되는지'의 문제에 대해서는 『명제에 관하여』 23a 27-39 참조.

66 예를 들어, '전체는 부분보다 크다'는 수학의 공리는 '전체는 부분보다 크면서 동시에 크지 않을 수 없다'는 모순율의 적용을 토대로 성립한다. 3장을 3권(B) 1장 995b 6-10, 2장 996b 26-997a 15와 비교. 1005b 8-34를 11권(K) 5장 1061b 34-1062a 2와 비교. 1005b 23-6을 11권(K) 5장 1062a 31-35와 비교.

67 3장 1005b 23-25에서.

지 않을 수 있다고 스스로 주장하는 사람들이, | 그리고 그렇다고 믿을 수 있다고 주장하는 사람들이 있다.[68] 자연철학자들 중에서도 많은 사람들 1006a 이[69] 그런 식의 말을 한다. 그러나 우리는 조금 전에 어떤 것이 있으면서/…이면서 동시에 있지/…이지 않을 수 없다는 입장을 받아들였고, 이로써 이 모순율이 모든 원리들 중 (인식론적으로) 가장 확실한 원리임을 보였다.[70] 어떤 사람들은[71] (논리학에 관한) 지식 부족으로 말미암아 그 원리마저도 증명하라고 요구한다. 이렇듯, 어떤 것들에 관하여 증명을 구해야 하며, 어떤 것들에 관하여 구해서는 안 되는지를 알지 못함은 (논리학에 관한) 예비지식이 부족한 탓이다. 일반적으로, 모든 것들에 대해 증명이 있을 수는 없다. 그렇지 않으면 증명은 무한히 계속될 것이며, 그 결과 어떠한 증명도 성립하지 않을 것이기 때문이다.[72] 그래서 어떤 것들에 관한 증명을 구해서는 안 된다면, 그들은 어떤 원리가 모순율보다 더 이런 자명한 원리의 자격이 있느냐는 물음에 대답할 수 없을 것이다.

그러나 모순율을 반대하는 사람이 무엇인가를 말하기만 한다면, 그의 주장에 관해 그것이 불가능하다는 것을 논박을 통해 증명할[73] 수 있다. 하

---

68 메가라학파 사람들(Megarikoi)을 두고 하는 말인 듯하다.

69 헤라클레이토스(7장 1012a 24, 8장 1012a 34), 헤라클레이토스주의자들(5장 1010a 10), 엠페도클레스(5장 1009b 15), 아낙사고라스(5장 1009a 27, b 25), 데모크리토스(5장 1009a 27, b 11, 15)가 바로 그들이다.

70 3장 1005b 22-32("이 원리는 정말 … 것이기 때문이다.")에서 이루어진 증명이다.

71 안티스테네스를 두고 하는 말인 듯하다. 3장 1005b 2 참조.

72 모든 것을 증명하려는 사람은 예를 들어, 결론 A의 전제가 되는 B를 증명해야 하고, 또 이 B의 전제가 되는 C를 증명하는 식으로 계속해서 증명을 수행해야 할 텐데, 이렇게 끝없이 증명을 수행할 수는 없다. 그리고 계속해서 증명을 수행한다는 것은 결국 아무것도 증명하지 못함을 뜻한다.

73 모순율은 최고의 원리이기 때문에 이보다 앞선 원리를 통한 직접적인 증명은 불가능하며, 모순율을 부인하는 사람들을 상대로 해서 '논박을 통한 간접적인 증명'

1006a

지만 그가 아무 말도 하지 않는다면, 어떤 것에 대해서도 하는 말이 없는 그에게 말을 걸려고 하는 것은 우스꽝스러운 일이 될 것이다. 그런 사람은 그때부턴 이미 식물이나 다름없기 때문이다. 그런데, 내 생각에, 논박을 통한 간접 증명과 본래적 의미의 직접 증명은 서로 다르다. 왜냐하면 모순율을 증명하려는 사람은 처음에 있는 것을 요구하는 것처럼[74] 상대방에게 보일 테지만, 상대방이 그러한 요구에 대해 책임이 있다면, 증명이 아니라 논박이 있을 것이기 때문이다.[75]

모든 그런 종류의 논증들에서 출발점은 어떤 것이 있다/…이다거나 있지/…이지 않다고 말하기를 요구하는 것이 아니라(이런 요구는 처음에 있는 것을 요구하는 것으로 보일 수 있을 것이다), 자신과 남에게 어떤 것을 의미하는 것이다. 왜냐하면 그가 정말 어떤 것을 말하고자 한다면, 그것이 반드시 필요하기 때문이다. 어떤 것을 의미하지 않는다면 자신과도 남과도 말을 할 수 없을 것이다. 그러나 누구라도 이를 인정한다면, 논박을 통한 증명이 가능하게 될 것이다. 왜냐하면 어떤 특정한 것이 있게 될 것이기 때문이다. 그러나 그런 증명(의 결과)에 대한 책임은 증명하는 사람에게 있지 않고 논증에 귀 기울이는 사람에게 있다. 그는 논증을 파괴하면서 논증에 귀 기울이기 때문이다. 그리고 앞서 말한 요구를 받아들인 사람은 어떤 것이 증명과 별도로 참이라고 받아들인(인정한) 셈이다. 그래서 모든 것이 어떠하면서 어떠하지 않을 수는 없을 것이다.[76]

(1)[77] 먼저, 적어도 '있다/…이다', 또는 '있지/…이지 않다'는 낱말이 특

(apodeixai elentikōs)을 수행할 수 있을 뿐이다.

74 참이라고 증명해야 할 문제를 증명하기도 전에 참인 것으로 받아들이는 오류이다. 흔히 논리학에서 '선결 문제 요구'(petitio principii)라 부른다.

75 1006a 5-18을 11권(K) 5장 1062a 2-5와 비교.

76 바로 뒤 30행의 잘못된 반복으로 보인다.

정한 것을 의미한다는 것만은 분명히 맞다. 그래서 모든 것이 어떠하면서 어떠하지 않을 수는 없을 것이다.[78] 다시, '사람'이 한 가지 것을 의미하여, 이것이 '두 발 달린 동물'이라고 해 보자. '한 가지 것을 의미한다'는 것은 다음과 같은 것을 말한다. '두 발 달린 동물'이 '사람'이란 낱말의 뜻이라면, 그리고 어떤 것이 사람이라면, '두 발 달린 동물'은 그것에게 사람-임이 뜻하는 바일 것이다.[79] 한 낱말이 여러 가지 것을 의미한다 하더라도, 그 의미의 개수가 한정되어 | 있기만 하다면, 마찬가지다. 정의(定義)들 1006b
각각에 서로 다른 이름이 붙여질 수 있기 때문이다. 예를 들어, '사람'이 한 가지 것을 의미하지 않고, 여러 가지 것들을 의미한다고 말할 수 있다. 그것들 중 하나는 '두 발 달린 동물'이란 정의이며, 개수가 한정되어 있긴 해도 다른 정의들이 또한 여럿 있을 것이다. 왜냐하면 이런 정의들 각각에 각기 다른 이름을 붙일 수 있기 때문이다. 그러나 한정되어 있지 않고 무한히 많은 것을 의미한다고 말한다면, 분명히 어떠한 논의도 있을 수 없을 것이다. 왜냐하면 한 가지 것을 의미하지 않는다는 것은 어떠한 것도 의미하지 않는다는 것이기 때문이며, 이름들이 어떠한 뜻도 갖지 않을 경우 남들과의 대화가 단절되고, 심지어는 자신과의 대화마저도 단절되기 때문이다. 한 가지 것을 생각하지 않는다면, 어떤 것에 대해서도 생각할 수 없기 때문이다. 한 가지 것을 생각할 수 있다면, 우리가 생각하는 이 한 가지 것에 하나의 이름을 붙일 수 있을 것이다.

앞서 말했던 것처럼,[80] 낱말이 어떤 것을 의미한다고, 그리고 한 가지

---

77 아리스토텔레스는 여기서부터 모순율을 반대하는 사람을 상대로 일곱 개의 논증을 펼친다. 원문에는 없는 숫자로 이 논증들을 구분해 두었다.

78 '어떠하면서 어떠하지 않음'(houtōs kai mē houtōs echein)에 대해선 플라톤의 『테아이테토스』 183a 참조.

79 '어떤 것이 사람이다'는 것은 '그것이 두 발 달린 동물이다'는 것을 뜻한다.

1006b

것을 의미한다고 해 보자. '사람'이 하나의 주어에 대한 것일 뿐만 아니라 한 가지 것을 나타낸다면, '사람임'은 본질적으로 '사람 아님'과 같은 것을 의미할 수 없다. 우리는 '한 가지 것을 의미함'이 '하나의 주어에 대해 어떤 것을 나타냄'과 같다고 놓을 것을 요구하지 않는다. 같다고 볼 경우, (하나의 주어에 대해 서술될 수 있는) '교양 있음'과 '흼'과 '사람'이 한 가지 것을 나타내서 모든 것들이 하나가 될 것이다. 모두 같은 뜻을 가질[81] 테니까 말이다.

그리고 우리가 '사람'이라고 부르는 것을 다른 이들이 '사람 아닌 것'이라고 부르려 하는 경우처럼, '한 이름 다른 뜻으로'[82] 쓰는 경우 말고는, 같은 것이 있으면서/…이면서 있지/…이지 않을 수 없을 것이다. 그러나 문제는, 같은 것이 이름에서 사람이면서 동시에 사람이지 않을 수 있느냐가 아니라, 실제로 그럴 수 있느냐이다. '사람'과 '사람 아닌 것'이 다른 것을 의미하지 않는다면, 분명히 '사람 아님'은 '사람임'과 다른 것을 의미하지 않을 것이다. 그래서 '사람임'은 '사람 아닌 것임'이 될 것이다. 왜냐하면 이것들은 한 가지 것이 될 것이기 때문이다(어떤 것이 어떤 것과 하나임은 '의복'과 '옷'처럼 그것들의 정의(定義)가 한 가지임을 뜻한다). 그리고 '사람임'과 '사람 아닌 것임'이 동일한 것이라면, 이것들은 한 가지 것을 의미해야 할 것이다. 그러나 이것들은 서로 다른 것을 의미한다고 보인

---

80 1006a 21, 31에서.

81 '같은 뜻을 가진 것'의 원어 synōnymon은 엄격히 말해 이름도 같고 뜻도 같은 대상들을, 즉 '한 이름 한 뜻인 것'들을 기술하는 말이다(『범주들』 1장 참조). 그러나 아리스토텔레스는 종종 이름이 다르고 같은 뜻을 가지는 것들에 대해서도 synōnymon을 쓴다(『토포스론』 162b 37, 『소피스트식 논박』 167a 24, 『연설술』 1405a 1 참조).

82 '한 이름 다른 뜻으로'(kath' homōnymian)는 '같은 말을 다른 뜻으로'의 뜻이다. 고대의 주석가 알렉산드로스는 이를 논의의 맥락에 맞춰 '여러 가지 이름(polyōnyma)으로'로 바꾼다.

바 있다.[83] 그래서 어떤 것에 대해 그것이 '사람'이라고 말하는 것이 참이라면, 그것은 '두 발 달린 동물'이어야 한다(왜냐하면 이것은 '사람'이 뜻한 바였기 때문이다).[84] 이럴 수밖에 없다면, 같은 것이 동시에 두 발 달린 동물이 아닐 수는 없다. '있음/…임은 필연적이다'는 있지/…이지 않음은 불가능하다는 것을 의미하기 때문이다.[85] 그러므로, 같은 것이 사람이면서 사람이지 않다고 말하는 것은 동시에 참일 수 없다.

('사람임'이 일정한 것을 뜻하는 것처럼) | '사람 아님'도 마찬가지다. 왜냐하면 '흰 것임'과 '사람임'이 정말 다른 것을 뜻한다면, '사람임'과 '사람 아닌 것임'은 다른 것을 뜻할 것이기 때문이다. 뒤의 경우가 훨씬 더 대립되어서 서로 다른 것을 뜻하기 때문이다. 그리고 어떤 사람이 '흼'은 '사람'과 동일한 것을 의미한다고 말하면, 다시 우리는 앞서[86] 말한 것을 되풀이하여 말하게 될 것이다. 즉 대립되는 것들뿐만 아니라 모든 것들이 하나가 될 것이라고 말하게 될 것이다. 반대로, 이것이 가능하지 않다면, 우리가 주장했던 것이 따를 것이다. 모순율을 반대하는 사람이 물음에 대답하기만 한다면 말이다. 그가 간단한 물음에 부정어들을 덧붙이기만 한다면, 그는 물음에 대해 올바로 대답을 하고 있지 않다. (그의 논리대로라면) 얼마든지 같은 것이 사람이고, 희고, 다른 수많은 것들일 수 있기 때문이다. 그러나 어떤 것이 사람이라고 말하는 것이 참인지 그렇지 않은지에 대해 질문을 받는다면, 그는 그것은 또한 희고 크다고 덧붙이지 말고, 한 가지 것을 의미하는 것으로써 대답해야 한다. 정말이지, 수없이 많은 우연한 속성들을 낱낱이 열거할 수는 없기 때문이다. 그러니, 그는 모든 속성들을 열거하든지, 아

---

83 1006b 11-15에서.

84 1006a 32 참조.

85 5권(Δ) 5장 1015a 34 참조. 『명제에 관하여』 22a 30, 김진성(2008), 183쪽 참조.

86 1006b 17에서.

니면 아무것도 열거하지 말든지 해야 할 것이다. 마찬가지로, 같은 것이 일만 번 사람이면서 사람 아닌 것이라 할지라도, 있거나 있지 않은 다른 모든 속성들을 덧붙여 대답할 수 없다면, 그는 이것이 사람인지 묻는 사람에게 그것이 동시에 사람 아닌 것이기도 하다고 그것에 덧붙여 대답해서는 안 된다. 그렇게 한다면, 그는 대화를 제대로 하고 있지 않는 것이다.[87]

일반적으로, 그렇게 모순을 동시에 허용하는 말을 하는 사람들은 실체와 본질을 없앤다. 왜냐하면 그들은 모든 것이 우연한 속성일 뿐이라고, 그리고 '본질적으로 사람임'이나 '본질적으로 동물임' 같은 것은 없다고 말하지 않을 수 없기 때문이다. 그러나 '본질적으로 사람임' 같은 것이 있다면, 이것은 '사람 아닌 것임'이나 '사람 아님'과 같지 않을 것이다. 그리고 이것들은 앞의 것에 대한 부정어(否定語)들이다. 왜냐하면 그것이[88] 뜻했던 것이 한 가지의 것이었으며, 이것은 어떤 것의 실체였기 때문이다.[89] 그리고 어떤 사물의 실체를 나타낸다는 것은 그 사물의 본질이 다른 어떤 것도 아니라는 것을 의미한다. 그러나 그 사물에게 본질적으로 사람임이 본질적으로 사람 아닌 것임이나 본질적으로 사람 아님과 같다면, 그 사물의 본질은 다른 어떤 것일 테다. 그래서 모순율을 반대하는 사람들은 그런 (본질에 대한) 정의(定義)는 어떤 것에 대해서도 있을 수 없으며, 모든 것들은 우연한 속성이라고 말해야 할 것이다. 바로 이 점에 의해 실체는 우연한 속성과 구분된다. 예를 들어, 흼은 어떤 사람에게 우연한 속성이다. 그 사람은 희지만, 흼이 그의 본질은 아니기 때문이다. 그러나 모든 것들이 우연한 속성으로만 말해진다면, 우연한 속성이 늘 어떤 주어에 대한 술

---

87 대화의 규칙을 지키고 있지 않다는 뜻이다. 1006a 18-1007a를 11권(K) 5장 1062a 5-20과 비교. 1006b 28-34를 11권(K) 5장 1062a 20-23과 비교.

88 '본질적으로 사람-임'이, 즉 '사람의 본질'이.

89 1006a 32 참조.

어를 뜻할 경우, 그것들이 말해지는 으뜸가는 '그것에 대해'(주어)는[90] 있지 않을 것이다. | 그래서 술어를 붙임이 무한히 계속될 것이다. 그러나 이는 불가능하다. 왜냐하면 술어를 붙일 때 두 개 이상의 우연한 속성들은 서로 결합될 수 없기 때문이다. 그 이유는 ㉮ 둘이 같은 주어에 딸리는 경우가 아니라면, 우연한 속성은 다른 우연한 속성에 붙지 않기 때문이다. 예를 들어, 흰 것이 교양 있고, 교양 있는 것이 흰 까닭은 흼과 교양 있음, 이 둘이 사람에게 딸리기 때문이다. 그러나 ㉯ 소크라테스가 교양 있다는 것은 소크라테스와 교양 있음이 다른 어떤 것에 딸린다는 뜻에서가 아니다.[91] 따라서 어떤 것들은 뒤의 뜻에서, 어떤 것들은 앞의 뜻에서 속성들이다. 그러므로 흼이 소크라테스(란 실체)에 딸리는 경우처럼, 뒤의 뜻으로 말해지는 속성들은 위쪽으로[92] 무한할 수 없다. 예를 들어, 흰 소크라테스에게 다른 어떤 것이 딸리는 식으로 말이다. 왜냐하면 단일한 것은 이 모든 속성들로부터 나오지 않기 때문이다. 더 나아가, 그 밖의 다른 속성은, 예컨대 교양 있음은 흼에 딸리지 않는다. 왜냐하면 흼이 교양 있음에 딸리는 것보다 교양 있음이 흼에 더 딸리는 것은 아니기 때문이다. 이와 더불어, 우리는 한편으로는 이런 뜻으로, 다른 한편으로는 '교양 있음'이 소크라테스에 딸리는 식으로 어떤 것이 어떤 것에 딸린다고 구분하였다. 그리고 뒤의 경우가 아닌 앞의 경우에만 한 속성이 다른 속성에 딸리므로, 모든 것들이 우연한 속성으로 말해지는 것은 아니다. 이렇다고 한다면 결국, 실체를 나타내는 것이 뭔가 있다. 그리고 만일 이렇다면, 모순되

---

90 '그것에 대해'의 원어는 kath' hou이다. '그것에 대해 술어가 말해진다'는 내용에서 만들어진 용어로 '주어'를 뜻한다. '그것에 대해' 어구 전체가 주어가 아니라 '그것'만이 주어를 가리킨다. 이를 강조하기 위해 고딕체로 썼다.

91 5권(Δ) 7장 1017a 7-22 참조.

92 술어들의 방향으로.

는 술어들은 동시에 (같은 대상에 대해) 서술될 수 없다는 점을 우리는 보여 주었다.[93]

(2) 더 나아가, 모든 모순되는 술어들이 같은 주어에 대해 동시에 참이라면, 분명히 모든 것들은 한 가지 것이 될 것이다. 왜냐하면, 모든 것에 대해 아무런 것이라도 긍정하거나 부정할 수 있다면, 같은 것이 삼단노선이자 벽이자 사람일 것이기 때문이다. 그리고 이러한 것은 프로타고라스의 견해를[94] 주장하는 사람들에게 필연적으로 따른다. 왜냐하면 누군가가 사람은 삼단노선이 아니라고 생각한다면, 분명히 사람은 삼단노선이 아닐 것이기 때문이다. 그래서 그들의 말대로 모순되는 술어가 함께 참이라면, 사람은 삼단노선이기도 할 것이다. 이렇게 해서 아낙사고라스의 주장, 즉 "모든 사물들이 함께 섞여 있다"는[95] 주장이 생겨난다.[96] 그래서 어떤 것도 참으로 존재하지 않는다. 그런데 그들은 규정되지 않은 것을 말하는 것처럼 보이며, 자신들은 있는 것을 말한다고 생각하지만, 있지 않은 것을 말하고 있다. 왜냐하면 규정되지 않은 것은 잠재/가능 상태로 있는 것이지 완성 상태로 있는 것은 아니기 때문이다.[97] 그러나 (자신들의 논리대로라면)

---

93 논박을 통한 첫 번째 증명의 첫 부분(1006a 28-1007a 20)은 어떤 사물의 실체 또는 본질이 있다는 전제 아래에서 성립한다. 1007a 33-b 17의 부분은 이런 전제를 부인하는 견해가 잘못되었음을 추가로 보여 준다.

94 프로타고라스의 상대주의를 뜻한다. 이에 따르면 각 개인에게 참인 것으로 보이는 것이 모두 참이다. 내가 가진 생각이나 진술이 참일 뿐만 아니라 내 것에 반대되거나 모순되는 다른 사람들의 생각이나 진술도 모두 참이다. 따라서 모든 것이 참이라는 결과를 낳는다. 프로타고라스에 대한 비판은 5-6장 참조.

95 그의 글조각 1, 김인곤 외(2005), 499-500쪽 참조.

96 이와 비슷한 문장이 플라톤의 『파이돈』 72c에도 나온다.

97 '규정되지 않은 것'(ahoriston)은 동시에, A일 수도 있고 ~A일 수도 있는 잠재 상태(또는 가능 상태, dynamis)에 있다. 완성 상태(entelecheia)에 이르게 되면, A와 ~A, 즉 둘 다일 수 없고, A이거나 ~A, 즉 둘 중 하나로 규정된 것이어야 한다.

그들은 모든 주어에 대해 모든 술어의 긍정이나 부정을 말해야 할 테다. 왜냐하면 각각의 주어에 어떤 술어의 부정만 들어있고, 그 주어에 들어있지 않은, 다른 술어의 부정은 들어있지 않다면, 이는 이치에 어긋나기 때문이다. 예를 들어, '그 사람은 사람이 아니다'고 말하는 것이 참이라면, 분명히 '그 사람은 삼단노선이거나 삼단노선이 아니다'고 말하는 것도 참이다. 긍정어가 그 사람에 들어있다면, 부정어도 들어있어야 한다. 긍정어인 '삼단노선'이 들어있지 않을 경우, 적어도 부정어인 '삼단노선이 아님'이 사람의 부정어인 '사람 아닌 것'보다 더 많이 그 사람에 들어있을 것이다. | 그러므로 사람의 부정어가 그 사람에 들어있다면, 삼단노선의 부정어도 그 사람에 들어있을 것이다. 그리고 삼단노선의 부정어가 들어있다면, 긍정어도 마찬가지로 들어있을 것이다.[98]

(3) 그리고 이런 것들이 모순율을 부인하는 견해를 가진 사람들에게 따를 뿐 아니라, 긍정하거나 부정하거나 둘 중 하나를 할 필요가 없다는 점도 따른다.[99] 왜냐하면 어떤 것이 사람이자 사람 아닌 것이라는 것이 참이라면, 또한 분명히 그것은 사람도 아니고, 사람 아닌 것도 아닐 것이기 때문이다. 이러한 까닭은 두 개의 긍정에 맞춰 두 개의 부정이 있게 될 것이기 때문이다. 앞의 것이[100] 두 개의 긍정으로 이루어진 하나의 (복합) 진술이라면, 또한 뒤의 것도 앞의 것에 대립되는 하나의 (복합) 진술이다.[101]

---

98 1007b 18-1008a 2를 11권(K) 5장 1062a 23-30과 비교해 볼 것.

99 모순율의 부인은 '긍정하거나 부정해야 한다'는 내용의 배중률을 부인하는 결과를 낳기도 한다.

100 '어떤 것이 사람이자 사람 아닌 것이다'라는 진술이.

101 p를 두고 p가 아니라고 부정하는 것이 동시에 성립할 수 있다면($p \wedge \sim p$, 모순율 부인), 이 둘 다 아니라고 부정하는 것($\sim p \wedge \sim\sim p \Rightarrow \sim(p \vee \sim p)$, 배중률 부인)도 동시에 성립할 수 있다는 내용의 논증이다. 1008a 6-7("이러한 까닭은 … 진술일 것이다")과 11권(K) 5장 1062a 36-b 7을 비교해 볼 것.

1008a

(4) 모순율을 부인하는 이런 견해는 모든 경우들에 대해 적용되어서, 어떤 것이 희면서 희지 않고, 있으면서 있지 않고, 다른 모든 긍정들과 부정들도 이렇듯 양립한다. 또는 그런 견해가 어떤 진술들에 대해서는 적용되지만 어떤 진술들에 대해서는 적용되지 않는다. 모든 진술들에 대해 적용되지는 않는다면, (긍정과 부정 가운데 어느 하나가 참인) 예외들이 인정될 것이다. 그런데, 그런 견해가 모든 (긍정 또는 부정) 진술들에 대해 적용되는 경우는 다시 ㉮ 긍정된 것이 또한 부정되고, 부정된 것이 또한 긍정되는 경우와, ㉯ 긍정된 것이 부정되지만, 부정된 것이 모두 긍정되지는 않는 경우, 이 두 가지로 나누어진다. 그리고 ㉯ 이 경우, 확고하게 있지/…이지 않은 무엇이 있을 것이며, 이것은 확실한 믿음일 것이다. 그리고 어떤 것이 있지/…이지 않음이 확실하고 알려진 것이라면, 그것에 대립되는 긍정 진술(어떤 것이 있음/…임)은 더 잘 알려진 것이다. 그러나 ㉮ 앞의 경우처럼, 부정된 것이 똑같이 또한 긍정된다면, ㉠ 술어들을 갈라서 말하는 것이 참이든지, 예를 들어 '어떤 것이 희다'고, 그리고 다시 '어떤 것이 희지 않다'고 말하는 것이 참이든지, 아니면 ㉡ 갈라서 말하는 것이 참이 아니어야 한다.[102] 그리고 ㉡ 술어들을 갈라서 말하는 것이 참이 아니라면, 모순율의 반대자는 자신이 주장한다고 하는 것을 스스로 부정할 뿐만 아니라, 아무것도 존재하지 않는다. 그러나 존재하지 않는 것들이 어떻게 말하거나 걸어 다닐 수 있겠는가?[103] 그리고 앞서[104] 말한 것처럼, 그런 견해

---

102 다시 말해, 가르지 않고 '어떤 것이 희고 희지 않다'고 말하는 것이 통째로 참이어야 한다.

103 모순율에 대한 반대자는 자신의 주장(모순율의 부인)을 부정할 뿐만 아니라, 있는 것에 대해서 이것이 또한 있지 않는다고도 말하게 되며, 따라서 그 자신도 있지 않은 것이 된다. 그러나 그가 있지 않다면, 그가 말을 한다거나 걷는다는 것은 불가능하다.

104 1006b 15-18, 1007a 4-7에서.

에 따르면 모든 것들은 하나가 될 것이며, 같은 것이 사람이자, 신(神)이자, 삼단노선이자 또한 이것들에 모순되는 술어들일 것이다. 왜냐하면 각각의 주어에 대해 모순되는 술어들이 똑같이 서술된다면, 어떤 것도 다른 어떤 것과 차이가 나지 않을 것이기 때문이다. 그것이 차이가 난다면, 이 차이점은 그것에 고유한 참인 성질이 될 것이다. 그리고 ㉠ 술어들을 갈라서 말하는 것이 참일 수 있다 하더라도, 앞서 말한 (모든 것들이 하나가 되는) 결과가 따를 것이다. 더 나아가, 모든 사람들이 참을 말하고, 모든 사람들이 거짓을 말하게 되는 결과가 따르며, 모순율의 반대자도 자신의 말이 틀렸다고 동의하게 될 것이다. 이와 더불어, 이 사람을 상대로 벌이는 탐구는 분명히 그 대상이 없다. 왜냐하면 그는 아무것도 말하지 않기 때문이다. 다시 말해, 그는 어떤 것이 어떻다거나 어떠하지 않다고 말하지 않고, 어떠하면서 어떠하지 않다고 말한다. 그리고 다시 이 둘을 부정하여 어떠하지도 않고 어떠하지 않지도 않다[105] 말한다. 그가 이런 식으로 말하지 않는다면, 어떤 특정한 것이 이미 있게 될 것이다.

(5) 더 나아가, 긍정이 참일 때 부정이 거짓이라면, 그리고 부정이 참일 때 긍정이 거짓이라면, 같은 것을 동시에 참인 것으로 긍정하고 | 부정할 수 없을 것이다. 그러나 모순율을 반대하는 사람들은 어쩌면 이것이 바로 처음에 놓인 것(증명해야 할 사항)이라고 말할지도 모르겠다.

(6) 더 나아가, 어떤 것이 어떠하거나 어떠하지 않거나 둘 중 하나라고 믿는 사람은 그르며, 둘 다 믿는 사람은 옳은가? 뒤의 사람이 옳다면, 있는 것들의 본성이 그러하다고 말하는 것은 무엇을 뜻하는가?[106] 그리고 뒤의 사람이 옳지는 않지만, 앞의 것을 믿는 사람보다는 더 옳다면, 있는 것

105 플라톤의 『테아이테토스』 183a 참조.

106 모든 것이 어떠하기도 하고 어떠하지 않기도 하다면, 어떤 것도 어떤 특정의 본성을 갖지 못할 것이다.

1008b

들은 이미 특정한 방식으로 있을 것이며, 이 점은 또한 참일 것이며, 동시에 또한 참이 아니지 않을 것이다. 그러나 모든 사람들이 똑같이 틀리고 맞다면, 이런 상태에 있는 사람은 (남들이 이해할 만한) 목소리를 낼 수도 없고, (남들이 이해할 만한) 말을 할 수도 없을 것이다. 왜냐하면 그는 이것들과 이것들이 아닌 것들을 동시에 말하기 때문이다. 그리고 그가 아무 (정해진) 판단도 내리지 않고, (어떤 것이 어떠하다고) 똑같이 생각하기도 하고 생각하지 않기도 한다면, 그는 식물과 다를 바가 있겠는가?

이로부터 또한, 그러한 주장을 하는 사람뿐만 아니라, 다른 어떤 사람도 그러한 (입장에 따른 행동의) 상태에 있지 않다는 것이 매우 분명하다.[107] 그렇지 않다면, 어떤 사람이 메가라로[108] 가야 한다고 생각할 때, 왜 집에 머무르지 않고 그곳으로 가겠는가? 왜 그는 어느 날 새벽에 우연히 우물이나 낭떠러지에 이르렀을 때 곧장 그곳으로 빠지거나 떨어지지 않고, 그곳으로 빠지거나 떨어지는 것이 좋은 것이자 똑같이 좋지 않은 것이라고 생각하지 않는 사람처럼 조심스러워하는 모습을 보이는가? 그러니 분명, 그는 어떤 것은 어떤 것보다 더 좋고 어떤 것은 어떤 것보다 더 좋지 않다고 믿고 있다. 만일 이렇다면, 그는 또한 어떤 것은 사람이고, 어떤 것은 사람이 아닌 것이라고, 그리고 어떤 것은 달콤하고, 어떤 것은 달콤하지 않다고 믿어야 한다. 왜냐하면 어떤 사람이 물을 마시거나 누군가를 만나는 것이 더 낫다고 생각해서 곧바로 이렇게 하려고 할 때, 그는 모든 것들을 구분함이 없이 추구하고 믿지는 않기 때문이다. 하지만 같은 것이 똑

---

107 모순율을 반대하는 사람들은 모든 것을 무차별적으로 긍정하고 부정하는 자신들의 이론과는 달리 실천의 영역에서는 어떤 일이 어떤 것보다 더 좋거나 더 나쁘다는 믿음(판단)에 바탕을 두고 이를 행한다.

108 메가라(Megara)는 펠로폰네소스(Peloponnesos) 반도와 아티케를 잇는 교량 도시이다.

같이 사람이면서 사람 아닌 것이라면, 그렇게 추구하고 믿어야 할 것이다. 그러나 이미 말했듯이, 사람들은 어떤 것들엔 조심하는 듯하지만, 어떤 것들엔 조심하지 않는 듯하다. 그래서 사람들은 다들 모든 것들에 관해서는 아닐지라도 적어도 나은 것과 못한 것에 관해서, 이것들이 단적으로 어떠하다고 믿는 것 같다.[109] 그리고 그들이 앎을 갖지 못하고 막연한 생각을 가지고서 그렇게 믿는다면, 그들은 아픈 사람이 건강한 사람보다 더 건강을 얻고자 걱정하듯이 더욱더 진리를 얻고자 걱정해야 할 것이다. 왜냐하면 막연한 생각을 가진 사람은 앎을 가진 사람에 비해 진리에 관련하여 건강한 상태에 있지 않기 때문이다.

(7) 더 나아가, 모든 것들이 아무리 어떠하면서 동시에 어떠하지 않다고 하더라도, 정도의 차가 있는 것들의 본성 속에 있다. 우리는 둘과 셋이 똑같이 짝수라고 말할 수 없을 것이기 때문이며, 또 넷이 다섯이라고 생각하는 사람과 넷이 천(千)이라고 생각하는 사람이 똑같이 틀리지는 않기 때문이다. 똑같이 틀리지 않다면, 분명히 어느 한 사람이 덜 틀려서 더 많이 옳다. | 그래서 어떤 성질을 더 많이 가진 것이 (그 성질의 기준에) 더 가깝다면, 더 많이 참인 것이 다른 것보다 더 가까이 있는 어떤 (절대적인) 참이 있을 것이다. (절대적으로) 참인 것이 없다 하더라도, 적어도 이미 (상대적으로) 더 확실하고 더 참인 것이 있으며, 따라서 우리는 사유를 통해 무엇을 확정하는 것을 방해하는, 지나친 이론에서 벗어날 수 있을 것이다.

109 1008b 12-27을 11권(K) 6장 1063a 28-35와 비교. 플라톤의 『테아이테토스』 171e-172b 참조.

1009a

5장 모순율을 부인하는 논변들과 모든 현상이 참이라고 주장하는 논변들에 대한 반박

프로타고라스의 이론도 그와 같은 생각에서 출발한다. 그리고 틀림없이 이 둘은 똑같이 참이거나 참이 아니다. 정말이지, 모든 생각들과 현상들이 참이라면, 모든 진술들은 동시에 참이면서 거짓이어야 한다. 왜냐하면 많은 사람들은 다른 사람들과는 반대되는 것들을 믿고, 자신들과 같지 않은 생각을 가진 사람들은 그르다고 믿기 때문이다. 그래서 같은 것이 있으면서/…이면서 있지/…이지 않아야 한다. 그리고 만일 이렇다면, 모든 생각들은 참이어야 할 것이다. 왜냐하면 (생각이) 틀린 사람과 맞는 사람들은 서로 대립되는 것들을 생각하기 때문이다. 그래서 있는 것들이 이런 방식으로 있다면, 모든 사람들의 생각이 똑같이 옳을 것이다.

이로써, (프로타고라스와 모순율을 반대하는 사람들의) 두 주장들이 같은 사고방식으로부터 출발한다는 것은 분명하다. 그러나 이 모든 반대자들에 대응하는 방식은 한결같지 않다. 왜냐하면 어떤 사람들에 대해서는 (사유를 통한) 설득이 필요하고, 어떤 사람들에 대해서는 (논리적인) 강압이 필요하기 때문이다. (사유의) 혼란 때문에 그러한 (모순율을 부인하는) 믿음을 가진 사람들의 무지는 쉽게 고칠 수 있다. 왜냐하면 우리는 이들의 말을 상대하는 것이 아니라 이들의 사유를 상대하기 때문이다. 하지만 주장을 위한 주장을 하는 사람들은 그들이 내뱉는 말이나 쓰는 낱말들에 든 주장을 논박함으로써 치료될 수 있다.[110]

(사유의) 혼란에 빠진 사람들은 감각 대상들에 대한 관찰에 바탕을 두고 그러한 견해에 이르게 되었다. 먼저, (1) 그들은 같은 것에서 반대되는 성

---

110 1009a 16-22를 11권(K) 6장 1063b 7-16과 비교.

질들이 생겨나는 것을 봄으로써, 모순되는 성질들이나 반대되는 성질들이 동시에 같은 것 안에 들어있다는 견해에 이르렀다. 그래서 있지 않은 것이 생겨나 있을 수 없다면,[111] 그것은 두 가지 반대되는 성질인 채로 똑같이 앞서 주어져 있을 것이다. 아낙사고라스가 "모든 것은 모든 것 안에 섞여 있다"고 말하듯이,[112] 그리고 데모크리토스가 말하듯이 말이다. 데모크리토스는 빈 것(허공)과 찬 것(충만)이 똑같이 모든 부분에 들어있고, 이 가운데 뒤의 것은 있는 것이지만 앞의 것은 있지 않은 것이라고 말한다.[113] 이러한 생각들에서 출발하여 판단하는 사람들에게 우리는 어떤 점에서 그들이 맞는 말을 하지만, 어떤 점에서는 모르고 있다고 말할 것이다.[114] 왜냐하면 '있는 것'은 두 가지 뜻을 가져서, 한 뜻에서는 어떤 것이 있지 않은 것으로부터 생겨날 수 있지만, 다른 뜻에서는 그럴 수 없기 때문이다.[115] 그리고 같은 관점에 따라서만 아니라면, 같은 것이 동시에 있는 것이면서 있지 않은 것일 수 있기 때문이다. 다시 말해, 같은 것이 잠재/가능 상태로 반대되는 것들일 수 있지만, 발휘/실현 상태로는 그럴 수 없다.[116] 더 나아가, 우리는 그들에게 있는 것들 중에는, 운동도 소멸도 생성도 들어있지 않는, (이런 것들이 들어있는 실체들과는) 다른 종류의 어떤

---

111 다시 말해, '있지 않은 것'에서 '있는 것'이 생겨날 수 없다면.

112 4장 1007b 25-29와 그의 글조각 1, 4, 6, 10, 김인곤 외(2005), 499-500, 501-502, 504-505, 516-517쪽 참조.

113 1권(A) 4장 985b 4-10 참조. 1009a 6-16, 22-30을 11권(K) 6장 1062b 12-24와 비교해 볼 것.

114 같은 사물이 반대되는 두 가지 성질을 잠재적으로 갖는다고 생각한다면 맞겠지만, 반대되는 두 가지 성질들을 실제로 갖고 있다고 생각한다면 틀렸다.

115 '잠재적으로 있는, 그렇지만 실제로는 있지 않은 것'으로부터 어떤 것이 생겨날 수는 있지만, 아무것도 없는 상태, 즉 '절대적인 무(無)'에서는 어떤 것도 생겨날 수 없다.

116 1009a 30-36을 11권(K) 1062b 24-33과 비교해 볼 것.

1009a

실체가[117] 또한 있다고 믿을 것을 요구할 것이다.

1009b |(2) 그리고 이와 비슷하게, 어떤 사람들은[118] 현상들에 관한 진리를 감각 대상들에 대한 관찰에서 이끌어 낸다. 그들은 진리가 (그것을 믿는 사람들의) 수의 많고 적음에 따라 판정되어서는 안 된다고 생각하며, 같은 것이 그것을 맛보는 어떤 사람들에게는 달콤하게 느껴지고 어떤 사람들에겐 쓰게 느껴진다고 생각한다. 그래서 (머릿수로 판정할 경우, 거의) 모든 사람들이 아프거나 제정신이 아니고, 두세 사람만이 건강하고 제정신이라면, (대부분의 사람들이 아니라) 이 사람들이 아프고 제정신이 아닐 것이다(라고 그들은 생각한다).

더 나아가 그들은 다른 많은 동물들에게는 우리에게 나타나는 것과 반대되는 인상들이 나타난다고 주장하며, 각 개인에게도 자신의 감각에 관련하여 사물들이 늘 같은 모습으로 나타나는 것은 아니라고 주장한다. 그래서 이 감각 인상들 중 어느 것이 참이고, 어느 것이 거짓인지 분명하지 않다는 것이다. 이것들이 저것들보다 더 참이지 않고 똑같이 참이라는 것이다. 이런 까닭에 데모크리토스는 어떤 것도 참이 아니든지, 아니면 그것은 적어도 우리에게는 분명하지 않다고[119] 말한다.

그리고 일반적으로, 그들은 앎은 감각이며, 이 감각은 신체 변화라고 믿기 때문에, 우리의 감각에 나타나는 것은 반드시 참이라고 주장한다. 이러한 점들에 바탕을 두고 엠페도클레스와 데모크리토스는 그러한 (상대론적인) 견해에 사로잡혔으며, 다른 사람들도 모두 그랬다고 봐야 할 것이다. 왜냐하면 엠페도클레스는 자신들의 신체 상태를 변하게 하는 사람들은 자신들의 생각을 변하게 한다고 말하기 때문이다.

---

117 이런 종류의 실체로, 신(神), 형상(形相, eidos)을 들 수 있다.

118 프로타고라스주의자들을 두고 하는 말이다.

119 그의 글조각 10, 김인곤 외(2005), 569쪽 참조.

"(자신의 감각) 앞에 있는 것에 맞춰 사람들의 꾀가 는다."[120]

그리고 다른 곳에서 그는 말한다.

"그들이 (신체적으로) 다른 상태로 변했던 만큼, 그만큼 늘 그들에게 다른 생각들이 일어났다."[121]

그리고 파르메니데스도 이와 같은 방식으로 말한다.

"매번 많이 꺾이는[122] 팔다리(四肢)들의 (다양한) 결합이 있을 때마다, 사람들의 마음도 (매번) 그렇게 (다양하게) 되어 있다. 왜냐하면 사람들 모두에게, 그리고 저마다에게 생각한다는 것, 이것은 바로 팔다리의 (물리적인) 본성과 같기 때문이다. 왜냐하면 (신체의 뜨거움과 차가움 중) 더 많은 것이 사유물이기 때문이다."[123]

그리고 아낙사고라스도 자신의 몇몇 친구들에게 있는 것들은 그들이 그것들이 있다고 믿는 대로의 것이라는 말을 했다고 기억된다. 그리고 그

---

120 『혼에 관하여』 427a 23-24에도 인용되어 있다. 그의 글조각 106, 김인곤 외(2005), 414쪽 참조.

121 그의 글조각 108, 김인곤 외(2005), 414쪽 참조.

122 아리스토텔레스의 동료이자 친구였던 테오프라스토스(Theophrastos, 기원전 371-287년, 레스보스섬의 에레소스 출신)의 『감각에 관하여』 3에는 '많이 꺾이는'(polykamptōn) 대신 '움직임이 많은'(polyplanktōn)이란 표현으로 인용되어 있다.

123 그의 글조각 16, 김인곤 외(2005), 291-292쪽 참조. 신체에서 뜨거움과 차가움 중 어느 것이 주도하느냐에 따라 생각이 변한다. 뜨거움이 주도적이면 사유는 더 낫고 순수한 것이 된다.

1009b

들은 호메로스도 이러한 견해를 가졌다고 말한다. 왜냐하면 그는 헥토르가[124] 일격에 기절했을 때, 다른 생각을 한 채로 쓰러져 있는 것으로 묘사했기 때문이다.[125] 의식을 잃은 사람들조차도 (평소 때와) 같은 생각은 아니지만 (다른 어떤 것을) 생각하고 있다는 것이다. 그렇다면 분명히, 두 상태가 생각하고 있는 상태들이라면, 있는 것들 또한 어떠하면서 동시에 어떠하지 않다.[126] 그러나 이런 입장에 서는 한, 아주 곤란한 결과가 따른다. 우리가 이를 수 있는 진리를 가장 많이 보았던 사람들이(그리고 이들이야말로 진리를 가장 추구하고 사랑하는 사람들이다) 그렇게 생각하며 진리에 관하여 그런 식의 견해들을 밝힌다면, 이제 갓 철학하기를 시작하려 하는 사람들은 당연히 맥이 빠지지 않겠는가? 진리를 추구하는 것이 나는 새들을 쫓아가는 격이[127] 될 테니 말이다.

1010a | 그러나 그들이 그러한 견해를 가진 까닭은 있는 것들에 관하여 진리를 탐구하면서 감각 대상들만이 있는 것들이라고 믿었기 때문이다. 그러나 감각 대상들 안에는 규정되지 않음의 본성이, 우리가 설명했던[128] 뜻으로 있는 것의 본성이 주로 들어있다. 그래서 그들은 그럴 법하게 말하지만, 참인 것을 말하고 있지는 않다(이렇게 말하는 것이 에피카르모스가[129]

124 헥토르(Hektor)는 호메로스의 장편 서사시 『일리아스』에 등장하는, 트로이아인들을 이끈 명장으로서, 그리스의 젊은 장수 아킬레우스의 손에 쓰러졌다.

125 호메로스의 『일리아스』, 23권 698행 참조. 그러나 이 시에 언급된 인물은 헥토르가 아니라 에우뤼알로스(Euryalos)이다. 『혼에 관하여』 404a 27에도 같은 내용이 인용되어 있다.

126 1009a 38-b 33을 11권(K) 6장 1063a 35-b 7과 비교.

127 Leutsch/Schneidewin(1839-51), 2권 677쪽 참조.

128 1009a 32 참조.

129 에피카르모스(Epicharmos, 기원전 550-460년쯤). 시칠리아섬 출신의 희극 작가이자 헤라클레이토스의 제자. 그는 크세노파네스의 견해가 '그럴듯하지도 않고 참이지도 않다'고, 또는 '참이지만 그럴듯하진 않다'고 말한 것으로 추정되고 있다. 그의

크세노파네스에게 말했던 것보다 더 적절할 것이다). 더 나아가, 이 모든 자연 세계가 변하는 것을 보고서, 그리고 변하는 것에 대하여 어떤 진술도 참일 수 없다는 것을 보고서, 그들은 모든 곳에서 모든 점에서 변하는 것에 대해서는 참인 말을 할 수 없다고 생각했다. 바로 이러한 믿음으로부터, 앞서 말한 것들 중 가장 극단적인 견해가, 즉 헤라클레이토스의 추종자라고 스스로 일컫는 사람들의 견해가 피어났고, 크라틸로스의 주장과 같은 것이 피어났다. 크라틸로스는 끝내는 아무것도 말해서는 안 된다고 생각하여, 손가락만을 움직였으며,[130] 같은 강물에 두 번 들어갈 수 없다고[131] 말한 헤라클레이토스를 비난했다. 자신은 한 번도 들어갈 수 없다고 생각했던 것이다.[132]

그러나 우리는 이런 논변에 대해서도, 변하는 것은 그것이 변할 때, 그대로 있지 않다는 그들의 생각이 일리가 있긴 하지만, 논쟁의 여지가 있다고 대꾸할 것이다. 왜냐하면 어떤 성질을 잃는 것은 잃는 성질 중 일부를 가지며, 또 새로 생겨나는 것 중 일부가 이미 거기에 있어야 하기 때문이다.[133] 그리고 일반적으로, 어떤 것이 사라지고 있다면, 아직 있는 어떤 것이 있을 것이다. 그리고 어떤 것이 생겨나고 있다면, 그것이 생겨나는 곳(생성의 근원)과 그것을 생겨나게 하는 것(운동인)이 있어야 하며, (두 가지

글조각 252(Kaibel 편집) 참조.

130 1권(A) 6장 987a 32 참조. 그가 '손가락만을 움직였다'는 것은 '끊임없이 변하는 사물을 손가락으로 가리킬 뿐이었다'는 뜻이다.

131 헤라클레이토스의 글조각 91, 김인곤 외(2005), 243쪽 참조.

132 강물에 한 번 들어가는 데에도 시간이 걸리므로, 이때의 강물은 같은 강물이 될 수 없다는 뜻이다.

133 예를 들어, 흰 물체가 검게 될 때, 중간 단계인 회색을 거치게 되는데, 이 단계에서 그 물체는 지금까지의 상태였던 흼의 일부와 앞으로 될 상태인 검음의 일부를 함께 가진다.

1010a

경우 모두에서) 이 (원인을 추적하는) 과정은 무한히 진행될 수 없다.[134] 그러나 이를 제쳐 두고, 양에 관련된 변화와 질에 관련된 변화가[135] 같지 않다고 해 보자. 그러면, 양의 면에서는 그대로 남아 있는 것이 없다고 하더라도, (그대로 남아 있는) 형상의 면에서 우리는 모든 것들에 대한 앎을 얻는다.[136]

더 나아가, 그렇게 주장하는 사람들은 몇 가지 감각 대상들에서 관찰했던 것을 물질적인 우주 전체에 관하여 똑같이 (확장하여) 주장하였기 때문에 비난받아 마땅하다. 왜냐하면 우리 주변에 있는 감각 대상의 영역만이 줄곧 소멸과 생성 중에 있기 때문이다. 그러나 이 영역은 사실, (물질적인 우주) 전체의 일부분도 안 된다. 그래서 그 부분 때문에 다른 (많은 우주의) 부분을 비난하기보다는, 다른 (많은) 부분을 위해 그 부분을 포기하는 것이 더 옳을 것이다.[137] 더 나아가, 분명히 우리는 앞서[138] 말했던 것과 같은 것을 그들에게 말할 것이다. 다시 말해, 우리는 변하지 않는 어떤 실재가 있다는 것을 그들에게 보여 주고 설득해야 한다. 더 나아가, 사물들이 있으면서/…이면서 동시에 있지/…이지 않다고 말하는 사람들은 결과적으로, 모든 것들은 움직이고 있는 것이 아니라, 가만히 있다고 말해야 한다. 왜냐하면 모든 속성들이 모든 대상들에 들어있어서, 그것들이 변하여 될 것이 없기 때문이다.

1010b | 그리고 진리의 본성에 관한 한, 우리는 모든 현상이 참인 것은 아니라

134 2권(α) 2장 참조.

135 여기서 양에 관련된 변화와 대조되는 질에 관련된 변화는 '질의 변화'(alloiōsis)가 아니라 형상(eidos) 또는 실체(ousia)에 따른 변화, 즉 '생성과 소멸'을 뜻한다. '질'(poion)은 여기에서처럼 '형상'을 뜻하기도 한다. 5권(Δ) 14장 1020b 13-17 참조.

136 1010a 22-25를 11권(K) 6장 1063a 22-28과 비교.

137 1010a 25-32를 11권(K) 6장 1063a 10-17과 비교.

138 1009a 36-38에서.

고 말해야 한다.[139] 첫째, (그들처럼 모든 감각이 참이라고 하지 않고) 적어도 해당 감각에 고유한 대상에 대한 감각만은 거짓이 아니라고[140] 하더라도, 상상력은[141] 감각 능력과 같지 않기 때문이다. 둘째, 크기들과 색들이 멀리 있는 사람들에게 나타나는 대로인지, 아니면 가까이 있는 사람들에게 나타나는 대로인지, 또 건강한 사람들에게 나타나는 대로인지, 아니면 병든 사람들에게 나타나는 대로인지, 그리고 약한 사람들에게 무겁게 보이는 것이 더 무거운지, 아니면 힘센 사람들에게 무겁게 보이는 것이 더 무거운지, 그리고 잠자고 있는 사람들에게 나타나는 것들이 참인지, 아니면 깨어 있는 사람들에게 나타나는 것들이 참인지 우리의 반대자들이 묻기라도 한다면, 우리들은 당연히 놀랄 것이다. 왜냐하면 분명히, 그들은 이런 문제들을 진지하게 생각하고 있지 않기 때문이다. 적어도, 아무도 어느 날 밤 리뷔에에[142] 있으면서도 자신이 아테네에 있다고 생각하여 오데이온을[143] 향해 길을 떠나지는 않을 것이다. 그리고 다시, 앞일에 관하여, 예를 들어 어떤 사람이 건강해질 것인가 그렇지 않을 것인가에 관하여, 플

---

139 아리스토텔레스는 여기서부터 5장 끝부분에 이르기까지 프로타고라스의 상대주의를 특별히 논박한다.

140 『혼에 관하여』 418a 7-16, 427b 11-13, 428b 18-19, 430b 29, 『감각과 감각 대상에 관하여』 442b 8 참조.

141 여기서 phantasia는 대상을 혼(마음)에 나타내 보이는 힘, '상상력' (imagination)을 뜻한다. 다른 문맥에서는 '현상' 또는 '(감각이나 사유에) 나타남' (appearance) 자체를 뜻하기도 한다. 『혼에 관하여』 429a 1, 『연설술』 1370a 28 참조.

142 그리스인들은 아프리카 전체(또는 아프리카 북부)를 '리뷔에' (Libyē)라 불렀다.

143 기원전 445년 페리클레스(Perikles, 기원전 495-429년, 아테네의 정치인)가 아크로폴리스 남동쪽 비탈에 세운, 음악 경연이나 비극·희극 합창 연습을 하기 위한 건축물을 말한다. 68.50m×62.40m의 사각형 공간으로서 9×10개의 큰 기둥이 천막 지붕을 지탱했는데, 지붕 덮인 구조물로서는 그리스 최대였다고 한다. 플루타르코스의 『영웅전』 〈페리클레스의 생애〉, 13.5-6에 이 건축물에 대한 묘사가 나온다.

라톤도 말했다시피,[144] 분명히 의사의 견해와 모르는 사람의 견해가 똑같은 무게를 갖지는 않는다. 더 나아가, 감각들 자체에서, 해당 감각에 낯선 대상에 대한 감각과 그것에 고유한 대상에 대한 감각이 같은 권위를 갖지 않는다.[145] 또는 해당 감각에 가까운 것에 대한 감각과 제 대상에 대한 감각이[146] 같은 무게를 갖지 않는다. 색의 경우 미각이 아니라 시각이 무게가 있고, 맛의 경우 시각이 아니라 미각이 무게가 있다. 그런데, 어느 감각도 같은 때에 같은 대상에 관하여 이것이 어떠하면서 동시에 어떠하지 않다고 결코 말하지 않는다. 다른 때에서조차도 성질에 대해서는 의견이 어긋나지 않고, 그 성질이 딸린 대상에 대해서 의견이 어긋날 뿐이다. 예를 들어, 같은 포도주라도 이것이 변하거나 (이것을 마시는) 신체의 상태가 변할 경우, 어떤 때에는 달콤하고 어떤 때에는 달콤하지 않게 나타날 수 있다. 그러나 적어도 달콤함이 있을 때 이것은 있는 것으로서, 결코 변하지 않으며 이것에 관하여 미각은 늘 참인 말을 하며, 달콤하게 될 것은 필연적으로 그런 성질의 것이어야 한다.[147] 하지만 그런 반대자들의 견해들은 모두, 어떤 것의 실체도 있지 않다고 말하듯이, 또한 그러한 필연성을 없애 버리기에, 어떤 것도 필연적이지 못하다고 한다. 왜냐하면 필연적인 것은 이렇고 저럴 수 없어서, 어떤 것이 필연적으로 있다/…이라면, 그것은 어떠하면서 어떠하지 않을 수 없을 것이기 때문이다.

그리고 일반적으로, 감각 대상만 있다면, (이를 감각하는) 혼이 든 것이

---

144 『테아이테토스』 171e, 178b-179a 참조.

145 수박을 보고 달다고 느낄 때, 이 '닮'은 시각에 고유한 대상(idion)이 아니라, 낯선(고유하지 않은) 대상(allotrion)이다. 따라서 수박의 닮에 대한 판정에서는 시각이 아니라 미각이 더 무게가 있다.

146 예를 들어, 후각을 통해 우리가 갖는 '가까운 것'(맛)에 대한 지각과 자신의 것(냄새)에 대한 지각이. 『감각과 감각 대상에 관하여』 440b 28-30, 443b 7-12 참조.

147 1010b 1-26을 11권(K) 6장 1062b 33-1063a 10과 비교.

있지 않을 경우 아무것도 있지 않을 것이다. (혼이 든 것이 없을 경우) 감각 능력이 있지 않을 것이기 때문이다. 그런데, 감각 성질들도 감각 내용들도 있지 않게 될 것이란 점은 아마도 참일 것이다[148](이것들은 감각하는 자가 겪는 것이기 때문이다). 그러나 감각을 불러일으키는 바탕들은 감각이 없으면 있을 수 없다는 주장은 성립할 수 없다. 왜냐하면 감각은 분명히 자신에 대한 감각이 아니며, 감각에 반드시 앞선, 감각 외의 다른 어떤 것이 또한 있기 때문이다.[149] (감각 대상이 감각에 앞서는 까닭은) 움직이게 하는 것이 움직이는 것보다 | 본성에서 앞서기 때문이다.[150] 이것들이 관계 개념들이더라도[151] 마찬가지다.

6장 프로타고라스에 대한 비판(계속)

그러한 (모든 현상이 참이라는) 확신을 가진 사람들과 그러한 견해들을 말로만 내세우는 사람들 중엔 어려운 물음을 내놓는 사람들이 있다. 이 사람들은 건강한 사람인지 아닌지를 누가 판단할 수 있으며, 일반적으로, 각각의 것(물음)들에 관하여 누가 올바르게 판단할 수 있느냐고 묻는다. 그러나 이러한 물음들은 우리가 지금 자고 있는지 아니면 깨어 있는지를 묻는 것과[152] 비슷하다. 그리고 그러한 물음들이 갖는 함축은 모두 같다. 왜냐하

148 『혼에 관하여』 425b 25-426b 8 참조.

149 5권(Δ) 15장 1021a 26-b 3, 『범주들』 7b 15-8a 12 참조.

150 감각 대상(aisthēton)은 우리의 감각을 움직이는 것(kinoun), 즉 우리의 감각을 유발하는 것이다.

151 감각은 감각 대상에 대한 감각이고, 감각 대상은 감각에 의해 감각된다는 점에서, 이 둘은 관계 개념에 속한다. 『범주들』 6b 35-36 참조.

152 플라톤의 『테아이테토스』 158b 참조.

면 그들은 모든 것들에 대해 근거가 있을 것을 요구하고 있기 때문이다.[153] (모든 현상이 참이라고) 확신하고 있지 못하다는 점이 자신들의 행동에서 분명히 드러나고 있지만, 그들은[154] 원리를 추구하고, 이것을 증명을 통해 얻으려고 한다. 그러나 우리가 앞서 말했듯이,[155] 그들의 잘못된 정신 상태는 바로 다음과 같다. 즉, 그들은 근거가 주어질 수 없는 것들에 대해 근거를 구한다. 그러나 증명의 원리는 증명되어야 할 사항이 아니다.[156]

이런 점들을 그들에게 쉽게 확신시킬 수 있을 것이다. 그것은 이해하기 어렵지 않기 때문이다. 그러나 논의에서 강압만을 추구하는(이기려고만 하는) 사람들은 불가능한 것을 추구하고 있다. 왜냐하면 그들은 모순되는 것들을 말할 권리를 요구하기 때문이다. 그러나 이는 곧바로 자기모순적인[157] 요구이다.[158] 그러나 모든 것들이 모두 다 서로 관계 맺고 있지만은 않고, 어떤 것들은 독립적으로 있다면, 감각에 나타난 것이 모두 다 참이지는 않을 것이다. 왜냐하면 현상은 어떤 사람에게 나타난 현상이기 때문이다. 그래서 현상들이 모두 참이라고 말하는 사람은 있는 것들을 모조리 관계 맺은(상대적인) 것으로 만든다. 그렇기 때문에 논의에서 강압을 추구하면서도, 자신들의 입장을 지지하고 있다고 주장하려는 사람들은 현상은 그 자체로 있지 않고, 그것이 나타나는 사람에게, 그것이 나타나는 때와 곳과[159] 방식에[160] 따라 있다고 말하지 않도록 조심해야 한다. 그러나 그

---

153 안티스테네스를 두고 한 말인 듯하다.

154 예를 들어, 안티스테네스는.

155 4장 1006a 5-9 참조.

156 3장 1005b 2-5와 『뒤 분석론』 1권 3장 참조.

157 8장 1012b 15-17 참조.

158 1011a 3-16을 11권(K) 6장 1063b 7-16과 비교해 볼 것.

159 현상이 나타나는 '곳'(hē)은 그것이 나타나는 특정의 '감각'을 뜻한다. 1011a 34와 5장 1010b 14-19 참조.

들이 자신들의 입장을 지지하면서 그런 식으로 말하지 않는다면, 자신들의 말에 곧바로 모순되는 것들을 말하는 결과가[161] 그들에게 따를 것이다. 왜냐하면 같은 사람에서 어떤 것이 시각에는 꿀로 보이지만 미각에는 그렇지 않을 수 있으며, 또 두 눈의 시력이 비슷하지 않을 경우, 같은 대상이라 하더라도 눈마다 달리 보일 수 있기 때문이다.

그러나 앞서[162] 든 이유들 때문에, 현상이 참이라고 말하고, 이 때문에 또 모든 것들이 똑같이 거짓이면서 참이라고 주장하는 사람들에게(왜냐하면 같은 것들이 모든 사람에게 같은 것들로 나타나지는 않고, 같은 사람에서도 늘 같은 것들로 나타나지는 않고, 종종 같은 때에 반대되는 것들로 나타나기 때문이다. 예를 들어, 두 손가락을 겹칠 때 촉각은 둘이라고 말하지만, 시각은 하나라고 말한다),[163] 우리는 '하지만 같은 감각에, 같은 관점에 따라, 같은 방식으로, 같은 때에 그렇지는 않다'고 대꾸할 것이

---

160 5장 1010b 5-6 참조.

161 다시 말해, 자기모순의 결과가.

162 5장 1009a 38-1010a 15에서.

163 검지와 중지를 X자 모양으로 겹칠 때 그 사이에 낀 물체가 감각되는 방식을 말한다(데카르트의 『인간론』 1662년판에 실린 아래 삽화 참조). 같은 내용의 예가 『꿈에 관하여』 460b 20, 『자연학적인 문제들』 958b 14, 959a 15, 965a 36에도 언급되어 있다. 1011a 31-34를 11권(K) 6장 1062b 33-1063a 10과 비교.

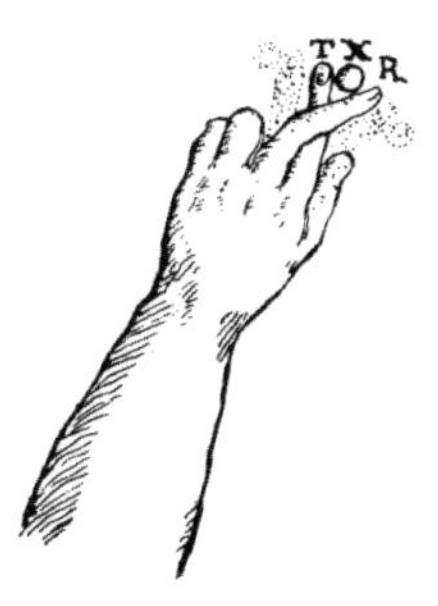

1011b 다. | 그래서 현상은 이런 조건들 아래에서 참일 것이다.

그렇기 때문에 아마도, 지적 혼란 때문이 아니라 제 주장을 고집하기 위해 그렇게 말하는 사람들은 현상이 그 자체로 참이 아니라, (그것이 나타나는) 이 사람에게 참이라고 말해야 할 것이다. 그리고 앞서[164] 말했던 것처럼, 그들은 모든 것들을 어떤 것에 관계 맺은(상대적인) 것들로, 생각과 감각에 따라 상대적인 것들로 만들 수밖에 없다. 그래서 누군가가 이전에 한 번이라도 그렇게 생각하지 않는다면, 아무것도 생겨나 있지도 않고 있게 되지도 않을 것이다. 그러나 (누군가가 먼저 그걸 감각하거나 생각하지 않더라도) 모든 것들이 생겨나 있고, 또 생겨나 있게 될 것이라면, 분명히 모든 것들이 다 (주관적) 생각에 따라 상대적인 것은 아닐 것이다.

더 나아가, 어떤 것이 하나라면, 그것은 한 가지 것에 관계 맺거나 확정된 수의 것들에 관계 맺는다. 그리고 같은 것이 어떤 것의 절반이자 다른 어떤 것과 양이 같다면, 두 배에 관계 맺는 것은 같은 양이 아니라 절반이다.[165] 그래서 생각하는 것(사유 주관)에 관계 맺어, 어떤 사람이 (이 생각하는 것에 의해) 생각되는 것(사유 대상)이라면, (일방적인 관계만을 전제할 경우) 이 사람은 생각하는 것이 아니라 생각되는 것일 뿐이다.[166] (그러나 이것은 이치에 어긋난다.) 그리고 각 사물이 생각하는 것에 관계 맺은 것이라면, 생각하는 것은 (하나에 관계 맺지 못하고) 종(種)에서 차이 나는 무수히 많은 것들에 관계 맺을 것이다. (그러나 이것도 이치에 어긋난다.)

---

164 1011a 19에서.

165 다시 말해, 같은 양은 같은 양에 관계 맺고, 절반은 두 배에 관계 맺는다.

166 만일 어떤 사람이 단지 누구에 의해 사람이라고 생각되기 때문에 사람이라면, 그의 존재는 그를 그렇게 '생각하는 것'과 맺는 관계 속에 포함되어 있다. 이런 관계 속에서 그는 '생각하는 것'에 관계 맺은 것, 즉 '생각되는 것'일 뿐이다. 따라서 그 관계가 그의 모든 존재이기 때문에 그는 '생각하는 것'일 수 없다.

대립되는 진술들은 동시에 참이지는 않다는 생각이 모든 생각들 중 가장 확실한 생각이라는 점,[167] 그렇게 (대립되는 진술들이 동시에 참이라고) 주장하는 사람들에게 생겨나는 (불합리한) 결과,[168] 그리고 그들이 그러한 주장을 하는 이유에[169] 대해서는 이쯤 해 두자. 그런데, 모순되는 것들이 동시에 같은 것에 대해 참일 수 없기 때문에, 반대되는 것들도 분명히 동시에 같은 것에 들어있을 수 없다. 왜냐하면 반대되는 것들 중 하나는 반대되는 것임에 못지않게 또한 결여, 즉 실체의[170] 결여이기 때문이다.[171] 그리고 결여는 어떤 특정한 (범주의) 유(類)에 대해 어떤 술어를 부정함이다. 그래서 동시에 참인 것으로 긍정하고 부정할 수 없다면, 반대되는 것들이 동시에 어떤 것에 들어있을 수도 없다. 둘이 (각기 다른) 어떤 측면에서 들어있는 경우이거나, 아니면 하나는 어떤 측면에서 다른 하나는 단적으로 들어있는 경우를 제외하고는 말이다.[172]

7장 배중률

그리고 (1) 또한, 모순되는 것들 사이에는 아무것도 있을 수 없으며, 하나의 주어에 대하여 우리는 (모순되는 두 술어들 중) 임의의 술어를 긍정하

---

167 3장 1005b 8-34 참조.

168 4장 참조.

169 5-6장 참조.

170 실체(ousia)는 여기에서 긍정의 성질로서 형상(eidos)을 뜻한다.

171 반대됨(반대성, enantiotēs)은 어떤 것의 '완전한 결여'(sterēsis teleia, 10권 4장 1055a 34)이거나 '으뜸가는 결여'(sterēsis prōtē, 9권 2장 1046b 14)이다. 10권(I) 4장 1055b 11-29 참조.

172 1011b 17-22를 11권(K) 6장 1063b 17-19와 비교.

1011b

거나 부정하거나 둘 중 하나만을 해야 한다. 이 점은 먼저, 참이 무엇이고 거짓이 무엇인지 정의를 내려 보면 분명하다. 있는/…인 것을 있지/…이지 않다거나, 있지/…이지 않은 것을 있다/…이다고 말하는 것은 거짓인 반면, 있는/…인 것을 있다/…이다고, 있지/…이지 않은 것을 있지/…이지 않다고 말하는 것은 참이다.[173] 그래서 또한 어떤 것이 있다/…이다거나 있지/…이지 않다고 말하는 사람은 참을 말하고 있거나 거짓을 말하고 있을 것이다. 그러나 (긍정과 부정의 중간을 말하는 사람은) '있는/…인 것이, 있지/…이지 않은 것이 있지/…이지 않다거나 있다/…이다'고 말하지 않는다.

더 나아가, (2) 회색인 것이 검은 것과 흰 것 사이에 있듯이, 또는 사람도 말(馬)도 아닌 것이 사람과 말 사이에 있듯이, 모순되는 것들 사이에 무엇인가가 있(다고 주장할 수 있)을 것이다. 뒤의 경우, 중간에 있는 것은 (극단의 것들로) 변할 수 없을 것이다(왜냐하면 좋지 않은 것이 좋은 것으로 변하거나, 좋은 것이 좋지 않은 것으로 변하기 때문이다).[174] 그러나 실제로, 중간에 있는 것은 항상 극단의 것들로 변하는 것으로 관찰된다. 왜냐하면 변화는 대립되는 것들로 바뀌는 변화이고, 이것들의 중간에 있는 것들로 바뀌는 변화이기 때문이다.[175] 그리고 앞의 경우처럼 중간에 있는

---

173 참(alēthes)에 관한 이런 정의(定義)를 스콜라 철학에서는 '사물과 지성의 일치'(adaequatio rei et intellectus)로 압축해 표현한다. 플라톤의 『크라튈로스』 385b와 『소피스테스』 240a-241a, 263b 참조.

174 그러나 중간에 있는 것(to metaxy)은 좋은 것도 아니고 좋지 않은 것도 아니다. 중간에 있는 것에 관한 일반적인 논의는 10권(I) 7장 참조.

175 모든 변화는 반대되는 성질의 상태에서 다른 반대되는 성질의 상태로 가는 변화이거나, 중간 성질의 상태에서 반대되는 성질의 상태로, 또는 반대되는 성질의 상태에서 중간 성질의 상태로 가는 변화이다. 예를 들어, 검은 것(또는 흰 것)에서 흰 것(또는 검은 것)으로, 회색인 것에서 흰 것(또는 검은 것)으로, 또는 흰 것(또는 검은

것이 있다면,[176] 이런 식으로 또한 흰 것으로 바뀜이 | 희지 않은 것으로부
터가 아닌 방식으로 있을 것이다. 그러나 사실상, 이런 것은 관찰되지 않 1012a
는다.[177]

더 나아가, (3) 우리의 사유는, 참을 말하거나 거짓을 말할 때마다, 모든 추론되는 것(지성의 대상)과 직관되는 것(이성의 대상)을[178] 긍정하거나 부정하거나 둘 중 하나만을 한다. 이 점은 참과 거짓에 대한 정의(定義)로부터[179] 보건대 분명하다. 사유는 긍정하는 사유든 부정하는 사유든, 이렇게 (제대로) 결합하면 그것은 참을 말하며, 이렇게 (잘못) 결합하면 거짓을 말한다.

더 나아가, (4) 주장을 위한 주장을 하는 경우가 아니라면, 모든 모순되는 것들 사이에 어떤 중간의 것이 있어야 한다. 그래서 어떤 사람이 참을 말하지도 않고 참을 말하지 않지도 않게 될 것이다. 그리고 있는 것과 있지 않은 것 사이에 중간의 것이 있게 되어서, 생성과 소멸 사이에 어떤 중

것)에서 회색인 것으로 가는 변화로 구분할 수 있다. 그런데, 반대되는 것들(enantia)의 중간에 어떤 것이 있는 것과는 달리, 모순되는 것들(antiphaseis)의 중간에는 그런 것이 없다.

176 회색인 것이 검은 것과 흰 것 사이에 있듯이 중간의 것이 있다면.

177 회색인 것이 흰 것으로 변한다면, 이 변화는 아직 '희지 않은 것'인 회색인 것으로부터 이루어진다.

178 '추론되는 것'(지성의 대상)과 '직관되는 것'(이성의 대상)의 원어는 차례로 dianoēton과 noēton이다. 이 대상들과 관련된 지적 능력을 나타내는 개념들인 dianoia와 nous는 서로 구분 없이 모두 '일반적인 사유 능력'이란 뜻으로 사용되기도 하지만(『혼에 관하여』 433a 2 참조), 두 가지 종류의 능력으로 구분되어 dianoia는 '추론적 능력'을, nous는 '직관적 능력'을 뜻하기도 한다(『혼에 관하여』 414b 18, 『뒤 분석론』 89b 7 참조). 여기서 '추론되는 것'과 '직관되는 것'을 긍정하거나 부정하는 '사유'(dianoia)는 이 두 가지 능력을 포괄하는 일반적인 개념으로 쓰였다.

179 앞의 1011b 26-27이나 바로 뒤의 1012a 4-5 참조.

간의 변화가 있게 될 것이다. (그러나 이는 이치에 어긋난다.)[180]

더 나아가, (5) 한 속성의 부정이 그것에 반대되는 속성을 함축하는 유(類)들에서조차 중간의 것이 있을 것이다. 예를 들어, 수들 중에서 홀수도 홀수 아닌 것(짝수)도 아닌 수가 있을 것이다. 그러나 이것은 불가능하다. 이 점은 (짝수는 홀수가 아닌 수들이 가진 성질이라는) 정의로부터 분명하다.

더 나아가, (6) (중간의 것들을 얻는 과정이) 무한히 계속될 것이며, 있는 것들의 수는 겨우 절반만큼 더 많아지는 것이 아니라 훨씬 더 많아질 것이다. 왜냐하면 다시 중간의 것(B)을 긍정(B)과 부정(~B)에 관련하여 부정할 수 있을 것이며, 이렇게 해서 나온 (B도 아니고 ~B도 아닌) 것(C)은 어떤 특정한 것이 될 것이기 때문이다.[181] 왜냐하면 이것의 실체는 그것과 다른 어떤 것이기 때문이다.

더 나아가, (7) 어떤 것이 흰지에 대해 질문받고서, 누군가가 아니라고 대답했을 경우, 그는 그것이 희다는 것 말고 다른 어떤 것도 부정하지 않았다. 그리고 희지 않다는 것은 부정어이다.

어떤 사람들은 다른 역설들에 빠졌듯이 또한 그런 견해에도 빠지게 되었다. 쟁론술적인 논증을 해체할 수 없을 때, 그들은 이런 식의 논증에 빠져들어 그 논증의 결론이 참이라고 동의한다. 그리고 어떤 사람들은 이러

---

180 있지 않은 것(to mē on)에서 있는 것(to on)으로 바뀌는 변화는 생성인 반면, 있는 것에서 있지 않은 것으로 바뀌는 변화는 소멸이다. 있는 것과 있지 않은 것 사이에 어떤 것이 중간의 것으로서 있다고 하더라도, 이것으로부터 있는 것(또는 있지 않은 것)으로의 변화나 있는 것(또는 있지 않은 것)으로부터 이것으로의 변화가 어떤 종류의 변화가 될 것인지 규정할 수 없다.

181 A와 ~A 사이에 A도 ~A도 아닌 B가 중간의 것으로서 있다면, 이것에 관련한 긍정(B)과 부정(~B)의 결합에 대한 부정이, 즉 B도 ~B도 아닌 C가 B와 ~B 사이에 중간의 것으로서 있을 것이며, 또 이런 식으로 무한히 계속해서 중간의 것들이 있게 될 것이다.

한 이유로 말미암아 그런 견해를 갖지만, 다른 어떤 사람들은[182] 모든 것들에 대해 근거를 찾기 때문에 그런 견해를 갖는다. 이러한 사람들 모두에 대응하는 출발점은 정의(定義)이다. 그리고 정의는 그들이 무엇인가를 의미해야 한다는 필연성에 바탕을 둔다. 이로써 규정은, 이름은 이것에 대한 표현물인데, 정의가 될 것이기[183] 때문이다.[184] 모든 것들이 있으면서/…이면서 있지/…이지 않다고 말하는 헤라클레이토스의 이론은 모든 것들을 참인 것으로 만드는 것처럼 보이지만,[185] 모순되는 것들의 중간에 무엇인가가 있다고 말하는 아낙사고라스의 이론은 모든 것들을 거짓인 것으로 만드는 것처럼 보인다.[186] 왜냐하면 (아낙사고라스에 따르면) 사물들이 섞일 때, (이로부터 나온) 혼합체는 좋은 것도 아니고 좋지 않은 것도 아니며, 따라서 참인 것을 전혀 말할 수 없기 때문이다.

8장 모든 것이 참이라는, 거짓이라는 견해들은 옳지 않다

위의 구분들로부터 보건대 분명히, 모든 것들에 대하여 몇몇 사람들이 보인, 한쪽으로 치우친 주장들은 모든 것들에 대해 타당할 수 없다. 그들 중 어떤 사람들은 어떤 것도 참이 아니라고 주장하며(왜냐하면 이들은 '정사각형의 대각선과 한 변을 같은 단위로 잴 수 있다'는 진술과 마찬가지로,[187]

---

182 안티스테네스(Antisthenes)를 두고 한 말인 듯하다.

183 4장 1006a 18-28 참조.

184 1011b 23-1012a 24를 11권(K) 6장 1063b 19-24와 비교해 볼 것.

185 3장 1005b 23-26, 5장 1010a 10-15 참조.

186 4장 1007b 25-29 참조.

187 거짓이며 성립이 불가능한 진술의 대표적인 예이다. 1권(A) 2장 983a 19, 9권(Θ) 4장 1047b 6 참조.

모든 것들이 얼마든지 불가능하게 될 수 있다고 말하기 때문이다), 다른 어떤 사람들은 모든 진술이 참이라고 주장한다. 이러한 주장들은 헤라클레이토스의 주장과 거의 같다. 왜냐하면 '모든 것들은 참이고 모든 것들은 거짓이다'라고 주장하는 사람은 또한 이 주장들을 각기 따로 주장하며,
1012b | 그래서 둘을 따로 주장하는 것이 불가능하다면, 둘을 함께 결합해 주장하는 것도 불가능하기 때문이다.

더 나아가 분명히, 둘 다 참일 수는 없는 모순되는 진술들이 (순수 사유의 영역에) 있다. 그리고 모든 모순되는 진술들이 둘 다 거짓일 수도 없다. 앞서 말한 것에 비추어 볼 때 뒤의 경우가 더 가능한 것처럼 보인다.

그러나 그러한 모든 주장에 응하여, 위의 논의들에서 말했듯이,[188] 어떤 것이 있다/…이다거나 있지/…이지 않다는 것이 아니라, 그것이 어떤 것을 의미한다는 것을 요구해야 한다. 그래서 정의에 바탕을 두고서, 즉 '거짓'이나 '참'이 무엇을 뜻하는지를 받아들이면서 논증을 펼쳐야 한다. 그리고 '어떤 것을 긍정함이 참이다'는 것이 '어떤 것을 부정함이 거짓이다'는 것 외에 다른 어떤 것도 아니라면, 모든 것들이 거짓일 수 없다. 왜냐하면 모순되는 진술들 중 한쪽은 반드시 참이어야 하기 때문이다. 더 나아가, 모든 것을 긍정하거나 부정해야 한다면, 둘 다 거짓일 수 없다. 모순되는 진술의 한쪽만 거짓이기 때문이다.

정말, '그들은 자기 자신들을 파괴한다'는 상투적인 말이[189] 그러한 (모든 것들이 참이라는, 또는 거짓이라는) 견해들 모두에 따른다. 왜냐하면 모든 것들이 참이라고 말하는 사람은 자신의 주장에 반대되는 주장을 참인 것으로 만들어서, 결국 자신의 주장을 참이 아닌 것으로 만들고(반대되

---

188 4장 1006a 18-22에서.

189 플라톤의 『테아이테토스』 171a-b 참조.

는 주장은 그의 주장이 참이라는 것을 부인하기 때문이다), 모든 것들이 거짓이라고 말하는 사람은 자신의 주장을 또한 거짓으로 만들기 때문이다.[190] 그리고 앞의 사람이 반대되는 주장만 참이 아니라고, 뒤의 사람이 자신의 주장만 거짓이 아니라고 예외를 두더라도, 그들은 수없이 많은, 참이거나 거짓인 진술들을 요구하지 않을 수 없을 것이다. 예를 들어, 뒤의 사람은 참인 진술이[191] 참이라고 말하는 진술이 참이라고 주장해야 하며, 이러한 과정은 무한히 계속될 것이다.[192]

그리고 분명히, 모든 것들이 가만히 있다고 주장하는 사람들도 참을 말하지 않으며, 모든 것들이 움직인다고 말하는 사람도 참을 말하지 않는다. 모든 것들이 가만히 있을 경우, 참인 것은 항상 참이고, 거짓인 것은 항상 거짓일 것이다. 그러나 이것은 변하는 것처럼 보인다. 왜냐하면 그런 진술을 하는 사람 자신이 한때 있지 않았고, 또 언젠가는 있지 않게 될 것이기 때문이다. 그리고 모든 것들이 변하고 있다면, 어떤 것도 참이 아닐 것이다. 따라서 모든 것은 거짓일 것이다. 그러나 이미 보인 것처럼 이것은 불가능하다. 더 나아가, 있는 것은 반드시 변한다. 변화는 어떤 것에서 나와 어떤 것으로 가는 것이다. 그러나 모든 것들이 한때 가만히 있거나 움직일 뿐, 어떤 것도 항상 가만히 있거나 움직이지는 않는다는 것은 아니다. 왜냐하면 움직이는 것들을 항상 움직이게 하는 어떤 것이[193] 있으며, (다른

---

190 1012a 24-b 18을 11권(K) 7장 1063b 24-35와 비교. 특히 1012b 13-18을 5장 1062b 7-9와 비교.

191 뒤의 사람이 주장하는 '모든 것들은 거짓이다'라는 진술을 가리킨다.

192 '모든 것들은 거짓이라는 진술은 참이다', '모든 것들은 거짓이라는 진술은 참이라는 진술은 참이다', … 이런 방식으로 무한히 계속된다는 뜻이다.

193 '으뜸가는 하늘'(prōtos ouranos) 또는 '천체들의 천구'를 뜻한다. 이것은 항상 물리적인 우주 전체를 움직이게 하지만, 자신도 또한 '영원히 움직이는 것'(aei kinoumenon)이다. 12권(Λ) 6장, 7장 1072a 19-24, 8장 1074a 33-38 참조.

1012b

모든 것들을) 움직이게 하는 으뜸가는 것 자신은 움직이지 않는 것이기 때문이다.[194]

194 자신은 움직이지(변하지) 않으면서 다른 것들을 움직이게(변하게) 하는 원리는 흔히 '부동의 원동자'(不動의 原動者, the unmoved prime mover)라 불린다. 으뜸가는 하늘(제일천구)을 포함하여 모든 것들을 움직이게 하는 이것은 신(神, theos)을 가리킨다. 12권(Λ) 7장 참조.

5권(Δ)[1]

1장 원리[2]

1012b

'아르케'(archē)는 한편으로, (1) 그로부터 어떤 이가 한 사물에서 가장 [34]
먼저 움직일 수 있는 곳을 뜻한다. 예를 들어, 선(線)과 길(路)의 아르케 [35]
(시작점)가 있는데, 이쪽에서 보면 이것이, | 반대쪽에서 보면 저것이 시 1013a
작점이다. 다른 한편으로, (2) 그로부터 각 사물이 가장 잘 생겨날 수 있
는 곳이 아르케(출발점)이다. 예를 들어, 우리는 어떤 것을 배울 때 때로는

---

1 5권(Δ)은 일종의 '철학 사전'의 성격을 띤 글로서, 디오게네스 라에르티오스(Diogenes Laertios)가 전하는 아리스토텔레스 저술 목록에는 '여러 가지 뜻으로 말해지는 것(개념)들'이란 제목이 붙어 있다(『유명한 철학자들의 생애와 사상』, 5권 23절 참조). 이 권에는 아리스토텔레스의 철학이 다루는 주제에 관한 주요 개념들이 사전식으로 정리되어 있다. 내용으로 볼 때, 다른 권들과 매끄럽게 연결되지 않은 부분이지만, 6권(E), 7권(Z), 9권(Θ), 10권(I)에 언급됨으로써 적어도 형식적으로는 『형이상학』의 일부를 이루고 있다.

2 1권(A) 3장에서 '아르케'(archē, 원리)는 주로 네 가지 원인, 즉 재료인, 형상인, 운동인, 목적인을 기술하는 데 쓰였지만, 이곳에서는 5권(Δ)에서 설명되고 있는 다른 개념들과 마찬가지로, 이 말의 일상적인 뜻까지 포함하여 넓은 분류가 시도되고 있다.

으뜸가는 것과 사물의 아르케(근원)에서 시작하지 않고 가장 쉽게 배울 수 있는 곳에서 시작해야 한다.[3] 더 나아가, (3) 그로부터 맨 처음 어떤 것이 생겨나는, 어떤 것 안에 들어있는 것이, 예를 들어, 배의 용골과 집의 기초가 아르케(중심부)이다. 그리고 동물의 경우, 어떤 이들은[4] 심장이, 다른 이들은[5] 뇌가, 또 다른 이들은 그와 같은 종류의 다른 임의의 부분이 그러한 것이라고 생각한다. 또 (4) 그로부터 맨 처음 어떤 것이 생겨나는, 어떤 것 안에 들어있지 않은 것이, 그리고 그로부터 운동과 변화가 자연적으로 처음 시작하는 곳이 아르케(근원)이다. 예를 들어 아이는 아버지와 어머니로부터, 싸움은 비방으로부터[6] 생겨난다. 그리고 (5) 움직이는 것들을 움직이고 변하는 것들을 변하게 하는 결정권을 가진 것, 예를 들어 도시국가의 행정권, 과두정, 군주정과 독재정이 아르케(통치체제)이며, 기술들이 또한 아르케(핵심)이며, 그 가운데에서도 특히 주도적인 기술들이 아르케(핵심)라 불린다. 더 나아가, (6) 그로부터 사물이 맨 처음으로 알려질 수 있는 곳이 또한 그 사물의 아르케(원리)이다. 예를 들어 가정(假定)들은 증명의 원리이다.[7] '아르케'만큼 많은 뜻으로 또한 '아이티온'(aition, 원인)들은 말해진다. 모든 원인들은 원리들이기 때문이다.[8] 모든 아르케(원리)들

---

3 『뒤 분석론』 71b 33-72a 5 참조.

4 엠페도클레스(글조각 A84와 97 참조), 데모크리토스(글조각 1의 10행 참조), 아리스토텔레스 자신을 들 수 있다. 『잠과 깨어 있음에 관하여』 456a 5, 『젊음과 늙음, 삶과 죽음에 관하여』 468b 28, 469a 4, 17, 『호흡에 관하여』 478b 33, 『동물의 몸에 관하여』 647a 31, 『동물의 발생에 관하여』 738b 16 참조.

5 알크마이온(글조각 A8 참조)과 힙폰(글조각 A3 참조), 플라톤(『티마이오스』 44d 참조)을 들 수 있다.

6 24장 1023a 30, 『동물의 발생에 관하여』 724a 28 참조.

7 『뒤 분석론』 72a 7-24 참조.

8 원어인 archē(원리)와 aition(원인)은 서로 구분되어 쓰이기도 하지만(2권 2장 994a 1, 『생성과 소멸에 관하여』 324a 27 참조), 여기에서처럼 서로 외연이 같은 것

의 공통점은 그로부터 어떤 것이 있고, 생겨나고, 알려지는 최초의 것이라는 점이다. 이 원리들 중 일부는 사물 안에 들어있으며, 다른 일부는 사물 밖에 있다. 그렇기 때문에 한 사물의 본성,[9] 요소, 사유, 결정권,[10] 실체(본질) 그리고 '무엇을 위해'(목적)는 원리이다. 왜냐하면 많은 사물들에서, 좋음과 아름다움은[11] (목적으로서) 인식과 운동의 원리이기 때문이다.

2장 원인[12]

'아이티온'(aition)은 한편으로, (1) 어떤 것 안에 들어있는, 그로부터 어떤 것이 생겨 나오는 것을 뜻한다. 예를 들어, 청동은 조각상의 아이티온(원인)이고, 은(銀)은 접시의 원인이며, 그리고 이런 재료들의 유(類, 상위 개념)들도[13] 또한 원인이다.[14] 그리고, (2) 형상이나 본, 다시 말해 본질에 대한 정의(定義)와 이것을 포함하는 유들이(예를 들어, 2:1의 비율이, 일반적으로 수(數)가 옥타브의 원인이다), 그리고 정의 속에 든 부분들이 원인이다.[15] 더 나아가, (3) 변화 또는 가만히 있음이 맨 처음 비롯하는 곳이

으로 쓰이기도 한다(4권 2장 1003b 24 참조).

9 여기서 원어인 physis는 어떤 사물의 '재료'를 뜻한다. 4장 1014b 26 참조.

10 여기서 사유(dianoia)와 결정권(prohairesis)은 운동인(causa efficiens)의 예이다.

11 좋음(agathon)과 아름다움(kalon)의 차이에 대해서는 13권(M) 3장 1078a 31-b 6, 『에우데모스 윤리학』 1248b 16-37, 『연설술』 1366a 33-36 참조.

12 2장은 『자연학』 194b 23-195b 21과 거의 같다.

13 예를 들어, 청동이나 은의 상위 개념인 '금속'도 이것들로 만들어진 것의 원인이라 할 수 있다.

14 재료인(causa materialis)을 말한다.

15 형상인(causa formalis)을 말한다.

원인이다. 예를 들어, 조언자는 (조언받은 자가 하는 어떤 행동의) 원인이며, 아버지는 아이의 원인이다. 그리고 일반적으로, 만드는 자는 만들어진 것의 원인이며, 어떤 것을 변하게 할 수 있는 것은 변하는 것의 원인이다.[16] 더 나아가, (4) 어떤 것은 목적으로서, 즉 '무엇을 위해'로서 원인이다. 예를 들어 건강은 산책의 원인이다. 왜냐하면 '왜 그는 산책을 하는가?'란 물음에 우리는 '건강해지기 위해'라고 대답하기 때문이다. 그리고 이런 식으로 목적을 말함으로써 우리는 원인을 제시했다고 생각한다. 그리고 어떤 것이 움직임을 일으키며 목적으로 가는 사이에 끼어드는 수단들도 마찬가지다. | 예를 들어 살 빼기, 몸을 깨끗이 함, 온갖 약들과 도구들이 건강에 앞서 그 사이에 끼어드는데, 이 모든 것들은 (건강이란) 목적을 위해 있으며, 어떤 것은 도구이고, 어떤 것은 (건강을 위한) 행위란 점에서 차이가 있다.[17]

'아이티온'은 대략 이만큼 많은 방식으로 말해진다. 원인이 여러 가지 방식으로 말해지기 때문에, 같은 것에 대한 원인이, 간접적으로 딸린 방식이 아닌 방식으로 여럿일 수 있을 것이다(예를 들어, 조각상의 경우, 조각술뿐만 아니라 청동도, 다른 어떤 관점에서가 아니라 바로 그것이 조각상이라는 점에서, 그것이 있는 원인이다. 그러나 같은 방식이 아니라, 청동은 재료로서, 조각술은 운동이 비롯하는 곳으로서 원인이다). 그리고 많은 것들은 또한 서로에 대한 원인이다(예를 들어 신체 단련은 좋은 신체 상태의 원인이며, 좋은 신체 상태는 신체 단련의 원인이다. 그러나 같은 방식이 아니라, 좋은 신체 상태는 목적으로서, 신체 단련은 운동의 근원으로서 원인이다). 더 나아가, 같은 것이 반대되는 것들의 원인이기도 하다.

---

16 작용인 또는 운동인(causa efficiens)을 말한다.

17 목적인(causa finalis)을 말한다.

왜냐하면 어떤 것이 주어져 있을 때 그것은 어떤 특정한 사태의 원인이지만, 그것이 곁에 있지 않을 때 우리는 종종 그에 반대되는 사태의 원인으로 삼기 때문이다. 예를 들어, 키잡이가 있지 않음은 전복의 원인이지만, 그가 곁에 있음은 구조의 원인일 것이다. 그리고 이 둘은, 즉 키잡이가 곁에 있음과 키잡이의 결여(缺如)는 움직이게 하는 것들로서의 원인이다.

지금까지 말한 원인들은 모두 아주 두드러진 네 가지 뜻으로 분류된다. 자모(字母)는 음절의 원인이며, 재료는 그로부터 제작된 것들의 원인이며, 불, 흙 따위의 것들은 모두 물체들의 원인이며, 부분들은 전체의 원인이고, 가정(假定)들은 결론의 원인(전제)이다. 이것들은 모두 그로부터 다른 어떤 것들이 나와 있다는 뜻에서 원인들이다. 이(렇게 해서 나온 복합된) 것들에 대해서, 어떤 것들은, 예를 들어 부분들은 바탕(基體)으로서 원인이며,[18] 어떤 것들은, 즉 전체와[19] 결합과[20] 형상은 본질로서 원인이다.[21] 씨와 의사와 조언자, 그리고 일반적으로, 어떤 것을 만드는 것은 모두 변화나 서 있음(정지)의 시작이 비롯하는 곳으로서 원인이다.[22] 그리고 어떤 것들은 다른 것들의 목적과 좋음으로서 원인이다.[23] 왜냐하면 '무엇을 위해'는 가장 좋은 것이자 다른 것들의 목적인 성향이 있기 때문이다. 그것이 실제로 좋은 것이든 좋아 보이는 것이든[24] 차이가 없는 걸로 해 두자.

---

18 재료인(causa materialis)을 말한다.

19 전체(holon)는 부분들을 하나의 형상으로 만드는 원인 역할을 한다. 26장 1023b 29-36 참조.

20 예를 들어, 특정 음절은 그 구성 요소인 자모들이 어떻게 결합되느냐에 따라 그 내용(본질)이 바뀐다.

21 형상인(causa formalis)을 말한다.

22 운동인(causa efficiens)을 말한다.

23 목적인(causa finalis)을 말한다.

24 『토포스론』 146b 36-147a 11 참조.

그런 것들이 원인들이며 그만큼 종류가 많다. 그런데, 원인들이 나타나는 방식들도 개수로 보면 많지만, 간추려 보면 상대적으로 적다. 원인은 여러 가지 방식으로 말해지며, 같은 종류의 것들에서도 어떤 것이 다른 것보다 앞선 원인이거나 뒤진 원인이다.[25] 예를 들어, '의사'와 (의사의 상위 개념인) '기술자'는 모두 건강의 원인이며, '2:1의 비율'과 '수'(數)는 모두 옥타브의 원인이며, 임의의 원인을 포함하는 (일반적인) 것들은 항상 개별적인 것들의 원인이다. 더 나아가, 간접적으로 딸린 것과 이것의 유(類, 상위 개념)로서 원인들이 있다. 예를 들어, 조각상의 원인은 어떤 점에서 폴뤼클레이토스이며,[26] 어떤 점에서는 조각가이다. (폴뤼클레이테스가 조각상의 원인인 까닭은) 폴뤼클레이토스임이 | 조각가에 간접적으로 딸리기 때문이다. 그리고 간접적으로 딸린 것을 포함하는 것이, 예를 들어 인간이, 그리고 일반적으로 동물이 조각상의 원인이다. 왜냐하면 폴뤼클레이토스는 인간이고, 인간은 동물이기 때문이다. 그리고 간접적으로 딸린 것들 중에서도 어떤 것들은 다른 것들보다 더 먼 원인이거나 더 가까운 원인이다. 예를 들어 폴뤼클레이토스나 인간뿐만 아니라 (얼굴이나 옷이) 흰 것이나 교양 있는 것이 조각상에 대한 원인으로 말해지는 경우처럼 말이다.[27] 그러나 고유한(직접적인) 방식으로 또는 간접적으로 딸린 방식으로 원인인 이 모든 것들 외에 또 어떤 것들은 잠재적인 것으로서, 어떤 것들은 능력을 발휘하고 있는 것으로서 원인들이다. 예를 들어 (집을 짓는 능력을 가진)

---

25 예를 들어, 목수는 건축술에 의거하여 집을 짓기 때문에, 건축술은 목수보다 더 앞선, 집의 원인이라 할 수 있다. 『자연학』 195b 21-25 참조.

26 기원전 5세기, 아르고스 출신의 유명한 그리스 조각가. 작품 〈창을 든 남자〉(Doryphoros)를 바탕으로 인체의 비례에 관한 논문 「카논」을 쓴 것으로 알려져 있다.

27 '흼'이나 '교양 있음'은 폴뤼클레이토스에 단순히 딸린 속성이기 때문에, '흰 것'이나 '교양 있는 것'은 폴뤼클레이토스보다 더 먼, 조각상의 원인이다.

목수나[28] 또는 (그 능력을 발휘하여) 집을 짓고 있는 목수가 집이 지어짐의 원인이다. 앞서 말한 원인들에 의해 야기된 결과들의 경우도 마찬가지로 다양하게 말할 수 있을 것이다. 예를 들어, 어떤 것은 이 특정한 조각상의, 또는 조각상의, 또는 일반적으로 본뜬 것(모방물)의 원인이며, 어떤 것은[29] 이 청동, 또는 청동, 또는 일반적으로 재료의 원인이다. 그리고 간접적으로 딸린 것들의 경우도 이와 마찬가지일 것이다. 더 나아가, 직접적인 원인과 간접적으로 딸린 원인을 결합하여 원인으로 말할 수 있을 것이다. 예를 들어 '폴뤼클레이토스'나 '조각가'가 아니라, '조각가 폴뤼클레이토스'를 (조각상의 원인으로) 말할 수 있을 것이다.

그럼에도, 이 모든 것들의 개수는 여섯이며, 저마다 두 가지 방식으로 얘기된다. 다시 말해, ㉮ 원인들은 개별적인 것으로서 또는 (보편적인 것인) 유(類)로서[30] 원인들이거나, 간접적으로 딸린 것으로서 또는 간접적으로 딸린 것의 유로서[31] 원인들이며, 이것들이 결합되어서[32] 또는 단순하게 따로 원인들이다. 그리고 ㉯ 이 모든 것들은 다시 힘을 발휘하고 있는 것으로서 또는 잠재 상태에 있는 것으로서 원인이다.[33] 그리고 이 둘은 다음 만큼의 차이점이 있다. 즉 힘을 발휘하고 있는 것들과 개별적인 것들인 원

28 '목수'의 원어는 oikodomos로 '집을 짓는 사람'(builder)이다. '건축가'는 직접 집을 짓는 사람이라기보다는 건축에 대한 전문 지식과 기술을 가진 사람이란 뜻이 강하다. '나무를 다루어 집을 짓거나 여러 가지 물건을 직접 만드는 사람'이란 사전적인 의미를 가진 '목수'가 원어의 뜻에 더 가깝다고 생각한다. 그러나 이 말이 지어지는 것(집)과 대조되어 쓰일 때에는 '집을 짓는 사람'으로 옮겼으며, '의사' 등의 말과 연결되어 쓰일 때는 번역자들이 흔히 하듯 '건축가'로 옮겼다.

29 예를 들어, 청동을 제련하는 사람은. 『자연학』 194a 32-b 8 참조.

30 예를 들어, 조각가나 예술가로서.

31 예를 들어, 폴뤼클레이토스나 사람으로서.

32 예를 들어, 조각가인 폴뤼클레이토스나 예술가인 사람으로서.

33 이렇게 해서 모두 12가지의 방식(tropos)이 나온다. 1013b 29-30 참조.

인들은 그 원인의 대상이 되는 것들과 동시에 있다. 예를 들어, 이 치료하고 있는 사람은 이 치료받고 있는 사람과 동시에 있고, 이 집을 짓고 있는 사람은 이 지어지고 있는 것과 동시에 있다. 그러나 잠재/가능 상태로 원인인 것들은 항상 그것의 대상이 되는 것들과 동시에 있지는 않다. 왜냐하면 집이 목수와 더불어 소멸하지는 않기 때문이다.

3장 요소

'스토이케이온'(stoicheion)은 (1) 맨 먼저의 것으로서 어떤 것 안에 들어있는 것이며, 종류로 볼 때 다른 종류들로 분할되지 않는 것으로서, 다른 어떤 것을 이루고 있는 것이다. 예를 들어, 말의 스토이케이온(음소)들은 말을 이루고 있는 것들이며, 그것들로 말이 분할되는 마지막의 것들이다. 그러나 이 부분들은 더는 종류에서 자신과 차이 나는, 말의 다른 부분들로 분할되지 않는다. 그것이 나누어진다 치더라도 마치 물의 일부가 물이듯이, 그 부분들은 같은 종류의 것이겠지만, 음절의 부분은 음절이 아니다. 마찬가지로, 물체의 스토이케이온(원소)들을 주장하는 사람들도 물체들이 분할되는 마지막의 것들로서, 종류에서 차이 나는 다른 것들로 더는 나누어지지 않는 것들을 말한다. 그리고 그러한 것이 하나든 여럿이든 간에, 사람들은 그것들을 '원소들'이라 부른다. 그리고 또한 이와 비슷하게 어떤 사람들은 기하학적 증명의 스토이케이온(요소)들을,[34] 그리고 일반적

---

34 기하학적 증명(diagramma)이란 정의(horos), 공준(aitēma), 공리(axiōma)를 써서 정리(定理) 또는 명제(theōrēma)가 요구하는 도형을 그려 내는 것을 말한다. 따라서 기하학적 증명의 요소들, 즉 명제의 요소들은 정의, 공준, 공리를 가리킨다. 김진성(2008), 81쪽 참조.

으로는 증명의 요소들을 말한다. 왜냐하면 나중의 여러 가지 증명들 속에
들어있는 | 으뜸가는 증명들이 '증명의 요소들'이라 불리기 때문이다. 세 1014b
항으로 구성되고, 하나의 중간 항을 통해 진행하는 으뜸가는(기본적인) 추
론들이 바로 그러한 것들이다.

그리고 또한 사람들은 (2) 하나이면서 작은 것으로서 여럿에 쓸모 있는 것에 이 '스토이케이온'(요소)이란 말을 전용(轉用)한다. 그렇기 때문에, 작고, 단순하고, 분할되지 않는 것을 '요소'라 부른다. 이에 바탕을 두고, 가장 보편적인 것들이 요소들이 되었으며(왜냐하면 그것들은 저마다 하나이자 단순한 것으로서 모든 경우든 가능한 한 많은 경우든, 다수의 사물들 안에 들어있기 때문이다), 많은 사람들은[35] 하나와 점(點)이 원리들이라고 생각하게 되었다. 그런데, 이른바 (최상의) 유(類)들은[36] 보편적이고 (유와 차이성으로) 분할되지 않기 때문에(왜냐하면 이것들에 대한 정의는 있지 않기 때문이다), 어떤 사람들은 유들이 요소들이라고, 더 나아가 유가 더 보편적이기 때문에 차이성(種差)보다 더 요소라고 주장한다. 왜냐하면 차이성이 들어있는 것에는 유가 또한 따르지만, 유가 들어있는 것 모두에 차이성이 따르지는 않기 때문이다. 이런 모든 의미들에 공통된 점은 각 사물의 요소가 그 사물에 들어있는(내재하는) 으뜸가는 것이란 점이다.

---

35 피타고라스주의자들과 플라톤주의자들을 가리킨다. 1권(A) 5장 986a 1, 3권(B) 3장, 7권(Z) 2장 1028b 15-28, 12권(Λ) 1장 1069a 26-28 참조.

36 플라톤의 '하나' 또는 '있음'을 그리고 아리스토텔레스 자신의 10가지 범주들을 바로 이런 '최상위의 유들'(summa genera)로 볼 수 있다. 그보다 더 상위인 유(類)와 차이성(種差)으로 분해될 수 없기 때문에, 이것들에 대한 정의는 없다.

1014b

4장 자연[37]

'퓌시스'(physis)는 (1) 누군가가 physis에서 y(윕실론)을 길게 발음하면 그렇게 보이듯이,[38] 자라는 것들의 발생을 뜻한다. 그것은 또 (2) 자라는 것이 맨 처음 자라나는, 자라는 것 안에 들어있는 것을[39] 뜻한다. 더 나아가, 그것은 (3) 각 자연물 안에서, 이것이 자연물인 한에서 움직임이 맨 처음 나오는 근원을[40] 뜻한다. 어떤 것에 닿아 함께 자라거나, 배아(胚芽)처럼 그것에 덧붙는 식으로 다른 것을 통해 성장을 얻는 것들은 자란다고 말해진다. 그런데 함께 자람은 닿음(접촉)과 다르다.[41] 닿는 것들의 경우, 닿음 말고는 아무것도 없어야 하지만, 함께 자라는 것들의[42] 경우, 둘 안에 동일한 것이 있고, 이것이 그 둘을 단순히 닿는 대신에 함께 자라게 하고, 질에서는 아닐지라도, 적어도 연속과 양의 면에서 그 둘이 하나가 되도록 만든다. 더 나아가, '퓌시스'는 (4) 그로부터 비자연물들[43] 중 어느 것이 맨 처음 있거나 생겨나는 것을[44] 뜻하는데, 이것은 모양이 없으며, 자신이 가

---

37 '자연'(physis)의 의미들에 관한 논의는 『자연학』 2권 1장에도 전개되어 있다.

38 '자람(성장)'은 physis의 어원적 의미다. 실제로, 동사인 phyesthai(자라다)의 y는 그 변형에서 대부분 길게 발음된다. physis는 '자연', '자연물', '본성', '실재', '자연의 과정' 등의 다양한 뜻을 가지며(그리스어-우리말 찾아보기 참조), 『자연학』에서는 기술의 뜻을 가진 technē에 대조된 개념으로 주로 쓰인다. 여기처럼 '발생' 또는 '생성'(genesis)의 뜻으로 쓰인 예는 『자연학』 193b 12와 플라톤의 『법률』 892c에서 찾아볼 수 있다.

39 씨나 알이 바로 이러한 것이라고 할 수 있다.

40 운동인(causa efficiens)을 말한다. 이때의 physis는 '자연력'으로 옮길 수 있다.

41 11권(K) 12장 1069a 5-12 참조.

42 뼈와 근육을 '함께 자라는 것들'(sympephykota)의 예로 들 수 있다.

43 피렌체의 필사본 A^b를 받아들인 크리스트(Christ, 1895)에 따라 tōn physei ontōn(자연물들) 대신 tōn mē physei ontōn(비자연물들, 즉 인공물들)으로 읽었다.

진 힘에서 벗어나 변할 수 없다. 예를 들어 청동은 조각상의, 청동으로 된 도구들의 퓌시스(재료)이며, 나무는 나무로 된 것들의 재료이다. 다른 경우들도 이와 마찬가지여서, 그런 재료들로부터 각 사물이 만들어져 나올 때 처음의 재료는 그대로 보존된다. 이런 식으로 사람들은 또한 자연물들의 원소들이 재료라고 말하는데, 어떤 이들은 불이, 어떤 이들은 흙이, 어떤 이들은 공기가, 어떤 이들은 물이, 어떤 이들은 그런 종류의 다른 어떤 것이, 또 어떤 이들은 이것들 가운데 몇 개가, 다른 어떤 이들은 이것들 모두가 그러한 재료라고 주장한다. 더 나아가, '퓌시스'는 (5) 자연물들의 실체(본질)를 뜻한다. 예를 들어, 사람들이 (사물들을 생겨나게 하는) 으뜸가는 결합을 퓌시스(본성)라 주장하듯이, 아니면 엠페도클레스가 다음과 같이 | 말하듯이 말이다.

> "있는 것들은 어느 것도 퓌시스(영원한 본성)를 갖지 않으며, 단지 혼합과 혼합된 것들의 분리가 있을 뿐이다. 이것들을 사람들은 '퓌시스'(영원한 본성)라고 부른다."[45]

그렇기 때문에 자연에 의해 있거나 생겨나는 것들에 대해서도, 그로부터 이것들이 자연적으로 생겨나거나 있는 것이 이미 앞에 주어져 있다고 하더라도, 형상과 형태를 갖추고 있지 않으면, 그것들은 아직 퓌시스(본성)를 갖고 있지 않다고 우리는 말한다. 따라서 재료와 형상으로 이루어진

---

44 재료인(causa materialis)을 말한다.

45 그의 글조각 8, 김인곤 외(2005), 351쪽 참조. 플루타르코스(Plutarchos)가 전하는 글조각에서 physis는 teleutē(끝, 죽음)에 반대되는 개념으로 쓰여 '생성'(genesis) 또는 '탄생'이란 뜻이지만, 아리스토텔레스는 여기에서 physis를 '영원한 본성'이란 뜻으로 쓰고 있다. 『생성과 소멸에 관하여』 333b 13-18 참조.

것이, 예를 들어 동물들과 그 부분들이 자연에 따라 있다. 한편으로, 처음의 재료가 퓌시스(본성)인데(그리고 이 '처음의' 재료는 두 가지 뜻으로 말해진다. 생겨난 사물과 관계하여 처음이거나 일반적으로 처음이다. 예를 들어, 청동으로 된 제품들에서 이것들 자체와 관계하여 청동이 처음의 재료이지만, 일반적으로 녹는 것들이 모두 물이라면[46] 물이 처음의 것일 테다),[47] 다른 한편으로는 생성의 목적인 형상이나 실체가 퓌시스(본질)이다. 그리고 (6) '퓌시스'의 이런 뜻을 확장하여, 또한 일반적으로 모든 ('본질'이란 뜻의) 실체를 '퓌시스'라고 부르는데, 이는 퓌시스도 일종의 본질이기 때문이다.

지금까지 말한 바에 따르면, '퓌시스'의 으뜸가는 본래적인 뜻은 움직임의 근원을, 자신인 한에서 자신 안에 가진 것들의 실체(본질)이다. 왜냐하면 재료는 이 실체를 받아들이기 때문에 '퓌시스'라 불리고, 생성과 성장은 (자신들의 운동인인) 이 실체로부터 나온 움직임이기 때문에 '퓌시스'라 불리기 때문이다. 그리고 이런 뜻의 퓌시스는 자연물들에 어떤 식으로든, 즉 잠재/가능 상태로든 완성 상태로든 들어있는,[48] 자연물들의 움직임의 근원이다.[49]

---

46 플라톤의 『티마이오스』 58d에 나오는 이론이다. 아리스토텔레스 자신은 용해되거나 응고되는 것은 물로 되어 있거나, 물과 흙으로 되어 있고, 용해나 응고의 원인은 '마른 열'이나 '냉기'라고 생각하였다. 『기상학』 382b 31-33 참조.

47 이것은, 만들어진 것에 '가장 가까운(approximate) 재료'와 '(상대적으로) 궁극적인(ultimate) 재료'의 구분에 대한 설명이다. 물처럼 일정한 성질을 갖는 재료는 아무런 성질도 갖지 않는 '절대적으로 궁극적인 재료', 즉 '최초의 재료'(materia prima)일 수 없다.

48 고대의 주석가 알렉산드로스는 '뿌려진 씨(또는 정자)' 안에 든 혼과 '다 자란 동물' 안에 든 혼을 이 두 가지 상태에 놓인 퓌시스(physis, 본질)의 예로 든다. 『형이상학 주석』, Hayduck 편집(1891), 360쪽 11-12행 참조.

49 '퓌시스'(physis)의 다섯 번째 뜻=세 번째 뜻.

5장 필연적임

(1) '아낭카이온'(anankaion)은,[50] ㉮ 필요조건으로서, 그것 없이는 어떤 것이 살 수 없는 것을 뜻한다. 예를 들어, 호흡과 음식물은 동물에게 아낭카이온(필요한 것)이다. 이것들 없이 동물은 생존할 수 없기 때문이다. 그리고 ㉯ 그것은 그것 없이는 좋음이 있거나 생겨날 수 없고, 그것 없이는 우리가 나쁨을 없애거나 나쁨으로부터 벗어날 수 없는 것이다. 예를 들어, 약을 마시는 것은 아픔에서 벗어나기 위해 필요한 것이며, 그리고 아이기나로[51] 배를 타고 가는 것은 돈을 벌기 위해 필요한 것이다.

더 나아가, 그것은 (2) 강제적인 것과 강제력을 뜻한다. 다시 말해 그것은 제 충동과 의도에[52] 거스르는 가로막는 것과 방해가 되기 마련인 것이다. 왜냐하면 강제적인 것은 아낭카이온(그렇게 할 수밖에 없는 일)이라고 말해지기 때문이다. 그렇기 때문에 에우에노스가[53]

"아낭카이온(그렇게 할 수밖에 없는 일)은 죄다 괴롭기 마련이라네"

---

50 '아낭카이온'(anankaion)의 세 가지 기본적인 뜻에 대한 요약이 12권(Λ) 7장 1072b 11-13에 있다.

51 아이기나(Aigina)는 그리스 남쪽에 놓인 섬으로서 도시국가(Polis)이다. 기원전 7세기, 이곳의 화폐 제도는 다른 그리스 도시국가들에 모범이 되었다. 지정학적으로 유리한 조건 때문에 기원전 6세기에 해상 무역 도시로 번성하였다. 플라톤의 『열세 번째 편지』 362b에 플라톤이 금전적인 문제로 아이기나에 사는 (돈 많은) 안드로메데스(Andromedes)에게 에라스토스(Erastos)를 보내는 진술이 나온다.

52 충동(hormē)은 다른 동물이나 무생물도 가지는 자연적인 능력이지만, 의도(또는 제 뜻, prohairesis)는 인간만 가지는 능력이다.

53 에우에노스(Euēnos, 기원전 5세기 후반)는 파로스(Paros)섬에서 태어났다. 소크라테스와 같은 시대에 살았던, 소피스트에 가까운 시인이자 연설가이며 교사였다. 같은 시구가 『연설술』 1370a 10, 『에우데모스 윤리학』 1223a 32에도 인용되어 있다.

1015a

라고 읊듯, 그것은 또한 고통스러운 것이다. 그리고 강제력(압박)도 소포클레스가

"강제력 때문에(어쩔 수 없이) 이렇게 하지 않을 수 없다네"

라고[54] 읊듯, 아낭케(anankē, 어쩔 수 없음)의 일종이다. 그리고 또 아낭케(어쩔 수 없는 것)가 불가피한 것처럼 보이는 것도 일리가 있다. 왜냐하면 그것은 자신의 의도와 계산에 따른 움직임에 반대되기 때문이다. 더 나아가, (3) 달리 어떠함이 허용되지 않은 것을 두고 우리는 그러함이 '아낭카이온'(필연적)이라고 말한다. 그리고 이런 뜻의 필연성에 맞춰 또한 다른 모든 필연적인 것들이 일정한 방식으로 말해진다. 왜냐하면 강제적인 것은, 외부의 강제력(압박) 때문에, 1015b | 어떤 것이 제 충동에 따를 수 없을 때, 그것이 어쩔 수 없이 어떤 것을 하거나 겪는 것을 말하기 때문이다. 이는 곧 필연은 어떤 것을 달리 어떻게 있을 수 없게 만드는 것임을 뜻한다. 그리고 삶과 좋음의 필요조건에서도 이와 마찬가지다. 한편으로 좋음이, 다른 한편으로 삶과 생존이 어떤 것들 없이 지탱될 수 없을 때, 이 어떤 것들은 아낭카이온(필요한 것)들이며, (이런 것들을 필요하게 만드는) 그러한 (좋음, 삶, 존재 같은) 원인은 필연성을 띤다. 더 나아가, 어떤 것이 단적으로 증명된다면,[55] 결론이 달라질 수 없을 것이기 때문에, 그 증명은 필연적인 것이다. 이런 필연성의 원인이 되는 것들은 으뜸가는 전제들이다. 추론의 전제가 되는 이것들이 달리 어떨 수 없다면 말이다.[56]

---

54 『엘렉트라』 256행 참조. 날로 늘어가는 쓰라린 고통을 자신도 어쩔 수 없이 한탄할 수밖에 없다는, 아버지 아가멤논을 잃은 엘렉트라의 말이다.

55 '제한 조건이 달린 증명'이나 '논박에 의한 증명'이 아닌 방식의 증명, 즉 '본래적인 의미의 증명'을 말한다. 『뒤 분석론』 1권 2장 참조.

어떤 것들은 그 필연적임의 원인이 자기 자신들이 아닌 다른 것이며, 어떤 것들은 그렇지 않고, 자기 자신들 때문에 나머지 것들이 필연적으로 있다. 그래서 필연적인 것은 으뜸가는 본래적인 뜻으로는 단순한 것이다. 왜냐하면 단순한 것은 여러 가지 방식으로 있을 수 없어서, 이때는 이렇고 저 때는 저럴 수 없기 때문이다. 그렇지 않을 경우 그것은 이미 여러 가지 방식으로 있을 것이다. 그러므로 영원하고 움직이지 않는 것들이[57] 있다면, 이런 것들에게는 강제적인 것도 제 본성에 거스르는 것도 있지 않을 것이다.

6장 하나

'헨'(hen, 하나인 것)은[58] 한편으로, (1) 딸린 방식으로 하나이며, 다른 한편으로, (2) 제 본성에 의해 하나이다. (1) 예를 들어, '코리스코스'와[59] '교

---

56 증명의 '으뜸가는 전제들'(ta prōta)은 모순율처럼, 그보다 상위의 전제가 없는, 증명할 수 없는 전제들을 말한다. 이것들은 달리 어떨 수 없는, 즉 반드시(필연적으로) 참인 전제들이다.

57 4권(Γ) 8장 1012b 31 참조.

58 10권(I) 1장에도 '하나'(hen)의 여러 가지 뜻에 대한 논의가 나오는데, '하나'의 일차적이며 중요한 뜻인 '척도'를 중심으로 논의가 전개되어 있다.

59 코리스코스(Koriskos, 기원전 4세기에 활동). 트로이아 지방의 스켑시스 출신으로 플라톤의 제자였다. 플라톤의 『여섯 번째 편지』는 그와 헤르메이아스, 에라스토스에게 보내는 것으로 되어 있다. 플라톤 사후(기원전 347년), 에라스토스와 함께 헤르메이아스가 통치하고 있던 앗소스에 철학 학교를 세웠다. 이 무렵에 헤르메이아스의 궁전에 머무르고 있던 아리스토텔레스와 친분을 가진 것으로 추정된다. 그의 아들인 넬레오스는 기원전 288년 테오프라스토스로부터 아리스토텔레스의 저술 유고들을 넘겨받아 그의 고향인 스켑시스로 가져가 철학에 무관심한 후손들에게 물려주었는데,

양 있는 것'과 '교양 있는 코리스코스'는 딸린 방식으로 하나다(왜냐하면 '코리스코스와 교양 있는 것'과 '교양 있는 코리스코스'를 말하는 것은 같기 때문이다). 그리고 교양 있는 것과 정의로운 것, 교양 있는 코리스코스와 정의로운 코리스코스도 각기 하나이다. 왜냐하면 이것들은 모두 딸린 방식으로 하나인데, 정의로운 것과 교양 있는 것은 한 실체에 딸려서 하나이며, 교양 있는 것과 코리스코스는 앞의 것이 뒤의 것에 딸려서 하나이기 때문이다. 마찬가지로 어떤 점에서, 교양 있는 코리스코스도, 이 표현의 일부가 어떤 것에 딸리기 때문에, 즉 교양 있음이 코리스코스에 딸리기 때문에, 코리스코스와 하나다. 각각의 일부가 동일한 것에 딸리기 때문이다. 그리고 교양 있는 코리스코스와 정의로운 코리스코스도 하나다. 왜냐하면 이 둘의 일부분들(인 '교양 있음'과 '정의로움')이 동일한 것(대상)에 (단순히) 딸려 있기 때문이다. 어떤 것에 딸린 것이 유(類)나 보편적인 이름의[60] 경우에서 말해질 때에도 마찬가지다. 예를 들어, 사람과 교양 있는 사람이 같은 것이라고 말할 때처럼 말이다. 왜냐하면 교양 있음이 한 실체인 사람에게 딸려서 그렇거나, 아니면 교양 있음과 사람이 한 개인에게, 예를 들어 코리스코스에게 딸려서 그렇기 때문이다. 그렇지만, 두 경우가 같은 방식으로 들어있지 않고, 하나는 유로서,[61] 실체 안에 있는 것으로서, 다른 하나는 실체의 지속적 상태나[62] 양태로서 들어있는 듯하다.

이 유고들은 도서 수집가인 테오스 출신의 아펠리콘이 찾아내 아테네로 다시 가져올 때까지 약 200년 동안 묻혀 있었다고 전한다. 6권(E) 2장 1026b 18, 7권(Z) 11장 1037a 7 외의 다른 저술들에서도 '코리스코스'란 이름이 예로 등장한다.

60 '보편적인 이름'(katholu onoma)은 유(類, genos)일 필요가 없다. 그것은 '하나'일 수도 있고 '곧음'과 같은 차이성(種差)이나 속성일 수도 있다. 1권(A) 9장 992b 12, 7권(Z) 3장 1028b 34 참조.

61 여기서 '유'(類, genus)는 '종'(種, species)의 뜻으로 쓰였다. 10장 1018b 5-6 참조.

62 1권(A) 3장 983b 15의 각주 참조.

그러므로 딸린 방식으로 하나라고 말해지는 것들은 이런 방식으로 말해진다.

(2) 그러나 제 본성에 의해 하나인 것들 중 어떤 것들은 ㉮ 연속되어서
| 하나이다. 예를 들어 다발은 끈으로 묶여서 하나이며, 나무 조각들은 아 1016a
교로 붙여져서 하나이다. 그리고 선은, 꺾인 것이라 하더라도, 신체의 각 부분들처럼, 예를 들어 다리와 팔처럼 이어져 있는 한, 하나라고 말해진다. 그런데 이런 것들 중에서도 자연적으로 연속된 것들이 인위적으로 연속된 것들보다 더 하나다. 그리고 움직임이 그 자체로 하나이고[63] 달리 될 수 없는[64] 것이 연속된 것이다.[65] 그리고 분할될 수 없을 때, 다시 말해 시간의 면에서 분할될 수 없을 때,[66] 운동은 하나다. 그리고 그저 닿음으로써 하나이지 않은 것들이 제 본성에 의해 연속된 것들이다. 네가 나무 조각들을 서로 닿도록 놓을 때, 너는 이것들이 한 조각의 나무라고도, 하나의 물체라고도, 다른 어떤 종류의 하나의 연속체라고도 말하지 않을 것이다. 그런데 일반적으로, 연속된 것들은 꺾이더라도 하나이며, 꺾이지 않으면 더욱더 하나다. 예를 들어 정강이나 넓적다리는, 다리의 움직임이 하나가 아닐 수도 있기 때문에,[67] 다리보다 더 하나다. 그리고 직선은 꺾인 선보다 더 하나다. 그러나 각을 갖는 꺾인 선은 하나이기도 하고 하나가 아니기도 하다고 우리는 말한다. 왜냐하면 그런 꺾인 선의 움직임은 동시에 일어나지 않을 수도 있고 동시에 일어날 수도 있기 때문이다. 그러나 직선의 움직임은 항상 동시에 일어나며, 크기를 갖는 직선의 부분은 어떤 것도, 꺾

63 움직임(운동)의 단일성에 대해서는 『자연학』 5권 4장 참조.
64 '달리 될 수 없는'은 '다른 운동을 갖지 않는'이란 뜻이다.
65 연속성(syneches) 개념에 대해서는 『자연학』 5권 3장 참조.
66 모든 부분들이 동시에 움직일 때.
67 다리의 일부는 움직이고, 일부는 가만히 있을 수 있다.

인 선의 경우와 달리, 다른 부분이 움직이는 동안 가만히 있지 않는다.

더 나아가, 다른 뜻으로는, ㉯ 사물들은 그 바탕(基體)이 종류에서 차이가 없을 때 '하나'라고 말해진다. 차이가 없는 것들은 그 종류가 감각의 면에서 구별되지 않는 것을 말한다.[68] 그리고 바탕은 목적과 관련하여 가장 가까이 있는 것이거나 가장 멀리 있는 것이다. 왜냐하면 포도주와 물은 그 종류에서 분할되지 않는 한, 저마다 하나라 불리고, 기름과 포도주 같은 모든 액체와 녹는 것은 맨 마지막의 바탕이 모두 같아서 하나라 불리기 때문이다. 다시 말해 그것들은 모두 (궁극적으로) 물이거나 공기이다.[69]

대립되는 차이성에 의해 차이 난다 하더라도 그 유(類)가 하나인 것들이 또한 '하나'라 불린다. 그리고 이것들은 모두 차이성(種差)들의 바탕인 유가 하나이기에 하나이며(예를 들어 말, 사람, 개는 모두 동물이기에 하나이다), 그 재료가 하나인 것들과 비슷한 방식으로 하나다.[70] 그것들은 때로는 그런 방식으로 하나라 불리며, 때로는 자신들이 유의 맨 마지막 종(種)들인[71] 한에서 그 상위의 유가, 즉 그것들이 저마다 드는 가장 가까운 유보다 앞선 유가 같기 때문에 '하나'라 불리기도 한다. 예를 들어, 이등변 삼각형과 정삼각형은 둘 다 삼각형들이기 때문에, 똑같이 도형이

---

68 같은 정수기에서 따라서 마신 물들은 나의 미각에 차이가 나지 않는, 더는 서로 구별되지 않는 물들, 즉 '하나'(한 가지 것)이다.

69 정확히 구분하여 말하자면, '액체'(chymos)는 습한 것과 관련이 있고(『혼에 관하여』 422a 10, 17), 포도주(oinos)는 물을 함유한 것, 즉 물의 일종이고(『기상학』 382b 13, 389a 27), 기름(elaion)은 공기를 함유한 것이거나(『기상학』 384a 1), 공기와 물을 함유한 것이다(『기상학』 384a 15, 388a 11). 그러나 '녹는(용해되는) 것'(tēkton)들은 공기가 아니라 물을 함유한다. 4장 1015a 10 참조.

70 재료(hylē)들이 감각 성질들의 바탕이 되듯이, 유(類, genus)는 차이 나는 성질(種差, diaphora)들의 바탕이 된다.

71 맨 마지막 종들(teleutaia eidē)은 흔히 '최하위의 종(最下種)들'(infimae species)이라 불린다. 3권(B) 3장 998b 16의 각주 참조.

다.[72] 그러나 그것들은 같은 삼각형들은 아니다.

더 나아가, ㉰ 본질을 기술하는 정의(定義)가, 다른 어떤 사물의 본질을 보여 주는 다른 정의와 구분되지 않을 때, 그 두 사물은 하나다(물론 정의는 모두 그 자체로 부분들로 분할된다).[73] 이런 방식으로, 즉 그 정의가 하나이기 때문에, 늘어나는 것 또는 줄어드는 것은, 마치 평면 도형들의 어떤 종(種)에 대한 정의가 하나이듯, 하나다.[74] | 일반적으로, 본질을 생각
하는 사유가 구분할 수 없고, 또 사유가 시간이나[75] 장소[76] 또는 정의의 면 1016b
에서 따로 떼어 놓을 수 없는 것들이 가장 많이 하나이며, 그 가운데에서도 실체인 것들이 특히 하나다. 왜냐하면 일반적으로, 구분을 허용하지 않는 것들은, 구분을 허용하지 않는 한에서, 하나이기 때문이다. 예를 들어 어떤 것들이 사람인 한에서 구분을 허용하지 않는다면, 그것들은 한 가지로 사람이고, 동물인 한에서 구분을 허용하지 않는다면, 한 가지로 동물이며, 크기인 한에서 구분을 허용하지 않는다면, 한 가지로 크기다.

대부분의 사물들은, 다른 어떤 하나의 것을 (능동적으로) 가하거나 가지

---

72 이등변 삼각형(isoskeles)과 정삼각형(isopleuron)은 더는 나뉠 수 없는 '맨 마지막 종들'로서 이것들에 '가장 가까운 유'(最近類)는 삼각형(trigōnon)이며, 이 유보다 앞선 유는 '도형'(schēma)이다. 둘 다 도형이라는 점에서 이등변 삼각형과 정삼각형은 하나다.

73 정의(definitio)는 유(類, genus)와 차이성(종차, differentia)으로 분할된다.

74 소크라테스가 체중이 늘든 줄든 상관없이 정의의 면에서 하나인 것이듯, 평면 도형(epipedon)의 일종인 '정삼각형'은 크기에 상관없이 한 가지의 것, 즉 종(種)에서 하나인 것이다.

75 소크라테스가 어느 때에 체중이 '늘어났다'(살이 쪘다)가 어느 때에 다시 '줄어들었을'(살이 빠졌을) 때, 정의나 장소의 면에서는 아니더라도, 시간의 면에서 이 사람의 두 가지 면을 구분할 수 있기 때문에 그는 하나(단일한 것)가 아니다.

76 소속된 종(種, species)이 다른 사물들은 서로 장소(topos)에서 구분이 되며, 따라서 하나(단일한 것)가 아니다.

거나 (수동적으로) 겪거나, 아니면 그것에 관계 맺음으로써, (부차적으로) '하나'라 불린다.[77] 그러나 일차적으로 '하나'라 불리는 것들은 그 실체가, 연속성이나 종류 또는 정의의 면에서[78] 하나다. 왜냐하면 우리는 연속되지 않은 것들이나 그 종류가 하나가 아닌 것들 또는 그 정의가 하나가 아닌 것들을 여럿인 것들로 치기 때문이다.

더 나아가, 어떤 점에서 우리는 양이고 연속된 것은 모두 하나라고 말하지만, 그것이 전체적인 것이 아닐 땐, 즉 그것이 하나의 형상을 갖지 않을 땐, 하나라고 말하지 않는다. 예를 들어, 이런 뜻에서, 신발의 부분들이 아무렇게나 함께 놓여 있음을 본다면, 우리는 그것들이 하나라고 말할 수 없을 것이다(그것들의 연속성 때문에 하나라고 말하는 경우를 제외한다면 말이다). 그렇지 않고, 그 부분들이 신발이라고 할 정도로 일정한 형상을 이미 갖추고 있는 식으로 놓여 있다면, 우리는 그것들이 하나라고 말할 것이다. 그렇기 때문에 선(線)들 가운데 원의 선이 가장 많이 하나다. 왜냐하면 그것은 전체이자 완전한 것이기 때문이다.

(3)[79] 하나임은 수(數)의 어떤 원리임을 뜻한다.[80] 왜냐하면 으뜸가는 척도가 원리이기 때문이다. 다시 말해, 우리가 그로써 앎을 획득하는 으뜸가

---

77 꿀과 꿀은 같은 영향력을 가해서(poiein) 서로 하나(한 가지 것)이고, 음악가와 음악가는 같은 (음악적) 재능을 가져서(echein) 서로 하나이고, 뜨거워지는 것들은 같은 가열 작용을 겪어서(paschein) 서로 하나이며, 동쪽에 사는 사람들은 모두 세계의 오른쪽에 살기 때문에(pros ti) 서로 하나이다. 알렉산드로스의 『형이상학 주석』, Hayduck 편집(1891), 367쪽 14-19행 참조.

78 앞에서 구분한 하나의 세 가지 기본적인 뜻(㉮, ㉯, ㉰)의 기준들이다.

79 다양한 종류의 '하나인 사물들'에 대한 열거에서 벗어나, 이제 1016b 17-1017a 3에서는 '하나'의 의미에 대한 정의가 논의된다. 10권(I) 1장 1052b 6 참조.

80 하나(to hen)는 셀 수 있는 수들의 '최소 단위'이거나 일정한 집합의 '식별할 수 있는 원소'이다.

는 것은 각 유(類, 대상의 종류)에서 으뜸가는 척도다. 그러므로 하나는 각 유와 관련된 인식 대상의 원리다. 그러나 하나가 모든 유들에서 같지는 않다. 음악에서 그것은 4분음이고, 문법에서는 모음이거나 자음이다. 그리고 또 그것은 무게를 가진 것의 경우와 운동의 경우에 제각기 다르다. 그러나 어디서든 하나는 양이나 종류의 면에서 분할되지 않는다. 양(量)의 면에서 분할되지 않는 것은, 모든 방향에서 분할되지 않고 위치를 갖지 않을 때에는 단위이고, 모든 방향에서 분할되지 않지만 위치를 가질 때는 점(點)이다. 그리고 한 방향에서 분할되는 것은 선이고, 두 방향에서 분할되는 것은 평면이며, 세 방향 모두에서 양이 분할되는 것은 물체이다. 그리고 거꾸로, 두 쪽에서 분할되는 것은 평면이고, 한 쪽에서 분할되는 것은 선이며, 어떤 쪽에서도 양이 분할되지 않는 것은 점이나 단위이다. 위치를 갖지 않는 것은 단위이고, 위치를 갖는 것은 점이다.

더 나아가, 어떤 것들은 그 개수가, 어떤 것들은 그 종(種)이, 어떤 것들은 그 유(類)가 하나이고, 어떤 것들은 유비적으로 하나이다. 그 재료가[81] 하나인 것들은 개수의 면에서 하나이고, 그 정의가 하나인 것들은 종의 면에서, 같은 술어 형태를 갖는 것들은 유의 면에서,[82] 그리고 어떤 것이 다른 것에 관계 맺는 방식처럼 관계 맺는 것들은 유비적으로[83] 하나이다. 그리고 여기에서 항상 뒤의 것들이 앞의 것들을 따른다. 예를 들어, 개수에서 하나인 것들은 형상에서도 하나다. 그러나 형상에서 하나인 것들이 모두 개수에서 하나이지는 않다.[84] | 또 형상에서 하나인 것들은 모두

81 소크라테스처럼 바탕(基體, hypokeimenon)이.

82 예를 들어, '흼'과 '닮'은 같은 술어 형태(schēma tēs katēgorias)인 '질'에 들기 때문에, 하나(한 가지 것)이다.

83 14권(N) 6장 1093b 18-21, 『니코마코스 윤리학』 1096b 27-29 참조.

84 소크라테스와 플라톤은 같은 종(種)인 사람에 들어서 그 종이 "하나"라고 말할 수

유에서 하나이지만, 유에서 하나인 것들이 모두 형상에서 하나이진 않고, 모두 유비적으로 하나이다. 그리고 유비적으로 하나인 것들이 모두 유에서 하나이지는 않다.

또한 분명히, '폴라'(polla, 여럿)는 '헨'(hen, 하나)에 대립되는 방식으로 말해진다. 다시 말해, 어떤 것들은 연속된 것이 아니어서, 어떤 것들은 그 재료가, 맨 처음의 것이든 맨 마지막의 것이든,[85] 종류에서 나눠져서, 또 다른 어떤 것들은 본질을 기술하는 정의가 여럿이어서, 여럿이라고 말해진다.

7장 있음

'온'(on, 있는 것)은[86] 한편으로 (1) 딸린 방식으로 말해지며,[87] 다른 한편으로 (2) 자신에 따라 말해진다.

예를 들어, (1) '정의로운 자는 교양 있다' 또는 '그 사람은 교양 있다' 또는 '교양 있는 것이 사람이다'라고[88] 할 때 우리는 딸린 것으로서 그것들을

있지만, 개수가 하나이지는 않다.

85 1016a 20과 4장 1015a 8 참조.

86 7장의 '있는 것' 또는 '있음'에 대한 네 가지 의미 구분은 6권(E) 2장 1026a 33-b 2에 다시 나온다. 9권(Θ) 10장 1051a 34-b 2, 12권(Λ) 2장 1069b 27, 14권(N) 2장 1089a 26-28 참조.

87 '딸린 방식으로 있는 것'(to on kata symbebēkos)에 대해서는 6권(E) 2장 1026b 2-3장 1027b 16 참조. '딸린 방식으로 하나임'에 대한 앞 장의 논의(1015b 17-34)도 아울러 참조.

88 존재사인 on(있는)은 우리말에서 문장으로 표현될 때에는 대부분 '…(이)다'의 형태를 띤다.

말한다. '교양 있는 자가 집을 짓는 자이다'라고 말하는 것과 비슷한 방식으로 말이다. 왜냐하면 목수임이 교양 있는 것에, 또는 교양 있음이 목수에 딸려 있기 때문이다. 여기서 '이것이 저것이다'는 바로 '저것이 이것에 (속성으로서) 딸려 있다'를 뜻한다. 앞서 말한 것들의 경우도 이와 마찬가지다. 우리가 '그 사람은 교양 있다'라고, '그 교양 있는 것은 사람이다'라고 말하거나, 또는 '옷이나 얼굴이 흰 자가 교양 있다'거나 '교양 있는 자가 희다'고 말할 때, 그것은 한편으로 (뒤의 두 경우처럼) 두 가지 속성들이 같은 것에 딸려 있음을 뜻하며, 다른 한편으로 (첫 번째 경우처럼) 한 속성이 있는 것(실체)에 딸려 있음을 뜻한다. 그리고 또 다른 한편으로는 '그 교양 있는 것은 사람이다'는 교양 있음이 사람에 딸려 있음을 뜻한다(그래서 '희지 않은 것이 있다'고 말해지기도 한다.[89] 그것이 딸려 있는 것이 있기 때문이다). 그러므로 딸린 방식으로 있다고 말해지는 것(속성)들은, 그 둘이 같은 있는 것에 (속성으로서) 들어있기 때문에, 아니면 둘 중 하나가 있는 것(실체)에 들어있기 때문에, 또는 바로 실체 자체가 서술되는 것(속성)이 실체 자신 안에 들어있기 때문에,[90] 그렇게 딸린 방식으로 있다고 말해진다.

(2) 술어의 형태들이[91] 나타내는 것들은 자신에 따라(그 자체로) '있다'고 말해진다. 왜냐하면 '있음'은 그런 형태들이 말해지는 만큼의 방식들을 뜻하기 때문이다. 그래서 서술되는 것(술어)들 중 어떤 것은 '무엇인가'(실체)를 나타내고, 어떤 것들은 어떠함(질)을, 얼마만큼(양)을, 어떤 것에 관

89 12권(Λ) 1장 1069a 23-24, 14권(N) 2장 1089a 5, 『소피스트식 논박』 167a 1-6, 180a 32-34 참조.

90 '그 교양 있는 것은 사람이다'처럼 실체인 사람이 그 교양 있는 것에 대해 서술되는 경우는 실체인 사람의 존재를 전제한다.

91 6장 1016b 34, 28장 1024b 13, 6권(E) 2장 1026a 36, 9권(Θ) 1051a 35, 10권(I) 3장 1054b 29, 『자연학』 227b 4 참조.

1017a

계 맺음(관계)을, 가함(능동)이나 당함(수동)을, 어디에(장소)를, 언제(시간)를 나타내므로,[92] '있음'은 이것들 각각과 같은 것을 나타낸다. 그리고 '그 사람은 건강한 상태에 있다'는 '그 사람은 건강하다'와, '그 사람은 걷고 있다' 또는 '자르고 있다'는 '그 사람은 걷는다' 또는 '자른다'와 전혀 차이가 없으며, 다른 경우도 이와 마찬가지다.

(3) 더 나아가, '있음/…임'과 '있다/…이다'는 어떤 진술이 참임을, 그러나 '있지/…이지 않음'은 그것이 참이 아니라 거짓임을 뜻한다.[93] 그리고 이 점은 긍정의 경우든 부정의 경우든 마찬가지다.[94] 예를 들어, '소크라테스는 교양 있는 것이다' 또는 '소크라테스는 희지 않은 것이다'는 이것이 참임을 뜻한다. 그러나 '정사각형의 대각선은 한 변과 같은 단위로 잴 수 있는 것이지 않다'는[95] 이것이[96] 거짓임을 뜻한다.

1017b (4) 더 나아가, '있음/…임'과 | '있는/…인 것'은 앞서 말한 세 가지 경우들에서, 한편의 것들은 '잠재/가능 상태로 있음/…임'을, 다른 한편의 것들은 '완성 상태로 있음/…임'을 뜻한다. 다시 말해, 우리는 잠재적으로 보는 것(볼 수 있는 능력을 가진 것)과 실제로 보는 것(시각을 발휘하고 있는 것), 둘 다에 대해 그것이 '본다'고 말하고, 마찬가지로 앎을 사용할 능력을

---

92 『범주들』 1b 25-27과 『토포스론』 103b 20-23에는 열 가지의 범주들이 모두 열거되어 있다.

93 '참임'이란 뜻의 '있음/…임'(to einai)은 6권(E) 4장, 9권(Θ) 10장에서도 논의되어 있다.

94 긍정문(kataphasis)이든 부정문(apophasis)이든 사실대로 말하는 것은 참이며, 사실과 다르게 말하는 것은 거짓이다. 4권(Γ) 7장 1011b 25-27 참조.

95 예를 들어, 세 변의 길이가 3, 4, 5의 비율인 직각삼각형에서는 그 대변의 길이와 다른 변들의 길이를 같은 단위인 1로 잴 수 있지만(symmetron), 두 변의 길이가 모두 1인 직각삼각형에서는 같은 단위로 한 변과 대변을 잴 수 없다. 1권(A) 2장 983a 16 참조.

96 정사각형의 대각선을 한 변과 같은 단위로 잴 수 있다는 것이.

가진 것과 앎을 사용하고 있는 것, 둘 다에 대해 그것이 '안다'고 말하고, 가만히 있음이 이미 안에 들어있는 것과 가만히 있을 수 있는 것이 모두 '가만히 있다'고 말한다. (속성들의[97] 경우뿐만 아니라) 실체의 경우도 마찬가지다. 우리는 '헤르메스가 돌 속에 (잠재 상태로) 있다'고[98] 말하고, '선(線)의 절반이 선 안에 있다'고,[99] 그리고 '아직 여물지 않은 것이 밀이다'고 말하기도 한다. 그러나 어떤 사물이 어느 때 잠재 상태로 있고/…이고, 어느 때 그렇지 않은지는 다른 곳에서[100] 설명할 것이다.

8장 실체

(1) 흙, 불, 물 따위의 단순 물질들이, 그리고 일반적으로 물질들과 이것들로 이루어진 동물들, 신적인 존재들[101] 및 그 부분들이 '우시아'(ousia, 실체)라 불린다.[102] 그리고 이 모든 것들은 자신들이 바탕(주어)에 대해 말해지기 때문이 아니라 다른 것들이 자신들에 대해 말해지기 때문에 실체라 불린다. (2) 다른 한편으로, 바탕에 대해 말해지지 않는 것들 안에, 그

---

97 '본다'(horan), '안다'(epistasthai), '가만히(정지해) 있다'(ēremein) 따위와 같은 속성들의.

98 3권(B) 5장 1002a 22 참조.

99 아리스토텔레스에 따르면, 선은 실체가 아니다. 따라서 이 예는 피타고라스주의자들과 플라톤의 견해에 따른 예로 보아야 한다. 8장 1017b 19 참조.

100 9권(Θ) 7장에서.

101 '신적인 존재'(daimonion)들은 해, 달, 별 등의 천체(天體)들을 가리킨다. 때때로 '신적인 것'(theion)들 또는 '신적인 물체'(theion sōma)들이라 불리기도 한다. 6권(E) 1장 1026a 18, 20, 12권(Λ) 8장 1074a 30 참조.

102 7권(Z) 2장 1028b 8-13, 8권(H) 1장 1042a 7-11 참조.

것들의 있음의 원인으로서 들어있는 것이 실체다. 예를 들어, 혼은 동물에게 그 있음의 원인이다. (3) 더 나아가, 그러한 것들[103] 안에 들어있으면서 그것들에 경계를 정해 주고 이것(개체성)을 나타내는 부분들이[104] 모두 실체라 불리는데, 이 부분들이 없어지면 그와 더불어 전체가 없어진다. 예를 들어, 어떤 사람들이[105] 말하는 것처럼, 평면과 더불어 물체(입체)가, 선과 더불어 평면이 사라지듯이 말이다. 어떤 사람들은,[106] 일반적으로 수가 그러한 실체라고 생각한다.[107] 수가 없어지면 아무것도 있지 않으며, 수는 모든 것들에 경계를 정한다는 것이다. (4) 더 나아가, 본질이, 이것에 대한 규정은 정의인데,[108] 또한 각 사물의 실체라 불린다.[109]

그러므로 결론적으로 '우시아'(실체)는 주로 두 가지 의미로 말해진다. 먼저, 그것은 더는 다른 어떤 것에 대해 말해지지 않는 맨 마지막에 있는 바탕이다.[110] 그리고 이것이자[111] (정의의 면에서) 사물과 따로 있을 수 있는

---

103 (1)의 뜻으로 말해진 실체들.

104 여기에서처럼 느슨하게 말하면, 평면들은 입체들의, 선들은 평면들의, 점들은 선들의 부분들이라고 말할 수 있지만, 엄밀하게 말하면 그것들은 부분(morion)들이 아니라 한계(또는 경계, peras)들이다. 입체는 평면들에 의해 그 경계가 정해지며, 평면은 선에 의해, 선은 점들에 의해 그 경계가 정해진다. 7권(Z) 2장 1028b 16, 14권(N) 3장 1090b 5 참조.

105 피타고라스주의자들과 플라톤주의자들을 가리킨다.

106 피타고라스주의자들과 플라톤주의자들을 가리킨다.

107 7권(Z) 2장 1028b 15-18 참조.

108 정의(horismos)는 (사물의) 본질(to ti ēn einai)에 대한 규정(logos)이다. 7권(Z) 4장 1030a 6-9 참조.

109 혼(psychē)은 두 번째 뜻에서뿐만 아니라 '본질'이란 뜻으로도 실체이다. 7권(Z) 10장 1035b 15 참조.

110 '맨 마지막에 있는 바탕'(to hypokeimenon eschaton)은 첫 번째 뜻의 실체, 즉 재료(hylē)와 형상(eidos)으로 된 개체(또는 개인, tode ti)를 말한다.

111 형상은 개체성을 주는 요소이기 때문에 종종 "이것"(tode ti)이라 불린다. 8권

것이[112] 실체인데, 각 사물의 형태나 형상이 그러한 것이다.

9장 같음과 다름, 차이 남, 비슷함과 비슷하지 않음

(1) 어떤 것들은 딸린 방식으로 '타우토'(tauto, 같은 것)라고 말해진다.[113] 예를 들어, 흰 것과 교양 있는 것은 같은 것에 딸려 있기 때문에 같다. 그리고 사람과 교양 있는 것은 하나가 다른 하나에 딸려 있기 때문에 같다. 그리고 교양 있는 것은 사람에 딸려 있기 때문에 사람이다. 교양 있는 사람은 교양 있는 것이나 사람과 같고, 이것들 각각은 교양 있는 사람과 같다. 왜냐하면 사람과 교양 있는 것은 교양 있는 사람과 같다고, 그리고 이것은 그 둘과 같다고 말해지기 때문이다. 그렇게 딸린 방식으로 같기 때문에, 그 모든 딸린 것들은 보편적으로 진술되지 않는다. 왜냐하면 모든 사람인 것이 교양 있는 것과 같다고 주장하는 것은 맞지 않기 때문이다. 다시 말해, 보편적인 속성들은 제 본성으로 말미암아 사물들 안에 들어있지만, 1018a
| 단순히 딸린 것들은 제 본성으로 말미암아 그것들 안에 들어있지 않다. 그러나 딸린 것들은 개별적인 것들에 대해서는 단적으로 진술된다. 왜냐하면 소크라테스와 교양 있는 소크라테스는[114] 같은 것으로 보

(H) 1장 1042a 29, 9권(Θ) 7장 1049a 35, 12권(Λ) 3장 1070a 11, 13–15, 『생성과 소멸에 관하여』 318b 32 참조.

112 플라톤의 이데아(idea)와 달리, 아리스토텔레스의 형상은 정의의 면에서만 사물과 '따로 떨어져 있을 수 있는 것'(chōriston)이다. 8권(H) 1장 1042a 29, 『자연학』 193b 4–5 참조.

113 '같음'의 의미 구분은 '하나'의 의미 구분과 일치한다(6장 1015b 16–27 참조). '같음'의 의미 구분에 대해서는 10권(I) 3장 1054a 32–b 3, 『토포스론』 1권 7장 참조.

114 플라톤의 『파이돈』에서 소크라테스는 "소크라테스여, 시가(詩歌, mousikē)를

이기 때문이다. 그러나 '소크라테스'는 여러 주어들에 대해 진술되지 않는다. 그렇기 때문에 우리는 '모든 사람'이라는 말은 하지만, '모든 소크라테스'라는 말은 하지 않는다.

그리고 어떤 것들은 그런 딸린 방식으로 같다고 말해지며, (2) 다른 어떤 것들은 제 본성에 의해, '하나'의 뜻만큼 많은 뜻으로 '같은 것'이라고 말해진다. 다시 말해, 그 재료의 종류나 개수가 하나인 것들이, 그리고 그 본질이 하나인 것들이 같다. 그러므로 분명히, 같음(동일성)은 일종의 하나임(단일성)이다. 여럿에 대해서든, 아니면 하나에 대해서 이것을 마치 여럿처럼 사용할 때든, 예를 들어 하나가 자신과 같다고 말할 때처럼이든 말이다.[115] 왜냐하면 이때 우리는 하나를 둘처럼 여기기 때문이다.

종류나 재료 또는 실체(본질)에 대한 정의가 여럿인 것들은 '헤테론'(heteron, 다른 것)이라고 말해진다.[116] 그리고 일반적으로 '다름'은 '같음'에 대립되는 방식으로 말해진다.

다른 것들이지만 어떤 점에서 같은, 즉 개수의 면에서만 같지 않고 종(種)이나 유(類) 또는 유비(類比)의 면에서는 같은 것들은 '디아포론'(diaphoron, 차이 나는 것)이라고 말해진다.[117] 더 나아가, 유가 다른 것들, 반대되는 것들, 그리고 다름을 제 실체(본질) 속에 갖는 것들이[118] 모두 '차

짓고 이에 힘을 기울여라"는 꿈속의 말을 케베스에게 전해주며, 자신에게 가장 위대한 시가는 철학이지만, 통속적인 시가를 좇아 아이소포스의 우화를 시로 바꾸기도 했다고 말한다(60d-61b 참조). mousikos는 일차적으로 '시를 쓸 줄 아는'의 뜻을 지닌다. 이런 능력을 가짐은 그 당시 교양으로 통했기 때문에 mousikos를 '교양 있는'으로 옮겼다. 9권(Θ) 7장 1049a 31의 각주 참조.

115 예를 들어, '소크라테스는 자기 자신과 같다' = '소크라테스는 자기 자신과 하나다'.

116 10권(I) 3장 1054b 14-18 참조.

117 10권(I) 3장 1054b 24-1055a 2 참조.

118 10권(I) 8장 1058a 7 참조.

이 난다'고 말해진다.

모든 점에서 같은 성질을 겪은 사물들, 그리고 다른(異) 성질들보다 같은(同) 성질들을 더 많이 겪은 사물들, 그리고 질이 하나인 사물들은[119] '호모이온'(homoion, 비슷한 것)이라고 말해진다.[120] 그리고 모든 반대되는 성질들 중, 이것들에 따라 어떤 것의 질이 달라질 수 있는데, 더 많은 반대되는 것들을, 또는 더 중요한 반대되는 것들을 다른 것과 공유하는 것이 그 다른 것과 비슷하다.[121] '비슷하지 않음'은 '비슷함'에 대립된 뜻을 갖는다.

10장 대립

모순되는 것들, 반대되는 것들, 어떤 것에 관계 맺은 것들, 못 갖춤(결여)과 갖춤(소유)의 것들,[122] 그리고 그로부터 생성과 그것으로 소멸이 일어나는 극단의 것들은[123] '안티케이메논'(antikeimenon, 대립되는 것)들이라 불린다. 그리고 양쪽을 받아들이는 것에 동시에 주어져 있을 수 없는

---

119 이순신과 잔 다르크는 '용감함'의 질을 공통으로 갖기 때문에, 서로 '비슷하다'고 말할 수 있다.

120 10권(I) 3장 1054b 3-13 참조.

121 그런 속성들로, '뜨거움과 차가움', '습함과 마름', '거칢과 매끄러움', '단단함과 무름', '흼과 검음', '씀과 닮'이 있다. 아리스토텔레스에 따르면 '반대되는 성질들'(enantia) 가운데 가장 중요한 것은 처음의 두 쌍인 '뜨거움과 차가움', '습함과 마름'이다.

122 대립의 네 가지 기본 종류, 즉 모순 대립, 반대 대립, 관계 대립, 소유와 결여의 대립에 대한 구분은 10권(I) 4장 1055a 38, 7장 1057a 33, 『범주들』 11b 17, 『토포스론』 109b 17, 2권 8장, 5권 6장 참조.

123 어떤 것이 생겨나서 또는 소멸하여 되는 상태들(예를 들어, '흼'이나 '검음')이나 사물들을 뜻한다.

것들은, 그것들 자신이 그렇든 또는 그것들을 이루고 있는 것들이 그렇든, 대립되는 것이다. 예를 들어, 회색과 흰색은 동시에 같은 것에 들어있지 않으며, 그렇기 때문에 회색을 이루고 있는 것들은[124] 서로 대립되는 것들이다.[125]

(1) 유(類)에서 차이 나는[126] 것들 중, 동시에 같은 것에 주어져 있을 수 없는 것들,[127] 그리고 (2) 같은 유에 속하는 것들 중 가장 많이 차이 나는 것들,[128] 그리고 (3) 같은 수용자 안에 든 속성들 중 가장 많이 차이 나는 것들,[129] 그리고 (4) 같은 능력 아래에 있는 것들 중 가장 많이 차이 나는 것들,[130] 그리고 (5) 그 차이가 단적으로 또는 유나 종(種)에서 가장 큰 것들은[131] '에난티온'(enantion, 반대되는 것)들이라고 말해진다. 그리고 (6) 다

---

124 흰색과 검은색은.

125 회색과 흰색이 대립된 것이라고 말할 수 없지만, 회색의 구성 요소인 검은색과 흰색은 대립된 것들이다.

126 흔히, 유가 다른 것들은, 색과 형태처럼 공통된 재료를 갖지도 않고 또 서로로부터 생겨나지도 않는다(10권 3장 1054b 28, 7장 1057a 26 참조). 여기에서 '유'(類, genus)는 경우에 따라서는 종(種, species)이 될 수 있는 상대적인 개념으로서 서로로의 변화가 가능한 '반대되는 것들'이다. 예를 들어, '덕'과 '악덕'은 '정의로움'과 '정의롭지 못함'의 유(상위 개념)이지만, '질'의 종(하위 개념)이다.

127 각기 '덕'과 '악덕'이라는 서로 다른 유에 속하는 '정의로움'과 '정의롭지 못함'을 예로 들 수 있다. 『범주들』 14a 20, 『토포스론』 153a 36 참조.

128 '색'이라는 같은 유에 속하는 '흼'과 '검음'을, '수'라는 같은 유에 속하는 '홀수'와 '짝수'를 예로 들 수 있다. 『범주들』 6a 17, 『뒤 분석론』 73b 21, 『생성과 소멸에 관하여』 324a 2 참조. (1)과 (2)의 뜻은 『범주들』 14a 19-20에 상응한다. 같은 뜻이 10권(I) 4장 1055a 27-29에도 나온다.

129 예를 들어, 같은 수용자인 물체에 대해 '흼'과 '검음'을 들 수 있다. 같은 '수용자'(dektikon, 어떤 성질을 받아들일 수 있는 것)는 같은 '재료'(hylē)를 뜻한다. 10권(I) 4장 1055a 29-30 참조.

130 =같은 학문의 능력 아래에 있는 여러 가지 반대되는 탐구 대상들은. 의술에서의 '병'과 '건강'을 예로 들 수 있다. 10권(I) 4장 1055a 31-32 참조.

른 어떤 것들은 앞에서 말한 그런 종류의 반대되는 것들을 가져서, 또는 그런 것들을 수용할 수 있는 것이어서, 또는 그런 것들을 만들어 내거나 겪을 수 있는 것이어서, 또는 그런 것들을 만들어 내거나 겪고 있어서, 또는 그런 것들을 잃거나 얻는 것이어서, 또는 그것들을 갖추거나 못 갖춰서 반대되는 것들이라 불린다.[132]

그러나 '하나'와 '있음'은 여러 가지 뜻으로 말해지며, 이것들에 따라 말해지는 다른 용어들도 모두 이에 맞춰져야 한다. 그래서 '같음', '다름', '반대됨'도 각 범주에 따라 뜻이 다르다.

같은 유(類)에 속하지만 | 하나가 다른 하나에 놓이지 않는 것들,[133] 그 1018b
리고 같은 유 안에 있으면서 차이성을 가진 것들,[134] 그리고 자신의 실체(본질) 안에 반대성을 가진 것들은[135] 모두 '종(種)에서 다른 것들이다'고 말해진다.[136] 그리고 모든 반대되는 것들은, 아니면 일차적인 의미에서 반대되는 것들은[137] 형상에서 서로 다르다. 그리고 유가 갖는 맨 마지막 종의 면에서 그 정의가 다른 것들이 형상에서 서로 다르며(예를 들어, 사람과 말은 유에서 더는 분할될 수 없는 맨 마지막의 종이지만, 그 정의가 서로 다

131 10권(I) 4장 1055a 6, 『범주들』 6a 17, 14a 19 참조.

132 10권(I) 4장 1055a 35-38 참조.

133 같은 유인 '질'의 범주에 속한 덕과 악덕이 서로 형상에서 다를 뿐만 아니라, 악덕의 일종인 정의롭지 못함도 자신과 상하 관계에 있지 않은 덕과 서로 형상에서 다르다.

134 이 규정은 앞의 것보다 더 넓다. 서로 상하 종속적인 관계를 갖는 종(種)들의 경우에까지 적용되기 때문이다. 예를 들어, 질을 유로 놓을 때에는, '덕'과 '악덕'이 형상에서 다르며, 악덕을 유로 놓을 때, '정의롭지 않음'과 '비겁'이 형상에서 다르다.

135 차가움과 습함의 성질을 가진 '물'과 이에 반대되는 뜨거움과 마름의 성질을 가진 '불'을 예로 들 수 있다.

136 '형상에서 다름'(heteron tō eidei)에 대해서는 10권(I) 8장 참조.

137 1018a 25-31에서 말한 뜻의 반대되는 것들을 뜻한다.

르다), 같은 실체 안에 있으면서 차이성을 갖는 것들이 형상에서 서로 다르다.[138] '종에서 같은 것'들은 이런 뜻들에 대립되는 뜻들을 갖는다.

11장 먼저와 나중

(1) 어떤 것들은, 각 유(類) 안에 으뜸가는 것과 원리가 있어서, 어떤 것은 절대적으로, 제 본성으로 말미암아 또는 어떤 것에 관계 맺어 또는 어떤 곳에서 또는 어떤 사람들에 의해, 원리라고 정해진 것에 더 가깝기 때문에 프로테론(proteron, 먼저인 것, 앞에 있는 것, 앞선 것)이라고 말해진다.[139] 그리고 더 멀리 있는 것은 '휘스테론'(hysteron, 나중인 것, 뒤에 있는 것, 뒤진 것)이라고 말해진다. ㉮ 이를테면 어떤 것들은 자연적으로 정해진 일정한 곳에, 예컨대, 가운데나 맨 끝에, 또는 아무런 것에 더 가까이 있음으로써 장소의 면에서 앞에 있는 것이다. ㉯ 그리고 어떤 것들은 시간의 면에서 먼저인 것이다. 어떤 것들은 지나간 일들의 경우처럼 지금의 시점에서 더 멀리 있음으로써 먼저다. 예컨대, 트로이아 전쟁은 현재에서 더 멀리 있기 때문에 페르시아 전쟁보다[140] 먼저다. 다른 한편으로, 앞으로 일어날 일들의 경우처럼 현재에 더 가까이 있기 때문에 먼저다. 예컨대, 네메아 경기는,[141] 우리가 현재를 시작점이자 으뜸가는 것으로 삼을

---

138 '반대되는 것'의 세 번째의 뜻(1018a 28-29) 참조.

139 『범주들』 12장에도 '먼저'의 여러 가지 뜻에 관한 논의가 나온다.

140 페르시아가 그리스를 침범하여 벌어진 전쟁(기원전 492-479년).

141 네메아 경기(Nemea): 코린토스 근처의 네메아에서 2년마다 열린 그리스 전체의 경연행사로, 첫 번째와 두 번째 올륌피아 년, 세 번째와 네 번째 올륌피아 년 사이의 여름에 열렸다. 스포츠 행사로 열리다가, 기원전 3세기부터 음악 경연이 추가되었다.

때, 현재에 더 가까이 있기 때문에 퓌티아 경기보다[142] 더 먼저다. ㉰ 그리고 어떤 것들은 움직임의 면에서 먼저다. 다시 말해, 다른 것들을 움직이는 으뜸가는 것(原動者)에 더 가까이 있는 것이 먼저다. 예컨대, 아이가 어른보다 더 먼저다. 그리고 이 으뜸가는 것은 또한 절대적으로 한가지 원리이다. ㉱ 또 어떤 것들은 힘의 면에서 앞선 것이다. 다시 말해 힘에서 다른 것을 능가하는 것, 즉 더 힘 있는 것이 앞선 것이다. 이러한 것의 의지에 맞춰 다른 것, 즉 포스테론(posteron, 뒤진 것)이 뒤따르게 될 것이다. 그래서 이 앞선 것이 움직이게 하지 않으면, 다른 것은 움직이지 않으며, 그것이 움직이면 다른 것도 따라 움직인다. 이 경우, 의지가 (움직임의) 원리(출발점)이다. ㉲ 또 어떤 것들은 순서의 면에서 먼저다. 어떤 한정된 하나의 것에, 일정한 규칙에 따라 떨어져 있는 것들이 바로 그런 것들이다. 예를 들어, 합창단에서 두 번째 사람은 세 번째 사람보다 앞에 있으며, 뤼라에서는 파라네테가 네테보다 앞에 있다.[143] 왜냐하면 앞의 경우에서는 지휘자가, 뒤의 경우에서는 중간 현(絃)이[144] 원리(출발점)이기 때문이다.

이렇듯, 그것들은 앞서 말한 그런 여러 가지 뜻으로 먼저인 것이며,

---

142 퓌티아 경기(Pythia): 파르낫소스산 아래의 크리사(Krisa) 평원에서 거행된 그리스 전체의 체육 행사이다. 델포이의 사제들의 주도로 열린 이 행사는 8년마다 열리다가, 기원전 582년부터는 세 번째 올림피아 년 8월 말에 4년마다 열렸다. 아울로스, 뤼라 등의 음악 경연 중심의 행사였다가 나중에는 스포츠 경기가 추가되었다. 올림피아 경기 못지않게 유명했는데, 전쟁 등의 이유로 기원전 2세기 말쯤 사라진 것으로 추정된다.

143 아리스토텔레스가 염두에 두고 있는 8음계는 다음과 같이 올라가는 음들로 이루어져 있다(가장 높은 줄→가장 낮은 줄). 휘파테(hypatē, 미), 파르휘파테(parhypatē, 파), 리카노스(lichanos, 솔), 메세(mesē, 라), 파라메세(paramesē, 시), 트리테(tritē, 도), 파라네테(paranētē, 레), 네테(nētē, 미).

144 '파라메세'가 없는, 아리스토텔레스 이전의 7음계에서는 '메세'(mesē, 라)가 중간 현이 된다. 14권(N) 6장 1093a 14, 『자연학적인 문제들』 919b 20 참조.

1018b

(2) 다른 뜻으로는 인식의 면에서 먼저인 것이 있는데, 이것은 또한 절대적으로 먼저인 것이다. 그리고 여기에서도, 정의(定義)의 면에서 먼저인 것과 감각의 면에서 먼저인 것이[145] 구분된다. 왜냐하면 정의의 면에서 보면 보편적인 것들이 먼저지만, 감각의 면에서 보면 개별적인 것들이 먼저이기 때문이다.[146] 그리고 정의의 면에서 보면 속성이 전체보다 먼저다. 예를 들어 '교양 있음'이 '교양 있는 사람'보다 먼저다. 왜냐하면 정의는 전체인 것으로서 부분 없이 성립할 수 없기 때문이다. 하지만 어떤 교양 있는 사람이 있지 않다면, 교양 있음은 있을 수 없다.[147]

(3) 더 나아가, 앞선 것들의 속성들이 앞선 것들이다. 예를 들어, 곧음
1019a 은 매끄러움보다 앞선 것이다. | 곧음은 선 자체의 속성이지만, 매끄러움은 면의 속성이(고 선은 면보다 정의의 면에서 앞선 것이)기 때문이다.

그것들은 바로 그런 뜻에서 '앞선 것'이거나 '뒤진 것'으로 불리며, (4) 어떤 것들은 본성과 실체의 면에서 그렇게 불린다. 다른 것들이 없어도 있을 수 있는 것들, 그러나 자신들 없이는 다른 것들은 있을 수 없는 것들이 앞선 것들이다. 이는 플라톤이 썼던 구분이다.[148] 그리고 '있음'은 여러 가지 뜻을 가지므로, 첫째, 바탕이 속성보다 앞선 것이며, 그렇기 때문에 실체가 앞선 것이다. 둘째, 잠재 상태나 완성 상태의 면에서 먼저인 것이 있다. 다시 말해, 어떤 것들은 잠재 상태의 관점에서 먼저이고, 어떤 것들은 완성 상태의 관점에서 먼저다. 예를 들어, 선의 절반은 잠재 상태의 관점

145 추상적인 대상에 대한 감각 대상의 우선성에 대해서는 1장 1013a 1-4, 『뒤 분석론』 71b 33-72a 5, 『자연학』 184a 16-b 14 참조.

146 '개별적인 것'에 대한 감각적 경험의 반복을 통해 추상의 과정이 이루어지면서 '보편적인 것'이 획득된다.

147 '교양 있음'은 속성으로서 항상 어떤 대상 안에 들어있는 것으로서만 존재할 뿐, 실체인 '사람'처럼 독립적으로 존재하지 않는다.

148 플라톤의 저술이 아니라, 그의 강연에 대한 언급으로 보인다.

에서 보면 전체 선보다 먼저이고,[149] (일반적으로) 부분이 전체보다, 재료가 실체보다 먼저지만, 그것들은 완성 상태의 관점에서 보면 나중의 것들이다. 왜냐하면 그것들은 전체가 분해될 때에 비로소 완성 상태로 있기 때문이다. 어떤 점에서 먼저인 것들과 나중인 것들은 모두 이런 네 번째의 뜻에 맞춰 말해진다. 다시 말해 어떤 것들은 생성의 면에서 다른 어떤 것들이 없이는 있을 수 없다. 예를 들어 전체는 부분들 없이는 있을 수 없다. 그리고 어떤 것들은 소멸의 면에서 다른 어떤 것들 없이는 있을 수 없다. 예를 들어, 부분은 전체 없이는 있을 수 없다. 나머지 세 가지 뜻들도 이와 마찬가지다.

12장 능력과 무능력, 가능과 불가능

(1) '뒤나미스'(dynamis, 힘 또는 능력)는[150] 움직여지는 것과는 다른 어떤 것 안에 있거나, 움직여지는 것을 다른 것으로 놓는 한에서 그 움직여지는 것 안에 있으면서, (다른 것이나 자신을) 움직이게 하거나 변하게 하는 근원을 뜻한다. 예를 들어, 집을 짓는 기술은 지어진 것 안에 들어있지 않는 힘이지만, 치료술은 치료받는 것 안에 들어있을 수 있는 힘이다. 하지만 그것은 치료받는 것이 치료받는 것인 한에서 그런 힘은 아니(고 치료받

149 7권(Z) 13장 1039a 6, 9권(Θ) 6장 1048a 33, 『감각과 감각 대상에 관하여』 448b 4, 10 참조.

150 dynamis의 일차적인 의미는 '힘'(능력, power, potency)이며(9권 1장 1045b 32), 이차적으로는 '잠재 상태'(potentiality)를 뜻한다(9권 6장 1048a 27-b 9). 더 나아가, '거듭제곱', '의미'를 뜻하기도 한다. 형용사인 dynaton은 '…일 수 있음'(가능함)을 뜻하기도 한다.

는 것이 동시에 치료하는 것인 조건에서[151] 그런 능력이)다. 이렇듯, 일반적으로 '힘'은 다른 어떤 것 안에서 또는 (움직여지거나 변하는 것 자신을) 다른 것으로 놓는 한에서 (움직여지거나 변하는 것 안에서) 변화나 운동의 근원을 뜻한다.

(2) 또한 '힘'은 다른 것에 의해, 아니면 (어떤 것 자신을) 다른 것으로 보는 한에서 (자신에 의해,) 움직여지거나 변하게 됨의 근원이다. 왜냐하면 (운동이나 변화를) 겪는 것은 그런 힘으로 말미암아 어떤 작용을 겪을 힘을 갖기 때문이다. 그리고 우리는 때로는 그것이 아무런 것이나 겪을 때, 때로는 모든 임의의 것에 따라 겪지 않고 더 나은 것을 향하여 겪을 때, 이를 보고 우리는 그것이 변화를 겪을 힘이 있다고 말한다.

(3) 더 나아가, '힘'은 어떤 것을 잘 또는 의도대로 끝낼 수 있는 근원이다. 다시 말해, 우리는 종종 걷거나 말할 수 있는 사람들에 대해, 이들이 잘 또는 의도대로 걷거나 말하지 않을 때, 그들은 말하는 힘이 없다고 또는 걷는 힘이 없다고 말한다.

(4) (움직임이나 변화를) 수동적으로 겪음의 경우도 (움직임이나 변화를 능동적으로 일으키는, 위의 경우와) 마찬가지다.[152]

(5) 더 나아가, 우리는 어떤 것으로 하여금 전혀 겪지 못하게 또는 변하지 못하게 만들거나, 더 못한 것으로 쉽게 변하지 못하게 만드는 지속적 상태를 '힘'이라 부른다. 왜냐하면 사물들은 힘이 있어서가 아니라, 힘이 없고 무엇인가가 부족해서 깨지고, 뭉개지고, 꺾이며, 일반적으로 말해 파괴되기 때문이다. 자신이 가진 힘 때문에, 그리고 어떤 것을 할 힘이

---

151 환자는 자신 안에 치료의 능력을 가질 수 있지만, 이는 어디까지나 그가 동시에 의사인 점에서만 가능하다.

152 어떤 환자는 치료를 잘 받아들이지만, 어떤 환자는 그렇지 못한 경우를 예로 들 수 있다.

있고 일정한 상태에 지속적으로 있기 때문에, 거의 영향을 받지 않고 아주 조금 영향을 받는 것들은 그러한 종류의 변화들을 겪지 않는다.

'뒤나미스'가 이만큼 많은 뜻을 가지므로,[153] (1) '뒤나톤'(dynaton, 힘이 있는 것)은[154] 한편으로, 다른 것 안에서 또는 (자신을) 다른 것으로 놓는 조건에서 (자신 안에서 다른 것이나 자신을) 움직이게 하거나 변하게 하는 근원을 가진 것을 뜻한다(그리고 변화나 움직임을 멈추게 할 수 있는 것도 1019b | 힘이 있는 것이다). (2) 다른 한편으로, 그것은 다른 어떤 것에 의해 움직이거나 변하게 될 힘을 가진 것을 뜻한다. (3) 그리고 또 그것은, 더 못한 것으로든 더 나은 것으로든, 아무런 것으로나 변하는 힘을 가진 것을 뜻한다. 왜냐하면 소멸하는 것조차도 소멸할 힘이 있는 것처럼 보이기 때문이다. 그렇지 않고 그것이 소멸할 힘을 가지고 있지 않다면, 소멸하지 않을 것이다. 그런데, 실제로 그것은 그런 종류의 것을 겪기에 알맞은 상태와 원인과 원리를 갖는다. 그것은 때로는 어떤 것을 갖춤으로써, 때로는 그것을 못 갖춤으로써 (어떤 것을 수동적으로 겪을) 힘이 있는 것처럼 보인다. 그러나 못 갖춤(결여 상태)이 어떤 점에서 갖춤(소유 상태)을 뜻한다면,[155] 모든 것들은 어떤 것을 가짐으로써 힘이 있는 것일 것이다. 그래서 사물들은 일정한 갖춤이나 원리를 가짐으로써, 그리고 결여 상태를 가짐이 가능하다면 그런 갖춤의 결여 상태를 가짐으로써, 힘이 있는 것들일 것이다. 〈그러나 못 갖춤이 (어떤 의미에서) 갖춤이 아니라면, '힘이 있는 것'

---

153 형용사 dynaton도 명사 dynamis의 뜻에 상응하는 뜻을 갖는다. 1019a 33-35는 앞의 (1)에, 1019a 35-b 1은 (2)에, 1019b 10-11은 (5)에, 1019b 11-15는 (3)과 (4)에 상응한다.

154 의술(iatrikē)이란 힘(능력)을 가진 의사(iatrikos)를 예로 들 수 있다.

155 결여 상태(sterēsis)도 일종의 긍정적인 술어라 볼 수 있다(『자연학』 193b 19 참조). 예를 들어, 눈먼 사람은 '눈멂'이란 결여 상태를 갖추고 있다고 말할 수 있다(22장 참조).

은 두 가지 다른 뜻으로 쓰인 것이다.〉[156] (4) 그리고 어떤 것은, 다른 어떤 것이, 또는 (어떤 것 자신을) 다른 어떤 것으로 놓는 한에서 (어떤 것이), 자신을 소멸시킬 수 있는 힘이나 근원을 갖지 못함으로써, (변하지 않을) 힘이 있는 것이다. (5) 더 나아가, 이 모든 것들은 그것들이 그저 생겨나게 되거나 생겨나게 되지 않음으로써, 또는 잘 생겨나게 되거나 생겨나게 되지 않음으로써, 힘이 있는 것이다. 이런 종류의 힘은 혼이 없는 것(무생물)들 안에조차, 예를 들어 어떤 악기들 안에조차 있다. 다시 말해, 우리는 어떤 뤼라에 대해서는 이것이 소리를 낼 수 있다고 말하지만, 다른 어떤 뤼라에 대해서는 이것이 좋은 소리를 내지 못하면, 소리를 낼 수 없다고 말한다.

'아뒤나미아'(adynamia, 힘없음, 무능력)는 힘을, 즉 지금까지 얘기된 그런 종류의 근원을 못 갖춤인데, 이는 전혀 못 갖추고 있는 경우, 본성상 갖추고 있어야 하는데 아직 못 갖추고 있는 경우, 제 본성에서 이미 갖추고 있어야 할 때에 못 갖추고 있는 경우로 나뉜다. 왜냐하면 아이, 어른, 내시(內侍)에 대해 같은 뜻으로 그들이 아이를 낳을 '능력이 없는 것'이라고 말할 수 없기 때문이다.[157] 더 나아가, 그저 어떤 것을 움직이는 힘이든 아니면 어떤 것을 잘 움직일 수 있는 힘이든, 각각의 힘에 힘없음이 대립된다.

그리고 어떤 것들은 방금 말한 그런 종류의 힘없음에 따라 '아뒤나톤'(adynaton, 힘이 없는 것)이라고 말해지지만, 어떤 것들은 다른 뜻으로 '뒤나톤'(…일 수 있는 것, 가능한 것), '아뒤나톤'(…일 수 없는 것, 불가능한

---

156 로스(Ross)에 따라 〈 〉 안의 부분을 1019b 8("… '힘이 있는 것'일 것이다."와 "그래서 사물들은 …"의 사이)의 위치에서 이곳으로 옮겼다. 그의 책(1924), 1권 321쪽 참조.

157 차례대로, 아직 생식 능력을 갖추고 있지 못한 경우, 아파서 일시적으로 생식 능력이 없을 수 있는 경우, 영구적으로 생식 불능인 경우에 대한 예들이다.

것)이라 말해진다. '…일 수 없는 것'은 그에 반대되는 것이 필연적으로 참인 것이다.[158] 예를 들어, '정사각형의 대각선과 그 한 변은 같은 단위로 잴 수 있다'는 주장은 그럴 수 없는 것이다. 왜냐하면 이런 종류의 주장은 거짓이며, 반대되는 주장, 즉 '같은 단위로 잴 수 없다'는 주장이 참일 뿐 아니라 필연적이기 때문이다. 따라서 정사각형의 대각선과 그 한 변을 같은 단위로 잴 수 있다는 주장은 거짓일 뿐 아니라 필연적으로 거짓이다. '…일 수 없음'에 반대되는 것,[159] 즉 '…일 수 있음'은, 예를 들어 '어떤 사람은 앉아 있다'는 것이 가능한 것처럼, 그에 반대되는 것이 거짓임이 필연적이지 않을 때 성립한다. 왜냐하면 '어떤 사람은 앉아 있지 않다'는 것이 필연적으로 거짓인 건 아니기 때문이다. 그러므로 앞서 말한 것처럼, '…일 수 있음'(가능함)은 한편으로, 필연적으로 거짓이지는 않음을 뜻하며, 다른 한편으로는 참임을 뜻하기도 하고, 참임이 허용됨을 뜻하기도 한다. 그리고 '뒤나미스'는 기하학에 전용(轉用)되어 '제곱'이란 뜻을 갖는다.[160]

그러므로 이런 '가능함'이란 뜻의 '뒤나톤'은 ('할 수 있음'이란 뜻에서[161] 파생된) 힘에 따른 것이 아니다.[162] 그런데 힘에 따라 ('힘이 있다'고) 말해지는 것들은 모두 | 으뜸가는 힘에 관계 맺어 그렇게 말해진다. 그리고 이것

---

158 김진성(2008), 182-183쪽과 192쪽 참조.

159 여기서 '반대되는 것'(enantion)은 중간의 것이 없는 '모순되는 것'(antiphasis)이란 뜻으로 쓰였다.

160 한 변(pleura) a가 '해낼 수 있는'(dynasthai) 일정한 영역(넓이)에 해당하는 정사각형이나 길이(a^2)가 '뒤나미스'(dynamis, 제곱)라 불린다. 가로와 세로의 길이가 다른 직사각형과 같은 양(넓이)을 어떤 변이 '해낼 수 있다'는 것은 그 변의 '제곱'인 정사각형의 양이 앞의 직사각형과 같다는 뜻이다. 플라톤의 『국가』 587d, 『티마이오스』 31c 참조.

161 1019a 33-b 15에서 설명된 뜻을 말한다.

162 그것들은 논리적인 가능성을 나타날 뿐, 1019a 15-32에서 기술된 것과 같은 힘을 함축하지 않는다.

은 다른 어떤 것 안에 든, 또는 (변하는 것 자신을) 다른 어떤 것으로 보는 한에서 (자신 안에 든) 변화의 근원이다. 왜냐하면 다른 어떤 것들은 어떤 것이 그러한 힘을 자신들에 대해 갖기 때문에, 그것을 갖지 않기 때문에, 또는 특정한 방식으로 그것을 갖기 때문에, '힘이 있는 것'이라고 말해지기 때문이다. '힘이 없는 것'들도 이와 마찬가지다. 그러므로 으뜸가는 힘에 고유한 정의(定義)는 다른 것 안에 든, 또는 (변하는 것 자신을) 다른 어떤 것으로 보는 한에서 (자신 안에 든, 다른 것이나 자신을) 변하게 할 수 있는 근원일 것이다.

13장 양

'포손'(poson, 얼마만큼, 量)은 각각이 본래 하나이자 이것(개체)인 둘 또는 여러 개의 구성 요소들로 분할되는 것을 뜻한다. 그런데, 양은 셀 수 있을 때에는 다수이며, 잴 수 있을 때에는 크기이다. 여기서 '다수'는 연속되지 않은 것들로 잠재적으로 분할될 수 있는 것을 뜻하며, '크기'는 연속된 것들로 분할될 수 있는 것을 뜻한다.[163] 그리고 크기 중 한 쪽(차원)으로 연속된 것은 길이이고, 두 쪽으로 연속된 것은 넓이이며, 세 쪽으로 연속된 것은 깊이이다. 이것들 가운데, 한정된 다수는 수이며, 한정된 길이는 선이며, 한정된 넓이는 표면이며, 한정된 깊이는 물체이다.[164]

더 나아가, 어떤 것들은 제 본성에 의해 양이라 불리며, 어떤 것들은 딸린 방식으로 양이라 불린다.[165] 예를 들어, 선(線)은 그 자체로 양이지만,

163 수와 크기의 연속성과 불연속성에 대해서는 『범주들』 4b 20-5a 37 참조.

164 sōma(물체)는 종종 stereon(입체)과 같은 뜻으로 쓰인다.

165 1020a 26-32, 『범주들』 5a 39-b 10 참조.

교양 있음은 딸린 방식으로 양이다. 그리고 제 본성으로 말미암아 양인 것들 중 어떤 것들은 실체로서 양이다. 예를 들어 선은[166] 일종의 양이다(선이 무엇인지를 기술하는 정의 속에 '양' 개념이 유로서 들어있기 때문이다). 그리고 어떤 것들은 그러한 실체의 양태들, 지속적 상태들, 예를 들어 많음과 적음, 긺과 짧음, 넓음과 좁음, 깊음과 얕음, 무거움과 가벼움[167] 따위의 속성들이다. 그리고 또한 큼과 작음,[168] 더 큼과 더 작음도, 그 자체로 말해지든 다른 것들에 관계 맺어 말해지든,[169] 양이 갖는 본질적인 속성들이다. 그런데 이 표현들이 양이 아닌 다른 것들의 경우에 전용(轉用)되기도 한다.[170]

그리고 딸린 방식으로 양인 것들 중 어떤 것들은, 예를 들어 교양 있음, 흼은 이것들이 들어있는 것이 양이기 때문에 양이라고 말해졌다. 그리고 어떤 것들은 운동과 시간이 양이라고 불리는 방식으로 양이라 불린다. 왜냐하면 운동과 시간도 그것들을 속성으로서 가진 사물들이 분할되는 것이어서 어떤 점에서 일종의 양이며, (양들 중에서도) 연속된 것이기 때문이다. 여기서 운동과 시간을 속성으로서 가진 것은 움직이는 물체가 아니라, 이 물체가 움직이는 곳(장소 또는 공간)을 말한다. 바로 이것이 양이기 때

---

166 엄밀히 말해, 선은 실체가 아니지만, 아리스토텔레스는 '긺과 짧음'이란 속성의 '바탕이 되는 것'으로서의 선을 실체와 비슷한 것으로 보고 있다. 7장 1017b 7의 각주 참조.

167 '무거움'(barytēs)과 '가벼움'(kouphotēs)은 변하는 실체의 속성들이다. 14장 1020b 10 참조.

168 '큼'(mega)과 '작음'(mikron)은 『범주들』 5b 15의 설명에 따르면 양 개념이 아니라 관계 개념이다. 그 자체로 또는 절대적으로 크거나 작은 것은 없기 때문이다.

169 예를 들어, 2는 그 자체로 가장 작은 수이고, 우주의 크기는 절대적으로 크지만, 10은 20보다는 상대적으로 더 작은 수이고, 5보다는 상대적으로 더 큰 수이다.

170 '작은' 친절, '큰' 꿈 등을 예로 들 수 있다.

1020a

문에 운동도 양이며, 운동이 양이기 때문에 시간도 양이다.[171]

14장 질

'포이온'(poion, 어떠함 또는 質)은[172] (1) 본질의 차이성을 뜻한다. 예를 들어, 사람은 두 발 달림의 질을 가진 동물이며, 말은 네 발 달림의 질을 가진 동물이다. 그리고 원은 각이 없음의 질을 가진 도형인데, | 이는 질
1020b 이 본질의 차이성임을 보여 준다.

이런 뜻으로, 즉 본질의 차이성으로 '질'은 쓰이며, (2) 또 움직이지 않는 수학적인 대상들에 적용되는 뜻도 있다. 수들이 일정한 질을 갖듯이 말이다. 예를 들어, 한 방향으로만 있지는 않은,[173] 복합된 수들이 그러한데, 평면과 입체는 이 수들에 대한 (기하학적) 모방물들이다(이것들은 얼마만큼(a) × 얼마만큼(b) 또는 얼마만큼(a) × 얼마만큼(b) × 얼마만큼(c)이다).[174] 그리고 일반적으로, 질은 양과 따로 수들의 실체(본질) 속에 들어 있다. 왜냐하면 각 수의 본질은 한 번인 것이기 때문이다. 예를 들어 6의 본질은 두 번인 것이나 세 번인 것이 아니라 한 번인 것이기 때문이다. 왜냐하면 6은 6이 한 번인 것이기 때문이다.

---

171 공간적인 크기는 직접 측정되고, 운동은 자신이 점하는 공간의 크기에 의해 측정되며, 시간은 기본적으로 운동에 의해 측정된다. 『자연학』 219a 13-14, b 1-2, 234b 21-27.

172 『범주들』 8장 참조.

173 일차원적인 선으로 표현되지 않는.

174 평면(epipedon)은 두 개의 인수(因數) a, b의 곱으로 표현되며, 입체(stereon)는 세 개의 인수 a, b, c의 곱으로 표현된다. 예를 들어, 2×3은 직사각형의 수이며, 3×3×3은 정육면체의 수이다.

더 나아가, (3) 변하는 실체의 모든 양태들이(예를 들어, 뜨거움과 차가움, 흼과 검음, 무거움과 가벼움 따위가) 질들인데, 변하는 물체들은 그런 질들에 따라 그 질이 달라진다.

더 나아가, (4) 탁월함과 열등함에 관련하여, 일반적으로 나쁨과 좋음에 관련하여 질이 말해진다.

그래서 '질'은 두 가지 뜻을 갖는 것처럼 보이는데, 이 중 하나가 훨씬 더 본래적인 뜻이다. 다시 말해 으뜸가는 질은 실체(본질)의 차이성이다. 수들 안에 든 질도[175] 이것의 일부이다. 왜냐하면 이와 같은 것은 실체들의 차이성이지만, 움직이는 것들이 갖는 차이성은 아니거나, 아니면 움직이는 것들이 움직이는 한에서 갖는 차이성은 아니기 때문이다. 그리고 둘째로, 움직인다는 점에서 움직이는 것들이 갖는 양태들이, 그리고 움직임들이 보이는 차이성들이 질이다. 그리고 탁월함과 열등함은 이런 양태들의 일부다. 왜냐하면 그것들은 운동의 차이성이나 발휘 상태의 차이성을 드러내는데, 이 차이성에 따라 운동 중에 있는 것들이 잘 또는 잘못 영향을 가하거나 겪기 때문이다. 다시 말해, 어떤 방식으로 움직여지거나 힘을 발휘할 수 있는 것은 좋은 것이며, 이와 다른 반대되는 방식으로 그런 것은 나쁜 것이다. '좋음'과 '나쁨'은 특히 혼이 든 것들의 경우에서 질을 나타내는데, 이 가운데에서도 의도를 가진 것들의 경우에서[176] 특히 그렇다.

175 1020b 2-8에서 설명된 (2)의 뜻의 질을 말한다.

176 즉, 사람의 경우에서.

1020b

15장 관계

한편으로, (1) 2배에 대한 절반, 3배에 대한 3분의 1, 그리고 일반적으로 몇 배에 대한 몇 배 중 한 부분, 초과하는 것에 대한 초과되는 것 따위가 '프로스 티'(pros ti, 어떤 것에 관계 맺은 것)라 불린다.[177] 그리고 (2) 뜨겁게 될 수 있는 것에 대해 뜨겁게 할 수 있는 것이, 잘릴 수 있는 것에 대해 자를 수 있는 힘을 가진 것이, 그리고 일반적으로, 어떤 영향을 겪는 것에 대해 어떤 영향을 가하는 것이 관계 맺고 있다. 또 (3) 재는 것(척도)에 잴 수 있는 것(측정 대상)이, 앎(인식)에 대해 알 수 있는 것(인식 대상)이, 감각에 대해 감각할 수 있는 것(감각 대상)이 관계 맺고 있다.

(1) 첫 번째 종류의 관계 개념들은, 수의 면에서 불특정한 수로서 아니면 특정한 수로서, 수들 자체에 또는 1에 관계 맺어 말해진다. 예를 들어, ㉮ 1에 관계 맺은 두 배는 특정한 수이다. 그리고 ㉯ 몇 배도 수적인 관계를 1과 맺지만, 이 수나 저 수처럼 특정한 수로서 관계를 맺지는 않는다.
1021a | ㉰ 어떤 것의 절반만큼 더 큰 수와 그 절반만큼 더 작은 수는[178] 특정한 수로서 수적인 관계를 맺는다. 그러나 ㉱ 얼마만큼 더 큰 수는 그 얼마만큼 더 작은 수에[179] 몇 배와 1처럼 불특정한 수로서 관계 맺는다.[180] 그러나

---

177 10권(I) 6장, 『범주들』 7장 참조.

178 '어떤 것의 절반만큼 더 큰 수'와 '그 절반만큼 더 작은 것(수)'의 원어는 '절반+전체' 뜻인 hēmiolios (arithmos)와 '아래+절반+전체' 뜻인 hyphēmiolios이다. 디아펜테(diapente)의 협화음을 나타내는 3:2가 이런 관계에 있는 수들의 비율이다.

179 '얼마만큼 더 큰 수'와 '그 얼마만큼 더 작은 수'의 원어는 '덧붙은+부분'이란 뜻인 epimorios(superparticularis)와 '아래+덧붙은+부분'이란 뜻인 hypepimorios(sub superparticularis)이다. 작은 수의 한 부분을 더한 수와 작은 수의 관계를 나타낸다. 디아텟사론(diatessaron)의 협화음을 나타내는 4:3이 이런 관계에 있는 수들의 비율이다.

180 위의 네 가지 수의 관계를 정리하면 다음과 같다. ㉮ 2:1, ㉯ 임의의 수 n:1(2배,

초과되는 것에 대해 초과하는 것이 갖는 관계는 일반적으로 수의 면에서 불특정한 것이다. 왜냐하면 수(數)는 항상 같은 단위로 잴 수 있으며, 같은 단위로 잴 수 없는 것에 대해서는 진술되지 않기 때문이다. 그러나 초과하는 것은 초과되는 것에 대해 그만큼 그리고 조금 더 많은 것인데, 이 '조금 더'는 불특정한 것이다. 왜냐하면 이것은 초과되는 것과 양이 같을 수도 같지 않을 수도 있기 때문이다. 이렇게 서로 관계 맺는 것들은 모두 수적으로 표현되며, 수의 양태들이다. 그리고 더 나아가 양이 같음(等), 비슷함, 같음(同)도 어떤 점에서 그런 것들이다. 왜냐하면 다들 '하나'에 맞춰 말해지기 때문이다. 다시 말해, 실체가 하나인 것들은 서로 같으며, 질이 하나인 것들은 서로 비슷하며, 양이 하나인 것들은 서로 양이 같다. 그리고 1은 수의 원리이자 척도다. 그래서 이 모든 것들은 같은 방식은 아니지만, 수의 면에서 '관계 맺은 것들'이라 불린다.

(2) 어떤 작용을 가하는 것과 어떤 작용을 겪는 것은 가할 힘과 겪을 힘에 따라, 그리고 이런 힘들의 발휘에 따라 서로 관계 맺고 있다. 예를 들어 어떤 것을 뜨겁게 할 수 있는 것은 뜨겁게 될 수 있는 것에, 그것이 이것을 뜨겁게 할 수 있기 때문에, 관계 맺고 있다. 그리고 다시 어떤 것을 뜨겁게 하는 것은 뜨겁게 되는 것에, 어떤 것을 자르는 것은 잘리는 것에, 힘을 발휘하는 것들로서 관계 맺고 있다. 그러나 다른 곳에서[181] 말했던 ('잠재 상태'란) 뜻에서가 아니라면, 수적인 관계를 맺는 것들은 힘이 발휘된 상태에 있는 것들이 아니다.[182] 왜냐하면 그것들은 운동과 관련된 힘의 발휘

3배 등), ㉰ $1\frac{1}{2}$:1 또는 3:2, ㉱ 1+1/n:1 또는 n+1:n(4:3, 9:8 등). ㉮와 ㉰는 특정한 수로 표시되는 관계이며, ㉯와 ㉱는 불특정한 수의 관계이다.

181 어디를 말하고 있는지 확실하지 않다.

182 수적인 관계(비율) 자체는 힘(능력, dynamis)을 가진 것이 아니기 때문에 힘이 발휘된 어떤 상태(energeia)에 있지 못하지만, 석공은 화강암 덩이 안에 잠재적으로

상태를 갖고 있지 않기 때문이다. 힘의 면에서 서로 관계 맺은 것들은 특정한 시간들의 면에서도 서로 관계 맺어 있다. 예를 들어, 작용을 가한 것은 그 작용을 겪은 것에, 그리고 작용을 가할 것은 그 작용을 겪을 것에 관계 맺는다. 바로 이런 방식으로 아버지는 제 아들의 아버지라고 말해진다. 다시 말해, 한쪽은 작용을 가했던 것이고, 다른 한쪽은 작용을 겪었던 것이다. 더 나아가, 어떤 것들은 '…할 수 없는 것'(힘이 없는 것) 따위의 것들처럼, 예를 들어 '보일 수 없는 것'처럼, 힘의 결여의 면에서 서로 관계 맺고 있다.[183]

그러므로 수(數)나 힘의 면에서 관계 맺은 것들은 모두, 다른 어떤 것이 바로 그것들의 본질에 관계 맺기 때문이 아니라, 그것들의 본질이 다른 어떤 것에 관계 맺기 때문에 관계 맺은 것들이다.[184] 그러나 (3) 재어질 수 있는 것(측정 대상), 알아질 수 있는 것(인식 대상),[185] 사유될 수 있는 것(사유 대상)은 다른 어떤 것이[186] 이것들에 관계 맺고 있기 때문에 '관계 맺은 것들'이라 불린다. 왜냐하면 '사유 대상'은 이것에 대한 사유가 있음을 뜻

(dynamei) 들어있는 수적인 비율에 맞춰 돌을 쪼아서 이 비율을 실현된 상태(energeia)로 옮길 수 있다. 9권(Θ) 9장 1051a 21-33, 13권(M) 3장 1077b 17-1078a 31 참조.

183 볼 힘을 가진 것(horatikon)이 보일 수 있는 것(horaton)에 관계 맺어 있기도 하지만, 더 나아가 볼 힘을 가진 것이 볼 힘을 못 가진 것(mē horatikon)에 관계 맺기도 하고, 보일 수 있는 것이 보일 수 없는 것(ahoraton)에 결여(sterēsis)의 방식으로 관계 맺기도 한다.

184 두 배는 절반의 두 배이다.

185 그러나 알아질 수 있는 것(인식 대상, epistēton)이 재는 것(척도, metron)이며, 앎(epistēmē)은 재어지는 것(측정 대상)이다. 앎이 실재에 일치하지, 실재가 앎에 일치하지는 않는다. 5권(Γ) 5장 1010b 30-1011a 2, 9권(Θ) 10장 1051b 6-9, 10권(I) 1장 1053a 31-35, 6장 1057a 7-12 참조.

186 다시 말해, 척도, 앎, 사유가.

하기 때문이다. 그렇지만 사유가 그 사유의 대상이 되는 대상에 관계 맺은 것은 아니다. 왜냐하면 그럴 경우 같은 것을 두 번 말하게 될 것이기 때문이다. 마찬가지로 봄(見)은 어떤 것을 봄이며, 그 봄의 대상이 되는 대상을
봄이(이렇게 말하는 것이 맞긴 하겠지만) | 아니라, 봄은 색이나 이와 같 1021b
은 종류의 것에[187] 관계 맺는다. 그러나 저런 방식으로는, 다시 말해 봄이 그 봄의 대상이 되는 대상을 봄이라고 한다면, 같은 것을 두 번 말하게 될 것이다.

그러므로 제 본성에 의해 관계 맺은 것들은 한편으로 이런 방식으로 관계 맺은 것이며, 다른 한편으로는 그것들이 속한 유(類)들이 그런 것들일 때 관계 맺은 것이다. 예를 들어, 의학은 이것의 유(상위 개념)인 학문이 어떤 것에 관계 맺은 것으로 보이기 때문에,[188] 관계 맺은 것이다. 더 나아가, 어떤 대상들이 갖는 속성들 가운데 관계 맺은 것들이 있는데, 그 대상들은 이 속성들에 맞춰 '관계 맺은 것'이라 불린다. 예를 들어, 양이 같음은 양이 같은 것이 관계 맺은 것으로서 있기에 관계 맺은 것이며, 비슷함은 비슷한 것이 관계 맺은 것으로서 있기에 관계 맺은 것이다. 그리고 어떤 것들은 딸린 방식으로 관계 맺은 것이다. 예를 들어, 어떤 사람은, 그에게 어떤 것의 두 배임이 딸려 있고, 두 배가 어떤 것에 관계 맺은 것이기 때문에, 관계 맺은 것이다. 또는 같은 것에 흼임과 두 배임이 (속성으로서) 딸린다면, 흰 것은 어떤 것에 관계 맺은 것이다.

---

187 '이와 같은 종류의 것'은 어둠 속에서만 지각되는 버섯, 뿔, 물고기의 머리, 비늘, 눈 따위가 가진 '인광성(燐光性)의 물질들'(ta pyrōdē phainomena kai lamponta)을 가리킨다. 『혼에 관하여』 419a 1-5 참조.

188 유(類)가 관계 개념이라고 해서, 반드시 종(種)이 관계 개념인 것은 아니다. 예를 들어, 앎(epistēmē)은 관계 개념이지만, 앎의 일종인 문법학(grammatikē)은 관계 개념이 아니다. 『범주들』 11a 24-26, 『토포스론』 124b 15-19 참조.

1021b

16장 완전함

(1) '텔레이온'(teleion, 완전한 것, 완벽한 것)은 먼저, 그 바깥에 어떤 부분을 하나도 갖지 않는 것을 뜻한다. 예를 들어, 각 사물의 완전한 시간은 그 바깥에 이 시간의 부분인 것을 찾을 수 없는 시간이다. 그리고 (2) 완벽한 것은[189] 탁월함이나 좋음의 면으로 보아 제 유(類)에서 그보다 월등한 것이 없는 것을 뜻한다. 예를 들어, 의사와 아울로스 연주자는 자신에게 고유한 탁월성의 영역에서 조금도 모자람이 없을 때 완벽하다. 이런 식으로 우리는 나쁜 것들의 경우에 그 뜻을 전용(轉用)하여 완벽한 험담꾼, 완벽한 도둑을 얘기한다. 왜냐하면 우리는 이들이 심지어 탁월하다고 말하기 때문이다. 예를 들어, 우리는 탁월한 도둑 또는 탁월한 험담꾼을 말한다. 그리고 탁월함은 일종의 완전함이다. 왜냐하면 각 사물은, 그리고 모든 실체는 자신에게 고유한 탁월함의 영역에서 어떠한 자연적인 크기의[190] 부분도 빠짐없이 갖출 때 완전하기 때문이다. 더 나아가, (3) 좋은 끝(목적)이 들어있는 것들이 완전한 것으로 불린다. 왜냐하면 그것들은 끝에 이르렀다는 점에서 완전한 것이기 때문이다. 그래서, 끝은 맨 마지막에 있는 것들이므로, 우리는 나쁜 것들의 경우에도 이 뜻을 전용하여, 어떤 것의 파괴나 나쁨이 극에 달해 모자람이 없을 때, 그것이 완전히 없어지거나 완전히 파괴되었다고 말한다. 바로 이런 이유로, 또한 죽음은[191] 비유적으로 '끝'(telos)이라 불린다. 둘 다 맨 마지막에 있는 것들이기 때문이다. 그러나 맨 마지막의 '무엇을 위해'도 끝이다.

---

189 (1)은 '양적으로 완전함'의 뜻이고, (2)는 '질적으로 완벽함'의 뜻이다.

190 여기서 '크기'(megethos)는 비유적으로 쓰였다. 13장 1020a 23-26 참조.

191 teleutē(죽음)와 teleion(완전한 것, 완벽한 것, 끝내 주는 것)의 어원은 telos(끝)이다.

이렇듯, 제 본성으로 말미암아 '완전한 것'으로 불리는 것들은 그만큼
많은 뜻으로 쓰인다. 어떤 것들은 좋음의 면에서 모자람이 없기 때문에 그
리고 그것을 능가하는 것이 없고 그 바깥에 어떤 것도 가질 수 없기 때문
에 완전하며, 어떤 것들은 전반적으로 모든 유(類)에서 능가되지 않고 그
바깥에 어떤 것도 | 있지 않기 때문에 완전하다. 그리고 그 밖의 것들은 1022a
앞의 두 가지 것들에 따라 완전한 것이라고 불리는데, 이는 그러한 것들을
만들어 냄으로써 또는 가짐으로써 또는 그러한 것들에 어울림으로써 또는
어떤 방식으로든 일차적인 뜻에서 완전한 것이라 불리는 것들에 일정한
관계를 맺음으로써 이루어진다.

17장 한계

'페라스'(peras, 한계)는 (1) 각 사물의 마지막 지점을, 즉 그 바깥에 어떤 것도 있지 않는 첫 부분, 그리고 그 안에 모든 것이 있는 첫 부분을 뜻한다.[192] 또 (2) 그것은 크기나 크기를 갖는 것의 아무런 형상을[193] 뜻한다. 그리고 (3) 그것은 각 사물의 끝(목적)인데, 이것은 운동과 행위가 나오는 곳이 아니라, 그것들이 이르려 하는 곳이다. 하지만 때때로 둘 모두가, 즉 '무엇으로부터'(어떤 것이 비롯하는 곳)뿐만 아니라 '무엇을 향해'(어떤 것이 이르는 곳),[194] 즉 '무엇을 위해'(어떤 것이 겨냥한 것)가 한계이다. 그리고 그

---

192 예를 들어, 삼각형의 한계(限界, peras)는 세 변이며, 선의 한계는 양 끝 점이다. 이러한 한계들은 연장(延長)되어 있지 않은 맨 바깥의 경계선이거나 경계점이다.

193 여기서 eidos(형상)는 morphē(모양 또는 형태)와 같은 뜻이다.

194 '무엇으로부터'(aph' ho)는 '어떤 것이 비롯하는 곳'(terminus a quo)을 뜻하며, '무엇을 향해'(eph' ho)는 '어떤 것이 이르는 곳'(terminus ad quem)을 뜻한다. '무엇

1022a

것은 (4) 각 사물의 실체 및 각 사물의 본질을 뜻한다. 왜냐하면 이 본질은 인식의 한계이기 때문이다. 그리고 그것이 인식의 한계라면, 그것은 또한 사물의 한계이기도 하다. 그래서 분명 '아르케'(archē, 원리)가 말해지는 만큼 많은 뜻으로 또한 '페라스'가 말해진다. 그러나 '한계'는 '원리'보다 더 많은 뜻으로 쓰인다. 왜냐하면 원리는 한계의 일종이지만, 모든 한계가 원리인 것은 아니기 때문이다.

18장 어떤 것에 따라

'카트 호'(kath' ho, 어떤 것에 따라)는 여러 가지 뜻을 갖는다. 한편으로, (1) 그것은 각 사물의 형상이나 실체를 뜻한다. 예를 들어, 그것은 좋음 자체인데, 이것에 따라(의거해) 어떤 사람이 좋다고 말해진다. 다른 한편으로, (2) 그것은 표면에 든 색처럼 그 안에 어떤 것이 자연적으로 생겨나는 가장 가까운 것을 뜻한다.[195] '어떤 것에 따라'는 일차적으로 형상이며, 그 다음으로 각 사물의 재료나 각 사물의 가장 가까운 바탕이다. 일반적으로, '어떤 것에 따라'는 '원인'만큼 많은 뜻을 가질 것이다. 다시 말해, (3) 우리는 '어떤 것에 따라 그가 왔는가?'나 '무엇을 위해(무엇 때문에) 그가 왔느냐?'를 같은 뜻으로 말하며, (4) '어떤 것에 따라(의거해) 맞게 추론했는가? 아니면 틀리게 추론했는가?'나 '맞는 추론 또는 틀린 추론의 원인이 무엇인가?'를 같은 뜻으로 말하기도 한다. 더 나아가, (5) '어떤 것에 따라'

을 위해'(목적, to hou heneka)와 마찬가지로 무엇이 바로 비롯하는 곳(대상) 또는 이르는 곳(대상)이다.

195 색은 물체 안에 들어있다고 말해지기도 하지만, 일차적으로는 표면 안에 들어있다. 표면 안에 들어있기 때문에 색은 더 나아가 물체 안에도 들어있다.

는 '어떤 것에 따라 그가 서 있다'(그가 서 있는 곳)나 '어떤 것에 따라 그가 걷는다'(그가 걷는 곳)에서 보듯, 위치에 관련하여 쓰이기도 한다. 왜냐하면 이 모든 것들은 위치나 장소를 나타내는 표현들이기 때문이다.

그러므로 '제 자신에 따라 있는 것'도 반드시 여러 가지 뜻을 가진다. 먼저, (1) 제 자신에 따라 있는 것은 본질을 뜻한다. 예를 들어, 칼리아스는 제 자신에 따라 칼리아스이며, 칼리아스의 본질이다.[196] 그리고 (2) 그것은 어떤 것의 무엇임(어떤 것의 실체 또는 이 실체에 대한 정의)에 들어있는 것들을 모두 뜻한다. 예를 들어, 칼리아스는 제 자신에 따라 동물이다. 왜냐하면 그에 대한 정의 속에 '동물'이 (정의의 일부로서) 들어있기 때문이다. 다시 말해 칼리아스는 특정한 동물이다. 더 나아가, (3) 그것은 어떤 사물이 자신 안에 또는 제 자신의 일부 속에 직접 받아들이는 속성을 뜻한다.[197] 예를 들어, 표면은 제 자신에 따라 희고,[198] 사람은 제 자신에 따라 살아 있다. 왜냐하면 혼은 사람의 일부이며, 바로 이 혼 안에 살아 있음이 있기 때문이다. 더 나아가, (4) 그것은 자신 외에 다른 원인을 갖지 않는 것을 뜻한다. 사람에 대해 많은 원인들이, 예를 들어 동물, 두 발 달림이 있지만, 그럼에도 사람은 (다른 원인 때문이 아니라) 제 자신에 따라 사람이다. 그리고 (5) 그것은 어떤 것이 하나뿐인 것인 한에서, 그것에만 있는 속성들 모두를 뜻한다. 바로 이런 이유로, 따로 있는 것(독립적인 것)은 제 자신에 따라 있다.

196 7권(Z) 4장 1029b 13–16 참조.

197 ='어떤 것에 따라'의 두 번째 뜻.

198 7권(Z) 4장 1029b 17 참조.

1022a

19장 배치

1022b | '디아테시스'(diathesis, 배치 또는 일시적 상태)는 장소나 능력[199] 또는 종류와[200] 관련하여, 부분들을 가진 것이 갖는 질서를 뜻한다. '배치'란 말이 드러내 주듯이,[201] 거기에 일정한 놓임새(thesis)가 있어야 한다.

20장 갖이

'헥시스'(hexis, 갖이 또는 상태)는 먼저, (1) 행위나 움직임처럼, 가지는 것과 가져지는 것에 속한 일종의 힘의 발휘 상태를 뜻한다.[202] 왜냐하면 한쪽이 만들어 내고, 다른 쪽은 만들어질 때, 이 둘 사이에 만듦이 있기 때문이다. 이와 마찬가지로, 옷을 가진(입은) 사람과 가져진(입어진) 옷 사이에도 갖이가 있다. 그런데 분명히, 우리는 이런 종류의 갖이를 가질 수 없다. 왜냐하면 가져진 것의 갖이를 가질 수 있다면, 이런 과정이 무한히 계속될 것이기 때문이다. 그리고, (2) '헥시스'는 상태를 뜻하는데,[203] 이것에

---

199 예를 들어, 혼의 여러 가지 능력들을 이성적인 능력, 감각 능력, 소화 능력의 순으로 배치할 수 있다.

200 한 유(類) 아래에 속한 종(種)들은 등위, 상위, 하위의 배치 관계를 갖는다.

201 diathesis(배치 또는 일시적 상태)란 낱말 안에 thesis(놓임새)가 들어있다. 일시적 상태인 diathesis는 보다 지속적 상태인 hexis(습성)와 구분된다. 『범주들』 8b 26-9a 13 참조.

202 어떤 형상(eidos)을 갖추고 있는 상태, 즉 소유(hexis)를 뜻한다. 반대로, 못 갖추고 있는 상태는 결여(sterēsis)이다. 10권(I) 4장 1055b 13 참조.

203 모든 hexis는 diathesis(일시적 상태)이기도 하지만, 모든 diathesis가 hexis인 것은 아니다.

따라, 어떤 상태에 일시적으로 있는 것은, 그 자체로든 또는 다른 것에 관계 맺어서든, 잘되거나 잘못된 상태에 놓여 있다. 예를 들어, 건강은 일종의 상태이다. 왜냐하면 그것은 잘된 일시적인 상태이기 때문이다. 더 나아가, (3) 그러한 일시적 상태의 일부가 (지속적인 것으로) 있게 될 때, 우리는 이것을 '헥시스'(습성)라 말한다. 그렇기 때문에 어떤 사물의 부분들이 가진 탁월함도 (그 사물 전체가 가진) 습성이다.[204]

21장 겪이

'파토스'(pathos, 속성, 성질, 양태)는[205] 어떤 방식에서는 (1) 성질을 뜻하는데, 이에 따라 어떤 것의 질이 달라질 수 있다.[206] 흼과 검음, 닮과 씀, 무거움과 가벼움 따위가 그런 것들이다. 또 (2) 그것은 그런 것들의 실현 상태 및 이미 이루어진 질 변화를 뜻한다.[207] 더 나아가, (3) 이것들 중에서

---

204 탁월한 계산은 혼의 추리능력에 속하지만, 혼 전체에 속하는 것이기도 하다.

205 '겪이'란 말은 '살다'에서 '…살이'(하루살이, 시집살이 등)가, '앓다'에서 '…앓이'(배앓이, 속앓이 등)가 만들어져 쓰이는 것에 비추어, 동사 '겪다'에서 만든 명사이다. '겪이'와 '겪다'는 어원이 같은 두 그리스어 pathos와 paschein의 관계를 나타내기에 적합하며, '…살이를 살다', '…앓이를 앓다'처럼 '겪이를 겪다'(pathos paschein)란 표현으로 활용할 수 있는 이점이 있다. '…살이'(어떻게 살고 있는 상태나 그 결과), '…앓이'(무엇을 어떻게 앓고 있는 상태나 그 결과)처럼, 여기서 '겪이'를 '무엇을 어떻게 겪고 있는 상태나 그 결과'를 뜻하는 말로 쓰기로 한다. '어떤 것이 겪는 성질' 또는 '수동적 성질'로도 옮길 수 있다. 20장의 '갖이'(hexis)도 이와 비슷하게 '가짐'(echein)에서 만들어 쓴 말이다.

206 14장 1020b 8-12 참조. '겪이'는 크게 나누어 (1)의 '질'(poiotēs)과 (2), (3), (4)의 '질이 변화된 상태'(alloiōsis)를 뜻한다. 넓게는 '속성'(hyparchon)을 뜻하기도 한다.

207 pathos는 '병듦'뿐만 아니라 이 병듦이 실현된 상태(energeia), 즉 '병든 상태'를

도 그것은 해로운 변화 및 움직임을 더 뜻하는데, 특히 고통스러운 해(害)를 뜻한다. 그 밖에, (4) 크나큰 불행과 고통이 '겪이'(수난)라 불린다.

22장 못 갖춤

'스테레시스'(sterēsis, 못 갖춤 또는 결여)는[208] 한편으로, (1) 본래 갖추고 있도록 되어 있는 것들 중 어느 하나를 갖지 못할 때 쓰인다. 어떤 것 자체가 그런 것을 본래 갖출 수 없게 되어 있을지라도 그렇다. 예를 들어, 우리는 식물은 눈을 '못 갖췄다'고 말한다. 그리고 (2) 그것은 본래 갖추고 있도록 되어 있는 것을, 어떤 것 자신이, 아니면 이것의 유(類)가 갖지 않을 때 쓰인다. 예를 들어, 눈먼 사람은 두더지와는 다른 뜻에서 시력을 못 갖췄다. 다시 말해, 두더지는 그것의 유인 동물이 가져야 할 시력을 못 갖췄고, 눈먼 사람은 그 자신과 관련하여 가져야 할 시력을 못 갖췄다. 그 밖에, (3) '못 갖춤'은 본래 갖추고 있도록 되어 있는 조건에서, 그리고 그러한 때에 갖지 않을 때에 쓰인다. 왜냐하면 눈먼 상태는 일종의 못 갖춤이지만, 어떤 사람이 평생에 걸쳐 눈이 멀지는 않고, 본래 갖추고 있어야 할 어느 때에 시력을 갖지 못할 때에 눈이 멀었기 때문이다. 마찬가지로, 어떤 것이 (시력이 발휘되는) 매체 속에서, (시력이 든) 감각기관에서, (시력이 향한) 감각 대상에 관련하여, (시력을 갖는) 조건에서, 본래 갖추고 있어야 할 시력을 갖지 못할 때, 그것은 눈이 멀었다고 말해진다.[209] 더 나아가,

---

뜻하기도 한다.

208 9권(Θ) 1장 1046a 31-35, 10권(I) 4장 1055a 33-b 29, 『범주들』 12a 36-13b 27 참조. sterēsis의 일차적인 뜻은 세 번째의 것(1022b 27-31)이다.

209 어둠 속에서 보지 못하는 경우, 귀로 보지 못하는 경우, 소리를 보지 못하는 경

(4) 어떤 것을 강제로 빼앗음이 '스테레시스'(강탈 또는 탈취)이다.

그리고 '안 …'(또는 '…이지 않는', '…이 없는')이[210] 앞에 붙어 부정어(否定語)가 말해지는 만큼, '못 갖춤'이 또한 말해진다. 다시 말해, 양이 같지 않은 것은 본래 갖추고 있도록 되어 있는 양이 같음을 갖지 않기 때문에 못 갖춤의 상태에 있다. 그러나 '보이지 않는 것'은 전혀 색을 갖지 않거나 아니면 색이 보잘것없어서, '발 없는 것'은 발을 전혀 갖지 않거나 아니면 보잘것없는 발을 가져서 못 갖춤의 상태에 있다. 그 밖에, '씨 없는 것'처럼 아주 조금만 가짐으로써 못 갖춤의 | 상태에 있는데, 이는 어떤 점에서 그러한 속성을 보잘것없이 가짐을 뜻한다. 더 나아가, 쉽게 또는 어떻게 잘 되지 않아서 못 갖춤의 상태에 있다. 예를 들어 '잘리지 않는 것'은 잘리지 않기 때문만이 아니라, 쉽게 잘리지 않아서 또는 잘 잘리지 않아서, 그렇게 불린다.[211] 더 나아가, 어떤 속성을 전혀 갖지 않음으로써 못 갖춤의 상태에 있다. 예를 들어, 애꾸눈이 아니라, 두 눈 모두에 시력이 없는 사람을 두고 우리는 그가 '눈이 멀었다'고 말한다. 그렇기 때문에, 모든 사람이 좋거나 나쁘거나 둘 중 하나이진 않고, 또 정의롭거나 정의롭지 않거나 둘 중 하나이진 않고, (이런 두 가지 상태들에) 중간에 어떤 것이 있다.

우, 뒤에 있거나 너무 멀어서 보지 못하는 경우에는 '눈이 멀었다'(typhlos)고 말할 수 없다.

210 '안 …', '…이지 않는', '…이 없는'은 결여(또는 결성)의 부정소(否定素, privativum)를 나타내는 우리말 표현이다. 보통, 그리스어는 'a(n)-', 라틴어는 'in-'으로 표현된다.

211 『혼에 관하여』 422a 20-34 참조.

1023a

23장 가짐

'에케인'(echein, 가짐)은 여러 가지 뜻을 갖는다.[212] 한편으로, (1) 그것은 제 자신의 본성에 따라 또는 제 자신의 충동에 따라 어떤 것을 이끌어 감을 뜻한다. 그렇기 때문에 우리는 열(熱)이 사람을 가지고, 폭군들이 자신들의 도시들을 가지고, 또 옷을 입은 사람이 그 옷을 가지고(입고) 있다고 말한다. 그리고 (2) 그것은 수용자 안에 어떤 것이 있을 때, 쓰인다. 예를 들어, 청동은 조각상의 형상(형태)을 가지며, 신체는 병을 가진다(앓는다). 그리고 (3) 우리는 어떤 것을 담는 것이 담긴 것을 안에 가진다(담고 있다)고 말한다. 왜냐하면 담는 것 안에 든 것은 이 담는 것에 의해 가져진다(담겨 있다)고 말하기 때문이다. 예를 들어, 우리는 그릇이 액체를 가진다(담고 있다)고, 도시가 사람들을 가진다(수용한다)고, 배가 선원들을 가지고(태우고) 있다고 말한다. 이런 방식으로 전체도 부분들을 가진다. 더 나아가, (4) 우리는 어떤 것이 제 성향대로 움직이거나 행동하는 것을 방해하는 것이, 그것을 가진다(버틴다)고 말한다. 예를 들어, 기둥들은 그 위에 얹힌 무게를 가진다(버틴다). 그리고 시인들도[213] 몇몇 자연철학자들이[214] 주

---

212 『범주들』 15장 참조. 원어 echein은 우리말로 '가지다'(소유하다), '입다', '앓다', '담다', '태우다', '버티다', '받치다' 등으로 표현된다.

213 "아틀라스(Atlas)는 강력한 필연으로 맑은 목소리의 헤스페리데스들(Hesperides, 석양의 님프들) 옆 / 대지의 경계에 서서 머리와 지칠 줄 모르는 두 손으로 / 넓은 하늘을 떠받치고 있다. / 지략이 뛰어나신 제우스께서 그에게 그런 운명을 할당하셨기 때문이다"(헤시오도스의 『신들의 계보』 517-520행, 천병희 옮김, 2004, 60쪽 참조).

214 회오리(dinē) 같은 빠른 원운동 때문에 하늘이 땅(지구)으로 떨어지지 않고 제자리에 있다고 말하는 엠페도클레스와 같은 철학자들을 가리킨다. 『천체에 관하여』 284a 20-26, 295a 16-19 참조.

장하듯 하늘이 땅으로 무너져 내릴까 봐, 아틀라스로[215] 하여금 하늘을 가지고(받치고) 있게 한다. 이런 뜻으로 또한 우리는 어떤 것을 한데 붙들고 있는 것이 한데 붙들린 것들을 가진다(모은다)고 말한다. 그렇지 않으면, 붙들린 것들은 저마다 제 충동에 따라 흩어질 것이다.

그리고 '어떤 것 안에 있음'도[216] '가짐'과 비슷한 방식으로 말해져서, '가짐'의 뜻들에 상응하는 뜻들을 갖는다.

24장 어떤 것으로부터 나와 있음

'토 에크 티노스 에이나이'(to ek tinos einai, 어떤 것으로부터 나와 있음 또는 어떤 것으로 이루어져 있음)는[217] 한편으로, (1) 재료인 어떤 것으로부터 다른 어떤 것이 '나와 있음'을 뜻하는데, 여기에는 두 가지 방식이 있다. 하나는 맨 처음 유(類)에 따른 방식이고, 또 하나는 마지막(최하위의) 종(種)에 따른 방식이다. 예를 들어, 어떤 뜻에서는 녹는 것이 모두 물로부터 나와 있다고 말해지며,[218] 다른 어떤 뜻에서는 조각상이 청동으로부터 나와 있다고 말해진다. 다른 한편으로, (2) 그것은 맨 처음의 운동 원리인 어떤 것으로부터 다른 어떤 것이 나와 있다는 것을 뜻한다. 예를 들어, '무엇으로부터 싸움이 나왔는가?'라고 누가 물을 때, 우리는 비방으로부터 나왔다고 대답한다. 왜냐하면 비방은 싸움의 발단이기 때문이다. 또

215 플라톤의 『파이돈』 99c 참조.

216 『자연학』 4권 3장 참조.

217 2권(α) 2장 994a 22-b 3, 8권(H) 4장 1044a 23-25, 14권(N) 5장 1092a 23-35, 『동물의 발생에 관하여』 724a 20-30 참조.

218 『기상학』 382b 18, 플라톤의 『티마이오스』 58d 참조.

1023a

(3) 그것은 재료와 형태로 결합된 것으로부터 나와 있다는 것을 뜻한다. 예를 들어 부분들은 전체로부터 나와 있으며, 시구(詩句)는 『일리아스』로부터 나와 있고, 돌들은 집들로부터 나와 있다. 왜냐하면 형태(형상)는 목적이며, 목적에 이른 것만이 완전하기 때문이다.[219] 더 나아가, (4) 그것은 형상이 부분으로 '이루어져 있음'을 뜻한다. 예를 들어, 사람은 '두 발 달림'으로 이루어져 있고,[220] 음절은 '자모'로 (그 정의의 일부가) 이루어져 있
1023b 다.[221] 이 뜻은 | 조각상이 청동으로 이루어져 있다는 뜻과 다르다. 왜냐하면 (조각상의 경우처럼, 형상과 재료로) 결합된 실체는 감각되는 재료로 이루어져 있지만, 형상은 형상의 재료로[222] (그 정의가) 이루어져 있기 때문이다. 이렇듯, '어떤 것으로부터 나와 있다'(또는 어떤 것으로 이루어져 있다)는 그와 같은 여러 가지 뜻들을 갖는다. 그리고 (5) 이런 뜻들 중 어느 하나가 부분적으로 들어맞는 경우가 있다. 예를 들어, 아이는 아버지와 어머니로부터 나와(태어나) 있고, 식물들은 땅으로부터 나와(솟아) 있는데, 아이나 식물들은 그런 것들의 일부인 것들로부터[223] 나와 있기 때문이다. 그리고 (6) 그것은 시간에서 어떤 것 다음임을 뜻한다. 예를 들어, 낮으로부터 밤이 있고, 화창한 날씨로부터 폭풍우가 있다. 왜냐하면 하나가 다른

---

219 재료(예: 시구들, 돌들)는 형상(예: 서사시의 형태, 집의 모습)을 획득했을 때에만 제 목적(telos)에 도달하고, 완전한 것(teleion)이자 전체(holon, 예: 『일리아스』, 집)가 된다. 다시 그 형상이 파괴되면, 재료는 부분(meros)들에 지나지 않는다.

220 사람이란 종(種)에 대한 정의는 예컨대, '두 발 달림'과 '동물'로 되어 있다.

221 7권(Z) 10장 1034b 25 참조.

222 여기서 '형상의 재료'(hylē tou eidous)는 형상에 대한 정의(定義, logos)를 이루는 요소들, 즉 '유'(類, genus)와 '차이성'(種差, differentia)을 뜻한다. 조각상의 물질적인 재료인 청동과는 다른 뜻에서 재료이다.

223 아이는 아버지의 일부인 정자(精子)와 어머니의 일부인 난자로부터 생겨나 자란다.

하나 다음에 오기 때문이다. 이것들 가운데 어떤 것들은 방금 말했듯이 서로로의 변화가 있기 때문에 어떤 것 다음이라고 말해진다. 그리고 어떤 것들은 단지 시간에서 하나가 하나에 계속되기 때문에 다음이라고 말해진다. 예를 들어, 우리는 밤낮의 길이가 같은 때(춘분과 추분)로부터 항해가 일어났다고 말한다. 왜냐하면 춘분이나 추분 다음에 항해가 있었기 때문이다. 그리고 우리는 디오뉘시아 제(祭)로부터[224] 타르겔리온 제가[225] 있다고 말한다. 왜냐하면 타르겔리온 제가 디오뉘시아 제 다음에 있기 때문이다.

25장 부분

'메로스'(meros, 부분)는[226] 한편으로, (1) ㉮ 그것으로 양이 어떤 식으로든 분할될 수 있는 것을 뜻한다. 왜냐하면 양이라는 점에서 어떤 양에서 떼어지는 것은 항상 그것의 '부분'이라 불리기 때문이다. 예를 들어, 2는 어떤 점에서 3의 부분이다. 다른 한편으로, ㉯ 그것은 그런 앞의 뜻을

---

224 '디오뉘시아 제'(Dionysia)는 디오뉘소스를 위한 온갖 축제를 일컫는다. 상당히 큰 규모의 디오뉘소스 제가 아테네에만 4개나 있었다. 농촌에서는 한겨울의 죽은 자연을 되살리고 풍요를 기리는 뜻으로 포세이돈 달(月)인 11월과 12월 사이(Poseideōn)에 열렸으며, 아테네와 같은 큰 도시에서는 2월과 3월 사이(Elaphēboliōn)에 열렸다.

225 '타르겔리온 제'(Thargēlia)는 수확물의 보호와 성장 촉진을 기원하며 곡물의 완숙기에 즈음하여, 아테네인들의 11번째 달, 즉 4월과 5월 사이(Thargēliōn)의 때에 열린, 아폴론 신을 위한 축제를 말한다. Elaphēboliōn과 Thargēliōn 사이에 Mounichiōn이란 이름의 달이 하나 끼어 있으니까, 디오뉘시아 제와 타르겔리온 제는 한 달 정도의 간격을 두고 열렸음을 알 수 있다.

226 7권(Z) 10장 1034b 32-1035a 7 참조.

지닌 부분들 중 전체를 재는 것(단위)들만을 뜻한다. 바로 이런 이유로, 우리는 2가 한편으로는 3의 부분이지만, 다른 한편으로는 3의 부분이 아니라고 말한다. 더 나아가, (2) 그것들로 종류의 것이 양과 별도로 분할될 수 있는 것들을 우리는 그 종류의 것이 가진 부분들이라고 말한다. 그렇기 때문에 우리는 종(種)들을 두고서 유(類)의 부분들이라고 말한다. 더 나아가, (3) 부분들은 그것들로 전체가, 이 전체가 형상이든[227] 아니면 형상을 가진 것이든,[228] 분할되거나 그것들로 전체가 이루어져 있는 것들을 뜻한다. 예를 들어, 청동 구(球)나 청동 주사위에서 청동은(이것 안에 구나 주사위의 종이 있다) 이 두 가지 것들의 부분이며, 각(角)은 청동 주사위의 부분이다. 더 나아가, (4) 각 사물을 드러내는 정의 속에 든 것들이 전체의 부분들이다. 그렇기 때문에 유(類)는 종(種)의 부분이라 말해진다.[229] 그러나 다른 뜻으로는 종이 유의 부분이다.[230]

26장 전체와 모든

(1) '홀론'(holon, 전체)은 본성적으로 그것을 이루는 부분들 중 어느 것도 빠져 있지 않은 것을 뜻하며,[231] 또 (2) 포함된 것들이 하나가 되도록 이것들을 포함하는 것을 뜻한다. 그리고 이것은 두 가지 방식으로 일어난

---

227 2장 1013b 22 참조.

228 '형상을 가진 것'(to echon to eidos)은 바로 뒤에 나오는 '청동 구'나 '청동 주사위'의 예처럼 재료와 형상으로 구성된 복합물을 뜻한다.

229 예를 들어, '동물'(유)은 '사람'(종)에 대한 정의(定義)인 '두 발 달린 동물'의 일부이다. 24장 1023a 35-36 참조.

230 '부분'의 두 번째 뜻(1023b 17-19)을 말한다.

231 '완전한 것'(teleion)의 첫 번째 뜻과 같다. 16장 1021b 12-14 참조.

다. 포함된 것들이 저마다 한 가지 것인 방식이거나 아니면 포함된 것들로 하나(단일체)가 이루어져 있는 방식이 그것이다. 먼저,[232] ㉮ 보편적인 것(보편자)은, 또는 일종의 전체적인 것으로서 일반적으로 말해지는 것은 많은 것들을 포함하는 방식으로 보편적이다. 왜냐하면 그것은 각 사물들에 대해 서술되고, 또 각 사물들은, 예를 들어 사람, 말(馬), 신은 저마다 한 가지 것이기 때문이다. 그것들은 모두 생명체이기[233] 때문에 저마다 한 가지 것이다. 그리고 ㉯ 연속되고 한정된 것이, 그 자신 안에 있는 여러 부분들로부터 한 가지 것이 생겨나 있을 때, 전체라 불린다. 특히 그 부분들이 잠재 상태로 있을 때[234] 전체인데, 이렇지 않고 실현된 상태로 있을 때조차도 전체이다. 바로 이것들 가운데에서도, 우리가 이미 '하나'의 경우에서도 말했듯이,[235] 전체임은 일종의 하나임이기에, 인위적으로 전체인 것들보다 자연 본성적으로 전체인 것들이 더 많이 전체다.

| 더 나아가, (3) 처음과 중간과 끝을 갖는 양(量)의 경우에서, 놓인 위 1024a
치에 의해 차이 나지 않는 것들은 '판'(pan, 모든 …)이라 불리며, 반대로 놓인 위치에 의해 차이 나는 것들은 '홀론'(… 전체)이라고 불린다. 그러나 이 두 가지를 모두 허용하는 것들은[236] '모든 …'이기도 하고 '… 전체'이기도 하다. 위치가 바뀌더라도 제 본성이 그대로 남아 있는, 그렇지만 모양

232 종(種, species)과 유(類, genus), 즉 종류(種類)와 같은 ㉮ '보편적인 것'(보편자)의 단일성이 연속적인 것(syneches)과 같은 ㉯ '양'의 단일성과 대조되어 설명된다.

233 '신'(神, theos)에 대해서도 서술되기 때문에, 여기서 zōon은 '움직이는 것'이란 제한된 뜻의 '동물'보다는 '생명체'(living being)로 옮기는 것이 낫다. 14권(N) 1장 1088a 10-11 참조.

234 다시 말해, 이 부분들이 구분될 수 있지만, 구분되어 있지는 않을 때.

235 6장 1016a 4 참조.

236 '놓인 위치'(thesis)에 따라, 차이가 나기도 하고 차이가 나지 않기도 하는 것들은.

은 그대로 남아 있지 않는 것이, 예를 들어 밀랍이나 겉옷이[237] 그런 것들이다. 다시 말해, 이것들은 '… 전체'라고 불리기도 하고 '모든 …'이라고 불리기도 한다.[238] 왜냐하면 그것들은 두 가지 특성들을 모두 가지고 있기 때문이다. 그러나 물,[239] 물 같은 것들, 그리고 수(數)는 '모든 …'이라고 불린다. 비유적인 뜻이 아니라면, 우리는 '수 전체'나 '물 전체'를 말하지 않는다. 그리고 마치 하나인 양 '판'(모든 …)이라 불리는 것들에 대해, 이것들이 분리된 것들로서 다루어질 때, '판타'(panta, 모든 …들)란 말이 쓰인다. '이 모든(pan) 수', '이 모든(panta) 단위들'을 그 예로 들 수 있다.

27장 훼손됨

'콜로본'(kolobon, 훼손됨 또는 불구)은 양(量) 가운데 아무런 것이 아니라, 조각날 수 있는 것이며, 전체인 것이어야 한다. '둘'은 이 중 하나가 떼어진다고, 훼손되지 않는다. 왜냐하면 훼손된 것은 훼손되어 없어진 부분과 그 나머지가 결코 양이 같지 않기 때문이다.[240] 그리고 일반적으로 어떤 수(數)도 훼손된 것이 아니다. 왜냐하면 (그 일부가 제거되더라도) 본질

---

237 himation(겉옷)은 오른쪽 어깨는 드러낸 채 왼쪽 어깨에 걸치고 허리를 감싼 후 왼손으로 자락을 들고 입는 긴 옷을 뜻한다. 여기서, 겉옷이나 밀랍은 그 모양이 수시로 바뀌는 사물의 예이다.

238 겉옷이나 밀랍의 부분들이 위치가 바뀌더라도 그 본성(physis)은 변함이 없다는 점에서 그것들은 '모든 …'(pan)들이지만, 그 모양(morphē)이 달라졌다는 점에서 그것들은 '… 전체'(holon)들이라는 내용인데, 원어의 어법이 우리말과 달라 이것을 우리말로 제대로 표현하기는 힘들다.

239 물과 같은 것들은 위치의 차이가 없는 것이다. 27장 1024a 19 참조.

240 일반적으로, 훼손되어 없어진 부분보다 훼손되고 남은 부분의 양이 더 크다.

은 그대로 있어야 하기 때문이다. 컵은 훼손되면, 그것은 여전히 컵임에 틀림없다. 그러나 수는 더는 같은 수가 아니(라 다른 수)다. 더 나아가, 비슷하지 않은 부분들로 이루어진 것들이라고 해서 모두 훼손된 것들이라 불리는 것은 아니다. 왜냐하면 수는 (비슷한 부분들을 가질 뿐만 아니라,) 비슷하지(양이 같지) 않은 부분들도, 예를 들어 둘과 셋을 가질 수 있(는데 그렇다고 훼손된 것은 아니)기 때문이다. 그리고 물이나 불처럼, 위치에서 어떤 차이도 만들어 내지 못하는 것은 어떤 것도 훼손된 것이 아니다. 어떤 것이 훼손된 것이려면, 그것은 제 본질에 따라 위치를 가져야 한다. 더 나아가, 그것은 연속된 것이어야 한다. 예를 들어, 음계는 비슷하지 않은 부분들로 이루어져 있고 또 (그 부분들인 음들이) 위치(높낮이)를 가지지만, (연속되지 않은 것이어서) 훼손된 것일 수 없다. 더 나아가, 어떤 것이 전체라 하더라도 아무런 부분이나 결여한다고 해서 훼손된 것은 아니다. 왜냐하면 떼어진 부분들은 실체를 좌우하는 중요한 부분이어서도 안 되고, 또 아무런 곳에나 있는 부분들이어서도 안 되기 때문이다. 예를 들어 컵에 구멍이 뚫려 있으면, 컵은 훼손된 것이 아니(라 컵 자체가 아니)다. 컵은 손잡이가 또는 어느 돌출부가 떨어질 때 훼손된다. 그리고 사람은 살점이나 지라(脾臟)를 잃을 때 훼손되지 않고, 어느 특정 돌출부를 잃을 때 훼손된다. 그것도 모든 돌출부가 아니라, 완전히 제거되면 다시 자라나지 않는, 어느 특정 돌출부를 잃을 때 말이다. 그렇기 때문에, 까까머리는[241] 훼손된 사람이 아니다.

---

241 phalakros는 일반적으로 '대머리'를 뜻한다(『범주들』 13a 35, 『동물의 발생에 관하여』 783b 9-784a 21, 플라톤의 『국가』 495e 참조). 그러나 특정 돌출부라 할 수 있는 머리카락이 다시 자라나지 않는 사람, 즉 대머리는 훼손된 사람이므로, 머리카락이 다시 자랄 수 있는 사람, 즉 훼손되지 않은 사람인 '까까머리'로 옮겼다. 머리카락에 대한 전반적인 논의는 『동물 탐구』 3권 11장과 『동물의 발생에 관하여』 5권 3-5장 참조.

1024a

28장 유(類)

'게노스'(genos, 유 또는 족(族))는 한편으로, (1) 같은 형상을 갖는 것들의 생성이 이어질 때 쓰인다. 예를 들어, '인간(人)들의 유(類)가 있는 한'은 '인간들의 발생이[242] 이어지는 한'을 뜻한다. 다른 한편으로, (2) 후대를 있게 한 맨 처음의 움직이는 것(原動者)과 관련하여, '게노스'(…족)란 말을 쓴다. 예를 들어, 우리는 게노스를 구분하여, 어떤 사람들은 '헬라스인들'(헬라스 민족)이라 부르고, 어떤 사람들은 '이오니아인들'(이오니아 부족)이라 부른다. 왜냐하면 자신들을 맨 처음에 낳은 사람이 앞의 사람들에게는 헬렌이며,[243] 뒤의 사람들에게는 이온이기[244] 때문이다. 이처럼 '게노스'란 말은 재료(인 여성 쪽)보다는 낳는 것(인 남성 쪽)과[245] 관련하여 더 쓰인다. 그러나 퓌르라의[246] 후손들처럼, 여성 쪽으로부터 유래한 사람들에 대해서도 '게노스'라는 말을 쓴다.

1024b 더 나아가, | (3) 우리는 평면을 평면 도형들의 '유'라고 부르고, 입체를

---

242 genos(유)와 genesis(발생)의 어원은 gignesthai(생기다, 나다, 되다)로 같다.

243 헬렌(Hellen)은 데우칼리온(Deukalion)과 퓌르라(Pyrrha) 사이에서 난 아들로 헬라스(그리스) 민족의 시조(始祖)이다.

244 이온(Ion)은 크수토스(Xouthos)와 크레우사(Kreousa)의 아들로서, 아테네의 왕이자 이오니아 부족의 영웅이다.

245 어머니는 '재료'(hylē)를 제공하고 아버지는 '형상'(eidos)을 제공한다. 1권(A) 6장 988a 2-7, 8권(H) 4장 1044a 35-b 3, 『동물의 발생에 관하여』 732a 8, 736b 18, 737a 29, 738b 20, 740b 24 참조.

246 퓌르라(Pyrrha, '빨강 머리')는 프로메테우스의 아들인 데우칼리온의 아내로서, 정직한 까닭에 제우스가 일으킨 대홍수에 남편과 더불어 살아남았다. 제우스의 조언에 따라 데우칼리온이 어깨 너머로 던진 '어머니의 뼈'(대지의 돌)들에서는 남자들이 태어나고, 퓌르라가 던진 어머니의 뼈들에서는 여자들이 태어났다. 그리하여, 이 두 사람은 인류의 조상이 되었다. 오비디우스의 『변신이야기』 1권 260-415행 참조.

입체 도형들의 '유'라 부른다. 왜냐하면 이 도형들은 저마다 이러이러한 평면이거나 이러이러한 입체이기 때문이다. 그리고 평면과 입체는 그런 차이성들이 들어서는 바탕(基體)이다. 더 나아가, (4) 정의(定義)들에서, 어떤 것의 실체(본질)에서 표현되는 으뜸가는 구성 요소가 유이며, 이것이 갖는 질은 차이성이라 불린다.[247] 이렇듯, '게노스'는 그만큼 많은 뜻으로 말해진다. 한편으로 (1) 그것은 같은 종류의 연속적인 발생에 관련하여 쓰이며, 또 (2) 같은 종류의 것으로서 다른 것을 움직이는 맨 처음의 것에 관련하여 쓰이고, 다른 한편으로 (3) 재료의 뜻으로 쓰인다. 다시 말해, 차이성이나 질을 갖는 것, 이것이 바로 바탕인데, 우리는 이것을 '재료'라 부른다.[248]

으뜸가는(가장 가까운) 바탕이 다르고, 또 서로에게로 분해되지도 않고 다른 어떤 같은 것으로 분해되지도 않는 것들이 '유에서 다르다'고 말해진다.[249] 예를 들어, 형상과 재료는 유가 서로 다르다. 그리고 '있음'의 범주 형태가 다른 것들이 유가 다르다('있는 것'들 가운데 어떤 것들은 실체를 나타내며, 어떤 것들은 질을 나타내고, 어떤 것들은 앞에서[250] 우리가 구분했던 범주들을 나타낸다). 왜냐하면 그것들도 서로에게로 분해되지도 않고, 다른 어떤 한 가지 것으로도 분해되지 않기 때문이다.[251]

---

247 (4)의 뜻은 (3)의 뜻과 같은 뜻이다.

248 7권(Z) 12장 1038a 6, 10권(I) 9장 1058a 33 참조.

249 흙으로 된 돌과 물로 된 청동은 '유'(類)가 다르다. 왜냐하면 흙이 물로도, 물이 흙으로도 분해되지 않으며, 또 이 둘이 다른 어떤 (공통의) 것으로도 분해되지 않기 때문이다. 알렉산드로스의 『형이상학 주석』, Hayduck 편집(1891), 430쪽 13-16행 참조.

250 7장 1017a 24-27 참조.

251 10권(I) 3장 1054b 28-30 참조.

1024b

29장 거짓

'프세우도스'(pseudos, 거짓)는[252] 한편으로 (1) 사태로서 거짓인 것을 뜻한다.[253] 그리고 ㉮ 이 가운데 한편은 함께 놓이지 않거나 함께 놓일 수 없기 때문에 거짓이다. 예를 들어, '정사각형의 대각선과 그 한 변을 같은 단위로 잴 수 있다'든가 또는 '너는 앉아 있다'는 거짓이다. 다시 말해 앞의 것은 항상 거짓이며, 뒤의 것은 때에 따라 거짓이다. 이런 뜻에서 그 둘은 있지 않은 것들이다. 그리고 ㉯ 음영화(陰影畵)나[254] 꿈처럼 있지만, (음영화처럼) 있는 대로 나타나지 않기 마련인 것들이거나, 아니면 (꿈처럼) '있지 않은 것'들로서 나타나는 것들이 거짓이다. 왜냐하면 이것들은 어떤 것이긴 하지만, 그것들이 우리 안에 만들어 내는 인상(印象)의 실물은 아니기 때문이다. 이렇듯, 사물들은 그것들 자체가 있지 않기 때문에, 아니면 그것들로부터 나온 인상이 있지 않은 것들에 대한 것이기 때문에, 거짓인 것이다.

---

252 6권(E) 4장 참조.

253 그러나 아리스토텔레스에서 '참'과 '거짓'은 본질적으로 말이나 사유가 갖는 특성이다. 4권(Γ) 7장 1011b 25-27, 6권(E) 4장 1027b 25-28 참조.

254 skiagraphia는 원래 '음영 화법'(陰影 畵法)을 뜻하지만(플라톤의 『국가』 523b, 602d 참조), 여기에서처럼 eskiagraphēmenon 또는 skiagraphēma와 같은 뜻으로 쓰여 '음영 화법으로 그린 그림'(음영화)을 뜻하기도 한다(『연설술』 1414a 8, 플라톤의 『파이돈』 69b, 『국가』 365c 참조). 아폴로도로스(Apollodōros, 아테네 출신)가 음영 화법의 창시자로 알려져 있으며, 그의 제자 제욱시스(Zeuxis, 헤라클레이아 출신)는 명암의 대조와 비율에 주목하는 이 화법을 발전시켰다고 한다. 플라톤에서는 있지 않은 것이나 거짓인 것이 종종 우리의 시각에 그럴싸하게 나타나는 경우의 예로 등장한다(『국가』 523b 참조). 플라톤은 이 화법으로 그린 그림이 가까이에서는 무엇을 그렸는지 잘 보이지 않고, 멀리서 볼 때에만 그 내용물들이 일체감 있게 하나로 드러난다는 점을 시사한다(『파르메니데스』 165c, 『테아이테토스』 208e 참조).

(2) 거짓인(틀린) 말은 그것이 거짓인 한에서는 있지 않은 것들에 대한 말이다. 그렇기 때문에 말은 그것이 맞게 적용되는 것과는 다른 것에 적용될 때, 모두 거짓이다. 예를 들어, 원에 대한 규정이 삼각형에 적용될 땐 거짓이다. 어떤 점에서, 각 사물에 대해 오직 하나의 규정이, 즉 그 사물의 본질에 대한 규정이 있을 뿐이다.[255] 그러나 다른 어떤 점에서는, 사물 자체와 어떤 성질을 가진 사물이, 예컨대, 소크라테스와 교양 있는 소크라테스가 어떤 점에서 같기 때문에, 한 사물에 대해 여러 개의 규정들이 있다. 그러나 거짓인 말은 단적으로는, 어떤 것에 관한 말도 아니다. 이로 보건대, 어떤 것에 고유한 이름을 말하는 것, 즉 한 가지 주어에 대해 하나의 술어를 말하는 것 말고는 우리는 아무것도 말할 수 없다고 주장한 안티스테네스는[256] 너무 단순하게 생각했다. 그의 주장으로부터, 반대되는(모순되는) 말을 하는 것은 성립하지 않으며,[257] 그리고 거짓인 말도 거의 성립하지 않는다[258]는 (이치에 어긋난) 결과가 나오곤 했다. 그러나 각 사물에 대해서는 이것 자체에 고유한 말을 통해서 진술할 수 있을 뿐만 아니라, 다른 사물을 규정하는 말을 통해서도 진술할 수 있다. 더 나아가, 이런 진술을 틀리게 그것도 완전히 틀리게 할 수도 있지만, 어떤 점에선 맞게도 할 수 있다. | 예를 들어, 8을 2를 규정하는 말을[259] 써서 4의 '두 배'라 부

---

255 7권(Z) 5장 1031a 11-14 참조.

256 안티스테네스(Antisthenēs, 기원전 445-365년쯤). 아테네 출신. 소크라테스의 제자이자, 견유학파의 창시자로서 소피스트적인 경향을 띠었다. 그는 동일성 문장만이, 예를 들어 '사람은 사람이다' 식의 진술만이 가능할 뿐이라고 주장하였다. 플라톤은 그를 『소피스테스』 251b에서 '늦게 배운 사람, 늦깎이'(opsimathēs)로 비꼬고 있다. 그의 주장과 관련된 논의는 8권(H) 3장 1043b 23-32, 플라톤의 『테아이테토스』 201d-202c, 『소피스테스』 251b-c 참조.

257 『토포스론』 104b 21, 플라톤의 『에우튀데모스』 285e-286b 참조.

258 플라톤의 『에우튀데모스』 283e-284c, 286c-d, 『크라튈로스』 429d 참조.

1025a

를 수 있다.

(사물이나 말의 경우는) 그런 뜻에서 거짓인 것들이며, (3) (사람의 경우) 거짓인 말들을 쉽게 하는 사람, 그리고 일부러 그런 말들을, 다른 어떤 것을 위해서도[260] 아니고, 바로 거짓말 자체를 위해 택하는 사람은 거짓된(진실하지 못한) 사람이며,[261] 남들에게 거짓인 말들을 새기는 솜씨가 있는 사람이 거짓된 사람이다. 마치 우리가 거짓인 인상을 새기는 사물들을 '거짓된 것'이라고 말하듯이 말이다. 바로 이 때문에, 동일한 사람이 참되고 또한 거짓된다는 (플라톤의) 『힙피아스』에서의[262] 논증은 우리를 오도한다. 왜냐하면 그 논증은 속일 줄 아는 사람을, 즉 아는 사람이자 현명한 사람을 거짓된 사람으로 여기기 때문이다.[263] 더 나아가, (그 논증에 따르면,) 일부러 나쁜 행위를 하는 사람이 (고의가 아니게 나쁜 행위를 하는 사람보다) 더 낫다.[264] 이는 잘못된 예증의 결과이다.[265] (이런 예증에 따르면) 일부러 절룩거리는 사람이 고의가 아니게 절룩거리는 사람보다 더 나은 사람이 된다. (플라톤에 따라) 앞의 '절룩거림'은 '절룩거림을 흉내 냄'을 뜻한다. 그러나 실제로, 도덕적인 성품의 경우에서와 마찬가지로, 이 경우에서도 일부러 절룩거리는 사람이 더 나쁜 사람인 듯하다.

---

259 2는 '4의 절반'이라는 규정을 뜻한다.

260 보다 큰 선(善)이나 이익을 위해 일부러 거짓말을 하는 경우를 말한다.

261 『니코마코스 윤리학』 1127b 14 참조.

262 힙피아스(Hippias, 기원전 455/50-365년쯤). 소피스트의 영향을 많이 받은, 소크라테스 제자로서 견유학파의 창시자로 알려졌다.

263 이런 사람은 참과 거짓을 말할 줄 안다. 따라서 그는 참되기도 하고 거짓되기도 하다. 『소(小) 힙피아스』 365-369 참조.

264 『소(小) 힙피아스』 371-376 참조.

265 『소(小) 힙피아스』 373-375 참조.

30장 우연

(1) '쉼베베코스'(symbebēkos, 우연, 속성)는[266] 어떤 것에 들어있고, 그렇다고 말하는 것이 참이지만, 필연적이지도 않고 흔하지도 않은 일을 뜻한다. 예를 들면, 누군가가 식물을 심으려고 구덩이를 파다가 보물을 찾아내는 경우, 이것, 즉 보물을 찾아냄은 구덩이를 판 사람에게는 우연이다. 왜냐하면 이것이 어떤 것으로부터 또는 어떤 것 다음에 반드시 따르지도 않거니와, 식물을 심는 사람이 보물을 찾아내는 것이 흔한 일도 아니기 때문이다. 마찬가지로 교양 있는 사람이 (옷이나 얼굴이) 흴 수도 있을 것이다. 그러나 반드시 그렇게 되거나 대개 그렇게 되지는 않기 때문에, 우리는 그 흼을 우연이라 부른다. 그래서 어떤 대상에 들어있는 속성들이 있는데, 또 이것들 중 어떤 것이, 이것이 어떤 것이든 상관없이, 한곳에 한때에만 그 대상에 들어있다면, 그것은 우연성이다. 이는 그 대상이 바로 이것이거나[267] 그 때와 곳이 바로 지금 이 순간 이곳이기[268] 때문은 아니다. 그렇기 때문에 우연에 대해서는 특정한 원인이 있지 않고, 아무런 원인만이 있을 뿐이다. 그러나 이 아무런 원인은 불특정한 원인이다. 어떤 사람이 아이기나에 가려고 해서가 아니라 폭풍우에 휩쓸려 또는 해적들에게 붙잡혀서 그곳에 이르렀다면, 아이기나로 들어감은 그에게 우연히 일어난 일이다. 우연히 일어난 일은 그것 자체인 한에서가 아니라, 다른 어떤 것이 있는 한에서, 생겨났거나 생겨나 있다. 왜냐하면 폭풍우가 그가 배를 타고

---

266 6권(E) 2장 참조.

267 우연히 딸린 것, 즉 우연성은 사물의 본성과 관계없다.

268 예를 들어, 해와 달이 뜨고 지는 것은 정해진 때에 정해진 곳에서 규칙적으로 이루어진다. 그러나 우연히 벌어지는 일은 아무 때나 아무 곳에서나, 해당되는 대상의 특성과 상관없이 이루어진다.

향해 가고 있지 않은 곳에(이곳은 아이기나였다) 들어섬의 원인이기 때문이다.

(2) '쉼베베코스'는 또한 다른 것을 뜻하기도 한다. 다시 말해 그것은 각 사물에 제 자신에 따라 들어있지만, 그 사물의 실체(본질)에 대한 정의[269] 안에는 있지 않는 속성들 모두를 뜻한다. 예를 들어, '두 직각(과 같은 세 각)을 가짐'은 삼각형에 (속성으로서) 들어있다. 그리고 이런 종류의 쉼베베코스(필연적인 속성)는 영원한 것일 수 있지만, 앞의 종류의 우연들은 어떤 것도 그렇지 못하다. 이 점은 다른 곳에서 설명되어 있다.[270]

---

269 삼각형(또는 삼변 도형)을 '세 각(또는 변)을 가진 도형'으로 정의 내린다면, 삼각형의 정의를 이루는 구성 요소는 삼각형이 다른 평면 도형과 달리 보이는 차이성(種差, differentia)인 '세 각(또는 변)을 가짐'과 삼각형이 다른 도형과 함께 속하는 유(類, genus)인 '도형'이다. '두 직각을 가짐'은 이런 본질적인 속성은 아니지만, 필연적인 속성이긴 하다.

270 『뒤 분석론』 75a 18-22, 39-41, 76b 11-16 참조.

6권(E)[1]

1장 으뜸 철학

우리는 있는 것들의 원리들 및 원인들을 찾고 있는데, 그것도 분명히 있다는 점에서 그것들이 갖는 원리들 및 원인들을 찾고 있다. 건강과 좋은 신체 상태에는 원인이 있고, 수학적인 대상들에도 원리들과 요소들과 원인들이 있다. 그리고 일반적으로, 모든 추론적인 학문이나 또는 적어도 추론적 사유와 관련된 학문은 (상대적으로) 더 엄밀하거나 더 단순한(느슨한) 원인들과 원리들을 다룬다.[2] 그러나 이 학문들은 모두 있는 것의 일부 또는 특정 유(類)의 둘레에 선을 그어서, 이것을 연구한다. 있는 것에 대해서 단적으로 연구하지도, 있다는 점에서 연구하지도 않는다. 또한 사물의 본질에 대해 아무런 설명도 하지 않으며, 오히려 본질로부터 출발하는데, 이 본질을 어떤 학문들은 감각을 통해 분명한 것으로 만들며,[3] 어떤 학문

---

1 11권(K) 7장과 8장에 6권(E)의 내용이 다시 간추려져 있다.

2 학문의 '엄밀성'(akribeia)에 관해서는 1권(A) 2장 982a 25-28, 13권(M) 3장 1078a 9-28, 『뒤 분석론』 1권 27장 참조.

3 예를 들어, 의술(iatrikē)은 신체의 물질이 네 가지 원소로 분석됨을 보여 준다.

들은 그것을 가정(假定)으로 삼는다.[4] 이렇게 하여 자신들이 다루는 유(類, 탐구 대상)의 본질적인 속성들을 더 엄격하게 또는 더 느슨하게 증명해 낸다. 그렇기 때문에, 그러한 예시로부터 분명한 것은 (그런 학문들에서는) 실체나 본질에 대한 증명도 이루어지지 않으며, 이와 다른 방식의 보여줌이 이루어진다는 점이다. 이와 비슷하게, 그런 학문들은 자신들이 다루는 유가 있는지 없는지에 대해 아무 말도 하지 않는다.[5] 왜냐하면 어떤 것의 무엇임(본질)과 그것의 있음(존재)을 보여 주는 것은 동일한 사유의 일이기 때문이다.[6]

그러나 자연에 관련된 학문(자연학)도 (다른 이론적인 학문들처럼) 있는 것 중 특정 유(類)를 다루기 때문에(다시 말해 그것은 움직임과 서 있음의 근원을 자신 안에 갖는 실체를 다룬다), 분명히 그 학문은 실천(또는 행위)에 관련된 학문도 제작(또는 창작)에 관련된 학문도 아니다. 왜냐하면 (인위적으로) 만들어진 것들에서 그 근원(운동인)은, 이성이든 기술이든 아니면 다른 어떤 능력이든, 제작자 안에 있고, 행하여지는 것들에서는 행위자 안에 의지로서 있기 때문이다. 왜냐하면 후자에서 행하여지는 것과 의지에 따른 것은 같은 것이기 때문이다. 그래서 모든 사유가 실천에 관련되거나 제작에 관련되거나 이론에 관련된다면,[7] 자연학은 아마도 이론에 관

---

4 산학(算學, arithmetikē)은 하나(또는 단위)를 위치를 갖지 않는, 즉 비공간적인 실체로 가정한다. 가정(hypothesis)에 관해서는 『뒤 분석론』 76a 31-36 참조.

5 『뒤 분석론』 76a 31, 35 참조.

6 『뒤 분석론』 89b 34 참조.

7 흔히 '실천학'(praktikē, 윤리학, 정치학 따위), '제작학'(poietikē, 창작술, 연설술 따위), '이론학'(theōretikē, 자연학, 형이상학 따위)으로 줄여져 번역된다. 학문(또는 사유)에 대한 삼분(三分)에 대해서는 2권(α) 1장 993b 19-23, 『토포스론』 145a 15-18, 『니코마코스 윤리학』 1139a 27-31, 1140a 1-23 참조. 이런 구분에 따라, 아리스토텔레스의 저술은 예비 학문의 성격을 띤 논리학적 저술들의 모음인 '오르가

련된 학문일 것이다. 그런데 자연학은 변할 수 있는 것을 연구하며, 정의 속에 표현되는 ('형상'이란 뜻의) 실체를[8] (감각되는 재료와) 따로 있을 수 없는 것으로서만 대부분 연구한다.

우리는 여기에서, 본질과 이에 대한 정의(定義)가 어떻게 관계하는지를 놓쳐서는 안 된다. 왜냐하면 탐구 활동은 이것 없이는 아무것도 이루어내지 못하기 때문이다. 그런데 정의되는 것들, 즉 '무엇임'들 중 어떤 것들은 '들창'[9] 같은 것들이며, 어떤 것들은 '오목함' 같은 것들이다. 이 둘은 들창은 재료와 함께 잡혀 있지만(왜냐하면 들창은 오목한 코이기 때문이다), 오목함은 감각되는 재료가 없다는[10] 점에서 차이 난다. 그런데, 모든
자연물들이, | 예를 들어 코, 눈, 얼굴, 살, 뼈, 일반적으로 동물이, 그리고 1026a
잎, 뿌리, 껍질, 일반적으로 식물이 들창코와 같은 방식으로 말해진다면 (왜냐하면 그것들 중 어느 것에 대한 정의도 운동에 대한 언급이 없지 않으며, 그것들은 항상 재료를 가지고 있기 때문이다), 우리가 어떤 방식으로 자연물에서 어떤 것의 무엇임을 찾아 규정해야 하는지 분명하다. 그렇기 때문에, 일부의 혼에[11] 대해, 즉 재료가 없지 않은 혼에 대해 탐구하는

논'(organon) 다음에 이론학, 실천학, 제작학의 순서로 배열되어 전한다.

8 7권(Z) 11장 1037a 17 참조.

9 '들창'의 원어는 simon이다. 이 말은 재료(hylē)와 형상(eidos)으로 이뤄진 복합물을 나타낼 때 아리스토텔레스가 자주 드는 예이다. 우리말에서 '애꾸눈' 또는 '애꾸눈을 가진 사람'을 줄여 '애꾸'라 하듯이, 그리스 원어(rhis simē, 『자연학』 194a 6 참조)와 영어(snub nose)에서도 줄임말인 simon과 snub로 '들창코'나 '들창코인 사람'을 나타낸다. 우리말에서 '들창코'를 줄여 '들창'이라고 하진 않지만, 원문을 그대로 살리고 또 '오목함'(코가 '위로 들림')이란 술어를 다른 말로 바꿔야 하는 번거로움을 피하기 위해, 애꾸나 딱부리(조대호, 2004, 78-79, 122쪽 참조) 등의 다른 예로 바꾸지 않고 '들창'으로 옮겼다. '들창'에 관한 상세한 논의는 7권(Z) 5장 참조.

10 오목함(koilotēs)은 '사유되는 재료'(hylē noētē)를, 즉 연장성(延長性, syneches)을 지닌다. 7권(Z) 10장 1036a 9 참조.

1026a

것은 자연학자의 일이기도 하다.

이로 미루어 보건대, 자연학은 분명히 이론에 관련된 학문이다. 그리고 수학도 이론학이다. 그러나 수학이 변하지 않는 것들과 재료와 따로 있을 수 있는 것들을 다루는지는 지금으로서는 분명하지 않다.[12] 하지만 분명히 (산학이나 기하학 같은) 몇몇 수학 계열의 학문들은,[13] 움직이지 않는다는 점에서, (사유에 의해 재료를) 따로 떼어 낼 수 있다는 점에서[14] 그 대상들을 연구한다.

그러나 영원하고, 움직이지 않으며, 따로 있을 수 있는 어떤 것이 있다면, 이것에 대한 인식은 분명히 이론학의 일이다. 그러나 그것은 자연학은 움직이는 것들을 다루기에 자연학의 일도 아니고, 수학의 일도 아니다. 그것은 두 학문에 앞서는 어떤 학문(으뜸 철학)의 일이다. 왜냐하면 자연학은 따로 떨어져 있는 것들을 다루지만 (으뜸 철학처럼) 움직이지 않는 것을

---

11 혼이 가진 여러 가지 능력(또는 부분, 기능)들, 즉 영양 섭취 능력(threptikon), 감각 능력(aisthētikon), 사유 능력(noētikon) 따위의 능력들 가운데 능동적인 사유 능력을 제외한 나머지 대부분의 능력들에 대해서 자연학은 탐구한다. 12권(Λ) 3장 1070a 24-27, 『혼에 관하여』 403a 16-28, 413b 24-27, 『동물의 몸에 관하여』 641a 17-b 10, 『동물의 발생에 관하여』 736b 27-29 참조.

12 아리스토텔레스는 13권(M)과 14권(N)에서 수학적인 대상들은 독립적으로 존재하는 불변의 존재가 아니라고 못 박아 말한다.

13 '수학 계열의 학문들'의 원어는 '배운 것', '배움', '지식'이란 뜻을 아울러 가진 mathēma의 복수형 mathēmata(=mathēmatikai epistēmai)이다. 플라톤은 셈과 수에 관한 산학(arithmetikē), 길이, 면, 넓이, 깊이를 재는 측량술인 기하학(geometrikē), 천체들의 운행에 관한 천문학(astrologia)으로 수학을 구분한다(『법률』 817e 참조). 아리스토텔레스는 수학 계열의 학문들 중 광학(optikē), 화성학(harmonikē), 천문학을 자연학에 더 가까운 학문으로 놓는다. 3권(B) 2장 997b 15-21, 『자연학』 194a 7-12 참조. 이 학문들은 변하지 않는 대상들을 탐구하지만, 이 대상들은 독립적이지 못하고, 재료 안에 들어있다.

14 『자연학』 193b 33 참조.

다루지는 않으며, 수학 계열의 일부 학문들은 움직이지 않는 것들을 다루긴 하지만,[15] 이것들은 아마도 따로 떨어져 있을 수 없는 듯하고 재료 안에 있기 때문이다. 그러나 으뜸 학문은 따로 떨어져 있을 수 있는, 움직이지 않는 것들을 다룬다.[16] 모든 (으뜸가는) 원인들은 틀림없이 영원하지만, 그중에서도 그런 (따로 떨어져 있을 수 있는, 움직이지 않는) 것들이 특히 영원하다. 왜냐하면 그것들은 신(神)적인 것들 중 우리에게 보이는 것들의[17] 원인들이기 때문이다.[18] 이렇게 해서, 세 가지의 이론 철학이, 즉 수학, 자연학, 신학이[19] 있게 될 것이다. 왜냐하면 신적인 것이 어딘가에 있다면, 그것은 틀림없이 그러한 종류의 (독립적인, 불변의) 실재 안에 들어있으며, 가장 고귀한 학문은 가장 고귀한 유(類, 대상)를 다루어야 하기 때문이다. 그러니 이론학들은 (실천학, 제작학과 같은) 다른 학문들보다 더 선호되어야 하며, 신학은 다시 다른 이론학들보다 더 선호되어야 한다.[20]

으뜸 철학이 보편적인지, 아니면 특정 유(類)를, 즉 특정 종류의 실재를 다루는지, 의문이 날 수 있을 것이다. 수학 계열의 학문들을 보더라도

---

15 『뒤 분석론』 79a 7, 『자연학』 194a 7, 『천체에 관하여』 302b 29 참조.

16 『혼에 관하여』 403b 9–16 참조.

17 해, 달, 별 등의 천체들을 말한다. 『자연학』 196a 33, 『니코마코스 윤리학』 1141a 34 참조.

18 그런 영원한 원인들은 천체들의 운동을 불러일으킨다. 12권(Λ) 7장 1072a 19–8장 1073b 3 참조.

19 신학(theologikē)은 신 또는 신적인 것(theion)들을 다룬다(12권 6–10장 참조). 플라톤과 아리스토텔레스의 우주론에서의 신은 다양한 모습으로 변신하여 나타나며, 인간들의 편을 들고, 인간들을 속이고, 인간들에게 해를 입히는 전통적인 신들이 아니라, '변함없이 항상 한결같은 모습으로 있으면서 모든 질서 있는 변화의 원인이 되는 것'으로서의 조물주(dēmiourgos)이자 '부동(不動)의 원동자(原動者)'(akinēton prōton kinoun)이다.

20 1권(A) 1장 981b 27–982a 3, 2장 982b 24–983a 11 참조.

1026a

모두 같은 방식이지 않아서, 기하학과 천문학은 특정 종류의 실재(인 크기나 천체)를 다루지만, 보편 수학은 모든 수학 계열의 학문들에 공통된 것(으로서의 양을 다루는 학문)이다.[21] 그런데, 자연에 의해 형성된 실체들 외에 어떤 실체도 있지 않다면, 자연학이 으뜸 학문이 될 것이다. 그러나 움직이지 않는 실체가 있다면, 이것이 다른 실체들보다 더 앞선 것이며, 이것을 다루는 철학이 으뜸 철학이며,[22] 이 철학은 으뜸가기에 또한 보편적일 것이다.[23] 그리고 있는 것을 있다는 점에서 살펴보는 것은, 즉 있는 것은 무엇인가뿐만 아니라, 있다는 점에서 그것에 든 속성들을 살펴보는 것도 이 으뜸 철학의 일일 것이다.[24]

2장 우연히 딸린 것은 학문의 대상이 아니다

단적으로 말한 '있음'은 여러 가지 뜻을 갖는데, 그것은 한편으로 딸려 있음을 뜻하고, 다른 한편으로 참임을 뜻하며, ('있음/…임'에 모순되는) '있지/…이지 않음'은 거짓임을 뜻했다.[25] 그 밖에 '있음'은 범주의 형태들을

---

21 11권(K) 4장 1061b 19, 13권(M) 2장 1077a 9-12, 3장 1077b 17-20, 『뒤 분석론』 74a 17-25 참조.

22 여기서 '으뜸 철학'(prōtē philosophia)은 으뜸 실체, 즉 불변의 실체를 다루는 신학을 뜻한다. 버금 실체, 즉 감각되고 변하는 실체를 다루는 자연학은 버금 철학(deutera philosophia)이다. 7권(Z) 11장 1037a 14-15 참조.

23 철학은 있는 것(to on)들 모두를 탐구하는 존재론 일반(또는 보편 형이상학)이지만(4권 1장 참조), 있는 것들 모두의 원리이자 원인이 되는 으뜸 실체를 찾아서 이것을 다루기 때문에 궁극적으로는 으뜸 철학, 즉 신학이다.

24 1장을 3권(B) 1장 955b 10-13, 2장 997a 15-25, 11권(K) 7장과 비교.

25 5권(Δ) 7장 참조.

뜻하기도 한다(예를 들어, 무엇, 어떠함, 얼마만큼, 어디에, 언제, 그리고 있음이 이런 방식으로 나타내는 | 다른 어떤 것을 뜻한다). 더 나아가, '있 1026b
음'은 이 모든 것들 외에도 잠재 상태로 있음과 실현 상태로 있음을 뜻한다. 이렇듯 분명히, '있음'은 여러 가지 뜻을 가지는데, 우리는 먼저 딸려 있음에 관해서는 어떠한 (학문적인) 연구도 없다고 말해야 한다. 이에 대한 증거는 다음과 같다. 즉, 어떤 학문도, 실천에 관련된 학문도 제작에 관련된 학문도 이론에 관련된 학문도 그런 딸려 있는 것에 대해 고민하지 않는다. 왜냐하면 집을 짓는 사람은 지어지는 집과 동시에 딸리게 될 온갖 속성들을 직접 만들어 내지 않기 때문이다. 왜냐하면 이런 속성들은 수없이 많기 때문이다. 얼마든지, 지어진 집이 어떤 사람들에게는 안락하고, 어떤 사람들에게는 해롭고, 또 어떤 사람들에게는 이로울 수 있다. 말하자면 그 집이 다른 모든 있는 것들과 다를 수 있다. 그러나 건축술은 이런 속성들 중 어느 것도 만들어 내지 않는다. 이와 마찬가지로, 기하학자도 도형에 그런 식으로 딸린 속성들을 탐구하지 않으며, '삼각형'이 '두 직각과 같은 각을 갖는 삼각형'과 (같은지) 다른지도[26] 탐구하지 않는다. 그리고 이것은 아주 당연한 일이다. 왜냐하면 딸린 것은 그저 이름뿐이기 때문이다. 그렇기 때문에 플라톤이[27] 소피스트술을, 있지 않은 것을 다루는 것으로 놓은 것도 어떤 점에서 일리가 있다. 왜냐하면 소피스트들의 논의는 무엇보다도 딸린(우연적인) 것에 관한 것이라고 말할 수 있기 때문이다. 예를 들어 그들의 논의는 '교양 있음'과 '글을 읽고 쓸 줄 앎'이 같은지 다른지에 관한 것이고,[28] '교양 있는 코리스코스'와 '코리스코스'가 같은지 다

26 이것은 철학자의 물음이다. 4권(Γ) 2장 1004b 1-4 참조.

27 『소피스테스』 237a, 254a 참조.

28 '글을 읽고 쓸 줄 앎'의 원어는 grammatikos이다. 『토포스론』 142b 30-35 참조. '교양 있음'과 '글을 읽고 쓸 줄 앎'이 같다면, 교양 있는 것은 글을 읽고 쓸 줄 아는 것

른지에[29] 관한 것이다. 그리고 또 그것은, 있지만 항상 있지는 않은 것은 모두 생겨난 것이어서, 교양 있는 사람이 글을 쓸 줄 알게 되었을 때, 글을 쓸 줄 아는 사람도 교양 있게 되는지 등의 물음들에 관한 것이다. 정말로, 딸린 것은 있지 않은 것에 가까운 듯하다. 그리고 이는 다음과 같은 종류의 논의들로부터 보더라도 분명하다. 즉 (딸린 방식이 아닌) 다른 방식으로 있는 것들의 생성과 소멸은 있지만, 딸려 있는 것들의 생성과 소멸은 있지 않다.[30] 그럼에도 우리는 아직은 딸린 것에 관해 힘닿는 대로, 그것의 본성이 무엇이고 또 그것이 어떤 이유로 있는지 설명해야 한다. 왜냐하면 이와 더불어 아마도, 무엇 때문에 딸린 것에 대한 학문이 성립하지 않는지가 또한 분명해질 것이기 때문이다.

이제, 있는 것들 중 어떤 것들은 항상 같은 방식으로 필연적으로 어떤 상태에 있는 것들이며(여기서 '필연적임'은 강제적임을[31] 뜻하지 않고, 달리 될 수 없음을[32] 뜻한다), 어떤 것들은 필연적으로, 항상 있지 않고 대개 있는 것이다. 그리고 이런 것들의 존재가 원리(기준)이며, 이것이 딸린 것

이지만, 교양 있는 것이 항상 글을 읽고 쓸 줄 아는 것은 아니다. 그 둘이 다르다면, 교양 있는 것은 글을 읽고 쓸 줄 아는 것일 수 없다. 그러나 때때로 그것은 글을 읽고 쓸 줄 아는 것이다. 이런 식의 소피스트들의 논증에 대해서는 11권(K) 8장 1064b 23-26, 『토포스론』 104b 25-27 참조.

29 '교양 있는 코리스코스'가 '코리스코스'와 같다면, (앞의 '코리스코스'의 자리에 '교양 있는 코리스코스'를 넣을 수 있기 때문에) 그는 '교양 있는 교양 있는 코리스코스'가 될 것이고, 또 이런 식으로 끝없이 계속될 것이다. 『소피스트식 논박』 173a 34-40 참조.

30 어떤 것이 변할 때, 그것은 단계적으로 다른 어떤 것이 되어 가는 과정을 거치는데, 딸린 것들의 경우에는 이런 단계적인 변화의 과정이 없다. 조금 전엔 안 그랬는데, 지금은 그렇다고 말할 수 있을 뿐이다. 9권(Θ) 8장 1049b 35-1050a 1 참조.

31 5권(Δ) 5장 1015a 26 참조.

32 5권(Δ) 5장 1015a 33-35 참조.

의 존재(를 설명하는) 원인이다. 다시 말해, 항상 있지도 않고 대개 있지도 않은 것, 이것을 우리는 딸린(우연한) 것이라 말한다. 예를 들어, 복날에[33] 폭풍우가 일거나 냉기가 돌 때, 우리는 이것이 우연이라고 말하지만, 복날에 무더위나 불볕더위가 날 때는 그렇게 말하지 않는다. 뒤의 일은 항상 또는 대개 생겨나는 일이지만, 앞의 일은 그렇지 않기 때문이다. 그리고 어떤 사람이 희다는 것은 어쩌다 딸린 것이다. 왜냐하면 이것은 항상 그렇지도 않고, 또 대개 그렇지도 않기 때문이다. 그러나 그가 동물이라는 것은 우연이 아니다. 그리고 건축가가 병을 치료한다는 것도 | 우연이다. 왜냐하면 병을 고치는 것은 건축가의 본성이 아니라 의사의 본성인데, 건축 1027a
가가 우연히 의사여서 그렇게 하기 때문이다. 그리고 요리사도 맛의 즐김을 꾀하면서 (음식으로써) 누군가를 건강하게 만들 수도 있겠지만, 이는 그의 요리 기술에 따른 결과가 아니다. 그렇기 때문에, 우리는 그런 일은 우연이라고 말한다. 그가 어떤 점에서[34] 건강을 불러일으킨 것은 사실이지만, 단적으로 그런 것은 아니다. 왜냐하면 다른 것들에 대해서는 그것을 만들어 내는 힘이 있지만, 우연한 결과들에 대해서는 어떠한 확정된 기술도 힘도 있지 않기[35] 때문이다. 왜냐하면 우연히 있거나 우연히 생겨나는 것들에 대해서는 그 원인도 우연적이기 때문이다. 그러므로 모든 것들이 필연적으로 항상 있거나 생겨나는 것들이지는 않고, 대부분은 대개 있거나 생겨나는 것들이기 때문에, 우연적인 것이 있어야 한다. 예를 들어, 흰

---

33 '복(伏)날에'의 원어는 en kyni로 말 그대로 옮기면 '큰개자리 날에'이다. 7월 말에서 8월 중순까지의 한여름 때를 가리킨다. 『기상학』 361b 35, 『동물 탐구』 547a 14, 600a 4, 602a 36 참조.

34 요리사는 의사가 처방한 음식물을 환자에게 만들어 줌으로써 환자의 건강 회복에 이바지할 수 있다.

35 플라톤주의자들에 따르면 '즐거움'(쾌락)에 관한 기술(technē)은 없다. 『니코마코스 윤리학』 1152b 18 참조.

1027a

것은 항상 교양 있는 것이지도 않고, 대개 교양 있는 것이지도 않은데, 그것이 어느 때 교양 있게 되므로, 그것은 우연히 그렇게 된 것이다. 그렇지 않을 경우, 모든 것이 필연적으로 있어야 할 것이다. 그러므로 대개 있는 방식과 달리 있을 수 있는 재료는 우연적인 것의 원인일 것이다.

그리고 우리는 항상 있지도 않고, 대개 있지도 않은 것은 없느냐는 물음을 (우연적 것의 존재를 증명하기 위한) 출발점으로 삼아야 한다. 분명히, 그런 것이 없을 수 없다. 그러므로 항상 있거나 대개 있는 것들 외에 그냥 벌어질 대로의 것과 우연적인 것이 있다. 그런데, 대개 있음은 어떤 사물에 그 속성으로서 들어있지만, 항상 있음은 어떤 것에도 들어있지 않는가? 또는 영원한 것들이 있는가? 이 점들에 관해 나중에[36] 살펴보아야 하겠지만, 우연히 딸린 것에 대한 학문은 없다는 점은 분명하다. 왜냐하면 모든 학문은 항상 있는 것과 대개 있는 것에 관한 것이기 때문이다.[37] 그렇지 않다면, 어떻게 남한테 배우거나 남을 가르칠 수 있겠는가? 왜냐하면 항상 어떤 것과 대개 어떤 것을 통해, 예를 들어, 꿀물은 열이 있는 사람에게 대개 도움이 된다는 식으로 어떤 것이 규정되어야 하기 때문이다. 그러나 (일상 법칙에 어긋나는) 그 밖의 것에 대해서는, 학문은 언제 어떤 것이 어떠하지 않은지를, 예를 들어 초승달 때에 (꿀물을 마시는 것이 열병 환자에게) 이롭지 않은지를 기술할 수 없을 것이다. 왜냐하면 그렇지 않을 경우, 초승달 때에 우연히 일어난 일조차도 항상 또는 대개 일어난 일이 될 것이기 때문이다. 그러나 우연히 딸린 것은 이런 법칙적인 것들에서 벗어난 것이다. 지금까지, 우리는 우연히 딸린 것이 무엇인지를, 그리고 그것이 어떤 이유로부터 생겨나 있는지를 논의했고, 또 그것에 대한 학문은

---

36 12권(Λ) 6-8장 참조.

37 『앞 분석론』 32b 18, 『뒤 분석론』 87b 20 참조.

있지 않다는 점을 논의했다.

3장 우연히 딸린 것의 원인

분명히, (우연히 딸린 것들과 마찬가지로) 그 자신은 생성이나 소멸의 과정 속에 있지 않고서도 생성할 수 있고 소멸할 수 있는 원리들과 원인들이 있다.[38] 그렇지 않을 경우, 모든 것은 필연적일 것이다. 왜냐하면 생겨나고 있거나 소멸하고 있는 것에 대해 우연적이지 않은 원인이 있어야 하기 때문이다. A가 있게 될 것인가, 있게 되지 않을 것인가? B가 생겨난다면 있게 될 것이며, 그렇지 않으면 있게 되지 않을 것이다. 그리고 B는 C가 생겨날 때, 있게 될 것이다. 그리고 이런 식으로, 한정된 양의 시간에서
계속해서 조금씩 시간이 | 떼어지면 우리는 분명히 지금의 시점에 이르게 1027b
될 것이다.[39] 따라서 이 사람은 밖으로 나가면 병이나 폭행으로 죽게 될 것이다. 그리고 목이 마르게 되면, 그는 밖으로 나갈 것이다. 그리고 어떤 일이 일어나면, 그는 목마르게 될 것이다. 그리고 이런 식으로 해서, 우리는 지금 있는 일에, 또는 이미 일어난 어떤 일에 이르게 될 것이다. '목이 마르면'을 예로 들어 보자. 그가 매운 것을 먹고 있다면, 그는 목이 마르게 될 것이다. 그리고 매운 것을 먹는 일은 있거나 있지 않다. 그래서 필연적으로, 그는 죽게 되거나 죽게 되지 않을 것이다. 지나간 일로 건너뛴다 하더라도, 이와 비슷하게 설명할 수 있을 것이다. 이것은, 즉 일어난 일은 이미 어떤 것 안에 있기 때문이다. 그러므로 있게 될 일은 모두 필연적으로

---

38 단계적인 변화의 과정은 우연히 일어나는 일들에 없을 뿐만 아니라(2장 1026b 22와 각주 참조), 그러한 일들의 원인이 되는 것들에도 없다.

39 2권(α) 2장 참조.

있게 될 것이다. 예를 들어, 산 자는 죽게 된다는 것은 필연적일 것이다. 왜냐하면 이미 어떤 것이, 예를 들어, 동일한 신체 안에 반대되는 것들이[40] 생겨나 있기 때문이다. 그러나 병으로 죽을지, 폭행으로 죽을지는 아직 확실하지 않으며, 특정한 일이 일어나야만 확실하게 된다. 그러므로 분명히, 이런 환원의 과정은 어느 특정 원리(지점)까지 이르게 되는데, 이 원리는 더는 다른 어떤 것으로 거슬러 올라가지 않는다. 그렇지 않을 경우, 그것은 그냥 벌어질 대로의 것의 원리일 것이며, 다른 어떤 것도 이 원리가 생겨난 원인이지 않을 것이다. 그렇지만, 우리는 그런 환원이 어떤 종류의 원리와 어떤 종류의 원인으로 향하는지, 다시 말해 재료나 '무엇을 위해'(목적)로 향하는지, 아니면 다른 것을 움직이는 것(운동의 근원)으로 향하는지 우리는 주의 깊게 살펴야 한다.

4장 '참임'이란 뜻의 있음/…임

'우연히 딸려 있음'은 충분히 규정되었으므로, 이제 제쳐 두자. '참임'이란 뜻의 있음/…임과 '거짓임'이란 뜻의 있지/…이지 않음으로 말하자면, 이것들은 (대상과 속성의) 결합과 분리에 달려 있으며, 참과 거짓은 모두 모순되는 사태들의 분할에 관련되어 있다. 다시 말해, 참은 (대상과 속성이) 결합되어 있는 것들에서 긍정하고, 분리되어 있는 것들에서 부정한다. 그러나 거짓은 이런 분할에 정반대되는 것을 갖는다.[41] 어떻게 해서

40 반대되는 것들(ta enantia)은 '뜨거움과 차가움', '습함과 마름' 따위의 기본적인 반대성을 뜻한다.

41 다시 말해, 거짓은 분리되어 있는 것들에서 긍정하고, 결합되어 있는 것들에서 부정한다. 이러한 긍정 판단이나 부정판단이 언어의 형태로 표현된 것이 문장 또는 명

우리가 사물들을 함께 생각하거나 따로 생각하게 되는지는 또 다른 문제다.[42] '함께 생각함'과 '따로 생각함'은 (하나의 술어가 어떤 주어에) 계속됨을 뜻하는 것이 아니라, (그 둘로부터 긍정이든 부정이든) 어떤 단일한 것이 생겨나게 됨을 뜻한다.[43] 왜냐하면 거짓과 참은 사물들 안에 있지 않고(예를 들어, 좋은 것은 참이고 나쁜 것은 곧 거짓이지 않다), 사유 안에 있다. 그리고 단순한 것들과 그것들의 무엇임에 대해서는, 사유 안에서조차 참이나 거짓이 있지 않다.[44] 그러니, 이런 ('참임' 또는 '거짓임'의) 뜻으로 있음/…임과 있지/…이지 않음에 관해 연구해야 할 것들은 나중에 생각해 보도록 하자.[45]

결합과 분리는 사물들 안이 아니라 사유 안에 있고, 또 이런 뜻의 있
음/…임은 본래적인 뜻의 있음/…임과 다르므로(사유는 무엇임을, 또는
그것의 질, 양 따위를 바탕에 붙이거나 떼어 놓는다),[46] '우연히 딸려 있
음'이란 뜻의 있음/…임과 '참임'이란 뜻의 있음/…임은 제쳐 두어도 되
겠다. 왜냐하면 우연히 딸려 있음/…임의 원인은 확정되지 않은 것이
고, 참임의 원인은 | 사유가 겪는 성질이기 때문이다. 그리고 둘 다 '있 1028a
음/…임'의 남은 유에[47] 관련되어 있고, 있는 것의 객관적인 어떤 실재

제이다. 『명제에 관하여』 16a 3-13 참조.

42 『혼에 관하여』 3권 2장, 6-7장 참조.

43 소크라테스가 교양 있다고 생각할 때, 우리는 '소크라테스가 교양 있음'을 한 가지 것, 즉 단일체로 생각한다.

44 '소크라테스', '교양 있다'는 아직 참이나 거짓이 아니다. 이 둘이 결합되어 '소크라테스는 교양 있다'가 되거나, 둘이 분리되어 '소크라테스는 교양 있지 않다'가 될 때, 비로소 참인지 거짓인지를 판별할 수 있는 명제가 성립한다. 『명제에 관하여』 16a 9-18 참조.

45 9권(Θ) 10장 참조.

46 예를 들어, 사유는 바탕(주어)인 '3'에다 '홀수'라는 속성을 붙인다.

47 31-33행에서 말한 무엇임(실체), 양, 질 따위의 '범주'의 뜻으로 쓰인 있음/…임

1028a

를[48] 드러내 주지는 않는다. 그렇기 때문에 그 둘은 제쳐 두고, 우리는 있다는 점에서 본 있는 것 자체의 원인들과 원리들을 살펴보아야 한다.[49] [각 낱말들이 얼마만큼 많은 방식(뜻)으로 쓰이는지를 우리가 구분했던 곳에서, 분명히 "있는 것"은 여러 가지 뜻을 가졌다.][50]

을 가리킨다.

48 11권(K) 8장 1065a 24 참조.

49 2-4장을 11권(K) 8장 1064b 15-1065a 26과 비교.

50 [ ] 안의 부분은 6권(E)과 7권(Z)의 연결을 보여 주기 위해 어느 편집자가 나중에 추가한 부분으로 보인다.

7권(Z)

1장 실체는 철학의 근본 물음이다

1028a

우리가 전에 용어의 다양한 의미에 관한 글에서[1] 구분했던 것처럼, '있는 것'은 여러 가지 뜻을 갖는다. 다시 말해, 그것은 무엇임(실체)을, 이것(개체)을[2] 뜻하며, 어떠함(질)이나 얼마만큼(양)을 또는 이렇게[3] (어떤 것에 대해) 서술되는 것들 각각을 뜻하기도 한다. 이렇게 다양한 방식으로 '있는 것'이 말해지지만, 분명히 그 가운데 으뜸으로 있는 것(으뜸 존재)은 실체를 뜻하는 무엇이다. 우리는 이것이 어떠한지를 말할 때 그것이 좋다거나 나쁘다고 말하지, 그것이 3자라거나 사람이라고 말하지 않는다. 그러

---

1 5권(Δ) 7장에서.

2 어떤 것은 무엇인가?(to ti esti), 어떤 것의 무엇임은 예를 들어, '사람은 무엇인가?'라는 물음에 답으로 나올 수 있는 '동물' 따위의 보편적인 개념이나 이런 보편적인 개념들이 여러 개 모여 된 '이성적인 동물' 따위의 정의(定義)를 뜻한다(13권 4장 1078b 23의 각주 참조). 그리고 '이것'(tode ti)은 개별적인 것(개별자), 즉 개체나 개인을 뜻한다. 이런 두 가지 실체는 각각 『범주들』의 버금 실체와 으뜸 실체에 해당된다(3권 5장 1001b 32의 각주 참조).

3 '이렇게'='실체에 딸린 방식으로'. 14권(N) 2장 1089a 11 참조.

1028a

나 그것이 무엇인지를 말할 때에는, 그것이 희다, 뜨겁다, 3자다라고 말하지 않고, 사람이라거나 신(神)이라고 대답한다. 다른 모든 것들은 그런 으뜸가는 방식으로 있는 것(실체)의 양, 질, 양태 따위임으로써 '있는 것들'이라고 말해진다.

이런 까닭에, '걷다', '건강하다', '앉아 있다'가 저마다 있는 것〈을 나타내는지〉[4] 의문이 날 수도 있을 것이다. 그리고 이와 비슷한 경우들에도 마찬가지로 의문이 날 수 있을 것이다. 왜냐하면 이것들은 어떤 것도 자립적이지 않으며, 실체와 따로 있을 수 없기 때문이다. 있다면, 그보다는 걸어가는 것, 앉아 있는 것, 건강한 것이 있는 것들이다. 그런데 이것들은 이것들의 바탕이 되는, 어떤 한정된 것이(이것은 실체이자 개별적인 것이다), 즉 그러한 술어 속에서 자신을 드러내는 것이 있기 때문에 더 있는 것들인 것처럼 보인다. 왜냐하면 우리는 '좋은' 또는 '앉아 있는'이란 말을 실체를 함축함이 없이 쓰지 않기 때문이다. 그렇다면 분명히, 실체가 있기 때문에 다른 범주들이 저마다 있다. 따라서 으뜸으로 있는 것이, 즉 제한적으로 있지 않고 단적으로 있는 것이 실체일 것이다.

'으뜸감'은 여러 가지 뜻으로 말해진다. 그런데 실체는 모든 측면에서, 즉 정의(定義), 인식, 시간의 면에서 으뜸간다. (시간에서 앞서는 까닭은) 다른 범주들은 어느 것도 따로 떨어져 있을 수 없고, 오직 실체만 그럴 수 있기 때문이다. 그리고 실체는 정의에서도 으뜸간다. 왜냐하면 다른 범주들 각각에 대한 정의 속에 실체에 대한 정의가 반드시 들어있기 때문이다. 그리고 어떤 사물의 질, 양, 장소보다는 그것이 무엇인지를 알았을 때, 예를 들어, 사람이 무엇인지를 또는 불이 무엇인지를 알았을 때, 우리는 각 사

---

4 로스(Ross, 1924, 2권 160쪽 참조)를 따라 ē mē on(또는 있지 않는 것) 대신 sēmainei로 읽었다. 바꾸지 않고 읽으면, 이 부분은 "… 저마다 '있는 것'인지 '있지 않은 것'인지 의문이 …"로 옮겨진다.

물을 가장 잘 | 안다고 믿는다. 그리고 다른 범주들조차도, 예를 들어 양 1028b
이 무엇인지 또는 질이 무엇인지를 알았을 때,[5] 우리는 잘 안다. (그래서 실체는 인식의 면에서도 으뜸가는 것이다.)

그리고 정말, 예나 지금이나 늘 묻지만, 늘 어려운 물음은 '있는 것이란 무엇인가? 다시 말해 실체란 무엇인가?'라는 물음이다. 왜냐하면 어떤 사람들이[6] 하나라고, 어떤 사람들이 하나보다 많다고, 그리고 어떤 사람들이[7] 개수에서 한정된다고, 어떤 사람들이[8] 무한하다고 주장했던 것이 바로 이 실체였기 때문이다. 그렇기 때문에 우리도 이렇게 으뜸으로 있는 것(실체)에 관해, 이것이 무엇인지를 특히 비중을 두어 집중적으로 연구해야 한다.

2장 실체에 관한 다양한 견해들

실체는 가장 분명하게 물체들에 들어있는 것으로 보인다. 그렇기 때문에 우리는 동물들과 식물들과 이것들의 부분들이, 또 불, 물, 흙 따위의 모든 자연적인 물질들이, 또 자연적인 물질들의 부분들이나 자연적인 물질들로 이루어진 것들이, 이것들이 자연적인 물질들의 부분들로 이루어졌든, 아니면 그 전체로 이루어졌든, 예를 들어, 물리적인 우주와[9] 그 부

5 4장 1030a 17-27 참조.

6 밀레토스학파와 엘레아학파. 1권(A) 3장 983b 20 참조.

7 피타고라스주의자들과 엠페도클레스. 1권(A) 3장 984a 8 참조.

8 아낙사고라스와 원자론자(原子論者)들. 1권(A) 3장 984a 11-16 참조.

9 '물리적인 우주'(ouranos)는 자연적인 물질들 전체로 이루어져 있다. 『천체에 관하여』 278b 21 참조. 그리고 우주의 부분들은 그런 물질들 전체의 일부로 이루어져 있다.

분들, 별들, 달, 해가 실체라고 말한다. 그런데 이것들만이 실체인가? 아니면 이것들과 더불어 다른 것들도 실체인가? 이것들 중 몇 가지 것들만이 실체인가? 아니면 (이것들 중 몇 가지 것들과 더불어) 다른 것들 중에서도 몇 가지 것들이 실체인가? 아니면 이것들은 어느 것도 실체가 아니며 다른 어떤 것들만이 실체인가? 우리는 이런 문제들을 살펴보아야 한다.

어떤 사람들은[10] 물체의 한계들이, 즉 면, 선, 점 그리고 단위가 실체들이라고 생각하며, 이것들이 물체나 입체보다 더 실체라고 생각한다. 더 나아가 어떤 사람들은[11] 감각되는 것(감각 대상)들 말고는 어떤 것도 그러한 종류의 것이 아니라고 생각하지만, 어떤 사람들은[12] (종류의) 개수로 보아 더 많고,[13] (정도로 보아서도) 더 있는 것들인 영원한 것들이 있다고 생각한다. 예를 들어, 플라톤은 형상(이데아)들과 수학적인 대상들을 두 가지 종류의 실체로 놓으며, 감각되는 물체들을 세 번째 종류의 실체로 놓는다.[14] 그리고 스페우십포스는[15] 하나에서 출발하여, 또한 실체마다 그 원

---

10 피타고라스주의자들을 가리킨다. 3권(B) 5장 1002a 4-12, 14권(N) 3장 1090b 5-8 참조.

11 이오니아의 자연철학자들을 가리킨다. 3권(B) 5장 1002a 8-11 참조.

12 플라톤, 스페우십포스 등을 가리킨다.

13 1권(A) 9장 990b 4, 13권(M) 4장 1078b 36 참조.

14 1권(A) 6장 987b 14 참조.

15 플라톤의 조카였던 스페우십포스(Speusippos, 기원전 407-339년쯤)는 플라톤의 마지막 시칠리아 방문(361년)에 동행하였으며, 플라톤이 세상을 떠난 해인 347년에 아카데메이아를 떠맡아 339년까지 이끌었다. 아리스토텔레스가 아카데메이아에 등을 돌리게 된 것도 그가 아카데메이아의 수장(首長)이 된 것과 전혀 무관하지는 않다. 그의 사상은 피타고라스의 색채가 강하다. 13권(M) 1장 1076a 21, 6장 1080b 14, 9장 1085a 31, 14권(N) 4장 1091a 34 참조. 그에 대한 평가에 대해서는 12권(Λ) 10장 1075b 37-1076a 4, 14권(N) 3장 1090b 19 참조.

리들을 내놓는데, 어떤 것은 수들의 원리로,[16] 어떤 것은 크기들의 원리로,[17] 또 어떤 것은 혼의 원리로 내놓으면서 (플라톤보다 훨씬) 더 많은 종류의 실체들을 내놓는다. 그리고 이런 방식으로 그는 실체의 종류를 늘린다. 또 어떤 사람들은[18] 형상들과 수들은 본성이 같으며, 다른 모든 것들, 즉 선과 평면들에서 시작하여 물질적인 우주의 실체와 감각 대상들에 이르기까지의 것들은 형상들과 수들에 뒤따라 나온다고 주장한다.

이런 문제들에 관련하여, 우리는 어떤 것이 적절하게 주장되고 주장되지 않았는지, 그리고 실체들로 어떤 것들이 있는지, 그리고 감각되는 실체들 말고도 다른 어떤 실체들이 있는지 없는지, 그리고 감각되는 실체들이 어떤 방식으로 있는지, 그리고 감각되는 실체와 따로 존재할 수 있는 실체가 있는지, 있다면 어떤 이유로 어떤 방식으로 있는지, 아니면 그런 실체는 없는지 (알아보기 위해서는) 먼저 실체가 무엇인지를 간추리며 살펴보아야 한다.

---

16 수들의 원리는 하나와 여럿이다. 13권(M) 9장 1085b 5, 14권(N) 1장 1087b 6, 8, 27, 30, 4장 1091b 31, 5장 1092a 35 참조.

17 크기들의 원리는 점이다. 13권(M) 9장 1085a 32 참조.

18 크세노크라테스학파를 말한다. 12권(Λ) 1장 1069a 35, 13권(M) 1장 1076a 20, 6장 1080b 22, 28, 9장 1086a 5-10, 14권(N) 3장 1090b 20-32 참조. 크세노크라테스(Xenokratēs, 기원전 4세기)는 흑해 연안의 칼케돈(Chalkēdon) 출신으로 플라톤의 제자였다. 스페우십포스의 뒤를 이어 기원전 339년부터 사망한 해인 314년까지 플라톤의 아카데메이아를 이끌었다. 스페우십포스와 마찬가지로 피타고라스주의자들의 영향을 강하게 받았다. 그에 대한 아리스토텔레스의 평가는 13권(M) 8장 1083b 2 참조.

1028b

3장 바탕으로서의 실체

'실체'는 더 많은 뜻이[19] 아니라면, 다음과 같이 주로 네 가지로 말해진다. 다시 말해, 본질과 보편적인 것(보편자)과 유(類), 넷째로 바탕(基體)이,[20] 각 사물의 '실체'라 말해진다. 바탕이 되는 것은 그것에 대해 나머지 것들이 말해지지만, 그 자신은 더는 다른 것에 대해 말해지지 않는 것이다. 그렇기 때문에 우리는 먼저 이것에 관해 | 규정해야 한다. 왜냐하면
1029a 으뜸가는 '바탕이 되는 것'이 가장 많이 실체인 듯 보이기 때문이다.

먼저 재료가 바탕이라고 말해지며, 둘째로 형태가,[21] 셋째로 이 둘로 된 것이 바탕이라고 말해진다.[22] 여기서 '재료'는 예를 들어 청동 같은 것을 말하며, '형태'는 드러난 모습의 유형을 말하고, '이 둘로 된 것'은 복합물인 조각상을 말한다. 그래서 형상이 재료보다 앞선 것이고, 더 많이 있는 것이라면, 같은 이유로 형상은 또한 재료와 형상으로 이루어진 것보다 앞선 것이기도 할 것이다.

이렇게 해서 실체가 도대체 무엇인지 대충 얘기되었다. 다시 말해 그것은 바탕(주어)에 대해 말해지는 것이 아니라, 그 자신에 대해 나머지 것들

---

19 피타고라스주의자들이나 플라톤주의자들은 면, 선, 점, 수(數) 같은 수학적인 대상들이 실체라고 생각한다. 5권(Δ) 8장 1017b 17-21 참조.

20 본질(to ti ēn einai)은 4-6장, 10-12장에서, '보편적인 것'(보편자, to katholou)은 13-14장에서 다루어지고, 바탕(基體, to hypokeimenon)은 3장에서 다루어지지만, 유(類, to genos)에 대해서는 7권(Z)에서 따로 다루어지고 있지 않다. 그렇지만 모든 유는 보편적인 것이므로, 보편적인 것이 실체일 수 없다면, 유도 실체일 수 없다.

21 형태(morphē), 즉 형상(eidos)도 개체처럼 속성들이 들어서는 바탕이 된다. 예를 들어, 혼(psychē)은 형상으로서 '살아 있음'이 들어서는 바탕이다. 5권(Δ) 18장 1022a 32 참조.

22 8권(H) 1장 1042a 26-31 참조.

이 말해진다고 대강 얘기되었다. 하지만 이렇게만 말해서는 안 된다. 충분하지 않기 때문이다. 왜냐하면 그렇게 말하는 것 자체가 명료하지 않고, 또 그에 따르면 재료가 실체가 될 것이기 때문이다. 다시 말해 재료가 실체가 아니라면, 달리 실체가 될 만한 것을 우리는 놓치게 될 것이다. 다른 모든 것들을 벗겨 내면 재료 말고는 아무것도 남아 있지 않는 것처럼 보인다. 왜냐하면 다른 것들 중 어떤 것들은 (실체인) 물체들이 가진 성질들, 산출물들, 힘들이고,[23] 길이, 넓이, 깊이도 실체가 아니라 양들이며(양은 실체가 아니기 때문이다), 오히려 이런 것들이 (속성으로서) 들어있는 곳인 으뜸가는 것이 실체이기 때문이다. 정말이지 길이, 넓이, 깊이를 (사유를 통해) 떼어 내면, 이런 것들을 통해 규정되는 어떤 것 말고는, 우리는 남아 있는 것을 아무것도 보지 못한다. 그래서 우리가 문제를 이런 방식으로 살펴본다면, 재료만이 실체인 듯하다. 여기서, '재료'는 그 자체로는 무엇(실체)도, 양도, 그리고 있음을 규정하는 다른 어떤 범주들도 아니다. 왜냐하면 이 범주들 각각이 서술되는 재료가 있는데, 이 재료가 있는 방식은 각 범주들과 다르기 때문이다. 다시 말해, 나머지 범주들은 실체에 대해 서술되고, 실체 자신은 재료에 대해 서술된다.[24] (그런데 재료는 어떤 것에 대해서도 서술되지 않는다.) 그래서 마지막에 남은 이 바탕은 본질적으로 무엇(실체)도, 양도, 다른 어떤 것도 아니다. 그리고 이것들의 부정(否定)들도 아니다.[25] 왜냐하면 이 부정들도 간접적으로 딸린 방식으로만 그 마

---

23 양태(pathos)들, 산출물(poiēma)들, 힘(dynamis)들은 한 물체가 다른 물체로부터 '수동적으로 겪는 성질', 한 물체가 다른 물체에 '능동적으로 가하는 성질', 그리고 이런 능동적 성질이나 수동적 성질을 겪거나 가할 수 있는 물체의 힘'을 차례로 뜻한다.

24 재료가 실체인 것처럼 보인다는 점을 이끌어 내면서도 아리스토텔레스는 여기서 실체가 재료와는 다른 어떤 것임을 내비치고 있다.

25 아리스토텔레스는 재료에 대해 부정적인 서술을 하는 것조차도 아무런 성질도 갖지 않는 재료에 일정한 성질을 부가하는 것으로 생각한 듯하다.

1029a

지막의 것에 들어있을 것이기 때문이다.[26]

따라서 그런 관점에서는 재료가 실체라는 결론이 나온다. 그러나 이것은 불가능하다. 왜냐하면 따로 있음(독립성)과 이것임(구체성)은 실체에 가장 많이 들어있는 듯하기 때문이다. 그렇기 때문에 재료보다는 형상이나[27] 재료와 형상으로 된 것이 실체인 것처럼 보일 것이다. 그런데 둘로 된 실체, 즉 재료와 형태(형상)로 이루어진 실체는 제쳐 두자. 왜냐하면 이것은 (형상보다 인식의 면에서) 나중의 것이고, 또 (우리의 감각에도) 분명한 것이기 때문이다. 재료도 어떤 점에서는 명백한 것이다.[28] 그러나 우리는 세 번째 종류의 실체(형상)에 대해서는, 가장 골치 아픈 종류의 실체이기 때문에 잘 살펴보아야 한다.

감각되는 실체들 중 어떤 것들은 실체라고 (일반적으로) 동의되는데, 먼저 이것들부터 살펴보자. 1029b 3 | [[이렇게 더 앎인 것으로 옮겨가는 것이 도움이 되기 때문이다. 왜냐하면 배움은 모든 사람들에서, 본성상 덜 앎인 것을 거쳐 본성상 더 앎인 것으로 나아감으로써 이루어지기 때문이다. 그리고 행위의 영역에서 각자에게 좋은 것들로부터 출발해서 일반적으로 좋은 것들을 각자에게 좋은 것들로 만들듯이,[29] 이렇게 각자에게 더 알려진 것들로부터 출발하여 본성상 더 앎인 것들을 각자가 알게 하는 것이 우리의 과제다. 그러나 각 개인들에게 일차적으로 알려진 것들은 많은 경우 아주 조금 앎인 것들이며, (참으로) 있는 것과 조금 관계하거나 전혀 관계하지

---

26 재료가 어떤 부정적인 성질을 갖는 것은 그것이 다른 어떤 것임을 통해서이다. 예를 들어, 아무런 규정도 없는 재료는 그것이 색임으로써 간접적으로는 '들리지 않는 것'이다.

27 5권(Δ) 8장 1017b 24-26 참조.

28 『자연학』 191a 7-11 참조.

29 『니코마코스 윤리학』 1129b 5-6 참조.

않는다. 그럼에도, 우리는 앞서 말한 것처럼 바로 이런 것들을 거쳐서, 보 [10]
잘것없는 앎이지만 자신이 알고 있는 것들로부터 일반적으로 앎인 것들을
알아내도록 꾀해야 한다.]][30]

4장 본질

우리가 처음에,[31] 얼마만큼 많은 방식으로 '실체'가 규정되는지를 구분 [1]
했을 때, 이러한 규정들 중 하나가 본질인 듯이 보였으므로, 우리는 이제
이것에 대해 살펴보아야 할 것이다. 먼저, 그것에 대해 논리적으로[32] 몇 [13]
가지 점들을 말해 보자. 각 사물의 본질은 그 사물이 자신에 의해 무엇이
라고 말해지는 것이다. 예를 들어, 너임(너의 본질)은 교양 있는 것임이 아 [15]
니다. 왜냐하면 너는 너 자신의 본성에 의해 교양 있는 것은 아니기 때문
이다. 그러므로 너 자신의 본성에 따른 것이 너의 본질이다.

하지만 자신의 본성에 따른 것이 모두 본질이지는 않다. 본질은 표면에 흼이 있는 것과 같은 그런 방식으로[33] 사물 자신의 본성에 의해 들어있

---

30 이 마지막 단락은 나중에 추가된 부분으로 보인다. 벡커판에는 13행의 "… 살펴보아야 할 것이다." 다음에 편집되어 있다.

31 3장 1028b 33-36에서.

32 '논리적으로'(logikōs)는 개념들을 실제적인 내용에 따라 살펴보지 않고, 형식적으로 살펴보는 방식을 뜻한다(1030a 27-28 참조). 이 방식을 적용하여 아리스토텔레스는 먼저, 어떤 사물에 '단순히 딸린 것'(단순 속성)을 그 사물의 본질에서 제외시킨다(1029b 13-16). 그 다음에, 몇 가지 고유한 속성들을, 예를 들어 표면의 '흼'과 같은 성질들을 본질에서 제외시킨다(1029b 16-23). 마지막으로, 실체와 속성이 결합되어 나온 사물들이, 예를 들어 '흰 사람'이 본질을 갖는지를 살펴본다(1029b 23-1030a 27).

33 5권(Δ) 18장 1022a 30 참조. 어떤 사물의 본질은 그 사물에 대한 정의 속에 들어

1029b

지 않다. 왜냐하면 표면임은 흼임이 아니기 때문이다.[34] 마찬가지로 표면임은 둘에서 생겨난 것, 즉 흰 표면임도 아니다. (왜 아닌가?) 거기에는 '표면' 자체가 (자신의 본질에 대한 규정 속에) 추가되어 있기 때문이다. 그러므로 각 사물을 규정하지만, 그 사물 자체는 그 안에 있지 않는 규정이 본질에 관한 규정일 것이다. 그래서 흰 표면임이 매끄러운 표면임과 같다면,[35] '흼'과 '매끄러움'은 동일한 것이 된다.

그리고 또한 (실체 아닌) 다른 범주들에[36] 따라 결합된 것들도[37] 있으므로(다시 말해 각각의 범주에, 즉 질, 양, 시간, 장소, 그리고 운동에[38] 바

있지만, '흼'은 '표면'에 대한 정의 속에 들어있지 않다.

34 표면은 색을 가지지만, 그것이 희든 희지 않든 상관없이 표면이다. '흼'은 표면의 본질을 이루는 것이 아니다.

35 이 둘을 같은 것으로 보는 것은 '표면'의 본질을 보여 주지는 않지만, '흼'이 '매끄러움'과 같은 것임을 보여 준다. 아리스토텔레스는 여기에서 이 둘을 같은 것으로 보는 데모크리토스를 염두에 두고 있다. 그에 따르면 색은 단지 원자들의 방향(tropē) 또는 놓임새(thesis)가 달라짐으로써 생겨나는 것일 뿐이다. 이로부터 흼은 원자들이 매끄럽게 놓임으로써 생기는 색임을 추정할 수 있다. 『감각과 감각 대상에 관하여』 442b 11, 『생성과 소멸에 관하여』 316a 1 참조.

36 '범주'는 katēgoria(praedicamentum)를 옮긴 말이다. 법, 본보기, 한계를 뜻하는 '範'과 밭의 경계, 즉 두둑이나 (추상적으로는) 분류된 항목을 뜻하는 '疇'로 구성된 한자어로서, 『서경(書經)』의 홍범 편에 나오는 '홍범구주(洪範九疇)'를 줄여 만든 번역어다. 홍범구주는 나라를 다스리는 대법을 묻는 주나라 무왕에게 기자(箕子)가 가르친 아홉 가지 항목을 가리키는 말이다. 기자는 오행, 오사, 팔정 등 널리 법이 되는 아홉 가지 범주를 열거한 뒤 이를 차례로 풀이한다. 우리말로는 '있다'고 말해지는 다양한 사물을 정리하고 분류하는 기본 '틀', '축', '테두리'로 보면 이해하기 쉽겠다. 흔히 부문, 항목이란 뜻으로 원어 '카테고리'를 그대로 쓰기도 한다. 문법적으로는 '술어'란 뜻을 갖는다.

37 실체와 실체의 결합이라고 볼 수 있는 '재료'와 '형상'의 결합이 아니라, '실체'와 '속성'의 결합을 통해 나온 것들을 말한다.

38 여기서 운동은 어떤 작용을 가함과 겪음, 즉 '능동'(poiein)과 '수동'(paschein)을 뜻한다. 또는 실체, 양, 질, 장소에 관련된 네 가지 변화를 뜻한다.

탕이 되는 것이 있다), 이제 우리는 그런 결합된 것들 각각의 본질에 대한 규정이 있는지, 즉 그러한 것들에도, 예를 들어 '흰 사람'에도 본질이 들어 있는지 살펴보아야 한다. 이 결합된 것에 '겉옷'이라는 이름을 한번 붙여 보자.[39] 겉옷의 본질은 무엇인가? 그러나 겉옷은 자신의 본성에 의해 말해지는 것이 아니다(라는 반론이 있을 수 있다). 여기에서, 자신의 본성에 의하지 않은 술어는 두 가지 방식으로 말해진다(고 우리는 대응할 것이다). 그 중 하나는 (어떤 것이 부적절하게) 덧붙여져 생겨나고, 다른 하나는 (어떤 것이 부적절하게) 생략되어 생겨난다. 앞의 방식에서는, 흼의 본질을 규정하면서 흰 사람에 대한 규정을 말하는 경우의 예에서 보듯이, 다른 어떤 것(사람)이 규정되는 것(인 흼)에 덧붙어 놓이기 때문에 자신의 본성에 의한 술어가 아니다. 뒤의 방식에서는, '겉옷'이 흰 사람을 나타내고, 겉옷이 흰 것으로 규정되는 경우의 예에서 보듯, 다른 어떤 것('사람')이 규정되는 것(인 흰 사람)으로부터 생략되기 때문에 자신의 본성에 의한 술어가 아니다. | 정말이지, 흰 사람은 희지만, 그것의 본질은 흼임이 아니다.

그러나 겉옷임이 도대체 본질인가? 아마도 아닐 것이다. 왜냐하면 본질은 바로 어떤 것이 …인 바인데, 어떤 속성이 다른 어떤 대상에 대해 말해질 때에는, 바로 어떤 것이 …인 바가 있지 않기 때문이다. 예를 들어, 흰 사람은, 이것만이 실체라면, 이것이 …인 바가 아니다. 그러므로 그 규정이 정의(定義)인 것들에 대해서만 본질이 있다. 그러나 이름이 규정과 같은 것을 뜻하는 경우에[40] 정의가 성립하지 않고(왜냐하면 그럴 경우 모든 규정들이 정의가 될 것이기 때문이다. 다시 말해, 어느 규정에 대해서든지 일정한 이름이 있어서 (많은 낱말들의 결합으로 이루어진 서사시인) 『일리아

---

39 '겉옷'(himation)에 대한 이와 비슷한 용법에 대해서는 8권(H) 6장 1045a 26, 『명제에 관하여』 18a 19 참조.

40 예를 들어, '겉옷'이란 이름이 '흰 사람'이란 규정과 같은 것을 뜻하는 경우에.

스』조차 ('일리아스'란 말의) 정의가 될 것이다),[41] 어떤 으뜸가는 것에 대한 규정이 있는 경우에[42] 정의가 성립한다. 으뜸가는 것들은 그중 어떤 것이 다른 어떤 것에 대해 (무관하게) 서술되지 않는다. 그러므로 어떤 유(類)의 종(種)이 아닌 것들에는[43] 본질이 들어있지 않고, 오로지 (감각 대상들에 내재한) 종들에만 본질이 들어있을 것이다. 왜냐하면 종들은 (플라톤 식으로 속성을) 나눠 가짐에 따라서나 양태에 따라서 말해지지도 않고,[44] 단순히 딸린 것(단순 속성)으로서 말해지지도 않기 때문이다. 그러나 다른 것들의 경우에도, 각 사물에 대해 이름이 있다면, 이것의 뜻에 대한 규정이, 즉 이 속성이 이 대상에 (단순히) 들어있다는 규정이 있을 것이다. 아니면 이런 단순한 규정 대신 더 엄밀한 규정이 있을 수 있을 것이다. 그러나 거기에 정의라든가 본질은 있지 않을 것이다.

아니면, '정의'(定義)도 바로 무엇임처럼 여러 가지 뜻을 갖는가? 무엇임은 한편으로는 실체와 이것을, 다른 한편으로는 서술되는 것(술어) 각각을, 즉 양, 질 등을 뜻한다. 다시 말해, '있다'가 모든 것에 들어있지만, 똑같이 들어있지는 않고, 어떤 것에는[45] 일차적인 방식으로 다른 어떤 것에는[46]

---

41 그러나 서사시 『일리아스』는 '함께 묶여 있어서 하나인(단일한) 것'이기 때문에 (어떤 사태에 대한) 규정(또는 이야기, logos)일 뿐이지 정의(horismos)는 아니다. 왜냐하면 한 가지 것에 대한 규정이 있어야 하나의 정의가 성립할 수 있기 때문이다. 1030b 9, 8권(H) 6장 1045a 13, 『뒤 분석론』 93b 36, 『창작술』 1457a 29 참조.

42 예를 들어, '사람'이란 이름에 대해 '이성적인 동물'이란 규정이 내려지는 경우에.

43 '유의 종들이 아닌 것들'(ta mē genous eidē)은 감각 대상들과 따로 떨어져 있는, 플라톤의 이데아들을 가리킨다. 이데아들은 그 자체로 있지 않고 항상 다른 상위의 이데아들을 '나눠 가짐'(分有, metochē)으로써 존재한다. 그래서 한 이데아는 다른 상위의 이데아의 속성일 뿐이다. 1권(A) 9장 991a 29-b 1 참조.

44 12장 1037b 14-21 참조.

45 즉 실체에는.

46 즉 실체를 제외한 나머지 범주들에는.

부차적인 방식으로 들어있듯이, 무엇임도 단적으로 실체에 들어있으며, 어떤 점에서는 다른 범주들에도 들어있다. 왜냐하면 질의 경우에도, 우리는 그것이 무엇인지를 물을 수 있고,[47] 그래서 질도 무엇임의 한 가지 예이기 때문이다. 그러나 질은 단적으로 무엇임이지는 않고, 어떤 이들이[48] '있지 않은 것이 단적으로 있다'고 말하지 않고, '있지 않은 것은 있지 않은 것이다'라고[49] 논리적으로(표현 형태에 주목하여) 말하는 것과 마찬가지의 방식으로 무엇임이다.

그런데, 각 경우에 어떤 식으로 언어적으로 표현해야 하는지도 살펴보아야 하겠지만, 우리는 이보다는 그것이 실제로(존재적으로) 어떤 상태에 있는지를 더 살펴보아야 한다. 그래서 지금, 우리가 쓰고 있는 말은 (그 의미가) 분명한데, 이와 비슷하게 (존재적으로도) 본질은 으뜸으로 그리고 단적으로 실체에 들어있으며, 그 다음으로 다른 범주들에도 들어있다. 그러나 무엇임의[50] 경우와 마찬가지로, 여기에서도 단적인 의미의 본질이 아니라, 질이나 양 따위의 본질로서 들어있다. 왜냐하면 질이나 양 등의 것들은 한 이름 다른 뜻으로 있는 것들이거나, 아니면 (제한 조건을) 더하거나 (단적인 의미를) 떼어 냄으로써 있는 것들이라고 말해야 하기 때문이다.

---

47 예를 들어, '흼은 무엇인가?'라고 물을 수 있고, 이에 대해 '색이다'라고 대답할 수 있다. 1장 1028b 1, 3권(B) 2장 996b 18-22, 『토포스론』 103b 27-39 참조.

48 플라톤을 가리키는 말인 듯하다.

49 12권(Λ) 1장 1069a 21-24, 플라톤의 『소피스테스』 237, 256 이하 참조.

50 '무엇임'으로 옮긴 to ti esti(어떤 것은 무엇인가?)는 to ti ēn einai(어떤 것이 있다는-것은-무엇-이었는가?, 본질)와 구분되어 쓰이기도 하고, 같은 뜻으로 쓰이기도 한다. 앞의 것에 대한 답으로는, 예를 들어 '사람은 무엇인가?'란 물음에 대해서는 '동물이다'(類) 또는 '이성적인 동물이다'(種差+類)란 형태의 답이 주어질 수 있지만, 뒤의 것에 대한 답으로는, 예를 들어 '사람이 있다는 것은 무엇인가?'에 대해서는 "이성적인 동물이다"란 형태의 답만이 주어진다. 앞의 개념이 더 포괄적이라고 생각하면 되겠다.

마치 인식될 수 없는 것이 (인식될 수 없는 것으로) 인식되듯이 말이다.[51] 그런데, 사실 우리는 그것들을 (실체와) 한 이름 다른 뜻으로 있다고 말하지 않고 또 (실체와) 같은 뜻으로 있다고도 말하지도 않는다. 그러지 않고, 마치 치료하는 것들이 동일한 것을 뜻하지도 않고, 한 이름 다른 뜻으로 말해지지도 않고, 동일한 것(인 치료술)에 관계 맺음으로써 | '치료하는 것'
1030b 이라고 불리는 경우와 비슷한 방식으로 말한다. 다시 말해, (치료하는 의사의) 신체와 수술 그리고 수술도구는 한 이름 다른 뜻으로도, 또 한 가지 것에 따라서(같은 뜻으로)도 치료하는 것이라고 불리지 않고, 한 가지 것에 관계 맺어[52] 치료하는 것이라 불리기 때문이다.

그런데, 그것들에 대해 위의 두 가지 방식[53] 중 어느 것을 선택하여 말하려고 하든지 차이가 없다. 분명한 점은, 으뜸으로 그리고 단적으로, 정의(定義)와 본질이 실체에 들어있다는 점이다. 나머지 범주의 것들에도 마찬가지로 들어있겠지만, 으뜸으로 들어있지는 않다. 우리가 이를 전제한다면, 아무런 규정이랑 같은 것을 뜻하는 어떤 이름에 대한 정의가 반드시 있는 것은 아니다. (정의가 있으려면) 이름은 어떤 특정한 종류의 규정과 같은 것을 뜻해야 한다. 그리고 이것은 한 가지 것에 대한 규정이 있을 때 성립한다. 여기서 한 가지 것은 『일리아스』나 또는 함께 묶여서 하나인 것들처럼 연속됨으로써 한 가지인 것이 아니라, '하나'가 갖는 여러 가지 뜻들 각각에서 한 가지인 것이다. 여기서 '하나'는 '있는 것'처럼 (다양

---

51 『연설술』 1402a 6-7 참조.

52 '한 가지 것에 관계 맺어 말해지는 것들'(pros hen legomena)에 대해서는 4권(Γ) 2장 1003a 33-b 16, 11권(K) 3장 1060b 36-1061a 10 참조.

53 ① 같은 뜻을 갖지만 제한 조건이 붙거나 단적인 의미가 배제되는 방식(1030a 33)과 ② 같은 뜻을 갖지 않고 어떤 한 가지 것에 관계 맺는 방식(1030a 35-b 3)을 말한다.

한 뜻으로) 말해진다.[54] '있는 것'은 이것을 뜻하기도 하고, 양이나 질을 뜻하기도 한다. 그렇기 때문에 (옷이나 얼굴이) 흰 사람에 대해서조차 규정이나 정의가 있을 수 있지만, 그것은 흼에 대한 정의와 실체에 대한 정의와는 다른 방식일 것이다.

5장 대상과 짝지어진 속성들은 본질이나 정의를 갖는가?

그리고 어떤 것을 덧붙임으로써 생긴 규정이[55] 정의(定義)라는 것을 인정하지 않으면, 단순하지 않은, (대상과) 짝지어진 속성들에[56] 대한 정의도 있을 수 있을까?라는 의문이 생긴다. 왜냐하면 그런 것들은 무엇인가를 (부적절하게) 덧붙임으로써 설명되어야 하기 때문이다. 내가 말하려 하는 바는 예를 들어 다음과 같다. '코'와 '오목함', 그리고 또 하나가 다른 하나 속에 듦으로써 이 둘에서 나온 '들창임'이[57] 있다. 그리고 오목함도 들창임도 코에 우연히 딸린 속성이 아니다. 그것들은 코 자체의 본성으로 말미암아 코에 딸린 속성이다. 그리고 (옷이나 얼굴이) '흼'이 칼리아스나 (간접적으로) 사람에게(왜냐하면 사람임이 딸리는 칼리아스가 희기 때문이다) 딸리는 방식이 아니라, '수컷임'이 동물에, 그리고 '양이 같음'이 양(量)에

---

54 4권(Γ) 2장 1003b 33, 5권(Δ) 10장 1018a 35, 10권(I) 2장 1053b 25, 『혼에 관하여』 412b 8 참조.

55 4장 1029b 30 참조.

56 '짝지어진 것'(syndedyasmenon)들은 제 본성으로 말미암아 어떤 대상과 결부되어 있는 속성(또는 성질)들을 뜻한다. 이런 속성은 그것을 가진 대상을 언급하지 않고서는 정의될 수 없다. 아래 23행 참조.

57 여기서 '들창'은 '들창코'나 '들창코인 사람'을 가리키는 말로 쓰기로 한다. 이에 대해서는 6권(E) 1장 1025b 31의 각주 참조.

1030b

들어있고 무릇 어떤 사물에 사물 자체의 본성으로 말미암아[58] 들어있다고 말해지는 속성들 모두가 그 사물에 딸려 있듯이, 코에 딸려 있다. 그리고 이런 속성들 안에 그것들을 갖는 대상에 대한 규정이나 이름이 들어있으므로, 그것들은 그런 대상에 대한 언급 없이는 따로 설명될 수 없다. 흼을 사람에 대한 언급 없이 따로 설명할 수는 있지만, 암컷임을 동물에 대한 언급 없이 따로 설명할 수 없는 것처럼 말이다. 그러므로 그러한 속성들에 대해서는 본질도 정의도 없다. 있다고 하더라도, 우리가 앞서[59] 말했던 것처럼 다른 뜻에서 있다.

그러한 속성들과 관련하여 (그것들에 대한 정의를 막는) 또 다른 어려운 문제가 있다.[60] 들창인 코와 오목한 코가 같은 것이라면, 들창임과 오목함은 같을 것이다. 그러나 (오목함과 달리) 들창임은 자신의 본성으로 말미암아 그것을 속성으로서 갖는 사물 없이 말할 수는 없다. 왜냐하면 들창임은 코 안의 오목함을 뜻하기 때문이다. (따라서 들창인 코는 오목한 코와 같지 않다.) 그래서 '들창인 코'를 말할 수 없거나, 아니면 (말할 경우) 같은 것이 두 번, 즉 오목한 코인 코가 말해지게 될 것이다. 왜냐하면 들창인 코는 오목한 코인 코가 될 것이기 때문이다. 그렇기 때문에 ('들창'과 같은) 그러한 속성들이 본질을 갖는다는 것은 이치에 어긋난 일이다. 그렇지 않고 그것들이 본질을 가질 경우, 무한 진행이 일어날 것이다. 왜냐하면 (들창이 들창인 코라면) '들창인 코인 코'에 다시 또 하나의 '코'가 있을

1031a | 것이기 때문이다.[61]

---

58 『뒤 분석론』 73a 37-b 3 참조.

59 4장 1030a 17-b 13에서. '짝지어진 것'(syndedyasmenon)들, 예를 들어 '들창임'(simon 또는 simotēs)과 같은 속성들에 대해서도, 실체와 속성이 어우러진 '흰 사람'과 마찬가지로, 일차적인 방식이 아닌 부차적인 방식으로만 정의가 있을 수 있다.

60 '들창'과 같은 개념들에 대해 정의하려고 할 경우, 동어반복의 위험에 빠진다는 내용의 문제이다.

61 그래서 동어반복으로 이루어진 정의는 제대로 된 정의라 할 수 없을 것이다. 그러

그렇다면, 분명히 정의(定義)는 (일반적으로) 실체에 대해서만 있다. 왜냐하면 다른 범주들에 대해서도 있어야 한다면, 그것은 반드시 예를 들어 '홀'의 경우처럼 (부적절한) 덧붙임을 통해 이루어져야 하기 때문이다. 다시 말해 '홀'은[62] 수(數)가 없이 정의되지 않으며, '암컷임'도 동물 없이는 정의되지 않는다(여기서, '덧붙임을 통해'는 앞선 경우들에서처럼 같은 것을 두 번 말하는 결과가 나오는 경우들을 뜻한다). 그리고 이것이 참이라면, '홀 수'처럼, 짝지어진 것들에 대해서도 정의가 성립하지 않을 것이다(하지만 규정들이 엄밀하게 내려지지 않기 때문에 사람들은 이를 알아차리지 못한다). 그러나 이것들에 대해서도 정의가 있다면, 그것은 다른 방식으로 있든지[63] 아니면 앞서[64] 말한 것처럼, '정의'와 '본질'이 여러 가지 방식으로 말해진다고(, 즉 그것들에 대한 정의는 부차적인 방식으로 있다고) 해야 한다. 그래서 어떤 점에서는 실체들 말고는 다른 어떤 것들에 대해서도 정의도 본질도 없지만, 어떤 점에서는 그것들에 대해서도 정의나 본질이 있을 것이다.

그러므로 분명히, 정의는 본질에 대한 규정이고, 이 본질은 실체들만이

나 '들창'과 '들창인 코'에서 앞의 들창(simon)은 '들창인 것'을 뜻하지만, 뒤의 들창(simon)은 '코의 성질'을 뜻한다. 따라서 '들창인 코'를 '들창인 코인 코'로 분석하지 않고, '들창' 대신 '코에 고유한 오목함'을 써서 '코에 고유한 오목함을 가진 코'로 분석하여 무한 진행을 막을 수 있다. 『소피스트식 논박』 182a 4–6 참조. 그리스어의 형용사는 어떤 성질을 가진 대상을 뜻하기도 하고, 또는 바로 그 성질을 뜻하기도 한다. 6장 1031b 23–25에 나오는 leukon(흰 것, 흼)의 예를 참조.

62 '홀'의 원어는 perittos(odd)이다. 원래는 perittos arithmos(홀인 수, odd number)이지만 arithmos(수)를 생략하여 '홀수'란 뜻으로 쓰인다. 형용사만으로 이 형용사가 나타내는 특정한 성질을 갖는 대상을 가리키는 말이 되는 것은 서유럽어가 갖는 특징들 중 하나이다.

63 아리스토텔레스는 이 가능성을 인정하지 않는다.

64 4장 1030a 17–b 13에서.

1031a

갖거나, 아니면 실체들이 가장 많이, 일차적으로 그리고 단적으로 갖는다.

6장 각 사물과 그 본질은 같은가?

각 사물과[65] 그것의 본질이 같은지 다른지 살펴보아야 한다. 이는 실체에 관한 탐구를 위해 얼마간 도움이 된다. 왜냐하면 각 사물은 자신의 실체 외에 다른 어떤 것일 수 없는 듯하고, 또 (각 사물의) 본질이 각 사물의 실체라고 말해지기 때문이다.

그런데, 단순히 딸린 방식으로 있다고 말해지는 것들의 경우,[66] 우리는 그 둘이[67] 서로 다르다고 볼 수 있을 것이다. 예를 들어, 흰 사람은 흰 사람의 본질과 다르다. 이것들을 같은 것으로 보면, 또한 사람의 본질과 흰 사람의 본질도 같을 것이기 때문이다. 다시 말해, 사람들이 말하듯, 사람과 흰 사람은 같으며, 그래서 또한 흰 사람의 본질과 사람의 본질도 같을 것이다. 그러나 단순히 딸려 있는 것들이 그것들의 본질과 같을 필요는 없을 것이다.[68] 왜냐하면 (추론의 대전제와 소전제에서) 바깥 항들이 같은 방식으로 중간 항과 같지는 않기 때문이다.[69] 그렇지만 적어도 단순히 딸려 있는 바깥 항들이, 예를 들어 흼의 본질과 교양 있음의 본질이 같게 되는 결

---

65 '각 사물'(hekaston)은 여기서 실체뿐만 아니라, 양, 질 등의 모든 범주에 드는 사물을 가리킨다.

66 단순 속성+실체의 경우, 예를 들어 '흰 사람'의 경우.

67 예를 들어, '흰 사람'과 이것의 본질, 즉 '흰 사람-임'이.

68 '흰 사람'='흰 사람-임'(아래 논증 분석의 ①)이라고 해서, '흰 사람-임'='사람-임'(⑤)은 아니다.

69 21-24("이것들을 같은 … 같을 것이다.")의 귀류법(reductio ad absurdum)에 의한 논증은 다음과 같은 두 개의 추론으로 구성되어 있다.

과가 나오는 것처럼 보인다.[70] 그러나 그렇지가 않다.

이와 반대로, 자신의 본성에 의해 있다고 말해지는 것들의[71] 경우, 이것들과 이것들의 본질은 같은가? 예를 들어, 자신들보다 더 앞선 다른 어떤 실체도 또 실재도 갖지 않는 그런 어떤 실체들이 있다면 말이다. 어떤 이들은 이데아들이 이런 실체들이라고 주장한다. 만일 좋음 자체와 좋음의 본질이, 또 동물 자체와 동물의 본질이, 그리고 있는 것 자체와 있는
것-의 본질이 다르다면, | ㉮ 그들이 말한 것(이데아)들 외에 다른 어떤 실 1031b
체들, 실재들, 이데아들이 있을 것이다. 그리고 이것들은, 본질이 실체라면, (그들이 말한 이데아들보다) 앞선 실체일 것이다. 그리고 ㉯ 이데아들이

흰 사람=흰 사람의 본질 .... ①
사람=흰 사람 .... ②
∴ 사람=흰 사람의 본질 .... ③
사람의 본질=사람 .... ④
∴ 사람의 본질=흰 사람의 본질 .... ⑤

그러나 첫 번째 추론의 전제 ①과 두 번째 추론의 전제 ④는 절대적으로 받아들일 수 있는 것이지만, 전제 ②는 우연히 딸린 방식으로 그렇기 때문에, 두 번째 추론의 ⑤는 잘못된 결론이다. 따라서 위와 같은 논증은 잘못된 논증이다.

70 여기에 함축된 논증은 다음과 같다.

교양 있는 사람=교양 있는 사람의 본질
사람=교양 있는 사람
흰 사람=사람
흰 사람의 본질=흰 사람
∴ 흰 사람의 본질=교양 있는 사람의 본질
∴ 흼의 본질=교양 있음의 본질

71 '자신의 본성에 의해 있다고 말해지는 것들'(ta kath' hauta legomena)은 앞 19행의 '단순히 딸린 방식으로 있다고 말해지는 것들'(ta kata symbebēkos legomena)과 대조되는 개념으로서, 어떤 것에 그것의 속성으로서 딸려 있지 않고 스스로 있는 것들, 즉 자립적인 존재들을 일컫는 말이다.

1031b

그 본질들로부터 따로 떨어져 있다면, (본질들이 아닌) 이데아들에 관한 앎은 있지 않을 것이며, 본질들도 있는 것들이 아닐 것이다(여기서 '어떤 것으로부터 떨어져 있음'은 좋음 자체에 좋음의 본질이 들어있지도 않고, 또 좋음의 본질에 좋음 자체가 들어있지도 않음을 뜻한다). 왜냐하면 각 사물에 관한 앎은 우리가 그것의 본질을 알 때 이루어지기 때문이다. 그리고 나머지 것들도 좋음의 경우와 마찬가지다. 그래서 좋음의 본질이 좋음이 아니라면, 있는 것의 본질도 있는 것이 아닐 것이고, 하나의 본질도 하나가 아닐 것이다. 그리고 모든 본질들이 똑같이 있거나, 아니면 어떤 본질도 없거나 둘 중 하나이다. 그래서 있는 것의 본질이 있지 않다면, 다른 것들은 말할 것도 없다. ㉰ 더 나아가, (이데아가 그 본질과 따로 떨어져 있다면,) 좋음의 본질이 들어있지 않은 것은[72] 좋지 않을 것이다. 따라서 좋음과 좋음의 본질, 아름다움과 아름다움의 본질은 한 가지 것이어야 한다. 그리고 다른 어떤 것에 의존해 있지 않고, 자신의 본성에 의해 있는 으뜸가는 것들도[73] (이데아들의 경우와) 마찬가지여야 한다. 그것들이 형상(이데아)들이 아니라 하더라도, 그런 으뜸가는 것들이라면, 그걸로 충분하다. 그것들이 형상들이라면 아마도 더욱 그럴 것이다. (이와 더불어 분명한 것은, 몇몇 사람이 주장하는 것과 같은 그런 이데아들이 (실체로서) 있다면, 바탕(基體)은 실체가 아니게 될 것이란 점이다.[74] 왜냐하면 이데아들은 반드시 실체이어야 하지만, 바탕에 대해 말해질 수 없는 것이어야 하기 때

---

72 다시 말해, 좋음의 이데아는. 위의 5행 참조.

73 여기서 '으뜸가는 것들'(ta prōta)은 '흰 사람'처럼 두 가지 범주로 구성된 것이 아닌 것들 모두를 뜻한다. '말'(馬)과 같은 실체뿐만 아니라 '흼', '하나'와 같은 것들을 모두 뜻한다. 각 사물들은 굳이 이데아들이 아니더라도 자립적인 것이라면, 그 본질과 일치한다.

74 이데아의 존재를 수용하는 것은 실체의 본성에 관한 탄탄한 견해와 마찰을 빚는다(3장 1029a 1 참조).

문이다. 그것에 대해 말해질 경우, 이데아들은 (바탕에 의해) 나눠 가져짐을 통해서만 있을 것이다).[75]

이와 같은 논의들로부터 보건대, 그리고 각 사물을 안다는 것은 바로 그것의 본질을 아는 것이라는 사실로 보건대, 분명히 각 사물과 그것의 본질은 단순히 딸린 방식이 아닌 방식으로 동일한 것이다. 그래서 이 둘은 어떤 구체적인 사례를 들더라도[76] 틀림없이 똑같은 것이다.

그러나 단순히 딸린 방식으로 말해지는 것, 예를 들어 '교양 있음'이나 '흼'의 경우, 이것들은 두 가지 뜻을 가지기 때문에, 이것들이 자신들의 본질과 같다고 말하는 것은 맞지 않다. 다시 말해, (흼의 속성이) 딸려 있는 대상과 단순 속성인 흼이 모두 희다. 그래서 단순 속성과 그것의 본질은 어떤 점에서는 같고, 어떤 점에서는 같지 않다. 왜냐하면 흼의 본질은 그 사람이나 흰 사람과 같지 않고 속성인 흼과 같기 때문이다.

하지만 본질들 각각에 이름을 붙이려고 할 때에도, (사물과 그 본질을 따로 떼어 놓음의) 불합리한 면이 나타날 것이다. 그렇게 할 경우, 처음의 본질 말고 또 다른 어떤 본질이 있게 될 것이기 때문이다. 예를 들어 말(馬)의 본질 말고 또 다른 본질이 있게 될 것이다.[77] 본질이 실체라면, 어찌 어떤 것(사물)들이[78] 곧바로 본질이 아니란 법이 있겠는가? 정말이지 각 사물과

---

75 다시 말해, 이데아들은 따로 떨어져 있지 않고, 개체들 안에 있는(내재하는) 것으로서만 존재할 것이다. 따라서 실체일 수 없을 것이다. ( ) 안의 보충은 현재의 논의와 무관한 언급이다.

76 여기서 ekthesis는 플라톤적인 '추상 또는 추출'의 방법(1권 9장 992b 10 참조)을 뜻하지 않고, epagōgē와 같은 뜻으로 쓰여 '구체적인 사례들을 듦'(例示)이나 '구체적인 사례를 통해 보여 줌'(例證)을 뜻한다.

77 그리고 이렇게 무한히 계속 진행될 것이다. 무한 진행은 이치에 어긋나므로, 처음부터 말의 본질이 말과 분리되어 있다고 말하지 않아야 한다.

78 1031b 14에서 말한 '으뜸가는 것들'이.

1032a 그 본질은 하나일 뿐만 아니라, | 앞서 말한 것처럼 분명히, 그 규정도 같다. 왜냐하면 하나의 본질과 하나가 하나인 것은 단순히 딸린 방식이 그런 것이 아니기 때문이다. 더 나아가, 둘이 다를 경우, 무한 진행이 일어날 것이다. 왜냐하면 둘이 다를 경우, 한쪽은 하나의 본질이고 다른 쪽은 하나여서, 또한 앞의 것과 같은 종류의 것들에[79] 대해서도 같은 논리가 적용될 것이기[80] 때문이다.

그러므로, 자신의 본성에 의해 있는, 으뜸가는 것들의 경우, 분명히 각 사물은 각 사물의 본질과 동일한 것이다. 그리고 이런 입장에 대한 소피스트식의 반론들은 소크라테스와 소크라테스의 본질은 같으냐는 물음의 경우와[81] 같은 방식으로 답변된다. 왜냐하면 (두 가지 경우 모두) 물음이 제기되는 관점에서, 그리고 물음이 성공적으로 답변되는 방식에서 차이가 없기 때문이다.[82] 지금까지 우리는 각 사물이 그것의 본질과 어떤 점에서 같고, 어떤 점에서 같지 않은지를 설명했다.

7장 생성과 그 종류[83]

생겨나는 것들 중 어떤 것들은 자연에 의해(자연적으로), 어떤 것들은 기술에 의해(인위적으로), 또 어떤 것들은 우발적으로(자연발생적으로) 생

---

79 'x의 본질', 'x의 본질의 본질' 등의 '~의 본질' 형태를 띤 표현들을 말한다.

80 '하나의 본질'(to heni einai)이 '하나'(to hen)와 다르다면, '하나의 본질'의 본질도 '하나의 본질'과 다를 것이다.

81 4권(Γ) 2장 1004b 1-3, 7권(Z) 11장 1037a 7-10 참조.

82 두 가지 경우 모두 실체와 '단순히 딸린 것'(단순 속성)을 혼동함으로써 문제가 비롯하며, 이 혼동을 제거함으로써 답변된다.

겨난다.[84] 그런데 생겨나는 것들은 모두 어떤 것에 의해, 어떤 것으로부터 나와 어떤 것이 된다. 그리고 여기서 이 마지막의 어떤 것은 각 범주를 뜻한다.[85] 다시 말해 이것(실체)이나 어떤 양이나 질이나 장소를 뜻한다.[86]

자연적인 생성은 자연(자연물)으로부터 그 생성이 비롯하는 것들이 갖는 생성이다. 어떤 것이 생겨 나오는 것을 우리는 '재료'라 부른다. 그리고 어떤 것을 생겨나게 하는 것은 자연물들의 일부이다. 그리고 어떤 것은 사람, 식물 등의 것으로서 우리가 가장 많이 '실체'라고 부르는 것들이다. 그런데 생겨나는 것들은, 자연에 의해서 생겨나든 기술에 의해 생겨나든, 모두 재료를 갖는다. 왜냐하면 그것들은 저마다 어떤 것일 수도 있고, 아닐 수도 있으며, 이런 잠재성(가능성)은 각 사물 안에 든 재료이기 때문이다. 그리고 일반적으로, 어떤 것이 생겨 나오는 것도 자연이고,[87] 어떤 것

---

83 생성의 문제를 다루고 있는 7-9장은 11장 1037a 21-b 7과 8권(H) 1장 1042a 4의 요약에서 언급되지 않아서 7권의 나머지 부분과 내용적으로 독립된 부분으로 볼 수 있지만, 15장 1039b 26에서 8장만큼은 언급되어 있다.

84 '자연'(physis), '기술'(technē), '우발'(tautomaton), 이 세 가지 구분은 12권(Λ) 3장 1070a 6에 다시 나온다. 이와 비슷한 구분에 대해서는 11권(K) 8장 1065b 3, 『자연학』 198a 10 참조.

85 11권(K) 9장 1065b 14 참조. 그러나 정확히 말해, 변화(metabolē)는 각 범주에 따라 일어나지 않고, 실체, 양, 질, 장소, 이 네 가지 범주에 따라서만 일어난다(『자연학』 225b 10-226a 26 참조). '변화' 대신 때때로 넓은 의미의 '운동'(kinesis)이란 말이 쓰이기도 하며, 실체에 관련된 변화, 즉 생성과 소멸을 제외한 나머지 변화들을 좁은 의미의 '운동'이라 하기도 한다.

86 여기서 '생겨남'(gignesthai), 즉 '생성'(genesis)은 '변화'(metabolē)란 넓은 뜻으로 쓰였다. 실체에 관련된 변화는 좁은 뜻의 '생성과 소멸'(genesis kai phthora)이며 양에 관련된 변화는 '팽창과 수축'(auxēsis kai phthisis), 질에 관련된 변화는 '질의 변화'(alloiōsis), 장소에 관련된 변화는 '이동'(phora)이다.

87 '어떤 것이 생겨 나오는 것'(ex hou) 즉 '재료'란 뜻의 자연(physis)에 대해서는 5권(Δ) 4장 1014b 26-35 참조.

1032a

이 생겨날 때 따르는 것도[88] 자연이다(왜냐하면 생겨나는 것은, 예를 들어 식물 또는 동물은 이런 자연을 가지기 때문이다). 그리고 어떤 것을 생겨나게 하는 것은 '형상'의 뜻으로 말해진 자연인데,[89] 이것은 (생겨난 것과) 종(種)이 같은 자연이다(그러나 이 자연은 다른 것 안에 있다). 왜냐하면 사람이 사람을 낳기 때문이다.[90]

자연에 의해 생겨나는 것들은 이와 같은 방식으로 생겨난다. 그리고 이와 다른 종류의 생성은 (인위적인) '만듦'(제작 또는 산출)이라 불린다. 이런 만듦은 모두 기술, 능력 또는 사유에서 비롯한다.[91] 그런데 만들어진 것들 가운데 어떤 것은 자연에서 생겨나는 것들의 경우처럼, 우발적으로 또는 우연히 생겨나기도 한다.[92] 왜냐하면 자연계에서도 어떤 것들은[93] 같은 것들이 씨에서 생겨날 뿐만 아니라 씨 없이도 (자연발생적으로) 생겨나기 때문이다. 이런 (우발적으로 또는 우연히 생겨나는) 것들에 대해서는 나중

---

88 '어떤 것이 생겨날 때 따르는 것'(kath' ho)은 어떤 것이 얻게 되는 '형상'을 뜻한다. 이런 뜻의 kath' ho에 대해서는 5권(Δ) 18장 1022a 14-16 참조.

89 '자연'(physis)의 여러 가지 뜻에 대해서는 5권(Δ) 4장 참조.

90 부모의 형상은 아이의 형상과 같다. 이 말의 뜻에 관한 자세한 논의는 욀러(Oehler, 1963) 참조. 아리스토텔레스에 따르면 형상은 아버지로부터, 재료는 어머니로부터 나온다. 『동물의 발생에 관하여』 730b 1, 10 참조.

91 6권(E) 1장 1025b 22 참조.

92 '우발적으로'(자연발생적으로, apo tautomaton)와 '우연히'(apo tychēs)에 관한 논의는 『자연학』 2권 5장과 6장 참조. 앞의 to automaton은 tychē를 포함하는 넓은 개념이다(『자연학』 197a 36). 뒤의 개념은 '만들어진 것'(인공물)들에 대한 설명에 더 적합한 개념이고, 앞의 개념은 '자연에서 생겨나는 것'(자연물)들에 대한 설명에 더 적합한 개념이다. 1권(A) 3장 984b 14의 각주 참조.

93 아리스토텔레스는 뱀장어(『동물 탐구』 570a 7-12), 특정 조개류(『동물 탐구』 547b 18-21, 『동물의 발생에 관하여』 761b 23-26), 특정 어류(『동물 탐구』 569a 10-21)와 특정 곤충류(『동물 탐구』 539a 24, 『동물의 발생에 관하여』 732b 11-14) 등을 자연발생적으로 못이나 진흙, 모래 속에서 생겨나기도 하는 생물들의 예로 든다.

에[94] 생각해 보아야 할 것이다.

그 형상(에 대한 앎)이 | (기술자의) 혼 안에 있는 것(인공물)들은 기술로 1032b
부터 생겨난다(여기서 '형상'은 어떤 것의 본질과 으뜸 실체를[95] 뜻한다). (그리고 기술자는 반대되는 것도 만들어 낸다.)[96] 왜냐하면 반대되는 것들조차도 어떤 점에서 같은 형상을 갖기 때문이다.[97] 왜냐하면 결여의 실체는 결여에 대립되는 실체이기 때문이다. 예를 들어, 건강은 병의 실체(로서 병에 대립된 실체)이다(왜냐하면 병은 건강이 있지 않음이기 때문이다). 그리고 건강은 (의사의) 혼 안에 든 개념이자 앎이기 때문이다. 건강한 것은 다음과 같이 (의사가) 생각을 거듭한 끝에, 그 결과물로서 생겨난다. 즉, 이것이 건강이기 때문에, 어떤 신체가 건강해지려면, 이것이, 예를 들자면 균형이 그것에 들어있어야 하고, 그러려면 온기가 들어있어야 한다. 그리고 의사는 마침내 자신이 몸소 할 수 있는 것에 이르기까지 이런 식으로 계속해서 생각한다. 이때부터 시작되는 움직임이, 즉 건강을 향한 움직임이 (건강하게) '만듦'(치료 행위)이라 불린다.[98] 그러므로 어떤 점에서 건강은 건강(에 관한 의사의 앎)에서 생겨나고, 집은 집(에 관한 목수의 앎)에서 생겨난다. 다시 말해 재료를 가진 것이 재료가 없는 것에서 생겨난다. 왜냐하면 의술과 건축술은 건강과 집의 형상(으로서 재료가 없는 것)이기 때문

94 1032b 23-30, 9장 1034a 9-21, b 4-7 참조.

95 '으뜸 실체'(prōtē ousia)는 더는 하위의 종으로 나뉘지 않는 '최하위의 종'(最下種, infima species)을 가리킨다.

96 예를 들어, 건강의 형상을 알고 있는 의사는 '건강'을 만들어 낼 뿐만 아니라, 경우에 따라서는 '병'도 만들어 낸다.

97 반대되는 성질들인 '건강'과 '병'은 서로에 대해 결여 상태(sterēsis)이다. '건강'은 '병'의 결여이고, '병'은 '건강'의 결여라는 점에서, '건강'과 '병'은 같은 형상이다.

98 도덕적인 행위와 관련된 이런 과정에 대해서는 『니코마코스 윤리학』 1112b 13, 『에우데모스 윤리학』 1217b 28-33 참조.

1032b

이다. 그리고 여기서 '재료 없는 실체'란 본질을 뜻한다.

생성들이나 움직임들 중 하나(의 단계)는 '생각함'이라 불리고, 다른 하나(의 단계)는 '만듦'이라 불린다. 다시 말해, 원리와 형상에서 비롯하는 것은 사유이고, 사유의 끝에서 비롯하는 것은 산출이다. 중간에 놓인 다른 것들도 이와 비슷한 방식으로 저마다 생겨난다. 이는 예를 들어 건강해지려는 사람은 몸에 균형이 있어야 한다는 것을 뜻한다. 그렇다면, 몸에 균형 있다는 것은 무엇을 뜻하는가? 이것을 뜻한다. 그런데 이것은 온기를 가질 때 비로소 생겨난다. 그러면 온기를 가진다는 것은 무엇을 뜻하는가? 이것을 뜻한다. 그런데 이것은 잠재 상태로 몸 안에 있다. 그리고 이것을 실현시키는 것이 의사의 능력이다.

건강을 만들어 내는 것과 건강해지는 움직임이 비롯하는 곳은, 그것이 기술(의술)로부터 비롯하는 한, (의사의) 혼 안에 있는 형상이다. 그리고 이것이 우발적으로 일어난다면,[99] 이것은 기술에 의해 건강을 만들어 내는 사람에게 (생각함의 단계를 거치지 않고 바로) 그 만듦(치료행위)의 출발점이 될 법한 아무런 곳에서나 시작된다. 예컨대, (병의) 치료는 아마도 (몸을) 따뜻하게 하는 일에서 시작될 것이다. 그리고 의사는 (환자의 몸을 기술에 의거해) 문지름으로써 온기를 만들어 낸다. 그런 다음에, 몸 안의 온기가 바로 건강의 일부이거나, 아니면 이 온기에 건강의 일부인 것과 같은 종류의 어떤 것이[100] 직접 따르거나 몇 개의 중간 단계를 거쳐 따른다. 그리고 이것이, 즉 건강의 일부를 만들어 내는 온기 같은 것이, 그리고 집의 일부를 만들어 내는 것이, 예를 들어, 돌들이 마지막의 것이다.[101] 그리

99 예를 들어, 환자 자신이 아무 생각 없이 몸을 문질러 온기를 일으킴으로써 건강을 되찾을 수 있다.

100 (몸의) '균형'(homalotēs)이 그와 같은 종류의 것이다(1032b 7, 19 참조).

101 여기서 '마지막의 것'(eschaton)은 '최소한 갖추어져 있어야 할 바탕'이란 뜻이다.

고 다른 것들도 이와 마찬가지다.

그래서 흔히 말하듯, 아무것도 앞서 주어져 있지 않다면, 어떤 것이 생겨난다는 것은 불가능하다.[102] 그렇다면, 분명히 생겨날 것의 일부가 반드시 앞서 주어져 있어야 한다. 재료가 바로 이 일부이다. 왜냐하면 | 재료는 (생성의 과정에서) 앞서 주어져 있으며, 그 자신은 (어떤 것에 의해) 어떤 것 1033a
이 되어 가는 것이기 때문이다. 그런데 재료는 정의를 이루는 요소들의 일부이기도 한가? (그렇다.) 청동 원이 무엇인지를 규정할 때 우리는 두 가지 방식으로 말한다. 청동이라고 말함으로써 재료를 말하고,[103] 이러이러한 도형이라고 말함으로써 형상을 말한다. 그리고 이 '도형'은 청동 원이 놓인, 가장 가까운 유(類, 상위 개념)이다. 그러므로, 청동 원은 그 정의(定義) 안에 재료를 (그 구성 요소로서) 갖는다.[104]

그런데, 어떤 재료로부터 생겨나는 것들 중 어떤 것들은 생겨났을 때, '그것'으로 불리지 않고, '그것으로 된 것'이라 불린다.[105] 예를 들어, 어떤 조각상은 돌이 아니라 돌로 된 것이다. 그러나 건강한 사람은 그가 빠져나온 상태로 불리지 않는다. 왜냐하면 그는 결여(인 병으)로부터, 그리고 우리가 '재료'라 부르는 바탕(인 사람)으로부터 건강해지지만(즉, 사람뿐만

---

102 11권(K) 6장 1062b 24-26, 『멜릿소스, 크세노파네스, 고르기아스에 관하여』 974a 2-3 참조.

103 청동으로 된 원반을 보고 '청동 원' 또는 '청동으로 된 이러이러한 (모양의) 도형'이라고 말할 때, 우리는 그 사물의 재료(hylē)에 대해 언급한다.

104 청동 원이 드는 유(類, genos)인 '도형'은 '이러이러한 도형'이란 정의의 일부인데, 이것은 일종의 '사유되는 재료'(noētē hylē)이다. 5권(Δ) 6장 1016a 24-28, 28장 1024b 6-9, 8권(H) 6장 1045a 33-35 참조.

105 '그것'과 '그것으로 된 것'의 원어는 각각 ekeino와 ekeininon이다. 뒤의 용어는 아리스토텔레스가 만들어 낸 말이다. 9권(Θ) 7장 1049a 18-b 2, 『자연학』 190a 25, 245b 9 참조.

아니라 아픈 것이 건강해진다), (바탕으로부터 건강한 그 사람이 나온다기보다는) 오히려 결여(의 상태)로부터 건강한 그 사람이 빠져나온다고 말해지기 때문이다. 즉, 사람으로부터 건강한 것이 나온다기보다는 아픈 것으로부터 건강한 것이 나온다. 그렇기 때문에, 건강한 것은 더는 아프다고 말해지지 않고, 사람이라고 말해지며, 더 나아가 이 사람은 이제 건강하다고 말해진다. 그러나 그 결여가 분명하지 않고 이름이 없을 땐, 예를 들어 청동에서 어떤 모양의 결여가, 그리고 벽돌이나 목재에서 집의 형태의 결여가 분명하지 않고 이름이 없을 땐, 아픈 사람으로부터 건강한 사람이 나오듯, 그런 재료들로부터 (조각상이나) 집이 나온다고 보아야 할 것이다. 그렇기 때문에, 앞의 경우에서, 건강한 사람이 그것이 빠져나온 상태로 불리지 않듯이, 여기서도 조각상은 나무가 아니다. 조각상은 나무, 청동, 돌이 아니라, 말꼴을 조금 바꿔 나무로 된 것, 청동으로 된 것, 돌로 된 것이라 불린다. 그리고 집은 벽돌이 아니라 벽돌로 된 것이라 불린다. 좀 더 잘 살펴보면, 우리는 조각상이 나무로부터 생겨난다거나 집이 벽돌로부터 생겨난다고 아무런 제약 없이 말할 수조차 없다. 왜냐하면 생겨나는 것은 (나무나 돌처럼) 같은 상태로 그대로 남아 있는 것으로부터 생기지 않고, 변하는 어떤 것으로부터 생겨나야 하기 때문이다. 바로 이런 이유로, 우리는 그런 방식으로 ('어떤 것으로 된 것'이라고) 말한다.

8장 재료와 형상으로 된 복합물만이 생겨난다

생겨나는 것은 어떤 것에 의해(여기서 '어떤 것'은 그로부터 생성이 비롯하는 것을 뜻한다), 어떤 것으로부터(이것을 결여라고 하지 말고 재료라고 하자. 이 '재료'를 어떤 뜻으로 말하는지 우리는 이미[106] 설명한 바 있

다) 나와, 구나 원 또는 다른 아무것인 어떤 것이 된다. 그렇기 때문에 간접적으로 딸린 방식이 아니라면, 바탕(基體), 즉 청동을 우리가 만들어 내지 못하듯이, 우리는 또한 구(球)를 만들어 내지 못한다. (간접적으로 딸린 방식으로 만들어 낼 수 있는 이유인즉,) 청동으로 된 구가 구이고, 이 청동으로 된 구를 우리는 만들어 내기 때문이다. 이것을 만든다는 것은 일반적인 뜻의 바탕으로부터[107] 그것을 만드는 것이다. 여기서, 청동을 둥글게 만듦은 둥근 것이나 구를 따로 만듦을 뜻하지 않고, 다른 어떤 것을, 즉 이 형상을 다른 어떤 것 안에 만듦을 뜻한다. 왜냐하면 우리가 이 형상을 만든다면, | 우리는 이것을 다른 어떤 것으로부터 만들어 내야 하기 때문이다. 바로 이 점은 앞에서[108] 전제된 사항이었다. 예를 들어, 우리는 청동으로 된 구를 만든다. 그것도 이것, 즉 청동인 것으로부터 이것을, 즉 구인 것을 만들어 낸다는 뜻으로 말이다. 그러므로 우리가 바탕을 또한 만들어 낸다면, 분명히 우리는 (이것으로부터 복합물을 만들어 내는 방식과) 같은 방식으로 바탕을 (다른 어떤 것으로부터) 만들어 낼 것이며, 이런 만들어 냄의 과정은 끝없이 계속될 것이다. 그렇다면, 분명히 (재료뿐만 아니라) 형상도, 또는 감각 대상 안에 있는 이 형태를 가리켜 우리가 부르는 어떤 것도 생겨나지 않으며, (일반적으로) 형상의 생성은 있지 않으며, 본질도 생겨나지 않는다. 정말이지 이 형상은 바로 기술에 의해서(인위적으로) 또는 자연에 의해서(자연적으로) 또는 다른 어떤 힘에 의해서 다른 어떤 것 안에 생겨난다.[109] 그러나 우리는 청동으로 된 구가 있도록 만든다. 다시 말해 우리는

106 7장 1032a 17에서.

107 다시 말해, '재료와 형상으로 된 것'이라는 뜻의 바탕으로부터. 3장 1029a 3 참조.

108 1033a 25-26 참조.

109 '기술'(technē), '자연'(physis), '힘'(능력, dynamis)의 구분에 대해서는 6권(E) 1장 1025b 22-24, 12권(Λ) 3장 1070a 7-9, 『천체에 관하여』 301b 17-19 참조.

1033b

이것을 청동과 구(球)로부터 만들어 낸다. 이 특정한 재료 안에 형상을 만들어 넣어 나온 것이 청동으로 된 구이다. 그러나 구의 본질의 생성이 정말 있다면, 그것은 어떤 것에서 나온 어떤 것일 것이다. 왜냐하면 생겨나는 것은 항상 분할되는 것이어야 하며, (분할된 것들 중) 하나는 이것이고 하나는 저것이어야 하기 때문이다. 다시 말해, 하나는 재료이고, 다른 하나는 형상이어야 한다. 구가 중심으로부터 같은 거리에 있는 (입체) 도형이라면, 이 정의(定義)의 일부인 도형은 우리가 만들어 내는 구가 속한 유(類)이며, 또 다른 일부는 그 유 안에 생겨나는 성질(種差)이며, 전체인 구는 이 둘로부터 생겨난 것인데,[110] 이는 청동 구에 상응하는 것이다. 위와 같은 논의로부터 보건대, 분명히 '형상'이나 이런 뜻으로 '실체'라 불리는 것은 생겨나지 않으며, 이 형상의 이름으로 불리는, (재료와 형상으로) 복합된 실체가 생겨난다. 그리고 분명히, 생겨나는 것 안에는 모두 재료가 있고, 생겨나는 것의 일부는 재료이고 일부는 형상이다.

그렇다면, (플라톤의 이론대로) 이 구들과 따로 다른 어떤 구가 있는가? 벽돌들과 따로 어떤 집이 있는가? 분명히, 그런 것(형상)이 (실체로서) 따로 있다면, (형상을 요소로 포함하는) 이것은 결코 생겨나지 않을 것이다. 더구나 '형상'은 이러함(질)을 나타내며, 이것이나 특정한 것이 아니며, (기술자나 아버지는) 이것에서 이러한(어떤 질을 가진) 것을 만들어 내거나 낳는다.[111] 이렇게 해서 태어난 것은 이러한 이것이다.[112] 그리고 이것 전체는,

---

110 '유'(genos)와 '차이성'(종차, diaphora)으로 이루어진 전체는 '구'를 말한다. 정의에서의 이 '구'는 재료와 형상으로 이루어진 복합물, 즉 '청동 구'라는 사물에 상응한다.

111 자손의 형상인 '사람'이 있기 전에 부모의 형상인 '사람'이 있다.

112 기술자나 아버지는 그저 재료 조각일 뿐인 것을 일정한 질을 가진 재료 조각으로 만든다.

예를 들어 칼리아스나 소크라테스는, 이 청동 구처럼 있지만, 사람과 동물은 청동 구 일반처럼 있다.

그러므로 분명히, (감각 대상들에 대한) 형상(이데아)들로 이루어진 원인은(이것들이 많은 사람들이 흔히 형상들이라고 부르는 의미라면, 즉 형상들이 개체들과 따로 있는 것들이라면) 적어도 (사물들의) 생성과 실체와 관련해 아무런 쓸모도 없다. 그리고 적어도 이런 이유로, 형상들은 자신의 본성에 의해 있는 실체들일 필요가 없을 것이다. 어떤 것들의 경우에, 분명히, 어떤 것을 낳는 것은 그것이 낳은 것과 같은 종류의 것이지만, 동일한 것도 아니고, 또 개수가 하나인 것도 아니며, 그 형상이 하나일 뿐이다. 예를 들어, 자연물의 경우에서 사람이 사람을 낳는 것처럼 말이다. 단, 말이 노새를[113] 낳는 것처럼 어떤 것이 자연에 거슬러 생겨나는 경우는 예외다. 그러나 이 경우도 사람의 경우와 마찬가지다. 왜냐하면 (노새의 아비와 어미인) 수말과 암나귀에 공통된 것, 즉 이 둘에 가장 가까이 있는 유(最近類)는 그에 대한 | 이름이 아직 없지만,[114] 그것은 아마도 노새처럼 (수말과 암나귀) 양쪽 모두의 특성을 가질 것이기 때문이다.

그러므로 분명히 어떠한 형상도 본(本)으로서 내세울 필요가 없다(왜냐하면 형상은 무엇보다 자연물들에서 찾을 수 있을 것이기 때문이다. 다시 말해 자연물들이 가장 많이 실체다). 또 어떤 것을 낳는 것은 그것을 만들어 내기에 충분하고, 재료 안에 든 형상의 원인이기에 충분하다. 이미 이루어진 전체가, 즉 이 살과 이 뼈들 안에 든 이러한 종류의 형상이, 칼리아

---

113 '노새'(hēmionos, '반' + '나귀')는 수말(hippos)과 암나귀(onos) 사이에서 난 말과(科)의 중간 잡종이다.

114 그러나 아리스토텔레스는 『동물 탐구』 491a 1에서 수말과 암나귀에, 더 나아가 이 둘과 노새에 공통된 상위 개념으로 lophouron(꼬리털이 많은 짐승)이란 말을 쓰고 있다.

스이거나 소크라테스이다. 그리고 이 두 사람은 자신들의 재료로 말미암아 다르다. 왜냐하면 재료가 서로 다르기 때문이다. 그러나 형상으로 보면 그들은 같다. 그들의 형상은 더는 나눠지지 않기 때문이다.

9장 우발과 실체 이외의 범주들에 따른 생성

어떤 것들은,[115] 예를 들어 건강은 기술(의술)로써 생겨나기도 하고 또 우발적으로 생겨나기도 하는데, 다른 어떤 것들은, 예를 들어 집은 왜 그렇지 않은지 의문이 날 수 있을 것이다. 그 이유인즉, 기술에 의한 것들이 만들어지거나 생겨날 때, 그 생성을 시작하는 재료이자[116] 생겨난 것의 일부가 들어있는[117] 재료가, 어떤 것들의 경우 스스로 움직이는 것이 있는가 하면 그렇지 못하는 것도 있기 때문이다. 그리고 스스로 움직일 수 있는 경우에서도, 어떤 것은 특정한 방식으로 움직일 수 있고, 다른 어떤 것은 그렇지 못한다. 다시 말해 많은 것들은 스스로 움직일 수 있긴 하지만, 특정한 방식으로, 예를 들어 춤추듯이 움직일 수는 없다. 따라서 이런 종류의 재료를 가진 것들은, 예를 들어 돌들은 다른 어떤 것에 의하지 않고서는 특정한 방식으로 움직일 수 없지만, 다른 어떤 방식으로는 움직일 수 있다.[118] 불도 이와 마찬가지다.[119] 그렇기 때문에, 어떤 것들은 (예를 들어,

---

115 1034a 9–32에서는 인공물(artefactum)들에 관련된 '우연한 발생'이 논의되며, 1034a 33–b 7에서는 자연물들에 관련된 '우연한 발생'(자연발생, genesis automatos)이 논의된다.

116 '맨 처음의 재료'(prōtē hylē)만이 전적으로 수동적인 것일 뿐, 나머지 재료들은 특정의 성질을 가지며, 움직임을 스스로 일으키기도 한다. 7장 1032b 28–30 참조.

117 7장 1032b 26–1033a 1 참조.

118 돌들은 아래로 떨어질 수 있지만, 스스로 배열되어 집이 될 수는 없다.

집은) 기술을 가진 사람이 없이는 (생겨나) 있을 수 없지만, 어떤 것들은 (예를 들어, 건강은) 그런 사람이 없어도 (우발적으로 생겨나) 있을 수 있다. 왜냐하면 뒤의 경우, 기술을 가지진 않지만, 기술을 갖지 않은 다른 어떤 것에 의해,[120] 또는 생겨난 것의 일부에서 비롯하는 움직임에 의해[121] 움직여질 수 있음으로써, 그 (생성물로 이르는) 움직임이 시작될 수 있을 것이기 때문이다.

앞서 말한 것으로 보건대, 또한 분명히 기술에 의한 것(인공물)들은 모두 어떤 점에서, 자연에 의한 것(자연물)들과 마찬가지로, 이름이 같은 것으로부터[122] 생겨나거나, 또는 (좀 더 정확히 말해 자신들과) 이름이 같은 부분으로부터 생겨난다. 예를 들어 집은, 그것이 이성에 의해 생겨나는 한, (건축가의 혼 안에 든) 집(의 형상에 대한 앎)으로부터 생겨난다. 왜냐하면 집을 짓는 기술은 집의 형상에 대한 앎이기 때문이다. 또는 그것들은 자신들 안에 든 부분을 갖는(불러일으키는), 다른 어떤 것으로부터 생겨난다.[123] 간접적으로 딸린 방식으로[124] 그것이 생겨나지 않는다면 말이다. 왜냐하면 결과물을 만들어 냄의 직접적인 원인 자체가 이미 결과물의 일부이기 때문이다. 다시 말해 손의 움직임(마찰)에서 나온 온기는 몸에 온기를 불

---

119 불은 위로 움직일 수 있지만, 스스로 움직여 청동을 녹일 수는 없다.

120 의사가 아닌 사람의 행위나 기구(예를 들어, 전기장판)의 도움으로 온기를 얻음으로써 환자는 건강을 우발적으로 되찾을 수 있다.

121 예를 들어, 환자의 몸에 든 온기로 시작된 움직임에 의해 건강이 우발적으로 산출될 수 있다. 1034a 12, 24–30, 7장 1032b 26–1033a 1 참조.

122 '이름이 같은 것'(homōnymon)은 1권(A) 6장 987b 9와 마찬가지로 이름뿐만 아니라 본성도 같은 것, 즉 '한 이름 한 뜻인 것'(synōnymon)이란 뜻으로 쓰였다. 12권(Λ) 3장 1070a 5 참조.

123 건강은 건강의 일부로서 온기를 불러일으키는 것들로부터, 예를 들어 신체의 마찰과 같은 행위나 전기장판과 같은 기구로부터 생겨난다.

124 6권(E) 2장 1026b 6–10 참조.

러일으킨다. 그리고 이 온기는 건강이거나 건강의 일부이다. 아니면 건강의 일부나 건강 자체가 이 온기를 따른다. 그렇기 때문에, 우리는 (마찰로 일어난) 온기가 (직접적으로든 간접적으로든) 건강을 불러일으킨다고 말한다. (간접적으로 건강을 불러일으키는 이유인즉,) 온기는 건강이 따르고 딸리는 것을 만들어 내기 때문이다. 그래서 추론들에서처럼, (생성에서도) 모든 것들의 원리는 실체(본질)다. 추론은 어떤 것의 본질(에 관한 정의)로부터 출발하며,[125] 여기서 온갖 생성들도[126] 그런 본질로부터 출발하기 때문이다.

자연에 의해 형성된 것(자연물)들도 그런 인위적인 것들과 마찬가지다. 씨는 기술로써 작용하는 것이 작용하는 것과 같은 방식으로 작용한다. 왜냐하면 씨는 잠재 상태로 그 형상을 가지며, 그로부터 씨가 나오는 것은,
1034b | 생겨난 것이 비정상적인 것인 경우를 제외한다면, 어떤 점에서 그 씨가 자라서 되는 것과 이름이 같기 때문이다. ('어떤 점에서'라고 한 까닭은) 사람이 사람으로부터 나오듯이, 모든 것이 그렇게 생겨나야 한다고 기대해서는 안 되기 때문이다. 여자는 또한 남자로부터 나오기 때문이다. 바로 그런 (비정상적인 것이라는) 이유 때문에, 노새는 (이름이 같은) 노새로부터 나오지 않는다.[127] 그러나 앞서[128] 말한 인공물의 경우처럼 우발적으로(자연발생적으로) 생겨나는 자연물들은[129] 그 재료가 (보통은) 씨가 불러일으킬 법한 움직임을 스스로 만들어 낼 수 있을 때 생겨난다. 이러한 (자연발생적으로 어떤 것이 되는) 재료를 갖지 못한 것들은 자신과 같은 종류의 것

---

125 『뒤 분석론』 90b 31-33 참조.

126 예를 들어, '사람'이 사람을 낳는 경우, 건축가가 '집'의 형상에 대한 앎을 바탕으로 집을 짓는 경우, '온기'가 우연히 건강을 산출하는 경우에서, '사람', '집', '온기'는 그런 생성들의 출발점이 되는 실체(본질)이다.

127 8장 1033b 33 참조.

128 1034a 9-32에서.

129 7장 1032a 30-32 참조.

(成體)으로부터가 아니고서는 달리 어떻게 생겨날 수 없다.

우리의 논의는 실체에 관련해서만 그 형상이 생겨나지 않는다는 점을 보여 주는 것은 아니다. 같은 논의가 맨 처음의 것(유, 類)들[130] 모두에 똑같이, 즉 양, 질 따위의 다른 범주들에 관련해서도 공통적으로 적용된다. 다시 말해, 구나 청동이 생겨나는 것이 아니라, 청동으로 된 구가 새로 생겨나듯이, 그리고 청동 자체도 그것이 (새로운 실체로서) 생겨난다면 이와 마찬가지이듯이(왜냐하면 늘 재료와 형상이 앞서 주어져 있어야 하기 때문이다),[131] (일반적으로) 무엇임(실체)의 경우도 질, 양 따위의 범주들의 경우도 그와 비슷하다. 다시 말해, 질이 생겨나는 것이 아니라, 어떠한 질을 가진 나무가 생겨나며, 양이 아니라 얼마만큼의 크기를 가진 나무나 동물이 생겨난다. 그러나 위의 논의로부터 끄집어낼 수 있는 것으로서, 실체에 고유한 점은 실체를 만들어 내는 다른 어떤 실체가 완성 상태로 앞서 주어져 있어야 한다는 것이다. 예를 들어, 어떤 동물이 생겨나려면, 그런 종류의 동물이 앞서 주어져 있어야 하는 것처럼 말이다. 그러나 질인 것이나 양인 것은 잠재 상태가 아닌 다른 상태(완성상태)로 반드시 앞서 주어져 있을 필요가 없다.

10장 부분들에 대한 정의와 전체에 대한 정의[132]

정의(定義)는 규정이며, 모든 규정은 부분들을 갖는다.[133] 또 규정이 사

130 '맨 처음의 것들'(prōta)은 '범주들'을 가리킨다. 3권(B) 3장 998b 15 참조.

131 예를 들어, 대장장이가 청동 구를 만들기 전에, 그의 머리 안에 그 형상에 대한 앎이 미리 들어있어야 하고, 또 재료인 청동이 그의 앞에 주어져 있어야 한다.

132 7-9장의 '생성'에 관한 논의로부터 되돌아와 4-6장에서 논의되었던 '본질'의 문

물에 관계 맺듯이, 이와 비슷하게 규정의 부분이 사물의 부분에 관계 맺는다. 그렇다면 이제, 부분들에 대한 규정이 전체에 대한 규정 속에 들어 있어야 하는지, 아니면 그렇지 않아야 하는지 의문이 난다. 어떤 경우들에는 부분들에 대한 규정이 들어 있는 것처럼 보이며, 어떤 경우들에는 그렇지 않는 듯하다. 예를 들어, (전체인) 원에 대한 규정은 (그 부분들인) 호(弧)들에 대한 규정을 갖지 않지만, (전체인) 음절에 대한 규정은 (그 부분들인) 자모들에 대한 규정을 갖는다. 그리고 음절이 자모로 나누어지듯, 원도 호들로 나누어진다. 그러나 부분들이 전체보다 먼저인 것이라면, 또 예각이 직각의 부분이고 손가락이 동물의 부분이라면, 예각이 직각보다 먼저이고 손가락이 사람보다 먼저일 것이다. 그러나 직각이나 사람이 (예각이나 손가락보다) 먼저인 듯하다. 왜냐하면 규정에서 부분들은 (전체인) 이것들로부터 설명되며,[134] 다른 쪽이 없이 있음의 면에서도 전체인 것들이 부분인 것들보다 먼저이기 때문이다.[135]

그런데 '부분'은 여러 가지 뜻을 갖는다. 그중 하나는 양의 면에서 다른 것을 재는 것이란 뜻이다.[136] 그러나 이런 뜻은 제쳐 두고, 실체가 자신의

제를 다시 논의하는 10장에서는, '전체에 대한 정의에 부분들에 대한 정의가 포함되어 있는가?'라는 물음(1034b 20-28)과 '부분들이 전체보다 앞선 것인가?'라는 물음(1034b 28-32)이 다루어진다. 첫 번째 물음은 1034b 32-1035b 3과 1035b 31-1036a 12에서 논의되고, 두 번째 물음은 1035b 3-21과 1036a 13-25에서 논의된다.

133 5권(Δ) 6장 1016a 35 참조.

134 '예각'(oxeia)은 '직각(orthē)보다 작은 각'이며(1035b 8), '손가락'은 '사람의 이러이러한 부분'이다(1035b 11).

135 여기서 아리스토텔레스는 부주의한 언급을 하고 있다. 왜냐하면 '다른 쪽 없이 있음'(to einai aneu allēlōn, 독립성)의 면에서, 몸의 경우 전체인 몸에서 부분인 손가락이 떨어져 나가도, 그것은 여전히 몸이지만, 직각의 경우 전체인 직각에서 부분인 예각이 떨어져 나가면, 그것은 더는 직각이 아니기 때문이다.

136 5권(Δ) 25장 1023b 15-17 참조.

부분들로서 어떤 것들로 이루어져 있는지 살펴보자. 그래서 재료가 있고, 형상이 있고, 또 이 둘로 된 것이 있다면, | 그리고 재료뿐만 아니라 형상 1035a
과 이 둘로 된 것도 실체라고 한다면, 재료도 어떤 점에서는 어떤 것의 부분이다. 그렇지만 어떤 점에서는 재료는 부분이지 않고, 형상에 대한 규정을 이루고 있는 요소들만이 부분들이다. 예를 들어, 살(肉)은 오목함의 부분이 아니라(살은 오목함이 생겨나는 재료이기 때문이다), 들창코임의 부분이다. 그리고 청동은 (재료와 형상으로) 복합된 조각상의 부분이지만, '형상'이란 뜻으로 말해진 조각상의 부분은 아니다(왜냐하면 형상이, 또는 형상을 가진 것으로서의 어떤 것이 각 사물이라고 한다면, 재료 상태의 것은 그것만으로는 결코 각 사물이 아니기 때문이다). 그렇기 때문에 원에 대한 규정은 호들에 대한 규정을 포함하지 않지만, 음절에 대한 규정은 자모에 대한 규정을 포함한다. 왜냐하면 자모는 형상에 대한 규정의 부분들일 뿐 재료는 아닌 데 반해, 호들은 원의 형상이 거기에 들어서는 재료라는 뜻으로 부분들이기 때문이다. 물론 (사유되는 재료인) 호들은, 둥긂이 청동 안에 생겨날 때, (감각되는 재료인) 청동보다 더 형상에 가깝긴 하다.[137] 그리고 어떤 점에서는 온갖 종류의 자모가 음절에 대한 규정 속에 있지는 않다. 예를 들어, 밀랍에 새겨진 특정한 자모나 공기 중의 소리로서의[138] 자모는 음절에 대한 규정 속에 있지 않다. 왜냐하면 이것들은 감각되는 재료로서 이미 음절의 부분들이기 때문이다. 어떤 선이 절반의 선들로 분할되어 사라지더라도, 또는 사람이 뼈, 힘줄, 살로 (분해되어) 사라지더라도, 선과 사람은 실체(본질)의 부분들로서의 절반의 선들이나 뼈, 힘줄, 살로 되어 있지 않고, 재료로서의 그것들로 되어 있다. 그리고 이것

137 1036a 9–12 참조.

138 『감각과 감각 대상에 관하여』 446b 6 참조.

들은 복합물의[139] 부분들일 뿐이며, 나아가 형상의 부분들이나 규정의 대상이 되는 것의 부분들은 아니다. 그렇기 때문에 그것들은 규정들 속에 있지도 않다.

그래서 어떤 경우들에는 그러한 종류의 부분들에 대한 규정이 그 규정 속에 있겠지만, 다른 경우들에서는 그 규정 속에 있어서는 안 된다. (재료와 형상이) 함께 잡힌 것에 대한 규정이 아니라면 말이다. 바로 이러한 이유로, 어떤 사물들은 자신의 (물질적인) 원리(요소)들인 부분들로 이루어져 있어서 이것들로 (분해되어) 소멸되지만, 어떤 것들은 그런 부분들로 이루어져 있지 않다. 그래서 들창코나 청동 원처럼, 형상과 재료가 함께 잡힌 것들은 자신들의 (물질적인) 부분들로 (분해되어) 소멸되며, 재료는 이 부분들 중 하나이다. 그러나 재료와 함께 잡히지 않고 재료가 없는 것들은, 그리고 그 규정이 오직 형상에 대한 규정인 것들은 전혀 소멸되지 않(는 영원한 것이)거나, 적어도 이런 (구성 물질들로 분해되는) 방식으로는 소멸되지 않는다.[140] 그러므로 그런 물질들은 재료와 형상으로 함께 된 것들의 원리들이자 부분들이지만, 형상의 부분들도 원리들도 아니다. 그렇기 때문에 찰흙 조각상은 찰흙으로, (청동) 구는 청동으로, 칼리아스는 살과 뼈로 (분해되어) 소멸되며, (개별) 원조차도 호들로 (분해되어) 소멸된다. 여기서, 원은 재료와 함께 잡힌 원이다. | 개별 원들에 고유한 이름이 없기 때문에, 우리는 단적인 뜻의(추상적인) 원과 (구체적인) 개별 원을 모

139 '복합물'(synholon)은 여기처럼 '감각적인 개별자'를 뜻할 뿐만 아니라, 더 나아가 '사유되는 개별자'(1036a 3)나, '감각적인 개별자에 상응하는 보편자'(1035b 29)를 뜻하기도 한다. 다시 말해 '복합물'은 '보편적이거나 개별적인 재료를, 또는 사유되거나 감각되는 재료를 가진 사물'을 통틀어 가리킨다. 이 말과 같은 뜻으로 '재료와 형상이 함께 잡힌 것'(syneilēmmenon)이 쓰인다.

140 8장 1033b 5-6, 8권(H) 3장 1043b 14 참조.

두 같은 이름인 '원'으로 부른다.

지금까지 진리가 얘기되었다. 하지만 문제를 다시 잡아 좀 더 분명하게 말해 보자. 규정의 부분들인 것들, 그리고 규정이 분할되는 부분들은 모두가 또는 그중 일부가[141] 규정 전체보다 먼저이다. 그러나 직각에 대한 규정은 예각에 대한 규정으로 나누어지지 않고,[142] 반대로 예각에 대한 규정이 직각에 대한 규정으로 나누어진다. 왜냐하면 예각에 대해 정의를 내리려는 사람은 직각을 써(서 정의를 내려)야 하기 때문이다. 즉, 예각은 직각보다 작은 각이다. 원과 반원도 마찬가지다. 반원은 원을 통해 정의가 내려진다. 그리고 손가락도 몸 전체를 통해 규정된다. 즉, 손가락은 사람의 이러이러한 부분이다. 그러므로 재료로서 부분들인 것들, 그리고 전체인 어떤 것이 분할되는 것들은 (정의와 존재의 면에서 전체보다) 나중이다. 그러나 규정의 부분들이고, 정의 속에 표현된 실체(형상)의 부분들인 것들은 모두가 또는 그중 일부가 전체보다 먼저다. 그리고 동물들의 혼은(이것은 혼이 든 것의 실체이다) 정의 속에 표현된 실체, 즉 형상이며, 일정한 몸의 본질이다(감각기관 없이는 몸의 각 부분에 들어있을 수 없는,[143] 그 기능을 말하지 않고서는 몸의 각 부분에 대해 제대로 정의 내릴 수 없을 것이다). 그렇기 때문에 혼의 부분들은 모두가 또는 그중 일부가 복합된 생물보다 먼저다. 그리고 개별 생물의 경우도 이와 비슷하다.[144] 이와 반대

141 '마지막 차이성'(teleutaia diaphora)은 규정(또는 정의)에서 종(種, eidos)과 동시에 있지만, 다른 요소들은 종보다 먼저다. 예를 들어, '사람'을 '이성적인 동물'로 규정할 때, 마지막 차이성인 '이성적임'은 종인 '사람'과 동시에 있지만, 유(類)인 '동물'은 '사람'보다 먼저다. 12장 1038a 19-20 참조.

142 '나누어지지 않는다'(ou dihareisthai)는 말은 '분해되지 않는다', '부분으로서 어떤 것을 갖지 않는다'는 뜻이다. 예를 들어, 직각에 대한 규정은 예각에 대한 규정을 자신에 대한 규정의 일부로서 갖지 않는다.

143 따라서 혼이 없지 않은.

로, 몸과 그 부분들은 이런 실체(혼)보다 나중의 것이며, 재료인 이 부분들로 나뉘는 것은 실체가 아니라 복합물이다. 따라서[145] 몸의 부분들은 어떤 점에서는 복합물보다 먼저지만, 다른 점에서는 그렇지 않다. 왜냐하면 그것들은 (전체와) 따로 떨어져 있을 수 없기 때문이다. 예를 들어, 아무런 상태에나 놓여 있는 손가락은 동물의 손가락이 아니다. 죽은 손가락은 이름만 '손가락'일 뿐이다. 그러나 몸의 어떤 부분들은, 즉 중요한 것들과 그 안에 규정(형상)과 실체(본질)가 있는 으뜸가는 것들은 전체와 동시에 있다. 심장이나 뇌를 그런 예로 들 수 있을 것이다.[146] 둘 가운데 어떤 것이 그런 종류의 부분인지는 상관없다. 그러나 사람과 말(馬) 그리고 이처럼 개별적인 것(개별자)들에 대해 보편적으로 적용되는 것(보편자)들은 실체가 아니라,[147] 이 특정한 규정과 이 특정한 재료가 보편적인 것으로 받아들여져 이루어진 복합물이다. 그러나 개별적인 것으로서 소크라테스는 이미 마지막 재료로 이루어져 있다. 다른 경우들도 이와 비슷하다.

이렇듯, '부분'은 형상의 부분일 뿐만 아니라(여기서 '형상'은 본질을 뜻한다), 형상과 재료로 된 복합물의 부분일 수도 있으며, 더 나아가 재료 자체의 부분일 수도 있다. 그러나 형상의 부분들만이 규정의 부분들이며,
1036a 규정은 보편적인 것에 관한 것이다. | 왜냐하면 원의 본질과 원, 그리고 혼의 본질과 혼은 같은 것이기 때문이다. 그러나 (재료와 형상으로 이루어진) 복합물, 예를 들어 이 원에 대해서는, 다시 말해 감각되는 것이든 사유되는 것이든(여기서, '사유되는 원들'은 수학의 원들을 말하며, '감각되

---

144 소크라테스가 가진 혼의 부분들이 (전체인) 소크라테스보다 먼저다.

145 14-22("그리고 동물들의 … 아니라 복합물이다.")의 내용에 따르면.

146 5권(Δ) 1장 1013a 5-6 참조.

147 그러나 『범주들』에서 '사람'이나 '말' 같은 종(種)과 '동물' 같은 유(類)는 '버금 실체'(deutera ousia)로서 실체의 범주에 포함된다. 5장 2a 14-19 참조.

는 원들'은 청동이나 나무로 된 원들을 뜻한다) 개별적인 원들에 대해서는 정의(定義)가 없으며, 그것들은 (직관적) 사유나 감각을 통해 인식된다. 그러나 개별적인 것들이 (사유나 감각을 통한 인식의) 완성 상태에서[148] 벗어난 뒤에도 여전히 있는지, 아니면 그렇지 않은지는 분명하지 않지만, 그것들은 언제나 보편적인 규정에 의해 진술되고 인식된다. 그러나 (맨 처음의) 재료는 그 자체로는 알 수 없는 것이다. 그리고 어떤 재료는 감각되는 것이고, 어떤 재료는 사유되는 것이다. 감각되는 재료는 예를 들어, 청동, 나무 따위의 변하는 재료다. 그리고 사유되는 재료는 어떤 감각 대상을 감각 대상이 아닌 (양의) 관점에서 볼 때 그 감각 대상 안에 들어있는 것, 예를 들어 수학적인 대상들[149] 같은 것이다.

우리는 앞에서[150] 전체와 부분에 관해, 그리고 이것들의 먼저임과 나중임(선후 관계)에 관해 논의한 바 있다. 그런데 직각과 원과 동물이 먼저인지, 아니면 그것들이 분할되어 그 결과 나오는 부분들이나 그것들을 이루고 있는 부분들이 그것들보다 먼저인지를 누군가가 묻는다면, 이 물음에 대해 우리는 간단히 답할 수 있는 것이 아니라고 되받아야 한다. (간단하게 답할 수 없는 이유인즉,) 혼이 이미 동물 또는 (식물까지 포함한) 혼이 든 것이거나, 각 사물의 혼이 각 사물이라면, 그리고 원의 본질이 원이고 직각의 본질과 직각의 실체가 직각이라면, (어떤 점에서) 전체가 부분보다 나중이기 때문이다. 예를 들어 전체는[151] (직각에 대한) 규정 속에 든 부분들보다 나중이고, 특정한 직각의 부분들보다 나중이다. 왜냐하면 청동 같

---

148 다시 말해, 사유되거나 감각되고 있는 상태에서.

149 '수학적인 대상들'(ta mathēmatika)의 존재 방식에 대해서는 13권(M) 2장, 3장 참조.

150 1035b 3-31에서.

151 '직각'과 '특정한 직각'은.

1036a

은 재료를 가진 직각과[152] 개별적인 선들에 든 직각은[153] 자신들의 부분들보다 나중이기 때문이다. 반면에, 재료가 없는 직각은 규정 속에 든 부분들보다는 나중이지만, 개별적인 것 안에 든 부분들보다는 먼저다. 그러니 (제약 조건을 달지 않고) 간단히 답해서는 안 된다. 그러나 혼이 동물과 달라서 동물이 아니라고 하더라도, 앞서 말한 대로 어떤 부분들은 먼저이고, 어떤 부분들은 나중이라고 말해야 한다.

11장 형상의 부분들과 복합물의 부분들

어떠한 것들이 형상의 부분들이고, 어떠한 것들이 형상의 부분들이 아니라, (재료와 형상의) 복합물의 부분들인지가 또 하나의 물음으로서 제기될 법하다. 정말이지, 이 점이 분명하게 해결되지 않는 한, 우리는 어떠한 것에 대해서도 정의를 내릴 수가 없다. 왜냐하면 정의(定義)는 보편적인 것(보편자)과 형상에 관한 것이기 때문이다. 그래서 어떤 종류의 부분들이 재료의 성격을 띤 것들이고 어떤 것들이 그렇지 않은 것들인지가 분명하지 않으면, (부분들을 가진) 그 사물에 대한 정의도 분명하지 않을 것이다. 그런데 종이 다른 물질들에 들어서 있는 듯한 것들의 경우, 예를 들어 청동, 돌, 나무에 든 원의 경우, 분명히 청동이나 돌은 원의 실체(본질)의 일부가 아니다. 왜냐하면 원은 청동이나 돌과 따로 있기 때문이다. 그러나 따로 있는 것들로 보이지 않는 것들은 마치 지금까지 본 원들이 모두

---

152 감각되는 재료(aisthētē hylē)를 가진 '감각되는 직각'을 말한다. 위의 1036a 4, 10 참조.

153 사유되는 재료(noētē hylē)를 가진 '사유되는 직각'을 말한다. 위의 1036a 3, 11 참조.

| 청동으로 된 것처럼 보이는 경우와 얼마든지 비슷할 수 있다. 왜냐하면 이 경우에도 청동은 형상의 부분이 아닐 것이기 때문이다. 그렇지만 (재료인) 이 청동을 사유로써 떼어 내기는 어렵다. 예를 들어, 사람의 형상은 항상 살과 뼈 따위의 부분들 안에 있는 것처럼 보인다. 그렇다면, 이것들은 형상의 부분들, 그리고 (사람에 대한) 규정의 부분들인가? 아니다. 그것들은 재료이다. 그러나 사람의 형상은 (살과 뼈 따위와) 다른 재료들에는 들어서지 않으므로, 우리는 그것을 재료로부터 따로 떼어 놓을 수 없다. 1036b

이렇게 형상을 재료로부터 따로 떼어 놓는 일이 가능해 보이면서도 언제(어떤 경우에) 그런지가 분명하지 않아서, 어떤 이들은[154] 이미 원과 삼각형의 경우에서조차 의문을 제기한다. 이것들을 선들과 연속성에 기대어 정의 내리는 것은 적절하지 않다고, 그리고 삼각형이나 원의 경우에 선과 연속성을 (그 재료로서) 말한다는 것은 사람의 경우에 살과 뼈를 (그 재료로서) 말하고, 그리고 조각상의 경우에 청동이나 돌을 (그 재료로서) 말하는 것이나 다름없다고 생각하면서 말이다. 그리고 그들은 모든 사물들을 수들로 환원시켜, 선(線)에 대한 규정은 둘(2)에 대한 규정이라고 말한다.[155] 그리고 이데아를 주장하는 사람들 가운데 어떤 사람들은[156] 또한 둘이 선 자체라고 말하고, 어떤 사람들은 둘이 선의 형상이라고 말한다.[157] 이유인즉, 어떤 것의 경우, 형상과 이 형상을 갖는 것이 같지만, 예를 들어 둘과 둘의 형상은 같지만, 선의 경우는 더는 그렇지 않기 때문이라는 것이다.

(그들에게는) 분명히 서로 다른 형상을 갖는 많은 사물들에 대해 하나의

---

154 피타고라스주의자들을 가리킨다.

155 점, 선, 면, 입체를 각각 수 1, 2, 3, 4로써 규정하는 전통은 필로라오스(Philolaos, 기원전 470-385년쯤)까지 거슬러 올라간다.

156 플라톤과 플라톤주의자들을 가리킨다.

157 8권(H) 3장 1043a 33-34 참조.

형상(이데아)이 있게 되는 결과가 따른다(이는 또한 피타고라스주의자들에게도 따르는 결과이기도 하다).[158] 그리고 이렇게 되면 한 가지 것을 모든 것들에 대한 형상 자체로 놓고 나머지 것들은 형상이 아닌 것으로 놓을 수 있다. 그래서 (플라톤주의자들의 입장에 서면) 모든 것들이 하나가 될 것이다.

우리는 정의(定義)에 관한 문제가 어려운 점을 함축한다는 것을, 그리고 왜 그런지 그 이유를 논의한 바 있다.[159] 그렇기 때문에, 모든 것들을 그렇게 (이데아들로) 환원하고 재료를 (사유로써) 없애는 것은 불필요한 일이다. 왜냐하면 어떤 것들은 분명히 이 특정의 재료 안의 이 특정의 형상 또는 이런 상태에 있는 이것들이기 때문이다. 그리고 나이 어린 소크라테스가[160] '동물'의 경우에서 하곤 했던 비유는[161] 제대로 된 것이 아니다. 왜냐하면 그것은 우리를 진리로부터 멀어지게 하여, 원이 청동 없이 있을 수 있는 것처럼 사람도 자신의 부분들 없이 있을 수 있다고 생각하게끔 만들기 때문이다. 그러나 이 두 경우는 비슷하지 않다. 왜냐하면 동물은 일종의 감각 대상이고 움직임에 대한 언급 없이는 정의될 수 없으며, 따라서 일정한 상태에 있는 부분들에 대한 언급 없이는 정의될 수도 없기 때문이다. ('일정한 상태'를 말하는 이유인즉,) 손이라 해서 아무거나 다 사람의 부

---

158 1권(A) 5장 987a 25-27 참조.

159 5장 참조.

160 '나이 어린 소크라테스'(Sōkratēs ho neōteros)는 젊었을 때의 소크라테스가 아니라, 소크라테스와 이름이 같은 그의 제자를 가리키는 말이다. 여기서 '나이가 어리다'는 것은 철학자 소크라테스에 비해 '더 젊다'는 뜻이다. 플라톤의 『테아이테토스』 147d, 『소피스테스』 218b, 『편지』 358d에 그의 이름이 언급되어 있으며, 『정치가』에서는 대화 인물로 등장하기도 한다.

161 '사람에 대한 살과 뼈의 관계'를 '원에 대한 청동의 관계'에 비유함을 뜻한다(1036a 34-b 7 참조). 이런 비유에 반대하여, 아리스토텔레스는 '동물'에 대한 정의에서는 감각 물질에 대한 언급이 있어야 하지만, 원에 대한 정의에서는 청동과 같은 우연한 감각되는 물질에 대한 언급이 필요 없다는 점을 지적한다.

분은 아니고, 제 기능을 다할 수 있는 손만이 사람의 부분이기 때문이다. 혼(생명)이 들지 않은 손은 사람의 부분이 아니다.

수학적인 대상들에서는, 왜 부분들에 대한 규정들이 전체에 대한 규정의 부분들이 아닌가? 예를 들어 왜 반원들은 원에 대한 규정에 포함되어 있지 않은가? 반원들이 감각 대상들이기 때문에 그렇다고 말할 수 없다. 왜냐하면 그것들은 감각 대상들이 아니기 때문이다. 아니면, 이 점은 별 상관이 없는가? 왜냐하면 감각되지 않는 것들조차도 어떤 것들은 재료를 가질 수 있기 때문이다. | 다시 말해 본질과 형상 그 자체이지 않고, 이것인 것은 모두 재료를 가진다. 그런데 앞서[162] 얘기했듯이, 반원들은 보편적인 원의 부분들이 아니라, 개별적인 원의 부분들일 것이다. 왜냐하면 재료에는 감각되는 것도 있고, 사유되는 것도 있기 때문이다.

또한 분명한 것은, 혼은 으뜸 실체이고, 몸은 재료라는 점이다. 그러나 사람이나 동물은 이 둘이 보편적인 것(보편자)으로 받아들여져서 이루어진 것이다. 그리고 '소크라테스'나 '코리스코스'는, 그의 혼도 소크라테스(나 코리스코스)라 불릴 수 있다면,[163] 두 가지 뜻을 갖는다(다시 말해, 어떤 사람들은 개인을 가리키는 그런 말로써 혼을 가리키고, 어떤 사람들은 복합물을 가리킬 것이다). 그러나 ('소크라테스'나 '코리스코스'가) 그저 (복합물인) 이 혼과 이 몸(으로 이루어진 것)만을 뜻한다면, 개별적인 것도 보편적인 것과 비슷한 방식으로 이루어져 있다.[164]

그런 종류의 실체들이 갖는 재료 말고 다른 종류의 어떤 재료가[165] 있

162 10장 1035a 30-b 3에서.

163 10장 1036a 16-25, 8권(H) 3장 1043b 2-4 참조.

164 보편자인 사람이 혼과 몸으로 이루어져 있는 방식과 비슷하게(1036a 6-7), 개별자인 소크라테스도 형상과 재료인 이 혼과 이 몸으로 이루어져 있다.

165 플라톤주의자들의 큼과 작음, 스페우십포스의 여럿, 피타고라스의 무한 등을 염

는지, 그리고 (그런 종류의 실체들과는) 다른 어떤 실체를, 예를 들어 수들이나 이런 종류의 것을 찾아야 하는지는 나중에[166] 살펴보도록 하자. 바로 이런 점 때문에 우리는 또한 감각되는 실체들에 관해서도 정확히 규정을 내리려 하고 있다.[167] 왜냐하면 감각되는 실체들에 관한 연구는 어떤 점에서 자연학, 즉 버금 철학의 일이기 때문이다. 다시 말해, 재료에 대해서뿐만 아니라, 정의 속에 표현된 실체(형상)에 대해서 인식하는 일은 자연학자의 일이거니와 자연학자는 (재료보다) 뒤의 것에 대해 더 많이 인식해야 하기 때문이다.[168] 그리고 정의들의 경우, 어떻게 규정 속에 든 요소들이 정의의 부분들인지, 그리고 어떤 이유로 정의가 단일한 규정이 되는지는 (분명히 사물은 하나인데, 무엇으로 말미암아 부분들을 가지면서도 사물은 하나인가?) 나중에[169] 살펴보도록 하자.

(1) 본질이 무엇이며, 어떤 점에서 그것이 그 자체로 있는(독립적인) 것인지를 우리는 모든 경우에서 보편적으로 논의했다.[170] 또 (2) 왜 어떤 경우에는 본질에 대한 규정이 정의되는 것의 부분들을 포함하고, 다른 경우에는 그렇지 않은지 그 까닭을 논의했고, (3) 실체에 대한 규정 속에 재료로서의 부분들이 있지 않는다는 점도 논의했다.[171] 그런 부분들은 그런 (규정되는) 실체의 부분들이 아니라, 복합된 실체의 부분들이다. 그러나

두에 둔 말이다.

166 13권(M)과 14권(N)에서.

167 이 부분은 감각되는 실체에 대한 논의가 형이상학적 탐구를 위한 예비 작업의 성격을 띤다는 점을 암시한다. 3장 1029a 33, b 3-12("감각되는 실체들 … 꾀해야 한다.") 참조.

168 『자연학』 2권 1장 193b 6-8, 『혼에 관하여』 1권 1장 참조.

169 7권(Z) 12장과 8권(H) 6장에서.

170 4장 참조.

171 10장과 11장 참조.

이 복합된 실체에 대해서는 어떤 점에서 규정이 있기도 하고 없기도 하다. 다시 말해, 그것이 (맨 처음의) 재료를 가진 상태에서는 그것에 대한 규정은 없지만(왜냐하면 그런 재료는 확정되지 않은 것이기 때문이다), 그것의 으뜸 실체에 관련해서는 그것에 대한 규정이 있다. 사람의 경우에서 혼에 대한 규정이 있는 것처럼 말이다. 그런 으뜸 실체는, 예를 들어 '오목함'처럼, 사물 안에 있는 형상이며, 이것과 재료에 바탕을 두고 '복합된 실체'가 파생되어 말해진다. 예를 들어, '들창코인 코'와 '들창코임'은 오목함과 코로 이루어져 있다. 앞의 경우 '코'가 두 번 들어있을 것이다. 그러나 들창코인 코나 칼리아스에서처럼, (재료와 형상으로) 복합된 실체 안에는 재료가 또한 있다.[172] 그리고 (4) 본질과 각 사물이 어떤 경우에는, 즉 으뜸 실체들의 경우에는 같다는 점도 | 논의했다.[173] 예를 들어, 굽음이 으 1037b 뜸 실체라면 굽음과 굽음의 실체는 같다. 여기서 '으뜸 실체'는 바탕인 어떤 것 안에, 즉 재료로서의 이것 안에 어떤 형상이 있다는 식으로 말해지지 않는 것을 뜻한다. 그러나 재료로서 있는 것들이나 재료와 함께 잡힌 것(복합물)인 것들은 제 본질들과 같지 않다. 그것들은 '소크라테스'와 '교양 있음'처럼 (실체에 속성이) 단순히 딸린 방식으로 하나이더라도, 제 본질들과 같지 않다. 왜냐하면 '소크라테스'와 '교양 있음'은 단순히 딸린 방식으로만 같기 때문이다.[174]

172 5장 참조.

173 6장 참조.

174 6장 1031a 19-28 참조.

1037b

12장 정의된 대상의 단일성

이제, 『분석론』에서[175] 정의(定義)에 관해 미처 다루지 못했던 점을 먼저 말해 보도록 하자. 왜냐하면 거기에서 제기되었던 문제가[176] 실체에 관한 우리의 논의에 도움이 되기 때문이다. 그 문제는 다음과 같다. 어떤 사물에 대한 규정을 우리가 '정의'라고 부를 때, 그 사물이 하나인 것은 무엇 때문인가? 예를 들어, 사람에 대한 규정인 '두 발 달린 동물'을 사람에 대한 정의라고 해 보자. 도대체 왜 이것은 여럿, 즉 동물과 두 발 달림이 아니고 하나인가? '사람'과 '흼'의 경우에 하나가 다른 하나에 단순 속성으로서 들어있지 않을 때에는 그것들은 둘이(어서 서로 떨어져 있)고, 바탕(基體)인 사람이 어떤 속성을 겪어 갖고 있을 때에는 그것은 하나다. 왜냐하면 그때는 둘이 하나가 되어 흰 사람이 있게 되기 때문이다. 그러나 '동물'과 '두 발 달림'의 경우, 하나가 다른 하나를 술어로서 나눠 갖지 않는다.[177] 왜냐하면 일반적으로, 유(類)는 (반대되는) 차이성(種差)들을[178] 나눠 갖지 않기 때문이다(그렇지 않다면 같은 유가 반대되는 성질들을 나눠 가질 것이다.[179]

---

175 『뒤 분석론』 2권 3-10장과 13장 참조.

176 『뒤 분석론』 2권 13장 97a 29 참조.

177 '나눠 가짐'(分有, metechein)에 대해서는 정의의 단일성 문제를 마찬가지로 다루고 있는 8권(H) 6장 1045a 14-20, b 7-9 참조.

178 '차이성'(차이 나는 성질)의 원어는 diaphora이다. 아리스토텔레스의 정의(定義)에 관한 이론에 따르면 차이성은 유(類, genos) 개념과 더불어 정의를 이루는 요소이다. 이 차이성을 통해 같은 유 안에 드는 여러 종들이 서로 구분된다(『토포스론』 140a 27-29 참조). '형상(種, eidos)들이 서로 달리 갖는 차이(성)'란 뜻에서 diaphora는 흔히 '종차'(種差)라 옮겨진다. '사람'에 대한 정의를 '이성적인 동물'이라고 할 때, '이성적임'은 사람을 다른 동물과 구분해 주는 필연적인 속성인 종차이며, '동물'은 사람이란 종(種)이 드는 유(類)이다.

179 같은 유인 '동물'이 반대되는 성질인 '날개 있음'과 '날개 없음'을 동시에 속성으

(이는 이치에 어긋난다.) 왜냐하면 이 반대되는 성질들은 유를 구분 짓는 차이성들이기 때문이다). 그러나 유가 (반대되지 않는) 차이성들을 나눠 갖는다 하더라도, (사람 안에 들어있는) 차이성들이 여럿이라면, 예를 들어, '발 달림', '두 발 달림', '날개 없음'이라면, 같은 문제가 발생한다. 왜 그것들은 여럿이 아니라 하나인가? 그것들이 한 유 안에 들어있기 때문은 아니다. 왜냐하면 이런 식으로라면 (한 유에 들어있는) 모든 속성들로부터 하나인 것이 생겨날 것이기 때문이다. 그러나 분명히, 정의 속에 든 요소들이 모두 하나가 되어야 한다. 다시 말해, 정의는 단일한 규정이자 실체에 대한 규정이어서, 이것은 하나인 것에 관한 규정이어야 한다. 실체가 바로 이런 하나인 것과 이것을 나타낸다고 우리는 주장한다.

우리는 먼저 나눔(분할)의 방식에 따라 얻어지는 정의들에 관하여 연구해야 한다.[180] 정의 속에는 이른바 '맨 처음의 유(類)'와 '차이성'(種差)들이라 불리는 것들 말고는 어떤 것도 있지 않기 때문이다. 그러나 나머지 (하위의) 유들은 맨 처음의 유와 이 유와 함께 잡힌 차이성들로 이루어진다. 예를 들어, 맨 처음의 유는 '동물', 그 다음 유는 '두 발 달린 동물'이고, 더 나아가 '두 발 달린 날개 없는 동물'이 있으며, 해당 정의가 이보다 더 많은
| 수의 용어들을 (그 요소들로서) 포함하더라도 마찬가지다. 일반적으로, 1038a
정의가 많은 수의 용어들로써 내려지든 적은 수의 용어들로써 내려지든, 아무런 차이가 없다. 따라서 또한 정의가 적은 수의 용어들로써 내려지든 두 개의 용어만으로 내려지든, 아무런 차이가 없다. (정의를 구성하는) 두

로 갖게 될 것이다.

180 여기서는 나눔(dihairesis)의 방식에 따른 정의, 즉 차이성과 유로 구성된 정의만 다루어질 뿐(1038a 34 참조), 다른 종류의 정의, 즉 재료와 형상으로 구성된 정의는 다뤄지지 않는다. 이 두 번째 종류의 정의에 대해서는 3권(B) 3장 998b 13, 8권(H) 2장 1043a 20 참조.

가지 요소 중의 하나는 차이성이고, 하나는 유이다. 예를 들어 '두 발 달린 동물'에서 '동물'은 유이며 '두 발 달림'은 차이성이다.

그리고 유가 유의 종(種)들과[181] 따로는 결코 있지 않다면, 또는 그것이 있는데 오로지 재료로서만 있다면(왜냐하면 목소리는 유이자 재료인데, 차이성들은 이것으로부터 종들을, 즉 자모들을 만들어 내기 때문이다), 분명히 정의는 차이성들로 이루어진 규정이다.

그러나 또 차이성은 자신의 차이성에 의해 (계속해서) 나뉘어야 한다. 예를 들어 '발 달림'이 '동물'의 차이성이라면, 우리는 다시 '발 달린 동물'이 바로 발 달린 것으로서 어떤 차이성을 갖는지 알아야 한다. 그래서 맞게 말하려면, 발 달린 것들 중 어떤 것은 날개가 있고, 어떤 것은 날개가 없다고 말해서는 안 된다(우리는 이런 실수를 (본질적인 차이성을 찾지 못하는) 우리의 무능력 때문에 저지른다). 그보다는 어떤 것은 쪽발이며, 어떤 것은 쪽발이 아니라고 말해야 한다. 왜냐하면 바로 이것들이 발의 차이성들이기 때문이다. 다시 말해, 쪽발임은 일종의 발 달림이다. 그리고 우리는 이런 식으로 차이가 없는 종들까지[182] 계속 (분할하여) 나아가려고 한다. 그리고 그런 것들에 이르렀을 때에는 차이성들만큼 발의 종류들이 있을 것이며, 발 달린 동물의 종류들의 수는 차이성들의 수와 같을 것이다. 그렇다면, 분명히 마지막 차이성이 (정의되는) 사물의 실체이자 사물에 대한 정의이지 않으면 안 된다. 정의를 내릴 때마다 똑같은 것을 여러 번 되풀이하지 않으려면 말이다. 왜냐하면 이러한 되풀이는 불필요한 일이기 때문이다.[183] 그러나 그런 일이 실제로 생긴다. 왜냐하면 우리가 '발 달린,

---

181 4장 1030a 12 참조.

182 '맨 마지막의 종들'(最下種, infimae species)을 가리킨다.

183 마지막 차이성(teleutaia diaphora)에 이전의 차이성들이 전제되어 있기 때문에, 이것들을 매번 되풀이하여 말하는 것은 불필요한 일이다.

두 발 달린 동물'을 말할 때, 이것은 '발들을 가진, 두 발을 가진 동물'을 말하는 것과 다를 바 없기 때문이다. 그리고 이것을 적합한 나눔(분할)을 통해 계속 나눈다면, 같은 것을 여러 번, 그것도 (세분된) 차이성들의 수만큼, (되풀이하여) 말하게 될 것이다.

차이성에 대해 (세분된) 차이성이 있게 된다면, 마지막 하나의 차이성이 종이자 실체일 것이다. 그러나 단순히 딸린 것(단순 속성)에 따라 나눈다면, 예를 들어, 발 달린 것을 흰 것과 검은 것으로 나눈다면, 나뉜 부분들만큼 많은 마지막 차이성들이 있게 될 것이다. 그러므로 분명히 정의는 차이성들로 이루어진 규정, 아니 (정확히 말해서) 이것들 중 올바른 방법에 따라 얻어진 마지막 차이성으로 이루어진 규정이다. 이 점은 우리가 그러한 정의들의 순서를 바꾸어 보면 분명해진다. 예를 들어, 사람에 대한 정의로서 '두 발 달린, 발 달린 동물'을 말해 보면 분명해진다. 이미 '두 발 달린'을 말했다면 '발 달린'은 불필요한 것이다. 그러나 한 사물의 실체 안에서는 (차이성들 안에서와 달리) 순서가 있지 않다. 다시 말해, 우리는 실체에서 어느 한 부분이 먼저이고 다른 한 부분이 나중이라고 생각하지 않는다. 나눔(분할)을 통해 얻어지는 정의들에 관해, 이것들이 어떤 종류의 것들인지는 첫 시도로서 이쯤 해 두자.

13장 보편적인 것은 실체일 수 없다[184]

우리의 연구 주제인 실체로 다시 돌아가 보자. 바탕(基體)과 본질, 그리 1038b

184 13-16장은 실체에 관한 별도의 논의를 담고 있다. 이 논의의 결론은 16장 마지막에 요약되어 있듯이, '보편자는 실체이지 않고, 어떤 실체도 그 부분으로서 실체들을 포함하지 않는다'는 내용이다.

1038b

고 이 둘로 된 것이 '실체'라 불리듯이, 보편적인 것(보편자)도 '실체'라 불린다.[185] 그런데, 우리는 앞의 둘에 대해서는, 즉 본질과[186] 바탕에[187] 대해서는 이미 논의했다. 그리고 바탕은 두 가지 방식으로, 즉 동물이 자신이 가진 속성들의 바탕이 되듯이 이것으로서 바탕이 되거나, 아니면 완성 상태의 재료로서 바탕이 된다.[188] 그런데, 어떤 사람들은[189] 보편적인 것이 또한 가장 많이 원인이자 원리라고 생각한다. 그러니 이 점에 대해서도 (비판적으로) 다루어 보도록 하자. 왜냐하면 '보편적인 것'이라 불리는 것들은 아무것도 실체일 수는 없는 듯하기 때문이다.

(보편적인 것이 실체일 수 없는 까닭은) 먼저, 각 사물의 실체는 다른 사물에는 들어있지 않는, 그 사물에 고유한 것이지만,[190] 보편적인 것은 여러 사물들에 공통된 것이기 때문이다. 여러 사물들에 들어있기 마련인 것이 바로 보편적인 것이다. 그럼 도대체 보편적인 것은 무엇의 실체란 말인가? 그것은 (그것이 포괄하는) 모든 사물들의 실체이거나, 아니면 어떤 것의 실체도 아닐 테다.[191] 그러나 보편적인 것은 (실체는 한 사물에 고유한 것이기에)[192] 모든 사물들의 실체일 수는 없다. 그리고 (어떤 것의 실체도 아니게 되는 결과를 피하기 위해) 보편적인 것을 (그것이 포괄하는 것들 중) 한 사물의 실체라고 한다면, (이치에 어긋나게도) 이 사물은 (보편적인 것이 포괄

---

185 3장 1028b 34-36 참조.

186 4-6장, 10-12장 참조.

187 3장 참조.

188 3장 1029a 2-3, 23-24 참조.

189 플라톤주의자들을 가리킨다.

190 5장 참조.

191 '보편적인 것'(보편자, to katholou)이 다른 사물보다 특별히 어떤 사물에 대해 실체일 까닭이 없기 때문에, 이 두 가지 가능성만이 남는다.

192 1038b 10 참조.

하는) 다른 사물들이기도 할 것이다. 왜냐하면 실체와 본질이 한가지인 것들은 서로 한가지이기 때문이다.

더 나아가, '실체'라 불리는 것은 주어에 대해 말해지지 않지만, 보편적인 것은 항상 어떤 주어에 대해 말해진다.

하지만 본질이 실체인 방식과 같은 (어떤 것에 고유한) 방식으로 실체일 수는 없다 하더라도, 보편적인 것은 마치 '동물'이 '사람'과 '말' 안에 (요소로서) 들어있듯이 어떤 것의 본질 안에 (요소로서) 들어있을 수 있지는 않겠는가? 그러면 분명히, (요소인) 이 보편적인 것에 대한 규정이 있을 것이다.[193] 실체 안에 든 것들 모두에 대해서 규정이 있는 것은 아니라고 해도 결국 마찬가지다. 왜냐하면 그럼에도 보편적인 것은, '사람'이 그것이 들어있는 개별적인 사람의 실체이듯, 어떤 것의 실체일 것이어서, 결국 같은 결과가 다시 따를 것이기 때문이다. 왜냐하면 보편적인 것은, 예를 들어, '동물'은 종(種)으로서의 어떤 것 안에 고유한 것으로서 들어있고, 그것의 실체일 것이기 때문이다.[194] 더 나아가, 만일 이것이, 즉 실체가 어떤 부분들로 이루어져 있다고 할 때, 그것이 실체들이나 '이것이 …인 바'로 이루어져 있지 않고 질로 이루어져 있다는 것은 불가능한 일이자 이치에 어긋난 일이다. 그럴 경우, 실체가 아닌 것, 즉 질이 실체보다, 이것보다 앞설 것이기 때문이다. 그러나 질이 실체보다 앞설 수는 없다. 왜냐하면 정의(定義)에서, 그리고 시간과 생성에서도 양태들은 실체보다 앞서지 않기 때문이다. 앞설 경우, 양태들은 따로 있을 수 있게 될 것이기 때문이다. 더 나아가, (실체인) 소크라테스 안에 또 다른 실체(인 동물)가 (요소로

---

193 그렇다면 실체 안에 실체가 또 있게 되고, 이런 과정은 무한히 계속될 것이다. 그러나 이것은 이치에 어긋난다.

194 보편적인 것인 '동물'은 '사람'의 실체가 아니라, '모든 동물들의 집합'에 대한 실체로서 그 집합 안에 고유한 성질로서 들어있을 것이다.

서) 들어있게 되어, 이 실체는 두 사물의[195] 실체가 될 것이다. 그러나 일반적으로, '사람'이, 그리고 이렇게 (맨 마지막의 종으로서) 말해지는 것들이 실체라면, 그런 종들에 대한 규정 속에 든 요소(유)들은 어떤 것도 다른 어떤 것의 실체일 수 없고, 그런 종들과 따로 있거나 다른 어떤 것 안에 (그것에 고유한 것으로서) 들어있지도 않다. 여기서 내가 말하고자 하는 건, 예를 들어, 동물의 개별 종들과 따로 어떤 '동물'도 있지 않으며, (일반적으로) 규정 속에 든 요소들은 어떤 것도 따로 있지 않다는 점이다.

이런 관점에서 문제를 살펴본다면, 분명히, 어떤 것 안에 보편적으로 든 속성들은 어떤 것도 실체가 아니다. | 이것은 또한 공통의 술어들은 어떤 것도 이것(실체)을 나타내지 않고, 이러함(질)을 나타내기 때문이기도 하다.[196] 그렇지 않을 경우, 다른 많은 문제점들과 더불어 '세 번째 사람'의 문제점이 따를 것이다.[197]

더 나아가, 우리의 결론은 다음과 같이 보더라도 분명하다. 실체는 완성 상태로 자신 안에 들어있는 실체들로 이루어질 수 없다. 왜냐하면 그렇게 완성 상태로 둘인 것들은 결코 완성 상태로 하나일 수 없지만, 잠재 상태로 둘이라면 (완성 상태로) 하나일 수 있기 때문이다. 예를 들어, (길이가 다른 선의) 두 배인 선은 잠재 상태로만 두 개의 절반으로 되어 있다. 왜냐하면 완성 상태가 그 둘을 따로 떼어 놓기 때문이다. 그러므로 실체가 하나라면, 자신 안에 들어있는, 게다가 그런 완성 상태의 방식으로 들어있는 실체들로 이루어져 있지 않다. 이 점을 데모크리토스도 올바르게 지적

195 '동물들의 집합'과 '소크라테스'의.

196 『범주들』 3b 10-23 참조.

197 소크라테스와 보편자인 '사람'이 모두 실체라면, 이 둘에 공통된 것인 '사람'이 세 번째의 실체로서 있게 되고, 더 나아가 이 세 실체들에 공통된 네 번째의 실체가 있다는 식으로 무한히 실체들이 나오게 될 것이다. 1권(A) 9장 990b 17과 각주 참조.

하고 있다. 그에 따르면, 두 개에서 한 개가, 또는 한 개에서 두 개가 생겨날 수 없다. 왜냐하면 그는 나눌 수 없는 크기(원자)들을 (유일한) 실체들로 놓기 때문이다.[198] 그렇다면 분명히, 어떤 사람들의[199] 말대로 수가 단위들의 결합이라고 할 때, 수의 경우도 마찬가지일 것이다. 왜냐하면 수 2는 1이 아니거나, 아니면 단위인 1은 2안에 완성 상태로 있지 않기 때문이다.

그러나 우리의 결론에는 어려운 문제가 따른다. 다시 말해, 보편적인 것이 이것(실체)이 아니라 이러함(질)을 가리키기 때문에 어떤 실체도 보편적인 것들로 이루어져 있을 수 없다면,[200] 그리고 또 어떤 실체도 완성 상태의 여러 실체들로 결합된 것일 수 없다면,[201] 모든 실체는 결합되지 않은 것이 될 것이다. 그래서 어떤 실체에 대해서도 규정이 있지 않을 것이다. 사람들은 모두 오로지 실체에 대해서만, 아니면 주로 실체에 대해서 정의(定義)가 있다고 생각하고 있는 듯하고, 우리도 앞서[202] 그렇게 주장한 바 있는데, 이제는 실체에 대해서조차 정의가 없는 듯하다. 이렇게 되면, 어떤 것에 대해서도 정의가 있지 않을 것이다. 아니면, 어떤 점에서는 정의가 있을 것이고, 다른 점에서는 있지 않을 것이다. 이 말의 뜻은 나중의 논의를 통해서[203] 보다 더 분명해질 것이다.

---

198 『천체에 관하여』 303a 6, 『생성과 소멸에 관하여』 325a 35 참조.

199 탈레스는 이집트에서 받아들인 전통에 따라 수를 '단위들의 총체'(monadōn systēma)로 규정했다고 전한다.

200 1038b 23-29 참조.

201 1039a 3-11 참조.

202 5장 1031a 11-14 참조.

203 7권(Z) 15장, 8권(H) 6장 참조.

1039a

14장 이데아는 실체가 아니다

이 모든 점들로[204] 보건대, 이데아가 따로 떨어져 있는(독립적인) 실체라고 주장하고, 이와 더불어 형상(이데아)을 유(類)와 차이성(種差)으로 이루어진 것으로 보는 사람들에게 따를 결과도 또한 분명하다. 형상들이 존재하고, 동물이[205] 사람과 말 안에 있다면, 동물은 개수에서 동일한 것이든지, 아니면 다른 것이든지 둘 중 하나다.[206] 그것은 규정에서는 분명히 하나다. 왜냐하면 (사람과 말의) 두 경우에서 (동물에 대한) 규정을 내리는 사람은 똑같은 규정을 내놓을 것이기 때문이다.[207] 그런데, 사람 자체가 이것(실체)이자 따로 존재한다면, 그것을 이루고 있는 부분들도, 예를 들어 동물과 두 발 달림도 이것을 나타내고, 따로 있는 것이자 실체이어야 한다. 그러므로 동물도 사람처럼 그런 종류의 실체이어야 한다.

그런데, (1) 말 안에 든 동물과 사람 안에 든 동물이, 네가 네 자신과 같은 것이듯, 동일한 것이라면,
1039b | ㉮ 어떻게 하나인 것이 따로 있는 것들 안에 있으면서 하나일 수 있겠는가? 그리고 어떻게 이 동물도 자신과 따로 있지 않겠는가?[208]

---

204 12, 13장에서 전개된 논의를 말한다.

205 고딕체로 나타낸 낱말들은 모두 이데아를 가리킨다. 14장에서는 이데아와 이데아의 관계가 논의의 대상이다. 이러한 논의가 감각 대상들에도 적용된다는 점이 1039b 16에 언급되어 있다.

206 앞의 선택지는 (1) 1039a 33에서 반박되고, 뒤의 선택지는 (2) 1039b 7에서 반박된다. 이 문장부터 14장 끝까지의 부분은 내용이 플라톤의 『파르메니데스』 131a-e의 부분과 아주 비슷하다.

207 『범주들』 1a 6-12 참조.

208 개수에서 하나이면서 여러 사물에 들어있다면, 자기 자신으로부터 떨어져 있게 된다.

더 나아가, ㉯ 동물이 두 발 달림과 여러 발 달림을 나눠 가진다면, 불가능한 결과가 따르게 된다. 왜냐하면 (두 발 달림과 여러 발 달림이라는) 반대되는 속성들이 하나이자 이것인 것에 동시에 들어있을 것이기 때문이다.[209] 그 둘을 이런 식으로 나눠 갖지 않는다면, 동물은 두 발 달렸다고 또는 발이 달렸다고 말할 때, 우리는 이것을 어떤 뜻으로 말하는가? 아마도 그 둘이[210] '함께 놓여 있다'는, '닿아 있다'는, 또는 '섞여 있다'는 뜻으로 말할 것이다. 그러나 이런 표현들은 모두 이치에 어긋난다.

반대로, (2) 동물이 두 가지 종(種)의 경우에 다르다고 해 보자. 그럴 경우, ㉮ 정말이지 자신의 실체(본질)가 동물일 것들이 수없이 많게 될 것이다.[211] 왜냐하면 사람이 동물(과 두 발 달림으)로 이루어져 있음은 단순히 딸린 방식에 의한 것이 아니(라 본질적으로 그렇기 때문이며, 나머지 동물들도 이와 마찬가지이)기 때문이다. 더 나아가, ㉯ 여러 사물들이 동물 자체일 것이다. 왜냐하면 ㉠ (동물들의) 각 종에서 동물은 그 종의 실체일 것이기 때문이다. 다시 말해, 각 종은 다른 어떤 것이 아니라 동물이다. 그렇지 않을 경우, 이 다른 어떤 것이 사람에 대한 (정의의) 한 요소를 이룰 것이다. 즉 사람에 대한 유(類)일 것이다. 더 나아가, ㉡ 사람(에 대한 정의)을 이루고 있는 요소들이 모두 이데아들이 될 것이다. 그러면, 그것들 중 어떤 것도 (예를 들어, 동물은) 한 사물의 이데아이면서 다른 사물의 실체일 수 없다. 이는 정말이지 있을 수 없는 일이다. 그래서 동물들의 각 종 안에 든 것들이 저마다 하나씩 동물 자체일 것이다. 더 나아가, ㉰ 각 종에 있는 이

---

209 일반적으로, 유(類, genus)는 차이성(種差, differentia)을 나눠 가질 수 없다. 즉 차이성을 술어로 가질 수 없다. 12장 1037b 18 참조.

210 '동물'과 '두 발 달림'이, 또는 '동물'과 '발 달림'이.

211 그러나 이는 이치에 어긋난다. 왜냐하면 실체가 같은 것들은 서로 같기 때문이다. 13장 1038b 14 참조.

1039b

동물은 무엇으로부터 나오는가? 또 그것은 어떻게 동물 자체로부터 나오는가? 아니면, 어떻게 이 동물은, 이것의 실체가 바로 동물인데, 동물 자체와 따로 있을 수 있는가?

더 나아가, (3) 감각 대상들의 경우에서도,[212] 이런 결과들이, 그리고 이보다 더 이치에 어긋난 결과들이 따른다. 그러나 이런 결과들이 받아들일 수 없는 것들이라면, 분명히 감각 대상들에 대한 형상들은 어떤 사람들이 주장하는 방식대로는 존재할 수 없다.

15장 개별적인 것과 이데아에 대한 정의는 없다

복합물과 규정은 서로 다른 두 실체인데(여기서, 앞의 실체는 재료가 함께 잡힌 규정을 뜻하고, 뒤의 실체는 단적인 규정을 뜻한다), 앞의 뜻으로 실체인 것들에 대해서는 소멸이 있다(왜냐하면 생성이 그것들에 대해서 또한 있기 때문이다). 그러나 소멸의 과정에 있다는 뜻으로는 규정의[213] 소멸은 없다(왜냐하면 규정에 대해서는 생성도 없기 때문이다. 집의 존재가 생겨나는 것이 아니라, 이 집의 존재가 생겨난다).[214] 규정들은 생성이나 소멸이 없이 있기도 하고, 없기도 한다. 어느 누구도 규정들을 낳거나 만들어 내지 못한다는 점을 우리는 앞서[215] 보인 바 있다. 이 때문에 또한 감각되는 개별 실체들에 대해서는 정의(定義)도 없고, (그것들이 갖는 속

---

212 이데아(種)와 이데아(類)의 관계에서뿐만 아니라, 이데아(種)와 감각 대상들의 관계에서도.

213 여기서 '규정'(logos)은 '형상'(eidos)을 뜻한다.

214 8장 1033b 5-8, 6권(E) 3장 1027a 29-30, 8권(H) 5장 1044b 21-29 참조.

215 8장에서.

성들에 대한) 증명도 없다. 왜냐하면 이것들은 본성상 어떤 것일 수도 있고 어떤 것이지 않을 수도 있는 재료를 갖기 때문이다. 그렇기 때문에 감각되는 개별 실체들은 모두 소멸하는 것들이다.[216] 그런데, 증명은 필연적인 것(진리)들에 관한 것이고, 정의는 확고한 앎에 관련된 것이다.[217] 그리고 증명과 정의는, 어떤 때에는 앎이다가 다른 때에는 모름일 수는 없는 앎과 마찬가지로 확고한 것이다(막연한 생각이 변덕스러운 것이며, | 이것은 다른 상태에 있을 수 있는 것에 관계한다). 그렇기 때문에, 분명히 감각되는 개별 실체들에 대해서는 정의도 증명도 있을 수 없다. 왜냐하면 소멸하는 것들은 감각으로부터 벗어난 뒤에는 앎을 가진 사람들에게 분명하게 남아 있지 않기 때문이다.[218] 그리고 소멸하는 것들에 대한 규정이 혼 안에 보존된다 하더라도, 그것들에 대해선 더는 정의도 없고, 증명도 없다. 그렇기 때문에 정의에 몰두하여 어느 누군가가 어떤 개별적인 것(개별자)에 대해 정의를 내리려고 시도하더라도, 그는 그런 정의를 내팽개치는 것이 항상 가능하다는 점을 잊어서는 안 된다. 왜냐하면 개별적인 것에 대해서는 정의를 내릴 수 없기 때문이다.

그리고 어떤 이데아에 대해서도 정의를 내릴 수 없다. 왜냐하면 이데아는, 그 지지자들이 말하듯이, 개별적인 것이자 따로 존재할 수 있는 것이기 때문이다. 그리고 규정은 낱말들로 이루어져 있어야 한다. 그러나 정의를 내리는 사람은 낱말을 새로 만들어 내서는 안 될 것이다. 만들어 낼 경우, 그것은 모르는 낱말일 것이기 때문이다. 그리고 기존의 낱말들은 한

---

216 그러나 감각되는 실체들 중에서도 천체들처럼 소멸하지 않고 영원한 것들이 있다. 12권(Λ) 1장 1069a 30 참조.

217 '앎에 관련된 것'(epistēmonikos)인 정의는 따라서 '필연적인 것들'(anankaia)에 관한 것이기도 하다.

218 10장 1036a 6-7 참조.

부류에 속한 모든 것들에게 공통된 것이다. 따라서 낱말들은 (정의되는 대상 말고도) 다른 것들에도 들어있어야 한다. 예를 들어, 어떤 사람이 너에 대해 정의를 내리려 한다면, '여윈 동물'이나 '흰 동물'을, 아니면 너 말고도 다른 사람에게도 들어있는 어떤 성질을 지닌 동물을 말할 것이다. 어느 누가 각 낱말(에 해당되는 속성)이 따로는 많은 사물들에 들어있지만, 두 낱말이 함께라면 얼마든지 이 특정한 사물에만 들어있을 수 있다고 대꾸한다면,[219] 우리는 먼저 그 낱말(에 해당되는 속성)들이 (정의의) 두 요소 모두에 들어있다고 맞받을 것이다. 예를 들어, '두 발 달린 동물'은 동물뿐만 아니라 두 발 달린 것에도 들어있다고 말할 것이다. 그리고 영원한 존재들의 경우에는[220] 더욱 그럴 수밖에 없다. 왜냐하면 요소들(인 유와 차이성)은 결합된 것(인 종)보다 앞서고 이것의 부분들이기 때문이다. 그리고 (종인) 사람이 따로 있는 것이라면, (그것에 대한 정의의) 요소들(인 두 발 달림과 동물)도 따로 있는 것이어야 한다. 왜냐하면 둘 다 그런 것이 아니거나 아니면 둘 다 그런 것이든지, 둘 중 하나이어야 하기 때문이다. 둘 모두 따로 있는 것이 아니라면, 어떠한 유(類)도 종(種)들과 따로 있지 않을 것이다. 그러나 유가 그렇게 따로 존재할 수 있다면, 차이성(種差)도 그럴 것이다. 더 나아가, 우리는 '동물'과 '두 발 달림'은 그 있음에서 두 발 달린 동물보다 앞선 것이라고 말할 것이다. 그리고 그 있음에서 어떤 것보다 먼저인 것은 이 어떤 것과 더불어 없어지지 않는다.[221]

더 나아가, 어떤 이데아들이 다른 어떤 이데아들로 이루어져 있다면, 이

---

219 아리스토텔레스 자신도 『뒤 분석론』 96a 33에서 이와 비슷한 주장을 하고 있다.

220 '영원한 존재들'(ta aidia)은 이데아들을 가리킨다. 이데아들이 정의의 요소들을 이루는 경우를 말한다.

221 '두 발 달린 동물'이 없어진다 하더라도, 이와 더불어 '동물'과 '두 발 달림'이 없어지지는 않는다. 11권(K) 1장 1059b 38 참조.

는 요소들이 결합된 것보다 더 단순하기 때문인데, 사람의 이데아를 이루고 있는 요소들은, 예를 들어 동물과 두 발 달림은 많은 주어들에 대해서 서술되어야 할 것이다. 그렇지 않다면, 어떻게 우리는 그런 이데아들을 인식할 수 있겠는가? 그렇지 않은 경우, 하나 이상의 여러 가지 것들에 대해 서술될 수 없는 이데아가 있을 것이다. 그러나 그런 것 같지는 않다. 왜냐하면 모든 이데아는 (여러 사물들에 의해) 나눠 가져질 수 있는 것이기 때문이다.

그런데 앞서 말했듯이,[222] 영원한 것들의 경우, 특히 태양과 달처럼 하나뿐인 것들의 경우, 이런 개별적인 것에 대한 정의를 내릴 수 없다는 점을 사람들은 알아차리지 못하고 있다. 다시 말해, 사람들은 제거되더라도 여전히 해는 존재할 그런 (본질적이지 못한) 속성들을 (태양에) 덧붙임으로써, 예를 들어 '지구 둘레를 돎' 또는 '밤에 숨음'을[223] 덧붙임으로써, 오류를 범한다(그들의 견해에 따른다면, 태양이 멈춰 서거나 밤에 나타나기라도 한다면, 그것은 더는 태양이 아닐 것이다. 그러나 이는 이치에 어긋난다. 왜냐하면 '태양'은 (그런 우연한 속성들이 아니라) 일정한 실체를 뜻하기 때문이다). 그뿐만 아니라 그들은 다른 주어에서도 적용될 수 있는 속성들을 사용함으로써 오류를 범한다. 예를 들어, (태양이 아닌) 다른 어떤 것이 그런 속성들을 갖는다면, 분명히 그것은 태양이 될 것이다. | 1040b 따라서 그 규정은 (여러 가지 사물들에) 공통된 것으로 드러날 것이다. 그러나 태양은 클레온이나 소크라테스처럼 개별적인 것이다. (이런 나의 반론들에 대해) 왜 이데아들을 주장하는 사람들은 아무도 어떤 이데아에[224] 대한 정의

222 1040a 17 참조.

223 태양은 '밤에 숨는 것'(nyktikryphes)이고, 달은 '밤에 나타나는 빛'(nyktiphaes phōs)이다. 파르메니데스의 글조각 14, 김인곤 외(2005), 291쪽 참조.

224 '어떤 이데아'는 개별자로서의 이데아를 말한다.

1040b

(定義)를 내놓지 않는가? 그들이 이 정의를 시도하기라도 한다면, 우리가 지금까지 말한 것이 참이라는 점이 명확해질 것이다.

16장 실체에 관한 두 가지 잘못된 견해

(1) 분명히, 실체라고 생각되는 것들 중 대다수는 잠재 상태에 있는 것들이다. 동물들의 부분들이 그런 것들이며(왜냐하면 이것들은 어떤 것도 따로 존재하는 것이 아니기 때문이다.[225] 이것들이 따로 있다 하더라도, 그것들은 모두 재료로서만 있을 것이다), 흙, 불, 공기가 그런 것들이다. 다시 말해 이런 물질들은 어떤 것도 하나(단일체)가 아니며, 가공되어 그로부터 어떤 하나가 나오기 전까지는 더미처럼[226] 있을 뿐이다. 무엇보다, 혼이 든 것(생물)들의 부분들이, 그리고 이 부분들에 관련된 혼의 부분들이 동시에 둘 모두라고, 즉 완성 상태에 있을 뿐만 아니라 잠재 상태에도 있다고 생각할 수 있겠다. 왜냐하면 혼이 든 것들은 제 움직임의 근원을 (몸의 부분들인) 관절들[227] 속에 있는 어떤 것으로부터 얻어 가지고 있기 때문이다. 그렇기 때문에 어떤 생물들은 부분들로 나뉘어도 (일시적으로 또

---

225 예를 들어, 손은 몸과 따로 떨어져 있을 수 있는 실체가 아니라 몸의 구성 요소일 뿐이다. 몸에서 절단되어 따로 떨어져 있더라도 제 기능을 발휘하지 못하기 때문에, 그것은 살, 뼈 따위의 동질소(同質素, homoiomeres)들을 모아 놓은 것에 불과하다. 10장 1035b 17-18, 『생성과 소멸에 관하여』 321b 31-32, 『동물의 발생에 관하여』 726b 22 참조.

226 '더미'(sōros)는 유기체적 통일성을 갖지 못한 사물을 가리킬 때 흔히 쓰이는 말이다. 그리스어-우리말 찾아보기 참조.

227 몸을 움직이는 도구로서 관절(kampē)이 갖는 기능에 대해서는 『혼에 관하여』 433b 19-27, 『동물의 움직임에 관하여』 698a 16-b 7 참조.

는 계속) 살아 있다.[228] 하지만 (생물의) 모든 부분들은 강제력이나 (기형적으로) 함께 붙어 자람을[229] 통해서가 아니라 자연적으로 하나인 것이자 연속된 것일 때에 잠재 상태로 있다. 왜냐하면 강제력이나 함께 붙어 자람을 통해 하나인 것이자 이어진 것은 비정상적인 것이기 때문이다.

(2) '하나'라는 말은 '있음'이란 말과 같은 방식으로 쓰이고,[230] 하나인 것의 실체는 하나이며, 자신의 실체가 개수에서 하나인 것들은 개수에서 하나이기 때문에, 분명히 하나도 있음도 사물들의 실체일 수 없다. 요소임이나 원리임이 그런 실체일 수 없듯이 말이다.[231] 그러나 우리는 다른 것들을 더 앎인 것으로 환원시키기 위해, (사물의) 원리가 무엇인지를 묻고 있다. 이 개념들 중 있음과 하나가 원리, 요소, 원인보다 더 많이 실체일 것 같지만, 그러나 있음과 하나조차도 실체가 아니다. 왜냐하면 ('있음'과 '하나'처럼 여러 사물에) 공통된 것은 그 어느 것도 실체가 아니기 때문이다. 이와 반대로, 실체는 자기 자신에만, 그리고 그것을 가진 것에만(실체는 바

---

228 특정 식물들, 장수말벌, 벌 따위의 곤충들, 지네, 거북이와 같은 동물이 이런 생물로 다음의 저술들에서 언급되어 있다. 『혼에 관하여』 411b 19, 413b 16, 『장수와 단명에 관하여』 467a 18, 468a 25, 『호흡에 관하여』 479a 3, 『동물의 몸에 관하여』 682a 5, b 30, 『동물의 나아감에 관하여』 707b 2, 『동물의 발생에 관하여』 731a 21.

229 '함께 붙어 자람'(symphysis)은 여기에서처럼 샴쌍둥이와 같이 '비정상적으로(기형적으로) 하나인 것들'에 대해 쓰이기도 하고(『동물의 발생에 관하여』 773a 4, 8, 14, 16, 25), '정상적으로 유기체적인 단일성을 이루는 것들'에 대해 쓰이기도 한다(5권 1014b 22, 11권 1069a 12, 12권 1070a 11, 『자연학』 213a 9).

230 '하나'(hen)와 '있음'(on)은 모든 사물들에 공통된, 가장 넓은 외연을 가진 보편자이다(3권 998b 21). 보편자인 이것들이 사물들의 실체라면, 모든 것들이 하나가 될 것이다(13장 1038b 13-15).

231 '하나다'와 '있다'는 모든 사물들에 공통된 술어이므로, 여러 가지 사물에 대한 술어인 '요소다'와 '원리다'와 마찬가지로 실체일 수 없다. 왜냐하면 실체는 한 가지 사물에만 들어있기 때문이다.

로 이것의 실체다) 들어있다.[232] 더 나아가, 하나인 것은 동시에 여러 곳에 있을 수 없지만, ('있음'과 '하나'처럼) 공통된 것은 동시에 여러 곳에 있다. 그러므로 분명히, 보편적인 것(보편자)들은 어떤 것도 개별적인 것(개별자)들과 따로 존재하지 않는다.

그러나 형상(이데아)들을 주장하는 사람들은 형상들을 (독립된 존재들로서) 따로 떼어 놓는데, 그것들이 실체라면 그것은 일면 타당하지만, 다른 점에서는 그렇지 못한다. 왜냐하면 그들은 여럿에 걸친 하나가 형상이라고 말하기 때문이다.[233] 그들이 이렇게 말하는 까닭은 감각되는 개별 실체들과 따로 존재하는, 그런 소멸하지 않는 실체들이 어떤 것들인지를 설명할 수 없기 때문이다. 그래서 그들은 소멸하지 않는 실체들을 소멸하는 것들과(이런 종류의 실체들은 우리가 익히 알고 있는 것들이다) 같은 종류의 것으로 만들어 놓는다. 감각 대상들에 '자체'란 말을 덧붙임으로써 사람 자체, 말(馬) 자체를 만들어 내며 말이다. 하지만 우리가 설사 | 별들을
1041a 보지 못했더라도, 이것들이 우리가 익히 알고 있는 (감각적인) 실체들과 따로 영원한 실체들로서 있을 거라고 나는 생각한다. 그래서 지금의 경우에도 마찬가지로, 영원한 실체들이 어떤 것들인지를 말할 수 없다 하더라도, 그런 실체들이 틀림없이 몇 가지 있을 것이다.

그러므로 분명히, '보편적인 것'이라 불리는 것들은 어느 것도 실체가 아니며, 어떤 실체도 여러 실체들로 이루어져 있지 않다.[234]

---

232 신은 그 자체로 실체(형상)이며, 혼은 사람의 실체이다.

233 개별적인 것이자 독립된 것인 실체는 플라톤의 형상(이데아)과 달리 여러 사물들에 들어있을 수 없다.

234 앞부분은 1040b 16-1041a 3의 논의에 대한 결론이며, 뒷부분은 1045b 5-16의 논의에 대한 결론이다. 이 단락은 13-16장의 전체 논의에 대한 요약이기도 하다. 13장 1039a 14-17 참조.

17장 실체는 형상이다

실체가 무엇이고 어떤 종류의 것이라고 말해야 하는지를, 다른 출발점으로 잡아 다시 한번 논의해 보자. 이렇게 함으로써, 감각되는 실체들과 따로 존재하는 저 실체에 대해서도 또한 분명한 점이 생길 수도 있을 것이다. 그런데 실체는 원리이자 원인이므로, 여기로부터 우리의 논의를 쫓아가야 할 것이다.

우리는 '왜'를 항상 다음과 같이 찾는다. 즉, '왜 어떤 것이 다른 어떤 것에 들어있는가?'란 물음의 형태로 찾는다. 예를 들어, 왜 교양 있는 사람이 교양 있는 사람인지 묻는 것은 방금 말한 것을, 즉 왜 그 사람이 교양 있는지를[235] 묻거나 아니면 이와 다른 어떤 물음을[236] 묻는 것과 같다. 그런데, (뒤의 경우처럼) '왜 어떤 것이 자기 자신인가?'라고 묻는 것은 아무것도 묻지 않는 것이나 다름없다.[237] 우리가 '왜'라고 물을 때, 어떤 것이 어떻다는 것(사실) 또는 어떤 것의 있음(존재)은 분명한 것으로서 주어져 있어야 하기 때문이다.[238] 예를 들어, 달이 모자란다는 것(월식의 사실)처럼 말이다. 그러나 어떤 것이 자기 자신이다는 것은 '왜 그 사람은 사람인가?' 또는 '왜 교양 있는 자는 교양 있는가?'와 같은 모든 물음들에 대해 주어질 수 있는 유일한 근거이자 이유다. 누군가가 각 사물은 자기 자신으로부터 분리되지 않는 것이라고, 그리고 이것이 바로 어떤 것이 어떤 것과 하나임의 의미였다고 대답하는 경우를 빼면 말이다.[239] 하지만 이것은

---

235 왜 '교양 있음'이 그 사람에게 들어있는지를.

236 왜 그것이 그것인지를.

237 다시 말해 무의미한 물음이다.

238 『뒤 분석론』 2권 1, 2장 참조.

239 정리하자면, '왜 A는 A인가?'란 물음에 줄 수 있는 유일한 대답은 'A는 자신과

그와 같은 물음들 모두에 공통된 간단한 대답에 지나지 않는다. 다른 한편으로, 우리는 왜 사람이 어떤 질을 가진 동물인지를 (의미 있게) 물을 수 있을 것이다. 이럴 때, 우리는 분명히, '왜 사람인 것이 사람인가?'라는 식으로 묻지 않는다. 그렇지 않고, 우리는 왜 어떤 술어가 어떤 주어에 들어있는지를 묻는다. 이때, 어떤 것이 어떤 것에 들어있다는 점은 분명해야 한다. 그렇지 않다면, 그 물음은 무의미하기 때문이다. 예를 들어, '왜 천둥이 치는가?' 다시 말해, '왜 구름 속에서 굉음이 나는가?'처럼 말이다. 이렇듯, 우리는 왜 어떤 것이 다른 어떤 것에 들어맞는지를 묻는다. 그리고 왜 이것들이, 예를 들어 (쌓아 놓은) 벽돌들과 돌들이 집인가? 분명히, 우리가 찾고 있는 것은 (자연현상이나 인공물의) 원인이다. 그리고 이 원인은 추상적으로 말하자면 본질인데, 어떤 경우들에서는, 예를 들어 집이나 침대의 경우에서는 그것은 '무엇을 위해'(목적)이며,[240] 다른 어떤 경우들에서는 '무엇이 맨 처음 그것을 움직였는가'(原動者)[241]이다.[242] 이것도 원인이기 때문이다. 그러나 우리는 그러한 운동인은 생성과 소멸의 경우에만 찾지만,[243] 목적인은 (생성과 소멸의 경우뿐만 아니라) 있음(존재)의 경우에도 찾는다.[244]

같기 때문에'이거나 아니면 'A는 자신과 분리될 수 없는 것이기 때문에'이다.

240 8권(H) 3장 1043a 16, 33 참조.

241 예를 들어, '불을 끔으로써 야기된 구름 속의 굉음'이라는 천둥에 대한 정의에서 '불을 끔'은 운동인(causa efficiens)이다. 『뒤 분석론』 93b 8, 94a 3 참조.

242 형상인, 목적인, 운동인, 이 셋의 일치에 관해서는 『뒤 분석론』 94b 18-21 참조.

243 '어떤 것을 생겨나거나 소멸하게 하는 것은 무엇인가?'라고 물으며 우리는 생성과 소멸의 영역에서 운동인을 찾는다.

244 '무엇을 위해 어떤 것이 생겨나거나 소멸하는가?'라고 물으며 우리는 생성과 소멸의 영역에서 목적인(causa finalis)을 찾기도 하고, '무엇을 위해 어떤 것이 있는가?'라고 물으며 존재의 영역에서 그것을 찾기도 한다.

그러나 하나의 술어가 다른 하나에 대해 진술되지 않을 때, 예를 들어 '인간이란 무엇인가?'라고 물을 때에, | 특히 우리는 탐구 대상을 우리의 1041b
시야에서 놓치게 된다. 왜냐하면 이러 이러한 요소들이 전체인 그것을 이루고 있다고 정확하게 규정하지 않고, 단순하게 말하기 때문이다. 그러니 우리는 먼저 물음의 의미를 분명하게 구분한 다음에 그에 대한 답을 찾아야 한다.[245] 그렇지 않고서는, 아무것도 찾고 있지 않음과 어떤 것을 찾고 있음에 공통된 상태가 일어날 것이다.[246] 그런데, 어떤 사물의 있음을 주어져 있는 것으로서 틀림없이 알고 있기 때문에, 분명히 우리는 '왜 이 재료는 특정한 사물인가?'를 묻는다. 예를 들어, '이것(재료)들은 왜 집인가?'라고 묻는다. 그것은 집의 본질이었던[247] 것이 그것들에 들어있기 때문이다. 그리고 이것이 또는 이런 모양을 갖는 이 신체가 왜 사람인가? 이렇듯, 우리가 찾는 것은 재료의 원인이며(이것은 형상이다), 이것 때문에 재료는 어떤 특정한 것이 된다. 그리고 이것은 그 사물의 실체다. 그렇다면 분명히, 단순한 것들의 경우에는 탐구도 가르침도 있을 수 없으며,[248] 그러한 종류의 사물들에 대해서는 (앞서 말한 것과는) 다른 종류의 탐구 방식이 있다.

전체가 하나가 되는 방식으로 어떤 것에서 나와 함께 놓인 것은 단순한 더미와 비슷하지 않고 음절과 비슷하다. 그런데, 음절은 그것을 이루고 있

---

245 '왜 뼈, 살, 근육 등으로 이루어진 이것이 사람인가?'라고 물을 때, '사람의 형상, 즉 사람의 혼으로써 제 모습을 갖추어서, 그렇다'라고 대답할 수 있다.

246 무엇인가를 탐구하는 것도 아니고, 그렇다고 아무것도 탐구하고 있지 않은 것도 아닌, 그런 상태에 놓이게 될 것이다.

247 반과거형의 의미에 대해서는 1권(A) 3장 983a 27의 각주 참조.

248 형상과 재료로 이루어지지 않고, '오로지 형상인 것'(순수 형상)은 직관을 통해 파악된다. 9권(Θ) 10장 1051b 17–1052a 4, 『혼에 관하여』 430a 26, b 26–31 참조.

1041b

는 자모들의 합이 아니어서, 'BA'는 'B'와 'A'와 같지 않다.[249] 살(肉)도 불과 흙이 아니다. 분해되면 살과 음절 같은 것들은 더는 있지 않게 되지만, (요소들인) 자모나 불과 흙은 남아 있기 때문이다. 그러므로 음절은 어떤 특정한 것인 자모, 즉 모음과 자음일 뿐만 아니라 또한 이와 다른 어떤 것이며,[250] 살은 단지 불과 흙 또는 뜨거운 것과 차가운 것일 뿐만 아니라 또한 이와 다른 어떤 것이기도 하다. 그런데, 이 다른 어떤 것은 그 자체가 요소이거나 아니면 요소들로 이루어져 있다고 치자. 그러면, (1) 먼저 그것 자체가 요소라 할 때, 다시 같은 논리가 적용될 것이다. 다시 말해 살은 이 요소와 불과 흙, 그리고 또 (이것들을 하나로 결합하게 될) 다른 어떤 것으로 이루어져 있게 되며, 이런 과정은 끝없이 계속될 것이다. 그러나 (2) 그 다른 어떤 것이 요소들로 이루어졌다고 할 때에는, 분명히 한 가지 요소가 아니라 하나 이상의 요소들로 이루어져 있을 것이다(그렇지 않고 하나로만 되어 있다면, 이 하나가 바로 그것 자체일 것이다). 그래서 다시 이 경우에 우리는 다시 살과 음절의 경우에서와 같은 논리를 적용할 것이다. 그러나 그 다른 어떤 것은 어떤 특정한 것이지 요소는 아닌 듯하며, 이것이 살이고 저것이 음절이게 하는 원인인 듯하다. 다른 경우들에서도 마찬가지다. 그리고 이것은 각 사물의 실체(형상)이다. 왜냐하면 이것은 각 사물이 있음의 으뜸 원인이기 때문이다. 어떤 사물들은 아예 실체가 아니며, 제 본성에 따라 그리고 자연의 과정으로 말미암아 형성된 것(자연물)들이 (감각되는) 실체이기 때문에, 그런 실재가[251] 요소가 아닌 원리로서[252]

---

249 12권(Λ) 4장 1070b 5-6 참조.

250 음절은 단순히 자모들이 결합된 것이 아니라, 그 외의 뭔가가 '결합의 원리'로서 작동한다. 플라톤의 『테아이테토스』 203e 참조.

251 이 '실재'(physis)는 형상(eidos)을 가리킨다. 5권(Δ) 4장 1014b 36 참조.

252 요소(stoicheín)와 원리(archē)의 차이에 대해서는 5권(Δ) 1장과 3장 참조.

바로 자연물들의 실체로 나타날 것이다. 반면, 어떤 사물이 분해되어 들어가는 요소는 재료로서 그 사물 안에 들어있다. 예를 들어 'A'와 'B'는 음절(BA)의 요소들이다.

8권(H)

1장 감각되는 실체들, 재료

이제 앞서 말한 것에서 결론을 이끌어 내고, 또 핵심을 간추린 뒤 우리 탐구를 마무리 지어야겠다. 우리는 실체들의 원인들, 원리들, 요소들을 찾고 있다고 앞서[1] 얘기했다. 어떤 실체들은 모든 사람들이 인정하는 것들이지만, 다른 어떤 실체들에 대해선 특정의 사람들이 저마다 다른 견해를 나타냈다. 자연적인 실체들은[2] 예를 들어, 불, 흙, 물, 공기 따위의 단순 물질들,[3] 또 식물과 그 부분들, 그리고 동물과 그 부분들, 마지막으로 물리적인 우주와 그 부분들은 다들 실체로 인정하였다. 반면, 어떤 사람들은 독자적으로 형상(이데아)들과 수학적인 대상들이 실체라고 주장하였다.[4] 그

---

1 7권(Z) 1장에서.

2 자연계에서 볼 수 있는 감각되는 실체들.

3 5권(Δ) 8장 1017b 11, 7권(Z) 2장 1028b 11 참조. 네 가지 원소 외의 단순 물질들(hapla sōmata)은 불, 공기, 물, 흙의 다양한 종류들을 가리킨다. 『천체에 관하여』 268b 17, 『기상학』 339a 28 참조.

4 7권(Z) 2장 참조.

1042a

리고 본질과 바탕(基體)이 또한 실체라는 결론에 이른 논의들도 있었다.[5] 더 나아가, 유(類)가 여러 가지 종(種)들보다, 그리고 보편적인 것(보편자)이 개별적인 것(개별자)들보다 더 많이 실체이기도 했다.[6] 그런데, 이데아들은 보편자와 유와 관련되어 있다. 왜냐하면 이데아들은 이것들의 경우와 같은 이유로 실체인 듯하기 때문이다.[7] 그리고 본질은 실체이고, 정의(定義)는 이 본질에 대한 규정이므로, 우리는 정의와 제 본성으로 말미암아 어떤 것에게 있는 것을[8] 다뤘다.[9] 정의는 규정이고, 이 규정은 부분들을 가지므로, 우리는 또한 이 '부분'에 관하여 어떤 종류의 것들이 실체의 부분들이고, 어떤 종류의 것들이 그런 것들이 아닌지, 그리고 실체의 부분들이 아울러 정의의 부분들인지를 살펴보아야 했다.[10] 더 나아가, 보편적인 것도 유도 (참된 의미의) 실체가 아니라는 점을 우리는 보였다.[11] 이데아들과 수학적인 대상들에 대해서는 나중에[12] 살펴보도록 하자. 왜냐하면 어떤 사람들은 감각되는 실체들뿐만 아니라 이것들도 실체라고 주장하기 때문이다.

그러면, 실체라고 일반적으로 인정된 것들을 한번 검토해 보자. 이것들은 감각되는 실체들이다. 그리고 감각되는 실체들에는 모두 재료가 있다. 바탕(基體)은 실체인데, 이것은 어떤 점에서는 재료이다(여기서 '재료'는

---

5 7권(Z) 3-4장 참조.

6 7권(Z) 3장 1028b 33-36 참조.

7 7권(Z) 14장 참조.

8 '제 본성으로 말미암아 어떤 것에 있는 것'(to kath' hauto)은 어떤 대상에 대한 '본질적인 규정' 또는 그 대상이 가진 '본질적인 속성'을 뜻한다.

9 7권(Z) 4-6장, 12장, 15장 참조.

10 7권(Z) 10-11장 참조.

11 7권(Z) 13-14장, 16장 1040b 16-1041a 5 참조.

12 13권(M)과 14권(N)에서.

실제로 이것인 것이 아니라 잠재적으로 이것인 것을 뜻한다). 그리고 그것은 다른 어떤 점에서는 규정이나 형태인데, 규정의 면에서 따로 있을 수 있는 이것이다.[13] 셋째로, 그것은 이 둘로 된 것인데, 이것만이 생성하기도 하고 소멸하기도 하며,[14] 단적으로 따로 존재하는 것이다. 규정에서 표현되는 실체들의 경우에는, 어떤 것들은 독립적이지만,[15] 다른 어떤 것들은 그렇지 못하다.[16]

그러나 분명히, 재료도 실체다. 모든 대립되는 변화에는,[17] 그 변화의 바탕이 되는 어떤 것이 있기 때문이다. 예를 들어, 지금 여기에 있다가 다시 다른 곳에 있게 되는 장소에 관련된 변화에는, 그리고 지금 이만큼 크다가 다시 작아지거나 커지는 팽창(및 수축)에 따른 변화에는, 그리고 지금 건강하다가 다시 아프게 되는 | 질의 변화에는 그 변화의 바탕이 되는 1042b
것이 있다. 지금 생성의 상태에 있다가 다시 소멸의 상태에 있게 되는 실체에 관련된 변화도 이와 마찬가지인데, 실체는 지금(소멸할 때에는) 이것으로서 그 바탕이다가 다시(생성할 때에는) 결여의 면에서 (재료로서) 그 바탕이 된다. 그리고 이 생성과 소멸에 그 밖의 다른 변화들이 수반되지만, 이 변화는 다른 어떤 한 가지 변화에 또는 두 가지 변화에 수반되지 않는

13 5권(Δ) 8장 1017b 25-26과 이에 대한 각주 참조.

14 7권(Z) 8장 참조.

15 절대적으로 독립적인 유일한 형상은 이성(nous)이다. 이 이성은 신(神)과 천구들이나 사람 안에 있다. 12권(Λ) 7장과 9장, 『혼에 관하여』 413b 24-27, 429b 5, 430a 10-23 참조.

16 예를 들어, 집은 규정(정의)에서 표현되는 실체이기도 하지만, 그것 자체는 항상 재료와 더불어 있어야 한다. 다시 말해 따로 있는 것(독립적인 것, chōriston)이 못 된다.

17 플라톤은 『테아이테토스』 181d에서, 운동(또는 변화, kinēsis)을 '질의 변화'(alloiōsis)와 장소에 관련된 변화인 '이동'(phora)으로 양분한다.

다. 왜냐하면 어떤 것이[18] 장소 변화를 위한 재료를 갖더라도, 이것이 또한 생성이나 소멸을 위한 재료를 반드시 갖는 것은 아니기 때문이다.[19] 그런데, 단적인 생성과 제한된 뜻으로 말해지는 생성의[20] 차이점은 자연에 관한 저술들에서 이미 논의한 바 있다.[21]

2장 감각 대상들의 실체로서 실현 상태의 것

다른 것의 바탕으로서, 재료로서 실체인 것은 일반적으로 실체라고 인정되며, 또 이것은 잠재 상태로 있는 것이므로, 감각 대상들 중 어떤 것이 실현 상태로서 실체인지 말하는 것이 남았다. 데모크리토스는 사물들에서 세 가지 차이성이 있다고 생각하는 듯하다. 다시 말해 그는 바탕이 되는 물질, 즉 재료는 하나이자 같으며, 이것이 모양인 생김새, 놓임새인 방향, 순서인 상호 접촉으로 말미암아 차이 난다고 생각하는 듯하다.[22] 그러나 분명히, 이것들 말고도 수많은 차이성들이 있다. 어떤 것들은 그 재료의 결합 방식으로 말미암아 차이 난다. 예를 들어, 어떤 것들은 꿀물처럼 혼합으로 말미암아,[23] 어떤 것들은 다발처럼 묶음으로 말미암아, 어

---

18 '영원한 것'(aidion)들인 별들을 예로 들 수 있다. 4장 1044b 7-8, 12권(Λ) 2장 1069b 25-26 참조.

19 이는 곧 이동이 생성이나 소멸을 수반하지 않음을 뜻한다. 질의 변화도 마찬가지로 생성이나 소멸을 수반하지 않는다. 9권(Θ) 8장 1050b 17 참조. 그러나 팽창과 수축은 생성이나 소멸을 수반한다. 『생성과 소멸에 관하여』 322a 6-7 참조.

20 '제한된 뜻으로 말해진 생성'은 생성과 소멸 외의 세 가지 종류의 변화, 즉 있는 자리나 크기 또는 질이 바뀌는 '이동', '팽창과 수축', '질의 변화'를 가리킨다.

21 『자연학』 225a 12-20, 『생성과 소멸에 관하여』 317a 17-31 참조.

22 1권(A) 4장 985b 13-19와 각주 참조.

떤 것들은 책처럼 붙임으로 말미암아, 어떤 것들은 작은 궤짝처럼 못질로 말미암아, 또 어떤 것들은 하나 이상의 이런 방식들로 말미암아 차이 난다. 그리고 다른 어떤 것들은 문지방과 상인방처럼 놓임새로 말미암아 차이 난다(다시 말해, 이것들은 놓인 방식이 다르다). 어떤 것들은 저녁 식사와 아침 식사처럼 시간으로 말미암아 차이 나며, 또 어떤 것들은 (부는 방향에 따라 이름이 다른) 바람들처럼 장소로 말미암아 차이 난다. 그리고 또 어떤 것들은 단단함과 무름, 촘촘함과 성김, 마름과 습함과 같은 감각 대상들이 갖는 속성들로 말미암아 차이 난다. 그리고 어떤 것들은 이것들 중 몇 가지로 말미암아, 또 다른 어떤 것들은 그것들 모두로 말미암아 차이 난다.[24] 일반적으로 (감각 대상들 중) 어떤 것들은 지나침(과도)으로 말미암아, 다른 어떤 것들은 모자람(부족)으로 말미암아 차이 난다. 그래서 분명히, '있다/…이다'란 말도 그만큼 많은 뜻으로 말해진다. 예를 들어, 어떤 것은 이렇게 놓여 있음으로써 문지방이다(또는 문지방으로서 있다). 그리고 문지방에게 있음은 그것이 이렇게 놓여 있음을 뜻한다. 어떤 것에게 얼음임(또는 어떤 것이 얼음으로서 있음)은 그것이 이렇게 촘촘해져 있음을 뜻한다. 어떤 사물들은 그 있음이 그 모든 성질들로써 규정된다. 다시 말해, 그것들의 일부는 수적인 섞임으로써, 일부는 양적인 섞임으로써,[25] 일부는 묶임으로써, 일부는 촘촘하게 됨으로써, 일부는 그 밖의 다른 차이성들이 적용됨으로써 그 있음이 규정된다. 손과 발처럼 말이다. 그러므로 우리는 차이성들의 유(類, 상위 개념)들을[26](왜냐하면 이것

---

23 어떻게 섞느냐에 따라 다양한 종류의 꿀물이 나온다는 뜻이다. 다음 예들도 이와 마찬가지다.

24 『기상학』 382a 8 참조.

25 '수적인 섞임'(memichthai, mixis)과 '양적인 섞임'(kekrasthai, krasis)의 차이에 대해서는 13권(M) 9장 1085b 11의 각주 참조.

들이 사물들의 존재에 관한 원리들일 것이기 때문이다), 예를 들어 더와 덜[27] 또는 촘촘함과 성김 등에 의해 구분되는 것(유)들을 파악해야 한다. 다시 말해 이것들은 모두 지나침과 모자람의 일종이다. 그리고 어떤 것이 모양으로 말미암아 또는 매끄러움과 거칢으로 말미암아 차이 난다면, 그것은 곧음과 굽음으로 말미암아 차이 난다. 그리고 어떤 것들의 경우,
1043a | 그것들의 있음은 섞여 있음으로써 성립하며, 그것들의 있지 않음은 이와 대립되는 방식(인 섞여 있지 않음)으로써 성립할 것이다.

이로부터 분명한 점은, 실체가 각 사물이 있음의 원인이라면,[28] 우리는 그런 차이성들 중에서 어떤 것이 개별 사물들 각각이 있음의 원인인지를 찾아야 한다는 것이다. 그런데, 이 차이성들은 어느 것도, 설사 재료와 짝지어진다 하더라도, 실체가 아니며, 그것들은 각 경우에서 실체와 유사한 것일 뿐이다. 그리고 실체들(에 대한 정의)에서 재료에 대해 서술되는 것이 바로 실현 상태의 것이듯이, 다른 모든 정의(定義)들에서도[29] 재료에 대해 서술되는 것이 가장 많이 실현 상태의 것이다. 예를 들어, 문지방에 대해 정의를 내린다면 '이렇게 놓인 나무나 돌'이라고 말할 것이며, 집에 대해서는 '이렇게 놓인 벽돌들이나 나무들'이라고 말할 것이다(또는 많은 경우 목적이 정의 속에 들어있을 것이다). 그리고 얼음에 대해 정의를 내린다면, '이렇게 단단해지거나 촘촘해진 물'이라고 말할 것이다. 그리고 협화음은

---

26 '차이성들의 유(類, genos)들'이란 여러 가지 차이성들을 좀 더 넓게 분류할 때 생기는, 보다 포괄적인 '상위 개념들'을 뜻한다.

27 감각 대상들이 갖는 성질(pathos)들, 예를 들어 '단단함과 무름', 또는 '마름과 습함'의 정도의 차이를 말한다. 1042b 21-25 참조.

28 7권(Z) 17장 참조.

29 예를 들어, '바다의 잔잔함'(galēnē)에 대한 정의인 '바닷물의 고름(平)'에서 '고름'은 재료(hylē)인 '바닷물'보다 더 실현 상태(energeia), 즉 형상(eidos)이다. 아래 1043a 24-26 참조.

'높은 음과 낮은 음의 이러이러한 혼합'이라고 말할 것이다. 나머지 경우들도 이와 마찬가지다.

이로부터 분명한 점은 재료(의 종류)가 다르면, (거기에서 나오는) 실현 상태나 규정(형상)도 다르다는 것이다. 다시 말해, 실현 상태나 규정은 어떤 것들에서는 결합에서, 어떤 것들에서는 혼합에서, 또 다른 어떤 것들에서는 앞서 말한 것들 중 어느 하나에서 성립한다. 그렇기 때문에 집이 무엇인지에 대해 정의를 내리는 사람들 중 '돌들, 벽돌들, 목재들이다'라고 정의를 내리는 사람들은 잠재 상태의 집에 대해 말하고 있다. 왜냐하면 그것들은 집의 재료이기 때문이다. 그리고 '소유물이나 몸을 보호할 수 있는 수용 공간이다'라고 또는 이와 비슷하게 정의를 내놓는 사람들은 집의 실현 상태(형상)를 말하고 있다. 그러나 이 둘을 결합하는 사람들은 이 둘로 된, 셋째 종류의 실체를 말하고 있다. 다시 말해, 차이성들을 통해 이루어진 규정은 형상이나 실현 상태에 대한 규정이고, 구성 요소들에 대한 규정은 재료에 대한 규정에 가까워 보인다. 아르퀴타스가[30] 옳다고 받아들이곤 했던 종류의 정의들도 이와 마찬가지다. 왜냐하면 이 정의들은 형상과 재료 둘 모두에 대한 규정이기 때문이다. 예를 들어, 무풍(無風)이란 무엇인가? 그것은 대량의 공기 안의 고요함이다. 여기에서 공기는 재료이고, 고요함은 실현 상태이자 실체이다. 잔잔함이란 무엇인가? 그것은 바닷물의 고른 상태다. 여기에서 재료로서 바탕(基體)은 바닷물이고, 실현 상태 또는 형태는 고름(平)이다.

앞서 말한 것으로부터, 감각되는 실체가 무엇이며 또 이것이 어떻게 있

---

30 아르퀴타스(Archytas, 기원전 4세기 전반 활동). 이탈리아 남부의 타라스(Taras) 출신으로, 피타고라스주의자이자 플라톤의 가까운 친구였다. 플라톤의 목숨을 디오뉘시오스 1세로부터 구했다고 전한다. 음향학, 음악이론, 수학, 역학을 주로 연구하였다. Diels/Kranz(1960-61), 1권 421-439쪽 참조.

는지 분명해졌다. 그것은 재료로서 있기도 하고, 형태나 실현 상태로서 있기도 하며, 셋째로 이 둘로 이루어진 것이기도 하다.

3장 이름은 결합된 실체를 나타내는가? 실현 상태나 형태를 나타내는가?

이름이 (재료와 형상이) 결합된 실체를 나타내는지, 아니면 실현 상태나 형태(형상)를 나타내는지 분명하지 않다는 점을 몰라서는 안 된다. 예를 들어, '집'이란 말이 결합된 것,[31] 즉 이렇게 놓여 있는 벽돌들과 돌들로 이루어진 보호소에 대한 표현인지, 아니면 실현 상태나 형상에 대한, 즉 보호소에 대한 표현인지 분명하지 않다. 그리고 '선'(線)이 길이에 든 둘임인지, 아니면 그냥 둘임인지,[32] 그리고 '동물'이 몸 안에 든 혼인지, 아니면 그냥 혼인지 분명하지 않다. 왜냐하면 혼은 일정한 몸의 실체이자 실현 상태(인 형상)이기 때문이다. 둘 모두에 대해 '동물'이란 말이 적용되는 듯하지만, 이 말은 한 가지(같은) 규정으로써 정의되지 않고,[33] 한 가지 것에 관계 맺어 말해진다.[34] 그러나 이 물음은 다른 논의와 관련해서는 의미가 있겠지만,[35] 감각되는 실체에[36] 대한 탐구에서는 별로 중요하지 않다. | 왜

---

31 '결합된 것'의 원어는 koinon으로 내용상 바로 위의 (형상과 재료로) 결합된 실체(synthetos ousia)를 가리킨다.

32 7권(Z) 11장 1036b 13-17 참조.

33 둘에 대한 정의가 다르다는 뜻이다.

34 4권(Γ) 2장 1003a 33-b 10 참조.

35 '이름은 형상(eidos)을 나타내는가, 아니면 재료와 형상이 결합된 실체를 나타내는가?'라는 물음을 말한다. 6권(E) 1장 1025b 25-1026a 6, 7권(Z) 11장 1036a 26-1037a 20, 11권(K) 7장 1064a 19-28, 『자연학』 193b 22-194a 27 참조.

냐하면 본질은 형상과 실현 상태에 들어있기 때문이다. 혼과 혼임(혼의 본 1043b
질)은 같은 것이지만,[37] 혼이 바로 '사람'이라고 불리지 않는 한, 사람임(사람의 본질)과 사람은 같지 않다. 이렇듯, 사물은 어떤 점에서는[38] 제 본질과 같고, 다른 어떤 점에서는 같지 않다.

이 문제를[39] 계속 탐구해 보면, 음절이 자모들 + 이것들의 결합으로 이루어져 있지 않고, 또 집도 벽돌들 + 이것들의 결합으로 이루어져 있지 않음을 우리는 알게 된다. 그리고 이 점은 맞다. 왜냐하면 결합이나 혼합은 결합이나 혼합의 대상이 되는 부분들로 이루어져 있지 않기 때문이다. 그리고 다른 경우들도 이와 마찬가지다. 예를 들어, 문지방은 그 놓임새로 말미암아 문지방이지만,[40] 이 놓임새는 문지방으로 이루어져 있지 않으며, 오히려 문지방이 놓임새(와 재료)로 이루어져 있다. 그리고 사람도 동물 + 두 발 달림이지 않다.[41] 이것들이 그저 재료라면, 이것들 외에 다른 어떤 것이 있어야 하는데, 이것은 요소도 아니고 또 요소로 이루어진 것도 아니다. 그것은 실체(형상)인데, 이것을 사람들은 (사람에 대한 정의에서) 생략하고 재료만을 말한다. 그런데, 그것이 사람이 있음의 원인이라면, 그리고 이 원인이 사람의 실체라면,[42] 재료만을 주장하는 사람들은 바로 실체를 말하지 않고 있을 것이다.[43]

---

36 '감각되는 실체'(aisthētē ousia)는 우리가 오감을 통해 느낄 수 있는 대상을 뜻한다.

37 7권(Z) 6장 참조.

38 어떤 사물이 그것이 가진 형상(eidos)과 같다는 점에서는.

39 2장에서 다뤘던 문제를 가리킨다.

40 2장 1042b 19 참조.

41 7권(Z) 12장 1037b 12–14 참조.

42 5권(Δ) 8장 1017b 14–15 참조.

43 로스(Ross)의 텍스트 구성에 따라 옮겼다. 얘거(Jaeger)의 것을 따르면 다음과 같이 옮길 수 있다. "그런데, 이것이 사람의 있음의 원인, 그리고 실체의 원인이라면, 이

1043b

이 실체는 영원하거나, 아니면 소멸 과정을 거치지 않은 채 소멸하고, 생성 과정을 거치지 않은 채 생성하는 것임에 틀림없다.[44] 그러나 우리는 이미 다른 곳에서,[45] 아무도 형상을 만들어 내거나 낳지 않고, 만들어져 나오는 것은 이것이라는 점을, 즉 생겨나는 것은 형상과 재료로 된 복합물이라는 점을 보였고, 분명하게 밝혔다. 소멸하는 것들의 실체들이 따로 존재할 수 있는 것인지는 아직은 전혀 분명하지 않다. 그러나 몇 가지 경우에선, 예를 들어, 집이나 가재도구처럼 개별적인 실물들과 따로 있을 수 없는 것들에선 분명히 그 실체들은 독립적이지 못하다.[46] 아마도 바로 이런 것들은 실체가 아닐 것이고, 자연에 의해 형성되지 않는 나머지 것들도[47] 마찬가지로 실체가 아닐 것이다.[48] 왜냐하면 우리는 자연만을,[49] 소멸하는 것들에 든 실체로 놓을 수 있을 것이기 때문이다.

그래서[50] 안티스테네스 추종자들과,[51] 또 이들과 마찬가지로 교육을 제대로 받지 못한 사람들이 제기하곤 했던 문제는 어느 정도 의미가 있다. (이 문제와 관련하여) 그들은 어떤 것의 무엇임(실체)에 대해서 정의를 내릴 수 없다고 주장하였다. 정의는 장황한 말일 뿐이(며, 따라서 단순한 것

것을 바로 '실체'라 부를 수 있을 것이다."

44 5장 1044b 21-26, 6권(E) 3장 1027a 29, 7권(Z) 8장 1033b 5-6, 9장 1034b 7-19 참조.

45 7권(Z) 8장에서.

46 7권(Z) 8장 1033b 19-24 참조.

47 바로 위에서 말한 집(oikia)이나 가재도구(skeuos)처럼 기술을 통해 만들어진 인공물들(artefacta)을 가리킨다.

48 2장 1043a 4-5, 7권(Z) 17장 1041b 29-30 참조.

49 여기서 '자연'(physis)은 자연물의 본질이나 형상(eidos)을 뜻한다. 5권(Δ) 4장 1014b 35-1015a 5, 13-15 참조.

50 1043b 10-14의 내용을 받는다.

51 5권(Δ) 29장 1024b 32-34 참조.

인 본질을 제시할 수 없)기 때문이라는 것이다.[52] 단지 어떤 것이 어떠한 종류의 것인지만을 규정하고 (이를 남에게) 가르칠 수 있다는 것이다. 예를 들어, 그들에 따르면 은(銀)이 무엇인지를 규정할 수는 없고, 그것이 주석 같은 것이라고 규정할 수 있을 뿐이다. 그러므로 한 가지 실체에 대해서는, 즉 (형상과 재료로) 결합된 실체에 대해서는 정의와 규정이 있을 수 있다. 그것이 감각되는 실체든 사유되는 실체든 간에 말이다.[53] 그러나 그 실체를 이루는 중요 부분들에 대해선 정의를 내릴 수 없다. 왜냐하면 정의의 성격을 띤 규정은 어떤 대상에 대해 어떤 속성을 서술하며, 그 가운데 일부(인 유)는 재료 노릇을 하고, 일부(인 차이성)는 형태 노릇을 하기 때문이다.[54]

그리고 또한 분명히, 실체들이 어떤 점에서 수들이라면, 그런 방식으로[55] 그렇지, 어떤 사람들이[56] 주장하듯 단위들로 이루어져서 그런 것은 아니다. 왜냐하면 (1) 정의(定義)는 일종의 수이기[57] 때문이다. 다시 말해, 정의는 분할되는 것이다. 더는 분할되지 않는 부분들로 말이다. 왜냐하면 정의를 내리는 규정들은 무한하지 않기 때문이다.[58] 수도 그런 종류의 것이다. 그리고 (2) 어떤 수에서 그 수를 이루는 부분들에서 얼마만큼을 빼

---

52 정의는 '장황한 말'(makros logos)일 뿐이어서, 단순한 본질을 보여 주지 못한다는 것이다.

53 예를 들어, '사람'은 특정한 형상과 특정한 종류의 재료가 보편적인 방식으로 결합된 실체이다. 7권(Z) 10장 1035b 29 참조.

54 5권(Δ) 28장 1024b 8, 7권(Z) 12장 1038a 6, 19 참조.

55 구성 요소들과 구분되는 형상(eidos)인 방식으로. 실체들은 단지 단위(monas)들의 단순한 집합이 아니다. 그 부분들을 함께 모아 줄 단일성의 원리를 가져야 한다.

56 피타고라스주의자들과 플라톤주의자들을 말한다. 13권(M) 6장과 7장 참조.

57 어떤 점에서, 정의는 '더는 분할되지 않는 것들의 수'라고 할 수 있다.

58 2권(α) 2장 994b 16-24 참조.

거나 더하고 나면, 아주 조금을 빼거나 더하더라도, 더는 같은 수가 있지
1044a 않고 다른 수가 되듯이, | 정의나 본질도 그것으로부터 무엇인가가 빼지 거나 더해지면 더는 같은 것이 아닐 것이다. 그리고 (3) 수에는 수를 단일한 것으로 만들어 주는 무엇인가가 있어야 하는데, 저들은 수가 정말로 단일한 것일 때 무엇으로 말미암아 단일한지를 설명하지 못한다. 수는 단일한 것이 아니라 더미 같은 것이거나, 그렇지 않고 그것이 단일한 것이라면 무엇이 여럿을 단일한 것으로 만들어 주는지 말해야 할 테다. 정의도 단일한 것이다. 하지만 저들은 여기에서도 마찬가지로 (정의가 무엇으로 말미암아 단일한지를) 설명하지 못한다. 그리고 이것은 당연한 결과다. 왜냐하면 수의 경우와 같은 근거가 적용되어, 실체도 우리가 말한 그런 방식으로 단일한 것이지, 어떤 사람들이 말하듯 단위이거나 점이어서 단일한 것은 아니기 때문이다. 각 실체는 완성 상태의 것이자 일정한 실재다. 그리고 (4) 수와 마찬가지로 '형상'이란 뜻의 실체도 더와 덜(정도의 차이)을 허용하지 않는다. 재료를 가진 실체만이 그것을 (속성과 관련해서) 가질 뿐이다.[59]

문제가 된 실체들의[60] 생성과 소멸에 관하여, 어떤 점에서 그 생성과 소멸이 가능하고, 어떤 점에서 불가능한지에 대한 논의와 (실체를 또는 사물들을) 수로 환원하는 문제에 관한 논의는[61] 이쯤 해 두자.

---

59 『범주들』 3b 33-4a 9의 논의에 따르면 재료를 가진 실체조차도 '더와 덜'(정도의 차이, mallon kai hētton)을 허용하지 않는다.

60 '실현 상태'로서의 실체와 '형상과 재료로 된 복합물'로서의 실체를 말한다.

61 각각 1043b 14-23과 1043b 32-1044a 11에서 이루어진 3장의 중심 논의를 가리킨다.

4장 자연물의 여러 가지 재료들과 원인들

'재료'란 뜻의 실체에 관하여, 모든 사물들이 맨 처음의 같은 재료에서 나오거나, 아니면 자신들의 으뜸 원인들로서 같은 것들을[62] 갖는다고 하더라도, 그리고 같은 재료가 그 생성의 출발점으로서 있다고 하더라도, 우리는 사물들 각각에 고유한 재료가 있다는 점을 잊어서는 안 된다. 예를 들어 점액에는[63] 단 것이나 기름기가, 담즙에는 쓴 것이나 다른 어떤 것이 가장 가까운 재료로서 있다는 점을 잊어서는 안 된다. 그렇지만 이것들은 맨 처음의 같은 것에서 나온 듯하다. 그리고 한 재료가 다른 것을 위한 재료가 된다면, 같은 사물에 대해 여러 재료들이 있게 된다. 예를 들어, 기름기가 단 것에서 나온다면,[64] 점액은 기름기와 단 것에서 나온 셈이 된다. 그리고 점액은 담즙이 맨 처음의 재료로 분해됨으로써 담즙에서 나오기도 한다. 왜냐하면 어떤 것은 다른 것에서 두 가지 방식으로 나오기 때문이다. 다시 말해, 다른 것이 그것보다 앞선 생성의 단계에 있거나, 아니면 다른 것이 원래의 구성 요소들로 분해됨으로써 이 요소들로부터 그것이 생겨난다.

그리고 한 가지 재료에서, 움직이는 원인(운동인)이 다름으로써 다른 것들이 생겨날 수 있다. 예를 들어, 나무에서 큰 궤짝이 나올 수도 있고, 침대가 나올 수도 있다. 하지만 어떤 경우에는 서로 다른 것들은 재료가 서로 달라야 한다. 예를 들어, 톱은 나무로 만들어질 수 없으며, 또 움직이는 원인이 그것을 맘대로 할 수도 없다. 왜냐하면 그것은 결코 양털이나 나무에서 톱을 만들어 내지 못할 것이기 때문이다. 그런데 같은 것을 다른 재

---

62 물, 불, 흙, 공기의 네 가지 원소를 가리킨다.

63 '점액'(phlegma)은 '담즙'(cholē)에 반대되는 개념이다. 플라톤의 『티마이오스』 82a, 『국가』 564b 참조. 힙포크라테스에서 두 물질 모두 습한 동질소이다.

64 『혼에 관하여』 422b 12, 『감각과 감각 대상에 관하여』 442a 17, 23 참조.

료에서 만들어 낼 수 있다면,[65] 분명히 그 기술, 즉 '움직이는 것'이란 뜻의 원리는 (재료마다 다르지 않고) 같은 것이다. 왜냐하면 재료뿐만 아니라 움직이는 것도 다르다면, 산출물도 다를 것이기 때문이다.

그래서 우리는 원인을 찾을 때에, '원인'이 여러 가지 뜻으로 말해지므로, 되도록 모든 원인들을 말할 수 있어야 한다. 예를 들어, 사람의 경우, 무엇이 '재료'란 뜻의 원인인가? 생리혈인가?[66] 무엇이 움직이는 원인인가? 씨(정액)인가?[67] 무엇이 '형상'이란 뜻의 원인인가? 그것의 본질이다.
1044b '무엇을 위해'란 뜻의 원인은? | 그것의 목적이다. 아마도 마지막 두 원인은 같을 것이다.[68] 그렇지만 원인을 댈 때 가장 가까운 원인을 말해야 한다. 예를 들어, 무엇이 재료냐고 물었을 때, 불이나 흙을 답하지 않고, 그것에 고유한 (가장 가까운) 재료를 말해야 한다.

생성하는 자연적인 실체들의 경우, 올바르게 탐구를 좇아가려면, 다시 말해, 원인들로 그런 것들이 그만큼 있으며, 이런 원인들을 우리가 알아야 한다면 그런 방식으로 좇아가야 한다. 그러나 영원한 자연적인 실체들의[69] 경우, 그와 다른 방식의 설명이 있어야 한다.[70] 아마도 이 가운데 어떤 실체들은 (생성하거나 소멸하는) 재료를 갖지 않거나, 아니면 그런 재료를 갖지 않고 장소와 관련하여 변하는 재료만을[71] 가질 것이다. 자연적으

---

65 예를 들어, 조각가는 조각상을 청동으로 만들 수도 있고, 돌로 만들 수도 있다.

66 아리스토텔레스에서 생리혈(katamēnia 또는 epimēnia)은 배아가 형성되는 물질로서 난자의 역할을 하며, 씨(정액, sperma)는 남성적인 요소로서 정자의 역할을 한다. 『동물의 발생에 관하여』 727b 31, 729a 30 참조.

67 『동물의 발생에 관하여』 729a 28 참조.

68 『생성과 소멸에 관하여』 335b 6 참조.

69 천구(天球)들과 별들을 가리킨다.

70 『천체에 관하여』 268b 11-270b 31 참조.

71 생성하거나 소멸하지 않고, 오로지 이동만을 하는 재료를 말한다. 1장 1042b 5-6

로 존재하는 것이지만 실체가 아닌 것들에도[72] 재료가 있지 않다. 하지만 그런 것들의 바탕은 실체이다.[73] 예를 들어, 무엇이 월식의 원인인가? 무엇이 월식의 재료인가? 여기에는 아무런 재료도 없다. 월식을 겪는 것은 달이다. 무엇이 달빛을 사라지게 한 운동인인가? 그것은 지구다. '무엇을 위해'(목적인)는 여기에 없는 듯하다.[74] 하지만 '형상'이란 뜻의 원인은 (월식에 대한) 규정이다. 그러나 이 규정은 (그 움직임의) 원인을 담고 있지 않는 한, 명료하지 않은 것이다. 예를 들어, 월식은 무엇인가? 그것은 달빛의 빼앗김이다. 그러나 '지구가 (태양과 달) 사이에 끼어듦으로써'가 덧붙여진다면, 그것은 그 원인을 포함한 규정이 된다. 그러나 잠의 경우, 이 현상을 가장 먼저 겪는 것이 무엇인지가 분명하지 않다. 동물인가? 그렇다고 하자. 그러면 동물은 어떤 부분에 의존해 있으며, 무엇이 동물의 으뜸가는 것(중추부)인가? 그것은 심장이나 다른 어떤 부분이다.[75] 그렇다면, 이런 부분은 어떤 것으로 말미암아 있게 되는 것인가?[76] 그리고 한 동물의 전체가 아니라 그런 부분이 겪는 상태의 종류는 무엇인가? 특정 종류의 움직이지 않음(부동의 상태)인가? 그렇다고 하면, 중추부는 무엇을 겪기에

참조.

72 예를 들어, 월식과 같은 자연현상을 말한다.

73 '월식'(ekleipsis)이란 자연현상이 벌어지는 바탕이 되는 천체인 달이 실체이다. 7권(Z) 13장 1038b 4-6 참조.

74 월식이 어떤 목적을 위해 일어나는 자연현상이 아니라는 뜻이다. 월식은 목적인(causa finalis)이 아니라 운동인(causa efficiens)에 대한 언급을 통해 정의된다. 아래 14-15행 참조.

75 잠은 중추기관인 심장(kardia)의 기능이 억제됨으로써 일어나는 상태(pathos)이다. 『잠과 깨어 있음에 관하여』 455a 20-25, 30, b 10, 456a 4, 458a 28-32 참조. 『동물의 몸에 관하여』 653a 10-20에서는 잠의 현상이 뇌(enkephalos)와 관련되어 설명되어 있다.

76 심장이나 다른 어떤 중추부를 움직이는 것, 즉 그런 것들의 운동인은 무엇인가?

1044b

그런 상태에 드는가?

5장 재료, 반대되는 성질들

어떤 사물들은, 예를 들어 점(點)들은,[77] 만일 이것들이 존재한다고 한다면,[78] 그리고 일반적으로 형상들은 생성이나 소멸의 과정을 거치지 않고 있기도 하고, 없기도 한다.[79] 왜냐하면 생겨나는 것이 모두 어떤 상태에서 나와 다른 어떤 상태가 되는 경우, '흼'이 생겨나지 않고, 나무가 희게 되기 때문이다. 그러므로 반대되는 것들이[80] 모두 다 서로로부터 생겨나지는 않을 것이다. 흰 사람이 검은 사람에서 나오는 방식은[81] 검음에서 흼이 나오는 방식과[82] 다르다. 또, 모든 것이 (물질적인) 재료를 갖지는 않고, 서로로의 생성과 변화가 있는 사물들만 재료를 갖는다. 변화의 과정을 거치지 않고 있기도 하고 있지 않기도 하는 사물들은 재료를 갖지 않는다.

---

77 3권(B) 5장 1002a 32-34, 『니코마코스 윤리학』 1174b 12-13 참조.

78 피타고라스주의자들이나 플라톤주의자들에 따르면 점들은 선, 면 등의 다른 수학적인 대상들(ta mathēmatika)과 더불어 실체로서 존재하지만, 아리스토텔레스에 따르면 점들은 선들이 잘린 것(tomē)들 또는 분할된 것(dihairesis)들이며 선들의 한계(peras)들 또는 극단(eschaton)들이다. 11권(K) 2장 1060b 12-17, 14권(N) 3장 1090b 5-9 참조.

79 6권(E) 3장 1027a 29-30, 7권(Z) 8장 1033b 5-7 참조.

80 여기서 '반대되는 것들'(ta enantia)은 '반대되는 성질들을 가진 것들'(예를 들어, 검은 사람과 흰 사람)과 '반대되는 성질들'(예를 들어, 검음과 흼)을 모두 가리킨다.

81 『자연학』 6권 4장 참조.

82 검음과 흼의 성질을 가진 것들과 달리 검음과 흼은 서로의 상태로 변하는 것들이 아니므로(12권 1장 1069b 6), '검음에서 흼이 나온다'는 말은 '검음이 있었다가 흼이 있다'는 뜻으로 받아들여야 한다.

'각 사물의 재료는 반대되는 상태들과 어떤 관계를 맺는가?' 라는 물음은 어려운 물음이다. 예를 들어, 몸이 잠재적으로 건강하다면, 그리고 병은 건강에 반대된다면, 몸은 잠재적으로 건강과 병의 두 가지 상태에 있는가? 그리고 물은 잠재적으로 포도주이자 식초인가? 같은 재료인 물이 갖춤(소유)과 형상으로 말미암아 포도주의 재료일 수도 있고, (그 형상의) 못갖춤(결여)과 자연에 거스른 소멸로 말미암아 식초의 재료일 수도 있을 것이다. 그리고 왜 포도주가 식초의 재료가 아닌지(그것에서 식초가 만들어지는데 말이다), 왜 그것이 잠재적으로 식초가 아닌지, 그리고 산 사람이 왜 잠재적으로 죽은 사람이 아닌지 의문이 생긴다. 그렇지 않다.[83] 그런 (식초가 되는 포도주나 죽은 사람이 되는 산 사람의) 소멸은 | 간접적으로 딸린 방식으로 일어난다.[84] 그리고 소멸로 말미암아 사체의 잠재 상태이자 재료인 몸이 바로 생체의 재료이기도 하다. 그리고 물은 (포도주뿐만 아니라) 식초의 잠재 상태이자 재료이다. 왜냐하면 (공기를 바탕으로 삼아) 낮에서 밤이 나오듯,[85] 산 것에서 죽은 것이 나오고, 포도주에서 식초가 나오기 때문이다. 그리고 이런 방식으로 서로로 변하는 것들은 모두 먼저 제 재료로 되돌아가야 한다. 예를 들어 죽은 것에서 산 것이 나오려면, 죽은 것이 먼저 제 재료로 되돌아가야 그 다음에 산 것이 될 수 있다. 마찬가지로 식초도 먼저 물로 되돌아가야 그 다음에 포도주가 될 수 있다.

---

83 포도주(oinos)는 '잠재적으로 식초(oxos)'가 아니며, 산 사람도 '잠재적으로 죽은 사람'이 아니다.

84 포도주가 직접 식초로 변하는 것이 아니라, 포도주의 물이 직접적으로 식초로 변한다. 따라서 포도주가 식초로 변하는 것은 그 재료인 물의 단계를 거쳐 간접적으로 딸려 일어나는 변화이다.

85 12권(Λ) 4장 1070b 21 참조.

1045a

6장 정의의 단일성

정의(定義)와 수(數)에 관하여 앞서 말했던[86] 어려운 물음으로 돌아가서 묻건대, 무엇이 그것들이 하나임(단일성)의 원인인가? 여러 부분들을 가지며, 통짜(전체)가 그저 더미이지 않고, 전체가 부분들과 따로 있는 어떤 것인 사물들의 경우에는 모두 하나임의 원인이 있다. 물체들의 경우조차도, 어떤 것들은 접촉이, 어떤 것들은 끈적임 따위의 성질이 그 하나임의 원인이다. 그리고 정의는 『일리아스』처럼[87] (여러 개가) 함께 묶여 있기 때문에 하나의 규정이 아니라, 한 가지 대상에 대한 규정이기 때문에 하나의 규정이다. 사람을 하나로 만드는 것은 무엇인가? 그리고 왜 사람은 여럿이, 예를 들어, 동물 + 두 발 달림이 아니라 하나인가? 더군다나 어떤 사람들이[88] 주장하듯, 동물 자체와 두 발 달림 자체가 있다면 말이다. 왜 바로 그 둘이 사람이 아니겠는가? 그리고 왜 (개별적인) 사람들이 (한 이데아인) 사람을 나눠 갖지 않고, 한 이데아가 아닌 두 이데아들을, 즉 동물과 두 발 달림을 나눠 갖지 않겠는가? 그리고 일반적으로 그럴 경우, 사람은 하나가 아니라 여럿이, 즉 동물과 두 발 달린 것이 될 것이다.

그러므로 분명히, 그들이 정의를 내리고 규정하곤 했던 방식대로 쫓아간다면 문제를 설명하여 해결할 수 없다. 그러나 우리가 주장하듯이, 재료와 형상이 있고, 앞의 것은 잠재 상태로 있고 뒤의 것은 실현 상태로 있다고 한다면, 지금 탐구되고 있는 물음은 더는 어려운 물음이 아닐 것이다. 이 물음은 '둥근 청동'을 (임의의 것인) '겉옷'에 대한 정의라고 할 경우에[89]

---

86 7권(Z) 12장, 8권(H) 3장 1044a 2-6 참조.

87 7권(Z) 4장 1030a 9, b 9 참조.

88 플라톤과 그 추종자들을 가리킨다.

89 7권(Z) 4장 1029b 28, 『명제에 관하여』 18a 19 참조.

일어날 물음과 같다. 왜냐하면 이 낱말('겉옷')은 그런 규정에 대한 표현일 것이고, 그래서 탐구되는 물음은 '둥긂'과 '청동'이 하나인 원인이 무엇인지 묻는 물음일 것이기 때문이다. 하나는 재료이고 다른 하나는 형상이기 때문에 하나라고 대답한다면, 그런 물음은 더는 나타나지 않는다. 생성하는 것들의 경우에서, 만들어 내는 것(운동인) 말고, 잠재적으로 있는 것을 실제로 있게 하는 원인은 무엇인가? 잠재적인 구(球)가 실제의 구가 됨의 다른 원인은 (운동인 말고는) 없다. 그것은 둘의 본질이었다.[90]

어떤 재료는 사유되는 것이며, 어떤 재료는 감각되는 것이다. 그리고 규정에서 언제나 일부는 재료이며 일부는 실현 상태이다. 예를 들어, 원에 대한 정의에는 '평면 도형'이 있다.[91] 사유되는 것이든 감각되는 것이든 어떤 재료도 갖지 않는 것들은[92] 저마다 본래 | 본질적으로 하나인 것이며, 본질적으로 있는 것이다. 즉 이것(개별적인 실체), 어떤 질, 어떤 양이다. 그렇기 때문에 그런 것들에 대한 정의들에는 '있음'도 '하나'도 있지 않다. 그리고 그것들 각각의 본질은 본래 하나인 것이자 있는 것이다. 그렇기 때문에 그것들은 어느 것도 자신 바깥에 자신들이 하나임의 원인을 갖지 않지도 않고, 자신들이 있음의 원인을 갖지도 않는다. 왜냐하면 그것들 각각이 본래 있는 것이자 하나인 것이기 때문이다. 그러나 그것들이 유(類)로서의 '있음'과 '하나' 안에 있다는 뜻으로 그런 것도 아니고, '있음'과 '하나'가 개별적인 것(개별자)들과 따로 떨어져 있을 수 있다는 뜻에서 그런 것도 아니다.[93]

---

90 '실제의 구(球, sphaira)가 된다는 것'은 잠재적인 구의 본질이고, '잠재적인 구로부터 생겨난다는 것'은 실제적인 구의 본질이다.

91 '평면 도형'(schēma epipedon)은 사유되는 재료, 즉 원이 드는 유(類, genus)에 가까운 것으로서 원에 대한 정의를 이루는 한 요소이다.

92 '맨 처음의 유들'(最上類들, summa genera)인 범주(katēgoria)들을 가리킨다.

1045b

단일성에 관한 이런 어려운 문제 때문에 어떤 사람들은[94] 나눠 가짐을 주장하지만, 무엇이 나눠 가짐의 원인이고, 또 '나눠 가진다'는 말이 무슨 뜻인지를 설명하지 못한다. 또 어떤 사람들은 앎은 안다는 것과 혼의 함께 있음(공존)이라고 말하는 뤼코프론처럼[95] 혼이 함께 있음을 주장한다. 그리고 또 다른 어떤 사람들은 살아 있음이 혼과 몸의 함께 놓임(결합)이거나 함께 묶임(결속)이라고 말한다. 하지만 같은 설명이 모든 경우들에 적용된다. 다시 말해, 건강함도 그런 식에 따르면 혼과 건강의 함께 있음이거나 함께 묶임 또는 함께 놓임이어야 할 테다. 그리고 청동이 삼각형이라는 것은 청동과 삼각형의 결합일 것이며, 어떤 것이 희다는 것은 표면과 흼의 결합이어야 할 것이다. (그러나 이는 이치에 어긋난다.) 그들이 이런 방식으로 말하는 까닭은 잠재 상태와 완성 상태를 하나로 만드는 규정을 찾으면서, 이와 더불어 이 둘의 차이성을 찾기 때문이다. 그러나 앞서 말한 대로,[96] 마지막 재료와 형태는 동일한 것이며, 앞의 것은 잠재 상태로 있고, 뒤의 것은 실현 상태로 있다. 그러므로 그것은 단일성의 원인이 무엇인지를 물으면서 어떤 사물이 하나임의 원인이 무엇인지를 묻는 것과 비슷한 꼴이 될 것이다. 정말로, 각 사물은 하나인 것이며, 잠재 상태로 있는 것은 어떤 점에서 실현 상태로 있는 것과 하나이다. 그러므로 어떤 사물을 잠재 상태에서 실현 상태로 움직이는 원인(운동인) 말고는, 여기에서 다른 원인은 없다. 그리고 재료가 없는 것들은 모두 단적으로 본질적으로 하나인 것들이다.

---

93 '있음'(to on)과 '하나'(to hen)는 유(類, genos)가 아니며(3권 3장 998b 22-27 참조), 특정 종류의 '있음'과 '하나'와, 즉 개별적인 범주들과 따로 있지도 않다.

94 플라톤과 그 추종자들을 가리킨다. 1권(A) 6장 987b 13 참조.

95 뤼코프론(Lykophrōn, 기원전 4세기에 활동). 고르기아스(기원전 483-376년쯤)의 제자로서 소피스트이자 연설가였다. 『소피스트식 논박』 174b 32, 『자연학』 185b 28, 『정치학』 1280b 10, 『연설술』 1405b 35, 1406a 7, 1410a 17 참조.

96 1045a 23-33 참조.

9권(Θ)

1장 본래적인 뜻의 힘

1045b

우리는 지금까지[1] 으뜸으로 있는 것이자 다른 모든 있음의 범주들이 환원되는 것에 대해, 즉 실체에 대해 다루었다. (환원되는 까닭은) 실체에 대한 규정으로 말미암아 나머지 것(범주)들이, 즉 얼마만큼(양), 어떠함(질) 따위가 '있다'고 말해지기 때문이다. 다시 말해, 이 모든 것들은, 우리가 앞의 논의들에서 말했듯이,[2] 실체에 대한 규정을 함축하는 것으로 드러날 것이다. 그리고 '있음'은 한편으로, 무엇(실체), 얼마만큼, 어떠함으로 나뉘어 말해지며, 다른 한편으로 힘(능력)과 완성 상태에 따라, 그리고 힘의 작용(발휘 상태)에 따라 말해지므로,[3] 이 힘과 완성 상태에 대해서도 규정을 내려 보자. 먼저, 우리가 지금 하고자 하는 것에는 아주 쓸모가 있지는
않은 힘 개념의 | 가장 본래적인 뜻을 설명해 보도록 하자. (쓸모가 별로 없 1046a
는 까닭은) '힘'과 '발휘 상태'는 오직 운동에만 관계하는 경우들보다 더 많

1 7권(Z)과 8권(H)에서.

2 7권(Z) 1장 참조.

3 6권(E) 2장 1026a 33-b 2 참조.

1046a

은 경우들에 적용되는 술어들이기 때문이다. 그러나 우리는 이런 종류의 '뒤나미스'(dynamis, 힘) 개념에 대해 말한 다음에,[4] 발휘 상태에 대해 논의하는 가운데[5] 아울러 다른 종류의 '뒤나미스'(dynamis, 잠재 상태)들에 대해서도 그 뜻을 밝혀 볼 것이다.

우리가 다른 곳에서 설명했듯이,[6] '힘'과 '…ㄹ 수 있다'는 여러 가지 뜻을 갖는다. 이런 뜻들 가운데 한 이름 다른 뜻으로(同語異義로) 힘이라고 말해지는 것들은 모두 제쳐 두자. 왜냐하면 어떤 힘들은 유비적으로 말해지기 때문이다. 예를 들어, 우리는 기하학에서 어떤 것(數)이 다른 것과 일정한 방식으로 있거나 있지 않음으로써 '힘이 있다'(제곱이다)거나 '힘이 없다'(제곱이 아니다)고 말한다.[7] 그러나 같은 종류에 관계된 힘들은 모두 일종의 (변화의) 근원들이며, 으뜸가는 힘에 관계 맺어 힘이라고 말해진다. 그리고 이 으뜸가는 힘은 다른 것에서 일어나는, 또는 자신을 다른 것으로 보는 관점에서 자신에서 일어나는 변화의 근원이다. 왜냐하면, 한편으로 그것은 겪음의 힘, 즉 겪는 것 자신 안에 든 변화의 근원이기 때문이다. 그 변화가 다른 것에 의한 것이든, 아니면 자신을 다른 것으로 보는 관점에서 자신에 의해 이루어진 것이든 말이다. 다른 한편으로 그것은, 다른 것에 의한 것이든 아니면 자신을 다른 것으로 보는 관점에서 자신에 의해 이루어진 것이든, 그것을 변하게 할 수 있는 근원에 의해 더 못한 것으로의 변화나 소멸을 겪지 않는 지속적 상태(습성)이다. 그런데, 힘에 대한 이 모든 정의들 속에 으뜸가는 힘에 대한 규정이 있다. 그리고 또, 그 힘들은 어떤 작용을 그저 가하거나 겪는 힘이거나, 아니면 잘 가하거나 겪는 힘이

4 1-5장에서.

5 6-10장에서. 특히 6장 1048a 27 참조.

6 5권(Δ) 12장 참조.

7 5권(Δ) 12장 1019b 33-34와 각주 참조.

다. 그래서 그 힘들에 대한 규정 속에 또한 그것들보다 앞선 힘들에 대한 규정이 어떤 점에서 들어있다.

그러므로 분명히 가함(능동)의 힘과 겪음(수동)의 힘은 어떤 점에서 하나다.[8] 왜냐하면 어떤 것은 그것이 스스로 어떤 작용을 겪을 힘을 갖고, 또 자신에 의해 다른 어떤 것이 어떤 작용을 겪기 때문에 '…할/될 힘이 있는 것'이기 때문이다. 그러나 어떤 점에서는 그 두 힘들은 서로 다르다. 다시 말해, 겪음의 힘은 겪는 것 안에 있다. 그 힘이 일정한 근원을 갖기 때문에, 그리고 재료도 일종의 근원이기 때문에, 어떤 작용을 겪는 사물은 그것을 겪게 되고, 어떤 하나가 다른 어떤 하나에 의해 겪는다. 예를 들어, 기름기 있는 것은 잘 타는 것이며,[9] 특정 방식으로 무너지는 것은 뭉개지기 쉬운 것이다. 나머지 것들도 이와 마찬가지다. 그리고 가함의 힘은 어떤 작용을 가하는 것 안에 있다. 예를 들어, 뜨거움(열)은 어떤 것을 뜨겁게 할 수 있는 것 안에 있고, 집을 짓는 기술은 집을 지을 수 있는 사람 안에 있다. 그리고 어떤 것이 함께 자란 것(유기적인 단일체)인 한에서, 그것은 자기 자신에 의해 어떤 작용도 겪지 않는다. 왜냐하면 그것은 한 가지 것이며 또 자신 외의 다른 어떤 것일 수 없기 때문이다.

그리고 '…할/될 힘이 없음'(무능력)과 '…할/될 힘이 없는 것'(무능력한 것)은 그런 종류의 힘에 반대되는 못 갖춤(결여)의 상태이다. 그래서 모든 힘은 …할/될 힘이 없음이 관계하는 대상과 같은 대상에, 같은 방식으로 관계한다. 그런데 '못 갖춤'은 여러 가지 뜻을 갖는다.[10] 다시 말해, 그것은 (1) 어떤 성질을 갖추지 못한 상태를 뜻한다. 그리고 (2) 본래 갖추도록 되어 있는 것을 ㉮ 전반적으로 갖추지 못하거나, 아니면 ㉯ 갖추도록 되

8 '잘 타는 것'은 동시에 다른 것을 '태우는 것'이기도 하다.

9 '잘 타는 것'(kauston)은 '태움을 겪는 것'이란 뜻이다.

10 5권(Δ) 22장 참조.

어 있는 때에, ㉠ 어떤 특정한 방식으로, 예를 들어 완전하게, 또는 ㉡ 어떤 방식으로든 전혀 갖추지 못한 상태를 뜻하기도 한다. 그리고 어떤 것들의 경우, 본래 갖추도록 되어 있는 성질을 외부의 강제력으로 말미암아 갖추지 못할 때, 우리는 그것들이 그 성질을 못 갖추고(결여하고) 있다고 말한다.

2장 이성적인 힘과 비이성적인 힘

그런 근원(힘)들 중 어떤 것들은 혼이 없는 것(무생물)들 안에 들어있으며, 다른 어떤 것들은 혼이 든 것(생물)들 안에, 혼 안에, 그리고 | 혼의 이
1046b 성적인 부분 안에 들어있으므로, 분명히 힘들 중 어떤 것들은 비이성적인
것이며,[11] 어떤 것들은 이성이 든(이성적인) 것일 것이다. 그렇기 때문에 기술들, 즉 제작에 관련된 학문들은 모두 힘(능력)들이다. 다시 말해, 그것들은 다른 것 안에서, 또는 자신을 다른 것으로 보는 관점에서 자신 안에서 변화를 일으키는 근원(변화의 근원)이다.

그리고 이성적인 힘들은 같은 힘들이 모두 동시에 반대되는 것들에 대한 힘이지만, 비이성적인 힘들은 한 힘이 한 가지 결과만을 낳는다. 예를 들어, 열은 어떤 것을 뜨겁게 함에 대한 힘일 뿐이지만, 의술은 병과 건강 둘 다에 대한 힘이다. 왜냐하면 학문(기술)은 이성적인 힘이며, 같은 이성적인 힘이 어떤 긍정의 것과 이것의 결여 상태를 설명해 주기 때문이다. 단, 그 설명 방식이 (두 가지 경우에서 모두) 같지는 않다. 그리고 어떤 점에

---

11 '비이성적인 힘(능력)'(alogos dynamis)은 '이성(理性)이 없는 능력', '이성과 무관한 능력'을, 예를 들어 감각 능력이나 소화 능력과 같은 것을 뜻한다. 바로 뒤의 '이성이 든 힘' 또는 '이성적인 힘'(dynamis meta logou)에 반대되는 표현이다.

서 그 힘은 두 가지 것 모두에 적용되지만, 다른 어떤 점에서는 결여보다는 긍정적으로 있는 성질에 더 적용된다.[12] 그러므로 그런 종류의 학문들은 반대되는 성질들을 다루어야 하는데, 어떤 것은 제 본성으로 말미암아 다루어야 하고, 어떤 것은 제 본성으로 말미암지 않은 채로 다루어야 한다. 다시 말해, 이성적인 힘은 바로 있는 것(본질적인 속성)에 관한 것이지만, 어떤 점에서는 단순히 딸려 있는 것(단순 속성)에 관한 것이기도 하다. 왜냐하면 그 힘은 부정(否定)과 제거를 통해 반대되는 것을 드러내 주기 때문이다. 다시 말해, (긍정적인 성질에) 반대되는 성질은 으뜸가는 결여 상태이며,[13] 이는 긍정적인 성질의 제거 상태이다.

반대되는 성질들은 같은 사물 안에 생겨나지 않고, 학문은 이성적인 것을 가짐으로써 힘이고, 혼은 움직임의 근원을 갖는다. 그러므로 몸에 좋은 것은 건강만을 불러일으키고, 어떤 것을 뜨겁게 할 수 있는 것은 뜨거움(熱)만을, 어떤 것을 차갑게 할 수 있는 것은 차가움(冷)만을 불러일으키지만, 앎을 가진 사람은 두 가지 반대되는 결과를 불러일으킨다. 왜냐하면 이성적인 힘은 같은 방식은 아니더라도 두 가지 것 모두에 관계하며, 움직임의 근원을 갖는 혼 안에 있기 때문이다. 그래서 혼은 같은 움직임의 근원으로부터 출발하여 같은 이성적인 힘에 그 둘을 연결하면서, 그 둘을 (상이한 때에) 만들어 낼 것이다. 그렇기 때문에, 이성적인 힘을 가진 것들은 이성이 없는 것들이 만들어 내는 것에 반대되는 상태를 만들어 낸다.[14]

---

12 예를 들어, 의술의 힘은 건강과 병을 모두 산출할 수 있지만, 기본적으로 건강을 위한 것이다.

13 10권(I) 4장 1055a 33-38 참조.

14 예를 들어, 의사는 환자의 몸을 건강하게 만들 수도 있고, 더 아픈 상태로 만들 수 있지만, 몸에 좋은 음식이나 해로운 음식은 일방적으로 어느 한쪽의 상태만을 만들어 낸다.

1046b

왜냐하면 이성적인 힘들에 의해 만들어지는 것들은 한 가지 근원에, 즉 이성에 포함되기 때문이다.

그리고 또한 분명히, 어떤 작용을 잘 가하거나 겪는 힘에는 어떤 작용을 단순히 가하거나 겪는 힘이 따른다. 그렇지만 거꾸로 뒤의 것에는 앞의 것이 늘 따르지는 않는다. 예를 들어, 어떤 일을 잘 하는 사람은 또한 그것을 하는 사람이기도 하지만, 그것을 단순히 하는 사람이 꼭 그것을 잘 한다고는 볼 수 없다.

3장 메가라학파의 주장에 대한 반박

메가라학파 사람들처럼,[15] 오직 힘을 발휘하고 있을 때에만 무엇을 할 힘이 있고, 힘을 발휘하지 않을 때에는 그것을 할 힘이 없다고 주장하는 사람들이 있다. 이들은, 예를 들어, 집을 짓고 있지 않는 사람은 집을 지을 힘(능력)이 없으며, 집을 짓고 있는 사람만이 그가 집을 짓고 있을 때 그런 힘을 가진다고, 그리고 다른 경우들도 이와 마찬가지라고 주장한다. 이런 견해에 어떤 이치에 어긋난 결과들이 따를지를 보는 것은 어렵지 않다. 왜냐하면 그런 견해에 따르면, 집을 짓고 있지 않는 한, 집을 짓는 사람이 전혀 있지 않을 것이기 때문이다. 집을 짓는 사람임은 집을 지을 수 있음을 뜻하니까. 그리고 (건축술 말고) 다른 기술들의 경우도 이와 마찬가지다. 그런데, 언젠가 한 번 배우거나 얻지 않고서는 그런 종류의 기술들을 가

---

15 기원전 4세기 초, 소크라테스의 열렬한 제자였던 메가라(Megara) 출신의 에우클레이데스(Eukleidēs, 450-380년쯤)가 창시한 학파의 사람들을 말한다. 이들은 엘레아학파의 이론을 철학적 대화술의 방향으로 발전시켜, 아리스토텔레스의 논리학에도 영향을 끼쳤다.

질 수 없고, 또 언젠가 한 번 잃어버리지(망각이나 병이나 오랜 시간의 경과 때문에 말이다. | 대상 때문은 아닌 이유인즉, 그 대상은[16] 항상 존재하 1047a
는 것이어서 소멸하는 것은 아니기 때문이다) 않고서는 그것들을 갖지 않을 수 없다고 할 때, 어떤 사람이 집짓기를 멈춘다면, 그가 그 기술을 갖고 있지 않다고 해야 할 것인가? 그리고 다시 그가 곧바로 집을 짓는다면, 어떻게 그 기술을 되찾았단 말인가? 그리고 혼이 없는 것(무생물)들의 경우도 이와 마찬가지다. 사물들이 감각되고 있지 않다면, 어떤 것도 차갑거나 뜨겁거나 달지 않을 것이며, 일반적으로 감각될 수 있는 것(감각 대상)이 못 될 것이다. 그래서 결국 그들은 프로타고라스의 이론을 주장하게 될 것이다.[17] 더군다나, 감각하고 있지 않고서는, 감각 능력을 발휘하고 있지 않고서는 어떤 것도 감각 능력을 갖지 못하게 될 것이다. 그래서 본래 갖도록 되어 있지만, 특정한 시점에 특정한 방식으로 시력을 갖지 못한 것이 눈이 먼 것이라고 할 때, 같은 사람들이 하루에도 몇 번씩 (눈을 감을 때마다) 눈먼 사람일 것이다. 그리고 (같은 논리로) 귀먹은 사람일 것이다.

더 나아가, 어떤 힘이 결여된 것이 무엇을 할 힘이 없는 것이라면, 지금 생겨나고 있지 않은 것은 생겨나 있을 수 없는 것일 테다. 그리고 생겨날 수 없는 것에 대해서 그것이 있다거나 있게 될 것이라고 말하는 사람은 틀린 말을 할 테다. 왜냐하면 '무엇을 할 힘이 없는 것'은 바로 그것을[18] 뜻했기 때문이다. 이렇듯 그런 견해들은 운동과 생성을 없애 버린다. 왜냐하면 (그들의 견해에 따르면) 서 있는 것은 늘 서 있을 것이고, 앉아 있는 것은 늘 앉아 있을 것이기 때문이다. 앉아 있는 것은 결코 서지 않을 것이다. 왜냐하면 일어설 수 없는 것은 일어설 힘이 없는 것일 것이기 때문이다. 그런

16 여기서 '그 대상'(to pragma)은 기술이나 학문의 대상인 형상(eidos)을 가리킨다.

17 4권(Γ) 5-6장 참조.

18 '있지도 않고 있게 되지도 않을 것'을 말한다.

데, 이런 주장들이 참이 아니라면, 분명히 힘과 이 힘의 발휘 상태는 서로 다른 것이다(그러나 그런 주장들은 힘과 이 힘의 발휘 상태를 같은 것으로 만들며, 이렇게 함으로써 그들은 결코 사소하지 않은 것을[19] 없애려고 한다). 그래서 어떤 것(실체)일 수 있는 것은 아직 그것이 아닐 수 있고, 또 어떤 것이 아닐 수 있는 것은 아직 그것일 수도 있다. (실체 아닌) 다른 범주들의 경우도 이와 마찬가지여서, 걸을 수 있는 것이 아직 걷지 않고 있을 수 있고, 걷지 않을 수 있는 것이 걷고 있을 수도 있다. 그리고 어떤 것이 다른 어떤 것에 대한 힘을 갖는다고 얘기되는 바, 이것이 그 어떤 것 자신에게 발휘 상태로 주어져 있을 때, 불가능한 것이 전혀 있지 않다면, 그 어떤 것은 다른 어떤 것에 대한 힘이 있는 것이다. 내가 말하려 하는 것은 예를 들어 다음과 같은 것이다. 어떤 것이 앉아 있을 힘이 있고 그것에게 앉아 있음이 허용된다면, 그것에게 앉아 있음이 실제로 있게 되리라는 것은[20] 결코 불가능한 일이 아닐 것이다. 그리고 어떤 것이 움직여지거나 움직일 힘을, 또는 서 있거나 세울 힘을, 또는 있거나 생겨날 힘을, 또는 있지 않거나 생겨나지 않을 힘을 가질 때에도 마찬가지다.

'엔텔레케이아'(entelecheia, 완성 상태)와 우리가 (이것과 같은 뜻의 것으로) 함께 놓는 '엔에르게이아'(energeia, 발휘 상태)란 말은[21] 주로 움직임들에서 쓰이는데, 다른 것들에까지 확장되어 쓰이기도 한다.[22] 다시 말해, 엄밀한 의미의 발휘 상태는 움직임(운동)이라고 사람들은 흔히 생각

---

19 '결코 사소하지 않은 것'(ou mikron ti)은 1047a 14의 '운동과 생성'을 가리킨다.

20 그것이 실제로 앉아 있게 될 것이라는 것은.

21 8장 1050a 21-23 참조.

22 '엔에르게이아'(energeia, en + ergon)는 움직임과 관련해서는 '움직임을 일으키는 힘'에 대립되는 개념으로서 '힘을 발휘하고 있는 상태'(발휘 상태)를 뜻하지만, 더 나아가 '잠재 상태'에 대립되는 개념으로서 '어떤 것이 실현된 상태'(실현 상태)를 뜻하기도 한다. 6장 1048b 6-9 참조.

한다.[23] 그렇기 때문에, 사람들은 움직여짐을 있지 않은 것들에 귀속시키지 않고, 다른 어떤 술어들을 그것들에 귀속시킨다. 예를 들어, 그들은 있지 않은 것들이 우리가 사유할 수 있는 것(사유 대상)들이며, 우리가 욕망할 수 있는 것(욕망의 대상)들이라고 말하지만, 그것들이 지금 움직여지고 있는 것들이라고 말하지는 않는다. 왜냐하면 있지 않은 것들은 아직은 실제로 있지 않을지라도, 언젠가 실제로 | 있게 될 수도 있기 때문이다. 다시 말해 있지 않은 것들 중 어떤 것들은 잠재적으로 있다. 그러나 아직 완성 상태로 있지 않다는 점에서 볼 때, 그것들은 실제로 있지 않다.

4장 가능과 불가능

앞서 말했듯이[24] 발휘 상태가 수반되는 한에서, (어떤 것에 대한) 힘이 있는 것이 있다면,[25] 분명히 '이것은 있을 수 있지만 있게 되지는 않을 것이다'고 말하는 것은 참일 수 없을 것이다. 왜냐하면 그렇게 말함으로써 '…ㄹ 수 없는'(불가능한 것)들은 사라질 것이기 때문이다. 예를 들어, 있을/…일 수 없음(있음/…임이 불가능함)을 고려하지 않는 어떤 사람이[26] 정사각형의 대각선은 같은 단위로써 한 변과 재어질 수 있는 것이지만, 결코 재어지지는 않을 것이라고 말한다고 해 보자. 왜냐하면 있거나/…이거

23 아리스토텔레스는 '움직이지 않음'(부동)의 발휘 상태(energeia akinēsias)가 진정한 발휘 상태라고 본다. 『니코마코스 윤리학』 1154b 27 참조.

24 3장 1047a 24-26 참조.

25 로스(Ross)가 편집한 원문에 따라 옮기면 다음과 같다. "우리가 말했던 것이 '어떤 것에 대한 힘이 있는 것'이거나 '이것에 수반되는 것'이라면."

26 또는 '…ㄹ 수 없음'(불가능)이 없다고 생각하는 사람은.

나 생겨나 있을 수 있는 것은 얼마든지 아직 있지/…이지 않거나 있게/…이게 되지 않을 수도 있기 때문이다. 그러나 있지 않지만 있을 수 있는 어떤 것이 있다고 또는 생겨났다고 우리가 가정한다면, 이는 전혀 불가능한 것이[27] 아니라는 점이 앞의 전제들로부터[28] 반드시 따라 나온다. 하지만 대각선의 예에선 그런 불가능한 일이 따를 것이다. 왜냐하면 (정사각형의 대각선을 한 변과 같은 단위로써) 재는 일은 불가능하기 때문이다. (더군다나 그것은 거짓이다.) 물론, '거짓이다'와 '불가능하다'는 다르다. 예를 들어, '네가 지금 서 있다'는 것은 거짓이지만, 그것이[29] 불가능하지는 않다.

이와 동시에 또한 분명히, A가 있을 때 반드시 B가 있어야 한다면, A가 있음이 가능할 때 반드시 B도 있음이 가능해야 한다. 왜냐하면 B가 가능함이 필연적이지는 않다면, B는 얼마든지 가능하지 않을 수 있기 때문이다. A가 가능하다고 해 보자. 그러면, A가 있음이 가능할 때, A가 있다고 놓는 것은 전혀 불가능한 결과가 아니다. 그러면, 반드시 B도 있어야 한다. 그러나 (반대자들에 따르면) B는 불가능한 것이었다.[30] 그럼, B가 불가능하다고 해 보자. B가 불가능하면, 반드시 A도 불가능해야 한다. 그러나 B는 불가능한 것으로 가정되었다. 그러므로 A도 불가능한 것이어야 한다. 그러므로 A와 B의 관계가 A가 있을 때 반드시 B도 있어야 하는 관계라면, A가 가능할 때 B도 가능할 것이다. 둘의 관계가 그럴 때, A가 가능한데도[31] B는 가능하지 않다면, A와 B의 관계는 처음에 가정했던 방식

---

27 '전혀 불가능한 것'의 원어인 adynaton은 '…할/될 힘이 없는 것'을 뜻할 뿐만 아니라 '불가능한 것'을 뜻하기도 한다.

28 3장 1047a 24-26, 4장 1047b 3 참조.

29 '네가 언젠가 서 있음'이.

30 17행의 반대되는 입장, 즉 A가 가능한데도 B가 불가능할 수도 있다는 입장에 선 사람들에 따르면, B는 불가능한 것이다.

31 A가 가능한데도.

대로[32]이지 않다. 그리고 A가 가능할 때 반드시 B도 가능해야 한다면, A가 있을 때 반드시 B도 있어야 한다. 왜냐하면 'A가 가능하면, 반드시 B도 있음이 가능해야 한다'는 것은 'A가 그것이 있음이 가능하다고 가정되었던 때에, 가정되었던 방식대로 그렇게 실제로 있다면, 반드시 B도 그때 그런 방식대로 실제로 있어야 한다'는 것을 뜻하기 때문이다.

5장 힘의 발휘 상태

모든 힘(능력)들은 감각 능력처럼 타고난 것이거나, 아울로스를 불 줄 아는 힘처럼 연습을 통해 얻어지거나, 기술들에 대한 힘처럼 배움을 통해 얻어진다. 그러므로 우리는 미리 발휘해 봄으로써 연습이나 이성을 통한 힘들을 얻어야 하지만,[33] 그렇지 않은 (감각 능력 같은) 힘들과 작용을 겪는 경우에 적용되는 힘들은 그럴 필요가 없다.

'…할/될 힘이 있는 것'은 | 어떤 것에 대해, 어떤 때에, 어떤 방식으로 힘이 있는 것이다(다른 모든 규정들이 이 정의 속에 추가로 있어야 할 것이다). 그리고 어떤 것들은 이성적인 것에 따라 어떤 것을 변하게 할 수 있고, 그 힘은 이성적인 것인 반면, 어떤 것들은 비이성적인(이성이 없는) 것들이고, 그 힘도 비이성적이다. 그리고 앞의 힘들은 반드시 혼이 든 것(생물) 안에 있어야 하지만, 이 뒤의 힘들은 생물과 무생물 양쪽에 있다. 그러므로[34] 뒤의 것들과 같은 종류의 힘들의 경우, 어떤 작용을 가할 수

---

32 A의 있음이 B의 있음을 함축하는 방식을 뜻한다.

33 8장 1049b 29-1050a 2, 『니코마코스 윤리학』 1105a 17-b 18 참조.

34 1047b 35에서 바로 앞 문장에 이르는 부분("'…할/될 힘이 있는 것'은 … 양쪽에 있다.")의 내용을 가리키는 접속사이다.

있는 것(능동자)과 어떤 작용을 겪을 수 있는 것(수동자)이 자신들의 힘에 맞게 서로 마주칠 때, 한쪽은 어떤 작용을 가하고, 다른 쪽은 그것을 겪는다. 그러나 앞의 힘들의 경우엔 그럴 필요가 없다. 왜냐하면 비이성적인 힘들은 모두 하나의 힘이 하나의 결과를 일으키지만, 이성적인 힘들은 반대되는 것들에 대한 힘이어서,[35] (능동자와 수동자가 마주칠 때마다 이성적인 힘들이 작용해야 한다면) 반대되는 것들을 동시에 만들어 낼 것이기 때문이다. 그러나 이것은 불가능하다. 그러면, 여기에서 다른 어떤 것이 결정적인 요인으로서 있어야 한다. 이것은 욕구나 의지이다. (이성적인 힘을 가진 것이) 둘 중 어떤 것을 결정적으로 욕구하든지, 자신이 원하는 것이 자신의 힘에 맞게 주어져 있고 그 힘의 작용을 겪을 수 있는 대상과 만날 때, 그 원하는 것을 (능동적으로) 행할 것이다. 그러므로 이성적인 힘을 가진 것은 모두 자신의 힘이 미치는 것을 욕구할 때, 그것에 대한 힘을 가진 상황 아래에서는 반드시 그것을 행할 수밖에 없다. 그리고 그것은 자신의 힘의 작용을 겪을 수 있는 대상이 주어져 있고 이것이 일정한 상태에 있을 때, 그런 힘을 갖는다. 그렇지 않을 경우, 그것은 행할 힘이 없을 것이다. '어떤 외부 조건도 방해하지 않는다면'이란 추가적인 단서가 따로 필요하지 않다. 왜냐하면 이성적인 힘을 가진 것은 그 힘이 어떤 작용을 능동적으로 하는 힘이라는 점에서 그 힘을 갖는데, 이 힘은 아무 조건 아래에나 있지 않고, 특정한 조건 아래에 있으며, 여기엔 이미 외부의 방해 요인들이 제외되어 있기 때문이다. 다시 말해, 힘에 대한 정의(定義) 속에 있는 몇 가지 규정들이 이미 이 외부의 방해 요인들을 제외하고 있다. 그렇기 때문에, 어떤 사람이 두 가지 것을 또는 반대되는 것들을 동시에 행하길 원하거나 욕망하더라도, 그는 그것들을 동시에 행하지 않을 것이다. 왜냐

35 2장 1046b 15-22 참조.

하면 그는 그런 조건 아래에서 그것들에 대한 힘을 갖진 않으며, 또 그 힘은 반대되는 것들을 동시에 할 수 있는 힘이 아니기 때문이다. 왜냐하면 그는 그가 힘을 가지는 점에서 그 힘이 미치는 것들을 행할 것이기 때문이다.

6장 힘과 발휘/실현 상태

움직임과 관련된 '뒤나미스'(dynamis, 힘 또는 능력)에 관하여 논의했으므로,[36] 이제 '엔에르게이아'(energeia, 발휘/실현 상태)에 대해 이것이 무엇이고, 어떤 종류의 것인지 다뤄 보자. 이런 분석을 통해 힘이 있는 것과 관련하여, 본래 단적으로 또는 특정한 방식으로[37] 다른 것을 움직이거나 다른 것에 의해 움직여지도록 되어 있는 것을 '뒤나톤'(dynaton, …할/될 힘이 있는 것)이라고 부를 뿐만 아니라, 또한 ('잠재적인 것'이란) 다른 뜻으로 그 말을 쓴다는 점이 분명해질 것이다. 우리가 앞의 뜻들에 관해서도 탐구하며 훑어본 것도 바로 이 점 때문이다.

발휘/실현 상태는, 우리가 '잠재적으로'라고 표현하는 방식이 아닌 방식으로, 어떤 사물이 주어져 있음을 뜻한다. 예를 들어, 우리는 통나무 안에 헤르메스 상(像)이 잠재적으로 있다고 말한다. 그리고 선(線)의 절반이 떼어질 수 있기 때문에, 선 전체 안에 선의 절반이 잠재적으로 있다고 말한다. 또, 지금 연구를 하고 있지 않은 사람도 그가 연구할 힘이 있는 한에서는 앎을 가진 사람(학자)이라고 말한다. 그리고 이런 것들에 대립되는 상태에 있는 것들은 실현되어(또는 힘을 발휘하고) 있다고 말한다. 우리

36 1–5장 참조.

37 '특정한 방식'(tis tropos)은 '더 나은 것을 향한 운동의 방식'이나 '좋거나 성공적인 운동의 방식'을 뜻한다. 1장 1046a 17, 5권(Δ) 12장 1019a 22–23 참조.

1048a

가 말하고자 하는 바는 개별적인 것들의 경우에서 구체적인 예를 듦으로써 분명해진다. 그리고 우리는 모든 것들에 대한 정의(定義)를 찾을 필요는 없고, (때로는) 유비 관계를 파악해야 한다.[38] 다시 말해 이것은 집을 짓
1048b 고 있는 사람이 | 집을 지을 수 있는 사람에 대해, 깨어 있는 것이 잠들어 있는 것에 대해, 보고 있는 것이 시각이 있지만 눈을 감고 있는 것에 대해, 재료에서 모습을 띠고 나온 것이 재료에 대해, 그리고 가공된 것이 가공되지 않은 것에 대해 맺는 관계와 같다. 이 차이가 나는 두 상태 중 한쪽은 '엔에르게이아'(energeia, 발휘/실현 상태)라고 하고, 다른 쪽은 '뒤나톤'(dynatnon, 잠재/가능 상태의 것)이라고 규정하자. 그러나 모든 것들이 같은 뜻으로 발휘/실현 상태로 있지는 않고, 많은 경우 A가 B 안에 있거나 B에 대해 갖는 관계처럼, C가 D 안에 있거나 D에 대해 관계를 맺듯이[39] 유비적으로 발휘/실현 상태에 있다. 다시 말해, 어떤 것들은 움직임이 힘에 대해 갖는 관계와 같으며,[40] 어떤 것들은 실체(형상)가 재료에 대해 갖는 관계와 같다.[41]

그리고 무한한 것과 빈 것 따위도[42] 다른 수많은 있는 것들, 예를 들어,

---

38 '있음'(to on)과 '하나'(to hen) 따위의 보편적인 개념들과 마찬가지로 '잠재 상태'(dynamis)나 '실현 상태'(energeia)도 정의되지 않는 개념들이기 때문에, 이 개념들을 구체적인 사례들을 통해 유비적으로(analogon) 파악하는 데 만족해야 한다.

39 A:B=C:D.

40 11권(K) 9장 1065b 14-1066a 7, 1066a 17-26 참조.

41 앞의 관계는 '발휘 상태'와 '힘'(능력)의 관계이며, 뒤의 관계는 '실현 상태'와 '잠재 상태'의 관계이다. 두 관계에서 앞의 것들, 즉 '발휘 상태'와 '실현 상태'는 원어로 energeia이며, 뒤의 것들, 즉 '힘'과 '잠재 상태'는 dynamis이다.

42 예를 들어, 공간, 수, 시간은 '무한한 것'(apeiron)이다. 공간은 무한히 나눌 수 있어서 무한하고, 수는 어떤 수에 다른 어떤 수가 늘 더해질 수 있어서 무한하며, 시간은 무한히 나눠질 수도 있고 무한히 더해질 수도 있어서 무한하다. '무한'(to apeiron) 개념과 '빔'(kenon) 개념에 대해서는 『자연학』 3권 4-8장, 4권 6-9장 참조.

보는 것, 걷는 것, 보이는 것에 적용되는 뜻과 다른 뜻에서 잠재적으로 있거나 실현되어 있다. 왜냐하면 뒤의 것들에 대해서는 어떤 때에 심지어 단적으로 그렇다고 말하는 것이 맞을 수 있기 때문이다. 예를 들어, 보이는 것은 때로는 그것이 보이고 있기 때문에, 때로는 보일 수 있는 것이기 때문에 그렇게 불린다. 그러나 무한한 것은 그것이 실제로 따로 떨어져 있는 것(독립된 또는 객관적인 실재)이 될 것이라는 뜻에서 잠재적으로 있지는 않다. 그것은 오히려 인식에 대해서 잠재 상태로 있다. 왜냐하면 분할이 그치지 않을 것이란 사실은 오로지 이런 (무한한 분할) 활동이 잠재적으로 있다는 것을 보여 줄 뿐이지, 무한한 것이 실제로 따로 떨어져 있다는 것을 보여 주지는 않기 때문이다.

[[살을 뺀다는 것 또는 살 빼기처럼, 끝을 가지는 행위들은 어느 것도 그 자체가 목적은 아니고, 모두 목적을 향해 있을 뿐이다.[43] 그리고 어떤 사람이 신체 일부의 살을 뺄 때, 그 부분은 그런 방식으로, 즉 그 움직임의 목적이 지금 나와 있지 않은 상태에서 움직임 중에 있다. 그렇기 때문에 그것은 행위가 아니거나, 아니면 적어도 끝난 행위가 아니다. 왜냐하면 그것 자체가 목적은 아니기 때문이다. 그러나 목적이 이미 들어있는 움직임은 행위이다. 예를 들어, '보고 있다'와 '보았다', '이해하고 있다'와 '이해했다', '생각하고 있다'와 '생각했다'는 동시에 이루어진다(그러나 '배우고 있다'와 '배웠다', '치료받고 있다'와 '치료받았다'는 동시에 이루어지지 않는다). 그리고 '잘 살고 있다'와 '지금까지 잘 살았다', '행복하다'와 '지금까지 행복했다'도 동시에 이루어진다. 그렇지 않다면, 살을 뺄 때처럼 언젠가 그 움직임이 멈춰야 할 것이다. 그러나 그 움직임은 멈추지 않는다. '살고 있다'와 '지금까지 살았다'는 동시에 이루어진다. 그러면, 이런

43 5권(Δ) 2장 1013b 1-3 참조.

1048b

과정들 중 어떤 것들은 '움직임'이라고 해야 하고, 어떤 것들은 '발휘/실현 상태'라고 해야 한다. 왜냐하면 모든 움직임은 끝나지 않은 것이기 때문이다. 살을 빼고 있음, 배우고 있음, 걷고 있음, 집을 짓고 있음 등은 움직임이지만 끝나지는 않은 것이다. 다시 말해, '걷고 있다'와 '걸었다', '집을 짓고 있다'와 '집을 지었다', '생겨나고 있다'와 '생겨났다', '움직여지고 있다'와 '움직여졌다'는 동시에 이루어지지 않는다. 이것들은 서로 다른 것이며 '움직이게 하고 있다'와 '움직이게 했다'도 다른 것이다. 이와 반대로, '지금 보았다'와 '보고 있다', '생각하고 있다'와 '지금 생각했다'는 같은 것으로서 동시에 이루어진다. 뒤의 종류와 같은 과정을 나는 '엔에르게이아'(energeia, 발휘/실현 상태)라고 부르며, 앞의 것은 '키네시스'(kinēsis, 움직임 또는 운동)라고 부른다.]][44]

'발휘/실현 상태로 있는 것'이 무엇이며, 그것이 어떤 종류의 것인지는 이런 논의들을 통해, 그리고 이와 비슷한 논의들을 통해 설명된 걸로 해두자.

7장 잠재적으로 있는 것

어느 때 각 사물이 잠재적으로 있고, 어느 때 그렇지 않은지 구분해야

1049a 한다. | 왜냐하면 아무 때나 늘 그렇게 있지는 않기 때문이다. 예를 들어, 흙은 잠재적으로 사람인가? 아니다. 아마도 그것이 씨(정액)가 된 다음에야 그럴 것이나, 이때에도 그렇지 않을지도 모르겠다.[45] 그것은 치료됨의

44 [[ ]] 부분(1048b 18-35)은 Π(필사본 E와 J의 일치하는 부분)와 알렉산드로스의 주석서에 빠진 부분이다. 아리스토텔레스가 쓴 것으로 보이지만 전후의 맥락에 안 맞는다. 1048b 35-36의 요약은 이 부분 앞에 위치한 것에 대한 요약이기 때문이다.

경우와 같다. 모든 것이 의술에 의해 또는 운이 좋아 치료되지는 않고,[46] 치료될 힘을 가진 어떤 것이 있는데, 이것만이 잠재적으로 건강한 것이다. (1)[47] 사유의 결과물로서 잠재적으로 있던 상태에서 벗어나 완성되어 있게 되는 것에 대한 정의는 외부에서 아무런 방해가 없으면 어떤 것의 뜻대로 생겨나는 것인 반면, 다른 경우에는, 즉 치료되는 것(환자)의 경우에는 환자 자신 내부에서 아무런 방해가 없으면 생겨나는 것이다. 잠재적으로 집인 것의 경우에도 마찬가지다. 그것은, 작용을 받는 이것, 즉 재료 안에 있는 그 어떤 것도 재료로부터 집이 생겨나는 것을 방해하지 않는다는 점에서, 그리고 덧붙여지거나 제거되거나 변해야 할 것이 아무것도 없다는 점에서, 잠재적으로 집이다. 생성의 근원이[48] 외부에 있는 다른 모든 것들도 이와 마찬가지다. 그리고 (2) 자신 안에 생성의 근원을 가지는 것들은 모두 잠재적으로, 외부의 방해가 없다면 제 힘으로 될 바의 것이다. 예를 들어, 씨는 아직 잠재적으로 사람이 아니다. 왜냐하면 그것은 다른 것 안으로[49] 옮겨져, 변화를 겪어야 하기 때문이다. 이와 반대로, 그 씨가 자기 내부의 생성의 근원을 통해 이미 그런 성질을 갖추고 있다면, 그것은 이미 잠재적으로 사람이다. 그러나 앞의 경우에서, 씨는 또 다른 원인이 필요하다. 마치 흙이 아직 잠재적으로 조각상이 아니듯이 말이다. 왜냐하면 그것은 청동이 되기 전에 먼저 변화를 겪어야 하기 때문이다.

우리가 지금 논하고 있는 것은 어떤 특정한 것이 아니라 그것으로 된 것

45 1049a 14-15 참조.

46 7권(Z) 7장 1032b 21-26 참조.

47 (1)은 생성의 근원이 밖에 있는 '인공물'의 산출에 관한 논의이고, (2)는 생성의 근원이 안에 있는 '자연물'의 산출에 관한 논의이다.

48 '생성의 근원'은 어떤 것을 생겨나게 하는 근원적인 힘으로서 '운동인'(causa efficiens)을 뜻한다.

49 자궁 안으로.

1049a

이다.[50] 예를 들어, 작은 궤짝은 나무가 아니라 나무로 된 것이며, 나무는 흙이 아니라 흙으로 된 것이다. 그리고 흙도 그것이 그렇게 다른 어떤 특정한 것이 아니라 그것으로 된 것이라면 우리의 요점을 예시해 줄 것이다. 그리고 항상 그것은 잠재적으로, 이 말의 단적인 뜻에서, 그것이 곧바로 될 것이다. 예를 들어, 작은 궤짝은 흙으로 된 것도 아니고 흙도 아니다. 그것은 나무로 된 것이다. 왜냐하면 나무는 잠재적으로 작은 궤짝이며, 작은 궤짝의 재료이기 때문이다. 그리고 나무 일반은 작은 궤짝 일반의 재료이고, 이 특정한 나무는 이 특정한 작은 궤짝의 재료이기 때문이다. 그리고 더는 다른 어떤 것에 따라 '그것으로 된 것'이라고 불리지 않는, 맨 처음의 것이 있다면, 그것은 으뜸 재료이다. 예를 들어, 흙이 공기로 된 것이고, 공기가 불이 아니라 불로 된 것이라면, 불이 으뜸 재료인데, 이것은 이것(개체)이 아니다. 왜냐하면 '그것에 대해'(주어)나[51] 바탕(基體)은 이것이냐 아니냐를 통해 (여러 가지 경우에서) 구분되기 때문이다. 예를 들어, 양태들의 바탕은 사람, 즉 몸과 혼이고, 양태는 '교양 있다'와 '희다'이다(교양이[52] 어떤 사람 속에 생겼다면, 그는 '교양'이라 불리지 않고, '교양 있는

---

50 '그것으로 된 것'의 원어인 ekeininon은 xylon(나무)-xyl*inon*(나무로 된 것)에서 ekeino(그것)-ekein*inon*(그것으로 된 것)으로 유비에 의해 아리스토텔레스가 새로 만들어 낸 용어다. 7권(Z) 7장 1033a 5-23 참조.

51 아펠트(Apelt)의 텍스트 수정을 따랐다. to kath' hou('그것에 대해', 주어) 대신 필사본들과 알렉산드로스의 주석은 to katholou(보편적인 것, 보편자)로 읽고 있다. 그러나 여기서 구분되고 있는 것은 '보편자'와 '바탕'이 아니라 바탕(to hypokeimenon)의 두 가지 종류, 즉 이것(tode ti)과 재료(hylē)이다. 7권(Z) 13장 1038b 4-6, 8권(H) 4장 1044b 9 참조.

52 '교양'의 원어는 mousikē이다. 말 그대로는 제우스와 므네모쉬네('기억'의 여신) 사이에서 난 예술 및 학문의 여신들인 '무사들(Musai)의 기술'이란 뜻이다. mousikē는 신체 단련, 즉 체육을 뜻하는 gymnastikē에 대조되는 개념으로서, 일반적으로 '예술'이나 '지적인 교양 교육'을 뜻한다. 플라톤의 『국가』 409d-412e 참조. 좁은 뜻으로

것'이라 불린다. 그리고 사람은 '흼'이 아니라, '흰 것'이라 불리며, 또 '걸음'이나 '움직임'이 아니라, '걷고 있는 것'이나 '움직이고 있는 것'이라 불린다. 이는 앞에서 말한 '그것으로 된 것'의 경우와 같다). 바탕이 되는 것이 그렇게 쓰일 때에는 마지막의 주어는 (형상과 재료로 된 복합물로서의) 실체다. 그렇지 않고, 어떤 형상과 이것이[53] 술어일 때에는, 그 마지막의 것은 재료이자 '재료'란 뜻의 실체다. 그리고 '그것으로 된 것'이 재료뿐만
아니라 양태들에 | 관련하여서도 사용된다는 것은 정말 맞는 말이다. 왜 1049b
냐하면 둘 다 규정되지 않은 것들이기 때문이다.[54]

이로써, 어떤 것이 어느 때 잠재적으로 있고, 어느 때 그렇게 있지 않다고 말해야 하는지에 대한 논의를 마친다.

8장 발휘/실현 상태가 잠재/가능 상태보다 앞선다

'프로테론'(proteron, 먼저 또는 앞섬)이 얼마나 많은 뜻으로 쓰이는지 다룬 바 있는데,[55] 이로부터, 분명히 발휘/실현 상태가 잠재 상태보다 먼저다. 내가 말하는 '뒤나미스'(dynamis, 잠재 상태의 힘)는 여기서, 앞서 규정한 힘, 즉 다른 것 안에 든 또는 자신을 다른 것으로 놓는 조건에서 자신 안에 든 다른 것이나 자신을 변하게 할 수 있는 근원(변화의 근원)인 힘뿐

'음악'을 뜻하기도 한다. 10권(I) 1장 1053a 12 참조.

53 여기서 '이것'(tode ti)은 '형상'(eidos)과 같은 뜻으로 쓰였다. 5권(Δ) 8장 1017b 25와 각주 참조.

54 재료(hylē)는 아직 형상을 갖추지 못했다는 점에서 '규정되지 않은 것'(ahoriston)이며, 양태(pathos)는 어느 특정한 실체에 들어있는 속성으로서 고착되어 있지 않다는 점에서 '규정되지 않은 것'이다. 1권(A) 989b 18-19 참조.

55 5권(Δ) 11장 참조.

1049b

만 아니라, 일반적으로 어떤 것을 움직이게 할 수 있거나 어떤 것을 서게 할 수 있는 근원(운동과 정지의 근원)인 힘 모두를 뜻한다. 자연력도[56] 힘과 같은 유(類)에 든다. 왜냐하면 자연력은 바로 자신을 움직이게 할 수 있는 근원이기 때문이다. 단, 자연력은 다른 것 안에 들지 않고, 자신을 다른 것이 아닌 자신으로 보는 조건에서 자신 안에 든 움직임의 근원이다. 발휘/실현 상태는 그런 모든 잠재 상태의 힘보다 정의(定義)와 실체성에서 앞선다. 그리고 시간에서 그것은 어떤 점에서는 그런 힘보다 앞서지만, 어떤 점에서는 그렇지 않다.

분명히, (1) 발휘/실현 상태는 정의에서 잠재 상태보다 앞선다. 일차적인 뜻에서 …할/될 힘이 있는 것은[57] 그것이 실제로 그 힘을 발휘할 수 있기 때문에 …할/될 힘이 있는 것이다. 예를 들어, 집을 지을 힘이 있는 사람은 실제로 집을 지을 수 있는 사람을 뜻하며, 어떤 것을 볼 수 있는 힘이 있는 것은 실제로 어떤 것을 볼 수 있는 것을 뜻한다. 그리고 보일 힘이 있는 것은 실제로 우리가 볼 수 있는 것이다. 그리고 이와 같은 설명이 다른 것들에도 적용될 수 있다. 그래서 발휘 상태의 것에 대한 정의와 인식이 잠재 상태의 힘에 대한 정의와 인식에 앞서 주어져 있어야 한다.

그리고 (2) 발휘/실현 상태는 다음과 같은 점에서 시간적으로 잠재 상태보다 앞선다. 잠재적으로 있는 것과 개수는 같지 않지만 그것과 종(種)이 같은 어떤 실현되어 있는 것은 이 잠재적으로 있는 것보다 앞선다. 내가 말하려 하는 것은 다음과 같다. 이미 실현되어 있는 이 사람, 이 낟알, 이 보고 있는 사람보다 아직 실현되어 있지 않은 채 잠재 상태로 사람, 낟알, 보는 사람인 재료,[58] 씨, 어떤 것을 볼 힘이 있는 사람이 시간적으로

56 5권(Δ) 4장에 나오는 '퓌시스'(physis)의 세 번째 뜻 참조.

57 '일차적인 뜻에서 …할/될 힘이 있는 것'(to prōtōs dynaton)은 움직임(운동)과 관련된 '힘'(능력)을 뜻한다. 1장 1045b 35 참조.

앞선다. 그러나 잠재 상태로 있는 이것들이 생겨난 곳인, 실현 상태로 있는 다른 어떤 것들이 이것들보다 시간적으로 앞선다. 다시 말해, 실현 상태로 있는 것은 항상, 잠재 상태에 있는 것으로부터 실현 상태에 있는 것의 작용에 의해 생겨난다. 예를 들어, 사람은 사람으로부터[59] 생겨나며, 음악가는 음악가에 의해 생겨난다.[60] 여기엔 항상, 가장 가까이서 어떤 것을 움직이는 것이[61] 있다. 그리고 다른 것을 움직이는 것은 이미 실현된 상태로 있다.

실체에 관한 논의들에서, 생겨나는 것은 모두 어떤 것(A)으로부터 나와 어떤 것(B)에 의해 어떤 것(C)이 된다고, 그리고 이것(B)은 생겨나는 것(C)과 종(種)이 같은 것이라고 얘기되었다.[62] 그렇기 때문에, 집을 지어 본 적이 없거나 키타라를[63] 쳐 본 적이 없는 사람은 목수이거나[64] 키타라 연주자일 수 없는 듯하다. 왜냐하면 키타라를 배우는 사람은 그것을 치면서 치는 법을 배우며, 다른 분야의 학습자들도 이와 비슷하게 하기 때문이다.

---

58 8권(H) 4장 1044a 34-35 참조.

59 '사람으로부터'(ex anthrōpou)는 여기서 '실현 상태로 있는 사람에 의해'라는 뜻이다.

60 이미 음악가인 선생의 가르침을 통해 학생의 음악적 능력이 실현될 수 있다.

61 원어는 kinoun prōton으로 흔히 '제일 운동자' 또는 '원동자'(原動者, primum movens)로 옮겨지는 말이다. 여기에서는 '가장 가까운 운동인'(proximate mover)을 뜻한다. 예를 들어, 니코마코스의 가장 가까운 운동인은 그의 아버지인 아리스토텔레스이다. kinoun prōton에 관한 자세한 논의는 12권(Λ) 6-7장 참조.

62 7권(Z) 7-8장 참조.

63 키타라(kithara)는 뤼라(lyra)보다 큰 현악기로서 보통 7개의 줄이 달려 있다. 헤시오도스 『신들의 계보』 94-100행, 플라톤의 『국가』 333b 참조.

64 '목수'(木手)의 원어는 oikodomos로, 말 그대로는 '집을 짓는 사람'을 뜻한다. 같은 어원을 가진 oikodomikē는 '집을 짓는 기술'을 뜻한다. 이 말은 경우에 따라 '건축술'로도 옮겼다. 5권(Δ) 2장 1014a 9의 각주 참조.

1049b

이로부터, 소피스트식의 반론이, 즉 어떻게 어떤 앎을 갖지 않은 사람이 그 앎의 대상인 것을 행할 수 있느냐는 반론이 나온다. 어떤 것을 배우고 있는 사람은 아직 그것을 갖지 않았다는 것이다. 그러나 생겨나고 있는 것 중 일부는 이미 생겨나 있어야 하며, 일반적으로 변하고 있는 것 중 일부는 이미 변해 있어야 하기 때문에(이 점은 변화에 관한 논의들에서[65] 보여
1050a 준 바 있다). | 어떤 앎을 배우고 있는 사람도 그 앎의 일부를 틀림없이 가지고 있는 듯하다.[66] 이렇듯 여기에서도, 즉 생성과 시간에서도 분명히 발휘/실현 상태가 잠재 상태보다 앞선다.

그런데 또, (3) 발휘/실현 상태는 실체성에서도 잠재 상태보다 앞선다.[67] 왜냐하면 ㉮ 생성에서 뒤진 것들은 형상과 실체성에서 앞서기 때문이다. 예를 들어, 어른은 아이보다 앞서고, 사람은 씨보다 앞선다. 왜냐하면 한쪽은 이미 형상을 가지지만, 다른 쪽은 그렇지 못하기 때문이다. 그리고 생겨나는 것은 모두 어떤 원리, 즉 제 목적을 향해 가고(다시 말해, 어떤 사물의 목적은 그것의 원리이며, 생성은 이 목적을 위해 있다), 실현 상태는 목적이며, 이것 때문에 잠재 상태의 것이 얻어지기 때문이다. 예를 들어, 동물은 시각을 가지기 위해 보는 게 아니라, 보기 위해 시각을 갖는다. 마찬가지로, 사람들은 집을 짓기 위해 건축술을 가지며, 어떤 것을 연구하기 위해 연구의 힘을 갖는다. 연습을 통해 연구력 자체를 기르려는 사람들이 아니라면, 연구력을 갖기 위해 연구하지는 않는다. 그런 (연구력 자체를 기르려는) 사람들은 제한된 의미에서만 연구한다. 왜냐하면 이런 제한된 의미 말고는 그들은 어떤 것을 연구할 필요성을 전혀 갖지 않기 때문이다.[68]

---

65 『자연학』 6권 6장 참조.

66 『니코마코스 윤리학』 1105a 17-26 참조.

67 발휘/실현 상태는 잠재 상태보다 더 실체의 성격을 띤다.

더 나아가, 재료는 바로 그것이 형상의 상태로 나아갈 수 있기 때문에 잠재 상태로 있다. 실현 상태로 있게 될 때, 그것은 제 형상의 상태에 있게 된다. 다른 경우들도 이와 마찬가지다. 더군다나 목적이 움직임인 경우에도 그렇다.[69] 그렇기 때문에 (제자들이 자신들한테 배운 바를) 발휘하고 있다는 것을 보여 줌으로써 선생들이 제 목적을 이뤘다고 생각하듯이, 자연물에서도 이와 비슷하다.[70] 이렇지 않을 경우, 파우손의[71] 헤르메스 그림과 같은 일이 벌어질 테다. 다시 말해, 헤르메스 그림의 경우처럼, 앎에 대해서도 그것이 제자의 안에 있는지 밖에 있는지 분명하지 않을 것이다.[72] 활동(또는 결과물)은 이르고자 하는 목적이며, 발휘/실현 상태는 활동이다. 그리고 '엔에르게이아'(energeia, 발휘/실현 상태)란 말조차도 '에르곤'(ergon, 활동 또는 결과물)이란 말에서 파생된 것이며,[73] '엔텔레케이

---

68 12-14("연습을 통해 … 않기 때문이다.")에 대한 다른 해석과 텍스트 구성에 대해서는 Ross(1924), 2권 262-263쪽 참조.

69 목적(telos)이 형상(eidos)을 갖춘 재료인 경우, 즉 만듦(poiēsis)의 경우는 (잠재 상태가) '실현된 상태'이지만, 목적이 움직임(운동)인 경우, 즉 행위(praxis)의 경우는 (어떤 힘 또는 능력이 실제로) '발휘된 상태'가 된다. 이 두 상태 모두 그리스어로 energeia다.

70 아래 23-25의 시각(opsis)의 예 참조.

71 파우손(Pausōn)은 아테네인으로 추정되는 화가다. 거꾸로 놓고 보면 뒹구는 모습처럼 보이게끔 달리는 말을 교묘하게 그렸다고 전한다.

72 파우손이 신들의 전령인 헤르메스(Hermes)를 그리면서 마치 그것이 그림 밖에 나와 있는 것처럼 착각을 일으킬 정도로 입체감 있게 그린 것으로 추정된다. 교묘하게 그려진 헤르메스가 그림 안에 있는지, 아니면 실제로 밖에 돌출되어 있는지가 그것을 보는 사람에게 분명하지 않듯이, 스승이 제자에게 가르친 앎이 제자의 머리 안에 들어있는지, 아니면 밖에 그대로 있는지가 분명하지 않을 것이라는 뜻이다.

73 '엔에르게이아'(energeia)는 완성품이 만들어져 있는 상태를 뜻한다. 바로 뒤의 '엔텔레케이아'(entelecheia)는 목적(telos)에 이른 상태를 뜻한다. 아리스토텔레스는 이 두 용어를 크게 구분하지 않고 사용한다. 11권(K) 9장 참조.

아'(entelecheia, 완성 상태)와 같은 뜻을 가리킨다.

그런데 어떤 경우들에서는 힘의 사용이[74] 마지막의 것이다. 예를 들어, 시각에서는 봄의 행위가 목적이며, 봄의 행위 말고는 다른 어떤 활동도 시각에서 나오지 않는다. 그러나 다른 어떤 경우들에서는, 어떤 것이 추가로 결과물로서 생겨난다. 예를 들어, 건축술에서 건축 행위 외에 집이 생겨난다. 그렇지만, 힘의 사용은 봄(見)과 같은 경우들에서는 그 자체가 목적이며, 건축 행위와 같은 경우들에서는 힘보다 더 많이 목적에 가깝다. 왜냐하면 건축 행위는 지어지고 있는 것 안에 발휘되어 있고, 집과 동시에 생겨나고, 또 집과 동시에 있기 때문이다.[75]

이렇듯, 생겨나는 것이 힘의 사용과 별개의 것인 경우에는, 발휘 상태는 만들어지고 있는 것 안에 있다. 예를 들어, 건축 행위는 지어지고 있는 것 안에 있고, 직조 행위는 짜이고 있는 것 안에 있다. 그리고 다른 경우들도 이와 마찬가지다. 그리고 일반적으로, 움직임은 움직여지는 것 안에 있다. 그러나 발휘 상태와 별개로 결과물이 없는 경우, 발휘 상태는 행위자들 안에 있다. 예를 들어, 봄의 행위는 보는 사람 안에 있고, 연구 행위는 연구하는 사람 안에 있으며, | 1050b 살아 있음의 상태는 혼 안에 있다. 그러므로 행복의 상태도 혼 안에 있다.[76] 왜냐하면 행복의 상태는 특정한 종류의 삶의 상태이기 때문이다.

그러므로[77] 분명히 실체(본질) 또는 형상이 실현 상태이다. 이와 같은 논

---

74 '힘의 사용'(chrēsis)은 행위를 뜻한다. 예를 들어, 시각의 경우엔 보는 행위(horasis)가, 청각의 경우엔 듣는 행위가 힘의 사용이다.

75 건축 행위는 집을 짓는 힘(능력)인 건축술의 발휘 상태로서 결과물(집)에 있으며, 목적인 이 결과물과 더불어 생겨나서 있게 된다. 그러나 잠재 상태의 힘인 시각은 결과물인 봄(또는 보는 행위, 見)에 있지 않고, 이에 앞서 있으며, 이것이 사라진 뒤에도 남아 있을 수 있다. 『자연학』 202a 13-16 참조.

76 『니코마코스 윤리학』 1098b 12-22 참조.

의에 따르면, 분명히 발휘/실현 상태가 실체성에서 잠재 상태의 힘보다 먼저다. 그리고 우리가 말했던 것처럼,[78] 항상 맨 먼저 다른 것을 움직이는 것의[79] 실현 상태에 이르기까지 어떤 실현 상태는 언제나 다른 어떤 실현 상태보다 먼저 시간을 차지한다.

그러나 ㉯ 발휘/실현 상태는 또한 ('실체성에서 앞선다'는 말이 갖는) 더 중요한 뜻에서도[80] 잠재 상태보다 먼저다. 왜냐하면 영원한 것들은 실체성에서 소멸하는 것들보다 앞서고,[81] 영원한 것은 어떤 것도 잠재 상태로 있지 않기 때문이다.[82] 그 이유는 다음과 같다. 모든 힘은 동시에, 모순되는 것들에 대한 힘이다.[83] 왜냐하면 어떤 것 안에 들어있을 힘이 없는 것은 어떤 것에도 들어있을 수 없지만, 들어있을 힘이 있는 모든 것은 그 힘을 발휘하지 않을 수 있기 때문이다. 따라서 있을 힘을 가진 것은 있을 수도 있고, 있지 않을 수도 있다. 따라서 같은 사물이 있을 힘도 가지고, 있지 않을 힘도 가진다. 그리고 있지 않을 힘을 가진 것은 있지 않을 수 있다. 그리고 있지 않음이 허용되는 것은, 단적으로든 아니면 그것이 있지 않을 수 있다고 말해지는 특정 관점에서든, 즉 장소의 면에서든 양이나 질의 면에서든 소멸할 수 있는 것이다.[84] 여기서 '단적으로'는 '실체의 면

---

77 1050a 4-b 2에 대한 결론이다.

78 1049b 17-29 참조.

79 12권(Λ) 6-7장 참조.

80 5권(Δ) 11장 1019a 2-14 참조.

81 3권(B) 4장 999b 5, 7권(Z) 7장 1032b 30, 12권(Λ) 6-7장 참조.

82 아래 8-18 참조.

83 2장 1046b 5 참조.

84 '단적으로 소멸할 수 있음'은 어떤 것이 '그 본질을 잃을 수 있음'을 뜻하고, '장소에서 소멸할 수 있음'은 어떤 것이 '있는 자리가 바뀔 수 있음'을 뜻한다. 양과 질의 변화도 이와 마찬가지로 설명할 수 있다.

에서'를 뜻한다. 그러므로 단적으로 소멸하지 않는 것들은 어느 것도 단적으로 잠재 상태에 있지 않다. 어떤 점에선, 예를 들어 질이나 장소의 면에서는 얼마든지 그런 상태에 있을 수 있지만 말이다. 소멸하지 않는 것들은 모두 실현 상태로 있다. 그리고 필연적으로 있는 것들도 잠재적으로 있지 않다. 그런데 이런 것들은 으뜸가는 것들이다. 왜냐하면 이것들이 있지 않으면, 아무것도 있지 않기 때문이다. 그리고 영원한 움직임이란 것이 있다면, 이것도 잠재적으로 있지 않다. 그리고 또 영원히 움직이는 것이 있다면, 그것은 잠재적으로 움직이는 것이 아니다. 어디에서 어디로 더 움직일 수 있다는 점을 제외한다면 말이다. 왜냐하면 그것은 (자기 자신을 여러 방향으로 운동할 수 있게 하는) 재료를[85] 얼마든지 가질 수 있기 때문이다. 그렇기 때문에 태양과 별들, 그리고 하늘 전체는 항상 실현 상태로 움직이고 있으며, 자연철학자들이 걱정하듯,[86] 그것들이 언젠가 멈춰 서 버리지나 않을까 걱정할 필요가 없다. 더구나 그것들은 그런 활동을 하면서 지치지 않는다. 왜냐하면 그것들의 운동은 소멸하는 것들의 경우처럼 모순되는 것들에[87] 대한 힘과 관계됨으로써 운동의 연속성이 힘들게 되지 않기 때문이다. 이런 힘듦을 불러일으키는 것은 실현 상태가 아니라, 재료이자 잠재 상태인 실체이다.

(천체들처럼) 소멸하지 않는 것들을 또한 흙과 불처럼 변화 상태에 있는 것들이 닮는다. 왜냐하면 이것들도 항상 (연속적인 변형의) 실현 상태에 있기 때문이다. 다시 말해, 그것들은 제 스스로 움직임을 갖기도 하고, 자신 안에 움직임을 받아 갖기도 한다.[88] 그러나 다른 잠재 상태의 힘들은, 우

---

85 '이동을 위한 재료'(hylē topikē)를 말한다. 8권(H) 1장 1042b 6 참조.

86 엠페도클레스를 겨냥한 말이지만, 남아 있는 그의 글조각에서는 찾아볼 수 없는 주장이다. 5권(Δ) 23장 1023a 19–21, 『천체에 관하여』 284a 24–26 참조.

87 '모순되는 것들'(antiphasis)은 움직임(운동)과 '가만히 있음'(정지)을 뜻한다.

리가 앞서[89] 논의한 바에 따르면, 모두 모순되는 것들에 대한 힘들이다. 왜냐하면 이런 방식으로 다른 것을 움직일 수 있는 것은 이렇지 않은 방식으로도 그것을 움직일 수 있기 때문이다. 단, 그 힘은 이성적인 것에 따른 것이어야 한다. 그리고 비이성적인 힘들도 (그것들이 움직일 수 있는 것 앞에) 그것들이 주어져 있느냐 없느냐에 따라, 같은 비이성적인 힘이 모순되는 것들에 대한 힘이 될 것이다.[90] 철학적 대화술자들이[91] 내놓는 이데아들과 같은, 그런 실재들이나 실체들이 있다면, 앎 자체(앎의 이데아)보다 훨씬 더 앎의 성격을 띤 것이, 움직임 자체(움직임의 이데아)보다 훨씬 더
움직임의 성격을 띤 것이 | 있게 될 것이다. 왜냐하면 이것들이 (앎 자체와 1051a
움직임 자체보다) 더 실현 상태이고, 앎 자체와 움직임 자체는 이것들의 잠재 상태가 될 것이기 때문이다.[92]

그러므로 분명히 발휘/실현 상태가 잠재 상태의 힘보다 앞서며, 어떤 것을 변하게 할 수 있는 모든 근원보다[93] 앞선다.

---

88 '제 스스로 움직임을 갖는다'는 '스스로 다른 것을 움직인다'는 뜻이며, '자신 안에 움직임을 갖는다'는 '다른 것에 의해 움직인다'는 뜻이다. 『생성과 소멸에 관하여』 337a 1-7 참조.

89 1050b 8-12에서.

90 예를 들어, 비이성적인 불은 그것이 어떤 물체 가까이에 주어져 있으면 이 물체를 뜨겁게 만들 것이고, 그렇게 주어져 있지 않으면 뜨겁게 만들지 못할 것이다. 이런 뜻에서 불은 모순되는 사태들, 즉 '뜨겁게 만듦'과 '뜨겁게 만들지 못함'에 대한 힘이다.

91 '철학적 대화술자들'의 원어는 hoi en tois logois이다. 말 그대로 옮기면 '말(또는 개념)들에 대한 정의를 다루는 사람들'이다. 플라톤주의자들을 일컫는다. 1권(A) 6장 987b 31 참조.

92 따라서 보편자인 앎의 이데아는 개별자인 앎의 행위보다 뒤지게 될 것이다.

93 1049b 5-7 참조.

1051a

9장 좋은 실현 상태와 좋은 잠재 상태, 기하학의 증명

좋은 실현 상태가 잠재 상태의 좋은 힘보다 더 낫고 더 값지다는 점은 다음과 같은 점으로 볼 때 분명하다. 즉, …할/될 힘이 있음에 따라 말해지는 것들은 모두 같은 것이 반대되는 것들에 대한 힘이 있다. 예를 들어, 건강할 힘을 가진다고 말해지는 것은 아플 힘을, 그것도 동시에, 가진다고 말해지는 것과 같다. 왜냐하면 건강할 힘과 아플 힘, 가만히 있을 힘과 움직여질 힘, 집을 지을 힘과 그것을 허물 힘, 그리고 집이 지어질 힘과 허물어질 힘은 같은 힘이기 때문이다. 이렇듯, 반대되는 것들에 대한 힘이 있음은 동시에 있다. 그러나 반대되는 것(성질)들은 동시에 (같은 대상에) 들어있을 수 없으며, 건강함과 아픔처럼 (두 가지 반대되는) 실현 상태들도 동시에 (같은 대상에) 들어있을 수 없다. 그래서 이 두 실현 상태의 것들 중 어느 하나는 좋은 것이어야 한다. 그러나 …할/될 힘이 있음(잠재 상태)에서는 똑같이 좋고 나쁘거나, 아니면 둘 다가 아니어야 한다.[94] 그러므로, 좋은 실현 상태가 그런 잠재 상태보다 낫다.

하지만 나쁜 것들의 경우는, 목적이나 실현 상태가 잠재 상태보다 못한 것일 수밖에 없다. 왜냐하면 …할/될 힘이 있는 것은 같은 것이 두 가지 반대되는 것들이기 때문이다. 그러므로 분명히 나쁨은 나쁜 사물들과 따로 떨어져 실현되어 있지 않다.[95] 왜냐하면 나쁨은 본성상 잠재 상태보다 뒤지기 때문이다.[96] 그러므로, 또 처음부터 있는 것들, 영원한 것들은 어

---

94 잠재 상태의 것은 좋을 수도 있고 나쁠 수도 있는 상태의 것 또는 둘 다가 아닌 중립적인 상태의 것이다. 나쁘게 실현될 가능성을 배제할 때에만 좋은 것으로 불릴 수 있다는 점에서 그것은 좋은 실현 상태보다 못하다.

95 '나쁨'의 이데아를 가정하는 플라톤을 겨냥한 언급이다. 『국가』 402c, 476a, 『테아이테토스』 176e, 『법률』 896e, 898c 참조.

떤 것도 나쁘거나 흠이 있거나 파괴된 것이 아니다. 파괴된 상태는 나쁜 것의 일종이다.[97]

그리고[98] 기하학의 작도(作圖)들도[99] 사유의 발휘 상태로 말미암아 발견된다. 왜냐하면 (주어진 도형들을 실제로) 분할함으로써만 요구된 도형들을 발견할 수 있기 때문이다. 그 주어진 도형들이 이미 분할되어 있다면, 작도하라고 요구된 도형들은 지금 분명하게 보일 것이다. 그러나 그것들은 잠재적으로만 주어진 도형들에 들어있다. 예를 들어, 왜 삼각형의 세 내각이 두 직각과 같은가? 한 꼭짓점(C) 주변의 각이 두 직각과 같기 때문이다. 왜 그런지는 한 변에 평행하게 직선(CE)이 위쪽으로 그어지는 것을[100]

---

96 그러나 영원하고 실체(본질)인 것은 잠재 상태보다 나은 것이어야 한다.

97 우주의 으뜸 원리들인 하나(to hen)와 확정되지 않은 두 짝(ahoristos dyas)을 좋은 것과 나쁜 것으로 놓는 플라톤을 겨냥한 것이다. 1권(A) 6장 988a 14-15, 12권(Λ) 10장 1075a 34-36, 14권(N) 4장 1091b 30-32 참조.

98 이 마지막 단락(21-33행)은 실현 상태가 잠재 상태보다 시간적으로 앞선다는 것을 보여 주는 논의이다.

99 3권(B) 3장 998a 25의 각주 참조.

100 에우클레이데스의 『원론』 1권 정리(定理, theōrēma) 32("주어진 삼각형의 한 외각은 마주보는 두 내각의 합과 같으며, 삼각형의 세 내각은 그 크기가 두 직각과 같다")의 내용 중 뒷부분에 해당되는 언급으로서, 다음과 같은 도형으로써 증명된다.

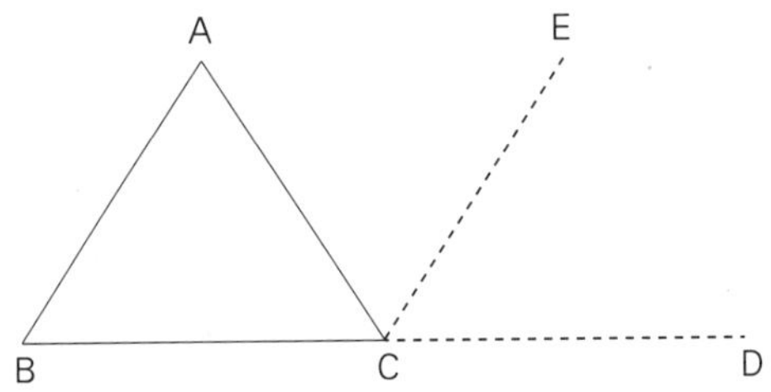

먼저 BC의 연장선 CD를 긋고, BA에 평행하게 위쪽으로 CE를 그으면, ∠CAB = ∠ACE이고 ∠ABC = ∠ECD가 된다(1권 정리 29). 따라서 ∠BCA + ∠CAB + ∠ABC = ∠BCA + ∠ACE + ∠ECD, 즉 ∠BCA + ∠ACD가 되는데 이것은 그 크기가 두 직각

보자마자 단박에 분명해질 것이다. 그리고 왜 반원 안의 각은 모든 경우에 직각인가? 세 직선의 길이가 같다면, 그리고 두 직선(BD, DC)은 저선(底線, 원의 지름 BC)을 이루고, 한 직선(DE)은 중심에서 그어진 수직선이라면,[101] 저것을[102] 이해한 사람에게는 그가 이 도형을 볼 때 단박에 그 까닭이 분명해질 것이다. 그러므로 분명히, 잠재적으로 있는 도형들은 사유를 통해 실현 상태로 이끌어짐으로써 발견된다.[103] 그 까닭인즉, 기하학자

과 같다(1권 정리 13). 그러므로, 삼각형의 세 내각은 그 크기가 두 직각과 같다.

101 아리스토텔레스가 염두에 두고 있는 증명은 에우클레이데스의 『원론』 3권 정리 31에 나오는 증명보다 간단하다. 대칭으로 합동인 두 삼각형을 포함하는 ΔBEC의 하나밖에 없는 예가 직관적으로도 분명해 보이기 때문에 예로 든 듯하다. ∠BEC가 직각임을 증명하는 방식을 그대로 임의의 ΔBAC에 적용하여 에우클레이데스처럼 ∠BAC가 직각임을 증명할 수 있다.

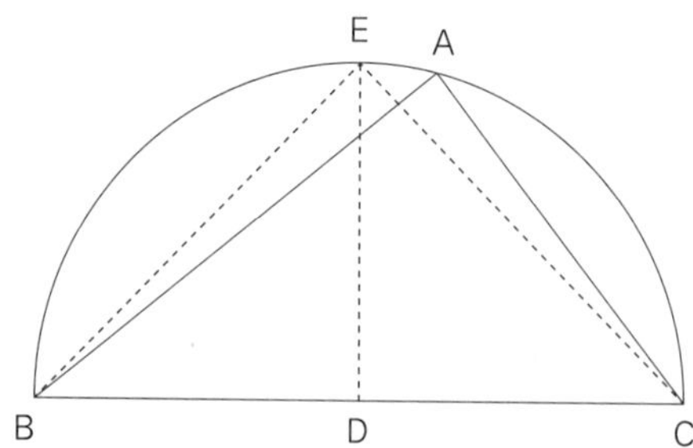

먼저, ∠BAC는 반원 안의 각이다. 반원의 지름 BC의 중점 D에서 수직선을 그어 원주와 만나는 점을 E라고 하고, BE와 CE를 긋는다. 여기서 DE=DB이므로, ∠DEB=∠DBE이다. 또 DE=DC이므로, ∠DEC=∠DCE이다. 그러므로 ∠DEB+∠DEC=∠DBE+∠DCE, 즉 ∠BEC=∠CBE+∠BCE이다. 그런데 ∠BEC+∠CBE+∠BCE=두 직각이다(1권 정리 32). 그러므로 ∠BEC는 직각이다. (『원론』 3권 정리 21("같은 호를 공통의 밑변으로 하여 원에 내접하게 그려진 삼각형들의 꼭지각들은 서로 크기가 같다")에 따르면 ∠BAC=∠BEC이므로 ∠BAC도 직각이다.)

102 '삼각형의 세 내각은 그 크기가 두 직각과 같다'는 내용(24-26행)을 가리킨다. 『뒤 분석론』 71a 19-21 참조.

103 이 과정을 '잠재 상태의(즉, 그릴 수 있는) 도형 → 기하학적 사유 능력의 발휘

의 사유는 기하학적 능력의 발휘 상태이기 때문이다. 그래서 잠재 상태는 실현 상태에서[104] 실현되어 나온다. 그러므로 요구된 도형을 작도함으로써 우리는 그 도형에 대한 앎을 얻게 된다. 그렇지만 수에 따른 실현 상태는[105] 그에 상응하는 잠재 상태에 생성에서 뒤진다.

10장 참과 거짓[106]

'있음'과 '있지 않음'은 범주들의 형태들에 따라 말해지기도 하고, 이 범주들의 잠재 상태나 발휘/실현 상태 | 또는 이 두 상태들에 반대되는 상태들에 따라 말해지는데,[107] 그 말들은 [가장 본래적인 뜻에서][108] '참임'이나 '거짓임'을 뜻한다.[109] 그런데 이 마지막의 뜻은 사물들이 결합되어 있음과 분리되어 있음으로써 성립한다. 그래서 분리된 것에 대해 그것이 분리되어 있다고, 결합된 것에 대해 그것이 결합되어 있다고 생각하는 사람은 맞지만, 사물들이 있는 상태와 반대로 생각하는 사람은 틀렸다. 그렇다면 어

상태 → 실현된(, 즉 그려진) 도형'의 단계로 구분해 볼 수 있다.

104 8장 1049b 25의 각주 참조.

105 '수에 따른 실현 상태'(energeia kat' arithmon)는 '기하학적 사유의 발휘를 통해 그려진 구체적인 도형'을 뜻한다.

106 6권(E) 4장 1027b 28 참조.

107 다시 말해, '있음'과 '있지 않음'은 '실체, 양, 질, 관계 따위의 범주에 드는 사물들이 잠재적으로 있거나 있지 않음을, 또는 발휘되어/실현되어 있거나 있지 않음'을 뜻한다. 1장 1046a 29-31 참조.

108 Ross(1924, 2권 274-275쪽 참조)에 따라 [ ] 부분을 빼고 읽는 것이 좋다. 왜냐하면 '있음'과 '있지 않음'의 가장 본래적인 의미는 범주들의 구분에 따른 것이기 때문이다. 6권(E) 4장 1027b 31-33 참조.

109 5권(Δ) 7장, 6권(E) 2장 1026a 33-b 2, 4장 참조.

1051b

느 때 '참'이나 '거짓'이라 불리는 것이 성립하고, 어느 때 성립하지 않는가? 이 말들의 의미를 우리는 살펴보아야 할 것이다.

네가 (얼굴이나 입고 있는 옷이) 희다고 생각하는 우리의 생각이 맞기 때문에 네가 흰 것이 아니다. 반대로, 네가 희기 때문에 이를 주장하는 우리의 말이 맞다. (1) 어떤 것들은 늘 결합되어 있어 분리될 수 없지만, 어떤 것들은 늘 분리되어 있어 결합될 수가 없다. 또 어떤 것들은 반대되는 것들을 모두 허용한다[110](여기서 '있음/…임'은 결합되어 있고 하나임을 뜻하며, '있지/…이지 않음'은 결합되어 있지 않고 하나보다 많은 것임을 뜻한다). 그래서 반대되는 것들을 허용하는 것들의 경우에는, 같은 생각이나 같은 말이 참이 되거나 거짓이 되고, 때로는 맞기도 하고 때로는 틀릴 수도 있다.[111] 그러나 달리 될 수 없는 것들의 경우, 같은 생각이나 같은 말이 때로는 참이다가 때로는 거짓이 되지 않고, 그것들은 늘 참이거나 늘 거짓이다.[112]

그런데, (2) 합쳐져 있지 않은 것(단순한 것)들의 경우에서, 그것들의 '있음'이나 '있지 않음', 그리고 '참'과 '거짓'은 무엇을 뜻하는가? 그것들은, '그 통나무는 희다'는 것이나 '정사각형의 대각선은 그 한 변과 같은 단위로 잴 수 없다'는 것처럼 결합되어 있을 때 있으며, 분리되어 있을 때 있지 않은 방식으로 합쳐진 것(복합된 것)이 아니다. 그리고 이 경우에는, 참과 거짓이 저런 경우와 비슷하게 적용되어 있지도 않을 것이다. 실제로, 이런 경우에서는 ㉮ 참이 저런 경우와 같지 않듯이, 또한 ㉯ '있음'도 저런

110 다시 말해 어떤 것들은 결합되기도 하고 분리되기도 한다.

111 예를 들어, '테아이테토스는 앉아 있다'와 같은 진술은 맞을 때도 있고 틀릴 때도 있다.

112 예를 들어, '정사각형의 대각선과 그 한 변은 같은 단위로 잴 수 있다'는 항상 거짓이다.

경우와 같지 않다. 이런 경우에서, ㉮ 참이나 거짓은 다음과 같다. 즉, (단순한 사물을) 접함과[113] (그 사물에 대한 이름인) 낱말을 말함은 참이고(여기서 낱말을 말함은 문장을 말함과 다르다)[114] 접하지 못함은 모름을 뜻한다. 왜냐하면 틀림(착오)은 어떤 것의 무엇임의 경우, 간접적으로 딸린 방식이 아니라면[115] 있을 수 없기 때문이다. 합쳐지지 않은 실체들의 경우도 이와 마찬가지여서, 이것들에 대해 틀리는 것은 불가능하다. 그리고 이런 실체들은 모두 실현 상태로 있지, 잠재 상태로는 있지 않다. 그렇지 않으면, 그것들은 생성하기도 하고 또 소멸하기도 할 것이다. 그러나 있음 자체는[116] 생성하지도 소멸하지도 않는다. 그렇지 않으면 그것은 다른 어떤 것으로부터 생겨나야 할 것이다. 본질적으로 있고 실현되어 있는 것들에 관해서는 틀림은 가능하지 않고, 오로지 생각하거나 생각하지 않음이 있을 뿐이다. 그것들에 관하여, 우리는 그것들이 무엇인지를, 그것들이 이러저러한 성질의 것들인지 아닌지를 묻는다.

㉯ '참'이란 뜻의 있음과 '거짓'이란 뜻의 있지 않음은 한편으로[117] 대상과 속성이 결합되어 있을 때는 참을 뜻하며, 그것들이 결합되어 있지 않을 때는 거짓을 뜻한다. 그러나 다른 한편으로,[118] 그것은 어떤 대상이 있을 때, 특정한 방식으로 있다는 것을 뜻하며, | 그것이 그런 특정한 방식

113 '접함'(thigein)은 '틀릴 수 없는, 직접적인 파악 또는 이해'를 뜻한다. 『혼에 관하여』 430b 29 참조.

114 여기서 phanai 또는 phasis는 '낱말을 말함'을 뜻하고(『명제에 관하여』 16b 27, 17a 27 참조), kataphasis는 '문장 또는 긍정문을 말함'을 뜻한다.

115 예를 들어, 단순한 것인 사람을 다시 '이성적임'과 '동물'로 이루어진 복합된 것으로 놓고, 이 두 낱말이 서로 결합되는지 안 되는지를 묻는 방식이 아니라면.

116 순수 형상(eidos)을 가리킨다. 7권(Z) 8장 1033b 17 참조.

117 '합쳐진 것들'(복합된 것들, syntheta)의 경우를 말한다.

118 '합쳐져 있지 않은 것들'(단순한 것들, asyntheta)의 경우를 말한다.

으로 있지 않을 때, 있지 않다는 것을 뜻한다.[119] 그리고 참은 그러한 대상들을 인지하는 것이다. 그리고 이것들에 대해서는 거짓도 착오도 있지 않고,[120] 모름만이 있을 뿐이지만, 이것은 눈먼 상태와 비슷한 그런 모름은 아니다.[121] 왜냐하면 눈먼 상태는 누군가가 사유 능력을 전혀 갖고 있지 못할 때와 비슷하기 때문이다.

또한 분명히, 변하지 않는 것들의 경우에는,[122] 이것들이 변하지 않는다고 우리가 믿는 한, 시간과 관련하여 어떤 착오도 있을 수 없다. 예를 들어, 삼각형이 변하지 않는다고 우리가 받아들인다면, 우리는 그것이 어느 때는 두 직각과 같은 세 내각을 가지고 어느 때는 그렇지 않는다고 생각하지 않을 것이다(그렇지 않으면 삼각형은 변하게 될 것이다). 그렇지만, 변하지 않는 것들 중 어떤 것은 어떠한데, 다른 어떤 것은 어떠하지 않다고 생각할 수는 있다. 예를 들어, 어떤 짝수도 소수(素數)이지 않다고 잘못 생각하거나, 아니면 어떤 짝수는[123] 소수이지만 어떤 짝수는 소수가 아니라고 옳게 생각할 수 있다. 그러나 개수가 하나인 (변하지 않는) 것에 대해서는 그런 식으로 잘못 생각할 수조차 없다. 왜냐하면 이런 것들의 경우에서는 어떤 것은 어떠한데, 다른 어떤 것은 어떠하지 않다고 생각할 수 없고, 우리가 참을 말하든 거짓을 말하든, 어떤 것이 늘 일정한 상태에 있기 때문이다.

---

119 어떤 대상 A가 있다는 것은 그것이 A인 방식으로 있다는 것이며, 그렇지 않을 경우 그것은 결코 A라고 할 수 없다.

120 6권(E) 4장 1027b 19-23, 『범주들』 2a 8-10, 『혼에 관하여』 430a 26-28 참조.

121 눈먼 상태에 있는 사람은 나중에도 보지 못하지만, 모르는 상태에 있는 사람은 나중에 알아차릴(noein=thigein 1051b 24) 수 있기 때문이다.

122 여기에서 다시 '합쳐진 것들'에 관한 (1)의 논의(1051b 9-17)가 이어진다.

123 짝수들 중 유일하게 소수(素數, prōtos arithmos)인 2를 가리킨다.

10권(I)

1장 '하나'의 뜻

1052a

'하나'가 여러 가지 뜻을 갖는다는 점은 앞서 (철학적인 낱말들이) 얼마만큼 많은 뜻으로 쓰이는지에 관한 구분에서[1] 말한 바 있다. 어떤 것이 단순히 딸린 방식이[2] 아니라 일차적으로, 그 자체로 하나인 것이라 불리는 데에는 더 많은 뜻이 있지만, 다음과 같이 네 가지 뜻으로 간추릴 수 있다.[3]

한편으로, (1) '하나인 것'은 연속된 것을[4] 뜻한다. 닿음(접촉)이나 함께

---

1 5권(Δ) 6장 참조.

2 '단순히 딸린 방식으로 하나임'에 대해서는 5권(Δ) 6장 1015b 17-34 참조.

3 아래 34행의 요약 참조.

4 '연속된 것'의 원어는 syneches이다. 이 용어는 파르메니데스가 처음으로 썼다. "왜냐하면 그것(있는 것)은 지금 전체로, 하나로, 연속된 것으로 함께 있기 때문이다. 어떤 종류의 생성을 그대는 거기서 찾아낼 것인가?"(글조각 8의 5-6행, 김인곤 외(2005), 280쪽 참조). 또, 제논의 역설(paradox)은 무한히 분할 가능한 '연속된 것'을 바탕으로 운동의 존재를 부인한다(그의 글조각 4, 김인곤 외(2005), 323쪽 참조). 크기(선, 면, 입체), 운동, 시간, 장소는 '연속된 것'이며, 수와 말 따위는 '불연속적인 것'(dihorismenon)이다. 『범주들』 4b 20-5a 14 참조.

묶임(결속)을 통해서가 아니라, 일반적으로 또는 특히 자연적으로 연속된 것을 뜻한다. 그리고 이 중에서도 자신의 운동이[5] 다른 운동보다 더 분할되지 않는 것이, 더 단순한 것이 더 하나이고(단일하고) 더 앞선 것이다.[6]

그리고 (2) 통짜(전체)이고 일정한 형태와 형상을 가진 것이 더 많이 하나이다. 자연적으로 그럴 때, 다시 말해 아교, 못, 끈으로 묶인 것들처럼 (외부의 인위적인) 힘을 통하지 않고, 제 안에 자신이 이어짐의 원인을 지닐 때, 특히 그렇다. 사물은 자신의 움직임이 하나이고 장소와 시간에서 분할될 수 없음으로써 그러한 것이 된다. 그래서 분명히, 움직임의 근원을 본성적으로 제 안에 갖는 어떤 것이 으뜸가는 움직임, 즉 이동 중에서도[7] 으뜸가는 것인 원운동을[8] 할 때, 그것은 으뜸가는 뜻에서 하나인 크기이다.[9]

이렇듯, 연속된 것이거나 통짜여서 하나인 것들이 있는가 하면, 다른 한편으로 정의(定義)가 하나여서(같아서) 하나인 것들이 있다. 이런 것들은 그에 대한 사유가 하나인 것들, 즉 그 사유가 부분들로 분할될 수 없는 것들이다. 그리고 사물은 종류나 개수에서 분할되지 않을 때 분할되지 않는다. (3) 개수에서는 개별적인 것(개별자 또는 개체)이 분할되지 않으며,

---

5 5권(Δ) 4장 1015a 13에서, 자연은 '움직임(운동)의 근원을 자신 안에 가지고 있는 것들의 실체'로 규정된다.

6 5권(Δ) 6장 1016a 5-17 참조.

7 이동(phora)은 다른 종류의 움직임(변화), 즉 크기의 변화(팽창과 수축), 질의 변화, 실체의 변화(생성과 소멸)보다 앞선 것이다. 이동은 다른 변화들 없이 성립할 수 있기 때문이다. 『자연학』 260a 20-261a 26 참조.

8 아리스토텔레스에 따르면, 원운동(kyklophoria)은 방향의 변화가 없기 때문에, 다른 종류의 이동들보다 앞선 것이다. 직선운동도 마찬가지로 방향 전환이 없긴 하지만 무한한 공간을 필요로 한다. 그러나 원운동은 제자리로 돌아오며 무한한 공간을 필요로 하지 않는다. 『자연학』 261b 27-265b 16 참조.

9 천구(天球)가 '연속성을 통해 하나인 것'의 대표적인 본보기다.

(4) 종류에서는 인식과 앎에서 분할되지 않는 것들이[10] 분할되지 않는다. 그래서 실체들이 하나임의 원인이 되는 것이[11] 본래적인 뜻에서 하나일 것이다.

'하나'는 이만큼 많은 뜻을 갖는다. 즉, 자연적으로 연속된 것, 통짜, 개별적인 것, 보편적인 것이란[12] 뜻을 갖는다. 이것들은 모두 (앞의 둘처럼) 그 움직임이 나뉘지 않아서 하나이거나, | (뒤의 둘처럼) 그것들에 대한 사유나 정의가 분할되지 않아서 하나다.

그러나 '어떤 종류의 것들이 하나로 불리는가?'란 물음과 '하나의 본질은 무엇이며, 하나에 대한 정의는 무엇인가?'란 물음을[13] 같은 물음으로 보아서는 안 된다는 점을 우리는 마음속에 새겨 두어야 한다. '하나'는 앞서 말한 뜻들을 가지는데, 이 가운데 어떤 것을 지닌 사물들은 저마다 하나일 것이다. 그러나 '하나임'은 때로는 이런 사물들 중 어느 것임을 뜻하지만, 때로는 '하나'란 말의 뜻에 더 가까운 다른 어떤 것임을 뜻할 것이다. 그러나 그런 사물들은 '하나'란 말이 적용된 사례들에 가깝다. 낱말이 어떤 사물들에 적용되는지를 구분하고, 또 그 낱말에 대한 정의를 제시해야 한다면, '요소'와 '원인'도 '하나'의 경우와 마찬가지다. 어떤 점에서 (힙파소스나 헤라클레이토스의) 불은 요소이지만, 아마도 (아낙시만드로스의) 무한정자(無限定者)나 이와 같은 종류의 다른 어떤 것도 그 자체로 요소일 텐데, 어떤 점에서는 아니다. 왜냐하면 불임과 요소임은 같지 않기 때문이

---

10 '맨 아래의 종들'(最下種들, infimae species)을 가리킨다.

11 본질이나 형상을 말한다. 7권(Z) 17장 참조.

12 '보편적인 것'(보편자, to katholou)에는 앞의 (4)에서 든 종(種, species)뿐만 아니라 유(類, genus)도 포함된다.

13 앞의 물음은 '하나'의 외연에 관한 물음이며, 뒤의 물음은 '하나'의 내포에 관한 물음이다.

다. 불은 특정한 사물 및 자연물로서 요소이지만, '요소'란 이름은 다음과 같은 성질이, 즉 어떤 것이 이 불을 으뜸가는 구성 요소로서 갖는다는 성질이 불에 딸려 있음을 나타낸다.

'원인', '하나' 따위의 용어들도 모두 마찬가지다. 그렇기 때문에, 어떤 것이 하나임은 그것이 분할되지 않는 것임인데, 이는 본질적으로 이것이며 장소나 형상이나 사유의 면에서 제 나름대로 독립된 것임을 뜻한다. 또는 그것은 전체이며 분할되지 않음을 뜻한다. 그러나 그것은 무엇보다도 각 유(類)의 으뜸가는 척도임을, 특히 양의 으뜸가는 척도임을 뜻한다. 왜냐하면 그 뜻이 양에서부터 다른 범주들로 확장되었기 때문이다. 다시 말해, 척도를 통해서 먼저 양이 인식되는데, 양은 그것이 양이라는 점에서는 (수의 단위인) 하나를 통해 또는 수를 통해 인식된다. 그리고 모든 수는 하나를 통해 인식된다. 그러므로 모든 양은 그것이 양이라는 점에서는 하나를 통해 인식되며, 바로 하나를 통해 일차적으로 모든 양들이 인식된다. 그렇기 때문에 하나는 (수의 단위로서) 수가 수인 한에서 갖는 원리이다. 그러므로 '척도'는 다른 경우들에서도, 그것에 의해 일차적으로 각 사물이 인식되는 것이며, 각 사물의 척도는 길이에서든, 넓이에서든, 깊이에서든, 무게에서든, 또는 빠르기에서든 하나다. '무게'와 '빠르기'는 반대되는 성질들에 대한 공통 명칭이다.[14] 다시 말해, 이 둘은 저마다 두 가지 뜻이 있다. '무게'는 임의의 중량을 가진 것에 적용되기도 하고, 또 과도한 중량을 가진 것에 적용되기도 한다. '빠르기'도 임의의 운동을 하는 것에 적용되기도 하고, 과도한 운동을 하는 것에 적용되기도 한다. 왜냐하면 느린 것도 빠르기(속도)가 있으며, 가벼운 것도 무게가 있기 때문이다.

---

14 '무게'와 '빠르기'(속도)는 반대되는 성질들인 '무겁다'와 '가볍다' 그리고 '빠르다'와 '느리다'를 각각 대표하는 공통 명칭(koinon)이다. 길이, 넓이, 깊이도 이와 마찬가지다.

이 모든 것들에서, 척도와 원리는 하나인 것이며 분할되지 않는 것이다. 선(線)들에서조차 한 발 길이의 선을[15] 나뉘지 않는 것(단위)으로서 사용한다. 다시 말해, 우리는 어디서든 하나인 것이자 분할되지 않는 것을 척도로서 찾는다. 그리고 이것은 질에서나 양에서나 단순한 것이다. 그런데 척도는 조금이라도 빼거나 보탤 수 없는 듯한 곳에서 정확하다. 그러므로 | 수의 척도가 가장 정확하다. 왜냐하면 우리는 하나를 모든 측면에서 분할되지 않는 것으로 놓기 때문이다. 그러나 다른 모든 경우들에서는 우리는 이와 같은 종류의 척도를 흉내 낸다. 스타디온과 탈란톤처럼[16] 상대적으로 큰 것의 경우에는 얼마만큼을 빼거나 더하더라도 더 작은 것의 경우보다 덜 눈에 띈다. 그래서 사람들은 모두 감각의 측면에서 그런 가감이 안 되는 으뜸가는 것을 액체나 고체의 또는 무게나 크기의 척도로 삼는다. 그리고서는 이 척도를 통해 어떤 양을 알았을 때, 비로소 그 양을 안다고 생각한다. 그리고 또 사람들은 단순하면서 가장 빠른 운동을 통해 운동을 이해하기도 한다. 왜냐하면 그런 운동이 시간이 가장 적게 걸리기 때문이다. 그러므로 천문학에서는 이런 종류의 '하나'가 원리이자 척도가 된다. 다시 말해, 하늘(천구들)의 운동을 균일하고 가장 빠른 운동으로 놓고, 이에 맞춰 나머지 운동들을 판단한다. 그리고 음악에서는 디에시스(4분음)가[17] 가장 작기 때문에 척도이며, 말에서는 자모가 척도

---

15 '한 발 길이의 선'(podiaia grammē)은 발의 크기를 바탕으로 한 길이이다. 우리말에서 '1자(尺)'나 영어에서 '1피트(feet)'의 길이에 가깝다. 아래팔 크기를 바탕으로 한 길이의 단위인 pēchys(1053a 35)와 비교해 볼 것.

16 '스타디온'(stadion)은 길이의 단위이다. 대략 179-213m의 길이로 지역에 따라 차이가 있었다. '탈란톤'(talanton)은 무게와 화폐의 단위이다. 이것 역시 지역과 시대에 따라 그 양이 달랐는데, 솔론 때의 아티카에서 1탈란톤은 오늘날의 무게로 26kg쯤 나갔다고 한다.

17 '디에시스'(diesis)는 '최소 음정'을 뜻한다. 아리스토텔레스 시대에는 '4분음'을

다.[18] 이것들은 모두 이런 뜻에서 하나인 것들이다. 다시 말해, 여기서 '하나'는 이것들 모두에 공통된 것으로서 (이것들 모두에 서술된다는 뜻의) 하나가 아니라, 앞서 말한 뜻에서 하나이다.

그러나 척도의 개수가 언제나 하나인 것은 아니다. 때로는 여러 개다. 예를 들어, 디에시스는 두 가지인데,[19] 이는 청각에 의해 구분되지 않고, 비율 속에서 구분된다. 척도가 되는 음성도[20] 여럿이다. 그리고 정사각형의 대각선과 한 변도 두 가지로 측정되는데,[21] (선뿐만 아니라 면, 입체 등의) 크기들도 모두 이와 마찬가지다.

이렇듯, 하나는 모든 것들의 척도다. 우리는 양에 따라 또는 종류에 따라 사물들을 구분함으로써 실체를 이루고 있는 요소들을 알게 되기 때문이다. 그리고 바로 각 사물의 으뜸가는 것은 분할되지 않기 때문에 하나는 분할되지 않는다. 그러나 한 발(足)과 한 단위에서 보듯이, 하나가 분할되지 않는다고 할 때 어디서나 같은 방식으로 그런 것은 아니다. 이미 말했듯이,[22] 한 단위는 모든 점에서 분할되지 않는 것이지만, 한 발은 (그것을 하나로 보는) 감각에 관련해서만 분할되지 않는 것으로 놓아야 한다. 왜냐

뜻했다.

18 5권(Δ) 6장 1016b 21-23, 『뒤 분석론』 84b 38-39 참조.

19 아리스토텔레스의 제자인 아리스토크세노스(Aristoxenos, 이탈리아 남부 타라스에서 기원전 375-360년 사이에 태어난 철학자이자 음악 이론가로서 피타고라스적인 전통을 계승함)는 '디에시스'(diesis)를 엔하르모니아(enharmonia, 4분음), 크로마티케(chromatikē, 3분음), 헤미올리아(hēmiolia, 8분의 3음)의 세 가지로 구분했다고 전한다. 아리스토텔레스는 이 가운데 앞의 두 가지를 염두에 두고 있다.

20 척도가 되는 음성(phōnē)들은 자모(字母)들을 가리킨다. 모음과 자음은 모두 똑같이 말의 기본 단위들이다.

21 같은 단위로써 정사각형의 대각선과 한 변을 잴 수 없다는 점에서, 둘을 재는 척도는 각기 다르다고 볼 수 있다. 5권(Δ) 7장 1017a 35의 각주 참조.

22 1052b 33, 1053a 5 참조.

하면 분명히, 연속된 것은 모두 분할되기 때문이다.

재는 것(척도)은 항상 재어지는 것(측정 대상)과 종류가 같다. 공간적인 크기들의 척도는 공간적인 크기이며, 구체적으로 길이들의 척도는 길이이고, 넓이들의 척도는 넓이이다. 그리고 분절음들의 척도는 분절음이고, 무게들의 척도는 무게이며, 단위들의 척도는 단위다. 우리는 이렇게까지만 생각해야지, 수들의 척도가 수(數)라고까지 생각해서는 안 된다. 앞의 경우들과 같은 식으로 본다면 그래야 되겠지만 말이다. 그러나 같은 식으로 볼 것이 아니다. 그것은 마치 단위들의 척도가 단위가 아니라, 단위들이라고 주장하는 것과 같다. 그러나 수는 (단위인) 하나들의 다수이다.[23]

같은 이유로, 우리는 앎과 감각을 '사물들에 대한 척도'라 부른다. 왜냐하면 우리는 이 둘을 통해 어떤 것을 알게 되기 때문이다. 그런데 사실, 그것들은 사물들을 재는 것이라기보다는 오히려 재어지는 것이다.[24] 어떤 사람이 우리 몸의 크기를 잴 때, 이 사람이 아래팔 길이(腕尺)를[25] 얼마만큼 우리 몸에 갖다 대는지를 보면서 우리가 얼마나 큰지를 우리가 알게 되는 것과 비슷하다. 그러나 프로타고라스는 '사람은 모든 것들의 척도다'라

---

23 단위인 '하나'가 여러 개 있을 때 여러 수들이 생겨난다는 뜻이다. 수(數, arithmos)의 정의에 대해서는 6장 1057a 3, 5권(Δ) 13장 1020a 13, 7권(Z) 13장 1039a 12, 13권(M) 9장 1085b 22, 14권(N) 1장 1088a 5, 『자연학』 207b 7 참조.

24 우리의 감각(aisthēsis)이나 앎(epistēmē)의 범위는 우리가 알거나 느끼는 사물들에 의해 얼마나 되는지 측정된다. 감각이나 앎에 대한 사물들의 우위성에 대해서는 6장 1057a 7-12, 4권(Γ) 5장 1010b 30-1011a 2, 5권(Δ) 15장 1021a 29-b 2, 9권(Θ) 10장 1051b 6-9, 『범주들』 14b 10-22 참조.

25 '아래팔 길이'로 옮긴 pēchys는 원래 팔꿈치에서 가운뎃손가락 끝까지의 길이(약 46cm)를 나타낸다. 손바닥, 엄지손가락, 발 등 인간 신체의 일부를 바탕으로 만든 여러 측정단위 중 하나이다. 아래팔의 척골(尺骨, '길이의 단위가 되는 뼈')도 이 길이에 훨씬 못 미치는 길이이지만, 팔의 일부를 길이의 단위로 사용한다는 점에서 하는 역할은 같다.

고 말하는데,[26] 여기서 사람은 '인식하는 사람'이나 | '감각하는 사람'을 말
1053b 한 듯하다. 그리고 이들을 든 까닭은 이 사람들이 우리가 대상들의 척도들이라고 말하는 감각이나 앎을 저마다 갖고 있기 때문이겠다. 이런 (프로타고라스와 같은) 부류의 사람들은 정말 뭔가 대단한 것을 말하는 것처럼 보이지만, 제대로 말하는 것이 아무것도 없다.

그러므로 분명히, 우리가 '하나'라는 말의 뜻에 맞춰 정의를 내린다면, 하나임은 엄밀한 뜻에서 척도임을 뜻한다. 하나는 특히 양의 척도이며, 그 다음으로는 질(종류)의[27] 척도이다. 그리고 어떤 것은 양의 면에서 분할되지 않아, 어떤 것은 질의 면에서 분할되지 않아 하나일 것이다. 그러므로 하나인 것은 단적으로 분할되지 않는 것이거나, 하나인 한에서 분할되지 않는 것이다.[28]

2장 '하나'는 실체가 아니라, '있음'과 같은 술어다

'하나'의 실체(본질)와 본성에 관련하여, 그 둘 중 어느 방식으로 하나가 있는지 물어야 한다. 이것은 우리가 난문(難問)들에 관한 논의에서 검토해 본 물음으로서,[29] '하나는 무엇이며, 우리는 이 하나가 어떠한 것이라고 이해해야 하는가?'라는 물음이다. 피타고라스주의자들이 먼저, 그리고 플라톤이 나중에 주장한 것처럼, 하나가 바로 일종의 실체인가? 아니면, 그

---

26 4권(Γ) 4장 1007b 20-25, 플라톤의 『테아이테토스』 152a, 프로타고라스의 글조각 1, Diels/Kranz(1960-61), 2권 262-264쪽 참조.

27 1053a 20 참조.

28 1053a 22-24 참조.

29 3권(B) 4장 1001a 4-b 25 참조.

보다는 다른 어떤 실재가 하나에 대해 바탕이 되는 것으로서 있으며, 또 하나는 더 알기 쉽게 자연철학자들의 방식을 더 좇아 서술되어야 하는가? 이 자연철학자들 중 어떤 사람은 하나가 우애라고, 어떤 사람은 공기라고, 또 어떤 사람은 무한정자(無限定者)라고 말한다.[30]

실체와 있음에 관한 논의에서 설명된 바대로,[31] 보편적인 것(보편자)은 실체가 아니다. 그리고 있음 자체는 '여럿과 따로 있는 어떤 하나'라는 뜻의 실체일 수 없고(왜냐하면 있음은 여럿에 공통된 것이기 때문이다) 그저 술어일 뿐이다. 그렇다면, 분명히 하나도 있음과 마찬가지로 실체일 수 없다. 왜냐하면 있음과 하나는 모든 술어들 중 가장 보편적인 것이기 때문이다. 그러므로 유(類)들은 다른 것들과 따로 있을 수 있는(독립적인) 어떤 실재들과 실체들이 아니며, 또 하나는 유일 수 없다. 이는 있음과 실체가 유일 수 없는 이유와도 같다.[32]

더 나아가, 이 점은 하나를 모든 범주들에서 보더라도 마찬가지다. 그런데, '하나'는 '있음'만큼 많은 뜻을 갖는다. 질들에서 하나는 특정한 것, 특정한 실재다. 양들에서도 이와 마찬가지다. 따라서 분명히, 우리는 있는 것이 무엇인지를 묻듯이, 그 하나인 것이[33] 무엇인지를 일반적으로(모든 범주에서) 물어야 한다. 왜냐하면 하나인 것의 본성이 바로 하나라고 말

---

30 우애(philia), 공기(aēr), 무한정자(apeiron, 무한히 크고 규정되지 않은 것)를 사물들의 단일한 원리로서 주장한 세 자연철학자는 차례대로 엠페도클레스, 아낙시메네스, 아낙시만드로스이다.

31 7권(Z) 13장 참조.

32 '있음'(to on)과 '하나'(to hen)가 유(類, genos)일 수 없는 이유에 대해서는 3권(B) 3장 998b 22-27 참조.

33 여기서 to on과 to hen은 '있다'거나 '하나다'라고 말해지는 것, 즉 '있음'이나 '하나'를 술어로 갖는 사물을 뜻하기에, '있는 것'과 '하나인 것'으로 옮겼다. '하나'와 '있음'은 독립적인 실체가 아니라, '하나인 것'이나 '있는 것'의 속성이다.

하는 것만으로는 충분하지 않기 때문이다. 색들에서 하나인 것은 한 가지 색, 예를 들면 흰색이다. 그렇다면 다른 색들은 이 흰색과 검은색으로부터 생겨나는 것처럼 보이며, 어둠이 빛의 결여이듯 검은색은 흰색의 결여다. 그래서 있는 것들이 모두 색들이라면, 그것들은 특정한 수(數)일 테다. 하지만 어떤 것들의 수란 말인가? 그건 분명히, 색들의 수일 것이고, 여기서 하나인 것은 특정한 하나, 즉 흰색일 것이다. 이와 마찬가지로, 있는 것들이 모두 가락(曲)이라면, 그것들은 수, 그것도 4분음들의 수일 것이지만, 이것들의 실체(본질)는 수가 아닐 것이다. 그리고 하나인 것은 그 본질이 하나가 아니라 | 4분음일 것이다. 분절음의 경우도 이와 마찬가지여서, 있는 것들은 모두 자모들의 수이며, 여기서 하나인 것은 모음일 것이다. 그리고 있는 것들이 모두 직선으로 이뤄진 도형이라면, 그것들은 도형들의 수가 될 것이며, 여기서 하나인 것은 삼각형일[34] 것이다. 이와 같은 설명이 있음의 다른 모든 유들에도 적용된다. 그래서 수와 하나가 양태, 질, 양, 움직임에서 성립한다고 할 때, 그리고 이 모든 경우에서[35] 수는 특정한 것들의 수이고, 하나인 것은 특정한 하나이며, 이 하나의 실체가 바로 하나이지는 않다고 할 때, 실체들의 경우도 이와 마찬가지일 수밖에 없다. 하나에 대한 위의 설명 방식은 모든 (범주들의) 경우에 똑같이 적용되기 때문이다.

이렇듯 분명히, 하나인 것은 모든 범주들의 유에서 특정한 실재이다. 그러나 어떤 경우에도 이 특정한 하나가 바로 하나의 본성이지는 않다. 색의 경우에 우리가 추구하는 하나인 것이 바로 한 가지 색이듯, 실체의 경우에도 하나인 것은 바로 한 실체다. '하나'와 '있음'은 어떤 점에서는 같

---

34 삼각형은 모든 종류의 직선으로 이루어진 도형들에 잠재적으로 들어있는 기본적인 도형이다. 『혼에 관하여』 414b 19-32 참조.

35 실체를 뺀 나머지 모든 범주들에서.

은 것을 나타낸다.[36] 이는 하나에도 있음의 범주들만큼 많은 뜻이 나란히 따르며, 하나가 어느 한 범주 안에만 있는 것은 아니라는 점을 볼 때 분명하다. 하나는, 예를 들어, 무엇임(실체)의 범주나 질의 범주 안에만 (배타적으로) 있지 않고, 있음과 마찬가지로 이 범주들 모두에 관계한다. 그리고 그것은 '한 사람'은 '사람'과 다른 어떤 것을 덧붙여 서술하지 않는다는 점을 보더라도 분명하다. 마치 '있음'이 실체나 질 또는 양 말고 아무것도 아니듯이 말이다. 또 그것은 어떤 것이 하나임은 그것이 각 사물(범주)임을 나타낼 뿐이란 점을 보더라도 분명하다.

3장 하나와 여럿, 같음, 비슷함, 다름, 차이 남, 반대됨

하나와 여럿은 여러 가지 방식으로 대립되어 있다. 이 중 한 방식이 하나와 여럿이 분할되지 않는 것과 분할되는 것으로서 대립된 방식이다. 분할된 것이나 분할되는 것은 여럿이며, 분할되지 않는 것이나 분할 안 된 것은 하나다. 그런데, 대립에는 네 가지 방식이 있다. 그리고 대립된 두 개념들 중 하나는 맞은쪽의 결여로서 말해지는데, 이것들은 반대되는 것들이며, 모순되는 것들이나 어떤 것에 관계 맺은 것들로서 말해지지는 않는다.[37] 그리고 하나는 반대되는 것(인 여럿)에 바탕을 두고 하나라고 말해지

---

36 4권(Γ) 2장 1003b 22-34, 7권(Z) 4장 1030b 10-12, 11권(K) 3장 1061a 18 참조.

37 대립되는 것들(antikeimena)의 네 가지 종류(모순 대립, 반대 대립, 관계 대립, 결여와 소유) 중 반대 대립(enantiotēs)과 결여(sterēsis)는 서로 배타적이지 않다. 반대성은 형상(eidos)과 이 형상의 결여 사이에 성립하는 관계를 나타내는 것으로서 결여의 극단적인 형태이기 때문이다. 4장 1055b 14, 26, 4권(Γ) 2장 1004b 27, 6장 1011b 18 참조. 대립 개념에 대해서는 5권(Δ) 10장, 『범주들』 10장 참조.

고, 그 뜻이 드러나며, 분할되지 않는 것은 분할되는 것에 바탕을 두고 분할되지 않는다고 말해지고, 그 뜻이 드러난다. 왜냐하면 여럿과 분할되는 것이 (하나와) 분할되지 않는 것보다 더 감각에 잘 드러나기 때문이다. 그러므로[38] 이런 감각의 조건 때문에 여럿은 분할되지 않는 것보다 정의(定義)의 면에서 앞선다.

우리가 반대되는 것들의 구분에서[39] (두 줄로 갈라) 그려 본 것처럼, 같음, 비슷함, 같은 만큼임은 하나의 축에 들며, 다름, 비슷하지 않음, 같은 만큼이 아님은 여럿의 축에 든다. '같음'은 여러 가지 뜻을 갖는다.[40] 먼저, (1) 우리는 '개수가 같다'고 때때로 말한다.[41] 그리고 (2) 개수뿐만 아니라 정의에서 하나일 때, 예를 들어, 네가 형상과 재료로 보아 너 자신과 하나일 때 같다고 말한다. 더 나아가, (3) 으뜸 실체(본질)에 대한 정의가 | 하
1054b 나일 때 '같다'고 말한다. 예를 들어, 같은 만큼의 직선들이 (그 길이가) 같고, 또 같은 만큼이고 같은 만큼의 각을 가진 사변형들이 (그 크기와 모양이) 같다(합동이다). 이런 것들은 그 개수가 많다.[42] 그러나 이런 것들의 경우에서 양이 같음은 하나임을 뜻한다.

(1) 완전히 같지도 않고, (재료와 형상으로) 복합된 실체의 면에서 차이나지만, 형상이 같은 것들은 '비슷하다'.[43] 예를 들어, 큰 정사각형은 작은 정사각형과 비슷하며(닮았으며), 같은 만큼이 아닌(길이가 같지 않은) 직선들도 비슷하다(닮았다). 다시 말해, 이것들은 완전히 같지는(합동이지는)

---

38 23-28("그런데, 대립에는 … 잘 드러나기 때문이다.")을 이어받는다.

39 4권(Γ) 2장 1004a 2와 각주 참조.

40 '같음'(tauto)의 여러 가지 뜻에 대해서는 5권(Δ) 9장, 『토포스론』 1권 7장 참조.

41 단순히 딸린 방식으로 하나임을 뜻한다. 예를 들어, '교양 있는 것'과 '정의로운 것'은 같은 개체인 코리스코스에 딸림으로써 같다. 5권(Δ) 6장 1015b 17-34 참조.

42 예를 들어, 정사각형에 대한 정의는 하나이지만, 정사각형의 개수는 무수히 많다.

43 '비슷함'(homoion)의 여러 가지 뜻에 대해서는 5권(Δ) 9장 1018a 15-18 참조.

않고, 비슷할(닮았을) 뿐이다. 그리고 (2) 같은 형상을 가지며, 또 그 안에 정도의 차이가 생겨날 수 있지만, 아직 정도의 차이가 그 안에 생겨나지 않은 것들도 비슷하다. 그리고 (3) 형상에서 같고 하나인 성질을 가진 것들이 비슷하다. 예를 들어, 더 많이 흰 것과 덜 흰 것들을 우리는 서로 비슷하다고 말한다. 그것들의 형상이 같은 하나(인 흼)이기 때문이다. 그리고 (4) 다른 성질들보다 같은 성질들을, 이런 성질들 일반이든 아니면 두드러진 성질들과 관련해서든, 더 많이 가지는 것들이 비슷하다. 예를 들어, 주석은 희다는 점에서 은과 비슷하고, 불은 노랗고 붉다는 점에서 금과 비슷하다.

그렇다면 분명히, '다름'과 '비슷하지 않음'도 여러 가지 뜻을 갖는다. 그리고 다름은[44] 한편으로 (같음의 결여로서) 같음에 대립된다. 그래서 모든 것은 다른 모든 것에 관련하여 같거나 다르다. 다른 한편으로, 재료와 정의(定義)가 하나가 아닌 것들이 다르다. 그래서 너는 네 이웃사람과 다르다.[45] 다름의 세 번째 뜻은 수학에서 그 예를 찾아볼 수 있다.[46] (다름은 같음에 대립된다.) 그렇기 때문에 다름이나 같음은 모든 점에 관련하여 모든 것에 대해, 그것이 하나이자 있는 것이라는 조건에서, 말해진다. 왜냐하면 '다름'은 '같음'에 모순되는 술어가 아니기 때문이다. 그렇기 때문에, '다름'은 있지 않은 것들에 쓰이지 않지만(그러나 '같지 않음'은 그것들에 대해 진술된다), 있는 것들 모두에 대해 쓰인다. 왜냐하면 있는 것이자 하나인 것은 본래 다른 (있는 것이자 하나인) 것과 하나이거나 하나가 아니거나 둘 중 하나이기 때문이다.

---

44 '다름'(heteron)의 뜻에 대해서는 5권(Δ) 9장 1018a 9-11 참조.

45 사람이란 점에서 정의는 같지만, 신체를 구성하고 있는 재료가 다르기 때문에 다르다.

46 '같음'의 세 번째 뜻에 대립된 '다름'의 뜻이다.

1054b

다름과 같음은 그렇게 대립되어 있다. 그러나 차이 남과[47] 다름은 서로 다르다. 다른 것(A)과 다른 어떤 것(B)은 어떤 것(C)을 통해 다를 필요가 없다. 왜냐하면 있는 것은 모두 임의의 것과 다르거나 같기 때문이다. 그러나 어떤 것(B)과 차이 나는 것(A)은 어떤 특별한 점(C)에서 그것(B)과 차이 난다. 그래서 그것들(A와 B)의 차이를 보여 주는 어떤 동일한 것(C)이 있어야 한다. 이 동일한 것은 유(類)이거나 종(種)이다. 다시 말해, 차이 나는 것은 모두 유나 종에서 차이 난다. 유에서 차이 나는 것들은 공통의 재료를 갖지 않고, 또 서로로부터 생겨나지 않는다. 예를 들어, 다른 술어의 형태에 드는 것들이 그런 것들이다. 그리고 종에서 차이 나는 것들은 같은 유를 갖는다. 여기서 '유'는 차이 나는 두 가지 성질들에 대해 이것들의 실체와 관련하여 진술되는 동일한 대상을 말한다.

반대되는 것들은 서로 차이 난다. 그리고 반대됨은[48] 일종의 차이 남이다. 우리가 이 점을 올바로 가정하고 있다는 사실은 구체적인 예를 듦으로써 분명해진다. 왜냐하면 반대되는 것들도 모두 차이 나는 것으로 나타나기 때문이다. 이것들은 서로 다를 뿐만 아니라, 어떤 것들은 유에서 다르지만, 어떤 것들은 같은 술어의 줄(列)에 있으면서 달라서,[49] | 같은 유

---

47 diaphora는 'A가 어떤 기준(C, 종이나 유 따위)으로 볼 때 B와 다름', 'A의 무엇이 B와 차이 남'을 나타내는 말이며(예: '사람은 개와 종(種)에서 차이 난다' → '사람과 개는 종(種)이 다르다'), heterotēs는 tautēs(같음)에 반대되는 말로서 'A는 B가 아님', 'A는 B와 같지 않음'을 나타내는 말이다(예: '나는 너와 다르다'). 물론 앞의 말도 우리말 표현에서는 '다름'을 뜻하지만, 두 말을 구분하기 위해, 앞의 말은 '차이 남'으로 옮기고, 뒤의 말은 '다름'으로 옮겼다. '차이 남'의 여러 가지 뜻에 대해서는 5권(Δ) 9장 1018a 12-15 참조.

48 '반대됨'(반대성, enantiotēs)의 여러 가지 뜻에 대해서는 5권(Δ) 10장 1018a 25-35 참조.

49 8장 1058a 13 참조.

안에 있고 그 유에서 같다. 우리는 어떤 것들이 유에서 같고, 어떤 것들이 1055a
유에서 다른지는 다른 곳에서 구분한 바 있다.[50]

4장 반대됨

차이 나는 것들은 서로 차이가 더 크게 나기도 하고 더 작게 나기도 하는데, 여기에는 가장 큰 차이 남이 있기도 한다. 이것을 나는 '반대됨'(반대성)이라 부른다. 반대됨이 가장 큰 차이 남이란 점은 구체적인 예를 듦으로써 분명해진다. 다시 말해, 유(類)에서 차이 나는 것들은 서로에게로 가는 길이 없고, 서로 멀리 떨어져 있으며, 비교될 수 없다. 그러나 종(種)에서 차이 나는 것들의 경우에는, 반대되는 것들로부터의 생성이 극단들로부터 일어나듯이 있다. 그리고 극단들의 간격이 가장 크다. 따라서 반대되는 것들의 간격도 마찬가지로 가장 크다.

그런데, 각 유에서 가장 큰 것은 완전하다. 왜냐하면 가장 큰 것은 그것을 넘어설 수 없는 것이며, 완전한 것은 그 바깥에 아무것도 잡을 수 없는 것이기 때문이다. 완전한 차이성은 끝을 가지며(다른 완전한 것들은 이 끝을 갖기 때문에 완전하다고 일컬어진다), 끝의 바깥에는 아무것도 없다. 왜냐하면 모든 것에서 끝은 극단이며, 다른 모든 것을 포함하기 때문이다. 그렇기 때문에, 끝의 바깥에는 아무것도 없으며, 완전한 것은 모자란 게 아무것도 없다. 이렇듯 분명히, 반대됨은 완전히 차이 남이다.[51] 그리고 반대되는 것들은 여러 가지 뜻으로 말해지므로,[52] 반대됨이 반대되

---

50 5권(Δ) 28장 1024b 9-16 참조.

51 풀어서 말하면, 'A가 B에 반대된다'는 것은 'A가 B와 완전히 차이 난다', 'A가 B와 완전히 다르다'는 뜻이다.

는 것들에 들어있는 방식들만큼 또한 그것들의 완전함의 방식들이 뒤따를 것이다.

이럴 경우 분명히, 하나에 하나보다 많은 것들이 반대될 수 없다. 왜냐하면 어떤 것도 극단보다 더 극단적일 수 없으며, 한 간격에서 둘보다 많은 극단들은 있을 수 없기 때문이다. 그리고 그 점은 일반적으로, 반대됨이 차이 남이라고 할 때, 그리고 차이 남이, 따라서 완전히 차이 남이 두 개의 것들에서 성립한다고 할 때 분명하다.

그리고 다음과 같은 반대되는 것들에 대한 다른 (일반적인) 규정들도 틀림없이 맞는 말이다. 먼저, (1) 완전한 차이성은 가장 큰 차이성이다. 왜냐하면 우리는 이것을 넘어서서, 유에서 또는 종에서 차이 나는 것들의 차이성을 잡아낼 수 없기 때문이다. 한 유 바깥에 있는 것들(과 그 유 안에 있는 것들) 사이에서는 차이성이 성립하지 않고, 또 완전한 차이성은 같은 유 안에 있는 것들의 가장 큰 차이성이라는 점을 우리는 보인 바 있다.[53] 그리고 또, (2) 같은 유 안에 있으면서 가장 많이 차이 나는 것들이 반대되는 것들이다. 왜냐하면 완전한 차이성은 같은 유에 든 종들이 보이는 가장 큰 차이성이기 때문이다. 그리고 (3) 같은 받아들이는 것(수용자) 안에서 가장 많이 차이 나는 것들이 반대되는 것들이다. 왜냐하면 반대되는 것들에 대해 재료가 모두 같기 때문이다. 그리고 (4) 같은 힘(능력) 아래에서 가장 큰 차이를 보이는 것들이 반대되는 것들이다. 왜냐하면 한 학문은 한 유의 사물들을 다루기 때문이다. 그리고 이 사물들에서 완전한 차이성은 가장 큰 차이성이다.

으뜸가는 반대성은 어떤 성질을 갖춤(소유)과 못 갖춤(결여)이다. 그렇

---

52 아래 24-33행 참조.

53 1055a 6-7 참조.

지만, '결여'는 여러 가지 뜻을 갖기에 모든 결여가 아니라, 완전한 결여만이 으뜸가는 반대성이다. 다른 반대되는 것들은 이 반대성에 따라 반대된다고 말해진다. 어떤 것들은 그것을 가짐으로써, 어떤 것들은 그것을 만들어 냄으로써, 어떤 것들은 그것을 만들어 낼 수 있는 것임으로써, 또 어떤 것들은 그것이나 다른 (상위의) 반대되는 것들을 얻거나 잃음으로써 반대된다고 말해진다. 그런데, 모순되는 것들, (소유와) 결여, 반대성들, 그리고 어떤 것에 관계 맺은 것들이 | 대립되는 것들이고, 이 가운데 모순되는 1055b
것들이 으뜸가는 대립이다. 그리고 반대되는 것들은 중간의 것을 허용하지만 모순되는 것들 사이에는 아무것도 있지 않다.[54] 그러므로 분명히, 모순과 반대는 같지 않다. 그런데, 결여는 일종의 모순이다. 왜냐하면 어떤 것을 전혀 갖지 못하는 것이나,[55] 또는 본성상 가져야 할 것을 안 가지고 있는 것에 대해, 전적으로 또는 어떤 점에 제한된 뜻으로 그것에 어떤 것이 결여되어 있다고 말해지기 때문이다(다른 곳에서[56] 구분했던 것처럼, 우리는 '결여'라는 말을 여러 가지 뜻으로 쓴다). 그러므로 결여 상태는 그것을 받아들이는 것으로 말미암아 규정되거나 이 수용자와 결부된, 어떤 상태에 모순되는 상태를 뜻하거나 무능력의 상태를 뜻한다. 그렇기 때문에 모순되는 것들에는 중간의 것이 있을 수 없지만, 결여된 것들에는 때로는 중간의 것이 있다.[57] 예를 들어, 모든 것은 양이 같거나 양이 같지 않다.[58]

54 예를 들어, '좋은 것'과 '나쁜 것' 사이에는 '좋지도 않고 나쁘지도 않은 것'이 있을 수 있지만, '좋은 것'과 '좋지 않은 것' 사이에는 아무것도 없다.

55 예를 들어, 식물은 눈(目)을 못 갖췄다. 엄밀히 말해 이 경우는 '결여'의 경우라 볼 수 없다. 5권(Δ) 22장 1022b 23 참조.

56 5권(Δ) 22장에서.

57 예를 들어, '정의로움'과 '정의롭지 못함' 사이에는, 그리고 '눈멂'과 '시력을 갖지 않음' 사이에는 중간 상태가 있을 수 있다. 11권(K) 3장 1061a 21, 『범주들』 13a 3 참조.

58 어떤 대상이든지 모순되는 두 술어 중 하나의 규정을 받는다. 다른 예를 들면, '소

그러나 모든 것이 양이 같거나 양이 같지 않아야 할 필요는 없다.[59] 양이 같음을 받아들이는 것에 대해서만 그래야 한다. 그런데, 재료에 일어나는 여러 생성들이 반대되는 상태들로부터 빠져나온다고 할 때, 그리고 그것들이 형상이나 형상을 갖춘 상태로부터 빠져나오거나 형상이나 형태를 못 갖춘 상태로부터 빠져나온다고 할 때, 분명히 반대성은 모두 결여이겠지만, 아마도 결여가 모두 반대성이지는 않을 것이다. 왜냐하면 결여된 것은 여러 가지 방식으로 어떤 성질을 결여할 수 있기 때문이다. 반대되는 것들이 바로 변화가 나오는 극단들이다.

이 점은 또한 구체적인 예를 듦으로써 분명해진다. 정말로, 모든 반대성은 반대되는 두 개념 중 하나를 결여로서 갖는다. 그렇지만 모든 것들이 같은 방식으로 그런 것은 아니다. 예를 들어, 양이 같지 않음은 양이 같음의 결여이고, 비슷하지 않음은 비슷함의 결여이지만, 탁월함은 열등함의[60] 결여이다. 하지만 앞서[61] 말한 바대로 차이가 있다. 다시 말해, 어떤 경우에는 그냥 결여된 것이 있지만, 어떤 경우에는 예를 들어, 어느 특정한 연

크라테스는 짝수이거나 짝수가 아니다.' 여기서, '소크라테스는 짝수다'라는 앞부분은 틀린 규정이지만, '소크라테스는 짝수가 아니다'라는 뒷부분은 맞는 규정이다.

59 모순되는 술어들의 경우와 달리 반대되는 술어들은 모든 대상들에 적용되지 않고 그 반대되는 술어들을 받아들이는 대상들에 대해서만 적용된다. '소크라테스는 짝수이거나 홀수이다'라고 말할 수는 없고, '2는 짝수이거나 홀수이다'라고 말할 수 있다.

60 흔히 aretē는 '덕'으로, kakia는 '악덕'으로 옮겨진다. aretē는 어떤 사물이 가진 뛰어난 기능이나 쓸모, 또는 어떤 사람이 가진 뛰어난 지식이나 훌륭한 성품과 관련하여 쓰이는 말이다. 우리말로 '좋음', '쓸모 있음', '앞섬', '잘함', '뛰어남', '훌륭함', '옳음' 등을 뜻한다. 이에 반대되는 개념인 kakia는 '나쁨', '쓸모없음', '뒤처짐', '못함', '그름' 등을 뜻한다. 이런 여러 가지 뜻을 대표해서, 앞의 개념은 '(기능이나 지덕이) 탁월함'으로, 뒤의 개념은 '(기능이나 지덕이) 열등함'으로 옮겼다.

61 1055b 4-6에서.

령이나 어느 중요한 부분처럼 특정한 때에 특정한 부분에 결여된 것이 있거나, 아니면 모조리 결여된 것이 있다. 그렇기 때문에 어떤 것들에는 중간의 것이 있다. 좋지도 않고 나쁘지도 않은 중간 상태의 사람이 있다.[62] 그러나 어떤 것들에는 중간의 것이 있지 않다. 수는 짝수이거나 홀수일 수밖에 없다. 더 나아가, 어떤 반대되는 성질들은 특정한 것이 그것들의 바탕(基體)이 되지만, 어떤 반대되는 것들은 그렇지 않다.[63]

그러므로 분명히, 반대되는 성질들 중 한쪽은 늘 결여를 나타낸다. 이 점이 으뜸으로 반대되는 것들에, 즉 반대되는 것들의 유(類)들에, 예컨대 하나와 여럿에 타당하다면, 그걸로 충분하다. 왜냐하면 다른 반대되는 것들은 그것들로 환원되기 때문이다.

5장 같은 만큼임은 큼과 작음에 결여로서 대립된다

한 가지 성질이 다른 한 가지 성질에 반대되는데, 여기서 어떻게 하나가 여럿에 대립되는지, 또 어떻게 양이 같음이 큼과 작음에 대립되는지 의문이 날 것이다. 우리는 '이런지 저런지'를, 예를 들어 '흰지 검은지'나 '흰지 희지 않은지'처럼, 언제나 대립의 틀에서 말한다. 우리는 '사람인지 흰지'를 묻지 않는다. (둘 중 한 사람만이 왔다고) 가정하면서, '왔던 사람이 클레온인지 소크라테스인지'를 묻는 경우가 아니라면 말이다. 그러나 이런 물음 형태는 어떤 사물들의 유(類)에서도 필연적인 선택을 요구하는 물음

62 아직 사리 분별력이 없는 갓난아이는 도덕적으로 좋지도 않고 나쁘지도 않다.

63 '홀수와 짝수'는 수(數)라는 특정한 대상(基體, hypokeimenon)에 딸리는 반대되는 속성들이지만, '좋음과 나쁨', '하나와 여럿'은 모든 종류의 대상(또는 범주)들에 딸리는 반대되는 속성들이다. 『니코마코스 윤리학』 1096a 19-29 참조.

이 못 된다. 그렇지만 이런 전제된 형태조차도 앞의 대립의 틀에서 나온 것이다. 왜냐하면 대립되는 것들만이 동시에 어떤 것에 들어있을 수 없기 때문이다. 이런 양립 불가능성을 우리는 둘 가운데 누가 왔느냐는 물음에
1056a 도 적용한다. | 둘 다 올 수 있다면, 그 물음은 우스꽝스러운 물음이 될 것이다. 그러나 둘 다 왔다 하더라도, 이 경우도 똑같이 대립의 틀로, 하나와 여럿의 대립의 틀로, 즉 '둘 다 왔느냐, 아니면 둘 중 한 사람만 왔느냐'는 물음의 틀로 들어간다.

그런데, '이런지 저런지'에 대한 물음이 언제나 대립되는 것들과 관련되어 있다면, '어떤 것이 어떤 것보다 더 큰지 더 작은지, 아니면 그것과 양이 같은지'를 우리가 물을 때, 양이 같음이 더 큼과 더 작음에 대해 갖는 대립은 (네 가지 대립 중) 어떤 종류의 것인가? 양이 같음은 더 큼과 더 작음 중 하나에만 반대되지도 않고, 또 둘 모두에 반대되지도 않는다. 어떻게 그것이 더 작음보다 더 큼에 더 반대되겠는가? 더 나아가, 양이 같음은 양이 같지 않음에 반대된다. 그래서 (양이 같음이 더 큼이나 더 작음에 반대된다면) 양이 같음은 하나보다 많은 것들에 반대될 것이다. 그러나 '양이 같지 않음'이 더 큼과 더 작음을 한꺼번에 뜻한다면, 양이 같음은 그 둘에 대립된 것일 테다. 그리고 이런 난점은 같지 않음이 (큼과 작음의) 두 짝이라고 주장하는[64] 사람들을 지지해 준다. 그러나 그로부터 하나의 것이 두 가지 것에 반대되는 결과가 나오는데, 이는 불가능하다. 더 나아가 분명히, 같은 만큼임은 큼과 작음의 중간에 있다. 그러나 어떤 반대성도 중간에 있는 것으로 보이지 않으며, 또 반대성에 대한 정의(定義)를 보더라도 그럴 수 없다. 왜냐하면 어느 것들의 중간에 있는 것이라면, 완전하지 않을 것이기 때문이다.[65]

---

64 플라톤의 이론을 가리킨다. 14권(N) 1장 1087b 4-12 참조.

65 4장 1055a 16 참조.

오히려 반대성은 언제나 자신과 다른 극단 사이에 중간의 것을 갖는다.

그렇다면,[66] 양이 같음이 (맞은쪽의) 부정(否定)으로서 또는 결여로서 대립된다는 것이 남는다. 그러나 양이 같음은 큼과 작음 중 하나에만 대립될 수는 없다. 왜 그것이 작음보다 큼에 더 대립되겠는가? 그러므로 양이 같음은 이 둘에 대해 '결여'란 뜻의 부정이다. 그렇기 때문에, 우리는 또한 '이런지 저런지'를 둘 중 하나에만 관계하여 말하지 않고 둘 모두에 관계하여 말한다. 예를 들어, '어떤 것이 어떤 것보다 더 큰지 같은지'를 묻거나 '같은지 더 작은지'를 묻는다. (양이 같음, 더 큼, 더 작음,) 이 세 가지가 항상 같이 있다. 그러나 그것은 필연적인 결여는 아니다. 왜냐하면 더 크거나 더 작지 않은 것이 모두 양이 같은 것이 아니라, 본성으로 보아 더 큼이나 더 작음의 성질들을 가질 수 있는 것들만 그렇기 때문이다.

그러므로 양이 같은 것은 본성상 크지도 작지도 않을 수 있지만 지금은 크지도 작지도 않은 것을 뜻한다. 그리고 이것은 '결여'란 뜻의 부정으로서 그 둘에 대립된다. 그렇기 때문에 또한 그 둘의 중간에 있는 것이다. 좋지도 나쁘지도 않은 것은 좋은 것과 나쁜 것에 대립되지만, 그것을 가리키는 이름은 없다. 왜냐하면 '좋음'과 '나쁨'은 저마다 여러 가지 뜻을 가지며,[67] 이것들을 받아들이는 것은 하나가 아니기 때문이다. 그보다는 희지도 검지도 않은 것이 하나일 수 있겠다. 그러나 이것도 이름이 하나가 아니다. 이 부정이 '결여'의 뜻으로 진술되는 색들이 어떤 점에서 그 수가 제한되어 있긴 하지만 말이다. 왜냐하면 그 색들은 회색이거나 엷은 노란색 따위의 색일 수밖에 없기 때문이다.

---

66 '그렇다면' = '양이 같음이 반대되는 것으로서 큼과 작음에 대립되지 않는다면.' 관계 맺은 것으로서 대립하는 가능성은 자연적으로 배제된다. 왜냐하면 같은 만큼인 것은 같은 만큼인 것에만 관계 맺기 때문이다. 예) 2=2.

67 4장 1055b 25의 각주 참조.

1056a

그러므로 그런 모든 표현들이 같은 방식으로 진술된다고 생각하는 사람들은 우리를 제대로 비판하고 있지 못하다. 그들에 따르면, 좋지도 나쁘지도 않은 것이 좋은 것과 나쁜 것 사이에 있듯이, 신발과 손의 사이에 신발도 손도 아닌 것이 있을 것이다. 마치 모든 것들에 대해 중간의 것이 있기라도 해야 되는 것처럼 말이다. 그러나 그들의 결론이 필연적으로 따르지는 않는다. 왜냐하면 대립되는 것들에 대한 동시 부정은, 중간의 것이 있고 일정한 자연적 간격을 가진 것들의 경우에만, 성립하기 때문이다.
1056b | 그러나 (앞의 신발과 손처럼) 다른 경우에는 이런 차이성이 없다.[68] 왜냐하면 동시 부정이 이루어지는 대상들이 저마다 다른 유(類)에 속해서, 바탕(基體)이 하나가 아니기 때문이다.

6장 하나와 여럿의 대립

하나와 여럿(複數)에 대해서도 비슷한 의문들을 품을 수 있겠다. 다시 말해, 여럿이 하나에 절대적으로(아무 조건 없이) 대립된다면, 몇 가지 불가능한 결과들이 따를 것이다. 먼저, (1) 하나가 적은 수(少數)이거나 적은 수들 중 하나가 될 것이다. 왜냐하면 많은 수(多數)는[69] 또한 적은 수들에 대립되기 때문이다. 더 나아가, (2) 두 배가 여러 배이고, '두 배'가 '둘'에서 파생되어 말해지므로, 둘은 많은 수가 될 것이다. 그래서 하나는 적은 수가 될 것이다. 하나이자 적은 수 말고 다른 어떤 것에 비해 둘이 많

68 3장 1054b 23–1055a 2의 '차이 남'(차이성, diaphora)에 대한 설명 참조.

69 '하나'(to hen)에 대립된 개념으로 쓰일 때에는, 즉 둘 이상의 수를 가리키는 말로 쓰일 때에는 ta polla를 '여럿'(複數)으로 옮겼으나, 여기에서처럼 '적은 수들'(少數들, oliga)에 맞놓일 때에는 '많은 수'(多數)로 옮겼다.

은 수일 것인가? 왜냐하면 하나보다 더 적은 것은 없기 때문이다. 더 나아가, (3) 길이에서 긺과 짧음이 있듯이 수량에서[70] 많은 양(多量)과 적은 양(少量)이 있고, 또 많은 양인 것이 많은 수이고, 많은 수가 많은 양이라면, 따라서 쉽게 한정되는 연속된 것의[71] 경우가 (불연속적인 수의 경우와) 차이 나지 않는다면, 적은 것이 많은 것일 테다. 그러므로 하나가 적은 수라면, 하나는 여럿이 될 것이다. 그리고 둘이 많은 수라면, 하나는 반드시 적은 수이어야 한다.

그러나[72] 아마 많은 수도 어떤 점에서 많은 양이라 불리겠지만, 여기에는 차이가 있다. 예를 들어, 우리는 물의 '양이 많다'고 말하지, 물의 '수가 많다'고 말하지는 않는다. '많은 수'는 분할되는 것들에 적용된다. 한편으로, 그것은 절대적으로든 상대적으로든 초과하는 수량을 뜻한다. '적은 수'도 마찬가지로 모자라는 수량을 뜻한다. 그리고 다른 한편으로, 여럿은 수를 뜻하는데, 이 뜻에서만 그것은 하나에 대립된다. 다시 말해, '하나와 하나들', '흰 것과 흰 것들'을 말할 때처럼, 또 '재어진 것들'을 '재는 것'(척도)에 비교할 때처럼, 그렇게 우리는 하나나 여럿을 말한다. 또한 이런 뜻에서 우리는 여러 배(倍)를 말하기도 한다. 다시 말해, 모든 수는 여럿이다. 왜냐하면 수들은 하나들로 이루어져 있고, 저마다 하나로써 재어질 수 있기 때문이다. 그리고 여럿인 모든 수는 적은 수에 대립되지 않고, 하나

---

70 plēthos(수량)는 수효와 분량을 모두 가리키는 말이다. 분량의 면에서는 '많은 양'(多量, poly)과 '적은 양'(少量, oligon)으로 나뉘고, 수효의 면에서는 '많은 수'(多數, polla)와 '적은 수'(少數, oligon)로 나뉜다. 그러나 많거나 적은 수량을 대표하여 쓰이지 않을 때에는 polla의 두 가지 의미 중 둘 이상의 수를 나타내는 '여럿'(複數)과 같은 뜻으로 쓰인다.

71 물처럼 셀 수 없는 양이면서도 그릇 등에 담겨서 제한된 공간을 차지하는 액체를 말한다.

72 여기에서부터 5-14행에 서술된 불가능한 결과들에 대한 해결책이 제시된다.

에 대립되기 때문이다. 그렇다면 이런 뜻에서 둘도 여럿이다. 그러나 둘은 상대적으로든 절대적으로든 초과한다는[73] 뜻에서가 아니라, 맨 처음의 여럿으로서 여럿이다. 둘은 절대적으로 적은 수이다. 왜냐하면 둘은 (다른 수에 비해) 모자람을 갖는 맨 처음의 여럿이기 때문이다(그렇기 때문에 또한 아낙사고라스가 '모든 것들은 함께 있었으며, 수가 많음(多)이나 크기가 작음(小)의 면에서 무한했다'고[74] 말하면서 다루고 있는 문제를 내버려 두었을 때, 그는 옳지 못했다. '크기가 작음의 면에서' 대신 '수가 적음(少)의 면에서'라고 말했어야 했다.[75] (이로써 그의 잘못이 분명해진다.) 왜냐하면 사물들은 적음의 면에서 무한하지 않기 때문이다). 왜냐하면 적음은 어떤 사람들이 말하듯 하나로써 이루어지지 않고, 둘로써 이루어지기 때문이다.

재는 것(척도)이 잴 수 있는 것(측정 대상)에 대립되듯, 하나는 수들에서 여럿에 대립된다. 그러나 재는 것과 잴 수 있는 것은 제 본성으로 말미암아 서로 관계 맺지는 않는 관계 개념들처럼 서로 대립된다. 우리는 이미 다른 곳에서,[76] 관계 개념들이 두 가지 방식으로, (1) 반대되는 것들로서, (2) 알 수 있는 것(앎의 대상)에 관계 맺은 앎으로서, 서로 관계 맺는다고

---

73 여기서 '지나침'(초과, hyperochē)은 어떤 수들보다 상대적으로 더 크거나 모든 수들보다 절대적으로 더 큼을 뜻한다.

74 1권(A) 3장 984a 11-16과 그의 글조각 1, 김인곤 외(2005), 499-500쪽 참조.

75 아리스토텔레스는 아낙사고라스가 그의 글조각 1에서 대립되는 개념들을 의미한 것으로 해석하여, '수량이 많음'(plēthos)에 대립되는 '수량이 적음'(oligotēs)을 썼어야 했다고 주장한다. 바로 뒤에 나오는 아리스토텔레스의 비판은 이런 해석에 근거를 두고 있다. 그러나 아낙사고라스는 사물들의 개수가 무한히 많고 사물들의 크기가 무한히 작다는, 즉 아무리 작은 사물이라 하더라도 더 작은 부분들로 이루어져 있다는 뜻을 그의 글조각에 담았다.

76 5권(Δ) 15장 1021a 26-b 3에서.

구분하였다. 뒤의 경우는 다른 어떤 것이 어떤 것에 관계 맺어 | 말해지기 때문에 관계 맺은 것이다.[77] 하나가 다른 어떤 것, 예를 들어 둘보다 얼마든지 더 적을 수 있다. 왜냐하면 하나가 둘보다 더 적다고 하더라도, 하나가 적은 것은 아니기 때문이다. 여럿은 이를테면 수의 유(類)이다.[78] 왜냐하면 수는 하나로써 잴 수 있는 여럿이기 때문이다. 그리고 하나와 수는 어떤 점에서 대립되는데, 한쪽이 다른 쪽에 반대되는 것으로서가 아니라, 앞서 말한 것처럼 어떤 관계 개념들이 서로 대립되는 방식대로 대립된다. 다시 말해, 한쪽이 재는 것이고 다른 한쪽이 잴 수 있는 것인 한에서, 하나와 수는 서로 대립된다. 그렇기 때문에, 하나인 것이라고 모두 수이지는 않다. 예를 들어, 어떤 것이 분할될 수 없는 것이라면, 그것은 수가 아니다. 그러나 앎도 알 수 있는 것에 관계 맺어 이와 비슷하게 말해지지만, 그 결과는 비슷하지 않다. 왜냐하면 앎이 재는 것이고, 앎의 대상이 재어지는 것처럼 생각될 수 있겠지만, 사실은 모든 앎은 앎의 대상이지만, 앎의 대상이 모두 앎이지는 않기 때문이다.[79] 어떤 뜻에서는 앎이 앎의 대상을 통해 재어진다.[80] 그러나 여럿은 적은 수에 반대되는 것이 아니다. 그렇지 않고, 초과하는 여럿이 초과된 여럿에 반대되듯이, 많은 수가 적은 수에 반대된다.[81] 또 여럿은 모든 점에서 하나에 반대되는 것도 아니다. 앞서 말했듯이, 어떤 점에서 그 둘은 한쪽은 분할되는 것이고 다른 쪽은 분할되지 않는 것이기 때문에 서로 반대되는 것이다. 다른 점에서, 여럿이

---

77 이 장의 마지막 부분인 1057a 14-17 참조.

78 '여럿'은 수(數)에 대한 정의에서 보편적인 유개념(genus) 역할을 한다. 수 = '하나로서 잴 수 있는'(차이성 또는 種差, differentia) + '여럿'(유 또는 유개념, genus).

79 『범주들』 7b 22-35 참조.

80 1장 1053a 31-35 참조.

81 복수(複數, 둘 이상의 수, plēthos)는 소수(少數, 적은 수, oligon)와 다수(多數, 많은 수, poly)를 포함한다.

1057a

(재어지는 것인) 수이고 하나가 재는 것이라면, 이 둘은 앎과 앎의 대상이 서로 관계 맺듯이 서로 관계 맺는 것이기도 하다.

7장 중간의 것

반대되는 것들의 경우 그 사이에 어떤 것이 있을 수 있으며, 몇 가지 경우에서는[82] 실제로 중간의 것이 있다. 그러므로 중간의 것은 반대되는 것들로 이루어져 있어야 한다. (1) 왜냐하면 중간의 것들은 모두 자신의 양쪽에 있는 극단들과 같은 유(類)에 들기 때문이다. 다시 말해 우리는 변하는 것이 먼저 거쳐 가야 할 것들을 '중간의 것들'이라 부른다. 예를 들어, (뤼라의) 휘파테(가장 낮은 음의 현)에서 네테(가장 높은 음의 현)로 아주 조금씩 옮겨가려면, 먼저 중간에 있는 현들을 거쳐 가야 한다.[83] 그리고 색들의 경우, 흰색에서 검은색으로 가려면, 검은색에 앞서 심홍색과 회색을 먼저 거쳐 가야 한다. 다른 경우들도 이와 마찬가지다. 그러나 한 유에서 다른 유로 변하는 것, 예를 들어 색에서 형태로 변하는 것은 간접적으로 딸린 방식이 아니고는 가능하지 않다.[84] 그러므로 중간의 것들은 서로 같은 유 안에 있고, 또 양쪽에 놓인 것(극단)들과 같은 유 안에 있어야 한다.

그러나, (2) 중간의 것들은 모두 일정하게 대립되는 것들 사이에 있다.

---

82 몇 가지 경우라고 말하고 있지만 대부분의 경우이다. '홀수와 짝수', '곧음과 굽음' 등과 같은 경우만 중간의 것을 허용하지 않는다. 4장 1055b 24 참조.

83 5권(Δ) 11장 1018b 28의 각주 참조.

84 빨간 것이 둥글게 되는 것은 어디까지나 그것이 빨갛다는 조건에서가 아니라 그것이 둥글지 않은 형태를 가지고 있다는 조건에서 간접적으로 딸린 방식으로(kata symbebēkos) 그렇다.

왜냐하면 바로 이런 것들로부터만 변화가 이것들로 말미암아 이루어지기 때문이다. 그렇기 때문에, 대립되지 않은 것들 사이에는 어떤 것이 있을 수 없다. 그렇지 않을 경우, 대립되지 않은 것들로부터도 변화가 있을 것이다. 그러나 (네 가지) 대립된 것들 중 모순되는 것들에는 중간의 것이 없다. 이것이 바로 모순되는 것들의 특성이다. 즉, 모순되는 것들은 그 사이에 아무것도 없이, 둘 중 하나가 임의의 것에 주어져 있는 대립되는 것이다. 나머지 대립되는 것들 중 어떤 것들은 어떤 것에 관계 맺은 것들이며, 어떤 것들은 (갖춤 또는 소유와) 못 갖춤(또는 결여)이며,[85] 또 어떤 것들은 반대되는 것들이다. 관계 맺은 것들 중 반대되지 않은 것들에는 중간의 것이 없다.[86] 왜냐하면 그것들은 같은 유 안에 있지 않기 때문이다. | 앎과 앎의 대상 사이에 무엇이 있을 수 있겠는가? 그러나 (반대되는 것들인) 큼과 작음 사이에는 어떤 것이[87] 있다.

앞서 보여 준 것처럼, (3) 중간에 있는 것들이 같은 유(類) 안에 있고, 반대되는 것들 사이에 있다면, 그것들도 틀림없이 반대되는 것들로 이루어져 있다. 왜냐하면 이 반대되는 것들에 대한 어떤 한 가지 유가 있거나 없거나, 둘 중 하나일 것이기 때문이다. 그리고 ㉮ 반대되는 것들에 앞서 있는 방식으로 어떤 한 가지 유가 있다면, 이 유가 갖는 반대되는 종(種)들을 만들어 내는 차이성(種差)들이 (다른 차이성들에) 앞선 반대되는 것들일 것이다. 왜냐하면 종들은 유와 차이성들로 이루어져 있기 때문이다. 예를 들어, 흼과 검음이 반대되는 것들이고, 흰색은 (시각의 선을) 나누는 것

---

85 결여(sterēsis)를 나타내는 개념들도 완전한 결여가 아닌 한, 중간의 것을 허용하는 반대되는 것들이다. 반대되는 것들은 결여의 극단적인 형태이다. 4장 1055a 35, 9권(Θ) 2장 1046b 14 참조.

86 6장 1056b 35 참조.

87 큼과 작음 사이에는 같음이 있다.

1057b

이고, 검은색은 (시각의 선을) 모으는 것이라면,[88] 이 차이성들이, 즉 '나누는 것'과 '모으는 것'이 (흼과 검음에) 앞선 것들이다. 그러므로 이 차이성들은 또한 서로 반대되는 것들로서 앞선 것들이다. 그런데, 반대되는 방식으로 차이가 나는 종들이 (반대되는 차이성들보다) 더 진정으로 반대되는 종들이다. 그리고 나머지 종들은, 즉 중간의 것들은 (진정으로 반대되는 종들이 갖는) 유와 차이성들로 구성되어 있을 것이다. 예를 들어, 우리는 흼과 검음 사이에 있는 색들이 모두 유인 색과 일정한 차이성들로 이루어졌다고 말해야 한다. 그러나 이 차이성들은 으뜸가는 반대되는 것들이 아닐 것이다. 그렇지 않으면, 중간에 있는 모든 색이 희거나 검을 것이다. 따라서 그 차이성들은 으뜸으로 반대되는 것들과 다르다. 따라서 그것들은 으뜸으로 반대되는 것들 사이에 있을 것이다. 이 으뜸가는 차이성들은 '나누는 것'과 '모으는 것'이다.

㉯ 한 유(類) 안에 있지 않은 반대되는 것들의 경우,[89] 우리는 먼저 이것들 사이에 있는 것들이 어떤 것으로 구성되어 있는지 물어야 한다. 같은 유 안에 든 반대되는 것들은 유 + 유와 함께 놓이지 않은 차이성들로 구성되어 있거나, 아니면 그것들 자체가 합쳐지지 않은 것들이어야 한다.[90] 그런데, 반대되는 것들은 서로를 요소로 삼아 구성되어 있지 않다. 그래서 그것들은 (변화의) 원리들이다. 그러나 중간에 있는 것들은 모두 합쳐지지

---

88 플라톤의 『티마이오스』 67d-e에 나오는 시각과 색에 대한 설명에 따르면, 물체들에서 나오는 미립자들은 시선(視線, 시각의 선)에서 나오는 미립자들보다 그 크기가 작거나 크거나 같다. 크기가 같을 때에는 감각이 되지 않아 투명한 색을 만들어 내고, 더 클 때에는 시선을 모아서(집약시켜서, synkritikon) 검은색을 만들어 내지만, 더 작을 때에는 시선을 나누어서(분산시켜서, diakritikon) 흰색을 만들어 낸다.

89 흰색과 검은색은 같은 유(類, genus)인 '색'에 속하지만, 이것들의 반대되는 차이성(종차, differentia)인 '나누는 것'과 '모으는 것'은 그것들이 속하는 유가 없다.

90 그러나 종(種, eidos)들은 본성상 '합쳐지지 않은 것'(asyntheton)들일 수 없다.

않은 것들이거나, 아니면 어느 것도 합쳐지지 않은 것이 아니다. 그러나 반대되는 것들로부터 생겨나는 것이 사이에 있어서 반대되는 것들로의 변화보다 이것으로의 변화가 먼저 있을 것이다. 왜냐하면 그것은 한쪽의 반대되는 것보다는 어떤 성질이 덜하고, 다른 쪽의 반대되는 것보다는 어떤 성질이 더할 것이기 때문이다. 그러므로 그것은 반대되는 것들 사이에 있는 것이다. 그래서 다른 모든 중간의 것들도 (두 가지 반대되는 것들이) 합쳐진 것들이다. 왜냐하면 한쪽보다 더하고 다른 쪽보다 덜한 것은 자신보다 더하고 덜하다고 말해지는 것들로 어떤 식으로든 합쳐져 있기 때문이다. 그리고 반대되는 것들보다 앞서면서 이것들과 같은 유에 드는 것들은 없으므로, 중간에 있는 것들은 모두 반대되는 것들로 이루어져 있을 것이다. 그러므로 하위의 것들도, 반대되는 것들이든 중간에 있는 것들이든, 모두 으뜸으로 반대되는 것들로 이루어져 있을 것이다.

이로 보건대 분명히, 중간의 것들은 (1) 모두 (반대되는 것들과) 같은 유 안에 있고, (2) 반대되는 것들의 사이에 있는 것들이며, (3) 모두 반대되는 것들로 이루어져 있다.

8장 종(種)이 다름

종(種)이 다른 것(A)은 어떤 것(B)으로부터 어떤 것(C) 안에서 다르다. 그리고 이 어떤 것(C)은 둘 모두에 (유로서) 들어있어야 한다. 예를 들어, 어떤 것이 어떤 것과 종이 다르다면, 이 둘 모두 동물이다. 따라서 종이 다른 것들은 같은 유(類) 안에 있어야 한다.[91] 여기서 '유'(C)는 둘에 대해 동

91 예를 들어, 사람은 말과 종(種, species)이 다른 것이라고 할 때, 여기서 이 것의

1058a 일한 것으로서 진술되는 것을, | 그리고 재료로 있든[92] 다른 방식으로 있든 어떤 차이성(種差)을 단순히 딸린 방식이 아닌 방식으로 갖는 것을 뜻한다.[93] 다시 말해, 공통된 것이 둘 모두에 들어있을 뿐만 아니라, 예를 들어, 둘이 모두 동물일 뿐만 아니라, 또한 (둘이 갖는) 이 동물성 자체도 각기 달라야 한다. 예를 들어, 하나는 말이고 다른 하나는 사람이어야 한다. 그렇기 때문에 이 공통된 것은 두 가지 경우에서 그 종이 다르다. 하나는 제 본성으로 말미암아 이런 종류의 동물이고, 다른 하나는 저런 종류의 동물이다. 예를 들어, 하나는 말이고, 다른 하나는 사람이다. 그러므로 이 말과 사람의 차이 남은 (둘에 공통된 것인) 유가 갖는 다름이어야 한다. 여기서, '유의 차이성'이란 바로 유의 성격을 다르게 만들어 주는 상이성을 뜻한다.

그렇다면, 이 다름(상이성)은 반대됨(반대성)일 것이다(이 점은 구체적인 예를 들어 보아도 분명하다). 왜냐하면 모든 것들은 대립되는 것들로 나뉘고, 또 반대되는 성질들이 같은 유 안에 있다는 점이 앞서[94] 보였기 때문이다. 다시 말해, 반대됨은 완전히 차이 남이었다.[95] 그리고 종에서 차이 남은 모두 어떤 것(A)이 어떤 것(B)으로부터 어떤 것(C) 안에서 차이 남을 뜻한다. 그래서 이 어떤 것(C)은 둘에게 모두 같은 것이며, 그것들이 속한 유이다. 그렇기 때문에 또한, 유에서 차이 나지 않고 종에서 차

자리에 사람과 말에 공통된 유(類, genus)인 '동물'을 넣을 수 있다. 쉽게 말하면, 사람은 말과는 종이 다른 동물이다.

92 유 = 재료(hylē)에 대해서는 5권(Δ) 6장 1016a 24-28, 28장 1024b 6-9 참조.

93 예를 들어, 사람은 '이성적임'이란 차이성(차이 나는 성질, 種差, differentia)을 본질적으로(per se) 가지는 동물이다. 즉, 사람은 이성적인 동물이다. 9장 1058a 37, 7권(Z) 12장 참조.

94 4장에서.

95 4장 1055a 16 참조.

이 나는 반대되는 것들은 모두 같은 술어의 줄(列)에[96] 있다. 그리고 그 차이 남이 완전하기 때문에 서로 가장 많이 다르다. 그리고 그것들은 서로 동시에 생겨나지는 않는다. 따라서 차이 남은 반대됨을 뜻한다.

그러므로 '종에서 다른 것들임'은 바로 다음과 같은 것을 뜻한다. 즉, 같은 유 안에 있는 분할되지 않는 것들이[97] 반대되는 성질을 가짐을 뜻한다. 그리고 반대성을 갖지 않는 분할될 수 없는 것들은 종이 같다. (분할되지 않는 것들을 말하는 이유는 유를 종으로) 나누는 과정에서 반대성들이 분할되지 않는 것들에 이르기 전의 중간 단계(인 하위 유)들에서도 나타나기 때문이다. 그러므로 분명히, 우리가 '유'라고 부르는 것(C)에 관계하여, 한 가지 유의 종들은 어떤 것도 종에서 그것(C)과 같지도 않고, 다르지도 않다. 그리고 이래야 맞다. 왜냐하면 재료는 부정을 통해[98] 분명하게 드러나며, 유는 유가 말해지는 종의 재료이기 때문이다. 여기서 '유'는 헤라클레스 후손들의 무리(族)를[99] 뜻하지 않고, 어떤 것의 본성에 든 유를[100] 뜻한다. 그리고 한 가지 유의 종들은 같은 종 안에 있지 않은 것들에 관계해서도 그렇지 않다. 그 종들은 자신들이 속한 유에서 그것들과 다르며,[101] 같은 유 안에 있는 것들과는 종에서 다르다. 왜냐하면 어떤 것을 종에서

---

96 3장 1054b 35 참조.

97 '분할될 수 없는 것들'(atoma)은 '개체들'이나 더는 나눠지지 않는 '맨 아래의 종들'(最下種들, infimae species)을 말한다.

98 구체적인 사물의 특징을 나타내는 형상(eidos)을 제거함으로써. 9권(Θ) 2장 1046b 14 참조.

99 5권(Δ) 28장 1024a 32 참조.

100 다시 말해, 어떤 사물의 본성을 이루는 한 가지 요소를. 5권(Δ) 28장 1024b 4 참조.

101 예컨대, 사람과 건강함은 유에서 다르다. 앞의 것은 '실체'의 유에 속하고, 뒤의 것은 '질'의 유에 속하기 때문이다.

차이 나게 만드는 차이성은 반대성이어야 하고, 이 반대성은 같은 유 안에 속하는 것들에만 들어있기 때문이다.

9장 종의 차이를 낳는 반대성

암컷임과 수컷임이 반대되는 것이며, 이것들의 차이 남이 반대됨인데, 왜 여자가 종(種)에서 남자와 차이 나지 않는지 의문이 날 수 있겠다. 그리고 왜 암컷 동물이 형상에서 수컷 동물과 다르지 않은지 의문을 품을 수 있겠다. 그런데, 이 차이성은 흼과 검음처럼 동물에 붙지 않고, 그 자체로 동물에 붙는다. 다시 말해, 암컷임과 수컷임은 동물이라는 점에서 동물에 (속성으로서) 들어있다. 앞의 물음은 다음 물음과 거의 비슷하다. 즉, 왜 어떤 반대성은 종에서 차이를 만들고, 다른 반대성은 그렇지 못하는가? 예를 들어, 발 달림과 날개 달림은 종에서 차이를 낳는데, 흼과 검음은 그렇지 못한다. 그것은 아마도 앞의 것들은 유(類)에만 있는 속성이지만, 뒤의 것들은 그렇지 않은 쪽의 속성이기 때문일 것이다. 그리고 한쪽은 | 정의(定義)이고 다른 한쪽은 재료이기 때문에, 정의 속에 든 반대성들은 종에서 차이를 낳지만, 형상이 재료와 함께 잡힌 것(재료와 형상의 복합물)[102] 속에 든 반대성들은 그렇지 못한다. 그렇기 때문에, 사람의 흼과 검음은 종의 차이를 낳지 못한다. 그리고 흰 사람과 검은 사람 사이에는 종의 차이가 없다. 이 사람들 저마다에 이름을 하나씩 붙이더라도 마찬가지다. 사람은 여기서 재료 같은 것이며,[103] 재료는 어떤 차이도 낳지 못하기 때문이

---

102 6권(E) 1장 1025b 32 참조.

103 '흰 사람'과 '검은 사람'을 구분할 때, 우리는 사람을 물질적인 측면에서 고려하고 있다.

다. 그렇기 때문에, 개별적인 사람들은 '사람'의 종들이 아니다. 이 사람들을 이루고 있는 살과 뼈가 다른 사람의 살과 뼈와 다르더라도 말이다. (재료와 형상의) 복합물은 서로 다르지만, 종에서 다르지는 않다. 왜냐하면 복합물 자신에 대한 정의 속에는 반대성이 (구성 요소로서 들어) 있지 않기 때문이다. 이것이[104] 더는 나눌 수 없는, 마지막 것이다. 그러나 '칼리아스'는 재료 + (사람에 대한) 정의이다. 그리고 흰 사람도 그런 재료 + 규정이다. 왜냐하면 (개별적인 사람인) 칼리아스가 희기 때문이다. 그러므로 사람은 (본질적으로 흰 것이 아니라) 단순히 딸린 방식으로만 희다. 청동으로 된 원과 나무로 된 원도 종이 다르지 않다. 그리고 청동으로 된 삼각형과 나무로 된 원이 종에서 다른 것은 재료 때문이 아니라, 그것들에 대한 정의 속에 반대성이 (구성 요소로서 들어) 있기 때문이다.

그런데, 재료가 어떻게든 다르더라도 종에서 다른 것들이 나오지는 않는가? 아니면 (재료가 다르면 종이 다른 것들이) 어떤 점에서 나온다고 할 수 있는가? 왜 이 말이 이 사람과 종에서 다른가? 그것들에 대한 정의가 재료와 함께 있는데도 말이다. 그것은 그것들에 대한 정의 속에 반대성이 (구성 요소로서 들어) 있기 때문이다. 흰 사람과 검은 말 사이에도 반대됨이, 그 종에서 반대됨이 있다. 그러나 사람이 희고 말이 검어서 그런 것은 아니다. 왜냐하면 둘 다 희다고 치더라도 종에서 다를 것이기 때문이다.

암컷임과 수컷임은 동물에게만 있는 속성들이기는 하지만, 동물의 실체(본질) 때문에 고유하지는 않고, 그것들은 그저 재료인 몸 안에 있는 속성들일 뿐이다. 그렇기 때문에, 같은 씨가 어떤 작용을 겪느냐에 따라, 암컷이 되기도 하고 수컷이 되기도 한다.

---

104 자신에 대한 규정 속에 반대되는 성질이 전혀 들어있지 않은 것이. 8장 1058a 17-19 참조.

1058b

이로써, 종에서 다르다는 것이 무엇인지, 그리고 왜 어떤 것들은 종에서 차이 나고, 어떤 것들은 그렇지 않은지에 대한 논의를 마친다.

10장 소멸하는 것과 소멸하지 않는 것은 종류가 다르다

반대되는 것들은 그 종류가 서로 다르고, 소멸하는 것은 소멸하지 않는 것과 반대되므로(왜냐하면 결여는 특정한 무능력이기 때문이다),[105] 소멸하는 것과 소멸하지 않는 것은 틀림없이 종류가[106] 서로 다르다.

그런데 우리는 지금까지 일반적인 용어들에 대해서만 말했다. 그래서 소멸하지 않는 것들과 소멸하는 것들이 모두 그 종류가 반드시 서로 달라야 할 필요는 없는 듯하다. 흰 것과 검은 것이 종류가 서로 다를 필요가 없듯이 말이다.[107] 왜냐하면 같은 것(사물 또는 대상)이 둘 모두일 수 있기 때문이다. 그것도 동시에 그럴 수 있기 때문이다. 같은 것이 보편적인 것(보편자)이라면 말이다. 예를 들어, 무릇 사람은 희면서 검을 수 있다.[108] 그리고 같은 것이 개별적인 것(개별자)이라 하더라도 마찬가지다. 다시 말해, 동시에는 아니더라도, 같은 한 사람이 희면서 검을 수 있다.[109] 그렇지만

---

105 '소멸하는 것'(phtharton)과 '소멸하지 않는 것'(불멸의 것, aphtharton)은 서로 모순되는 것들(antiphasis)이 아니라, 결여(sterēsis)의 뜻으로 반대되는 것들(enantia)이다. '불멸'은 '소멸'의 결여로서 일종의 무능력(adynamia), 즉 일정한 종류의 대상들에 한정된 '불멸에 대한 힘'이다. 4장 1055b 8 참조.

106 여기서 genos는 '유'(類)란 특수한 뜻으로 쓰이지 않고, 일반적인 뜻으로 쓰여 '종류'(種類)란 뜻을 갖는다. 1059a 10 참조.

107 9장 1058b 3-5 참조.

108 사람(인류)에는 백인종도 있고 흑인종도 있다.

109 바다로 피서를 다녀온 뒤에 흰 얼굴이 검게 변한 경우를 예로 들 수 있다.

흼은 검음에 반대된다.

그러나 반대되는 것들 중 어떤 것들은 일정한 사물들에 단순히 딸린 방식으로 들어있다. 방금 말한 것들이,[110] 그리고 다른 많은 성질들이 그렇다. 다른 어떤 것들은 그렇게 딸린 방식으로 들어있을 수 없다. | 소멸함과 소멸하지 않음(불멸)이 그런 것들이다. 다시 말해, 어떤 것도 우연히 딸린 1059a
방식으로는 소멸하지 않는다. 왜냐하면 어떤 대상에 우연히 딸린 것(우연적인 속성)은 그것에 들어있지 않을 수도 있기 때문이다. 그러나 소멸성은 그것이 들어있는 대상들에 필연적으로 들어있는 것(필연적인 속성)들이다. 그렇지 않다면, 동일한 대상이 소멸하는 것이면서 소멸하지 않는 것이 될 수도 있을 것이다. 그것에 소멸의 성질이 들어있지 않을 수도 있다면 말이다. 그러므로 소멸성은 소멸하는 것들 저마다의 실체(본질)이거나 그것들의 실체 안에 들어있어야 한다. 같은 설명 방식이 소멸하지 않음에도 적용된다. 다시 말해, 이 둘은 사물들에 필연적으로 들어있는 것들이다. 따라서 소멸하는 것과 소멸하지 않는 것을 구분하고 적용하는 으뜸가는 성질들은[111] 서로 대립된다. 그래서 틀림없이, 그것들은 종류가 다르다.

따라서 분명히, 몇몇 사람들이 주장하는 것과 같은 그런 형상(이데아)들은 있을 수 없다. (그런 것들이 있다면,) 소멸하는 사람이[112] 있고, 소멸하지 않는 사람이[113] 있을 테니까 말이다. (이 둘은 서로 반대되는 것들로서 종류가 서로 다르다.) 그러나 그들은 형상들은 (그것들에 상응하는) 개체들과[114] 그저 이름만 같은 것이 아니라 형상(종)이 같다고 말한다. (그러나 이는 불가

110 '흼'과 '검음'의 성질을 가리킨다.

111 '소멸함'과 '소멸하지 않음'의 성질을 가리킨다.

112 소크라테스 같은 '개별적인 사람'을 말한다.

113 '이데아로서의 사람'을 말한다.

114 개체들(ta tina) = 개별적인 것들(개별자들, ta kath' hekaston).

1059a

능하다.) (소멸하는 것과 소멸하지 않는 것처럼) 유(類)가 다른 것들은 종이 다른 것들보다 훨씬 더 서로 떨어져 있다.

11권(K)[1]

1장 지혜 (3권 2-3장을 간추림)

1059a

원리들에 관해 다른 철학자들이 말한 바와 관련하여 물음을 던졌던 처 [18]
음의 논의들로부터[2] 보건대, 분명히 지혜는 원리들에 관한 학문이다. 그런
데, (1)[3] 여기서 지혜가 한 학문이라고 보아야 하는지, 아니면 여러 학문들 [20]
이라고 보아야 하는지 물을 수 있겠다. 지혜가 한 학문이라면, 한 학문은
반대되는 것들을 늘 다루는데, 원리들은[4] 반대되는 것들이 아니다(라는 반

---

1 11권(K)은 크게 두 부분으로 되어 있는데, 앞부분인 1장-8장 1065a 26에는 3권(B), 4권(Γ), 6권(E)의 내용이 요약되어 있다. 애거(Jaeger)는 여러 가지 강한 근거들을 들어, 플라톤의 영향이 아직 남아 있는 상태에서 쓰인 이 부분이 3, 4, 6권보다 먼저 저술된 것으로 추정한다(이 근거들에 대해서는 Ross(1924), 2권 305-306쪽 참조). 그리고 뒷부분인 8장 1065a 26-12장에는 『자연학』 2권 5-6장, 3권 1-5, 7장, 5권 1-3장이 발췌되어 있다.

2 1권(A) 3-10장 참조.

3 3권(B)에서 난문들에 붙인 번호에 따랐다. 유일하게 난문 13만 11권(K) 1-2장에서 다루어지고 있지 않다.

4 네 가지 원인들을 가리킨다. 3권(B) 2장 996a 21-b 1 참조.

1059a

론이 나올 수 있을 것이다). 그리고 지혜가 한 학문이 아니라면, 어떤 종류의 학문들을 지혜로 놓아야 하는가?[5]

(2) 더 나아가, 증명의 원리들을 살펴보는 것은 한 학문의 일인가, 아니면 여러 학문들의 일인가? 그것이 한 학문의 일이라면, 왜 아무런 학문의 일이 아니고 굳이 그 한 학문의 일인가? 그것이 여러 학문들의 일이라면, 어떤 종류의 학문들이 그런 학문들이라고 놓아야 하는가?[6]

(3) 더 나아가, 지혜는 모든 (종류의) 실체들에 관한 학문인가, 아닌가? 모든 실체들에 관한 학문이 아니라면, 어떤 실체들에 관한 학문인지 말하기가 어렵다. 그러나 지혜가 한 학문으로서 모든 실체들을 다룬다면, 어떻게 같은 학문이 여러 실체들을 다룰 수 있는지가 분명하지 않다.[7]

(5) 더 나아가, 지혜는 실체들만을 다루는가, 아니면 실체들에 바로 딸린 것(본질적인 속성)들도 다루는가? (둘 모두를 다루더라도, 본질적인) 속성들에 대해서는 증명이 가능하지만, 실체들에 관해서는 그렇지 않다. 그러나 실체와 속성에 대해 각기 다른 학문이 있다면, 그 각각의 학문은 무엇이며, 둘 중 어떤 것이 지혜인가? 다시 말해, 지혜가 증명하는 학문이라면,[8] 그것은 속성들에 관한 학문일 것이다. 이와 반대로, 지혜가 으뜸가는 것들을 다룬다면, 그것은 실체들에 관한 학문일 것이다.[9]

(1) 그러나 우리가 찾고 있는 학문이 『자연학』에서 언급된 원인들을[10]

---

5 3권(B) 2장 996a 18-b 26 참조.

6 3권(B) 2장 996b 26-997a 15 참조.

7 3권(B) 2장 997a 15-25 참조.

8 '증명하는 학문'(또는 증명학, apodeiktikē)은 공리들을 전제로 삼아, 주어진 대상에 대해 일정한 성질을 엄밀하게 증명해 내는 학문을 말한다. 『뒤 분석론』 1권 7장과 10장 참조.

9 3권(B) 2장 997a 25-34 참조.

10 『자연학』 2권 3장에서 다룬 네 가지 원인들, 즉 재료(재료인, causa materialis),

다룬다고 보아서는 안 된다. 왜냐하면 이 학문은 '무엇을 위해'(목적인)를 다루지 않기 때문이다. 좋음이 그러한 것인데, 좋음은 우리가 행하는 것(행위 또는 행위 대상)들과 움직임 속에 있는 것들에 들어있으며, 그것들을 맨 처음 움직이게 하는 것이다. 왜냐하면 목적이 그러한 것이기 때문이다. 그러나 맨 처음 움직이는 것(原動者)은 움직일 수 없는 것들의 영역에는 있지 않다.[11]

(4) 그리고 일반적으로, 우리가 지금 찾고 있는 학문이 감각되는 실체들을 다루는지, | 아니면 이것들과 다른 어떤 실체들을 다루는지가 어려운 물음이다. 다른 실체들을 다룬다면, 그 학문은 형상(이데아)들을 다루거나 수학적인 대상들을 다룰 것이다. 그런데, ㉮ 분명히, 형상들은 존재하지 않는다.[12] 형상들이 존재한다고 놓더라도, 왜 형상들을 갖는 다른 대상들도 수학적인 대상들의 경우와 같지 않은지 의문이 난다. 수학적인 대상들이 마치 형상들과 감각 대상들 외의 세 번째 종류의 것들인 양, 사람들이 그것들을 형상들과 여기에 있는 것(감각 대상)들 사이에 놓는 것을 두고 하는 말이다. 하지만 (그들에 따르면) 사람이나 말(馬) 자체와 개별적인 사람이나 말 외에 세 번째 사람이나 말은 있지 않다. 다른 한편으로, 그들이 주장하는 바대로가 아니라면, 수학자는 어떤 종류의 사물을 다룬다고 해야 하는가? 분명히, 수학자는 여기에 있는 것들을 다루지는 않는다.[13] 이것들 중 어떤 것도 수학 분야의 학문들은 탐구하지 않기 때문이다. ㉯ 그리고 우리가 지금 찾고 있는 학문은 수학적인 대상들을 다루지도 않는다.

형상(형상인, causa formalis), 움직임의 근원(운동인, causa efficiens), 목적(목적인, causa finalis)을 말한다.

11 3권(B) 2장 996a 21-b 1 참조.

12 1권(A) 9장 참조.

13 3권(B) 2장 997b 34-998a 6 참조.

왜냐하면 이런 대상들은 어느 것도 따로 있을 수 없기 때문이다. 그런데 또 ㉰ 우리의 학문은 감각되는 실체들을 다루지도 않는다. 왜냐하면 이것들은 소멸하는 것들이기 때문이다.[14]

일반적으로, 수학적인 대상들의 (사유되는) 재료에[15] 대해 물음을 던지는 것이 어떤 학문의 일인지 의문이 날 것이다.[16] 그것은 자연학의 일은 아니다. 왜냐하면 자연학자의 연구는 오로지 제 안에 움직임과 서 있음의[17] 근원을 가진 것들에 관계하기 때문이다. 또, 그것은 증명과 앎에 관해 고찰하는 학문(논리학)의 일도 아니다. 이 학문은 바로 이런 유(類, 증명과 앎)에 대해서 탐구한다. 그래서 남은 것은 지금 우리 앞에 놓여 있는 철학(으뜸 철학 또는 형이상학)이 바로 이것들에 관해 연구한다는 것이다.

(6) 어떤 사람들이 '요소들'이라 부르는 원리들을 우리가 찾고 있는 학문이 다룬다고 보아야 하느냐는 물음을 누구든 던질 수 있을 것이다. 사람들은 모두 이 요소들이 합쳐진 것(결합물)들 안에 들어있다고 가정하고 있다.[18] (7) 이보다는 우리가 찾고 있는 학문은 보편적인 것(보편자)들을 다룬다는 생각이 들 것이다. 왜냐하면 모든 정의(定義)와 학문은 마지막 것들에[19] 관한 것이 아니라 보편적인 것들에 관한 것이기 때문이

---

14 3권(B) 2장 997a 34–998a 19 참조.

15 수학적인 대상들이 갖는 재료는 '공간'을 뜻한다. 7권(Z) 10장 1036a 9 참조.

16 이 물음은 3권(B)에서 던져지지 않은 물음이다. 난문 14를 다루는 3권(B) 5장이 이 물음과 관련된 논의를 담고 있다.

17 '서 있음'(stasis)은 '가만히 있음'(ēremia)과 '머묾'(monē)과 같은 정지 상태를 가리킨다. '움직임'(운동, kinēsis)이나 '변함'(변화, metabolē)에 반대되는 개념이다.

18 3권(B) 3장 998a 20–b 14 참조.

19 eschata는 가장 낮은 단계의 종들인 '맨 아래의 종들'(最下種들, infimae species)을 가리킨다. 3권(B) 3장 998b 16 참조. teleutaion eidos(3장 1061a 24 참조)와 같은 뜻의 개념이며, 바로 뒤에 나오는 prōta genē(맨 처음의 유들, 最上類들, summa genera)에 반대되는 개념이다.

다.[20] 이렇게 해서 우리의 학문은 맨 처음의 유(類)들을 다룰 것이다. 그리고 이것들은 '있음'과 '하나'로 드러날 것이다. 이것들은 있는 것들을 모두 포함하고 있고 또 본성상 으뜸가는 것들이기 때문에, 사람들은 이것들이 가장 많이 원리들이라고 흔히 생각한다. 왜냐하면 이것들이 없어지면, 나머지 것들도 더불어 없어지기[21] 때문이다. 왜냐하면 모든 것은 있는 것이고 하나인 것이기 때문이다. 다른 한편으로, 있음과 하나를 유들로 놓아서, 차이성은 유를 나눠 갖지 않음에도,[22] 차이성들이 그것들을 나눠 갖게(분유하게) 되는 결과를 낳는다면, 그것들을 유들로도 원리들로도 놓지 않아야 한다는 생각이 들 것이다. 더 나아가, 더 단순한 것이 덜 단순한 것보다 더 원리라면, 그리고 유들에서 나온 마지막 종(種)들이 유들보다 더 단순하다면(왜냐하면 마지막 종들은 더는 분할될 수 없는 것들이지만,[23] 유들은 여러 가지 다양한 종들로 나누어지기 때문이다), 종들이 유들보다 더 원리인 것들로 보일 것이다. 그러나 종들은 유들과 더불어 없어진다는 점에서, 유들이 더 원리인 듯하다. | 왜냐하면 다른 것들을 자신과 더불어 없애는 것이(, 그렇지만 다른 것과 더불어 없어지지는 않는 것이) 원리이기 때문이다.[24] 이렇듯, 이런 것들이, 또 이와 같은 종류의 다른 어떤 것들이 (형이상학자가 풀어야 할) 어려운 물음들이다.

---

20 3권(B) 3장 998b 15 참조.

21 '더불어 없어짐'(synhaireisthai)에 대해서는 『토포스론』 4권 2장과 6권 4장 참조.

22 유(類, genos)는 차이성(種差, differentia)에 대해 서술되지 않고, 종(種, species)에 대해 서술된다. 『토포스론』 144a 32 참조.

23 10권(I) 8장 1058a 18 참조.

24 3권(B) 3장 998b 14-999a 23 참조.

1060a

2장 지혜 (3권 4–6장을 간추림)

(8) 더 나아가, 개별적인 것(개별자)들과 따로 어떤 것을[25] 놓아야 하는가, 말아야 하는가? 우리가 찾고 있는 학문은 이것들을 다루는가? 개별적인 것들은 수없이 많다. 그런데 이런 개별적인 것들과 따로 유(類)들과 종(種)들이 있다고 말해진다. 그렇지만 지금 우리가 찾고 있는 학문은 이것들 중 어느 것도 다루지 않는다. 이것이 불가능한 까닭은 앞서[26] 얘기되었다. 그리고 일반적으로, 감각되는 실체들로부터, 즉 여기에 있는 것들로부터 따로 떨어져 있는(독립된) 실체가 있다고 생각해야 하는지, 아니면 감각되는 실체들이야말로 존재하는 것들이며 지혜는 이것들에 관계한다고 생각해야 하는지, 정말 대답하기가 어렵다. (첫 번째라고 생각되는 까닭은) 우리가 (감각되는 실체가 아닌) 다른 어떤 실체를 찾고 있는 것 같기 때문이다. 그리고 우리 앞에 놓인 과제는 이것을, 즉 감각 대상들에 (속성으로서) 들어있지 않는 어떤 독립적인 것이 스스로 있는지를 살피는 것이다.

더 나아가, 감각되는 실체들 외에 다른 어떤 실체가 있다면, 어떤 종류의 감각되는 실체들과 따로 그것이 있다고 놓아야 하는가? 다시 말해, 왜 다른 동물들이나 또는 심지어 (집이나 반지처럼) 혼이 없는 것(무생물)들 모두보다도 특별히 사람들이나 말들과 따로 그런 실체가 있다고 놓아야 하는가? 어쨌든 감각되고 소멸하는 실체들과 같은 수만큼 (이데아 같은) 영원한 실체들을 구성하는 것은 모든 개연성으로부터 벗어난 것처럼 보인다.[27] 그러나 지금 우리가 찾고 있는 원리가 물체들로부터 따로 떨어져 있

25 이런 것으로 플라톤은 이데아를, 스페우십포스는 수학적인 대상을 내놓는다.

26 1장 1059b 31–38을 가리키는 듯하다.

27 그렇게 영원한 실체들을 구성하는 것은 불가능하거나 불합리할 것이라는 뜻이다. 1권(A) 9장 990a 33–991b 9 참조.

을 수 없는 것이라면, 재료 말고 다른 어떤 것을 더욱 그런 원리로 놓을 수 있겠는가? 그렇다고 해도 재료는 (형상처럼) 실현 상태로 있지 않고, 잠재 상태로 있다. 그래서 재료보다는 형상이나 형태가 더 중요한 원리란 생각이 들 것이다. 그러나 형상이나 형태는 (일반 사람들에 따르면) 소멸하는 것이어서,[28] 따로 떨어져 있고(독립적이고) 스스로 있는 영원한 실체는 전혀 있지 않게 된다. 그러나 이는 이치에 어긋난 것이다. 왜냐하면 그런 원리와 실체는 존재하는 것 같으며, 학식이 아주 뛰어난 사람들이[29] 거의 모두 이것이 있다고 생각하여 이것을 추구했기 때문이다. 영원하고 독립적이고 지속적인 것이 없다면, 어떻게 질서가 있을 수 있겠는가?[30]

(10) 우리가 지금 찾고 있는 것과 같은 성질의 실체와 원리가 있다면, 그리고 영원한 것들과 소멸하는 것들 모두에 대해 동일한 원리가 있다면, 같은 원리의 지배 아래에 있는 것들이면서 왜 어떤 것들은 영원하고 어떤 것들은 영원하지 않는지 의문이 난다. 그것은 정말이지 이치에 어긋난다. 영원한 것들의 원리와 소멸하는 것들의 원리가 서로 다른데도, 소멸하는 것들의 원리도 (영원한 것들의 원리처럼) 영원하다면, 앞의 의문과 비슷하게 의문이 날 것이다. 정말이지, 원리가 영원한 것이라면, 이 원리의 지배 아래에 놓인 것들도 영원하지 말란 법이 있는가? 그러나 원리가 소멸하는 것이라면, 이 원리에 대해 다른 원리가 있게 되고, 이 다른 원리에 대해 또 다른 원리가 있게 되고, 이런 과정은 무한히 계속될 것이다.[31]

---

28 7권(Z) 15장 1039b 20–23 참조.

29 원어인 charieis는 일반 대중들과 달리 멋이나 품위를 갖춘 우아하고 세련된 사람을 가리키기도 하고, 남보다 뛰어난 학식이나 교양을 지닌 사람을 가리키기도 한다. 여기에서는 뒤의 뜻으로 받아들여 '학식이 뛰어난 사람'으로 옮겼다.

30 3권(B) 1장 995b 31–36, 4장 999a 24–b 24 참조.

31 3권(B) 1장 996a 2–4, 4장 1000a 5–1001a 3 참조.

1060a

(11) 게다가, 가장 변하지 않는 것처럼 보이는 '있음'과 '하나'를 원리로
1060b 놓는다면, | 먼저, 저마다 이것과 실체를 나타내지 않는데도 그것들이 어떻게 따로 떨어져 있을 수 있으며(독립적이며), 스스로 있을(자립적일) 수 있겠는가? 우리가 찾고 있는 영원한 으뜸가는 원리들은 바로 그런 것들이다. 그런데, 있음과 하나가 저마다 이것과 실체를 뜻한다면, 있는 것들은 모두 실체가 될 것이다. 왜냐하면 '있음'은 모든 것들에 대해 서술되기(술어로서 말해지기) 때문이다. 그리고 몇 가지 것들에 대해서는 '하나'도 진술된다.[32] 그러나 있는 것들이 모두 실체라는 생각은 틀렸다.[33]

(14) 더 나아가, 으뜸가는 원리가 하나이고, 이것이 실체라고 주장하며, 하나와 재료로부터 가장 먼저 (이데아적인) 수(數)들을 만들어 내고[34] 이 수들이 실체라고 주장하는 사람들의[35] 말이 어떻게 맞겠는가? 어떻게 둘을, 그리고 (하나와 재료를 바탕으로) 구성된 나머지 수들 각각을 하나라고 생각할 수 있겠는가? 이 점에 대해 그들은 아무 말도 하지 않을뿐더러, 뭔가를 말하기도 쉽지 않다. 선들이나 선들에 뒤따라 나오는 것들(으뜸가는 평면들을[36] 두고 하는 말이다)을 원리로 놓더라도,[37] 그것들은 따로 있는(독립된) 실체들이 아니라, 잘리고 분할된 것들이다. 앞의 것들은 면이, 뒤의 것

---

32 여기서 조심스럽게 몇 가지 것들에 제한되는 것처럼 말하는 것과 달리, 일반적으로 '하나'(to hen)는 있음을 뜻하고 '있음'(to on)은 하나를 뜻한다. 어떤 것이 있다고 할 때 그것은 하나이며, 어떤 것이 하나라고 할 때 그것은 있다. 3장 1061a 18, 4권(Γ) 2장 1003b 22-34, 10권(I) 2장 1054a 13-19 참조.

33 3권(B) 1장 996a 4-9, 4장 1001a 4-b 25 참조.

34 3권(B) 4장 1001b 17-25 참조.

35 피타고라스주의자들(1권 987a 18, 3권 1001a 10 참조)과 플라톤(1권 987b 21, 992a 9, 3권 1001a 9 참조)을 가리킨다.

36 감각되는 평면들이 아닌, 사유되는(이데아적인) 평면들을 가리킨다.

37 3권(B) 1장 996a 12-17과 5장 참조.

들은 물체(입체)가 잘리고 분할된 것들이다. 그리고 점들은 선들이 잘리고 분할된 것들이다. 더 나아가, 그것들은 바로 이 같은 것들의 한계다.[38] 이 모든 것들은 자신과는 다른 것들 안에 들어있으며, 어떤 것도 그것들로부터 따로 떨어져 있지 않다. 더 나아가, 하나와 점의 실체가 있다는 것을[39] 어떻게 받아들일 수 있겠는가? 왜냐하면 모든 (생겨나거나 소멸하는) 실체의 생성은 있지만, 점의 생성은 있지 않기 때문이다.[40] 다시 말해, 점은 (선이) 분할된 것이다.[41]

(12) 모든 앎은 보편적인 것(보편자)과 이러함(질)에 관계하지만, 실체는 보편적인 것이지 않고, 이보다는 이것이자 따로 떨어져 있는(독립된) 것이라는 점도 어려움을 가져다준다. 그래서 앎이 (보편자와 질 같은) 원리들에 관한 것이라고 한다면, 어떻게 실체가 원리라고 생각하겠는가?[42]

(8) 더 나아가, 복합물과(여기서 '복합물'은 재료 + 재료와 함께 있는 것, 즉 형상을 뜻한다) 따로 어떤 것이 있는가, 있지 않는가? 있지 않다고 한다면, 재료 안에 든 것들은 모두 소멸하는 것들이 될 것이다. 있다고 한다면, 그것은 아마도 형상과 형태일 것이다. 그런데 어떤 경우에 이런 것들이 있고, 어떤 경우에 있지 않은지 구분하기가 쉽지 않다. 어떤 경우들에는,[43] 예를 들어 집의 경우에는, 분명히 따로 떨어져 있는(독립된) 형상이 있지 않다.[44]

---

38 점은 선의, 선은 면의, 면은 입체의 한계이다.

39 7권(Z) 2장 1028b 21-24, 13권(M) 9장 1085a 31-34 참조.

40 3권(B) 5장 1002a 28-b 11, 8권(H) 5장 1044b 21-29 참조.

41 3권(B) 1장 996a 12-15, 5장 참조.

42 3권(B) 1장 996a 9-10, 6장 1003a 5-17 참조.

43 부정어들(1권 990b 13), 관계 개념들(1권 990b 16), 인공물들(1권 991b 6, 12권 1070a 14)의 경우를 가리킨다.

44 3권(B) 1장 995b 31-36, 4장 999a 24-b 24 참조.

1060b

(9) 더 나아가, 원리들은 종류나 개수에서 같은가? 개수가 같다면, 모든 사물들이 같게 될 것이다.[45]

3장 으뜸 철학의 탐구 대상 (4권 1-2장을 간추림)

철학자의 학문은 있는 것의 특정 부분을 다루지 않고, 있는 것을 있다는 점에서 보편적으로 다룬다. 그리고 '있음'은 한 가지 뜻이 아니라 여러 가지 뜻으로 말해진다. 따라서 '있음'이 (다양한 쓰임새에) 공통된 어떤 것에 따라 말해지지 않고, 한 이름 다른 뜻으로(이름만 같게) 말해진다면, 있음은 한 학문의 영역 아래에 놓이지 않는다. 왜냐하면 '있음'의 그런 다양한 뜻들은 한 가지 유(類, 탐구 대상)를 이루지 못하기 때문이다. 그러나 그것이 어떤 공통된 것에 따라 말해질 경우, 있음은 한 학문의 영역 아래에 놓일 것이다.

'있는 것'은 '치료하는 것'과 '건강한 것'처럼 우리가 말한 방식대로 쓰이
1061a 는 듯하다. 다시 말해 이 두 낱말도 | 여러 가지 뜻으로 쓰인다. 하나는 어떤 식으로든 치료하는 학문(의학)에 관계 맺어, 다른 하나는 건강에 관계 맺어, 또 다른 것들은 다른 방식으로 관계 맺어, 더욱이 저마다 동일한 것에 관계 맺어 쓰인다. 진단이나 수술칼은, 앞의 것은 치료하는 학문에서 나온 것임으로써, 뒤의 것은 이 학문에 쓸모 있는 것임으로써, '치료한다'고 말해진다. '건강한 것'도 이와 비슷하다. 즉 어떤 것은 건강의 징후임으로써, 어떤 것은 건강을 불러일으킬 수 있는 것임으로써, '건강하다'고 말해진다. 나머지 경우들도 마찬가지다.

45 3권(B) 1장 996a 1-2, 4장 999b 24-1000a 4 참조.

'있는 것'도 모두 이와 같은 방식으로 말해진다. 있다는 점에서 있는 것이[46] 갖는 양태, 지속적 상태(습성), 일시적 상태임으로써, 또는 그것이 갖는 움직임이나 이와 같은 종류의 것임으로써, 있는 것들은 저마다 '있다'고 말해진다. 있는 것은 모두 어떤 한 가지 공통된 것에 관계 맺으므로, 반대되는 성질들도 저마다 있음의 으뜸가는 차이성 및 반대성에 관계 맺을 수 있다. 있음의 으뜸 차이성들이 여럿과 하나든, 비슷함과 비슷하지 않음이든, 아니면 다른 어떤 차이성들이든 말이다. 이 차이성들은 이미 검토된 걸로 해 두자.[47] 있는 것의 환원이 있음으로 이루어지든, 하나로 이루어지든 차이가 없다. 왜냐하면 있음이 하나와 같지 않고 다른 것이라 하더라도, 서로 맞바뀌어 서술되기 때문이다. 다시 말해, 하나인 것은 어떤 점에서 또한 있는 것이고, 있는 것은 하나이다.

반대되는 성질들을 모두 연구하는 것은 동일한 학문의 과제이고, 반대되는 것들은 저마다 맞은쪽의 결여로서 말해진다. 물론 반대되는 것들 중에는 (완전히) 정의롭지 못함과 (완전히) 정의로움처럼 그 사이에 어떤 것이 있는 경우들이 종종 있어서 이런 것들이 어떻게 맞은쪽의 결여로서 말해질 수 있는지 의문이 날 수도 있겠다. 이런 경우에는 모두 규정 전체에 대한 결여로 놓지 말고, 맨 마지막의 종(最下種)에 대한 결여로 놓아야 한다. 예를 들어, 정의로운 사람을 자신의 습성에 따라 법을 지키는 사람이라고 한다면,[48] 정의롭지 못한 사람에게 정의로움의 규정 전체가 모든 점에서 부인되는 것은 아니다. 그는 어떤 점에서만 준법과 관련하여 부족한 점이 있는 사람이고, 이 점에서만 그에게 정의로움의 결여가 성립한

---

46 여기서 '있는 것'(to on)은 좁은 뜻으로 쓰여, '으뜸으로 있는 것'인 실체(ousia)만을 가리킨다.

47 4권(Γ) 2장 1004a 2와 각주 참조.

48 『니코마코스 윤리학』 1129b 11-1130a 13 참조.

다.[49] (중간에 어떤 것들이 있는) 다른 경우들도 이와 마찬가지다.

수학자는 떼어 냄(추상)을 통해 생겨난 것들에 대해 연구한다. 다시 말해 그는 (자신의 연구에 앞서) 무거움과 가벼움, 단단함과 무름, 따뜻함과 차가움 따위의 반대되는 감각 성질들을 (대상들로부터) 모두 제거한다. 그리고 양과 연속됨만을, 때로는 한 방향(차원)에서, 때로는 두 방향이나 세 방향에서 연속됨을 남겨서, 대상들을 이것들이 양과 연속된 것이라는 점에서 살필 뿐, 다른 어떤 점에서도 살피지 않는다. 그리고 어떤 것들에서는 상호 위치와 이 위치의 속성을 연구하고, | 어떤 것들에서는 같은 단위로 잴 수 있음과 같은 단위로 잴 수 없음을 연구하며, 다른 어떤 것들에서는 비율을 연구한다. 그런데도, 우리는 이 모든 것들에 대한 연구를 위해 동일한 학문을, 즉 기하학을 내놓는다. 있는 것에 관해서도 마찬가지다. 있다는 점에서 있는 것에 딸린 속성들, 그리고 있다는 점에서 있는 것이 갖는 반대성(반대되는 성질)들에 대해[50] 깊이 생각하는 것은 철학의 과제이지 다른 어떤 학문의 과제가 아니다. 자연학에는 있다는 점에서보다는 움직임을 갖는다는 점에서 있는 것들에 대한 연구를 할당할 수 있을 것이다. 그리고 철학적 대화술과 소피스트술은 있는 것들의 속성들을 다루기는 하지만, 그것들을 있다는 점에서 다루지 않으며, 또 있는 것 자체를 있다는 점에서 다루지도 않는다. 그래서 있다는 점에서, 방금 말한, 있는 것과 그 속성들을 연구할 사람으로 남은 사람은 철학자뿐이다. '있는 것'은 여러 가지 뜻을 갖지만 모두 어떤 한 가지 공통된 것으로

---

49 '어떤 면에서 정의롭지 못한 사람'은, 예를 들어 교통 법규를 잘 지키지 않아 올바르지 못한 사람은 '습성(hexis)에 따라 전적으로 정의로운 사람'이 못 된다. 하지만 정의로움이 그에게서 전적으로 부인되지 않고, 어떤 점에서만, 예를 들어 교통 법규와 관련해서만 부인된다. 전적으로 부인되는 경우, 그는 '전혀 올바르지 못한 사람'이 된다.

50 3권(B) 1장 995b 20-27 참조.

말미암아 있다고 말해지고, 또 반대되는 성질들도 이와 마찬가지다. 다시 말해, 이것들은 있음의 으뜸가는 반대성들 및 차이성들에 관련되어 있다. 그리고 이와 같은 것들은 모두 한 가지 학문의 영역 아래에 놓인다. 이로써 앞에서[51] 말했던 난문이 풀렸다고 본다.[52] 그것은 어떻게 한 학문이 유(類)에서 차이 나는 여러 가지 대상들을 다룰 수 있느냐는 물음이었다.

4장 으뜸 철학을 수학과 자연학으로부터 구분함 (4권 3장을 간추림)

수학자도 공통된 것들을[53] 나름대로의 특정한 방식으로 사용하므로, 이 공통된 것들의 원리들을[54] 연구하는 것도 으뜸 철학의 과제이겠다. 예를 들어, '양이 같은 것들에서 같은 만큼을 빼면 그 나머지들도 같다'는[55] 모든 양에 공통된 것이다. 그렇지만 수학은 자신에 고유한 재료(탐구 대상)

---

51 1장 1059a 20-23에서.

52 이와 더불어 1장 1059a 29-34에 제기된 다섯 번째 난문도 해결되었다.

53 여기서 '공통된 것들'(ta koina)은 공통된 원리들, 즉 공리(公理, ta axiōmata)들을 뜻한다. 3권(B) 2장 997a 10 참조.

54 '이 공통된 것들의 원리들을'을 로스(Ross, 1924, 2권 314쪽 참조)는 '이 수학의 원리들을'로 옮긴다. 그의 해석에 따르면 수학의 원리들을 다루는 것도 으뜸 철학의 과제가 된다. 이런 원리들이 적용되는 영역인 양도 일종의 있는 것으로 볼 수 있기 때문이다. 이에 반대하여, 옮긴이는 이 수학의 원리들보다 앞선 원리들, 즉 모순율이나 배중률과 같은 원리들을 뜻하는 것으로 보았다. 양은 있는 것들의 일부에 불과하여, 양에 고유한 원리들을 탐구하는 것은 형이상학자가 아니라 수학자의 할 일이라고 보기 때문이다. 4권(Γ) 3장 1005b 33-34 참조.

55 A=B면 A-C=B-C이다. 에우클레이데스의 『원론(stoicheia)』 1권 공리 3 참조.

1061b

의 일부를 전체에서 떼어 내어 이에 관해 연구를 한다.[56] 선이나 각 또는 수 따위의 양들에 관해, 이것들이 있다는 점에서 탐구하지 않고, 이것들이 저마다 한 방향 또는 두 방향 또는 세 방향으로 연속된 것이라는 점에서 탐구한다.[57] 그러나 철학은 이 부분들에 대해 이것들 저마다에 어떤 성질이 붙는다는 점에서 탐구하지 않고, 있는 것에 대해 탐구하는데, 설령 있는 것의 부분들에 대해서 탐구하더라도 이것들이 저마다 있다는 점에서 탐구한다. 자연에 관련된 학문(자연학)도 수학과 마찬가지다. 다시 말해, 자연학은 있는 것들의 속성들과 원리들을 그것들이 있다는 점에서 탐구하지 않고, 그것들이 움직이는 것이라는 점에서 탐구한다. 그러나 으뜸 학문은 우리가 말했듯이 바탕이 되는 것(탐구 대상)들을, 그것들이 다른 어떤 것인[58] 점에서가 아니라 있다는 점에서 탐구한다. 그렇기 때문에 이 자연학과 수학은 지혜의 부분들이라고 해야 한다.[59]

5장 모순율 방어 (4권 3-4, 8장을 간추림)

어떤 원리가 있는 것들 안에 있는데, 우리는 이 원리에 대해 잘못 생각할 수 없으며, 반대로 항상 참이라고 인정해야 한다. 이 원리는 다음과 같다. 같은 것이 있으면서 같은 때에 있지 않을 수는 없다. | 그리고 이런 방
1062a 식으로 서로 대립되는 다른 어떤 것들일 수 없다.[60] 이런 종류의 원리들

56 4권(Γ) 1장 1003a 24 참조.

57 13권(M) 3장 1077b 27-32 참조.

58 = 연속된 것이거나 변하는 것인.

59 1장 1059a 23-26, 4권(Γ) 3장 1005a 19-b 2 참조.

60 4권(Γ) 3장 1005b 8-34 참조.

에 대해서 직접 증명할 수는 없고, 그것을 반대하는 사람을 상대로 한 증명(논박)만이 있을 수 있다. 왜냐하면 그보다 더 확실한 원리로부터 모순율을 추론해 낼 수 없기 때문이다. 직접 증명이 이루어지려면 그래야겠지만 말이다.[61] 그런데, 대립된 진술들을 주장하는 사람들을 상대로 그가 틀렸다는 것을 증명하려는 사람은 다음과 같은 것을, 즉 '같은 것이 있으면서 같은 때에 있지 않을 수는 없다'는 원리나 다름없지만 달라 보이는 것을 전제해야 한다. 이런 방식으로만, 대립된 진술들이 같은 것에 관해 참일 수 있다고 말하는 사람을 상대로 (그가 틀렸다는) 증명이 이루어질 수 있다.

그런데, 서로 말을 주고받으려 하는 사람들은 어떤 점에서 상대를 이해하고 있어야 한다. 이것이 이루어지지 않는다면, 어떻게 공동의 대화가 있을 수 있겠는가? 그러므로, (대화에서) 쓰는 말들이 모두 알려진 것이어야 하고, 또 일정한 것을 나타내야 한다. 그리고 여러 가지 것이 아니라 한 가지 것만을 나타내야 한다. 하나보다 많은 뜻들을 갖는다면, 쓰는 말이 이 뜻들 중 어느 것에 적용되고 있는지를 분명히 밝혀야 한다. '이것이 있다'고 (이와 동시에) '이것이 있지 않다'고 말하는 사람은 그가 긍정한 바를 부정한다. 그래서 그 말이 나타내는 것을 그 말이 나타낸다는 점을 부인한다. 그러나 이것은 불가능하다. 그러므로 '이것이 있다'가 특정한 것을 나타낸다면, 이것에 모순되는 진술은 같은 것에 대해 참일 수 없다.[62]

더 나아가, 말이 특정한 것을 나타내고 이것이 참인 것으로 주장된다면, 그것은 필연적으로 그러한 것이어야 한다. 그리고 필연적으로 있는 것은 어느 때라도 있지 않을 수 없다. 그러므로 대립되는 진술들은 같은 것에 대해 참일 수 없다.[63]

---

61 4권(Γ) 4장 1006a 5-18 참조.

62 4권(Γ) 4장 1006a 18-1007a 20 참조.

63 4권(Γ) 4장 1006b 28-34 참조.

1062a

더 나아가, 긍정이 부정 못지않게 참이라면, '사람임'을 말하는 사람에 못지않게 '사람 아님'을 말하는 사람도 참을 말하게 될 테다. '사람은 말(馬)이 아니다'고 말하는 사람은 '사람은 사람이 아니다'고 말하는 사람보다 더 참말을 하거나, 아니면 그에 못지않게 참말을 하게 될 테다. 그래서 '사람은 말이다'고 말하는 사람도 참말을 하게 될 테다. 대립되는 진술들이 똑같이 참이라고 전제되었으니 말이다. 그러므로 같은 것이 사람이면서 말이거나 또는 다른 어떤 동물이 되는 (이치에 어긋나는) 결과가 나올 것이다.[64]

그런데, 이런 것들에 대해 (그럴 수 없다고) 직접 증명하는 것은 있을 수 없지만, 그런 것들을 주장하는 사람을 상대로 한 증명(논박)은 있을 수 있겠다. 아마도, 헤라클레이토스에게 이런 (논박하는) 식으로 묻는다면, 그조차도 대립되는 진술들은 같은 것들에 대해 결코 참일 수 없다는 점에 동의할 수밖에 없을 것이다. 그런데 사실 그는 자신의 주장이 무엇을 뜻하는지도 스스로 알지 못한 채, 그런 (모순율을 부인하는) 견해를 가졌다.[65] 아무튼, 그가 주장한 바가 참이라면, 바로 이 주장마저도, | 즉 같은 것이
1062b 있으면서 같은 때에 있지 않을 수 있다는 주장마저도 참이 아닐 것이다.[66] 왜냐하면 대립된 진술들이 나눠질 때, 긍정 진술이 부정 진술과 마찬가지로 참이라면, 또 이런 방식으로 둘을 하나로 결합하여 이것이 단일한 긍정 진술이기라도 하듯 복합된 진술을 만든다면, 긍정의 형태로 된 이런 전체에 못지않게 이의 부정도 참일 것이기 때문이다.[67] 더 나아가, 어떤 것도

64 4권(Γ) 4장 1007b 18–1008a 2 참조.

65 4권(Γ) 3장 1005b 23–26 참조.

66 모순율의 부정은 결국 이 부정에 대한 부정마저 함축한다.

67 'A는 B이다'에 조금도 못지않게 'A는 B가 아니다'가 참이라면, 'A는 B이면서 B가 아니다'에 조금도 못지않게 'A가 B이면서 B가 아닌 것은 아니다'도 참이다. 4권(Γ) 4

참인 것으로 긍정할 수 없다면, 이 주장 자체도, 즉 '참인 긍정은 전혀 있지 않다'는 주장 자체도 거짓일 것이다.[68] 그러나 참인 긍정이 있다면, 그런 종류의 (모순율을 부인하는) 주장들을 해 대며 대화를 완전히 파괴하는 사람들의 주장은 반박될 수 있을 것이다.

6장 모순율 방어 (4권 5-8장을 간추림)

프로타고라스의 (유명한) 말도 우리가 지금까지 다룬 주장들과 아주 비슷하다. 인간은 모든 것들에 대한 척도라는[69] 그의 주장 말이다. 이는 그에 따르면, 저마다에게 있는 것처럼 보이는 것이 또한 확고하게 있다는 것을 뜻한다. 이럴 경우, 같은 것이 있으면서 있지 않기도 하고, 나쁘면서 좋기도 하고, 이것들처럼 대립되는 또 다른 진술들이기도 하다는 결과가 따른다. 왜냐하면 때때로 어떤 특정한 것이 어떤 사람들에겐 아름다운 것으로 보이며, 어떤 사람들에겐 이에 반대되는 것으로 보이기 때문이다. 그리고 저마다에게 나타나는 것(현상)이 척도이기 때문이다. 이런 생각이 어디로부터 나오는지를 생각해 보면 문제를 해결할 수 있을 것이다. (1) 어떤 사람들은 자연철학자들의 이론을 받아들여 그렇게 생각하게 되었다. 그리고 (2) 어떤 사람들은 사람들이 같은 것들에 관해 모두 같은 인상을 받지 않고, 누구에게는 어떤 것이 유쾌한 것으로 보이며, 누구에게는 이에 반대되는 것으로 보인다는 사실을 근거로 그렇게 생각하게 되었다.[70]

장 1008a 4-7 참조.

68 4권(Γ) 8장 1012b 13-18 참조.

69 그의 글조각 1, Diels/Kranz(1960-61), 2권 262-264쪽 참조.

70 4권(Γ) 5장 1009a 6-16, 22-30 참조. (1)은 1062b 24-33에서, (2)는 1062b

1062b

(1) 아무것도 있지 않은 것으로부터 생겨나지 않고, 모든 것은 있는 것으로부터 생겨난다는 점은 대부분의 자연철학자들에 공통된 견해이다.[71] 그런데, 완전히 희고, 희지 않은 것이 결코 아닌 것으로부터 흰 것은 생겨나지 않으므로, 희게 되는 것은 희지 않은 것으로부터 생겨나는 듯하다. 그래서 같은 것이 (애초부터) 희고 (동시에) 희지 않기도 한 그런 상태에 있었다고 그들처럼 보지 않는다면, 그것은 있지 않은 것에서 생겨날 수도 있을 것이다.[72] 이런 문제를 푸는 것은 어렵지 않다. 우리는 이미 자연에 관한 저술들에서[73] 생겨나는 것들이 어떻게 있지 않은 것으로부터 생겨나고, 또 어떻게 있는 것으로부터 생겨나는지 말한 바 있다.[74]

(2) 논쟁을 벌이는 쌍방의 견해와 상상 모두에 같은 비중을 두어 귀를 기울이는 것은 어리석다. 왜냐하면 분명히, 둘 중 한쪽이 틀림없이 잘못 생각하고 있기 때문이다. 이 점은 감각에 관련하여 벌어지는 일들을 살펴
1063a 보면 분명하다. | 예를 들어, 같은 것이 어떤 사람들에게는 달게 느껴지고, 어떤 사람들에게는 이와 반대로 쓰게 느껴질 수는 결코 없다. 앞에 말한 맛들을 지각하고 판단하는 감각기관이 한쪽 사람들에서 파괴되거나 손상된 경우가 아니라면 말이다. 이런 경우라면, 한쪽 사람들만 척도(판정 기준)로 삼고, 다른 쪽 사람들은 척도로 삼지 말아야 한다. 그리고 좋음과 나쁨, 아름다움과 추함 따위의 경우에도 마찬가지다. 대립되는 생각들이

33-1063b 7에서 논의된다.

71 『자연학』 187a 32-37 참조.

72 자연철학자들의 논증은 다음과 같이 정리된다. '어떤 것도 있지 않은 것으로부터 생겨나지 않는다. 흰 것은 희지 않은 것으로부터 생겨난다. 따라서 희지 않은 것은 또한 앞서 동시에 흰 것이었어야 한다.'

73 아리스토텔레스에 따르면, '흰 것'은 실제로는 희지 않지만 잠재적으로는 흰, 그런 것으로부터 나온다. 『자연학』 1권 7-9장, 『생성과 소멸에 관하여』 317b 14-319b 5 참조.

74 4권(Γ) 5장 1009a 30-36 참조.

똑같이 옳다는 주장은 다음과 같은 것을 주장하는 것이나 다름없다. 즉, 눈 아래를 손가락으로 누르며 한 대상을 둘로 보이게 만드는 사람들에게는[75] 보이는 것(現象)이 둘로 보이며(왜냐하면 그렇게 보이기 때문이다), 다시 (같은 현상이) 하나로 보이기도 한다. 다시 말해, 그것은 시각을 (손가락으로) 교란시키지 않는 사람들에게는 하나로 보인다.[76]

일반적으로, 여기에 있는 것(감각 대상)들이 언제나 변하고 결코 같은 상태에 머물러 있지 않는다는 사실을 진리에 관한 판단 기준으로 삼는 것은 이치에 어긋난다. 오히려, 언제나 같은 상태에 있으며 어떠한 변화도 겪지 않는 것들로부터 출발하여 진리를 사냥해야 한다. 천체들이 바로 그런 것들이다. 이것들은 한때는 이렇게 보이다가, 다른 때는 그것과 다르게 보이지 않는다. 항상 같은 것이며 어떠한 변화도 공유하지 않는다.[77]

더 나아가, 움직임이 있다면, 움직여지는 것이 있다. 그리고 모든 것은 어떤 것(상태)으로부터 다른 어떤 것(상태)으로 움직여진다. 따라서 움직여지는 것은 먼저 그 움직임이 시작되는 상태에 있어야 하며, 그 다음에 이 상태에 더는 있지 않아야 한다. 그리고 다른 상태로 움직여져서 그 안에 있어야 한다. 그렇다면, 모순되는 진술들은 우리의 반대자들이 주장하듯 동시에 참일 수 없다.

그리고 여기에 있는 것(감각 대상)들이 양(量)의 면에서 끊임없이 흐르고(유동적이고) 움직인다(변한다)고 해도, 맞지는 않지만[78] 이렇다고 가정

75 『꿈에 관하여』 461b 30, 『자연학적인 문제들』 958a 24 참조.

76 4권(Γ) 5장 1010b 1–26, 6장 1011a 31–34 참조.

77 4권(Γ) 5장 1010a 25–32.

78 양의 변화인 성장(auxēsis)이나 수축(phthisis)은 연속적(단계적)으로 진행되지 않고 도약적으로 진행되며, 중간에 멈춰 있는 때가 있다. 『자연학』 253b 13–23, 261a 31–b 26 참조.

해 본다면, 질(質)의 면에서 머물러 있지 말란 법이 있는가? 모순되는 술어들을 같은 것에 대해 서술하는 것은 물체들의 경우 그 양이 그대로 남아 있지 않아서, 같은 것이 4자(尺)이기도 하고 아니기도 하다는 (반대자들의) 믿음에서 주로 나온다. 그러나 실체(형상)는 질에 달려 있다.[79] 그리고 질은 확정된 본성을 갖지만, 양은 확정되지 않은 본성을 갖는다.[80]

더 나아가, 의사가 특정한 음식을 섭취하도록 처방을 내리면 그들은 왜 이것을 섭취하는가? 왜 이것은 빵이 아니지 않고 빵인가? 그들에 따르면, 먹든 안 먹든 아무 차이가 없을 것이다. 그런데, 사실 그들은 그것에 대해 진실을 알기라도 하는 듯, 그것이 처방된 음식이라는 점을 알기라도 하는 듯 그것을 먹는다. 하지만 감각되는 것들이 어떤 본성도 확고하게 줄곧 남아 있지 않고, 그 모든 본성들이 늘 움직이고 흐르는 상태에 있다면, 그들은 그렇게 해서는 안 될 것이다.[81]

더 나아가, 우리가 늘 변하고 어느 순간에도 같은 상태로 줄곧 남아 있지 않는다면, 사물들이 환자들에게처럼 우리에게도 한순간도 같은 모습으로 보이지 않더라도 전혀 놀랄 일이 아니다.[82] 환자들은 | 건강할 때와 같은 몸 상태가 아니므로 감각되는 성질들이 이전과 같지 않다. 그렇다고 감각 대상들 자체가 어떤 변화를 공유하는 것은 아니다. 환자들에게 (건강한 사람들의 경우에서와) 같은 감각 결과를 낳지 못하고, 다른 감각 결과를 만들어 주긴 해도 말이다. 앞서[83] 말한 변화가 일어난다면, 정말이지 건강

79 5권(Δ) 14장 1020a 33-b 1 참조.

80 사물들의 성질에는 변하지 않는 것들이 몇 가지 있지만, 사물들의 크기는 일정한 크기로 정해져 있지 않고 변한다. 4권(Γ) 5장 1010a 22-25 참조.

81 4권(Γ) 4장 1008b 12-27 참조.

82 외부 대상이 늘 변한다면, 그것은 지각하는 사람이 건강한 상태에 있든 아픈 상태에 있든 상관없이 그에게 늘 다른 모습으로 다가온다.

83 1063a 35("우리가 늘 … 않는다면")에서.

한 사람에게도 이와 똑같은 일이 벌어질 것이다. 그러나 우리가 변하지 않고 있는 그대로 머무른다면, 지속된 무엇인가가 있을 것이다.[84]

그런데, 자신들의 논의 때문에 앞에 든 어려운 점들을 갖는 사람들을 상대로는, 이들이 더는 근거를 요구하지 않는 어떤 것을 전제하지 않으려 할 경우, 그런 점들을 풀기가 쉽지 않다. 왜냐하면 그렇게 해야만, 모든 논의와 모든 증명이 이루어질 수 있기 때문이다. 아무것도 전제하지 않는 그들은 대화를 파괴하며, 결국 모든 논의를 파괴한다. 그러므로 그런 사람들을 상대로는 (합리적인) 논의가 있을 수 없다. 그러나 (남한테 잘못) 물려받은 난점들 때문에 혼란에 빠진 사람들은 상대하기 쉬우며, 그들에게 혼란을 일으킨 것들을 풀기 쉽다. 이 점은 앞서[85] 말한 것들에 비춰 볼 때 분명하다.

위와 같은 논의들로 보건대 분명히, 대립되는 진술들은 같은 것에 대해 같은 때에 참일 수 없으며,[86] 반대되는 진술들도 그럴 수 없다. 왜냐하면 반대되는 성질들은 모두 결여에 따라 말해지기 때문이다. 이 점은 반대되는 것들에 대한 규정들을 그 근원까지 분석해 보면 분명해진다.[87]

이와 마찬가지로, 반대되는 것들의 중간에 있는 것들도 (반대되는 것들 중 하나가 이미 진술된) 동일한 대상에 대해 서술될 수 없다. 예를 들어, 어떤 대상이 희다면, 그것은 검지도 않고 희지도 않다고 말하는 것은 틀렸다. 안 그러면 그것이 희면서 희지 않다는 결과가[88] 따를 것이다. 왜냐하

84 4권(Γ) 5장 1009a 38–b 33 참조.

85 6장 1062b 20–1063b 7에서.

86 4권(Γ) 5장 1009a 16–22, 6장 1011a 3–16 참조.

87 반대되는 성질들 중 하나는 다른 하나의 결여, 즉 부정이다. 4권(Γ) 6장 1011b 17–22 참조.

88 다시 말해, 모순율을 부인(否認)하게 되는 결과가.

1063b

면 함께 결합된 술어들('검지 않다'와 '희지 않다') 중 하나('희지 않다')가 그 대상에 대해 참이고, 이것은 '희다'에 모순되는 술어이기 때문이다.[89]

헤라클레이토스나[90] 아낙사고라스의 견해를 따르는 사람들은 옳을 수가 없다. 그렇지 않을 경우, 같은 대상에 대해 반대되는 성질들을 서술하는(술어로 말하는) 결과가 따를 것이다. 모든 것 안에 모든 것의 부분이 있다고 주장하면서, 아낙사고라스는 모든 것이 달기도 하고 쓰기도 하다고, 그리고 이와 같은 종류의 반대되는 성질들이라고 말하고 있다. 그의 말대로 모든 것 속에 모든 것이 잠재적으로만 들어있는 것이 아니라, 실제로 다른 것과 구분되어 들어있다면 말이다. 이와 마찬가지로 모든 진술들이 거짓일 수도 없고, 또 모든 진술이 참일 수도 없다. 그럴 수 있다는 입장이 더불어 가져올 여러 가지 어려운 점들 때문에 그렇다. 또 모든 진술들이 거짓이라면 바로 이것을 주장하는 사람의 말도 참이 아니며, 모든 진술들이 참이라면 모든 진술들이 거짓이라고 말하는 사람의 말도 거짓이 아닐 것이기 때문이기도 하다.[91]

7장 신학, 수학, 자연학 (6권 1장을 간추림)

모든 학문은 자신의 영역 아래에 놓인 인식 대상들 각각에 대해 일정한
원리들 및 원인들을 찾는다. 예를 들어, 의술과 체육은, | 그리고 여타 제
1064a 작에 관련된 학문들과 수학 계열의 학문들은 그런 것들을 찾는다. 이 학문
들은 저마다 특정한 유(대상, 類)의 둘레에 선을 그어, 이것을 주어져 있는

---

89 4권(Γ) 7장 1011b 23–1012a 24 참조.

90 5장 1062a 31–b 2, 4권(Γ) 7장 1012a 24–28 참조.

91 4권(Γ) 7장 1012a 24–8장 1012b 18 참조.

것이자 있는 것이라고 다룰 뿐, 그것이 있다는 점에서 다루지는 않는다. 이 학문들과는 다른 어떤 학문이 (자신의 탐구 대상을) 있다는 점에서 다룬다. 그러나 앞서 말한 학문들은 저마다 자신들의 유 안에 든 무엇임(실체)을 어떻게든 얻어 내면서, 나머지 점들을 더 느슨하게 또는 더 엄밀하게 증명하려고 한다. 어떤 학문들은 무엇임을 감각을 통해 얻어 내고, 어떤 학문들은 가정(假定)을 통해 얻어 낸다.[92] 그렇기 때문에, 이런 종류의 예시를 통해서 보더라도, 분명히 실체나 무엇임에 대한 증명은 성립하지 않는다.

자연에 관한 학문이 있다. 그리고 이것은 분명히 실천에 관련된 학문(실천학)과 제작에 관련된 학문(제작학)과는 다르다. 제작학의 경우, 움직임의 근원이 제작물 안에 있지 않고 제작자 안에 있다. 그리고 그것은 어떤 기술이거나 다른 어떤 힘이다. 실천학의 경우도 마찬가지로, 움직임의 근원이 행위 안에 있지 않고 행위자 안에 있다. 그러나 자연학자의 학문은 움직임의 근원을 자신 안에 갖는 대상들을 다룬다. 이로 보건대 분명히, 자연학은 실천학도 제작학도 아니며, 이론학임에 틀림없다. 왜냐하면 자연학은 이 세 가지 종류들 중 어느 하나에 속해야 하기 때문이다. 그리고 학문들은 저마다 무엇임(실체)을 어떻게든 알고 있어야 하고, 또 이것을 원리로 사용해야 하기 때문에, 우리는 자연학자가 어떤 방식으로 정의를 내려야 하는지, 그가 어떤 방식으로 사물의 실체에 대한 정의를 받아들여야 하는지, '오목함'보다는 '들창코'에 가까운 방식으로 정의를 내리는지를 놓쳐서는 안 된다. 이 둘 가운데 '들창코'에 대한 정의는 사물의 재료와 더불어 진술되지만, '오목함'에 대한 정의는 재료와 무관하다. 왜냐하면 들창코임은 코에서 발견되기 때문이다. 그렇기 때문에 우리는 코를 배제하지 않고서 그것에 대한 정의를 연구한다. 즉, 들창코는 오목한(위로

92 6권(E) 1장 1025b 11의 각주 참조.

들린) 코이다. 이렇듯, 분명히 살(肉), 눈, 그리고 신체의 나머지 부분들에 대한 정의는 늘 재료가 포함된 채로 제시되어야 한다.

있는 것을 그것이 있으며 또한 따로 떨어져 있다는 점에서 다루는 학문이 있는데, 우리는 이 학문을 자연학과 같은 것으로 놓아야 하는지, 아니면 그것과는 다른 것으로 놓아야 하는지 잘 살펴보아야 한다. 자연학은 움직임의 근원을 제 안에 가진 대상들을 다룬다. 수학은 이론학으로서 머물러 있는(변하지 않는) 것들을 다루지만, 이것들은 따로 떨어져 있을 수 있는(독립적인) 것들이 아니다. 그러므로 이 두 학문들과는 다른 어떤 학문이 독립적이며 변하지 않는 것(존재)을 다룬다. 우리가 나중에[93] 보여 주겠지만, 그런 종류의 실체가, 즉 독립적이며 변하지 않는 실체가 정말 있다면 말이다. 그리고 그러한 종류의 실재가 있는 것들 가운데 있다면, 그 어딘가에 또한 신(神)적인 것이 있을 것이다. | 그리고 그런 실재가 으뜸가는 가장 주도적인 원리일 것이다. 이렇듯 분명히, 세 종류의 이론에 관련된 학문(이론학)들이, 즉 자연학, 수학, 신학이 있다. 이론학의 유(類)가 가장 나은 것이며, 이 가운데서도 마지막에 언급된 신학이 가장 낫다. 왜냐하면 신학은 있는 것들 중 가장 고귀한 것을 다루며, 또 각 학문은 자신에 고유한 인식 대상에 따라 다른 학문보다 더 낫다고 또는 더 못하다고 말해지기 때문이다.

있는 것을 있다는 점에서 다루는 학문을 보편적인 학문으로 놓아야 할지 말아야 할지 의문이 날 수 있겠다. 수학 계열의 개별 학문들은 저마다 특정한 유를 다루지만, 보편 수학은 모든 수학 계열의 학문들에 공통된 수학이다. 그런데, 자연적인(감각되는) 실체가 있는 것들 중 으뜸가는 것이라면, 자연학이 학문들 중 으뜸가는 학문일 것이다. 그러나 다른 어떤 실

---

93 12권(Λ) 6장과 7장 참조.

재, 따로 떨어져 있을 수 있는 움직이지 않는 실체가 있다면, 이것에 관한 학문은 틀림없이 자연학과 다르고, 자연학보다 앞서며, 앞서기 때문에 보편적이기도 할 것이다.[94]

8장 우연히 딸림과 참임 (6권 2-4장을 간추리고 『자연학』 2권 5-6장에서 뽑음)

'있음'은 일반적으로 여러 가지 뜻으로 말해진다. 이 중 하나는 우연히 딸려 있음을 뜻하는데, 이런 뜻의 있음에 대해 먼저 살펴보자. 먼저, 전해 내려온 학문들 중 어느 것도 우연히 딸린 것에 몰두하지 않는다는 점은 분명하다. 건축술은 집을 사용할 사람들에게 우연히 따를 일에 관심을 갖지 않는다. 예를 들어, 사람들이 그 집에서 고통스럽게 살게 될지, 아니면 이와 반대로 즐겁게 살게 될지 관심을 갖지 않는다. 직조술, 제화술, 요리술도 마찬가지다. 이 학문(기술)들은 각기 자신에게 독특한 것에만, 즉 자신의 고유한 목적에만 관심을 갖는다. '교양 있는 사람이 글을 읽고 쓸 줄 알게 될 때, 그는 전에는 있지 않았던 이 두 상태에 동시에 있을 것이다. 그리고 언제나 있지는 않았지만 지금은 있는 것은 생겨난 것이다. 따라서 앞의 사람은 동시에 교양 있고 읽고 쓸 줄 알게 되었다.'[95] 이런 식의 논증에 대해서는 소피스트술 말고는, 학문이라 인정된 것들 중 어느 것도 탐구하

---

94 1장 1059a 26-29, 6권(E) 1장 1026a 23-32 참조.

95 소피스트식 논증의 하나로서 '결합의 오류'라 불리는 오류이다. 교양 있는 사람이 읽고 쓸 줄 알게 되었다고 해서 그에게 '교양 있음'(mousikos)과 '읽고 쓸 줄 앎'(grammatikos)이 동시에 생겨난 것은 아니다. 『소피스트식 논박』 166a 23-32 참조. 6권(E) 2장 1026b 18과 각주와 비교.

지 않는다. 왜냐하면 소피스트술만이 우연히 딸린 것에 대해 연구하기 때문이다. 그렇기 때문에, 플라톤이 소피스트는 있지 않은 것에 시간을 보낸다고 말한 것은[96] 그리 틀린 말이 아니다.

우연히 딸린 것에 대해서는 전혀 학문이 성립할 수 없다는 점은, 우리가 우연히 딸린 것이 정말 어떤 것인지를 보려고 한다면, 분명해질 것이다. 모든 것은 항상 필연적으로 있거나(여기서 '필연'은 강제라는 뜻이 아니라, 증명들에서 우리가 쓰는 뜻이다),[97] 대개 있거나, 아니면 대개 있지도 않고 항상 필연적으로 있지도 않고 어쩌다 일어난 대로 있다. 예를 들어, 복날에 냉기가 돌 수 있지만, 이것은 항상 필연적으로 그런 것도 아니고,
1065a 또 대개 그런 것도 아니다. | 그저 드물게 한 번 일어날 수 있는 일이다. 그러므로 우연히 딸린 것은 항상 필연적으로 일어나는 일도 아니고, 또 대개 일어나는 일도 아니다. 지금까지 우연히 딸린 것이 어떤 것인지 얘기하였다. 그리고 왜 그런 것에 대해서는 학문이 성립할 수 없는지도 분명하다. (성립할 수 없는 이유인즉,) 학문은 모두 항상 있거나 대개 있는 것에 관한 것이기 때문이다. 그러나 우연히 딸린 것은 이 둘 중 어느 것 안에도 들지 않는다.

우연히 딸려 있는 것의 원인들 및 원리들은 분명히, 스스로(그 자체로) 있는 것의 원인들 및 원리들과 같은 종류의 것들이 아니다. 안 그러면, 모든 것이 필연적이게 될 것이다. 다시 말해, B가 있을 때 A가 있고, C가 있을 때 B가 있다면, 그리고 이 C가 어쩌다 일어난 대로의 것이 아니라 필연적으로 있는 것이라면, C를 원인으로 가졌던 것은 맨 마지막으로 야기된 것까지 포함하여 필연적으로 있을 것이다(그러나 이 맨 마지막 결과는

---

96 『소피스테스』 237a, 254a 참조.

97 5권(Δ) 5장 1015b 6-9, 6권(E) 2장 1026b 29 참조.

우연히 딸린 것으로 전제되었다). 이렇게 된다면, 모든 것들이 필연적으로 있게 될 것이다. 그리고 그냥 벌어질 대로의 것과 생겨날 수도 생겨나지 않을 수도 있는 것이 생성의 영역에서 완전히 없어지게 될 것이다. 그리고 그 원인이 있는 것이 아니라 생겨나는 것이라고 가정하더라도, 같은 결과가 따를 것이다. 다시 말해, 모든 일이 필연적으로 생겨날 것이다. 예를 들어, A가 생겨나면, 내일 월식이 생겨날 것이며, B가 생겨나면 A가 생겨나고, C가 생겨나면 B가 생겨날 것이다. 이런 식으로 지금과 내일 사이에 있는 한정된 시간에서 일정 시간을 계속해서 빼 나간다면, 언젠가는 지금 나와 있는 것(현재 상태)에 이르게 될 것이다. 그래서 이것이 지금 있으므로, 이 뒤에 일어나는 일은 모두 필연적으로 생겨날 것이다. 그래서 모든 일이 필연적으로 생겨날 것이다.

'참임'이란 뜻의 있음과 '우연히 딸려 있음'이란 뜻의 있음으로 말하자면, 앞의 것은 사유의 결합 작용에 근거하며, 사유의 성질이다(그렇기 때문에, 우리는 이런 뜻으로 있는 것에 관한 원리들을 찾지 않고, 객관적이고 따로 떨어져 있을 수 있는(독립적인) 것에 관한 원리들을 찾는다). 뒤의 것, 즉 우연히 딸린 것은 필연적이지 않으며 확정되지 않은 것이다. 이런 것에 대한 원인들은 흐트러져 있으며(무질서하며) 수없이 많다.[98]

'무엇을 위해'(목적)는 자연에서 생겨나는 것(자연물이나 자연현상)들 안이나 사유를 통해 이루어진 것(사유물 또는 사유의 결과)들에서 발견된다. 이런 것들 가운데 하나가 우연히 딸려 일어날 때, 운(運)이 (원인으로서) 있게 된다. 왜냐하면 있는 것이 스스로 있기도 하고, 우연히 딸려 있기도 하듯이, 원인도 그와 마찬가지이기 때문이다.[99] 운은 의도에 따라, 어떤

98 6권(E) 2-4장 참조.

99 『자연학』 2권 5장 196b 21-25 참조. 이 단락부터 8장 마지막 부분까지는 '운'(tychē)에 관한 『자연학』 2권 5-6장의 논의에 기대어 '우연히 딸린 것'(to kata sym-

것을 위해 일어난 일들에서 우연히 딸린 원인이다. 그렇기 때문에 운과 사유는 같은 영역에 관련된다.[100] 왜냐하면 의도는 사유와 따로 떨어져 있는 것이 아니기 때문이다. 운으로 일어난 일에 대한 원인은 확정되어 있지 않다. 그렇기 때문에 인간의 헤아림(계산)에는 분명하게 보이지 않으며, 우연히 딸린 원인일 뿐이다. 그러나 '원인'의 완전한 뜻에서는 그것은 어떤 것의 원인도 못 된다.[101] 운은 결과가 좋냐 나쁘냐에 따라 좋기도 하고
1065b 나쁘기도 하다. | 그 규모가 커지면, 행운이나 불운이 된다.[102]

우연히 딸린 것은 어느 것도 제 본성에 의해 있는 것에 더 앞서지 않는다. 그 원인들의 경우도 이와 마찬가지다. 운이나 우발이 세계의 원인이라면, 이성과 자연은 그보다 앞선 원인들이다.[103]

9장 운동 (『자연학』 3권 1-3장에서 뽑음)[104]

어떤 것은 발휘/실현 상태로만 있고, 어떤 것은 잠재/가능 상태로 있으며, 또 다른 어떤 것은 잠재/가능 상태로 있기도 하고 발휘/실현 상태로

---

bebēkos)에 관한 앞의 논의를 보충한다.

100 운(tychē)과 사유(dianoia) 또는 헤아림(숙고, logismos)은 인간사에 관련되고, 우발(automaton)은 자연사에 주로 관련된다. 1권(A) 3장 984b 14와 7권(Z) 7장 1032a 29의 각주 참조.

101 『자연학』 2권 5장 197a 5-14 참조.

102 『자연학』 2권 5장 197a 25-27 참조.

103 『자연학』 2권 6장 198a 5-13 참조.

104 9장의 첫 번째 부분(1065b 5-1066a 7)은 『자연학』 3권 1장, 두 번째 부분(1066a 8-27)은 『자연학』 3권 2장, 세 번째 부분(1066a 27-34)은 『자연학』 3권 3장에서 뽑아 온 내용으로 되어 있다.

있기도 하다. 다시 말해 그런 여러 가지 상태로 이것(실체)이거나 양 따위의 나머지 범주들이다.[105] 그리고 사물들과[106] 따로 있는 움직임이란 있을 수 없다. 왜냐하면 변화는 늘 있음의 범주들에 따라 일어나기 때문이다.[107] 그리고 어떤 한 가지 범주에 들지 않는, 이 모든 범주들에 공통된 움직임은 없다. 범주는 저마다 두 가지 (대립되는) 방식으로 모든 것(대상 또는 주어)들에 (속성 또는 술어로서) 들어있다. 예컨대, 이것(실체)이 그렇다. 그것은 형태의 소유이기도 하고, 그것의 결여이기도 하다. 그리고 질의 면에서 어떤 것은 희고, 어떤 것은 검다. 그리고 양의 면에서 어떤 것은 완전하고, 어떤 것은 불완전하다. 그리고 이동의 면에서 어떤 것은 위로 향해 있고, 어떤 것은 아래로 향해 있으며, 또 어떤 것은 가볍고, 어떤 것은 무겁다. 그래서 운동과 변화의 종류는 있음(존재)의 종류만큼이나 많다.[108] 사물의 각 유(類)에서 잠재 상태로 있는 것과 완성/실현 상태로 있는 것이 구분되는데, 나는 잠재 상태로 있는 것이, 그것인 한에서 완성 상태로 실현되어 감을 '움직임'이라 부른다.

우리가 말한 것이 참임은 다음과 같은 사실로부터 분명하다. 다시 말해, 지어질 수 있는 것이, 우리가 그것을 그러한 것이라고 말하는 한에서,

---

105 신 또는 순수 이성은 발휘/실현 상태로만 있으며, 무한과 '빈 곳'(공간)은 잠재/가능 상태로 있다. 그 밖에 재료와 형상을 모두 가진 자연물들은 잠재/가능 상태로 있기도 하고, 발휘/실현 상태로 있기도 하다. 『자연학』 3권 1장 200b 26-28 참조.

106 사물들(pragmata)을, 즉 있는 것들(ta onta)을 분류해 놓은 것이 '있음'(to on)의 다양한 범주(katēgoria)들이다.

107 『자연학』 3권 1장 200b 32-33 참조. 실체에 관련된 변화는 (실체의) 생성과 소멸이며, 양에 관련된 변화는 늘어남(팽창)과 줄어듦(수축)이며, 질에 관련된 변화는 질의 변화다. 그리고 장소에 관련된 변화는 이동이다.

108 정확한 언급은 아니다. 아리스토텔레스 자신의 이론에 따르면 변함(변화, metabolē)은 실체, 질, 양, 장소의 면에서만 성립하며, 움직임(운동, kinēsis)은 질, 양, 장소의 면에서만 성립하기 때문이다.

실현/발휘 상태로 있다면, 그것은 지어지고 있으며, 이는 짓는 행위이다. 배우고 있음, 병을 고치고 있음, 걷고 있음, 뛰고 있음, 늙어 가고 있음, 익어 가고 있음도 이와 마찬가지다.[109] 운동은 완성 상태가 있을 때 바로 그때 성립한다. 그 이전이나 그 이후에는 성립하지 않는다.[110] 잠재/가능 상태로 있는 것이, 그것이 자신인 점에서가 아니라 움직여질 수 있는 것인 한에서, 완성 상태로 있는 것으로서 실현/발휘될 때 움직임이 성립한다. 여기서 '…인 한에서'는 다음과 같은 뜻이다. 즉 청동은 잠재/가능 상태로 조각상이다. 하지만 움직임은 청동이 청동인 한에서 완성 상태로 있음이 아니다. 청동임과 일정한 잠재/가능 상태임은 같지 않기 때문이다. 둘의 정의(定義)가 절대적으로 같다면, 청동의 완성 상태가 곧 움직임일 것이다. 그러나 같지 않다. 이는 반대되는 성질들을 보면 분명하다. 건강할 수 있음과 아플 수 있음은 같지 않다. 이 둘이 같으면, 건강함과 아픔이 같을 것이다. 이것들의 바탕(基體)은 동일한 것이며, 이것이 습기든 피든,[111] 이것이 건강하거나 아프다. 색과 보이는 것이 같지 않듯이[112] 그 둘도[113] 같지 않으므로, 잠재/가능 상태인 것이 잠재/가능 상태인 한에서 완성 상태로 있음이 움직임이다. 그렇다면 분명히, 움직임은 이런 것이며, 움직임은 완성 상태가 있기 이전이나 이후에는 있지 않고 그것이 있을 때 바로
1066a 그때 성립한다. | 각 사물은 때로는 발휘/실현되어 있으며 때로는 그렇지 않다. 지어질 수 있는 것인 한에서의 지어질 수 있는 것을 그 예로 들 수

---

109 『자연학』 3권 1장 200b 32–201a 19 참조.

110 『자연학』 3권 1장 201b 6–7 참조.

111 건강과 병의 바탕(基體, hypokeimenon)을 습기(hygrotēs)로 보는 입장은 힙포크라테스와 플라톤(『티마이오스』 81e–86a)의 입장이며, 피로 보는 입장은 엠페도클레스의 입장으로 추정된다.

112 색(chrōma)은 빛이 있어야 보이게 된다. 『혼에 관하여』 418a 26–b 3 참조.

113 '청동임'과 '일정한 잠재/가능 상태임'을 가리킨다.

있다. 그리고 지어질 수 있는 것이 지어질 수 있는 것인 한에서 발휘/실현 상태로 있음은 짓는 행위다. 왜냐하면 발휘/실현 상태는 앞서 말한 그런 것, 즉 짓는 행위이거나 (이런 행위의 결과로 나온) 집이기 때문이다. 그러나 집이 이미 지어져 있을 때에, 그것은 더는 지어질 수 있는 것이 아니다. 그리고 지어질 수 있는 것이 지어진다. 그러므로 그런 발휘 상태는 짓는 행위이며, 이것이 움직임이어야 한다. 다른 움직임들의 경우도 이와 마찬가지다.

우리가 말한 것이[114] 옳다는 것은 다른 사람들이 움직임에 대해 말한 바로부터 분명하며, 또 움직임을 달리 규정하기가 쉽지 않다는 점으로부터도 분명하다. 먼저, 움직임을 다른 종류 안에 드는 것으로 놓을 수도 없다. 이는 몇몇 사람들이 주장하는 것을 보면 분명하다. 이들은 움직임이 '다름'이라고, '양이 같지 않음'이라고, 또는 '있지 않음'이라고 주장하지만,[115] 이것들 중 어느 것도 움직임을 반드시 함축하지는 않는다. 더 나아가, 이것들로 가는 변화나 이것들로부터 나오는 변화가 그에 대립되는 것들로[116] 가는 변화나 그것들로부터 나오는 변화보다 더 있는(성립하는) 것도 아니다. 사람들이 움직임을 그런 종류의 것들로 놓는 이유는 움직임이 확정되지 않은 것처럼 보이고, (반대되는 것들의 두 줄에서) 맞은쪽 줄의 원리들은 결여 상태를 나타내기에 확정되지 않은 것이기 때문이다. 그것들은 이것(실체)도 아니고, 질도 아니며, 또 나머지 범주들 중 어느 것도 아

114 1065b 33("잠재/가능 상태인 것이 … 움직임이다.")에서 내린 움직임에 대한 정의를 가리킨다.

115 피타고라스주의자들(1권 5장 986a 25)과 플라톤주의자들(『소피스테스』 256d, 『티마이오스』 57e)을 두고 하는 말이다.

116 '다름'(heterotēs), '양이 같지 않음'(anisotēs), '있지 않음'(to mē on)에 대립되는 것들은 '같음'(tautotēs), '양이 같음'(isotēs), '있음'(to on)을 가리킨다.

1066a

니라는 것이다. 움직임이 확정되지 않은 것처럼 보이는 까닭은 움직임을 사물들의 잠재/가능 상태에 드는 것으로도, 발휘/실현 상태에 드는 것으로도 놓을 수 없기 때문이다. 왜냐하면 일정한 양일 수 있는 것도 발휘/실현 상태로 일정한 양인 것도 반드시 움직임의 상태에 있지는 않기 때문이다. 움직임은 일종의 발휘/실현 상태라고 흔히 생각할 수 있지만, 그것은 (정확히 말해) 끝나지 않은(미완성의) 발휘/실현 상태이다.[117] 이유인즉, 잠재/가능 상태가(이것의 발휘/실현 상태가 움직임이다) 끝나지 않은 것이기 때문이다. 그렇기 때문에 움직임이 무엇인지를 파악해 내기란 어렵다. 왜냐하면 움직임을 결여나 잠재/가능 상태에 드는 것으로 또는 절대적인 발휘/실현 상태에 드는 것으로 놓아야 하는데, 이 가운데 어느 것도 가능해 보이지 않기 때문이다. 따라서 남는 건 우리가 말한 것, 즉 앞서 말한 발휘/실현 상태가 움직임이란 것이다. 이런 발휘/실현 상태는 알아보기 힘든 것이긴 해도 성립 가능한 것이다.[118]

그리고 분명히 움직임은 (움직일 수 있는 것 안에 있지 않고) 움직여질 수 있는 것 안에 있다. 왜냐하면 움직임은 어떤 것을 움직일 수 있는 것을 통해 움직여질 수 있는 것이 완성 상태로 됨을 뜻하기 때문이다. 그리고 어떤 것을 움직일 수 있는 것의 발휘/실현 상태는 그것에 의해 움직여질 수 있는 것의 발휘/실현 상태와 다르지 않다. 움직임은 이 둘의 완성 상태이어야 하기 때문이다. 어떤 것을 할 수 있는 힘을 가짐으로써 어떤 것을 움직일 수 있는 것이 있게 되고, 발휘/실현됨으로써 어떤 것을 움직일 수 있는 것이 있게 되는 것이다. 그런데 움직여질 수 있는 것에 대해 힘을 발휘할 수 있는 것이 성립한다. 그래서 이 둘에 대해 똑같이 한 가지 발휘/실

117 9권(Θ) 6장 1048b 18-36 참조.

118 1065b 22-1066a 27을 『자연학』 3권 1장 201a 27-202a 3과 비교.

현 상태가 있다. 하나에서 둘까지의 간격과 둘에서 하나까지의 간격이 같듯이, 길의 오르막과 내리막이 같듯이 말이다. 그러나 이것들의 존재 방식은 하나가 아니다. 움직이는 것과 움직여지는 것의 경우도 이와 마찬가지다.[119]

10장 발휘/실현 상태로 무한한 것은 없다[120] (『자연학』 3권 4-5, 7장에서 뽑음)

무한한 것은 본래 건너갈(통과할) 수 없도록 되어 있기 때문에 건너갈 수 없는 것이거나[121](목소리가 '보이지 않는 것'이듯이 말이다), 건너감을 끝낼 수 없는 것이거나 건너감이 거의 일어나기 힘든 것이다. 또는 그것은 본래 건너갈 수 있는 것이지만 건너가지지도 않고 한계를 갖지도 | 않는 것이다. 더 나아가, 더함(부가)이나 뺌(제거) 또는 이 두 가지 방식을 통해 1066b
무한한 것이 성립한다.[122]

그런데 무한 자체는 (감각 대상들로부터) 따로 떨어져 있을 수 없다.[123]

---

119 『자연학』 3권 3장 202a 13-21 참조.

120 10장의 ① 1066a 35-b 7은 『자연학』 3권 4-5장 204a 3-14, ② 1066b 23-1067a 7은 5장 204b 5-205a 7, ③ 1067a 7-23은 5장 205a 10-32, ④ 1067a 23-33은 5장 205b 24-206a 7, ⑤ 1067a 33-37은 7장 207b 21-25에서 뽑아 온 내용으로 되어 있다.

121 '무엇을 건너간다'는 것은 끝을 전제한다. 예를 들어, 강을 건너간다는 것은 강 이편과 저편을 두 끝으로 삼고 이루어진다. 무한한 것(apeiron)은 말 그대로 끝이 없기 때문에 끝까지 '건너갈 수 없는 것'(adiexodon)이다. 양(poson)의 범주에 들지 않은 것들에 대해서는 이런 무한을 얘기할 수 없다.

122 수는 무한히 더할 수 있는 것이며, 공간은 무한히 뺄 수 있는, 따라서 분할할 수 있는 것이며, 시간은 무한히 더해지거나 뺄 수 있는 것이다.

123 먼저 '무한'(to apeiron)을 실체로 보는 피타고라스주의자들과 플라톤의 견해가

1066b

(1) 왜냐하면 무한한 것이 크기를 가진 것도 아니고 여럿도 아니며, 그 자체로 실체이지 어떤 것에 딸린 방식으로 있는 것이 아니라면, 그것은 분할되지 않을 것이기 때문이다(크기를 가진 것이나 여럿이 분할된다). 그러나 분할되지 않는 것이라면, 그것은 무한한 것이 아니다. 우리가 목소리를 보이지 않는 것이라고 말하는 식으로 그렇게 말하는 게 아니라면 말이다. 그러나 사람들은 이런 뜻에서 무한한 것을 말하지는 않는다. 그리고 우리도 이런 뜻에서 그것을 탐구하지 않고, 건너갈(통과할) 수 없는 것으로서 탐구한다. 더 나아가, (2) 수나 크기가 그 자체로 있지 않다면,[124] 어떻게 이것들의 속성인 무한이 그 자체로 있을 수 있겠는가? 더 나아가, (3) 무한이 어떤 것에 딸린 방식으로 있다면, 무한하다는 점에서 그것은 있는 것들의 요소일 수 없을 것이다. 그건 목소리가 보이지 않는 것이지만, 보이지 않는 것이 말의 요소가 아닌 것과 같은 이치다. 그리고 (4) 분명히, 무한한 것은 실현 상태로 있을 수 없다. 그럴 경우, 무한한 것의 일부도 우리가 어떤 것을 잡든 무한해야 할 것이기 때문이다. 다시 말해, 무한이 실체이고 바탕(基體)에 대해 진술되지 않는다면,[125] '무한임'과 '무한'은 같다. 그러므로 무한한 것은 분할되지 않는 것이거나, 그렇지 않고 조각나는 것이라면[126] 그것은 무한히 분할된다. 그러나 같은 것이 여러 개의 무한으로 되어 있을 수 없다. 그러나 무한이 실체이고 원리라면, 공기의 일부가

검토된다. 『자연학』 3권 4장 203a 1-16, 5장 204a 8-9 참조.

124 수나 크기가 구체적인 사물들과 따로 떨어져 있을 수 없다는 점은, 즉 실체가 아니라는 점은 1권(A) 9장 991b 9-992a 24에서 논의되었다.

125 '실체이고 바탕이 되는 것에 대해 진술되지 않는다'는 것, 다시 말해 '실체에 대해 진술되는 속성(술어)이 아니다'는 것은 무한을 구체적인 실체, 즉 으뜸 실체로 보는 것과 같다.

126 '조각나는 것'의 원어는 meriston이다. 부분들로 나눠질 수 있는 것을 뜻한다. 뜻으로 볼 때, '분할되는 것'(dihaireton)과 의미에서 차이가 없다.

공기이듯 그것의 일부도 무한할 것이다. 따라서 무한은 조각나지 않는 것이자 분할되지 않는 것이어야 한다. 하지만, 그것은 완성 상태로 무한할 수 없다. 그럴 경우, 그것은 일정한 양이 되어 버리기 때문이다. 그러므로 무한은 (그 자체로 있지 못하고) 어떤 것에 딸린 방식으로만 있다. 이렇다면, 앞서[127] 말한 것처럼 무한은 원리일 수 없고, 그것이 딸려 있는 것, 예를 들어 (아낙시메네스의) 공기나 (피타고라스주의자들의) 짝이 원리일 수 있겠다.

위의 논의는 일반론적이다. 그러나 무한이 감각 대상들 안에도 있지 않다는 점은 다음과 같은 논의로부터 분명하다. (1) 물체에 대한 정의가 '평면들에 의해 한정된 것'이라면, 감각되는 것이든 사유되는 것이든 무한한 물체는 있을 수 없을 것이다. 그리고 (2) 따로 떨어져 있는(독립된) 무한한 수(數)도 없다. 왜냐하면 수나 수를 가진 것은 셀 수 있는 것이(어서 무한하지 않)기 때문이다. 이는 자연학의 방식에 따른, 다음과 같은 논의로부터 분명하다. (3) 무한한 것은 복합된 것일 수도 단순한 것일 수도 없다. ㉮ 먼저, 그것은 복합된 물체(복합물)일 수 없다. 이것을 이루고 있는 요소들은 수량에서 한정되어 있기 때문이다.[128] 왜냐하면 반대되는 것들이 서로 같은 만큼이어야 하고, 그것들 중 하나가 무한해서는 안 되기 때문이다. 둘 중 어느 한 물체의 힘이 다른 물체에 조금이라도 못 미친다면, 약한 유한한 것이 강한 무한한 것에 의해 없어질 것이다. 그러나 각 물체가 무한할 수도 없다. 왜냐하면 물체는 모든 방향으로 거리(연장)를 가지는 것이며,[129] 무한한 것은 끝없이 뻗은(연장된) 것이므로, 무한한 물체는 모든 방

---

127 1066b 9에서.

128 『자연학』 1권 6장에서 입증된 주장이다.

129 '물체(sōma)가 거리(diastasis)를 갖는다'는 말은 여기서 물체가 늘어져, 펼쳐져, 뻗어져 있음을 뜻한다. 다시 말해, 연장성(延長性)을 가짐을 뜻한다.

1066b

향으로 무한해야 할 것이(고, 그래서 이것 말고는 다른 어떤 물체도 있을 수 없을 것이)기 때문이다. 그런데 ㉯ 무한한 물체는 단일하고 단순한 것일 수도 없다. 또 그것은 어떤 사람들이 주장하듯,[130] 그들이 그로부터 요소들을 생겨나게 하는, 요소들 밖의 다른 어떤 것도 아니다(네 가지 요소들과 떨어진, 그런 물체는 있지 않다. 왜냐하면 모든 것은 자신을 이루고 있는 것으로 분해되며, 이는 단순 물체들의 경우 말고는 | 관찰되지 않는 과정
1067a 이기 때문이다). 또 무한한 것은 불이나 다른 어떤 요소일 수도 없다. 왜냐하면 요소들 가운데 어떤 것이 무한할지의 문제를 떠나, 모든 것(우주)이 설령 유한하다고 하더라도, 그것은 헤라클레이토스가 모든 것들이 언젠가 (한 번은) 불이 된다고 주장하듯[131] 요소들 중 어느 하나이거나 어느 하나가 될 수 없기 때문이다. 그리고 자연학자들이 (네 가지) 요소들과 별도로 놓는, (반대되는 것을 갖지 않는) 하나에 대해서도 같은 설명이 적용된다. 왜냐하면 모든 것은, 어떤 것이 뜨거움의 상태에서 나와서 차가움의 상태로 들어가듯이, 반대되는 상태에서 나와 (이에 반대되는 다른 상태로) 변하기 때문이다.

더 나아가, (4) 감각되는 물체는 어떤 곳에 있으며, 이것의 전체와 부분은 흙(전체와 이것의 부분인 흙덩이의 경우)처럼 같은 자리(장소)를 차지한다.[132] 그래서 ㉮ 무한한 물체가 모두 같은 종류로 된(동질적인) 것이라면, 그것은 움직이지 않는 것이거나, 아니면 항상 장소를 옮기고 있어야 할 것이다. 그러나 이는 불가능하다. 왜 그것이 특별히 아래쪽으로, 위쪽으로, 또는 다른 어느 쪽으로 움직이거나 그런 곳들에 머무르게 될 것인가? 예를 들어 (무한한 물체인 흙의 일부로서) 흙덩이가 있다고 한다면, 그것은 어

---

130 아낙시만드로스가 이런 사람들 축에 든다. 『자연학』 203a 3-15 참조.

131 그의 글조각 30, 64, 66, 90, 김인곤 외(2005), 245-247, 250쪽 참조.

132 『천체에 관하여』 1권 2장 참조.

디로 움직이고 어디서 머무르게 될 것인가? 왜냐하면 그것과 같은 종류의 것으로 된 물체가 차지하는 자리는 무한한 것이(어서 움직일 수 없)기 때문이다. 그렇다면 그 흙덩이가 자리를 모두 차지해야 하는가? 어떻게 그럴 수 있는가? (이는 불가능하다.) 그렇다면, 그것의 머물러 있음(정지)과 움직임(운동)은 무엇인가? 그것은 모든 곳에서 머물러 있을 것인가? 그러면 그것은 (어디에서든 똑같이) 움직이지 않을 것이다. 아니면 모든 곳에서 움직일 것인가? 그러면 그것은 (어디에서든 똑같이) 서 있지 않을 것이다.[133] 그러나 ㉯ 모든 것(우주)이 비슷하지(동질적이지) 않은 부분들을 갖는다면, 그 부분들이 차지하는 자리들도 비슷하지 않다. 그렇게 되면, 먼저, 모든 것의 물체는 오로지 (그 부분들의) 접촉에 의해서만 하나일 뿐이며, 둘째, 그 부분들은 종류가 유한하거나 무한할 것이다. 그런데 그것들은 그 종류가 유한할 수 없다. 왜냐하면 종류가 유한할 경우, 모든 것이 무한하다고 할 때, 그 부분들 가운데 어떤 것들은 양이 무한하고, 어떤 것들은 그렇지 못할 것이기 때문이다. 예를 들어, 불이나 물은 무한할 것이다. 그러나 그런 무한한 요소는 반대되는 것들에겐 그것들의 소멸을 뜻한다.[134] 그러나 부분들이 (종류가) 무한하고 단순하다면, 또한 (그것들이 차지하는) 자리들도 무한하고, (그 부분들을 이루고 있는) 요소들도 마찬가지로 무한할 것이다. 그러나 이것이 불가능하고,[135] 그 자리들이 (여섯 가지로) 한정되어 있

---

133 흙덩이가 항상 움직이지 않는다는 것과 항상 움직인다는 것 모두 이치에 어긋난다. 아리스토텔레스에 따르면, 자신의 자리(topos)인 우주의 중앙으로부터 멀리 떨어져 있을 때에는 흙은 그곳으로 가까이 가려 하여 움직이며, 반대로 그곳에 가까이 있을 때에는 움직이려 들지 않는다. '자리'(장소) 개념에 대해서는 『자연학』 4권 1-5장 참조.

134 예를 들어, 무한한 양의 불이 유한한 양의 흙이나 물을 에워싸서 이것들을 파괴하여 불로 만들어 모든 것이 불이 될 것이다. 그러나 이는 불가능하다. 1066b 28-34 참조.

135 요소들의 수가 무한할 수 없다는 점을 가리킨다. 1066b 28과 각주 참조.

다면,[136] 모든 것(우주)도 또한 한정되어 있어야 한다.

일반적으로, (5) 감각되는 물체가 모두 무거움이나 가벼움을 갖는다면, 무한한 물체는 있을 수 없으며, 물체들이 차지하는 자리도 있을 수 없다. 왜냐하면 물체는 (무겁거나 가볍다면) 한가운데로(아래로) 또는 위쪽으로 옮겨져야 할 것이나, 무한한 것은 전체든 절반이든 그렇게 움직일 수 없기 때문이다. 너는 그것을 어떻게 나눌 수 있겠느냐? 어떻게 무한한 것에서 아래쪽과 위쪽이나 맨 끝과 한가운데가 있을 수 있겠는가? 더 나아가, (6) 감각되는 물체는 모두 어떤 자리에 있는데, 자리의 종류는 여섯 가지다.[137] 그러나 이런 자리들은 무한한 물체 안에 있을 수 없다. 일반적으로, 무한한 자리가 있을 수 없다면, 무한한 물체도 있을 수 없다. (무한한 자리는 있을 수 없다.) 왜냐하면 어떤 자리에 있는 것은 어딘가에 있고, 이 어딘가는 위쪽이나 아래쪽 또는 다른 어느 쪽의 자리를 뜻하며, 이것들은 저마다 경계이기 때문이다.

그러나 (잠재적으로) 무한한 것은 크기나 움직임 또는 시간의 면에서 볼 때 마치 한 가지 것인 양 똑같지는 않다. 셋 가운데 나중의 것은 앞의 것에 맞춰 '무한한 것'이라고 말해진다. 다시 말해, 움직임은 이동, 질의 변화, 팽창이 걸쳐 있는 크기에 따라 '무한하다'고 말해지며,[138] 시간은 그 움직임이 무한하기 때문에 '무한하다'고 말해진다.[139]

---

136 1067a 29와 각주 참조.

137 위쪽, 아래쪽, 오른쪽, ·왼쪽, 앞쪽, 뒤쪽을 말한다. 『자연학』 3권 5장 205b 31-34, 4권 1장 208b 11-25 참조.

138 5권(Δ) 13장 1020a 28 참조.

139 시간은 움직임의 수(數)이다. 『자연학』 219b 1-2 참조.

11장 변화와 운동 (『자연학』 5권 1장에서 뽑음)

변하는 것들[140] 중 어떤 것은 '교양 있는 사람이 걸어간다'고 말하는 경 1067b
우처럼, 간접적으로 딸려 변한다.[141] 그리고 어떤 것은, 그 부분들이 변하는 모든 것들처럼, 자신의 일부가 변함으로써 직접 변한다. 예를 들어, 몸은 눈이 건강해짐으로써 건강해진다. 그런데, 맨 먼저 스스로 움직여지는 것이 있다. 이것은 스스로 움직일 수 있는 것이다. 그리고 (자신이나 다른 것을) 움직이는 것의[142] 경우도 이와 마찬가지다. 다시 말해, 어떤 것은 간접적으로 딸려 움직이며, 어떤 것은 부분적으로 움직이며, 또 어떤 것은 스스로를 움직인다. 그런데 가장 가까이서 어떤 것을 움직이게 하는 것(原動者)이[143] 있다. 그리고 움직여지는 것이 있고, 더 나아가 이것이 움직여지는 때가 있고, 움직여지는 것이 나오는 곳과 들어가는 곳이 있다.[144] 그러나 형상들, 성질들, 자리(장소)는 그곳으로 움직여지는 것들이 움직여져서 들어가는 곳들인데, 스스로는 움직이지 않는 것들이다. 예를 들어, 앎과 뜨거움이 그런 것들이다. 그리고 뜨거움(열)이 아니라, 뜨겁게 만듦(가열)이 움직임이다.[145] 간접적으로 딸리지 않는 변화는 모든 것들에서 성립

---

140 '변하는 것'의 원어는 to metaballon이다.

141 '간접적으로 딸려(kata symbebēkos) 변한다'는 말은 '스스로 변하지 않고 다른 변화에 딸려 변한다'는 뜻이다. 어떤 사람이 교양 있기 때문에 걸어가진 않으며, 사람이기 때문에 걸어간다. 여기서 '교양 있음'과 '걸어감'은 사람을 매개로 '간접적으로' 연결된다.

142 '(자기 및 다른 것을) 움직이는 것'의 원어는 to kinoun이다. 우리말에서 '움직이다'는 능동과 수동의 두 가지 뜻이 모두 들어있다. 수동의 뜻의 '움직이다'는 '움직여지다'로 옮겨서 둘을 구분하기로 한다.

143 9권(Θ) 8장 1049b 26의 각주 참조.

144 1067b 1-9 ≒ 『자연학』 5권 1장 224a 21-b 1.

145 1067b 9-12 ≒ 『자연학』 5권 1장 224b 11-16.

하지 않고, 반대되는 것들과 중간의 것들 그리고 모순되는 것들에서 성립한다. 구체적인 예를 들어보면, 이 점에 대한 확신이 설 것이다.[146]

변하는 것은 바탕(基體)에서[147] 나와 바탕으로 변하거나, 바탕이 아닌 것에서 나와 바탕이 아닌 것으로, 또는 바탕에서 나와 바탕이 아닌 것으로, 또는 바탕이 아닌 것에서 바탕으로 변한다. 여기서, '바탕'은 긍정으로 표현되는 것(사물 또는 상태)을 뜻한다. 그래서 이에 맞춰 세 가지 변화가 있어야 한다. 바탕이 아닌 것에서 바탕이 아닌 것으로의 변화는, 여기에는 반대되는 것들도 모순되는 것들도 없기 때문에, 변화가 아니다. 왜냐하면 여기에는 대립이 전혀 없기 때문이다.

바탕이 아닌 것에서 이에 모순되는 바탕으로의 변화는 생성이다. 단적인 변화는 단적인 생성이 되고, 부분적인 변화는 부분적인 생성이 된다.[148] 그리고 바탕에서 바탕이 아닌 것으로의 변화는 소멸이다. 단적인 변화는 단적인 소멸이 되고, 부분적인 변화는 부분적인 소멸이 된다.

그런데, '있지 않은 것'은 여러 가지 뜻을 갖는다.[149] 그리고 (사유가 행하는 대상과 속성의) 결합과 분리에 따른 있지 않은 것은[150] 움직여질 수 없

---

146 1067b 12-14 ≒ 『자연학』 5권 1장 224b 28-30.

147 여기서 '바탕'(hypokeimenon)은 실체의 뜻이 아니라, 보다 일반적인 뜻으로 쓰여서 실체나 속성을 나타내는 임의의 긍정어(kataphasis, 1067b 18)를 뜻한다. 아리스토텔레스는 변화의 가능성을 다음과 같이 네 가지로 구분하여 검토한다(A, B=긍정어): ① A→B: 운동, ② ~A→~B: 변화 아님, ③ A→~A: 소멸, ④ ~A→A: 생성.

148 사람이 아닌 것인 씨에서 사람이 태어날 때 '단적인 생성'이 이루어지며, 특정한 성질의 사람이 다른 특정한 성질의 사람으로 변할 때, 예를 들어, 얼굴이 희지 않은 사람이 희게 될 때, '부분적인 생성'이 이루어진다. 『자연학』 186a 14, 225a 14-15 참조.

149 6권(E) 2장 1026a 33-b 2, 4장 1027b 18-19 참조.

150 '사유를 통한 결합과 분리에 따른 있지 않은 것'은 거짓인 판단을 뜻한다. 거짓인 판단이 참인 판단으로 될 때, 판단(doxa)이 움직인다고 할 수 없다. 사태(pragma)가

고, 또 잠재/가능 상태로 있어서 단적으로 있는 것에 대립되는 것도 움직여질 수 없다. 정말이지, 희지 않은 것, 좋지 않은 것은 간접적으로 딸려 움직여질 수 있다. 희지 않은 것이 사람일 수 있기 때문이다. 하지만 단적으로 있는 것인 이것(실체)이 결코 못 되는 것은 어떤 방식으로도 움직여질 수 없다. 그러므로 있지 않은 것은 움직여질 수 없다. 그러므로 생겨남은 움직임일 수 없다. 생성에서는 있지 않은 것이 생겨나 있기 때문이다. 왜냐하면 그것이 아무리 간접적으로 딸려서 생겨난다 하더라도, '있지 않음'이 단적으로 생겨난 실체에 대해 진술된다고 말하는 것은 참이기 때문이다. 그와 마찬가지로, 있지 않은 것은 (움직이지 않고) 가만히 있을 수도 없다.[151] 이런 어려운 점들에 또, 움직여지는 것은 모두 어떤 곳에 있지만, 있지 않은 것은 어떤 곳에도 없다는 점이 보태진다. 안 그럴 경우 그것은 어딘가에 있어야 할 테다. 그리고 소멸도 움직임이 아니다. 왜냐하면 움직임은 다른 움직임이나 가만히 있음에 반대되지만, | 소멸은 생성에 반대되기 때문이다.

모든 움직임(운동)은 일종의 변화이다. 그리고 변화에는 앞서[152] 말한 대로 세 가지 종류가 있는데, 이 가운데 생성과 소멸에 따른 변화는 움직임이 아니다. 이런 변화는 어떤 것이 자신에 모순되는 상태로 바뀌는 변화다. 그러므로 바탕에서 나와 다른 바탕으로 바뀌는 변화만이 움직임이어야 한다. 그리고 여기서 바탕들은 반대되는 것들이거나 중간의 것들이다. 결여조차도 반대되는 것에 속하는 것으로 놓아둘 수 있겠다.[153] 그리고 그

움직이는 것이기 때문이다. 『범주들』 4a 23-b 19 참조.

151 움직임(운동, kineisthai)뿐만 아니라 이것의 결여인 '가만히 있음'(정지, ēremein)도 '있지 않은 것'(to mē on)과 어울리지 않는다.

152 1067b 19에서.

153 결여는 으뜸으로 반대되는 성질이다. 9권(Θ) 2장 1046b 14, 10권(I) 4장 1055a

1068a

것들은 긍정어를 통해, 예를 들어 '벌거벗음', '이빨이 없음', '검음'을 통해 표현된다.[154]

12장 변화의 변화는 있을 수 없다 (『자연학』 5권 1-3장에서 뽑음)

(있음의) 범주들이 실체, 질, 장소, 가함(능동)이나 당함(수동), 관계, 양으로써 나누어진다면, 세 가지의 움직임(운동)이, 즉 질, 양, 장소에 관련된 움직임이 있어야 한다.[155] 어떤 실체에 반대되는 실체는 없으므로,[156] 실체 측면에서의 움직임은 없다.[157] 관계 측면에서의 움직임도 없다. 왜냐하면 관계 쌍의 한쪽이 변할 때, 전혀 변하지 않는 다른 한쪽이 참이 아닐 수 있기 때문이다.[158] 그래서 관계 쌍의 움직임은 다른 움직임에 간접적으로 딸린 방식으로 성립한다. 그리고 작용을 가하는 것과 그것

---

35 참조.

154 앞의 두 개념은 옷이나 이빨이 결여된 상태(sterēsis)를 나타내며, 마지막 개념은 흰 것에 반대되는 상태(enantiotēs)를 나타낸다.

155 차례로, 질의 변화(alloiōsis), 팽창과 수축(auxēsis kai phthisis), 이동(phora)을 가리킨다.

156 『범주들』 3b 24-32 참조.

157 여기서 '움직임'(운동, kinēsis)은 좁은 뜻으로 쓰였다. 이 말이 넓게 쓰여 변함(변화, metabolē)과 같은 뜻을 가질 때에는 실체에 관련된 움직임까지, 즉 생성과 소멸(genesis kai phthora)까지 포함한다.

158 A라는 학생이 B라는 학생보다 '키가 더 크다'고 하더라도, 몇 년 뒤에는 A의 키는 조금만 자라 B의 키가 A의 키보다 더 클 수 있다. 이때 A의 움직임(변화)은 B가 보이는 이런 크기의 변화나 질, 장소 따위의 다른 관점에서의 변화에 (간접적으로) 딸려 얘기될 뿐이다.

을 겪는 것의 움직임도 없고,[159] 다른 것을 움직이는 것과 움직여지는 것의 움직임도 없다. 왜냐하면 움직임의 움직임도 없고, 생겨남의 생겨남도 없으며, 일반적으로 변함의 변함도 없기 때문이다. (1) 움직임의 움직임은 (논리적으로 다음과 같은) 두 가지 방식으로 가능하다. ㉮ 움직임이 바탕(基體)이라면 움직임이 있을 수 있다. 흰 것에서 검은 것으로 변하기 때문에 사람이 움직인다고 말하듯이 말이다. 그래서 이런 방식으로라면 움직임은 또한 뜨겁게 되거나 차갑게 되기도 하며, 장소를 바꾸거나, 늘어나기도(팽창하기도) 할 것이다. 그러나 이것은 불가능하다. 왜냐하면 (움직임이나) 변함은 바탕에 들지 않기 때문이다.[160] 아니면, ㉯ (움직임이 아닌) 다른 어떤 바탕이 어떤 변화의 상태에서 나와 다른 형태의 상태로 변해 들어감으로써(예를 들어, 사람은 병의 상태에서 나와 건강의 상태로 들어간다) 움직임의 움직임이 있을 수 있다. 그러나 이것도 마찬가지로 간접적으로 딸린 방식이 아니라면 가능하지 않다. 왜냐하면 모든 움직임은 어떤 상태로부터 다른 어떤 상태로의 변화이(지 어떤 움직임으로부터 다른 어떤 움직임으로의 변화가 아니)기 때문이다. 그리고 생성과 소멸도 마찬가지다. 단, 이 두 가지 변화들은 일정한 방식에 따라 대립되는 것들로 변하는 것인데 반해, 움직임(운동)은 이와 다른 방식에 따라 대립된 것들로 변한다.[161] 그러므로 어떤 것은 건강한 상태에서 나와 병든 상태로 변해 들어감과 동시에 바로 이 변화에서 또 다른 종류의 변화로 들어간다. 그렇다면 분명히, 병

---

159 능동과 수동에 관련된 움직임은 뒤의 1068a 22-33에서 보이듯이 질의 변화, 팽창과 수축, 이동 같은 다른 움직임에 간접적으로 딸려 일어난다.

160 움직임이나 변함 자체는 바탕(基體)이 못 된다. 움직임이나 변함이 성립하려면, 이것의 담지자인 바탕이 따로 있어야 한다.

161 생성과 소멸은 모순되는 성질들 사이에 벌어지는, 다시 말해 없다가 있게 되거나 없다가 있게 되는 변화이지만, 움직임(운동)은 반대되는 성질들 사이에서, 예를 들어 '위와 아래', '큼과 작음', '흼과 검음' 사이에서 일어나는 변화다. 11장 1067b 14-25 참조.

들어 있을 때 그것은 다른 어떤 아무런 변화 속으로나 들어가 변해 있을 것이다. 실제로는 그것이 변하지 않고 가만히 병든 상태에 있을 수도 있지만 말이다. 더 나아가, 매번 아무런 변화 속으로나 들어가 변하는 것도 아니다. 그리고 그 새로운 변화는 어떤 특정한 상태에서 나와 다른 특정한 상태로 들어가는 변화일 것이다. 그러므로 그것은 앞의 변화에 대립된 변화가 될 것이다. 즉 건강해짐의 변화가 될 것이다. 그렇지만 이런 변화는 간접적으로 딸려 일어날 뿐이다. 예를 들어, 생각해 냄의 변화로부터 잊어버림의 변화로(또는 그 역으로)의 변화가 있는 까닭은 이런 변화의 과정이 들어있는 사람이 어떤 때는 앎의 상태 속으로, 어떤 때는 모름의 상태 속으로 들어가며 변하기 때문이다.

(2) 더 나아가, 변함의 변함이, 그리고 생겨남의 생겨남이 있다면, 이런 (거슬러 올라감의) 과정은 무한히 계속될 것이다. 그래서, 앞의 생겨남에 대해서 맞는 말은, 뒤의 생겨남에 대해서도 맞아야 할 것이다.[162] 예를 들어, '단적으로 생겨남'이 | 언젠가 생겨나고 있는 중이었다면, 그때 생겨나는 것 자체도 생겨나고 있는 중이었다. 그래서 단적으로 생겨나는 것은 아직 있지 않았지만, 어떤 것이 되려고 했던 어떤 생겨나는 것은 이미 있었다. 그리고 이것 자체도 언젠가 생겨나고 있는 중의 것이었다. 그래서 그때 그것은 다른 어떤 생겨나는 것이 아직 아니었다. 그런데, 무한한 것들에서는 맨 처음의 것이 있을 수 없으므로, (생겨남이 무한 소급되는) 여기에서도 맨 처음의 것은 (확정되어) 있지 않을 것이고, 이것에 뒤따르는 것도 (확정되어) 있지 않을 테다. 그러므로 여기에서는 어떠한 것의 생겨남도

162 앞의 '생겨남'은 '생겨남(생성)의 생겨남' 중 앞부분의 '생겨남'을 가리키며, 뒤의 '생겨남'은 뒷부분의 '생겨남'을 가리킨다. '생겨남의 생겨남'이 성립한다면 이 두 번째 '생겨남'의 '생겨남'도 성립하며, 이런 '거슬러 올라감'(소급)의 과정이 끝없이 계속될 수밖에 없다는 내용이다.

움직여짐도 바뀜도 전혀 있을 수 없다.

(3) 더 나아가, (어떤 움직임에 대한 힘을 가진) 같은 대상은 (그 움직임에) 반대되는 움직임과 가만히 있음에 대한 힘을 가지며, 또 생성과 소멸에 대한 힘을 갖는다. 따라서 생겨나고 있는 것은, 그것이 생겨나고 있는 것이 되어 있을 때, 그때 사라지고 있다.[163] (그때여야 하는 까닭은) 그것은 생겨나고 있는 것이 되자마자 사라질 수도 없고, 또 생겨나고 있는 것이 되어버린 후에 사라질 수도 없기 때문이다.[164] 사라지고 있는 것이 있어야 하는 것이다.

(4) 더 나아가, 생겨나는 것과 질이 변하는 것의 바탕이 되는 재료가 있어야 한다. 그렇다면, 이것은 무엇일까? 몸(신체)과 마음(혼)이 질의 변화를 겪는 재료이듯, 그렇게 움직임이나 생겨남이 되는 재료는 무엇인가? 더 나아가, 이 움직임들이[165] 향해 가는 곳은 무엇인가? 왜냐하면 움직임이나 생겨남은 어떤 특정한 것이 어떤 특정 상태에서 나와 다른 어떤 특정 상태로 들어감이어야 하기 때문이다. 그렇다면, 이런 조건은 어떻게 충족되는가? 정말이지, 배움의 배움은 있을 수 없으며, 따라서 생겨남의 생겨남도 있을 수 없다.[166]

실체, 관계, 능동, 수동의 경우 움직임이 없으므로, 양과 질, 그리고 장소에 관련된 움직임만 남게 된다(이런 범주들 어느 것에나 반대성들이 있기 때문이다). 여기서 '질'은 실체 안에 든 것이 아니라(실체 안에 든 차이

---

163 그러나 이는 이치에 어긋난다.

164 생겨나고 있는 것이 되어 버린 후에는 그것은 '생겨나는 것'(to gignomenon)이 아니라 '생겨난 것'(to gegonos)이다.

165 여기서 '움직임'(kineisthai)들은 생성과 소멸을 포함한, 넓은 뜻의 '움직임'으로 '변함'과 같은 뜻이다.

166 11장 1067b 14-12장 1068b 15 ≒ 『자연학』 5권 1장 225a 3-2장 226a 16.

1068b

성도 질이기 때문이다),[167] 사물들이 겪을 수 있는 성질을 뜻한다.[168] 이 성질에 따라 우리는 어떤 것이 무엇을 겪는다고, 또는 겪지 않는다고 말한다.[169] 움직이지 않는 것은 전혀 움직일 수 없는 것이거나, 또는 오랜 시간이 지나서야 비로소 어렵게 움직이거나 서서히 움직임을 시작하는 것이다. 더 나아가, 그것은 움직이도록 본래 되어 있고 또 움직일 수 있지만, 본래 움직여야 할 때에, 움직여야 할 곳에서, 움직여야 할 방식대로 움직이지 않는 것을 뜻하기도 한다.[170] 나는 여러 가지 움직이지 않는 것들 가운데 마지막 세 번째 것에 대해서만 '가만히 있다'고 말한다. 왜냐하면 가만히 있음(정지)은 움직임(운동)에 반대되며, 그래서 그것은 움직임을 받아들일 수 있는 것이 결여하고 있는 상태이기 때문이다.[171]

아주 가까운 한곳에 있는 것들은[172] 장소에서 함께 있는 것들이다. 그리고 다른 곳에 있는 것들은 떨어져 있는 것들이다. 극단들이 한곳에 있는 것들은 접촉한 것들이다. 중간의 것은 변하는 것이 변하여 마지막의 상태에 이르기 전에 먼저 지나가도록 본래 되어 있는 상태를 뜻한다. 그것이 제 본성에 따라 끊임없이 변한다면 말이다.[173] 일직선 위에서 가장 많이 떨어져 있는 것은 있는 곳이 반대되는 것들이다. 먼저 있는 것 다음으로 오는 것은 '잇따르는'(계속된) 것이다. 그 순서는 위치나 형상을 통해 또는 다른 어떤 방식을 통해 정해진다. 그리고 이것과 이것이 잇따르는 것 사이

---

167 이런 차이성에 따른 변화는 (좁은 뜻의) 움직임이 아니라 생성이나 소멸이다.

168 두 가지 종류의 '어떠함'(질, poion)의 차이에 대해서는 5권(Δ) 14장 1020a 33–1020b 1과 1020b 8–12 참조.

169 5권(Δ) 14장 참조. 1068b 15–20 ≒『자연학』5권 2장 226a 23–29.

170 5권(Δ) 22장 1022b 27–31, 9권(Θ) 1장 1046a 32–35,『범주들』12a 29 참조.

171 1068b 20–25 ≒『자연학』5권 2장 226b 10–16.

172『자연학』209a 33–b 1 참조.

173 1068b 26–30 ≒『자연학』5권 3장 226b 21–25.

에는 같은 종류의 것이 없다. 예를 들어 선의 경우에는 선들이,[174] 단위의 경우에는 단위들이, 집의 경우에는 집이 그 사이에 없다(그러나 다른 종류의 것은 그 사이에 얼마든지 있을 수 있다).[175] 왜냐하면 잇따르는 것은 어떤 특정한 종류의 것에 잇따르며, 그것보다 나중에 있는 것이기 때문이다. 예를 들어, | '하나'는 '둘'에 잇따르지 않으며, 초하루는 초이튿날에 잇따르지 않는다. 잇따르는 것에 닿은 것은 '접속된 것'이다. [모든 변화는 대립되는 것들 사이에서 일어난다. 그리고 이것들은 반대되는 것들이거나 모순되는 것들인데, 모순되는 것들에서는 그 사이에 아무것도 없다. 그러므로 분명히 중간의 것은 반대되는 것들에서만 성립한다.][176] '연속'은 일종의 접속이다. 여기서, 연속됨은 두 사물들에 대해 동일한 경계가 생김을 뜻한다. 그리고 이 경계에 의해 둘이 닿고 한데 붙들린다(연속된다). 그래서 분명히, 연속된 것은 오로지, 접속을 통해 본래 하나가 생겨나도록 되어 있는 것들에서만 찾아볼 수 있다. 그리고 분명히, '잇따름'(계속)이 (세 개념 중) 가장 기본적인 것이다. 왜냐하면 잇따르는 것은 반드시 닿을 필요가 없지만, 닿은 것은 잇따르는 것이기 때문이다. 그리고 어떤 것이 연속된 것이라면 그것은 접속된 것이어야 한다. 그러나 그것이 접속된 것이라고 해서 반드시 연속적인 것일 필요는 없다. 그리고 닿음(접속)이 없는 것들에는, 함께 자람(유기적인 단일성)이 없다.[177] 그러므로, 점은 단위와

---

174 선은 '계속된 것'이기도 하지만, 정확히 말하자면 '연속된 것'이다.

175 예를 들어, 집과 집 사이에 길이 있을 수 있다.

176 프란틀(Prantl)은 이 부분이 제자리에 있지 않다고 주장하며, 이 부분을 1068b 30의 "일직선 위에서 … " 앞에 놓을 것을 제안한다.

177 '계속된 것', '접속된 것', '연속된 것'의 원어는 차례로 hexēs(successive, '뒤따름'), echomenon(=haptomenon)(contiguous, '함께 닿음'), syneches(continuous, '한데 붙들림')이다. 두 사물 A와 B가 갖는 이런 관계들을 도형을 써서 차례로 다음

1069a

같지 않다.[178] 왜냐하면 점들에는 닿음이 있지만,[179] 단위들에는 있지 않기 때문이다. 단위들에는 잇따름이 있을 뿐이다. 그리고 임의의 두 점 사이에는 (선과 같은) 무엇이 있지만, 두 개의 단위 사이에는 아무것도 없다.[180]

처럼 나타낼 수 있다.

A B, A B, A B

178 13권(M) 6장 1080b 19, 8장 1083b 14 참조.

179 그러나 극단들(akra)이 없는 점에 대해서 닿음을 얘기한다는 것은 모순이다.

180 그러나 두 개의 단위(인 수) 사이에도 이것들이 떨어져 있다면 중간의 것이 있을 수 있다. 1068b 30-1069a 14 ≒ 『자연학』 5권 3장 226b 32-227a 31.

12권(Λ)[1]

1장 실체의 세 가지 종류

1069a

우리의 연구는 실체에 관한 것이다. 우리가 찾고 있는 것은 바로 이 실 [18]
체의 원리 및 원인이다. 왜냐하면 우주를 일종의 (단일한) 전체로 볼 때,[2]
실체가 그중 으뜸가는 부분을 이루기 때문이다. 그리고 우주를 (그 부분들 [20]
이 느슨하게) 잇따라 있는 것으로 보더라도 실체가 으뜸가는 것이며, 그 다
음에 질이고, 그 다음에 양이다.[3] 이와 더불어 질과 양은 말하자면 (실체처
럼) 단적으로 있는 것이 아니라 (이것에 딸린) 질과[4] 움직임 같은 것들이다.

---

1 애거(Jaeger)는 여러 가지 근거를 들어 12권(Λ)을 아리스토텔레스의 초기 저술로 추정한다. 단, 8장 1073b 32에 소개된 칼립포스의 천문학 이론의 발현 시기만은 기원전 330-325년으로 아리스토텔레스의 말년에 가깝다. 자신의 묵은 이론을 전달하는 1074a 31-38을 제외한 8장의 나머지 부분에서 아리스토텔레스는 형이상학적인 사변의 길을 버리고 천문학적인 관찰과 수학적인 사유의 길을 새롭게 걸어간다. Ross(1924), 2권 347쪽 참조.

2 5권(Δ) 26장 1023b 26-36 참조.

3 7권(Z) 1장 1028a 31-b 2 참조.

4 여기서 '질'(poiotēs)은 '속성'(pathos, 양태)과 비슷한 뜻으로 쓰였다.

1069a

그렇지 않으면, 희지 않음과 곧지 않음도 단적으로 있는 것이 될 것이다. 우리는 물론 이것들이 있다고, 예를 들어 '희지 않은 것이 있다'고[5] 말한다. 더욱이 실체 외의 다른 범주들은 어느 것도 따로(독립적으로) 있지 않다. 옛 철학자들이 또한 이 실체의 우위성을 실제로 증언한다. 왜냐하면 그들이 찾고자 했던 것은 바로 실체들의 원리들과 요소들과 원인들이었기 때문이다. 오늘날 철학자들은[6] 보편적인 것(보편자)을 실체로 놓는 경향이 있다. 왜냐하면 유(類)들은 보편적인 것인데, 논리적인(표현 형태에 주목하는) 탐구 성향을 지닌[7] 그들은 이것들이 다른 것들보다 더 실체라고 말하기 때문이다. 그러나 옛 철학자들은 불과 흙 같은 개별적인 것(개별자)들을 실체로 놓지, (불, 흙 등에) 공통된 것, 즉 물질을[8] 실체로 놓지 않는다.

실체는 세 가지다. 그중에 감각되는 실체가 있다.[9] 그리고 이 실체 중 어떤 것은 (해, 달, 별 등의 천체들은) 영원하며, 어떤 것은 소멸한다. 소멸하는 실체는 온갖 동식물들처럼 사람들이 다들 실체로 인정하는 것들이다. 이 감각되는 실체의 요소들을, 이것들이 하나든 여럿이든, 우리는 파악해야 한다. 그리고 남은 한 종류의 실체는 움직이지 않는 것인데, 사람들은[10] 이것이 따로 있는(독립적인) 것이라고 말한다. 여기서 어떤 사람들은[11] 이

5 5권(Δ) 7장 1017a 18–19 참조.

6 플라톤주의자들을 가리킨다.

7 7권(Z) 4장 1029b 13의 각주 참조.

8 '물질'의 원어는 sōma이다. 흔히 '물체'(body)로 옮겨지는 말이나, 물, 불, 흙, 공기 등을 가리키는 뜻으로 쓰인 때에는 '물질'(material)이 더 적합하다고 본다.

9 감각되는 실체(aisthētē ousia)에 대한 논의는 1장 1069b 3–5장 1071b 2에서 이루어진다.

10 플라톤과 그의 추종자들을 가리킨다.

11 이데아와 수학적인 대상을 따로 구분해 놓는 플라톤을 가리킨다. 7권(Z) 2장 1028b 19 참조.

것을 두 가지로 나누며, 어떤 사람들은[12] 형상(이데아)과 수학적인 대상을 한 가지 것으로 놓으며, 또 다른 어떤 사람들은[13] 이 가운데 수학적인 대상만을 (독립적인 원리로서) 놓는다. 앞의 두 가지 감각되는 실체는 움직임을
가지기 | 때문에 자연학의 대상이다. 세 번째 종류의 실체는, 이것과 앞의 1069b
두 종류의 실체에 공통된 원리가 없다면, 다른 어떤 학문의[14] 대상이다.

감각되는 실체는 변한다. 그런데 변화가 대립되는 것(성질)들이나 그 중간의 것들로부터 일어난다면, 그것도 대립되는 것들 모두로부터가 아니라 그중에서도 반대되는 것(성질)들로부터 일어난다면[15](목소리도 희지 않기 때문이다),[16] 반대되는 상태로 변하는 어떤 것이 변화의 바탕으로서 있어야 한다. 왜냐하면 반대되는 것들이 변하지는 않기 때문이다.[17]

2장 변화의 요소: 재료, 형상 또는 이것의 결여[18]

더 나아가, 바탕은 그대로 남아 있지만, 반대되는 성질들은 그대로 남아 있지 않다. 그렇다면, 두 개의 반대되는 성질들과 따로 셋째 것이, 즉

---

12 크세노크라테스를 가리킨다. 7권(Z) 2장 1028b 24의 각주 참조.

13 스페우십포스를 가리킨다. 13권(M) 1장 1076a 20-21 참조.

14 으뜸 철학인 형이상학을 말한다. 움직이지(변하지) 않는 실체(akinētos ousia)에 대한 논의는 6-10장에서 이루어진다.

15 10권(I) 7장 참조.

16 대립되는 것(성질)들(antikeimena)로부터 일반적으로 변화가 일어난다면, 다시 말해 모순되는 것들 사이에서도 변화가 일어난다면, '희지 않은 것'인 목소리가 '흰 것'으로 된다고 말할 수 있기 때문이다. 그러나 목소리가 희게 되는 것은 목소리를 가진 어떤 것이 희게 됨으로써 딸려 일어나는 것이다.

17 8권(H) 5장 1044b 23-26 참조.

18 2장은 새로운 논의의 시작이 아니라 1장의 연속이다.

1069b

재료가 (변화의 바탕으로서) 있다. 변화가 네 가지라면, 즉 무엇(실체)에 따라, 또는 질이나 양이나 장소에 따라 변화가 있다면, 그래서 이것(실체)에 따른 변화가 단적인 생성과 소멸이고, 양에 관련된 변화는 팽창과 수축이고,[19] 성질에 관련된 변화는 질의 변화이고, 장소에 관련된 변화는 이동이라면, 변화는 저마다 (반대되는 것들에서 나와) 반대되는 상태들로 들어가는 변화일 테다. 그렇다면, 틀림없이 이 두 가지 (반대되는) 것들에 대한 힘이 있는 재료가 변한다. 그리고 '있음'은 두 가지 방식으로 말해지므로, 이에 따라 우리는 모든 것은 잠재/가능 상태로 있음으로부터 나와 발휘/실현 상태로 있음으로 들어가 변한다고 말해야 한다. 예를 들어, 어떤 것이 잠재/가능 상태로 흼으로부터 나와 발휘/실현 상태로 흼으로 들어가 변하듯이 말이다. 팽창과 수축의 경우도 이와 마찬가지다. 그래서 간접적으로 딸린 방식으로 어떤 것이 있지 않은 것으로부터 (나와 있는 것으로서) 생겨날 수 있을 뿐만 아니라,[20] 모든 것들은 또한 어떤 점에서 있는 것, 즉 잠재/가능 상태로는 있지만 발휘/실현 상태로는 있지 않은 것으로부터 생겨난다. 그리고 이것이 아낙사고라스가 말한 (물질적 원리로서의 혼합된) 하나의 의미일 것이다.[21] 왜냐하면 '모든 것들은 함께 있다'라는 그의 말과,[22] 엠페도클레스와 아낙시만드로스가 주장한 (요소들의 무질서한) 혼합 상태, 그리고 데모크리토스가 한 말보다는 '모든 것들이 발휘/실현 상태가 아니라 잠재/가능 상태로 함께 있었다'고 말하는 것이 더 낫기 때문이다.[23]

---

19 '수축'의 원어는 phthisis이다. '팽창'(auxēsis)에 반대되는 개념으로서, 『범주들』에서는 meiōsis가 대신 쓰인다(15a 14, 16, b 2 참조). phthisis는 '노쇠하여 줄어듦'의 뜻이 강하고, meiōsis는 '물리적인 크기가 작아짐'의 뜻이 강하다.

20 1장 1069b 5의 각주 참조.

21 1권(A) 8장 989a 30-b 21, 『자연학』 187a 21 참조.

22 아낙사고라스의 글조각 1, 김인곤 외(2005), 499-500쪽 참조.

23 로스(Ross)의 텍스트 구성과 해석을 따랐다. 그의 책(1924), 2권 350-352쪽 참조.

그러므로 이들은 어느 정도 재료를 접한 듯하다. 그런데, 변하는 것들은 모두 재료를 가지는데, 그것도 저마다 다른 재료를 갖는다. 그리고 (해, 달, 별 등의 천체처럼) 생겨나지는 않으나 이동만은 하는 영원한 것들은 생성을 위한 재료를 갖지 않고, 어디에서 어디로 가는 움직임을 위한 재료를 갖는다.[24]

어떤 종류의 있지 않은 것으로부터 생성이 이루어질 수 있는지 의문이 날 수도 있겠다.[25] 왜냐하면 '있지 않음'은 세 가지 뜻으로 말해지기 때문이다.[26] 그렇다면, 어떤 것이 잠재/가능 상태로 있을 경우, 그것은 아무런 것으로부터 생겨나지 않고, 서로 다른 것들이 다른 특정한 것들로부터 생겨난다.[27] 또, '모든 것들이 함께 있었다'는 말로는 충분하지 않다. 그것들은 재료가 서로 다르기 때문이다. 그렇지 않다면, 어떻게 하나가 아니라 수없이 많은 것들이 생겨났겠는가? (아낙사고라스가 주장한 대로) 이성이 하나라고 치더라도, 재료마저 한 가지라면, 어떤 것이 잠재/가능 상태로 있었던 바만이 (한 가지로) 발휘/실현 상태가 되어 있었을 것이다. 이렇듯, 원인과 원리는 그 종류가 세 가지며, 그중 둘은 반대성(반대되는 성질들)이며(이 중 하나는 정의나 형상이며 다른 하나는 이것의 결여이고), 셋째의 것은 재료이다.[28]

---

24 8권(H) 1장 1042b 5-6과 각주 참조.

25 1069b 20에 이어지는 논의이다.

26 ① 각 범주의 부정, ② 거짓, ③ 잠재/가능 상태로서의 '있지 않음'(to mē on)을 말한다. 9권(Θ) 10장 1051a 34-b 5, 14권(N) 2장 1089a 26-31 참조.

27 톱을 만드는 사람이 이것을 양털이나 나무를 재료로 삼아 만들지는 않는다. 8권(H) 4장 1044a 28 참조.

28 『자연학』 1권 6-7장 참조.

1069b

3장 생성의 재료와 형상

다음으로 주목할 것은, 재료도 형상도 생겨나지 않는다는 점이다.[29] 여기서 재료와 형상은 마지막 재료와 형상을[30] 말한다. 모든 것은 어떤 것
1070a (A)이다가 | 어떤 것(B)에 의해 어떤 상태의 것(C)으로 변한다. 여기서 '그것에 의해'(B)는[31] 직접 다른 것을 움직이는 것이며, '그것'(A)은 재료이며, '그것으로'(C)는[32] 형상이다. 그런데, 청동이 둥글게 변하게 될 뿐만 아니라 둥긂이나 청동까지도 변하여 있게 되는 것이라면, 생성의 과정은 끝없이 거슬러 올라갈 것이다. (이는 이치에 어긋난다.) 그러므로 생성의 과정은 (어느 지점에서) 멈춰야 한다.[33]

그 다음으로 주목할 것은, (재료와 형상이 결합된) 실체는 저마다 한 이름 한 뜻인 것의 작용을 통해서[34] 생겨난다는 점이다. 자연적으로 생겨나는 것(자연물)들뿐만 아니라 (인공물과 같은) 나머지 것들도 실체이다. 다시 말해 사물들은 기술로써(인위적으로) 또는 자연적으로 또는 우연히 또는 우발적으로 생겨난다. 그런데, 기술은 (움직여지는 사물과는) 다른 것 안에 든 원리이며,[35] 자연은 바로 그 사물 안에 든 원리이다.[36] 사람(아버지)

---

29 7권(Z) 8장 1033a 29 참조.

30 바로 아래 1070a 3의 '청동'과 '둥긂'처럼 현재의 어떤 대상을 이루고 있는 최종적인 재료(hylē)와 형상(eidos)을 뜻한다.

31 '그것에 의해'의 원어는 hypho' hou이다. '그것에 의해' 전체가 아니라 '그것'이 운동인(또는 작용인, causa efficiens)이다. 이를 강조하기 위해 그 부분만 고딕체로 썼다.

32 '그것으로'의 원어는 eis ho이다. 어떤 것이 변해 들어가는 상태를 가리킨다. 어떤 사물이 새롭게 얻는 형상으로서 형상인(causa formalis)이다.

33 2권(α) 2장 994a 3–5 참조.

34 '한 이름 한 뜻인 것'(synōnymon)은 같은 이름으로 불릴 뿐만 아니라 그것의 본질에 대한 정의도 같은 사물, 즉 '같은 종류의 사물'을 가리킨다.

35 예를 들어, 집의 원인이 되는 건축술은 집에 들어있지 않고, 집을 짓는 목수의 혼

이 사람(자식)을 낳기 때문이다.[37] 다른 원인들(우연과 우발)은 이 원인들이 결여된 결과다.[38]

실체의 종류는 세 가지다.[39] 먼저, 겉보기에 이것인 재료가 있다.[40] 왜냐 [10]
하면 함께 붙어 자람(유기적 단일성)으로써가 아니라 접촉함으로써 있는 사물들은 재료이자 바탕이기 때문이다. 〈예를 들어, 불, 살, 머리 따위의 [19]
것들은 모두 재료이며, 그중에서도 마지막 것인 머리는 (주변 사물들 중) 가장 많이 실체인 것의 재료이다.〉[41] 그 다음으로 이것이자[42] 어떤 것이 변해 들어가는 상태인 실재(형상)가 있다. 그리고 셋째 실체는 앞의 둘로 이루어진 개별적인 것(개별자)들, 예를 들어 소크라테스나 칼리아스 같은 것들이다. 그런데, 어떤 경우에는[43] (형상으로서의) 이것이 (재료와 형상이) 결합된 실체와 따로 있지 않다. 예를 들어, 건축술을 집의 형상이라고 하는 경우를[44] 제외한다면, 집의 형상은 집과 따로 있지 않다. 그리고 여기에서

(머리) 안에 지식의 형태로 들어있다. 7권(Z) 9장 1034a 21-24 참조.

36 9권(Θ) 7장 1049a 13-17 참조.

37 1070a 5에 대한 예이다. 아버지는 어머니에 의해 제공되는 재료에 형상을 찍음으로써 자신과 같은 종류의 자식을 생산한다.

38 '우연'(tychē)은 기술(technē)의 결여(sterēsis)이며, '우발'(자연발생, tautomaton)은 자연(physis)의 결여이다. 7권(Z) 9장 1034a 9-b 7, 11권(K) 8장 1065b 2-4 참조.

39 7권(Z) 3장 1029a 2 참조.

40 7권(Z) 16장 1040b 5 참조.

41 자연적인 실체들 가운데 동물들이 가장 높은 정도로 실체인데, 그중에서도 사람이 최고의 실체다. 7권(Z) 16장 1040b 5-10, 『동물의 발생에 관하여』 715a 9-11 참조. 〈 〉 부분은 로스(Ross)의 텍스트 구성과 해석에 따라 위치를 옮겨 놓은 것이다. 이에 대한 설명은 그의 책(1924), 2권 356-357쪽 참조.

42 5권(Δ) 8장 1017b 25의 각주 참조.

43 인공물들(artefacta)의 경우를 가리킨다.

44 7권(Z) 9장 1034a 24 참조.

1070a

[15] 는 형상들의 생성도 소멸도 없다. 다른 방식으로, 집과 건강 그리고 기술
로써 생겨난 모든 것이 재료가 빠진 채 (목수나 의사의 마음속에) 있기도 하
고 있지 않기도 한다. 그러나 어떤 것이 따로 있다면, 그것은 오로지 자연
적인 것(자연물)들의 경우에 그렇다. 그렇기 때문에 플라톤이 자연적으로
있는 것들의 종류들이 있는 만큼 형상(이데아)들이 있다고[45] 말한 것은 완
전히 틀리진 않았다. 형상들이 정말 이런 감각 대상들과 따로 있다고 친다
면 말이다.

[21] 어떤 것을 움직이는 원인들은[46] (그것들이 생겨나게 하는 사물들보다) 먼저
생겨난 것으로서 있으며, (본질에 대한) '정의'라는 뜻의 원인(형상인)들은[47]
(그것들이 생겨나게 하는) 사물들과 동시에 있다. 왜냐하면 사람이 건강할
때, 이때 또한 건강이 있고, 청동 구(球)가 갖는 모양은 청동 구와 동시에
있기 때문이다. 그러나 우리는 나중에 (사물이 해체되면) 무엇이 (끝까지)
[25] 남아 있게 될지를 살펴보아야 한다. 많은 경우, 예를 들어 혼이 (사람이 죽
은 뒤에도 남는) 그러한 것이라면, 혼 전부가 아니라 (그 가운데) 이성만 남
게 되는 경우가 얼마든지 가능하다.[48] 혼의 모든 부분들이 남는다는 것은
불가능해 보이기 때문이다.

바로 이러한 이유로 분명히, 이데아들은 있을 필요가 전혀 없다.[49] 왜냐하면 사람이 사람을, 다시 말해 이 개별적인 사람(아버지)이 어떤 개별적

---

45 1권(A) 9장 991b 6 참조.

46 ta kinounta aitia(움직이는 원인들)는 흔히 라틴어 causa efficiens(운동인 또는 작용인)로 옮겨지는 말이다.

47 ta aitia hos ho logos('정의'라는 뜻의 원인들)는 흔히 라틴어 causa formalis(형상인)로 옮겨지는 말이다.

48 『혼에 관하여』 413b 26, 430a 17, 22-23, 『동물의 발생에 관하여』 737a 9, 『니코마코스 윤리학』 1178a 22 참조.

49 7권(Z) 8장 1033b 26-1034a 2 참조.

인 사람(자식)을 낳기 때문이다. 기술의 경우도 이와 마찬가지다. 왜냐하면 (특정의) 의술이 건강의 규정(형상)이기[50] 때문이다.

4장 모든 사물들의 같은 원인들

사물이 다르면 원인과 원리가 다르기도 하지만, 보편적으로 그리고 유비적으로 말한다면, 모든 것들에 대해 같은 원인과 원리가 있기도 하다. 정말이지, 실체와 관계 맺은 것의[51] 원리들과 요소들이, 또한 마찬가지로 범주들마다 원리들과 요소들이 (서로) 다른지 같은지 의문이 날 수 있겠다. 그러나 모든 것들에 대해 같은 원리들과 요소들이 있다는 것은 이치에 어긋난 일일 것이다. 있다고 할 경우, 관계 맺은 것들과 실체가 같은 요소들로 이루어져 있을 것이기 때문이다.

1070b | 그런데 그런 요소들이 될 만한 것은 없다. 왜냐하면 실체와 나머지 범주들 말고는 다른 어떤 공통된 것도 있지 않으며, 요소는 요소로 이루어진 사물들보다 더 앞선 것이기 때문이다. 그러나 실체는 관계 맺은 것들의 요소가 아니며,[52] 관계 맺은 것도 실체의 요소가 아니다.[53] 더욱이, 모든 것들의 요소들이 어떻게 같을 수 있겠는가? 요소들은 어떤 것도 요소들로 이루어진 것(사물)과 같을 수는 없는 법이다. 예를 들어 B나 A는 BA와 같

---

50 7권(Z) 7장 1032b 13 참조.

51 이 단락에서 실체(ousia) 외의 나머지 범주들을 대표하여 관계(ta pros ti) 범주가 쓰이고 있다.

52 관계 맺은 것들이 실체로 이루어져 있다면, 관계 맺은 것들 자체도 실체일 것이다. 그러나 관계 범주는 실체와 가장 거리가 멀다. 14권(N) 1장 1088a 23 참조.

53 다른 어떤 범주들보다 앞선 것인 실체가 다른 범주들로 이루어져 있을 수는 없다. 7권(Z) 13장 1038b 23-29 참조.

1070b

을 수 없다. 따라서 있음이나 하나처럼 사유 대상일[54] 뿐인 것들도 (범주들과 마찬가지로) 요소일 수 없다.[55] 왜냐하면 이것들은 (범주들 같은 단순한 것들에만 아니라) 심지어 합쳐진 것들 각각에도 (술어로서) 들어있기 때문이다.[56] 따라서 (실체나 관계 맺은 것의) 요소들은 (이것들이 있다고 가정한다면) 어떤 것도 그 자체로는 실체가 아니며, 또 관계 맺은 것도 아닐 것이다. 그러나 요소가 될 만한 것은 실체이거나 관계 맺은 것이어야 한다. 그러므로 모든 것들의 요소들은 같지 않다.

아니면 우리가 말하고자 하는 것처럼,[57] 어떤 점에서는 모든 것들에 대해 같은 요소가 있고 어떤 점에서는 그렇지 않다. 예를 들어, 감각되는 물체들의 경우, 뜨거움이 '형상'으로서 요소이고, 어떤 점에서는 차가움이 그것의 '결여'로서 요소이다. 그리고 직접적으로 제 본성으로 말미암아 이 두 가지 것일 수 있는 것이 '재료'로서 요소이다. 실체는 이 세 가지 것들이며[58] 또한 이런 것들로 이루어진 것들이기도[59] 한데, 앞의 것들은 이 뒤의 복합된 것들의 원리(요소)들이다. 또는 뜨거움과 차가움으로부터 생겨나는 어떤 한 가지 것이, 예를 들어 살이나 뼈가 실체이다. 그리고 뜨거움과 차가움으로부터 생겨난 것은 그 요소들과 달라야 한다. 감각되는 실체

---

54 '사유 대상'(또는 사유되는 것, noēton)은 우리가 색이나 소리처럼 보거나 들을 수는 없고, 오로지 '생각할 수만 있는 것'을 뜻한다. '감각 대상'(또는 감각되는 것, aisthēton)에 대조되는 개념이다.

55 3권(B) 3장 998b 22-27 참조.

56 범주들 각각뿐만 아니라 (재료와 형상이) 합쳐진(복합된) 것(syntheton)도 '있는 것'(to on)이자 '하나인 것'(to hen)으로서 요소가 될 것이기 때문이다.

57 1070a 31 참조.

58 2장 1069b 32-34 참조.

59 불과 공기는 뜨거움을 한 가지 요소로 삼아 이루어진 것들이며, 물과 흙은 차가움을 한 가지 요소로 삼아 이루어진 것들이다.

들은 (일반적으로 뜨거움, 차가움, 재료라는 세 가지) 같은 요소 및 원리를 갖는다. 그러나 서로 종류가 다른 것들은 서로 다른 요소 및 원리를 갖는다. 그리고 모든 것들에 대해 이렇게 말할 수는 없지만, 유비적으로 그렇게 말할 수는 있다. 마치 원리로서 세 가지가, 즉 형상과 결여 그리고 재료가 있다고 말하듯이 말이다. 그러나 이것들은 저마다 각 유(類)에 따라 다르다. 예를 들어, 색의 경우에는 흼, 검음, 표면이고, 낮과 밤의 경우에는 빛, 어둠, 공기이다.

사물 안에 들어있는 요소들뿐만 아니라, 다른 것을 움직이는 것처럼 사물 밖에 있는 것들도 원인이므로, 분명히 원리와 요소는 서로 다르다.[60] 둘 다 원인이지만, 원리는 (안에 있는 것과 밖에 있는 것,) 이 두 가지 것들로 나뉜다. 그리고 어떤 것을 움직이게 하는 것이나 서게 하는 것도 일종의 원리이자 실체이다. 그래서 유비적으로 요소들은 세 가지이지만, 원인이자 원리는 네 가지이다. 그러나 요소는 사물마다 다르며, 다른 것을 움직이는 것으로서 가장 가까운 원인도 사물마다 다르다. 예를 들어, 건강, 병, 몸은 요소들이며, 의술은 다른 것을 움직이는 것(운동인)이다. 그리고 (집의 경우,) 형상, 특정한 무질서, 벽돌은 요소들이며, 건축술은 다른 것을 움직이는 것이다. 그러나 다른 것을 움직이는 것은 자연물들의 경우, 예를 들어 사람의 경우 같은 종류의 것인 사람이며, 사유에서 나온 것(사유물)들의 경우, 형상이거나 이에 반대되는 것인 결여이기 때문에, 원인은 어떤 점에서는 셋이며 어떤 점에서는 넷이다. 의술은 어떤 점에서 건강이며, 건축술도 집의 형상이며, 사람이 사람을 낳기 때문이다.[61] 더 나아가,

---

60 원리(archē)는 사물들의 안과 밖, 모두에 있을 수 있는 원인이지만, 요소(stoicheion)는 사물들의 안에만 들어있는 원인이다. 5권(Δ) 1장 1013a 4, 7과 3장 1014a 26 참조.

61 운동인(causa efficiens)인 의술이나 건축술이 형상인(causa formalis)인 건강이

이것들 말고도 모든 것들 중 가장 으뜸가는 것으로서 모든 것들을 움직이는 것(神)이[62] 있다.

5장 원리 또는 원인으로서의 잠재/가능 상태와 발휘/실현 상태

어떤 것들은 따로 있을 수 있는(독립적인) 것들이고, 어떤 것들은 따로 있을 수 있는 것들이 아닌데, 실체인 것은 바로 앞의 것들이다. | 그리고 이 때문에 모든 것들의 원인들은 같다.[63] 왜냐하면 실체가 없으면 양태도 움직임도 없기 때문이다. 그 다음으로, 그런 원인들은 (생물들의 경우처럼) 혼과 몸일 수 있으며, 아니면 (사람의 경우처럼) 이성과 욕구와 몸일 수도 있다.

더 나아가, 다른 측면에서 볼 때 발휘/실현 상태와 잠재/가능 상태처럼, 유비적으로 같은 원리들이 있다. 그러나 이것들도 사물마다 다르며, 서로 다른 방식으로 적용되는 원리들이다. 어떤 경우에는 같은 것이 한때는 발휘/실현 상태로 있다가 다른 때에는 잠재/가능 상태로 있다. 포도주나[64] 살(肉) 또는 사람처럼 말이다. 그리고 이 발휘/실현 상태와 잠재/가능 상태도 앞서 말한 원인들[65] 아래로 분류된다. 다시 말해, 형상은 따로 있을 수 있다는 점에서 발휘/실현 상태로 있으며, 재료와 형상으로 이루어진

나 집과 같을 땐, 원인은 재료, 형상, 결여로서 그 가짓수가 셋이 된다.

62 신을 말한다. 이에 대해서는 12권(Λ)의 후반부인 6-10장에서 다루어진다.

63 다시 말해, 실체의 원인들이 모든 것(사물)들의 원인이다.

64 같은 재료가 어떤 때에는 잠재적으로 포도주이다가, 나중에 실제로 포도주가 된다.

65 4장 1070b 11-13에서 든 형상, 결여, 재료를 말한다.

것(구체적인 것)과, 어두움이나 아픔 따위의 결여 상태도 발휘/실현 상태로 있지만, 재료는 잠재/가능 상태로 있다. 그것은 (형상과 결여의) 두 가지 (반대되는) 상태가 모두 될 수 있는 것이기 때문이다. 그러나 같은 재료를 갖지 않은 것들의 경우, 이 가운데 어떤 것들은 형상까지 다르기도 한데,[66] 앞서 말한 방식과는 다른 방식으로 발휘/실현 상태와 잠재/가능 상태가 구분된다.[67] 예를 들어, (1) 요소들이, 즉 재료로서의 불과 흙, 그리고 (사람에게) 고유한 종(種)이 사람(아이)의 원인이다. 더 나아가, (2) 아버지처럼 밖에 있는 다른 어떤 것이 사람의 원인이다. 그리고 (3) 이것들 외에 태양과 태양의 기울어진 원(황도)은 사람의 재료도 형상도 이것의 결여도 아니고 사람과 같은 종류도 아니지만, 사람을 움직이는 것(운동인)이다.[68]

더 나아가, 어떤 원인들은 보편적으로 기술될 수 있지만, 다른 원인들은 그렇게 되지 않는다는 점을 우리는 주목해야 한다.[69] 모든 것들의 가장 가까운 원리들은 발휘/실현 상태에서는 가장 가까운 이것(개별자)이며, 또 잠재/가능 상태에서는 가장 가까운 다른 어떤 것이다.[70] 그런데, 그런 보편적인 원인들은[71] 있지 않다. 개별적인 것(개별자 또는 개체)들의 원리는

---

66 아버지와 태어난 아이는 재료가 다르지만 형상은 같다. 그러나 해와 아이는 재료뿐만 아니라 형상까지 다르다.

67 앞에서는 한 사물 내에서 잠재/가능 상태(dynamis)와 발휘/실현 상태(energeia)가 구분되었지만, 여기에서는 두 사물 사이의 관계에서 그 둘이 구분된다.

68 황도(loxos kyklos, '기울어진 원')를 따라 움직이는 해가 여름에 지구에 상대적으로 더 가까이 다가갈 때 생성을 유발하며, 반대로 겨울에 지구로부터 멀어질 때 소멸을 유발한다. 6장 1072a 10-12, 『생성과 소멸에 관하여』 336a 31-b 24 참조.

69 아래 1071a 21 참조.

70 아이의 가장 가까운 원인은 운동인이자 형상인인 아버지이기도 하고, 재료인인 (어머니 자궁 속의) 배아이기도 하다. 9권(Θ) 8장 1049b 24-27 참조.

71 앞의 17행에서 말한 '보편적으로 기술될 수 있는 원인들'을 가리킬 수도 있고, '플라톤주의자들의 그 유명한 (보편자로서의) 이데아들'이란 뜻일 수도 있다. 보편자의

개별적인 것이기 때문이다. 사람은 보편적으로 사람의 원리이지만, 보편적인 사람은 있지 않다. 펠레우스는 아킬레우스의 원리(근원)이고,[72] 너의 원리는[73] 너의 아버지이고, 이 B는 이 BA의 원리(요소)이고, 일반적으로 B는 BA인 것 모두의 원리이다.

더 나아가, 실체의 원인과 요소가 모든 것들의 원인인 것은 사실이지만,[74] 앞서[75] 얘기한 것처럼, 사물마다 다른 원인과 요소가 있다. 같은 유(類)에 속하지 않는 것들의, 즉 색, 소리, 실체, 양의 원인들은 유비적으로 말하는 경우가 아니라면, 서로 다르다. 그리고 같은 종(種)에 속한 것들의 경우에 그것들은 형상에서 다르지 않고, 나머지 개체들과 그 원인이 다르기 때문에 다르다. 너의 재료와 형상, 그리고 너를 움직이는 것은 나의 것들과 다르지만, 보편적인 정의에 따르면 같다.

그래서 실체들, 관계들, 질들의 원리(원인)나 요소가 어떤 것들인지를, 또 그것들이 서로 같은지 다른지를 탐구하는 것과 관련하여, 분명히 원리나 요소가 여러 가지 방식으로 넓게 말해질 때에는, 각 사물의 원리나 요소는 서로 같으며,[76] 그 뜻을 구분할 때에는, 그것들은 같지 않고 다르다. 단, 다음과 같은 방식이라면 모든 것들의 원리나 요소는 같다. 먼저, (1)

독립성 문제에 대해서는 7권(Z) 13장과 16장 참조.

72 아킬레우스(Achilleus)가 태어나 있게 된 까닭이고. 아킬레우스는 호메로스의 서사시 『일리아스』에 나오는 그리스 영웅으로 펠레우스(Pēleus)와 여신 테티스(Thetis) 사이에서 태어났다.

73 네가 태어나 있게 된 까닭은.

74 1070b 36-1071a 2 참조. 로스(Ross)의 해석에 따라 ēdē 대신 ei dē로 읽어 옮겼다. 그의 책(1924), 2권 366쪽 참조.

75 4장 1070b 17에서.

76 재료, 형상, 결여, 움직이는 것(운동인)을 특정한 것으로서 말하지 않고 모든 것들에 대한 보편적인 것으로서 말할 때에는 모든 것들의 원리나 요소가 같다고 볼 수 있다.

그것들은 유비적으로 같다. 왜냐하면 그것들은 재료, 형상, 결여, 어떤 것을 움직이는 것(운동인)이기 때문이다. 그리고 (2) 어떤 점에서 실체의 원인은 모든 것들의 원인이다.[77] 실체가 없어지면 다른 모든 (범주의) 것들도 없어지기 때문이다. 더 나아가, (3) 완성 상태로 있는 으뜸가는 것은[78] 모든 것들의 원인이다. 그러나 다른 한편으로, 유로서 말해지지도[79] 않고 여러 가지 방식으로 넓게 말해지지도[80] 않은 반대되는 것들만큼 많은 가장 가까운 원인들은[81] 모두 서로 다르다. 더 나아가, | 사물들이 다르면 그 재료들도 다르다. 지금까지 우리는 감각 대상들의 원리들이 무엇인지, 얼마 1071b
만큼 많은지, 그리고 그것들이 어떤 점에서 같고 어떤 점에서 다른지에 대해 논의했다.

6장 맨 먼저 다른 것을 움직이는 영원한 것의 필요성

실체로 세 가지가 있었다.[82] 그중 둘은 자연적인 실체이고 하나는 움직이지 않는 실체였는데, 이 뒤의 실체에 관련하여, 영원하고 움직이지 않는 실체가 반드시 있어야 한다고 우리는 말해야 한다. 왜냐하면 실체는 있는 것들 가운데 으뜸가는 것이며,[83] 또 모든 실체들이 소멸하는 것이라면,

---

77 1070b 36–1071a 2 참조.

78 최초의 운동인으로서의 신(神)을 가리킨다.

79 4장 1070b 20 참조.

80 1071a 31–34와 4장 1070b 17 참조.

81 개별적인 것들의 원인이나 원리가 되는 개별적인 형상과 결여를 뜻한다. 1071a 27–29 참조.

82 1장 1069a 30–34 참조.

83 1장 1069a 19–26, 7권(Z) 1장 1028a 31–b 2 참조.

1071b

모든 것들은 소멸하는 것들일 것이기 때문이다. 그러나 움직임이 언젠가 생겨난 것이거나 소멸한 것일 수는 없다. 그것은 항상 있어 왔기 때문이다.[84] 그리고 또 시간도 마찬가지다. 시간이 없다면, 그 전도 그 후도 있을 수 없기 때문이다.[85] 따라서 운동도 시간과 마찬가지로 연속된 것이다. 왜냐하면 시간은 운동과 같거나[86] 운동의 속성이기 때문이다.[87] 그리고 장소에 관련된 운동(이동), 이 가운데서도 원운동 말고는 어떤 연속적인 운동도 없다.[88]

그런데 어떤 것을 움직일 수 있거나 작용을 가할 수 있지만, 발휘/실현 상태로 있지는 않는 어떤 것이 있다면, 움직임이 있지 않을 수도 있겠다. 어떤 힘을 가진 것은 그 힘을 발휘하지 않을 수도 있기 때문이다. 그러므로 우리가 형상(이데아)들을 내세우는 사람들처럼 영원한 실체들을 내세우는 것은, 변화를 일으킬 수 있는 어떤 원리가 그것들 안에 있지 않다면,[89] (변화의 설명에) 아무런 도움도 주지 못한다. 그리고 그런 원리마저도 충분한 것이 못 되며, 형상들 외에 다른 어떤 실체도[90] (사물의 변화를 설명하는 데) 충분하지 못하다. 왜냐하면 그것이 (변화의 힘을) 실제로 발휘하지 않는 한, 아무런 움직임도 있을 수 없을 것이기 때문이다. 더 나아가,

---

84 운동의 영원성은 영원한 실체가 있음을 보여 준다. 운동의 영원성에 관해서는 『자연학』 8권 1-3장 참조.

85 시간이 생겨난 것이라면, '그 전'에는 시간이 없었다는 것을 뜻하는데, 이런 상황을 나타내기 위해서도 시간 개념인 '그 전'(proteron)을 쓸 수밖에 없다.

86 『자연학』 218a 33-b 1 참조.

87 시간은 먼저와 나중에 따른 운동의 수이다. 『자연학』 219b 1-10, 251b 28 참조.

88 『자연학』 261a 31-b 26, 261b 27-263a 3, 264a 7-265a 12 참조.

89 플라톤의 이데아들에는 그런 움직임의 원리가 들어있지 않다. 1권(A) 7장 988b 1-6 참조.

90 플라톤은 수학적인 대상들을 실체로 본다. 7권(Z) 2장 1028b 20 참조.

그것이 힘의 발휘/실현 상태로 있다 하더라도, 그것의 본질이 잠재/가능 상태로 있다면 마찬가지다. 왜냐하면 그럴 경우 영원한 움직임이 있지 않을 것이기 때문이다. 잠재/가능 상태로 있는 것은 (발휘/실현 상태로) 있지 않을 수 있기 때문이다. 그러므로 발휘/실현 상태가 본질인 원리가 있어야 한다. 더 나아가, 이러한 종류의 실체들은[91] 재료 없이 있어야 한다. 왜냐하면 다른 어떤 것이 또한 영원하려면, 그 실체들이 영원해야 하기 때문이다. 그러므로 그것들은 발휘/실현 상태의 것이어야 한다.

그런데 여기에 어려운 문제가 있다. 힘을 발휘하는 것은 모두 그 힘을 발휘할 수 있지만, 힘을 발휘할 수 있는 것은 모두가 그 힘을 발휘하지는 못하여, 잠재/가능 상태가 발휘/실현 상태보다 더 앞선 것처럼 보인다. 이렇게 되면, 있는 것들은 어떤 것도 있지 않을 것이다. 왜냐하면 모든 것들이 있을 수 있지만 아직은 있지 않을 수도 있기 때문이다.

그리고 모든 것(우주)을 뉙스(밤)에서 태어나게 하는,[92] 신을 논하는 사람들이나[93] '모든 것들이 함께 있었다'는[94] 자연철학자들의 말대로라면, 똑같은 어려움이 생겨난다. 어떤 원인도 발휘/실현 상태로 있지 않다면, 어떻게 어떤 것이 움직일 수 있겠는가?[95] 재료 자체는 스스로 움직이지 않

---

91 8장 1074a 15 참조.

92 오르페우스(Orpheus)의 글조각 12, 무사이오스(Musaios)의 글조각 14, 에피메니데스(Epimenides)의 글조각 5, 아쿠실라오스(Akusilaos)의 글조각 1과 3(김인곤 외(2005), 42-43, 57, 61-62, 88-89쪽), 헤시오도스(Hesiodos)의 『일과 날』 17-19행, 『신들의 계보』 116-125행 참조.

93 '신을 논하는 사람'(신화론자, hoi theologoi)에 대해서는 1권(A) 3장 983b 29의 각주 참조.

94 아낙사고라스의 주장이다. 2장 1069b 20-23과 그의 글조각 1, 김인곤 외(2005), 499-500쪽 참조.

95 잠재/가능 상태일 뿐인 뉙스(밤)만이 있고 이것에 작용을 가할 운동인이 발휘/실현 상태로 있지 않다면, 영원히 뉙스만이 있을 것이다. 혼합 상태의 것만이 있더라도

고, 목공술이 그것을 움직인다. 또 생리혈이나 흙은 스스로 움직일 수 없고, 씨나 정액이 (흙이나 생리혈에 작용하여) 그것들을 움직인다.

그렇기 때문에 레우킵포스나[96] 플라톤처럼[97] 몇몇 사람들은 영원한 발휘/실현 상태를 내세운다. 다시 말해 그들은 움직임이 항상 있다고 주장한다. 그러나 무엇 때문에 움직임이 있고, 어떤 종류의 움직임이 있는지를 그들은 말하지 않으며,[98] 왜 이것이 이렇게 저것이 저렇게 움직이는지 그 이유를 대지도 못한다. 그런데 어떤 것도 아무렇게나 움직이지 않는다. 어떤 것이 지금 자연적으로 이렇게 움직이고, 강제로 또는 이성에 의해 또는 다른 어떤 것에 의해 저렇게 움직이듯이, (특정한 움직임을 설명해 줄) 어떤 것이 늘 있어야 한다. 그렇다면, 어떤 종류의 움직임이 으뜸인가?[99] 그런 것이 무엇이냐에 따라 엄청난 차이가 난다. 그러나 플라톤은 | 적어도
1072a 그가 종종 움직임의 원리라고 생각했던 것을, 즉 스스로를 움직이는 것을 주장할 수 없었다.[100] 왜냐하면 그의 설명에 따르면 혼은 (움직임보다) 나중의 것이고 우주와 동시에 있기 때문이다.[101]

그런데 잠재/가능 상태가 발휘/실현 상태보다 앞선다는 생각은 어떤 점에서는 맞지만, 어떤 점에서는 그렇지 않다. 어떻게 해서 그런지는 이미[102]

운동인이 없다면 마찬가지다.

96 레우킵포스에 따르면 물질적인 요소들은 항상 움직임의 상태에 있다. 『천체에 관하여』 300b 8 참조.

97 플라톤에 따르면 물질은 운동인에 의해 질서가 잡히기 전까지는 항상 무질서한 움직임의 상태에 있다(『티마이오스』 30a 참조).

98 1권(A) 4장 985b 19, 『천체에 관하여』 300b 10, 16, 313a 21 참조. 그러나 플라톤은 세계혼을 운동의 원인으로 놓고 있다. 1072a 1 참조.

99 이동, 이 가운데에서도 원운동이 으뜸가는 운동이다.

100 플라톤의 『파이드로스』 245c, 『법률』 894e 참조.

101 플라톤의 『티마이오스』 34b 참조.

102 1071b 22-26에서.

말했다. 아낙사고라스는 발휘/실현 상태가 앞선 것이라는 점을 증언한다(왜냐하면 그의 이성은 발휘/실현 상태의 것이기 때문이다). 그리고 우애와 싸움을 원리로 드는 엠페도클레스처럼, 그리고 레우킵포스처럼 항상 움직임이 있다고 주장하는 사람들도[103] 그 점을 증언한다. 그러므로 무한한 시간 동안 카오스나 뉙스가 있었던 것은 아니고, 같은 것들이 항상 변화의 주기를 통해서나,[104] 아니면 다른 어떤 방식으로 있었다. 발휘/실현 상태가 잠재/가능 상태보다 앞서기 때문이다.

그런데 같은 것이 항상 주기적으로 있다면, 같은 방식으로 활동하는 어떤 것이[105] 항상 그대로 있어야 한다. 그러나 생성과 소멸이 있으려면, 이런저런 방식으로 항상 활동하는 다른 어떤 것이[106] 있어야 한다. 그러므로 이 태양은 이런 방식에서는 자신의 황도에 따라 활동해야 하며, 저런 방식에서는 다른 것인 적도에 따라 활동해야 한다.[107] 그리고 이 다른 것은 다른 셋째의 것(토성의 천구)을 따르든지 아니면 첫째의 것(항성들의 천구)을 따른다. 그런데 태양은 첫째의 것을 따라야 한다. 왜냐하면 그렇지 않을 경우, 그 항성들의 운동이 다시 둘째의 것(태양)과 셋째의 것(토성)의 운동을 불러일으키기 때문이다. 그러므로 '첫째의 것'을 말하는 것이 더 낫다. 왜냐하면 첫째의 것은 늘 같은 방식으로 있음(균일성)의 원인이며, 다른 어떤 것은 달리 있음(다양성)의 원인이기 때문이다. 그리고 분명히 이 둘은 함께 균일한 다양성의 원인이다. 그리고 실제로 온갖 운동들은 그렇게

---

103 1071b 32 참조.

104 엠페도클레스의 이론에 관한 언급이다. 『천체에 관하여』 279b 14, 『자연학』 250b 26 참조.

105 항성들의 천구(天球)를 가리킨다. 『생성과 소멸에 관하여』 336a 23–b 24 참조.

106 태양을 가리킨다.

107 앞의 방식에 따라서는 '1년의 움직임'(연주운동)이 일어나며, 뒤의 방식에 따라서는 '하루의 움직임'(일주운동)이 일어난다.

1072a

일어난다. 이런데도, (플라톤의 이데아 같은) 다른 원인들을 찾아야 할 필요가 있을까?[108]

7장 맨 먼저 다른 것을 움직이는 것과 그 활동

재료에 대해 그런 설명이 가능하기 때문에, 그리고 그렇지 않을 경우, 세계는 뉙스(밤)로부터, 그리고 함께 있는 모든 것들로부터[109] 그리고 또 있지 않은 것으로부터[110] 생겨나 있게 될 것이기 때문에, 이런 문제점들은 해결되었다고 본다. 그리고 끊임없는 운동, 즉 원운동을 계속하는 어떤 것이 있다.[111] 이 점은 또한 이론뿐만 아니라 사실에 비추어 보아도 분명하다. 그러므로 첫째 하늘은[112] 틀림없이 영원할 것이다. 그리고 또한 이것을 움직이는 어떤 것이 있다. 그러나 다른 것을 움직이고 다른 것에 의해 움직여지는 것은 중간의 것이다.[113] 그렇기 때문에, 자신은 움직여지지 않고 다른 것을 움직이는 것이 있는데, 이것은 영원한 것이며, 실체이자 발휘/실현 상태의 것이다.[114]

바로 다음과 같은 방식으로 욕구되는 것(욕구 대상)과 사유되는 것(사유 대상)은 다른 것들을 움직인다.[115] 즉 이 둘은 자신은 움직여지지 않으면

---

108 1071b 14 참조.

109 6장 1071b 27 참조.

110 2장 1069b 19 참조.

111 6장 1071b 10-11 참조.

112 항성들이 놓인 우주의 맨 바깥 천구(天球)를 말한다. 『천체에 관하여』 288a 15, 292b 22 참조.

113 『자연학』 256b 20-24 참조.

114 원동자(原動者, primum movens)인 신(神)을 가리킨다.

서 다른 것을 움직인다. 으뜸가는 욕구 대상과 으뜸가는 사유 대상은 서로 같다. 좋아 보이는 것은 욕구되는 것이고, 실제로 좋은 것은 으뜸으로 (이성적으로) 바라는 것이다. 그러나 어떤 것을 욕구하기 때문에 우리가 그것을 좋게 생각하는 것이 아니라, 그것을 좋게 생각하기 때문에 우리가 그것을 욕구한다. 사유함이 으뜸가는 것(원리)이기 때문이다. 그리고 사유는 사유되는 것에 의해 움직여지며, (반대 쌍 가운데 긍정적인 것들을 모아 놓은) 한쪽의 줄(列)이 그 자체로 사유 대상이다.[116] 그리고 이 가운데에서 실체가 으뜸가며, 실체 중에서도 단순하고 발휘/실현 상태로 있는 것이 으뜸간다.[117] 하나와 단순함은 서로 같은 것이 아니다. '하나'는 어떤 것의 척도를 뜻하며,[118] '단순함'은 그 자체로 일정한(섞이지 않은) 상태에 있음을 뜻하기 때문이다. 그러나 또한 좋은 것과 그 자체로 선택되는 것은 같은 줄에 든다. 그리고 으뜸가는 것은 | 항상 가장 좋은 것이거나 이에 상응하는 것이다.

(사람들의 생각과 달리) 움직이지 않는 것들 안에 '무엇을 위해'(목적인)가 있을 수 있다는 점은 우리가 이 말의 두 가지 뜻을 구분해 보면 분명해진다. 다시 말해, '무엇을 위해'는 '어떤 것 또는 사람의 좋음을 위해'와 '어떤 좋은 것을 얻기 위해'를 뜻하는데,[119] 움직이지 않는 것들은 뒤의 것은

---

115 운동인으로서의 '욕구되는 것'(욕구 대상, orekton) 또는 '좋음'(agathon)에 대해서는 『자연학』 192a 16, 『생성과 소멸에 관하여』 335b 27, 『젊음과 늙음, 삶과 죽음에 관하여』 469a 28, 『동물의 몸에 관하여』 687a 15, 『동물의 나아감에 관하여』 704b 15 참조.

116 4권(Γ) 2장 1004b 27-29, 9권(Θ) 2장 1046b 11 참조.

117 이 으뜸가는 사유 대상이 바로 '가장 좋은 것'(ariston)으로서, 으뜸가는 욕구 대상이다.

118 5권(Δ) 6장 1016b 18 참조.

119 '무엇을 위해'(목적인, to hou heneka)는 어떤 사물이나 행위가 있게 된 원인이

갖지만, 앞의 것은 갖지 못한다. 그리고 '무엇을 위해'는 마치 사랑받는 것(사랑의 대상, 애인)처럼 자신은 움직이지 않으면서 다른 것을 움직이게 한다. 그러나 다른 모든 것들은 다른 것에 의해 움직여지면서 이를 통해 또 다른 것을 움직이기도 한다.

그런데, 어떤 것이 움직여질 때, 그것은 그때 있는 상태와 다른 상태에 있을 수 있다. 그러므로 그것의 발휘/실현 상태가 으뜸가는 이동(원운동)이라면,[120] 움직여지는 한에서 그것은 실체에 따라서는[121] 아니더라도 장소에 따라서는 다른 상태에 있을 수 있다. 그런데, 자신은 움직여지지 않으면서 다른 것을 움직이는, 발휘/실현 상태로 있는 어떤 것이 있다. 이것은 결코 달리 있을 수 없다. 그런데 이동이 여러 가지 변화들 가운데 으뜸가며,[122] 그 가운데서도 원운동이 으뜸간다.[123] 이 원운동을 그것이[124] 불러일으킨다. 그러므로 그것은 필연적으로 있다. 또 필연적으로 있는 한, 좋은 방식으로 있으며,[125] 이런 점에서 그것은 (우주의 운동의) 원리이다. 그

되는 대상이나 사람을 뜻하기도 하고, 어떤 사물이나 행위가 이르고자 하는 목적이기도 하다. 예를 들어 의술은 '환자'를 위한 것이며(환자 = 목적인 finis cui), '건강'은 의술의 목적이다(건강 = 목적인 finis qui). 의미는 다르지만, 의술은 환자를 위해 있기도 하고, 건강을 (얻기) 위해 있기도 하다. 신(神)은 두 번째 의미에서 목적인이다. 『혼에 관하여』 415b 2–3, 20–21, 『자연학』 194a 32–36, 『에우데모스 윤리학』 1249b 13–16 참조.

120 로스(Ross)의 텍스트 구성과 해석을 따랐다. 그의 책(1924), 2권 377쪽 참조.

121 실체에 관련된 변화는 생성과 소멸을 뜻한다. 천체(天體)들은 이런 변화를 하지 않는 영원한 것이지만, 장소에 관련된 움직임, 즉 이동(phora)은 한다.

122 움직이거나 변하게 될 것들은 기본적으로 이동을 해야 한다. 『자연학』 260a 26–261a 26 참조.

123 『자연학』 265a 13–b 16 참조.

124 '자신은 움직이지(변하지) 않으면서 다른 것을 움직이는 으뜸가는 것'을 가리킨다. 흔히 '부동(不動)의 원동자(原動者)'(unmoved prime mover)로 축약되어 옮겨진다. 8장 1073a 27 참조.

런데 '아낭카이온'은 여러 가지 뜻으로 말해진다.[126] 그것은 한편으로 자연러운 충동에 거스르는 강제를 뜻하며, 다른 한편으로 그것 없이는 좋음도 없는 그런 것을 뜻하기도 하며, 또 달리 있을 수 없고 단적으로(한결같이) 있는 것을 뜻하기도 한다.[127]

따라서 그러한 한 가지 원리에 (물리적) 우주와 자연계가 의존해 있다. 그리고 그런 원리의 삶은 우리가 (철학적인 사유에 몰두할 때)[128] 짧은 순간[129] 누리는 가장 좋은 삶과 같은 것이다. 그러한 원리는 늘 그와 같은 상태에 있는데, 이는 우리에게는 불가능하다. 그것의 발휘/실현 상태는 또한 즐거움을 뜻하기 때문이다.[130] 그리고 이 발휘/실현 상태 때문에 깨어 있음, 감각함, 사유함은 가장 즐거운 것이며, 이것들로 말미암아 또한 희망과 기억도 그런 즐거운 것이 된다. 그런데 (감각이나 상상과 분리된) 사유 자체는 그 자체로 가장 좋은 것에 관계하고, 최고의 사유는 완전한 의미에서 가장 좋은 것에 관계한다. 그리고 사유는 사유 대상에 관여함으로써 자기 자신을 사유한다.[131] 사유는 사유 대상을 접하고[132] 사유함으로써 사유 대상이 되고, 그래서 사유와 그 사유 대상은 서로 같다.[133] 왜냐하면 사유는 사유 대상, 즉 본질을 받아들이는 것이며, 이것을 가짐으로써 발휘/실현 상

---

125 5권(Δ) 5장 1015b 14-15 참조.

126 5권(Δ) 5장 참조.

127 원동자는 '아낭카이온'(anankaion, 필연)의 세 번째 뜻으로 있다. 5권(Δ) 5장 1015b 11 참조.

128 1권(A) 2장 982b 19-983a 10, 『니코마코스 윤리학』 1177b 26-1178a 8 참조.

129 9권(Θ) 8장 1050b 24, 『니코마코스 윤리학』 1175a 3, 『잠과 깨어 있음에 관하여』 454b 8 참조.

130 『니코마코스 윤리학』 1153a 14, 1175a 15 참조.

131 『혼에 관하여』 430a 2 참조.

132 9권(Θ) 10장 1051b 24의 각주 참조.

133 『혼에 관하여』 430a 2-5 참조.

태로 있기 때문이다. 그러므로 이러한 사유 대상의 소유가 (잠재/가능 상태의) 힘보다 더 사유가 가지는 듯한 신(神)적인 것이며,[134] 이론적인 활동이 무엇보다 가장 즐겁고 가장 좋은 것이다. 그런데 우리가 한때 있는 그런 좋은 상태에 신은 늘 있다면, 이는 굉장한 일이며, 게다가 신이 놓인 상태가 우리의 것보다 더 좋다면, 이는 더욱더 굉장한 일이다. 신은 그런 더 좋은 상태에 늘 있다. 그리고 그는 생명을 또한 가진다. 왜냐하면 사유의 발휘/실현 상태는 생명이고, 신은 곧 발휘/실현 상태이기 때문이다. 신의 발휘/실현 상태가 바로 가장 좋은 영원한 생명이다. 그러므로 우리는 신이 영원한 가장 좋은 생명체라고 말한다. 따라서 그는 끊임없고 영원한 생명과 존속을 갖는다. 신은 정말 이러하다.

피타고라스주의자들과 스페우십포스처럼, 동식물의 원리들이 원인이기는 하지만 아름다움과 완전함이 그 원리들로부터 나온 것들 안에 있기 때문에, 가장 아름다움과 가장 좋음이 원리 안에 있지 않다고 생각하는 사람들은 모두 올바로 생각하고 있지 못하다.[135] 왜냐하면 씨는 완전하고 앞선 다른 어떤 것으로부터 나오며, | 으뜸가는 것은 씨가 아니라 완전한 것이기 때문이다. 우리가 씨보다 사람이 더 앞선 것이라고, 씨로부터 생겨난 사람이 아니라, 그 씨가 유래하는 다른 어떤 것이 더 앞선 것이라고 말하듯이 말이다.[136]

이제, 감각 대상들과 따로 있는, 영원하고 움직이지 않는 어떤 실체가 있다는 점은 앞서 얘기된 것들로부터 분명하다. 그리고 또, 이 실체가 어떠한 크기도 가질 수 없고, 부분을 갖지도 않고, 분할되지도 않는다는 점도 보였다.[137] 왜냐하면 그것은 무한한 시간 동안 다른 것들을 움직이지

134 9권(Θ) 8장 참조.

135 10장 1075a 36, 14권(N) 4장 1091a 33, 5장 1092a 11 참조.

136 9권(Θ) 8장 1049b 17-27 참조.

만, 한정된 (크기를 갖는) 것은 이런 무한한 힘을 전혀 갖지 못하기 때문이다.[138] 그리고 크기는 모두 무한하거나 유한하므로, 그 실체는 앞서 말한 이유로 유한한 크기를 가질 수 없다. 또 일반적으로 무한한 크기는 있지 않기 때문에,[139] 그것은 무한한 크기도 가질 수 없다. 그리고 또, 그 실체는 어떤 영향도 겪지 않고 질도 안 변한다는 점도 보였다. 다른 모든 움직임들은 장소에 관련된 움직임(이동)보다 나중의 것들이기 때문이다.[140] 이로써, 이런 것들이 왜 그러한지 분명해졌다.

8장 다른 것을 움직이는 실체들의 개수[141]

그러한 실체를 하나로 놓아야 하는지, 아니면 여럿으로 놓아야 하는지, 그리고 (여럿이라면) 얼마만큼 많은 실체들을 놓아야 하는지의 문제를 소홀히 해서는 안 된다. 그리고 우리는 또한 다른 사람들의 견해들을[142] 언급해 볼 필요가 있는데, 그들은 실체들의 수에 관해 뭐라 분명하게 말할 만한 것을 전혀 주장하지 않았다. 이데아들에 관한 이론도 이 문제에 관해

137 『자연학』 267b 17 참조.

138 『자연학』 266a 24-b 6 참조.

139 『자연학』 3권 5장, 『천체에 관하여』 1권 5장 참조.

140 1072b 8-9 참조.

141 천구를 움직이는 다수의 실체들을 주장하는 8장(1074a 31-38 제외)은 7장과 9장의 단일한 원동자의 논의에서 벗어나 있기 때문에 일반적으로 아리스토텔레스가 말년에 쓴 것으로 추정되고 있다.

142 apophasis는 흔히 '부정'(否定, 아니라고 함)의 뜻을 갖지만, 여기서는 apophansis와 같은 뜻으로 쓰여, 자신의 생각을 드러내는 행위, 또는 그 생각이 드러난 바, 즉 견해를 뜻한다. 『연설술』 1365b 27 참조.

1073a

별다른 탐구의 결과를 내놓지 못한다. 이데아들을 주장하는 사람들은 이데아들이 수(數)들이라고 말하는데, 이 수들에 관해 그들은 어떤 때에는 그것들이 무한한 것처럼 말하고, 다른 때에는 수 10까지 한정된 것처럼 얘기한다.[143] 그러나 어떤 이유로 수들의 양이 그만큼이 되는지는 어느 누구도 엄밀한 증명을 통해 말하지 않는다. 이제 (지금까지 만들어 온) 전제들과 구분들을 바탕으로 이 문제를 (본격적으로) 논의해 보자.

원리인 것은, 그리고 있는 것들 중 으뜸가는 것은 그 자체로뿐만 아니라 간접적으로 딸린 방식으로도[144] 움직이지 않으며, 영원하고 단일한 으뜸 운동을[145] 일으킨다. 그러나 움직여지는 것은 어떤 것에 의해 움직여져야 하고, 다른 것을 움직이는 으뜸가는 것은 그 자체로 움직이지 않아야 하며,[146] 영원한 운동은 영원한 것에 의해 일으켜지고 단일한 운동은 단일한 것에 의해 일으켜진다. 또 움직이지 않는 으뜸 실체가 불러일으킨다고 우리가 주장하는, 우주의 단순한 이동[147] 말고도, 다른 영원한 이동, 즉 행성들의 운동을 우리는 목격한다(원운동을 하는 물체는 영원하며 멈춰 서 있지 않기 때문이다. 이 점은 자연에 관한 저술들에서 이미 보였다).[148] 그렇기 때문에, 행성들의 이런 운동들도 마찬가지로 저마다 그 자체로 움직이지 않는 영원한 실체에 의해 움직여져야 한다. 왜냐하면 별들의[149] 본

143 13권(M) 8장 1083b 36-1084a 13, 29-32, 『자연학』 206b 27-33 참조. 이런 이론은 피타고라스의 전통에 따른 것이다. 1권(A) 5장 986a 8 참조.

144 11권(K) 11장 1067b 1-4, 『자연학』 211a 17-23 참조.

145 맨 바깥 천구의 운동을 말한다.

146 흔히 '부동(不動)의 원동자(原動者)'(unmoved prime mover)로 축약되어 옮겨지는 내용이다.

147 하늘 전체의 겉보기 일주운동을 가리킨다.

148 『자연학』 8권 8-9장, 『천체에 관하여』 1권 2장, 2권 3-8장 참조.

149 항성(恒星, 붙박이별, aplanes astron)과 행성(行星, 떠돌이별, planes astron,

성도 일종의 실체로서 영원하며, 다른 것을 움직이는 것은 영원하고 움직 [35]
여지는 것보다 앞선 것이며, 어떤 실체보다 앞선 것도 마찬가지로 실체이어야 하기 때문이다. 그러므로 분명히, 앞서[150] 말한 이유로, 별들의 운동이 있는 수만큼 실체들이 그 본성에서 영원하고 그 자체로 움직이지 않고
| 크기가 없는 것으로서 있어야 한다. 1073b

다른 것을 움직이는 것들이 실체라는 점, 그리고 별들의 운동과 일치하는 순서에 따라 그중 어떤 것은 으뜸 실체이고 다른 어떤 것은 버금 실체라는 점은 분명하다. 이 별들의 운동들의 개수는 수학 계열의 학문들 중
철학에 가장 가까운 학문으로부터, 즉 천문학으로부터 살펴보아야 한다. [5]
왜냐하면 이 학문은 감각되는 영원한 실체에 관해 연구하지만, 다른 수학 계열의 학문들은, 예를 들어 산학(算學)과 기하학은 전혀 실체에 관해 연구하지 않기 때문이다.[151] 별들의 운동들의 개수가 움직여지는 물체(별)들보다 더 많다는 점은 이 문제를 어느 정도 접한 이들에게는 또한 분명하
다. 왜냐하면 행성들은 저마다 하나 이상의 운동들을 하기 때문이다. 그 [10]
러한 운동들이 실제로 얼마나 많은지에 대해, 한정된 수의 별들의 운동들을 우리의 사유로써 파악할 수 있도록, 이제 우리는 몇몇 수학자들이 말한 바를 참고로 말해 보자. 나머지는 우리 스스로가 탐구하기도 하고, 또 다
른 연구자들한테 배우기도 해야 할 것이다. 그리고 이 문제를 연구한 사 [15]
람들에게 우리가 방금 말한 것과 어긋나는 무엇인가가 나타날 땐, 우리는 두 가지 견해를 모두 존중할 것이나, 이 가운데 더 정확한 견해를 따라야 할 것이다.

---

planētēs 또는 planōmenon)을 모두 포함한다.

150 7장 1073a 5-11에서.

151 산학과 기하학은 실체가 갖는 속성들인 수와 크기를 각각 다룰 뿐이다. 13권 (M) 2-3장 참조.

1073b

에우독소스는[152] 태양과 달의 운동이 각각 세 개의 천구(天球)에서[153] 일어나는 것으로 놓았다. 이 가운데 첫째 것은 항성들의 천구와 그 운동이 같으며,[154] 둘째 것은 황도대(黃道帶)의 중앙을 통과하는 원(황도)에[155] 따르며,[156] 셋째 것은 황도대의 폭에 걸쳐서 기울어져 있는 원에 따른다. 그러나 달이 운행하는 천구는 태양이 운행하는 천구보다 더 큰 각도로 기울어져 있다. 그리고 행성들의 운동은 각각 네 개의 천구에서 일어난다. 이 가운데 첫째, 둘째 천구는 태양과 달의 첫째, 둘째 천구와 그 운동이 같다. 왜냐하면 항성들의 천구는 다른 모든 천구들을 움직이는 천구이기 때문이며, 또 이 항성들의 천구 아래쪽에[157] 놓여 있으며 황도대의 중앙을 통과하는 원에 따르는 천구는 모든 행성들에 공통된 것이기 때문이다. 그리고 각 행성의 셋째 천구가 갖는 극(極)들은 황도 안(의 두 개의 대립되는 점

---

152 에우독소스(Eudoxos, 기원전 390-340년쯤). 소아시아 남서쪽의 크니도스(Knidos)섬 출신으로 천문학자, 수학자, 철학자였다. 아르퀴타스(Archytas)에게 수학을 배웠으며, 367년엔 아테네로 가서 플라톤 등에게서 철학을 들었다. 그 후 오랫동안 이집트로 학술 여행을 떠났으며, 퀴지코스(Kyzikos)에 학교를 세웠으며, 제자들과 함께 플라톤의 아카데메이아로 들어가 강의 활동을 펼치기도 했다. 말년에는 다시 고향인 크니도스로 돌아가 남은 생을 보냈다. 순수 철학적인 사변을 넘어서 관찰된 천체 현상들(phainomena)에 의거하여 태양, 달, 행성들의 운동을 체계적으로 설명하려고 시도한 천문학자로 평가받는 인물이다. 8장 1073b 17-1074a 14의 천문학 이론에 대한 상세한 설명은 Ross(1924), 2권 384-394쪽 참조.

153 모든 '천구'(sphaira)들은 지구를 중심으로 서로 다른 크기를 가진 동심원적인 구조를 갖는데, 그 지름을 축으로 균일한 속도로 회전한다. 각 행성은 그것을 운반하는 천구의 적도상의 한 점에 고정되어 있다.

154 태양의 첫째(맨 바깥) 천구는 동쪽에서 서쪽으로 가는 태양의 겉보기 일주운동을 설명하기 위한 것이다.

155 '황도대(zōdia)의 중앙을 통과하는 원'은 천구 상에서 태양이 지나가는 궤도인 '황도'(loxos kyklos, '기울어진 원', 5장 1071a 16)를 뜻한다.

156 태양의 연주운동을 설명하기 위한 천구이다.

157 다시 말해, 우주의 중심인 지구 쪽에 더 가깝게.

들)에 놓여 있으나, 넷째 천구의 운동은 셋째 천구의 적도에 대해 (일정 각도로) 기울어져 있는 원에 따라 일어난다. 그리고 다른 행성들의 셋째 천구가 갖는 극들은 저마다 다르지만, 금성과 수성이 갖는 셋째 천구의 극들은 일치한다.

칼립포스는[158] 천구들의 위치를(이것은 간격들의 순서이다) 에우독소스처럼 놓아, 목성과 토성에 똑같은 수의 천구들을 주었다. 그러나 (관찰된 천체) 현상들을 설명하려면, 태양과 달에 각각 두 개의 천구를 보태야 하고, 또 (목성과 토성을 제외한) 나머지 행성들마다 한 개씩의 천구를 보태야 한다고 생각했다.

그러나[159] 모든 천구들이 한데 모여 | (관찰된 천체) 현상들을 설명하고자 한다면, 행성들 각각에 (칼립포스가 말한 천구들의 수보다) 하나씩 적은 수의 천구들이 추가로 있어야 한다.[160] 이 천구들은 (칼립포스가 말한 그 천구들에) 역행하며, 아래쪽에[161] 놓인 별들 각각의 첫째(맨 바깥쪽) 천구를 같은 위치로 되돌려 놓는다. 이렇게 해서만 천구들이 모두 행성들의 관찰된 운동을 만들어 낼 수 있기 때문이다. 그러면, 행성들이 이동하는 천구들의 개수가 토성과 목성의 8개와 나머지 다섯 행성들의 25개이고, 이것들 중 맨 아래에 놓인 행성이 이동하는 천구들만이 역행할 필요가 없으므로,

---

158 칼립포스(Kallippos, 기원전 330년쯤에 활동). 유럽과 소아시아 사이에 놓인 마르마라해 연안의 키지코스 출신의 천문학자로서, 에우독소스의 친구인 폴레마르코스(Polemarchos)와 함께 아테네를 방문했을 때 아리스토텔레스의 도움을 받아 에우독소스의 이론을 수정하고 보완하였다고 전한다.

159 에우독소스와 칼립포스의 순수 기하학적인 설명에서 벗어나 아리스토텔레스는 역학적인 설명을 시도한다.

160 예를 들어, 4개의 천구를 가진 토성은 이보다 하나 적은 3개의 천구를 추가하여 7개의 천구가 필요하다.

161 1074a 26의 각주 참조.

1074a

처음(맨 바깥쪽의) 두 행성들의 천구들에 역행하는 천구들이 6개 있을 것이며, 그 다음 네 행성들의 천구들에 역행하는 천구들이 16개 있을 것이다. 그러므로 행성들을 옮기는(움직이는) 천구들과 이것들에 역행하는 천구들의 수는 모두 55개이다.[162] 그러나 달과 태양에 우리가 말했던 운동들을 보태지 않으면,[163] 천구들의 수는 모두 합해 47개가 될 것이다.

천구들의 개수가 이만큼 있는 것으로 해 두자. 그러면 마땅히 그만큼 많은 움직이지 않는 실체들과 원리들을[164] 받아들여야 할 것이다. 이 점에 대한 확실한 주장은 보다 권위 있는 사람들에게 맡겨 두자. 그러나 별의 운동으로 연결되지 않은 이동이 결코 있을 수 없다면, 더 나아가 (다른 것으로부터 영향을) 겪지 않는, 그 자체로 가장 좋은 것을 누리는 모든 실재와 모든 실체가 목적이라고 생각해야 한다면, 이것들[165] 말고 다른 어떤 실재도 있지 않을 것이며, 틀림없이 이것이 (움직이지 않는) 실체들의 개수일 것이다. 다른 실재들이 추가로 있다면, 이것은 이동의 목적인으로서 운동을 일으킬 것이기 때문이다.[166] 하지만 언급된 것 말고 다른 어떤 운

---

162 에우독소스, 칼립포스, 아리스토텔레스가 각각 주장하는 천구들의 수는 다음과 같다.

	토성	목성	화성	금성	수성	태양	달	합계
에우독소스	4	4	4	4	4	3	3	26
칼립포스	4	4	5	5	5	5	5	33
아리스토텔레스	7	7	9	9	9	9	5	55

163 나머지 천체들의 천구 개수만 늘리고, 태양과 달의 천구 개수는 에우독소스에 따라 각각 3개씩으로 놔둔다면. 8장 1073b 35, 38-1074a 4 참조. 이 부분의 다양한 해석 가능성에 대해서는 Ross(1924), 2권 393-394쪽 참조.

164 천구들을 움직이는 것, 즉 천구들의 운동인(causa efficiens)을 말한다.

165 55개(또는 47개)의 천구에 상응하는 55개(또는 47개)의 '자신은 움직이지(변하지) 않으면서 다른 것을 움직이는 것'(不動의 動者, unmoved mover)들을 가리킨다.

동들이 있다는 것은 불가능하다. 움직이는 천체들을 검토해 볼 때, 그렇게 생각하는 것이 합당하다. 왜냐하면 다른 것을 옮기는 천구가 모두 본래 옮겨지는 별을 위한 것이고, 모든 이동이 공간적으로 옮겨지는 것의 운동이라면, 어떤 이동도 자기 자신이나 또는 다른 이동을 위해 있지 않고, 모두 별들의 운동을 위해 있을 것이기 때문이다. 어떤 이동이 다른 이동을 위해 있다면, 이 다른 이동은 또 다른 이동을 위해 있어야 할 것이다. 결국, 이런 과정은 무한히 진행될 수 없으므로, 모든 이동의 목적은 하늘에서 움직이는 어떤 신(神)적인 물체들 중 하나일 수밖에 없다.

분명히, 우주는 하나다(단일하다).[167] 인간들처럼 우주가 여럿이라면, 각 우주에 관한 원리는 형상(종류)에서 하나지만, 수에서는 여럿일 것이다. 그러나 개수가 여럿인 것들은 재료를 갖는다.[168] 예를 들어 사람의 경우처럼, 여러 사물에 동일한 정의(定義)가 적용되지만, 소크라테스는 (재료와 형상으로 된) 하나이기 때문이다. 그러나 으뜸가는 본질은 재료를 갖지 않는다. 그것은 완성 상태의 것이기 때문이다.[169] 그러므로 스스로는 움직이지 않으면서 다른 것을 움직이는 으뜸가는 것은[170] 정의에서나 개수에서나 하나이다. 그리고 또한, 늘 끊임없이 그것에 의해 움직여지는 것(우주)도 이와 마찬가지다. 그러므로 우주는 오로지 하나뿐이다.[171]

초창기의 | 아주 먼 옛날 사람들은 (꾸며 낸) 신화 형태로, 이런 물체들이[172] 1074b

---

166 행성들의 천구를 움직이는 것(실체 또는 원리)은 마치 신이 항성들의 천구에 작용하듯 목적인으로서 행성들의 천구에 작용한다.

167 우주의 단일성에 관한 물리적인 설명은 『천체에 관하여』 1권 8–9장 참조.

168 『천체에 관하여』 278a 18–21 참조.

169 7장 1072a 25–26 참조.

170 부동의 원동자 또는 제일동자(unmoved prime mover)는.

171 이 단락(1074a 31–38)은 아리스토텔레스의 초기 사상을 담고 있다.

172 1074a 30의 신적인 물체들(theia sōmata)을 가리킨다.

1074b

신들이며 신적인 것이 자연 전체를 품고 있다는 점을 후손들에게 남겼다. 그리고 나머지 점들이, 대중들에 대한 설득을 위해 그리고 법률적이며 실리적인[173] 쓰임을 위해, 신화 형태로 나중에 덧붙여졌다. 이를테면 그들은 이런 신들이 사람 모습이거나,[174] (이집트인들처럼) 다른 어떤 동물들과 비슷하다고[175] 말한다. 그리고 이에 수반되는 다른 어떤 점들을, 또 앞서 말한 것과 비슷한 점들을 얘기한다. 우리가 이런 점들에서 핵심을 떼어 내어 이것만을, 즉 그들이 으뜸가는 실체들이 신들이라고 생각한 점만을 받아들인다면, 이것은 신적으로(영감을 받아) 말해졌다고 할 것이다. 그리고 아마도 각 기술과 철학은 가능한 선까지 거듭 발전하다가, 다시 사라졌을 텐데,[176] 이런 견해들은 유물처럼 오늘날까지 보존되어 남아 있다. 조상들과 이전 사람들로부터 내려온 견해는 그 정도로만 우리에게 분명하다.[177]

9장 신적인 이성의 존재 방식

이성과[178] 관련해서 몇 가지 어려운 점이 있다. 이 이성은 우리에게 나타나는 것들 가운데 가장 신(神)적인 것으로 보이는데, 이러한 이성이 어떠

---

173 2권(α) 3장 995a 3-6 참조.

174 3권(B) 2장 997b 10, 『정치학』 1252b 26 참조.

175 『천체에 관하여』 270b 5, 『정치학』 1329b 25-33 참조.

176 문명의 주기(週期)에 관한 믿음에 대해서는 『천체에 관하여』 270b 19, 『기상학』 339b 27, 『정치학』 1329b 25, 플라톤의 『티마이오스』 22c, 23a-b, 『크리티아스』 109d, 『법률』 676a-677d 참조.

177 통속 종교에 담긴 진리의 싹에 대해서는 『천체에 관하여』 270b 5-9, 284a 2-13, b 3, 『기상학』 339b 19-30, 플라톤의 『크라튈로스』 397c, 『필레보스』 16c 참조.

한 상태에 있느냐는 물음은 다음과 같은 몇 가지 어려운 점을 담고 있기 때문이다. 정말이지, (1) 이성이 아무것도 사유하지 않는다면, 이성의 품위가 어떻게 되겠는가? 그것은 마치 잠자는 사람과 같은 상태에 있겠다. 그리고 (2) 이성이 사유하지만 다른 어떤 것이 이성을 지배한다면, 이때 이성의 본질을 이루는 것은 사유 활동이 아니라, 이보다 못한 잠재/가능 상태의 힘일 텐데, 이성은 가장 좋은(최고의) 실체일 수 없을 것이다. 왜냐하면 이성의 가치는 사유함을 통해 생겨나기 때문이다. 더 나아가, (3) 이성의 본질이 사유 능력이거나 사유 활동이라면, 이성은 무엇을 사유하는가? 이성은 자기 자신을 사유하든지, 아니면 자신과는 다른 어떤 것을 사유한다. 그리고 다른 어떤 것을 사유한다면, 이성은 같은 것만을 항상 사유하든지, 아니면 매번 다른 것을 사유한다. 그렇다면, 고귀한 것을 사유하는 것과 아무런 것이나 사유하는 것은 차이가 있는가, 아니면 전혀 없는가? 또는 몇 가지 것들에 대해서는 이성이 그것들을 사유한다는 것이 이치에 어긋난 일이 아닐까? 그러므로, 이성은 분명히 가장 신적이고 가장 값진 것을 사유하며, 따라서 이성은 변하지 않는다. 왜냐하면 (이성이 변한다면) 그 변화는 더 못한 것으로 되는 변화일 것이며, 이것은 곧 (움직이지 않는 것인 이성에게) 일종의 움직임을 뜻할 것이기 때문이다.

그러므로 (2)′ 첫째, 이성이 사유 활동이 아니고 잠재/가능 상태의 힘이라면, (끊기지 않는) 연속된 사유는 마땅히 이성에게는 꽤나 힘든 일이 될 것이다.[179] 둘째, 분명히 다른 어떤 것이, 즉 사유되는 것(사유 대상)이 사유보다 더 값진 것이 될 것이다. 왜냐하면 사유함과 사유 활동이 가장 나쁜 것을 생각하는 사람에게조차도 들어있을 텐데, 그래서 이를[180] 피하려

---

178 여기서 '이성'(nous)은 '신'(theos) 또는 '신적인 이성'을 뜻한다.

179 9권(Θ) 8장 1050b 24, 『잠과 깨어 있음에 관하여』 454a 26 참조.

180 가장 나쁜 것을 생각하는 것을.

한다면(그래야 한다. 왜냐하면 더군다나 보는 것보다 안 보는 것이 더 나은 것들조차 있기 때문이다), 사유 활동은 가장 좋은 것이 못 될 것이기 때문이다. 그러므로 (3)′ 신적인 이성이 가장 뛰어난 것이라면 그것은 자기 자신을 사유하며, 그 이성의 사유 활동은 사유 활동에 대한 사유함이다.[181]

그러나 (4) 앎과 감각 그리고 단순한 생각과 추론적 사유는 항상 자신과 다른 것에 대한 것이며, 자기 자신과는 부차적으로만 관계하는 듯하다. 더 나아가, (5) 사유함과 사유됨이 서로 다른 것이라면, 이 둘 중 어느 것에 따라서 좋음이 이성에 들어있는가? 왜냐하면 사유 활동임과 사유되는
1075a 것임은 같지 않기 때문이다. | 그렇지만 몇 가지 경우에서는 앎이 곧 앎의 대상이다. (4)′ 제작에 관련된 학문들의 경우, 재료가 빠진 실체와 본질이 그 대상이며, 이론에 관련된 학문들의 경우, 정의(定義)와 사유 활동이 그 대상이다.[182] 따라서 사유 대상과 사유는 재료가 없는 것들의 경우에, 서로 다르지 않고 같으며, 사유 활동은 사유 대상과 일치할 것이다.

더 나아가, (6) 신적인 사유의 대상은 (부분들이) 합쳐진 것인가?라는 어려운 물음이 남아 있다. 합쳐진 것이라면, 사유는 전체의 일부에서 다른 일부로 옮겨가며 변할 것이기 때문이다.[183] 하지만 재료가 없는 것은 모두 부분들로 분할되지 않는다. 인간의 사유는 또는 이보다 (재료와 형상이) 합쳐진 존재들의[184] 사유는 일정 기간이 지나서야 어떤 좋은 상태에 있지만[185](왜냐하면 인간의 사유는 신처럼 어느 때나 좋음을 갖지는 않으며, 자신과는 다른 것을, 즉 가장 좋은 것을 일정 기간이 다 지나서야 비로소

---

181 사유 활동(noēsis)=이성(nous)=신(theos). 7장 1072b 20 참조.

182 7권(Z) 7장 1032a 32-b 14, 『혼에 관하여』 430a 2, 19 참조.

183 그러나 사유는 변하지 않는다. 1074b 25-27 참조.

184 『니코마코스 윤리학』 1177b 28, 1178a 20 참조.

185 『니코마코스 윤리학』 1098a 16-20 참조.

갖기 때문이다), 신의 자신에 대한 사유(자기 사유)는 그러한 최고의 상태에 영원히 계속 놓여 있다.

10장 우주에 좋음이 있는 방식

우리는 또한 우주 전체의 본성이 둘 중 어떤 방식으로 좋음과 가장 좋음을 갖는지, 즉 따로 있는(독립된) 것이자 자신에 따라 있는(자립적인) 것으로서[186] 그것을 갖는지, 아니면 부분들의 질서로서 그것을 갖는지 생각해 보아야 한다. 아니면 군대에서처럼, 두 가지 방식으로 그러한가? 왜냐하면 그것의 좋음은 질서 속에 있을 뿐만 아니라 지휘관 안에도 있으며, 오히려 지휘관 안에 더 많이 있기 때문이다. 지휘관이 질서로 말미암아 있는 것이 아니라, 질서가 지휘관으로 말미암아 있다. 모든 것들은, 어류와 조류 그리고 식물은 어떤 방식으로든 정돈되어 있으나, 똑같은 방식으로 그런 것은 아니다. 그리고 사물들은 어떤 것이 어떤 것에 전혀 아무런 관계도 갖지 않는 상태로 있지 않고, 일정한 관계를 맺는다. 왜냐하면 모든 것들은 한 가지 목적에 관계 맺어 정돈되어 있기 때문이다. 그러나 이는 가정에서, 자유인들에게 아무것이나 (닥치는 대로) 하는 것이 가장 조금 허용되고, 오히려 모든 일들이 또는 대부분의 일들이 그들에게 잘 정돈되어 있으나, 노예들과 야생동물들은 공동의 좋음에 조금밖에 기여하지 못하고, 많은 시간을 되는대로 살고 있는 방식과 같다. 그러한 것이 바로 그들이 저마다 갖는 본성을 이루고 있는 원리이다. 이것은 예를 들어, 모든 것들이 적어도 분리 과정 속으로 (그래서 더 나은 것이 그 분리된 요소들의 새

---

186 플라톤의 이데아가 바로 이런 특징을 지닌다.

로운 결합에 의해 만들어지도록) 들어가야 함을 뜻한다. 그리고 모든 것(부분)들이 전체(의 좋음 또는 조화)를 위해 공유하는 (그런 종류의) 다른 기능들도 그와 비슷하다.

그러나 이와 다르게 주장하는 사람들에게 어떤 불가능한 점들이나 이치에 어긋난 일들이 생기는지, 그들보다 학식이 뛰어난 사람들이[187] 어떤 것들을 주장하는지, 그리고 어떤 경우에 문제점이 가장 적은지를 소홀히 보아 넘겨서는 안 된다. 사람들은 모두 모든 것들이 반대되는 성질들로부터 생겨나 있도록 만든다. 그러나 '모든 것들'이란 표현도 맞지 않고[188] '반대되는 것들로부터'란 표현도 맞지 않다.[189] 그리고 또 그들은 어떻게 반대되는 성질들을 갖는 사물들이 그것들로부터 생겨나 있는지를 설명하지 않는다. 왜냐하면 반대되는 것들은 서로로부터 영향을 겪지 않기 때문이다. 그러나 우리들에게는 이런 문제가 어떤 제3의 것을[190] 수용함으로써 자연스럽게 해결된다. 이와 달리 그들은 반대되는 것들 중 하나를 (변화의 바탕이 되는) 재료로 삼는다. 예를 들어, 어떤 이들은 양이 같지 않음을 양이 같음의 재료로[191] 또는 여럿을 하나의 재료로[192] 삼는다. 그러나 이 점도 또한 똑같은 방식으로 해결된다. 왜냐하면 우리의 입장에 따른다면, 재료

---

187 11권(K) 2장 1060a 25의 각주 참조.

188 반대되는 성질들을 겪지 않는, 즉 변하지 않는 영원한 실체가 있기 때문이다. 1장 1069a 30-33, 6장 1071b 3-9 참조.

189 단순히 '반대되는 것들'로부터 생겨나는 것만이 아니라, 재료가 '바탕'으로서 또한 있어야 한다. 1장 1069b 6-7 참조.

190 '어떤 제3의 것'(tertium quid)은 반대되는 두 가지 성질들의 변화가 일어나는 곳인 바탕(基體, hypokeimenon)을 뜻한다.

191 플라톤과 그 지지자들을 가리킨다. 14권(N) 1장 1087b 5-6, 2장 1088b 28-33, 1089a 35-b 8, 4장 1091b 35-37 참조.

192 스페우십포스를 두고 하는 말인 듯하다. 14권(N) 1장 1087b 6 참조.

는 어떤 것에도 반대되지 않기 때문이다. 더 나아가, 그들의 입장에 따르면 하나를 제외한 모든 것들이 나쁨을 나눠 갖게 될 것이다. 나쁨 자체는 두 가지 요소들 중 하나이기 때문이다.[193] 다른 어떤 사람들은[194] 좋음과 나쁨을 원리로 놓지도 않는다. 하지만 모든 것들에서 좋음은 가장 많이(최고로) 원리이다. 그들이 좋음을 원리로 삼는다는 점에서는 그들의 말이 맞지만, 어떤 방식으로 좋음이 원리인지를, | 목적으로서 원리인지, 다른 것을 움직이는 것으로서 원리인지, 아니면 형상으로서 원리인지를 그들은 말하지 않는다.

엠페도클레스는[195] 이치에 어긋난 주장을 한다. 그는 우애를 좋은 것으로 만들어 놓지만, 그것은 다른 것을 움직이는 것으로서 원리일 뿐만 아니라(그것은 사물들을 한데 모으는 것이기 때문이다), 재료로서 원리이기도 하다(그것은 혼합체의 일부이기 때문이다).[196] 그런데 또, 같은 우애에 '재료'란 뜻의 원리임과 '다른 것을 움직이는 것'이란 뜻의 원리임이 든다 해도, 이 둘의 있음의 방식은 같지 않다.[197] 그렇다면 이 둘 중 어떤 뜻에서 우애는 원리인가? 싸움이 소멸되지 않는 것이라는 말도 이치에 어긋난다. 나쁨의 본성이 바로 싸움에 있다.[198] (그렇기 때문에 싸움은 '소멸하는 것'이다.)[199]

그러나 아낙사고라스는 좋음(의 모습으로 나타나는 이성)을 '다른 것을 움

---

193 '나쁨'(to kakon)은 '양이 같지 않음'(to anison)과 일치한다. 1권(A) 6장 988a 14-15 참조.

194 피타고라스주의자들과 스페우십포스를 말한다. 7장 1072b 31-34 참조.

195 1권(A) 4장 985a 4 참조.

196 엠페도클레스는 우애(philia)와 싸움(neikos)이 불, 물, 흙, 공기처럼 물질이라고 생각한다. 그의 글조각 17, 18-20행, 김인곤 외(2005), 358-359쪽 참조.

197 7권(Z) 3장 1029a 22-23 참조.

198 싸움이 나쁨의 근원이라는 그의 생각에 대해서는 1권(A) 4장 985a 6 참조.

199 영원한 것 안에는 나쁨이 전혀 들이있지 않다. 9권(Θ) 9장 1051a 19 참조.

직이는 것'이란 뜻의 원리(운동인)로 만들어 놓는다. 그의 이성은 사물들을 움직이기 때문이다. 그러나 그것은 어떤 목적을 위해, 따라서 자신이 아닌 다른 어떤 것을 위해 사물들을 움직이게 한다.[200] 우리가 말한 대로 (운동인과 목적인을 같은 것으로) 놓지 않는 한 그러하다. 의술은 어떤 점에서 건강이기 때문이다.[201] 그리고 또, 그가 좋음, 즉 이성에 반대되는 것(인 나쁨, 즉 카오스)을 (원리로서 제대로) 내세우지 못한 점도[202] 이치에 어긋난다. 그러나 반대되는 것들을 (원리로서) 내세우는 사람들은 모두, 우리가 그들의 견해를 제대로 정리하지 않는 한,[203] 반대되는 것들을 사용하지 않는 거나 다름없다.[204] 그리고 왜 어떤 사물들은 소멸하며, 그 밖의 다른 사물들은 소멸하지 않는지 아무도 말해 주지 않는다.[205] 왜냐하면 그들은 있는 것들을 모두 같은 원리들로부터 생겨나게 하기 때문이다. 더 나아가, 어떤 사람들은[206] 있는 것들을 있지 않은 것으로부터 생겨나게 한다. 그리고 또 다른 사람들은[207] 그렇게 강요받는 것을 피하려고 모든 것들을 하나로 만들어 버린다.

더 나아가, 무엇 때문에 생성이 항상 있는지,[208] 그리고 생성의 원인이

---

200 1권(A) 7장 988b 6-16 참조.

201 의사의 마음 안에 들어있는 것으로서 건강의 형상은 의료 행위를 불러일으키는 운동인(causa efficiens)이지만, 환자의 몸에 구현될 것으로서는 목적인(causa finalis)이다. 3장 1070a 14, 7권(Z) 9장 1034a 24 참조.

202 1권(A) 8장 989b 19 참조.

203 1권(A) 4장 985a 4-5, 8장 989a 31-32 참조.

204 1권(A) 4장 985a 17-23 참조.

205 3권(B) 4장 1000a 5-b 21 참조.

206 헤시오도스와 그 밖의 우주론자들. 7장 1072a 19 참조.

207 엘레아학파 사람들을 가리킨다. 1권(A) 5장 986b 10-30 참조.

208 생성의 영원함에 관해서는 6장 1072a 10-18, 『생성과 소멸에 관하여』 2권 10장 참조.

무엇인지 아무도 말하지 않는다. 그리고 두 가지 반대되는 원리를 내놓는 사람들에게는[209] 더 우월한 다른 원리가 (운동인으로서) 필요하다.[210] 형상(이데아)들을 받아들이는 사람들에게도 더 우월한 다른 원리가 추가로 필요하다. 무엇 때문에 개별 사물들은 형상들을 나눠 가졌거나 또는 지금 나눠 가지고 있는가? 그리고 다른 모든 사람들에게는 지혜, 즉 가장 값진 앎에[211] 반대되는 어떤 것(무지)이 필요하지만,[212] 우리에게는 그렇지 않다. (으뜸 철학의 대상인) 으뜸가는 것에 반대되는 것은 없다. 왜냐하면 반대되는 것들을 갖는 사물들은 모두 재료를 가지며, 재료를 갖는 사물들은 잠재 상태로만 있기 때문이다. 그리고 앎(知)에 반대되는 것으로서 모름(無知)은 앎의 대상에 반대되는 대상에 관계할 것이다. 그러나 으뜸가는 것에 반대되는 것은 전혀 없다.

더 나아가, 감각 대상들 말고 (영원한 것들 같은) 다른 어떤 것들이 있지 않다면, (실현/발휘 상태의) 원리도 질서도[213] 생성도[214] 천체들의 운동도 있지 않을 것이며, 신을 논하는 사람들과[215] 자연철학자들 모두의 설명대로 원리마다 늘 그것에 앞서는 다른 원리를 가질 것이다. 그러나 (감각 대상들 말고) 형상(이데아)들이나 수들이 있다손 치더라도, ㉮ 이것들은 어떤 것의 원인도 아니다. 아무런 원인도 아닌 게 아니라면, 적어도 움직임(운동 또는

---

209 1075a 28, 4권(Γ) 2장 1004b 30, 14권(N) 1장 1087a 29 참조. 두 가지 반대되는 원리는 일반적으로 재료와 형상을 뜻한다.

210 4장 1070b 22 참조.

211 으뜸 철학(prōtē philosophia)을 가리킨다.

212 플라톤의 『국가』 477-478 참조.

213 11권(K) 2장 1060a 26 참조.

214 생성은 천체들의 운동에, 궁극적으로는 부동의 원동자(prime mover)에 의존한다. 6장 1072a 10-18, 3권(B) 4장 999b 5 참조.

215 1권(A) 3장의 983b 29의 각주 참고.

1075b

변화)의 원인은 아니다. 더 나아가, ㉯ 어떻게 크기가 없는 것들로부터 크기와 '연속된 것'이 나올 수 있겠는가? 왜냐하면 수는 어떤 것을 움직이는 것으로서도 형상으로서도 이어진 것을 만들어 낼 수 없을 것이기 때문이다. 그러나 또, ㉰ 반대되는 것들은 어느 것도 본질적으로 어떤 것을 만들어 낼 수 있는 것도 아니고 어떤 것을 움직일 수 있는 것도 아니다. 반대되는 것은 있지 않을 수도 있기 때문이다. 그리고 적어도 그것들이 (어떤 것을 어떠한 상태의 것으로) 만드는 행위는 잠재/가능 상태보다 더 나중에 일어나야 할 것이다. 그렇게 되면 어떤 것도 영원하지 않을 것이다. 그러나 (원동자나 천체들처럼) 영원한 사물들이 있다. 그러므로 그런 전제들 가운데 어떤 것이[216] 부정되어야 한다. 어떻게 이것이 가능한지는 이미[217] 말한 바 있다. 더 나아가, ㉱ 무엇으로 말미암아 수들이 또는 혼과 몸이, 그리고 일반적으로 형상과 사물이 하나가 되는지 아무도 우리에게 말해 주지 않는다. 또 우리처럼 어떤 것을 움직이는 것이 작용을 가한다고 말하지 않는다면,[218] 어느 누구도 설명할 수도 없다. ㉲ 수학적인 수가 으뜸가는 것(원리)이라고 주장하고, 이렇게 해서 (한 종류의 실체를) 뒤따르는 다른 종류의 실체를 계속해서 만들며, 실체마다 다른 원리들을 내놓는 사람들은[219]
1076a | 우주의 실체를 에피소드(揷話)의 연속(서로 무관한 것들)으로[220] 만들어 버리고(왜냐하면 한 실체가, 그것이 있든 없든, 다른 실체에 아무런 영향도 끼치지 못하기 때문이다), 다수의 원리들을 받아들인다. 그러나 있는

216 반대되는 것들만이 사물들의 원리라는 주장을 말한다.

217 6장 1071b 15-22 참조.

218 8권(H) 6장 1045a 30-33 참조.

219 스페우십포스를 두고 하는 말이다. 7권(Z) 2장 1028b 21, 14권(N) 3장 1090b 13-20 참조.

220 14권(N) 3장 1090b 19의 각주 참고.

것들은 잘못 다스려지길 바라지 않는다.

"다수의 통치는 좋지 않다. 한 명의 통치자가 있을지어다."[221]

---

221 호메로스의 『일리아스』 2권 204행 참조.

13권(M)

1장 수학적인 대상과 이데아에 관한 탐구 소개

1076a

우리는 감각되는 것들의 실체에 관하여 그것이 무엇인지 논했다. 자연물 [8]
들에 관한 탐구에서[1] 재료에 관하여 다루면서, 그리고 나중에[2] 발휘/실현
상태로 있는 실체에 관하여 다루면서 말이다. 이제, 우리의 연구는 감각 [10]
되는 실체들 말고도 다른 어떤 움직이지 않는 영원한 실체가 있는지 없는
지, 그리고 있다면 그것이 무엇인지에 관한 것이므로, 먼저 다른 사람들이
(이 문제와 관련하여) 말한 바를 먼저 살펴볼 필요가 있다. 그래서 그들이
잘못 말한 것이 있으면, 같은 잘못을 저지른다는 비난에 빠지지 않도록 할
것이며, 우리와 그들에게 공통된 견해가 하나라도 나오면, 이 때문에 우리
자신들에 대해 불만스러워하지 않도록 하자. 왜냐하면 몇 가지 점들은 이 [15]
전 사람들보다 더 잘 설명하고, 몇 가지 점들은 최소한 그들보다 못하지
않게 설명하는 데 만족해야 하기 때문이다.

---

1 『자연학』 1권에서.

2 7권(Z), 8권(H), 9권(Θ)에서.

1076a

이 문제와 관련하여 두 가지 견해가 있다. 어떤 사람들은 수와 선(線) 따위의 수학적인 대상들이[3] (영원한) 실체라고 주장하며, 또 이데아들이 (영원한) 실체라고 주장한다. 어떤 사람들은[4] 이것들을, 즉 이데아들과 수학적인 수들을 서로 다른 두 종류로 여긴다. 그리고 어떤 사람들은[5] 그 둘이 한 가지 본성의 것이라고 주장한다. 그리고 또 어떤 사람들은[6] 수학적인 실체들만이 유일하게 실체라고 주장한다. 그러므로 우리는 먼저[7] 수학적인 대상들을, 이것들에 다른 어떤 특성도 씌우지 말고, 살펴보아야 한다. 예를 들어, 그것들이 사실상 이데아들인지 아닌지, 또는 그것들이 있는 것들의 원리들이자 실체들인지 아닌지를 묻지 말고, 바로 수학적인 대상들로서 그것들이 있는지 없는지, 그리고 있다면 어떤 방식으로 있는지를 물어야 한다. 그런 다음에,[8] 따로 이데아들 자체에 대해서는 간단하게, 그리고 필요한 선에서만 살펴보아야 한다. 왜냐하면 이에 관하여 많은 점들이 이미 공개 저작들을[9] 통해 되풀이되어 논의되었기 때문이다. 더 나

---

3 '수학적인 대상들'(ta mathēmatika)은 수, 점, 선, 면, 입체 등의 추상적인 존재들을 가리킨다(1077a 12-1078b 6 참조). 아리스토텔레스에 따르면, 플라톤은 이것들은 이데아들과 감각 대상들 사이에 있는 것들로서 이데아들과는 '변하지 않고 영원하다'는 특징을, 감각 대상들과는 '여럿이다'는 특징을 공통으로 갖는다고 생각했다. 1권(A) 6장 987b 14-18 참조.

4 플라톤과 그의 추종자들을 말한다. 1권(A) 6장 987b 14-18 참조.

5 크세노크라테스를 말한다.

6 피타고라스주의자들과 스페우십포스를 말한다. 7권(Z) 2장 1028b 21-24, 12권(Λ) 10장 1075b 37-1076a 3, 14권(N) 3장 1090b 13-20 참조. 이데아적인 수만이 존재한다는 한 가지 더 가능한 견해에 대해서는 6장 1080b 21 참조.

7 2-3장에서 논의된다.

8 4-5장에서.

9 '공개 저작들'(일반 대중을 위한 저술들)의 원어는 exōterikoi logoi다. 전해 내려오지 않은, 아리스토텔레스의 대중을 위한 쉬운 대화체의 저술들, 예를 들어, 『좋음에 관하여(De Bono)』, 『철학에 관하여(De Philosophia)』 등을 뜻한다. 아니면, '학파 밖

아가, 이 두 번째 문제의 탐구와 관련하여, 있는 것들의 실체들과 원리들이 수들과 이데아들인지를 살펴보는 데에,[10] 우리의 논의를 집중해야 할 것이다. 왜냐하면 이데아들에 대한 (짧은) 논의 다음으로 바로 이 세 번째 물음이 (제기될 문제로서) 남아 있기 때문이다.

수학적인 대상들이 있다면, 어떤 사람들이 말하듯[11] 그것들은 감각 대상들 안에 있거나,[12] 아니면 감각 대상들과 따로 있어야 한다[13](어떤 사람들은[14] 이렇게도 말한다). 이 두 가지 방식이 모두 아니라면, 수학적인 대상들은 전혀 있지 않거나, 아니면 그와는 다른 방식으로 있을 것이다. 그러므로 우리의 논쟁점은 수학적인 대상들이 있음(존재함)에 관한 것이 아니라, 그것들이 있는(존재하는) 방식에 관한 것이 될 것이다.

2장 수학적인 대상들은 독립된 실체가 아니다

수학적인 대상들이 감각되는 것들 안에 있을 수 없으며, 동시에 그런
주장이 허구라는 점은 난문들에 관한 논의에서[15] 이미 다루었다. | 거기서
그 이유로서 두 입체들이 한곳에 있을 수 없다는 점을 지적하였다. 안 그 1076b
러면 (똑같은 논리로, 선, 평면 등) 다른 힘들과 실재들이 감각되는 것들 안

의 토론 또는 논의들', '대중적인 토론들', '대중들의 논의들'이라는 일반적인 뜻을 지닐 수도 있다. Ross(1924), 2권 408-410쪽과 Düring(1966), 283쪽의 각주 219 참고.

10 6-9장에서.

11 3권(B) 2장 998a 7-19 참조.

12 2장 1076a 38-b 11에서 논의된다.

13 2장 1076b 11-1077b 14에서 논의된다.

14 플라톤, 스페우십포스와 크세노크라테스를 가리킨다.

15 3권(B) 2장 998a 7-19 참조.

1076b

에 있게 되고 그 어느 것도 감각되는 것들과 따로 있지 않을 것이라는 점도 지적하였다. 이런 점들을 우리는 이미 말했다.[16] 더 나아가, 분명히 그런 견해에 따르면 어떤 물체든 분할될 수 없을 것이다. 왜냐하면 물체는 평면에서,[17] 평면은 선에서, 그리고 선은 점에서 분할되어야 하는데, 그런 견해에 따르면 점은 분할되지 않으므로, 선도 분할되지 않으며, 선이 분할되지 않는다면, 나머지 것들(평면, 물체)도 마찬가지로 분할되지 않을 것이기 때문이다. 감각되는 것들이 그런 분할되지 않는 실재들이라는 것과, 자신들은 그런 것들이 아니지만 자신들 안에 그런 분할되지 않는 실재들이 있다는 것은 어떤 차이가 있는가? 모두 결과가 같을 것이다. 감각 대상들이 분할된다면 수학적인 대상들도 분할될 것이고, 아니라면 감각 대상들조차도 분할되지 않을 것이다.

그리고 또한, 그런 실재들은 정말 따로 있을(독립적일) 수도 없다. 다시 말해, 감각되는 입체들 외에 이것들과 따로 떨어져 있는, 감각 대상들보다 앞선 다른 입체들이 있다고 치면, 같은 논리로 분명히 감각되는 평면들 외에 이것들과 따로 떨어져 있는 다른 평면들, 점들, 선들이 있어야 할 것이다. 그러나 이런 것들이 있게 되면, 다시 수학적인 입체의 평면들, 선들, 점들 외에 다른 평면들, 선들, 점들이 따로 떨어져 있어야 할 것이다. 왜냐하면 결합되지 않은 것들이 결합된 것들보다 앞선 것이기 때문이다. 그리고 감각되는 물체들보다 감각되지 않는 물체들이 앞서 있는 것이라

---

16 3권(B) 2장 997b 12–998a 9 참조.

17 '평면'의 원어는 epipedon이다. 플라톤은 이 말을 '평면'과 '(표)면'의 뜻으로 모두 사용하고 있지만, epiphaneia는 원래 눈에 나타나 보이는 물체의 극단(또는 색)인 '(표)면'을 뜻한다(『감각과 감각 대상에 관하여』 439a 31 참조). 『범주들』 5a 1–4에서처럼 아리스토텔레스에서는 epipedon과 epiphaneia가 구분 없이 '(표)면'이란 뜻으로 쓰이기도 한다. 에우클레이데스 이후로 epipedon은 '평면'으로, epiphaneia는 '(표)면'으로 뜻이 굳어졌다.

면, 같은 논리로 그 자체로(독립적으로) 있는 평면들이 움직이지 않는 입체들[18] 안에 든 평면들보다 더 앞선 것일 테다. 그래서 이것들은 따로 떨어져 있다는 (수학적인) 입체들과 함께 있는 평면들과 선들과는 또 다른 평면들과 선들이 될 것이다. 왜냐하면 뒤의 것들은 수학적인 입체들과 더불어 있지만, 앞의 것들은 수학적인 입체들에 앞서 있는 것들이기 때문이다. 그리고 다시 이런 평면들에 든 선들이 있을 것이고, 같은 논리로 이것들보다 앞서 다른 선들과 점들이 있어야 할 테다. 그리고 앞선 선들 안에 든 이 점들보다 앞서 또 다른 점들이 있어야 할 테지만, 이 다른 점들보다 앞선 또 다른 점들은 없을 것이다. 그런데, 이런 (수학적인 대상들의) 누적은 이치에 어긋난다.[19] 왜냐하면 감각되는 입체들 외에 한 세트의 입체들이 있게 되고, 감각되는 평면들 외에 세 세트의 평면들이, 즉 ① 감각되는 평면들과 따로 떨어져 있는 수학적인 평면들, ② 수학적인 입체들에 든 평면들, 그리고 ③ 수학적인 입체들에 든 평면들과 따로 떨어져 있는 평면들이 있게 되고, (감각되는 선들과 점들 외에) 네 세트의 선들과 다섯 세트의 점들이 있게 되기 때문이다. 그러면, 수학 계열의 학문들은 이것들 가운데 어느 것을 다뤄야 할까? 물론, 움직이지 않는 입체에 든 평면들, 선들, 점들을 다루지는 않는다. 학문은 항상 앞선(상위의) 것들을 다루기 때문이다.

그리고 이와 같은 설명이 수(數)들의 경우에도 적용된다. 다시 말해, 각 세트의 점들과 따로 각기 다른 세트의 단위들이 있게 될 것이고, 또 각 세트의 있는 것들과 따로, 감각되는 것들과 따로, 더 나아가 사유되는 것들과 따로, 단위들이 있게 될 것이다. 그래서 수학적인 수들의 종류는 수없이 많게 될 것이다.

---

18 움직이지 않는 입체들=수학적인 입체들.

19 이런 잘못된 누적(또는 중복, sōreusis)은 사유를 통해서만 구분될 뿐인 수학적인 대상들에 독자적인 존재성을 부여하는 데에 그 원인이 있다.

1076b

1077a 더 나아가, 우리가 | 난문들에서 열거해 보았던 문제들을[20] 어떻게 풀 것인가? 천문학이 다루는 대상들도, 기하학이 다루는 대상들이 그렇듯이, 감각되는 것들 외에 따로 있어야 할 것이다. 하지만, 어떻게 어떤 하늘과 그 부분들이 또는 움직임을 갖는 다른 어떤 것들이 (감각되는 하늘과 그 부분들 외에) 따로 있을 수 있는가?[21] 광학과 화성학의 대상들도 이와 마찬가지다. 어떤 목소리와 모습이 감각되는 개별적인 목소리와 모습 외에 따로 있게 될 것이다. 따라서 분명히, 다른 감각들과 감각 대상들도 마찬가지일 것이다. 한쪽의 대상들보다 다른 쪽의 대상들에만 적용되란 법이 있는가? 그리고 이렇게 되면, 감각들이 따로 있으므로, 동물들도 (감각되는 동물들 외에 따로) 있게 될 것이다.

더 나아가, 이런 수학적인 실체들 외에 따로 수학자들은 몇 가지 보편적인 명제들을 내놓는다.[22] 그러면, 여기에서 다른 어떤 실체가 이데아들과 중간에 있는 것들과 따로 떨어져, 이것들 사이에 있게 될 것이다. 수도, 점도, 크기도, 시간도 아닌 실체가 말이다. 그리고 이것이 불가능하다면, 분명히 앞의 수학적인 실체들도 감각되는 실체들과 따로 떨어져 있을 수 없다.

그리고 일반적으로, 수학적인 대상들이 독립적인 실재들로서 있다고 가정할 경우, 진리와 통념에 어긋나는 결과가 따른다. 수학적인 대상들이 그런 방식으로 있다고 받아들임으로써, 그것들이 감각되는 크기들보다 앞선 것이 되어야 하는데, 사실은 그것들은 뒤진 것이어야 한다. 왜냐하면

20 3권(B) 2장 997b 12-34 참조.

21 3권(B) 2장 997b 16 참조.

22 보편 수학(universal mathematics)은 수나 크기에만 국한되지 않는 보편적인 속성들을 증명한다. 3장 1077b 17, 6권(E) 1장 1026a 27, 11권(K) 7장 1064b 8-9, 『뒤 분석론』 74a 23 참조.

불완전한 수학적인 크기는, 혼이 없는 것(무생물)이 혼이 든 것(생물)에 대해 그렇듯이, 생성의 면에서는 (감각되는 크기들보다) 앞선 것이지만, 실체(본질)의 면에서는 (그것들에) 뒤진 것이기 때문이다.[23]

더 나아가, 무엇에 의해, 그리고 어느 때에 수학적인 크기들은 하나가 될 것인가? 여기에 있는 사물(감각 대상)들은 혼이나 혼의 일부에[24] 의해 또는 다른 어떤 것에[25] 의해 하나가 된다고 보아야 마땅하다. 그렇지 않을 경우, 그것들은 여러 개가 되고, 부분들로 분해되어 있을 것이다. 그런데, 분할되는 것이자 양(量)인 수학적인 크기들이 하나가 되고 뭉치는 원인은 무엇인가?

더 나아가, 수학적인 크기들의 생성 방식도 그 점을[26] 밝혀 준다. 먼저, 길이에 따라 크기가 생겨나고, 그 다음에 넓이에 따라, 마지막으로 깊이에 따라 크기가 생겨나서, (수학적인 크기들의 생성과정이) 완성된다. 그런데, 생성의 면에서 나중인 것이 실체(본질)의 면에서 앞선 것이라면,[27] 물체(입체)가 평면과 선보다 앞설 것이다. 이렇게 해서 또한 그것은 혼이 든 것이 될 수 있다는 점에서 (평면이나 선보다) 더 완전하고 더 전체에 가깝다. 그러나 어떻게 선이나 평면이 혼이 든 것이 될 수 있겠는가? 이런 생각은 우리가 가진 지각력의 범위를 벗어난 것이다.

---

23 1077a 24-31 참조.

24 예를 들어, 촉각만을 가진 동물은 혼이 가진 여러 가지 능력 중 일부만을 가지고 있다.

25 예를 들어 책상과 같은 인공물들은 아교나 못, 끈 등을 통해서 하나로 연결된다. 5권(Δ) 6장 1015b 36-1016a 4 참조.

26 우리의 주장이 옳다는 점을.

27 여기서 말하는 생성은 아이가 성인으로 자라는 것과 같은 자연적인 생성을 말하므로, 수학적인 크기들의 생성 과정에 대해 그와 같은 의미로 설명하는 것은 온당하지 못하다.

더 나아가, 물체는 일종의 실체다. 어떤 점에서 이미 완전함을 지닌 것이기 때문이다.[28] 하지만 선들이 어떻게 실체일 수 있겠는가? '형상'이나 '형태'라는 뜻으로도, 혼이 아마 이러한 것일 텐데, 또 몸처럼 '재료'란 뜻으로도 실체일 수 없다. 다시 말해, (우리의 관찰에 따르면) 어떤 것도 선들로, 평면들로, 또 점들로 구성되어 있을 수 없는 듯하다. 이것들이 '재료'란 뜻의 실체라면, 그런 구성을 겪을 수 있는 것처럼 보일 수 있겠지만 말이다.

1077b 점, 선, 평면이 정의(定義)의 면에서 앞선다고 해 보자. 그렇다고 해도 정의의 면에서 앞선 것들 모두가 실체의[29] 면에서도 앞선 것은 아니다. 따로 떨어져 있음으로써 있음의 면에서 다른 것들을 능가하는 것들은 모두 실체의 면에서 앞서지만, 정의의 면에서는 자신들의 정의들로 다른 것들의 정의들이 이루어진 것들이 모두 이 다른 것들의 정의에 앞선다. 그러나 이 두 가지 우위성은 (같은 것에 항상) 동시에 들어있지는 않다. 다시 말해, 속성들이, 예를 들어 '움직여짐'이나 '흼'이 자신들의 실체들과 따로 떨어져 있을 수 없다면, 흼은 정의의 면에서는 흰 사람보다 앞설지라도, 실체의 면에서는 그렇지 못하다. 왜냐하면 흼은 따로 있을 수 없고, 항상 (재료와 형상으로 된) 복합물과 더불어 있기 때문이다. 여기서 '복합물'은 흰 사람을 가리킨다. 그러므로 분명히, 어떤 것을 떼 내어 그 결과로 나온 것은 이전 것보다 앞서지도 않고, 어떤 것을 덧붙여 그 결과로 나온 것은 이전 것보다 뒤지지도 않는다.[30] 왜냐하면 사람을 흼에 덧붙임으로

28 『천체에 관하여』 268a 7-24 참조.

29 '본질'의 뜻으로 쓰인 1077a 19, 27행에서와 달리 여기서 '실체'(ousia)는 다른 것과 따로 떨어져 있을 수 있는, 즉 독립적인 존재로서, 바탕(基體, hypokeimenon)이란 뜻으로 쓰였다. 5권(Δ) 11장 1019a 2-4, 11-14 참조.

30 '흼'은 '흰 사람'보다 실체의 면에서 앞서지도 않고, '흰 사람'은 '흼'보다 실체의

써[31] 우리는 흰 사람을 말하기 때문이다.

이로써, 수학적인 대상들은 물체들보다 더 높은 정도로 실체인 것들이 아니라는 점, 그리고 그것들은 감각 대상들보다 있음(존재)의 면에서 앞서지 않고, 정의(定義)의 면에서만 앞선다는 점, 그리고 그것들은 어딘가에 따로 떨어져 있을 수 없다는 점이 충분히 논의되었다. 그런데, 감각 대상들 안에 있을 수도 없기 때문에,[32] 분명히 수학적인 대상들은 전혀 있지 않거나, 아니면 특정한 방식으로만 있을 뿐이며, 따라서 단적으로 있지는 않다. 왜냐하면 '있다'는 여러 가지 뜻으로 말해지기 때문이다.

3장 수학적인 추상의 정당성

수학의 보편 명제들은[33] 연장된 크기들과 수들로부터 따로 떨어져 있는 것들을 그 자체로 다루지 않는다. 이 크기들과 수들을 다루더라도 이것들이 크기를 갖거나 분할된다는 점에서 다루지는 않는다.[34] 그렇듯이 분명히, 감각되는 크기들에 대해서도, 이것들이 감각되는 것이라는 점에서가 아니라 일정한 성질을 지닌 것이라는 점에서, 명제들과 증명들이 있을 수 있다. 다시 말해, 사물들에 관하여, 이것들이 저마다 무엇인지에 또 이것들에 딸린 속성들에 상관없이, 오로지 이것들이 움직이는 것들이라는 점

면에서 뒤지지도 않는다.

31 실체를 속성에 붙이는 표현에 관해서는 7권(Z) 4장 1029b 33 참조.

32 1076a 38-b 11 참조.

33 2장 1077a 9, 6권(E) 1장 1026a 25-27 참조.

34 수학적인 대상들 가운데 점들이나 단위들만 분할되지 않으므로, 분할성은 보편 수학의 연구 관점이 될 수 없다.

1077b

에서, 많은 (자연학적인) 명제들이 성립하며, 또 그렇기 때문에 감각 대상들과 따로 있는 것으로서 움직이는 것이 있거나 아니면 감각 대상들 안에 어떤 별개의 실재가 있어야 할 필요가 없다. 이렇듯이, 움직이는 것들의 경우에도 그것들이 움직이는 것이라는 점에서가 아니라, 그것들이 물체(입체)라는 점에서만, 그리고 다시 평면이라는 조건 또는 선(線)이라는 점에서만, 그리고 분할되는 것이라는 점 또는 위치를 갖지만 분할되지 않는 것이라는 점 또는 분할되지 않는 것이라는 점에서만, 움직이는 것들을 다루는 (수학적인) 명제들과 학문들이 있을 것이다.

그래서 따로 있을 수 있는(독립적인) 것들뿐만 아니라, 따로 있을 수 없는 것들도 존재한다고(예를 들어, 움직이는 것들이 있다고) 말하는 것은 단적으로 맞으므로, 수학적인 대상들도, 수학자들이 말하는 그것들에 딸린 속성들을 가진 채로 존재한다고 말하는 것도 단적으로 맞다. 그리고 다른 학문들에 대해서도 그것들이 특정한 대상들을 다루며, 간접적으로 딸린 속성을 다루지 않고(예를 들어, 어떤 의학은 건강을 다루긴 해도, 건강한 것이 간접적으로 또한 희다고 해서, 이 흼을 다루지는 않는다), 각 학문의
1078a 대상이 되는 바로 그것을 다룬다고 | 말하는 것도 단적으로 맞다. (예를 들어 의술은 어떤 것을 다룰 때) 그것이 건강한 것이라는 점에서라면 그 건강한 것을 다루며, (어떤 학문은 어떤 것을 다룰 때) 그것이 사람이라는 점에서라면 그 사람인 것을 다룬다. 기하학도 이와 마찬가지다. 그것이 다루게 된 대상이 감각되는 것이긴 해도, 그것이 감각되는 것이란 점에서 그것을 다루지 않기 때문에, 수학 계열의 학문들은 감각되는 대상들에 관한 학문들이 아니며, 또 이 대상들로부터 따로 떨어져 있는 다른 어떤 것들에 관한 학문들도 아니다.

많은 속성들은, 그것들이 저마다 사물들에 주어져 있을 때, 사물들에 그것들 자신으로 말미암아 딸린다. 예를 들어, 암컷이라는 점에서 또는 수

컷이라는 점에서 동물에게 독특한 속성들이 있다. 그렇지만 동물들과 따로 떨어져서는 '암컷임'도 '수컷임'도 없다. 그래서 또한 선이라는 점에서 선에, 평면이라는 점에서 평면에 붙는 속성들도 있다. 그리고 (우리가 다루는 사물들이) 정의(定義)의 면에서 앞서고 더 단순한 것일수록, (그 사물들에 대한 우리의 앎은) 그만큼 더 엄밀하다. 여기서 '엄밀함'은 단순함을 뜻한다. 그러므로 크기를 빼놓는 학문(산학)이 그것을 고려하는 학문(기하학)보다 더 엄밀하다. 그리고 가장 엄밀한 학문은 움직임을 빼놓는 학문이다. 그러나 어떤 학문이 움직임을 다룬다면, 으뜸가는 움직임을 다루는 학문이[35] 가장 엄밀하다. 왜냐하면 그 움직임이 가장 단순하며, 그중에서도 균일한 움직임이[36] 가장 단순하기 때문이다.

같은 설명이 화성학과 광학의 경우에도 적용된다. 다시 말해, 이 둘은 어느 것도 (자신의 대상이) 이미지(像)라는 점에서 또는 목소리라는 점에서 살펴보지 않고, 선(線)이나 수(數)라는 점에서 살펴본다.[37] 그러나 선과 수는 모습과 목소리에 바로 들어 있는 성질들이다. 역학도 이와 마찬가지여서, 누군가가 부차적으로 딸린 속성들로부터 따로 떨어진 속성들을 가정하여, 이것들 자체에 관하여 살펴본다고 해서, 그가 어떤 잘못을 저지르는 것은 아닐 것이다. 기하학자가 땅 위에 금을 그어 놓고 그것이 1자가 아닌데도 1자라고 말할 때에도 그렇듯이 말이다. 왜냐하면 이런 잘못이 그의 전제들에 들어있지는 않기 때문이다.

---

35 이 학문은 천문학이며 으뜸 운동은 원운동이다. 12권(Λ) 7장 1072b 8-9 참조.

36 '균일한 움직임'(homalē kinēsis)은 고른 것 위에서, 예를 들어 직선이나 원에서 일어나는 움직임을 뜻하기도 하고, 또 빠르기가 일정한 움직임, 즉 등속운동을 뜻하기도 한다. 이런 균일성은 이동뿐만 아니라 다른 변화, 예를 들어, 팽창과 수축에서도 찾아볼 수 있다. 이에 대해서는 『자연학』 228b 15-229a 6 참조.

37 광학(光學, optikē)은 기하학의 하위 학문이며, 화성학(和聲學, harmonikē)은 산학의 하위 학문이다. 『뒤 분석론』 75b 15 참조.

1078a

산학자와 기하학자가 하듯이, 따로 있지 않은 것을 따로 떼어 놓음으로써, 우리는 각 대상을 가장 잘 연구할 수 있게 될 것이다. 예를 들어, 사람은 그것이 사람이라는 점에서는 하나이고 분할되지 않는 것이다. 그리고 산학자는 한 가지 분할될 수 없는 것을 가정하고서, 분할되지 않는 것이라는 점에서 사람에게 무엇이 속성으로서 딸리는지를 연구한다. 그러나 기하학자는 그것이 사람이라는 점에서도, 그것이 분할되지 않는 것이라는 점에서도 연구하지 않고, 그것이 입체라는 점에서 사람을 연구한다. 왜냐하면 사람이 분할되지 않는 것이 아니라고 하더라도 그에게 속성으로서 들어있을 것들은 분명히 이런 것들이 없어도 그에게 속성으로서 들어있을 것이기 때문이다.[38] 그렇기 때문에 기하학자들의 말은 맞다. 그들은 있는 것들에 대해 토론하며, 그들이 다루는 대상들은 (잠재/가능 상태로) 있는 것들이다. 왜냐하면 '있는 것'은 두 가지 방식으로 있어서, 완성 상태로 있을 뿐만 아니라, 재료 상태로도[39] 있기 때문이다.

그러나 좋음과 아름다움은 서로 다르므로(일반적으로, 좋음은 항상 어떤 행위 속에 있지만, 아름다움은 움직이지 않는 것 안에 있다), 수학 계열의 학문들이 아름다움이나 좋음에 대해 아무것도 말하지 않는다고 주장하는 사람들은[40] 잘못 생각하고 있다. 왜냐하면 그 학문들은 그것들에 대해 아주 많은 것을 말하고 또 증명하기 때문이다. 명시적으로 그것들을 말하지는 않지만, 그것들의 결과들이나 그것들에 대한 규정들을[41] 증명하

---

38 예를 들어, 사람이 입체라고 한다면, 그것이 입체인 점에서 갖게 될 속성들은 다른 점에서 갖게 될 속성인 '분할되지 않음'과 '사람임'이 없어도 사람에게 들어 있다.

39 '재료 상태로'(hylikōs)는 '잠재/가능 상태로'(dynamei)를 뜻한다. 수학적인 대상들은 감각되는 대상들에 잠재적으로 들어 있을 뿐이며, 기하학자의 '따로 떼어냄'(추상, chōrismos)의 작용을 통해 비로소 실재성을 갖게 된다. 1078a 21-23, 9권(Θ) 9장 1051a 21-33 참조.

40 아리스팁포스를 가리킨다. 3권(B) 2장 996a 32 참조.

기 때문에, 수학 계열의 학문들이 그것들에 관해 아무것도 말하지 않는다고 할 수는 없다.

아름다움의 최고 형태는 | 질서, 균형, 한정됨인데,[42] 이런 것들을 바로 1078b 수학 계열의 학문들이 가장 많이 증명한다. 그리고 이것들, 즉 질서와 한정됨이 많은 사물들의 원인으로서 나타나기 때문에, 분명히 수학 계열의 학문들은 또한 어떤 점에서 그런 종류의 원인을, 즉 '아름다움'이란 뜻의 원인을 다룬다. 우리는 이런 문제에 대해서 다른 곳에서 좀 더 알기 쉽게 다뤄볼 것이다.[43]

4장 이데아론의 발생 배경과 그에 대한 비판

수학적인 대상들에 관하여, 그것들이 있는 것들인데 어떤 방식으로 있는지의 문제,[44] 그리고 어떤 점에서 그것들이 앞선 것들이고 어떤 점에서 그렇지 않은지의[45] 문제는 이쯤 해 두자. 이제, 이데아들에 관련하여, 먼저 이데아론 자체를 검토해 보자. 여기서 이것을 수들의 본성 문제와 결부시키지 말고, 이데아들의 존재를 처음 주장했던 사람들이[46] 애초에 그걸 받

---

41 '좋음'(to agathon)이나 '아름다움'(to kalon)의 결과(ergon)들은 질서와 균형과 일정함을 추구함으로써 우주가 갖는 본질적인 상태를 뜻하며, 규정(logos)들은 질서와 균형과 일정함을 뜻한다.

42 '질서'(taxis)는 부분들이 공간적으로 잘 배열되어 있는 상태를, '균형'(symmetria)은 부분들의 크기가 일정 비율로 되어 있는 상태를, '한정됨'(hōrismenon)은 전체의 크기가 특정하게 제한되어 있는 상태를 뜻한다.

43 어느 곳에서도 이 약속이 이루어지고 있지 않다.

44 2-3장에서 다루었다.

45 특히 2장 1077a 17-20, 24-b 11에서 다루었다.

아들였던 방식에서 살펴보도록 하자.

이데아론은[47] 그 지지자들이, 사물들의 참모습과[48] 관련하여, 모든 감각 대상들은 항상 흐르는 상태에 있다는[49] 헤라클레이토스의 말들을 받아들임으로써 그들에게 생겨났다. 그래서 어떤 것에 대한 앎이나 인식이[50] 있으려면, (항상 변하는) 감각 대상들 말고 다른 어떤 변함없는 실재들이[51] 따로 있어야 한다는 것이었다. 흐르는 상태에 있는 것들에 대해서는 앎이 있을 수 없기 때문이었다.

그런데 소크라테스는 성격의 탁월성(德)의 문제에 몰두하여, 최초로 이것에 관련하여 보편적인 정의를 추구하였다.[52] 자연철학자들 중 데모크리토스가 뜨거움과 차가움에 관해 어떤 방식으로 정의를 내림으로써 조금이나마 그런 문제를 건드렸다.[53] 그전에 피타고라스주의자들은 몇 가지 안 되는 것들에 관해, 그 정의(定義)를, 예를 들어 제때(適時), 올바름(正

---

46 플라톤과 그의 추종자들을 가리킨다.

47 1078b 12-32("이데아론은 그 지지자들이, … "이데아"라고 불렀다.")를 같은 내용이 담긴 1권(A) 6장 987a 32-b 8("플라톤은 젊었을 때 … 이름을 붙였다.")과 비교해 볼 것.

48 1권(A) 3장 983b 3의 각주 참고.

49 '흐르는 상태에 있다'(rheonta)는 '유동적이다', '끊임없이 변한다'는 것을 뜻한다. 헤라클레이토스의 글조각 91, 김인곤 외(2005), 243-244쪽 참조.

50 '인식'의 원어 phronēsis의 뜻에 대해서는 1권(A) 2장 982b 24의 각주 참고.

51 '변함없는 실재들'의 원어는 menousai physeis이다. 말 그대로 옮기면, 흐르는 상태에 있지 않고 '머물러 있는 실재들'이다.

52 '소크라테스적 대화편들'이라 불리는 플라톤의 초기 대화편들에서 소크라테스는 용기(『라케스』), 절제(『카르미데스』), 경건함(『에우튀프론』), 우정(『뤼시스』) 따위의 덕목(aretē)들에 관해, 이런 것들을 제대로 알고 행하고 있다는 사람들을 상대로 '그것들이 무엇인지'(to ti esti)를 '보편적으로 정의 내려 볼 것'(horizesthai katholou)을 집요하게 요구한다.

53 『자연학』 194a 20-21, 『동물의 몸에 관하여』 642a 24-31 참조.

義), 결혼에[54] 대한 정의를 수들에 연결시켰다.[55] 소크라테스가 어떤 것은 무엇인가를[56] 찾아내려고 한 것은 그럴 만한 이유가 있었다. 그는 추론으로써 무엇인가를 증명하려고 했는데, 바로 이 어떤 것에 대한 본질 규정이 추론들의 출발점이 되었다. 소크라테스 당시에는 (플라톤 때와 달리) 철학적 대화술의 역량이 본질 규정 없이 반대되는 것들을 탐구할 만큼, 그리고 반대되는 것들을 동일한 학문이 다루는지를 살펴볼 만큼 충분하지 못했다. 그럼에도 소크라테스에게 (그의 공로로서) 마땅히 인정해야 할 것이 두 가지가 있다면, 그것은 귀납적인 논증과[57] 보편적인 정의인데,[58] 이것들은 모두 학문의 출발점과 관련되어 있다.

그런데 소크라테스는 보편적인 것(보편자)들과 정의들을 따로 있는(독립적인) 것으로 놓지 않았다. 그러나 그들은[59] 그것들을 따로 떼어 놓았다. 그리고 그런 존재들을 '이데아'라고 불렀다. 그래서 거의 같은 논리로, 보편적으로 말해지는 모든 것들에 대해 이데아들이 있다는 결론에 그들은 이르게 되었다. 그리고 이것은 마치 개수를 세려고 하는 누군가가 그보다

---

54 1권(A) 5장 985b 30의 각주 참고. 결혼(gamos)은 첫 번째 짝수인 2와 첫 번째 홀수인 3의 합인 5이다.

55 1권(A) 5장 985b 26-986a 6, 987a 19-25 참조.

56 '어떤 것은 무엇인가'의 원어는 to ti esti(what it is)로 어떤 것의 본질에 대한 '규정' 또는 '정의'를 뜻한다. 이 말이 '실체'를 뜻하는 경우엔 '무엇'을 고딕체로 하여 '어떤 것은 무엇인가'('what', whatness of a thing) 또는 '무엇임'으로 표기하여 앞의 뜻과 구분하였다. 정의는 이 실체(본질)에 대한 규정이다. 1권(A) 5장 987a 22-23 참조.

57 1권(A) 9장 992b 33의 각주 참고. 이런 논증의 사례로는 5권(Δ) 29장 1025a 6-13 참고.

58 '귀납적인 논증'(epaktikoi logoi)은 구체적인 사례들을 들면서 유비(analogy)를 써서 논증을 펼치는 것을 말한다. 이를 바탕으로 해서 '보편적인 정의'(horizesthai katholou)가 이루어진다.

59 이데아론의 지지자들을 말한다.

적은 사물들이 있을 땐 셀 수 없다고 생각하고, 더 많은 개수의 것들을 만든 후 세는 것과 같다. 그래서 형상(이데아)들의 종류는 말하자면 감각되는 개별자들의 종류보다 | 그 개수가 더 많다. 이것들에 관해 그들은 그 원인을 찾으면서 감각 대상들로부터 형상들로 나아갔다. (그들에 따르면) 각 사물에 대해서, 이 사물과 이름이 같은 것(형상)이 실체들과 따로 있으며, 여럿에 걸친 하나가 있는 (실체 아닌) 다른 범주들에 대해서도 이와 마찬가지다. 그 여럿이 (우리 주변의) 감각 대상들의 영역에 있든 (해, 달, 별 따위의) 영원한 것들의 영역에 있든 말이다.

더 나아가, 그들이 형상(이데아)들이 존재한다는 것을 증명하기 위해 끌어들이는 방식들은 어느 것도 설득력이 있지 않다. 몇 가지 방식들에서는 (이데아들의 존재에 대한) 추론이 필연적으로는 이루어지지 않으며, 다른 몇 가지 방식들에서는 그들이 전혀 그 형상을 생각하지 않는 것들에 대해서도 형상이 있게 되기 때문이다. 다시 말해, '학문들의 존재로부터'란 논증을 따르다 보면 학문의 대상인 모든 것들에 대해 형상이 있을 것이며, '여럿에 걸친 하나'란 논증을 따르다 보면 부정어(否定語)들에 대해서조차 형상들이 있을 것이며, '소멸된 것에 대해 무엇을 생각함'이란 논증을 따르다 보면 소멸하는 것들에 대한 형상들도 있게 될 것이다. 왜냐하면 이런 소멸된 것들에 대한 인상(印象)이 (우리 기억에 남아) 있(어서 우리는 이것으로써 그것들에 대해 생각을 하)기 때문이다.

더 나아가, (나온 논증들 중) 가장 엄밀한 논증들이 있는데, 이 중 어떤 논증들은 관계 개념들의 이데아들을 만들어 내는데, 그들은 이것들의 유(類)가 독립적으로 있다는 것을 부인한다. 그리고 어떤 논증들은 (이데아로서의 '사람'과 개체로서의 '사람' 외에) '세 번째 사람'을 (또 하나의 이데아로서) 말한다. 그리고 일반적으로, 형상(이데아)들에 관한 (그 존재를 증명하는) 논증들은 형상들을 주장하는 그들이 이데아들이 있는 것보다 더 있기를 바라는 것들을 없앤다. 왜냐하면 (큼과 작음이라는 확정되지 않은) 두 짝이 아니라 수가 으뜸가는 것이 되고, 또 수보다 관계 맺는 것이 앞선 것이 되고, 이것이 독립적으로 있는 것인 두 짝보다 앞선 것이 되는 결과가 따르며, 그 밖에 사람들이 이데아론을 따름으로써 이 이론의 원리들과 충돌하게 될 다른 모든 점들이 따르기 때문이다.

더 나아가, 그들이 이데아들이 존재한다고 말하면서 바탕을 두고 있는 견해에 따르면 실체들의 형상들뿐만 아니라 (실체 아닌) 다른 많은 것들의 형상들도 있을 것이다. 왜냐하면 사유물(개념)은 실체들에 대해서뿐만 아니라 실체가 아닌 것들에 대해서도 하나이고, 또 학문들은 실체에 대해서만 있는 것은 아니기 때문이다. 그리고 이와 비슷한 어려운 점들이 수없이 따른다. 그러나 필연적인 귀결에 따라, 그리고 이데아들에 관한 (지배적인) 생각에 따라, 형상들이 나눠 가져질 수 있는 것이라면, 실체들의 이데아들만 있어야 한다. 왜냐하면 형상들은 간접적으로 딸린 방식으로 나눠 가져지지 않으며, 형상들은 모두 바탕(주어)에 대하여 진술되지 않는 것으로서 나눠 가져져야 하기 때문이다. 여기서 '간접적으로 딸린 방식으로 나눠 가짐'은 어떤 것이 두 배 자체를 나눠 가질 때, 또한 영원함을 간접적으로만 나눠 갖는다는 것을 뜻한다. 두 배 자체에 영원함이 간접적으로 딸리기 때문이다. 그러므로 형상들은 실체가 될 것이다. 그러나 같은 말들이 여기(감각계)와 저기(이데아계)에서 실체를 가리킨다. 그렇지 않다면, 이런 개별자들 말고 어떤 것이, 즉 여럿에 걸친 하나(이데아)가 있다고 말하는 것은 무슨 뜻일까? 그리고 이데아들과 이것들을 나눠 갖는 것들이 같은 형상의 것이라면, 이 둘에 공통된 것이 뭔가 있을 것이다. 소멸하는 둘들과 여럿이지만 영원한 둘들의 경우에 그 둘임이 동일한 것인데도, 둘 자체와 어떤 특정한 둘의 경우에는 그 둘임이 그렇지 말란 법이 있는가? | (이데아들과 이것들을 나눠 갖는 사물들에 대해) 동일한 형상이 있지 않다면, 그것

1079b

들은 (정의는 다르고) 단지 이름만 같은 것일 뿐이다. 그리고 이것은 바로 마치 누군가가 두 가지 것의 공통점을 보지 않고 칼리아스와 그를 본뜬 목상(木像)을 가리켜 '사람'이라 부를 때와 다를 바 없다.[60]

그러나 만일 우리가 보통의 규정들이 다른 관점에서 형상들에 적용된다고, 예를 들어, '평면 도형'과 (이외에 원에 대한) 정의를[61] 이루는 나머지 부분들이 원 자체에 적용된다고 놓으면서, '정말 있는 것'(… 자체)이란[62] 말이 (이 정의의 어딘가에) 덧붙어야 한다고 생각한다면, 우리는 이것이 완전히 빈말이 아닌지 살펴보아야 한다. 어디에 그 말을 덧붙여야 할까? '중심'에? '평면 도형'에? 아니면 정의를 이루는 모든 부분들에? (사람의 본질 안에 든) '동물', '두 발 달림'처럼 실체(본질)에 대한 정의 안에 든 요소들은 모두 이데아들이어야 하니까 말이다. 더 나아가, 분명히 평면의 경우처럼 어떤 것 자체(이데아)가, 다시 말해 모든 종(種, 하위 개념)들 안에 이것들의 유(類, 상위 개념)로서[63] 들어있는 어떤 실재가 있어야 할 것이다.[64]

---

60 1078b 34-1079b 3("그리고 이것은 … 다를 바 없다")은 1권(A) 9장 990b 2-991a 8("마치 누군가가 … 다를 바 없다")과 토씨 정도만 다를 뿐 거의 똑같다. 1권(A)에서 플라톤주의자들이 '우리'로 되어 있는 반면, 여기에선 '그들'로 지칭된다. 플라톤에 거리를 둔 이런 인칭의 변화에 바탕을 두고, 13권(M)이 1권(A)보다 나중에 쓰인 것으로 흔히 결론을 내린다. 13권(M) 4장과 5장의 겹치는 부분에 대한 설명은 1권(A) 9장의 해당 부분을 참고.

61 '중심', '평면 도형'이라는 말로 미루어, 여기서 원에 대한 정의는 '중심(또는 중심점, meson)으로부터 같은 거리에 있는 모든 점들로 싸인 평면 도형(epipedon schēma)'으로 추측된다.

62 '정말 있는 것'의 원어는 to ho esti로 auto(… 자체)처럼 이데아를 가리킬 때 쓰인다.

63 평면의 여러 가지 종(種, eidos)들, 예를 들어 삼각형, 사각형, 원 등의 도형들이 모여 '평면 도형'이라는 하나의 유(類, genos)를 이룬다. 인종(人種)과 인류(人類) 또는 어종(魚種)과 어류(魚類)의 예에서 보듯, '종'(種)은 '유'(類)보다 외연이 좁은 개념으로 쓰이며, 이런 뜻에서 '유'의 하위 개념으로 볼 수 있다. 이 두 낱말이 모여 생긴 '종류'(種類)는 둘을 구분하지 않고 사물을 분류할 때 쓰는 말이다.

5장 이데아는 감각 대상들의 변화 원인이 아니다

무엇보다도, 형상(이데아)들이 감각되는 것(감각 대상)들 중 (해, 달, 별 따위의) 영원한 것들에게 또는 생성하고 소멸하는 것들에게 어떤 영향을 미치느냐는 물음을 누구든 제기할 수 있을 것이다. 왜냐하면 형상들은 그것들에게 운동의 원인도, 어떤 변화의 원인도 못 되기 때문이다. 또, 형상들은 다른 사물들에 관한 앎을 위해 전혀 도움이 되지 않으며(형상들은 그것들의 실체가 아니기 때문이다. 그렇지 않을 경우 형상들은 그것들 안에 있을 것이다), 자신들을 나눠 갖는 사물들 안에 들어있지 않기 때문에 이것들의 존재를 위해서도 전혀 도움이 되지 않는다. 아마도 형상들은 어떤 사물과 섞인 흰색이 그 사물이 가진 흼의 원인이란 방식으로 원인인 듯싶다. 그러나 아낙사고라스가 맨 처음으로, 그리고 이후 난문들을 다루면서 에우독소스와 더불어 다른 몇몇 사람들이 말했던 이런 견해는 쉽게 뒤집힌다. 왜냐하면 그러한 견해를 반증하는 수많은 불합리한 점들을 쉽게 모을 수 있기 때문이다.

그러나 또한, 우리가 ('어떤 것으로부터'를) 말하는 방식들[65] 중 어떤 것에 따르더라도 다른 모든 사물들이 형상들로부터 나와 있지 않다. 그리고 형상들이 본(本)이고 다른 것들은 이것을 나눠 갖는다고 말하는 것은 빈말하는 것과 같고, 시적인 비유를 말하는 것과 같다. 도대체 이데아들에 시선을 두고 이를 본뜨며 일하는 것은 무엇이란 말인가? 임의의 것이 어떤

---

64 평면 도형 자체는 평면 도형들인 삼각형 자체, 사각형 자체, 원 자체 등에 공통된 것으로서, 그것 자체가 또 다른 하나의 이데아가 되듯이, 이를 일반화한 어떤 것(x) 자체도 모든 이데아들에 공통된 것으로서, 그것 자체가 또 다른 하나의 이데아가 되는, '세 번째 사람' 논증과 비슷한 결과가 나오게 될 것이다.

65 5권(Δ) 24장 참고.

것을 본뜨지 않고서도 있거나 생겨날 수 있어서, 소크라테스가 있든 없든 소크라테스를 닮은 사람이 태어날 수 있는 것이다. 영원한 소크라테스가 있다 하더라도 분명히 마찬가지다. 그리고 동일한 사물에 대해 여러 본들이, 따라서 여러 형상들이 있게 될 것이다. 예를 들어, 사람에 대해 동물, 두 발 달림, 그리고 이와 동시에 사람 자체가 있게 될 것이다. 더 나아가, 형상들은 감각되는 사물들의 본들일 뿐만 아니라 또한 형상들 자신들의 본들일 것이다. 예를 들어, 유(類)가 유로서의 자신에 속한 온갖 종(種)들의 본이듯이 말이다. 그래서 같은 형상이 본이자 본뜬 것(모방물)이 될 것이다.

더 나아가, 사물들과 그 사물들의 실체가 따로 있을 수 없는 것처럼 보일 것이다. | 그러니, 어떻게 이데아들이 사물들의 실체들이면서 이 사물들과 따로 있을 수 있겠는가? (플라톤의) 『파이돈』에서[66] 형상들이 사물들의 있음(존재)과 생겨남(생성)의 원인이라고 주장되었다. 그리고 형상들이 있다 치더라도 사물들은 자신들을 움직이는 것이 있지 않는 한, 생겨나지 않는다. 그리고 집이나 반지처럼, 그들이 그것에 대한 형상이 있지 않다고 말하는 나머지 것들이 많이 생겨난다. 그러므로 분명히, 형상들을 통해서가 아니라 방금 말한 두 가지 것들을 산출하는 그러한 종류의 (실제적인) 원인들을 통해서, 그들이 이데아들을 갖는다고 말하는 그런 사물들조차도 있을 수 있고 또한 생겨날 수 있다.[67]

그런데, 이데아들에 관해 이런 방식뿐만 아니라, 더 논리적이고 더 엄밀한 논증들을 통해, 이미 살펴본 것과 비슷한 반박들을 많이 모을 수 있다.

---

66 100c-e 참고.

67 13권(M) 5장 1079b 12-1080a 8은 1권(A) 9장 991a 8-b 9와 거의 같다.

6장 수들을 사물들의 실체로 보는 다양한 방식들

(이데아들에 관해) 이런 점들을 다루었으니, 이제 수(數)들이 따로 있는 (독립적인) 실체이자 있는 것들의 으뜸가는 원인이라고 주장하는 사람들에게 수들과 관련하여 따를 결과들을 다시 한번 살펴보는 것이 좋겠다. 수가 일종의 실재라면, 그리고 어떤 사람들이 말하듯,[68] 수의 실체가 바로 수가 아닌 다른 어떤 것도 아니라면, (1) 수에서, 으뜸가는 것이 있고, 이에 뒤따르는 것이 서로 다른 종류로서 있을 것이다. 그리고 ㉮ 이 점은 단위들에 대해서 곧바로 (예외 없이) 타당하며, 따라서 어떤 단위도 다른 어떤 단위와 비교될 수 없다.[69] 또는 ㉯ 수학적인 수에 대해서 그들이 주장하듯, 단위들은 모두 잇따르는(계속적인) 것들일 뿐이며 아무 단위나 다른 아무 단위와 비교될 수 있다. 왜냐하면 수학적인 수에서는 한 단위가 다른 어떤 단위와 전혀 다르지 않기 때문이다. 아니면, ㉰ 어떤 단위들은 비교될 수 있지만, 어떤 단위들은 그럴 수 없다. 예를 들어, 다음과 같은 경우다. 2가 1 다음으로 있는 맨 처음의 것이고, 그 다음에 3이 오고, 또 이런 식으로 다른 수가 나온다. 그리고 각 수에 든 단위들은 서로 비교될 수 있다. 예를 들어, 으뜸 2 안에 든 단위들은 서로 비교될 수 있으며, 또 으뜸 3 안에 든 단위들도 서로 비교될 수 있으며, 다른 수들의 경우에도 이와 마찬가지다. 그러나 2 자체 안에 든 단위들은 3 자체 안에 든 단위들과 비교될 수 없고, 그리고 다른 잇따른 두 수들의 경우에도 이와 마찬가

---

68 피타고라스주의자들과 플라톤주의자들을 말한다.

69 '비교될 수 없는 것'의 원어는 asymblētos('한 곳에 놓일 수 없는 것')로, 바로 위의 '종류가 다른 것'(heteros tō eidei)과 같은 뜻이다. '비교될 수 없음'은 수의 경우, 두 개의 수가 서로 다른 종류의 것이어서 한 수에 다른 수를 더하거나 빼거나 곱하거나 나눌 수 없음을, 어떠한 수적인 관계도 맺을 수 없음을 뜻한다.

지다. 그렇기 때문에 수학적인 수는 1에 다른 1이 덧붙여지는 방식으로 1 다음에 2가 세어지고, 3도 이 2에 다른 1이 덧붙여져 세어지며, 나머지 수들도 이와 마찬가지다. 그러나 이 (이데아적인) 수들은 1 다음으로, 으뜸 1이 없이 1과 다른 2가 세어지며, 2가 없이 3이 세어지며, 다른 수들도 이와 마찬가지다. 아니면, (2) 한 종류의 수는 처음에 말했던[70] 수와 같은 것이어야 하고, 다른 한 종류의 수는 수학자들이 말하는[71] 것과 같은 것이어야 하고, 세 번째 종류의 수는 우리가 마지막으로 말한[72] 수이어야 한다.[73]

1080b 더 나아가, 이런 종류의 수들은 사물들로부터 | 따로 떨어져 있거나, 아니면 따로 떨어져 있을 수 없어서 감각 대상들 안에 있어야 한다(하지만 앞서[74] 우리가 살펴보았던 방식이 아니라, 감각 대상들이 자신 안에 들어있는 수들로 이루어져 있다는 뜻에서 그렇다). 이 경우, 한 종류의 수들은 들어있지만, 다른 어떤 종류의 수들은 들어있지 않거나, 아니면 모두 들어있다.

이것이 틀림없이, 수들이 있을 수 있는 유일한 방식들이다. 그리고 하나가 모든 사물들의 원리, 실체, 요소이며, 수는 하나와 다른 어떤 것으로[75] 이루어져 있다고 주장했던 사람들은 거의 모두가 그런 방식들 중 한 가지에 따라 수를 논했다. 단, 모든 단위들이 비교될 수 없는 것들이라고는 아무도 말하지 않았다. 그리고 그럴 만한 이유가 있었다. 언급된 방식들 말고

70 1080a 15-20 참조.

71 1080a 20-23 참조.

72 1080a 23-35 참조.

73 (2)는 (1)의 ㉮, ㉯, ㉰의 경우를 모두 포함한다.

74 2장 1076a 38-b 11 참조.

75 '다른 어떤 것'(allo ti)은 물질적인 원리로서 피타고라스주의자들의 경우 '한정되지 않음'(또는 무한, apeiron)이며, 플라톤주의자들의 경우 '큼과 작음' 또는 '확정되지 않은 두 짝'이다.

다른 방식은 더는 있을 수 없기 때문이다. 어떤 사람들은[76] 두 종류의 수들이 모두 있다고, 즉 먼저와 나중이 있는,[77] 이데아들과 같은 수가 있고, 또 이데아들과 감각 대상들과 따로 수학적인 수가 있다고 말하며, 두 가지 수 모두 감각 대상들과 따로 떨어져 있다고 주장한다. 그리고 어떤 사람들은[78] 수학적인 수만이 있는 것들 중 으뜸가는 것으로서, 감각 대상들로부터 따로 떨어져 있다고 말한다. 그리고 (기원전 5세기의) 피타고라스주의자들도 한 종류의 수, 즉 수학적인 수만이 있을 뿐이라고 생각한다. 단, 이들은 그 수가 따로 떨어져 있지 않고, 감각되는 실체들이 이 수로 구성되어 있다고 말한다. 다시 말해, 이들은 온 우주를 수들로 구성된 것으로 만들어 내놓는다. 단, 이 수들은 (추상적인) 단위들로 이루어진 수들은 아니다. 그들은 단위들이 (공간적인) 크기를 가진다고 생각한다. 그러나 어떻게 으뜸 1이 크기(연장성)를 갖도록 구성되는지는 그들은 설명하지 못하는 것 같다.[79] 다른 어떤 사람들은[80] 첫 번째 종류의 수만이, 즉 오로지 형상들의(이데아적인) 수만이 있을 뿐이라고 말하며, 또 어떤 사람들은[81] 바로 이 수가 수학적인 수라고 주장한다.

선, 평면, 입체의 경우도 수의 경우와 마찬가지다. 다시 말해, 어떤 사람들은[82] 이런 수학적인 대상들은 이데아들 다음에 오는 것들과[83] 다르다

---

76 플라톤과 그의 추종자들을 말한다. 1권(A) 6장 987b 14-18 참조.

77 '먼저와 나중이 있는'은 '종(種)이 다른'을 뜻한다.

78 스페우십포스 등을 말한다.

79 14권(N) 3장 1091a 15-18 참조.

80 이름이 알려지지 않은 플라톤주의자를 말한다.

81 크세노크라테스 등을 가리킨다.

82 플라톤 등을 말한다. 1권(A) 9장 992b 13-18 참조.

83 '이데아들 다음의 것들'(ta meta tas ideas)은 이데아들과 수학적인 대상들 사이에 놓인, '이데아들에 준하는 대상들'(quasi-Ideas)을 가리킨다. 이데아와 수가 동일시되

고 말한다. 그리고 이와 다른 생각을 말하는 사람들 중 어떤 사람들은, 즉 이데아들을 수들로 놓지 않고 또 이데아들이 존재한다고 주장하지도 않는 사람들은[84] 모두 수학적인 대상들에 대해 수학적인 방식으로[85] 말한다. 그러나 어떤 사람들은[86] 수학적인 대상들에 대해 이것들이 있다고 말하지만 수학적인 방식으로 말하지는 않는다. 다시 말해, 그들은 모든 공간적인 크기가 크기들로 분할되지는 않으며,[87] 또 임의로 택한 두 개의 단위들이[88] (그 종이 달라서) 2를 만들어 내지 못한다고 말한다. 그러나 하나(1)가 있는 것들의 요소이자 원리라고 말하는 사람들은 피타고라스주의자들을 제외하고는, 모두 수들이 (추상적인) 단위들로 구성되어 있다고 놓는다. 그러나 앞서[89] 말했듯이, 피타고라스주의자들은 수들이 (공간적인) 크기를 가진다고 주장한다.

이로써, 얼마만큼 많은 방식으로 수들에 대해 얘기되는지가 분명하고, 또 그 모든 방식들이 언급되었다는 점도 분명하다. 이런 방식들을 주장하는 견해들은 모두 지지할 수 없는 것들이다. 아마도 어떤 견해는[90] 다른 어떤 견해보다 훨씬 더 불가능할 것이다.

기 전인 플라톤의 초기 이론에서는 이런 대상들도 이데아들이었다.

84 스페우십포스 등을 말한다.

85 예를 들어, 단위(monas)들에 대해서 그것들이 '비교될 수 있는 것'들이라고 서술하는 방식으로.

86 크세노크라테스 등을 말한다.

87 1권(A) 9장 992a 20–24 참조.

88 예를 들어, 2에서 택한 한 개의 단위와 3에서 택한 한 개의 단위가.

89 1080b 19에서.

90 크세노크라테스의 견해를 말한다. 8장 1083b 2–3 참조.

7장 플라톤의 수론(數論)에 대한 검토

이제, 먼저 단위들이 비교될 수 있는지 아니면 비교될 수 없는지, | 그리고 비교될 수 없다면, 우리가 구분했던[91] 두 가지 방식들 중 어느 것에 따라 그런지를 살펴보아야겠다. 왜냐하면 아무 단위가 아무 단위와 비교될 수 없을 수도 있고, 2 자체 안에 든 단위들이 3 자체 안에 든 단위들과 비교될 수 없을 수도 있고, 이렇게 해서 일반적으로, 으뜸 수들[92] 저마다에 든 단위들이 비교될 수 없을 수도 있기 때문이다.

그런데, (1) 모든 단위들이 비교될 수 있고, (종류에서) 차이가 없는 것들이라면, 수학적인 수가 오직 하나뿐인 수의 종류로서 있게 되는데, 이데아들은 이런 수들일 수 없다. 정말이지, 어떤 종류의 수가 사람 자체, 동물 자체, 또는 다른 어떤 형상(이데아)일 수 있겠는가? 각 사물에 대해 이데아가 하나씩, 예를 들어 사람 자체에 대한 이데아가 하나 있을 테고, 동물 자체에 대한 이데아가 하나 있을 테다. 그러나 비슷하고 (종류에서) 차이가 없는 수들은 무수히 많으므로 (예를 들어, 9 안에 든) 이 특정한 3은 다른 아무 3보다 조금도 더 사람 자체일 수 없다. 그러나 이데아들이 수들이 아니라면, 이데아들은 결코 있을 수 없다. 어떤 원리들로부터 이데아들이 나오게 될 것인가? 수들은 바로 하나와 (일정한 양으로) 확정되지 않은 두 짝에서[93] 나온다. 그리고 이 두 원리들 및 요소들은 또한 (그렇게 해서 나온)

---

91 6장 1080a 18-20, 23-35 참조.

92 '으뜸 수'(prōtos arithmos)는 여기서 이데아적인 수(eidētikos arithmos)를 뜻한다(6장 1080b 22). '으뜸 2', '으뜸 3' 등이 이런 종류의 수이고(1081a 24, 6장 1080a 26), '으뜸 길이, 넓이, 깊이'(『혼에 관하여』 404b 20), '으뜸 평면'(11권 2장 1060b 13) 등이 이런 종류의 크기이다.

93 1권(A) 6장 987b 20의 각주 참조.

수들의 원리들이자 요소들이다. 그러나 이데아들을 (원인으로 보아, 이데아적인) 수들에 앞선 것으로 놓을 수도 없고, (결과로 보아, 이데아적인) 수들에 뒤진 것으로 놓을 수도 없다.[94]

그러나 (2)[95] 단위들이 비교될 수 없다면, 어떤 단위도 다른 어떤 단위와 비교될 수 없을 만큼 그것들이 비교될 수 없다면, ㉮ 이런 단위들로 된 수는 수학적인 수일 수 없다. 왜냐하면 수학적인 수는 차이가 없는 단위들로 구성되어 있으며, 수학적인 수에 대해 증명된 사실들도 이 점에 타당하기 때문이다. 그리고 그것은 형상(이데아)들의 수일[96] 수도 없다. 왜냐하면 그럴 경우, 하나와 확정되지 않은 두 짝으로부터, 그들이 '2, 3, 4'를 말하듯 먼저 2가, 그 다음으로 이에 잇따른 수들이 차례로 나오는 식으로 되지 않을 것이기 때문이다. 왜냐하면 으뜸(이데아적인) 2 안에 든 단위들은 처음으로 이를 주장한 사람이[97] 말한 대로 양이 같지 않은 것들(큼과 작음)로부터 둘이 동시에 생겨나거나(다시 말해 하나에 의해 양이 같지 않은 것들이 양이 같게 됨으로써 2가 생겨난다),[98] 아니면 이와 다른 어떤 방식에 의해 둘이 동시에 생겨나기 때문이다. 게다가, 2 안의 한 단위가 차이가 없지 않아 다른 단위보다 앞선다면, 그것은 또한 이 두 단위들로 이루어진 2보다 앞설 테다. 왜냐하면 어떤 하나가 이보다 앞서고 다른 하나가 이에 뒤진다면, 이것들로 이루어진 것도 다른 어떤 하나보다 앞서고 어떤 하나

---

94 이데아들은 수들이 있게 되는 원인도 아니며, 수들이 있음으로 말미암아 나오게 되는 결과도 아니다. 이데아들은 다른 종류의 단위들로 이루어져 있기 때문이다.

95 모든 단위들이 비교될 수 없다는 (2)의 입장(1081a 17-b 33)을 주장한 사람은 아무도 없다. 1081a 35-37, 6장 1080b 8-9 참조.

96 '형상(이데아)들의 수'(ho tōn eidōn arithmos)는 '이데아적인 수'(eidētikos arithmos)와 같은 뜻으로 쓰였다.

97 이데아적인 수의 존재를 처음으로 주장한 사람은 플라톤을 가리킨다.

98 8장 1083b 23-25 참조.

에 뒤지게 될 것이기 때문이다.[99]

더 나아가, ㉯ 1 자체가 첫 번째 것이고, 그 다음에 다른 1들 중 첫 번째 단위로서 수 2 안에 어떤 1이 있고(이것은 1 자체 다음으로는 두 번째 것이다), 그리고 다시 이 두 번째 1 다음으로 수 2 안에 두 번째 단위로서 세 번째 1이 있으므로(이것은 첫 번째 1 다음으로는 세 번째 것이다), 단위들은 우리가 그것들의 이름으로서 붙이는 수들보다 앞서 있어야 할 것이다. 예를 들어, 수 3이 있기 전에 수 2 안에 (첫 번째 1부터 센다면) 세 번째 단위가 있을 것이며, 또 수 4, 5가 있기 전에 수 3 안에 네 번째 단위와 다섯 번째 단위가 있을 것이다. 그들은 아무도 단위들이 이런 방식으로 비교될 수 없는 것들이라고 주장하진 않았지만, 그들의 원리들에 따르면 그런 방식으로 또한 보아야 합당할 것이다. | 그러나 그것은 사실 불가능하다. 첫 번째 단위 또는 으뜸 1이 있다면, 이는 당연히 앞서거나 뒤진 단위들이 있다는 것을 뜻한다. 그리고 또 으뜸 2가 있다면, 2들도 마찬가지다. 다시 말해, 첫 번째 2 다음으로 두 번째 2가 있다고 하는 것이 합당하고 필연적이다. 그리고 두 번째 2가 있으면, 세 번째 2가 있고, 나머지 수들도 이런 방식으로 잇따라 있게 된다. 그러나 두 가지를 동시에 (참인 것으로) 주장하는 것은, 즉 (이데아적인) 1 다음으로 2 안의 한 단위는 첫 번째 것이고, 다른 단위는 두 번째 것이라고 주장하면서, 이와 더불어 2가 첫 번째 것이라고 주장하는 것은 불가능하다.[100] 그러나 그들은 첫 번째 단위 또는 으뜸

---

99 이데아적인 수를 주장하는 이론에 따르면, 2는 확정되지 않은 두 짝과 더불어 수의 원리인 1 다음에 온다. 그러나 모든 단위들이 서로 종류가 다르다면, 다시 말해 비교될 수 없다(asymblētos)면, 2 안에 들어있는 단위들 중 하나는 다른 것에 앞서고, 따라서 2에 앞서며, 원리인 1 다음에 올 것이다. 그리고 2와 3 사이에도 3 안의 첫 번째 단위 등이 있게 될 것이다.

100 1081a 21-29를 반복한 부분이다.

1을 인정하지만, 두 번째 단위와 세 번째 단위는 인정하지 않는다. 또 으뜸 2를 만들지만, 두 번째 2와 세 번째 2는 인정하지 않는다.

그리고 또한 분명히, ㉰ 모든 단위들이 비교될 수 없다면, 2 자체는, 그리고 3 자체는 있을 수 없다. 다른 수들도 마찬가지다. 왜냐하면 단위들이 차이가 없든 서로 차이가 나든, 뒤의 수는 반드시 앞의 수에 1을 더함으로써 세어져야 하기 때문이다.[101] 예를 들어, 1에 다른 1을 더함으로써 2가 세어지고, 2에 다른 1을 더함으로써 3이 세어지며, 4도 이와 마찬가지 방식으로 세어져야 한다. 이렇다고 한다면, 그들이 (확정되지 않은) 2와 1에서 나오게 하듯이 수들의 발생이 이루어질 수 없다. 왜냐하면 2는 3의 일부가 될 것이고,[102] 3은 다시 4의 일부가 될 것이며, 뒤따르는 수들도 같은 방식으로 그렇게 될 것이기 때문이다. 그러나 그들은 으뜸 2와 확정되지 않은 두 짝으로부터 4가 나오게 만들며, 이것을 2 자체와 별개인 두 개의 '2'로 되어 있게 만든다. 그렇지 않으면, 2 자체가 4의 일부가 될 것이며, 이것에 또 다른 하나의 '2'가 더해질 것이다. 그리고 2도 1 자체 + 다른 하나의 1로 되어 있을 것이다. 그러나 이럴 경우, (1 자체와 더불어 2를 이루는) 다른 요소는 (그들이 말하듯이) 확정되지 않은 두 짝일 수 없다. 왜냐하면 그 두 번째 요소는 (2 안의 두 번째 단위인) 한 단위를 나오게는 하지만, (확정되지 않은 두 짝처럼) 확정된 2가 나오게[103] 하지는 않기 때문이다.

더 나아가, ㉱ 2 자체와 3 자체 외에 다른 (두 번째, 세 번째, …) '2'들과 '3'들이[104] 어떻게 있을 수 있겠는가?[105] 그리고 어떤 방식으로 그것들이

---

101 1082b 33-36 참조.

102 2에 1이 더해짐으로써 3이 만들어질 것이고.

103 1082a 13-14 참조.

104 3은 이데아적인 수를 가리키지만, 홑 따옴표 안에 든 3, 즉 '3'은 이데아적인 수인지가 분명하지 않은 수이다. 다른 수들도 마찬가지다.

(생성에서) 앞서거나 뒤진 (차이 나는) 단위들로 구성되어 있을 수 있겠는가? 정말이지, 이 모든 것은 이치에 어긋난 것이며, 꾸며 낸(날조된) 것이며,[106] 으뜸 2는, 더 나아가 3 자체는 있을 수 없다. 하지만 하나와 확정되지 않은 두 짝이 정말 수들의 요소들이려면, 그런 것들이 있어야 할 것이다. 그러나 (원리로부터 따르게 될) 결과들이 불가능한(이치에 어긋난) 것들이라면, (플라톤주의자들이 내세우는) 그런 것들이 수들의 발생 원리일 수 없다.

그런데, 단위들이 서로 (종류에서) 차이가 난다면, 그런 결과들뿐만 아니라 다른 비슷한 결과들이 반드시 따르게 된다. 그러나 (3) 다른 수 안에 든 단위들은 서로 차이가 나고, 같은 수 안에 든 단위들만은 서로 차이가 나지 않는다고 하더라도, 결코 더 적지 않은 난점들이 따른다. ㉮ 예를 들어, 10 자체 안에는 열 개의 단위들이 | 있지만, 10은 이 단위들로 구성되어 있기도 하고, 두 개의 '5'로 구성되어 있기도 하다. 그러나 10 자체는 아무런 수이지도 않고, 또 아무런 단위들로나 구성되어 있지 않듯이 아무런 '5'들로도 구성되어 있지도 않으므로, 이 10 안에 든 단위들은 서로 (종류에서) 차이가 나야 한다. 왜냐하면 이 단위들이 차이가 나지 않을 경우, 10을 이루고 있는 두 개의 '5'도 차이가 나지 않을 것이기 때문이다. 그러나 두 개의 '5'는 서로 차이가 나므로, 단위들도 서로 차이가 날 것이다. 그러나 단위들이 차이가 날 경우, 10 안에는 오로지 이 두 개의 '5'만이 있을 것인가, 아니면 다른 두 개의 '5'도 그 안에 있을 것인가? 다른 '5'들이 그 안에 있지 않다면, 이는 이치에 어긋날 것이다.[107] 다른 것들이 그 안에 있다면, 어떤 종류의 10이 그 '5'들로 (새롭게) 이루어져 있

---

105 1081b 1-6 참조.

106 '꾸며 낸(날조된) 것'(plasmatōdes)의 뜻에 대해서는 1082b 2-4 참조.

107 단위들을 달리 조합함으로써 다른 '5'들도 만들어진다고 보는 것이 합당하다.

을 것인가? 분명히, (그들의 견해에 따른다면) 10 안에 10 자체 말고는 다른 어떤 10도 있지 않다. 게다가, (그들의 견해에 따른다면) 4는 아무런 '2'들로나 구성되어 있지 않아야 한다. 왜냐하면 확정되지 않은 두 짝이 확정된 2를[108] 받아서 두 개의 '2'를 만들어 냈다고 그들은 말하기 때문이다. 다시 말해, 확정되지 않은 두 짝은 본성상 자신이 받은 것을 두 배로 늘린다.

더 나아가, ㉯ 어떻게 두 개의 단위들과 따로 2가, 그리고 세 개의 단위들과 따로 3이 일정한 실재일 수 있겠는가? '흼'과 '사람'과 따로 '흰 사람'이 있듯이(왜냐하면 이것은 그 둘을 나눠 갖기 때문이다) 하나가 다른 하나를 나눠 가짐으로써 그럴 수 있거나, 아니면 '사람'이 '동물'과 '두 발 달림'과 따로 있듯이 하나가 다른 하나의 차이성(種差)임으로써[109] 그럴 수 있을 것이다.

더 나아가, ㉰ 사물들 중 어떤 것들은 접촉을 통해 하나이며, 어떤 것들은 혼합을 통해 하나이며, 또 어떤 것들은 위치를 통해 하나다.[110] 이 방식들 가운데 어떤 것도 2나 3을 이루고 있는 단위들에 적용될 수 없다. 두 사람이 자신들 둘 외의 다른 어떤 하나일 수 없듯이, 단위들도 그래야 한다. 이 단위들이 분할되지 않는 것들이어도 사정은 그대로다. 왜냐하면 점들도 분할되지 않는 것이지만, 한 쌍의 점은 두 개의 점들 외의 다른 어떤 것도 아니기 때문이다.

그러나 ㉱ (그들에 따르면) 앞선 '2'들과 뒤진 '2'들이 있게 되고, 다른 (이데아적인) 수들의 경우도 이와 마찬가지가 되는 결과를 우리는 또한 그

---

108 '확정된 2'(hōrismenē dyas)는 '2 자체'를 가리킨다. 물질적 원리인 확정되지 않은 두 짝은 이 형상적 원리를 받아서(labousa) 새로운 수 4를 산출한다.

109 7권(Z) 4장 1030a 11-14, 12장 1037b 13-21 참조.

110 8권(H) 2장 1042b 15-20 참조.

냥 넘겨서는 안 된다. 4 안에 든 '2'들이 서로 동시에 생겨나 있다고 해 보자. 그러면 이 '2'들은 8 안에 든 '2'들보다 앞선다. 왜냐하면 으뜸 2가 (확정되지 않은 두 짝을 통해 4 안에 든) 그 '2'들을 만들어 내듯이, 그 '2'들은 (다시 확정되지 않은 두 짝을 통해) 8 안에 든 '4'들을[111] 만들어 내었기 때문이다. 그러므로 으뜸 2가 이데아라면, 4 안의 그 '2'들도 일종의 이데아일 것이다.[112] 그리고 같은 설명이 단위들에도 적용된다. 다시 말해, 으뜸 2 안에 있는 단위들이 4 안에 든 네 개의 단위들을 만들어 내서, 모든 단위들이 저마다 이데아가 되며, 한 이데아가 이데아들로 구성되어 있게 될 것이다. 그러므로 분명히 이것들이 이데아가 되는 (감각계의) 대상들도 (이와 비슷하게) 결합되어 있을 것이다. 예를 들어, 동물들에 대한 이데아들이 있다면, | (해당되는 이데아가 여러 이데아들로 이루어져 있으므로) 동물들도 저마다 (여러) 동물들로 이루어져 있다고 말할 수 있을 것이다.

일반적으로, ㉶ 어떤 방식으로든 단위들을 차이 나는 것들로 만드는 일은 이치에 어긋난 것이며, 꾸며 낸(날조된) 것이다. 여기서 '꾸며 낸 것'은 가정(假定)에 강제로 맞춰진 것을 뜻한다. 우리는 정말이지 양에 따라서도, 질에 따라서도 한 단위가 다른 단위로부터 차이 남을 보지 못한다. 그리고 모든 수는, 특히 (추상적인) 단위들로 된 수는 서로 양이 같거나 같지 않아야 한다. 그래서 어떤 수가 다른 수보다 크지도 작지도 않다면, 그것은 다른 수와 양이 같아야 한다. 우리는 양이 같고(等), 서로 전혀 차이 나지 않는 것들을 수들의 경우에서 같은(同) 것들이라고 생각한다.[113] 그렇

---

111 정확히 말하자면, 네 개의 '2'여야 할 것이다.

112 플라톤에 따르면 오직 한 가지 둘만이, 즉 둘 자체만이 있어야 하는데, 그가 수들을 만들어 내는 방식을 보면 앞서거나 뒤진 여러 개의 '둘'들이 등장하며, 이것들은 모두 이데아들이 된다.

113 10권(I) 3장 1054a 35-b 3 참조.

1082b

지 않을 경우, 10 자체 안에 든 '2'들도 양이 같은 것들이면서도 차이 나지 않는 것들이 아니게 될 것이다. 그것들이 차이 나지 않다고 주장하는 사람은 어떤 이유를 댈 수 있을까?

더 나아가, ㉥ 한 단위에 다른 한 단위를 더하면 2가 된다면, 2 자체 안에 든 한 단위와 3 자체 안에 든 한 단위는 더하면 '2'가 될 텐데, ㉠ 이 '2'는 차이 나는 단위들로 이루어져 있을 것이다. 그리고 ㉡ 이 '2'는 3보다 앞선 것이 될 것인가 아니면 뒤진 것이 될 것인가? 아마도 그것은 (뒤진 것이라기보다는) 오히려 앞선 것이어야 하는 듯하다. 왜냐하면 ('2'를 이루는) 단위들 중 하나는 3과 동시에 있고, 다른 하나는 2와 동시에 있기 때문이다.[114] 그리고 우리는 일반적으로 1과 1은, (그 예로 드는) 사물들이 좋음과 나쁨 또는 사람과 말(馬)처럼 양이 같든 같지 않든, 2가 된다고 생각한다. 그러나 그런 방식으로 주장하는 사람들은 두 개의 단위조차도 2가 안 된다고 한다.

더 나아가, ㉦ 3 자체의 수가 2의 수보다 더 큰 수가 아니라면 놀랄 일이다. 그리고 그것이 더 크다면, 분명히 3 자체 안에 2와 양이 같은 것이 있어서, 이것은 2 자체와 차이 나지 않을 것이다. 그러나 이것은 첫 번째 수와 두 번째 수가 있을 경우,[115] 불가능하다.

또, ㉧ 이데아들은 수일 수 없을 것이다. 앞서[116] 말했듯이, 이데아들이 있다고 할 경우 단위들은 서로 차이 나야 한다고 주장하는 사람(플라톤주의자)들의 말은 그 점에서 정말 맞다. 왜냐하면 형상(이데아)은 저마다 오직 하나뿐이기 때문이다. 이와 반대로, 단위들이 서로 차이 나지 않는다

---

114 그러나 플라톤주의자들은 2와 3 사이에 다른 어떤 수('2')가 있다는 것을 인정하려 들지 않을 것이다.

115 다시 말해, 수들이 그 종류(eidos)가 다르다면. 6장 1080a 17, 19 참조.

116 1081a 5-17 참조.

면, '2'들도 서로 '3'들도 서로 차이 나지 않을 것이다. 그렇기 때문에 그들은 우리가 '1, 2' 식으로 셀 때 이미 주어진 한 단위에 한 단위를 더하지 않는다고 말할 수밖에 없다. (더한다고 할 경우) 확정되지 않은 두 짝으로부터 수들이 생겨나지 않을 것이며, 또 수는 이데아일 수도 없을 것이다. 왜냐하면 한 이데아가 다른 이데아 안에 (그 구성 요소로서) 들어있게 될 것이며, 모든 형상들은 (결국 가장 수인) 한 가지 형상의 부분들이 될 것이기 때문이다. 그렇기 때문에 그들의 가정(假定)에 관련하여 보면 그들의 주장은 맞지만, 전체로 보면 맞지 않는다. 그들의 주장은 정말 많은 (수학적인) 것(진리)들을 파괴한다. 왜냐하면 우리가 (어떤 사물들을) 세면서 '1, 2, 3'이라 말할 때 앞의 수에 더하면서 세는지 아니면 낱낱의 수들을 따로 만들면서 세는지, 바로 이것이 어려운 물음이라고 말할 정도까지 그들은 갈 것이기 때문이다. 그러나 우리는 두 가지 방식 모두에 따라 수를 센다. 그렇기 때문에 이런 (조그만 셈법의) 차이를 (수의) 실체(본질) 문제와 같은 큰 차이로까지 몰고 가는 일은[117] 우습다.

8장 플라톤(계속), 스페우십포스, 크세노크라테스, 피타고라스주의자들에 대한 비판. 이데아적인 수에 대한 비판

무엇보다 먼저, ㉶ 수들이 갖는 차이성이 무엇인지를, 그리고 단위들 1083a
이 차이성을 갖는다면 그것이 무엇인지를 규정하는 것이 좋겠다.[118] 그런

117 그런 피상적인 셈법의 문제에 바탕을 두고, 수들이 저마다 '따로 떨어져 있는'(독립적인) 이데아이자 실체라고 말하는 것은.

118 아리스토텔레스의 견해에 따르면, 수들은 서로 차이 나지만, 단위들은 서로 차이 나지 않는다.

데 단위들은, 양의 면에서 아니면 질의 면에서, 서로 차이 나야 한다. 그러나 이 둘 중 어느 것도 타당하지 않는 것 같다. 수들은 그것들이 수인 점에서 양의 면에서 서로 차이 난다. 그리고 ㉠ 단위들도 양에서 차이 난다고 가정한다면, 안에 든 단위들의 개수가 같더라도 한 수는 다른 수와 차이가 날 것이다. 더 나아가, 처음의 단위들이 더 크거나 더 작을 것인가? 그리고 나중의 단위들은 늘어나거나 아니면 이와 반대로 줄어드는가? 이 모든 점들은 이치에 맞지 않다. 그러나 ㉡ 단위들은 질의 면에서도 차이가 날 수 없다. 왜냐하면 단위들에는 어떤 속성도 들어있을 수 없기 때문이다. 정말이지 수들에조차도 질은 양보다 나중에 들어있다고 사람들은 말한다.[119] 더 나아가, 질은 수들에 하나로부터도 (확정되지 않은) 두 짝으로부터도 생겨날 수 없을 것이다. 왜냐하면 하나는 질을 갖지 않으며, 두 짝은 양을 만들어 내는 것이기 때문이다. 이 (두 짝이란) 실재가 바로 있는 것들이 여럿임의 원인이다.[120] 단위들이 어떻게든 이런 방식들과는 다른 방식으로 차이가 난다면, 그들은 이것을 맨 먼저 말해 줘야 하며, 단위의 차이성에 관하여 특히 그 차이성이 왜 단위들에 들어있어야 하는지를 규정해 줘야 한다. 설령 그렇게는 못 하더라도, 최소한 어떤 차이성을 뜻하는지를 밝혀야 한다.

이렇듯 분명히, 이데아들이 수라면, 단위들은 모두 비교될 수 없으며,[121] 또 두 가지 방식 중 어느 것에 따르더라도 비교될 수 없을 수도 없다.[122]

---

119 질은 양 때문에 수에게 붙는 속성이다. 5권(Δ) 14장 1020b 3-6 참조.

120 1083b 35-36, 1084a 3-7, 7장 1082a 13-15 참조.

121 7장의 (1) 1081a 5-17 참조.

122 7장의 (2) 1081a 17-b 35, (3) b 35-1083a 17 참조. 7장부터 여기 8장 1083a 20까지는 플라톤과 그의 추종자들의 견해에 대한 검토였고, 이제부터 1083b 23까지는 플라톤주의자들 중에서도 특히 스페우십포스(1083a 20-b 1)와 크세노크라테스(1083b 1-8)의 견해에 대한 검토와 피타고라스주의자들(1083b 8-19)의 견해에 대한 검토가

그러나 다른 어떤 사람들이[123] 수들에 대해 말하는 방식도 옳은 것이 못 된다. 이들은 이데아들은 단적으로 있지 않다고 생각하거나 일정한 수들과 동일시되는 이데아들은 있지 않다고 생각하지만, 수학적인 대상들은 있으며, 수들은 있는 것들 중 으뜸가는 것들이라고, 또 이런 수들의 원리는 1 자체라고 생각한다.[124] 그러나 그들이 주장하듯 1들 중에는 1이 가장 앞선 것으로서 있지만, 2들 중엔 가장 앞선 2가 없고, 3들 중에도 가장 앞선 3이 없다고 하는 것은 이치에 어긋난다. 왜냐하면 같은 설명이 모든 경우들에 적용되기 때문이다. 수에 관련된 사정이 이러하고, 수학적인 수만이 있다고 놓는다면, 1은 (수들의) 원리가 아니다. 왜냐하면 (다른 수들의 원리가 되는) 이런 1이라면 다른 단위들과 차이가 나야 할 것이기 때문이다. 이럴 경우, 가장 앞선 2도 다른 2들과 차이가 나야 하며, 다른 잇따르는 수들도 마찬가지로 차이가 나야 할 것이다. 그러나 1이 원리라면, 수들에 관련된 사정은 오히려 플라톤이 말하던 바와 같이 되어서, 가장 앞선 2와 3이 있어야 하며, 수들은 (그 종류가 달라서) 서로 비교될 수 없어야 한다. 이와 반대로, 수들을 그런 것들로 가정할 경우, 앞서[125] 말했듯이 많은 불가능한 점들이 따른다. 그러나 이런 (스페우십포스의 설명) 방식이 맞든 저런 (플라톤의 설명) 방식이 맞든 둘 중 하나이어야 하는데, 두 방식들 모두 맞지 않는다면 따로 있을 수 있는(독립된) 수는 | 결국 존재할 수 없다. 1083b

---

이루어진다.

123 스페우십포스 등을 말한다. 1장 1076a 21-22 참조.

124 스페우십포스에 따르면 수학적인 수들의 원리는 형상으로서는 하나이고 재료로서는 여럿이다. 이 둘을 바탕으로 하여 다른 수학적인 수들이 생겨난다. 7권(Z) 2장 1028b 21-24, 14권(N) 1장 1087b 4-9 참조.

125 7장 1080b 37-8장 1083a 17 참조.

1083b

이상의 논의들로 보건대, 형상(이데아)들의 수와[126] 수학적인 수가 같다고 주장하는 세 번째 방식이[127] 가장 형편없다는 점이 또한 분명하다. 왜냐하면 한 가지 견해에 두 가지 잘못이 따를 것이기 때문이다. 먼저, 수학적인 수는 그런 방식으로 있을 수 없고, 이 방식을 지지하는 사람은 자신에게 고유한 가정(假定)들을 놓으면서 (자신의 방식에 대한 논의를 지나치게) 길게 끌어야[128] 한다. 그리고 또 그는 수들을 '형상들'의 뜻으로 말하는[129] 사람들에게 따를 모든 (이치에 어긋난) 결과들을 인정해야 한다.

피타고라스주의자들의 방식은[130] 앞서 말한 방식들보다는 더 적은 난점들을 갖지만, 이 방식에만 있는 다른 난점들이 있다. 수를 (감각 대상들로부터) 따로 떨어져 있는(독립적인) 것으로 놓지 않는 그들의 입장은 여러 가지 불가능한 점들을 제거하기는 하지만,[131] 물체들이 수들로 이루어져 있다는 점과 이 수들이 수학적인 수라는 점은 불가능한(이치에 어긋난) 것이다. 왜냐하면 부분들로 나눌 수 없는 크기들이 있다고 주장하는 것은 맞지 않기 때문이다.[132] 그리고 이런 종류의 크기들이 있다손 치더라도, 적어도 단위들은 크기를 갖지 못한다. 그리고 어떻게 크기가 분할되지 않는 것(단위)들로 이루어질 수 있겠는가? 산술적인 수만큼은 확실히 (분할되지 않는 추상적인) 단위들로 이루어져 있다. (그러므로 크기를 갖는 사물들은 수들로 이루어져 있을 수 없다.) 하지만 피타고라스주의자들은 있는 것들이 수라고 주장한다. 적어도, 그들은 물체들이 수들로 이루어져 있는 듯이, 자

---

126 '형상(이데아)들의 수'는 이데아적인 수를 말한다. 7장 1081a 21 참조.

127 크세노크라테스의 방식을 말한다. 1장 1076a 20-21, 6장 1080b 22-23 참조.

128 '길게 끎'(mēkynein)의 뜻에 대해서는 14권(N) 3장 1090b 29-30 참조.

129 이데아적인 수들을 말하는.

130 6장 1080b 16-21의 논의가 다시 여기에서 이어진다.

131 7권(Z) 6장 참조.

132 『생성과 소멸에 관하여』 315b 24-317a 17, 『분할되지 않는 선에 관하여』 참조.

신들의 (수들에 관한) 명제들을 물체들에 적용한다.[133]

이렇듯, 수가 스스로 있는(자립적인) 것이어서 앞서 말한[134] 방식들 중 하나의 방식으로 있어야 한다면, 그러나 그런 방식들 중 어느 방식으로도 있을 수 없다면,[135] 분명히 수를 따로 있는(독립적인) 것으로 만드는 사람들이 내세우는, 수의 그런 본성은 있지 않다.[136]

(1) 더 나아가,[137] 각 단위는 **크고 작음**이[138] 같은 만큼(양)이 됨으로써 나오는가,[139] 아니면 한 단위는 **작음**에서 나오고 다른 단위는 **큼**에서 나오는가? ㉮ 뒤의 경우라면, 각 사물은 (수의) 모든 요소들로 이루어져 있지 않으며, 단위들은 차이 나지 않는 것들이지도[140] 않다. 왜냐하면 한 단위

---

133 주석가 알렉산드로스는 피타고라스주의자들이 물체 일반은 '입체 수'(bōmiskos, solid number) 210, 불은 11, 공기는 13, 물은 9로 이루어져 있다고 주장한 것으로 전한다. 그의 『형이상학 주석』, Hayduck 편집(1891), 767쪽 9-20행 참조.

134 6장 1080a 15-b 36 참조.

135 7장 1080b 37-8장 1083b 19.

136 6장과 7장, 그리고 지금까지의 8장 부분에 대한 결론이다.

137 여태까지는 수를 독립적인 실체로 보는 다양한 방식들이 구분되고 비판되었다. 여기 1083b 23부터 9장 1085b 34까지는, 수를 독립적인 실체로 놓는 모든 방식들에 공통된 견해들에 대한 비판이 다음과 같은 다섯 가지 주제를 중심으로 이루어진다. (1) **확정되지 않은 두 짝**을 물질적인 원리로 삼아 단위들을 만들어 내는 것에 대한 비판(1083b 23-35), (2) 이데아적인 수들의 개수는 무한할 수도 유한할 수도 없다는 반론(1083b 36-1084b 1), (3) 수들의 형상적 원리인 **하나 자체**의 본성에 관한 물음(1084b 2-1085a 6), (4) 이데아적인 크기들의 본성에 관한 물음(1085a 7-36), (5) 이데아적인 수와 크기의 발생에 대한 반론(1085b 5-34).

138 아리스토텔레스의 반론은 플라톤의 물질적인 원리인 **확정되지 않은 두 짝**을 **큼**과 **작음**(to mega kai to mikron)의 둘로 보는 데에서 출발한다. 플라톤이 염두에 둔 것은 확정되지 않은 양으로서 단일한 **크고 작음**(to mega kai mikron)이다. 그러나 아리스토텔레스는 두 가지 용어 모두 앞의 뜻으로 사용하고 있다. 1권(A) 6장 987b 20과 14권(N) 1장 1087b 11의 각주와 그리스어-우리말 찾아보기의 mega 항목 참조.

139 7장 1081a 23-25 참조.

안에는 큼이 있으며, 다른 단위 안에는 본성상 큼에 반대되는 작음이 있기 때문이다. 더 나아가, 3 자체 안에 든 단위들은 어떤가? 이것들 중 (큼과 작음에서 나온 두 개의 단위를 뺀 나머지) 하나는 홀로 남은 단위다. 이렇기 때문에 아마도 그들은 홀수들의 한가운데에 하나 자체를 놓는 듯하다. ㉯ 그러나 이와 달리, 두 단위들이 각각 같은 양이 된 큼과 작음으로 이루어져 있다면, 어떻게 단일한 실재인 2가 크고 작음(의 두 개)으로 이루어져 있을 텐가? 어떻게 2는 (그 안에 든 단위들 중) 한 단위와 다를 것인가? 더 나아가, 단위는 2보다 앞선다. 단위가 없어지면, 2도 없어지기 때문이다. 그런데, 단위는 (2라는) 이데아에 앞서므로, (2의 일부로서) 그것은 (2라는) 이데아의 이데아이어야 하며, 틀림없이 2보다 먼저 생겨났다. 그렇다면, 단위는 어떤 것으로부터 생겨났는가? (확정되지 않은 두 짝은 아니다.) 왜냐하면 확정되지 않은 두 짝은 어떤 것을 두 배로 늘리는 것이었기 때문이다.

(2) 더 나아가, 수는 무한하거나 유한해야 한다.[141] 왜냐하면 그들은 수를 따로 있을 수 있는 것으로 | 놓으므로, 이 둘 중 어느 하나가 수에 타당하지 않을 수 없기 때문이다.[142] 분명히, ㉮ 수는 무한할 수 없다. 왜냐하면 ㉠ 무한한 수는 홀수도 아니고 짝수도 아니지만, 수들의 생성은 항상 홀수의 생성 아니면 짝수의 생성이기 때문이다. 한편으로, 1이 짝수 안으로 들어가 더해져 홀수가 생겨나는 방식이 있다.[143] 다른 한편으로, 두 짝이

---

140 '차이 나지 않는 것'(adiaphoros)은 '비교될 수 있는 것'(symblētos)과 뜻이 같다.

141 실제로 플라톤주의자들은 이 두 가지 입장에 선다. 12권(Λ) 8장 1073a 18-22 참조.

142 아리스토텔레스에 따르면, 수는 실제로(actually) 무한하거나 유한할 수 없으며, 언제나 더 큰 수가 있을 수 있다는 뜻에서 잠재적으로(potentially)만 무한하거나 유한하다. 『자연학』 206a 18, 27-29, b 12-13 참조.

143 (임의의) 짝수 + 1 = (임의의) 홀수.

1의 안으로 들어가 곱해져 두 배로 늘림으로써 1로부터 얻어지는 수들이 생겨나는 방식이 있으며,[144] 또 홀수들이 두 짝에 들어가 곱해져 다른 짝수들이 생겨나는 방식이 있다.[145] 더 나아가, ㉡ 이데아는 모두 어떤 것의 이데아이고, 수들은 이데아라면, 무한한 수도 어떤 것의, 이것이 감각 대상이든 아니면 다른 어떤 것이든, 이데아일 테다. 하지만 이는 그들의 입장에[146] 따르더라도 가능하지 않을뿐더러, (무한의 실재성을 주장하니 그 자체로) 이치에 맞지도 않다. 그럼에도 그들은 이데아들을 그런 방식으로[147] 짜 놓는다(규정한다).

그러나 ㉯ 수가 유한하다면, 얼마만큼까지 수는 미치는가? 이 점에 대해 정말 (수가 어느 선까지 미친다는) 사실뿐만 아니라, 그 이유도 말해야 한다. 어떤 사람들이[148] 말하듯, 수가 10까지밖에 미치지 못한다면, 먼저 형상(이데아)들은 금방 바닥날 것이다. 예를 들어, 3이 사람 자체라면, 어떤 수가 말(馬) 자체일 것인가? 어떤 것들 자체일 일련의 수들은 10까지밖에 미치지 못한다. 그렇다면, 그 (말 자체의) 수는 10까지 이르는 수들 중 하나여야 한다. 그것들이 바로 실체이자 이데아이기 때문이다. 그러나 그것들은 곧 바닥날 것이다. 동물의 종류들만 해도 그 수를 초과할 것이기 때문이다. 이와 더불어, 분명히 그렇게 '3'이 사람 자체라면, 다른 '3'들도 사람 자체가 되어(같은 수들 안에 든 '3'들은 비슷하기 때문이다),[149] 수없이 많은 사람들이 있게 될 것이다. 각각의 '3'이 이데아라면, 이 수들이 저

144 $1 \times 2 \times 2 \times \cdots = 2^n$, 즉 2의 거듭 제곱수들(2, 4, 8, 16, …).

145 짝수 × 홀수 = 2^n이 아닌 짝수들(6, 10, 12, 14, …).

146 이데아를 한계(peras)의 원리로 보는 견해를 말한다.

147 이데아는 어떤 것의 이데아이며, 수들은 이데아라는(1084a 7) 식으로.

148 플라톤을 가리킨다(『자연학』 206b 27-33 참조). 스페우십포스도 여기에 포함될 수 있다.

149 예를 들어, 4 자체 안에 든 '3'은 6 자체 안에 든 '4' 안에 든 '3'과 비슷하다.

1084a

마다 사람 자체일 것이다. 안 그러면, 적어도 그 수들은 '사람'들일 것이다. 그리고 더 작은 '수'가 더 큰 수의 일부라면(여기서 더 작은 '수'는 더 큰 수와 더불어 같은 수 안에 든 비교될 수 있는 단위들로 이뤄진 수이다), 그리고 4 자체가 어떤 것의, 예를 들어 말(馬)이나 흼의 이데아라면, '사람'이 (4의 일부인) '2'일 경우 '사람'은 말의 이데아의 일부가 될 것이다. 그리고 10의 이데아는 있으면서, 11의 이데아는 없고, 이 수에 뒤따르는 수들의 이데아들도 마찬가지로 없다는 것도 이치에 어긋난다. 더 나아가, 어떤 것들은,[150] (이데아적인 수들인) 형상(이데아)들이 없더라도, 있기도 하고 또 생겨나기도 한다. 그런데 왜 이런 것들의 형상들은 없는가? 그러므로, 형상들은 (그런 것들이 있음이나 생겨남의) 원인이 아니다. 더 나아가, 10까지의 일련의 수들이 10 자체보다 더 많이 있는 것이자 형상이라면, 이는 이치에 어긋난다. 한 가지 것으로서의 10까지의 일련의 수들의 발생은 없지만, 10 자체의 발생은 있기 때문이다. 그러나 그들은 10까지의 일련의 수들이 완전하다는[151] 전제 위에서 (자신들의 견해를 펼치려고) 시도한다. 적어도 그들은 파생된 것들을, 예를 들어 빔(허공), 비례, 홀수 등을 10 이내에서 생겨나게 한다.[152] 그들은 어떤 것들은, 예를 들어 움직임과 서 있음(정지), 좋음과 나쁨은 원리들에[153] 귀속시키고, 다른 어떤 것들은[154]

---

150 부정어(否定語)들(4장 1079a 9)과 관계 개념들(4장 1079a 12), 그리고 집과 반지와 같은 인공물들(5장 1080a 5)을 말한다.

151 1권(A) 5장 986a 8–12 참조.

152 이에 대한 설명은 Ross(1924), 2권 450–451쪽 참조.

153 하나와 확정되지 않은 두 짝을 말한다. '서 있음'(정지, stasis)과 좋음(agathon)은 앞의 형상적 원리에서 나오며, 움직임(운동, kinēsis)과 나쁨(kakon)은 뒤의 물질적 원리에서 나온다. 1권(A) 5장 986a 25, 6장 988a 14–15, 9장 992b 7–9, 11권(K) 9장 1066a 11, 14권(N) 4장 1091b 13–1092a 8 참조.

154 앞에 나온 빔(허공, to kenon), 비례(analogia), 홀수(to peritton)를 가리키는

(예를 들어, 혼은 10까지의) 수들에 귀속시킨다. 그렇기 때문에 그들한테는 하나가 홀수성을 가진다. 이 홀수성이 (첫 번째 홀수인) 3 안에 있다면, 어떻게 (3이 들어있지 않은) 5가 홀수일 수 있겠는가?[155] 더 나아가, 공간적 크기들과 이와 같은 종류의 모든 것들은 | 일정한 수까지만 이른다(고 그들은[156] 말한다). 예를 들어, 먼저 으뜸가는 선, 즉 분할되지 않는 선이 있 1084b
고,[157] 그 다음으로 2가 되는 것이 있는 식으로 10까지 이어진다.[158]

(3) 더 나아가, 수들이 따로 있을 수 있는 것이라면, (단위인) 1이 먼저인지, 아니면 3이나 2가 먼저인지 의문이 날 수 있을 것이다. 수가 합쳐진 것인 한, 1이 먼저다. 그러나 보편적인 것(보편자)과 형상을 먼저인 것으로 본다면,[159] 수가 먼저다. 왜냐하면 단위들은 저마다 수의 재료로서 수의 일부이지만, 수는 (단위들에 대해) 형상의 노릇을 하기 때문이다. 그리고 어떤 점에서, 직각은 하나로 한정되어 있기 때문에, 또 정의의 면에서 보더라도,[160] (크기가 다양한) 예각보다 먼저다. 그러나 다른 점에서는, 예각은 직각의 일부이고, 직각은 여러 개의 예각으로 분할되기 때문에, 예

것으로 볼 수도 있고, '혼' 등을 가리키는 것으로 볼 수도 있다.

155 홀수들의 홀수성을 설명하기 위해, 그들은 홀수를 '다른 홀수들 안에 있지 않는 3'이 아니라, '원리로서 모든 수들 안에 있는 하나'와 같다고 보아야 한다.

156 플라톤, 크세노크라테스 등을 말한다.

157 1권(A) 9장 992a 21-22 참조.

158 1권(A) 9장 992a 19-22, 7권(Z) 11장 1036b 13-17, 8권(H) 3장 1043a 33-34, 14권(N) 3장 1090b 21-24, 『혼에 관하여』 404b 16-24 참조. 1은 '분할되지 않는 선'(atomos grammē) 또는 점에, 2는 선에, 3은 면에, 4는 입체에 연결된다. 그리고 $1 + 2 + 3 + 4 = 10$이다.

159 발휘/실현 상태(energeia)로 있는 형상은 잠재/가능 상태로 있는 재료에 앞선다. 또는 그것보다 먼저다. 9권(Θ) 8장과 9장 참조.

160 예각은 직각을 통해 정의된다. 즉, 예각(oxeia)은 직각(orthē)보다 작은 각이다. 7권(Z) 10장 1035b 6-8, 에우클레이데스의 『원론』, 1권 정의 12 참조.

1084b

각이 직각보다 먼저다. 이렇듯, 재료로서는 예각과 요소와 단위가 먼저지만, 형상과, 정의 속에 표현된 실체(본질)에 따른다면 직각과, 재료와 형상으로 된 전체가 먼저다. 왜냐하면 재료와 형상, 이 둘로 된 것은[161] 형상이나 정의의 대상에 더 가깝지만, 발생적으로는 나중에 나온 것이기 때문이다.[162]

그러면, (플라톤주의자들이 말하는) 하나는 어떻게 원리(맨 먼저의 것)인가? 분할되지 않는 것이기 때문이라고 그들은 말한다. 그러나 분할되지 않는 것이기는 보편적인 것(보편자)도, 개별적인 것(개별자)이나[163] 요소도 마찬가지다. 그렇지만 이것들은 저마다 다른 방식으로 원리이다. 즉, 앞의 것은 정의에서 원리이고, 뒤의 것은 시간에서 원리이다. 그러면, 하나는 이 두 가지 방식 중 어느 것으로 원리인가? 앞서 말했듯이, 직각이 예각보다 먼저인 것으로 생각되기도 하고, 예각이 직각보다 먼저인 것으로 생각되기도 한다. 그리고 이것들은 저마다 하나다.[164] 그런데, 그들에 따르면 하나는 두 가지 방식 모두로 원리이다. 그러나 이는 불가능하다. 왜냐하면 보편적인 것은 형상이나 실체로서 하나이지만, 개별적인 것은 부분이나 재료로서 하나이기 때문이다. 다시 말해, 어떤 점에서 단위와 수는 저마다 하나다. 사실, (2 안의) 두 단위들은 저마다, 적어도 수가 더미[165] 같

---

161 재료와 형상, 이 '둘로 된 것'(to amphō)은 to ex amphoin(12권 5장 1071a 9)이나 to synamphō(8권 2장 1043a 22)로 표현되기도 한다. 뜻은 셋이 모두 같지만, 굳이 우리말로 차이를 두어 옮기자면, 차례로 '둘 다', '둘 다로 된 것', '둘이 함께 있는 것'쯤 된다.

162 7권(Z) 10장과 11장 참조.

163 '개별적인 것'(개별자)은 원어로 여기에서처럼 to epi merous로 표현되기도 하고, 다른 곳에서처럼 to kath' hekaston으로 표현되기도 한다.

164 예각은 요소가 하나이듯 하나이고, 직각은 전체가 하나이듯 하나이다.

165 '더미'(sōros)의 뜻에 대해서는 7권(Z) 16장 1040b 9의 각주 참고.

은 것이 아니라 하나인 것이고,[166] 그들이 말하듯[167] 서로 다른 수들은 질적으로 서로 다른 단위들로 이루어져 있다면, 잠재/가능 상태로 하나인 것으로서 있으며 (2처럼) 완성 상태로 (하나인 것으로서) 있지는 않다. 그리고 그런 잘못이 그들에게 따르는 이유는 동시에 수학의 관점과 보편적인 정의(定義)의[168] 관점에서 자신들의 연구를 수행하여, ㉮ 수학의 관점에서는 하나, 즉 자신들의 (형상적) 원리를 점(點)으로(물질적 원리로) 놓았기 때문이다. 왜냐하면 단위는 위치가 없는 점이기 때문이다.[169] 그래서 다른 몇몇 사람들이[170] 그랬던 것처럼, 그들도 있는 것들이 미세한 부분들로 합쳐져 있다고 보았다. 그래서 단위는 수들의 재료가 되고, 2보다 먼저 있게 된다. 이와 동시에 또한 그것은 2가 전체이자 하나이고 형상일 때에는 2보다 나중에 있게 된다. 그러나 ㉯ 그들은 보편적인 것을 추구했기 때문에 어떤 수에 대해 서술되는 하나가 이런 보편적인 방식으로 또한 수들의 일부(형상적 원리)라고 주장했다.[171] 그러나 이 두 가지 특징은 동시에 같은 것에 들어있을 수 없다.[172]

1 자체가 틀림없이 단위의 성격을 띤 것이라면[173](왜냐하면 그것은 수들

---

166 8권(H) 3장 1044a 2-5 참조.

167 6장 1080a 15-35 참조.

168 1권(A) 6장 987b 31의 각주 참고.

169 점은 위치를 가진 것이다. 5권(Δ) 6장 1016b 24-26, 『혼에 관하여』 409a 6 참조.

170 레우킵포스나 데모크리토스와 같은 원자론자들을 가리킨다.

171 플라톤주의자들에 따르면, 주어진 수에 대해 서술되는 '하나'는 '단위'로서는 그 수 안에 든 물질적 요소일 뿐만 아니라 '하나'로서는 그 수의 형상적 요소이기도 하다. 3권(B) 1장 996a 4-7, 3장 998b 17-21, 4장 1001a 4-6, 20-22, 10권(I) 2장 1053b 9-15, 20-21, 11권(K) 1장 1059b 27-29, 2장 1060b 3-6 참조.

172 '하나'가 수들의 물질적 요소이면서 동시에 형상적 요소일 수는 없다.

173 로스(Ross)에 따라 monon atheton(오로지 위치가 없는 것) 대신 monadikon(단위의 성격을 띤 것)으로 읽었다. 그의 책(1924), 2권 454쪽 참조. atheton(위치가

의 원리라는 점을 빼면, 단위들인 다른 1들과 차이가 나지 않기 때문이다), 그리고 2는 분할되지만 단위는 분할되지 않는다면, 단위는 2보다는 1 자체와 더 비슷할 것이다. 그렇다면, 1 자체도 2보다는 단위와 더 비슷하다. 따라서 (1 자체에 가까운, 2 안의) 단위들은 저마다 2보다 먼저 있어야 한다. 그러나 그들은 이를 부인한다. 적어도 그들은 2가 먼저 생겨나 있도록 한다. | 더 나아가, 2 자체가 하나인 것이고, 3 자체도 마찬가지로 하나인 것이라면, 이 둘은 함께 '2'를 이룬다. 그러면, 이 '2'는 어떤 것에서 나오는가?[174]

9장 이데아적인 크기와 수에 대한 비판. 이데아론 비판

수들에서는 닿음(접속)이 없고,[175] 중간에 낀 것이 없는 단위들 사이에,[176] 예를 들어 2 안에 든 단위들 사이에서나 3 안에 든 단위들 사이에 잇따름(계속)만 있다. 그런데 여기에서, 이 수들이 1 자체에 바로 잇따르는지 그렇지 않은지 의문이 날 것이다. 또 1 자체에 잇따르는 것들 중 2가 (두 단위들에) 앞서 (1 자체에 바로 잇따라) 있는지, 아니면 2 안의 두 단위들 중 아무 하나가 (2 자체에) 앞서 (1 자체에 바로 잇따라) 있는지 의문

없는 것) 대신 adiaireton(분할되지 않는 것)이나 asyntheton(합쳐지지 않은 것)으로 읽는 입장도 있다.

174 플라톤주의자들은 2 자체가 아닌 이 '2'를 하나와 확정되지 않은 두 짝으로부터 만들어 낼 수 없다.

175 뻗어(연장되어) 있지 않은 것인 단위들(또는 수들)은 서로 잇따르는(계속적인) 것(ephexēs)일 수는 있어도, 두 끝이 서로 닿아(접촉해) 있을 수 없다. 7장 1082a 10, 11권(K) 12장 1069a 13, 『자연학』 227a 20 참조.

176 11권(K) 12장 1069a 14 참조.

이 날 것이다.[177]

(4) 이와 비슷한 난점들이 수보다 나중에 있는 사물의 유(類)들에서도,[178] 즉 선, 평면, 물체의 경우에서도 따른다. ㉮ 이것들을 어떤 사람들은[179] 큼과 작음의 다양한 종(種)들에서[180] 나오게 한다. 그들은 예를 들어, 선들을 긺과 짧음에서 나오게 하고, 평면들을 넓음과 좁음에서 나오게 하고, 덩이들을[181] 깊음과 얕음에서 나오게 하는데, 이것들은 모두 크고 작음의 다양한 종들이다.[182] 그리고 하나에 상응하는 원리를,[183] 사람들은 저마다 다른 방식으로 규정한다. 그리고 여기에서도 불가능한 점들, 꾸며 낸(날조된) 점들, 모든 합당한 것들에 모순되는 점들이 셀 수 없이 많이 보인다. 왜냐하면, ㉠ 넓음과 좁음이 또한 긺과 짧음이기도 하는 방식으로 자신들의 원리들이 서로 안에 함축되어 있지 않다면, 선, 평면, 물체는 서로 연관 없이 동떨어져 있기 때문이다. 그러나 서로 안에 함축되어 있다고 할 경우, 평면은 선이 되고, 입체는 평면이 될 것이다.[184] 더군다나, 이것들 외

---

177 2 자체보다 이것을 이루는 하나 자체와 두 단위들 중 하나가 앞서 있다. 그리고 2개의 단위들 중 하나는 다른 하나에 앞선다. 7장 1081a 25-27, 32-33 참조.

178 '수들보다 나중에 있는 유들'은 '이데아들 다음에 오는 것들'(6장 1080b 25), '수들 다음으로 나오는 것들'(1권 9장 992b 13)이라 불리기도 한다. 기하학적 대상들에 대해 수들이 차지하는 우위성에 대해서는 1권(A) 2장 982a 25-28 참조.

179 예를 들어, 플라톤은.

180 1권(A) 9장 992a 11, 14권(N) 3장 1090b 27 참조.

181 '덩이'의 원어는 onkos로 여기에서는 조금 앞에 나온 '물체'(sōma)와 같은 뜻이다.

182 1권(A) 9장 992a 10-24, 14권(N) 2장 1089b 11-14 참조.

183 'x : 기하학적 대상들 = 1 : 수들'의 관계에서 x인 것. 이 x는 이데아적인 수들일 수도 있고(선의 이데아는 2, 평면의 이데아는 3, 입체의 이데아는 4이다. 7권 1028b 24-27, 1036b 13-17, 14권 1090b 21-24), 하나 자체일 수도 있다. 이 두 입장의 가능성에 대해서는 3권(B) 4장 1001b 19, 24-25 참조.

184 1085a 7-19를 1권(A) 9장 992a 10-19와 비교.

의 각이나 도형 등은 (그 원리인 지나침과 모자람과 관련하여) 어떻게 설명할 것인가? 그리고 ⓛ (크기에서도) 수에 관련하여 나오는 결과와 같은 것이 따른다. 왜냐하면 긺과 짧음 따위는 크기의 속성들이지만, 크기는 (그들이 주장하듯 물질적인 요소들로서의) 이것들로 이루어져 있지 않으며, 선이 '곧음과 굽음'으로 이루어져 있거나 입체가 '매끄러움과 거칢'으로 이루어져 있지도 않기 때문이다.[185]

이런 (플라톤주의자들의) 견해들 모두에 공통된 어려운 문제가, 한 가지 유의 종들과 관련하여 보편적인 것(보편자)들이 있다고 가정할 때, 따른다. 즉 어떤 특정 동물 안에 있는 것이 동물 자체인지, 아니면 동물 자체와 다른 어떤 것인지 의문이 난다. 정말이지, 보편적인 것이 (감각 대상들로부터) 따로 떨어져 있는 것이 아니라고 한다면, 어떤 어려운 문제도 생기지 않는다. 그러나 그렇게 주장하는 사람들이 말하듯, 하나와 수들이 (감각 대상들로부터) 따로 떨어져 있다고 할 경우, 문제를 풀기가 쉽지 않다(불가능한 것을 '쉽지 않다'고 우리가 말해도 된다면 말이다). 도대체 우리가 2에서, 또는 일반적으로 어떤 수에서, 하나의 단위를 생각한다면, 이때 우리는 어떤 것 자체를[186] 생각하는가, 아니면 이것과는 다른 어떤 것을 생각하는가?[187]

그런데, ㉯ 어떤 사람들은 공간적인 크기들을 그런 다양한 종류의 재료에서 생겨나게 하지만,[188] 다른 어떤 사람들은[189] 그것들을 점(點)에서(이

---

185 그들의 잘못은 기하학적인 대상들의 속성들을 마치 그것들의 물질적인 구성 요소들인 것처럼 말했다는 데 있다. 1권(A) 9장 992b 1-7, 14권(N) 1장 1088a 15-21 참조.

186 이데아인 하나 자체를 뜻한다. 비슷한 표현에 대해서는 4장 1079b 9 참조.

187 감각 대상들로부터 따로 떨어져 있는 이데아적인 수들을 다루는 이 단락은 기하학적인 대상들이 생겨 나오는 원리들에 관한 중심 논의에서 벗어나 있다.

188 1085a 9-12 참조.

189 스페우십포스를 가리킨다.

들은 점을 하나로 생각하지 않고, 하나와 비슷한 것으로 생각하는 듯하다),[190] 그리고 여럿 자체에서가 아니라 여럿과 비슷한 다른 어떤 재료에서 생겨나게 한다. 이런 원리들과 관련해서도 똑같은 문제점들이 (큼과 작음의 다양한 종류를 원리로 놓는 경우에) 못지않게 따른다. 재료가 한 가지라면, 선, 평면, 입체는 같은 것들이다. 같은 재료들로부터는 동일한 것이 나올 것이기 때문이다. | 그러나 재료들이 여러 가지여서, 선의 재료와 평면 1085b
의 재료와 입체의 재료가 저마다 다르다면, 이 선, 평면, 입체는 서로가 서로에게 함축되거나 또는 그렇지 않게 되어, 결국 이렇게 해도 똑같은 결과가 생기게 될 것이다. 다시 말해, 면은 선을 포함하지 않거나, 아니면 그 자체가 선일 것이다. (그러나 둘 다 이치에 어긋난다.)

(5) 더 나아가, 어떻게 수들이 하나와 여럿으로 이루어져 있을 수 있는지 그들은[191] 분명히 밝히려 들지 않는다. 그런데, 그들이 그 방법을 말한다 하더라도, 수들을 하나와 확정되지 않은 두 짝에서 만들어 내는 사람들에게[192] 따를 난점들과 똑같은 난점들이 그들에게도 따른다. 다시 말해, 한쪽 사람들은 보편적으로 서술되는 여럿에서 수들이 생겨나게 만들지, 어느 특정한 여럿에서 생겨나게 하지 않지만, 다른 쪽 사람들은[193] 어느 특정한 여럿에서, 그것도 맨 처음의 여럿에서 생겨나게 한다. 2가[194] 바로 이 맨 처음의 여럿이다. 그러므로 ㉮ 이 두 입장은 실제로 전혀 차이가 없으며, 수적인 섞음,[195] 위치, 양적인 섞음, 생성 등(단위들이 결합하여 수들이

190 그래서 '점 : 하나 = 크기들 : 수들'의 유비 관계가 성립한다.

191 스페우십포스 등을 말한다. 7권(Z) 2장 1028b 21-24 참조.

192 플라톤과 크세노크라테스를 가리키는 듯하다.

193 7행의 '수들을 하나와 확정되지 않은 두 짝에서 만들어 내는 사람들'을 가리킨다.

194 아리스토텔레스는 여기에서 '확정되지 않은 두 짝'을 수 '2'와 같은 것으로 보고 있다.

195 mixis(혼합, 한데 섞음)는 일반적으로 돌과 흙을 섞는 것이나 꿀에 물을 타는 것

1085b

될 방식)과 관련하여 똑같은 어려운 문제들이 따르게 될 것이다.[196]

무엇보다도, ㈏ '각 단위가 하나라면, 그것은 어떤 것으로부터 나와 있는가?' 라는 물음이 나올 것이다. 각 단위는 분명히 하나 자체는 아닐 것이다. 그러면, 그것은 하나 자체와 여럿 또는 여럿의 일부로부터 나와 있어야 한다. 그런데, 적어도 단위는 분할되지 않는 것이기 때문에 단위가 여럿으로부터 나와 있다고 말하는 것은 불가능하다. 그것이 여럿의 일부로부터 나와 있다고 하는 것에도 다른 많은 반론들이 가능하다. 왜냐하면 ㉠ (여럿의) 부분들은 저마다 분할되지 않는 것이어야 하고(분할되는 것이라면 그것들은 저마다 여럿이 되고, 여럿의 일부로 된 단위도 따라서 분할될 것이다), 그렇게 되면 단위의 요소들은 하나와 여럿이지 않을 것이기 때문이다. 왜냐하면 각 단위는 여럿과 하나로부터 나와 있을 수 없기 때문이다.[197] 더 나아가, ㉡ 이런 주장을 하는 사람은 또 다른 수를 만들어 낼 뿐이다. 왜냐하면 (그에게는) 분할되지 않는 것들로 된 여럿이 바로 수이기 때문이다.[198]

더 나아가, ㈐ 그렇게 주장하는 사람들에게, (여럿으로 드러난) 수가 무한한지, 아니면 유한한지[199] 우리는 또한 물어야 한다. (스페우십포스에 따

을 모두 뜻한다. 좁게는 돌과 흙을 섞는 것처럼 마른 것들의 수적인 섞음만을 뜻하기도 한다. 뒤의 것처럼 액체와 관련된 혼합은 특히 따로 krasis(용해, 타거나 녹임)라 불린다. 두 용어가 구분 없이 쓰이기도 하지만, mixis가 krasis보다 더 넓은 개념인 측면도 있다. 여기에서는 두 용어가 대비되어 있기 때문에, 뜻을 좁혀서 앞의 것은 '수적인 섞음(혼합)'으로, 뒤의 것은 '양적인 섞음(혼합)'으로 옮겼다. 『토포스론』 122b 26-31 참조.

196 어떻게 형상적 원리와 물질적 원리가 결합될 것인가? 7장 1082a 20-24 참조.

197 그들의 주장과 달리 물질적인 원리(또는 요소)가 되는 것은 하나와 여럿이 아니라 하나와 '여럿의 일부'가 된다.

198 수들이 여럿으로부터 나온다고 말하는 것은 수들이 수로부터 나온다고 말하는 것과 같다. 7권(Z) 13장 1039a 12의 각주 참조.

르면 처음에) 유한한 여럿이 또한 있었기 때문에, 이것과 하나로부터 유한한 수의 단위들이 나오는 것 같다. 그리고 여럿 자체이고 무한한 여럿인 또 다른 여럿이 있다. 그렇다면, 이것들 중 어떤 여럿이 하나와 더불어 작동하는 요소인가? ㉣ 그들이[200] 공간적 크기들이 나오게 하는 요소인 점에 대해서도 이와 비슷하게 물을 수 있을 것이다.[201] 왜냐하면 이것이 오직 하나만 있는 점의 종류는 아니기 때문이다. 그러면, 다른 종류의 점들은 저마다 어디에서 나오는가? 분명히, 그것들은 간격과 점 자체에서 나오지 않는다. 그리고 또 그들이 단위들을 이루고 있다고 주장하는, 여럿의 부분들은 분할되지 않는데, 간격의 부분들은 이처럼 분할되지 않을 수 없다. 왜냐하면 수는 분할되지 않는 것들로 구성되어 있지만, 크기들은 그렇지 않기 때문이다.[202] (따라서 점들은 간격의 분할되지 않는 부분과 점 자체에서도 나오지 않는다.)

이런 모든 반론들과[203] 또 이와 비슷한 다른 반론들은 수들과 공간적 크기들이 사물들과 따로 떨어져 있을 수 없다는 점을 분명하게 보여 준다. 더 나아가, 수들에 관련하여 여러 방식의 견해들이 불협화음을 내고 있다는 것은 | (그것들이 바탕으로 삼는) 사태들 자체가 맞지 않아서 그런 견해들에 혼란을 가져다주고 있다는 표시다. (1) 왜냐하면 수학적인 대상들만

---

199 8장 1083b 36 참조.

200 스페우십포스 등을 가리킨다.

201 1085a 32-34 참조.

202 점(stigmē)은 자신의 요소로 간격(diastēma)을 가질 수 없다. 점의 단순성이 파괴될 것이기 때문이다. 또한 간격의 일부도 간격이기 때문에 점은 간격의 일부를 자신의 요소로서 가질 수도 없다.

203 8장 1083b 23부터 크게 다섯 부분으로 나뉘어 이루어진 비판을 말한다. 이에 대한 요약이 지금부터 1086a 18까지 이어지며, 그 후로는 이데아론에 대한 비판이 시작된다.

1086a

을 감각 대상들로부터 따로 떨어져 있는 것으로 놓는 사람들은[204] 형상(이데아)들에 관련된 난점과 허구성을 보고, 이데아적인 수에[205] 거리를 두고 수학적인 수만을 놓았다. 그러나 (2) 형상들을 동시에 (수학적인) 수들로서 삼고자 했지만, 그런 원리들을[206] 놓을 경우 수학적인 수가 어떻게 이데아적인 수와 따로 있을 수 있는지를 보지 못한 다른 사람들은[207] 이데아적인 수와 수학적인 수를 말로만 같은 것으로 놓았지, 실제로는 수학적인 수를 없애 버렸다. 왜냐하면 그들은 자신들에 고유한 가정(假定)들을 주장하지만, 이것들은 수학적이지 않기 때문이다.[208] 그러나 (3) 맨 처음으로, 형상들이 있으며 형상들은 수들이라고 가정했으며, 또 수학적인 대상들이 있다고 놓았던 사람은[209] 당연히 형상들과 수학적인 대상들을 따로 떼어 놓았다. 그러므로 이들 모두가 어떤 점에서는 맞는 말을 하지만, 전체적으로는 맞지 않는 말을 한다는 결론이 나온다. 그리고 그들 스스로가 서로 일치되는 것들을 주장하지 않고 상반되는 것들을 주장함으로써 이 점을 시인하고 있다. 이렇게 된 까닭은 그들의 가정들과 원리들이 잘못된 것이기 때문이다. 에피카르모스가 '말하자마자, 곧바로 맞지 않는 것으로 드러난다'고 말하듯이,[210] 맞지 않는 것을 바탕으로 맞는 것을 말해 낸다는 것은 어렵다.

---

204 스페우십포스 등을 말한다.

205 ho eidētikos arithmos(이데아적인 수, 1086a 8, 14권 1088b 4, 1090b 35)와 같은 뜻으로 쓰인 표현들로 '형상(이데아)들의 수', '형상(이데아)들에 든 수들'이 있다.

206 1083b 23-1085b 34에서 비판한 것과 같은, 그런 하나와 확정되지 않은 두 짝을 가리킨다.

207 크세노크라테스 등을 말한다.

208 6장 1080b 28-30 참조.

209 플라톤을 말한다.

210 에피카르모스의 글조각 14, Diels-Kranz(1960-61), 1권 201쪽 참조.

수들에 관해서는 우리가 던진 물음들과 여기서 얻은 규정들로써 충분하다. 이미 확신이 선 사람은 확대된 논의들을 통해 더욱 확신할 것이며, 아직 확신이 안 선 사람은 더는 확신으로 다가갈 길이 없을 것이다. 으뜸 원리들, 으뜸 원인들 및 요소들에 관련하여, 오로지 감각되는 실체만을 다루는 사람들이 주장하는 것들은 한편으로, 자연에 관한 저술들에서[211] 얘기되었거니와, 또 지금 탐구할 사항도 아니다. 그러나 감각되는 실체들 외에 다른 실체들이 있다고 주장하는 사람들의 견해들은 지금까지 우리가 논의한 것들에 이어서 살펴보아야 한다.[212] 그런데, 어떤 사람들은 이데아들과 수들이 그런 실체들이며, 이것들의 요소들이 있는 것들의 요소들이자 원리들이라고 말하므로, 이런 점들에 관련하여 우리는 그들이 무엇을 주장하고 또 어떤 방식으로 그것을 주장하는지 살펴보아야 한다.

수들만을, 그것도 수학적인 수들만을 놓는 사람들은[213] 나중에 생각해 보도록 하자.[214] 그러나 이데아들을 주장하는 사람들의 사유 방식과 더불어 이에 관련된 난점을 우리는 이제 분명하게 보게 될 것이다. 정말이지, 이들은 이데아들을 실체들로서 보편적인 것(보편자)들로 놓으며, 동시에 그것들을 다시 따로 있는(독립적인) 것들로, 그리고 개별적인 것(개별자)들로 만든다. 이럴 수 없음은 (난문들을 다룰 때) 이미 다룬 바 있

211 『자연학』 1권 4-6장, 『천체에 관하여』 3권 3-4장, 『생성과 소멸에 관하여』 1권 1장 참조.

212 1086a 18부터 14권(N) 2장 1090a 2까지는 이데아론에 대한 비판이 두 부분으로, 즉 (1) 보편자들에 독립성을 부여하는 이데아론에 대한 비판(9장 1086a 18-10장 1087a 25)과 (2) 형상적, 물질적 원리를 '반대되는 것'들로 보는 입장에 대한 비판(14권 1장 1087a 29-2장 1090a 2)으로 나뉘어 전개된다. 그 후로 다시 수론에 대한 비판이 『형이상학』의 끝부분까지 이루어진다.

213 피타고라스주의자들과 스페우십포스를 가리킨다. 6장 1080b 14-21 참조.

214 14권(N) 2장 1090a 7-15, 3장 1090a 20-b 20, 1091a 13-22 참조.

다.[215] 실체들이[216] 보편적이라고 주장하는 사람들이 이 두 가지 특징을[217] 한 가지 것에다 결합시키는 까닭은 (일반 사람들처럼) 실체들이 감각 대상들과 같다고 보지 않기 때문이다.[218] 그들은 감각 세계의 개별적인 것들은
1086b | 흐르는(변하는) 상태에 있어서, 그것들은 어느 것도 그대로 있지 않지만, 보편적인 것은 그것들과 따로 있으며 그것들과 다른 어떤 것이라고 생각했다. 앞에서[219] 우리가 말했듯이, 소크라테스는 이런 것을 (보편적인) 정의(定義)들을 통해 부추겼다. 그러나 그 자신은 보편적인 것들을 개별적인 것들로부터 따로 떼어 놓지 않았다. 따로 떼어 놓지 않았다는 점에서 그의 생각은 옳았다. 이는 그에 따른 결과들을 보건대 분명하다. 보편적인 것이 없이는 앎을 얻을 수 없지만, 따로 떼어 놓음은 이데아들에 관련하여 난점들이 따르게 된 원인이다. 그러나 감각되는, 흐르는 상태에 있는 실체들 외에 어떤 실체들이 있다면 그것들은 반드시 따로 떨어져 있어야 한다고 생각한 그들(그의 후계자들)은 다른 실체들을 갖지 못하고, 보편적으로 서술되는 그 실체들을 따로 떨어져 있는 것으로서 내놓았다. 그래서 결국 보편적인 것들과 개별적인 것들이 거의 같은 것이 되어 버렸다. 바로 이 점이 우리가 앞서 말한 견해에 담긴 한 가지 난점일 것이다.

---

215 3권(B) 6장 1003a 7-17 참조. 7권(Z) 13장에서도 다뤄졌다.

216 얘거(Jaeger, 1957)와 로스(Ross, 1924, 2권 462쪽 참조)에 따라 필사본들의 ideas(이데아들은) 대신 ousias(실체들은)로 읽었다.

217 보편성과 독립성(또는 개별성)을 말한다.

218 35행에서 '실체들은'으로 읽지 않고 '이데아들은'으로 읽으면, 이 문장은 "이데아들을 감각 대상들과 같은 실체들로 놓지 않기 때문이다"로 읽게 된다. Tricot(1933), 2권 254쪽 참조.

219 4장 1078b 17-30 ≒ 1권(A) 6장 987b 1-7에서.

10장 독립적인 보편자를 받아들이는 입장에 대한 비판

앞서 난문들에서 이미 다뤘던 점이기도 한데,[220] 이데아들을 주장하는 사람들과 그것들을 주장하지 않는 사람들[221] 모두에게 생길 어려운 문제를 이제 얘기해 보자. 우리가 실체들을 따로 떨어져 있는 것으로 놓지 않으면, 그것도 개별적인 것(개별자)으로 있는 것들에 대해 따로 떨어져 있다고 말하는 방식으로 그것들을 놓지 않으면, 우리는 우리가 주장하고자 하는 종류의 실체를 없애게 될 것이다. 그러나 실체들이 따로 떨어져 있다고 놓는다면, 그것들의 요소들과 원리들은 어떻게 놓을 것인가?

(1) 실체들이 개별적인 것이고 보편적인 것이 아니라면, ㉮ 요소들의 수만큼 있는 것들이 있을 것이고, ㉯ (개별적인 것들인) 요소들은 앎의 대상이 못 될 것이다. 먼저, ㉮ 말에 담긴 음절들이 실체들이라고, 그리고 그것들의 요소(자모)들이 실체들의 요소들이라고 해 보자. 그러면, 오직 하나뿐인 BA만이 있어야 하고, 다른 음절들도 저마다 하나뿐인 것이어야 한다. 왜냐하면 그것들은 보편적이지 않고, 형상이 같지만, 저마다 개수가 하나이고 이것이지, 이름과 뜻이 같은 것은[222] 아니기 때문이다. 더 나아가, 그들은 그 자체로 있는 것을[223] 각 경우마다 하나뿐인 것으로 놓는

---

220 3권(B) 4장 999b 24-1000a 4(난문 9)와 6장 1003a 5-17(난문 12) 참조.

221 스페우십포스(9장 1086a 29 참조)와 플라톤주의자가 아닌 사람들을 가리킨다.

222 homōnymon(한 이름 다른 뜻인 것)은 보통 synōnymon(한 이름 한 뜻인 것)과 구분되어 쓰이지만(『범주들』 1장 참조), 여기서는 같은 뜻으로 쓰여, '불리는 이름도 같고 그 뜻도 같은 사물'을 가리킨다.

223 '그 자체로 있는 것'(auto ho estin)은 이데아를 뜻한다(플라톤의 『크라튈로스』 389d, 『파이돈』 78d, 『향연』 211c, 『파르메니데스』 133d 참조). 문장 차원에서는 '그 자체로 …인 것'으로 표현된다. 예를 들어, 사람의 이데아는 '그 자체로 사람인 것'이다. 4장 1079b 6 참조.

다. 그리고 음절들이 하나뿐인 것들이라면, 그것들을 이루고 있는 부분(자모)들도 마찬가지로 하나뿐인 것들이다. 따라서 하나보다 많은 개수의 A는 없을 것이고, 같은 음절은 여러 개 있을 수 없다는 똑같은 논리에 따라 나머지 자모들도 마찬가지일 것이다. 그러나 이럴 경우, 요소들 외에 다른 사물들은 없을 것이며, 오로지 요소들만이 있게 될 것이다. 더 나아가, ㉯ 요소들은 앎의 대상이 못 될 것이다. 왜냐하면 그것들은 보편적이지 않은데, 앎은 보편적인 것들에 관한 것이기 때문이다. 이는 증명들과 정의(定義)들로부터 볼 때 분명하다. 예를 들어, 모든 삼각형이 두 직각과 같은 크기의 내각들을 갖지 않는다면, 이 삼각형이 두 직각과 같은 크기의 내각들을 갖는다는 추론은 생겨나지 않는다.[224] 마찬가지로 모든 사람이 동물이 아니라면, 이 사람이 동물이라는 추론도 생겨나지 않는다.

그러나 (2) 원리들이 보편적이라면, 그것들로 이루어진 | 실체들도 또한 보편적이거나, 아니면[225] 실체가 아닌 것이 (이치에 어긋나게도) 실체에 앞서게 될 것이다. 왜냐하면 보편적인 것은 실체가 아니지만, 요소나 원리는 보편적이며, 요소나 원리는 자신들로 이루어져 있는 것들에 앞서기 때문이다.

이 모든 난점들이 당연히 따를 수밖에 없다. 그들이 이데아들을 요소들로 이루어진 것들로 놓고, 또 서로 같은 형상을 갖는 실체들로부터 따로 떨어져 있는 어떤 한 가지 것이 있어야 한다고 요구한다면 말이다. 그러나 ㉮ 예를 들어, 말의 요소(자모)들의 경우, 많은 A들과 B들이 얼마든지 있을 수 있고, 이 많은 것들과 따로 A 자체나 B 자체는 있을 필요가 없다면, 이로 말미암아 무수히 많은 비슷한 음절들이 있게 될 것이다. ㉯ 모든 앎

224 『뒤 분석론』 71a 19-29 참조.

225 로스(Ross)의 텍스트 구성에 따랐다. 그의 책(1924), 2권 464-465쪽 참조.

은 보편적이고, 그래서 사물들의 원리들도 또한 보편적이지만 따로 있는 실체들은 아니어야 한다는 견해는 우리가 말한 것들 중 가장 큰 어려운 문제를 담고 있다. 그런 주장은 어떤 면에서 맞지만, 어떤 면에서는 맞지 않다. 왜냐하면 '앎'은 '알다'처럼 두 가지 뜻이 있는데, 하나는 잠재/가능 상태로 앎이고, 다른 하나는 발휘/실현 상태로 앎이기 때문이다.[226] 그런데, 재료로서, 보편적으로 있고 특정되지 않은 앎의 잠재/가능 상태는 보편적인 것과 특정되지 않은 것과 관계한다. 그러나 앎의 발휘/실현 상태는 특정되어 있어서 특정 대상과 관계한다. 그것은 이것(개별적인 것)이기 때문에, 이것과 관계한다.[227] 그러나 시각은 간접적으로 딸린 방식으로 보편적인 색을 본다. 그것이 보는 이 개별적인 색이 색이기 때문이다. 그리고 문법학자가 연구하는 이 개별적인 A도 A다. 왜냐하면 원리들이 보편적이어야 한다면, 증명들에서 보듯이, 그것들로부터 따라 나오는 것들도 보편적이어야 하기 때문이다.[228] 그리고 이럴 경우, 따로 있을 수 있는 것이라고는 아무것도 없을 것이며, 실체도 없을 것이다. 하지만 분명히, 앎은 어떤 점에서 보편적이지만, 다른 어떤 점에서는 그렇지 않다.

---

226 9권(Θ) 6장 1048a 34-35 참조.

227 『혼에 관하여』 417a 28-30 참조.

228 학문적인 추론(또는 증명, apodeixis)은 특히 1격의 추론에서 이루어지는데, 여기에서는 항상 보편적인 전제들로부터 보편적인 결론이 따라 나오며, 특수한 결론은 따라 나오지 않는다. 『뒤 분석론』 1권 14장 참조.

14권(N)

1장 반대되는 것들을 원리로 삼는 이데아론과 이에 대한 비판. 하나와 여럿의 다양한 대립 형태

1087a

이런 종류의 실체에[1] 관하여 이쯤 해 두자. 그런데, 철학자들은 모두 자연물들에서처럼 변하지 않는 실체들에서도 (보편적인) 원리들을[2] (두 개의) 반대되는 것들로 놓는다. 그러나 모든 것들의 원리보다 앞선 것은 있을 수 없기 때문에, 원리는 다른 어떤 것의 속성인 채로는 원리일 수 없다. 예를 들어, 흼은 그것이 다른 어떤 것인 점에서가 아니라 그것이 희다는 점에서 원리이지만, 그것은 바탕(주어)에[3] 대한 것(술어)이고, 또 다른 어떤 것의 속성이라는 점에서 그것은 희다고 주장하는 식으로는 원리

---

1 플라톤주의자들이 '불변의 실체'(akinētos ousia)로 받아들이는 이데아들이나 수학적인 대상들을 가리킨다. 이것은 13권(M) 9장 1086a 18행 또는 21행까지의 논의 주제였다(1장 1076a 11 참조).

2 플라톤은 형상적 원리인 하나와 물질적 원리인 (큼과 작음이라는) 확정되지 않은 두 짝으로부터 모든 것들을 산출해 낸다.

3 '바탕'(to hypokeimenon)은 존재의 차원에서는 '기체'(基體)나 '대상'으로, 문장의 차원에서는 '주어'로 이해할 수 있다. 이것에 속성과 술어가 붙는다.

1087a

일 수 없다. 왜냐하면 그 다른 어떤 것이 (흼보다) 앞선 것이 될 것이기 때문이다. 하지만 반대되는 것들로부터 생겨 나오는 것들은 모두 어떤 바탕 안에 있다. 그러므로 특히 반대되는 것들에게 이 바탕이 | 주어져 있어야

1087b 한다.

그러므로 반대되는 것들은 모두 항상 바탕의 속성들이며, 어느 것도 따로 있을(독립적일) 수 없다. 그러나 현상(現象)이 보여 주고 논증이 입증하듯, 실체에 반대되는 것은 없다.[4] 따라서 반대되는 것들은 본래적인 뜻으로 모든 것들의 원리가 아니다. 원리는 다른 어떤 것이다.[5]

그러나 그들은 반대되는 것들 중 어느 하나를 재료로 삼는다. 그들 가운데 어떤 사람들은[6] 여럿(多)의 본성이라고 생각하는 양이 같지 않음을 (양이 같음인) 하나가 작용할 재료로 삼으며, 다른 어떤 사람들은[7] 여럿을 하나가 작용할 재료로 삼는다. 앞의 사람들에서는 수들이 양이 같지 않음의 두 짝, 즉 크고 작음의 두 짝으로부터 생겨나고, 뒤의 사람들에서는 여럿으로부터 생겨나긴 해도, 두 집단의 사람들 모두에서 수들은 하나의 실체(본질)를 통해 생겨난다. 다시 말해, 양이 같지 않음과 하나는 요소들이며, 양이 같지 않음은 큼과 작음의 두 짝으로 되어 있다고 주장하는 사람들조차도 양이 같지 않음을 또는 큼과 작음을 단일한 것이라고[8] 말할 뿐,

4 『범주들』 3b 24-27 참조.

5 '흼과 검음' 등의 반대되는 성질들보다 앞서 이것들이 딸릴 바탕으로서 실체가 주어져 있어야 한다. 실체는 이런 속성들보다 존재적으로 앞선 것, 즉 원리(archē)이다.

6 플라톤 등을 말한다. 13권(M) 7장 1081a 24 참조.

7 스페우십포스 등을 말한다. 7권(Z) 2장 1028b 21 참조.

8 이것으로 보아 플라톤은 (일정한 양으로) 확정되지 않은 양인 '큼과 작음의 두 짝'을 단일한 원리로 생각했음을 알 수 있다. 그러나 아리스토텔레스는 플라톤의 이런 물질적 원리를 두 개로 나뉜 것으로 받아들여 논의한다. 바로 앞의 8행과 뒤의 14행, 그리고 13권(M) 8장 1083b 23의 각주 참조.

정의에서는 하나지만 개수에서는 하나가 아니라 둘이라고 구분하지 않는다.

그뿐만 아니라 그들은 자신들이 '요소들'이라고 부르는 원리들을 제대로 설명조차 못 한다. 그들 가운데 어떤 사람들은[9] **하나**와 더불어 **큼**과 **작음**을 들면서, 이 셋이 수들의 요소라고 말하는데, 뒤의 둘은 재료로 보고 하나는 형태(형상)로 본다. 그러나 다른 어떤 사람들은[10] **많음**과 **적음**을 (수들의 요소로) 말한다. 큼과 작음은 본성상 (수보다는 공간적인) 크기에 더 적합하다는 것이다. 그리고 또 다른 어떤 사람들은[11] 그보다는 그런 것들에 공통된 보편적인 성질을, 즉 **초과함**과 **초과됨**을 (수들의 요소로) 든다. 그러나 이런 다양한 견해들은 그로부터 나올 몇 가지 결과들에 관련시켜 볼 때 실제로 아무런 차이도 없다. 그들 자신들이 막고자 애쓴 논리적인 난점에 관련하여 차이가 날 뿐이다. 왜냐하면 그들 스스로가 행한 증명들은 추상적인 것이었기 때문이다. 덧붙이자면, **큼**과 **작음**이 원리가 아니라, **초과함**과 **초과됨**이 원리라면, 같은 논리로 수도 2보다 먼저 요소들로부터 나와야 할 것이다. 왜냐하면 둘 모두 더 보편적이기[12] 때문이다. 그런데, 그들은 이것들 중 하나는 말하면서도, 다른 하나는 말하지 않는다.[13]

어떤 사람들은[14] **다름**(異)이나 **남임**(他)을 **하나**에 대립시키지만, 어떤

9 플라톤 등을 말한다.

10 누구라고 꼬집어 말할 수는 없는 플라톤주의자들을 말한다. 2장 1089b 12, 1권(A) 9장 992a 16 참조.

11 피타고라스주의자들을 가리키는 듯하다.

12 수는 2보다, '초과함(to hyperechon)과 초과됨(hyperechomenon)'은 '큼과 작음'보다 더 보편적이다(katholou).

13 초과함과 초과됨이 원리라고는 말해도, 수가 2보다 먼저 요소들로부터 나온다고는 말하지 않는다.

14 플라톤 이후의 특정 피타고라스주의자들을 가리키는 듯하다.

1087b

사람들은[15] 여럿을 하나에 대립시킨다. 그런데 그들이 바라는 대로, 사물들이 반대되는 것들로 이루어져 있고, 하나에 반대되는 것이 없다면, 아니면 있어야 해서 (그 반대되는 것이) 여럿이고, 양이 같지 않음(不等)은 양이 같음(等)에, 다름(異)은 같음(同)에, 남임(他)은 나임(自)에 반대된다면, 하나를 여럿에 맞놓는 사람들의 견해를 가장 그럴듯한 것으로 쳐줄 만하다. 하지만 이들의 견해조차도 충분하지 못하다. 그들에 따르면 하나는 적은 것(少)이 될 것이다. 왜냐하면 여럿임(많음)은 적음에 대립되고, 많은 것은 적은 것에 대립되기 때문이다.

(1)[16] 분명히, '하나'는 척도를 나타낸다.[17] 그리고 모든 경우에, 저마다 다른 어떤 바탕이 있다. 예를 들어, 음계에서는 4분음이,[18] 공간적인 크기에서는 손가락이나 발과 같은 것이, 리듬에서는 운보(韻步)나[19] 음절이 바탕이다. 이와 마찬가지로, 무게에서는 특정한 저울추가 바탕이다. 그리고 이와 같은 방식으로 모든 경우에서,
1088a | 질들에서는 어떤 질이, 양들에서는 어떤 양이 그런 것이다(그리고 척도는 질들의 경우에서는[20] 종류의 면

---

15 스페우십포스 등을 말한다.

16 반대되는 것들(ta enantia)을 이데아적인 수들의 원리로 받아들이는 것에 대한 비판 다음으로, 이제 (1) 형상적 원리인 하나에 대한 비판(1087b 33-1088a 14)과 (2) 물질적 원리에 대한 비판(1088a 15-1장 끝)이 이어지며, (3) 영원한 존재들이 요소들로 구성되어 있다는 것에 대한 비판이 이루어진다(2장 1088b 14-35).

17 하나(to hen)의 엄밀한 뜻은 척도(재는 것, metron)이다. 10권(I) 1장 1052b 18, 1053b 4 참조.

18 10권(I) 1장 1053a 12의 각주 참조.

19 운보(韻步, basis, '걸음')는 하나 또는 두 개의 운족(韻足, pous, '발')으로 이루어진 운율의 단위이다(예: 두 개의 운족 iambos —◡—◡, 한 개의 운족 daktylos —◡◡). 한 운족은 음의 올림(揚 '—', arsis)과 내림(抑 '◡', thesis)의 조합으로 구성되어 있다. 『정치학』 1263b 35 참조.

20 9-14행에 나오는 종(種)과 유(類)를 가리킨다.

에서 더는 분할되지 않으며, 양들의 경우에서는[21] 감각에 관련하여 더는 분할되지 않는다). 이는 하나가 그 자체로 어떤 것의 실체가 아님을 뜻한다.[22] 그리고 이는 이치에 맞다. 왜냐하면 '하나'는 어떤 여럿의 척도를 뜻하며, '수'는 재어진(측정된) 여럿과 척도들의 여럿을 뜻하기 때문이다.[23] 그렇기 때문에 하나는 당연히 수가 아니다.[24] 왜냐하면 척도는 척도들이 아니며, 척도와 하나는 원리이기 때문이다. 척도는 모든 (재어지는) 것들에 늘 똑같이 적용되는 것이어야 한다. 예를 들어, 말(馬)들의 경우에는 '말'이 척도이며, 사람들의 경우에는 '사람'이 척도다. 그리고 사람, 말, 신(神)의 경우에는, 생물이 아마도 (공통의) 척도일 것이며, 그것들의 수가 생물들의 수일 것이다. 그러나 재어지는 것들이 '사람', '흼', '걸어감'인 경우에는, 그것들의 수가 거의 있지 않을 것이다. 왜냐하면 그것들은 모두 개수가 하나인 같은 대상에 속성으로서 들어있기 때문이다. 하지만, 그것들의 수는 유(類, 범주)들의[25] 수이거나, 아니면 그런 종류의 이름을 가진 다른 어떤 것의 수일 것이다.

(2) 양이 같지 않음을 한 가지 것으로 놓고, 두 짝은 큼과 작음으로 된,[26] (일정한 양으로) 확정되지 않은 어떤 것으로 놓는 사람들은[27] 있음직한 것

---

21 1087b 34-37에 나온 양적인 단위들을 가리킨다.

22 '하나'(to hen)는 실체가 아니라 '있음'(to on)처럼 모든 범주의 것들에 대해 서술되는 가장 보편적인 속성이다.

23 5권(Δ) 13장 1020a 13, 7권(Z) 13장 1039a 12 참조. 에우클레이데스도 하나와 수에 대해 이와 비슷한 정의를 내린다. 그의 『원론』 7권의 정의 1과 2 참조.

24 크뤼십포스(Chrysippos, 기원전 280-207년쯤)의 추종자들이 처음으로 '하나'(to hen)를 수로 생각한 것으로 짐작된다. Ross(1924), 2권 473쪽 참조.

25 '사람'(실체), '흼'(질), '걸어감'(능동) 등의 범주들에 공통된 이름은 '유'(genos)이거나 이와 비슷한 이름이다.

26 1087b 9-12 참조.

27 3장 1090b 32-1091a 5, 13권(M) 8장 1083b 23-36 참조.

들 또는 가능한 것들과 아주 거리가 먼 주장을 한다. 왜냐하면 ㉮ 그것들은 수나 크기의 바탕들이라기보다는 수나 크기의 양태 및 속성이기 때문이다. 다시 말해, 많음과 적음은 수의 양태 및 속성이고, 큼과 작음은 크기의 양태 및 속성이다. 짝수임과 홀수임, 매끄러움과 거칢, 곧음과 굽음이 어떤 대상들의 양태 및 속성이듯 말이다. 더 나아가, ㉯ 그런 잘못 말고도, 큼과 작음 등은 틀림없이 어떤 것에 관계 맺은 것(관계 개념)인데, 관계는 모든 것들 중에서 가장 어떤 실재나 실체가 아니며, 질과 양보다 나중에 있다. 그리고 관계 맺은 것은 앞서 말했듯이, (관계 맺은 것과는) 다른 어떤 것이 관계 맺은 것 일반과 그 부분들 및 종류들의 바탕이므로, 양의 속성이지 양의 재료가 아니다. 왜냐하면 자신과는 다른 어떤 바탕이 있어서, 이것이 많거나 적거나, 크거나 작거나, 또는 관계 맺어 있지 않다면, 어떤 것도 크지도 작지도 않거나, 많지도 적지도 않거나, 또는 일반적으로 관계 맺어 있지도 않기 때문이다. 관계 맺은 것이 (모든 것들 중) 가장 실체도 어떤 있는 것도 아니라는 점은 오로지 그것에 대해서만 생성도 소멸도 움직임도 없다는 사실에서 드러난다. 양에서는 늘어남(팽창)과 줄어듦(수축)이 있고, 질에서는 질 변화가 있고, 장소에서는 이동이 있고, 실체에서는 단적인 생성과 소멸이 있는데, 관계에서는 그런 (자신에 고유한) 변화가 없다. 다시 말해, 제 움직임이 없이 (자신과 비교되는) 다른 어떤 것의 양이 변하면서, 어떤 관계 맺은 것은 커지기도 하고 작아지기도 하고 또 양이 같아지기도 한다. | 그리고 ㉰ 각 사물의 재료는, 따라서 실체의 재료는, 잠재/가능 상태로 그 사물이어야 한다. 그러나 관계 맺은 것은 잠재/가능 상태로도 발휘/실현 상태로도 실체가 아니다. 그러므로 양, 질 등 실체가 아닌 것들을 실체의 요소로 놓고, 또한 실체보다 앞선 것으로 놓는 것은 이치에 어긋난다. 아니 불가능하다. 왜냐하면 여타의 범주들은 실체에 뒤진 것이기 때문이다.

더 나아가, ㉣ 요소들은 자신들로 구성된 사물들에 대해서 서술되지 않는다.[28] 그러나 많음과 적음은 둘이 따로 수에 대해서 서술되기도 하고, 또 함께 서술되기도 하며,[29] 긺과 짧음은 선에 대해서 서술되며, 평면은 넓기도 하고 좁기도 하다.[30] 그러나 2처럼 '적다'라는 술어가 항상 붙는[31] 여럿이[32] 있다면(2는 많은 것일 수 없는데, 만일 2가 많은 것이라면, 하나는 적은 것이 될 것이기 때문이다), 예컨대 10보다 큰 수가 없다면 10이 많듯이[33] 또는 10,000이 많듯이, 절대적으로 많은 여럿이 있을 것이다. 이런데, 어떻게 수가 적음과 많음으로 이루어질 수 있겠는가? (이것들이 수의 요소들이라면) 둘 다 수에 대해 서술되거나, 아니면 둘 다 서술되지 않아야 한다. 그러나 실제로는 (그들에 따르면) 둘 중 하나만 서술된다.

2장 실체의 복수성과 독립적인 수의 존재에 대한 비판

(3) 영원한 것들이 요소들로 이루어져 있을 수 있는지 우리는 일반적으

---

28 예를 들어, 벽돌로 된 집을 두고, '집은 벽돌이다'고 말하지 않는다.

29 많음(poly)과 적음(oligon)은 어떤 수가 절대적으로 많거나 적은 경우에는 '따로'(chōris) 서술되며(katēgoreisthai), 상대적으로 많거나 적은 경우에는 '함께'(hama) 서술된다. 예) 2는 적다. 3은 2보다는 많지만, 6보다는 적다.

30 앞의 문장 구조를 계속 따른다면, '넓음과 좁음은 평면에 대해 서술된다'가 되어야 할 것이다.

31 로스(Ross)의 해석 중 하나에 따른 번역이다. 그의 책(1924), 2권 474쪽 참조. "'적다'라는 술어가 항상 붙는" 대신 "우리가 항상 '적다'고 말하는"으로 읽을 수도 있다.

32 여기서 '여럿'(plēthos)은 하나보다 많은 수, 즉 2 이상의 수를 뜻한다. 10권(I) 6장 1056b 10의 각주 참조.

33 12권(Λ) 8장 1073a 17-22, 13권(M) 8장 1084a 12-13 참조.

1088b

로 살펴보아야 한다.[34] 이루어져 있다면, 그것들은 재료를 가질 것이다. 왜냐하면 요소들로 이루어진 것은 모두 결합된 것이기 때문이다. 그런데 사물은, 그것이 지금까지 늘 있어왔다 하더라도 언젠가 생겨난 것이라면, 자신을 이루는 것으로부터 생겨나 있어야 한다. 그리고 모든 것은 잠재/가능 상태로 어떤 것인 것에서 나와 그것이 되는 바의 것이 된다. 왜냐하면 그것은 이럴 힘이 없는 것으로부터는 생겨날 수도 생겨나 있을 수도 없을 것이기 때문이다. 그리고 '…ㄹ 수 있는 것'은 발휘/실현될 수도 있고, 그렇지 않을 수도 있다.[35] 이렇다면,[36] 수나 재료를 갖는 다른 어떤 것은 그것이 아무리 지금까지 늘 있어 왔다고 할지라도 더는 있지 않을 수 있다. 마치 여러해살이가 하루살이와 마찬가지로 더는 있지 않을 수 있는 것처럼 말이다. 이렇다면, 끝없이 긴 시간 동안 있어 온 것도 더는 있지 않을 수도 있을 것이다. 그러므로 그런 (재료를 갖는) 것들은[37] 영원할 수 없을 것이다. 다른 자리의 논의들에서 다뤘던 바대로,[38] 있지 않음을 허용하는 것은 영원하지 않기 때문이다. 방금 말한 것이, 즉 어떤 실체도 그것이 (신처럼 오로지) 발휘/실현 상태로 있는 것이 아니라면 영원할 수 없다는 주장이 보편적으로 맞는다면, 그리고 요소들은 실체의 재료라면, 영원한 실체는 자신 안에 들어있으면서 자신을 이루고 있는 요소들을 가질 수는 없을 것이다.

어떤 사람들은[39] 확정되지 않은 두 짝을 하나와 함께 요소로 놓으면서

---

34 수들이 요소들로 이루어져 있는 한 영원할 수 없다는 내용의 반론이 담긴 문단이다.

35 어떤 능력이나 가능성은 발휘되거나 실현될 수도 있고, 그렇지 않을 수도 있다.

36 16행부터 바로 앞 문장까지의 내용("그런데, 사물은 … 그렇지 않을 수도 있다.")을 받는다.

37 특히 이데아들과 수학적인 대상들을 가리킨다.

38 9권(Θ) 8장 1050b 7-17, 『천체에 관하여』 1권 12장 참조.

39 크세노크라테스를 가리키는 듯하다.

도, 양이 같지 않음에는 그로부터 불가능한 점들이 따르기 때문에 (확정되지 않은 두 짝을 양이 같지 않음이라고 부르는 데에는) 반대하는데, 그럴 만한 이유가 있다. 그러나 그들은 양이 같지 않음, 즉 관계 맺은 것(관계 개념)을 요소로 놓음으로써 일어날 수밖에 없는 난점들만을[40] 없앴다. 이런 (수정된) 견해와 별개로 (영원한 것들을 요소들로부터 만들어 낼 때) 생기는 문제들은, 그들이 그 요소들에서 이데아적인 수를 만들어 내든 수학적인 수를 만들어 내든, 그들에게도 주어질 수밖에 없었다.

그들이 이런 원인들로[41] | 잘못 빠져들게 된 까닭은 여러 가지겠지만, 1089a
근본적으로는 낡은 방식으로 문제를 설정한 데 있다.[42] 그들은

"있지 않은 것들이 있다고 억지로 보여 줄 수는 없기 때문이다"

라는 파르메니데스의 말을[43] 반박하지 않고 이에 보조를 맞춘다면, 있는 것들이 모두 하나, 즉 있음 자체가 될 것이라고 생각했다. 그래서 그들은 있지 않은 것이 있다는 것을 증명하는 것이 필요하다고 생각했다.[44] 다시 말해, 있는 것들이 여럿이려면, 그것들은 이런 방식으로만, 즉 있는 것과 이것과 다른 어떤 것으로[45] 이루어짐으로써만 그럴 수 있다는 것이다.

---

40 1장 1088a 21-35 참조.

41 '하나'와 (일정한 양으로) '확정되지 않은 두 짝' 등을 말한다. 이것들은 다른 사물들이 있게 된 형상적 원인과 물질적 원인으로서 가장 먼저 있는 것, 즉 원리(archē)들이다.

42 1088b 35-1090a 2는 플라톤주의자들이 내세우는 이론의 근본적인 오류를 꼬집는 부분이다.

43 글조각 7, 김인곤 외(2005), 279쪽 참조.

44 플라톤의 『소피스테스』 241d, 256e 참조.

45 있지 않은 것(to mē on)으로.

1089a

그러나 첫째, '있는 것'은 여러 가지 뜻으로 말해지는데(다시 말해, 그것은 실체를 뜻하기도 하고, 이 실체의 특정한 질과 양을 뜻하기도 하고, 다른 범주들을 뜻하기도 한다), (파르메니데스의 말대로) 있지 않은 것이 있지 않다면, 있는 것들은 모두 어떤 종류의 하나인 것인가?[46] 실체들이 하나인가, 또는 양태들과 이와 비슷한 방식의[47] 다른 범주들이 저마다 하나인가, 아니면 모두가 하나인가? 그래서 이것, 이러함, 이만큼, 그리고 (범주들 중) 어떤 한 가지를 나타내는 나머지 것들 모두가 하나일 것인가? 그러나 어떤 한 가지 실재가[48] 있는 것 중 어떤 것(부분)이 이것(실체)이고, 어떤 것이 이러한(일정한 질의) 것이고, 어떤 것이 이만큼인(일정한 양의) 것이고, 어떤 것이 어디에 있는(일정한 장소에 있는) 것의 원인이 된다는 것은 이치에 어긋난다. 아니 불가능하다.

둘째, 어떤 종류의 있지 않은 것과 있는 것으로 사물들이 이루어져 있는가? 왜냐하면 '…임'이[49] 여러 가지 뜻을 가지듯이, '…아님(…이지 않음)'도 여러 가지 뜻을 가지기 때문이다. '사람이 아님'은 이것(일정한 실체)이 아님을 나타내고, '곧지 않음'은 이러함(일정한 질)이 아님을 나타내며, '3자(尺)가 아님'은 이만큼(일정한 양)이 아님을 나타낸다. 그렇다면, 어떤

---

46 있는 것들(ta onta)이 모두 하나라고 주장하는 사람들은 이것을 어떤 뜻으로 주장하는가? 실체들이 모두 하나인(단일한) 것이라는 건가? 아니면 범주들이 저마다 하나인 것이라는 건가? 아니면 모든 범주들이 다 하나인 것이라는 건가? 『자연학』 185a 20-30 참조.

47 이와 같은 방식은 '실체에 딸리는 속성의 방식'을 뜻한다. 7권(Z) 1장 1028a 13 참조.

48 다시 말해 '있지 않음(또는 있지 않은 것)'(to mē on)이.

49 to on과 to mē on은 존재의 차원에서는 '있음(또는 있는 것)'과 '있지 않음(또는 있지 않은 것)'으로, 문장의 차원에서는 '…임(또는 …인 것)'과 '…아님(또는 …아닌 것)'으로 옮기는 것이 이해하기 쉽다.

종류의 있지 않은 것과 있는 것으로 여럿인 사물들은 이루어져 있는가? 정말 그는[50] '…아닌 것(…이지 않은 것)'으로써(이것과 '…인 것'으로 여럿인 사물들은 이루어져 있다), 거짓인 것과 거짓의 본성을 말하고자 한다. 그렇기 때문에 또한 어떤 사람들은,[51] 기하학자들이 한 발 길이가 아닌 선을 한 발 길이의 선이라고 생각하듯이,[52] 우리 철학자들도 (참인 것을 설명하기 위해서는) 거짓인 것을 전제해야 한다고 말하곤 했다. 그러나 그럴 수 없다. 왜냐하면 기하학자들은 거짓인 것을 전제하지 않을뿐더러[53](이런 거짓 전제는 그의 추론에 있지 않다), 이런 ('거짓인 것'이란) 뜻에서의 '…아닌 것(…이지 않은 것)'으로부터는 있는 것들이 생성하지도 않고, 또 그것으로 소멸하지도 않기 때문이다. 여러 가지 경우에 따른 '있지 않은 것'은 범주들이 있는 만큼의 여러 가지 뜻으로 말해지며, 이 밖에 거짓인 것이 '…아니다(…이지 않다)'고 말해지고, 또 잠재/가능 상태로 있는 것이 '아직 실제로 있지 않다'고 말해지는데, 바로 이 잠재/가능 상태로 있는 것으로부터 생성이 성립한다. 아직 사람이 아니지만 잠재/가능 상태로 사람인 것으로부터 사람이 생겨나며, 아직 희지 않지만 잠재/가능 상태로 흰 것으로부터 흰 것이 생겨난다. 한 가지 것이 생겨나든 여러 가지 것들이 생겨나든 마찬가지다.

분명히, '실체'란 뜻의 있는 것이 어떻게 여럿일 수 있느냐가 문제다. 왜냐하면 (그들이 주장한 원리들로부터) 생겨나게 되는 것들은 (그들에게는 실

---

50 플라톤을 가리킨다(『소피스테스』 237a, 240 참조). 그러나 플라톤은 '…아닌 것(…이지 않은 것)'(to mē on)이 없으면 '거짓인 것'(to pseudos)도 없다고 말할 뿐, 이 둘을 같은 것으로 보지는 않는다.

51 어떤 플라톤주의자들을 가리키는 듯하다.

52 3권(B) 2장 998a 3, 『앞 분석론』 49b 35, 『뒤 분석론』 76b 41 참조.

53 13권(M) 3장 1078a 19-21 참조.

체인) 수(數)들, 선(線)들, 물체들이기 때문이다. 그런데, 어떻게 질들이나 양들이 여럿인지를 묻지 않고, 어떻게 '무엇'(실체)이란 뜻의 있는 것이 여럿인지를 묻는다는 것은 정말이지 이상하다. 왜냐하면 확정되지 않은 두 짝 또는 큼과 작음은 분명히, (속성들인) 두 종류의 흼이 또는 여러 가지 색
1089b 들이나 맛들이나 모양들이 | 있게 된 원인이 아니기 때문이다. 안 그러면, 이것들도 수와 단위가 될 것이다. 그러나 그들(플라톤주의자들)이 이런 (실체 외의) 범주들을 좀 더 제대로 파고들었더라면, 실체들에서도 그 다수성의 원인을 보았을 것이다. 왜냐하면 양쪽의 다수성의 원인이 서로 같거나 적어도 유사하기 때문이다.[54] 바로 그런 (잘못된) 이탈 때문에, 그들은 있음과 하나에 대립되는 것을 (사물들의 다수성의 원인으로서) 찾으면서(그들에 따르면, 있는 것들은 있음과 하나와 이것들에 대립된 것으로 이루어져 있다), 있음과 하나에 반대되는 것도 아니고 그것들의 부정(否定)도 아닌 것을 (물질적 원리로서) 가정하게 되었는데, 이것은 무엇(실체)이나 질처럼 있는 것들 중 한 가지 실재일 뿐인 관계, 즉 양이 같지 않음이었다.

그러나 그들은 어떻게 관계 맺은 것들이 하나가 아니고 여럿인지도 물었어야 했다. 그런데, 그들은 어떻게 으뜸가는 하나 외에 여러 단위들이 있는지는 묻지만, 어떻게 양이 같지 않음 (자체) 외에 양이 같지 않은 여럿이 있는지는 묻지 않는다. 그럼에도 그들은 (양이 같지 않은 여럿을) 사용하면서 큼과 작음, 수들이 나오는 많음과 적음,[55] 선이 나오는 긺과 짧음, 평면이 나오는 넓음과 좁음, 덩이(입체)가 나오는 깊음과 얕음을 얘기한다. 그들은 또한 더 많은 종류의 관계 개념을 얘기한다. 그렇다면, 이런 관계 맺은 것들이 여럿인 이유는 무엇인가?

---

54 12권(Λ) 4장 1070a 31-b 21, 5장 1071a 24-b 2 참조.

55 1장 1087b 16, 1088b 5-13, 1권(A) 9장 992a 16 참조.

그러므로 우리의 주장대로, 각 사물에 대해 잠재/가능 상태로 있음을 전제해야 한다. 그리고 그런 것들을 주장하는 사람은[56] 무엇이 잠재/가능 상태로 이것이자 실체인지를 밝혔을 뿐, 무엇이 스스로 있는 것인지는 밝히지 못했다. 그는 그것이 관계 맺은 것이라는 점만을 밝혔을 뿐이었다(그것이 질인 것이라고 말할 만도 했다). 그러나 관계 맺은 것은 잠재/가능 상태로 하나인 것이거나 그런 상태로 있는 것도 아니고, 하나인 것이나 있는 것의 부정(否定)도 아니며, 있는 것들 중 한 가지 종류일 뿐이다. 그리고 앞서 말했듯이,[57] 어떻게 있는 것들이 여럿인지를 탐구하고 있었을 때, 그는 동일한 범주 안에 든 것들에만 머물러서, (예를 들어) 어떻게 여러 실체들이나 여러 양들이 있는지를 묻기보다는, 어떻게 있는 것들이 (일반적으로) 여럿인지를 훨씬 더 물었어야 했다. 왜냐하면 있는 것들 중 어떤 것들은 실체들이고, 어떤 것들은 성질들이고, 또 어떤 것들은 관계들이기 때문이다. 그런데, (실체 외의) 다른 범주들의 경우에는, '어떻게 그것들이 여럿인가?'라는 물음에 또 다른 특별한 문제가 걸려 있다. 질들과 양들은 (실체로부터) 따로 떨어져 있을 수 없어서, 그것들은 자신들의 바탕(基體)이 여럿이 되어 여럿이기 때문에 여럿이다. 그래서 (범주의) 유(類) 각각에 재료가 있어야 한다. 단, 이 재료는 실체들로부터 따로 떨어져 있을 수 없다. 그런데 이것(실체)들의 경우, 어떻게 이것이 여럿인지를 어떻게든 설명할 수 있다. (플라톤주의자들처럼) 어떤 사물이 이것이자 (동시에) 그러한 종류의 어떤 실재라고 혼동하지[58] 않는다면 말이다. 오히려 여기서 생기는 정

56 플라톤처럼, 큼과 작음의 두 짝 또는 같지 않음을 물질적인 원리로 내세우는 사람을 가리킨다.

57 1089a 34 참조.

58 아리스토텔레스에 따르면, 플라톤주의자들은 이데아가 '그러한 어떤 실재'(physis tis toiautē)라고 주장한다.

말 어려운 물음은 '어떻게 발휘/실현 상태로 있는 실체가 하나가 아니라 여럿인가?'라는 물음이다.

더 나아가, (플라톤주의자들의 주장과 달리) 이것과 양인 것이 서로 같지 않다면,[59] 어떻게 그리고 왜 있는 것들이 여럿인지는 (플라톤주의자들에 의해) 설명되지 않고, 어떻게 양인 것들이 여럿인지가 설명될 뿐이다. 왜냐하면 '수'는 모두 일종의 양을 나타내며, '단위'(하나)도, 그것이 척도나[60] 양적으로 분할되지 않는 것이 아니라면, 양을 나타내기 때문이다. 그런데, 양과 무엇임(실체)이 다르다면, | 무엇으로부터 실체가 나와 있고, 어떻게 그것이 여럿인지가 (플라톤주의자들에 의해) 설명되지 않는다. 그러나 그것들이 같다고 말하는 사람은 많은 모순점들에[61] 부딪치게 된다.

(1) 수들에 관해서도, 그것들이 (따로 떨어져) 존재한다는 확신을 우리는 어디에서 얻을 수 있느냐는 물음에 눈길을 돌릴 수 있겠다.[62] 이데아들을 (원리로서) 놓는 사람에게[63] 이데아들은 있는 것들에 대해 일종의 원인 노

---

59 플라톤주의자들은 이데아들을 이것(to tode), 즉 독립된 실체로 보기도 하며, 또 '양인 것'(to poson), 즉 수로 보기도 한다.

60 로스(Ross)에 따라 hoti(…다는 것) 대신 kai(그리고, 또는)로 읽었다. 그의 책(1924), 2권 478쪽 참조.

61 예를 들어, 양과 실체가 같다고 할 경우, 양은 어떤 것의 속성이므로 실체도 어떤 것의 속성이 될 것이다.

62 13권(M) 9장 1086a 18부터 14권(N) 2장 1090a 2까지는 이데아론에 대한 비판이 이루어졌다. 지금부터 14권(N) 끝까지 플라톤주의자들의 수론(數論)에 대한 비판이 다음과 같은 네 부분으로 나뉘어 펼쳐진다. (1) 독립적으로 존재한다는 수학적인 수들에 대한 검토(2장 1090a 2-3장 1091a 12), (2) 영원한 수들의 발생에 대한 비판(3장 1091a 12-4장 1091a 29), (3) 으뜸 원리들과 '좋음'의 관계(4장 1091a 29-5장 1092a 21), (4) 수와 그것의 원리들의 관계(5장 1092a 21-b 8), (5) 다른 사물들의 원인으로서의 수들(1092b 8-끝).

63 플라톤을 가리킨다.

릇을 한다. 수들은 저마다 이데아이고, 이데아는 다른 사물들에게 이런저런 방식으로, 그것들이 있음의 원인이기 때문이다. 그들에게 이런 전제가 있다고 해 두자. 그러나 이데아들에 관련하여 그 안에 든 난점들을 보기 때문에 그런 방식으로 생각하지 않는, 그래서 바로 그런 이유 때문에 수들을 놓지 않고, 수학적인 수들을 놓는 사람은[64] 무엇을 근거로 그런 수들이 있다고 확신하는가? 그리고 그런 수들은 다른 사물들에게 무슨 쓸모가 있는가? 그런 수들을 주장하는 사람은 그런 수들이 어떤 것의 원인이라고 말하지 않을뿐더러(그는 오히려 그런 수들은 자립적인 실재라고 말한다), 그런 수들이 어떤 것의 원인이라고 관찰되지도 않는다. 그렇지만, 앞서 말한 것처럼,[65] 산학자(算學者)들의[66] 정리(定理)들은 모두 실제로 감각 대상들에 대해서도 타당하다.

3장 독립적인 수에 대한 비판(계속). 수의 발생에 대한 비판

그런데, 이데아들이 있다고, 이것들이 수들이라고 놓는 사람들은[67] 여럿으로부터 낱낱이 빼낸[68] 것(이데아 또는 수)들 각각을 하나인 것으로 받아들임으로써, 왜 수가 있는지를 어떤 식으로든[69] 적어도 설명하려고 했다.

---

64 스페우십포스를 가리킨다.

65 13권(M) 3장, 특히 1077b 17-22 참조.

66 arithmētikos를 흔히 '산술학자'(算術學者)로 옮기는데, 비슷한 개념인 '술'과 '학'이 불필요하게 반복되어 있으므로 둘 중 하나를 빼내야 한다. 그래서 '산학자'로 새롭게 옮긴다.

67 플라톤과 그의 추종자들을 말한다.

68 '빼냄'(추출, ekthesis)의 뜻에 대해서는 1권(A) 9장 992b 10의 각주 참조.

69 플라톤주의자들에 따르면, 수들은 하나와 '확정되지 않은 두 짝'(=큼과 작음)으로

1090a

그렇지만 그들이 든 근거들은 필연적이지도 가능하지도 않기 때문에, 적어도 그런 근거들에 바탕을 두고서는 수들이 (독립적으로) 존재한다고 말해서는 안 된다. 그리고 피타고라스주의자들은 수들의 여러 가지 속성들이 감각되는 물체들 안에 들어있음을 보았기 때문에, 있는 것들이 수들이라고 생각했다. 그러나 따로 떨어져 있는 수들로 놓지 않았고, 있는 것들을 이루고 있는 수들로만 놓았다. 왜 그랬는가? (그들에 따르면) 수들의 속성들이 음계 안에, 우주 안에, 그리고 다른 많은 사물들 안에 들어있기 때문이다.[70] 그러나 수학적인 수들만이 있을 뿐이라고 주장하는 사람들은[71] 자신들의 가정(假定)들에 따라서는 전혀 그런 종류의 것을[72] 말할 수 없었다. 그들은 그런 감각 대상들에 대해서는 학문들이 있을 수 없다고만 말하곤 했을 뿐이다. 그러나 앞서 말했듯이,[73] 우리는 (그런 것들에 대한 학문들이) 있다고 주장한다. 그리고 분명히, 수학적인 대상들은 따로 떨어져 있지 않다. 따로 떨어져 있다면, 그것들의 속성들이 물체들 안에 들어있지 않을 것이기 때문이다. 이 점에서는 피타고라스주의자들은 전혀 나무랄 데가 없다. 하지만, 자연적인 물체들을 수들로부터 나오게 했다는 점에서, 즉 가벼움과 무거움을 갖지 않는 사물들로부터 가벼움과 무거움을 갖는 사물들을 나오게 했다는 점에서 그들은 감각되는 우주와 물체들이 아닌 또 다른 종류의 우주와 물체들을 얘기하는 듯하다. 그러나 수들을 따로 떨어져 있는(독립적인) 것으로 놓는 사람들은[74] 공리들은 감각 대상들의 경

부터 나온다.

70 1권(A) 8장 989b 29-990a 29 참조.

71 스페우십포스 등을 말한다.

72 수들로 이루어진 사물들(또는 감각 대상들)을 가리킨다.

73 13권(M) 3장 참조.

74 플라톤주의자들을 가리킨다.

우에는 적용되지 않지만, 수학적인 진술들은 참이며 혼을 즐겁게 하기 때문에, 수들이 있고 또 따로 떨어져 있다고 | 생각한다.

수학적인 크기들도 이와 마찬가지다. 그러므로 분명히, 그것을 반대할 1090b
(피타고라스주의자들의) 이론은[75] 그것에[76] 반대되는 것을 말할 것이며, 방금 우리가 제기한 물음은,[77] 즉 수들은 어떤 방식으로도 감각 대상들 안에 들어있을 수 없는데, 왜 그것들의 속성들이 감각 대상들 안에 들어있을 수 있는지의 문제는 그렇게 주장하는 사람들이 풀어야 한다.

그러나 점은 선의, 선은 평면의, 평면은 입체의 한계이자 극단이므로, 이런 종류의 (독립적인) 실재들이 반드시 따로 있어야 한다고 생각하는 사람들이 있다.[78] 그렇다면 이런 논증이 너무 무르지 않은지 우리는 살펴보아야 한다. 먼저, ㉠ 극단의 것들은 정말 실체가 아니다. 아니, 그런 것들은 모두 한계들이다. 걷고 있음뿐만 아니라 일반적으로 움직임에도 한계(끝)가 있으므로, (그들의 주장에 따른다면 이것들처럼) 한계가 있는 것은 모두 이것이자 일종의 실체가 될 것이다. 그러나 이는 이치에 어긋난다. 더 나아가, ㉡ (점, 선, 평면처럼) 한계인 것들이 실체라고 하더라도, 어디까지나 그것들은 모두 여기 이 감각 대상들의 실체일 것이다. 바로 이 점까지 그들의 주장이 펼쳐진다. 그렇다면, 무엇 때문에 그것들이 (그런 대상들로부터) 따로 떨어져 있겠는가?[79]

더 나아가, 너무 쉽게 만족하지 못하는 (우리 같은) 사람은 모든 수들과

---

75 1090a 20-25 참조.

76 독립된 수의 존재를 주장하는 이론에.

77 1090a 29 참조.

78 몇몇 피타고라스주의자들이나 플라톤주의자들을 가리키는 듯하다. 3권(B) 5장 1002a 4-12, 7권(Z) 2장 1028b 15-18 참조.

79 1090a 28-30 참조.

수학적인 대상들에 관련하여, 이것들이 서로에게, 앞선 것들이 뒤진 것들에게 (서로의 있음에서) 아무런 영향을 미치지 못한다고 지적할 것이다. 수들이 없다고 하더라도, 수학적인 대상들만은 있을 것이라고 주장하는 사람들에게[80] (수학적인) 크기들은 있을 것이며, 이 크기들이 없더라도 혼과 감각되는 물체들은 있을 것이다. 그러나 관찰된 사실들로 보건대 자연은 형편없는 비극처럼 에피소드(揷話)의 연속은[81] 아닌 듯하다. 이데아들을 놓는 사람들은[82] 이런 문제에서 벗어난다. 왜냐하면 그들은 공간적인 크기들을 재료와 수에서 만들어 내기 때문이다. 즉 그들은 선들을 2에서, 평면들을 3에서, 입체들을 4에서 만들어 낸다. 그리고 (어떤 복잡한 것들은) 다른 수들에서 만들어 내기도 하는데, (그것들이 어떤 식으로 만들어지는지는) 여기서는 상관없다. 그럼, 그런 크기들은 이데아일 것인가? 그것들은 어떤 방식으로 생겨나 있는가? 그리고 그것들은 있는 것들에 어떤 영향을 미치는가? 그것들은 수학적인 대상들과 마찬가지로[83] 아무런 영향도 미치지 않는다. 그리고 우리가 수학의 원리들을 바꾸어 특별한 이론을[84] 세우려 하지 않는다면, 어떤 (수학적인) 정리(定理)조차도 그것들에 대해 타당하지 않다. 아무 가정(假定)들이나 잡아서, 이것들을 늘여서[85] (이런저런 결론들에) 연결시키는 일은 어렵지 않다. 그러나 이들은 수학적인 대상들을 이데아들에다 접합하려고 한 점에서 잘못하고 있다.

---

80 스페우십포스 등을 말한다.

81 '에피소드(揷話)의 연속'(epeisodiōdes)은 '개연성이나 필연성이 없이 서로 무관하게 잇달아 일어나는 것들'을 가리킨다. 12권(Λ) 10장 1076a 1과 『창작술』 1451b 34-35 참조.

82 크세노크라테스 등을 가리킨다.

83 앞의 14-16행 참조.

84 '특별한 이론'(idia doxa)의 예로 '분할되지 않는 크기들' 같은 것을 들 수 있다.

85 13권(M) 8장 1083b 6 참조.

그리고 처음으로 두 가지 종류의 수를, 즉 형상(이데아)들의 수와[86] 수학적인 수를 놓았던 사람들은 수학적인 수가 어떻게 있으며, 어떤 것으로 이루어져 있는지를 전혀 말하지 않았으며, 말할 능력조차 없었다. 그들은 수학적인 수를 이데아적인 수와 감각되는 수 사이에 놓는다. ㉠ 정말이지, 수학적인 수가 큼과 작음으로 이루어져 있다면 그것은 이데아들의 수와 같을 것이다. 그(플라톤)는 수학적인 크기들을 어떤 종류의 다른 큼과 작음으로부터 | 만들어 낼 것인가? 그리고 ㉡ 그가 (큼과 작음 외의) 다른 1091a
어떤 요소를 든다면, 이로써 그는 (한 가지가 아닌) 여러 가지 요소들을 말하게 될 것이다. 그리고 두 종류의 수의 (형상적) 원리인 하나는 각기 하나이고, 하나는 (원리인) 이 두 개의 하나에 공통된 어떤 것이 될 것이다. 그럼 여기서 우리는 어떻게 하나가 또한 이렇게 여럿일 수 있는지 묻지 않을 수 없다. 그의 말대로 수는 하나와 확정되지 않은 두 짝에서 생겨나는 방식이 아닌 다른 방식으로는 생겨날 수 없는데도, 어떻게 그럴 수 있는지 말이다.

이 모든 점들은 이치에 맞지 않는다. 서로 충돌하기도 하고 이치에 맞는 점들과 충돌하기도 한다. 여기서 마치 시모니데스의 (작품에 나오는 한 노예의) 긴말(횡설수설)을[87] 보는 듯하다. 정말이지, 긴말은 노예들이 그렇듯,[88] 건전한(제대로 된) 것을 전혀 말하지 못할 때 나온다. 그리고 바로 그 요소들은, 즉 큼과 작음은 질질 끌려가며 아파 비명을 지르는 듯하다.[89] 왜

---

86 '형상(이데아)들의 수'는 '이데아적인 수'를 뜻한다. 이런 수의 생성에 대해서는 이미 13권(M) 8장 1084a 2-7에서 논의되었다.

87 '긴말'의 원어는 makros logos이다. 조리 없이 되는대로 말을 늘어지게 지껄임을 뜻한다. 1권(A) 2장 983b 30, 8권(H) 3장 1043b 26 참조.

88 『연설술』 1415b 23 참조.

89 사람들이 큼과 작음을 이것의 본성에 맞게 다루지 않고 강제적인 힘을 써서 잘못 다뤘다는, 비유적인 표현이다.

1091a

냐하면 그것들은 하나를 바탕으로 두 배가 되어 나온 수들 말고는 어떤 방법으로도 다른 수들을 만들어 낼 수 없기 때문이다.[90]

(2) 그리고 또, 영원한 것들에 대해 생성을 인정하는 것도 이치에 어긋나는 일이다. 아니 불가능한 일들 중 하나다. 그런데, 피타고라스주의자들이 그런 생성을 허용하는지 않는지에 관해서는 전혀 의심하지 않아도 된다. 왜냐하면 그들은 하나가 평면들로부터든 표면으로부터든 씨로부터든, 아니면 그들이 말로 표현할 줄 몰랐던 어떤 요소들로부터든, (최초로) 구성되었을 때[91] 곧바로 한정되지 않은 것 중[92] 하나에 가장 가까운 부분이 (하나가 부가하는) 한계에 의해 끌리고 한정되기 시작했다고 분명히 말하기 때문이다. 그러나 그들은 (여기에서) 세계의 구조를 만들(어서 설명하)고, 자연학의 방식으로 (자신들의 이론을) 말하려고 했기 때문에, 자연에 관한 그들의 이론들을 검토해야 마땅하지만,[93] 현재의 논의에서 그것들을 제쳐 놓는 것이 낫겠다. 왜냐하면 변하지 않는 것들 안에 든 원리들을 찾고 있는 우리는 이런 성격을 갖는 수들의 생성을 검토해야 하기 때문이다.

---

90 큼과 작음의 확정되지 않은 두 짝은 '어떤 것을 두 배로 늘리는 것'(dyopoios)이어서(13권 7장 1082a 13-15, 8장 1083b 36), 이것으로부터는 2와 2의 거듭 제곱수들(2, 4, 8, …, 2n)만이 나올 수 있다. 다른 수들의 산출 방식에 대해서는 13권(M) 8장 1084a 4-7 참조.

91 13권(M) 6장 1080b 20-21 참조.

92 '한정되지 않은 것'(to apeiron)은 공기(aēr, 『자연학』 204a 31) 또는 숨(pneuma, 『자연학』 213b 23)을 가리킨다.

93 '자연에 관한 그들의 이론'들은 피타고라스주의자들의 우주론을 말한다. 이는 『자연학』 3권 4장, 『천체에 관하여』 2권 2장, 9장, 13장에서 논의된다.

4장 원리들과 좋음의 관계

그들은[94] (영원한 신들과 연결되는) 홀수의 (시간적인) 발생은 없다고 말하는데,[95] 이는 분명히 (감각되는 사물들과 연결되는) 짝수의 (시간적인) 발생은 있음을 뜻한다.[96] 그리고 어떤 사람들은[97] 큼과 작음이 서로 양이 같아짐으로써 이 양이 같지 않은 것들로부터 첫 짝수인 2가 생겨난다는 이론을 내놓는다. 그렇다면, 서로 양이 같아지기 전에는 그것들에 양이 같지 않음이 (속성으로서) 들어있어야 한다. 큼과 작음이 항상 양이 같아진 것이었다면, 그것들은 그 전에 양이 같지 않지 않았을 것이다. 왜냐하면 어떠하지 않은 것은 항상 어떠한 것보다 먼저 있을 수 없기 때문이다.[98] 그러므로 분명히, 그들은[99] 이론적인(논리적인) 설명만을 위해 수들의 생성을 말하지는 않는다.[100] (그들은 수들의 생성에 대해 발생론적으로 설명한다.)

(3) 그러나, 요소들 및 원리들이 좋음과 아름다움에 어떤 관계를 맺는지의 문제는 어려운 물음이다. 이 물음을 쉽게 생각하는 사람은 비난받을 것이다. 이는 다음과 같은 물음이다. 우리(플라톤주의자들)가 '좋음 자체'라고 그리고 '가장 좋은 것'이라고 말하고자 하는 것들은 요소들이나 원리들 중 어떤 것인가? 아니면 그렇(게 원인들 중 하나여서 동시에 있)지 않고, 그것들은 원리들보다 나중에 생겨나는가? 신을 논하는 사람들은[101] 이 물

---

94 플라톤주의자들을 가리킨다.

95 1권(A) 6장 987b 34 참조. 그러나 그들이 홀수들의 발생을 전면 부인했다고 말할 수는 없다.

96 이 부분에 대한 해석은 Ross(1924), 2권 484쪽 참조.

97 플라톤과 그의 추종자들을 가리킨다. 13권(M) 7장 1081a 24-25 참조.

98 '양이 같지 않은 것'은 '항상 양이 같은 것'보다 먼저 있을 수 없다.

99 특히 크세노크라테스를 가리킨다.

100 『천체에 관하여』 279b 32-280a 10 참조.

음에 대해 그렇지 않다고 말하는 지금 시대의 몇몇 사람들과[102] 의견이 일치하는 듯하다. 이들은 있는 것들의 본성이 전개된 뒤에야 비로소 좋음과 아름다움이 그것들 안에 나타난다고 말한다. 그들은 몇몇 사람들처럼[103] 하나가 원리라고 주장하는 사람들에게 정말로 따를 난점을 | 피하고자 그
1091b 렇게 말한다. 그러나 난점은 좋음을 (원리 안에) 든 속성으로서 원리에 붙이기[104] 때문이 아니라, (플라톤처럼) 하나를 원리로 삼아, 그것도 '요소'라는 뜻의 원리로 삼아 수들을 이 하나에서 나오게 하기 때문에 생긴다.[105] 옛 시인들도[106] (시간적으로) 가장 앞선 것들이, 예를 들어 뉙스(밤)와 우라노스(하늘)가,[107] 또는 카오스가,[108] 또는 오케아노스(대양)가[109] 지배하고 통치하는 것이 아니라, 제우스가[110] 다스리고 통치한다고 말한다는 점에서 그런 비슷한 생각을 보이고 있다. 그렇지만 이 시인들이 그렇게 말한 것은 있는 것들의 통치자들이 (수시로) 바뀌기 때문이다. 그들 가운데, 모든 것을 (꾸며 낸) 신화 형태로만 말하려 하지는 않음으로써 (철학과 시를)

---

101 '신을 논하는 사람들'(hoi theologoi)은 호메로스나 헤시오도스 같은 시인들을 일컫는다. 이들은 합리적인 설명 없이 그저 자신들에게 그럴 법하게 보이는 신들을 사물들의 생성 원리로 삼았다는 비판을 받는다. 3권(Β) 4장 1000a 9–19 참조.

102 피타고라스주의자들과 스페우십포스를 가리킨다. 12권(Λ) 7장 1072b 30–34 참조.

103 플라톤 등을 가리킨다.

104 1권(Α) 6장 988a 14 참조. 아리스토텔레스 자신도 신은 원리인 것으로서 좋은 것이라고 주장한다.

105 1092a 5–8 참조.

106 '옛 시인들'(hoi archaioi poētai)은 1091a 34의 '신을 논하는 사람들'을 가리킨다.

107 '뉙스'와 '우라노스'는 오르페우스의 우주 발생론을 염두에 두고 하는 말이다. 12권(Λ) 6장 1071b 26의 각주, 7장 1072a 19 참조.

108 헤시오도스의 『신들의 계보』 116행, 천병희(2004), 32쪽 참조.

109 1권(Α) 3장 983b 30과 호메로스의 『일리아스』 14권 201행 참조.

110 12권(Λ) 6장 1071b 26 참조.

섞는 사람들은, 예를 들어 페레퀴데스나[111] 다른 몇몇 사람들은 으뜸가는 산출자를[112] 가장 좋은 것으로 놓는다. 그리고 (옛 메데아 왕국의) 마고스족(族)[113] 사람들이나 이후의 엠페도클레스나 아낙사고라스 같은 현인(賢人)들도 그렇게 하는데, 엠페도클레스는 우애를 (물질적인) 요소들 중 하나로 삼고, 아낙사고라스는 이성을 (다른 모든 것들의 움직임의) 원리로 삼는다. 그러나 변하지 않는 실체들이 있다고 주장하는 사람들[114] 중 어떤 이들은[115] 하나 자체가 좋음 자체라고 말한다. (그러나 다른 어떤 사람들은[116] 그렇게 말하지 않는다.) 그들은 하나임이 무엇보다도 좋음의 본질이라고 생각했다.

그렇다면, 이 두 가지 방식들[117] 중 어느 것을 옳다고 말해야 하는지가 문제다. 으뜸가고 영원하며 가장 자족적인 것에 바로 이 성질이, 즉 자족

---

111 페레퀴데스(Pherekydēs, 기원전 600-525년쯤)는 쉬로스(Syros)섬 출신으로, 기원전 6세기 중엽에 활동했던 소크라테스 이전 철학자다. 자스(Zas 또는 Zeus, '하늘'), 크로노스(Chronos 또는 Kronos, '시간'), 크토니에(Chthonie 또는 Ge, '땅', '대지'의 여신)를 만물의 근원으로 놓고, 세계의 생성을 비유적으로 기술했다. 그의 글조각 1, 김인곤 외(2005), 76-77쪽 참조.

112 '으뜸가는 산출자'(to gennēsan prōton, the first generator)는 다른 사물들을 생겨나게 만드는 으뜸가는 운동인(運動因)을 뜻하는데, 여기서는 제우스를 가리킨다.

113 마고스족(Magos)은 카스피해(海) 남서쪽에 놓인 메디아 왕국의 여섯 부족 중 하나로 세습 사제 계층을 이루었으며, 점성술, 해몽, 마법에 능한 현인들이었다. 디오게네스 라에르티오스(Diogenes Laertios)는 아리스토텔레스가 『철학에 관하여』란 현재 남아 있지 않은 대화편에서 이들이 두 가지 원리로 내놓은 (선한 신인) Ormuzd (Oromasdes)와 (악한 신인) Ahriman(Areimanios)을 제우스와 하데스와 일치하는 것으로 보았다고 전한다(『유명한 철학자들의 생애와 사상』, 서론 8절 참조).

114 피타고라스주의자들과 플라톤주의자들을 말한다.

115 플라톤을 예로 들 수 있다. 1권(A) 6장 988a 14 참조.

116 피타고라스주의자들과 스페우십포스를 가리킨다. 12권(Λ) 7장 1072b 31 참조.

117 '좋음'(to agathon)이 원리들 안에 들어있는 방식과 이것들보다 나중에 생겨나 있는 방식을 말한다. 1091a 31-33 참조.

1091b

성과 (영구적인) 자기 보존성이 좋은 것으로서가 아닌 다른 방식으로 주로 들어있다면 이상할 것이다. 하지만 정말이지 그것은 좋은 상태에 있다는 것 말고는 다른 어떤 것으로 말미암아 불멸의 것이지도 자족적인 것이지도 않다. 그래서 원리는 좋다고 말하는 것이 아마도 옳을 것이다. 그러나 이 좋은 원리는 하나일 수 없거나, 아니면 적어도 그것은 요소일 수 없고, 더욱이 수들의 요소일 수는 없다. 왜냐하면 많은 반론들이 거기에 따르기 때문이다(이 반론들을 피하려고 몇몇 사람들은, 즉 하나가 으뜸 원리이자 요소이지만 수학적인 수만의 원리이자 요소일 뿐이라는 데 동의하는 사람들은[118] 그런 입장을[119] 버렸다). 다시 말해, (그런 입장에 따르면 원리인 하나를 닮은) 단위들은 저마다 일종의 좋음 자체가 되고, 좋은 것들은 아주 넘쳐흐를 것이다. 더 나아가, 형상(이데아)들이 수라면, (단위들로 이루어진 수인) 형상들은 모두 일종의 좋음 자체일 것이다. 그렇지만, 그들이 원하는 것에 대해서만 이데아들이 있다고 해 보자. 그래서 이것들이 (질의 범주에 드는) 좋은 것들에 대해서만 이데아들이라면, (이데아들은 실체들에 대한 이데아들이 아닐 것이며,[120] 따라서) 이데아들은 실체가 아닐 것이다. 그러나 (질인 것들에 대한 이데아들뿐만 아니라) 실체인 것들에 대한 이데아들도 있다면, 온갖 동식물들이 그리고 (좋은 이데아들을) 나눠 갖는 모든 것(개별자)들이 좋을 것이다.

그런 이치에 어긋난 점들이 따를 뿐만 아니라, 또한 (하나에) 반대되는 요소는, 그것이 여럿이든 양이 같지 않음 즉 큼과 작음이든, 나쁨 자체일 것이다. 그렇기 때문에, 어떤 사람은[121] 좋음을 하나에 적용하는 것을 피했

118 스페우십포스 등을 말한다. 하나가 이데아적인 수들의 원리가 아니라, 오로지 수학적인 수들의 원리일 뿐이라면, 이것에 '좋음'을 연결시키지 않아도 된다.

119 하나가 좋음과 같다는 입장을.

120 1권(A) 9장 990b 29-991a 2 참조.

121 스페우십포스를 가리킨다.

다. 그렇지 않으면, 일반적으로 반대되는 것들에서 생성이 일어나므로, 나쁨은 여럿의 본성이 되는 결과가 반드시 뒤따를 것이기 때문이었다. 그러나 다른 사람들은[122] 양이 같지 않음이 나쁨의 본성이라고 말한다. 그러면, 하나만, 즉 하나 자체만 빼고, 있는 것들은 모두 나쁨을 나눠 갖게 되는 결과가 뒤따른다. 그리고 거기서 수들은 크기들보다 순도 높게 나쁨을 나눠 갖게 되고,[123] | 나쁨(인 양이 같지 않음)은 좋음(인 하나)이 들어설 공간이 되며,[124] 자신을 사라지게 하는 성향을 가진 것을 나눠 갖고(반대되는 것은 반대되는 것을 사라지게 하기 마련이다), 또 그것을 욕구하게 되는[125] 결과가 따른다. 그리고 우리가 말했던 것처럼,[126] 재료는 잠재/가능 상태로 각 사물이라면, 예를 들어 발휘/실현 상태로 있는 불의 재료는 잠재/가능 상태로 있는 불이라면, 나쁨은 바로 잠재/가능 상태로 있는 좋음일 것이다.

이 모든 결과들은, 그들이 모든 원리를 요소로 놓기 때문에, 반대되는 것들을 원리들로 놓기 때문에, 하나를 원리로 놓기 때문에, 수들을 으뜸 실체들로, '따로 떨어져 있는'(독립적인) 것들로, 그리고 형상(이데아)들로 놓기 때문에 따른다.

5장 수가 나오는 방식의 문제. 수는 사물들의 원인이 아니다

이렇듯, 좋음을 원리들 안에 놓지 않을 수도 없고, 또 그런 방식으로 놓

---

122 플라톤과 크세노크라테스를 가리킨다.

123 수들이 크기들보다 더 직접적으로 물질적인 원리로부터 나오기 때문에 그렇다.

124 플라톤의 『티마이오스』 52a-b 참조.

125 『자연학』 192a 18-25 참조.

126 1장 1088b 1 참조.

을 수도 없다면, 원리들이, 더군다나 으뜸 실체들이 (그들의 이론에서) 제대로 설명되어 있지 않다고 볼 수밖에 없다. 그리고 전체(우주)의 원리들을 동식물들의 원리들과 비교하는 사람의[127] 생각도 옳지 못하다. 더 완전한 것은 확정되지 않은 불완전한 것에서 항상 나온다는 이유로 그는 (전체의) 으뜸가는 것(원리)들도 불완전하다고 말한다. 그래서 하나 자체마저도 (불완전한 것이기 때문에) 참으로 있는 것이 못 된다. (그러나 이는 맞지 않다.) 왜냐하면 여기 이 세계에서도 동식물이 나오는 원리들은 완전하기 때문이다. (완전한) 사람이 (불완전한) 사람을 낳으며, (불완전한) 씨는 으뜸가는 것(원리)이 아니기 때문이다.[128]

그리고 또, 장소를 수학적인 입체들과 동시에 생겨나게 하는 것도 이치에 어긋난다(왜냐하면 장소는 개별 사물들에 고유하며, 그렇기 때문에 이것들은 있는 장소로 보아 따로 떨어져 있지만, 수학적인 대상들은 어디에도 없기 때문이다). 그리고 수학적인 대상들이 어딘가에 있다고 말하면서, 그곳이 어딘지를 말하지 않는 것도 이치에 어긋난다.[129]

(4) 있는 것들은 요소들로 이루어져 있다고 말하고, 또 있는 것들 중 으뜸가는 것들은 수들이라고 말하는 사람들은,[130] 어떤 것이 다른 어떤 것에서 나오는 여러 가지 방식들을 먼저 구분하고, 그런 다음 어떤 방식으로 수가 원리들에서 나오는지를 말했어야 했다.

(하나와 확정되지 않은 두 짝을) 섞음으로써 (수가 나오는가)? 그러나, ㉮

---

127 스페우십포스를 가리킨다. 12권(Λ) 7장 1072b 30-34 참조.

128 9권(Θ) 8장 1049b 23-27 참조.

129 스페우십포스를 겨냥한 반론처럼 보이지만, 앞뒤 논의와 별로 연결되어 있지 않다.

130 (4) 1092a 17-b 8의 논의는 주로 스페우십포스의 이론과 관련되지만, 플라톤을 겨냥한 반론이기도 하다.

모든 것이 다 섞이는 것은 아니다.[131] 그리고 ㉯ 섞음을 통해 생겨나는 것은 섞이는 요소들과 다르다.[132] (그렇게 되면 그들의 생각과 달리) 하나는 따로 있는(독립적인) 것이 아니며, 또 구분되는 실재도 아니게 될 것이다. 그러나 그들은 하나가 그런 것이길 바란다.

아니면, 음절처럼 (요소들을) 나란히 놓음으로써[133] (수가 나오는가)? 이 경우, ㉮ (수를 구성하는 요소들에) 위치가 있어야 하고, ㉯ 수를 생각하는 사람은 (수의 요소인) 하나와 여럿을 따로 생각할 수 있어야 할 것이다. 그러면, 수는 이것이, 즉 하나 + 여럿, 또는 하나 + 양이 같지 않음(과 같은 단순 병렬의 상태)이 되어 버릴 것이다.[134]

그리고 '어떤 것들에서 나와 있음'은 한편으로 자신 안에 들어있는 것(내재적인 요소)들로부터 나와 있음을 뜻하며, 다른 한편으로는 그렇지 않음을 뜻한다. 수는 이 두 가지 방식 중 어느 것에 따라 나오는가? (수는 내재적인 요소들로부터 나오는 방식으로 나오지 않는다.) 왜냐하면 생겨나는 것들의 경우에만 내재적인 요소들로부터 나오기 때문이다.[135] 그러면, (동물이) 씨에서 자라 나오는 방식으로 (수는 자신의 요소들에서) 나오는가? 그러나 어떤 것도 분할되지 않는 것인 하나에서 떼어져 나올 수 없다. 아니

131 어떤 것이 섞이려면 먼저 따로 떨어져 있어야 하는데, '큼과 작음'은 수의 성질이기(1장 1088a 17) 때문에 따로 떨어져 있을 수 없다. 그리고 섞음(혼합, mixis)은 물질적인 요소들 사이에서만 이루어진다. 『생성과 소멸에 관하여』 327b 17-31, 328b 20-22, 『감각과 감각 대상에 관하여』 447a 30-b 1 참조.

132 요소들이 섞이고 나면 다른 것이 되어 버리고 따로 남아 있지 않듯이, 하나도 확정되지 않은 두 짝과 섞이고 나면 더는 따로 떨어져 있는(독립적인, chōriston) 실재일 수 없다. 『생성과 소멸에 관하여』 327b 22-26 참조.

133 '나란히 놓음'(병렬, synthesis)과 '섞음'(혼합, mixis)의 차이에 대해서는 『생성과 소멸에 관하여』 328a 3-17 참조.

134 병렬은 공간적인 위치를 전제하는데, 하나는 위치를 가질 수 없다.

135 수는 영원한 것으로 받아들여졌다. 2장 1088b 14-28 참조.

1092a

면, 남아 있지 않게 될 반대되는 것에서 어떤 것이 나오는 방식으로[136] (수는 자신의 요소들에서) 나오는가? 그러나 그런 (반대되는 것에서 나오는) 방식으로 나와 있는 것들은 모두 계속 남아 있게 될 다른 어떤 것에서 또한 나온다.[137] 그런데, 어떤 사람은[138] 하나를 여럿에 반대되는 것으로 놓으며,
1092b | 어떤 사람은[139] 하나를 같음으로 삼고서 이것을 양이 같지 않음에 반대되는 것으로 놓기 때문에, 수는 아마도 반대되는 것들에서 나오듯 (이 두 요소에서) 나올 것이다. 그렇다면 계속 남아 있는 다른 어떤 것이 있어서, 이것 + 반대되는 것들 중 하나인 하나로 수가 이루어져 있거나, 그 둘로부터 생겨나 있어야 한다. 더 나아가, 반대되는 요소들에서 나오는 것들이나(이것들이 반대되는 것들 모두에서 나온다고 하더라도 말이다) 반대되는 요소들을 가진 것들은 모두 소멸하는데, 수는 왜 (반대되는 것들로 이루어져 있으면서도) 소멸하지 않는가? 이 점에 대해 아무도 설명하지 않는다. 그런데, 모든 것들은 자신에 반대되는 것에 의해, 이것이 자신 안에 들어있든 들어있지 않든, 파괴된다. (엠페도클레스의 체계에서) 싸움이 섞인 것(혼합체)을 파괴하듯 말이다.[140] 하지만 싸움은 섞인 것을 파괴하지 않아야 한다. 왜냐하면 싸움은 섞인 것에 반대되지 않고 우애에 반대되기 때문이다.

---

136 바탕(基體, hypokeimenon)은 계속 남아 있고 성질만 반대되는 성질로 바뀌는 변화, 즉 질의 변화(alloiōsis)가 일어나는 방식을 뜻한다.

137 12권(Λ) 1-2장 1069b 3-9, 『자연학』 1권 7장 참조.

138 스페우십포스를 가리킨다.

139 플라톤을 가리킨다.

140 '섞인 것'(혼합체, migma)은 불, 물, 공기, 흙의 네 가지 원소들로 된 우주(또는 천구, Sphairos)를 가리킨다. 이것은 우애(philia)에 의해 하나로 합쳐지거나 싸움(neikos)에 의해 여럿으로 갈라진다. 싸움은 섞인 것에 반대되지 않고, 우애에 반대된다. 엠페도클레스의 글조각 17, 김인곤 외(2005), 357쪽 참조.

(5)[141] 그러나, 수들이 어떤 방식으로 실체들의 원인이며, 사물들의 있음(존재)의 원인인지, ㉮ 점들이 크기들의 한계이듯이[142] 한계로서 그런 원인인지가 규정되지 않았다. 에우뤼토스는[143] 그런 식으로 무엇이 어떤 것의 수인지를, 예를 들어, 이 수는 사람의 수이고, 저 수는 말(馬)의 수라고 짜 맞춰 놓았다. 사람들이 수들을 삼각형이나 정사각형 같은 도형들로 이끌듯(배열시키듯),[144] 조약돌로 생물들의 모습들을 흉내 내며 말이다. 아니면, ㉯ 협화음이 수들의 비율이고, 사람 및 다른 모든 것들도 저마다 이와 마찬가지이기 때문에 수들이 원인인가? 하지만, 어떻게 흼, 닮, 뜨거움 같은 속성들이 수일 수 있는가?[145] 분명히, 수들은 실체(본질)도 아니고, (사물들이 지니는 일정한) 모습들의 원인도 아니다.[146] 왜냐하면 비율이 (사물들의) 본질이고, 수는 재료이기 때문이다. 예를 들어, 살이나 뼈의 본질은 불의 부분 셋과 흙의 부분 둘이란[147] (물질적인 개수의) 방식으로만 수이다.

---

141 이제, 수들이 사물들의 원인일 수 있는지에 관한 논의가 피타고라스주의자들에 대한 비판을 중심으로 14권(N) 끝까지 이루어진다.

142 초기 피타고라스주의자들은 선은 두 개의 점으로, 가장 단순한 평면 도형인 삼각형은 3개의 점으로, 가장 단순한 입체 도형인 4면체는 4개의 점으로 표현한다.

143 에우뤼토스(Eurytos)는 이탈리아 타라스(Taras) 출신으로, 기원전 5세기에서 4세기로 넘어갈 무렵에 살았던 피타고라스주의자로서, 필롤라오스(Philolaos, 기원전 470-385년쯤)의 제자였다. 사람의 모습을 만드는 데 쓰인 조약돌(psēphos)의 개수인 250을 사람의 수로 본 것으로 주석가 알렉산드로스는 전한다. Diels/Kranz(1960-61), 1권 419-420쪽 참조.

144 예를 들어, 6 → ● / ● ● / ● ● ●　　9 → ● ● ● / ● ● ● / ● ● ●

145 ㉮ 부분(1092b 9-13)에 대한 반론이다. 사람의 경우와 달리, 흼 따위의 속성(pathos)들은 조약돌로 그 모습을 그려낼 수 없다.

146 ㉯ 부분(1092b 13-15)에 대한 반론이다.

147 1권(A) 10장 993a 17의 각주와 엠페도클레스의 글조각 96(≒『혼에 관하여』

1092b

그리고 수는 그것이 어떤 수이든지 항상 어떤 것들의 수이다. 다시 말해 불의 부분들이나 흙의 부분들 또는 단위들의 수이다. 그러나 본질은 혼합에서 이만큼에 대해 저만큼이 있음을 뜻한다. 그것은 더는 수이지 않고, 물질적인 수들이나 다른 어떤 종류의 수들의 혼합 비율이다.

그러므로 수 일반이든 (추상적인) 단위들로 구성된 수이든, 수는 사물들의 만듦의 원인(운동인)도, 재료도, 비율이나 형상도 아니다. 사물들의 '무엇을 위해'(목적인)는 더군다나 아니다.

6장 수는 사물들의 원인이 아니다(계속)

쉽게 계산되는 수든[148] 또는 홀수든,[149] 어떤 수의 비율로 혼합이 이루어짐으로써 수들에서 나온다고 하는 사물들의 좋음이 도대체 무엇인지 물어볼 수도 있겠다. 정말이지 꿀물은 3×3의[150] 비율로 섞인 것이면 전혀 몸에 좋은 것이 못 된다. 그러나 특정한 비율로 섞이지 않았지만 물에 타 묽게 되어 나온 꿀물이, 특정한 비율로 섞였지만 더 진한 꿀물보다 더 몸에 이로울 것이다. 더 나아가, 혼합의 비율은 수들을 더함에 있지, 그저 수들 자체에 있지는 않다. 예를 들어, 그것은 어떤 것의 2만큼에다 다른 어떤 것의 3만큼을 더함(2+3 또는 3:2)이지, 세 번의 2(3×2)가[151] 아니다. 왜냐

410a 4-6), 김인곤 외(2005), 400쪽 참조.

148 '쉽게 계산되는 수'(eulogistos arithmos)는 3:2, 3:4와 같은 간단한 비율에 나타나는 수를 뜻한다. 『감각과 감각 대상에 관하여』 439b 25-440a 6 참조.

149 홀수(peritton)로 된 비율은 예를 들어, 1:3과 같은 비율을 말한다.

150 '3×3'(tris tria)은 피타고라스주의자들에서 '꿀 3 대(對) 물(또는 우유) 3의 비율'을 뜻한다. 아리스토텔레스는 비율을 이렇게 표현하는 것을 곧바로 비판한다(32-33행 참조).

하면 곱하기에서는 (곱해지는 것들의) 유(類, 또는 종류)는 같아야 하기 때문이다. 그래서 1×2×3으로 된 곱은[152] 1로써, 4×5×7은 4로써 재어져야 한다. 그래서 (같은 인수가 든) 모든 곱들은 같은 인수에 의해 재어져야 한다. 그렇다면, 불의 수가 2×5×3×7이면서 이와 동시에 | 물의 수가 2×3일 수는 없다.[153] 1093a

그러나 모든 것들이 수를 공유해야 한다면, 많은 것들이 같게 되고, 같은 수가 이것에도 붙고 다른 것에도 붙는 결과가 반드시 따른다. 그런데도, 수가 원인이어서, 사물은 이 수 때문에 있는가? 아니면 이 점은 분명하지가 않은가? 예를 들어 태양의 이동(운행)들에 대한 수가 있고, 또 달의 이동들에 대한 수가 있고,[154] 동물들 저마다의 삶과 한창때에 대한 수가 있다. 그러므로 얼마든지, 이런 수들 중 어떤 것들은 제곱수이고, 어떤 것들은 세제곱수이고, 어떤 것들은 양이 같음이고, 어떤 것들은 두 배일 수 있다. 그렇지 말란 법이 없다. 그리고 모든 것들이 수를 공유한다고 가정하면, 그것들은 그런 (종류의 수들의) 한계들 내에 머물러 있어야 한다. 그리고 서로 차이 나는 것들이 같은 수 아래로 분류될 수 있었을 것이

---

151 우리의 구구법에서는 '3×2'(tris dyo)는 앞의 것인 3이 2번이란 뜻이지만, 서유럽에서는 뒤의 것인 2가 3번이란 뜻이다. 앞의 '3:2'(tria pros dyo)도 우리는 3이 먼저 주어져 있고 이것에 대해서 2라는 '3 대 2'로 생각하지만, 원문에서는 2가 먼저 주어져 있고 이것에 대해서 3이라는 '2 대 3'의 뜻이 강하다.

152 '곱'의 원어 stoichos는 늘어선 줄(列)이나 선(線)을 뜻한다. 그리스인들은 수를 자모로 나타냈다. 1×2×3은 그리스어로 ΑΒΓ이며, 뒤에 나오는 4×5×7은 ΔΕΖ이다. 그리고 35행의 불의 수 2×5×3×7은 ΒΕΓΖ이다.

153 동시에 성립할 경우, 불이 '물의 부분'(2×3)으로 구성되고 불은 단지 물의 35배에 불과하게 되는데, 이는 이치에 어긋난다. 어떤 것을 몇 배로 만든 결과로 나온 것은 그 이전의 것과 종류(genos)가 같아야 하기 때문이다.

154 태양과 달의 이동에 필요한 천구의 수에 대해서는 12권(Λ) 8장 1073b 17-21, 32-38 참조.

다. 그러므로 같은 수가 몇 가지 사물들에 딸린다면, 이것들은 같은 형상(형태)의 수를 가지기 때문에 서로 같을 것이다. 예를 들어, (운동의 개수가 5개인) 태양과 달은 같을 것이다. 그러나 왜 이 수들이 원인인가? 7개의[155] 모음이 있고,[156] 음계는 7개의 현으로 되어 있고,[157] 플레이아데스 성단(星團)은[158] 7개의 별로 이루어져 있으며, 동물들은 7살에 이빨을 잃는다. 적어도, 어떤 동물들은 그렇고, (말 따위의) 다른 어떤 동물들은 그렇지 않다.[159] 테바이를 공격한 용사들도 7명이었다. 그렇다면, 용사들이 7명이었거나 플레이아데스 성단이 7개의 별로 이루어져 있다는 점은 수 7이 그런 본성을 가졌기 때문인가? 그보다는 오히려 성문이 7개여서, 아니면 다른 이유 때문에 용사들은 7명이었다. 그리고 우리는 플레이아데스 성단에서 7개의 별을 세고, 큰곰자리에서는 12개의 별을 세지만, (칼데아나 바빌론 등지의) 다른 사람들은 그보다 더 많은 별들을 센다. 또, 어떤 사람들은 Ξ(크시), Ψ(프시), Z(제타)가 협화음이라고 말하며,[160] 3개의 협화음이 있기 때문에 중자음도 3개라고 말한다. 그러나 그들은 그런 문자들이 대단히 많이 있을 수 있다는 점에는, 예를 들어, ΓΡ(감마+로)에 하나

---

155 수 7은 10 내에서 2, 3, 5처럼 인수(因數, factor)가 되어 다른 수를 만들어 내는 수도 아니고 또 그런 인수의 곱으로 나온 수도 아닌 유일한 수여서 피타고라스주의자들의 관심을 끌었다고 한다.

156 그리스어의 알파벳은 A(알파)에서 Ω(오메가)까지 24개로 모음(phōnēen)은 7개고, 자음(aphōnon)은 17개다.

157 5권(Δ) 11장 1018b 29의 각주 참조.

158 아틀라스와 플레이오네 사이에서 난 일곱 자매가 별로 변하여 된 성단(星團)이다.

159 『동물 탐구』 576a 6 참조.

160 고대의 주석가 알렉산드로스(2-3세기)는 Z(제타)는 4도 음에, Ξ(크시)는 5도 음에, Ψ(프시)는 8도 음에 연결되어 있었다고 전한다. 그의 『형이상학 주석』, Hayduck 편집(1891), 833쪽 2-5행 참조.

의 기호가 주어질 수 있다는 점에는 전혀 신경을 안 쓴다. 그러나 앞의 중자음 셋은 저마다 2개의 다른 문자와 같지만 다른 자음들은 그렇지 못하기 때문에, 그리고 그 이유가 (그런 발음이 이루어지는 곳이) 세 곳이[161] 있어서 이곳에서 저마다 이루어지는 한 문자에 Σ(시그마)가 갖다 대어지기[162] 때문이라고 그들이 말한다면, 바로 그것 때문에 (중자음이) 셋만 있을 뿐이지, 협화음이 셋이어서 그런 것이 아니다. 실제로, 협화음은 셋보다 더 많지만, 중자음은 셋보다 더 많을 수 없다.

그들은 작은 유사점들은 보면서도 큰 유사점들은 못 보는 구식의 호메로스주의자들을[163] 닮았다. 어떤 이들은 그런 종류의 것들이 아직 많이 있다고 말한다. 예를 들어, 중간 현(絃)들 중 하나는 9이고 다른 하나는 8이며,[164] (서사시의) 행(行)은 이 두 현들과 같은 만큼의 수인 17개의 음절로 되어 있으며[165] '오른쪽의 절반에서'[166] | 9개를, '왼쪽의 절반에서' 8개를 걷는다고[167] 말한다. 그리고 그들은 자모에서 Α(알파)에서 Ω(오메가)까지

161 입천장은 연구개음(軟口蓋音) Ξ(크시=ΚΣ(카파+시그마): 대략 '크스'로 발음된다)의 자리이고, 입술은 순음(脣音) Ψ(프시=ΠΣ(피+시그마): 대략 '프스'로 발음된다)의 자리이며, 이빨은 치음(齒音) Ζ(제타=ΔΣ(델타+시그마) 또는 ΣΔ(시그마+델타): 대략 '드스' 또는 '스드'로 발음된다)의 자리이다.

162 1권(A) 9장 993a 7의 각주 참조.

163 호메로스를 비유적으로 해석하는 페레퀴데스, 테아게네스, 메트로도로스, 아낙사고라스, 데모크리토스 등을 가리킨다.

164 중간 현들인 네 번째 줄 '메세'(mesē)와 다섯 번째 줄 '파라메세'(paramesē)에 든 비율은 8:6과 9:6이다. 5권(Δ) 11장 1018b 29의 각주 참조.

165 호메로스의 서사시는 기본적으로 다음과 같이 닥튈로스(daktylos, 양억억격 —◡◡) 위주의 6보운율(六步韻律, hexameter)로 되어 있다. 음절이 앞의 3보는 9개, 뒤의 3보는 8개다. —◡◡|—◡◡|—◡◡|—◡◡|—◡◡|——

166 '오른쪽에서'(en tō dexiō)는 여기에서 '먼저'란 뜻을, 바로 뒤의 '왼쪽에서'(en tō aristerō)는 '나중에'란 뜻을 갖는다.

167 '걷는다'(bainein)는 비유적으로 '시를 읊는다'는 뜻으로 쓰이기도 한다. 1장

1093b

의 간격(자모들의 개수)이 (24개로) 아울로스의[168] 가장 낮은 음에서 가장 높은 음까지의 간격(음들의 개수)과 같다고, 그리고 가장 높은 이 음(音)의 수가 (24로) 우주의 온 팔다리(전체 구조)의 수와 같다고 말한다.[169] 그러나 그런 종류의 것들을 소멸하는 것들에서도 찾아낼 수 있어서, 어떤 사람이든 아무 문제 없이 그것들을 영원한 것들에서도 주장하거나 찾아낼 수 있다고 보아야 한다.

그러나 사람들이 수 안에 들어있다고 찬양하는 특성들과 이에 반대되는 특성들은, 그리고 일반적으로, 수학적인 관계들은, 어떤 사람들은 이런 관계들을 주장하며 이것들을 자연의 원인으로 삼는데, 우리가 다음과 같은 (비판적인) 태도로 그것들을 살펴보면, 사라져 버린다. 원리들에 관하여 구분된 뜻들 중 어느 것에[170] 비추어 보더라도, 그것들은 어느 것도 원인이 못 된다. 어떤 점에서, 그들(피타고라스주의자들)은 좋음이 수들에 들어있고, 아름다움의 줄(列)에 홀수, 곧음, 정사각형,[171] 그리고 몇 가지 수

1087b 36의 '운보'(韻步, basis, '걸음') 참조.

168 옛 그리스의 대표적인 관악기로 오늘날의 오보에와 비슷하다고 볼 수 있다. 다섯 손가락에 맞춰 위에 네 개, 아래에 한 개의 구멍이 나 있다. 보통 두 개의 아울로스를 하나로 대어서 좌우 양손으로 연주되었다. 아테나(Athena) 여신 또는 실레노스(늙은 사튀로스)인 마르쉬아스(Marsyas)가 발명했다고 전한다.

169 알렉산드로스는 우주 전체의 수가 황도대의 12궁, (항성들, 토성, 목성, 화성, 금성, 수성, 태양, 달의) 8개의 천구, 4원소로 된 24라는 한 가지 해석을 내놓는다(그의 『형이상학 주석』, Hayduck 편집(1891), 835쪽 16-18행 참조). Ross(1924, 2권 499쪽 참조)는 기원전 5세기의 피타고라스주의자들이 내세운 천구들이 내는 협화음(harmonia)에 연결시켜, oulomeleia를 '우주의 온 팔다리(四肢) 또는 전체 구조'로 옮기지 않고, '합창'(choir)으로 옮기고 있다. 1권(A) 5장 986a 3의 각주 참조.

170 5권(Δ) 1장과 2장 참조.

171 '정사각형'의 원어는 isakis ison(같은 만큼을 같은 번, x^2)이다. 1권(A) 5장 986a 26에서는 '정사각형'으로 tetragōnon(네+모)이란 표현을 쓰고 있다.

들의 거듭제곱(또는 힘)이 있다고[172] 분명히 말한다. 정말이지 계절은 특정한 수와[173] 결부된다. 그리고 그들이 수학의 정리(定理)들에서 모으는 다른 모든 점들도 모두 그런 의미를 갖는다.[174] 그렇기 때문에 그것들은 우연의 일치에 지나지 않는다. 그것들은 우연히 딸린 것이지만, 모든 것들은 서로가 서로에게 상응하는 것들이며, 유비적으로 하나이다. 왜냐하면 '있음'의 각 범주마다 유비적인 것이 있기 때문이다. 그래서 선(線)에서 곧음이 있듯이, 표면에서 고름(균일함)이 있고, 아마도 수에서 홀수임이 있고, 또 색에서 흼이 (기본적으로) 있는 듯하다.

더 나아가, 형상(이데아)들 안에 든 수(이데아적인 수)들은 협화음과 관련된 현상들과 이와 같은 것들에 대한 원인이 아니다. 왜냐하면 이데아적인 수들은 양이 같다고 하더라도 서로 종류가 다르기 때문이다.[175] (이 수들을 이루는) 단위들조차 서로 종류가 다르기 때문이다. 그러므로 적어도 이런 것들 때문에라도, 형상들을 (원리로서) 놓아서는 안 된다.

이런 (이치에 어긋난) 점들이 (이데아론에) 따르며, 또 아직 더 많은 점들을 (반론으로서) 모을 수 있을 것이다. 그들(플라톤주의자들)이 수들의 생성과 관련하여 많은 어려움을 겪으며, 어떤 방식으로도 (여러 가지 점들을) 체계적으로 연결하지 못한다는 사실은, 몇몇 사람들의 주장과는 달리, 수학적인 대상들은 감각 대상들로부터 따로 떨어져 있지 않다는 점을 보여 주고, 또 그것들은 원리들이 아니라는 점을 보여 준다.

---

172 1권(A) 5장 986a 22–b 2 참조.

173 4를 말한다.

174 수적인 관계들이 사물들에서 발견되지만, 그것들은 사물들의 존재 원인은 아니다.

175 그러나 협화음에 관한 이론에서는 양이 같은 수들은 동일하다. 13권(M) 6–8장 참조.

Parisinus graecus 1853의 225v: 『형이상학』 1권 980a 21–981a 24

πολλά ἐστιν, οὐδ' ἂν κινηθῆναί φησιν. οὐδενὶ γὰρ κινηθείη, ἢ οὐκ ἂν ἔτι, ἢ ὡσαύτως ἔχον, ἀλλὰ τὸ μὲν οὐκ ἂν εἴη, τὸ δ' οὐκ ὂν γεγονὸς εἴη. ἔτι δὲ ἢ κινεῖ ἢ κινεῖται, καὶ εἰ μεταφέρεται οὐ συνεχὲς ὄν, διῄρηται τὸ ὄν, οὔτε τι ταύτῃ· ὥστε πάντῃ κινεῖται, πάντῃ διῄρηται. εἰ δ' οὕτως, πάντα οὐκ ἔστιν. ἐκλιπὲς γὰρ ταύτῃ, φησίν, ᾗ διῄρηται, τοῦ ὄντος, ἀντὶ τοῦ κενοῦ τὸ διῃρῆσθαι λέγων, καθάπερ ἐν τοῖς Λευκίππου καλουμένοις λόγοις γέγραπται. εἰ μὲν οὖν οὐδέν, τὰς ἀποδείξεις λέγειν ἅπαντα. δεῖ γὰρ τὰ φρονούμενα εἶναι, καὶ τὸ μὴ ὄν, εἴπερ μή ἐστι, μηδὲ φρονεῖσθαι. εἰ δ' οὕτως, οὐδὲν ἂν εἶναι ψεῦδος οὐδείς φησιν, οὐδ' εἰ ἐν τῷ πελάγει φαίη ἁμιλλᾶσθαι ἅρματα. πάντα γὰρ ἂν ταῦτα εἴη. καὶ γὰρ τὰ ὁρώμενα καὶ ἀκουόμενα διὰ τοῦτό ἐστιν, ὅτι φρονεῖται ἕκαστα αὐτῶν· εἰ δὲ μὴ διὰ τοῦτο, ἀλλ' ὥσπερ οὐδὲν μᾶλλον ἃ ὁρῶμεν ἔστιν, οὕτω μᾶλλον ἃ ὁρῶμεν ἢ διανοούμεθα. καὶ γὰρ ὥσπερ ἐκεῖ πολλοὶ ἂν ταῦτα ἴδοιεν, καὶ ἐνταῦθα πολλοὶ ἂν ταῦτα διανοηθείημεν. τὸ οὖν μᾶλλον δὴ   τοιάδ' ἐστί, ποῖα δὲ τἀληθῆ, ἄδηλον. ὥστε καὶ εἰ ἔστιν, ἡμῖν γε ἄγνωστα εἶναι τὰ πράγματα. εἰ δὲ καὶ γνωστά, πῶς ἄν τις, φησί, δηλώσειεν ἄλλῳ; ὃ γὰρ εἶδε, πῶς ἄν τις, φησί, τοῦτο εἴποι λόγῳ; ἢ πῶς ἂν ἐκείνῳ δῆλον ἀκούσαντι γίγνοιτο, μὴ ἰδόντι; ὥσπερ γὰρ οὐδὲ ἡ ὄψις τοὺς φθόγγους γιγνώσκει, οὕτως οὐδὲ ἡ ἀκοὴ τὰ χρώματα ἀκούει, ἀλλὰ φθόγγους· καὶ λέγει ὁ λέγων, ἀλλ' οὐ χρῶμα οὐδὲ πρᾶγμα. ὃ οὖν τις μὴ ἐννοεῖ, πῶς αἰτεῖ παρ' ἄλλου λόγῳ ἢ σημείῳ τινὶ ἑτέρου πράγματος ἐννοήσειεν, ἀλλ' ἢ ἐὰν μὲν χρῶμα ἰδών, ἐὰν δὲ   μος. ἀρχὴν γὰρ οὐ   λέγε   γοει δὲ χρῶμα, ἀλλὰ λόγον, ὥστ' οὐδὲ διανοεῖσθαι χρῶμα ἔστιν, ἀλλ' ὁρᾶν, οὐδὲ ψόφον, ἀλλ' ἀκούειν. εἰ δὲ καὶ ἐνδέχεται, γινώσκει τε καὶ ἀναγινώσκει λέγων. ἀλλὰ πῶς ὁ ἀκούων τὸ αὐτὸ ἐννοήσει; οὐ γὰρ οἷόν τε τὸ αὐτὸ ἅμα ἐν πλείοσι καὶ χωρὶς οὖσιν εἶναι· δύο γὰρ ἂν εἴη τὸ ἕν. εἰ δὲ καὶ εἴη, φησίν, ἐν πλείοσι καὶ ταὐτόν, οὐδὲν κωλύει μὴ ὅμοιον φαίνεσθαι αὐτοῖς, μὴ πάντῃ ὁμοίοις ἐκείνοις οὖσιν καὶ ἐν τῷ αὐτῷ, εἴ τι ἐν τοιούτου εἴησαν, ἀλλ' οὐ δύο εἶεν. φαίνεται δὲ οὐδ' αὐτὸς αὑτῷ ὅμοια αἰσθανόμενος ἐν τῷ αὐτῷ χρόνῳ, ἀλλ' ἕτερα τῇ ἀκοῇ καὶ τῇ ὄψει, καὶ νῦν τε καὶ πάλαι διαφόρως. ὥστε σχολῇ ἄλλῳ πᾶν ταὐτὸ αἴσθοιτό τις. οὕτως οὐκ ἔστιν, ἂν ἐστι γνωστόν, οὐδεὶς ἂν αὐτὸ ἑτέρῳ δηλώσειεν, διά τε τὸ μὴ εἶναι τὰ πράγματα λεκτά, καὶ ὅτι οὐδεὶς ἕτερον ἑτέρῳ ταὐτὸν ἐννοεῖ. ἅπαντες δὲ καὶ οὗτος ἑτέρων ἀρχαιοτέρων εἰσὶν ἀπορίαι, ὥστε ἐν τῇ περὶ ἐκείνων σκέψει καὶ ταῦτα ἐξεταστέον.

ΤΩΝ ΜΕΤΑ ΤΑ ΦΥΣΙΚΑ Α.

Πάντες ἄνθρωποι τοῦ εἰδέναι ὀρέγονται φύσει. σημεῖον δ' ἡ τῶν αἰσθήσεων ἀγάπησις· καὶ γὰρ χωρὶς τῆς χρείας ἀγαπῶνται δι' αὑτάς, καὶ μάλιστα τῶν ἄλλων ἡ διὰ τῶν ὀμμάτων. οὐ γὰρ μόνον ἵνα πράττωμεν, ἀλλὰ καὶ μηθὲν μέλλοντες πράττειν τὸ ὁρᾶν αἱρούμεθα ἀντὶ πάντων ὡς εἰπεῖν τῶν ἄλλων. αἴτιον δ' ὅτι μάλιστα ποιεῖ γνωρίζειν τι ἡμᾶς αὕτη τῶν αἰσθήσεων, καὶ πολλὰς δηλοῖ διαφοράς. φύσει μὲν οὖν αἴσθησιν ἔχοντα γίνεται τὰ ζῷα, ἐκ δὲ τῆς αἰσθήσεως τοῖς μὲν αὐτῶν οὐκ ἐγγίγνεται μνήμη, τοῖς δ' ἐγγίγνεται. καὶ διὰ τοῦτο ταῦτα φρονιμώτερα καὶ μαθητικώτερα τῶν μὴ δυναμένων μνημονεύειν ἐστίν. φρόνιμα μὲν ἄνευ τοῦ μανθάνειν, ὅσα μὴ δύναται τῶν ψόφων ἀκούειν, οἷον μέλιττα, καὶ εἴ τι τοιοῦτον ἄλλο γένος ζῴων ἐστίν· μανθάνει δ' ὅσα πρὸς τῇ μνήμῃ καὶ ταύτην ἔχει τὴν αἴσθησιν. τὰ μὲν οὖν ἄλλα ταῖς φαντασίαις ζῇ καὶ ταῖς μνήμαις, ἐμπειρίας δὲ μετέχει μικρόν· τὸ δὲ τῶν ἀνθρώπων γένος καὶ τέχνῃ καὶ λογισμοῖς. γίγνεται δ' ἐκ τῆς μνήμης ἐμπειρία τοῖς ἀνθρώποις· αἱ γὰρ πολλαὶ μνῆμαι τοῦ αὐτοῦ πράγμα-

15. ἃ prius add Lps. ‖ 17. ἃ τοιαδ' R^a. ‖ 18. εἰ καὶ V^a. ‖ γε ἄγνωστα Lps: ceteri γνωστά. ‖ 21. δῆλον om V^a. ‖ ἀκουσθέντι V^a.

1. γὰρ οὐδὲ] γὰρ οἶδεν $B^a R^a$, γὰρ εἶδεν V^a. ‖ 4. ante παρ' lacunam V^a. ‖ ἄλλου B^a. ‖ 6. λόγον] λόγου $R^a V^a$. ‖ 16. σχολῇ Lps pro σχολήν. ‖ πάντ' αὐτὸ $B^a V^a$. ‖ 19. λεκτά] λόγους Lps. ‖ 20. οὗτος $B^a V^a$. ‖ 21. margo $B^a V^a$: τὸ πρωτότυπον λίαν ἐσφαλμένον, καὶ μή τις μοι μεμφέτω· καθὼς γὰρ ὁρῶ, οὕτω γράφω.

Codices $EQSTH^a A^b B^b C^b D^b E^b F^b G^b H^b I^b f$. Tit. Α EA^b, α τὸ μεῖζον plerique, α μεῖζον QT, μεῖζον α f, α μέγα E^b.

23. ἑαυτὰς $H^a E^b f$. ‖ 25. θέλοντες $H^a E^b f$. ‖ 26. τι om $EA^b E^b f$. ‖ 28. τῆς αἰσθήσεως] ταύτης $A^b D^b$. ‖ 29. δ' ἐγγίγνεται A^b D^b et rc E^b: ceteri δὲ γίγνεται.

21. ταῦτα φρονιμώτερα $A^b D^b$: ceteri τὰ μὲν φρόνιμα. ‖ καὶ μαθητικώτερα $A^b D^b$, τὰ δὲ μαθητικώτερα $EB^b E^b F^b$: ceteri τὰ δὲ μαθηματικώτερα. ‖ 22. μὴ om S. ‖ μὲν] μὲν οὖν T. ‖ 23. δύναται $A^b D^b E^b$: ceteri δυνατά. ‖ 25. ὅσα] ὃ $A^b D^b$.

벡커 편집본(1831년) 980쪽: 『형이상학』 1권 980a 21–b 29

참고문헌

1. 원문 편집 및 관련 사전

Bekker, I.(ed.): *Aristotelis Opera*, Bd. II, Berlin 1831.

Bonitz, H.: *Aristotelis Metaphysica*, 2 Bde, Bonn 1848-49.

Christ, W.: *Aristotelis Metaphysica*, recogn., Leipzig 1885, ^{2}1895.

Diels, H./Kranz, W.: *Die Fragmente der Vorsokratiker*, 3 Bde, Berlin 1960-61: 『소크라테스 이전 철학자들의 단편 선집』, 김인곤, 강철웅, 김재홍, 김주일, 양호영, 이기백, 이정호, 주은영 옮김, 아카넷 2005.

Jaeger, W.: *Aristotelis Metaphysica*, recogn. brevique adnotatione crit. instr., Oxford 1960.

Ross, W. D.: *Aristotle's Metaphysics*, 2 vols, a revised text with introduction and commentary, Oxford 1924.

Bonitz, H.: *Index Aristotelicus*, Berlin 1870; 아리스토텔레스의 저술에 나오는 개념들을 출처와 더불어 정리해 놓은 사전.

Delatte, L./Rutten, Chr./Govaerts, S./Denooz, J.: *Aristoteles Metaphysica, Index verborum, Listes de Fréquence*, Hildesheim 1984; 알파벳 순으로 『형이상학』에 나온 모든 낱말들을 그 횟수와 더불어 배열해 놓은 사전

Höffe, O. (hrsg.): *Aristoteles-Lexikon*, Stuttgart 2005; 아리스토텔레스의 철학에 나오는 개념들을 풀이해 놓은 사전

Horn, Ch./Rapp, Ch.(hrsg.): *Wörterbuch der antiken Philosophie*, München

2002; 그리스 철학 용어 사전

Andresen, C./Erbse, H./Gigon, O. u. a. (hrsg.): *Lexikon der Alten Welt*, Zürich 1965.

Grimal, P.: *Dictionnaire de la Mythologie Greque et Romaine*, Paris 1951, [13]1996: 『그리스 로마 신화 사전』, 백영숙, 이성엽, 이창실 (공동 번역), 최애리 (책임 번역), 강대진 (감수), 열린책들 2003.

Hornblower, S./Spawforth, A. (edd.): *The Oxford Classical Dictionary*, Oxford 1996.

Lauffer, S. (hrsg.): *Griechenland: Lexikon der historischen Städten, Von den Anfängen bis zur Gegenwart*, München 1989; 그리스 지명 사전.

Leutsch, E. L. A./Schneidewin, F. G.: *Corpus Paroemiographorum Graecorum*, 2 Bde, Göttingen 1839-51; 그리스 속담집.

2. 고대와 중세의 번역 및 주석

Alexander Aphrodisiensis: *In Aristotelis metaphysica commentaria*, ed. M. Hayduck, Berlin 1891.

—Dooley, W. E.: *Alexander of Aphrodisias: On Aristotle, Metaphysics 1*, London 1989: 알렉산드로스의 주석 일부를 영어로 옮긴 것

—Dooley, W. E./Madigan, A.: *Alexander of Aphrodisias: On Aristotle, Metaphysics 2 and 3*, London 1992

—Madigan, A.: *Alexander of Aphrodisias: On Aristotle, Metaphysics 4*, London 1993.

—Dooley, W. E.: *Alexander of Aphrodisias: On Aristotle, Metaphysics 5*, London 1993.

Asclepius: *In Aristotelis metaphysicorum libros A-Z commentaria*, ed. M. Hayduck, Berlin 1888.

Syrianus: *In metaphysica commentaria*, ed. G. Kroll, Berlin 1902.

—Dilton, J./O' Meara, D.: *Syrianus: On Aristotle, Metaphysics 13-14*, London 2007.

Themistius: *In Aristotelis metaphysicorum librum paraphrasis latine et hebraice*, ed. S. Landauer. Berlin 1903.

Thomas Aquinas: *In duodecim libros metaphysicorum Aristotelis expositio*, Taurini, Romae 1964.

3. 현대의 번역 및 주석

전체 번역 및 주석

조대호: 『형이상학』, 길 2017.

Apostle, H. G.: *Aristotle's Metaphysics*, transl. with comm. and glossary, London 1966.

Bassenge, F.: *Aristoteles, Metaphysik*, Berlin 1960 (Neuausgabe 1990).

Bonitz, H.: *Aristotelis Metaphysica*, Bonn 1848-49.

_____: *Aristoteles, Metaphysik*, Wellmann, E.(hrsg.), Berlin 1890 (Nachdruck Hamburg 1966), Wolf, U.(neu hrsg.), Hamburg 1994.

Gohlke, P.: *Aristoteles, Metaphysik*, Paderborn 1951.

Hope, R.: *Aristotle, Metaphysics*. Newly transl. as a postscript to natural science with an analytical index of technical terms, New York 1953.

Kirchmann, J. H. v.: *Die Metaphysik des Aristoteles*, übers., erl. u. mit einer Lebensbeschreibung d. Arist., 2 Bde, Berlin 1871.

Lasson, A.: *Aristoteles, Metaphysik*, Ins Deutsche übertr., Jena 1907.

Lawon-Tancred, H.: *The Metaphysics*, Penguin Classics 1998.

Reale, G.: *La Metafisica*, trad., introd. e comm., 2 Bde, Neapel 1968.

Rolfes, E.: *Aristoteles, Metaphysik*, Übers. u. erl., 2 Bde, Leipzig 1904.

Ross, W. D.: *The Works of Aristotle*, transl. into Englisch under the Editorship of W. D. Ross, Vol. VIII. *Metaphysica*, Oxford [2]1960.

Schwarz, F. F.: *Aristoteles, Metaphysik*, Stuttgart 1970.

Schwegler, A.: *Die Metaphysik des Aristoteles*, Grundtext, Übersetzung und Commentar nebst erläuternden Abhandlungen, 4 Bde., Tübingen 1847-48. 재출판 Frankfurt a. M. 1960.

Seidl, H.: *Aristoteles, Metaphysik*, griech./dt., in der Übersetzung von H. Bonitz neubearbeitet, mit Einleitung und Kommentar, 2 Bde, Hamburg 1980.

Szlezak, Th. A.: *Aristoteles, Metaphysik*, Berlin 2003.

Tredennick, H.: *Aristotle XVII-XVIII, The Metaphysics*, The Loeb Classical Library 1933.

Tricot, J.: *Aristote, La Métaphysique*, traduction nouvelle et notes, Paris 1933.

岩崎勉(Iwasaki, Tsutomu): 『アリストテレス, 形而上學』, 東京: 理想社 1942.

出隆(Ide, Takashi): 『アリストテレス, 形而上學』, 東京: 河出書房 1956.

부분 번역 및 주석

전헌상: 아리스토텔레스 『형이상학』 (철학사상, 별책 제7권 제9호), 서울대학교 철학사상연구소 2006.

조대호 역해: 『아리스토텔레스의 형이상학. 주요 본문에 대한 해설, 번역, 주석』, 문예출판사 2004.

Annas, J.: *Aristotle's Metaphysics books M and N*, translated with introduction and notes, Oxford 1976.

Bordt, M.: *Aristoteles' Metaphysik XII*, Darmstadt 2006.

Bostock, D.: *Aristotle's Metaphysics. books Z and H*, translated with a commentary, Oxford 1994.

Burnyeat, M. F.: *Notes on Zeta*, Oxford 1979.

_____: *Notes on Eta and Theta*, Oxford 1984.

Cassin, B./Narcy, M.: *La Décision du Sens – le livre gamma de la Métaphysique d'Aristote*, Paris 1989.

Colle, G.: *La Métaphysique, livres I à III*, traduction et commentaire, Paris et Louvain 1912-22; *livres IV*, Louvain 1931.

Elders, L.: *Aristotle's Theology*. A commentary on book Λ of the Metaphysics, Assen 1972.

Frede, M./Patzig, G.: *Aristoteles 'Metaphysik Z'*, Text, Übersetzung und Kommentar, 2Bde. München 1988.

Furth, M.: *Aristotle, Metaphysics, books Z, H, Θ, I*, Indianapolis 1985.

Gadamer, H.-G.: *Aristoteles, Metaphysik XII*. Griech.-deutsch, Frankfurt a. M. 1948.

Kirwan, C. A.: *Aristotle's Metaphysics, Books ΓΔE*, Oxford 1971, ^{2}1993.

Madigan, A.: *Aristotle, Metaphysics: Books B and K 1-2*, Oxford 2000.

Makin, S.: *Aristotle, Metaphysics, Book Θ*, Oxford 2006.

Sonderegger, E.: *Aristoteles, Metaphysik Z 1-12*, Bern 1993.

아리스토텔레스의 저술 및 서양 고전에 대한 우리말 번역

김재홍 옮김: 『소피스트적 논박에 대하여』, 아카넷 2021.

_____: 『정치학』, 길 2017.

_____: 『토피카』, 서광사 2021.

김재홍, 강상진, 이창우 옮김: 『니코마코스 윤리학』, 길 2011.

김진성 역주: 『범주들·명제에 관하여』, 이제이북스 2008.

오지은 옮김: 『영혼에 관하여』, 아카넷 2018.

천병희 역: 헤시오도스의 『신들의 계보』, 숲 2009.

_____: 아리스토텔레스의 『시학』, 숲 2017.

_____: 호메로스의 『일리아스』, 숲 2015.

_____: 오비디우스의 『변신 이야기』, 숲 2017.

4. 아리스토텔레스의 철학 일반에 관한 저술

Ackrill, J. L: *Aristotle the Philosopher*, Oxford 1981; 『철학자 아리스토텔레스』, 한석환 옮김, 서광사 1992.

Allan, D. J.: *The Philosophy of Aristotle*, Oxford 1952; 『아리스토텔레스 철학의 이해』, 장영란 옮김, 고려원 1993.

Anscome, G. E. M./Geach, P. T.: *Three Philosophers*, Oxford 1961, 1-63쪽.

Barnes, J.: *Aristotle*, Oxford University Press 1982; 『아리스토텔레스의 철학』, 문계석 옮김, 서광사 1989.

_____(ed.): *The Cambridge Companion to Aristotle*, Cambridge 1995.

Cherniss, H.: *Aristotle's Criticism of Presocratic Philosophy*, Baltimore 1935.

_____: *Aristotle's Criticism of Plato and the Academy I*, Baltimore 1944.

Düring, I.: *Aristoteles. Darstellung und Interpretation seines Denkens*, Heidelberg 1966.

Flashar, H.: *Ältere Akademie-Aristoteles-Peripatos, in Grundriss der Geschichte der Philosophie* (Die Philosophie der Antike 3), zweite, neu bearb. Auf., Basel 2004, 166-492쪽.

Guthrie, W. K. C.: *A History of Greek Philosophy 6: Aristotle, an encounter*,

Cambridge 1981.

Hamelin, O.: *Le Système d'Aristote*, Paris 1920.

Höffe, O.: *Aristoteles*, München 1996.

Jaeger, W.: *Aristoteles. Grundlegung einer Geschichte seiner Entwicklung*, Berlin 1923; 영어번역본: *Aristotle. Fundamentals of the History of his Development*, Robinson, R. (trans.), Oxford 1934, ²1948.

Lear, J.: *Aristotle. The Desire to Understand*, Cambridge 1988.

Lloyd, G. E. R.: *Aristotle. The Growth and Structure of His Thought*, Cambridge 1968.

Rapp, Ch.: *Aristoteles zur Einführung*, Hamburg 2004.

Ross, W. D.: *Aristotle*, London 1923, ⁶1995; 『아리스토텔레스』 - 그의 저술과 사상에 관한 총설, 김진성 옮김, 세창출판사 2016.

5. 아리스토텔레스의 철학 및 『형이상학』에 관련된 논문집

조요한: 『아리스토텔레스의 철학』, 경문사 1988.

Aubenque, P.(ed.): *Etudes sur la Métaphysique d'Aristote*, Paris 1979.

Barnes, J./Schofield, M./Sorabji, R.(edd.): *Articles on Aristotle*, London 1975–79; Vol. 1: *Science*(1975), Vol. 2: *Ethics and Politics*(1977), Vol. 3: *Metaphysics* (1979), Vol. 4: *Psychology and Aesthetics*(1979).

Berti, E.(ed.): *Aristotle on Science*, Padua 1981.

Caron, M./Ravaisson, F.(edd.): *Essai sur la Métaphysique d'Aristote*, Paris 2007.

Devereux, D./Pellegrin, P. (edd.): *Biologie, Logique, et Métaphysique chez Aristote*, Paris 1990.

Düring, I.(hrsg.): *Naturphilosophie bei Aristoteles und Theophrast*, Heidelberg

1969.

Düring, I./Owen, G. E. L.(edd.): *Aristotle and Plato in the Mid-fourth Century*, Göteborg 1960.

Fortenbaugh, W. W./Sharples, R. W.(edd.): *Theophrastean Studies*, Rutgers University Studies in Classical Humanities 3, New Brunswick 1985.

Frede, M.: *Essays on Ancient Philosophy*, Oxford 1987.

Frede, M./Charles, D. (edd.): *Aristotle's Metaphysics. Lambda*. Symposium Aristotelicum, Oxford 2000.

Gotthelf, A.(ed.): *Aristotle on Nature and Living Things*, Bristol 1985.

Graeser, A.(ed.): *Mathematics and Metaphysics in Aristotle*, Bern/Stuttgart 1987.

Hager, F.-P.(hrsg.): *Metaphysik und Theologie des Aristoteles*, Darmstadt 1969.

_____: *Logik und Erkenntnislehre des Aristoteles*, Darmstadt 1972.

Hintikka, K. J. J.: *Time and Necessity*, Oxford 1973.

Lee, E. N./Mourelatos, A. P. D./Rorty, R.(edd.): *Language and Logos*, Cambridge 1982.

Mansion, A.: *Autour d'Aristote*, Louvain 1955.

Mansion, S.(ed.): *Aristote et les Problèmes de Méthode*, Louvain 1961.

Merlan, Ph.: *Kleine philosophischen Schriften*, hrsg. von F. Merlan, Hildesheim 1976.

Moraux, P.(ed.): *Aristoteles in der neueren Forschung*, Darmstadt 1968.

_____: *Frühschriften des Aristoteles*, Darmstadt 1975.

Moravcsik, J. M. E.(ed.): *Aristotle. A collection of critical essays*, New York 1967, London 1968.

Knuutila, S./Hintikka, J.(edd.): *The Logic of Being*, Dordrecht 1986.

Oehler, K.: *Antike Philosophie und byzantinisches Mittelalter*, München 1969.

O' meara, D.(ed.): *Studies in Aristotle*, Washington 1981.

Owen, G. E. L.: Logic, *Science and Dialectic*, London 1986.

Rapp, Ch.(hrsg.): *Aristoteles, Metaphysik: Die Substanzbücher(Z, H, Θ)*, Berlin 1996.

Scaltsas, T./Charles, D./Gill, M. L.(edd.): *Unity, Identity and Explanation in Aristotle's Metaphysics*, Oxford 1994.

Schofield, M./Nussbaum, M. C.(edd.): *Language and Logos*, Cambridge 1982.

Solmsen, F.: *Kleine Schriften*, Hildesheim 1968.

Wiesner, J.(ed.): *Aristoteles – Werke und Wirkung*, Berlin 1985-87.

6. 아리스토텔레스의 『형이상학』에 관한 저술 및 논문

Fontara, D.: *Die Ousia-Lehren des Aristoteles: Untersuchungen zur Kategorienschrift und zur Metaphysik*, Berlin 2003.

Furth, M.: *Structure, Form and Psyche: an Aristotelian Metaphysics*, Cambridge 1988.

Gill, M. L.: *Aristotle on Substance: the paradox of unity*, Princeton 1989.

Grayeff, F.: *Aristotle and his School*. An inquiry into the history of the Peripatos with a commentary on Metaphysics Z, H, Λ and Θ, London 1974.

Halper, E. C.: *One and Many in Aristotle's Metaphysics. The Central Books*, Columbus(Ohio) 1989.

Hartman, E.: *Substance, Body and Soul. Aristotelian Investigation*, Princeton 1977.

Heinaman, R. E.: *Substance and Knowledge of Substance in Aristotle's Metaphysics*, Princeton 1979.

Irwin, T. H.: *Aristotle's First Principles*, Oxford 1988.

Jaeger, W.: *Studien zur Entstehungsgeschichte der Metaphysik des Aristoteles*, Berlin 1912.

Krämer, H. J.: *Zur geschichtlichen Stellung der aristotelischen Metaphysik*, in *Kant-Studien* 58(1967), 313-54쪽.

Liske, M.-Th.: *Aristoteles und der aristotelische Essentialismus: Individuum, Art, Gattung*, Freiburg/München 1985.

Lloyd, A. C.: *Form and Universal in Aristotle*, Liverpool 1981.

Merlan, Ph.: *From Platonism to Neoplatonism*, Den Haag 1953, [3]1968.

Owens, J.: *The Doctrine of Being in the Aristotelian Metaphysics*, Toronto 1951, [3]1978.

Patzig, G.: Logical aspects in some arguments in Aristotle's *Metaphysics*, in Aubenque(1979), 37-48쪽.

Ravaisson, F.: *Essai sur la Métaphysique d'Aristote*, Paris 1913.

Scaltsas, T.: *Substances and Universals in Aristotle's Metaphysics*, New York 1994.

Schmitz, H.: *Die Ideenlehre des Aristoteles*, 2 Bde, Bonn 1985.

Spellman, L.: *Substance and Separation in Aristotle*, Cambridge 1995.

Steinfath, H.: *Selbständigkeit und Einfachheit. Zur Substanztheorie des Aristoteles*, Frankfurt a. M. 1991.

Tugendhat, E.: *TI KATA TINOΣ. Eine Untersuchung zu Struktur und Ursprung aristotelischer Grundbegriffe*, Freiburg i. Br. 1958, [4]1988.

Viertel, W.: *Der Begriff der Substanz bei Aristoteles*, Königstein/Ts. 1982.

Wieland, W.: *Die aristotelische Physik*, Göttingen 1970, [3]1992.

Witt, Ch. E.: *Substance and Essence in Aristotle. An Interpretation of Metaphys-*

ics VII-IX, Ithaca 1989.

_____: *Ways of Being: Potentiality and Actuality in Aristotle's Metaphysics*, New York 2003.

소크라테스 이전 철학자들 비판: A

Cherniss, H. F.: *Aristotle's Criticism of Presocratic Philosophy*, Baltimore 1935.

Gigon, O.: Die Geschichtlichkeit der Philosophie bei Aristoteles, in *Archivio di Filosofia* 1(1954), 129-50쪽.

Guthrie, W. K. C.: Aristotle as a historian of philosophy, in *Journal of Hellenic Studies* 77(1957), 35-41쪽; Moraux(1968)에 다시 실림.

Mansion, S.: Le rôle de l'exposé et de la critique de philosophies antérieures chez Aristote, in Mansion(1961)

Stevenson, J. G.: Aristotle as a historian of philosophy, in *Journal of Hellenic Studies* 94(1974), 138-43쪽.

플라톤 수용 및 비판: A6, 9, M, N

김진: 전통적 플라톤 해석의 철학사적 기원, 『서양고전학연구』 25(2006 여름), 187-215쪽.

박종현: 아리스토텔레스의 플라톤 비판, 『희랍 철학 연구』, 조요한 외 지음, 종로서적 1988, 163-207쪽.

Annas, J.: Forms and first principles, in *Phronesis* 19(1974), 257-83쪽.

Chen, Ch.-H.: Aristotle's analysis of change and Plato's theory of transcendent ideas, in *Phronesis* 20(1975), 129-45쪽.

Cherniss, H. F.: *Aristotle's Criticism of Plato and the Academy*, Baltimore 1944.

_____: *The Riddle of the Early Academy*, Berkeley 1945.

Düring, I.: Did Aristotle ever accept Plato's theory of transcendent ideas?, in *Archiv für Geschichte der Philosophie* 48(1966), 312-16쪽; Vogel(1965)에 대한 반박. Moraux(1975)의 312-14쪽에 "Aristoteles und die platonische Lehre von den transzendenten Ideen"으로 부분 번역되어 실림.

Gadamer, H.-G.: Die Idee des Guten zwischen Plato und Aristoteles, in *Sitzungsber. d. Heidelb. Akad. d. Wiss., Phil.-hist.* Kl. 1978(3), 77-92쪽.

Krämer, H. J.: Aristoteles und die akademische Eidoslehre. Zur Geschichte des Universalienproblems im Platonismus, in *Archiv für Geschichte der Philosophie* 55(1973), 119-90쪽.

Merlan, Ph.: Zwei Bemerkungen zum aristotelischen Plato, in *Rheinisches Museum* 111(1968), 1-15쪽; Merlan(1976), 259-73쪽에 다시 실림.

_____: Nochmals: War Aristoteles je Anhänger der Ideenlehre? Jaegers letztes Wort, in *Archiv für Geschichte der Philosophie* 52(1970), 35-39쪽; Merlan(1976), 274-78에 다시 실림.

Vogel, C. J. de: Did Aristotle ever accept Plato's theory of transcendent ideas? Problems around a new edition of the Protrepticus, in *Archiv für Geschichte der Philosophie* 47(1965), 261-98쪽; Moraux(1975)의 276-311쪽에 "Platonisches und Aristotelisches in drei Frühschriften des Aristoteles"로 부분 번역되어 실림.

철학의 방법, 난문: A1-2, α, B, K1, 2

Aubenque, P.: Sur la notion aristotélicienne d'aporie, in Mansion(1961).

Gigon, O.: Methodische Probleme in der *Metaphysik* des Aristoteles, in Mansion(1961), 131-45쪽.

Halper, E.: The origin of the *aporiai* in Aristotle's *Metaphysics B*, in *Apeiron*

21(1988), 1-27쪽.

Heinaman, R.: Aristotle's tenth aporia, in *Archiv für Geschichte der Philosophie* 61(1979), 249-70쪽; *Met.* *B*4. 1000a 5-1001a 3.

Lowe, M. F.: Aristotle on being and the one, in *Archiv für Geschichte der Philosophie* 59(1977), 44-55쪽; *Met.* *B*3.

Mansion, S.: Les apories de la métaphysique aristotélicienne, in Mansion (1955), 141-79쪽.

Verbeke, G.: Démarches de la réflexion métaphysique chez Aristote, in Mansion(1961); Hager(1969)에 독일어 번역으로 다시 실림.

Vogel, C. J. de: La méthode d'Aristote en métaphysique d'après *Met.* *A*1-2, in Mansion(1961), 147-70쪽.

형이상학의 명칭 및 성격, 대상: A1, 2, Γ1, 2, E1

Ambühl, H.: *Das Objekt der Metaphysik bei Aristoteles*, Fribourg 1958.

Ando, T.: *Metaphysics. A Critical Survey of its Meaning*, Den Haag 1963, ²1974.

Aubenque, P.: Aristoteles und das Problem der Metaphysik, in *Zeitschrift für philosophische Forschung* 9(1961), 77-99쪽.

_____: Sens et structure de la Métaphysique aristotélicienne, in *Bulletin. de la Société française de Philosophie* 58(1964), 1-43쪽.

Beeretz, F. L.: Die Aufgabe der Metaphysik des Aristoteles, in *Philosophia* 4(1974), 247-58쪽.

Bolton, R.: Aristotle's conception of Metaphysics as a science, in Scaltsas/Charles/Gill (1994).

Bubner, R.: Aristoteles oder die Geburt der Ontologie aus dem Geist der Sprache, in *Philosophisches Rundschau* 24(1977), 177-86쪽.

Chen, Ch.-H.: *Sophia, the science Aristotle sought*, Hildesheim 1976.

Elders, L.: Aristote et l'objet de la métaphysique, in *Revue de philosophique de Louvain* 60(1962), 165-83쪽; Met. Γ2.

Decarie, V.: *L'objet de la Métaphysique selon Aristote*, Paris 1961, [2]1972.

Frede, M.: The unity of general and special metaphysics: Aristotle's conception of metaphysics, in Frede(1987).

Genequand, Ch.: L'objet de la métaphysique selon Alexandre d'Aphrodisias, in *Museum Helveticum* 36(1979), 48-57쪽.

Gómez-Lobo, A.: Aristotle's first philosophy and the principles of particular disciplines, in *Zeitschrift für philosophische Forschung* 32(1978), 183-94쪽; *Met. E*1. 1025b 10-18.

Inciarte, F.: Die Einheit der Aristotelischen Metaphysik, in *Philosophisches Jahrbuch* 101(1994), 1-21쪽.

Irwin, H.: Aristotle's discovery of metaphysics, in *Review of Metaphysics* 31(1977), 210-29쪽.

Kamlah, W.: Aristoteles' Wissenschaft vom Seienden als Seienden und die gegenwärtige Ontologie, in *Archiv für Geschichte der Philosophie* 49(1967), 269-97쪽.

König, E.: Aristoteles' erste Philosophie als universale Wissenschaft von den *archai*, in *Archiv für Geschichte der Philosophie* 52(1970), 225-46쪽.

Leszl, W.: *Aristotle's Conception of Ontology*, Padova 1975.

Mansion, A.: L'objet de la science philosophique suprême d'après Aristote, *Met. E*1, in *Mélanges de philosophie grecque off. à A. Diès*, Paris 1956, 151-68쪽.

Mansion, A.: Philosophie première, philosophie seconde et métaphysique chez

Aristote, in *Revue de philosophique de Louvain* 56(1958), 165-221쪽; Hager(1969), 299-366쪽에 독일어 번역으로 다시 실림.

Marx, W.: *The Meaning of Aristotle's Ontology*, The Hague 1954.

Merlan, Ph.: Metaphysik: Name und Gegenstand, in *Journal of Hellenic Studies* 77(1957), 87-92쪽; Hager(1969), 251-65쪽에 다시 실림.

_____: On hêi on and prôtê ousia: Postskript zu einer Besprechung, in *Philosophische Rundschau* 7(1959), 148-53쪽; Merlan(1976), 225-30쪽에 다시 실림.

_____: *From Platonism to Neoplatonism*, The Hague ²1960.

_____: On the terms "metaphysics" and "being-qua-being", in *Monist* 52 (1968), 174-94쪽; Merlan(1976), 238-58쪽에 다시 실림.

Moreau, J. : Remarques sur l'ontologie aristotélicienne, in *Revue philosophique de Louvain* 75(1977), 577-611쪽.

Natorp, P.: Thema und Disposition der aristotelischen Metaphysik, in *Philosophische Monatshefte* 24(1887), 36-65쪽.

Oehler, K.: Die systematische Integration der aristotelischen Metaphysik, in Aubenque(1966).

Panou, S.: Erste Philosophie oder die Frage nach der aristotelischen Ontologie, in *Helikon* 13/14(1973/74), 314-25쪽.

Patzig, G.: Theologie und Ontologie in der Metaphysik des Aristoteles, in *Kantstudien* 52(1960/61), 185-205쪽; Barnes/Schofield/Sorabji(1979), Vol. 3, 33-49쪽에 다시 실림.

Reale, G.: Il concetto di filosofia prima e l'unità della metafisica di Aristotele, Milano 1961, ⁶1994: *The Concept of First Philosophy and the Unity of the Metaphysics of Aristotle*, Catan, J. R.(ed. and trans.), New York 1980.

Reiner, H.: Die Entstehung und ursprüngliche Bedeutung des Namens Metaphysik, in *Zeitschrift für Philosophische Forschung* 8(1954), 210-37쪽; Hager(1969), 139-74쪽에 다시 실림.

Reiner, H.: Die Entstehung der Lehre vom bibliothekarischen Ursprung des Namens Metaphysik. Geschichte einer Wissenschaftslegende, in *Zeitschrift für Philosophische Forschung* 9(1955), 77-99쪽

Routila, L.: *Die aristotelische Idee der Ersten Philosophie. Untersuchung zur onto-theologischen Verfassung der Metaphysik des Aristoteles*, Amsterdam 1969.

Theiler, W.: Die Entstehung der Metaphysik des Aristoteles, mit einem Anhang über Theophrasts Metaphysik, in *Museum Helveticum* 15(1958), 85-105쪽; Hager(1969), 266-98쪽에 다시 실림.

Volkmann-Schluck, K. H.: *Die Metaphysik des Aristoteles*, Frankfurt a. M. 1979.

Weil, E.: Quelques remarques sur le sens et l'intention de la Métaphysique d'Aristote, in *Studi Urbinati di Stor., Filos. e Lett.* 41(1967) 831-53쪽.

Wagner, H.: Zum Problem des aristotelischen Metaphysikbegriff, in *Philosophische Rundschau* 7(1959), 129-48쪽.

있음(존재), 딸려 있음: Γ1, 2, Δ7, E4

박희영: 희랍 철학에서의 Einai, To on, Ousia의 의미, 『서양 고대 철학의 세계』, 한국 서양 고전 철학회(편), 서광사 1995, 11-38쪽.

양문흠: 실재하는 것에 관한 아리스토텔레스의 물음, 『고전 형이상학의 전개』, 소광희 외 지음, 철학과 현실사 1995, 73-99쪽.

조요한: 존재 개념의 다의성, 조요한(1988), 81-110쪽.

한석환: 존재론의 아리스토텔레스적 변용, 『서양 고대 철학의 세계』, 한국 서양 고전

철학회(편), 315-30쪽.

Aubenque, P.: *Le problème de l' être chez Aristote*, Paris 1966, ²1977.

Brentano, F.: *Von der mannigfachen Bedeutung des Seienden nach Aristoteles*, Freiburg i. Br. 1862/Darmstadt 1970; 영어번역본, *On the Several Senses of Being in Aristotle*, George, R.(trans.), Berkeley 1976.

Buchanan, E.: *Aristotle's Theory of Being*, Cambridge Mass. 1962.

Cleary, J. J.: *Aristotle on the Many Senses of Priority*, Carbondale 1988.

Cobb, R. A.: The present progressive periphrasis and the *Metaphysics* of Aristotle, in *Phronesis* 18(1973), 80-90쪽.

Dancy, R. M.: Aristotle on existence, in Knuutila/Hintikka(1986), 49-80쪽.

Gómez-Lobo, A.: *"Symbebêkôs" in der Metaphysik des Aristoteles*, München 1966.

Hintikka, K. J. J.: The varieties of being in Aristotle, in Knuutila/Hintikka(1986), 81-114쪽.

Kahn, C. H.: The Greek verb "to be" and the concept of being, in *Foundations of Language* 2(1966), 245-65쪽.

_____: On the terminology for *copula* and *existence*, in *Islamic Philosophy and the Classical Tradition*, Stern, S./Hourani, A./Brown, V.(edd.), Oxford 1972, 141-58쪽.

_____: *The Verb Be in Ancient Greek*, Dordrecht 1973.

_____: On the theory of the verb "to be", in *Logic and Ontology*, Munitz, M.(ed.), New York 1974, 1-20쪽.

_____: Why existence does not emerge as a distinct concept in Greek Philosophy, in *Archiv für Geschichte der Philosophie* 58(1976), 323-34쪽.

_____: Retrospect on the verb "to be" and the concept of being, in Knuutila/

Hintikka(1986), 1-28쪽.

Kung, J.: Aristotle on "being is said in many ways", in *History of Philosophy Quarterly* 3(1986), 3-18쪽.

Loux, M. J.: Aristotle on the transcendentals, in *Phronesis* 18(1973), 225-39쪽.

Marx, W.: *Einführung in Aristoteles' Theorie vom Seienden*, Freiburg i. Br. 1972.

Morrison, D.: The evidence for degrees of being in Aristotle, in *Classical Quarterly* 37(1987), 382-401쪽.

Muralt, A. de: Comment dire l'être? Le problème de l'être et de ses significations chez Aristote, in *Studia philosophica* 23(1963/64), 109-62쪽.

Owen, G. E. L.: Aristotle in the snares of ontology, in Owen(1986), 180-99쪽.

Sprague, R. K.: Aristotelian periphrasis: a reply to Mr. Cobb, in *Phronesis* 20(1975), 75-76쪽.

Thorp, J. W.: Aristotle's use of categories, in *Phronesis* 19(1974), 238-56쪽.

Treptow, E.: *Der Zusammenhang zwischen der Metaphysik und der Zweiten Analytik des Aristoteles*, München 1966.

Verbeke, G.: La doctrine de l'être dans la *Metaphysique* d'Aristote, in *Revue philosophique de Louvain* 50(1952), 471-78쪽.

Wagner, H.: Über das aristotelische "pollachôs legetai to on", in *Kant-Studien* 53(1961/62), 75-91쪽.

Wilson, J. C.: *Statement and Inference*, vol. 2, 696-706쪽, Oxford 1926.

범주: Γ1, 2, Δ7, E4, Z1

Aubenque, P. (ed.): *Concepts et categiries dans la pensée antique*, Paris 1980.

Bärthlein, K.: Zur Entstehung der aristotelischen Substanz-Akzidens-Lehre, in

Archiv für Geschichte der Philosophie 50(1968), 196-253쪽; *Met*. Δ13-15장.

Bonitz, H.: *Über die Kategorien des Aristoteles*, Vienna 1853.

De Rijk, L. M.: *The Place of Categories of Being in Aristotle's Philosophy*, Assen 1952.

Edel, A.: Aristotle's Categories and the nature of categorial theory, in *Review of Metaphysics* 29(1975), 45-65쪽.

Frede, M.: Catogories in Aristotle, in O'Meara(1981), 1-24쪽; Frede(1987), 29-48쪽에 다시 실림.

Gillespie, C. M.: The Aristotelian Categories, in *Classical Quarterly* 19(1925), 75-84쪽; Hager(1972), Barnes/Schofield/Sorabji(1979), vol. 3, 1-12쪽에 다시 실림.

Husik, I.: The Categories of Aristotle, in his *Philosophical Essays*, Nahm, M. C./Strauss, L.(edd.), Oxford 1952.

Kahn, C. H.: Questions and categories, in *Questions*, Hiz, H.(ed.), Dordrecht 1978, 227-78쪽.

Merlan, P.: Zur Erklärung der dem Aristoteles zugeschriebenen Kategorienschrift, in *Philologus* 89(1934), 35-53쪽.

Moravcsik, J. M. E.: Aristotle's theory of categories, in Moravcsik(1967), 125-45쪽.

Ryle, G.: Categories, in his *Collected Papers*, vol.2, London 1971, 170-84쪽.

Torp, J. W.: Aristotle's use of categories - an easing of the oddness in Met. Δ7, in *Phronesis* 19(1974), 238-56쪽.

Trendelenburg, F. A.: *Geschichte der Kategorienlehre*, Hildesheim 1846.

하나에 관계 맺음, 한 이름 한/다른 뜻인 것, 파생된 것, 유비: Γ2

Ferejohn, M. T.: Aristotle on focal meaning and the unity of science, in *Phronesis* 25(1980), 117-28쪽.

Hirschberger, J.: Paronymie und Analogie bei Aristoteles, in *Philosophisches Jahrbuch* 68(1960), 191-203쪽.

Leszl, W.: *Logic and Metaphysics in Aristotle—Aristotle's treatment of equivocity and its relevance to his metaphysical theory*, Padova 1970.

Owen, G. E. L.: Logic and Metaphysics in some earlier works of Aristotle, in Düring/Owen(1960), 163-90쪽; Hager(1969), 399-435쪽에 독일어 번역으로 다시 실림, Barnes/Schofield/Sorabji(1979), Vol. 3, 13-32쪽에, Owen(1986), 486-505쪽에 다시 실림.

철학적 대화술(변증술): Γ2, B

Bolton, R.: The Epistemological Basis of Aristotelian Dialectic, in Devereux/Pellegrin(1990), 185-236쪽.

Evans, J. D. G.: *Aristotle's Concept of Dialectic*, Cambridge 1977.

Mesch, W.: *Ontologie und Dialektik bei Aristoteles*, Göttingen 1994.

모순율: Γ3-6

이창우: 아리스토텔레스 형이상학 Γ편 연구 - 제4장을 중심으로, 『철학논구』 16집(1988), 249-59쪽.

Barnes, J.: The law of contradiction, in *Philosophical Quarterly* 19(1969), 302-09쪽.

Berti, E.: Il principio di non contraddizione come criterio supremo di significanza nella Met. arist., in *Rend. della Classe di Sci. mor, stor. e filol.*

dell'Accad. dei Lincei, ser. 8, vol. 21(7-12)(1966), 224-52쪽.

Code, A.: Metaphysics and logic, in *Aristotle Today*, Matten, M.(ed.), Edmonton 1987, 127-49쪽.

Dancy, R. M.: *Sense and Contradiction: a study in Aristotle*, Dordrecht 1975.

Husik, I.: Aristotle on the law of contradiction and the basis of the syllogism, in *Mind* 58(1906), 215-22쪽; in his *Philosophical Essays*, Nahm, M. C./Strauss, L.(edd.), Oxford 1952, 87-95쪽에 다시 실림.

Hutchinson, D. S.: L'épistémologie du principe du contradiction chez Aristote, in *Revue de la philosophie ancienne* 6(1988), 213-28쪽.

Łukasiewicz, J.: On the principle of contradiction in Aristotle, in *Review of Metaphysics* 95(1971), 485-509쪽; Barnes/Schofield/Sorabji(1979), vol. 3, 50-62쪽에 다시 실림.

Moor, F. C. T.: Evans off target, in *Philosophical Quarterly* 25(1975), 58-69쪽.

Noonan, H. W.: An argument of Aristotle on non-contradiction, in *Analysis* 37(1977), 163-69쪽.

Scholar, M. C.: Aristotle *Metaphysics IV* 1010b 1-3, in *Mind* 80(1974) 266-68쪽.

Stevenson, J. G.: Aristotle and the principle of contradiction as a law of thought, in *Personalist* 56(1975), 403-13쪽.

상대주의 비판: Γ5-6

김현경: 아리스토텔레스 『형이상학』에 나타난 객관적 인식 가능성, 『범한철학』 32집(2004), 193-216쪽.

Evans, J. D. G.: Aristotle on relativism, in *Philosophical Quarterly* 24(1974), 193-203쪽.

Kenny, A. J. P.: The argument from illusion in Aristotle's *Metaphysics*(Γ1009-10), in *Mind* 76(1967), 184-97쪽; 프로타고라스의 인식론적 상대주의 비판에 관한 논문.

참임, 진리론: E4, Θ10

Brentano, F.: *The True and the Evident*, Chisholm, R. M.(trans.), London 1966.

Dehninger, J. G.: *"Wahres sein" in der Philosophie des Aristoteles*, Meisenheim 1961.

Hintikka, K. J. J.: Time, truth, and knowledge in ancient Greek philosophy, in *American Philosophical Quarterly* 4(1967), 1-14쪽; Hintikka(1973), 62-92쪽에 다시 실림.

Imbert, C.: La vérité d'Aristote et la vérité de Tarski, in *Histoire et Structure: à la mémoire de V. Goldschmidt*, Brunschwig, J/Imber, C./Roger, A.(edd.), Paris 1985.

Mansion, S.: 'Plus connu en soi', 'plus connu pour nous'. Une distinction épistémologique importante chez Aristote, in *Pensamiento* 35(1979) 161-70쪽.

Matthen, M.: Greek ontology and the is of truth, in *Phronesis* 28(1983), 113-35쪽.

Williams, C. J. F.: Aristotle and Copernican revolutions, in *Phronesis* 36(1991), 305-12쪽.

Wilpert, P.: Zum aristotelischen Wahrheitsbegriff, in *Philosophisches Jahrbuch* 53(1940), 3-16쪽; Hager(1972), 106-21쪽에 다시 실림.

실체, 으뜸 실체, 바탕이 되는 것(基體): Z1-3, H1

김완수: 아리스토텔레스의 '형이상학'에 나타난 실체 개념을 중심으로 본 형이상학의 제 문제, 『희랍철학연구』, 조요한 외 지음, 종로서적 1988, 209-82쪽.

Arpe, C.: Substantia, in *Philologus* 94(1940/41), 65-78쪽.

Berti, E.: Logical and ontological priority among the genera of substance in Aristotle, in *Kephalaion. Festschrift C. de Vogel*, Assens 1975, 55-69쪽.

_____: Il concetto di "sostanza prima" nel libro Z della *Metafisica*, in *Rivista di filosofia* 80(1989), 3-23쪽.

Brinkmann, K.: The consistency of Aristotle's thought on substance, in *Aristotle's philosophical development. Problems and prospects*, Wian, W. (ed.), New York 1996, 289-302쪽.

Chen, Ch.-H.: Aristotle's concept of primary substance in books *Z* and *H* of the *Metaphysics*, in *Phronesis* 2(1957), 46-59쪽.

Claix, R.: Le statut ontologique du concept de 'sujet' selon la *Métaphysique* d'Aristote.—L'aporie de ⟨*Métaphysique VII(Z) 3*⟩, in *Revue philosophique de Louvain* 70(1972), 335-59쪽.

Code, A.: The aporematic approach to primary being in *Metaphysics Z*, in *Canadian Journal of Philosophy*, Supp. vol.10(1984), 1-20쪽.

Cousin, D. R.: Aristotle's doctrine of substance, in *Mind* 42(1933), 319-37쪽과 *Mind* 44(1935) 168-85쪽.

Décarie, V.: Le livre Z et la substance immaterielle (1), in Aubenque(1979), 167-83쪽.

Frede, M.: Substance in Aristotle's *Metaphysics*, in Gotthelf(1985), 17-26쪽; Frede(1987), 72-80쪽에 다시 실림.

_____: The definition of sensible substances in *Metaphysics Z*, in Devereux/Pellegrin(1990), 113-29쪽.

Furth, M.: Transtemporal stability in Aristotelian substances, in *Journal of Philosophy* 75(1978), 624-46쪽.

Gill, M. L.: Aristotle on matters of life and death, in *Boston Area Colloquium in Ancient Philosophy* 4(1988), 187-205쪽.

_____: *Aristotle on Substance*, Princeton 1989.

Graeser, A.: Aristoteles und das Problem von Substanzialität und Sein, in *Freiburger Zeitschrift für Philosophie und Theologie* 25(1978), 120-41쪽.

Graham, D. W.: *Aristotle's Two Systems*, Oxford 1987.

Harter, E. D.: Aristotle on primary OUSIA, in *Archiv für Geschichte der Philosophie* 57(1975), 1-20쪽.

Lewis, F. A.: *Substance and Predication in Aristotle*, Cambridge 1991.

Loux, M. J.: *Primary OUSIA: an Essay on Aristotle's Metaphysics Z and H*, Ithaca 1991.

Mansion, S.: La prèmiere doctrine de la substance: la substance selon Aristote, in *Revue de philosophique de Louvain* 44(1946), 349-69쪽; Hager(1969), 114-38쪽에 독일어 번역으로 다시 실림.

O'Hara, M. L.(ed.): *Substances and Things: Aristotle's Doctrine of Physical Substance in Recent Essays*, Washington 1982.

Owen, G. E. L.: Particular and General, in *Proceedings of the Aristotelian Society* 99(1978/9), 1-21쪽; Owen(1986), 279-94쪽에 다시 실림.

Rapp, Ch.: Substanz als vorrangig Seiendes(Z 1), in Rapp(1996), 27-40쪽.

Scaltsas, T.: Substratum, Subject and Substance, in *Ancient Philosophy* 5(1985), 215-40쪽.

Schofield, M.: *Metaphysics Z3*, Some Suggestions, in *Phronesis* 17(1972), 97-

101쪽.

Vollrath, E.: Das Problem der Substanz, in *Grundprobleme der grossen Philosophen, Philosophie des Altertums und des Mittelalters*, Speck, J.(ed.), Göttingen 1972, 84-128쪽.

Wedin, M. V.: Subject and Substance in *Metaphysics Z* 3, in Rapp(1996), 41-74쪽.

본질: Z4-6, 10-12

강상진: 아리스토텔레스에 있어서 사물과 본질—동일성과 동음이의 사이, 『철학연구』 60집(2003), 45-62쪽.

조대호: 아리스토텔레스 본질론의 생물학적 측면: *Metaphysica* VII권을 중심으로, 『철학연구』 56집(2002), 195-218쪽.

Arpe, C: Das *"ti ên einai" bei Aristoteles*, Hamburg 1938, New York 1976.

Bassenge, F.: Das "to heni einai", "to agathôi einai" etc. etc. und das "to ti ên einai" bei Aristoteles, in *Philologus* 104(1960), 14-47과 201-22쪽.

_____: Der Fall "to ti ên einai", in *Helikon* 3(1963), 505-18쪽.

Brody, B.: Why settle for anything less than good, old-fashioned Aristotelian essentialism?, in *Nous* 7(1973), 351-65쪽.

Charels, D.: Aristotle on substance, essence and biological kinds, in *Proceeding of the Boston Area Colloquium in Ancient Philosophy* 6(1992), J. Cleary/D. Shartin (edd.), 215-49쪽.

Copi, I. M.: Essence and accident, in *Journal of Philosophy* 51(1954), 706-19쪽; Moravcsik(1967), 149-66쪽에 다시 실림.

Cohen, S. Marc.: Essentialism in Aristotle, in *Review of Metaphysics* 31(1977), 387-405쪽.

Cresswell, M. J.: Essence and existence in Plato and Aristotle, in *Theoria* 37(1971), 91-113쪽.

Durrant, M.: Essence and accident, in *Mind* 84(1975), 595-600쪽.

Hartman, E.: Aristotle on the identity of substance and essence, in *Philosophical Review* 85(1976), 545-61쪽.

Kirwan, C. A.: How strong are the objections to essence, in *Proceedings of the Aristotelian Society* 71(1970/1), 43-59쪽.

Kung, J.: Aristotle on essence and explanation, in *Philosophical Studies* 31(1977), 361-83쪽.

Lloyd, A. C.: Necessity and essence in the *Posterior Analytics*, in Berti(1981), 157-72쪽.

Matthews, G. B.: Aristotelian essentialism, in *Philosophy and Phenomenological Research* 51(1990), 251-62쪽.

Moreau, J.: L'être et l'essence dans la philosophie d'Aristote, in Mansion (1955), 181-204쪽; 독일어 번역으로 Hager(1969), 222-50쪽에 다시 실림.

Sorabji, R.: Necessity, *Cause and Blame*, Part IV, London 1980.

_____: Aristotle and Oxford philosophy, in *American Philosophical Quarterly* 6(1969), 127-35쪽.

Weidemann, H.: "Tode ti" und "ti ên einai", Überlegungen zu Aristoteles, *Metaphysik Z* 4. 1030a 3, in *Hermes* 110(1982), 175-84쪽.

_____: Zum Begriff des "ti ên einai" und zum Verständnis von *Met. Z* 4, 1029b 22-1030a 6, in Rapp(1996), 75-104쪽.

White, N. P.: Origins of Aristotle's essentialism, in *Review of Metaphysics* 26(1972/3), 57-85쪽.

Witt, C.: Aristotelian essentialism revisited, in *Journal of the History of Philoso-*

phy 27(1989), 285-98쪽.

Woods, M. J.: Substances and essence in Aristotle, in *Proceedings of Aristotelian Society* 75(1974/75), 167-80쪽.

개체화의 원리, 감각되는 실체: Z7-9, H1-5

Albritton, R.: Forms of particular subtances in Aristotle's *Metaphysics*, in *Journal of Philosophy* 54(1957), 699-708쪽.

Buchheim, Th.: Genesis und substantielles Sein. Die Analytik des Werdens in *Z* 7-9, in Rapp(1996), 105-34쪽.

Burger, R.: Is each thing the same as its essence?, in *Review of Metaphysics* 41(1987/88), 53-76쪽.

Charlton, W.: Aristotle and the principle of individuation, in *Phronesis* 17(1972), 239-49쪽.

Cohen, S. M.: Individual and essence in Aristotle's *Metaphysics*, in Paideia 7(1978), 75-85쪽.

_____: Aristotle and individuation, in *Canadian Journal of Philosophy*, supp. vol. 10(1984), 624-46쪽.

Freudenthal, G.: *Aristotle's theory of material substance. Heat and pneuma. Form and soul*, Oxford 1995.

Furth, M.: Specific and individual form in Aristotle, in Devereux/Pellegrin (1990), 85-111쪽.

Gill, M. L.: Individuals and individuation in Aristotle, in Scaltsas/Charles/Gill(1994), 55-71쪽.

_____: *Metaphysics* H 1-5 on perceptible substances, in Rapp(1996), 209-28쪽.

Lloyd, A. C.: Aristotle's principle of individuation, in *Mind* 79(1970), 519-29쪽.

Łukasiewicz, J./Anscombe, G. E. M./Popper, K.: The principle of individuation, in *Proceedings of the Aristotelian Society*, supp. vol. 27(1953), 69-120쪽; Barnes/Schofield/Sorabji(1979), vol. 3, 88-95쪽에 Anscombe의 것이 다시 실림.

Mansion, S.: The ontological constitution of sensible substances in Aristotle (*Metaphysics VII* 7-9), in Barnes/Schofield/Sorabji(1979), vol. 3, 80-87쪽.

Regis, E.: Aristotle's principle of individuation, in *Phronesis* 21(1976), 157-66쪽.

Sellars, W.: Substance and form in Aristotle, in *Journal of Philosophy* 54(1957), 688-99쪽.

Wedin, M. V.: PARTisanship in *Metaphysics Z*, in *Ancient Philosophy* 11(1991), 361-85쪽.

Wood, M. J.: Particular forms revisited, in *Phronesis* 26(1991), 75-87쪽.

_____: Universals and particular forms in Aristotle's *Metaphysics*, in *Oxford Studies in Ancient Philosophy*, supp.(1991), 41-56쪽.

정의: Z10-12, 15, H6

Frede, M.: The definition of sensible substances in *Metaphysics Z*, in Devereux/Pellegrin(1990), 113-29쪽.

Hare, J. E.: Aristotle and the definition of natural things, in *Phronesis* 24(1979), 168-79쪽.

LeBlond, J. M.: Aristotle on definition, in Barnes/Schofield/Sorabji(1979), vol.3, 63-79쪽.

Mansion, S.: "To simon" et la définition physique, in Düring (1969), 124-32쪽.

_____: La notion de matière en *Métaphysique Z* 10 et 11, in Aubenque (1979), 185-205쪽.

Mesch, W.: Die Teile der Definition (Z 10-11), in Rapp(1996), 135-56쪽.

Morrison, D.: Some remarks on definition in *Metaphysics Z*, in Devereux/Pellegrin(1990), 131-44쪽.

Robinson, R.: *Definition*, Oxford 1950.

Steinfath, H.: Die Einheit der Definition und die Einheit der Substanz. Zum Verhältnis von *Z* 12 und *H* 6, in Rapp(1996), 229-52쪽.

Stenzel, J.: *Zahl und Gestalt bei Platon und Aristoteles*, Leipzig 1924, ²1933/ Darmstadt ³1959; *Z* 12장, *H* 6장.

Wilpert, P.: Zur Interpretation von *Metaphysik Z* 15, in *Archiv für Geschichte der Philosophie* 42(1960), 130-58쪽; Hager(1969) 367-98쪽에 다시 실림.

형상: Z11, 17

Aubenque, P.: La pensée du simple dans la *Métaphysique* (Z17 et Θ10), in Aubenque(1979), 69-88쪽.

Balme, D. M.: GENOS and EIDOS in Aristotle's Biology, in *Classical Quarterly* 12(1962), 81-98쪽.

Granger, H.: Aristotle on the subjecthood of form, in *Oxford Studies in Ancient Philosophy* 13(1995), 135-59, 177-85쪽.

Hamlyn, D. W.: Aristotle on form, in Gotthelf(1985).

Haring, E. S.: Substantial form in Aristotle's *Metaphysics Z* 1, in *Review of Metaphysics* 10(1956/57), 308-32, 482-501, 698-713쪽.

Morrison, D.: Substance as Cause (Z 17), in Rapp(1996), 193-208쪽.

Oehler, K.: *Ein Mensch zeugt einen Menschen*, Frankfurt a. M. 1963.

Patzig, G.: Bemerkung über den Begriff der Form, in *Archiv für Philosophie* 9(1959), 93-111쪽.

Ryan, E.: Pure form in Aristotle, in *Phronesis* 18(1973), 209-224쪽.

Williams, D. C.: Form and Matter, in *Philosophical Review* 67(1958), 291-312, 499-521쪽.

Witt, C.: Hylomorphism in Aristotle, in *Journal of Philosophy* 84(1987), 673-79쪽.

_____: Form, reproduction, and inherited characteristics in Aristotle's *de Generatione Animalium*, in *Phronesis* 30(1985), 46-57쪽.

형상, 실체, 보편자의 관계: Z13-17

조대호: 보편자와 실체(ousia): 아리스토텔레스의 『형이상학』 7권 13장과 『범주들』의 보편자 이론을 중심으로, 『제 16회 한국철학자대회보』 3(2003), 273-92쪽.

편상범: 아리스토텔레스에게 사유대상이란 무엇인가?, 『철학』 73집(2002), 75-100쪽.

Annas, J.: Aristotle on substance, accident and Plato's form, in *Phronesis* 22(1977), 146-60쪽.

Berti, E.: Le problème de substantialité de l'être et de l'un dans la *Métaphysique*, in Aubenque(1979), 89-129쪽.

Chen, Ch.-H.: Universal concrete, a typical aristotelian duplication of reality, in *Phronesis* 9(1964), 48-57쪽.

Code, A.: No universal is a substance: an interpretation of *Metaphysics* Z13, 1038b 8-15, in *Paideia* 7(1978), 65-74쪽.

Dancy, R. M.: On some of Aristotle's first thoughts about substances, in *Philosophical Review* 84(1975), 338-73쪽.

Fine, G.: Plato and Aristotle on form and substance, in *Proceedings of the Cambridge Philological Society* 29(1983), 23-47쪽.

_____: Separation: a reply to Morrison, in *Oxford Studies in Ancient Philosophy* 3(1985), 159-65쪽.

Furth, M.: Aristotle on the unity of form, in *Boston Area Colloquium in Ancient Philosophy* 2(1987), 209-36쪽.

Haring, E. St.: Substantial form in Aristotle's *Met. Z*, in *Review of Metaphysics* 10(1956/57), 308-322, 482-501, 698-713쪽.

Hartmann, N.: Zur Lehre vom Eidos bei Platon und Aristoteles, in *Kleinere Schriften II*, N. Hartmann, Berlin 1957, 129-64쪽.

Heinaman, R.: An argument in Aristotle's *Metaphysics Z* 13, in *Classical Quarterly* NS 30(1980), 72-85쪽.

Hughes, G. J.: Universals as potential substances: the interpretation of *Metaphysics Z* 13, in Burnyeat(1979), 107-26쪽.

Lacey, A. R.: "Ousia" and Form in Aristotle, in *Phronesis* 10(1965), 54-69쪽.

Lesher, J. H.: Aristotle on form, substance, and universals: a dilemma, in *Phronesis* 16(1971), 169-78쪽.

Lewis, F.: Form and predication in Aristotle's *Metaphysics*, in *How Things Are*, Bogen, J./McQuire, J.(edd.), Dordrecht 1985, 59-83쪽.

Lloyd, A. C.: *Form and Universal in Aristotle*, Liverpool 1981.

Loux, M. J.: Form, species, and predication in *Metaphysics Z*, *H*, and Θ, in *Mind* 88(1979), 1-23쪽.

Morrison, D. R.: Separation in Aristotle's *Metaphysics*, in *Oxford Studies in*

Ancient Philosophy(1985), 125-57쪽.

Modrak, D. K.: Forms, types and tokens in Aristotle's *Metaphysics*, in *Journal of the History of Philosophy* 17(1979), 371-81쪽.

Rapp, Ch.: "Kein Allgemeines ist Substanz"(Z 13, 14-16), in Rapp(1996), 157-92쪽.

Schields, C.: The generation of form in Aristotle, in *History of Philosophy Quarterly* 7(1990), 367-90쪽.

Smith, J. A.: "Tode ti" in Aristotle, in *Classical Review* 35(1921), 19쪽.

Sykes, R. D.: Form in Aristotle, in *Philosophy* 50(1975), 311-31쪽.

Woods, M. J.: Problems in *Metaphysics Z*, Chapter 13, in Moravcsik(1967), 215-38쪽.

_____: Universals and particular forms in Aristotle's *Metaphysics*, in *Oxford Studies in Ancient Philosophy*, supp. vol.(1991), 41-56쪽.

_____: Form, species, and predication in Aristotle, in *Synthèse* 96(1993), 399-415쪽.

재료: Z, H

문계석: 아리스토텔레스의 질료(hyle)의 개념에 대한 고찰, 『동서철학연구』 6집(1989), 5-23쪽

Baeumker, C.: *Das Problem der Materie in der griechischen Philosophie*, Münster 1890.

Brunschwig, J.: La forme, prédicat de la matière?, in Aubenque(1979), 129-66쪽.

Cartwright, H. M.: Chappell on stuff and things, in *Nous* 6(1972), 369-77쪽.

Chappell, V.: Stuff and things, in *Proceedings of the Aristotelian Society* 71

(1970/71), 61-76쪽.

_____: Aristotle's conception of matter, in *Journal of Philosophy* 70(1973), 679-96쪽.

Charles, D.: Matter and Form: Unity, Persistence, and Identity, in Scaltsas/Charles/Gill(1994), 75-105쪽.

Charlton, W.: Prime matter: a rejoinder, in *Phronesis* 28(1983), 197-211쪽.

_____: Did Aristotle Believe in Prime Matter?, an appendix, in his *Aristotle's Physics I-II*, Oxford ²1992, 129-45쪽.

Code, A.: The persistence of Aristotelian matter, in *Philosophical Studies* 29(1976), 357-67쪽.

Cohen, Sheldon M.: Aristotle's doctrine of material substrate, in *Philosophical Review* 93(1984), 171-94쪽.

Cook, K. C.: The underlying thing, the underlying nature, and matter, in *Apeiron* 22(1989), 105-19쪽.

Dancy, R. M.: On some of Aristotle's second thoughts about substances: matter, in *Philosophical Review* 87(1978), 372-413쪽.

Fine, K.: Aristotle on matter, in *Mind* 101(1992), 35-57쪽.

Gaukroger, S.: Aristotle on intelligible matter, in *Phronesis* 25(1980), 187-97쪽.

Graham, D. W.: Aristotle's discovery of matter, in *Archiv für Geschichte der Philosophie* 66(1984), 37-51쪽.

Graham, D.: The paradox of prime matter, in *Journal of the History of Philosophy* 25(1987), 475-90쪽.

Grene, M.: Is genus to species as matter to form?, in *Synthèse* 28(1974), 51-69쪽.

Happ, H.: Hyle: *Studien zum aristotelischen Materie-Begriff*, Berlin 1971.

Jones, B.: Aristotle's introduction of matter, in *Philosophical Review* 83(1974), 474-500쪽.

King, H. R.: Aristotle without "materia prima", in *Journal for the History of Ideas* 17(1956), 370-89쪽.

Kung, J.: Can substance be predicated of matter?, in *Archiv für Geschichte der Philosophie* 60(1978), 140-59쪽.

MacDonald, M.: The philosopher's use of analogy, in *Proceedings of the Aristotelian Society* 38(1937/38) 291-312쪽; *Essays on Logic and Language*(1st series), Flew, A.(ed.), Oxford 1952에 다시 실림.

Mansion, S.: La notion de la matière en *Métaphysique*, Z10 et 11, in Aubenque(1979), 185-205쪽.

McMullin, E.(ed.): *The Concept of Matter in Greek and Medieval Philosophy*, Notre Dame 1963.

Miller, F. D.: Aristotle's use of matter, in *Paideia* 7(1978), 105-19쪽.

Owens, J.: Matter and predication in Aristotle, in *The Concept of Matter in Greek and Medieval Philosophy*, McMullin, E. (ed.), Notre Dame Ind. 1963, 79-95쪽; Moravcsik(1967), 191-214쪽에 다시 실림.

Page, C.: Predicating forms of matter in Aristotle's *Metaphysics*, in *Review of Metaphysics* 39(1985), 57-82쪽.

Robinson, H. M.: Prime matter in Aristotle, in *Phronesis* 19(1974), 168-88쪽.

Rorty, R.: Genus as Matter, in Lee/Mourelatos/Rorty(1973), 393-420쪽.

Schofield, M: Metaph. Z 3: some sugggestions, in *Phronesis* 17(1972), 97-101쪽.

Sokolowski, R.: Matter, elements and substances in Aristotle, in *Journal of the History of Philosophy* 8(1970), 263-88쪽.

Solmsen, F.: Aristotle and prime matter, in *Journal for the History of Ideas* 19(1958), 243-52쪽; Solmsen(1968)에 다시 실림.

_____: Aristotle's word for "matter", in Solmsen(1968).

Stahl, D.: Stripped away: some contemporary obscurities surrounding *Metaphysics Z* 3(1029a 10-26), in *Phronesis* 26(1981), 177-80쪽.

Suppes, P.: Aristotle's conception of matter and its relation to modern concepts of matter, in *Synthèse* 28(1974), 27-50쪽.

Wedin, M. V.: Taking stock of the central books: Aristotle's *Metaphysics Z* and *H*, in *Oxford Studies in Ancient Philosophy* 24(1996).

White, M. J.: Genos as matter in Aristotle?, in *International Studies in Philosophy* 7(1975), 41-56쪽.

Winner, K. H.: *Die dualistische Interpretation des Seienden, aufgezeigt am aristotelischen Verständnis der "prôtê hylê"*, München 1967.

개체, 개별자: Z, 『범주들』

Allen, R. E.: Individual properties in Aristotle's *Categories*, in *Phronesis* 14(1969), 31-39쪽.

Annas, J.: Individuals in Aristotle's *Categories*: two queries, in *Phronesis* 19(1974), 146-52쪽.

Devereux, D. T.: Inherence and primary substance in Aristotle's *Categories*, in *Ancient Philosophy* 12(1992), 113-31쪽.

Frede, M.: Individuals in Aristotle, in Frede(1987).

Heinaman, R.: Non-substantial individuals in the *Categories*, in *Phronesis* 26(1981), 295-307쪽.

Jones, B.: Individuals in Aristotle's Categories, in *Phronesis* 17(1972), 104-

23쪽.

Matthews, G. B./ Cohen, S. M.: The one and the many, in *Review of Metaphysics* 21(1967/68), 630-55쪽.

Matthews, G. B.: The enigma of *Cat*. 1a 20 ff and why it matters, in *Apeiron* 22(1989), 91-104쪽.

Owen, G. E. L: Inherence, in *Phronesis* 10(1965), 97-105쪽; Hager(1972), Owen(1990)에 다시 실림.

Preiswerk, A.: *Das Einzelne bei Platon und Aristoteles*, Leipzig 1939.

Wedin, M. V.: Non-substantial individuals, in *Phronesis* 38(1993), 37-65쪽.

잠재/가능 상태와 발휘/실현 상태: Θ

Ackrill, J. L.: Aristotle's distinction between "energeia" and "kinesis", in *New Essays on Plato and Aristotle*, Bambrough, R.(ed.), London (1965), 121-41쪽.

Barthlein: Über das Verhältnis des Aristoteles zur Dynamislehre der griechischen Mathematiker, in *Rheinisches Museum* 108(1965), 35-61쪽.

Beck, H.: *Möglichkeit und Notwendigkeit. Eine Entfaltung der ontologischen Modalitätenlehre im Ausgang von N. Hartmann*, Pullach 1961.

Berti, E.: Der Begriff der Wirklichkeit in der *Metaphysik* (Θ 6-9 u. a.), in Rapp(1996), 289-311쪽.

Chen, Ch.-H.: The relation between the terms "energeia" and "entelecheia" in the philosophy of Aristotle, in *Classical Quarterly* 52/NS 8(1958), 12-17쪽.

Code, A.: Potentiality in Aristotle's science and metaphysics, in *Pacific Philosophical Quarterly* 76(1995), 405-18쪽.

Elm, R.: Aristoteles: Dynamis und Energeia. zum Problem des Vollzugs des Seienden bei Aristoteles, in *Grundprobleme der großen Philosophen. Philosophie des Altertums und des Mittelalters*, Speck, J.(hrsg.), Göttingen [5]1997, 78-121쪽.

Frede, M.: Aristotle's notion of potentiality in *Metaphysics* Theta, in Scaltsas/Charles/Gill(1994), 173-93쪽.

Heidegger, M.: *Aristoteles, Metaphysik Θ 1-3. Von Wesen und Wirklichkeit der Kraft*, in ders. *Gesamtausgabe II* 33, Frankfurt a. M. 1981.

Ide, H.: "Dunamis" in *Metaphysics IX*, in *Apeiron* 25(1992), 1-26쪽.

Kosman, L. A.: Substance, Being, and "Energeia", in *Oxford Studies in Ancient Philosophy* 2(1984), 121-49쪽.

_____: The Activity of Being in Aristotle's *Metaphysics*, in Scaltsas/Charles/Gill(1994), 195-213쪽.

Liske, M.-Th.: Inwieweit sind Vermögen intrinsische dispositionelle Eigenschaften? (Θ 1-5), in Rapp(1996), 253-88쪽.

Menn, S.: The origins of Aristotle's concept of "energeia", in *Ancient Philosophy* 14(1994), 73-114쪽.

Moravcsik, J. M. E.: Essences, powers, and generic propositions, in Scaltsas/Charles/Gill (1994), 229-44쪽.

Mourelatos, A. P. D.: Aristotle's "powers" and modern empiricism, in *Ratio* 9(1967), 97-104쪽.

Seel, G.: Die Bedeutung des Begriffspaares 'Dynamis - Engergeia' für die Aristotelischen Güterlehre. Zu *Met.* Θ9. 1051a 4-15, in *Archiv für Geschichte der Philosophie* 60(1978), 27-58쪽.

Stallmach, J.: *Dynamis und Energeia. Untersuchung am Werk des Aristoteles zur*

Problemgeschichte von Möglichkeit und Wirklichkeit, Meisenheim 1959.

_____: Vertritt Aristoteles' *Metaphysik IX* selbst den megarischen Möglichkeitsbegriff?, in *Archiv für Geschichte der Philosophie* 47(1965), 190-205쪽.

Witt, C.: The priority of actuality in Aristotle, in Scaltsas/Charles/Gill (1994), 215-28쪽.

하나, 같음(동일성): I, Δ9

Barnes, K. T.: Aristotle on identity and its problems, in *Phronesis* 22(1977), 48-62쪽.

Elder, L.: *Aristotle's theory of the one. A commentary on the book X of the Metaphysics*, Assen 1961.

Lewis, F. A.: Accidental sameness in Aristotle, in *Philosophical Studies* 42(1985), 1-36쪽.

Matthews, G. B.: Accidental unities, in Schofield/Nussbaum(1982), 223-40쪽.

Miller, F. D.: Did Aristotle have a concept of identity, in *Philosophical Review* 82(1973), 483-90쪽.

Mignucci, M.: Puzzles about identity. Aristotle and his greek commentators, in Wiesner(1985), vol. 1, 57-97쪽.

Moravcsik, J. M. E.: The discernibility of identicals, in *Journal of Philosophy* 73(1976), 587-98쪽.

Morrison, D.: The place of unity in Aristotle's metaphysical project, in *Proceedings of the Boston Area Colloquium in Ancient Philosophy* 9(1993), 131-56쪽.

Pelletier, F. J.: Sameness and referential opacity in Aristotle, in *Nous* 13(1979), 283-311쪽.

Spellman, L.: Referential opacity in Aristotle, in *History of Philosophy Quarterly* 7(1990), 17-31쪽.

White, N.: Aristotle on sameness and oneness, in *Philosophical Review* 80(1971), 177-97쪽.

_____: Identity, modal individuation, and matter in Aristotle, in *Mid-West Studies in Philosophy* 11(1986), 475-94쪽.

Wiggins, D.: *Sameness and substance*, Oxford 1980.

Williams, C. J. F.: Aristotle's theory of descriptions, in *Philosophical Review* 94(1985), 63-80쪽.

신학: Λ

손병석: 부동의 원동자로서의 신은 목적인이자 작용인이 될 수 있는가?—아리스토텔레스의 『형이상학』 12책(Λ)을 중심으로, 『철학연구』 61집(2003), 63-84쪽.

송대현: 아리스토텔레스의 『형이상학』 1072b 21의 thinganōn, 『플라톤 철학과 그 영향』, 박희영 외 지음, 서광사 2001, 253-72쪽.

이병담: 아리스토텔레스의 신학의 성격에 관한 연구, 『범한철학』 20집(1999), 209-24쪽.

조요한: 不動의 原動者, 조요한(1988), 111-31쪽.

한석환: 아리스토텔레스의 형이상학의 신학적 계기, 『문제를 찾아서』, 한국 철학회 고전 분과 위원회(편), 종로서적 1980, 147-68쪽.

Ackrill, J. L.: Change and Aristotle's theological argument, in *Oxford Studies in Ancient Philosophy*, supp.(1991), 57-66쪽.

Arnim, H. von: *Die Entwicklung der aristotelischen Gotteslehre*, Wien 1931; Hager(1969), 1-74쪽에 다시 실림.

Bos, A. P.: *On the Elements of Aristotle's Early Cosmology*, Assen 1973.

Brentano, F.: *Aristoteles Lehre vom Ursprung des menschlichen Geistes*, Hamburg 1980.

Brunschwig, J.: Le Dieu d'Aristote au tribunal de la logique, in *L'age de la science* 3(1972), 323-43쪽.

Devereux, D. T.: The relationship between Theophrastus' *Metaphysics and Aristotle's Metaphysics Lamda*, in Fortenbaugh/Sharples(1985).

Dicks, D. R.: *Early Greek Astronomy to Aristotle*, Ithaca 1970.

Easterling, H. J.: The unmoved mover in early Aristotle, in *Phronesis* 16(1970), 252-65쪽.

Frede, D.: Theophrastes Kritik am unbewegten Beweger des Aristoteles, in *Phronesis* 16(1970), 65-79쪽.

Gill, M. L.: Aristotle on self-motion, in *Aristotle's Physics*, Judson, L.(ed.), Oxford 1991, 243-65쪽.

Guthrie, W. K. C.: The development of Aristotle's theology - I, in *Classical Quarterly* 27(1933), 162-71쪽; Hager(1969), 75-95쪽에 다시 실림.

_____: The development of Aristotle's theology - II, in: *Classical Quarterly* 28(1934), 90-98쪽; Hager(1969), 96-113쪽에 다시 실림.

Happ, H.: Kosmologie und Metaphysik bei Aristoteles. Ein Beitrag zum Transzendenzproblem, in *Parusia. Studien zur Philosophie Platons und zur Problemgeschichte des Platonismus. Festgabe für J. Hirschberger*, Flash, K.(ed.), Frankfurt a. M. 1965, 155-87쪽.

Kosman, A.: Divine being and divine thinking in *Metaphysics Lamda*, in *Boston Area Colloquium in Ancient Philosophy* 3(1987), 165-88쪽.

Krämer, H. J.: *Der Ursprung der Geistesmetaphysik. Untersuchungen zur Geschichte des Platonismus zwischen Platon und Plotin*, Amsterdam 1964,

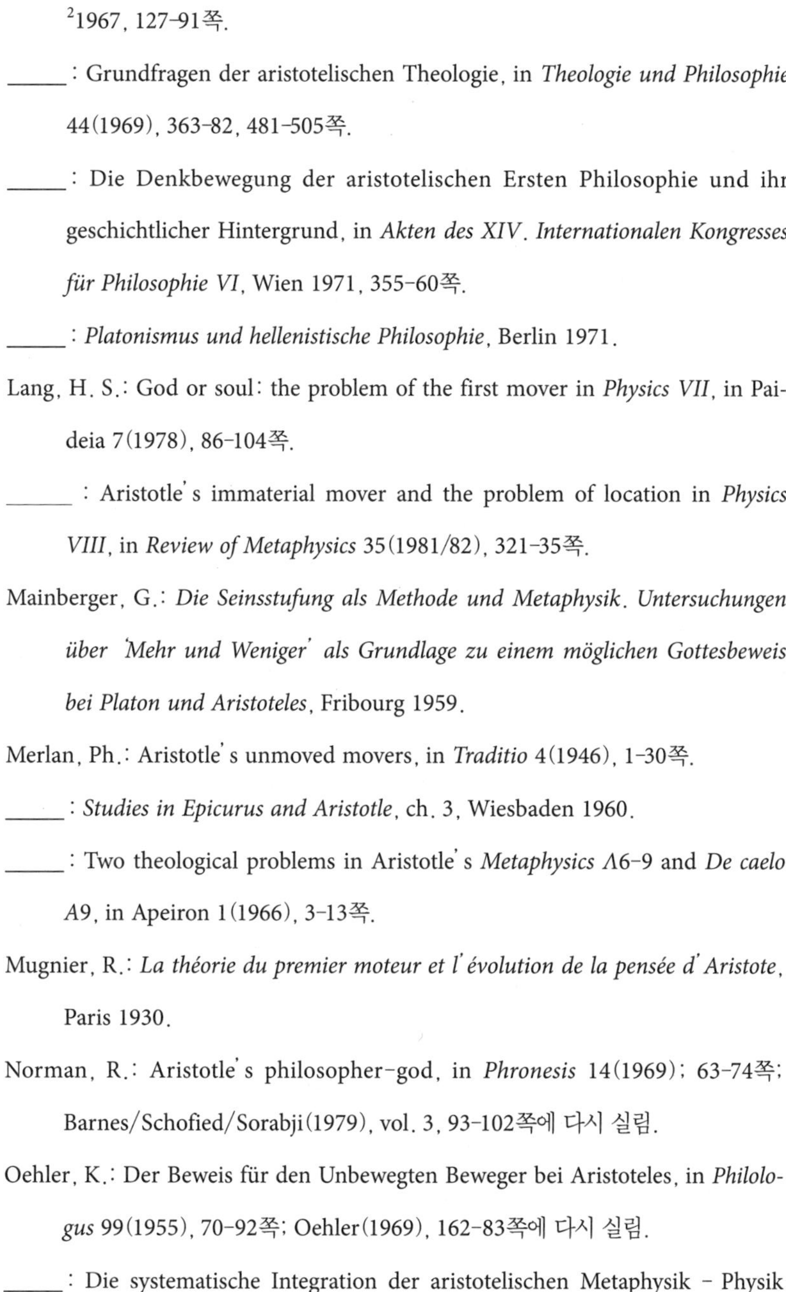

^{2}1967, 127-91쪽.

_____: Grundfragen der aristotelischen Theologie, in *Theologie und Philosophie* 44(1969), 363-82, 481-505쪽.

_____: Die Denkbewegung der aristotelischen Ersten Philosophie und ihr geschichtlicher Hintergrund, in *Akten des XIV. Internationalen Kongresses für Philosophie VI*, Wien 1971, 355-60쪽.

_____: *Platonismus und hellenistische Philosophie*, Berlin 1971.

Lang, H. S.: God or soul: the problem of the first mover in *Physics VII*, in Paideia 7(1978), 86-104쪽.

______: Aristotle's immaterial mover and the problem of location in *Physics VIII*, in *Review of Metaphysics* 35(1981/82), 321-35쪽.

Mainberger, G.: *Die Seinsstufung als Methode und Metaphysik. Untersuchungen über 'Mehr und Weniger' als Grundlage zu einem möglichen Gottesbeweis bei Platon und Aristoteles*, Fribourg 1959.

Merlan, Ph.: Aristotle's unmoved movers, in *Traditio* 4(1946), 1-30쪽.

_____: *Studies in Epicurus and Aristotle*, ch. 3, Wiesbaden 1960.

_____: Two theological problems in Aristotle's *Metaphysics Λ6-9* and *De caelo A9*, in Apeiron 1(1966), 3-13쪽.

Mugnier, R.: *La théorie du premier moteur et l'évolution de la pensée d'Aristote*, Paris 1930.

Norman, R.: Aristotle's philosopher-god, in *Phronesis* 14(1969): 63-74쪽; Barnes/Schofied/Sorabji(1979), vol. 3, 93-102쪽에 다시 실림.

Oehler, K.: Der Beweis für den Unbewegten Beweger bei Aristoteles, in *Philologus* 99(1955), 70-92쪽; Oehler(1969), 162-83쪽에 다시 실림.

_____: Die systematische Integration der aristotelischen Metaphysik - Physik und Erste Philosophie im Buch *Lambda*, in Düring(1969), 168–92쪽; Oehler(1969), 189–217쪽에 다시 실림.

_____: Der höchste Punkt der antiken Philosophie, in *Einheit und Vielheit*, Scheibe, E/Süssman, G.(edd.), Göttingen 1973, 45–59쪽.

Owens, J.: The relation of God to world in the *Metaphysics*, in Aubenque (1979), 207–228쪽.

Potscher, W.: *Strukturprobleme der aristotelischen und theophrastischen Gottesvorstellung*, Leiden 1970.

Ryan, E. E.: Pure form in Aristotle, in *Phronesis* 19(1973), 209–24쪽.

Schadewaldt, W.: Eudoxos von Knidos und die Lehre vom unbewegten Beweger, in *Satura. Früchte aus der antiken Welt*, Otto Weinreich zum 13. März 1951 dargebracht, Baden-Baden 1952, 103–29쪽.

Verdenius, W. J.: Traditional and personal elements in Aristotle's religion, in *Phronesis* 5(1960), 56–70쪽.

Vuillemin, J.: *De la logique à la théologie*, Paris 1967.

수학, 수학적인 대상: M, N

강상진: 아리스토텔레스의 『형이상학』에 나타난 수학적 대상에 관한 연구, 『철학논구』 18집(1990), 121–41쪽.

송대현: 아리스토텔레스의 『형이상학』 14권 2장 1088b 35–1089a 31에서 플라톤의 비존재에 대한 비판, 『동서철학연구』 43집(2007), 27–51쪽.

Allen, R. E.: The generation of numbers in Plato's *Parmenides*, in *Classical Philology* 65(1970), 30–34쪽.

Annas, J.: Die Gegenstände der Mathematik bei Aristoteles, in Graeser(1987).

Apostle, H. G.: *Aristotle's philosophy of mathematics*, Chicago 1952.

Barnes, J.: Aristotle's arithmetic, in *Revue de la philosophie ancienne* 3(1985), 97-133쪽.

Benacerraf, P.: What numbers could not be, in *Philosophical Review* 74(1965), 47-73쪽.

Burnyeat, M. F.: Platonism and mathematics: a prelude to discussion, in Graeser(1987), 212-40쪽.

Chen, Ch.-H.: *Das Chorismos-Problem bei Aristoteles*, Berlin 1940.

Cleary, J.: On the terminology of abstraction in Aristotle, in *Phronesis* 30 (1985), 13-45쪽.

Findlay, J.: Plato: *the written and unwritten doctrines*, London 1974.

Gaukroger, S.: Aristotle on intelligible matter, in *Phronesis* 25(1980), 187-97쪽.

Heath, T. L.: *Mathematics in Aristotle*, Oxford 1949.

Hussey, E.: Aristotle on mathematical objects, in *ΠΕΡΙ ΤΩΝ ΜΑΘΗΜΑΤΩΝ*, Mueller, I.(ed.), Edmonton 1991, 105-33쪽.

Kung, J.: Aristotle on thises, suches and the Third Man argument, in *Phronesis* 26(1981), 207-47쪽.

Lasserre, F.: *The Birth of Mathematics in the Age of Plato*, London 1964.

Lear, J.: Aristotle's philosophy of mathematics, in *Philosophical Review* 91 (1982), 161-92쪽.

Martin, G.: Platons Lehre von der Zahl und ihre Darstellung durch Aristoteles, in *Zeitschrift für philosophische Forschung* 7(1953), 191-203쪽.

Maziaz, E. A./Greenwood, T.: *Greek Mathematical Philosophy*, New York 1968.

Merlan, Ph.: to aporêsai archaikôs (Arist. Met. N 2. 1089a 1), in *Philologus* 111(1967), 119-121쪽; Merlan(1976), 235-37쪽에 다시 실림.

Mignucci, M.: Aristotelian arithmetic, in Graeser(1987), 175-211쪽.

Mueller, I.: Aristotle on geometrical objects, in *Archiv für Geschichte der Philosophie* 52(1970), 156-71쪽; Barnes/Schofield/Sorabji(1979), vol. 3, 96-107쪽에 다시 실림.

Mueller, I.: Aristotle's approach to the problem of principles in *Met. M* and *N*, in Graeser(1987), 241-59쪽.

Owen, G. E. L.: The Platonism of Aristotle, in Barnes/Schofield/Sorabji(1975), Vol. 1, 14-34쪽.

Philippe, M. D.: Abstraction, addition, séparation chez Aristote, in *Revue Thomiste* 48(1948), 461-79쪽.

Robin, L.: *La théorie platonicienne des Idées et des Nombres, d'après Aristote*, Paris 1908.

Sorabji, R.: Aristotle, mathematics and colour, in *Classical Quarterly* 22(1972), 293-308쪽.

Taylor, A. E.: Forms and numbers: a study in Platonic mathematics, in *Mind* 36(1926/27), 12-33쪽.

Wedberg, A.: *Plato's philosophy of mathematics*, Stockholm 1955.

White, M. J.: The metaphysical location of Aristotle's mathêmatika, in *Phronesis* 38(1993), 166-82쪽.

Wilson, J. C.: On the Platonist doctrine of the asumblêtoi arithmoi, in *Classical Review* 18(1904), 247-60쪽.

7. 『형이상학』의 수용사 및 영향사

Bärthlein, K.: *Die Transzendentalienlehre der alten Ontologie. Bd. 1, I. Teil: Die Transzendentalienlehre im Corpus Arisotelicum*, Berlin 1972.

Brinkmann, K.: *Aristoteles' allgemeine und spezielle Metaphysik*, Berlin 1979.

Martin, G.: *Allgemeine Metaphysik*, Berlin 1965, 41-59쪽.

Moser, S.: *Metaphysik einst und jetzt*, Berlin 1958.

Oening-Hanhoff, L.외: Metaphysik, in *Historisches Wörterbuch der Philosophie*. Bd. 5, Ritter, J./Gründer, K./Gabriel, G.(edd.), Basel 1980, Sp. 1186-1279쪽.

Seidl, H.: Zur Seinsfrage bei Aristoteles und Heidegger, in *Zeitschrift für philosophische Forschung* 30(1976), 203-26쪽.

Vollrath, E.: *Die These der Metaphysik. Zur Gestalt der Metaphysik bei Aristoteles, Kant und Hegel*, Wuppertal 1970.

* 더 자세한 참고문헌은 '4. 아리스토텔레스의 철학 일반에 관한 저술'에 언급된 Barnes(1995), 295-384쪽과 Flashar(2004), 166-492쪽을 참고하라.

아리스토텔레스의 저술 목록

라틴어 제목	우리말 제목	벡커판 쪽
Organon	오르가논	
Categoriae	범주들(범주론)	1-15
De interpretatione	명제에 관하여(명제론)	16-24
Analytica priora	앞 분석론(분석론 전서)	24-70
Analytica posteriora	뒤 분석론(분석론 후서)	71-100
Topica	토포스론(토피카)	100-164
Sophistici elenchi	소피스트식 논박	164-184
Physica	자연학	184-267
De caelo	천체에 관하여	268-313
De generatione et corruptione	생성과 소멸에 관하여	314-338
Meteorologica	기상학	338-390
[De mundo]	세계에 관하여	391-401
De anima	혼에 관하여(영혼론)	402-435
Parva naturalia	자연학 소론집	
De sensu et sensato	감각과 감각 대상에 관하여	436-449
De memoria et reminiscentia	기억과 기억해 냄에 관하여	449-453
De somno et vigilia	잠과 깨어 있음에 관하여	453-458
De insomniis	꿈에 관하여	458-462
De divinatione per somnum	잠 속의 예언에 관하여	462-464

[De virtutibus et vitiis]	덕과 악덕에 관하여	1249-1251
Politica	정치학	1252-1342
[Oeconomica]	경제학	1343-1353
Athenaion Politeia	아테네인들의 정치체제	
Ars rhetorica	연설술(수사학)	1354-1420
Rhetorica ad Alexandrum	알렉산드로스에게 바치는 연설술	1420-1447
Poetica	창작술(시학)	1447-1462

* [ ] 안에 있는 저술들은 위작(僞作)으로 알려진 것들이다.

그리스어 – 우리말

고전 그리스 문자는 읽기 쉽게 라틴 문자로 바꿔 표기하였다. 명사에서는 관사를 뺀 단수형으로, 동사에서는 기본형으로 표기하였다. 형용사에서는 사람에 주로 쓰이는 것은 …os로, 사물에 주로 쓰이는 것은 …on으로 나타냈다. 본문에서처럼, ( ) 안에 들어 있는 말은 대체하는 말이나 보태어 설명하는 말이다. 해당 용어의 영어 번역은 주로 로스(Ross)의 것을 참고하였다. 각 항목에서, 역주자가 선택하여 본문에서 쓴 용어는 앞쪽에, 뜻이 비슷한 말 또는 다른 가능한 번역 용어들은 뒤쪽에 놓았다. 벡커판 숫자는 1000이 넘을 경우 10을 생략하여 권을 나타내는 약칭과 함께 썼다. 예를 들어, 'M81a 11'은 '13권(M) 1081a 11'을 뜻한다. 본문 출처 숫자 다음의 ( ) 안에 나오는 설명어는 표제어의 뜻과 함께 붙어 쓰이는 말들이다. (맺), (반), (비) 등이 독립적인 항목을 이룰 경우, 앞에 '—'을 넣었다.

(견) 구분, 비교되는 말
(넓) 넓은 뜻
(명) 명사
(맺) 함께 붙어 쓰인 말
(반) 반대말, 대립된 말
(복) 여럿, 복수
(비) 비슷한 말, 같은 말
(예) 구체적인 예, 보기
(좁) 좁은 뜻
[ ] 말 자체의 뜻, 어원적인 뜻
☞ 관련 용어
→ 화살표 뒤에 나오는 낱말을 찾아보기
★ 본문의 각주에 설명되어 있는 말

| a |

a (privativum) 결성, 결여의 부정소(否定素), …이 없는, … 않는 Δ22b 32

abares [a …이 없는+bary 무게] (weightless) 무게가 없는 (것) Γ04b 14(맞: 무게를 가진 것)

achroun [a …이 없는+chrēs 색, 몸, 피부색] (colourless) 무색인 (것) A989b 9

achymon [a …이 없는+chymos 즙, 맛] (flavourless) 맛을 갖지 않는 (것) A989b 10

adēlon [a …지 않는+dēlon 분명한] ① (uncertain) 분명하지 않은 (것), 확실하지 않은 (것) A984a 2, Γ09b 10, 12, E26a 9, 20, Z29a 10, 33a 14, 36b 8, 40a 2, H44b 16, Θ50a 20, K59a 28, N93a 4, ② (obscure) 뚜렷하지 않은 (것), 분명하게 보이지 않는 (것) H44b 13, K65a 33

adiaphoron [a …지 않는+diapherein 차이가 나다, 다르다] (not differ) (서로) 차이가 없는 (것), 구별되지 않는 (것) Δ16a 18, Z38a 16, I54b 4, (반) diaphoron —**adiaphoroi monades** (undifferentiated units) 차이가 없는 단위들 M81a 6, 20, b 13, 36, 82b 27, 83b 26 —**adiaphoroi arithmoi** (undifferentiated numbers)

차이가 없는 수들 M81a 11, 82b 8, 10, 11, 22, 28

adiexodon [a …지 않는+diexodos 통과, 끝] (untraversable) 건널(통과할) 수 없는 (것) K66b 7

adihaireton [a …지 않는+dihairein 나누다] ① (indivisible) 분할될 수 없는 (것), 분할되지 않는 (것) B999a 2(하나), 01b 7(하나 자체), 14, 02b 4(점), Δ14a 27(요소), b 5, 10(유), 16a 6(운동), 21, b 24(하나, 양과 형상에서), H43b 35(부분들), I52a 21, 26(공간과 시간에서), 31(사유, 형상이나 개수에서), 32(인식과 앎에서), 36(사유나 정의가), b 16, 17(맺: 전체), 32, 34(비: 하나인 것), 53a 2, 21, 22, 23(감각과 관련되어), b 6(질이나 양에 따라), 7, 54a 21(맺: 여럿), 23(견: 분할되어 있지 않은 것), 27, 28, 29, 57a 7, 15, K66b 4, 5, 14, 18, Λ73a 7(실체), 75a 7(재료가 없는 것), M77b 30, 78a 23(사람), 24(하나의), 25, 26, 27, 82a 24(단위들), 25(점들), 83b 15, 84b 14(하나, 보편자, 개체, 요소), 85b 16(단위), 18, 22, 32(부분들), 33, N88a 2(감각에 관련하여), 89b 36, 92a 33, ② (inseparable) 분리될 수 없는 (것) Z41a 19(자기 자신으로부터), ③ (indistinguishable) 구별되지 않는 (것) Δ16a 19(종류), 33(정의, 다른 정의와), b 1(사유)

adihoristōs [a …지 않은+dihorizein 구분하다] (indefinitely) 불분명하게 A986a 34

adikia [a …않은+dikaios 정의로운, 의로운] (injustice) 정의롭지 못함, 부정(不正) A990a 24(맺: 분리, 혼합)

adikos (unjust) 정의롭지 못한 (사람), 부정(不正)한 (사람) Δ23a 6, K61a 22, 25 (반) dikaios

adynamia [a …이 없는+dynamis 힘] (incapacity, impotence) …할/될 힘이 없음, 무능력(의 상태) Δ19b 16(능력의 못 갖춤),

20, 22, Θ46a 29, 31, I55b 8(비: 못 갖춤, 맺: 모순되는 것), 58b 27(특정의)

adynatein [a …지 않는+dynasthai …ㄹ 수 있다] ① (be unable to) …할 수 없다 Z36b 7(분리할 수), ② (incapacity) 무능력 Z38a 13

adynaton ① (incapable of, impotent) …할 수 없는 (것), …할 힘(능력)이 없는 (것) Δ19b 18(낳을), Θ46a 29, N88b 19, (반) dynaton, ② (impossible) …ㄹ 수 없는 (것), 불가능한 (것) B998a 19, 02b 32, Θ47a 27, b 5, 11*, 14(견: 거짓), 19—**to adynaton einai** (that which is incapable of being) 있을/…일 수 없는 (것) B03a 5, Θ47b 8, (견) to mē on

aei (always) 항상, 늘, 언제나 N88b 20 (있다/…이다)—**to aei** (that which is always) 항상/…인 것 N91a 28

aēr ① (air) 공기 A988a 30, b 32, 989a 8, 14, 18, 991b 17, α994a 4, 6(견: 살, 흙, 불), 24, 30(견: 물), B01b 33, Δ14b 34(견: 불, 흙, 물), 16a 24, Z35a 16, 40b 8, H42a 8, 43a 23, Θ49a 26, K66b 16, Λ70b 21(맺: 빛, 어두움, 낮과 밤), (맺) pyr, hydōr, gē, ② (Air) (아낙시메네스와 디오게네스, 엠페도클레스의) 공기 A984a 5, 985b 1, 988a 28, 993a 22, B996a 9, 01a 16, I53b 16, K66b 21

aerinon [aēr 공기] ('airy') 공기로 된 (것) Θ49a 26

agapasthai (like) 즐기다, 좋아하다 A980a 23(감각을)

agapēsis (liking) 즐김, 좋아함, 애호 A980a 22(감각을)

agapēton (must be content) 만족해야 하는 (것) M76a 15

agathon ① (excellent) 뛰어난 (것) Δ21b 19, 20, ② (the good) 좋음, 좋은 (것) A982b 10(비: hou heneka), 983a 32, 986a 26(피타고라스의), B996a 24, b 12,

676

Δ13a 22(비: kalon), b 25, 27(견: 겉으로 좋은 것), 20b 13(맞: 나쁨), 23(질), Z31a 31-b 12(플라톤의), K59a 36, Λ75a 12, M78a 31(견: 아름다움), 84a 35(플라톤의), N91a 30(비: 아름다움), 92a 9, ③ (the Good) 좋음 α994b 13, Λ75a 36, 37, 38(원리), b 8(아낙사고라스의), 11(맺: 이성)—**ameinon** (the better) 더 좋은 (것), 나은 (것) A983a 11, 18, Γ08b 27, (반) cheiron—**ariston** ① (the best) 가장 좋은 (것), 가장 뛰어난 (것), 최고의 (것), 최선의 (것), 최고선 Λ72a 35(으뜸가는 것), b 15(삶), 19, 24, 28(생명), 29(생명체), 74a 20, b 20(실체), b 33(이성), 75a 9, N91b 10(으뜸가는 산출자), ② (the supreme good) 지고(至高)의 선, 가장 좋음 A982b 7, Λ72b 32, 75a 12

agenēton [a …지 않는+gignesthai 생겨나다, 되다] (ungenerable) 생겨날 수 없는 (것) B999b 7, 13(재료)

agnoein [a 아니, 못+gnoein 알다] (not know, be ignorant) 모르다, 무지하다 A981a 22(개별적인 것을, 맞: gnōrizein), 982b 18, α995a 30(매듭을), 36, Γ09a 31(맞: 맞는 말을 하다), Z40a 7, H43a 29, Θ51b 25—**agnooun** (ignorant man) 모르는 사람, 문외한 Γ10b 13(견: 의사)

agnoia [a 아니, 못+gignōskein 알다] (ignorance) 무지(無知), 모름 A982b 20, Γ09a 19, Z39b 33, Θ52a 2(견: 틀림), K68a 33, Λ75b 23, (반) epistēmē, eidenai

agnōston ① (unintelligible) 알아듣기 힘든 (것) α995a 2(맺: 낯선 것), ② (unknowable) 알 수 없는 (것), 불가지(不可知)의 (것) Z36a 9, ③ (unknown) 모르는 (것) Z40a 11(낱말)

agōnion [a …이 없는+gōnia 모, 각] (without angles) 모(角)가 없는 (것), 모가 없음 Δ20a 35(원)

agroikos [agros 농토] (naive) (생각이) 조야한 (사람) A986b 27

agymnastos [a …지 않은+gymnazein 연습하다] (untrained) 훈련되지 않은 (사람) A985a 14

ahoraton [a …지 않는+horan 보다] (invisible) (우리가) 볼 수 없는 (것), 보이지 않는 (것) Δ21a 26, 22b 34, K66a 36, b 5, 10(목소리), 11

ahoriston [a …지 않은+horizein 한정하다] ① (indeterminate) 규정되지 않은 (것) Γ07b 29(잠재/가능 상태로 있는 것), 10a 3(감각 대상들 안의), Θ49b 2(재료와 속성), ② (indefinite) 확정되지 않은 (것), 불특정의 (것) A989b 18(다름), Δ21a 3, 4, 7, 25a 25(우연한 것, 맞: 특정의 것), E27b 34(우연히 딸려 있음의 원인), Z37a 27(재료), K63a 28(양, 맞: 규정된 것), 65a 25(우연히 딸린 것), 33, 66a 14(운동), 15(원리), 17, M81a 22, b 21, 25, 32, 82a 13, b 30, 85b 7, 87a 17(잠재/가능 상태), N92a 13(비: 불완전한 것), (반) hōrismenon—**ahoristos dyas** (Indefinite Dyas) (플라톤, 크세노크라테스의) 확정되지 않은 두 짝, 큼과 작음 M81a 14, 83b 36, N88a 15, b 29, 89a 35, 91a 5

aidion (eternal) 영원한 (것) A984a 16, 987b 16(수학적인 대상, 맺: akinēton), 990b 8, 991a 10(감각 대상들 중), Δ15b 14(맺: akinēton), Θ50b 7, 51a 20, Λ69a 31(감각되는 실체 중), b 25, 71b 4(움직이지 않는 실체), N88b 14, 91a 12, (비) aei on

aiōn ① (duration) 존속 Λ72b 29, ② (eternity) 영원 Λ75a 10

aischron (ugly) 추한 (것), 추함 A985a 1(맺: 무질서), K63a 6(맞: 아름다움)

aisthanesthai ① (perceive) 감각하다 B997b 27, Θ47a 6, 8, ② (sense perception) 감각 A982a 12

aisthanomenon (perceiver) 감각하는 것(감각 주관) Γ10b 33, I53b 1(사람)

aisthēma (effect of the sensible) 감각 내용, 감각의 결과(물) Γ10b 32(맺: 감각 성질), K63b 4

aisthēsis ① (sense, sensation) 감각, 감각함, 감각 행위, 감각 기능 A980a 22, b 25, 981b 10, 14(공동의), 982a 25, 986b 32, B997b 23, 999b 3, Γ09b 13, Z36a 6(맺: noēsis), Λ74b 35(견: epistēmē, doxa, dianoia), N88a 3, ② (sense, faculty of sensation) 감각 (능력) A980a 27, Γ10b 2, 3, Θ47a 7, b 32, ③ (condition of sense) 감각 조건 I54a 29, ④ (power of apprehension) 지각력 M77a 30

aisthētērion (sense-organ) 감각기관 K63a 2

aisthēton ① (sensible, perceptible thing or object) 감각 대상, 감각적인 (것) A987a 33, b 6, 8, 14(맺: 형상, 수학적인 대상), 989b 31(맺: 움직임), 990a 15(물체, 맞: 수학적인), B997b 7, 12(영원한), 999b 4, Γ10a 3, Z36b 28(맺: 움직임), M76a 33, 78b 16, ② (sensible) 감각되는 (것), (우리가) 감각할 수 있는 (것) A989b 25, 990a 31, B997a 34, b 15, 999b 2, E25b 34(재료), Z36a 3, 4(원), 9(재료), H43b 1*(실체), 29(실체), 45a 34(재료), K61a 32(반대 성질), 66b 24(물체, 맞: 사유되는), Λ69a 30(실체), b 3, N90a 22(물체), 90b 18, 36(수, 맞: 이데아적인), (반) noēton, ③ (sensible quality) 감각(되는) 성질 Γ10b 32, ④ (manifest to sense) 감각에 잘 드러나는 (것) I54a 27, ⑤ (복) (sensible world) 감각 세계 M86a 37

aitein (beg, postulate) 요구하다 Γ06a 17(처음에 있는 것을), 21, 12b 5, 20

aithēr (ether) 에테르 B00b 7(신적인)

aitia (cause) 원인, 이유, 까닭 A981a 28, b 1, 6(…의 인식), 982b 9(으뜸), 983a 25(으뜸), b 4(특정한), 984b 21(좋음의), 986b 33(두 가지), 989b 23(감각되는 실체의), 992a 26(변화의 시작이 비롯하는 원인), B995b 6(…들에 대한 탐구), Γ03a 31(있는 것의), Δ13a 17, E26b 31(우연히 딸린 것의 존재 …), H44a 26, 28(다른 것을 움직이는), 34('재료'란 뜻의), 36('형상'이란 뜻의), K65a 7(딸려 있는 것의, '무엇을 위해'라는 뜻의), Λ70b 26, (비) archē

aitiasthai (ascribe to) …의 원인으로 삼다 A985a 21, Δ13b 13

aitiaton (causatum) 야기된 (것), 결과 K65a 11(맨 마지막)

aition ① (cause) 원인 A981b 28(으뜸), 982a 13, 983a 24(근원적인), 26(으뜸), 29, 988b 15(좋음, 간접적인 …, 직접적인 …), 990a 2, α993b 29(있음의), B996a 20(…들의 종류), b 5(모든 종류의), 00a 16(신들의 존재의), Γ03b 24, Δ13a 16, 2장, E25b 5, 26a 17(가장 영원한), 27a 8(딸려 있거나 생기는 것들의), 29(생성과 소멸의), 32, b 13(생성의), H42a 5(실체들의), 44a 33, b 2(가장 가까운), K65a 6, Λ69a 26(실체들의), b 33, 70a 21(움직이는), 4장, 71a 25, M86a 22(으뜸), (비) archē, stoicheion, ② (that which causes) (어떤 것을) 불러일으키는 것 Θ50b 28

akinēsia [a …지 않는+kineisthai 움직이다] (immobility) 움직이지 않음(의 상태), 부동(의 상태) A988b 3(비: 가만히 있음), H44b 19

akinēton (unchangeable, unmovable, immobile) 움직이지(변하지) 않는 (것) A984a 31(하나), 987b 16(수학적인 대상, 맺: aidion), Γ10a 34(실재), E26a 8(맺: chōriston), K67a 9, b 10, 68b 20, Λ69a 33(실체), 6장, N87a 31(실체), 91a 21(…의 원리)

akoē [akouein 듣다] (hearing) 청각 I53a 16

akolouthein ① (be implied, be involved)

(논리적으로) 뒤따르다, 함축되다, 수반되다 Γ03b 23(있음과 하나는 서로를), H42b 3, Θ47b 3, M85b 2, ② (follow) (결과로서 누구에게) 따르다 A981a 27(지혜가), ③ (be according to) (…에) 맞추어지다, 상응하다 Δ18a 36, ④ (accept) (견해를) 따르다, 받아들이다, 수용하다 A989a 32

akolouton (consequent on) (…에) 따르는 (것) Λ74b 7

akōn [a …지 않은+hekōn 일부러] (unwillingly) 모르고, 고의가 아니게 Δ25a 11, (반) hekōn

akouein (hear) 듣다 A980b 23(소리를), B995b 4(쟁론을), Γ05b 5(강의를)

akraton [a …지 않은+kerannynai 섞다] ① (unqualified) 지나친, 무분별한, 과도한 (것) Γ09a 4(주장), ② (strong, undiluted) 맛이 진한 (것), 순도가 높은 (것) N91b 37, 92b 30(꿀물)

akribes ① (exact) 꼼꼼한 (사람) α995a 9, 10, ② (exact) 정확한 (것) A982a 13, I52b 36(척도), 53a 1(수의 단위), Λ73b 16(견해), ③ (exact, accurate, precise) 엄밀한 (것) A982a 25(학문), 27(기하학), 990b 15(논증), E25b 7(원인과 원리), Z30a 16(규정), M78a 10(맺: 단순한 것), 79a 11(논증), 80a 10(논증)—**akribōs** (exactly) 엄밀하게, 꼼꼼하게 A986a 13, α995a 9, Z31a 7—**akribesteron** (with more precision) 더 엄밀하게 K64a 7(증명하다, 맞: 더 느슨하게)

akribologia (minute accuracy) 엄밀함, 엄밀성 α995a 15(수학의)

akroasis [akroasthai 듣다] (effect of a lecture) 강연(의 효과) α994b 32

akron ① (extreme) 끝, 극단(極 端) K68b 27, ② (extreme terms) 양 끝에 있는 것들, 바깥 항(項)들 Z31a 25, 26—**akrotaton** ① (highest) 최고의 (것) Γ03a 26(원인들), ② (extreme) 가장 극단적인 (것) Γ10a 10(견해)

akrōtērion (a projecting part, extremity) 돌출부, 튀어나온 부분 Δ24a 25, 27

alattein [allon 다른] (change place) '다르게 하다', 자리(장소)를 바꾸다 K68a 19

alea [aleainein 가열하다] (warmth, heat) 불볕더위 E26b 34, (견) pnigos

alētheia [a …지 않은+lēthō 숨겨져 있다, 잊다] ① (reality, truth) 사물의 참모습, 진상(眞相), 진리 A984b 10, 988a 20(맺: 원리), α993a 30, b 17, 20, 21, 31, B996a 17, 998a 21, Γ08b 29, 31, 09b 1(현상들에 관한), 37, 10a 1, 2(있는 것들에 관한), b 1, K63a 13, ② (real nature) A983b 3*, M78b 13, ③ (being true) 참임, 맞음, 진리성 Γ05b 3—**kata tēn alētheian, tē alētheia** (indeed, in truth) 실제로, 사실 Γ06b 9, M81b 1, 84b 21

alēthes ① (true, truth) 참인 (것), 맞는 (것), 참 A989b 7(…을 말하다), Γ06b 29, 07b 32, 09a 1(더), 11b 13(이 사람에게), 12a 28, Δ17a 31(있음/…임, 있다/…이다), b 34, 21b 1, 25a 14, E4장(있음/…임), K65a 21(있음/…임), Θ10장, M77b 31, 33, 83b 14, 87a 14, 15, ② (truth) 진리 Z35b 3, K63a 14, M77a 15(맺: 통념)—**alēthōs** (really) 참으로 Γ07b 26, 08b 1, 11b 21, Δ24b 36, Θ51b 7, K62b 7, (반) pseudōs

alētheuein (be affirmed truly) 참인, 맞는 말을 하다 Γ10a 9(변하는 것에 관하여), b 24(미각은 달콤함에 관하여), (반) pseudesthai—**alētheuesthai** ① (be true of) (어떤 것에 대해) 참이다, 맞다, 옳다 Γ10a 8, 11b 16(모순되는 것들은), K62a 34(대립된 주장들은), ② (say truly) 맞는 말을 하다, 맞게 말하다 Θ51b 3

alēthinon (true, real) 참인 (것), 실제적인 (것) Γ09a 3(더, 맺: 더 확실한 것), N91a 37(난점)

allo ① (other) 남임(他) N87b 26, 30, (반) auto, (견) heteron, ② (other) 다른 (것), 타자(他者) Θ46a 11, 13, 14, b 4, ③ (other) 다름(異) I54b 15, 16, (비) heteron, (반) tauto

alloion [allon 다른] (changed, of another nature) 다른 상태에 있는 (것) Γ09b 20, K63a 16

alloiōsis ① (change of quality) 질의 변화, 질적인 변화 A989a 27, Δ22b 18(맺: 실현된 상태), 19(맺: 움직임), ② (physical alteration) (신체의) 변화 Γ09b 13, H42a 36, Λ69b 12(성질에 관련된 변화, 견: 생성과 소멸, 팽창과 수축, 이동), N88a 32

alloiōton (that which changes) 질의 변화를 겪는 (것) K68b 11(맺: 생겨나는 것)

alloiousthai (alter, change) 질이 달라지다, 변하다 Δ18a 17, 20b 11, 22b 16, K63a 35, 67a 36

allophronein [allo 다른 것+phronein 생각하다] (think other thoughts) 딴 생각을 하다 Γ09b 30

allotrion (foreign) 낯선 (것), 고유하지 않은 (것) Γ10b 15, (반) idion

alogon [a …이 없는+logos 이성] ① (non-rational) 비이성적인 (것), 이성이 없는 (것) Θ46b 2*, 6, 48a 3, 50b 33(힘), (반) meta logou, kata logon, ② (unreasonable) 이치에 맞지 않는 (것), 불합리한 (것), 말도 안 되는 (것) B999b 23, 02a 29, M83a 8, N91a 6, (비) atopon

ambrosia [a …지 않는+broton 죽는 (것)] (ambrosia) '죽지 않는 것들이 먹는 것', 암브로시아, 신들의 양식, 신유(神油) B00a 12*, 17(맺: 넥타르)

amēchanon [a …이 없는+mēchanē 수단, 가능성] (vast) 엄청난 (것) Λ71b 37

amegethes [a …이 없는+megethos 크기] (unextended) 크기가 없는 (것), 크기를 갖지 않은 (것) Λ75b 29

ameinon → agathon

ameres [a …이 없는+meros 부분] (that which has no parts) 부분을 갖지 않은 (것), 부분이 없는 (것) Λ73a 6(실체)

ameriston [a …지 않은+merizein 나누다, 조각내다] (impartible) 조각 낼 수 없는 (것) K66b 17(맺: 분할될 수 없는 것)

ametablēton [a …지 않은+metaballein 변하다] (unchangeable)변할 수 없는 (것), 변하지 않는 (것) Δ14b 28, 19a 27, (비) apathes, analloiōton, (반) metablēton

ametapeiston [a …지 않은+metapeithein 마음이 바뀌게 하다] (cannot be persuaded) 불가피한 (것), 부득이한 (것) Δ15a 32(필연)

amiges [a …이지 않은+mignynai 섞다] (unmixed) 섞이지 않은 (것) A989b 15 (맺: 순수한 것), 17(맺: 단순한 것)

amikton (unmixed) 섞이지 않은 (것) A989b 1

amoibaion [ameibein 교대하다] (interchanging) 갈마드는 (것) B00b 15(싸움과 우애가)

ampechein [amphi …의 둘레에+echein 갖다, 입다] (wear) 옷을 걸치다, 입다—ampechomenos (wearer of clothes) 옷을 걸친 사람 Δ23a 11

amphisbētein [amphis 양쪽으로+bainein 가다] ① (disagree) 의견이 어긋나다 A993a 4, B995b 4(논증이), Γ10b 20, ② (oppose) 반대하다 Γ06a 13

amphisbētēsimon (disputable) 논쟁거리인 (것) B996b 27, Γ10a 17

amphisbētēsis (a matter of dispute, point at issue) 논쟁점 B998b 17, M76a 36

amphō, to (concrete thing) 둘로 된 것, 구체적인 사물 M84b 12*(형상에 가까운)—**to ex amphoin** (complex of form and matter) (형상과 재료의) 둘로 이루어진 것, 구체적인 것 Z29a 6, Λ71a 9

amydrōs (vaguely) 어렴풋이 A985a 13(�: 분명치 않게), 988a 23(파악하다), 993a 13

anagein [ana …위로+agein 이끌다] ① (reduce) (정의로, 원리로, 수로, 발휘/실현 상태로, 더 알려진 것으로) 환원하다, 되돌리다 A983a 28(정의로), 992a 10(실체들을 원리들로), α994b 17, B01a 13(본질을 다른 정의로), Γ04a 1(반대되는 것들을 원리로), b 28(모든 것들을 있음과 있지 않음으로, 하나와 여럿으로), 34, 05b 32(궁극적인 믿음으로), Z36b 12(모든 것들을 수로), 22(모든 것들을 이데아로), 40b 20(더 인식적인 것으로), I55b 29(반대되는 것들이 하나와 여럿으로), K61a 12(있는 것이 어떤 한 가지 공통된 것으로), b 14(있음의 으뜸 반대성들과 차이성들로), ② (수)(refer to) 관련되다 K61a 2, ③ (reason back) 이끌다, 확대하다 M82b 37, ④ (draw a line upwards) (선을) 위쪽으로 긋다 Θ51a 25

anagōgē (reduction) '치끎', 환원(還元), 관련시킴 Γ05a 1, E27b 14(특정의 원리와 원인으로), H44a 13(수로), K61a 11(있음의 으뜸가는 차이성 및 반대성으로), 16(있음으로의, 하나로의)

anakamptein [ana …위로+kamptein 꺾다, 구부리다] (be reversible) 되돌아가다 α994a 31, b 3, 5

analloiōton [an …하지 않는+alloioun 변하게 하다, 바꾸다] (unalterable) 질이 변하지 않는 (것) Λ73a 11(맞: 겪지 않는 것), (반) alloiōton

analogia ① (proportion) 비례 M84a 33, ② (analogy) 유비(類比) Δ18a 13(견: 종, 유)—**kata analogian** (by analogy) 유비적으로 Δ16b 32, 34, 17a 2, Λ70a 32, b 26

analogon (what is analogous to, analogous term) (…에) 비례되는 것, 상응하는 (것), 유사한 (것), 유비 관계 H43a 5, Θ48a 37, Λ72b 1, N89b 4, 93b 19—**tō analogon** (by analogy, analogically, in an analogical sense) 유비적으로, 유비적인 뜻으로 Θ48b 7*, Λ70b 17, 71a 4, 26, 33, N93b 18

analyein ① (analyse) 분석하다 I63b 18, ② (수) (be analysed) 분해되다 Δ24b 11, 15, H44a 23(맨 처음의 재료로), 24(구성요소들로)

analytika ① (training in logic) (『분석론』의) 논리학 Γ05b 4, ② (Analytics) 『분석론』 Z37b 9

anamnēsis [ana 다시+mnēmē 기억] (recollection) 생각해 냄, 기억 K68a 31(맞: 잊어버림, 망각)

anankaion ① (necessary) 필연적인 (것), 필연적으로 있는/…인 (것), 반드시 Γ10b 28, Δ15a 34, b 12, Z39b 31, Λ72b 11, M81b 5, ② (복) (necessities) (옷, 집 등 삶에) 필요한 것들 A981b 18, 22, (견) diagōgē, ③ (necessary) 필수적인 (것) Δ15a 21(호흡과 음식물), ④ (compulsory) 강제적인 (것) Δ15a 29(괴로운 것), 36, ⑤ (necessity) 필연성 M79a 24, ⑥ (what is necessarily the case) 확실한 주장 Λ74a 17—**anankaioteron** (more strictly) 더 엄격하게 E25b 13(증명하다), (비) akribesteron, (반) malakōteron

anankazein (force) 강제하다, 강요하다, …할 수밖에 없게 하다 A984b 10(진리가), 986b 31(현상을 따르도록), Δ15a 31(강제력이), K62a 33, Λ75b 16

anankē (necessity) 필연, 필연적임, …일 수밖에 없음 Γ06b 30, 32, K64b 33—**ex anankēs** (of necessity) 필연적으로, 반드시 Γ10b 27, Δ15b 11(있다), 25a 15, 18, 20(어떻게 되다), E26b 28(어떤 상태에 있는 것들), 27b 8(있게 되다), Θ50b 18(있는 것들), K62a 21(있는 것들), 64b 33(있다), 36, 37, 65a 2(일어나다), Λ72b 10(있다), (견) symbebēkos, epi to poly

anantes [ana …위로+antan 마주 오다] (steep ascent) 오르막길 K66a 33, (반) katantes

anapheresthai [ana …뒤로+pherein 데려가다] (be referred) 되돌려지다, 환원되(어 가)다 Γ04a 25(하나로), 26(으뜸가는 것으로), Θ45b 28(실체로)

anapneuein [ana 위로+pneuein 숨쉬다] (breathing) '내쉼', 호흡, 숨쉬기 Δ15a 21(맺: trophē)

anatropē [ana 위로+trepein 뒤집다] (shipwreck) (배의) 전복, 뒤집어짐 Δ13b 14

andrapodon [anēr 사람+pous 발] (slave) '(노획물 중) 사람 발이 달린 것', 노예 Λ75a 21

andriantopoiētikē [andrias 상(像)+poiein 만들다] (art of sculpture) 조각술, 조형예술 Δ13b 6

andriantopoios (sculptor) 조각가, 조형 예술가 Δ13b 36, 14a 1, 15(폴뤼클레이토스)

andrias [anēr 남자] (statue) 조각상(像) A984a 25, Δ13a 25, b 6, 8, 35, 14a 2, 6, 11, b 29, 23a 13, 29, b 1, Z29a 5, 33a 7, 17, 20, 35a 6, 7, 32, 36b 12, Θ49a 17(잠재/가능 상태로), K65b 24(잠재/가능 상태로)

aneleutheros [an …지 않은+eleutheros 자유로운] (mean, unworthy to certain free spirits) 자유인답지 못한 (것) α995a 12, (반) eleutheros

anelittein [ana …뒤로+elittein 돌리다, 감다] ('roll back', countermove) (천구가) 마주 돌다, 역행하다 Λ74a 2, 8, 9, 11, (반) pherein

anēr ① (man) 인간, …자(者) A982b 31(견: 신), 983a 20, ② (man) (성인) 남자, 어른 α994a 24*, 25, 32(맞: 아이), B00a 30, Δ18b 21, 19b 19, Z34b 3, Θ50a 5, I58a 29, (반) gynē

anergaston [a …지 않은+ergazesthai 가공하다, 다듬다] (unwrought) 가공되지 않은 (것), 다듬어지지 않은 (것) Θ48b 4, (반) apeirgasmenon

angeion ① (vessel) 그릇 Δ23a 15, ② (receptacle) 수용 공간 H43a 16(가릴 수 있는)

anhairein ① (do away with) 없애다, 제거하다, 중단시키다 A988b 28(운동의 원인을), 989a 27(질의 변화를), 990b 18, 992b 9, B00b 29(원리들을), Γ06b 8(대화를), 07a 20(실체를), 10b 26(필연성을), Z40a 7(정의를), Θ47a 20, K65a 14, M79a 14, 86b 18(실체를), ② (destroy) 파괴하다 α994b 20, Γ06a 26(논증을), 12b 15(자신을), K62b 11(대화를), 63b 11(논의를), M82b 33(많은 것들을), ③ (deny) (어떤 점을) 부정하다 Λ75b 33, ④ (throw) 내팽개치다 Z40a 7(정의를), ⑤ (수) (be destructed) 없어지다, 제거되다 Δ17b 18(평면과 더불어 물체가, 선과 더불어 평면이), Λ71a 35(실체와 더불어 다른 것이), M83b 33(단위와 더불어 2가), 86a 10(수학적인 수가)

anhaptein [an …에+haptein 대다, 붙이다] (connect with) (…에) 연결시키다, 갖다 붙이다 M78b 22

anhēkein [ana 위로+hēkein 가다] (draw upwards) 위쪽으로 (선을) 긋다 Θ51a 25

anhistanai [ana 위로+histanai 세우다] (stand, get up) (일으켜) 세우다, 서게 하다 Θ47a 16, 17

anhomoiomeron [an …지 않은+homoion 비슷한+meros 부분] (unlike part) 비슷하지 않은 부분 Δ24a 17, 21

anhomoion [an …지 않은+homoion 비슷한] ① (unlikeness, the dissimilar) 비슷하지 않음 B995b 21, Γ04a 18(맺: 다름, 같지 않음), I54a 32(맺: 다름, 같지 않음), b 14(맺: 다름), ② (unlike) 비슷하지 않은 (것) Γ11a 28(시력이), Δ18a 19,

24a 18(부분들), K67a 15(부분들), (반) homoion, homoeides

anhomoiotēs (unlikeness) 비슷하지 않음, 비유사성 I55b 20(비슷함의 결여), K61a 14, (반) homoiotēs

anhypotheton [an …이 없는+hypothesis 가정] (non-hypothetical) 가정(假定)이 아닌 (것) Γ05b 14*(원리)

aniaron [ania 고통, 괴로움] (irksome, grievous) 괴로운 (것) Δ15a 29(필연적인 것)

anison [an …지 않은+ison 같은] ① (the unequal) (양, 크기가) 같지 않음 Γ04a 18, I54a 32(맺: 다름, 비슷하지 않음), 56a 7, 8, N87b 29, ② (양, 크기가) 같지 않은 (것) Δ22b 33, I54b 6, 55b 10, M81a 25, 82b 6, 17, N89b 10, 91a 24, 27, (반) ison, ③ (the Unequal) (플라톤의) 양이 같지 않음 I56a 10(=두 짝), Λ75a 33(같음의 재료), N87b 5(하나의 재료), 9(요소), 11(큼과 작음의 두 짝), 88a 15, b 29, 32, 89b 6, 11, 91b 32, 35, 92a 29, b 1

anisotēs (unequality) ① 양이 같지 않음 I55b 19, K66a 11, N91a 26, (반) isotēs, ② (Unequality)(플라톤에서) 양이 같지 않음 B01b 23

anō ① (higher) 위에 있는 (것), 상위의 (것) A990a 6(더), 992a 17, B998b 18(맨), Γ05a 34(더), Δ16a 29(유), 30(더), ② (in upward direction) 위쪽으로, 위쪽에서 α994a 20, b 8, Γ07b 9, K65b 13(움직임), 67a 10(움직이다), 25, ③ (up) 위 K67a 28, 32, (반) katō

anōnymon [an …이 없는+onoma 이름] (nameless) 이름이 없는 (것) Z33a 14(결여), I56a 25

anorouein [ana 위로+orouein 오르다, 상승하다] (spring) 솟구치다 B00b 15

anteipein → antilegein

anthrōpinon (human) 인간의 (것) Λ982b 29(능력), 986a 31, K65a 34(헤아림), Λ75a 7(이성)

anthrōpoeides [anthrōpos 사람+eidos 형상, 모습] (in human form) 사람 모습인 (것), 사람 모습을 한 (것) B997b 10, Λ74b 5

anthrōpos (man) 사람, 인간 Δ25a 2-13(거짓된), Z32a 25, 33b 32, Λ70a 8*, 27, b 34, N92a 6 —**mē** or **ouk anthrōpos** 사람 아닌 것 Γ06b 20, 23, 7a 18 —**to anthrōpō einai** (어떤 것이) 사람임 Γ06a 33-07a 1, (비) to anthrōpon einai Γ07a 3, (비) (to) hoper anthrōpō einai (어떤 것이) 본질적으로 사람임 Γ07a 28 —**to mē einai anthrōpō** (어떤 것이) 사람 아님 Γ06b 13, 07a 24, (비) hoper mē einai anthrōpō (어떤 것이) 본질적으로 사람 아님 Γ07a 28 —**to mē anthrōpō einai** (어떤 것이) 사람 아닌 것임 Γ07a 2, 24, (비) hoper mē anthrōpō einai (어떤 것이) 본질적으로 사람 아닌 것임 Γ07a 28

antichthōn [anti 대(對)+chthōn 지구, 땅] ('counter-earth') 대(對) 지구 A986a 12*

antidikos [anti …에 맞서+dikē 정의] (a party) 소송 당사자, 한쪽 편 B995b 3

antikeimenon [anti 마주+keisthai 놓이다] (opposite) 대립되는 (것) Γ04a 9, 11b 14(진술들), 34(…로의 변화), Δ16a 25(차이성), I55b 37, 56a 35, 57a 31, 33(모순되는 것들), K62a 6, 10, 22, 33, b 17, 63b 16(진술들), Λ69b 4, 5(견: 반대되는 것) —**antikeimenōs** (opposite to) 대립되는 방식(뜻)으로 (있다) Δ10장, 17a 3(여럿은 하나에), 18a 11(같음은 다름에), 18(비슷하지 않음은 비슷함에), b 8, H43a 1, I54b 15(다름은 같음에)

antikeisthai (be opposed to) 맞놓이다, 대립하다, 대립하여 있다, 대립되는 것들이다 Γ04a 10(여럿은 하나에), 17, 07a 4(사람임과 사람 아닌 것임은), Δ18a 23(회색

과 흰색은), 25, I54a 20(하나와 여럿은), b 23(다름과 같음은), 55a 38(모순되는 것들, 결여, 반대성, 관계 맺는 것들은), b 31(같음이 큼과 작음에), 56a 16, 23, 25(좋지도 나쁘지도 않은 것이 좋은 것과 나쁜 것에), b 4, 6(많은 수가 적은 수에), 19, 32(척도와 잴 수 있는 것), 57a 4, 6, N87b 33(많음이 적음에)

antilegein [anti …에 거슬러+legein 말하다] (contradict) 반대되는(모순되는) 말을 하다 Δ24b 34(견: 거짓말하다)—**anteipein** (contradict) 말대꾸하다 B996b 11

antiphasis

I. (사태나 성질 차원에서) ① (contradictories) 모순되는 사태들, 상태들 Γ05b 29, 7장, E27b 20, 23, Θ50b 9, 25, 31, 34, I55a 38-b 9(견: sterēsis, enantiotēs, ta pros ti), 57a 34, K67b 14, 21, 22, 69a 3, 4, ② (contradictory) 모순되는 사태들 중 한쪽, 모순되는 사태 I55b 4, K68a 4, ③ (contradictories) 모순되는 성질들, 속성들 Γ09a 24, 11b 23, 30, 12a 6, 26, Δ18a 20, I54a 25, ④ (contradictory) 모순되는 성질들 중 한쪽, 모순되는 성질 I55b 4

II. (문장이나 술어 차원에서) ① (contradictories, contraditory statements) 모순되는 명제(문장, 주장)들 Γ12b 2, 10, 13, K62a 19, 63a 21, ② (contradictories) 모순되는 술어들, 모순되는 표현들 Γ07b 18, 19, 11b 16, K63a 25, ③ (contradictory) 모순되는 술어들 중 한쪽, 모순되는 술어(표현) Γ07b 25, 08a 25, I54b 20, K63b 24

antistrephein [anti 마주+strephein 돌리다] ① (reverse the order) 거꾸로(역으로) …이다 Δ16b 28, ② (be convertible) (자리가) 맞바뀌(어 서술되)다 K61a 17

antithesis [anti 마주+tithenai 놓다] (opposition) 맞놓임, 대립 I54a 24(하나와 여럿의), 55b 32(…인지 …인지), 56a 2(하나와 여럿의), 5(같음과 큼/작음), 57a 35, 59a 10, K67b 21

antitithenai (oppose) 맞놓다, 대립시키다 N87b 26(다름과 남임을 하나에), 31(하나를 여럿에), (견) antikeisthai

aoidos [aeidein 노래하다] (bard) 시인, 가객(歌客), 가인 A983a 4

apagein [apo …에서 떨어져+agein 이끌다] (lead away) 멀어지게 하다 Z36b 26

apagoreueín [apo …에서 떨어져+agoreuein 말하다] (give up) 포기하다 N91b 23

apaideusia [a …이 없는+paideuein 가르치다, 기르다] (want of education) (논리학에 대한) 사전 지식의 부족 Γ05b 3, 06a 6

apaideutos (uneducated) 교육을 (제대로) 받지 못한 (사람) H43b 24

apaitein (demand) 요구하다 α995a 16(수학적인 엄밀성을), K63b 9(근거를)

apallattein [apo …로부터+allattein 다르게 만들다, 바꾸다] (set free) 벗어나게 하다, 해방시키다 Γ09a 4

apantan [apo …로부터+antian 마주치다, 맞서다] ① (meet the question) 맞받다, 상대하다 Z36a 14, K63b 13, ② (devote attention) (탐구에) 나서다 M76a 29

apantēsis (reply) 상대함 Γ09a 20

apatasthai (be mistaken, be in error) 틀리다, 잘못 생각하다 Γ05b 14, Θ51b 25, 28, 31

apatē (error) 틀림, 착오, 잘못 생각함 Θ52a 2(맺: 거짓), 5, (견) agnoia

apatheia [a …지 않는+paschein 겪다] (insusceptibility) 겪지 않음, 안 겪(을 수 있)음 Θ46a 13(…의 상태)

apathes (impassive) 겪지 않는 (것) A991b 26, Δ19a 27(비: 변하지 않는), 31, K68b 20, Λ73a 11(비: 질이 안 변하는), 74a 19(비: 변하지 않는), 75a 30

apauston [a …지 않는+pauein 그치다, 끊이다] (unceasing) 끊임없는, 그치지 않는 (움직임) Λ72a 21(운동)

apechein [apo …로부터 떨어져+echein 있다] (be away from) 떨어져 있다, 멀리 있다 Δ18b 17(현재로부터), I55a 7(차이가 나는 것들은), K68b 30(가장 많이)

apeinai [apo …로부터 떨어져+einai 있다] (be absent) (곁에) 있지 않다, 빠져 있다 Δ13b 13, 23b 26, (반) pareinai

apeirgasmenon [apo …로부터+ergazesthai 가공하다, 다듬다] (that which has been wrought up) 가공된 (것), 다듬어진 (것) Θ48b 4, (반) anergaston

apeiria[1] [a …이 없는+peira 시도, 경험] (inexperience) 무경험 A981a 6, (반) empeiria

apeiria[2] [a …이 없는+peirar 끝](infinity, infinitude) 무한함, 무한성 A988a 28, (반) peras

apeiron ① (infinite) 수없이 많은 (것), 무한한 (것) A984a 13(원리들이), α2장, 994b 22(…을 생각하다), 28, 30(더해지다), B999a 27(개체들), Γ07b 9(위쪽으로), Θ48b 9(잠재/가능 상태로, 발휘/실현 상태로), K10장, 66b 13, 32(물체), Λ73a 10(크기), 74a 29, M83b 36(수), ② (the Infinite) (피타고라스주의자들의, 플라톤의) 무한, 한정되지 않음, 한정되지 않은 것 A986a 23, 987a 16, b 25, 26(큼과 작음으로 이루어진), 990a 9, Γ04b 33, N91a 17 ③ (unlimited) 한정되지 않은 (것) A986b 21(하나), ④ (the Unlimited, Indeterminate) (아낙시만드로스의) 무한정자(無限定者, '무한히 크고 규정되어 있지 않은 것'), I52b 10, 53b 16, (반) peperasmenon, peras — **eis apeiron ienai, badizein, proienai** (proceed ad infinitum) 무한히 진행되다, 무한 진행이 일어나다, 끝없이 거슬러 올라가다 α994a 3, Γ10a 22, 12a 12, b 22, Δ22b 9, Z30b 35, 32a 3, 33b 4(생성이), 41b 22, Λ70a 2

aperantōs (boundlessly) 끝없이 K66b 33 (뻗은 것)

aperchesthai [apo …에서+erchesthai 가다, 오다] (pass from, be excreted form) (…에서) 빠져나오다, 벗어나다, 멀어지다, 떼어져 나오다 Z36a 6, 40a 3, N92a 33

aph'hou → apo

aphairein [apo …에서+hairein 내다, 잡다] ① (take from or away, separate out) 떼(어 내)다, 덜다, 빼다 Z30a 33, 36b 3(사유로써), H43b 37, 44a 1, 2, Θ48a 33, I52b 36, 53a 4, K61b 20, (반) prostithenai, ② (eliminate, remove, get rid of) 없애다, 제거하다, 해소하다 Δ24a 27, Z36b 23(재료를), M83b 10, N88b 31, ③ (bar) 제외시키다, 제외하다 Θ48a 20

aphairesis ① (taking away) (강제로) 빼앗음, 탈취 Δ22b 31, ② (abstraction) 떼어냄, 추상(抽象) K61a 29, M77b 10(맞: 보탬, 부가), ③ (substraction) 뺌, 제거 K66b 1(맞: 더함)

aphairoumenon (that which is substracted from, taken away) 빼어진 (것), 떼어진 (것), 제거된 (것) B01b 8(맞: 더해진 것), Δ23b 13, 24a 13, E27b 1, Z29a 17, 40a 30, K65a 19

apheton → aphienai

aphienai [apo …에서 (떨어져)+hienai 보내다, 던지다] ① (allow) 허용하다 A981b 24, ② (neglect, dismiss) 제쳐 두다, 내버려 두다, 놔두다 A985b 20, 986b 25, 990a 33, E27b 17, 34, 28a 3, Z29a 31, 34b 34, Θ46a 7, N91a 20, ③ (leave) 남겨 놓다 A987b 14, Λ74a 17

aphikneisthai [apo …에서+ikneisthai 오다] (arrive) (…에) 이르다, 도착하다 Δ25a 26(아이기나에), K68b 28

aphistanai [apo …로부터+histanai 세우다] ① (leave the subject) (다루고 있는 문제를) 내버려 두다 I56b 28, ② (abandon)

거리를 두다, 포기하다 M86a 4

aphomoioun [apo …에서+homoioun 같게, 비슷하게 만들다] (imitate) 닮다, 흉내 내다, 모방하다 A985b 33(수를), N92b 13(조약돌로 생물들의 모습을)

aphōnon [a …이 없는+phōnē 소리] (consonant) '소리 안 나는 것', 자음 Δ16b 22, Z41b 17, (반) phōnēen

aphorismenon [apo …로부터+horizein 경계를 긋다] ① (determinate, limited) 한정된 (것), 특정한 (것) B02a 23, b 17(개수에서), K64b 9(유), ② (distinct) 별개의 (것) M77b 26, ③ (defined) 규정된 (것) Θ48b 5

aphorizein ① (mark off, determine) 구분하다, 제한하다, (규)정하다 A981a 10, B02a 24, I55b 6, K60b 27, 68b 32, ② (define) 정의를 내리다 I53b 5, ③ (exclude) 제외하다 Θ48a 19

aphtharton [a …지 않는+phtheiresthai 사라지다, 없어지다] ① (imperishable) 소멸하지 않는 (것), 불멸의 (것) Z40b 31(실체), Θ50b 16(잠재 상태로 있지 않는 것), 28, I58b 29, ② (indestructibility) 소멸하지 않음, 불멸 I59a 1, 8, (반) phtharton

aplanes [a …지 않는+planan 떠돌다] (fixed) '떠돌지 않는 (것)' —**aplanē astra** (fixed stars) 항성들, 붙박이별들 Λ73b 19, 25

apo (from) …로부터 —**aph'hou** (from which) 무엇으로부터, (어떤 것이) 비롯하는 곳 Δ22a 7*

apobainein [apo …에서+bainein 걷다, 가다] (come to) (…에게) 오다, 생기다 A981a 2, K65b 1 —**apobainon** (result) (…에서) 나온 것, 결과(물) A982a 16

apoballein [apo …에서+ballein 던지다] ① (loose) 잃다 A983b 15(지속적인 상태를), Θ47a 1(기술을), ② (get rid of) 없애다 Δ15a 24(악을) —**apoballon** (that which is losing) (어떤 성질을) 잃는 것 Γ10a 18 —**apoballoumenon** (that which is being lost) (어떤 것이) 잃는 성질 Γ10a 19

apoblepein [apo …로부터+blepein 보다] (gaze at, look to) 바라보다, (…에) 시선을 두다, (…로) 눈길을 돌리다 A986b 24(우주 전체를), 991a 23, M79b 27(이데아들을)

apobolē [apo …로부터, 밖으로+ballein 던지다] (loss) 잃음 Δ18a 34, I55a 37, (반) lēpsis

apochran [apo …로부터+chrēsthai 쓰다, 사용하다] (be enough) 충분하다 I55b 27

apodechesthai [apo …로부터+dechesthai 받다] (accept) 받아들이다, 수용하다 A987b 4(생각을), α995a 6(말을), 13(논의를), Γ05b 3(참임을), H43a 22(정의를)

apodeiknynai [apo …로부터+deiknynai 보여 주다] (demonstrate) 증명하다, 증명(함) Γ05b 32, 06a 6, 12, 15(논박을 통해), 16, 25, Δ15b 8(단적으로), E25b 13(엄격하게, 느슨하게), K62a 5, 9

apodeiktikē ① (demonstrative) 증명의 (것) B996b 26(원리), 28(원리), K59a 24(원리), Λ73a 22(엄밀함), ② (demonstrative science) 증명을 하는 학문, 증명학 B997a 5, 10, 18, 19, 31, K59a 32*

apodeixis ① (proof) 증거 A990a 24, ② (demonstration) 증명 A992b 31(견: 정의), B996a 30, b 19, 997a 8(모든 것에 관한), 9(어떤 것에 관한), 32(정의의), 998a 26(기하학의 명제에 대한), 27, 00a 20, Γ05a 27, 06a 7, 8(모든 것들의), 9, 10, 18(견: 논박), 24, 28, 11a 10, 13(…의 원리), Δ13a 16(…의 전제들), 14a 37(…의 요소), b 1, 15b 7, E25b 14(실체나 본질에 대한), Z39b 29(개별 실체들에 대한), 31(필연적인 것들에 관한), 34, 40a 2(감각 대상들에 대한), 5(소멸하는 것들에 대

한), K59a 30, 31(속성과 실체에 관한), b 19(…과 인식), 62a 3(반대하는 사람을 상대로 한), 30(직접 …), 31(사람에 반대하는), 63b 10, 64a 10(실체나 정의에 대한), b 34, M77b 22(맺: 명제), 86b 34(맺: 정의), 87a 23, N87b 21(형식적인)

apodidonai [apo …에서+didonai 주다] ① (render) 제시하다 A988a 35(본질과 실체를), Δ13a 35(원인을), I52b 9(정의를), K64a 28, ② (declare, explain) 설명하다 Γ04a 29, Z40b 30(실체가 무엇인지를), H45a 22(문제를), Λ73b 37(현상을), 74a 1, M85a 20(각, 점을), N87b 13(원리를), 92a 11(원리, 으뜸 실체를), ③ (ascribe) 붙이다, 부여하다, 주다 Λ73b 35, N91b 2(좋음을 원리에), ④ (ascribe) (책임이나 원인을) 돌리다, 넘기다, 귀속시키다 A988a 15(원인을 요소들에), Θ47a 33(움직여짐을 있지 않은 것에), M84a 35(원리들에, 수들에), ⑤ (give credit to) 인정하다 M78b 27(소크라테스에게), ⑥ (answer) (물음에) 답하다, 말하다 B997a 33, K59a 27, ⑦ (express) 나타내다, 드러내다, 표현하다 I57a 8, ⑧ (exhibit) 보여 주다 Θ48b 16, 50a 19

apodoteon → apodidonai

apogignesthai [apo …로부터+gignesthai 나가다] (be taken away) 제거되다 Θ49a 11(맞: 덧붙여지다)

apokathistanai [apo …로부터+kathistanai …에 놓다] (bring back) 되돌려 놓다 Λ74a 3(같은 위치로)

apokrinesthai [apo …로부터+krinein 가르다] ① (be separated out) 분리되다, 구분되다 A989b 6, 14, K63b 30(실제로), ② (be shaped out) 모습을 띠고 나오다 Θ48b 3, ③ (answer) 대답하다 Γ07a 8, 9, 13

apolambanein [apo …로부터+lambanein 받다, 잡다] ① (collect) (돈을) 벌다 Δ15a 25(돈을), ② (detach) 떼어 내다 K61b 22(일부를)

apollysthai (perish) 없어지다 A983b 12, 15, 984a 15, 16, Δ21b 26(맺: 파괴되다), (반) gignesthai

apologia [apo …밖으로+legein 말하다] (defence) 변호, 옹호, 지지 B01b 15

apolyesthai [apo …로부터+lyesthai 떨어지다] (be severed) 떨어져 있다, 분리되어 있다, 동떨어져 있다 Z31b 3, 5, M85a 16

aponemein [apo …로부터+nemein 나누다, 할당하다] (assign) 할당하다 K61b 7

apophainesthai [apo …로부터+phainesthai 나타나다] (declare, express oneself, assert) (제 의견을) 밝히다, 나타내다, 말하다, 설명하다, 주장하다 A983b 22, 984a 3(생각을), 986a 30, b 2, 11, 987a 20, α993b 13, 17, Γ09b 21, 36, 10a 28, H42a 7, N89b 17

apophanai [apo …에서 떨어져+phanai 말하다] (deny) 부정(否定)하다, …이 아니라고 말하다 B995b 10, 996b 29, Γ07b 22, 08a 4, 13, 14, 15, 18, 33, b 1, 11b 21, 24, 12a 3, 4, 13, 16, b 9, 12, (반) phanai, kataphanai

apophasis ① (negation, denial) 부정(否定), …아니라고 함, 부정문 Γ03b 10(실체의), 04a 10(견: 결여), 12(하나의), 14, 15(비: 있지 않음), 07b 30, 31, 08a 6, 10, 35, 11b 19, 12a 9, 14, Δ17a 33, E27b 21(비: 분리되어 있음), Z29a 25, Θ46b 14(비: 제거), I56a 15(맺: 결여), 17, 24('결여'라는 뜻의), 29, 58a 23, K62a 24, b 4, 6, N89b 7, 19(있는 것의), (반) kataphasis, phasis, ② (negative term) 부정어, 부정하는 말 A990b 14(…의 형상), Γ07a 9, 25, b 34, 35, 12a 17, M79a 10(…의 형상), ③ (negative prefix) 부정 접두사 Δ22b 32, ④ (opinion) 견해 Λ73a 16*, (비) apophansis

apophora [apo …로부터+pherein 가져오다] (removal) ① '빼냄', 제거 Θ46b 14(비: 부정), ② 제거 상태 Θ46b 15(비: 결여 상태)

apophthegma [apo …로부터+phthengesthai (크게) 말하다] (saying) 말 Γ09b 26(아낙사고라스의)

apopsēphizesthai [apo …로부터+psēphos (투표용) 돌조각, 판단, 투표] (acquit) 풀어 주다 Γ10a 31, (반) katapsēphizesthai

aporein [a …이 없는+poros 길, 통로] ① (be puzzled) 영문을 모르다 A982b 17, ② (be unable to say) (어떤 문제, 물음을) 설명하지 못하다 M80b 21, 85a 35, ③ (raise the question) 의문이 나다 Z28a 20, M84b 3, 85a 3, ④ (frame the difficulty) 묻다, 문제를 설정하다, 제기하다 Γ10b 4, N89a 1, 90b 3 —**aporoumenon** ① (difficulty) 난문 B995a 29(이전의), ② (problem) 문제 Γ06b 20, ③ (perplexity) 어려운 물음 Z28b 3

aporēma ① (problem) 난문, 어려운 물음 Γ04a 34, M77a 1, ② (question) 물음 Γ11a 6(늘)

aporia ① (difficulty) (어려운) 물음, 난문, 의문 A988b 21(…을 검토하다), 993a 4, B995b 4*, 996a 5, 998a 20, 999a 24, b 17, 00a 5, b 20, 23, 01a 30, 01b 4, 26, Γ11a 8, Z30b 14, 28, 36b 21, H44b 34, I58a 34, K60a 29, 61b 16(…을 풀다), M85b 11, 86b 14, N89b 31, 91a 31, (비) diaporēma, ② (problem) (대답하기 어려운) 문제 Z37b 9, 11, 39a 14, H43b 24, 44b 29, 45a 22-29, b 8, K59a 39, b 3, 60a 1, 7, b 20, 62b 20, 31(…을 풀다), Λ71b 23, 75a 5, M82b 34, 85a 27, N91b 15, ③ (difficulty) 난점, 어려운 점, 문제점 B996a 12, I56a 10, K63b 14, Λ75a 27, M86a 32, b 11, 87a 13, N91a 30, ④ (perplexity) 어려움(에 부딪힌 상태), 지적 혼란 B995a 30(사유의), Γ11b 2

aporon (perplexing) 골치 아픈 (종류의 것) Z29a 33(실체)

aporrhiptein [apo …로부터+rhiptein 던지다] (throw out) (말을) 내뱉다 A986a 34

apostēma [apo …로부터 떨어져+histasthai 서다] (interval) 간격, 거리 Λ73b 34

apotelein [apo …로부터+telos 끝] ① (produce finally, fulfill) 마침내 (…을) 이루어 내다 A981a 1, ② (fulfil) (기능을) 다하다 Z36b 31

apoteleutan [apo …로부터+teleutan 끝내다] (end in) (…한 상태에서) 끝나다 A983a 18

apotemnesthai [apo …에서+temnein 자르다] (cut off) 떼 내다 Γ03a 24, (비) perigraphesthai

apothnēskein (die) 죽다 E27b 2(병이나 폭력 때문에), 6(필연적으로), 9

apotrōgein [apo …에서+trōgein 갉아먹다, 떼어 먹다] (swallow) 살짝 떼어 먹고 말다, 비껴가다 B01a 2(난문을)

apotynchanein [apo …에서 (벗어나)+tynchanein 맞추다] (fail) 못 맞추다 α993b 1

apoun [a …이 없는+pous 발] (footless) 발이 없는 (것) Δ22b 35

apousia [a …지 않은+einai 있다] (absence) 있지 않음, 부재(不在), 빠져 있음 Γ04a 14(비: 부정), Δ13b 13(키잡이의), Z32b 4(건강의)

apsychon [a …이 없는+psychē 혼] (lifeless thing) 혼이 없는 (것), 무생물 A981b 2, 4, Δ19b 13, Θ46a 36(맞: 혼이 든 것), 47a 4, K60a 16, M77a 20, (반) empsychon

apteron [a …이 없는+pteron 날개] (featherless) 날개 없는 (것) Z37b 22, 33(동물), 38a 13, (반) pterōton

apyrēnon [a …이 없는+pyrēn 씨] (seedless) 씨가 없는 (것) Δ23a 1

archaion ① (ancient, early, primitive) 처음의, 이전의, 초창기의, 옛날의 (것) A984a 1(견해), 32(생각), 989a 11(대중적인 믿음), Λ69a 25(철학자), 74b 1, N91b 4(시인들), ② (old-fashioned) 낡은, 구식의 (사람) N93a 27(호메로스주의자들)

archaikōs (in an obsolete form) 낡은 방식으로 N89a 2

archē

I. 존재의 원리(principia realia) ① (principle) 원리 A981b 28*, 983a 9(신), b 7(재료 형태의), 984a 6(공기), 986a 13(무한히 많은), 17(수, 재료), 987a 4(물질적인), α994a 1, Γ03a 26(어떤 실재의), Δ1장, E1장(있는 것들의), H44a 30('움직이는 것'이란 뜻의), Θ50a 7, 8(무엇을 위해), K59b 35(단순한 것), 60a 1(더불어 없애는 것), Λ70a 7(자연), b 25(움직이는 것, 멈추게 하는 것), 75a 38(좋음), ② (originative source, origin) (운동이나 변화의) 근원, 발단, 시초 A983a 24, b 27, Δ19a 15, 23a 31(싸움의), Θ46a 12(변화의), 14, 23(=재료), b 4(변하게 할 수 있는), 17(=혼), 49a 12(생성의), 16(자기 내부의), b 6(변하게 할 수 있는), 7(움직일 수 있는, 멈춰 있게 할 수 있는), 9, 51a 3(변하게 할 수 있는), M84b 19(하나), ③ (beginning) 시작, 시작점, 처음 A984a 27(운동의), Δ18b 19, 21(으뜸가는 것), Θ51a 20(맺: 영원한 것), K68b 31, ④ (starting-point) 출발점 Z32b 24(만들어 냄의), H44a 17(생겨나는 것들의) — (비) aitia, aition A982b 9(으뜸), 983a 29, b 4(특정한), 986b 33(두 가지), 989b 23(감각되는 실체에 관한), 990a 2, Γ03b 24, Δ13a 17, E25b 5(수학적인 대상들의), H42a 5(실체들의), Λ69a 26(실체의), b 33(세 가지), M86a 21 — (비) stoicheion A983b 11(있는 것들의), 989b 30, B995b 27(=유?), 998a 22, E25b 5(수학적인 대상들의), H42a 5(실체들의), Λ69a 18(실체들의), 26(실체의), M80b 32(있는 것들의) — (견) stoicheion Z41b 31, K59b 23, Λ70b 23(견: 요소), N91b 3, 20-22, 92a 6 — (맺) ousia Z41a 9, K60b 23, Λ69a 28, 70b 25, M76a 24, 80b 6

II. 인식의 원리(principia cognoscendi) ① (principle) 원리 B995b 8, 996b 26(증명의), 997a 13(공리), Γ3-6장, 05b 7(추론의), 9(가장 확실한), 11, 13(가장 잘 알고 있는), 14(가정이 아닌), 18, 22, 06a 5, K59a 24(증명의), 5-6장, 61b 34, 62a 3(더 확실한), M86a 15(맺: 전제), ② (starting-point) 출발점(원리) Γ11a 13(증명의), M78b 24(추리들의), 29(학문의) — **aiteisthai to en archē** (begging the question) 처음에 있는 것을 요구하는 것, 선결 문제의 요구 Γ06a 17, 20, (견) Γ08b 2

archēgos [archē + hēgeisthai 이끌다] (founder) 창시자 A983b 20(철학의)

archein [archē 처음] ① (be the starting-point) 시작하다, 출발점이 되다 Z34a 11(생성을), ② (rule) 통치하다 N91b 5 — **archesthai** ① (begin to) …하기 시작하다 A982b 13(지혜를 사랑하기), 24, 987a 21(본질에 대한 규정을 내리기), K68b 22, ② (begin by) …에서 시작하다, 출발하다 A983a 12(의아하게 생각함에서), Δ13a 3(가장 쉽게 배울 수 있는 것에서), 8, Z28b 22(하나에서), 32b 22

archikon [archē 처음, 으뜸] (superior, authoritative) 지배적인 (것), 상위의 (것) A982a 16(더 … 학문), b 4(가장 … 학문), 5(학문, 맞: 종속적인), B996b 10(가장 … 학문), (비) hēgemonikon

architektōn [archē 처음, 으뜸 + tektōn 수공업, 기술자] (master-worker) 도편수, 건축가 A981a 30*(맞: 일꾼), 982a 1

architektonikon (architectonic) 주도적인 Δ13a 14(기술)

archoeides [archē 처음, 으뜸 + eidos 형상,

모습] (of the nature of a principle) 원리의 모습을 띤 (것) B999a 2

archōn [archē 처음, 으뜸] (ruler) 통치자 N91b 7

aretē (goodness, virtue) (지성이나 덕성 등이) 탁월함, 훌륭함 Δ20b 12(맞: 처짐), 18, 21b 15, 17, 20, 22, 22b 14, I55b 20*, M78b 18(도덕적인), (반) kakia

argyros (silver) 은 Δ13a 25, H43b 27(주석 같은 것), I54b 12(주석과 비슷한 것), (견) chrysos

aristeron (left) 왼쪽 N93b 1, (반) dexion

ariston → agathon

ariston (breakfast) 아침 식사, H42b 21 (반) deipnon

arithmein (count) 세다, 치다 A990b 3(수를), 4, α994b 25(분할된 조각들을), Δ16b 10, M78b 34(수를), 36, 80a 30, 81b 14(수를), 82b 28, 35, 36, N93a 19(12개의 별을)

arithmetikē [arithmein 세다] (arithmetic) 산학(算學), 산술(算術) A982a 28*(견: 기하학), 991b 28

arithmetikos ① (arithmetician) 산학자 Γ05a 31(맺: 기하학자), M78a 22(맺: 기하학자), N90a 14*, ② (arithmetical) 산술적인 (것) M83b 16(수)

arithmēton (numerable) (우리가) 셀 수 있는 (것), 세어지는 (것) Δ20a 9, K66b 25

arithmos ① (number) 수 A985b 26(으뜸가는 것)*, 33, 986a 1, 9, 16(=원리), 17(…의 요소들), 20, 987a 19(=모든 것들의 실체), 990a 19(…의 속성), 31(사유되는, 감각되는), 991b 13(…의 비율), B01b 26(실체?), Γ04b 10(…의 고유한 속성), Δ20b 3(복합된), Z39a 12(=단위들의 결합), H43b 34(정의), 44a 3, 45a 8(맺: 정의), Θ51a 33, 52a 8(소수), I53a 30*, M80a 13(=독립적인 실체, 있는 것들의 으뜸 원인들), 21(수학적인), 30, b 12(이데아와 같은), 19(단위들로 이루어진), 22(으뜸가는, 형상들의), 30(단위들로 이루어진), 81a 6(수학적인), 7(≠이데아), 83a 1(…의 차이성), b 16(산술적인), 17(단위들로 이루어진), 36(무한한, 유한한), 84a 3(…들의 생성), 5(수학적인), 6, 12(십), 32, 33(비교될 수 없는), b 28, 85a 4, N90a 21(…들의 여러 가지 속성들), 23, b 36(감각되는), 92b 20(단위들로 이루어진), 22(물질적인), 31, 93a 7(제곱, 세제곱), ② (Mathematical Number, Number as Idea) (수학적인) 수 M76a 20(견: 이데아), 31(있는 것들의 실체 및 원리?), 80b 13, 83b 3, 86a 5, 6(=형상?), 8, N88b 35, 90b 35, 91b 25, ③ (Ideal Number) (이데아적인) 수 A987b 22, 24, M81a 5*(으뜸, 비: 이데아적인), 21, 22(잇따르는), 83a 23(있는 것들 중 으뜸가는 것), b 3, 86a 5, 8, N88b 34, 90b 35, 37, 91b 37, 93b 21(이데아 안에 든), ④ (Number) 수 A987b 30, 34, 991b 9(=형상?), 17, 19, 992a 1, b 17(맺: 선, 면, 입체), Λ73a 19, N87b 15(…들의 요소=하나, 큼, 작음), 89b 12, 90b 33, 91a 29, b 26(=형상?), 92b 14(…들의 비율), 18(=재료), 24(단위들로 이뤄진), 27(쉽게 계산되는) — **kath' arithmon hen** 또는 **arithmō hen** (numerically one) 개수가 하나인 (것) B999b 26, 33, 02b 31, Δ16b 31, 18a 13, Z33b 31, 39a 28, I54a 34, K60b 29, N87b 12, (견) eidei hen, logō hen

arkteon → archein

arktos (Bear) 큰곰자리 N93a 19

arren (male) ① (피타고라스주의자들의) 수(雄), 수컷(임) A986a 25(맞: 암컷), 988a 5, 6, Z30b 21, I58a 30, 34, b 21, M78a 8, ② 수컷인 (것) I58a 31(동물), b 23, M78a 7(동물), (반) thēly

arrhythmiston [a …이 없는+rhythmos 모양] (shapeless) 모양이 없는 (것) Δ14b 28

artasthai (depend on) 매달리다, 의존하다 Γ03b 17(으뜸가는 것에), Λ72b 14(원리에)
arti (just now) 방금, 조금 전에 B999a 32, N90b 2
artion ① (the Even) 짝 A986a 18, 24, 990a 9, Γ04b 32, K66b 21, ② (even) 짝수 A986a 20(하나), Γ08b 34, Θ52a 8, I55b 25, M84a 3, 4, 5, 7, N88a 20, 91a 24, (반) peritton
artiōs (as soon as) …하자마자 M86a 17
artiotēs (evenness) 짝수임 Γ04b 11, (반) perittotēs
artos (bread) 빵 K63a 30
aschiston [a …지 않은+schizein 쪼개다] (not-cloven) 쪽발이 아닌 (것) Z38a 14, (반) schizopoun
asōmaton [a …이 아닌+sōma 물체] (incorporeal) 비물체적인 (것), 비물질적인 (것) A988a 25, b 25, 26, (반) sōma
aspalax (mole) 두더지 Δ22b 26(눈먼)
astaton [a …지 않은+stanai 서다, 멈추다] (unresting) (멈춰) 서 있지 않은 (것) Λ73a 31(물체)
astēr (star) 별 N93a 17
asthenein [a …이 없는+sthenos 힘] (be weak) (힘이) 약하다 Γ10b 7, (반) ischyein
astrologia [astron 별+logos 법칙] (astronomy) 천문학 A989b 33, B997b 16(수학 계열의 학문), 35, 998a 5, E26a 26(맺: 기하학), I53a 10, Λ73b 5(철학에 가장 가까운 학문), M77a 2(견: 기하학)
astron (star) 별 A982b 16(맺: 해), B998a 6(견: 점), Z28b 13(실체), 41a 1, Θ50b 23(항상 실현 상태로 있는), Λ73a 34(…의 본성), b 3(…의 이동), 10(떠돌이), 19(떠돌지 않는), 23(떠돌이), 74a 4, 18(…의 이동), 28
asymblētos [a …지 않는+symballein 한곳에 놓다] (noncomparable, inassociable) '한곳에 놓일 수 없는 (것)', 비교될 수 없는 (것) I55a 7, (비) diaphoron, (반) symblētos—**asymblētos monas** 비교될 수 없는 단위 M80a 19*, 29, b 9, 81a 1, 2, 4, 17, 18, b 11, 83a 19
asymmetria [a …지 않는+syn 함께+metrein 재다] (incommensurability) (정사각형의 대각선과 한 변을) 같은 단위로 잴 수 없음 A983a 16, K61b 1, (반) symmetria
asymmetron (incommensurate) (한 변과) 같은 단위로 잴 수 없는 (정사각형의 대각선) Δ19b 26, Θ51b 20
asynētheia [a …지 않는+syn 함께+ēthos 주거지, 성격] (unwontedness) 익숙하지 않음 α995a 2
asyntheton [a …지 않은+syntithenai 합치다] (incomposite) 합쳐지지 않은 (것), 결합되지 않은 (것) Z39a 18, 40a 23, Θ51b 17, I57b 21, 22, M76b 19(맞: 결합된 것)
atakton [a …지 않은+tassein 정돈하다] (unordered) 흐트러진 (것), 무질서한 (것) K65a 26(맺: 무한한 것)
ataxia (disorder) 무질서 A985a 1(맺: 추한 것), Λ70b 28(맞: 형상), (반) taxis
ateles [a …지 않은+telos 끝] (incomplete) ① 끝나지 않은 (것), 덜 끝난 (것), 미완성의 (것) Θ48b 29, 30(움직임), K66a 21(움직임), ② 불완전한 (것) K65b 12(양), M77a 19(크기), N92a 13(맺: 한정되지 않은), (반) teleion
ateleutēton [a …지 않은+teleutan 끝내다] (without an end) 끝을 갖지 않는 (것), 무한한 (것) K66a 37
atheton [a …지 않은+tithenai 놓다] (be without position) 위치가 없는 (것), 위치를 갖지 않는 (것) Δ16b 25, 30(단위), M84b 27(점)
athrein (examine) 보다, 알아내다 B998b 1(본성을)

athymein [a …이 없는+thymos 힘, 뜻, 충동] (lose heart) 맥이 풀리다 Γ09b 37

atmēton [a …지 않는+temnein 자르다] (uncuttable) 잘리지 않는 (것) Δ23a 2

atomon [a …지 않는+temnein 자르다] ① (unanalysable) 분석되지 않는 (것) α994b 21*, ② (indivisible) (부분으로) 나눠지지 않는 (것), 분할되지 않는 (것) A992a 22(선), B998b 29, Δ18b 6(사람과 말, 유에서), Z34a 8(형상), 39a 10(크기), I52a 33(종류와 개수에서), 58a 18*, 19, 20, b 10, K59b 36, M83b 13(크기), 84b 1(크기), ③ (individuum) 개체, 개인 B995b 29, 998b 16, 999a 12, 15, (비) adihaireton

atopon [a…이 아닌+topos 자리, 장소] ① (absurd) '제 자리에 있지 않은 것', 이치에 어긋난 (것), 이치에 맞지 않는 (것) α995a 13, Z39b 6, 17(더), Λ75a 26(맺: 불가능한 점), M76b 28, 84a 25, N89a 12, 91a 12(맺: 불가능한 점), ② (strange) 이상한 (것) N89a 34

aulein (play the flute) 아울로스를 불다 Θ47b 32

aulētēs (flute-player) 아울로스 연주자 Δ21b 16

aulos (flute) 아울로스 N93b 4*

aurion (tomorrow) 내일 K65a 16, 19

autar (moreover) 그리고 A984b 28

autarkes ① (self-sufficient) 자족적인 (것) N91b 16, 19(맺: 소멸하지 않는 것), ② (self-sufficiency) 자족성 N91b 18

auto 또는 auto… (Itself) … 자체 A990b 32(두 배), 991a 29(사람), b 19(사람), B996a 29(좋음), 997b 8(사람, 동물, 건강 자체), 01a 22(하나, 있음), 27, 30, Z36b 14(선), 39b 9-16(동물), 40b 33(사람, 말), 34, H45a 16(어떤 동물, 어떤 두 발 달림), Θ50b 36(앎), M79b 5(원), 9(어떤 것), 33(사람), 80a 28(2, 3), 81a 3(2, 3), 12(사람), 29(1), b 27, 31, 84a 14(사람, 말), 15, 18, 21, 85a 26(동물), 31(어떤 것), 87a 9(A, B)—**auto ho estin** (thing which is as itself) 그 자체로 있는 것 M86b 27

auto ① (selfsame) 나임 N87b 30, ② (the thing itself) 사물 자신, 바로 그 사물 Δ24b 30(견: 어떤 것을 겪은 사물), Λ70a 8, ③ (the individual) 각자 Z29b 7, ④ (itself) 자신 Θ49b 9, (반) to allo

auto, to ① (sameness) 같음 B995b 21, Γ03b 36(맺: 비슷함), Δ18a 37(맺: 다름, 반대됨), b21 a 11(맺: 양이 같음, 비슷함), I54a 32-b 3(맺: 비슷함, 양이 같음), b 15, K61b 36, N87b 30(맺: 양이 같음, 나임), ② (same) 같은 (것) Γ05b 19, Δ9장, 17b 27(딸린 방식으로), 18a 5, b 7(형상이), 24b 30, Z37b 7, Θ49b 18, 29(형상이), I58a 18, K65b 26, (반) heteron

automaton ① (spontaneously) 저절로 A984b 14*, K65b 3, (견) tē tychē, ② (marionette) (꼭두각시처럼) 저절로 움직이는 것 A983a 14—**apo tautomatou** (spontaneously) ① (인공물에서) 우발적으로 Z32a 29*, b 23(견: 기술에 의해), 34a 10, ② (자연물에서) 자연발생적으로 Z32a 13, 34b 4—**tō automatō** 우발적으로 Λ70a 7(견: 기술로써, 자연적으로)

auxēsis ① (increase) 늘어남, 팽창, H42a 35, Λ69b 11, 17, N88a 31, ② (growth) 자람, 커짐, 성장 Δ14b 20, (반) phthisis

auxanesthai (increase) 늘어나다, 팽창하다 Δ16a 35, K67a 36, 68a 19, (반) phthinein

axiōma [axioun …이 마땅하다고 생각하다] ① (axiom) 공리(公理), 증명학의 원리 B997a 7(맞: 성질), 11, 13, Γ05a 20, b 33, N90a 36, ② (doctrine) 견해, 학설 B01b 7(제논의), ③ (supposition, claim) 생각, 요구 M77a 31

axion ① (fitting, fair, natural) 적절한 (것),

마땅한 (것), 당연한 (것) A982b 31, Γ09b 37, 10a 25, b 4, ② (worth) (…할 만한) 가치가 있는 (것) B00a 19, 02a 14

axiōs (adequately) 딱 맞게 α993a 31(맞추다)

axioun ① (think fit) (…이) 마땅하다고 생각하다 A984a 4, Γ06a 10, ② (claim, maintain) 주장하다 A986b 29, 989a 5, Γ11a 22, Δ24b 32, I53a 29, K63a 7, M82b 25, ③ (demand) 요구하다 α995a 1(익숙한 방식으로 강의하기를), 8(꼼꼼하게 할 것을), Γ06a 5(증명하라고), 19, b 15, 09a 36, 11a 9, 16, M87a 6

|b|

badisis [badizein 걷다] (walking) ① 걷는 것, 걷기 α994a 9, ② 걸음, 걷고 있음 Θ48b 29(맺: 살을 빼고 있음, 배우고 있음, 집을 짓고 있음), 49a 33(맺: 움직임), K65b 19, N90b 10

badizein ① (proceed) 나아가다 E27b 12(어떤 원리까지), ② (move towards) (…로) 향해 가다 Θ50a 7(원리로, 목적으로), ③ (go along) (…와) 함께 가다, 보조를 맞추다 N89a 3, ④ (walk) 걸어가다, 걷다 Δ17a 29, Z28a 21, 24, Θ48b 11, N88a 12, ⑤ (walking) 걸음 Θ49a 33 —**badizein eis apeiron** (go on ad infinitum, proceed to infinitum) (어떤 과정, 증명 등이) 끝없이 계속되다, 무한 진행이 일어나다 B00b 28, Γ06a 9, 12a 12, Z33b 4, K68a 33, (비) eis apeiron ienai

bainein (scan) '걷다', (시를) 읊다 N93a 30*

ballein (loose) (이빨을) 잃다, (어떤 것이) 빠지다 N93a 15

banauson (industrial) 수공업적인 (것) B996a 34(기술)

baros ① (weight) 무게 A990a 14, Γ04b 14, Δ16b 22, 23a 19, I52b 26, 27, 28, 31(가벼운 것의), 53a 6, 26, 27(…의 척도), N87b 36, ② (heaviness) 무거움 K61a 30, 67a 24, N90a 33, 34, (반) kouphotēs

bary ① (heavy) 무거운 (것), 무거움 Γ10b 7, Δ20a 22, K65b 13, (반) kouphon, ② (low) 낮은 (것) H43a 11(음), (반) oxy

barytēs (heaviness) 무거움 Δ20b 10, 22b 17, (반) kouphotēs

basileia (monarchy) 군주정 Δ13a 12, (견) dynasteia, tyrannis

basileuein (reign) 다스리다 N91b 4(맺: 통치하다)

basis [bainein 걷다, 가다] ① (base) 저선(底線) Θ51a 28, ② (beat, metrical unit) 운보(韻步) N87b 36*

bathos (depth) 깊이 B02a 20(맺: 넓이, 길이), Δ20a 12(세 쪽으로 이어진 것), 14(비: 물체), Z29a 14(얼마만큼), 17(맺: 길이, 넓이), M77a 26(맺: 길이, 면)

bathy ① (deep) 깊은 (것), 깊음 A992a 13, 15, 19, Δ20a 21, M85a 11, N89b 13, (반) tapeinon, ② (depth) 깊이 I52b 26(맺: 길이, 너비, 무게, 빠르기)

bebaion (indisputable, certain) 확실한 (것) Γ05b 9(가장 … 원리), 11, 12, 17, 22, 06a 5(가장 … 원리), 08a 16(믿음), 17(맺: 알려진 것), 09a 3(더)

beltion → agathon

bia ① (compulsion) (논리적인) 강압 Γ09a 18, 11a 15, 21(맞: 설득), ② (force) 강제, 강제력, 압박, 인위적인 힘 Δ15a 26, 30, 31(일종의 필연성), Z40b 15(맺: 함께 붙어 자람), Θ46a 35, I52a 23, Λ71b 36(견: 자연, 이성), 72b 12(견: 자연적 성향), ③ (violence) 폭행 E27b 2, 10(맺: 병)

biaion ① (compulsory) 강제적인 (것) Δ15a 26, 28(필연적인 것), 36, b 15(비: 제 본성에 거스르는 것), 22b 31, ② (compulsion, force) 강제, 강제력, 압력 E26b 28(견: 필연), K64b 33(견: 필연)

biazesthai (be forced) 강제되다 M82b 4 —**biazomenon** (compelling force) 강제력 Δ15b 2
biblion (book) 책 H42b 18
bios (life) 삶 Γ04b 24
blabē (injury) 해(害) Δ22b 20(고통스러운)
blaberon (injurious) 해로운 (것) Δ22b 19, E26b 8, (반) ōphelimon
blastanein (grow) 자라다 B00a 30
blepein (be with insight, be critical) (사태를) 보다, 알다 A986b 28
boan (cry out) 비명을 지르다 N91a 10
boēthein (help, support) 도움이 되다, 지지하다 A991a 12, I56a 10, M79b 16
bōlos (clod) 흙덩이 K67a 11
bombyx (lowest note of the flute) (아울로스의) 가장 낮은 음 N93b 3
bothros (hole) 구덩이 Δ25a 16, 17
boulesthai ① (mean) 의도하다, 말하고자 하다 A989b 19(견: 분명하게 말하다), B02b 28(견: 명료하게 표현하다), M86b 19, N89a 20(거짓 및 거짓의 본성을), 91a 32(좋음 자체라고, 가장 좋은 것이라고), ② (will) 뜻하다 Θ49a 6
boulēton (object of rational choice) (우리가) 바라는 (것) Λ72a 28
bouleuein (advise) 조언하다 Δ13a 31, b 24
brachiōn (arm) 팔 Δ16a 3, (맻) skelos
brachy (short) 짧음, 짧은 (것) A992a 11, Δ20a 21, I56b 10(길이의), M85a 10(선의), 18, N88b 7(선의), 89b 12(길이의), (반) makron
bradeōs (slowly) 서서히 K68b 22
brady (slow) 느린 (것) I52b 31(…의 빠르기), (반) tachy
brontan (thunder) 천둥이 치다 Z41a 25

| c |

chalepon ① (difficult) 어려운 (것), A982a 10, α993a 30(진리에 관한 연구), B996a 5(가장), 999a 25(가장 … 난문), 01a 4, K66a 26(이해하기), ② (hard) 힘든 (것) A982a 24, ③ (distressing) 곤란한 (것) Γ09b 33
chalepotēs (difficulty) 어려움 α993b 7(진리의)
chalkos (bronze) 청동 A984a 23, 24(맻: 나무), Δ13a 25, b 7(원인), 14a 12(재료), b 29('재료'란 뜻의 자연), 15a 9(으뜸가는 재료), 23a 12, 29, b 1, 21, Z29a 4(재료), 33a 3(재료), 14, 18, 29, 32(바탕), b 9, 34b 11, 12, 35a 7(조각상의 부분), 13, 33, 36a 10(변할 수 있는 재료), 32, 34(맻: 나무, 돌), b 2, 11(조각상의), 28, H45a 26(둥근), 28(재료), b 14, 15, Θ49a 18, K65b 24, 25, 26, 27, Λ70a 3, 4(맻: 원)
chalkoun (bronze) 청동으로 된 (것) Δ14b 29(도구), 15a 9(제품), 23b 21(구, 입체), Z33a 2, 5(원), 18(조각상), 30, b 8, 10, 16, 25, 26, 34b 11(구), 35a 26(원), 36a 4(감각되는 것), 21(직각), b 1, I58b 12(원), 13(삼각형), Λ70a 23, 24(구)
charieis [charis 기쁨, 우아, 호의] (refined, subtle) 뛰어난 (사람) K60a 25* (가장)
charientōs (subtly) 세련되게 Λ75a 26(주장하다)
cheimōn (storm) 폭풍우 Δ23b 6(맞: 화창한 날씨), 25a 27, 29, E26b 33
cheir (hand) 손 Z36b 31(사람의 일부), H42b 31(맻: 발), I56a 32, 33
cheirotechnēs [cheir 손+technē 기술] (manual worker, labourer) '손기술이 뛰어난 사람', 일꾼 A981b 1, 4, 31(맞: 도편수)
chōlainein (limping) 절룩거림 Δ25a 11
cholē (bile) 담즙 H44a 19(쓴 것), 22, 23, (견) phlegma
cholōdēs (bilious) 담즙질의 (사람) A981a 12(맻: 점액질의)

chōlos (lame) 절룩거리는 (사람) Δ25a 12

chōra (space) (어떤 것이 들어설) 공간 N92 a 1

chordē (string) 줄(絃) N93a 14(일곱)

chōris (apart, separately) 따로 (떨어져) A998a 8(있다), 991b 1, 3, B998a 18, Γ05a 23(타당하다), E27b 23, 24, Z40a 14(들어있다), b 27, K68b 26(있다), M76a 27(살펴보다), 79b 36(있다), 80a 1, N88b 6(서술되다), 92a 27(생각하다), (반) hama

chōrismos (separation) 따로 떨어짐, 분리 A989b 4(맞: 혼합)

chōriston ① (capable of separate existence, that which exists separately or apart) 따로 떨어져 (있을 수) 있는 (것), 독립적인 (것) B999a 19(원리와 원인), Γ05a 10, Δ17b 25, E26a 15, Z39a 25(이데아?), 32, 40a 9, H42a 29*(정의의 면에서), 30(실체), Θ48b 15, K60a 8(실체), 12, b 2, 14(실체), 64b 12, 65a 24, Λ70b 36, M77b 31, 80a 13(실체), b 1(수?), 83b 37, 84b 2, 86a 33, b 19(실체), N90a 35, 37, (비) kechōrismenon, ② (independent of) (감각되는 재료로부터) 떼어 놓을 수 있는 (것) E26a 8, 9, ③ (separability) 따로 떨어져 있음, 독립성 Z29a 28 —**to mē chōriston** ① 따로 떨어져 있을 수 없는 (것), 독립적이지 않은 (것) Z28a 34(다른 범주들), K59b 13(수학적인 대상들), M77b 32, 78a 22, b 30(보편자, 정의), 83b 1(수), 85a 27(보편자), N89b 25(실체로부터 … 질과 양), 28(실체들로부터 … 재료), 93b 28(감각 대상들로부터 …=수학적인 대상들), ② (감각되는 재료로부터) 떼어 놓을 수 없는 (것) E25b 28(실체)

chōrizein ① (separate) 따로 떼(어 놓)다 Δ16b 2, Z36b 7, 39a 7, 40b 28(형상을), Λ74b 8(핵심을), M78a 22(따로 떨어져 있지 않은 것을), b 31(보편자와 정의를), 86a 13(형상과 수학적인 대상을), b 4(보편자를 개별자에서), 5, ② (divide) 분할하다 Z39a 7(두 개의 절반을), ③ (dividing)따로 떼어 놓음, 분리 M86b 6 —**chōrizesthai** (exist apart, separately) (어떤 것과) 따로 떨어져 있다 A989b 3, Γ03b 29, Z28a 23, 36a 34, 40b 7, Θ48b 17, N90a 29, (비) einai para … —**chōrizomenon** (that which exists separately or apart) 따로 떨어져 있는 (것), 독립적인 (것) Z36a 35, M77b 3 —**kechōrismenon** (that which is separate) 따로 떨어져 있는 (것), 독립된 (것) B996a 15, 01a 25(실재), Δ22a 36, Z39a 31(이것), 40b 7, 41a 9, K66b 25(수?), Λ73a 4(실체), 75a 12, M76a 34(감각 대상들과), b 3, 12, 13, 15, 18, 23, 77a 11, 14, 16(실재), b 8, 14, 18, 25, 78a 5, 8, 17, 22, 80b 15, 17, 86b 17, 87a 7, 13(실체), N90a 30

chrē (must, should) … 해야 하다 A983a 4, 984b 31, 992a 3, B996b 9, 32, Z33b 5, 41a 6, N90a 10

chreia [chrēsthai 쓰다, 사용하다] (usefulness, advantage) 쓸모, 유용성, 이득 A980a 22, 982b 25

chrēma ① (복)…것들, 사물들 Γ07b 26, I56b 29, K62b 14(모든 …의 척도=인간), Λ69b 30, 71b 28, ② (복) (goods, possessions) 소유물, 물건, 재산 H43a 17(맷: 몸), ③ (복)(money) 돈 Δ15a 26

chrēsimon (useful) 쓸모 있는 (것), 유용한 (것) A981b 15(발견물), Δ14b 5(여럿에), Z33b 28, Θ45b 36, K61a 5(수술 칼), N90a 11(수)

chrēsis ① (utility) 쓸모, 쓰임, 유용성 A981b 20, 982b 21(맞: 앎), Λ74b 5(법률적인, 실리적인), ② (exercise, use) (힘의) 사용, 발휘 Θ50a 24(맞: 결과물), 30, (비)

energeia

chrēsthai ① (use) 사용하다, 이용하다 Γ05a 25(공리들을), H42b 31(차이성을), ② (treat as) (…을 …로) 삼다 N92b 1(하나를 같음으로)

chroia ① (surface) 표면 N91a 16(맺: 평면, 씨), ② (colour) 색 N93b 21(흼)

chrōma (colour) 색 A989b 9(흰, 검은, 회색), 10, Γ10b 5, 17, Δ21b 2, 22a 17(표면에), b 35, I53b 29, 32, 34(…의 수), 54a 11, 57a 24(흰색, 심홍색, 회색, 검은색), 28, b 9(나누는, 합치는), 13(흰색, 검은색), 15, K65b 32(견: 시각 대상), Λ70b 20(…의 원리: 흼, 검음, 표면), 71a 26(…의 원인, 맺: 소리, 실체, 양), M87a 19(보편적인), 20(여기 이), N89b 1(맺: 맛, 모양)

chronos (time) 시간, 때 B00b 15(무르익다), 02b 6(지금), Γ10b 18(같은), 20(다른), 11a 33(같은), b 1(같은), Δ16a 6, b 2(맺: 장소, 정의), 18b 15, 20a 29(맺: 운동), 32(양), 21a 21(다른), b 13, 14(…의 부분), 23b 6, 9, E27a 34, b 1(조금의), Z28a 33(맺: 정의, 인식), 38b 27(맺: 정의, 생성), H42b 20, Θ47a 1, 49b 11(맺: 정의, 실체), 18, 21, 23, 50a 3(맺: 생성), b 4, I52a 26(맺: 장소), 53a 9, K62a 1(같은), 8(같은), b 2(같은), 63b 16, 65a 18(한정된), 19, 67a 34(맺: 크기, 움직임), 36(견: 움직임), b 9(움직여지는), 68b 21(오랜), Λ71b 7(이어진 것), 9(운동과 같은 것), 10(운동의 속성), 72a 8(무한한), b 15(짧은), 73a 7(무한한), 75a 8, M77a 12(맺: 수, 점, 크기), 84b 16, N88b 23(긴)

chrysos (gold) 금 I54b 13, (견) argyron

chymos ① (flavour) 맛 Γ10b 17, K63a 3, N89b 1(맺: 색, 모양), ② (liquid) 액체 Δ16a 22

|d|

daimonion (divine being) 신적인 존재 Δ17b 12*

daktylios [daktylos 손가락] (ring) 반지 A991b 6, M80a 5(맺: 집)

daktylos (finger) 손가락 Γ10a 13, 11a 34, Z34b 29, 30(동물의 부분), 35b 10, 11(사람의 부분), 24, K63a 8, N87b 35(척도)

damazein (compel) 강요하다 N89a 4

dechesthai (take, receive) 받아들이다, 수용하다 Δ22a 30

deiknynai ① (prove) 증명하다 A990a 13, b 9, B995b 8, 996a 29, b 29, 997a 30, K62a 6, 64a 6, M78a 34, 36, b 2, 79a 5, N89a 5, ② (show) 보여 주다 A992b 10, Γ06a 4, b 28, 07b 17, 10a 34, 12b 28, Z39b 26, H43b 16, I55a 26, 57b 2, 58a 11, K64a 36, Λ73a 5, 32 — **deiknymenon** (that which is proved) 증명되는 (것), 증명된 (것) B997a 10, M81a 20

dein (bind) (끈으로) 묶다 B995a 32, H42b 30(견: 섞다, 촘촘하게 되다)

deipnon (dinner) 저녁식사 H42b 20(맞) ariston

deka (ten) 10, 10개, 열 쌍 A986a 10(움직이는 천체), 22(원리), M82a 1(단위)

dekahepta (seventeen) 17, 17개(…의 음절) N93a 30

dekas [deka 10] (10, number 10) (수) 10 A986a 8(완전한 것), Λ73a 20, M82a 1, 2(…자체), 3, 5, 6, 10, 11, b 9(…자체), 84a 12, 15, 26(…의 이데아), 29, 30(…자체), 32, 34, b 2, N88b 10

dekaton 열 번째의 (것) A986a 11(대지구)

dektikon [dechesthai 받아들이다] (that which is receptive of) (반대되는 성질들을) 받아들이는 (것), 수용자 Γ03b 1, Δ15a 16(재료), 18a 23, 29, 32, 23a 12(청동, 신체), I55a 29, b 8, 11, 56a 27,

K68b 25, Λ72b 22(이성)
dēlon (evident) 분명한 (것) B01b 10, Z29a 32, N91a 23
dēlōsis [dēloun 보이다] (exhibiting) 보여줌, 설명 E25b 16(견: 증명)
dēloun ① (bring to light, reveal, make evident) (분명하게) 드러내다, 밝히다 A980a 27, 993a 24, Δ20b 19(차이성을), 22b 3, E28a 2(독립적인 실재를), H43b 16, Θ46a 4, b 14, I54a 26(하나를), 58a 23(재료를), Λ72b 2, M77a 24, 86b 5, ② (show) 보여 주다 α993b 6(어려움을), 995a 4, B00b 17(필연성의 원인), Δ16a 34(본질을), Z34b 8, ③ (signify, indicate) 가리키다, 나타내다, 뜻하다 B995a 31(매듭을), Γ03b 27(다른 것을), 31(같은 것을), Δ23b 23, K60b 4(이것과 실체를), 62a 14(일정한 것을), (비) sēmainein, ④ (explain) 설명하다 Z30b 16, 24, Θ46b 8, ⑤ (express) 표현하다 K68a 6, ⑥ (be evident) 분명하게 드러나다 M86b 5—**dēloumenon** ① (that which is explained) 설명되는 (것) Γ03b 25(같은 정의로써), ② (that which is expressed) 표현되는 (것) K67b 18(긍정으로써)
dēmotikon [dēmos 나라, 땅, 민족, 대중] (popular) 대중적인 (것) A989a 12(믿음)
dendron (tree) 나무 B00a 30
desmos [dein 묶다] ① (knot, band) 매듭, 끈 B995a 30, Δ16a 1, ② (being bound or tied together) 묶음, 묶임 H42b 17(맺: 섞음, 붙임, 못 박음), I52a 20(맺: 닿음)
deuro, to (a thing of this earth, a thing in this sensible world) 여기에 있는 것, 감각 대상 A991b 30, B02b 15(견: 수학적인 대상), K59b 8(견: 형상), 60a 9(비: 감각되는 실체), 63a 11, 22
deuteron (second) ① 버금가는 (것) Γ04a 8(학문), Z37a 15(… 철학 =자연학), Λ73b 2(실체), ② 두 번째 (것), 둘째 (것) Θ47b 22, K69a 1(날), Λ73b 19(천구), 24, M81a 30, 31, b 5, 7, 9, 10, 82b 23(수)
deuterōs (in a secondary sense) 두 번째 의미로 Δ22a 18
dexion (right) 오른쪽 A986a 25, N93b 1, (반) aristeron
di'autou (by itself) 제힘으로, 스스로 Θ49a 14
dia (through) …을 통해—**to dia pasōn** (octave) 옥타브 Δ13a 28 (…의 원인=2:1의 비율, 수), b 33
dia ti (the 'why') 무엇 때문에, 왜, 까닭 A981b 12, 983a 28, 29(으뜸가는), Z41a 10, 11, 14, N89b 33, (비) dihoti
diachōrizesthai (disperse) 흩어지다 Δ23a 23
diagōgē [diagein '쭉 이끌다', (삶을) 살다, (시간을) 보내다] ① (mental enjoyment, recreation) 오락 A981b 18*, 982b 23, ② (life) (…에 따른) 삶, (…한) 삶을 이끎 (또는 보냄, 지냄), 관조적인 삶 Λ72b 14, (견) rhastōnē, anapausis
diagramma ① (geometrical proposition) 기하학의 명제 B998a 25*, ② (geometrical proof) 기하학적 증명 Δ14a 36*, ③ (geometrical construction) 기하학의 작도 Θ51a 22
diagraphein (indicate graphically) (도표로) 그리다 I54a 31
diakeisthai (be in a position, be disposed) 어떠한 상태에 있다 Γ08b 13, 31(건강한), Δ22b 11, K63b 1
diakosmēsis (arrangement) 구조 A986a 6(우주의 전체)
diakrinein (segregate) 분리하다, 분열시키다 A984a 11(맞: 결합하다), 985a 24, 28, Λ75a 24
diakrisis (segregation, separation) 분리 A984a 15, 988b 33, (반) synkrisis
diakritikon (piercing) 나누는 (것), 분산시

키는 (것) I57b 10*, 19(흰색), (반) synkritikon

dialegesthai ① (discuss) 토론하다, 논의하다 A989b 33(자연에 관해), Γ04b 20(모든 것들에 관해), 21, 12b 7, M78a 30(있는 것들에 대해), ② (discuss) 대화하다, 말을 주고받다 Γ06b 8(남들과, 자신과), 07a 20, ③ (discussion) 대화함, 대화 K62b 11(…를 파괴하다), 63b 11, ④ (argue with) (누구와) 논증을 펼치다 Γ12b 7

dialeipein [dia 떨어져+leipein 남기다] (there is a gap) 허점을 보이다 A986a 7

dialektikē (dialectic) 철학적 대화술 A987b 32, Γ04b 23(견: 소피스트술), 25(견: 철학, 소피스트술), K61b 8(맺: 철학적 대화술), M78b 25

dialektikos (dialectician) 철학적 대화술자 B995b 23, Γ04b 17(견: 소피스트, 철학자), 19

dialektos (speech) 말 K66b 10

diallaxis [dia+allattein 바꾸다] (parting) 분리(함) Δ15a 2(맞: 혼합), (비) diakrisis

dialyein [dia …을 통해+lyein 풀다] ① (solve) 풀다, 해결하다 K61b 15, 62b 31(문제를), 63b 9, 14, ② (dissolve) 분해하다 Δ19a 10(전체를), Z41b 14(살과 음절을), K66b 37, M77a 23

diamachesthai (object) …에 반대하다 A992a 20

diamenein ① (persist) 줄곧 남(아 있)다, 존속하다 A984a 9, 16, 989a 23, K63a 12, 33, 36, ② (remain, stay) 머무르다 K63a 12, (비) diatelein

diametros (diagonal) 대각선 —**asymmetros diametros** (incommensurable diagonal) (한 변과) 같은 단위로 잴 수 없는 (정사각형의) 대각선 A983a 16, Δ17a 35, Θ51b 21 —**symmetros** or **metrētos diametros** (commensurable diagonal) (한 변과) 같은 단위로 잴 수 있는 (정사각형의) 대각선 A983a 20, Γ12a 33, Δ19b 24, 24b 19, Θ47b 6, I53a 17

diamphisbētein (dispute) 다투다, 논쟁하다 K62b 34

dianemein (assign, arrange) 꼽다, 정리하다 A984b 31

dianoeisthai (think) 사유하다 Λ74b 25

dianoetikē (ratiocinative science) 추론적인 학문 E25b 6

dianoēton ① (that which is thinkable) (우리가) 생각할 수 있는 (것), 사유할 수 있는 (것), 사유되는 (것), 사유 대상 Δ21a 30(맺: 인식 대상), 31, Θ47a 34(맺: 욕구 대상), ② (좁) (object of understanding) 추론되는 (것), 지성의 대상 Γ12a 2*(견: 이성의 대상)

dianoia ① (thought, thinking) 사유(함), 사유 행위, 사유 작용 B995a 30(…의 어려움), Δ21a 31, 32, E25b 18, 25, 27b 27, 28, 30, 28a 1(…의 성질), Z36b 3, Θ49a 5(…의 결과물), I52b 17, K65a 23(…의 성질), 27, 32, Λ70b 31, 73b 12, ② (reasoning) 추론적 사유 E25b 6, Λ74b 36, ③ (thought, understanding) 사유 (능력), (추론적) 사고력 Γ09a 4, 12a 2, Δ13a 20, E27b 33, Z32a 28, K65a 22(…의 결합 작용), ④ (thought intended, meaning) 사유(의 결과)물, (의도한) 생각, 견해, 가르침 A984a 5(힙폰의), 985a 5(엠페도클레스의, 맞: 말), 986b 10(옛 사람들의), 987b 4(소크라테스의), Γ09a 20, (비) doxa, ⑤ (way of thinking) 사고방식 Γ09a 16(같은)

diapherein [dia 따로, 나눠+pherein 가져가다] ① (be different) 차이가 나다 Δ16a 25(유가), 18a 26(유에서), 27-29(가장 많이), I54b 27, 28(종에서), 4장, 55a 26(유에서, 종에서), 28(가장 많이), 57b 11, 9장, M81b 13(단위들이?), 34, (반) adiaphoron, ② (be superior to) (다른 사람보다)

뛰어나다 A981b 16 — **outhen diapherein** (make no difference) 결국 마찬가지다, 상관없다, 달라지는 것이 없다 Z38b 19

diapherontōs (in a different way) (…과) 다른 방식으로 Γ08b 11

diapheugein ① (escape) (어떤 것이 시야에서) 벗어나다, (어떤 것을) 놓치다 B01b 28, 02a 27, Z29a 11, ② (vanish) 사라지다, 없어지다 Θ47b 6, N93b 10

diaphōnein [dia 떨어져+phōnein 소리 내다] (discord) 불협화음을 내다 M85b 36

diaphora ① (difference) 차이, 차이점 A981b 26(기술과 학문 등의), Δ24a 2, 19, H42b 7(단적인 생성과 제한된 뜻으로 말해지는 생성의), ② (difference) 차이 남, 차이성, 차이 나는 성질, 차이점을 보여 주는 성질 A980a 27, 985b 13(모양, 순서, 놓임새=나머지 속성들의 원인), Γ04a 14(하나의), 21(비: 반대성), Δ18a 30, H42b 12(모양, 놓임새, 순서), 15, 45b 17(견: 하나로 만드는 규정), Θ48b 5, I54b 23*(견: 다름), 32(비: 반대성), 55a 4, 5(가장 큰 차이), 13, 16(완전한), 22, 25(완전한), 27, 29, 33(가장 큰), 56b 1, 58a 1, 7, 8(유의 다름), 11(완전한), 12(형상에 따른), 15, 16, 27, 31(비: 반대성), 32, b 2, 4(형상의), 6, K61a 12, 14, b 14(으뜸가는, 있음의, 맺: 반대성), M82b 37, ③ (differentia) 차이, 차이성, 특히 종(種)이 갖는 차이성, 차이 나는 성질, 종차(種差), 특이성 A992b 3(실체 및 재료의, 맺: 술어), 6(바탕의, 으뜸가는), B998b 23(유의), 25(고유한), 26, 29, 31(원리), Δ14b 11, 12, 14(견: 유), 16a 25(대립된), 26(맺: 종), 18b 2, 7, 20a 33, 35(실체의), b 2, 15, 16(실체의), 18(운동의), 19(운동 및 발휘/실현 상태의), 24b 4, 5, 8(질), Z37b 19*, 20, 22, 30, 32, 38a 3, 4(예: 두 발 달림), 7, 8, 9, 10(차이성의), 11(동물의, 예: 발 달림), 15(발의), 17, 18, 19(마지막), 25(차이성의), 29, 39a 26(맺: 유), 40a 21, H42b 31, 32(…들의 유), 43a 20(…을 통해 이루어진 규정), I57b 6, 7, 9, 13, 15, 18(으뜸가는), K59b 32, 33, 68b 19(비: 질), M82a 19, 83a 2(수의, 양이나 질에 따른), 16(단위의)

diaphoron (different, diverse) 차이가 나는 (것), 다양한 (것) A992a 3(단위들), B999b 22(실체들), Δ18a 12(종, 유, 유비에서), I54b 25, 26, 31, 32(성질), 58a 14(형상에서), K61b 17(유에서), M81b 34, 36, 82b 2, 25(단위들), (비) asymblēton

diaphthora [diaphtheirein 파괴하다] (perversion, corruption) 파괴 상태 Θ51a 21

diaporein ① (raise the question) 의문을 품다, 묻다, 물음을 제기하다, 의문스러워하다, 의문이 생기다 A982b 15(천체 현상에 대해), 991a 9, B02b 33, K59a 19, b 21, 61b 16, M79b 12, 85a 25, ② (discuss the question) 난문 또는 물음을 다루다 B995a 28, 35, b 5, 996a 17, 999a 32, K59b 15, M79b 21, 86a 34, ③ (be perplexed) (지적) 혼란에 빠지다 Γ09a 23, K63b 13 — **diēporēmenon** (question) 물음 M86a 19

diaporēma (problem) 난문, 어려운 물음 I53b 10, M76b 1, 86b 15

diapseudesthai (be mistaken, be deceived, be in error) 잘못 생각하다, 그르다, 틀리다 Γ05b 31, 08b 3, 34, 09a 11, 14, K61b 35, 62b 35

diarthroun [dia … 따로, 나눠+arthron 사지(四肢)] (articulate, express articulately) 분명하게 구분하다, 말하다 A986b 6, 989a 32, Γ02b 27, Z41b 3

diasaphēnizein [saphes 분명한 (것)] (give a clear statement) 명확하게 설명하다 A986b 22

diasōzein [dia 죽, 줄곧+sōzein 지키다]

(preserve throughout) 그대로 보존하다 Δ14b 31

diastasis [dia 떨어져+stanai 서다] (extension) 거리, 간격, 연장 K66b 32*

diastēma (distance, interval) 간격, 거리 I55a 9(극단들의), 21, 56a 36(자연적), K66a 32, M85b 31, 32, N93b 2(가장 낮은 음에서 가장 높은 음까지의)

diatelein [dia 죽, 줄곧+telein 끝내다] (remain) 머무르다, 남아 있다 Γ10a 29, K63 b 7, (비) diamenein

diatērein [dia 죽, 줄곧+tērein 관찰하다, 감시하다] (observe) 관찰하다 A990a 2

diathesis [dia … 따로+tithenai 놓다] (disposition) ① (일시적) 상태 B01b 30, Δ19 b 5, 22b 10, 12, 13, K61a 9, (견) hexis, ② 배치 Δ22b 1, 3*

diathigē [thinganein 닿다] (inter-contact) 상호 접촉 A985b 15, 17, H42b 14, (비) taxis

diatribein [dia 죽, 줄곧+tribein 문지르다] (spend time) 시간을 보내다 K64b 30

dichē (in two dimension) 두 쪽(방향)에서 Δ16b 26, 28(… 분할되는 것=평면)

dichōs (in two ways) 두 가지 뜻(방식)으로 A983a 5(신적이다), α994a 22(나오다), Γ09a 32(말해지다), Δ14a 17, 15a 8, 23a 27, b 28, Z29b 30, 38b 5, H44a 23(나오다), I56b 35, K65b 9(들어있다), 68a 16

didaskalikos (capable of teaching, instructive) 가르칠 수 있는 (사람), 가르침의 능력이 있는 (사람) A982a 13, 28

didaskein (teach) 가르치다 A981b 8, 9, 982a 29, E27a 22(맞: 배우다), H43b 27, Θ50a 18

didaxis (teaching) 가르침 Z41b 10

didonai (grant) 인정하다, 양보하다 A990a 12, 992b 11, 12, Γ06a 24

diechein [dia 구분되어+echein (어떠한 상태에) 있다] (make a difference) 차이 나다 K63a 31

diephtharmenon [diaphtheirein 파괴하다] (perverted, corrupt) 파괴된 (것) I51a 21(맺: 나쁜 것, 흠 있는 것)

dierchesthai [dia …을 통하여+erchesthai 가다] ① (go over, discuss) 훑어보다 A988b 21, B998a 10, Θ48a 30, ② (enumerate) 열거하다 Γ07a 15(속성들을), ③ (go through) 건너가다, 통과하다 K66a 35*, (비) diienai

dierōtan [dia 줄곧+erōtan 묻다] (cross-examine) 추궁하다 B00a 20

diesis [dia …을 통해+hienai 보내다, 던지다] ① (smallest interval) 디에시스, 최소 음정, I53a 12*(척도), 16, ② (quarter-tone) 4분음 Δ16b 22, I53b 35, 54a 1, N87b 35

diexerchesthai [dia …을 통해+ex …에서 +erchesthai 가다] (go through) 통과하다 α994b 31, Z39a 29

diexienai [dia …을 통해+ex …에서+ienai 가다] (trace, traverse) 거슬러 올라가다 α994b 25

diexodos [dia …을 통해+ex …에서+ hodos 길] (traverse, being traversed) 건너감, 통과 K66a 36, 37

dihairein [dia 나눠+hairein 잡다] ① (distinguish) 구분하다 A992b 19(있음의 여러 가지 뜻을), Γ04a 28(개념들의 뜻을), Z28a 10(있는 것을), 29b 1('실체'의 뜻을), 38a 9, M81a 1, ② (divide) 나누다, 분할하다 B02b 3(둘로), Z35b 21(복합물을), 40b 13(생물들을), Λ69a 34(움직이지 않는 실체를 두 가지로), M76b 5(입체를), 77a 23(수학적인 크기를), ③ (separate) 갈라놓다, 분리하다 Γ08a 19(술어들을), 21, 27, Θ51b 2, 3, K62b 3, ④ (remove) 떼(어놓)다 E27b 33(맞: 붙이다), ⑤ (analyze) 분석하다 Θ48a 27 — **diēresthai** ① (be divided or distinguished) (범주들이) 나

뉘다, (말의 뜻이) 구분되다, 구분되어 있다 Δ24b 14(범주들이), I55b 7, 56b 34, K68a 8(범주들이), ② (be separated) 분리되어 있다 Θ51b 3, 10 — **diērēmenon** ① (that which is distinguished) 구분된 (것) I52a 16, K65b 15(유), ② (that which is divided) 분할되어 있는 (것), 분할된 (것) B02b 3(물체), Θ51a 23(도형), I54a 22(여럿), 23, ③ (that which is separated) 분리되어 있는 (것), 분리된 (것) Δ24a 9, E27b 22(부정), Θ51b 3(사물들), 20, K62b 3(진술)

dihairesis ① (distinction) 구분 Δ16b 4, 5, 19a 4(플라톤의), I54a 30(반대되는 것들의), Λ72b 2, ② (dividing, division) 나눔, 분할 α994b 23, Z37b 28, 38a 24, 35(…을 통한 정의), Θ48b 16, I58a 19, ③ (division) 분할된 것 B02a 19(물체가 … =점, 선, 면), b 10, K60b 14(면, 맞: 잘린 조각), 19(점), ④ (separation) 떼어 놓음, 분리 E27b 19, 30(맞: 결합), K67b 26(사유가 행하는)

dihaireton (divisible) 분할되는 (것), 나눠지는 (것) B999a 4(종들로), Δ16a 35(정의), b 27(선), 28(평면), 29(물체), 17a 5(형상에서), 20a 7(양), 10(수량), 30(사물들), Z33b 12(생겨나는 것), H43b 35(정의), I53a 24(연속된 것), 54a 22(여럿), 27, 28(맞: 여럿), 56b 16, 57a 15, K66b 4(크기, 수량), 15(무한히, 비: 조각나는 것), M77a 23(수학적인 크기), b 20(크기와 수), 29, 84b 34(2), 85b 19, (반) adihaireton

dihamartanein [dia 완전히+hamartanein 빗나가다, 못 맞추다] (err) 잘못을 저지르다, 잘못하다 A981a 23, Z40a 30, N90b 32

dihestanai(pf.) ① (be placed at intervals, be apart) 떨어져 있다 Δ18b 27, I59a 14, ② (be extended) 뻗어 있다, 연장되어 있다 K66b 33 — **dihistasthai** (be dissolved into) 분해되다, 나누어지다 A985a 25

dihōrismenon [horos 경계, 한계] ① (definite, determinate, particular, specific) 특정한 (것), 특정의 (것) A986a 32(반대성), I58b 28(무능력), ② (that which has been distinguished, distinction) (논의를 통해) 구분된 (것), 구분, 규정 A988a 22(맺: 전제들), Γ12a 29, Λ73a 23, M86a 19, N93b 11(방식), ③ (discussion, description) 논의, 기술(記述) B996b 8, H44a 14

dihorismos ① (specification, qualification) 특성, 규정 Γ05b 23, Θ48a 20, ② (discussion) 논의 Θ46a 3, ③ (definition) 정의(定義) Θ48a 2

dihorizein ① (distinguish, specify) 구분하다 A985a 12, Γ07a 31, b 13, E28a 4, Θ48b 37, 49b 4, I52b 9, 55a 2, N87b 12, ② (determine, define) (정확히) 규정하다, 정하다 A988b 16, B996b 14, E27b 18, Z29a 1, 37a 14, 41b 2, Θ45b 34, I55b 8, K66a 9, M83a 1, 15, N92b 8, ③ (declare, describe, explain) 기술하다, 설명하다 A988a 8, Δ17b 9, Z33a 26, Θ46a 5, ④ (discuss) 다루다, 논의하다 A986a 12, H42a 18, Θ48a 26, 50b 31, M80a 12, 86a 23

dihoti ① (why) '무엇 때문에', 까닭, 왜 A981a 29(견: 어떻다는 것), Θ51a 27, K60a 6, 65a 3, Λ73a 13, M83a 16, 84a 12, (비) dia ti, aitia, ② (because) 왜냐하면 …때문이다, …때문에 A987a 25, B996a 30, 34, Δ17a 20, 18a 25, 23b 32, 25a 23, E26a 5, Z28a 26, K63b 32, Λ72a 29, ③ (that) …다는 것 H43b 33, K62a 6, N91b 19, (비) hoti

diienai [dia …을 통해+ienai 가다] (go through) 통과하다 K66a 36 (비) dierchesthai

dikaios (just) 마땅한 (것), 올바른 (것), 정

의로운 (사람) α993b 12, B996b 12, Δ15b 20(코르시코스), 21, 26, 17a 8, 23a 6, K61a 22, 24, M78b 23, N91a 19, (반) adikos—**dikaiōs** (fairly) 마땅히, 옳게 A 982b 28(생각하다), Γ10a 31, M78b 28 (인정하다)

dikaiosynē (justice) 올바름, 정의로움, 정의(正義) A985b 29

diōkein (pursue) 추구하다 A982b 21(앎을), Γ09b 38, (비) thēreuein

dion (godlike) 신(神)적인 (것) B00b 7(에테르)

diplasiazein (double) 두 배로 늘리다, 두 배가 되게 하다 M84a 6, N91a 12

diplasion ① (double, that which is doube) (어떤 것의) 두 배(인 것) A987a 26(견: 둘), Δ20b 26, 34, ② (the ratio 2:1) 2:1의 비율 Δ13b 33, (비) ta dyo pros hen

dipoun [dyo 둘+pous 발] (two-footed) 두 발 달린 (것) Z38a 22(동물)

dipsan (get thirsty) 목이 마르게 되다 Δ27b 2, 4

dis [dyo 둘] (twice) 두 번 Γ10a 14(강물에 들어가다), Δ20b 8, 21a 32(말하다), b 2, Z30b 32, 31a 5, 37a 31(들어있다), N93 a 1

distazein (doubt) 의심하다 N91a 14

ditton [dis 두 번] (twofold) 두 가지 뜻(방식)으로 Z31b 23(교양 있음이나 흼이), 37a 8(소크라테스가), I52b 28(무게와 빠르기가), Λ69b 15(있음은 … 말해진다), M78a 30(있는 것은 … 있다), 87a 15(앎이)

dōdeka (twelve) 12개 N93a 19(…의 별)

dogma ① (dogma, view, opinion) 견해, 의견 K62b 25(자연철학자들에 공통된), M76a 14(공통된), ② (fiction) 허구 A992a 21(기하학적)

dokein (think) …라고 생각하다 N89a 2 —**dokounta** ① (opinion) 생각, 의견 Γ09a 8(맺: 현상), 13, ② (that which seems to) (…에게 …처럼) 보이는 것 K62b 14, 19(척도), ③ (what is commonly thought) 있음직한 것(생각) N88a 16(맺: 가능한 것)

dolichaiōnes [dolichos 긴, 오랜+aiōn 시간, 세월] (long-aged) 오래 사는 (것) B00a 32(신들)

doulē (slave-woman) 여자 노예 A982b 29(인간의 본성), B996b 11

doulos (slave) '일꾼', 노예 N91a 8

doxa [dokein (…인) 듯 하다, 생각하다] ① (opinion) (단순한, 막연한) 생각 A990a 23, Γ05b 29(반대되는), Z39b 34, Θ51b 14(생각, 견: 말), Λ74b 35(견: 앎, 감각, 추론적 사유), (비) hypolēpsis, (견) epistēmē, ② (view, opinion) 견해, 의견 A984a 2(자연에 관한), 991a 19, α993b 12, 18, Γ09a 6, 23, 30, 10a 10(가장 극단적인), b 13, K62b 33(논쟁을 벌이는, 맺: 공상), Λ74b 13(조상들과 이전 사람들의), M76a 17, 83b 4, N88b 33, ③ (doctrine, theory) 이론, 학설 A987a 33(헤라클레이토스의), 990b 22(이데아에 관한), 28, Γ10a 1, K62b 22(자연철학자들의), 25(공통된), M78b 10(이데아에 관한), 13, 79a 18(이데아에 관한), 25, N90b 29(독자적인), (비) dogma, ④ (belief) 믿음 B996b 28(공동의), 997a 21, 22, Γ05b 33(궁극적인), 08a 16(확실한), 09b 36(공동의), ⑤ (something that can be really called an opinion) (그럴듯한 것으로) 쳐줄 만한 견해 N87b 31

doxazein (think, have opinion) (단순히) 생각하다, (단순한, 막연한) 생각을 가지다 Γ08b 28, 30, 09a 11, 13, 11b 10, (견) epistasthai—**doxazomenon** (that which is thought) 생각되는 것, 사유 대상 Γ11b 10(견: 생각하는 것)

dran (do, attempt) 하다, 시도하다 Γ05a 32, b 4, Θ50b 24

drimyn (pungent food) 매운 (것) E27b 5

dyas ① (two) 2, 둘(二) A987a 26(견: 두 배), 991a 4(소멸하는, 영원한), B999a 8(맨 처음의 수), Z36b 14(선), M81b 18, 20, 82a 13(두 개의), 15, 85b 10(맨 처음의 다수), N88b 9(많은 것), 90b 22, ② (Dyad) 두 짝 A987b 26*(큼과 작음으로 이루어진), 33, 988a 13(=큼과 작음), 990b 20, I56a 10(=양이 같지 않음), M81a 22(맺: 하나), 83a 12, N87b 7(큼과 작음의), 10, 88a 15(큼과 작음으로 된), 91a 5(맺: 하나)—**ahoristos dyas** (Indefinite Dyad) (일정한 양으로) 확정되지 않은 두 짝 (=큼과 작음) M81a 14, 22, b 21, 32, 82a 13, b 30, 83b 36(두 배로 만드는 것), 85b 7, N88a 15, b 28, 89a 35, 91a 5—**autē hē dyas** (Two Itself) 2 자체 M80a 28, 81a 3, b 27, 82b 12, 22—**prōtē dyas** (first Two) 으뜸(이데아적인) 2 M80a 26, 81a 23, b 3-83a 33

dynamis Δ12장, Θ1-9장, ① (potency) 잠재/가능 상태(로 있는 것), 잠재 상태 B03a 1, Θ45b 35, 48a 32, 50a 9, b 3, 27(재료), 51a 32, Λ71b 24(발휘/실현 상태보다 먼저?), 74b 28(이성?), M87a 16, (견) energeia, entelecheia, ② (power, faculty) (…할/될) 힘, 능력 Γ04b 24(철학의), Δ18a 30, b 22, 19a 15, 17, 28, 20a 5(으뜸가는), 21a 15(어떤 것을 입히고 입는), E25b 23(견: 이성, 기술), 27a 6, Z29a 13*(물체들의, 맺: 성질, 산출물), 32a 28, 33b 8(견: 자연), Θ46a 10(으뜸가는), 19, b 1(비이성적인, 이성이 든), 3(기술, 만듦의 학문들), 4-24, 47a 18, 25, b 31, 48a 1-24(이성적인, 이성이 없는), 25(움직임과 관계된), 34(탐구할), 49b 9, 50b 8, 31(모순되는 것들에 대한), 33(이성적인, 비이성적인), 51a 5(좋은), I55a 31, K64a 13, M76b 2(맺: 실재들), ③ (power) (기하학에서) 세곱 Δ19b 34, N93b 14(몇몇 수들의), ④ (capacity) 가능성 A981a 1(단일한 경험의), ⑤ (meaning) 뜻, 의미 N93b 16, ⑥ (application) 적용된 사례, 지시 대상 I52b 7—**to dynamei on** (that which is potentially) 잠재/가능 상태로 있는/…인 (것), 잠재적으로 있는 (것), (양쪽)일/될 수 있는 (것) B02b 33(요소?), Γ07b 28, Δ17b 1, 19a 7, H42a 28, b 10, 45b 18, 21, Θ45b 33, 48a 32, b 9(무한한 것, 빈 것), 37, 49a 23, b 24, 50a 15, b 8, 17, I52b 7, K60a 20, Λ69b 15, 70b 12, 71a 7, 10, 71b 19, 24, 72a 9, 75b 22, M84b 21, 87a 16, N88b 1, 89a 28, b 16, 92a 3, (비) hylē, (견) to energeia on, to entelecheia on—**dynamei** ① (in potentiality) 잠재/가능 상태에서 Λ71a 20(가장 먼저인 것), ② (potentially, in a potential state) 잠재 상태로 (있는), 잠재적으로 (있는) Δ23b 34(부분들), H42a 28(이것), b 10(재료), Θ47b 1(있지 않은 것), 50a 15—**kata dynamin** (with reference to the potency) 잠재/가능 상태에 따라, 잠재/가능 상태란 기준에서 Δ14a 23(원인인 것), 19a 7(먼저다), Θ51a 35('있음'과 '있지 않음'이 … 말해지다), (반) kata energeian

dynasteia (oligarchy) 과두정 Δ13a 12, (견) basileia, tyrannis

dynasthai ① (can, be able to) …ㄹ 수 있다, …할 힘이 있다 A981b 9(가르칠), 990b 3(셀), α993a 31(진리를 얻을), b 6(전체를 가질), B999a 18(분리되어 있을), Δ16b 2(따로 떼어 놓을), 19a 25(말할, 걸을), b 14(소리 낼), 20b 21(움직일), 21a 17(뜨겁게 할), Z32b 9(할), 34b 5, Θ46a 5, b 30, 31(집을 지을), 47a 17(일어설), K65b 29(건강할), 66a 10(다른 종류 안에 넣을), 30, Λ71a 11(될), b 26(있을), M77a 35(점들로 이루어져 있을), 78b 25(살펴볼), 35(셀), N91a 10(만들어 낼),

93a 26(더 많을), b 27, ② (be capable of) (…에 대한) 힘이 있다 Θ51a 10(반대되는 것들에 대한), ③ (have a power) 힘이 있다 Δ19a 30, ④ (mean, signify) 뜻하다, 의미하다 Γ11a 7(같은 것을)—**dynamenon** ① (that which can…) …ㄹ 수 있는 (것), …ㄹ 힘이 있는 (것) A980b 22(기억할), 982a 10(알기 쉽지 않은 것을 알아낼), 988b 18(원인을 파악할), Δ17b 4(앎을 쓸), 6(멈춰 있을), 20b 22(움직이거나 힘을 드러낼), 25a 7(속일), Z34a 20(움직여질), 36b 31(제 기능을 다할), Θ49b 14(집 지을), 50b 32(움직일), K68b 23, Λ71a 11(될), b 15(변화할), M77a 35(점들로 이루어져 있을), 36(겪을), ② (capable of) (…에 대한) 힘이 있는 (것) Θ51a 17(반대되는 것에 대한), Λ69b 14(두 가지 것에 대한), ③ (that which is able to act) (힘을) 발휘할 수 있는 (것), 잠재적인 (것) Δ14a 8, Λ71b 23, (반) energoun

dynaton Δ12장, (반) adynaton, ① (potent, capable of …ing) …할 수 있는 (것), …할 힘(능력)이 있는 (것) B03a 2, Δ19a 33, Z32a 20(어떤 것일, 아닐), Θ46a 20, 47a 26(앉아 있을), 48a 27, 49b 13, 50b 11(있을), 13, N88b 19, ② (capable of) (…에 대한) 힘(능력)이 있는 (것), 힘을 가진 (것) Θ46b 23(이성적인), 47a 24, 48a 13, 51a 6(반대되는 것에 대한), ③ (powerful) 힘 있는 (것) Δ18b 23(더), ④ (potential) 잠재적인 (것) B03a 2, ⑤ (possible) …ㄹ 수 있는 (것), 가능한 (것), 가능함 Δ19b 28, Θ47b 5(재어질), 8(있을/…일, 될), Λ74b 11, N88a 16, ⑥ (power) (기하학에서) 제곱인 (것) Θ46a 8—**dynaton einai** (possible to be) 있음이 가능한 (것), 있을 수 있는 (것) Θ47b 15, 28, 30

dyo (two) 둘, 두 개의 (것) 두 (가지) … A985a 11(원인들), 33(불과 흙, 공기, 물), b 21, 986a 31(인간사의 대부분), 987a 11, 988a 9, B00a 4(자모), Γ11a 33(촉각에 의한), Δ18a 9(하나를 …인 것처럼 사용), Z39a 10, I56b 25(맨 처음의 여럿)

dyopoios [dyo 둘+poiein 만들다] (doubling) 두 배로 만드는 (것) M82a 15(확정되지 않은 두 짝), 83b 36

dyscherainein [dys 힘든+cheir 손] (be dissatisfied with) 불만족스러워하다 A984a 29, M76a 15, N88b 30

dyschereia ① (difficulty) 어려움, 난점 B995a 33, M83b 9(더 적은), 86a 4, b 12, N87b 20(논리적인), 90a 8, 91a 37(실제적인), b 1, (비) aporia, ② (objection) 트집, 반론 Γ05b 22(말 …), M85b 17, N91b 22(많은)

dyscheres (difficulty) '(손으로) 다루기 힘든 것', 어려움, 난점 K63b 32, 67b 35, M81b 37, 85a 8, b 6, 86b 7, N88b 31

dyskolia [dys 안 좋게+kolon 끝이 나간] (difficulty) '끝이 매끄럽게 잘리지 못한 것', 난점 B997b 5, Λ74b 17, (비) aporia

dyskolon (unsatisfactory) 만족스럽지 못한 (것) B01b 1

dystyches [dys 안 좋은+tychē 운] (unfortunate) 불행한 (것) A983a 1

dystychia (misfortune) 불운 K65b 1, (반) eutychia

|e|

ē ① (앞의 것에 대립되는 것으로서) (we reply that, or) 그러나, 아니면, 그렇지만 Z29b 29, Λ70b 10, 74b 38, 75a 6, ② (대답하면서) (perhaps, rather) 아마도, 오히려 Z30a 3, 31a 24, 33b 21, I58a 36, ③ (앞의 말을 고치는 뜻으로) (or … may) 또는 (…일 것이다) H43a 9

ean (leave out) 내버려 두다 A992a 25

echein ① (have) 가지다, 갖다 Δ19b 5(상태, 원인, 원리를), 23장, Λ72b 23, ② (present to) 나타나다, 생기다 M86b 14, ③ (there is) (…이) 있다 Λ74b 15(난점이), 17, ④ (conclude) 포함하다 Z35a 9, M85b 4, ⑤ (involve) 함축하다 Θ45b 31 —**pōs echein** (be in a certain state) 어떠한 상태에 (놓여) 있다 Z35b 24, 40a 1, Θ48a 18

echomenon ① (좁) (contiguous) 잇닿은 (것), 계속적인 (것) K69a 1, 5, ② (following, succeeding) 뒤따르는 (것), 뒤따라 나오는 (것) B999a 24, Γ04a 4(철학), Z28b 26(형상과 수에 …=선, 평면, 우주의 실체와 감각 대상), K60b 12(평면), 68b 5(맨 처음의 것에), M80a 17, 81b 20(수들), ③ (after) …에 이어서 (나오는 것) M86a 25, ④ (the next) 그 다음의 (것) α994b 20(정의, 견: 맨 앞의 것), Z37b 32

ēdē (already) 이미 (이루어진) Δ22b 19

egrēgorenai [egeirein 깨우다, 일으켜 세우다] (wake) 깨어 있다 Γ10b 9, 11a 7, Θ48b 1, (반) katheudein

egrēgoros (waking) 깨어 있는 (것) Θ48b 1(견: 잠들어 있는 것)

egrēgorsis (waking) 깨어 있는 상태 Λ72b 17(가장 즐거운 것, 맺: 감각, 사유)

ei estin (that it is) '(어떤 것이) 있다는 것', 어떤 것의 존재 E25b 18(맺: '(어떤 것은) 무엇인가')

eidenai ① (know, knowledge) 알다 A980a 21, 981a 24, 28(원인을), 29(사실을, 까닭을), b 7, 983a 25(각 사물을), α993b 23(참을), 994b 29, B996b 15(더 많이), 20(정의를), Z28a 36(불이 무엇인지를), (비) epaiein, ② (understand, understanding) 이해하다, 이해 A982a 30, b 21, α994b 21, (비) epistasthai

eidētikon (ideal, as Idea) 이데아적인 (것) —**eidētikos arithmos** (Ideal Number) 이데아적인 수 M86a 5, 8, N88b 34, 90b 35, (비) prōtos arithmos M81a 4

eidos [idein 보다]
I. ① (form) 형상(形相) — (반) hylē A988a 4*, Γ10a 25(비: 질, 맞: 양), Δ13b 23, 23b 2, Z29a 6(재료보다 먼저인 것), 33b 13, 34a 8(나눠지지 않는), 24(예: 기술), b 1, 13, 35a 8, 36b 3(사람의), 41b 8(재료의 원인), H44b 22, 33(비: 갖춤), Θ50a 15, I54a 35, Λ69b 35, 70a 2('그 것으로'), 14(예: 기술), b 11(예: 뜨거움), 18(맞: 결여), 31, M84b 5(맺: 보편적인 것), N92b 24, — (비) morphē B999b 16, Δ15a 5, 17b 26, Z33b 5, I52a 23, 55b 13, K60a 22(더 본래적인 원리), b 26, M77a 32, — (비) logos, ousia, to ti ēn einai B996b 8, Δ13a 26(비: 본), 15a 10(=자연), 22a 14, Z29a 29, 30a 12, 32b 1(혼 안에 있는, 으뜸가는), 33b 5, 17, 35a 2, 21(…의 부분들), b 16(='규정'이란 뜻의 실체), 32, 36a 29(맺: 보편적인 것), b 5, 37a 29(예: 오목함), 38a 26(차이성), H43a 20, 44a 10, 36, b 12, Λ69b 34(맺: 정의), M84b 10(='정의'란 뜻의 실체) — (비) tode ti Δ17b 26, Θ49a 35(맺: 이것) — (발휘/실현 상태로서) H43a 20, 33, b 1, Θ50a 16, b 2, Λ71a 9 — (생겨나지 않는 것, 영원한 것으로서) Z33b 17, 34b 8, H43b 17, 44b 22, K67b 9, Λ69b 35, 70a 15, ② (form) 형상, 모양, 형태 Δ16b 16(신발의), 22a 6, 23a 12(조각상의), Z33b 10(청동 안의), I54b 5
II. ① (species) 종(種) A991a 31(…들의 유), B998b 7(…들에 대한 앎), 8(…의 원리=유), 999a 4, Γ03b 34('하나'의), Δ16b 32, 18a 13, 38(…에서 다르다), b 5(마지막), 8, 23b 18(유의 부분들), 24(…의 부분=유), 25, Z30a 12(한 유의 …들), 38a 5(유의), Θ49b 18, 29, I54b 28, 57b 6(유가 갖는 반대되는), 7(=유+차이성), 8장, 58a 17(…에서 다름), 22(한 유의 …들), 9장, K59b 36(다양한), 61a 24(마지막), Λ71a

27, M79b 34(…들의 유), 85a 24(한 유의 …들), (견) genos, ② (class, kind, type) 종류, 형태, 부류, 집단 A981a 10, 983b 7(재료), 984a 18, 985a 32, 986b 6, 987a 7, α994a 2(원인들의), b 28, B999b 25, 02b 24, 30(원리들의), Δ14a 27, 16b 9, 23, 23b 17, Θ46a 9, I52a 32, 58b 26, 31, 59a 10, K60b 29, 65b 14(있음의), M78a 36(아름다움의 최고), 80a 18, N88a 2, 26, (비) genos

III. ① (Form) 형상, (플라톤의) 이데아 A6장, 987b 10,19(…들의 요소), 988b 1, 9장, 990b 13(부정어들의), 19, 28(나눠 가져질 수 있는 것), 991b 7, B995b 17(맺: 감각되는 실체들, 수학적인 대상들), 997b 2(실체?), 13(맺: 감각 대상들, 중간에 있는 것들), 998a 8, 12, 6장, Z28b 20(=실체), 31b 14, 15, 33b 27, 36b 15-20, 14장, 39a 26, H42a 11(실체?, 맺: 수학적인 대상들), I59a 11, 13, Λ75b 18, 79a 9(부정어들의), 15, M4장, 5장, 84a 13-29 — (비) arithomos A991b 9, M80b 22, 81a 21, 83b 3, 86a 4, N90b 33, 91b 26

eikazesthai (copy) 본뜨다, 모방하다 A991a 24, M79b 28

eikē (at random) 마구잡이로, 아무렇게나 A984b 17

eikōn [eikein 비슷하다, 닮았다] (copy) 본뜬 것, 모방물 A991b 1, Δ14a 12, M79b 35, (반) paradeigma

eikos (naturally) …할 만하다, 아마도 …이다 A981b 13, 983a 1, 984b 13, Λ74b 10

eikotōs (naturally, plausibly) …할 만하게, 그럴 법하게, 제 딴은, 당연히 Γ05a 32, 10a 5, Z36a 26, H44a 7

einai

I. (be, being) 있다 또는 이다, 있음 또는 임 Γ06a 30, Z29a 21, 22(재료의), 30a 21, H42b 25, ⓐ ('딸려 있음'과 '스스로 있음'의 뜻으로) Δ17a 20, ⓑ ('참임'의 뜻으로) Δ17a 31, Θ51b 11, 33, ⓒ (여러 가지 '범주'들로서) Δ17a 22, Z30a 21, ⓓ ('잠재/가능 상태 또는 발휘/실현 상태로 있음'의 뜻으로) Δ17a 35 — **mē einai** (non-being, not to be) 있지 않다 또는 이지 않다, 있지 않음 또는 이지 않음, 비존재 α994a 27, B996b 16, Γ08a 16, 12a 17, Θ46a 9, 51b 12(결합되어 있지 않음, 여럿임), 18 — **esesthai** (will be) 있게 되다 Θ47a 13, b 9, (비) genesthai — **esomenon** (that which will be) 있게 될 (지도 모를) (것) Γ10b 25, E27b 9, Θ48b 15(독립적인 것이), I56a 34(중간에 있는 것이) — (**to**) **esti** ('is', exist) 있다 Z30a 21, H42b 25, 44b 21, 22, 28 — **to ho esti** (what really is) '정말 있는 것' M79b 6

II. (exist, be real, existence) 있다, 있음, 존재 A991a 14, b 4(맞: 생성), Δ17a 18, 19, E25b 16, Z41a 15, b 5, Θ47b 1, 17, Λ69a 24, N88b 21, 92a 29

III. (being, be) ① (형용사나 명사와 함께 쓰여) …(이)다 Z39b 30, Θ47a 21, M87a 14(맞), ② (3격과 함께) …임, …의 본질 A981a 20*, Γ07a 21(사람-, 동물-), 27(그것), Δ16b 18(하나-), Z29b 32(흼-), 30a 32(좋음-, 동물-, 있는 것-), 31a 20(흰 사람-), 27(흰 것-, 교양 있는 것-), b 5(좋음-), 32a 5(각 사물-), 41a 19(하나-), I52b 2(하나-), 11(불-, 요소-), 16(하나-), 54a 18, Λ75b 5(원리-), (비) to ti ēn eiani, ③ (4격과 함께) …임 N89a 17(사람)

eiōtos [ethein 익숙하다] (usual views) 익숙한 견해, 통념 M77a 15, (비) endoxon

eipein (say) 말하다 — **hōs eipein** ① (one might say, practically) 말하건대, 말하자면 A980a 25, B998b 32, Γ10a 30, E26b 9, Z28b 7, ② (almost all) 거의 모두 A985b 31, ③ (practically) 사실상, 실제로 Γ09b 16, M85b 11, N87b 19

eis ho (that into which) '그것으로' Λ70a 2★(형상)—**eis ha dihairetai** (things into which something is divided) 어떤 것이 분할되어 (그 결과로서) 나오는 부분들 Z36a 15

eisagōgē [eis 안으로+agein 이끌다] (introduction) 끌어들임, 도입함 A987b 31

eispherein [eis 안으로+pherein 가져가다] (introduce) 끌어들이다, 도입하다 A985a 3, 30

ek Δ24장, ① (consist of) …로 (이루어져 있다), …로 (되어 있다) M85a 22(곧음과 굽음으로, 매끄러움과 거칢으로), N87b 28(반대되는 것들로), 89a 15(어떤 종류의 '있지 않은 것'과 '있는 것'으로), ② (be from) …에서 나와 있다 A991a 19(형상들에서), Z32a 16(자연에서), H44a 24(두 가지 방식으로), N92a 23(요소들에서), 29, ③ (after) …다음으로 α994a 22, ④ (in) …때 A987a 32(젊었을)—**to ek toutōn** (the compound of the matter and the form) 둘(재료와 형상)로 된 것, 구체적인 사물 Z35a 2, 38b 3—**ta ex hōn** (the parts of which it consists) (어떤 것을) 이루고 있는 것(부분)들, 요소들 Z39a 31, 40a 23, M85b 33—**ex hou** (that out of which) '그것으로부터', 어떤 것이 생겨 나오는 것 Z32a 22, 33a 5—**ex hou gignestai** (that from which something comes to be) (어떤 것이) 생겨 나오는 것 A983b 24(원리), Z32a 17(재료)—**ex archēs aitein** (begging the question, petitio principii) '처음에 있는 것'(증명되어야 할 것)을 (받아들이라고) 요구함, 논점 선취 Γ06a 17, 21

ekei (there) ① 그곳에서 A981b 24, B02b 22, Δ25a 26, ② (in the ideal word) 저기(이데아계)에서 A991a 1, M79a 31, (반) entautha, ③ (there) 앞의 경우, 앞에서 Z32a 31, 33a 16, 34b 4, Θ49a 7, M79 a 2

ekeininon [ekeino 그것, 저것] ('thaten') 그것으로 된 (것) Z33a 7(견: 그것), Θ49a 19★, 21, 25, 34, b 1

ekeino (that) 그것 Z33a 7, Θ49a 21, (비) tode

ekleipein [ek …로부터+leipein 남기다] ① (be eclipsed) '모자라다', 식(蝕)이 일어나다 Z41a 16(달이), ② (be deficient) 부족한 점이 있다 K61a 26(법에 대한 복종과 관련하여)

ekleipsis (eclipse) '모자람', 월식(月蝕), 식(蝕) H44b 10, 14, K65a 16

eklogē [ek …로부터+legein 모으다, 뽑다] (selection) 모음 Γ04a 2(반대되는 것들의)

ekmageion [ek …로부터+mattein 주무르다] (plastic material) 말랑말랑한 덩어리 A988a 1

ekpherein [ek …로부터+pherein 가져가다] (produce) 내놓다 Z40b 2(이데아에 대한 정의를)

ekpheugein [ek …로부터+pheugein 피하다] (miss) (…에서) 벗어나다 N90b 21

ekthesis [ek …로부터 (내어)+tithenai 놓다] ① (setting out instances) (사례들을) 빼냄, 추상함 A992b 10★, ② (setting out something from its instances) (여러 가지) 사례에서 (대표적인 것으로서 어떤 것을) 뽑아냄 N90a 17★, ③ (exhibition of instances) 사례를 보임, 예시(例示) Z31b 21★, (비) epagōgē

ektithenai ① (lay down) 떼다 B03a 10, ② (give separate existence to) (따로 떨어져 있는 것으로서) 내놓다 M86b 10

ektopos [ek …에서 (벗어난)+topos 자리] (strange) 낯선 (것) A989b 30

ektos ① (beyond) …말고 A993a 12, ② (outside) 밖에 (있다), 외부에서 Δ13a 20, Θ49a 7, Λ70b 23, ③ (beyond) …을 벗어나 K60a 18

ektropē [ek …에서 (벗어난)+trepein 돌리

다] (leading off) 잘못 빠져듦 N89a 1

elaion (oil) 기름 Δ16a 22(액체)

elatton ① (fewer) 더 적은 (것) A982a 27(원리들), ② (smaller) 더 작은 (것), Δ20a 24, I53a 4, 56a 7, (반) meizon—**elachiston** (the smallest part) 최소의 (것), 가장 작은 (것), 아주 조금, 미세한 (것) A983a 17(단위), H44a 1, I53a 13(4분음), M84b 27(부분)

elaunein (drive) 밀치다, 몰다 B00b 15a

elenchein (refute) 반박하다, 논박하다 B998a 4

elenchos ① (refutation, objection) (소피스트식의) 논박, 반론 Z32a 7, Θ49b 33, ② (negative proof) 논박, 간접 증명 Γ06a 18(견: 증명), 09a 21

elenktichōs (by refutation, negatively) 논박을 통해, 간접 증명의 방식으로 Γ06a 12(증명함), 15(증명함)

eleutheros ① (free) 자유로운 (것) A982b 26(사람), 27(앎), ② (freeman) 자유인 Λ75a 19

elleipein [en …안에+leipein 남기다] (lack) (…이) 없다, 빠지다, 모자라다, 부족하다 Δ19a 30, 21b 17, 22, 27, 32

elleipsis (defect) 모자람(부족), 결핍 A992b 7, Γ04b 12, H42b 25, 35, I56b 19, 27, (반) hyperochē

elpis (hope) 희망 Λ72b 17(맺: 기억)

embainein [en 안으로+bainein 가다] (step into) 들어가다 Γ10a 14

embryon [en 안에+bryein 무성하게 피어나다] (embryo) 배아 Δ14b 22

empeiria [en …안에+peira 시도, 경험] (experience) '어떤 것을 시도해 본 상태', 경험 A980b 27*(견: 기억, 기술, 추리), 28, 981a 1-4, 6, 9, 13, 15, 21, 25, b 8, (견) mnēmē, epistēmē, technē

empeiros (man of experience) 경험이 있는 사람 A981a 14, 26(견: 기술자), 29, b 30, 31

emphainesthai (appear in) (…) 안에서 드러나다, 나타나다 Z28a 28, N91a 36

empiptein [en …안에+piptein 떨어지다] ① (fall under, into) 분류되다 A986a 15, ② (fall in) 빠지거나 떨어지다 Γ08b 17, ③ (operate on) …로 들어가다, 연산되다 I56a 2, M84a 6

empodizein [en 안에+pous 발] (impede, hinder) 가로막다, 방해하다 Δ15a 27, Θ49a 14, (비) kōlyein

empoiein [en 안에+poiein 만들다] (produce in, impress on) (…) 안에 만들다, 불러일으키다, 새기다 Δ24b 24(머리 안에 인상을), 25a 5(거짓된 인상을)

empoiētikon (able to instill) (…을 …에게) 새기는, 주입시키는 능력이 있는 (것) Δ25a 4

emprosthen (before) 앞에(서), 처음에 α994b 18, Δ16b 35, M80a 31, 86b 3

empsychon [en 안에+psychē 혼] (animate thing) 혼이 든 (것), 생물 Γ10b 32, Δ20b 24, Z35b 15(…의 실체), 36a 17, b 32(손), 40b 10(…의 부분들), Θ46a 37, 48a 4, M77a 20, 29, (반) apsychon

en ① (in) (…) 안에 또는 속에 있는 (것), Δ22a 28(정의), 23a 24(어떤 것), ② (어떠한 형태)로, (어떠한 상태, 관계) 속에 있는 (것) A983b 7(재료 형태), 984a 17, Λ74b 1(신화 형태), 36, N92b 27

enantion [en …안에+antion 마주] I4장, 5장, 7장, ① (contrary) '마주 보고 있는 상태에 있는 것', 반대되는 (것), 반대자 A986b 2(사물들의 원리), B996a 20(원리), Γ04a 2(…들의 모음), b 3, 27(…의 줄), 30(원리, 홀과 짝, 뜨거운 것과 차가운 것, 한정됨과 한정되지 않음, 우애와 싸움), 11b 17, 18(실체의 결여), 12a 9(비: 모순), Δ13a 1, b 12(…들의 원인), 18a 25, 19b 23, Z32b 2, H44b 25, Θ46b 15(…들에 대한 힘),

I54a 25, 30(…들의 구분), b 32(차이 나는 것), 55a 16, 20, b 14, 27, 30, 56b 36(관계 개념들), 57a 18, 37, b 8(흰색과 검은색), 22(원리), 32(으뜸으로), 58b 26(소멸하는 것과 소멸하지 않는 것), K61a 19, 63b 17, 26, 67b 13, 20(맺: 모순되는 것), 68b 30(장소에서), 69a 4(대립된 것), Λ69b 5(견: 대립된 것), 7(맺: 재료), 75a 28, 30, b 22(재료를 갖는 것), 31, N87a 36, b 1, 28, 92a 3, 33, ② (contrariety) 반대됨, 반대성 Γ05a 12, Δ18a 37, ③ (contradictory) 모순되는 (것) Γ11a 16, Δ19b 28* —**enantiōs** (in a contrary way, contrariwise) 반대되는 방식으로 A988a 1, Δ20b 22, Θ51b 5, I57b 11(차이가 나다)

enantiōsis ① (contrariety) 반대됨, 반대성, 반대되는 성질 A986b 2, Δ18b 3, I54b 32(일종의 차이 남), 55a 5(가장 큰 차이), 33(으뜸가는, 예: 소유와 결여), b 14(견: 결여), 18, 56a 13, 58a 8(비: 다름), 16(비: 차이 남), 18, 19, 20, 26, 31(비: 차이성), 35, b 9, 15, 18(종의), K61a 12, 13, 32(감각되는), b 5(있는 것의), 13(으뜸가는), 63b 28(예: 닮과 씀), 68b 18, Λ69b 33, ② (contrary state) 반대되는 상태 Λ69b 6, 13, ③ (inconsistency) 모순점 N90a 2

enantiotēs (contrariety) 반대됨, 반대성, 반대되는 성질 A986a 32, B995b 22, Γ04a 21(일종의 차이남), I55a 16(완전히 차이남), 22(차이남), b 1(견: 모순되는 것들, 결여, 관계 맺는 것들), 15(견: 결여), 58a 11(완전히 차이남), b 2, K63b 18

enantiousthai (come into conflict with) 충돌하다, (…에) 반대되다 A990b 22, M79a 19, N90b 2

enauxesthai (increase) (…) 안에서 늘(어나)다 Γ09b 19(피가)

encheirein (try) …하려 하다, 시도하다 α994b 13, B00b 32, Γ05a 30, b 2, 09b 38

endechesthai [en …안에+dechesthai 받아들이다] ① (be possible, can) 힘이 미치다, 힘이 닿다 A982a 9, E26b 25, ② (may be) …ㄹ 수 있다, (…임이) 허용되다 Δ19b 32(참임이), Θ47a 26(앉아 있음이), 50b 10(힘이 발휘되지 않을), (비) dynaton —**endechomenon** ① (possible) 가능한 (것) A988b 21(난문들), Γ09b 34(진리), K66a 26, ② (that which may possibly) (…이) 허용되는 (것) Θ50b 13(있지 않음이), N88b 24

endiatribein (devote time to) 시간을 내어 (어떤 문제를) 살펴보다 A989b 27

endidonai [en 안에+didonai 주다] (give in to) 빠져들다, 굴복하다 Γ12a 19

endoxon (accepted opinion) 통념 B995b 24

eneinai [en … 안에+einai 있다] (be in) 안에 있다 A984b 15(이성이, 동물 안에, 자연 안에), B00b 1(싸움이 사물들 안에), 02a 21(모양이 입체 안에), Γ08b 32(더와 덜이 있는 것들의 본성 안에), Δ19b 13(힘이, 악기 안에), Z29b 19, 31a 1('들창인 코인 코'에 코가), 33b 19(생겨나는 것 안에 재료가), 35a 15(자모가 음절에 대한 규정 속에), 22, 23, 37a 25(실체에 대한 규정 속에 부분들이), 33(복합된 실체 안에 재료가), H45b 2(정의들에 '있음'이, '하나'가), Θ46a 15(모든 힘에 대한 규정들 속에 으뜸가는 힘의 개념이), I58b 15(정의 속에 반대성이), 18, Λ71b 15(형상들 안에 변화의 원리가), M82a 1(10 안에 단위들이), 8(10 안에 5가), 9, 10, b 21(3 안에 2가), (비) hyparchein, enhyparchein —**enon** ① (being present in, indwelling) (…) 안에 있는 (것) A984b 33(자연 속에 좋은 것에 반대되는 것이), Z34b 24(부분들의 규정이), 37a 29(형상이 사물에), ② (inherent) 내부의 (것) N90a 8(난점들)

energeia [en … 안에+ergon 활동, 기능, 작용, 결과] Θ6-9장, K9장, ① (actuality) 발휘/실현 상태 Θ50a 22★(견: 활동), Λ71a 11, b 20, 22, 72a 5(앞선 것), M87a 16(앎의), ② (actuality) '드러난 채', 발휘 (상태), 발휘 상태로 있음 Δ21a 16(힘들의), 22b 4, Θ47a 18(힘의), 30★, K66a 2, ③ (actualization) 실현(된) 상태, 실현되어 감 Δ22b 19(성질들의), H42b 10(…로서 실체), 43a 18(집의), Θ48a 31(예: 헤르메스 상), K65b 16, ④ (activity) 활동 Θ48b 17, (반) dynamis—(비) ousia, eidos, morphē, logos, to ti ēn einai, hoper ti H42b 10, 43a 6, 12, 20, 23, 25, 28, 30, 32, 35, b 1, Θ50a 16, b 2, 51b 31, Λ71a 8, 72a 35—(반) hylē H43a 6, 12, 45a 35, Λ71b 22, M76a 10—(비) kinēsis, ergon Θ47a 30, 32, 50a 22, 30, 35, 51a 4, Λ72b 16—(견) kinēsis Θ48b 18-36, 50a 9, K66a 20—(견) entelecheia Θ47a 30, 50a 22—**kata energeian**, energeia(탈격) (actually) 발휘/실현 상태로 (있는), 실현되어 (있는), 실제로 (있는), 힘(능력을) 발휘하고 있는 Δ23b 34(부분들이), H42a 28(이것), 45a 24(형상), b 19(형태), 21, Θ47a 35, 48b 6, 10, 15, 49b 20(예: 여기 이 사람, 낟알, 보고 있는 사람), 23, 25(예: 사람, 음악가), (반) dynamei, kata dynamin—**to energeia on** (that which is actually) 발휘/실현 상태로 있는 (것) Λ69b 16, 71a 6(예: 포도주), (반) to dynamei on

energein ① (be actual, be actualized, be in actuality) 발휘/실현되(어 있)다 K65b 22(잠재/가능 상태로 있는 것이), 66a 1, 30, N88b 19, ② (act, actually do, be acting) (힘을 실제로) 발휘하(고 있)다 Δ20b 22, Θ46b 29, 47a 8(감각 능력을), 49b 13, Λ71b 14, ③ (be acting, be in activity) 활동하다 Λ72a 10, 11, 13—**energoun** ① (acting, being at work) (힘을) 발휘하(고 있)는 (것) Δ14a 9(예: 집을 짓고 있는 목수), 20, 21(맺: 개별자들), 21a 19, Θ50a 18(제자), Λ71b 23, ② (the actual) 실현되어 있는 (것), 실현(된) 상태의 (것) Θ49b 18(형상이 같은)

energetikon (be capable of acting) 힘을 발휘할 수 있는 (것) K66a 31

engignesthai (occur in, be produced in, come to be present) (어떤 것) 안에 (어떤 것이) 생기다, 있게 되다 A980a 29(기억이), Z35a 14(둥긂이 청동 안에), Θ46b 16(반대되는 것들이 같은 것 안에), 49a 31(교양이 어떤 사람 속에), I54b 8(더와 덜이), (견) hyparchein

engys (akin to, near to) (어떤 것에) 가까운 (것) Γ09a 1(더 참인 것), Δ14a 5(딸린 것들 중 원인에), 18b 10(원리에), 12(어떤 곳에), 17(현재에), 19, 20(으뜸가는 것에), E26b 21(있지 않은 것에), Z34a 1(가장 … 유), 35a 13(더 형상에), H44b 2(가장 … 원인), I52b 6('하나'란 말의 뜻에 더), M84b 12(정의로써 규정된 것에), N91a 17(무한한 것에서 가장), (반) porrō

enhistasthai (raise a objection) 반론하다 K62b 10

enhyparchein [en …안에+hyparchein 들어있다] (be present in, be immanent in) (어떤 것) 안 또는 속에 들어있다 A986b 7(요소들이 실체 속에), Δ13a 19, 22a 29(칼리아스에 대한 정의 속에 '동물'이), Z34b 23, Θ46a 18(힘들에 대한 규정 속에), (비) eneinai—**enhyparchon** (part present in, constituent) (어떤 것) 안에 들어있는 (것), (어떤 것의) 구성 요소 A991a 14(≠형상), B995b 28, 998a 22(맨 처음의), 31, b 14, Δ13a 4(배의 용골, 집의 기초), 7, 25(조각상의 청동, 접시의 은), 14a 26(맨 처음의 것), b 15, 18(맨

처음의 것), 17b 15(동물의 혼), 17, 20a 7, 23b 34, 24b 4(유), Z41b 32(재료), H43a 21, I52b 14(불), K59b 24, Λ70b 22(원인들), M80b 3(수), N88b 28(요소들), 92a 30, 31, b 6(반대되는 것), (비) hylē, stoicheion

enhypnion [en …안에+hypnos 잠] (dream) 꿈 Δ24b 23

enkephalos [en …안에+kephalē 머리] (brain) 뇌 Δ13a 6(처음), Z35b 26(맻: 심장)

ennea (nine) 아홉 개(의 것) A986a 11(천체), N93a 29(중간 현들), b 1(음절)

ennoēma [en …안에+noein 생각하다] (notion) 심상(心象), 관념 A981a 6*

ennoia (notion) 숙고, 생각, 개념—**ennoias charin** (by quoting) (어떤 것을) 참고로 (하여) Λ73b 12

enochos [enechesthai …에 달라붙다] ① (fall victims to, be liable to) (어떤 것에) 빠진, 사로잡힌 (사람) Γ09b 17(상대론적인 견해에), M76a 14(비난에), ② (be open to an objection) 나무랄 만한 (사람) N90a 31

entautha (here, in this world) 여기(감각 세계)에 A990b 34, M79a 31—**ta entautha** (things in this sensible world) 여기(감각 세계)에 있는 것(사물)들 A991b 13, B02b 17(글들), M77a 21, (비) ta deuro

entelecheia [en …안에+telos 끝, 목적] ① (complete reality) '이뤄진 채', 끝난 상태, 완성 상태(로 있음) Z36a 7, 38b 6(맞: 재료), 39a 7, 14, 17, H44a 9(비: 실체, 실재), 45b 17, Θ45b 35, 47a 30(비: 발휘 상태), 50a 23*, K65b 21, 27(청동의), 33, 35, 66a 29, Λ74a 36, (반) dynamis, ② (complete realization) 완성 상태로 됨 K66a 27—**kata entelecheian**, **entelecheia**(탈격) ① (in complete reality, actually) 완성 상태로 (있는), 실제로 Δ15a 19, 17b 3, Z39a 4, 5(둘), K66b 18(무한한 것), Λ71a 36(… 으뜸가는 것=신), (반) dynamei, ② (in respect of complete reality) 완성 상태에 따라, 완성 상태의 면에서, 완성 상태란 기준에서 Δ19a 7(먼저인 것), 8, 10(나중인 것), Θ45b 34—**to entelecheia on** (that which is in complete reality) 완성 상태로 있는 것 Γ07b 29, Δ17b 1, Z34b 17(실체), 40b 12(혼의 부분들), Θ47b 2, 49a 6, K65b 15, 22, M78a 30, 84b 23(2), (비) to energeia on, (반) to dynamei on, hylē

enteuxis [en …안에+tynchanein 맞추다, 만나다] (encounter) 대응 Γ09a 17

entos (within) …이내에서 M84a 34

entrephein [en …안에+trephein 기르다] (bring up) 기르다, 교육하다 A985b 25

epagein [epi …쪽으로+agein 이끌다] ① (lead on) A989a 33 (누구를 어디로) 데려가다, ② (cite) (증인으로서) 끌어들이다 α995a 8(시인을)

epagōgē (induction) ① '끌어들임', 귀납 A992b 33* (견: 증명, 정의), ② (구체적인) 예(사례)를 듦, 예시(例示), 예증 Δ25a 10(잘못된), E25b 15, Θ48a 36, I54b 33, 55a 6, b 17, 58a 9, K64a 9, 67b 14

epaiein [epi …쪽으로+aiein 알아차리다, 듣다] (comprehend) 이해하다 A981a 24(맻: 앎), B996b 34(전제들을), Γ04b 10(실체를)

epainein [epi …쪽으로+ainos 연설] (laud) 찬양하다 N93b 7(수의 특성을)

epaktikoi (logoi) [epi …쪽으로+agein 이끌다] (inductive arguments) 귀납적인 논증 M78b 28*

epallaxis [epi …위에+allassein 바꾸다, 번갈다] (cross) 겹침, 교차 Γ11a 33(두 손가락을)

epanabainein [epi …쪽으로+anabainein 오르다] (rise up to) (…로) 오르다 A990a

6(더 위에 있는 것들로)

epanadiplousthai [epi …쪽으로+ana …위로+diplousthai 두 배로 하다] (double, repeat) 거듭하다, 되풀이하다 Γ03b 28

epanalambanein [epi …쪽으로+ana …위로+lambanein 잡다, 취하다] (take up again) (문제를) 다시 잡다 Z35b 4

epanerchesthai [epi …쪽으로+ana …위로+erchesthai 가다] (return) 돌아가다 A993a 26, Z38b 2(실체로), H45a 4(재료로)

epanō (above) 위에(서) Γ12b 6

epechein [epi …쪽으로+echein 있다] (extend) 미치다, 뻗치다 Γ05a 26

epeisodiōdes [epi …쪽으로+eis … 안으로+hodos 길] (a mere series of episodes, inherent) '끼워진 것', 일련의 에피소드(挿話), 서로 무관한 (것) Λ76a 1, N90b 19*

epekteinein [epi …쪽으로+ek …밖으로+teinein 뻗다] ① (pronounce long) 늘여 발음하다 Δ14b 17, ② (multiply) 늘리다 Z28b 24

eperchesthai [epi …위로+erchesthai 가다] ① (go over, review) 검토하다, 파고들다, 다루다 A983b 4(견해를), 986a 13(문제를), 988a 18(요점을), B995a 24, Z38b 8, H42a 25(실체를), I53b 10(물음을), N89b 2, ② (enumerate) 열거하다 M77a 1(문제들을)

epharmottein [epi … 옆에+harmottein 갖다 대다] ① (fit into) 짜 맞추다 A986a 6, ② (apply to) (…에) 적용되다 M79b 4

ephexēs [epi …위에+hexēs 뒤이어] ① (successive) 잇따르는 (것) Γ04a 9(학문), Δ23b 9, K68b 33, 35, 69a 9, 10, M80a 20(단위), 30(수), 81b 6, 83a 31(수), 85a 5, 6, (비) hexēs, ② (serial succession) 잇따름, 연속 Γ05a 11, E27b 24, K69a 13, Λ69a 20, M85a 4

ephistanai [epi … 옆에+histanai 놓다] (fix on) (관심을 …로) 돌리다 A987b 3, B999a 26, N90a 2(눈길을)—**epistatheisa orthē** (perpendicular) '수직으로 그어진 선', 수직선 Θ51a 28

epi (towards) …을 향해—**eph' ho** (towards which) 무엇을 향해, 어떤 것이 이르는 곳, 목적 Δ22a 7, 8*

epi to poly → poly

epiballein [epi …쪽으로+ballein 던지다] ① (contribute) 기여하다 α993b 3, ② (apply) …에 갖다 대다, 적용하다 I53a 35

epiblepein [epi …쪽으로+blepein 보다] (look at) 보다, 살펴보다 A991a 8(공통점을), Z33a 21(잘), M79b 3(공통점을)

epicheirein (try) '…에 손을 대다', …하려 하다 A988b 26(생성과 소멸에 관한 원인을 알리려)—**epicheireisthai** (try to explain) 분명히 밝히려 들다 M85b 6

epideiknynai [epi …위에+deiknynai 보여주다] (exhibit) 보여 주다 Θ50a 18

epididonai [epi …위에+didonai 주다] (increase) 늘다, 늘어나다 M83a 8

epigignesthai [epi …위에+gignesthai 생기다] ① (come) 나오다 A987a 30(플라톤의 철학이), ② (supervene on) …에 생기다, …에 들어서다 Z35a 12, 36a 31, b 6

epikeisthai [epi …위에+keisthai 놓여 있다] (be laid upon) 위에 얹혀 있다, 위에 놓여 있다 Δ23a 19

epileipein [epi …위에+leipein 남기다] (run short) 바닥나다 M84a 13, 17

epimeleisthai (be anxious about) 걱정하다 Γ8b 28(진리를)

epimeles (taking trouble about) 고민하는 (것) E26b 5

epimēnia [epi …때에+mēn 달] (menstrual blood) 생리혈 Λ71b 31

epimorios [epi …에 덧붙여+morion 부분] (superparticularis) 어떤 것의 일부만큼

더 큰 것(수), $1\frac{1}{2}n$ Δ21a 2* (견) hypepimorios

epipedon [epi …위에+pedon 바닥] ① (plane) 평면, 평면인 (것) A992a 12(…의 원리=넓음과 좁음), 14, 19, b 14, B997a 28(실체?), 01b 12, 27*(실체?), 02b 9, Δ16b 27, 29(두 쪽에서 분할되는 것), 17b 19, 20b 5, 24a 36, b 1(도형), 2, Z28b 26, H45a 35(도형), K66b 23, M76b 5*(선에 따라 분할되는 것), 14, 15, 17, 20, 22, 25, 30, 35, 77a 27, 29, 34, b 29, 78a 9(…의 성질), 79b 5(도형), 8, 10, 80b 24, 85a 8, 11, 18, 19, 36, b 2, 4, N88b 7(넓은, 좁은), 89b 13(넓음과 좁음에서 나오는 것), 90b 6(평면의 한계, 극단=선), 23, 91a 16, (견) stigmē, grammē, stereon, (비) epiphaneia, ② (plane figure) 평면 도형 Δ16a 36

epiphaneia [epi …위에+phainesthai 나타나다] (surface) 면, 표면 B02a 4(견: 물체, 선, 단위, 점), 23, 33(맺: 점, 선), Δ19a 1(매끄러움=…의 성질), 20a 14(넓이), 22a 17, 31(하얀), Z28b 16(=실체, 맺: 선, 점), 29b 17, 18(흰), 21(흰), H45b 16, K60b 13(기본적인), 15, Λ70b 21(맺: 흼, 검음), (비) epipedon, platos

epipherein [epi …쪽으로+pherein 가져오다] (apply) (어디로) 가져오다, 갖다 대다, 적용하다 A988a 4(형상을 재료에), Γ12a 10(반대되는 것을), N93a 24

epipolaiōs [epipolē 표면] (superficially) 피상적으로 A987a 22, α993b 13

epiponon [epi …위에+ponos 일, 노고] 힘든 (것) (laborious) Θ50b 26, Λ74b 29

episkepsis [epi …위에+skopein 보다] (investigation) 연구 A983b 2(있는 것들의), 989b 27

episkopein ① (examine) (…인지를) 살펴보다, 검토하다 Γ03a 23, M76a 30, 78b 26, 80b 2, ② (investigate, inquire) 연구하나 Γ05a 30(특정 부분에 맞춰), Z37b 28(정의들에 관하여)—**episkepsasthai** ① (consider, examine) 눈여겨보다, (…인지를) 살펴보다, 검토하다 A988b 31, Γ04b 2, ② (investigate) 연구하다 Γ04b 16, 05b 8(추론의 원리들에 관하여)—**episkepteon** (must inquire, study, consider, examine) 연구해야 하다, (잘) 생각해 보아야 하다, 검토해야 하다 B995b 18, E27b 29, Z32a 32, Λ75a 11, 78b 10(이데아에 관한 이론을), M86a 30, N91a 22

epistasis [epi … 곁에, 옆에+histanai 세우다] ('arresting of attention', problem) 문제 N89b 25

epistasthai [epi … 곁에, 옆에+histasthai 서다] ① (know, have a knowledge) 알다, 앎을 가지다 A982a 8, 21(모든 것들을), Γ08b 27, 30, Δ17b 3, M87a 15, ② (to know, knowledge, knowing) 안다는 것, 앎, A982a 30, 32, b 21, α994b 20, B999b 27, Z31b 20, 21, H45b 11, ③ (recognize) 인식하다 B996b 15, (비) eidenai

epistēmē ① (knowledge) 앎(知), 인식 A982a 2(일정한 원리 및 원인에 관한), 4, 6, 9, 14, 22, 32, b 1(최고의 앎의 대상에 관한), 27(자유로운), 32(자신에 맞는), 983a 5(가장 신성한, 가장 값진), 7(신성한), 25(근원적인 원인들에 관한), 987a 34(감각 대상들에 관한), 991a 12, B998b 7(있는 것들에 관한), 999a 28(무한한 것들에 관한), b 3(견: 감각), 4, 03a 15(보편적인), 17(원리들에 관한), Δ17b 4, 20b 31(맞: 알 수 있는 것), Z31b 4(이데아들에 관한), 6(각 사물에 관한), 32b 6, 39b 33(맞: 모름), 40a 3, H45b 10, Θ49b 34(맞: 앎의 대상), 50a 1, 20, b 36(자체), I52a 33(맺: 인식 대상), 53a 31(척도, 맺: 감각), b 2, 56b 36, 57a 8(맞: 앎의 대상), 9(재는 것), 10, 11, 12, 16, b 1(맞: 앎

의 대상), K60b 20, 23, 67b 11, 68a 33, Λ74b 35, 75a 1, b 21, M78b 15, 17(흐르는 상태에 있는 것들에 대한), 79b 16, 86b 6, 33(보편자들에 관한), 87a 11, 15, 24(보편적인), (반) agnoia, (견) aisthēsis, doxa, epistēton, ② (knowledge) 지식 A985a 16, 993a 2, ③ (science) 학문 A981a 2, 3(견: 경험), b 9(개별적인 것에 관한), 20, 22, 26(견: 기술), 982a 14, 16(지배적인), 17(종속된), 26(가장 엄밀한), b 5(종속적인), 8(가장 지배적인), 983a 21(찾고 있는), 990b 12, 13, 26, 992a 30, b 27(예: 기하학), 29(한 가지), α993b 20(진리의), 995a 13, 14(…의 방법), 19(한, 여러), B995a 24(찾고 있는), 995b 6(한, 여러), 7, 996a 19, 20(한, 여러), b 2(여러), 9, 11, 25(다른), 27(한), 31(동일한), 997a 3(원리들에 관한), 16(여러), 17(실체에 관한 한 가지), 28(같은, 다른), b 3(수학 계열의), 26, 29(다른), Γ03a 21(있는 것과 그 속성에 관한), 26(수학 계열의), b 11(건강한 것들에 관한 한), 13, 16, 20(예: 문법학), 22(유가 한 가지인), 35(유에서 같은), 04a 6, 8(으뜸, 버금), 20, b 7('철학'), 05a 3(있는 것에 관한 한), 5(한), 13(있는 것과 그 속성에 관한), 19(한, 다른), Δ21b 6(예: 의학), E25b 6(추론적인), 19(자연학적인), 26a 22(이론에 관련된), 29(으뜸), b 4(실천에 관련된, 제작/창작에 관련된, 이론에 관련된), 26, 27a 20, 27(딸린 것에 관한), Θ46b 3(제작/창작에 관련된), 8(예: 의술), 11, 16(힘), I55a 32(한 가지), K59a 18(원리들에 관한, 비: 지혜), 21(한), 29(같은), 35, b 1, 12(수학 계열의), 13(찾고 있는), 15, 19, 22, 25(찾고 있는), 26(비: 정의), 60a 4, 6(찾고 있는), b 31(철학자의), 34, 36(한), 61a 2(치료하는), 5(예: 의술), 19, b 3(동일한), 5(다른), 15, 17(한), 28(자연학적인), 31(으뜸), 33(수학적인), 63b 36(예: 의술, 체육, 수학), 64a 4, 5, 10(자연에 관한), 18(자연철학자의), 20, 28(있는 것에 관한), 34(예: 자연학, 수학), b 2(이론적인, 예: 자연학, 수학, 신학), 7(있는 것에 관한 보편적인), 11, 12, 18(내려온), 22(예: 직조술, 제화술, 요리술), 27, 31(딸려 있는 것에 관한), 65a 4(항상 또는 대개 있는 것에 관한), Λ73b 5(수학 계열의, 예: 천문학, 산학, 기하학), M76b 33(수학 계열의), 36(앞선 것에 관한), 77b 28(맺: 명제들), 34, 78a 4(수학 계열의), 33(수학 계열의), b 2(수학 계열의), 27(반대되는 것들에 대한 같은), 30(…의 출발점), 79a 8, 9, 23, N90a 28(감각 대상들에 관한)

epistēmōn ① (a man of science, scientific man) 학식이 있는 (사람), 학자, 아는 사람, 앎을 가진 사람, 지자(知者) α994a 29, 30(견: 배우는 사람), B996b 4, Θ46b 19, 48a 34, ② (man who knows) 인식하는 사람 I53b 1(맞: 감각하는 사람), ③ (something scientific) 앎의 성격을 띤 (것) Θ50b 36

epistēmonikon (scientific) 앎에 관련된 (것) Z39b 32(정의)

epistēton (that which is knowable, the knowable) 앎의 대상, 인식적인 (것), 인식 대상, (우리가) 알 수 있는 (것), 인식할 수 있는 (것) A982a 31, b 2, B996b 13, 03a 14, Δ20b 31, 21a 29, Z30a 33, 34, I56b 36, 57a 8, 9(재어지는 것), 10, 11, 12, 16, b 1, K63b 37, 64b 6, M86b 22, 32, (반) aisthēton, epistēmē

epitassein [epi …위에+tassein 세우다, 놓다] (oder) 명령을 내리다 A982a 18

epitelein [epi …위에+telein 끝내다] (perform) 이뤄 내다 Δ19a 23 —**epiteloumenon** (that which is being achieved) 이뤄지(고 있)는 (것) α994a 26

epithymein [epi …위에+thymos 충동] (desire) 욕망하다 Θ48a 21

epithymēton (object of desire) (우리가) 욕망할 수 있는 (것), 욕망의 대상 Θ47a 34(맺: 사유할 수 있는 것), Λ72a 27(맺: 사유되는 것), (비) orekton

epithymia (Desire) (파르메니데스의) 욕망 A984b 24(맺: 사랑)

epitiman (criticize) 비난하다, 비판하다 Γ10a 13(헤라클레이토스를), 26, I56a 31

epitimēsis (reproach) 비난거리 N91a 30

epitithenai [epi …위에+tithenai 놓다] (put the finishing tuch to) 짓다 H42a 4(마무리를)

epitrepein [epi …쪽으로+trepein 돌리다] (entrust) 맡기다 A984b 15

epitynchanein [ep …위에+tynchanein 맞추다] (succeed) 성공을 거두다 A981a 14, Z32a 10

epizētein [epi …쪽으로+zētein 찾다, 좇다] ① (seek) 찾으려 하다, 찾다 A988a 16(좋음과 나쁨의 원인을), Z34a 3(형상을 자연물들에서), ② (express a question, point out) 물음이 나오다, (의문점으로) 지적하다 M85b 13, N90b 14—**epizētoumenon** (seeking, be looking for) 찾고 있는 (것) B995a 24(학문), K59a 35(학문)

epos [eipein 말하다] (verse) 시구(詩句), 시행(詩行), 시, 서사시 A985b 3, Δ23a 33, N93a 30—**hōs epos eipein** (one might say, practically) 사실상 Γ09b 16, Z39b 7

erchesthai ① (come to) (…에) 가다 α994b 21, Γ09a 22, Δ25a 26(아이기나에), Λ75a 24, ② (come from) 나오다 K62b 20, ③ (be extended) 확장되다 Θ47a 30, I52b 20

ērema [ēremein 멈춰 있다] (slightly) (아주) 조금 Δ19a 31, Z29b 9, (비) molis

ēremein (rest, be at rest) 가만히 있다, 안 움직이다, 변하지 않다 A986a 25, Γ10a 36, 12b 23, 24, 30, Δ16a 16, 17b 5, 6, Θ51a 9(…ㄹ 힘), K67b 34, 68a 28, b 24, (반) kineisthai

ēremēsis ① (coming to rest) 가만히 있게 됨 Δ13a 30(맞: 변화), ② (rest) 가만히 있음, 정지 K68b 7(반대되는, 맞: 움직임), (비) ēremia, stasis

ēremia ① (rest, absence of motion) 멈춰 있음, 안 움직임, 정지 (상태), 고요 Δ17b 5, K68b 24, (반) kinēsis, ② (stillness) 고요함 H43a 23, 24(실현 상태, 실체)

eresthai (ask) 묻다 Γ07a 12, 17, 12a 15

ergazomenon [ergazesthai 일하다, 가공하다] (that which works) 일하는 (것) A991a 23, M79b 27

ergon

I. ① (product) 결과물 Θ50a 25, 34, (비) energeia, ② (result) 결과 M78a 35, 86b 5(맺: 정의), ③ (fact) 사실 Λ72a 22(맞: 이론), ④ (work) 제품 Δ15a 9(청동으로 된)

II. ① (action, activity) 활동, 작용, 발휘 A990a 1(하늘의, 맺: 부분, 현상), 11(천체들의), Z35b 17, Θ45b 34, 50a 21, 22*, 23, (비) energeia, ② (function) 기능 B996b 7(=목적인), Z35b 17(신체 부분의), 36b 31(손의), ③ (action, operation) 행위 α993b 21(실천에 관련된 학문의 목표), Γ03b 3, 13b 3(맞: 도구), Z30b 2(맺: 신체, 도구), ④ (activity) (철학적인) 활동 A984a 12(맞: 나이), ⑤ (task, work) 과제, 할 일 Z29b 5, 37a 15(자연학의)—**pro ergou** (of use, useful) 도움이 되는 (것) Γ03b 26, Z29b 3, 31a 16, 37b 10—**ergō** (in practice) 실제로 Λ69a 25, M86a 9(맞: 말로)

erion (wool) 양털 H44a 29(맺: 나무)

eristikon [eris 싸움, 다툼] (eristical) 쟁론술적인 (것) Γ12a 19(논증)

erōmenon [eran 사랑하다] (that which is loved) 사랑받는 (것) Λ72b 3

erōs, eros ① (Love) (파르메니데스 또는 헤시오도스의) 사랑 A984b 24(맺: 욕망), 988a

34(맺: 이성), ② (Love) 에로스, 사랑, A984b 27, 28

erōtan (ask) 묻다, 물음을 제기하다 Γ07a 9(간단히), Z32a 9, K62a 32(어떤 방식으로)—**erōtōmenon** (question) 물음 Γ07a 8, 10—**erōtēma** (question) 물음, 물은 것 I56a 1—**erōtēsis** (question) 물음, 묻는 짓 Z36a 14

eschaton ① (last, final term) 마지막(에 있는) 것, 맨 마지막의 (것) A983a 28(정의), α994a 12, 14, B999a 31*, 999b 7*, Δ14a 29(요소), 33, 16a 23(물, 공기), 17b 24(바탕), Z35b 30(재료), H45b 18(재료와 형상), I58b 10(나눌 수 없는 것), Λ69b 36(재료, 형상), (견) meson, proteron, ② (ultimate subject) 마지막(에 있는) 것, 주어 Θ49a 34(실체), ③ (ultimate thing) 마지막(에 있는) 것, 목적 Θ50a 24(봄의 행위, 집), ④ (last thing, limiting-point) 마지막(에 있는) 것, 최소한의 필요물 Z32b 28*(집을 위한 돌), ⑤ (복) (infimae species) 마지막(에 있는) 것들, 가장 낮은 (단계의) 형상들 B998b 16(서술되는 것), K59b 26*(견: 보편적인 것), 35, (비) teleutaion eidos, ⑥ (last point, ultimate part) 마지막 지점 Δ22a 4(한계), (비) peras, ⑦ (extreme) 맨 끝의 (것), 극단의 (것) Δ18b 13, I55a 9, 20, N90b 5(점, 선, 평면), 9, (비) peras, ⑧ (ultimate) 궁극적인 (것) Γ05b 33(믿음)

esesthai → einai

esō (within) …안에 Δ22a 5, Θ50a 21, (반) exō

esomenon → einai

esthēs [hennynai 입히다, 걸치다] (clothing) 옷 Δ22b 7, 23a 11, (견) himation, lōpion

esthiein (eat) 먹다 E27b 4(매운 것을), K63a 31(빵을)

esti, to → einai

ethelein (want to, tend to) …하고자 하다 A998b 1, Δ13b 27, Z30b 4, I53a 23

ēthikon ① (ethical matter) 윤리적인 문제 A987b 1, ② (moral) 도덕적인 (것) M78b 18(뛰어남)—**ēthika** (*Ethics*) 『윤리학』 A981b 25

ethnos (caste, class) 계층 A981b 25

ethos [ethein 익숙하다] ① (habit) 습관 A981b 5(맞: 제 본성) α994b 32, 995a 6, ② (practice) 연습 Θ47b 32(견: 타고 남, 학습), 34

ēthos (moral character) 도덕적인 성품 Δ25a 12

etos (year) 해(年) N88b 22

eu, to ('well', goodness) '잘', 좋음 A988a 14, Δ21b 15, 31, Λ72b 12, 74b 37, 75a 8, 14, N91b 2, 92b 26, 93b 12, (비) to agathon, (반) kakōs

eucheres [eu 잘, 쉽게+cheir 손] ① (be ready at) …을 쉽게 하는 (사람) Δ25a 2(거짓말을), ② (easily satisfied) 쉽게 만족하는 (사람) N90b 14

eudaimon (blessed) 축복받은 (것) B00b 4(가장 … 신)

eudaimonein (be happy) 행복하다 Θ48b 26

eudaimonia (happiness) 행복 α994a 9, 10, Θ50b 1

eudia (fine weather) 화창한 날씨 Δ23b 6(맞: 폭풍우)

euēthes [eu 좋은+ēthos 성격] (foolish, childish) 어리석은 (것) K62b 34—**euēthōs** (simple-minded) 단순하게, 순진하게 Δ24b 32

euexia [eu 잘+echein (어떠한 상태에) 있다] (good condition) 좋은 신체 상태 Δ13b 10, E25b 4, (비) hygieia

euhoriston [eu 잘, 쉽게+horizein 경계를 짓다] (easily-bounded) 쉽게 한정되는 (것) I56b 13(이어진 것)

euiaton [eu 잘, 쉽게+iasthai (병을) 고치다] (can easily be cured) 쉽게 고칠 수 있는 (것) Γ09a 19(무지)

eukinēton [eu 잘, 쉽게+kinein 흔들다] (be easily upset) 쉽게 뒤집히는 (것) A991a 16, M79b 20(견해)

eulabeisthai (guard, avoid) 조심스러워하다, 피하다 Γ08b 16, 25, N91a 37

eulogiston [eu 쉽게+logizesthai 세다, 계산하다] (easily calculable) 쉽게 계산되는 (것) N92b 27* (수)

eulogon [eu 잘+logos 이성, 말, 근거]
I. ① (reasonable) 합당한 (것), 이치에 맞는 (것), 일리가 있는 (것) A988a 2, B999b 13, 00a 23, b 31, M77a 22, 81a 37, 85a 15, N91a 7, (반) alogon, atopon, ② (plausible, probable) 그럴 법한 (것) A991 b 26, ③ (probability) 개연성 K60a 18
II. (부정사와 함께) (be reasonable, naturally) 이치에 맞다, 합당하다, 당연히 … 이다 B996b 33, 997a 18, b 19, 998a 11, 999b 13, Λ74a 16, 24, b 28, M81b 2, 4, 87a 4, N91b 20—**eulogōs** ① (with a good reason, reasonably) …할 만한 이유가 있어서, 합당하게 M78b 23, 80b 10, N88b 30, ② (naturally) 당연히 E26b 13, M86a 12, N88a 6, ③ (naturally) 자연스럽게 Λ75a 31, ④ (plausibly) 그럴듯하게 A989a 26

eumetakinēton [eu 쉽게+metakinein 자리를 옮기다, 변하다] (easily changed, moved) 쉽게 변하는 (것) Δ19a 28

eunouchos [eunē 침대+echein 갖다] (eunuch) '침대지기', 내시 Δ19b 19(맺: 아이, 어른)

euphōnon [eu 좋은+phōnē 소리] (having a good tone) 소리가 좋은 (것), 좋은 소리를 내는 (것) Δ19b 15(뤼라)

euphyes [eu 좋은+phyesthai 자라다] (be naturally adapted for) 자연적으로 …에 적합한 Γ03b 2—**euphyōs** (neatly, with natural ease) 자연스럽게 A987b 34

euporein [eu 잘, 쉽게+poros (좁은) 길] ① (get help) (…을 해결할) 길을 찾다, 도움을 얻다 A993a 26, B995a 27, ② (arrive at) (…에) 이르다 B996a 16, ③ (treat lightly) 가볍게 보다, 쉽게 생각하다 N91a 30

euporia ① (answer successfully arrived at, free play of thought) (지적) 수월함, 자유로움 B995a 29, ② (profusion, abundance) 넘쳐흐름, 풍요 N91b 26(좋은 것들의)

eurysternos [eury 넓은+sternon 가슴] (broad-breasted) 가슴이 넓은 (것) A984 b 28(가이아)

euteleia [eu 쉽게+telein 이루다, 끝내다] (schallowness) 깊이가 없음, 천박함 A984 a 4

eutheōs (immediately) 곧바로 M86a 17

euthy (straight) 곧은 (것), 곧음 A986a 25, 992b 21, M85a 22(선의), N88a 20(양태 및 속성), 93b 13, 19(선의), (반) kampylon

euthygrammon [euthy 곧은+grammē 선] (rectilinear) 직선으로 이뤄진 (것) I54a 3(도형)

euthyōria [euthy 곧은+horan 보다] (as a series, in series) 직선 방향으로 α994a 2

euthys ① (immediately, from the start, by its nature) 곧바로, 본래 Γ04a 5, Z31b 31, H45a 36, ② (without exception) 예외 없이 M80a 18

euthytēs (straightness) 곧음 Δ18b 38, (견) leiotēs

eutychia [eu 좋은+tychē 운] (good fortune) 행운 K65b 1, (반) dystychia

ex → ek

exanthein [ex 밖으로+anthein 피다] (blossom) 피어나다 Γ10a 10(견해가)

exeinai [ex 밖에+einai 있다] (be allowed,

be at liberty) 허용되다 A984b 32, Λ75a 20
exerchesthai [ex 밖으로+erchesthai 가다] (go out) 밖으로 나가다 E27b 2
exetazein (examine) 검토하다 N91a 19(이론을)
exhairein [ex …로부터+hairein 내다] ① (eliminate) 없애다 α994b 12(좋음의 존재를), H43b 12, Θ47a 14, ② (except) 예외를 두다 Γ12b 18
exhistasthai [ex …밖에+histasthai 서다] (be unconscious) 기절하다, 정신을 잃다 Γ09b 29
exō ① (without) 밖에 (있는 것) Θ50a 21, ② (outside) …의 바깥에 Δ21b 12(완전한 것의), 32, 22a 1, I55a 12(완전한 것의), 25(유에서, 형상에서 차이 나는 것들의), (반) esō, ③ (external) 외부의 (것) Θ48a 17(조건), 19(방해), ④ (except) …을 제외하고, …을 빼고 A987b 34, Λ75a 35(하나), N91b 36(하나 자체), ⑤ (objective) 객관적인 (것) E28a 2(실재), K65a 24(맺: 독립된 것)
exōterikoi (logoi) [exō 밖에, 밖으로] (discussions outside the school, Popular Writings) 공개 저작들 M76a 29*
exōthein [exō 밖에, 밖으로] (carry out of one's way) 휩쓸다, 밀어내다 Δ25a 27
exōthen (outside) 외부에, 밖에 Θ49a 12, 13

|g|

gaia ① (Earth) 가이아('대지'의 여신) A984b 28(가슴이 넓은), ② (earth) 흙 B00b 6, (비) gē
galēnē [gelan 반짝이다] (calm) 잔잔함 H43a 24
gamos (marriage) 결혼 M78b 23
gē ① (earth) 흙 A985b 28, 987a 17(실재), 988b 30(단순 물질), 32(맺: 불, 물, 공기), 989a 5(요소?), 9, 10(물질 중 맨 처음의 것), 18(물보다 먼저), 23(물질), 990a 16, 991b 17, 992a 5(요소), α994a 4(공기에서 생기는), 21(물에서 생기는), B996b 7(재료, 맺: 돌), 01b 33, Δ13b 19(물체들의 원인), 14b 33(재료, 요소), 17b 10(단순 물질), Z28b 11(자연적인 물질), 40b 8, 41b 14, 16(차가운 것), 18, 21, H42a 8(단순 물질), 44b 2(재료), Θ49a 1(잠재적으로 사람?), 17(잠재적으로 조각상?), 20(견: 흙으로 된 것), 22, 26, 50b 29(변화 속에 있는 것), K67a 8, Λ69a 29(개별적인 것), 71a 14(요소, 재료), b 31(맺: 생리혈), N92b 19(…의 부분), ② (Earth) (엠페도클레스의 4원소 중, 파르메니데스의) 흙 A984a 9(넷째의 것), b 6(맺: 불), 7, 12, 985b 2, 986b 34(맺: 불), 988a 27, 993a 22(재료), ③ (the earth) 지구, 이 땅 A983b 21, Δ23a 21, Z40a 31, H44b 12, 14, ④ (the earth) 땅 Δ23b 5, M78a 19
gēinon ① ('earthen') 흙으로 된 (것) Θ49a 20, 22, ② (of parts of earth) 흙의 부분들의 (것), 흙 입자의 (것) N92b 20(수)
geloion [gelan 웃다] (absurd) 우스운 (일), 불합리한 (것) Γ06a 13, I56a 1, M82b 37
genesis [gignesthai 생겨나다, 되다] ① (generation, coming to be) 생성, 발생 A989a 15(…에서 나중인 것), α994b 6, Z32a 16(자연적인), 26, b 15(맺: 운동), 33b 11(구-임의), H42a 30, 44b 21, Θ50a 4(견: 형상과 실체성), 51a 32, I55b 11, K60b 18(실체의, 점의), 67b 22, 23(단적인), 24(부분적인), 31(견: 움직임), 68a 2, 15(…의 생성), 35 Λ69b 10(단적인), 70a 15, M77a 19(견: 실체성), 26, N88a 33(단적인), 91a 34, 93b 26, (반) phthora, (견) poiēsis, ② (mode of generation) 생성 방식 M77a 24(수학적인 크기들의), ③ (becoming) (어떤 것으로) 되

어 감, (어떤 것이) 생겨남 α994a 27, b 7, (견) to on, to mē on, ④ (production) 산출 A981a 17(개별적인 것에 관련된, 맺: 실천), ⑤ (generation) 세대 A983b 28(지금의)

genesthai → gignesthai

genēton ① (generable) 생겨나는 (것) E27a 29(원리, 원인), H44b 3(실체, 비: 자연적인), Λ69b 25(…지 않는 영원한 것), (반) phtharton, ② (for generation) 생성을 위한 (것) Λ69b 26(재료)

gennan (generate) 낳다, 발생시키다, 나오게 하다, 생겨나게 하다, 만들어 내다, 산출하다 A984b 9(본성을), 987b 34, 989b 34(하늘을), Γ10a 21, Z33b 23, K60b 8 (수를), M81a 24(단위들을 같지 않은 것들에서), b 18(2와 1에서), 26(한 단위를), 82a 30('2'들을, '4'들을), 84a 32(텅 빔, 비례, 홀), N87b 7, 89a 33, 91a 11(수들을) — **to gennēsan prōton** ① (original generating agent) 으뜸가는 산출자 N91b 10*(가장 좋은 것), ② (first begetter) (어떤 것을) 맨 처음에 낳은 (것) Δ24a 35 — **gennōn** (begetter) (어떤 것을) 낳는 (것), 산출자 Z 33b 30(맞: 낳아지는 것) — **gennōmenon** (that which is generated) (어떤 것이) 낳은 (것), 산출물 Z33b 30

gennētikon (generative of) (어떤 것을) 낳을 수 있는 (것), 산출자 Γ03b 8

gennēton (for generation) 생성을 위한 (것) H42b 6(재료), (반) phtharton

genos [gignesthai 생기다, 나다, 되다] ① (genus) 유(類), 상위 개념, 유개념 A991a 31(종들의), 992a 18, b 12(견: 보편적인 것), B995b 29(맨 마지막에 서술되는), 997a 6(바탕), 998a 21(=요소, 원리?), b 6(정의의 원리), 13(…를 통한 정의), 15, 22(≠하나, 있음), 24(…의 종들), 31(견: 차이성), 999a 1, 4, 5, 31, Γ03b 19, 04a 5, Δ14b 9, 10, 11(=요소?, 견: 차이성), 13, 15b 28(견: 보편적인 것), 33, 16a 24, 26, 29, b 32(하나인), 18b 5, 23b 18(…의 부분들=형상들), 24, 25, 28장, 24b 8(=재료), Z28b 34(견: 보편적인 것), 30a 2(…형상들), 33a 4, 12장, 37b 19(…의 차이성), 21, 38a 5, 6(목소리, =재료), 39a 26(맺: 차이성), H42a 14(더 많이 실체), 15(맺: 이데아, 보편적인 것), 22(≠실체), b 32(차이성들의)*, 45b 6, Θ49b 9, I53b 21(≠실재, 실체), 54b 28(견: 종), 30, 55a 6, 27, b 27(반대되는 것들의), 57a 27, b 6, 7(…의 종들), 38, 58a 7(…의 다름), 22(…의 종들), 23(=재료), K59b 21, 33, 34, 36, 39, Λ69a 27(보편적인 것), 71a 25, 37, M79b 34(형상들의), 85a 24(…의 형상들), N88a 13(…들의 수), (반) kath' hekaston, (비) koinon, ② (kind, class, something of the same kind) 종류, (어떤) 종류의 것 A992a 20, α994a 22, Γ04b 22(같은), Z28b 28, I58b 28*, 59a 10, K66a 10, 68b 33, M76b 39, (비) eidos, ③ (race) 족(族), 민족, 부족 Δ24a 33, 36 — **prōton genos** ① (first genus) 맨 처음의 유 B998b 18, Δ23a 27, Z37b 31, K59b 27, ② (proximate genus) 가장 가까운 유, 최근류(最近類) Z33a 4 — **engytata genos** (genus next above …) 가장 가까이 있는 유 Z34a 1

geōdaisia [gē 땅+dainynai 나누다] (mensuration, measurement of the earth, geodesy) 측량술 B997b 26*, 32

geōmetrein [gē 땅+metrein 재다] (learn geometry) 기하학을 배우다 A992b 26

geōmetrēs (geometer) 기하학자 B998a 4, Γ05a 11, 31(맺: 산학자), E26b 11, M78a 23(맺: 수학자), 25, 29, N89a 22, 24

geōmetria (geometry) 기하학 A982a 28 (견: 산학), B996b 34, 997b 27(견: 측량술), Δ19b 33, E26a 26(맺: 천문학), Θ46a 8, Λ73b 8(수학 계열 학문, 맺: 산학, 견: 천

문학), M77a 3(맺: 천문학), 78a 2

geōmetrikē (geometry) 기하학 K61b 3

geōmetrikos ① (geometer) 기하학자 A983a 20, ② (geometrical) 기하학의 (것), 기하학적인 (것) A992a 21(허구)

gēransis (ageing) 늙어 가고 있음 K65b 20

geras (privilege) 특권 A982b 30(신의)

gerōn (old) 늙은 (사람) A986a 30(피타고라스)

geuein (taste) 맛보다 B00a 12(넥타르와 암브로시아를), Γ09b 4

geusis (taste) 미각 Γ10b 17, 11a 27, (견) opsis

gignesthai

I. (ek 없이) ① (be born) 태어나다 A980a 28(동물은), 991a 25, ② (become) (어떤 결과로서) …이게 되다 M81a 6, ③ (be generated, procuced) 생겨나다, (없던 것이) 있게 되다 A983b 14(단적으로), Z32a 12*, b 31(어떤 것이), 34b 8, H42b 7(단적으로), 43b 18, 44b 23(재료와 형상으로 된 것이), Θ49b 26(사람에서, 음악가에 의해), Λ69b 35, ④ (become) (어떤 것이, 어떻게) 되다 A983b 14(소크라테스가 교양 있게), ⑤ (be in course of being generated) 생겨남(생성)의 과정에 있다 E27a 30, H43b 16

II. (ek와 함께 쓰여) ① (come to be) 있게/…이게 되다, 생겨나다 α994a 22*, Λ69b 18(있지 않은 것에서), 20, (견) einai, mē einai, ② (come from) (어떤 상태의 것이 어디에서) 나오다 Z33a 8(결여와 '바탕'에서), 24(어떤 것에서), I55b 12(못 갖춤에서), K62b 26(완전히 흰 것에서), ③ (come into being) (없던 것이) 있게 되다, 생겨나다 Z32a 31(씨앗에서), b 10(건강이 건강에서, 집이 집에서, 재료가 없는 것에서 재료를 가진 것이), 34a 22(이름이 같은 것에서), K62b 25(있는 것에서), Λ70a 5(실체가 '한 이름 한 뜻인 것'에서), N88b 17(요소에서), (반) phtheiresthai, ④ (become, come to be) (어떤 것이) 되다, 생겨나다 Z32a 14(어떤 것이), 33a 1, 27(구나 원이) —**genesthai** (come to be) 생겨나 있다 Θ47a 12, b 8 —**gegonenai** (have come to be) 생겨났다 Θ47b 10 —**gegonos** (that which has come to be) ① (이미) 된 것 α994a 26(견: 되어 가는 것), ② (that which has been generated, product) (이미) 생겨난 것, 산출물 B999b 12, Z33b 15(청동구), H44a 32, ③ (that which occured in the past) (이미) 일어난 일 E27b 4, 8 —**genomenon** ① (having become) (…하게) 된 (것) A987a 32, K64b 24, N89a 13, ② (thing generated, product) 생겨난 (것), 산출물 B01b 23, Λ70b 16, 73a 3, ③ (past event) 지나간 일, 과거의 일 Δ18b 16, E27b 7 —**gignomenon** ① (that which is generated, that which comes to be) 생겨나는 (것) B999b 6, Z32a 12, 20, 33a 24, b 12(분할되는 것), Θ49b 28, 50a 30, ② (that which is coming to be) (어떤 것으로) 되어 가는 (것), 생겨나는 (것) α994a 26(견: 된 것), 28(있는 것과 있지 않은 것의 중간에), Θ49b 35

gignōskein ① (knowledge) 앎, 인식함 α994b 22, 29, B997a 2(증명의 원리들에 관한), ② (know) 알다, 인식하다 Z28a 37(무엇인지를), b 2, 31b 6(본질을), ③ (receive an impression) 인상을 얻다 K62b 23

glyky (sweet) ① 단 (것), 닮 A986a 33, Δ22b 17, H44a 18(점액), 22, Θ47a 5, K63a 1, b 28, N92b 16, (반) pikron, ② 달콤한 (것), 달콤함 Γ08b 20, 09b 3, 10b 23(포도주), 25

glyschrotēs [gloios 끈적이는 것, 송진] (viscosity) 끈적임, 점성(粘性) H45a 12

gnōrimon ① (be known before, familar,

intelligible, knowable) (이미) 알려진 (것), 쉽게 알 수 있는 (것), 알 만한 (것), 이해하기 쉬운 (것), 이해할 수 있는 (것) A992b 33, 993a 7(구분된 소리), α995a 3(익숙한 것), B00a 14(말), 01a 13(더), Γ05b 13(가장 잘), 08a 17(맺: 확실한 것), Z29b 8, K62a 14(말), ② (knowable) 앎인 (것) Z29b 4(덜), 5(더), 8, 9, 40b 20(더)—**gnōrimōs** (intelligibly, plainly) 알기 쉽게, 명료하게 I53b 14(더), M78b 5

gnōristikē (trying to know) 앎을 추구하는 (학문) Γ04b 26(철학, 견: 철학적 대화술)

gnōrizein ① (know) (감각을 통해) 느끼어 알다, 감지하다, 인지하다 A980a 26(시각을 통해), Z36a 6(감각을 통해), ② (know) (사유나 정의를 통해) 깨닫다, 인식하다, (생각 · 궁리하여) 알게 되다, 알아내다, 알고 있다 A981b 6(원인을), 982a 10(알기 쉽지 않은 것들을), 24(가장 보편적인 것들을), 983a 26(으뜸 원인을), 992b 25(미리), α994b 30(어떤 것의 원인을), B996b 16(한 사물이 무엇인지를 있음/…임으로써), 997a 1, 4(원리들을), 998b 5(각 사물을 정의를 통해), 999a 29(보편적인 것을 통해 모든 것들을), Γ04a 20(다름, 비슷하지 않음, 양이 같지 않음을), 23, b 7(성질들과 속성들을), 05a 28(있는 것에 관하여), Z36a 8(보편적인 개념을 통해), 37a 16(실체에 대해서), H44b 5(원인들을), (비) epistasthai, ③ (recognize) (분별 · 판단하여) 알다, 알고 있다 A981a 22, 30, B997a 4, (비) eidenai, (반) agnoein, ④ (ascertain) 알아내다, 확인하다 α994b 30(원인들을)

gnōsis ① (knowledge) 인식 A981a 16(개별적인 것에 대한), Δ18b 30, 22a 9, 10(…의 한계), Z28a 33(맺: 정의, 시간), Θ48b 15, 49b 17(맺: 정의), ② (knowing) (감각을 통한) 앎 A981b 11(개별적인 것에 대한), B00b 5(비슷한 것을 통한 비슷한 것의)

gnōston ① (can be known, knowable) 알려질 수 있는 (것), (우리가) 알 수 있는 (것), 인식 (대상) Δ13a 14, 16b 20(…의 원리), I52a 33, ② (that which is known) (우리가) 아는 (것), 알려진 (것), 인식된 (것) Z29b 10(불충분하게), 11(완전히), ③ (comprehension) 인식 I52a 32

gomphos ① (being nailed together) 못질 H42b 18(맺: 섞음, 묶음, 붙임), ② (nail) 못 I52a 24

gonē [gignesthai 생기다, 나다] (semen) 정액 Λ71b 31(맺: 씨)

gōnia [gony 무릎, 매듭] (angle) 모, 각(角), 각도 Δ16a 13, 23b 22, Θ51a 25, K61b 23(양, 맺: 선, 수), M85a 19(맺: 도형)

gramma [graphein 그리다] (복) ① (literatur) 글 B02b 18, ② (letter) 자모, 철자 B00a 3, N93b 2

grammatikē (grammar) 문법학 Γ03b 20

grammatikos [gramma 글] ① (lettered, literary) 글을 읽고 쓸 줄 아는 (사람), 문법을 아는 (사람) E26b 17, 19, 20, K64b [23], 24, 26, ② (grammarian) 문법학자 M87a 21

grammē [graphein 그리다] (line) 선(線), 직선 A992a 22(분할되지 않는), α994b 23, B998a 1(감각되는 선), 01b 18, 02a 5(단위와 점보다 덜 실체), 32(맺: 점, 면), Δ16b 26(한 방향에서 분할되는 것), 17b 20, 20a 14(=길이), Z36b 12(…에 대한 규정), H43a 33, I52b 33, M76b 6–35, 78a 15(맺: 수), 84b 1(분할되지 않는), N90b 6(평면의 한계)

graphein ① (express) 내놓다 M77a 9(일반적인 것들을), ② (draw a line) 금(線)을 긋다 M78a 19

gymnastikē [gymnon 벌거벗은] (gymnasitics) 체육 K63b 37(맺: 의술)

gymnon (naked) 벌거벗은 (사람) K68a 7 (맺: 이빨 없는, 검은)

gynē (woman) 여자 B00a 30(맺: 남자), Z34b 3(남자에서 나온다), I58a 29(견: 남자)

|h|

hadron (ripe) 익은 (것), 여문 (것) Δ17b 8(밀)

hadrynsis (ripening) 익어 감, 익어 가고 있음 K65b 20

haima (blood) 피 K65b 31(맺: 습기)

hairein (prefer) ① (…을) 더 좋아하다, 선호하다 A980a 25(보는 것을), ② (choose) 고르다, 선택하다 A982a 32(앎을), b 1(최고의 앎을)

haireton (desired, pursued) 고른 (것), 선택한 (것), 선호되는 (것) A982a 15(학문), E26a 23(이론학, 신학), Λ72a 35(그 자체로, 맺: 좋은 것)

halsis [hallesthai 뛰다] (leaping) 뜀, 뛰고 있음 K65b 20

hama ① (together in place) 한곳에 (있는) K68b 26, M76b 1(두 물체가), (반) chōris, ② (together) 함께 E27b 23, 24, Z40a 15, N88b 6(많음과 적음이 수에 대해서 … 서술되다), (반) chōris, ③ (at the same time) 동시에 Γ05b 19(같은 것에 들어 있다), ④ (along with) (…와) 더불어 (있는) Γ08a 30, M77b 8(흼이 복합물과)

hamartanein ① (go astray, err) 잘못하다, 실수하다 A988b 24, ② (fail to hit) 못 맞추다 α993b 5, Γ04b 8

hamartēma (something defective) 흠 있는 것 Θ51a 20(맺: 나쁜 것, 파괴된 것)

hamartia (mistake, error) 실수, 잘못, 오류 M83b 4, 84b 24, N88a 21

hapan → pan

hapax ① (what it is once) 한 번인 (것) Δ20b 7(견: 두 번인 것, 세 번인 것), 8, ② (once) 한 번 A988a 3(낳다), Γ10a 15(강물에 들어가다), Δ20b 8

haphē [haptesthai 닿다] ① (touch) 촉각 Γ11a 33(견: 시각), ② (contact, touching) 닿음, 접촉 Δ14b 22(견: 함께 자람), 23, 16a 7, H45a 11(하나임의 원인), I52a 20(맺: 묶임), K69a 11(견: 함께 자람), Λ70a 10(맺: 함께 자람), M82a 20(맺: 혼합, 위치), 85a 3(수들의, 견: 잇따름)

haplōs ① (simply) 단순하게, 간단하게 A987a 21(다루다), Γ07a 9(묻다), Δ14a 9(말해지다), Z36a 16, 23(답하다), 37a 9(뜻하다), 41b 1, M76a 27(살펴보다), ② (without qualification, simply) 단적으로 A983b 14(생겨나다), 988b 15(주장하다), Γ04a 12(있지 않다, 맞: 특정한 유에서), 08b 26(어떠하다), 11b 22(들어있다, 맞: 어떤 방식으로), Δ15b 8(증명되다), 18a 2(말해지다), 30(차이가 크다, 맞: 유나 형상에서), 24b 32, E25b 9(깊이 파고들다), 26a 33(말하다), Z28a 31, 30a 23(들어있다, 맞: 어떤 점에서), 25, 26, 30b 5, 31a 13(비: 일차적으로), 33a 21(말하다), H45b 23, Θ48a 29(맞: 특정한 방식으로), 48b 12(참이다), 50b 14(소멸하다, 맞: 어떤 관점에 따라), 16, I53b 8(분할되지 않는), K67b 27(있는 것), 34, 68a 2(생겨나다), Λ69a 22, 72b 13(있다), M77b 16(있다, 맞: 특정한 방식으로), 31, 33, 34(맞다), 83a 22(있다), ③ (in the unqualified sense) (어떤 말의) 무제한적인, 완전한, 절대적인 뜻에서 E27a 5, Z30a 31, Θ49a 21, K65a 34, ④ (indefinitely) 불특정하게 Δ20b 33(관계 맺다), (반) hōrismenōs, ⑤ (in general, in its generality) … 일반, …인 것 모두, 보통의 … Z39b 22(규정, 맞: 재료가 함께 잡힌), H42b 7(생성), Θ49a 23(나무), 24(상자), I54b 12(성질), ⑥ (generally) 일반적으로, 일반적인 Z35b 1(맞: 개별…), I52a 19(맞: 특히), K64b 15, Λ71a 23, N88b 14(살펴보다), ⑦ (absolutely) 절대적으로, 절

대적인 (것) Δ18b 11(더 가깝다), 21(원리다), 31(더 먼저다), I56b 4(대립되다), 18, 26(맞: 상대적으로), 27, K65b 26(같다), 67b 23, 24(변화, 생성), N88b 10(많다), ⑧ (directly) 직접적으로 K62a 2, 5, 31(증명을 하다, 맞: 반대자에 대한), 67b 3(변하다, 맞: 간접적으로), ⑨ (at all) 전혀 (…않다, 아니다) Z38a 5, K67b 29, ⑩ (completely) 완전히 I54b 4, 7(같다)

haploun ① (simple) 단순한 (것), 단순 … A984a 6(물질), 988b 30(물질), 989b 17(비: 섞이지 않은 것), Δ14b 5(요소, 비: 분할되지 않는 것), 7, 15b 12(으뜸가고, 본래적인 뜻에서 필연적인 것), 17b 10(물질), E25b 7(더 … 원인들과 원리들, 맞: 더 엄밀한), 27b 27(맺: (어떤 것은) 무엇인가), Z30a 16(규정), b 15, 41b 9, H42a 8(물질), I52a 21(움직임), b 35, 53a 8(운동), K59b 35(더, 비: 더 원리), 36, 66b 27(맞: 복합된 것), 34, 67a 1(물질), 20, Λ72a 32(견: 하나), 33, 34, 73a 29(이동), M78a 10(더, 비: 더 엄밀한 것), 11, 13(움직임), ② (absolute) 절대적인 (것) K66a 24(발휘/실현 상태), 67b 23(변화), 24(생성), 68a 35(생성), Λ69b 10(생성과 소멸), N88a 33(생성과 소멸)

haptesthai (touch, come into contact) 닿다, 접촉하다 B998a 2(한 점에서), 02a 34(맞: dihairesthai), Δ14b 21(맺: 함께 자람, 덧붙어 자람), 25, K68b 27, 69a 13, ② (set oneself to) 접하다 A984a 28, 985b 24(수학을), Λ69b 24(재료를), ③ (have a notion of) 파악하다 A988a 29(원인을), 32

harmonia ① (harmony) 협화음 A986a 3, 4, Δ24a 21, ② (musical scale) 음계 A985b 31, N87b 35(…의 바탕=4분음), 90a 24, N93a 14(7줄로 된)

harmonikē (harmonics) 화성학(和聲學) M77a 5, 78a 14(맺: 광학)

harmonikon ① (object of harmonics) 화성학의 대상 M77a 5, ② (harmonic relations) 화음과 관련된 것(현상) N93b 22

harmottein (be suited or adapted to, suit) 적합하다, 적절하다, 어울리다, 들어맞다 A990a 8, Γ10a 6, Δ22a 2, M81a 21

hē (qua, in respect with) …다는 점에서, …의 관점에서 (볼 때), …(으)로서 K65b 23

hēdonē [hēdesthai 기뻐하다, 즐기다, 누리다] (pleasure) ① 즐김, 쾌락 A981b 21(맺: 필요물), B00a 16(신의), E27a 3(요리사의), ② 즐거움 Λ72b 16(발휘/실현 상태)

hēdyn (pleasant) 안락한 (것), 유쾌한 (것), 즐거운 (것) E26b 7(집), K62b 23, Λ72b 17(가장, 예: 깨어 있는 상태, 감각, 사유), 24(가장, 예: 이론적인 활동, 맺: 가장 좋은 것)

hēgeisthai (view as, think) (…라고) 보다, 생각하다 A981b 8, 10

hēgemonikon [hēgeisthai 이끌다](authoritative) 주도적인 (것) B996b 10(가장 … 지혜)

hekaston ① (each thing) 각각의 (것), 각 사물 Z31a 16*, 35a 8, 36a 17, H44b 30(…의 재료), N88b 1, 89b 16, 92a 4, ② (each) 각자 Z29b 6 — **to kath'hekaston** (individual) ① 개별적인 (것), 개별자, 개체 또는 개인 A981a 16, 22, 23, b 11, B999a 26, b 33, 03a 7, Δ14a 21(비: 힘을 발휘하는 것), 18a 1, b 33, Z28a 27(실체), 35b 2(원), 36a 23, 39b 28(감각되는 실체), 30, 40a 8, K59b 9, 60a 3, Λ69a 29(실체), 71a 20, M77a 6(목소리와 모습), 86a 34, 37, b 21, N92a 19, (반) to katholou, ② 개별적인, 개별 … Z40b 31(감각되는 실체)

hēkein (come to) …에 이르다, 오다, …을 거쳐 가다 α994b 14(끝에), Γ05b 5, 17, E27b 1(지금에), 3(지금 나와 있는 것에,

이미 생긴 것에), I57a 23, 24, 25, K65a 19(지금 나와 있는 것에)

hekōn (willingly) 일부러, 고의로 Δ25a 9, 10, 12, (반) akōn

hēlikia [hēlios 해, 태양] ① (activity) 활동 A984a 12, ② (prime of life) 한창때, 전성기 A986a 29, N93a 6, ③ (age) 평생 Δ22b 29, ④ (a certain age) 특정 연령 I55b 22

hēlikon (how strong) 얼마나 센 (것) α995a 3

hēlios (sun) 해, 태양 A982b 16(맺: 달, 별), 983a 15(…의 지점), α994a 7, B997b 17(맺: 달), Z28b 13(실체, 맺: 별, 달), 40a 29(하나밖에 없는 것), 31(지구 둘레를 도는 것, 밤에 숨는 것), 32, 33(실체), 34, b 1(개체), Θ50b 22(맺: 별, 하늘 전체), Λ71a 15(원인, 맺: 기울어진 황도), 73b 17(…의 이동, 맺: 달), 22(견: 달), 35(맺: 달), 74a 12(맺: 달), N93a 4(…의 이동), 12(맺: 달)

helix [eilyein 맴돌다] (spiral orbit) 나선형의 궤도 B998a 5(천체의, 맺: 운동)

helkesthai ① (be dragged) 질질 끌려다니다 N91a 10, ② (be constrained) 구속되다 N91a 17

hēmera ① (day) 낮, 대낮 α993b 10, 994b 2, 3(견: 아침), Δ23b 6, H45a 3, Λ70b 21, (견), (반) nyx, ② (day) 하루 Θ47a 10, N88b 22

hēmikyklion [hēmi 반(半)+kyklos 원] (semicircle) 반원 Z35b 9, 10(견: 원), 36b 34, I51a 27

hēmiolios [hēmi 절반+holon 전체] ① (half as great) (어떤 것의) 절반만큼 더 많은 (수) Δ12a 12, ② (that which half as big again as something else, sesquialter) (어떤 것의) 절반만큼 더 큰 것 Δ21a 1*, (견)hyphēmiolios

hēmionos [hēmi 반, 절반+onos 나귀] (mule) '반 나귀', 노새 Z33b 33*, 34a 2, b 3, 4, (견) onos

hēmisy (half) 절반(의 것) B02a 22(입체의), 24, Γ11b 8, Δ17b 7(선의), 19a 8(선의, 맞: 전체), 20b 26(견: 2배), Z35a 18(선의), 39a 6(두 개의), Θ48a 33(잠재 상태, 맞: 전체), K67a 26(맞: 전체)

hen Δ6장, I1-3장, 6장, ① (one) 하나 A984a 31(움직이지 않는 것), 986a 20(짝수이자 홀수), 987a 18, 27, b 21, 22, 988b 6, 22(모든 것), 992a 6, B998b 20, 21, 999a 2(분할되지 않는 것), Γ03b 33, 04a 10, 17, 19, Δ16b 4(분할을 허용하지 않는 것), 18, 23, 17a 4, 18a 35, 21a 12(수의 원리이자 척도), Z30b 10, 40b 18, 41a 19(분리되지 않는 것), H44a 2, 45b 3, I52a 36, b 16(분할되지 않는 것), 23, 18-53b 3(척도), 7, 54a 20-29(맞: 여럿), b 22, 55b 28, 57a 4, Λ72a 33(견: 단순함), M80b 6(모든 것들의 원리, 실체, 요소), 84b 21, 30, 86b 27, N87b 33(척도), 88a 6(다수의 척도), 89a 2(=있음), 92b 1, (반) polla —(맺) to on B996a 6, 998b 22, 01a 5-b 4, Γ03b 23, 04b 5, 05a 9, 12, Z40b 16, H45b 6, I2장, K59b 28, 60b 5, Λ70b 7 —(반) ta polla or plēthos Γ04a 10, I3장, 6장, Λ75a 33, N87b 28 —**hen ti para ta polla** (a one apart from the many) 여럿과 따로 있는 어떤 하나 I53b 18 —**hen epi pantōn** (one thing about the many) 모든 것들에 걸친 하나 B999b 27 —**hen epi pollōn** (the one over many) 여럿에 걸친 하나 A990b 7*, 13, 991a 2, Z40b 29(형상), M79a 9, 32 —**kath' hen legesthai** (be said to be in virtue of something single) 어떤 한 가지 것으로 말미암아 말해지다 K61b 12 —**kath' henos, kath' hen legesthai** (be said with one meaning) 한 가지 것에 따라(같은 뜻으로) 말해지다 B03b 15, Z30b 3, H43a 37 —**pros hen legesthai**

(be said to be in relation to one thing) 하나에 관계 맺어 말해지다 Γ03a 33, 05a 10, Z30b 3—**to mē hen** (the not-one) 하나가 아닌 것 Γ01b 23, ② (one) 하나, 한 (가지), 단일한 (것) Z12장(정의), H44a 3(수), 6, 6장(정의), M85a 35(재료), 36, (반) pleiō, ③ (one thing) 하나인 것, 한 가지 것 Γ03a 33–b 15, 06b 13–34(견: 하나에 대해), Δ14b 25(연속과 양에서), 15b 36, 16b 31, Z30b 3, 36b 20, K61b 11(공통된), M82a 20(닿음, 혼합, 위치를 통해), N87b 5, 88a 15—**hen ti** (one thing) 하나인 것 Δ20a 8—(비) syneches Δ15b 36, 16a 4, Λ69a 8, M82a 20, (비) holon Δ16b 11, 23b 36, (비) to kath' hekaston, tode ti B999b 33, Δ20a 8, Z33b 31, 39a 28, I54a 34, K66a 33, M86b 26—hen arithmō, kat' analogian, kat' eidos, kata genos, kata tēn aisthēsin, kata ton logon A986b 32, B999b 25, 33, Γ03b 24, 06b 26, Δ16a 18, 24, 32, b 9, 31, 33, Z33b 31, 39a 28, I52a 29, b 1, 54a 34, N87b 12, 93b 18, ④ (복수로 쓰여) (1's, ones) 하나들, 1들 I56b 21, 23, M83a 25, ⑤ (One, Unity) 하나 ⓐ (피타고라스주의자들에서) A986a 19, 21, 24, 987a 18, 27, B01a 11, M80b 20, 31, ⓑ (엘레아학파에서) A986b 15, 19, 24, B01a 33, ⓒ (엠페도클레스에서) B00a 28, ⓓ (아낙사고라스에서) A989b 17, Λ69b 21, ⓔ (플라톤에서) A987b 21, 988b 2, 992a 8, B01a 11, M80b 6

heneka → hou heneka

henizein (become a partisan of the One) 하나를 (원리로) 내세우다 A986b 22

henopoion (unifying) 하나로 만드는 (것), 단일화하는 (것) H45b 17

henotēs (oneness) 하나임, 단일성 Δ18a 7(비: 같음), 23b 36(비: 전체임), I54b 3(비: 같은 만큼임)

heōthen [heōs 아침, 여명] (early one morning) 어느 이른 아침에, 어느 날 새벽 Γ08b 15

hepomenon [hepesthai 뒤따르다] (derivatives) (…로부터) 나오는 (것), 뒤따르는 (것), 파생된 (것), 파생물 M84a 33—hepomenōs ① (corresponding) …에 따라 Δ23a 24, ② (in a secondary way) 부차적으로 Z30a 22(맞: 일차적으로)

hepta (seven) 일곱 (개) Λ74a 13, N93a 13(홀소리), 14(줄, 별, 살), 15(명), 17(별)

hērakleitizein (profess as Heraclitean) 헤라클레이토스의 추종자로 스스로 일컫다 Γ10a 11

hēsson → hētton

hēsychazein [hēsychaios 조용한, 평온한] (stay at home) 집에 머무르다, 쉬다 Γ08b 14

hetairos (associate, friend) 동료, 친구 A985b 4(데모크리토스), Γ09b 26

heteromēkes [heteron 다른+mēkos 길이] (oblong) 직사각형 A986a 26(견: 정사각형)

heteron ① (other) 다른(異) (것) Δ18a 9, 37, I58a 35(반대성), ② (otherness) 다름 B995b 21, Γ04a 27, Δ18a 11, 38–b 7(형상에서), 24b 9–16(유에서), I54b 14–23, 8–9장, N87b 29, (반) tauton, ③ (the Other) 다름 A989b 17, N87b 26, (견) allo—**heterōs** (in different senses) 다른 방식으로, 다른 뜻으로 H44b 25, Θ48a 30

heterophthalmos [heteron 다른+ophthalmos 눈] (one-eyed) 애꾸눈 Δ23a 5

heterotēs (otherness) (서로) 다름, 다른 성질, 상이성 Γ04a 22(비: 차이성), Δ18a 15, I54b 23(견: 차이성), 58a 7(유의), 8, K66a 11(운동, 맞: 양이 같지 않음, 있지 않음), (반) tautotēs

hēttasthai (be defeated) 항복하다 A984a 30

hētton (less) 덜 B997b 5(이치에 어긋난 것),

00b 4(현명한), 02a 4(실체), Γ08b 36(틀리다), Z29b 4(앎인 것), I54b 10(덜 흰), 57b 25, 28, 29, 58a 37(속성), K59b 35(단순한 것), (반) mallon — **hēkista** (least) 가장 …이 아닌 (것) N88a 23 (… 실재나 실체가 …=관계 맺은 것), 29 — **mallon kai hētton** → mallon

heuresis (finding) 찾아냄, 발견 B996b 21 (비례 중항의)

heuriskein ① (find) 찾아내다, 발견하다, 발전하다, 알아차리다 A981b 14, 16, 17(기술을), 22, 983b 5(학문을), 985a 6, 992b 19(요소를), B995b 1(찾으려 했던 것을), Δ25a 16, 17, 19(보물을), Θ51a 22(기하학의 작도들을), 23(도형들을), 30, Λ74b 10(기술과 철학을), N93b 6, ② (attain) 갖다, 얻다, 확보하다 A985a 23(일관성을)

hex (six) 6, 여섯 개(의) Δ14a 16(원인들의), 20b 7, 8, K67a 29(자리의 … 종류), Λ74a 9(천구)

hexēs (successive) 잇따르는 (것) K68b 31, 35, 69a 1, 2(견: 맞닿는 것), M81a 22(수), (비) ephexēs

hexis ① (characteristics, permanent state or disposition) 습성, (지속적) 상태 A983b 15*, 986a 17, α993b 14, Δ15b 34(맺: 양태), 19a 26, 20a 19(맺: 양태), Θ46a 13(겪지 않음의), K61a 9, 24, Λ70a 12, (견) diathesis, ② (bodily state) 신체의 상태 Γ09b 18, K63b 1, ③ (temporary state) (일시적) 상태 Δ22b 10, 12, ④ (having, habit, positive state, possession) 가짐, 갖춤, 소유 Δ18a 21, 34, 19b 7, 8, 9, 22b 4, 8, 13, 14, H44b 32(비: 형상), I55a 33, b 13, (반) sterēsis

hiereus [hieron 성스러운] (priest) 성직자 A981b 25

hikanon ① (sufficient, enough) 충분한 (것), 충족 또는 만족시키는 (것) A984b 9, Γ05a 25, Z29a 9, ② (adequate) 적합한 (것) Z34a 4, I53b 28, Λ69b 29, M86a 18 — **hikanōs** (sufficiently) 충분히, 충분하게 A983a 33(살펴보다), 985a 23, E27b 18 (규정하다), M77b 14(논의하다), N87b 31

himation ① (dress) 옷 Γ06b 26, ② (coat) 겉옷 Δ24a 5*(맺: 밀랍), Z29b 28, 34, 30a 2, H45a 26, (비) lōpion, (견) esthēs

hippos (horse) 말(馬) B997b 9, Γ11b 31, Δ16a 27, 20a 34(네 발 달림), 23b 32(살아 있는 것), Z31b 30(…의 본질), 33b 33(견: 노새), 34(견: 나귀), 39a 34(동물), I58a 4, b 16, K59b 8, 60a 15, 62a 26, M 82b 19, 84a 24, N88a 9, 92b 11(…의 수)

histanai(pres.) (make to stand) (멈춰) 서게 하다 Λ70b 25, (반) kinein — **hestanai**(pf.), **hestēkenai**(plqpf.) (be standing, stand) 서 있다 Δ22a 23, Θ47 a 15, b 13, (반) kathezesthai — **histasthai**(pres. pass.) (stop) (어떤 과정이) 멈추다 α994a 5, b 24(분할이), B999b 8(생성이), 00b 28 — **histasthai**(impf.) (stood) 서 있었다 B00b 2 — **stēsai**(aor.) ① (make to stand) (…을 멈춰) 서게 하다 Θ47a 28, (반) kinēsai, ② (stop) 멈추다, 그만두다 α994b 24 — **stēsesthai**(fut.) (will be still) (멈춰) 서 있을 것이다 K67a 15 — **stēnai**(2. aor.) ① (stand still) (멈춰) 서 있다 Z40a 32, Θ47a 28, 50b 23, ② (stop) 멈추다 Λ70a 4

hodi (this) (여기) 이, (여기) 이것 A981a 8(병), 990b 1(있는 것들), (견) tode ti

hodopoiein [hodos 길+poiein 만들다] (open the way) 길을 열다 A984a 19

hodos ① (road, way, process) 길, 과정 Γ03b 7(실체로 가는), Δ12b 35(맺: 선), I55a 7, ② (stage) 단계 H44a 24

holon Δ26장, ① (the whole) 전체(인 것), 전체적인 (것), 온 (것), 통짜 α993b 6, Δ13b 20(…의 원인=부분들), 22, 16b 17(원주), 18b 34, 23a 17, b 20, 30, 24a

③(견: 모든 것), 12, H45a 10, I52a 22, Λ69a 19(일종의), M84b 11(재료와 형상으로 된, 비: synholon), (반) meros, ② (universe) 전체, 우주 Λ75a 11, N92a 12(…의 원리), (비) ouranos, ③ (the whole) … 전체 K61a 23(정의)

holōs ① (in general) 일반적으로, 무릇 A982b 6, 990b 17, Δ13a 29, 31, b 24, 14a 2, 12, 15a 8, 18a 11, 19a 29, 23b 29, Z29b 6, 11(알려진 것), Λ71a 23(맞: 이 …), (비) katholou, ② (on the whole) 전반적으로, 전체적으로 Θ46a 33, M86a 14, ③ (in general) … 일반 Z33b 26(청동구), N88a 26, ⑤ (at all) 전혀 (…하지 않다) Δ19a 27, b 17, M77b 15, 82b 8

holotēs (wholeness) 전체임, 전체성 Δ23b 36(비: 하나임)

homalon ① (uniform) 고른 (것), 균일한 (것) I53a 11(우주의, 운동), M78a 13*(움직임), ② (planeness, level) 고름, 평평함 N93b 20

homalotēs ① (a uniform state of body) 균형 Z32b 8, ② (smoothness) 고른 상태, 고름(平) H43a 24, 26

homalynthēnai (be made uniform) 균형이 있다 Z32b 19

homoeides [homon 공통의, 같은+eidos 형상, 종류] (of the same kind, alike in kind) 같은 종류의 (것), 같은 종류로 된 (것) A991b 24, 25(단위들), B02b 16(수학적인 대상들), 22(중간에 있는 것들), Δ13b 31(원인들), 14a 30(부분들), 24b 8, Z32a 24, K67a 9, Λ70b 30, 71a 17

homogenes [homon 공통의, 같은+genos 유] ① (kindred) 같은 종류의 (것) A981b 26(기술, 학문), ② (homogeneous) 같은 유(類)에 드는 (것) I57b 29

homoiōma (resemblance) 닮은 점, 유사성 A985b 27

homoiomeres [homoion 비슷한+meros 부분] (things that are made of parts like themselves, things composed of similar parts, homogeneous) 같은 질의 부분들로 된 (것), 동질소(同質素)로 이루어진 (것) A984a 14*, 988a 28, 992a 7

homoion ① (similar, like) 비슷한 (것), 비슷함 B995b 21, 00b 6, Γ03b 36, Δ18a 15, 21a 11, I54b 3-13, (반) anhomoion, ② (not on the same level) 수준에 맞지 않는 (것) α995b 2 — **homoiōs** ① (similarly) (…과) 마찬가지로 B02b 21, Γ03b 30, N87b 36, ② (equally) 같은 비중을 두어 K62b 33

homoiotēs ① (likeness, similarity) 비슷함, 유사성 Δ21b 8, I55b 20(…의 결여=비슷하지 않음), K61a 14, (반) anhomoiotēs, ② (analogy) 유비(類比) Θ46a 7, ③ (resemblance) 비슷한 점 N93a 28

homoiotropōs [homoion 비슷한+tropos 방식] (similarly) 비슷한 방식으로, 마찬가지로 Γ03b 4, 08a 10, Δ23a 24

homologein [homon 공통의, 같은+legein 말하다] (agree, recognize) 동의하다, 인정하다 Θ42a 6, Λ69a 31 — **homologoumenon** ① (consistency) 일관성 A985a 23, ② (that which is consistent with) (…과) 일치하는 (것) A991b 27 — **homologoumenōs** ① (in agreement) 동의하여 A989a 3, ② (consistently) 일관되게 B00a 25(주장을 펼치다)

homōnymia [homon 공통의, 같은 (것)+onoma 이름] (ambiguity) 한 이름 다른 뜻, 이름이 같음, 동음이의 Γ06b 19

homōnymon ① (having the same name) 이름이 같은 (것) A990b 6, Z34a 22*, 23, b 1, I59a 14, M79a 2, 86b 27*, ② (having only the name common) 이름만 같은 (것), 한 이름 다른 뜻인 (것), 동어이의인 (것) A991a 6, Z35b 25, M79b 1, (견) synōnymon — (비)

synōnymon A987b 10, Z34a 22, 23, b 1 —**homōnymōs** (by a mere ambiguity, by an equivocation, ambiguously, in a different sense) '한 이름 다른 뜻으로', 두 가지 다른 뜻으로 Γ03a 34, Δ19b 8, Z30a 32, 34, b 1, 3, 35b 1, Θ46a 6, K60b 33

homose (together) 함께, 나란히 N89a 3

homou (together) 함께 Γ07b 26, I56b 29, Λ69b 29, 72a 20

hoper (essentially, precisely, just what a thing is) 본질적으로, 바로 어떤 것이 … 인 바, … 자체 B01a 27(하나인 것), Γ03b 33(있는 것), 07a 22(사람-임, 동물-임), 33(흼), Δ21a 28, Z30a 3(이것인 것), 4, H45b 1(하나인 것, 있는 것), 23(하나인 것), Θ51b 30(있음), N91b 25(좋음), 27

hopoteron etychen → tynchanein

hōra (season) 계절 N93b 14

horan (see) 보다, 알다 A980a 25, B00b 7 —**horōmenon** (the seen) 보이는 (것) Θ48b 12, 13 —**idein** ① (detect) 알아보다 K66a 26, ② (attend to, survey) 살펴보다 B995b 8(실체의 으뜸 원리를), H42a 20, K60a 12, ③ (see, observe) 보다, 관찰하다, 목격하다 Γ08b 22(누군가를), 09b 34(진리를), 10a 27, 12a 1, Δ16b 14, Z41a 1(별들을), Θ46b 33, 48b 23, 51a 26, 28, K64b 31, N89b 3(원인을)

horasis (seeing) 봄(見), 보는 행위 Θ50a 24, 36

horatikon (that which is capable of seeing) 시각 능력, 시력, (어떤 것을) 볼 수 있는 힘이 있는 (것), 시력을 가진 (것) Θ49b 15, 21

horaton (visible) 시각 대상, (우리가) 볼 수 있는 (것), 보이는 (것) Θ49b 15, K65b 33(견: 색)

hōrismenon → horizein

hōrismenōs → horizein

horismos Z10-12장, H6장, (definition) 정의, 개념 규정 A987b 3, 992b 32, B998b 5(…의 원리=유), 13(유를 통한), Γ12a 3, 11, 22, 24, b 7, Δ17b 22*, Z30a 7-17(견: 규정), b 5(비: 본질), 13(맞: 규정), 31a 1(실체에 대한), 12(본질에 대한), 34b 20(규정), 36a 29(보편적인 것과 형상에 관계), 37b 12(견: 규정), 25, 28(분할의 방식으로 얻어지는), 29(으뜸가는 유와 차이성으로 된), 38a 8(차이성으로 이루어진 규정), 20(맞: 실체), 29(마지막 차이성으로 이루어진 규정), 39a 20(실체에 대한), b 28, 32(앎에 관련된 것), 34, 40a 2, H42a 17(본질에 대한 규정), 18, 21(…의 부분들), 43b 34(일종의 수), 44a 1(비: 본질), 5(하나인 것), 45a 7(맞: 수), 12(한 가지 것에 대한 규정), I56a 13, M78b 31(맞: 보편자), 86b 34(맞: 증명)

horistikos (definitory) 정의의 성격을 띤 (것) H43b 31(규정)

horiston (definable) 정의될 수 있는 (것) B998b 6

horizein ① (determine) 확정하다 Γ09a 5, Z29b 1, ② (limit, mark off) (…에) 경계를 정해주다 Δ17b 17, 21 —**horizesthai** ① (define) 정의를 내리다, 규정하다 A987a 21, Γ11b 25, E26a 4, Z40a 8, K64a 21, M78b 18, 28, ② (be defined) (…에 대해) 정의가 내려지다, 규정되다, 확정되다 A989b 18, B02a 6(물체), Z35b 10, 17, ③ (be determinate) (하나로) 한정되다 M84b 7 —**horizomenon** (the thing defined) 정의되는 (것), 정의 대상 E25b 30(비: 실체), Z37a 23 —**hōrismenon** ① (definite) 특정한 (것), 확정된 (것) Γ06a 25, 08a 34, 11b 8, Δ25a 24(원인), Z33b 22(비: 이것), N87b 37(추), (반) ahoriston, ② (definte) 확정된 (것) K63a 27(본성), M81b 26(둘), 87a 18, ③ (definiteness) 일정함 M78b 1*, 3, ④ (limited) 한정된 (것) B02b 18(개수

에서, 원리), 21, Γ06b 1, 4 — **hōrismenōs** (definitely) 특정하게 Δ20b 33, (반) haplōs

horkos (oath) 맹세, 서약, 약속 A983b 31, 33, B00b 15

hormē (impulse) 충동 Δ15a 27★(맺: 의도), b 2, 23a 9(비: 본성), 18, 23, Λ72b 12

horos ① (definition) 정의 A987a 23, b 6(공통된), Δ20a 4, Z30a 8, 31a 8, 38a 21(맺: 실체), 39a 20(실체에 대한), 40a 6, b 2, H43a 22, b 25, 29, 45a 26, Θ46a 15, 48a 36(맞: 예시, 유비), 49a 5, I52b 9, (비) horismos, ② (formula) 규정 I55a 23, ③ (limit) 한계 N92b 9(크기들의 … =점)

hosachōs (in as many ways as) …만큼 많은 뜻(방식)으로 Δ17a 23(있음이), 22a 11(원리가), b 32(부정어가), Z30b 10(하나가), M80b 33(수들이)

hosachōsper (in as many senses as) …만큼 많은 뜻(방식)으로 Δ18a 5('같다'는)

hothen (where, whence) 그로부터, 그것으로부터 A981b 20, B00b 9, Γ08b 12, Δ12b 34, 13a 1, 3, 4, 7, 14, 18, 14b 6, 18, Θ49b 33 — **hothen** (hē archē) …(source of) (운동, 변화, 정지가) 비롯되는 곳, (운동, 변화, 정지)의 근원, 원인 A983a 30, 984a 27, b 22, 985a 13, b 19, 987a 8, 13, 988a 33, 992a 26, α994a 5, B996b 6, Δ13a 8, 29, b 9, 24, Z32b 22(건강함의 움직임이), 33a 25(생성이)

hoti, to (that the thing is so, fact) '(어떤 것이 어떻다)는 것', 사실 A981a 29, b 13(예: 불이 뜨겁다는 것), Z41a 15(맺: 어떤 것의 있음), (반) dihoti, dia ti

hou heneka, to (for the sake of which a thing is, the end, purpose, final cause) '무엇을 위해', 목적, 목적인 A981b 27(논의의), 982b 10★(비: 좋음), 983a 31(비: 좋음), 988b 6(행위, 변화, 운동의), α994a 8, b 9, 12, Δ13a 21, b 26(비: 최고선, 목적), 22a 20, E27b 15(맺: 재료, 움직이는 것), H43a 9, 44b 12, Θ50a 8(비: 원리), K59a 35(비: 좋음), 65a 26, Λ72b 1, 2★, N92b 25, (비) telos A994b 9, B996a 26, Δ13a 33, 21b 30, H44a 36 — **tinos heneka** (the end) '무엇을 위해' Z41a 29

houtōs echein (be 'so') 그러하다 Γ06a 28, 30, 31, 09b 32, 10b 19, 29

hydares [hydōr 물] (diluted) (물이나 우유에 타) 묽게 된 (것) N92b 30(꿀물)

hydatothremmōn [hydōr 물+trephein 기르다] (water-nourished) 물속에서 자라는 (것) B00a 31(물고기들)

hydōr ① (water) 물 A983b 27, 984a 14, 985b 29, 987a 4, 988b 32, 989a 8, 14, 17, 18, 30, 991b 17, 992a 7(요소), α994a 21(불에서 나오는), 24(공기가 되는), 31(공기에서 나오는), B01b 33, Γ08b 22(…을 마시다), Δ14a 31(…일부=물), b 34, 15a 10(으뜸가는 것), 16a 21(맺: 포도주), 23, 17b 11(단순 물질), 23a 29(녹는 것), 24a 6★, 8, 19, Z28b 11(자연적인 물질), H42a 8(단순 물질), 43a 10(맺: 얼음), 44b 32(맺: 포도주, 식초), 45a 2(식초의 재료), I56b 16(…의 양이 많다), K67a 19, N93a 1(…의 수), ② (Water) (탈레스의, 엠페도클레스의 4원소 중) 물 A983b 21, 31(스퇴스), 984a 6, b 7, 985b 2, 988a 27, 30, 993a 22, B996a 9, 998a 30

hygiainein (be well, healthy) 건강하다 Γ09b 5(맺: 제정신이다), 10b 6, 11a 5, Δ13a 34, 17a 28, 29, Z28a 21, 25, 32b 10, 19, 22, 33a 8, H45b 13, Θ49a 5, 51a 7, 8, 13, K63b 1, 65b 29, 30, 31, Λ70a 22, (반) kamnein, nosein

hygiansis (becoming healthy) 건강해짐 K68a 30

hygiazein (cure) '건강하게 만들다', (사람을) 치료하다, 낫게 하다, (병을) 고치다

A981a 18(의사는 칼리아스나 소크라테스를), Δ14a 22, E26b 37(건축가가), Θ48b 25, 49a 3, 7, K67b 4

hygieia (health) 건강 α994a 9, B997b 9, Γ03a 35(…의 징후), 36, 08b 29, Δ13a 34, b 1, 32(…의 원인=기술자), 22b 12(잘된 상태), E25b 4(비: 좋은 신체 상태), 27a 3(병의 실체), Z32b 4, 5, 7, 11, 13(…의 형상=치료술), 27(몸 안의 온기=…의 일부), 28, 29, 34a 10, 28(온기), 29, 30, H44b 31, 45b 14, Θ46b 7, 18, K61a 3, 6(…의 징후), 68a 22, 26, Λ70a 17, 23, 29, b 28, 33, 75b 10(=어떤 점에서 의술), (반) nosos

hygieinon ① (healthy) 건강한 (것) B997b 31, 32(자체), Γ03a 35(견: 건강), b 11, H44b 30(몸), K60b 37, 61a 6, M77b 36, 78a 1, (반) nosōdes, ② (be in a healthy state) 건강한 상태에 있는 (것) Γ08b 29, ③ (wholesome, salutary) 몸에 좋은 (것) Θ46b 18, N92b 28 — **hygieinōs** (healthily) 건강하게 Γ08b 30

hygies ① (be healthy) 건강한 (것) Γ10b 14, Z32b 6, 7, 33a 10, 12, 13, H42a 36, (반) kamnein, ② (sound) 건전한 (것) N91a 9

hygron ① (moist) 습한 (것), 수분이 있는 (것) A983b 23, 26(본성), 27, ② (liquid) 액체 Δ23a 15, 24a 6, I53a 6, (반) xeron

hygrotēs ① (wetness) 습함 H42b 23, ② (moisture) 습기 K65b 31, (반) xērotēs

hyios (son) 아들 Δ21a 24

hylē H3-4장, Z3장, (matter) 재료, 질료(質料) A983a 29*, b 7(원리), 984a 17(원인), 986a 17(수), 988a 2-7(맺: 암컷), 992b 2, α994a 3(맺: 어떤 것), B999b 12(생겨날 수 없는 것), Δ16b 32, 17a 5(맨 처음의, 맨 마지막의), 23a 27, b 2(형상의), 24a 35(맺: 암컷), b 8(유), E25b 34(감각되는), 26a 3(맺: 운동), 27a 13(우연히 딸린 것의 원인), Z32a 17(어떤 것이 생겨 나오는 곳), 33b 19, 34a 8, 36a 8(알 수 없는 것), 9(감각되는), 37a 4(감각되는, 사유되는), 27(확정되지 않은 것), 38a 6(유로서의 목소리), H42a 27, 32(실체), b 6(이동을 위한, 생성 및 소멸을 위한), 13(바탕이 되는 물질), 44a 16(실체), 18(으뜸), 23(으뜸), 35, b 2(고유한), 8(장소와 관련하여 움직이는), 27, 45a 34(감각되는, 사유되는), b 18(마지막, 비: 형태), Θ46a 23, 49a 25(으뜸), 50b 22, I58a 23(유), K59b 16(수학적인 대상들의), Λ69b 9, 26(생성을 위한), 70a 9(겉보기에 이것), 20(마지막) — (비) dynamis Z39b 29, H42a 27, b 9, Θ49a 23, 50a 15, b 27, K60a 20, Λ69b 14, 70b 12, 71a 10, 75b 22, N88b 1, 92a 3 — (비) hypokeimenon A983a 29, 985b 10, 988a 11, 992b 2, Δ22a 18, 24b 9, H42a 32, b 9, K61b 22, Λ70a 11 — (견) hypokeimenon Z29a 2, H42a 27, 44b 9 — (반) logos, ousia kata ton logon, entelecheia, energeia A986b 20, Z38b 6, H43a 6, 45a 35, Λ71b 21, 74a 34, M76a 9, 84b 9 — (반) eidos, morphē A988a 3, Z29a 4, 6, 41b 8, Θ50a 15, Λ70a 2 — **prōtē hylē** ① (ultimate or first matter) (절대적으로 궁극적인) 맨 처음의 재료 Z34a 11*, 36a 8(알 수 없는 것), 37a 27, H44a [16], 23, Θ49b 1, ② (prime matter) (상대적으로 궁극적인) 으뜸 재료 Θ49a 25, 27(예: 불), ③ (proximate matter) 처음의(애초의) 재료, 가장 가까운 재료 Δ14b 32(예: 나무), 15a 7(예: 청동), H44a 18(예: 쓴 것)

hylikon [hylē 재료] ① (material element) 재료 상태의 (것) Z35a 8, ② (material) '재료'란 뜻의 (실체) H44a 15, Θ49a 36(맺: 재료), M77a 36, (비) hōs hylē — **hylikōs** (materially) 재료 상태로 M78 a 31, (비) dynamei

hypallēla (subordinate the one to the other) (하나가 다른 하나의) 아래에 놓인 (종속된) 것들 Δ18b 1

hyparchein [hypo … 밑에, 아래에+archein 맨 먼저다, 으뜸이다, 시작하다] ① (3격과 함께) (belong to, attach to) (어떤 성질이나 속성이 어떤 사물에) 들어있다, (어떤 사물이 어떤 속성을) 가지다 A981a 25(앎과 이해가 기술에), 982a 22, Γ05b 20*, Δ17a 21(속성이 있는 것에), 20a 19(교양이), 28(휨이), b 6(질이 수의 실체에), 25a 32(두 직각을 가짐이 삼각형에), Z30a 21('있다'가 모든 것에), 37b 15, 40b 23(실체가 실체를 가진 것에), H43b 2(본질이 형상과 실현 상태에), Θ51a 12(반대되는 성질들이 같은 대상에), b 9(어떤 것에), K65b 10(범주가 모든 것들에), 66b 19(무한이 실체에), M77b 4, 78a 27, 83a 10(속성이 단위들에), 84b 32(두 가지 특징들이 같은 것에), N88a 8, 91b 17(자족성과 자기 보존이 가장 자족적인 것에), 92a 27(위치가 요소들에), 93b 12(좋음이 수들에), ② (전치사 en과 함께) (be found in) (어떤 것 안에) 들어있다 Δ19a 17(건축술이 집 안에), 18(의술이 환자 안에), Z36a 11(수학적인 대상들이 감각 대상들 안에), 38b 23(보편자가 형상 안에), K67b 12(변화가 모든 것들 안에), N90a 21(수의 속성이 감각되는 물체 안에), 24(음계와 우주 속에), b 4, ③ (hold good for, be valid, apply to, be true, be predicable of) 타당하다, 적용되다 Γ05a 22, 12a 30, Z41a 23(술어가 주어에 대해), Θ46b 10(이성적인 힘이 실제로 있는 것에), M80a 19, 82a 21, 83a 4, 84a 1, N88a 8(척도가 모든 것들에), 90a 15(산학자의 정리가 감각 대상에), b 27(정리가 수학적인 대상에), ④ (be present, exist) (앞서 또는 앞에 주어져) 있다, 존재하다 Γ07b 26(참으로), 10a 20, Δ15a 4, E27b 3, 5, Z32b 20(잠재 상태로), 32, 38b 32(떨어져), 40b 27, 41a 15(사실과 존재가), b 4(사물의 존재가), Θ47a 24(발휘 상태로), 27, 48a 12(원하는 것이), 31(사물이 어떤 방식으로), 51b 21(비슷하게), K62b 9, 66b 19, Λ71b 35, M78a 6, N87b 1(바탕이 반대되는 것들에), (비) pareinai, ⑤ (be given) (어떤 문제가 누구에게) 주어지다, 생기다 Λ74b 21(이성의 가치가), M82b 29(수가), N88b 34(문제가 그들에게), ⑥ (be secured, be applied) 갖춰지다, 확보되다 A982b 23, ⑦ (be found in the field of) (어떤 영역 속에) 들어있다 K59a 36(좋음이 움직이는 것의 영역 속에), ⑧ (전치사 peri와 함께) (be concerned with) (어떤 것에) 관계하다 K60a 10(지혜가 감각되는 실체들에), ⑨ (형용사와 함께) (be) …이다 B999b 31, ⑩ (belong to, be contained in the extension of) (…에) 들다, 속하다, …중의 하나다 Z30a 6 —**hyparchon** ① (that which belongs to, attribute) (어떤 대상에) 들어있는 (것), 속성 Γ03a 22(있는 것에), 05a 14, 15(실체들에), Δ25a 22(어떤 것에), E25b 12(유에 바로), 26a 32(맞: 본질), Z30a 12(형상들에), 38b 35(보편적으로), I59a 3, 8(필연적으로), K60a 13(감각 대상들에), 61a 36(상호 위치에), N91b 2(좋음), ② (that which is true of) (어떤 것에) 타당한 (것) M83a 4, ③ (the existing condition, being already, actual fact) 지금 (나와) 있는 것, 현재 있는 (것), 현재 상태, 실제로 있는 (것) Θ48b 21, K65a 19, ④ (given) 주어진 (것), 주어져 있는 (것) K64a 3(맺: 있는 것), M82b 29(수), ⑤ (constituent element) 구성 요소 Δ24b 5(으뜸가는)

hypatē (chordē) (the highest string) 휘파테, (뤼라의) 가장 높은 줄, 가장 낮은 음 I57a 22, (반) neatē, paranētē

hypechein [hypo … 밑에+echein 있다] (support) 지지하다 Γ11a 22(자신들의 입

장을), 24, 25

hypeikein (yield) 무너지다 Θ46a 25(특정한 방식으로)

hypeinai [hypo …밑에, 아래에+einai 있다] (underlie) …의 바탕이 되다 K68b 10, 69b 6, (비) hypokeisthai

hypenantion [hypo …아래에+enantion 반대되는] (contradiction) …에 모순되는 것(점) M85a 15(맥: 불가능한 점, 꾸며 낸 점)

hypepimorios [hypo …아래에+epi …에 덧붙여+morion 부분] (subsuper-particularis) 그 일부만큼 더 작은 (수) Δ21a 2*, (견) epimorios

hyperballein [hyper …을 넘어서+ballein 던지다] (surpass) 능가하다 M77b 3

hyperbolē (excess) 능가, 넘어섬 Δ21b 15, 32, 33, I55a 11

hyperechein [hyper …을 넘어서+echein 있다] (exceed) 능가하다, 초과하다 Δ18b 22, 20b 28, 21a 4, 6, I57a 13, 14, M84a 17, N87b 18, 22

hypēretein [hypēretēs 노를 젓는 노예 < eressein 노를 젓다] (serve) 섬기다, 종속되다—**hypēretousa** (ancillary, subordinate) 종속된 (것), 하위의 (것) A982a 17(학문), b 5, (반) archikos

hyperochē (excess) 지나침, 초과, 과도 A992b 6, Γ04b 12(수의 성질로서), H42b 25, 35(더와 덜, 촘촘함과 성김), I52b 29(…의 중량), 30(…의 운동), 56b 18(…의 많음과 적음), 26(…의 다수), (반) elleipsis

hyperpēdan [hyper …을 넘어서+pēdan 껑충 뛰다] (jump over) …로 건너뛰다 E27b 6

hyperthyron [hyper …위에+thyra 문] (lintel) '문 위에 있는 것', 상인방(上引枋) H42b 19, (견) oudos

hyphainein (weave) 짜다 Θ50a 33

hyphansis (weaving) 직조 행위 Θ50a 32

hyphantikē (art of weaving) 직조술 K64 b 21

hyphēmiolios [hypo …아래에+절반+전체] (inverse or reciprocal of hēmiolios) '그 절반만큼 더 작은 (수)' Δ21a 1*, (견) hēmiolios

hypnos (sleep) 잠 H44b 15

hypo (under, by) …아래에, …에 의해—**to hypo** (that which falls under) …아래에 있거나 드는 (것) Δ18a 29(같은 힘), I55a 31, K60a 30(같은 원리), 61b 15(한 학문), 63b 37, N93a 10(같은 수)—**hyph' hou** (that by which) 그것에 의해 Λ70a 1*, (견) Z33a 24—**hyph' hauton** (by oneself) 제힘으로, 스스로 Z34a 15—**hyph' hou gignetai** (that by which somethings comes to be) (어떤 것을) 생겨나 있게 하는 것 Z32a 18

hypoballein [hypo …아래에+ballein 대다] (put under) 누르다 K63a 8(손가락으로 눈 아래를)

hypodema [hypo …아래에+dein 묶다, 매다] (shoe) 신발 Δ16b 15, 16, I56a 32(맥: 손)

hypodyesthai [hypo …아래에+dyein 숨다, 잠기다] (guise as) …와 겉모습이 같다 Γ04b 18

hypokatō (below) 밑에 Λ74a 4(놓인)

hypokeimenon [hypo …의 아래에, 밑에+keisthai 놓여 있다] ① (substratum, underlying) '밑에 놓인 것', 바탕, (다른 것의) 바탕이 되는 (것), 기체(基體) A983b 16(소크라테스), 984a 29, 991b 18(…의 수), 992b 5(…의 차이성), B996a 8, 01a 8(실재), Δ13b 21, 16a 18, 19a 5, 24b 3(평면과 입체, 차이성의), Z28a 26('개체'), b 36, 29b 24, 31b 18, 33a 29(청동), H42a 13(비: 본질), 33(변화의), b 2(비: 이것), 3(결여에 따른), b 13(물체), 43a 25(바다), Θ49a 28(비: '그것에 대해'), 29(사람, 몸, 혼), I55b 25(견:

반대되는 것들), 56b 2, K65b 31(피, 습기), 67b 16*, 17, 18, 20, 22, 24, 68a 4, 17(움직임), 21, N87b 34(손가락, 발, 운각, 음절, 무게, 질, 양), 88a 18(수나 크기의), 89b 26(질과 양의)—(비) hylē A983a 30*, 984a 22(나무, 청동), 992b 1(실체), Δ22a 19, 24b 9, Z33a 9, 37b 4, 38b 5, H42a 13, b 9, Λ70a 11, N88a 18—(비) morphē, eidos, genos B997a 6(유), Δ16 a 26, Z29a 3—(비) ousia A985b 10, Z28a 26, 29a 1, 38b 2, H42a 26, N88a 18—(비) to ek toutōn(재료와 형상으로 된 것) B996a 2, Δ19a 5, Z31b 16, 33a 32, H44b 9—(반) pathos, symbebēkos B01b 31, Γ07a 35, 10b 34, Z37b 16(사람)—**prōton hypokeimenon** (nearest or proximate substratum) 가장 가까운 바탕 Δ16a 20, 22a 19, 24b 10—**teleutaion or eschaton hypokeimenon** (farthest or ultimate substratum) 가장 먼 바탕, 맨 마지막의 바탕 Δ16a 20, 23, 17b 24, ② (underlying subject) 주어, 대상 B01b 31(맞: 속성, 비: 이것), N87a 35*, 37, b 1(맞: 술어, 속성)—**kata hypokeimenou** (of a subject) '바탕'(주어)에 대하여 (말해지다) A990b 31(형상이), B01b 31(양태, 운동, 관계, 상태가), Γ07a 35(단순 속성이), Δ17b 13, 16, Z29a 8, 38b 15, 16(보편적인 것이), K66b 14, M79a 28, N87a 35, b 1, ③ (instance, thing subordinate to) (보편적인 것의) 아래에 드는 것, 사례(事例) A982a 23, b 4, ④ (object, subject) 대상, 탐구 대상 B997a 20, I53b 3, K61b 31, 63b 21, ⑤ (thing assumed, supposition) 전제된 (것), 전제, 가정 A990a 9, Λ73a 23(맺: 구분들), N90a 7

hypokeisthai ① (underlie) (…의) 바탕이 되다 Z38b 5(두 가지 방식으로), I53b 13, N88a 26, ② (be assumed) 전제된 것(사항)이다 Z33b 1

hypolambanein [hypo …아래에+lambanein 잡다] ① (believe) 믿다, 생각하다 A981a 26, 983b 30, 984b 20, 987b 1, B998a 22, 01b 19, Γ05b 26, 08b 10, 09a 10, b 27, 10b 10, Z36b 26, N90a 37, ② (grasp) 파악하다 Λ73b 13, ③ (take) 받아들이다 M78b 11

hypoleipein [hypo …아래에+leipein (남겨) 두다] ① (leave) 남기다 Z29a 18, ② (come to an end) 그치다, 끝나다 Θ48b 16(분할이), ③ (take) …로 삼다 K63a 4, 5(척도로)

hypolēpsis ① (judgement, belief) 믿음 Γ10a 10, ② (notion, opinion, view) 견해, 생각 A981a 7, 982a 6, 20, 983b 22, 25, 989a 12(오래되고 대중적인), 990b 23(이데아들에 대한), K62b 21(자연철학자들의), M79a 19, ③ (theory, doctrine) 이론 Λ73a 18(이데아에 관한)

hypomenein [hypo …아래에+menein 머물다] ① (remain, persist, survive) 그대로 남아 있다, 존속하다, 남다 A983b 10(실체는), 16(소크라테스는), B02a 3(물체들은), Z29a 12, 33a 22, Λ69b 7, 8, 70a 24, N92a 34, 35, b 3, ② (listen to) 귀 기울이다 Γ06a 25, 26, ③ (face) (…에) 부딪치다 N90a 2

hypopoun [hypo …아래에+pous 발] (endowed with feet) 발 달린 (것), 발 달림 Z38a 10, 11(동물의 차이성), 12, 18(동물), 22(두 발 달린), 27, 32

hypopteuein (suspect) …아닌가 생각하다 A984b 23

hypothesis [hypo …의 밑에, 아래에+tithenai 놓다] (hypothesis) 가정(假定) Γ05a 13, b 16, Δ13a 16(증명의 원리), b 20(결론의 원인), E25b 11(본질), I55b 35, M82 b 3, 32, 83b 6, 86a 11(고유한), 15(맺: 원리), N90a 27, b 30, (비) protasis

hypotithenai ① (assume, posit) 전제하다,

가정하다, …인 것으로 놓다 A986b 15(한 가지 것을), 988a 25, 990a 14, I53a 11, M83b 6, N89a 22, 24, b 6, 16, ② (suppose) 가정하다 Θ47b 10, I54b 33(올바로), K64a 8, 65a 15

hypotypoun [hypo …아래에+typos 모양, 각인] (outline, sketch out) 간추리다, 개략하다 Z28b 31

hysterogenes [hysteron 나중+gignesthai 생겨나다] (later in origin) 나중에 생겨난 (것) N91a 33

hysteron Δ11장, (반) proteron, ① (what follows) 나중의 (것), 나중인 (것), 나중에 있는 (것) Z39a 22(논의), Θ50a 5(생성에서), ② (the next) 그 다음의 (것) Λ74a 10, ③ (the later) 뒤에 오는 (것) M83a 7(단위들), ④ (the posterior) 뒤진 (것), 나중에 있는 (것) N88a 24, 90b 16, ⑤ (posterior) 나중 B995b 22—**ta hysteron** (posterity) 후손들 Λ74b 2—**hysterōs** (in a posterior sense) 나중인 의미에서, 나중으로 Δ13b 32, (반) proterōs

| i |

iasis [iasthai (병을) 고치다, 낫게 하다] (healing) 치료, 낫게 함, 고침 Γ09a 21

iatreuein (heal) 치료하다 Δ19a 18, Z32b 25—**iatreuōn** (physician, man who is healing) 의사, 치료하는 사람 A981a 18, Δ14a 22

iatreusis (healing) (병을) 고침, 고치고 있음 K65b 19

iatrikē ① (medical) 치료하는 (것) K61a 2, 4(학문), Λ70a 29(기술), ② (medical science, medicine) 의학 B997b 28, 30, Δ21b 5, K63b 37(맺: 체육술), ③ (medical art) 치료술, 의술 Γ03b 1, 2, 3, Δ19a 17, Z32b 13(견: 건축술), Θ46b 7(병과 건강에 대한 힘), 49a 3, Λ70b 28, 33, 75b 10(=건강)

iatrikon (medical) 치료하는 (것), (몸을) 낫게 하는 (것) Γ03b 1, 2, Z30a 35, b 2(신체, 행위, 기구), K60b 37(견: 있는 것, 건강한 것), 61a 3(진단, 수술 칼)

iatros (physician) 의사 Γ10b 13(맞: 모르는 사람), Δ13b 23(만드는 것, 맺: 씨, 조언자), 32(건강의 원인), 21b 16(완벽한, 맺: 아울로스 연주자), E27a 2(맺: 건축가), K63a 29

ichthys (fish) 물고기 B00a 31(물속에서 자라는)

idea [idein 보다] A9장, M1장, 4장, 5장, ① (Idea) '보이는 것', 이데아 A987b 8, 990a 34(원인), b 16(관계 맺은 것들의), Z31a 31-b 16, 36b 14, 39a 25(유와 차이성으로 이루어진 것), b 12, 40a 27(나눠 가질 수 있는 것), H42a 15(비: 보편자, 유), Λ70a 28, 73a 17, 19(=수), M78b 10(…론), 12, 79a 12, 80b 25, 83b 34-84a 26, 86a 26, 31, 33(보편자, 따로 떨어져 있을 수 있는 것), b 7, 14, N90a 16(=수), b 20, 91b 28(좋은 것들의), 29(실체들의), ② (form) (드러난) 모습 Z29a 4(…의 유형)—(맺) arithmoi M76a 20, 80b 12, 81a 7, N90b 37

idein → horan

idion ① (peculiar) 고유한 (것), …에만 있는 (것), 독특한 (것) Γ04b 11(속성), 15, 16, 10b 3(대상), 16, Z38b 23, K64b 22, M78a 7(속성), 83b 9(난점), 86a 10(가정들), (반) allotrion, ② (of one's own) 독창적인 (것), 독자적인 (것) A990a 18, N90b 29(이론)—**idiōs** (in a specific way) 나름대로의 특정한 방식으로 K61b 18—**idia**(탈격) (specifically) 특별히 …에만, 저마다 다르게, 독자적으로, 제 나름대로 Γ05a 23, H42a 7, 11, I52b 17, M76a 15

ienai (go on) 가다—eis apeiron ienai → apeiron

isachōs (in an equal number of senses) 그

만큼 많은 뜻으로 Δ13a 16('원리' 만큼), 22a 19('원인' 만큼), I53b 25('있음' 만큼), 54a 14('있음' 만큼), N89a 27(범주들만큼)

isakis [ison (양이) 같은 (것)+…kis 번, 횟수] (as many times as) ① (…과) 같은 수만큼 Z38a 24(차이성들), ② 같은 번 N93b 13*

isarithmos [ison (양이) 같은+arithmos 수] (equal in number) 같은 만큼의 수 N93a 30

isazein (be equal) (서로) 같은 만큼이다 K66b 28 — **isazesthai** (be equalized) (양이) 같아지다, (서로) 같은 만큼(양)이 되다 M81a 25(양이 같지 않은 것들이), 83b 24(크고 작음이), 31, N91a 25, 26 — **isasmenon** (that which is equalized) (양이) 같아진 (것), 같은 만큼인 (것) N91a 27

ischnainein (remove of fat, loose weight) 살을 빼다 Θ48b 19, 20(신체 일부의), 27, (견) ischanasia

ischnasia (fat-removal) 살을 빼기, 살을 빼고 있음 Δ13b 1, Θ48b 19, 29

ischnon (lean) 여윈 (것) Z40a 13(동물, 맷: 흰)

ischyein ① (prevail over) (힘을) 발휘하다 α995a 5, ② (be strong) 힘이 세다 Γ10b 8, (반) asthenein

ischyron (powerful) '힘 있는 (것)', 권위 있는 (것) Λ74a 17

ischys (force) 힘, 역량, 영향력 α995a 3(습관의), M78b 25

isēmeria [ison (양이) 같은+hēmera 날, 낮] (equinox) '밤낮의 길이가 같은 때', 춘분과 추분 Δ23b 9, 10

isogōnion [ison (양이) 같은+gōnia 각] (equal-angled) 같은 각을 가진 (도형) I54b 2(사변형)

ison I5장, (반) anison, ① (equal) (양이) 같은 (것), 같은 만큼인 (것) Δ21a 12, I56a 22, K61b 20, M82b 7, ② (the equal) (양이) 같음, 같은 만큼임 I55b 31, 56a 5, N87b 29, ③ (the Equal) (양이) 같음 Λ75a 33, [87b 5] — **isōs** ① (equally) 같은 방식으로 A987a 26, ② (probably) 아마도, …한 듯하다 α995a 17, Γ05a 6, 10, Δ15b 33, E26a 15, ③ (surely) 분명히 Z36b 23, I53a 24

isopleuron [ison (양이) 같은+pleura 변] (equilateral) (삼)등변인 (도형), 정삼각형 Δ16a 31

isoskeles [ison (양이) 같은+skelos 다리] (isosceles) 이등변인 (삼각형), 이등변 삼각형 Δ16a 31

isotēs (equality) (양이) 같음, 같은 만큼(임) Γ04b 12(수의 성질), Δ21b 7, 22b 34, I54b 3(비: 하나임), 55b 19(…의 결여)

|k|

kainoprepesterōs [kainon 새로운+prepein 적합하다] (in a modern way) 보다 새로운 방식으로 A989b 6(말하다)

kairos ① (opportunity) (적절한) 때, 제때, 적시(適時), 기회 A985b 30, 990a 23, M78b 22, ② (point, importance) 의미 있는 (것) H43b 25

kakia (badness) 열등함, 뒤처짐 Δ20b 12, 19, I55b 20, (반) aretē

kakon ① (bad) 나쁜 (것), 형편없는 (것), 못한 (것) A985a 2, I51a 15-21, K65a 35(우연), Λ74b 31(가장), M76a 16, 83b 2(가장, 방식), ② (the bad, badness) 나쁨 A986a 26, 988a 14, Δ20b 13(질), 23, Θ51a 18, Λ75a 35, 37(… 자체), b 7(…의 본성), M84a 35, N91b 34(… 자체), (반) agathon

kakopaschein [kakon 나쁜+paschein 겪다] (have much trouble) 어려움을 겪다 N93b 26

kalein (call) (…라고) 부르다 A985b 23(피타고라스주의자들이라고), 989b 29

kalon ① (handsome, noble) 멋있는 (것), 고귀한 (것) A983b 14(소크라테스), 985a 2, Λ74b 24, (반) phaulon, ② (the beautiful) 아름다움 Δ13a 22, Λ72b 32, M78a 31-b 5, 36, N91a 30, 93b 13, (견) agathon, ③ (good, the good) 좋은 (것), 좋음 Λ72a 28, (비) agathon —**kalōs** (rightly) 제대로, 올바로 N87b 13 —**kalōs echein** (be well) …하는 것이 좋다 M80a 12

kamnein ① (be ill of) (병을) 앓다 A981a 8(병을), 11, ② (be ill) 아프다 Γ09b 4, 6, 10b 7, Δ15a 25, Z33a 10, 12, 16, H42b 1, Θ51a 8, K63a 37, b 4, (반) hygies, ③ (being ill) 아픔 Θ51a 13, K65b 29, 30, Λ71a 10, ④ (tire, be worn out) 지치다 Θ50b 24

kampē [kamptein 구부리다, 꺾다] (joint) 관절 Z40b 13

kampsis (being bent) 꺾임 Δ16a 10, 11

kamptesthai (be bent) 꺾이다 Δ19a 29(맥: 깨지다, 뭉개지다) —**kekammenon** (bent line) 꺾인 (선) Δ16a 2, 12, 13, 17

kampylon (curved) 굽은 (것), 굽음 A986a 26, H42b 36, M85a 23(선의), N88a 21, (반) euthy

kampylotēs (curvature) 굽음 Z37b 2

kanōn [kanna 통, 관] (ruler) (곧은) 자 B998a 3

kardia (heart) 심장 Δ13a 5, Z35b 26(맥: 뇌), H44b 17(으뜸가는 것)

kata ① (according to) …에 따라, …에 맞춰 A981a 27, b 5, ② (be derived from) 갈려 나와, 파생되어 I56b 7, ③ (in virtue of) …로 말미암아 Δ19a 20, Θ45b 29 —**kata symbebēkos** → **symbebēkos** —**kata ti legesthai** → **legesthai** —**kath' hauto** (by its own nature, in itself) 제 본성에 의해, 그 자체로, 스스로 Δ15b 16, 36(하나), 16a 34(분할되는 것), 17a 7(있는 것), 18a 1, 5(같다), 20a 14(양), 24(맞: 다른 것들에 관련되어), 21b 30(완전한 것), 22a 25, Z29b 14, 16, 29, 30b 22, 37a 21, Θ46b 11, K65a 7(있는 것), 29, 67b 5(움직일 수 있는 것), (반) kata symbebēkos —**kath' heteron** or **allo** (in respect of anything else) 다른 어떤 관점에 따라, (자신이 아닌) 다른 어떤 것에 따라 Δ13b 7, Z39b 10, Θ49a 25 —**ti kata tinos** (predicate something of something) 어떤 것(대상)에 대해 어떤 것(술어)을 (서술하다) H43b 30 —**to kath' hauto** ① (that which exists by itself, self-subsistent thing, independent) 스스로 있는 (것), 자립적인 (것), 독립적인 (것) A990b 21, Δ17a 7, Z28a 23, 31a 28, b 13(으뜸가는 것), 32a 5(으뜸가는 것), 33b 29(실체), H42a 18*, Θ46b 13, ② (precisely, essentially) 바로 Δ17a 22 —**to kath'ho** (that in virtue of which) '그것 또는 어떤 것에 따라', (어떤 것이) 생겨날 때 따르는 것 α993b 24, Δ18장, Z32a 22*(비: 형상), I59a 9, K68b 19 —**to kath' hou** (about which) '그것에 대해', 주어, 대상 Γ07a 34*, Θ49a 28, (반) katēgoroumenon, symbebēkos

kataballein [kata …아래로+ballein 던지다] (throw down) (집을) 허물다 Θ51a 10, (반) oikodomein

kataleipein [kata 아래에+leipein 남기다] (leave) 남기다 K61a 33, Λ74b 2

katamēnia [kata …마다+mēn (한) 달] (menstrual blood) '달거리'(월경), 생리혈 H44a 35*

katametrein [kata …에 따라서+metrein 재다] (measure) 재다 Δ23b 15

katanaliskein [kata 완전히+analiskein 쓰다, 사용하다] (use up) 다 써 버리다 A990a 3

katanoein [kata …에 맞게+noein 생각하

다] (keep fixed in mind) 마음속에 새겨 두다 I52b 2

katantes [kata …에 따라서+antan 마주 오다] (steep descent) 내리막길 K66a 33, (반) anantes

kataphanai [kata …에 맞춰+phanai 말하다] (affirm) …라고 말하다, 긍정하다 Γ07b 21, 11b 20, 12a 2, K62b 8, (비) phanai, (반) apophanai

kataphasis [kata …에 맞춰+phanai 말하다] ① (affirmation) …이라고 함, 긍정(肯定), 긍정함 Γ07b 30, 08a 36, Δ17a 32, E27b 21(비: 결합되어 있음), K62b 3, 5, 6, 9, (비), (견) phasis, (반) apophasis, ② (affirmative term) 긍정어 Γ07b 34, 35, 08a 2, K67b 18, 68a 6, ③ (sentence) 문장을 말함 Θ51b 24*, (견) phasis

katapiptein [kata …아래로+piptein 떨어지다] (be thrown down) 허물어지다 Θ51 a 10

katapsēphizesthai [kata …에 따라+psēphos (투표용) 돌조각, 판단, 투표] (condemn) 탓하다 Γ10a 32, (반) apopsēphizesthai

kataskeuazein [kata …에 맞게+skeuazein 설치하다, 입히다] ① (establish) (이론을, 기술을) 세우다, 주장을 펼치다 A981b 21, ② (set up) 내세우다 A991b 28(중간에 있는 것들을), Z34a 3, M83b 22, ③ (construct) (만들어) 내놓다, 구성하다 A984b 25, K60a 18, M80b 18, N91a 25

katastēnai [kata …아래에+hestanai 서다] (end in) …에서 끝나다 A983a 11

katechein [kata …아래에+echein 가지다, 두다] (occupy) (자리를) 차지하다 K67a 12

katēgorein [kata …에 따라+agoreuein 공개적으로 말하다] (predicate, assert) 서술하다, (어떤 것의) 술어로 말하다 K63a 25, b 26 —**katēgoreisthai** ① (be predicated) 서술되다, (어떤 것의) 술어로 말해지다, (어떤 것의) 술어가 되다 A987a 19(무한이, 하나가), B995b 35(재료에 대해), 998b 24(종과 유가, 차이성에 대해), 999a 21(보편적으로, 모든 것들에 대해), 33(재료에 대해), 01a 29(하나와 있음이), Γ07b 18(모순되는 술어들이), Δ17a 22, 23b 31, Z29a 22(범주들이 재료에 대해), 23(나머지 범주들이 실체에 대해), 40a 24(동물과 두 발 달림이 여러 가지 것들에 대해), 26(이데아가), I53b 21(있음과 하나는 보편적으로), K60b 5(있음은 모든 것들에 대해), 63b 20(중간에 있는 것들은), N88b 5(요소들은), 6(많음과 적음은 수에 대해서, 길과 짧음은 선에 대해서), 12, 13(적음과 많음이 수에 대해서), ② (predicate) 술어 A992b 3(실체 및 재료의, 맺: 차이성)—**katēgoroumenon** ① (that which is predicated) 서술되는 (것), 술어로서 말해지는 (것), (어떤 것의) 술어가 되는 (것) B998b 16(개체에 대해, 맨 마지막에), 999a 5(맨 마지막에), 15(개체에 대해), 03a 16(보편적으로, 원리들), Z28a 13, H43a 6(재료에 대해), M84b 31(어떤 수에 대해), 85b 8(보편적으로, 여럿), ② (predicate) 술어 B03a 10(공통의), Δ17a 25, Z30a 20, 39a 1(공통의), Θ49a 35(형상, 이것), Λ70b 2('범주')

katēgorēma ① (category) 범주, 카테고리 Z28a 34, (비) katēgoria, ② (predicate) 술어 I53b 19

katēgoria ① (category) 범주, 축 Δ18a 38, 24b 13(있음의), E26a 36(…의 형태), Z29a 22, 29b 23*, 31a 2, 32a 15, 34b 10, 14, Θ45b 28(있음의), 47a 22, 51a 35(…의 형태들), I54a 14, K65b 8(있음의), 9, 66a 17, 68a 8, Λ70a 35, N88a 23, b 4, 89a 9, 27, b 22(동일한), 24, 93b 19(있음의), (비) katēgorēma, ② (predicate, predication) 술어 Γ04a 29, 07b 1(바탕에 대한), Δ16b 34(…의 형태), 17a 23(…의 형태), Z28a 28, Θ47a 34, I54b

30(…의 형태), 55a 1(…의 줄), 58a 14(…의 줄)
kath' hekaston, to → hekaston
katharon (pure) 순수한 (것) A989b 16(이성)
katharsis (purging) 깨끗하게 함, 정화 Δ13 b 1
kathēsthai (seated, be sitting) 앉아 있다 Γ04b 3, Δ19b 29, 30, 24b 20, Z28a 21(맺: 걸어가다, 건강하다), 25, 29, Θ47a 15, 26, 27, (반) histanai
katheudein [kata …아래에+heudein 잠자다] (sleep) 잠자다 Γ10b 9, 11a 7, Θ48b 2, Λ74b 18, (반) egrēgorenai
kathezesthai [kata …아래에+hezesthai 앉다] (sit) 앉아 있다 Θ47a 15, 16, (반) histanai
katholou [kata …에 따라+holon 전체] ① (universally) 보편적으로, 두루 B999a 20(서술되다), 03a 17, Γ03 a 24, Λ70a 32(맺: 유비적으로), ② (in all cases) 모든 경우에 Θ51a 27—**to katholou** Z13장, M10장, ① (the universal) 보편적인 (것), 보편자 A981a 16(…에 대한 인식), 982a 25(가장), 992b 12(견: 유), B03a 7, 8(비: 공통된 것), Δ14b 12(더 … =유), 15b 28(이름, 맺: 유), 23b 29(전체적인 것), Z28b 34(맺: 유), 36a 1, H42a 15(맺: 유), K60b 19-23, 69a 27, Λ71a 20, M78b 30, 84b 5(맺: 형상), 86a 32(이데아), b 1, 32, 87a 11(앎), 17(맺: 확정되지 않은 것), ② (general) 일반적인 (것) I58b 30(용어), ③ (universal proposition) (수학의) 보편(적인) 명제 M77a 9, b 17—(반) kath' hekaston, eschaton, kata meros, epi merous, stoicheion B00a 1, Δ18b 33, K59b 26, 60b 32, Λ71a 28, M84b 14
katō ① (downwards) 아래쪽으로 (향한 것) α994a 19, K65b 13, 67a 10, ② (down) 아래 K67a 28, 32, ③ (that which is in the lower) 아래에 있는 (것) A992a 18, Λ74a 8(맨 … 행성), (반) anō—**to katō** (inferior class) 하위의 것 I57b 31
kattiteros (tin) 주석(朱錫) H43b 28, I54b 12(은과 비슷한 것)
kausos [kaiein 타다] (high fever, fever heat) 고열 A981a 12
kauston (that which can be burned) 잘 타는 (것), 탈 수 있는 (것) Θ46a 25(기름기 있는 것)
kechōrismenon → chōrizein
keisthai ① (lie) 쓰러져 있다, 놓여 있다 Γ09b 30, H42b 27, ② (way of being placed) 놓인 방식, 놓여 있음 H42b 20—**keimenon** ① (the question at issue) (처음에) 놓인 것, 증명해야 할 것 Γ08b 2, ② (established) 이미 있는 (것), 기존의 (것) Z40a 11(말), ③ (be in such and such a position) (이러저러한 방식으로) 놓여 있는 (것) H43a 8(나무나 돌), 9(벽돌이나 나무들), 32(벽돌과 돌들), ④ (what we laid down, premiss) (앞서) 전제한 것(점, 사항), 전제 Θ47b 10
kenologein [kenon 빈+logein 말하다] (use empty words) 빈말하다 A991a 22, M79b 26(맺: 시적인 비유를 말하다)
kenon ① (void) 빈 (것), 빔(空) Θ48b 10 (맺: 무한한 것), M84a 33, (반) plēres, ② (Void) (데모크리토스의) 빈 것 A985b 5(맞: 찬 것), 7, 9, Γ09a 28, ③ (meaningless, empty talk) 빈말 A992a 28, M79b 6
kephalaiōdōs [kephalē 머리] (in a summary manner) (핵심을) 간추리는 방식으로 A988a 18
kephalaion (sum) 핵심 H42a 4
kephalaioun (summarize) (핵심을) 간추리다, 요약하다 Δ13b 30
kephalē (head) 머리 Λ70a 19(맺: 불, 살)
kerannynai (blend) (양을) 섞다 H42b 30, N92b 29, (견) mignynai

kērinon [kēros 밀랍] (waxen) 밀랍으로 된 (것) Z35a 15

kēros (wax) 밀랍 Δ24a 5

kibōtion [kibōtos 침대] (small box, cricket) 작은 궤짝 H42b 18, Θ49a 19(나무로 된 것), 22, 23

kibōtos (box, chest) 큰 궤짝 H44a 26

kinein ① (move) (어떤 것을) 움직이다, 움직이게 하다, 변하게 하다 Θ48a 3(이성적인 것에 따라 어떤 것을), 28(단적으로, 특정한 방식으로), ② (cause change) 운동을 일으키다 Λ74a 22, ③ (change) 바꾸다 N90b 28, ④ (give impulse to) 부추기다 M86b 3 — **kineisthai** ① (be in movement, be in motion) 움직이다, 움직여지다, 변하다, 움직임의 상태에 있다 α994a 6(해, 싸움에 의해), Δ12b 35, Z34a 17, 19, Θ47a 28, 48a 29(다른 것에 의해), 51a 9, K66a 19, 67a 11, 14, 15, 68b 13*, 21, Λ71b 29, N88a 34, (반) ēremein, menein, ② (movement, change) 움직여짐, 움직임, 운동, 변화 Θ47a 33, K65b 20, 34, N88a 34 — **to kinoun** (mover) (자신이나 다른 것을) 움직이게(변하게) 하는 것 Γ10b 37, Θ49b 27(실현 상태에 있는), K67b 6*, Λ70b 28(의술), 72a 2(스스로를), 75b 30(수?), 37, (반) kinoumenon — **to kinēsan** or **kinēson** (mover) (다른 것을) 움직이는(변하게 하는) (것), 운동의 근원 A991b 5, E27b 16, Λ71a 29(너를), M80a 4 — **to prōton kinoun** or **kinēsan** ① (다른 모든 것들을) (first mover) 움직이는 으뜸가는 것, (어떤 것을) 맨 처음 움직이는 것, 원동자(原動者) Γ12b 31*, Δ18b 20, Θ50b 6(항상), K59a 37(좋음), 38, Λ70b 35(모든 것을, 신), 74a 37*(스스로는 움직이지 않으면서), ② (proximate mover) 가장 가까이서 (어떤 것을) 움직이는(변하게 하는) (것), 가장 가까운 운동인, (어떤 것을) 직접 움직이는(변하게 하는) 것 Θ49b 26*, K67b 8, Λ70a 1, b 27 — **ti ekinēse prōton** (first mover) '무엇이 맨 처음 (어떤 것을) 움직였는가', 원동자 Z41a 30 — **to kinoumenon** ① (the moved) (자신이나 다른 것에 의해) 움직여지는 (것) Θ50b 20(영원한), 51a 1, (반) kinoun α994b 26, K67b 8, Λ72a 24(다른 것을 움직이고), ② (that which is in motion, mobile) 움직이는(변하는) (것) Θ49b 36, 50b 20, 21

kinēsis K9장, 12장, Λ6장, (movement, change) 움직임, 운동, 변화 A983a 30, B999b 5, 9, 10, Δ16a 5(단일한), 20a 32(연속된), E25b 20, Θ47a 32, 50b 20(영원한), 27(…의 연속성), I52a 27(으뜸가는), 53a 8(단순한, 가장 빠른), K68a 10*, 15(움직임의), b 17, Λ69b 1, 71a 2, 72a 21(끊임없는), 73a 12(장소에 관련된), M78a 13(으뜸가는, 가장 단순한, 균일한), N90b 10, (반) stasis Γ04b 29, E25b 20, M84a 35, (맞) energeia, praxis Δ20b 20, 22a 8, b 5, Θ48b 20, 28, (맞) hylē E26a 3, Z36b 29, Λ69b 1, (맞) poion, poson Z29b 25, (견) energeia Θ48b 28, (견) genesis, phthora K67b 31-68 a 5 — **hothen hē archē tēs kinēseōs, hothen hē kinēsis, aition tēs kinēseōs** … (source of movement) 움직임이 비롯하는 곳, 운동의 근원 A983a 30, 984a 27, 985b 19, 988b 27, B996b 6, Δ13b 9

kinētikon (capable of moving things, of motion) (어떤 것을) 움직일 수 있는 (것), 움직이게 할 수 있는 (것), 움직임(운동)의 A984b 7, Δ19b 20, 21(힘), Θ49b 7(근원), 9(자연, 근원), K66a 28, 29, Λ71b 12, 75b 31(맺: 만들어 낼 수 있는 것)

kinēton ① (movable or changeable thing) (어떤 것에 의해) 움직이는 (것), 움직여질(변할) 수 있는 (것) E26a 12, H44b 8(재

료), K65b 23, 66a 27, 31, 67b 5(스스로), Λ69b 26(영원한 것들), ② (changeable) 변할 수 있는 (것), 변하는 (것) Z36a 10(재료), (반) akinēton

kiōn (pillar) 기둥 Δ23a 19

kitharistēs (harpist) 키타라 연주자 Θ49b 31*

kitharizein (play the harp) 키타라를 치다 Θ49b 31, 32

klasthai (be broken) 깨지다 Δ19a 28, (견) syntribesthai, kamptesthai

kleptēs [kleptein 훔치다] (thief) 도둑 Δ21b 19, 20

klinē [klinein 기대다, 기울다] (bed) 침대 A984a 24, B998b 1, Z41a 30(맥: 집), H44a 27(맥: 큰 상자)

knēmē (shin) 정강이 Δ16a 11(맥: 넓적다리)

koilon ① (concavity) 오목함 E25b 31, Z30b 30, K64a 23, 24, ② (concave) 오목한('위로 들린') (것) E25b 33(코), Z30b 29, 33, 34(코), K64a 26(코)

koilotēs (concavity) 오목함 E25b 34, Z30b 17, 19, 32, 35a 4, 37a 30

koinon ① (common) 공통된 (것), 공통점, 공통성 A987b 6(정의), 992a 5(물질), B03 a 8(보편자), Δ13a 17, E26a 27(보편 수학), Z40b 23, 25, 41a 20, I58a 4, Λ69a 30(물질), ② (common) 공동의 (것), 공유된 (것) A981b 14, 987b 14, B996b 28*(믿음), 997a 21, ③ (axiom) 공리(公理) K61b 18*, ④ (composite thing) 결합된 (것) H43a 31*, (비) synthetos ousia—**koinē**(탈격) (in common) 공통으로 (서술되는 것) Γ03a 10, Z39a 1

koinōnein (share in) 공유하다 K62a 12(말을), 63a 17(변화를), Λ75a 25, N93a 2(수를), 9

koinōnia (something common) 공통점, 공동의 것 A991a 8, K62a 13, M79b 3

koinoun (agree with) 함께 갔다, 동의하다 α993b 12

koiranos [koiranein 다스리다, 지배하다] (ruler) 통치자 Λ76a 4

kollē [kollan 아교로 붙이다] ① (glue) 아교, 접착제 Δ16a 1, I52a 24, ② (being glued together) 붙임, 접착 H42b 17

kolobōma (the part removed by mutilation) 훼손되어 없어진 부분 Δ24a 13

kolobon [kolon 끝 부분이 없는, 뿔이 없는, 무딘] (mutilated, damaged) 훼손된 (것), 불완전한 (것), 불구인 (것) Δ24a 11(조각날 수 있는 양), 13, 15(컵), 19, 22, 23, 25, 28

kōlyein (prevent) 막다, 방해하다 Γ09a 4, Δ23a 17, Θ49a 9, (비) empodizein—**ouden kōlyein** (there is nothing to prevent) 얼마든지 …일 수 있다, …이 얼마든지 가능하다, …하지 말란 법은 없다 Γ07a 10, 12a 32, E26b 8, Z31b 31, Θ47b 8, I57a 2, K68b 34, Λ70a 25, M87a 7, N93a 6, 8

kōlytikon [kōlyein 막다, 방해하다] (that which tends to hinder) 방해가 되기 마련인 (것) Δ15a 27

komizein (introduce) 끌어들이다, 도입하다 A990b 2

kōphos (deaf) 귀먹은 (사람) Θ47a 10(맥: 눈먼)

koryphaios [koryphē 끝, 봉우리] (leader) '선두에 선 사람', (합창단의) 지휘자 Δ18b 29(원리)

kosmopoiein [kosmos+poiein 만들다] (construct the world) 세계(의 구조)를 만들어 내다, 설명하다 N91a 18

kosmopoiia (making of the world, arrangement of the universe) 우주(의 구조)를 만들어 냄, 설명함 A985a 19

kosmos ① (order, arrangement) 정돈, 질서 A984b 16, ② (world, universe) 세계, 우주 A990a 22, ③ (heaven) 천체들 K63 a 15

kouphon (light) 가벼운 (것), 가벼움 A990a 13, E20a 22, I52b 31, K65b 13, (반) bary

kouphotēs (lightness) 가벼움 Δ20b 10, 22b 17, K61a 30, 67a 25, N90a 33, (반) barytēs

krasis [kerannynai 섞다] ① (mixture) 혼합, 섞음, 섞임 H42b 16(예: 꿀물), (특히) 양적인 섞음, 혼합 M85b 12*, (견) mixis, ② (combination) 결합 Γ09b 22

kreitton (better than) …보다 나은 (것) Δ25a 11, Λ74b 33(안 보는 것이 보는 것보다) — **kratiston** ① (the greatest) 최고의 (것) A993a 2(앎), ② (the most excellent) 가장 뛰어난 것 Λ74b 34(=이성)

krinein ① (decide) 결정하다 A984b 32, ② (judge) 판정하다, 판단하다 B995b 3, Γ09b 2(진리를), 11a 5, 6, I53a 12

krisis ① (separation) 분리 A990a 24, ② (judgement) 판단 K63a 13

kritērion (that which judges) 판단하는 것 K63a 3(감각기관)

kritēs (judge, advocate) 심판관, 지지자 A989a 7

krystallos [kryos 서리] (ice) 얼음 H42b 28, 43a 10

ktēsis [ktasthai 얻다] (acquisition) 얻음, 획득 A982b 29, 983a 11

kybernētēs (steersman) 키잡이 Δ13b 14

kybos (cube) ① 정육면체, 입방체, 주사위 B02a 22, Δ23b 21(청동), ② 세제곱수 N93a 7(견: 제곱수)

kyklophoria [kyklos 원+pherein 옮기다] (circular movement) 원운동 I52a 28*

kyklos [kykloun 둥글게 만들다] ① (circle) 원 Δ16b 16(…의 선=원주), Z36a 1(이), 18(원-임), Λ71a 16(기울어진 …=황도), ② (hoop) 굴렁쇠 B998a 3 — **kinesis** or **phora kyklō** (motion in a circle) 원운동 Λ71b 11, 72a 22, b 9

kylix (cup) 컵 Δ24a 15, 16, 25

kyōn (dog) 개 Δ16a 27(맺: 말, 사람) — **epi kyni** (in the dog-days) 복날에 E26b 33*, K64b 36

kyrion ① (that which decides, dominant) 결정적인 (것), 주도적인 (것), 지배하는 (것) Θ48a 10, K64b 1(원리), Λ74b 19, ② (be weighty) 무게(비중)를 갖는 (것) Γ 10b 13, ③ (proper) 본래적인 (것) Δ20a 4(규정), b 14(훨씬 더 … 뜻), ④ (main part, important) 중요 부분, 두드러진 (것), 중요한 (것) Δ18a 18(더 … 반대되는 것), 24a 24(실체의), Z35b 25(심장, 뇌), I55b 22, K60a 22(더 … 원리), ⑤ (authoritative) 권위 있는 (것) A981b 11(가장 … 앎), B997a 12(학문), ⑥ (supreme, superior) 우월한 (것) Λ75b 18, 19(더 … 원리) — **kyriōs** ① (in the main or full sense) 본래적인, 중요한, 엄밀한 뜻에서, 본래적인 뜻의 (것) Δ15a 14(자연), b 12(필연적인 것), E27b 31(있음), Θ 45b 36(힘), 50b 6(더), 51b 1(가장, '있음'과 '있지 않음'), N87b 4(원리), ② (mainly) 주로 Γ03b 16, ③ (decisively) 결정적으로 Θ48a 12, ④ (properly) 적합하게 I52b 19(가장), 53b 5(가장, 양의 척도)

|l|

lambanein ① (take) 잡다, 취하다, 들다 A982a 6(견해를), N90b 30, ② (receive) 받다 M82a 14(확정된 2를), ③ (assume as) (어떤 것을 어떤 것으로) 놓다, 삼다, 보다 E25b 11(가정으로), I52b 2(같은 물음으로), ④ (accept, lay down) 받아들이다, 수용하다 A990a 19, Γ12b 7('거짓'이나 '참'이 무엇을 뜻하는지를), ⑤ (introduce) 끌어들이다, 도입하다 A990b 1(같은 수만큼의 사물들을), ⑥ (understand in a

certain manner, conceive of) …라고 생각하다, 이해하다 I53a 27, b 11(하나를), ⑦ (grasp) 파악하다 K66a 22(움직임이 무엇인지를), Λ69a 33(실체의 요소들을), ⑧ (learn) 얻다, 배우다 A987a 28

legein ① (say, speak of) 말하다, 주장하다 B997b 3, M76a 13(잘못), 87a 14, N91a 9(건전한 것을), ② (assert, posit) 주장하다, 내세우다 Z36b 14(이데아를), ③ (name) 들다, 지적하다 N87b 14(큼과 작음을), ④ (define) 규정하다 N89a 20, ⑤ (discuss) 논의하다, 다루다 Θ48a 25('힘'에 관하여), ⑥ (mean) 여기서 …은 …을 뜻한다, …을 두고 하는 말이다, 말하고자 하는 바가 …이다 Z38b 33, K60b 13, ⑦ (state) 기술하다 Δ17a 6(본질을), 20a 18(선이 무엇인지를) —**legein ti** ① (there is something in what one says) (누구의) 말이 일리가 있다 A982b 32, ② (say something true) 무엇인가 참인 것을 말하다 α993b 1 —**legesthai** ① (be said) 말해지다 Δ17a 22, 24, Z28a 13('있는 것'이), Θ45b 29('있다'고), ② (be predicated) 서술되다 M86b 10(보편적으로), (비) katēgoreisthai —**kata ti legesthai** ① (be named after) 어떤 것의 이름을 따서 이름이 지어지다 B998b 9, (비) para ti legesthai A987b 8, ② (be called by virtue of a relation to something) 어떤 것에 대한 관계로 말미암아 (…로) 불리다 A987b 9, ③ (be derived from) 어떤 것에서 파생되다, 어떤 것에 따라 말해지다 Γ04a 19, Δ18a 36, 19a 12 —**lechthen** (saying) (유명한) 말 K62b 12(프로타고라스의)

leion (smooth) 매끄러운 (것) Z29b 22(면), M85a 22, N88a 20, (반) trachy

leiotēs (smoothness) 매끄러움 Δ18b 38(면의 속성), H42b 35

leipesthai ① (remain, be left) 남다 I56a 15, K59b 20, 61b 10, 66a 25, 68b 16, Λ75a 5, M76a 32, ② (fall short of) 못 미치다 K66b 30 —**leipomenon** (remainder) 나머지 K61b 20

leipsanon [leipein 남기다] (ancient relics) (복) '남긴 것', 유물 Λ74b 12

lēpsis [lambanein 얻다, 받다, 잡다] (acquisition) 얻음 Δ18a 34, I55a 37, (반) apobolē

lepton ① (rare) 성긴 (것) A988a 30(공기보다), 989a 15(물보다), (비) manon, (반) pyknon, ② (subtle, fine) 미세한 (것) A989a 1(가장)

lēstēs [lēizein 약탈하다] (pirate) 해적 Δ25a 27

lēthē [lanthanein 숨겨진 채로 있다] (forgetting, forgetfulness) 잊어버림, 망각 Θ47a 1, K68a 31(맞: 생각해 냄, 기억)

leukon ① (white, what is white) 흰 (것) Δ17a 15, 18, b 28, Z29b 18(면), 32(사람), 30a 5, H44b 25, I56a 27, K62b 26-30, 65b 11, (반) melan, ② (whiteness) 흼 A991a 15, Z31b 23, 37b 15, I57b 8, M77b 5-11, 36

leukotēs (whiteness) 흼 Δ20b 10(움직이는 실체의 양태), H45b 16(맺: 표면), Θ49a 32, I58a 33, 36, b 3(사람의), (반) melania

lexis [legein 말하다] (word) 말 Γ03b 27

liparon [lipos 기름, 지방] ① (that which is oily) 기름기 있는 (것) Θ46a 24, ② (fat) 기름기, 지방 H44a 19, 21, 22, (맺) glyky

lithos (stone) 돌 B996b 7(재료, 맺: 흙), 02a 22, 〈Γ08a 25〉, Δ17b 7, 23a 33, Z32b 30(집의 일부), 33a 7(견: 돌로 된 것), 19, 34a 16(재료), 36a 32(맺: 청동, 나무), 34, b 11(조각상의), 41a 27(맺: 벽돌), H43a 8(맺: 나무), 15(맺: 벽돌, 나무), 32(맺: 벽돌)

lithinon [lithos 돌] (stony) 돌로 된 (것) Z33a 7, 18, (견) lithos

lōbasthai [lōbē 욕] (be injured) 손상되다 K63a 2

logikon ① (sophistic) 소피스트들이 으레 하는 (것) Γ05b 22(트집), ② (logical) 논리적인 (것), 말의 M80a 10(논증, 맺: 엄밀한), N87b 20(난점), ③ (abstract) 추상적인 (것) N87b 21(증명)—**logikōs** ① (dialectically) 논리적으로, 표현 형태에 주목하여 Z29b 13*, 30a 25, Λ69a 28, ② (abstractly) 추상적으로 Z41a 28

logismos ① (reasoning) 헤아림 A980b 28*(맺: 기술), ② (calculation) 계산 Δ15a 33(맺: 의도), K65a 34

logizesthai (take account of) 고려하다 Θ47b 7

logos [legein 모으다, 세다, 말하다]

I. ① (speech, verbal argument) 말 Γ06a 14, 09a 20, 22(맞: 사유), 11b 2, 12a 6, H43b 26(긴), K63b 9, N91a 8(긴) —**logou charin legein** (argue for the sake of verbal argument) 말을 위한 말을 하다 Γ09a 21, 11b 2, 12a 6, ② (view, doctrine) 견해, 말 A986a 29, 991a 16, Γ12b 14, Θ47a 14, M78b 14(헤라클레이토스의), 79b 20, (비) doxa, ③ (theory) 이론 A981a 15(맞: 경험), 21, b 6, Γ09a 3(지나친), 6(프로타고라스의), Θ47a 6(프로타고라스의), Λ72a 22(맞: 사실), M76a 39(날조된), N90b 2, ④ (discussion) 논의 A987a 3, B997b 4, 998a 10, 999a 25, 00b 9, Γ12b 6, E27b 24, Θ45b 32, I53b 18, ⑤ (saying, statement) 말, 진술, 주장, 진단 A989a 3, Γ12b 20, Θ51b 14, K61a 4(치료하는), N89a 4(파르메니데스의), 90b 13, ⑥ (discourse) 대화, 논의 Γ06a 23, b 7, ⑦ (phrase, expression) 표현 Δ15b 25

II. ① (formular) 규정 Γ03b 24(한 가지), 12a 23, Δ24b 26(거짓인), 33(고유한), Z30a 14, 16(단순한, 엄밀한), 33a 2, 34b 31, 35b 4, 26(맺: 실체), 34, 36b 5, 13(선에 대한), 37a 19, b 11, 38b 20(실체 안에 든 것들에 대한), 34, 40a 10, H42a 29, 31, 43a 13(비: 실현 상태), 37, b 29(맺: 정의), 31, 44b 13, 15(원인이 함께 든), Θ45b 29, 31, 46a 16(으뜸가는 힘에 대한), 18, 58b 10(재료를 가진), K61a 23(전체, 맞: 마지막 형상), 25, 63b 18(반대되는 것들에 대한 …을 분석하다), 66b 23, Λ70a 30, M79b 4(보통의), (견) horos, horismos, ② (definition) 정의(定義) A983a 28(마지막), 987b 31, α994b 18, B996a 2, b 8(형상), Γ06b 3, 5, 25(단일한), Δ14b 10, 15b 25, 16a 35*, b 9, 18b 32(맞: 감각), 20a 18(선이 무엇인지를), 22a 29, 23b 23, 24b 4, E25b 29(맺: 본질), Z28a 34, 31a 7, 10–11장, H43b 26(긴 말), 31, I52b 1, 3(하나에 대한), 58b 18, K59b 26(맺: 학문), Λ70a 22(…란 뜻의 원인), 71a 29(보편적인), 75a 3, M78a 10, 79b 4(공통된), 6, 84b 15, 25(보편적인), (맺) eidos, morphē B996b 8, Z36b 5, H42a 28, 43a 20, Λ69b 34, M84b 11, (반) hylē, synholon, aisthēsis A986b 19, 32, Z39b 20, I58b 10, 18, K64a 23, Λ74a 34(동일한), (반) onoma Γ06b 1, Z30a 7—**he kata ton logon ousia** → ousia—**kata logon, tō logō** (in definition) 정의로 보아 I54a 34(하나), M84b 15(원리), N87b 12—**logos tou ti ēn einai, tēs ousias** (definition of the essence) 본질 또는 실체에 대한 규정, 정의 B998b 12, Δ13a 27, 16a 33, 18a 10, 24b 29, Z28a 35, 29b 20, 31a 12—**merē logou** (parts of the definition) 정의의 부분들 Δ16a 35, Z10–11장—**ta en tō logō** (the elements in the definition) 정의 또는 규정 속에 든 것(요소)들 Δ15b 25, 23b 23, Z33a 1, ③ (concept) 개념 Γ04a 25–**hoi en tois logois**(dialecticians) 철

학적 대화술자들, 플라톤주의자들 Θ50b 35*, ④ (form, formal cause) 형상, '형상'이란 뜻의 원인, 형상인 Λ70a 29, ⑤ (argument) 논의, 논증, 논변 A990b 12, 15(더 엄밀한), B995b 4, 998a 13, b 3, 00b 32, Γ06a 26, 10a 15, 12a 19(쟁론술적인), Δ25a 6, 33, Z34b 8, 9, H42a 13, Θ50b 3, M76a 30, 78b 28(귀납적인), 79a 8, 80a 10(더 논리적인, 더 엄밀한), N87b 3(맞: 현상), 90b 8(무른), ⑥ (reasoning) 추론, 추리 K63b 10(맺: 증명), ⑦ (proposition) (수학의) 명제 M77b 21(맺: 증명), 27(맺: 학문), ⑧ (reason) 이유, 근거, 이치 Γ11a 9, 12, 12a 21, Z29a 7, 41a 17(맺: 이유), H44a 7, Θ50b 8, K63b 9, M83a 27—**echein logon** ⓐ (there is reason for) …하는 것이 마땅하다, 일리가 있다 B996b 9, Γ10a 17, ⓑ (be possible to explain) 설명할 수 있다 N89b 29—**kata logon** (reasonable) 이치에 맞는 (것) M84a 10, 88a 4, ⑨ (account) 설명(의 방식), 논리 A989b 11, 992b 13, B02a 25, b 9, Γ04a 33, 07a 1, E27b 7, Z32a 4, 37b 21, 41b 21, 24, H44b 6, 45b 12, Θ49b 16, I54a 4, 59a 7, K67a 5, M76b 2, 16, 20, 27, 36, 78a 14, b 33, 82a 33, 83a 27, 86b 29, N87b 22, ⑩ (position) 입장 Γ11a 22, 24
III. (rational potency or formula or reason) 이성적인 것(힘, 규정), 이성 Θ46b 7, 8, 17, 20, 24, 47b 34, 48a 3, (맺) epistēmē
IV. ① (ratio) 비율 A985b 32, 991b 13, 17, 19, 993a 17, B01b 30, K61b 1, N92b 14, 24, 30, ② (rule) 규칙 Δ18b 27

loidoria (abuse, insult) 헐뜯음, 비방 Δ13a 10, 23a 31

lōpion [lepein 벗기다] (garment) 의복 Γ06b 26, (비) himation, (견) esthēs

loxon (oblique) 기울어진 (것) Λ71a 16(원)

loxousthai (be inclined) 기울어져 있다 Λ73b 21, 22, 30

lyein ① (untie) 풀다 B995a 29(매듭을), ② (release) 풀어 주다, 석방하다 Γ12a 18, ③ (solve) (문제를) 풀다, 해결하다 Z32a 8, H45a 22(맺: 설명하다), K62b 20, Λ72a 20, 75a 31, 33, M77a 1, 85a 29, ④ (answer) 답변하다, Z32a 10, ⑤ (refute) 반박하다 K62b 9, N89a 3(맺: 보조를 맞추다)

lygron (woeful) 비참한 (것) B00b 8(싸움)

lypein (annoy, irritate) 귀찮게 하다 α995a 9

lypēron (painful) 고통스러운 (것), 고통 Δ15a 28(강제적인 것), 22b 20(해), 21—**lypērōs** (painfully) 고통스럽게 K64b 20

lyra (lyre) 뤼라 Δ19b 15

lysis [lyein 풀다] (solution) 해결, 해결방식 B995a 29(난문들의), Z32a 8

|m|

machairion [machaira 큰 칼] (knife) 작은 칼, 수술 칼 K61a 4

machē (fight) 싸움 A985a 14, Δ13a 9, 23a 30, 31

machesthai (conflict with) 충돌하다 N91a 6

makron (long) 긴 (것), 깊 A992a 11(선의), Δ20a 21, H43b 26(말), I56b 10(길이에서), M85a 10(선의), 18, N88b 7(선의), 89b 12, 91a 7*(말), 8, (반) brachy

makropoiein [makron 긴+poiein 만들다] (add more, enlarge) '길게 만들다', 늘이다, 확대하다 N90b 30

malakon (weak) 무른 (것) N90b 8(주장)—**malakōteron** (less rigorously) 더 느슨하게 (증명하다) E25b 13, K64a 7, (반) akribesteron, anankaioteron

malakotēs (softness) 무름 H42b 22, (반) sklērotēs

mallon ① (more) 더 (많이), 더 높은 정도로, 더욱 A981a 14, 25, 31(알다), 982a 15, 17(지혜), α994b 19(정의), B995b 31(따로 떨어져 있다), 996b 17(알다), 998b 17(원리), 31, 999a 1(원리의 모습을 띤), 4(하나), 15(원리), 22, 02a 15(실체), 26, Γ03b 26, 07a 4(대립되다), 08a 1(들어있다), b 5(옳다), 36, 09a 2(참인 것), b 10, 12b 4(가능하다), Δ14b 11(요소), 12(보편적인), 16a 4(하나), 10, 13, 22b 19(겪이), 23b 35(전체), Z28b 17(실체), 19(있는 영원한 것), 29a 6(있는), b 5(앎인 것), 40b 21(실체), H42a 14, Θ50b 36, 51a 1(실현 상태), I52a 20(단순한 것), 21(하나), 54b 9(흰 것), 56a 7(반대되는), 17(대립되다), 57b 12(반대되는 것), K59b 34(원리), 37, 39, 60a 21(중요한 원리), 62a 26(참말을 하다), Λ69a 27(실체), 28, M77a 28(전체적인 것), b 12, 78a 10(엄밀한 것), 11, 81a 11(사람 자체), 84a 30(있는 것), N87b 25(보편적인), ② (that which has more of any quality) (어떤 성질을) 더 많이 가진 것 Γ09a 1 —**mallon kai hētton** (difference of degree) 더와 덜, 정도의 차이 Γ08b 32, H42b 33, 44a 10, I54b 8 —**malista** ① (especially, above all or all others) 특히, 무엇(또는 누구)보다도 A980a 23, 982b 1, 983a 1, 10, 988a 35, 991a 8, B996b 17, Δ13a 14, Z34a 4, I52a 19, M85b 12, ② (most, in highest degree) 가장 많이, 가장 잘, 아주 (많이) A980a 26(느끼어 알다), 982a 22(가지다), 989a 2(동의하다), 31(맞아떨어지다), α993b 24, B995b 31(추구하다), 996b 4(아는), 998b 21(진술되다), 999a 11(있다), 00a 25(일관되게), Γ05b 8(알다), 08b 12(분명하다), 09b 34(보다), 35(추구하다), ③ (most, truly, truest) 최고의, 가장 많이 …인 (것), 가장 …한 (것), 진정으로, 진정한 (것) A982a 24(보편적인 것), 26(엄밀한 것), 31(앎의 대상), 32(앎), b 1, 2, 983a 6(값진 앎), 984a 6(원리), B996b 13(앎의 대상), 997a 13(보편적인), 998b 14(원리), 01a 22(보편적인), b 32(실체), 02a 26, Δ14b 6(보편적인 것), Z38b 7(원인, 원리), K59b 29(원리), 60a 36(움직이지 않는 것), Λ70a 20(실체), M87a 13(난점) ④ (in the strictest sense) 엄밀한 뜻에서, 완전한 의미에서 α999a 32, I53b 4 —**hoti malista** (however much … may be) 아무리 (많이) …하더라도 A984a 19, Γ08b 31

manon (the rare) 성김 A985b 11, 992b 5, H42b 34, (반) pyknon

manotēs (rarity) 성김 H42b 23, (반) pyknotēs

manthanein (learn) 배우다 A980b 23, 24, 983a 19(원인을), 992b 24(모든 것들의 요소를), 26(기하학을), 28, α994a 29, 30, Δ13a 4(가장 쉽게), E27a 22, Θ46b 37, 48b 24, 25, 49b 31(키타라를), 32, 34, 50a 1, (반) didaskein

martyrein ① (confirm) 입증하다, 확인시켜 주다 A982b 22, N87b 3(이성이), ② (testify) 증언하다 A988b 17, Λ69a 25(옛 철학자들이), 72a 5(아낙사고라스가)

martys (witness) 증인 α995a 8(시인)

mathēmata [manthanein 배우다] ① (mathematics) 수학 A985b 24, 992a 33, B996a 29, 997b 21, Γ04a 9, 05a 20, M77b 18(…의 보편 명제들), 84b 24(의 관점), N93b 8(…에 든 관계들), ② (branches of mathematics, mathematical sciences) 수학 계열의 학문들 E26a 9*

mathēmatikē ① (mathematics) 수학 α995a 15, E26a 8, 13, 14, 19, K61b 21, 28, 32, 64a 32, b 2, ② (복) (mathematical sciences) 수학 계열의 (학문들), 수학의 여러 분과 A981b 24, B996a 35, 997a 30, Γ03a 26, E26a 26, K59b 12, 64a 1,

M76b 34, 78a 4, 33
mathēmatikon ① (mathematical) 수학 계열(의) (학문들, 기술들), 수학의, 수학적인 (것) A992b 2(재료), K61b 32, M76a 21(실체), 78b 2, 86a 10(전제들) — **arithmos mathēmatikos** (mathematical number) 수학적인 수 M76a 20, 6장, 86a 5 — **mathēmatikōs** (mathematically) 수학적인 방식으로 α995a 6(견: 예시적으로) M80b 26, 28, ② (복) (objects of mathematics) (수, 점, 선, 면, 입체 등의) 수학적인 대상들, 수학(의) 대상들 A987b 15*, 992b 16, B995b 17, 02b 14, Z28b 20, H42a 12(실체?), K59b 6, 13, 16(…의 재료), Λ69a 35(실체?), M1-3장(실체?), 76a 17*, 80b 25, N90a 29, (반) aisthēton A989b 32, 990a 15, Z36a 4, (맺) eidos, idea B02b 14, 23, Z28b 20, M76a 20, 83a 23, N90b 26, ③ (복) (principles of mathematics) 수학의 원리들 N90b 28
mathēmatikos (mathematician) 수학자 Γ04a 7, K61a 28, M77a 9, 80a 36
mathēsis [manthanein 배우다] ① (learning) 배움, 학습, 연구 (활동) A992b 30, Δ13a 2, Z29b 4, Θ47b 33, K68b 14, ② (learning) 배우고 있음 Θ48b 29, K65b 19
mathētēs (pupil) 배우는 사람, 제자 A986b 22
mathētikon (apt at learning) 잘 배우는 (것) A980b 21(동물)
mēchanē [mēchos 수단, 도움] (machina) 인위적인 장치 A985a 18*
mēchanikē (mechanics) 역학 M78a 16
mega (great) 큰 (것), 큼 A992a 12, I55a 11, 5장, M85a 9(…의 종들), 12, (반) mikron — (**to**) **mega kai** (**to**) **mikron** (the Great and the Small) (플라톤의) 큼과 작음 A987b 20*, 26, 988a 13, 26, M85a 9, N87b 10, 14, 16, 88a 16, 89b 11, 90b 37, 91a 10 — **to mega kai mikron** (the Great and Small) (플라톤의) 크고 작음 B998b 10, M83b 24*, 32, 85a 12, N87b 8
megalomereia [mega 큰+meros 부분, 덩어리] (coarseness, great part) 부분이 큼 A989a 6
megethos (magnitude) 크기 A990a 26, Δ20a 9(잴 수 있는 양), 11(길이, 넓이, 깊이), Z39a 10(나눌 수 없는), I53a 18, 25, K66b 2, M83b 13(나눌 수 없는)
mēkos [makron 긴] ① (line) 선(線) A992a 11, b 14, B996a 13, 02a 16, Δ12b 35(맺: 길), M77a 28, b 29, 78a 8, 80b 24, 85a 10, 23(…의 곧음과 굽음), N89a 33, b 13(…의 길과 짧음), 90b 22, 93b 19 (의 곧음), (비) grammē, (견) arithmos, stigmē, epipedon, stereon, ② (length) 길이 B02a 20, Δ20a 12(크기), 13(비: 선), Z29a 14(양), 17, H43a 34(길이에 든 둘임), I52b 26(맺: 무게, 빠르기), 53a 26(…척도), 56b 10(…의 길과 짧음), M77a 25, (견) platos, bathos
mēkynein (spin, lengthen) 늘이다, 길게 끌다 M83b 6
melan (black) 검은 (것), 검음, 검은색 I53b 31, 56a 27, 57b 8, K65b 11, (반) leukon
melania (blackness) 검음 Δ20b 10(변하는 실체의 양태), I58a 33, 36, b 4(사람의), (반) leukotēs
melein (care for) 신경 쓰다 N93a 22
meletan (learn by practice) 연습을 통해 배우다, 기르다 Θ50a 13
meli (honey) 꿀 Γ11a 26
melikraton [meli 꿀+kerannynai 섞다, 타다] (honey-water) '꿀을 탄 것', 꿀물 H42b 17, N92b 29
melitta [meli 꿀] (bee) 벌 A980b 24
mellein (be going to, be to) …하려 하다 A980a 25, 992b 27, B03a 16, K62a

11, Λ72a 11, 73b 37, 38, N87b 29 — **to mellon** ① (future) 앞일, 다가올 일, 미래 A980a 25, α994b 14, Γ10b 12, Δ18b 18, ② (will get) …하게 될 (것) Γ10b 14

melopoiia [melos 팔다리, 가락, 곡(曲)+poein 만들다] (lyric poetry) 서정시 α993b 15

melos ① (limb) (천구의) 팔다리, 사지(四肢) B00b 14, Γ09b 22, 24, ② (tune) 가락, 곡(曲) I53b 35

menein ① (be constant, remain, endure) (어떤 상태에) 그대로 (남아) 있다, 변하지 않다 Γ10a 24(형상이), Δ24a 4(본성이), 15(실체가), K63a 24(물체들의 양이), 26, 64a 27, Λ72a 10, M78b 16, 86b 1, ② (rest) (같은 상태에) 머물러 있다, 머무르다 K67a 11, 14, (반) rhein, kineisthai, alloiousthai, metaballein — **menon** ① (permanent) 지속적인 (것), 영속적인 (것) K60a 27, 63b 7, ② (that which is at rest) 머물러 있는 (것) K64a 32

meris (separate portion) 낱낱의 것 M82b 36

merismos [merizein 조각내다, 나누다] (partition) '조각냄', 분할 E27b 20, 22, (견) dihairesis

meriston (divisible) 조각날 수 있는 (것), 조각나는 (것) Δ24a 12(양), K66b 15*

meros (part) 일부, 부분 A989b 12, α993b 6(맞: 전체) Γ03a 22(있는 것의), 05a 29, Δ13a 29(정의의), 15b 27, 20b 16, 23a 17(맞: 전체), 35(형상의), 25장, Z10장, 11장, 34a 26, H42a 19, K60b 32, M79b 5, 84a 22(더 큰 수의), b 20 — **to epi merous** (the particular) 개별적인 것, 개별자 M84b 14*

mēros (thigh) 넓적다리 Δ16a 11(맺: 정강이)

meson ① (intermediate) 중간(에 있는 것), 중간의 (것) α994a 11-19(견: 마지막 것, 먼저 것), K69a 4, Λ72a 24, N93a 29(현), ② (mean proportional) 비례 중항 B996b 21, ③ (center) 중심 Z33b 14(구의), Θ51a 28(직선의), M79b 7(원의), ④ (middle place) 한가운데 K67a 25, M83b 30 — **to ana meson** (intermediate) 중간에 있는 것 K61a 21, 63b 19

metabainein [meta …다음에+bainein 가다] (advance, pass) 옮겨 가다, 거쳐 가다 Z29b 3(더 앎인 것으로), 12, I57a 23

metaballein [meta 뒤집어+ballein 놓다] ① (change) '뒤집다', 변하다, 변화를 겪다, 달라지다 A983b 10(양태들이), 984a 22, 987b 7, Θ49a 15, I57a 21, 26, 31, K65b 7, 67a 6, Λ69b 3, 7, 14(재료가), 24, 36(어떤 것이다가 어떤 것에 의해 어떤 것으로), ② (change) 변화 Γ10a 23(질이나 양에 따른), ③ (cause change) 변하게 하다, 바꾸다 Λ71b 16 — **metaballon** (that which is changing) 변하는 (것), 변화를 겪는 (것) Γ10a 8, 16, Δ13a 11, 32(맞: 변하게 할 수 있는 것), I57a 22, K67b 1*, 15, 68b 11(맺: 생겨나는 것), 28

metablētikon (change-producing, of change) (어떤 것을) 변하게 할 수 있는 (것), 변화의 (근원) Δ13a 32(맞: 변하는 것), 20a 5(근원), Θ46a 15, b 4, 49b 7, 51a 3(근원)

metablēton (changeable) 변하는 (것), 바뀌는 (것) Λ69b 3(감각되는 실체)

metabolē (change) 변화, 변함, 달라짐 Γ11b 34(대립되는 것으로, 중간에 있는 것으로), H42a 33(대립된), Θ46a 12(…의 근원), 50b 28, I57a 33, K63a 14, 65b 14(맺: 운동), 11장, 67b 14-19, 68a 2, 12장, 68a 15-b 10, 69a 2, Λ69b 3, 9, 72b 9(으뜸가는 …=이동)

metalēpsis [meta 함께+lambanein 잡다] (partaking, sharing) '함께 잡음', 관여 Λ72b 20

metapherein [meta …다른 곳으로+pherein

가져가다] (transfer) (뜻을) 전용(轉用)하다 Δ14b 3, 20a 25, 21b 17, 26
metaphora ① (poetical metaphor, figure of speech) (시적인) 비유, 전용(轉用) A991a 22, Δ19b 33, 21b 29, 24a 8, M79b 26, ② (extension of meaning) 의미의 확장 Δ15a 11
metaphyesthai [meta …뒤에+phyesthai 자라다] (change) 변하여 어떻게 되다 Γ09b 20
metaprepein [meta …가운데+prepein 빛나다] (be pre-eminent) 돋보이다, 뛰어나다 A984b 28
metatassein [meta …뒤에+tassein (짜) 놓다] (change a order) 순서를 바꾸다 Z38a 30
metathesis [meta …뒤에+tithenai 놓다] (transposition) 위치가 바뀜 Δ24a 4
metaxy ① (between, intermediate) (어떤 것들의) 사이에 (있는 것), (어떤 것들의) 중간(에 있는) 것 A987b 16(감각 대상들과 형상들의), B998a 7, b 28, Γ7장, 11b 23(모순되는 것들), 30, 34(대립되는 것들), Δ23a 7, I55b 1(모순되는 것들), 56a 32(좋은 것과 나쁜 것), 36, 7장, K67b 13, 68b 27, 69a 5, 14(점들, 단위들), Λ69b 4, N90b 35(이데아적인 수와 감각되는 수의), ② (the Intermediate) '사이 것', (플라톤에서 특히 수학적인 대상들을 가리켜) 중간에 있는 것 A991b 29*, 992b 16, B997b 2, 13, 02b 13, 21, K59b 6, M77a 11(맺: 이데아들)
metechein [meta 함께+echein 가지다] (participate, share) 나눠 가지다, 분유(分有)하다 A990b 30-991a 3, 992a 28, Z37b 19, K59b 33, M79a 27(형상을) —**metechon** (what shares) (이데아들을) 나눠 갖는(분유하는) 것, 개체, 개별자 A991a 3, 14, b 5, M79a 34, b 18, N91b 30
mētēr (mother) 어머니 Δ13a 9, 23b 4, (반) patēr
methekton (can be shared) 나눠 가져질 수 있는 (것), 분유될 수 있는 (것) A990b 29(형상들), Z40a 27(이데아), M79a 25(형상들)
methexis [metechein 나눠 갖다] ① (participation) 나눠 가짐, 분유(分有) A987b 9, 10, 12, 13(형상들을), 21(하나를), ② (being participated in) 나눠 가져짐, 분유됨 Z31b 18, H45a 18, b 8, (비) mimēsis
methodos [meta …뒤에+hodos 길] (investigation, inquiry) 연구, 탐구, 논의 A983a 23, b 4, 984a 28, M76a 9, 86a 24, N91a 20
metienai [meta …뒤에+ienai 가다] (go after) 쫓아가다, 따라가다 Z41a 10, H44b 4, 45a 21
mētis (wisdom, skill) 꾀 Γ09b 19
mētizesthai [mētis 꾀] (devise, plan) 궁리해 내다 A984b 27
metochē [metechein 나눠 가지다] (participation) 나눠 가짐, 분유(分有) Z30a 13, (비) methexis
metrein (measure) (같은 단위로써) 재다, 측정하다 A983a 17, Z34b 33, Θ47b 7(대각선을), 12, I53a 18(대각선과 변을), 33, 34(우리를), 56b 21, 57a 12, N88a 5, 92b 34—**metroumenon** (thing measured) 재어지는 (것), 측정 대상 I57a 10
metrēton [metrein 재다] ① (commensurable) 같은 단위로 잴 수 있는 (것) A983a 21(대각선), (비) symmetron, ② (that which is measurable) (우리가) 잴 수 있는 (것), 측정되는 것, 측정 대상 Δ20a 9(크기), b 31, 21a 29(관계), I56b [22], 24(하나로써), 33, 57a 4(다수), 6, (반) metron
metriōs (moderately) 적절하게 Λ73b 9
metron (measure) 척도, 재는 것(자) Δ16b 19(으뜸가는), 20(으뜸가는), 20b 31, 21a

13(1, 수의), I52b 18(으뜸가는, 유의, 양의), 20, 25(으뜸가는), 26, 32(맺: 원리), 34, 36(정확한), 53a 6(으뜸가는 것), 8, 10(맺: 원리, 예: 4분음, 자모), 15, 19(하나), 25, 30, 31(사물들의, 예: 인식과 감각), 36(모든 것들의, 예: 인간), b 2(대상들의), 5(양의, 질의, 예: 하나), 56b 22, 33, 57a 6, 9(예: 인식), 17(하나), K62b 14(모든 것들의, 예: 인간), 19(예: 보이는 것), 63a 4, Λ72a 33(하나), N87b 33(하나), 88a 2(분할되지 않는 것), 5(하나, 다수의), 6, 7(원리, 맺: 하나), 8, 9(예: 사람, 말, 산 것), 89b 35, (반) metrēton, memetrēmenon

migma 또는 **migmē** [mignynai 섞다] ① (blend, mixture) '섞인 것', 혼합체 Γ12a 28, ② (the Blend, Mixture) (엠페도클레스의) 섞인 것, 혼합체 Λ75b 4, N92b 7*, ③ (a complete fusion, Mixture) (엠페도클레스와 아낙시만드로스의) (무질서한) 혼합 상태 Λ69b 22

mignynai ① (mix with) (고체를) 섞다 A989a 34, b 2, 14, 15, 991a 15(흰을), Γ09a 27, Z39b 6, H43a 1, M79b 19(흼을), N91b 8, ② (mixture) 수적인 섞임 H42b 29, (견) kerannynai

mikrologia [mikron 작은+logos 말] (pettiness) 자잘한 것 α995a 10

mikromeres [mikron 작은+meros 부분] (minute-particled) 작은 부분인 (것) A989a 1(가장)

mikron (small) 작은 (것) → mega kai mikron

mikrotēs (smallness) 작음 I56b 30(견: 적음)

mikton [mignynai 섞다] (be capable of intermixture) 섞일 수 있는 (것), 섞이는 (것) N92a 25

mimēma [mimeisthai 흉내 내다, 모방하다] (imitation, copy) 모방물, 흉내 낸 것 A988a 7, Δ20b 4(평면과 입체)

mimēsis (imitation) 닮음, 모방함 A987b 11, 13, (견) methexis

mimnēskein (mention) 언급하다 B996a 31, Λ73a 15

mixis [mignynai 섞다] ① (mixture, mixing) (넓) 혼합(함), 한데 섞음, 섞임 A989b 4, 990a 24, Δ15a 2, H43a 11(높은 것과 낮은 것의), 13, b 7, 8(맺: 결합), M82a 21(맺: 닿음, 위치), N92a 24, b 21, 22, 27, 31, (반) chōrismos, diallaxis, krisis, ② (좁) (마른 것들의) 수적인 섞음(혼합) H42b 29, M85b 11*, (견) krasis

mnēmē [mimnēskein 다시 생각해 내다] (memory) 기억, 기억력 A980a 29, b 25, 26*, 28, 29, Λ72b 18

mnēmoneuein (remember) 기억하다, 기억력이 있다 A980b 22, Γ09b 26

mochthēron [mochthein 참다] (bad) 나쁜 (것), 형편없는 (것) Δ20b 23, N90b 20(비극)

moira (part) 부분 K63b 27

monachē [monas 단위, 하나] (in one dimension) 한 쪽(방향)에서 Δ16b 26, 29 (… 분할되는 것=선)

monachon ① (that which is unique) 하나뿐인 (것), 유일무이한 (것) Z40a 29(해, 달), ② (one set of) 한 세트의 (것) M76b 29(입체)—**monachōs** ① (of one kind) 한 가지 종류로 B995b 15(실체), 997a 35, ② (in a one-sided way) 한쪽으로 치우쳐 Γ12a 29(주장하다)

monadikos ① (consisting of abstract units) (추상적인) 단위들로 이루어진 (수) M80b 19, 30, 82b 6, 83b 17(산학적인 수), N92b 24(수), ② (unitary) 단위의 성격을 띤 (것) M84b 33(1 자체), ③ (of units) 단위들의 N92b 20

monas [monon 하나뿐인, 오직] (unit) 단위 A991b 24(같은 종류의 것인), 992a 3(차이가 나는), Δ16b 25, 30, H44a 8(맺: 점), I53a 27, K69a 12(견: 점), M76b 37,

6-8장(비교될 수 있는 것?, 비교될 수 없는 것?), 80a 18, 81b 13, 82b 25, 83a 2, 84b 26(=위치가 없는 점), N89b 35

monē (rest) 머물러 있음, 머묾 K67a 13

morion [meiresthai 제 몫을 받다] (part) 부분 Δ23b 23(전체의), Z37a 24, M85b 31, (비) meros

morphē ① (shape, form) 형태, 모양, 형상 B999b 16, Δ15a 5, 17b 25, 23a 32, 34(비: 목적), 24a 5, Z29a 3(견: 둘로 된 것), 4(비: 드러난 모습), 31(맞: 재료), 33b 6(감각 대상 안에 있는), H42a 29(비: 규정), 43a 26(예: 고름), 28(비: 실현 상태), 31(비: 실현 상태), b 32(맞: 재료), 45a 23, 29, b 18(비: 마지막 재료), I52a 22, 55b 13, K60a 22, b 26, 65b 10(맞: 결여), M77a 33, N87b 16, ② (figure) 모습 N92b 13, 17(…의 원인), (비) eidos, schēma, (반) hylē

morychōteron [Morychos 시칠리아에서 부르는 디오뉘소스 신의 별명 < moryssein (포도 찌꺼기로 얼굴을) 더럽히다, 검게 하다] (more obscurely) 더 못 알아보게, 더 모호하게 A987a 10, (비) amydrōs

mousikē (music) ① 교양, 시가(詩歌) Θ49a 31*, ② 음악 I53a 12

mousikon [Mousai 무사이들: 제우스와 므네모쉬네 사이에 태어난 노래, 기술, 학문을 주재하는 9명의 여신들] (musical, cultured) 교양 있는 (것), 시가에 능한 (것) Δ15b 17-31, 17a 8-17, b 28-18a 3*, E26b 17-20, Z31a 27, b 23, K64b 23-26

myein (have eyes shut) 눈을 감고 있다 Θ48b 2

myria ① (a thousand) 수(없이) 많은 (것) A990b 27, Γ07a 11, M79a 24, 85a 14, N93a 21(문자), ② (10000) 만(萬) N88b 11

myriakis (a thousand times) 일만 번 Γ07a 16

myrias (10000) 만(萬) A991b 23

mythikōs (mythically, in mythical form) 신화의 방식으로, 신화 형태로 B00a 18, Λ74b 4, N91b 9

mythōdes (mythical) 신화적인 (것) α995a 4

mythos [mytheisthai 말하다] (myth) 신화 A982b 19, Λ74b 1

|n|

naus (ship) 배 Δ23a 16

nautēs (sailor) 선원 Δ23a 16

neikos (the Strife) (엠페도클레스의) 싸움, 불화, 다툼 A985a 3, 6, 24, 26, 988a 34, α994a 7, B00a 27, b 2, 5, 8, 10, 14, Γ04b 33, Λ72a 6, 75b 7(사라지지 않는 것?), N92b 7, (반) philia

nekron (corpse) 죽은 것, 시체, 사체 H44b 36, 45a 2, 5, (반) zōn, zōon

nektar (nectar) 넥타르, 신들이 마시는 음료 B00a 12*, 17, (맺) ambrosia

nēnemia [nē …이 없는+anemos 바람] (still weather) 무풍(無風) H43a 22

neos (young) 젊은 (사람), 새로운 (것) A987a 32(플라톤), 993a 16(초기의 철학), Z36b 25(더 … 소크라테스)

nēphōn (sober) 맑은 정신의 (사람) A984b 17

nephos (cloud) 구름 Z41a 25

nētē 또는 **neatē** (chordē) (the lowest string) 네테, (뤼라의) 가장 낮은 줄, 가장 높은 음 Δ18b 28*, I57a 23, (견) paranētē, hypatē

neuron (muscle) 힘줄, 근육 Z35a 19(맺: 뼈, 살)

nōdon [nē …이 없는+odous 이빨] (toothless) 이빨이 없는 (것) K68a 7

noein ① (think) 사유하다, 생각하다 A990b 14(사라진 것을), α994b 23, 24, 26, Γ06b 10, Z32b 6, 8, ② (thinking) 사

유함 Λ74b 24, 31(맺: 사유 행위), 37, ③ (apprehend) 알다, 알아차리다 Θ52a 1 — **noumenon** (that which is thought of, object of thought) 사유되는 (것), 사유 대상 Λ74b 30, 38, 75a 4, 5, 6
noēma (thought, concept) 사유물, 사유의 결과, 개념 A990b 25*, Γ09b 25, M79a 21
noēsis ① (thought) 생각 A991b 27, ② (thinking, thought) 생각함, 사유 Δ16b 1, Z32b 15, 16, 17, Θ51a 30, 52a 30(하나인), b 1, Λ72a 30, b 17, 18, 74b 20(견: 잠재/가능 상태), 29, 75a 10, ③ (act of thinking) 사유 활동 Λ74b 22, 28, 31, 33, 34(사유 활동에 대한), 38(견: 사유되는 것), 75a 3, 5, ④ (intuitive thinking) 직관적 사유 Z36a 6(견: 감각)
noētikon (faculty of thingking) 사유 능력을 가진 (것), 사유 능력 Θ52a 3
noēton ① (object of thought, the intelligible) 사유되는 (것), 사유 대상 A990a 32(수), B999b 2, Z36a 3(원), 10(재료), 11(수학적인 대상), 37a 5(재료), H43b 30(실체), 45a 34(재료), 36(재료), K66b 24(물체), Λ70b 7*, 72a 26(맺: 욕구 대상), 30, b 20, 21, 22(맺: 이성), M76b 38, (반) aisthēton, ② (object of reasoning) 직관되는 (것), 이성의 대상 Γ12a 2*, (견) dianoēton
nomizein ① (think) 생각하다, 믿다 A981a 31(더 지혜롭다고), 982b 29(인간의 능력을 벗어난 것이라고), 983a 4(더 값지다고), 984a 17(하나뿐인 원인이라고), 987a 24(사물의 실체라고), Γ09a 11, I56a 31, Λ74a 20, b 10(으뜸가는 실체가 신이라고), M86b 1, ② (consider, regard) 여기다 A 986a 16(수를 원리로), B998b 15(원리로)
nomos (law) 법, 법률 α995a 4, K61a 25, 26(…에 대한 복종), Λ74b 5 — **nomou charin** (as the accepted mode of treatment demands) 필요한 만큼 M76a 27
nosein (be ill) 아프다 Θ51a 7, K65b 31, 68a 27, (비) kamnein, (반) hygiainein
nosōdes [nosos 병] (sick) 아픈, 병든 (사람) Γ08b 29, (반) hygieinon
nosos (disease) 병 A981a 8, 11, Δ23a 13, E27b 2, 10(맺: 폭력), Z32b 4(건강=…의 실체), 5(=건강이 있지 않음), H44b 31, Θ46b 7, K68a 22, 26, Λ70b 28, (반) hygieia
noumēnia [neon 새로운+mēn 달] ① (new moon) '새 달', 초승달 E27a 25, 26, ② (the first day of the month) '매달의 첫 날', 초하루 K69a 1
nous ① (reason) 이성 A985b 30(맺: 혼), 988a 34, b 8(맺: 우애), 989b 15(섞이지 않은 순수한 것), α993b 11(우리 혼 안의), 994b 14, 15(…을 가진 것), E25b 22(맺: 기술, 능력), Z34a 24, K65b 4(맺: 자연), Λ70a 26, 71a 3(맺: 욕구, 신체), b 36, ② (thought) 사유 Λ72a 30, b 20, 21, 22, 23, 27, 74b 21, 30(맞: 사유 대상), 75a 4, 7(인간의, 복합된 것들에 대한, 견: 신성한), ③ (mind) (제)정신, 마음 A992a 30, Γ09b 5, 23(사람들의), ④ (divine thought) (신적인) 이성, 신 Λ74b 15, 30, 75a 4, ⑤ (Nous, Reason) (아낙사고라스의) 이성 A984b 15, 985a 19, 21, 988a 34, 989b 15, Λ69b 31, 72a 5, 75b 8, 11, N91b 12
nykteris [nyx 밤] (bat) 박쥐 α993b 9
nyktikryphes [nyx 밤+kryptein 숨다] (night-hidden) 밤에 숨는 (것), 해의 별칭 Z40a 31
nyktōr [nyx 밤] (one night) 어느 날 밤에 Γ10b 10
nyn ① (now) 지금 H42a 34, 35, 36, b 1, ② (in fact) 실제로는 N88b 13 — **hoi nyn** (modern philosophers) 오늘날 사람(철학자)들 A992a 33, B00a 6, Λ69a

26 — **to nyn** ① (now) 지금, 순간 B02b 6, ② (the present) 현재, 지금(의 시점), 오늘날 Δ18b 15, 17, 19, E27b 1, K65a 18(맺: 내일), Λ74b 13, ③ (that now present) 지금 있는 것, 마지막 것 α994a 18 — **ta nyn** (for the present) 이제, 당분간 A990a 33

nyx ① (night) 밤 Δ23b 6, H45a 3, Λ70b 21, (반) hēmera, ② (Night) 뉙스, 밤의 여신 Λ71b 27, 72a 8, 20, N91b 5

| o |

ocheia (copulation) 교접 A988a 6

ōchron (yellow) 노란 (것), 노란색 I56a 30(맺: 회색)

ōdeion (concert hall) 오데이온, (아테네의) 공연장 Γ10b 11

odous (tooth) 이빨 N93a 15(동물의)

oiesthai (think) 생각하다 A990a 18, 992a 27, α994b 29, Γ07b 27, 08b 11, 15, 17, 35, Z41a 1, Θ51b 3

oiēteon → eidenai

oikein (live) (…안에서) 살다 K64b 20(고통스럽게)

oikeion (proper) 고유한 (것), …에만 있는 (것), 바로(직접) 들어있는 것(성질) Δ24 b 33(규정), H44a 18(재료), I58a 37(속성), b 22, M78a 16 — **oikeiōs** (in a proper sense) 고유한 뜻에서 Δ14a 7 — **oikeioteron** (more appropriate) 더 적합한 (것) N87b 17 — **oikeiotaton** (most akin) 가장 가까운 (것) Λ73b 4(철학에 … 학문=천문학)

oikia (house) 집 A991b 6, B996b 6, 999b 19(특정의), 20, Δ13a 5, 14a 24, 23a 33, E26b 6, Z32b 12, 14, 30, 33a 15, 19, 20, b 20, 34a 10, 23, 39b 25, 41a 27, 29, b 6, H43a 8, 15, 16, 31, b 6, 20, Θ49a 9, 10(잠재적으로), 11, 50a 26, 29, K60b 28, 64b 20, 66a 4, 68b 34, Λ70a 14, 16, b 33(…의 형상=건축술), 75a 19, M80a 5

oikodomein [집 oikos+짓다 domein] (build) 집을 짓다, 집짓기 Δ14a 9(…의 원인=목수), 17a 11, Θ46b 31, 32, 34, 35, 47a 4, 48a 37, b 1, 31, 49b 15, 30, 50a 12, 51a 9, 10, K65b 18, 66a 5 — **oikodomoumenon** (the thing built, the thing that is being built) 지어지고 있는 것(집), 지어진 (것), 건축물 Δ14a 23(맞: 짓는 사람), 19a 17, Θ50a 29, 32

oikodomēsis (building, the act of building) 집짓기, 집을 짓는 행위, 건축 행위 Θ48b 30, 50a 27, 28, 32, K65b 19, 66a 3, 4, 5, 6

oikodomēton (the 'buildable') 지어질 수 있는 (것) K65b 17, 66a 2, 3, 5

oikodomikē (art of building, building art) 집 짓는 기술, 건축술 Δ19a 16, E26b 10, Z32b 13(집의 형상), Θ46a 27, 50a 11, 26, K64b 19, Λ70b 29, 33(집의 형상)

oikodomikos (man who can build) 집을 지을 수 있는 것(사람), 건축가 Θ46a 28, 48b 1, 49b 14

oikodomos (builder) 집을 짓는 사람, 목수, 건축가 B996b 7, Δ14a 9*, 10(집이 지어짐의 원인), 23, 25, 17a 11, 12, E27a 1, 2, Θ46b 34, 49b 30*

oinos (wine) 포도주, 와인 Γ10b 21(달콤한), Δ16a 20(맺: 물), 22(맺: 기름), H44b 32(견: 물, 식초), 34(견: 식초), 45a 6, Λ71a 7

oiōnos (bird) 새 B00a 31

oktō (eight) 여덟 (개) Δ25a 1, Λ74a 6(천구들의 수가), N93a 29(현이), b 1(음절)

oligon ① (fewness) 적음 A992a 17, Δ20a 20, I56b 31, N87b 16, 88a 19, b 6, 11, 89b 12, (반) poly, ② (few) 적은 것(수 또는 양) I6장, 56b 9, 11, 13, 18, 25, 57a

13, N87b 32, 33, 88b 9, (반) poly, ③ (복) (a few things) 적은 수의 (것들), 몇 가지 (것들) Z38a 2(용어들), M78b 21, ④ (복) (the few) 적은 수들 I56b 6, (반) polla —**oligiston** ① (least) 가장 적게 I53 a 9, ② (the smallest) 아주 조금 I57a 23

oligotēs ① (a small number of, a few) 적은 수의 (사람) A984a 10, Γ09b 3, ② (fewness) 적음 I56b 30(견: 작음), N87b 32, (반) plēthos

oligorein (pay little attention) 아랑곳하지 않다 B00a 10

omma (eye) 눈 A980a 24, α993b 9(박쥐의), Δ22b 24, (비) ophthalmos

on, to

I. ① (that which is, existent thing, being) 있는 (것), 사물, 존재 A985b 15, 986b 28, B02a 28(맺: 실체), Γ03a 33, b 5, Δ24a 24, Z28a 14(으뜸으로), 30, 31(단적으로), b 3(맺: 실체), Θ50b 18(필연적으로), I53b 28, 54b 22, K61a 11, 16, b 11, M78a 30, N89a 32('실체'란 뜻의), 34, b 20, 21, ② (being) 있음 또는 …임, 존재 A988b 12, B996a 6, 998b 20, 22, 01a 5(사물들의 실체?), 21, 23(자체), 27, 28, Γ03b 23, 34, E27b 31(본래적인 뜻의), Z30b 11, 40b 16, 18, H45b 3, 7, Θ51b 1(가장 본래적인 뜻의), I53b 20, 23, 25, 54a 14, K59b 27, 60b 5, 61a 11, 17, ⓐ ('우연히 딸려 있음'과 '스스로 있음'의 뜻으로) Δ17a 7-22, E2장, 26a 35, 3장, ⓑ ('참임'의 뜻으로) Δ17a 31, E4장, 27b 31, Θ10장, 51b 1, K65a 21-26, N89a 28, ⓒ (여러 가지 '범주'들로서) Z28a 10, 14, 18, 30, Θ45b 28, 32, 51a 34-b 2, N89a 7, 32, 34, ⓓ ('잠재/가능 상태 또는 발휘/실현 상태로 있음'의 뜻으로) Γ09a 32-36, Δ17a 35, K69b 15 —('하나'와 함께 쓰여) ① (that which is) 있는 것 A986b 15, Γ04b 5, ② (Being) 있는 것 B01a 16*, 19, b 1, ③ (Being) 있음 B998b 22, 01a 5-b 1, Γ03b 23, 05a 9, 12, Z40b 16, H45b 6, I2장, K59b 28, 31, 60b 5, 61a 14, 16, Λ70b 7, ④ (Being) 있음 A988b 12, B01a 10, 23(자체) —**to mē on** ① (that which is not, non-existent thing) 있지 않은 (것) A985b 7(빈 것), 986b 28, 987a 2(차가운 것), B999b 8, 03a 4(아직), Γ03b 10, 07b 28, 08a 22(말한다?, 걸어 다닌다?), 09a 30(빈 것), 33, 11b 26, 27, 29, 12a 7, Δ24b 27, E26b 15(소피스트들에서), 21, Z28a 21, 30a 25, 26, Θ47a 34(사유할 수 있는 것, 욕구할 수 있는 것), b 1(잠재적으로 있는), I54b 20, K62b 24, 29, 32, 64b 30, 67b 25, 27, 30, 31(움직여질 수 없는), 33, 36, Λ69b 19, 20, 27, 28, 72a 20, 75b 15, N89a 5, 10, 15, 16, 19, 21, 25, 27, 28, ② (non-being) 있지 않음 α994a 28, Γ04b 28, E26a 35, 27b 18, Θ51a 34, K66a 11 —**on hē on** (being qua being) 있다는 점에서 본 있는 것 Γ1장, 03a 21*(속성들), 24(맞: 부분), 2장, 03b 15(…의 요소들), 04b 5(…의 양태들), 15, 05a 3, 13, 24(…의 공리들), 28, E25b 3, 9(비: 단적으로 있는 것), 26a 31, 32, K60b 32(맞: 특정 부분)

II. ① (that which is in …) (어떠한 상태에) 있는 것 Z39b 1(따로 떨어져), Θ50b 28(변화 상태에), M80a 30(더 높은 정도로), 83b 20(스스로), ② (복: ta onta) (things, beings) 있는 것들, 사물들, 존재들 A983b 8, 11, 985b 25, 987b 8, 11, 19, 990a 6(더 높은 곳에 있는), 991b 10, α993b 27(항상), 994a 2(…의 원인), b 15, B03a 3, E26b 9, Z31b 4, M76a 25(…원리들, 실체들), 78a 29, 30, 84b 28, 86b 30(다른), 87a 12, N87b 28, 89a 16, 19, 90a 5, b 27, 91a 12(영원한) —**ha mē estin** (things which do not exist) 있지 않은 것들 Δ24b 22 —**ta mē onta** (non-existent

things) 있지 않은 것들 Θ47a 33, 34, b 1
III. ① (the real) (실제로, 참으로) …인 (것) Λ72a 28(좋은), (반) phainomenon, ② (being …) …인 (것) N87b 11(하나)

onkos (mass, volume) 덩이 M85a 12*, N89b 14, (비) sōma

onoma ① (name) 이름, 표현 A982b 8(찾는), 987b 10, 12, Γ06b 2, 5, 8, 11, 22(맞: 실제), 12a 24(표현물), Δ15b 29(맞: 유, 보편적인), 20a 26, E26b 13, Z29b 28, 30a 7, 9, 15, b 24(맞: 규정), 31b 29, 35b 2(고유한), H43a 30, I52b 13, 58b 5, ② (word) (낱)말, 단어 B00a 13, Γ06a 30, b 12, 09a 22, Δ22b 3, Z40a 10, H45a 27, Θ47a 30, 50a 22, I52b 7, 9, 53b 4, K62a 14, 16, 17, 20, ③ (term) 용어 I58b 30(보편적인)

onomazein ① (mention expressly) 명시적으로 말하다 M78a 35, ② (call) (…한) 이름을 붙이다, (…라고) 부르다 Δ15a 2, ③ (수) (be called, receive a name) (…라고) 불리다, (…란) 이름을 갖다 A981b 28, Z34a 1

onos (ass) 나귀 Z33b 34(견: 노새)

onta, ta → on, to

ōphelein (do good) 이롭다 N92b 29

ōphelimon (useful) 이로운 (것) E26b 8(집), 27a 23(꿀물), (반) blaberon

ōphelos (advantage, gain) 도움, 이득 Λ71b 14

ophthalmos [osse 두 눈+thalmos 거처, 방] (eye) 눈 Γ11a 27(…의 시력), E26a 1(자연물, 맞: 코, 얼굴, 살, 뼈), K64a 27(맞: 살), 67b 4, (비) omma

opissō (hereafter) 앞으로 B00a 30(있게 될 것들)

opsis [osse 두 눈] ① (sight) 시각 Γ10b 17, 11a 26, 34, Θ48b 2, 50a 10, 11, 24(견: 봄), 25, K63a 10, M87a 19, ② (seeing) 봄(見) Δ21a 33, b 1, 3, ③ (sight) 시력 Δ22b 26, 23a 5, Θ47a 9, ④ (eye) 눈 Γ11a 28, K63a 7, ⑤ (sight) 모습(像), 이미지 M77a 5, 78a 15

opsopoiētikē [opson 반찬, 양념, 맛있는 것 +poiein 만들다] (art of cooking) 요리술 E27a 4

opsopoiikē (art of cooking) 요리술 K64b 21(맞: 직조술, 제화술)

opsopoios (cook) 요리사 E27a 3

optikē (optics) 광학(光學) B997b 20, M78a 14, (맞) harmonikē

optikon [opsis 시각] (object of optics) 광학(의) 대상 M77a 5(맞: 화성학의 대상)

orcheisthai (dance) 춤추다 Z34a 16

oregesthai (desire) 욕구하다, (어떤 것을) 얻으려고 애쓰다 A980a 21(앎을), Θ48a 11, 14, Λ72a 29, N92a 2

orekton (object of desire) 욕구 대상 Λ72a 26, (비) epithymēton

orexis (desire) 욕구 Θ48a 11(맞: 제 뜻), Λ71a 3

organon [ergon 일, 행동] (instrument) ① 도구 Δ13 b 2, 3, ② 악기 Δ19b 14(뤼라)

orthon (true, right) 맞는 (것), 올바른 (것) Z30a 34, 38a 30—**orthē** (gōnia) (right angle) 직각 Δ25a 32(두), E26b 12(두), Z34b 28, 35b 6, 36a 14, Θ51a 24(두), 52a 7, M84b 7, 86b 35(두)—**orthōs** ① (rightly) 올바로, 맞게, 제대로 A981a 4, 988b 16(규정하다), α993b 19, Γ09a 31, 11a 6(판정하다), Δ15a 32, Z39a 9(말하다), H43b 7, Θ49a 36, I56a 30(비판하다), Λ72b 34(생각하다), M78a 29, N92a 10, ② (well) 잘, 올바로 Δ19a 25(걷다, 말하다), b 13, 21

oryttein (dig) 파다 Δ25a 16, 17(구덩이를)

osteon (bone) 뼈 A993a 17, 21, E26a 1(자연물, 맞: 코, 눈, 얼굴, 살), Z34a 6(맞: 살), 35a 18(맞: 신경, 살), 33(맞: 살), 36b 4, 11(사람의, 맞: 살), I58b 8(맞: 살), Λ70

b 15(맺: 살), N92b 18(…의 수, 맺: 살)
oudos [hodos 길] (threshold) 문지방 H42b 19, 26, 〈27〉, 43a 7(이렇게 놓인 나무나 돌), b 9, (견) hyperthyron
oulomeleia 또는 **holomeleia** [holon 전부, 전체+melos 팔다리, 사지(四肢)] (whole system) 온 팔다리, 전체 구조 N93b 4*(우주의)
ouranion (heavenly, celestial) '하늘에 있는 것', 천체(天體)들의 운동 Λ75b 26
ouranos ① (heaven, sphere) 하늘, 천구(天球) I53a 11, Λ72a 23, ② (heaven) 하늘, 천공, 우주 A986a 3, 5, 10, 21, 989b 34, 990a 12, B997b 16, 18, 35, B998a 18, E23a 20, Θ50b 23, I53a 11, Λ72a 2, 23, b 14, M77a 3, N90a 25, 34, 93b 4, ③ (material or physical universe, world) 물질적인 또는 물리적인 우주, 세계 A986b 24*(전체), 990a 28(…에 있는 수), B997b 7(…에 있는 것들), Z28b 12(…와 그 부분들), 27(…에 있는 실체), H42a 10, 11(…의 부분들), K65b 3(…의 원인)—(비) pan, holon, kosmos A990a 5, 20, B997b 17(감각되는), Γ10a 28, 30, M80b 18(수들로 이뤄진), Λ74a 31, 32, 38, ④ (heavenly bodies) 천체(天體)들. ⑤ (Heaven) 우라노스('하늘'의 신) N91 b 5
ousia ① (substance) 실체 A983a 27*, Γ05a 21, Δ8장, Z28b 8(동물, 식물, 이것들의 부분들, 불, 물, 흙 따위의 자연적인 물질들, 우주와 그 부분들, 별들, 달, 해) 33, 36, H42a 5, Λ1장, 74b 20(가장 뛰어난)—**aisthētē ousia** (sensible substance) 감각되는 실체 B997a 34, Z39b 28, H42a 23, 25, 43a 27, K59a 39, Λ69a 30, 31, b 3, M86a 23—**aidios**, **akinētos ousia** (eternal, unmovable substance) 영원한, 움직이지(변하지) 않는 실체 Λ69a 33, 71b 3, 73a 4, 30, 33, 38—**physikē ousia** (natural substance) 자연적인 실체 H42a 8*, 44b 3(생겨나는), 6(영원한), K64b 10, Λ71b 3—**phthartē ousia** (perishable ousia) 소멸하는 실체 Λ69a 31, ② (substance) (으뜸가는 범주로서) 실체 B02a 16(더 많이), 26, Δ18a 14, 20a 20, 33(견: 질), Z34b 8, 16, H43a 5, Λ70a 20(가장 많이), (비) chōriston Z28a 34, 29a 28, 39a 32, 40b 29, K60b 1, 64b 11, Λ70b 36, (비) tode ti B03a 9, Z29a 28, 30a 6, 19, 37b 27, 38b 24, 39a 32, K60b 1, (비) hypokeimenon, ou kath'hypokeimenou Δ17b 13, 23, 19a 5, Z38b 15, H42a 26, (비) to kath' hekaston Z28a 27, (반) pathos, symbebēkos A983b 10, 989b 3, 992b 22, B02a 2, Γ07a 31, Z38b 28, Λ71a 1, (비) prōton on (that which 'is' primarily) 으뜸으로 있는 것 Z28a 15, 32, Θ45b 29, Λ69a 19–26, 71b 5, N88b 3, (견) Z38b 28—**mē ousia** (non-substance) 실체가 아닌 것 Z38b 26, ③ (형상과 재료로 이뤄진 복합물로서) 실체 Z35a 2, 39b 21, H43a 19, Λ70b 13, (비) synthetos, synkeimenē ousia H43a 30, b 28, I54b 4, Λ70a 12, (견) synholon Z35b 22, 37a 29—**synholos ousia** (concrete substance) 복합된 실체 Z33b 17, 37a 26, 30, 32—**synkeimenē ousia** (concrete substance) '함께 놓인'(복합된) 실체 I54b 4—**synthetos ousia** (composite substance) (재료와 형상이) 결합된 실체 H43a 30, Θ51b 27, ④ (재료로서) 실체 H42a 27, Θ50b 27—**ousia hōs hylē** (subtance as matter) 재료로서의 실체 A985b 10, 992b 1, Z3장, H42b 9—**hylikē ousia** (material substance) '재료'란 뜻의 실체 H44a 15, Θ49a 36, M77a 36, ⑤ (형상, 본질, 본성, 발휘/실현 상태, 완성 상태로서) 실체 A991b 1, B996b 14, 999b 21, Γ07a 26, Δ14b 36,

15a 11, 18a 11, 20a 33(…의 차이성), b 7, 24a 20, Z28a 35–b 4, 35a 20, 37a 24, 29, 41b 9, K63a 27, 64a 22, Λ71b 20, 74b 20, 22, 76a 1, M77a 31, 79b 36 —(맺) eidos Δ15a 10, 22a 15, Z33b 17, 35b 15, 38a 26, Θ50a 5, b 2, M84b 10, 19, (맺) energeia H43a 24, 35, 44a 9, Λ72a 25, (맺) logos Z35b 26, (비), (맺) physis Δ14b 36, 19a 3, Z31a 30, b 1, H44a 9, I53b 9, Λ70a 9, (비), (맺) to ti ēn einai A983a 27, 988a 35, 993a 18, Γ07a 20, Δ22a 8, Z31a 18, 32b 2, 14, 35b 15, 38b 14, H42a 13, 17, Λ75a 2, (비), (맺) to ti esti A988b 28, Δ20a 18, E25b 14, I53b 9, K64a 9, 22, (비) horismos Z38a 19, (반) synholon Z35b 22, (반) hylē A987b 21, H43b 12, M84b 19 —**hē kata to eidos ousia** (substance in the sense of form) '형상'이란 뜻의 실체 H44a 11 —**hē kata ton logon ousia** (substance according to its formular, substance expressed in the definition) 규정 또는 정의 속에 표현된/되는 실체 E25b 28, Z35b 13, 15, 37a 17, H42a 31, M84b 11, (견) B996a 1, Λ70a 22 —**hē hōs energeia ousia**, **entelecheia** (substance in the sense of actuality) '발휘/실현 상태'란 뜻의 실체, 완성 상태 H42b 10, 43a 24, 35, 44a 7, Θ50b 2, Λ72a 25 —**prōtē ousia** (primary substance) 으뜸(가는) 실체 Γ05a 35*, Z32b 2*, 37a 5(혼, 비: eidos, 맞: hylē), 28(형상), b 1, 3, I54b 1, Λ73a 30, b 2(견: 버금 실체), ⑥ (원인, 원리로서) 실체 Δ13a 21, Z34a 31, 41a 9, b 30, H43a 2, b 14, (맺) archē Λ70b 25, M76a 25, 80b 6, ⑦ (비율로서) 실체 N92b 17–22, ⑧ (substantiality) 실체(성) Θ49b 11, 50a 4(맺: 형상), M77a 19, 27, b 2–14*

outhen (nothing) 아무것도 아닌 것 Δ24b 31

oxos [oxy 날카로운, 신, 떫은] (vinegar) 식초 H44b 32, 35, 36, 45a 2, 6(견: 포도주)

oxy ① (high) 높은 (음) H43a 10, N93b 3, (반) bary, ② (acute) 날카로운(銳) (각), 예각 Z34b 29(직각의 부분), 35b 7, 8(…의 규정), M84b 7, 8, 9, 17

|p|

pagiōs [pēgnynai 얼다, 단단해지다] (fixedly, assuredly) 확고하게 Γ08a 15(있지/…이지 않은 무엇), K62b 15(있다), 63a 33 (줄곧 남아 있다)

paidariōdes [paidarion 꼬마, 아이] (childish) 유치한 (것) α995a 5

pais (boy) (사내) 아이 α994a 24*, 25, 32, Δ18b 21, 19b 19, Θ50a 5, (반) anēr, eunouchos

palai ① (earlier) 앞서, 앞에서 (한) B996b 8, Γ10a 33, 11a 29, Z39a 19, ② (in early times) 옛날에, 오래전에, 옛날의 Z28b 3, Λ69a 29

palaion (ancient) 옛날의 (것) A984a 1(견해), 986b 8

palin (again, later) 다시, 나중에 H42a 34

pampalaion [pan 완전히+palaion 옛날의] (ancient) 아주 먼 옛날의 (것) A983b 28, Λ74b 1

pan, to ① (all, everything) 모든 (것), 모두 B996b 29, Γ06a 30, 09a 27, 12b 11, Δ19a 22(성질), 22a 13(한계), 24a 2, 6, 7, 9, 27(돌출부), E26b 18, Z29b 16, H44b 26, Θ49b 28(생겨나는 것), 50b 10(힘이 있는 것), I52b 22(수), 53a 22(하나), 24(이어진 것), 54b 19, 25(있는 것), 27(차이 나는 것), 55b 10, 56a 10, 57a 6(하나), 11(알 수 있는 것), K59b 31, 62b 25, 63a 18, b 29, 64b 32, 65a 15, 67a 6, 24(감각되는 물체), 28, Λ69b 15, 36, 70a 17(기술로써 생겨난), 71b 23(힘을 발

휘하는 것), 24(힘을 발휘할 수 있는 것), 73a 8(크기), 74a 25(다른 것을 움직이는 것), 75a 7(재료가 없는 것), M80b 29(크기), 86b 35(사람), N88b 15(요소들로 이루어진 것), 17, 92a 24, (견) holon, panta Δ24a 1-10, ② (the universe) 모든 것, 우주 A982b 17(…의 생성), 984b 2(하나), 26(…의 생성), 985a 25, 986b 11, 17, 988b 22(하나), Λ69a 19, 73a 29(…의 단순한 이동), 76a 1(…의 실체), (비) ouranos, kosmos, ③ (the All) 모든 것, 만물 K67a 3, 15, 16(…의 물체), 19, 22, ④ (the whole, totality) 전체, 온 것 Γ10a 30, Z41b 11, H45a 9, K67a 26, (반) hēmisy —dia pason → dia —**panta** (all things) 모든 것(사물)들 A983b 8(…의 원리), B999b 2, Γ11a 17, Δ24a 9, N87a 32

panchalepon [pan 완전히+chalepon 어려운] (very difficult) 아주 어려운 (것) B997a 33

pantachou (everywhere) 모든 곳에서, 어디서든 Γ03b 16, Δ16b 23, I52b 34, K67a 14(움직이다)

pantē ① (in every dimension) 모든 차원에서 B01b 11, ② (in every direction) 모든 쪽(방향)에서 Δ16b 25, 27, K66b 32, 33, ③ (everywhere) 모든 곳에서 Γ10a 9, ④ (in every respect) 모든 점, 측면에서 Δ18a 15, I53a 1, 23(분할되지 않는 것), ⑤ (… at all) 전혀 (… 않다) Δ23a 4(갖지 않다), ⑥ (throughout) 모조리 I55b 22

pantelōs ① (altogether) 아주 A989a 26(그럴듯하게), ② (quite) 전혀, 완전히 B997b 20(불가능하다), Δ24b 36(틀리게), ③ (entirely, utterly, absolutely) 모두, 완전히 Γ05a 1, K62b 10(파괴하다), 65a 13(없어지다), M79b 7(빈말이다), ④ (completely) 완전하게, 모두 다 Θ46a 34(갖추지 못하다)

pantōs ① (in every respect) 모든 점, 측면에서 Γ10a 9(변하다), Z28a 32(… 으뜸가는 것=실체), I57a 14(반대되다), ② (in any and every state) 아무런 상태에나 놓여서 Z35b 24, 36b 30, ③ (in all circumstances) 모든 조건에서 Θ48a 18, ④ (in every case) K61a 25(부인되다)

para … einai ① (exist apart from) (어떤 것과) 따로 떨어져 있다(존재하다) A987 b 14(수학적인 대상들이 감각 대상들과 형상들과), 27(수들이 감각 대상들과), 30(하나와 수들이 사물들과), B997b 14(어떤 선들이 선들 자체와 감각되는 선과), 17(어떤 하늘이 감각되는 하늘과), 21(감각 대상들과), 02b 22(형상이 감각 대상들과 수학적인 대상들과), M76b 38(단위들이 있는 것들, 감각되는 것들, 사유되는 것들과), 77a 2(천문학이 다루는 대상들이), (비) chōriston einai, ② (depend on) (어떤 것에) 달려 있다, 의존하다 E27b 20(결합과 분리에)

parabolē [para 옆에+ballein 대다] (comparison) 비유, 견줌 Z36b 24

paradeigma [para …옆에 두고+deiknynai 보여 주다] (pattern) 본, 원형 A991a 21, 27, 30(감각 대상들의), 31(맞: 본뜬 것), Δ13a 27(원인, 비: 본질), Z34a 2, M79b 25, 31, 35(감각 대상들의), (비) eidos

paradeigmatikōs (giving instances) 예시적으로 α995a 7(견: 수학적인 방식으로)

paradidonai [para …로+didonai 주다] (hand over, transmit) 전해 주다, 넘겨주다 K63b 13(난점을), 64b 18(학문을), Λ74a 38

paradoxon [para …에 어긋나게+doxa 생각] (paradoxical opinion) 패러독스, 역설 Δ12a 18

paragein [para 벗어나+agein 이끌다] (change slightly) (말의 꼴을) 조금 바꾸다 Z33a 17

parakolouthein [para …옆에+akolouthein 따르다] (follow closely) 나란히 따르다

I54a 14

parakrouesthai [para …옆으로+akrouest-hai 밀치다] (mislead) 잘못된 길로 이끌다, 오도(誤導)하다 Δ25a 6

paralambanein [para …로부터+lambanein 받다, 잡다] ① (call to one's aid) (논의에) 끌어들이다 A983b 1, ② (take from, inherit from) 넘겨받다, 물려받다 A986a 29(견해를), 987a 3, α993b 18, ③ (get from) (…에서) 얻다 A989b 31(원리와 요소를)

paraleipein [para …옆에+leipein 남기다] (neglect) 소홀히 다루다 B00a 5(물음을)

paralogismos [para 잘못+legein 모으다, 셈하다] (wrong inference) 틀린 추리, 잘못된 추리 Δ22a 22(맞: 맞는 추리)

paralogiszesthai (infer wrongly) 틀리게 이끌어 내다, 틀린 추리를 하다 Δ22a 21

paranētē (chordē) [para …곁에+nēein 쌓다, 싣다, 걸다] (the second lowest string) (뤼라의) 두 번째로 낮은 줄 Δ18b 28*, (견) nētē

paraphronein [para …에 어긋나게+phronein 생각하다] ① (be mad, insane) 제정신이 아니다, 미치다 Γ09b 5, 6(맺: 아프다), (반) noun echein, ② (bereft of thought) 정신이 나가다, 의식을 잃다 Γ09b 31

paraplēsion [para …곁에+plēsion 가까운] (something like) 비슷한 (것), (어떤 것과) 같은 (것) A989b 20, B995a 32, 997b 9, Δ16a 28, K62b 12, Λ74b 7, 78b 34—**paraplēsiōs** (like) …처럼, …과 마찬가지로, …과 비슷하게 A985b 20, 986a 30, 987b 23, B02b 5, Δ14a 35, 17a 30

parastatēs [para …곁에+histasthai 서다] (the second man) 두 번째 사람 Δ18b 27, (견) tritostatēs

parechein [para …옆에+echein 가지다, 두다] (present) 가져다주다 B996a 12, K60b 19(어려움을), M86a 2(혼란을)—**parechesthai** (furnish) …을 …로서 내놓다 A988b 5(형상들을, 하나를 형상들의 본질로) N90a 5

pareikazein [para …옆에+eikazein 같게 만들다] (compare) 비교하다 N92a 12(원리들을)

pareinai ① (be before, be present) (앞에) 주어져 있다 Γ09b 19, Δ18a 23, 26, Θ48a 15, 50b 33, I57a 35, (비) hyparchein, ② (be present) (곁에) 있다 Δ13b 12, (반) apeinai

parekbasis [para 옆으로+ek 빠져+bainein 가다] (aberration) '옆으로 빠져나감', 비껴감, 이탈 N89b 4

parengys [para …옆에+engys 가까이] (nearly) …과 가까운 Z40b 11

parergon [para …옆에+ergon 결과물] (accessory) 부산물, 부차적인 것 Λ74b 36

parhelkein [para …옆으로+helkein 끌다] (drag in) 끌어들이다 A985a 20(이성을)

parhienai [para 옆에서+hienai 놓다, 두다] (leave) 제쳐두다 Γ10a 22

parhistasthai [para …옆에+histasthai 서다] ① (bring forward) 일어나게 하다 Γ09b 20, ② (be disposed) …한 상태이다 Γ09b 23

parhoran [para …옆으로+horan 보다] (overlook) 못 보다, 간과하다 B995a 27, N93a 28, (반) horan

paroimia [para 덧붙은+oimē 노래] (proverb) 속담 A983a 3, 18

paromiazesthai (quote proverbs) 속담을 인용하다 α993b 5

parousia [para 곁에+einai 있다] (presence) (곁에) 있음 Δ13b 14, 15

paschein ① (accept) 겪다 A989a 29(반대되는 성질들을), B02a 3, 32, Δ18a 16(같은 것을, 다른 것을), 24b 30, Z37b 16(어떤 것을), K68a 14, M77a 36, ② (being acted) (특히 범주들 중 하나로서) 겪음, 당함, 수동 A992b 21, B996b 18, Δ17a 26, 19a 26, Θ46a 11, 17, 20, b 26, 47b 35, 48a 7, K68a 9, b 16, (반) poiein, ③ (be subject to) …을 당하다 B00a 26 — **paschon** (that which suffers, thing acted on) (어떤 작용을) 겪는 (것) Δ18a 34(맞: 불러일으키는 것), 19a 21, H44b 11, 16(가장 먼저), Θ46a 12, 22, 24

patēr ① (father) 아버지 Δ13a 9, 31(아이의 원인), 21a 23, 24(아들의), 23b 4, Λ71a 15, 22(너의), ② (복) (parents) 부모 A983b 31(생성의)

pathēma [paschein 겪다, 당하다, 치르다] ① (phenomenon) (어떤 것이) 겪는 것, 현상(現象) A982b 16(달의), ② (modification) 겪이, (어떤 것이 겪는) 성질, 양태 A985b 12, Δ20b 19, (비) pathos, (반) ousia

pathētikon ① (the passive) (작용, 영향, 성질 등을) 입(을 수 있)는 (것), 당하는 (것), 수동적인 (것) Δ20b 30, 21a 15, 16, Θ46a 12(변화), ② (passive) (어떤 것이) 입는 (것), 수동적인 (것) K68b 19(성질), ③ (the patient, susceptible) (어떤 작용, 영향, 성질 등을) 겪(을 수 있)는 (것), 수동자(受動者) Δ18a 33, Θ48a 6, 13, 15, (반) poiētikon

pathos ① (modification, attribute, affection, quality) 겪이, (어떤 것이 겪는) 성질, 수동적 성질, 속성, 양태 A985b 29(수의 … =정의, 혼, 이성, 제때), 32(조화의, 맺: 비례), 986a 5, 17, 990a 1, 19, 27, B997a 7(맺: 공리), 01b 29, 02a 10(물체의), Γ03b 7(실체의), 04b 6, 11(고유한, 수의), 10b 20, 21, 33(감각하는 것의), Δ18b 38, 19a 1(선의, 면의), 22, b 5, 20a 25(본질적인, 양의), 30, b 9(실체의), 17(움직이는 것들의), 21a 9(수의), 22b 15*(흼과 검음, 닮과 씀, 무거움과 가벼움), 21(큰 불행과 고통), E28a 1(사유의), Z28a 19(실체의), 29a 13*(물체의, 맺: 산출물들, 힘들), 30b 19(코의), 24, 31b 28, 38b 6(동물의), H42b 22(감각 대상의, 단단함과 무름, 촘촘함과 성김, 마름과 습함), 44b 18(동물 부분의, 잠의 현상), 45a 12(물체의), Θ49a 30(교양 있다, 희다), b 1(맺: 재료), I54a 5(맺: 어떠함, 얼마만큼, 움직임), b 9, 58a 37(유의 고유한), b 22(동물의 고유한), 24(씨의), K61a 9(있는 것의, 맺: 습성, 상태), 34(양과 이어진 것의), 65a 23(사유의), 66b 8(수나 크기의, 무한), 67b 9(맺: 형상, 자리), Λ69b 12(…에 관련된 변화), 71b 10(운동의), M77b 5(움직여짐, 휨), 78a 7(독특한), 16(모습과 목소리의 고유한), 83a 10, 85a 21(크기의, 긺과 짧음), N88a 17(수나 크기의, 비: 속성), 24(양의, 견: 재료), 89a 10(견: 실체), b 23(견: 실체, 관계인 것), 90a 21(수의), 24(수의), b 4(수의), 92b 15, (맺) symbēbekos A989b 3, Z30a 14, Λ71a 2, (맺) hexis A986a 17, Δ15b 34(실체의), 20a 19(실체의), (반) ousia A983b 10, 985b 11(하나의), 989b 3, B02a 2, Z38b 28, Λ71a 2, (반) hypokeimenon Θ49a 29(사람의, 몸의, 혼의) — **kath' hauta pathē** (essential modifications) 본질적인 양태 Γ04b 6(있는 것의), Z30b 31, (견) B997a 7, Γ04b 11, N90a 30(수학적인 대상의), ② (mental state) 정신 상태 Γ11a 12, ③ (illness) 병 Θ47a 1 — **pathos paschein** (be acted on) (어떤) 작용을 겪다 I58b 24

patrion [patēr 아버지] (ancestral) 조상들의 (것) Λ74b 13(견해)

pauein (cease) 멈추다, 그만두다 Θ47a 3, 48b 27(움직임이)

pēchys (cubit-measure) '아래팔', 아래팔 길이, 완척(腕尺) I53a 35*

pēgnynai (be frozen) 얼다, 단단해지다 H43a 10

peirasthai (try) …하려 하다, 꾀하다, 시도하다 B995b 23, Z29b 11, 37a 14, 40b 3, K64a 6, 36, b 31, M84a 31, N90a 18

peirastikē (critical, tentative) 검토하는 기술, 검토술(檢討術) Γ04b 25*

peitharchikos [peithō 복종+archē 처음, 장(長)] (obedient) '우두머리에게 복종하는', (어떤 것을) 잘 지키는 (사람) K61a 25(법을)

peithein (persuade) 설득하다, 설득시키다, 확신시키다 Γ10a 34, 11a 14—**peithesthai** ① (obey, follow) '설득되다', 따르다, 복종하다, 지키다, 받아들이다 A982a 19, K61a 26(법을), Λ73b 16(더 정확한 견해를), M78b 13(헤라클레이토스의 말들을), ② (be convinced of) 확신하다, 확신이 서다 Γ11a 3, 10, M86a 20

peithō (persuasion) 설득 Γ09a 17(견: 힘), Λ74b 4(대중들에 대한)

pēlinon (clay) 찰흙으로 만든 (것) Z35a 32(조각상)

pēlos (clay) 찰흙 Z35a 32

pempton (fifth) 다섯째의 (것) M81a 35(단위)

pentas (5's) 5들 M82a 2, 4, 6, 8, 84a 37

pentaxon (five set of) 다섯 세트의 (것) Λ76b 33(점들)

pente (five) 다섯, 다섯 개 Γ08b 35, Λ74a 7, 12

pentēkonta (fifty) 50개 Λ74a 11

perainesthai [peras 끝, 한계] (be limited) 한정되다 K66b 28(요소들이), 67a 23(모든 것이), N91a 18(부분이)—**peperasmenon** ① (limited) 한정된 (것) A986a 19(짝수), b 20, Δ20a 13(수, 선, 면, 입체), 23b 33(전체), E27b 1(시간), 28b 5, K65a 18(시간), 67a 22(모든 것), ② (finite) 유한한 것, 끝이 있는 (것) α994a 16, b 31(시간), K66b 31, 67a 3, 17, 18, Λ73a 8, 9(크기), M83b 37, 84a 10, 85b 24, 25, (반) apeiron, ③ (the Finite) (피타고라스주의자들의) 유한 A987a 16

peras ① (limit) 한계, 끝 A992a 23(선들의), Δ22a 4(사물의 맨 끝), 10(인식의 …=본질), 12, 13(일종의 …=원리), Z28b 16(물체의 …=면, 선, 점), K60b 16, 66b 1, N88b 23(시간의), 90b 5(선, 평면, 입체의), 9, 10, 91a 18, ② (boundary) 경계, 경계선 K67a 33(위, 아래), 69a 6(두 사물의), ③ (end) 끝, 목적 α994a 8, b 14, 16, B999b 9, Θ48b 18, (비) telos, ④ (limited thing) 한정된 것 B02b 10, ⑤ (limit) 유한, 한정됨 A986a 23, Γ04b 33, (반) apeiron, ⑥ (the Finite, Limit) (피타고라스주의자들의) 한정됨, 경계 A986a 23, 990a 8, (반) apeiron

periechein [peri 에워, 둘러+echein 가지다] ① (include) 포함하다, 둘러싸다 Δ13b 34(임의의 개체를), 14a 1(딸린 것을), b 27, 30(전체가 개체를), Θ46b 24(이성이 반대되는 것들을), I55a 16(끝이 모든 것을), K59b 29(있음이 있는 것들을), ② (contain, enclose) 담다 Δ23a 13, 14, ③ (encompass) 품다 Λ74b 3(신이 전 자연을)

periergon [peri 덧붙은, 잉여의+ergon 활동] (useless labour, superfluous) 불필요한 것(짓, 일) Z36b 23, 38a 21, 32

perigraphesthai [peri …둘레의+graphein 금을 긋다] (mark off) (어떤 것의) 둘레에 금을 긋다 E25b 8(특정 유의), K64a 2, (비) apotemnesthai

perihairein [peri …둘레의+hairein 잡다, 쥐다] (strip off, take off) 벗겨내다, 제거하다 Z29a 11, K61a 29(감각 성질을)

perihodos [peri …둘레에+hodos 길] (cycle) (변화의) 주기(週期) Λ72a 8, 10

perilambanein [peri …둘레에+lambanein 잡다] ① (comprise) 포괄하다 A986a 9(수의 모든 본성을), ② (contain) 에워싸다 A990a 4

peripatein [peri 주위에+patein 들어가다, 밟다] (walk) 산책하다 Δ13a 33, 34
peripheresthai [peri …둘레에+pheresthai 옮기다] (go round) 이리저리 옮겨 다니다 A985a 15
perisōzein (preserve) 보존하다 Λ74b 13
peritton [peri 덧붙은, 잉여의] ① (odd, oddness) 홀, 홀수(성) Z31a 3*, M84a 33-37, N91a 23, 92b 28, (반) artion, ② (피타고라스주의자들에서) (the Odd, oddness) 홀 A986a 18(한정된 것), 23, 990a 9, N93b 13, ③ (redundant) 홀로 남은 (것) M83b 28(단위), ④ (excellent, remarkable) 뛰어난 (것), 대단한 (것) A983a 2, I53b 3
perittotēs (oddness) 홀수임 Γ04b 11, (반) artiotēs
pērōma [pēroun 불구로 만들다] (abnormal animal) 비정상적인 (것) Z34b 3
pērōsis (abnormality) 비정상 Z40b 16
petomenon [petesthai 날다] (flying game) 날아가는 (것) Γ09b 38, (비) ptēnon
pettein (work up, concoct) '익히다, 굽다', 가공하다 A989a 16, Z40b 9
pezon [pedon 땅, pous 발] (endowed with foot) 발 달린 (것) Z37b 22, 39b 5, I58a 36
phainesthai ① (appear) 나타나다 Γ11a 17-33, ② (be observed) 보이다, 관찰되다 A988a 3, Γ11b 34, I56a 13, M85a 14, N90a 13, ③ (evidently) 분명히 …다 N89a 31, ④ (be convincing) 설득력이 있다 M79a 5, ⑤ (be something in appearance) 겉보기에 …다 Λ70a 10—**hosper phainetai** (as appearances suggest) 현상이 보여 주듯 N87b 3
phainomenon ① (phenomenon, observed fact) 현상(現象), 관찰된 것(사실) A986b 32, Λ73b 36, 74a 1, b 16, N90b 20, ② (that which appears to) (감각에) 나타나는 것, 보이는 것, 현상 Γ09a 8(맺: 생각), b 1, 14(감각에), 10b 1, 11a 18, 19(어떤 사람에게), 22, 29, K62b 19(저마다에), 63a 7, (비) to dokoun, ③ (the apparent) (…인 것처럼) 보이는 것 Γ04b 19, 26, Δ13b 27, Λ72a 28, (반) on, ④ (what is clearly seen to be the case, what appears to be the case) '맞는 것으로 보이는 것' A989b 20(더)
phaion (grey) 회색인 (것), 회색 A989b 8, Γ11b 30(검은색과 흰색의 중간에 있는), Δ18a 24(맺: 흰색), I56a 29(맺: 노란색), 57a 25(맺: 빨간색)
phakelos (bundle) 다발 Δ16a 1(견: 나무 조각들), H42b 17
phalakros [phalos 눈부시게 흰+akron 끝] (bald) 까까머리인 (사람), 대머리인 (사람) Δ24a 28*
phanai ① (assert, maintain) 주장하다 M 78b 12, N90b 18, (견) kataphanai, ② (affirm) …라고 하다, 긍정하다 B995b 9, Γ08a 4-b 1, 12b 11, (비) kataphanai, (반) apophanai, ③ (assert) 낱말을 말하다 Θ51b 24*
phaneron [phainesthai 나타나다, 보이다] ① (visible body) 보이는 (것), 천체 A 986a 11(아홉 개), E26a 18, ② (visible thing) 보이는 (것), 현상 A992a 25(…의 실체), ③ (that which is evident) 분명한 (것), 뚜렷한 (것), 명백한 (것) α993b 11(본성으로 보아 가장), Z29a 32(재료), Λ74b 14—**phanerōs** (obviously, plainly) 분명히 A984b 18, Γ12b 2, Z28b 8, N91a 15
phantasia ① (appearance) (머리 속에) 비춰진 것, 인상(印象), 이미지 A980b 26*, Δ24b 24, 26, 25a 6(거짓), (비) phantasma, ② (imagination) (머리 속에) 비추는 힘, 상상력 Γ10b 3*, ③ (fancy) 상상 K62b 34

phantasma (image) (머릿속에) 비춰진 것, 인상, 이미지 A990b 14, M79a 11

phaos → phōs

pharanx (precipice) 낭떠러지 Γ08b 16(맷: 우물)

pharmakon (drug, medicine) 약 Δ13b 1(맷: 살 빼기, 청결, 기구), 15a 24

phasis [phanai 말하다, 주장하다] ① (affirmation) 긍정 Γ08a 9, 34, 12a 14, K62a 24, (비) kataphasis, (반) apophasis, ② (assertion, statement) 진술, 주장함 Γ08a 18(대립된), 11b 14(대립된), K62a 6, 10, 22, 34, b 17, 63b 16, 31, (견) kataphasis, ③ (assertion) 낱말을 말함 Θ51b 25*, (견) kataphasis

phaskein → phanai

phaulon ① (base, ignoble) 비천한 (것) A985a 2, (반) kalon, ② (bad) 나쁜 (것, 짓) Δ21b 26, 25a 9, K65a 35, (반) agathon, ③ (badness) 나쁨 Λ75a 35, ④ (poor) 보잘것없는 (것), 형편없는 (것), 빈약한 (것) Δ22b 36 —**phaulōs** ① (badly) 잘못 Δ20b 21, (반) kalōs, ② (poorly) 보잘것없이, 빈약하게 Δ22b 35, 23a 1, Z29b 10

phengos (blaze, light) 빛 α993b 10(대낮의), (비) phōs

pherein ① (bring) (증명을) 하다, 이끌다 Γ05a 26(증명을), N87b 21, ② (apply) 적용하다 K62a 16, ③ (move, carry) 옮기다, 움직이다 Λ73b 25, 74a 11, 25 —**pheresthai** (be carried, be in motion with respect to place, move) 장소를 옮기다, 이동을 하다, 움직이다, 운동하다 K67a 9, 25, Λ73b 10, 22, 74a 6, 8 —**pheromena** (bodies which move, bodies that are moved, heavenly bodies) (하늘에서) 움직이는 물체들, 움직여지는 물체들, 천체들 A986a 10, 990a 11, Λ73b 8, 74a 25, 26, 30

pheugein ① (escape) 벗어나다, 빠져나오다 A982b 20(무지에서), ② (avoid) 피하다 N91b 23(반론을), 33

pheukton (avoidable) 피할 수 있는 (것) Λ74b 32

phialē (saucer) 접시 Δ13a 26

philein ① (love) 사랑하다 Γ09b 35(진리를, 맷: 추구하다), ② (esteem) 존중하다 Λ73b 16(견해를)

philia (Friendship) (엠페도클레스의) 우애 A985a 3, 6, 24, 27, 988a 33, b 8, B996a 8, 01a 14, Γ04b 33, I53b 15(하나), Λ72a 6, 75b 2(좋은 것), 6(원리), N91b 12(요소), (반) neikos, (비) philotēs, storgē

philomythos [philein 좋아하다+mythos 신화] (lover of myth) 신화 애호가 A982b 18(=철학자)

philosophein [philein 사랑하다, 추구하다 +sophia 지혜] (philosophize) '지혜를 사랑하다', 철학하다, 철학적이다 A982b 11, 13*, 20, 983b 2(진리에 관해), 7, Γ04b 9, 09b 37

philosophia (phiolosophy) 철학, 철학 이론 A983b 21(…의 창시자)*, 987a 29, 31(이탈리아인들의), 992a 33(수학), 993a 16(최초의), α993b 20(=진리의 인식), Γ04a 3(…의 부분들), b 22, 23, 26(견: 소피스트술, 철학적 대화술), E26a 19(세 가지 이론 …=수학, 자연학, 신학), K59b 21, 61b 6(견: 자연학, 철학적 대화술, 소피스트술), 25, Λ73b 4(…에 가장 가까운 학문=천문학), 74b 11(맷: 기술) —**prōtē** (**philosophia**) (first philosohy) 으뜸 철학 Γ04a 4*, E26a 24, 30*(비: theologikē), K61b 19, (비) prōtē sophia, prōtē epistēmē —**deutera** (**philosophia**) 버금 철학 Z37a 15(비: 자연학)

philosophos (philosopher) 철학자 A982b 18(비: 신화 애호가), 988a 16(엠페도클레스, 아낙사고라스), B997a 14, Γ03b 19,

04a 6(견: 수학자), 34, b 1, 16, 18(견: 철학적 대화술자, 소피스트), 05a 21(…의 학문), b 6(모든 실체를 탐구하는 자), 11, K60b 31(…의 학문), 61b 10(견: 소피스트, 철학적 대화술자)

philotēs (Friendship) (엠페도클레스의) 우애 B00b 11, (비) philia

phlegma [phlegein 타다] (phlegm) 점액 H44a 18, 21, (견) cholē

phlegmatōdēs (phlegmatic) 점액질의 (사람) A981a 12(견: 담즙질의)

phloios [phloioun 부풀다] (bark) (식물의) 껍질 E26a 2, (견) phyllon, rhiza

phobeisthai (fear) 걱정하다 Θ50b 24

phoberon (fearful) 걱정스러운 (것) Θ50b 23

phoinikoun (crimson) 심홍색 I57a 25, (견) leukon, melan, phaion

phōnē [phōnein 소리나다, 소리내다] ① (sound) 음(音) A993a 9(복합된), ② (articulate sound) 분절음, 말소리, 음성 B998a 23*, 24, 25, 00a 2, 02b 20, Γ03b 21, 09a 22(견: 낱말), I53a 17, 26, (비) phthongos, ③ (speech) 말 Δ14a 27, 28, 29, I53a 13, M86b 23, 87a 7, ④ (voice) 목소리 Z38a 6, K66a 36, b 5, 11, Λ69b 5, M77a 5, 78a 15

phōnēen (vowel) '소리 내는 것', 모음 Δ16b 22, Z41b 17, I54a 2, N93a 13(7개의), (반) aphōnon

phora [pheresthai 자신을 움직이다] (locomotion) 이동, 운행(運行), 운동 I52a 28, K65b 13, Λ69b 12, 26, 72b 5(으뜸가는), 8(원운동), 8장, 73a 29(영원한), 30, 33, b 3(별들의), 4(…의 수), 9, 18(해와 달의), 27, 29, 74a 5(행성들의), 18(별의), 23, 26-30, N88a 32, 93a 5(해의)

phortikōs [phortion 짐, 부담] (in a troublesome manner) '힘겹게', 서투르게 B01b 14

phōs ① (light) 빛 A986a 26, I53b 31(어둠의 결여), Λ70b 21, (반) skotos, ② (moonlight) 달빛 H44b 11, 14(월식=…의 결여)

phrear (well) 우물 Γ08b 15(맺: 낭떠러지)

phronein (think) 생각하다 Γ09b 20, 24, 30, Θ48b 23, 24

phronēsis ① (knowledge) 앎, 인식 A982b 24*('철학'), Γ09b 13(=감각), 32, M78b 15, (비) sophia, epistēmē, ② (thought) 생각, 생각하고 있는 상태 Γ09b 13, 32, (비) epistēmē

phronimon ① (intelligent) 영리한 (것) A980b 21*(동물), 22(벌), ② (wise) 현명한 (것) B00b 4(신), Δ25a 8(사람)

phrontizein (think) (…에) 정신을 쏟다, 골똘히 생각하다 B00a 10

phthartikon (that which is destructive of) (어떤 것을) 사라지게 할 수 있는 (것), 소멸시킬 수 있는 (것), 사라지게 하는 성향을 갖는 (것) Δ19b 11, N92a 2

phtharton ① (perishable) 소멸하는 (것), 없어지는 (것) A992b 17, B00a 6(…의 원리), E27a 29, H43b 15, Θ50b 7, 14, I10장, 58b 28, 59a 2, 7, Λ69a 31(실체), (반) genēton, aphtharton, aidion, ② (for destruction) 소멸을 위한 (것) H42b 6(재료), ③ (perishableness) 소멸 I59a 1, 3

phtheiresthai ① (be perished, cease to be) 소멸하다, 사라지다, 없어지다 α994a 31, B997b 34, 00b 25, Z35a 18, H43b 15, Λ74b 12, N89a 26, 92b 4, ② (be destroyed) 파괴되다 Δ19a 29(예: 깨지다, 뭉개지다, 꺾이다), 21b 27(맺: 없어지다), ③ (be in course of being destroyed) 소멸의 과정에 있다 E27a 30, Z39b 24, H43b 15 —**phtheiromenon** (that which ceases to be) 사라지(고 있)는 (것), 없어지(고 있)는 (것) A991a 10, Δ19b 3, E27a 32, Z40a 3, K68b 10, M79b 14

phthengesthai ① (speak) 말하다 Γ08a 22, b 9, ② (sound) 소리를 내다 Δ19b 15(뤼라가)
phthinein (diminish) 줄어들다, 수축하다 Δ16a 35, (반) auxesthai
phthisis (diminution, decrease) 줄어듦, 수축 Λ69b 11*, 18, N88a 32, (반) auxēsis
phthonein (be jealous) 질투하다 A982b 32
phthoneros (jealous) 질투하는 (사람) A983 a 2(신?)
phthongos ① (distinct sound) 구분된 소리 A993a 6, ② (articulate sound) 분절음 I54a 1, (비) phōnē, ③ (tone) 음(音) I57a 24
phthora [phtheiresthai 사라지다, 없어지다] (destruction, ceasing to be) 소멸, 없어짐, 소멸, 그만 있게 됨 α994b 6, B00a 27(…의 원인=싸움), H42a 30, 44b 33(자연에 거스른), 45a 1, K67b 24, 37, Λ69b 11, 70a 15, (반) genesis
phyein (beget) 낳다, 생기게 하다 Δ15a 29 —**phyesthai** ① (grow) 자라다 Δ14b 18, 20, ② (growth) 성장 Δ15a 17—**pephykos** (naturally) 본성으로 보아 …하다, 본래 …하도록 되어 있다 Δ19b 17, 22b 23, K68b 22, 28—**phyomenon** (growing thing) 자라는 (것), 성장물 Δ14 b 16, 18
phylattein ① (preserve) 지켜 주다 Γ03a 35(건강을), ② (guard oneself) …않도록 조심하다, …을 피하다 Γ11a 21—**phylattesthai** (take care to avoid) 막고자 애쓰다 N87b 20
phyllon (leaf) 잎 E26a 2, (견) rhiza, phloios
physika ① (natural things, natural products) 자연물 E25b 34, 26a 4, Z33b 32, Λ70b 30, M76a 9, N87a 30, 90a 32, ② (physical works, works on nature, physical treatises) 자연에 관한 저술들 H42b 8, K62b 31, Λ73a 32, (비) ta peri physeōs, ③ (Physics) 『자연학』 A993a 11, K59a 34
physikē (natural science, physics) 자연학, 자연에 관련된 (학문) α995a 18, Γ05b 2(일종의 지혜), E25b 19, 26(이론학), 26a 6(이론학), 12(견: 수학), 13, 19(견: 수학, 신학), 29, Z37a 14(버금 철학), K59b 16, 61b 6, 28(견: 수학), 29, 64a 18(이론학), 30(견: 수학), 31, b 2(견: 수학, 신학), 10, 13, Λ69b 1
physikon (natural) 자연적인 (실체), 자연의 (실체) Z32a 16(생성), H42a 8, 44b 3, 6, K64b 10, Λ71b 3—**physika sōmata** (natural bodies) 자연적인 물체들, 물질들 Z28b 10, N90a 32—**physikōs** (physically) 자연학에 바탕을 두고, 자연학의 방식으로 K66b 26, N91a 18
physikos ① (physicist) 자연학자 E26a 5, Z37a 16, K59b 18, 64a 15, 21, 67a 6, ② (복) (natural philosophers) 자연철학자들 Γ05a 31*, 34, Λ71b 27, 75b 27(맞: 신학자들), M78b 19(데모크리토스), (비) hoi peri physeōs, physiologoi
physiologein (give a physical account) 자연학의 방식에 따라 살피다 A988b 27
physiologos (natural philosopher) 자연철학자 A986b 14, 989b 31(견: 피타고라스주의자들), 990a 3, 992b 5, Δ23a 21, K62b 22, (비) physikos
physis Δ4장, ① (growth) 자람, 성장 Δ14b 16*, ② (nature) 자연 A982b 7(모든), 983b 30, 984a 2, 31, b 16, 33, 986a 1, b 9(…의 요소들), 987b 2(… 전체), 989b 34, 990a 7, 992a 31(모든), b 9, α995a 17, 18, B01a 12, Γ05a 33(… 전체), 34, 06a 3, Δ14b 26, 36('본질'), 37(으뜸가는 결합), 15a 1, 2(혼합과 분리), 14(으뜸가는), 16(재료), Z32a 17(…에서 나오는 생성), 26, 30, Θ49b 8, 50a 19, I52b 12

(비: 특정 사물), K64a 10(…에 관한 학문=자연학), 65b 4(맺: 이성), Λ70a 7(견: 기술), 74b 3, N90b 19, 91a 20(…에 관한 이론), 93b 9(…의 원리) — **ta peri physeōs** (works on nature) 자연에 관한 저술들 A983a 33, 985a 12, 986b 30, 988a 22, 989a 24, M86a 24 — **hoi peri physeōs** (natural philosophers) 자연철학자들 B01a 12, Γ06a 3, Θ50b 24, I53b 15, K62b 26, (비) physiologoi — **physei** (naturally, by nature, by a process of nature) 자연적으로, 자연(의 과정)에 의해 Δ15a 3(있다, 생겨나다), 6(있다), 16a 4, 23b 35(전체인 것들), E26a 28(구성된 것), Z32a 12, 18(있다), 20, 34a 23(생겨나다), 34a 33(형성되다), 40b 15(견: 공생을 통해), H43b 22(형성되다), 44b 8, I52a 20, 23, 35(이어진 것), K65a 27, Λ70a 5, 6(생겨난다), 19, 71b 35, (비) hypo physeōs Z33b 8, (비) kata physin Δ21b 23(크기), (반) para physin Z33b 33, H44b 34(소멸), (반) technē(탈격), tō automatō, apo dianoias, (반) bia(탈격), ③ (world of nature) 자연 세계, 자연계 Γ10a 7, Λ72b 14(맺: 우주) — **kata physin** (in one's conformity to the facts of nature) 자연(의 사실)에 맞는(일치하는) A986b 12 — **ta physei onta** (natural objects) 자연물, 자연의 대상, 자연의 존재 Δ14b 19, 27, 32, 36, 15a 18, 18b 13, Z32a 18 — **ta physei synhistamena** (things which are formed by nature) 자연에 의해 형성된 것들 Z34a 33, H43b 22 — **ta physei** (natural products) 자연에 의한 것들, 자연의 산물 Z34a 23, Λ70a 17 — **hoposa physei (estin ē gignetai)** (things that are or come to be by nature) 자연에 의해 있거나 생겨나는 것들 Δ15a 3, Λ70a 20 — **ta apo physeōs gignomena** (natural products) 자연으로부터 생겨나는 것들 Z32a 30, ④ (natural object) 자연물 A987a 17, ⑤ (entity, being) 실재, 존재 A983b 13*, 17, 986b 11(한 가지), A987a 17(예: 불, 흙), b 33, 988b 22(한 가지), 989a 29(한 가지), α994b 13(좋음의), B01a 8, 25, Γ03b 14(한 가지), 04a 16(바탕이 되는), 10a 34(움직이지 않는), E26a 20(움직이지 않는, 독립된), 25(한 가지 특정), 27(특정), 28a 2(독립적인), H44a 9(일정한), I53b 13, 54a 10(특정한), 26(예: 하나), K64a 37, b 11, Λ70a 11(비: 이것), 74a 21, M76b 2(맺: 힘), 9(분할되지 않는), 10, 12, 77a 16(분리된), b 26(별개의), 78b 16(변함없는), 79b 10, 80a 15(예: 수), 82a 16, 83a 14, b 31, N89b 7(있는 것들 중 한 가지의), 30(비: 이데아), 90a 13(스스로 있는 …=수), b 7(점, 선, 입체), 92a 26(다른 어떤), (비) hylē Δ14b 30, 33, 15a 7, 24a 4, Z32a 22, (비) eidos, entelecheia, hexis Δ15a 5, Z32a 23, 24, 41b 30, H44a 9, Λ70a 11, (비), (맺) ousia α993b 2, B997b 6, 01a 11, Γ03a 27, 34, Δ14b 36, 15a 12, 19a 2, Z31a 30, b 1(맺: 이데아), H43b 22, Θ50b 34, I53b 9('하나'의), 21, K64b 11, Λ74a 19, N88a 23, ⑥ (a kind of thing) (…인 또는 어떠한) 것 A985b 2(한 가지), 988b 12, B01b 23, Γ03b 23, K67a 34(한 가지), Λ69a 35, M86b 11(같은), N89a 13(어떤 한 가지의), ⑦ (nature, essence) 본성, 본질, 자연성 A982b 29(인간의), 983a 21(앎의), b 26(습한), 27(습한 것들의), 984b 7(움직이는), 9(사물들의), 986a 9(수의), b 23(원인의), α993b 2, B996a 23(좋음의), 24, 998a 6, b 1, 3, 01a 9, 11, Γ08b 5(있는 것들의), 33(사물들의), 09b 24(사지의), 10a 4(규정되지 않은 것의), Δ15b 15, 23a 9(맺: 충동), b 27, E26b 25, Z28b 25(같은), 39b 29, I53b 28(하나인 것의), 58a 25, K63a 28(확정된), 34, Λ73a 34(별들

의), 75a 11(전체의), 23(원리), 75b 7(나쁨의), M76a 21(한 가지), 78b 11(수들의), 83b 22(수의), N87b 6('여럿'의), 89a 20(거짓의), 91a 35(있는 것들의), b 34(여럿의), 35(나쁨)—**physei** (by nature, by a natural tendency) 본래, 날 때부터, 제 본성으로 말미암아, 제 본성에 따라 A980a 21, 27, 981b 4, 985b 26, α993b 11, Γ05b 33, Δ18b 11, I52a 27, (견) di' ethos—**kata physin** ⓐ (according to one's nature) 제 본성에 따라 Z41b 29, K68b 29, ⓑ (in its nature) 본성 또는 자연에서 A989a 16(먼저인 것), Γ11a 1(먼저다), Z29b 4, Θ51a 18(나중이다), K59b 30(으뜸가다), M83b 28(큼에 작음이 반대되다)—**tēn physin** (in one's nature) 본성상, 제 본성에서 A985b 33, B00a 21, Λ73a 38(영원하다), N87b 17, ⑧ (characteristic, nature) 특성, 성질 K60a 28, M76a 23, N93b 7(수의), ⑨ (matter) 재료, 원질 Δ13a 20

phyteuein (plant) (초목을) 심다 Δ25a 19

phyton ① (plant) 식물 Γ06a 15, 08b 12, Δ22b 24(눈을 못 갖춘), 23b 5, 25a 16, E26a 2(잎, 뿌리, 껍질), Z28b 9, 32a 18, 23, H42a 9, Λ69a 32, 72b 33, 75a 17(맺: 어류, 조류), N91b 30, 92a 13, (견) zōon, ② (living things) 살아 있는 것, 생물 N92b 13, (비) zōon

pikron (bitter) 쓴 (것), 씀 A986a 33, Γ09b 4, Δ22b 17, H44a 19(담즙), K63b 28, (반) glyky

pinein (drink) 마시다 Γ08b 22(물을), Δ15a 24(약을)

piptein ① (fall to) (어떤 것에) '떨어지다', (어떤 것이) 차지하다 A982b 8(이름을), ② (fall under) (…의 아래로) 들어가다, (…에) 들다, 분류되다 Γ05a 2, Δ13b 17, K64a 19, Λ71a 7, M84a 5, N93a 10, ③ (fall beyond) (…의 밖으로) 떨어지다 K60a 18

pisteuein (convince, believe) 믿다, 확신하다 A983b 6, B997b 18, N90a 10

pistis [pisteuein 믿다] (conviction) 확신 K67b 14, N90a 3(수들의 존재에 대한)

piston (certain) 확실한 (것) K62a 4

pithanon [pisteuein 믿다] (plausible, credible) 믿을 만한 (것) B00a 10

planētēs [planasthai 떠돌다] (planet) 떠돌이별, 행성(行星) Λ73a 31, b 38, 74a 5

planōmenon (planet) '떠돌아다니는 것', 떠돌이별, 행성 Λ73b 10, 23, 74a 2

plasis [plattein 어떤 모양을 빚다] (fictiousness) 허구성 M86a 4

plasmatias (fictitious) 꾸며 낸 (것), 허구의 (것) M76a 39(주장)

plasmatōdes (fictitious) 꾸며 낸 (것), 허구의 (것) M81b 30, 82b 2, 3, 85a 15

platos [platy 넓은] ① (breadth) 넓이, 폭 B02a 19, Δ20a 12(두 쪽으로 이어진 것), 14(=면), Z29a 14(양), 17, I52b 26(맺: 길이, 깊이, 무게, 빠르기), 53a 26(…의 척도=넓이), Λ73b 21(황도대의), M77a 25(크기), ② (surface) 표면 N93b 20(…의 고름), (비) epiphaneia

plattein (mould) 모양을 빚다, 만들다 A986b 8

platy (broad) 넓은 (것), (평면의) 넓음 A992a 12, 15, 18, Δ20a 21, M85a 11, 17, N88b 8, 89b 13, (반) stenon

plēgē (blow) 때림, 일격(一擊) A985a 15, Γ09b 30

pleiades (Pleiad) 플레이아데스 성단(星團) N93a 14(7개의 별로 이루어진), 17

plein (sail) 배를 타고 가다, 항해하다 Δ15a 25, 25a 29

pleioi → poly

pleonachōs (in many senses, ways) 여러 가지 방식(뜻)으로 (말해지다) A992a 9, Δ15b 13, 14, 22a 12, Z28b 33, 30a 18,

H44a 33, I52a 16, K67b 25

pleonazein (be fuller in expression, be longer than) 늘어나다, 길어지다 α994b 18(정의가)

plēres (the Full) (데모크리토스의) 찬 것(滿) A985b 5, 7, Γ09a 28, (반) kenon

plēroun (impregnate) 배부르게 만들다, 임신시키다 A988a 6

plēsiazein (meet) 서로 마주치다 Θ48a 7, 12

plēsion ① (kindred, nearby) (…에) 가까이 있는 (것), 가까운 (것) Γ10b 16, ② (neighbor) 이웃사람 I54b 17

plēthos ① (plurality) (넓) (수효와 분량) 수량 I56b 10*(많음과 적음), 17(지나치게 많은), 18(지나치게 모자란), K66b 28, ② (plurality) 많은 수량 I56b 13, ③ (plurality) 여럿, 복수 Δ20a 8(셀 수 있는 양), 10, 13, I56b 27, K66b 3, M85a 34, (비) polla, (반) hen A986a 24, Γ04a 10, 17, I54a 20-29, 57a 3, 12, M85a 33, b 5-32, N87b 6, 8, 27-32, 91b 31, 34, 92a 28, 35, (반) oligotēs A984a 10, ④ (mass) 대량 H43a 23, ⑤ (number) 개수 M83a 6

pleura (side) 변(邊) Θ51a 26, I53a 18(맺: 대각선)

plinthinon (bricken) 벽돌로 된 (것) Z33a 19(집), (견) plinthos

plinthos (brick) 벽돌 Z33a 15(맺: 나무), 19, 20, b 21, 41a 27(맺: 돌), H43a 8(맺: 나무), 15(맺: 돌, 나무), 32(맺: 돌), b 6, Λ70b 29

ploion (ship) 배 Δ13a 4

plōton [plōein, plein 헤엄치다] (fish) '헤엄치는 것', 어류 Λ75a 16, (견) ptēnon, phyton

plous (voyage) 항해 Δ23b 10

pneuma [pnein 숨쉬다] (wind) 바람 H42b 21

pnigos [pnigein 숨 막히다] (heat) 무더위 E26b 34, (견) alea

podiaia (grammē) [pous 발] (a feet long) 한 발 길이의 (선), 한 자(尺) 길이인 (것) I52b 33*, M78a 20, N89a 23

podotēs (footedness) 발 달림 Z38a 15

poi ① (whither) 어디로 B995a 35(가다), ② (to some place) 어디로 Θ50b 21(움직이다), Λ69b 26, (반) pothen

poiein ① (produce, make) 불러일으키다, 만들다, 만들어 내다, 만들어 주다 E25b 22(견: 행하다), Z32b 24, 40a 10, Θ46b 18, 25, I55a 36, K63b 4, Λ75b 32, N92b 23, ② (generate) 생겨나게 하다 N92a 18, (비) gennan, ③ (act) (능동적으로 무엇을) 하다, 행하다 Θ46b 27, 28, 48a 12, 15, 18, ④ (act, is operative) 활동하다 A992a 31, (비) energein, ⑤ (act, acting) (어떤 작용을) 가하다 A992b 21, Δ17a 26, 21a 23, Θ46a 20, b 26, K68a 9, 13, b 16, (반) paschein, ⑥ (invent) (이론을) 세우다, 펼치다 N90b 29, ⑦ (posit) (어떤 것을 만들어) 놓다 A984b 5, B995b 16, M86a 3, 5, 30, 33, 87a 5, N87a 30, ⑧ (make, assume, identify) (어떠한 것으로) 놓다, 삼다 Z39a 11(실체로), M78b 30, 86a 6, 9, N90a 22, 92a 7, 93b 24, (비) tithenai, ⑨ (make, let) …하게 하다 Δ23a 20 —**poiēsan** (agent) (어떤 것을) 만들어 내는 (것), 작용인 H45a 31 —**poioumenon** (thing made, thing that is being made) 만들어진 (것), 만들어지고 있는 (것), 만들어 낸 (것), 제작 대상 A981b 1, Δ13a 32(맞: 만드는 것), Θ50a 31, K64a 12(맞: 만드는 것) —**poioun** ① (agent) (작용을) 입히는 (것), 가하는 (것) K68a 13(맞: 입는 것), ② (maker, producer) 만드는 사람, (어떤 것을) 만들어 내는 사람, 제작자, (어떤 것을) 불러일으키는 사람 Δ13a 31(맞: 만들어지는 것), b 24(예: 씨, 의사, 조언자), 18a 34(맞: 겪는 것), E25b 22(예: 이성,

기술, 능력), Z32b 21(비: 운동인, 형상), 24(기술에 의해), 29, H44a 5, Θ46a 26, b 27, K63b 4, 14, 64a 12(맞: 만들어진 것), N90a 9

poiēma (product) 산출물 Z29a 13*(물체들의, 맺: 속성, 힘)

poiēsis (making) 만듦, 산출, 제작 Δ22b 6, Z32a 27, b 10, 16, 17, (견) genesis, noēsis

poiētēs (poet) 시인 A982b 32, 983b 32, α995a 8, Δ23a 19, N91b 4

poiētikē ① (productive science, science of production) 만듦의 학문, 제작 또는 창작에 관련된 학문, 제작학 A982a 1*, b 11*, E25b 21, 26b 5(견: 이론학, 실천학), Θ46b 3(맺: 기술), K64a 1(예: 의술, 체육), 11(견: 실천학), 17(견: 실천학, 이론학), Λ75a 1(견: 이론학), ② (procuctive) 제작에 관련된 (것) E25b 25(사유, 견: 실천에 관련된, 이론에 관련된), ③ (productive of) (어떤 것을) 만들어 내는 (것), 불러일으키는 (것) E26b 10(건축술), 27a 6(능력), Θ48a 8(힘), ④ (poetical) 시적인 (것) A991a 22(비유), M79b 26(비유)

poiētikon ① (active, agent) 작용을 가할 수 있는 (것), 가하는 (것), 능동적인 (것), 능동자(能動者) Δ20b 30, 21a 15, Θ48a 6, Λ71b 12(비: 움직일 수 있는 것), (반) pathētikon, ② (productive of) (어떤 것을) 만들어 낼 수 있는 (것), 불러일으킬 수 있는 (것), 제작자 Γ03b 8(실체를, 견: 산출자), Δ18a 33(반대되는 것들을, 맞: 겪을 수 있는), I55a 36(으뜸 반대성을), K61a 7(건강을), Λ75b 31(맺: 움직일 수 있는 것)

poiēton (thing made) 만들어지는 (것), 만들어질 수 있는 (것), 제작의 대상 E25b 23

poion Δ14장, ① (what sort of, kind) 어떤 종류의 (것), 종류 A988b 17(맞: 개수), B995b 36, 997a 17(실체), b 25(있는 것), 02a 17(물체), Z38a 35, H42a 20, Θ48a 27(실현 상태), b 36, K59a 23(학문), 60a 14(감각되는 실체), Λ71b 36(움직임), N89a 15, ② (quality) (범주들 중 하나로서) 어떠함, 질(質) A989b 11(얼마만큼, 무엇), Γ10a 24, Δ14b 26, 20b 3, 14-18, Z28a 12, 38b 25, 26, H45b 2(맺: 이것, 얼마만큼), Θ50b 15(맺: 장소, 양), 17, I54a 5(맺: 양태, 양, 움직임), K63a 22, 27, 65b 11, 68b 18, Λ69b 10(…에 관련된 변화, 맺: 무엇, 얼마만큼, 어디에), 71a 30(맺: 실체, 관계 맺은 것), M82b 4(맺: 양), 83a 9, 11, N88a 1(…의 척도), 89b 1(있는 것들 중 한 가지 실재, 맺: 무엇), 26, ③ (of a quality) 어떠한 (질의) 것 B996b 18, Z28a 15, 34b 14, 18, H43b 26, ④ (qualitative, of a certain quality, a certain kind of) 어떤 질을 가진 (것), 일정한 질의 상태에 놓인 (것), 특정한 종류의 (것) Δ20b 3(수), Θ50b 1(삶), ⑤ (which of) …중 어느 것, 어떤 것 Γ09b 9

poiotēs (quality) 질(質) Γ03b 8(실체의, 맞: 결여), Δ18a 17, 20b 1, 2, 15(으뜸가는), 16, 21a 12, 22b 15, 24b 6(비: 차이성), 9, Z28a 19(맺: 양, 양태), K68a 8, Λ69a 22(실체의)

poioumenon → poiein

poioun → poiein

polis (city) 도시국가, 도시 Δ13a 12, 23a 11, 16

politeuesthai (be governed) 다스려지다 Λ76a 3

polla → poly

pollachē ① (in many ways) 여러모로 A982 b 29, B997b 5, ② (in many places) 여러 곳에 Z40b 25, 26

pollachōs [polla 여럿, 다(多)] (in many way) 여러 가지 방식, 뜻으로 — **pollachōs legesthai** (have many senses, be used in many senses) 여러 가지 방식으로 말해지다, 여러 가지 뜻을 가지다, 여러 가지

뜻으로 쓰이다 A992b 19(있음은), Γ03a 33(있는 것은), E28a 5(있는 것은), Z28a 10, K60b 32(있음은), 61b 12(있는 것은), 64b 15(있음은), Λ71a 31(원인들은), 37, N89a 7(있는 것은)

pollachou (in many cases) 여러 곳에서 A985a 24

pollaplasion [polla 여럿+poly 많은] (manyfold, multiple) 몇 배, 여러 배 Δ20b 27, 35, 21a 3, I56b 7, 22, (견) pollostēmorion

pollaplasiōsis (multiplication) '여러 배로 만들기', 곱하기, 곱셈 N92b 33

pollostēmorion [polloston 여럿 중 하나 +morion 부분] (fraction correlative to the manyfold) 몇 배 중 한 부분 Δ20b 28, (견) pollaplasion

polos [pelein 움직이다] (pol) (천구의) 극(極) Λ73b 28, 31

poly (반) oligon, ① (much) 많은 양, 다량(多量), (양이) 많음 I56b 11, 15, 16, (견) polla, ② (many) 많은 것 N87b 33, 88b 10(10), ③ (many) 많은 수, 다수(多數), (수가) 많음 I57a 13, N88a 18(수의 양태 및 속성), b 5, ④ (the Many) (플라톤과 플라톤주의자들의) (적음과 더불어 수들의 요소로서) 많음 A992a 16, N87b 16, 89b 12—**hōs epi to poly** (usually, for the most part) 흔히 또는 대개 (있거나 일어나는 것) Δ25a 15, 18, 20, E26b 30, 27a 14, 18, 21, 23, K64b 35, (반) ex anankēs—**pleiō** (more than one) 하나보다 많은, 두 개 이상의, 복수의 (것들), 여러 가지의 (것들) A984b 5, 986b 32, Γ06a 34(…을 뜻하다), 07b 2(속성), H45a 20(동물과 두 발 달린 것), I55a 20, (반) hen—**pleon** (what is more) 더 많은 (것) Γ09b 2—**epi pleon einai** (extend beyond) (…보다) 더 많은 경우에 적용되다 Θ46a 1—**polla** ① (many) 여럿 (多) A987a 27, Δ17a 3, I3장, 6장, (비) plethos, (반) hen, ② (many things) 여러 가지 (것들), 많은 (것들), 여럿인 (것들) A987b 9(한 이름 한 뜻인 것들), Λ74a 34, N89a 31, ③ (many) 많은 수, 다수(多數) I56b 7*, 11, 15, (견) poly, (반) oliga, ④ (multitude) 대중 Λ74b 4, ⑤ (the Many) (스페우십포스의) 여럿 Λ75a 33—**to hen epi pollōn** →hen

polykampton [poly 많이+kamptein 꺾다] (much bent) '많이 꺾이는 (것)', 관절이 많은 (것) Γ09b 22(팔다리)

polykoirania [poly 많은+koiranein 지배하다] (rule of many) 다수 통치 Λ76a 4

polypoun [poly 많은+pous 발] (many-footed) 여러 발 달린 (것), 다족(多足)의 (것) Z39b 3

ponein (exercise) 신체를 단련하다 Δ13b 9, 10

poreuein (walk, start for) 걷다, …로 가다 Γ08b 15(우물, 낭떠러지로), 10b 11(오데이온을 향해), Δ19a 24(맷: 말하다)

porrō (remote, far from) 멀리 떨어져, 동떨어져 A982a 25(가장), Δ14a 4(더), 18b 14, 15, 17(더), N88a 16, (반) engys

posachōs (in how many senses) 얼마나 많은 방식(뜻)으로 (쓰이는지) Γ04a 28, b 4, E28a 5, Z28a 11, Θ49b 4, I52a 16

posakis (so many times) 얼마만큼 × …, 몇 갑절 Δ20b 5, 6

poson ① (quantity, number) (범주들 중 하나로서) 얼마만큼, 양, 개수 A986b 1, 988b 17(맞: 종류), 989b 12(맷: 질, 무엇), B996b 18, 999a 3(맷: 형상), 02b 25(맞: 종류), Γ10a 23, Δ14b 25(…에서 하나), 13장, 20a 7, 10, 19, 25(…의 속성), 27, b 5, E26a 37(맷: 무엇, 어떠함, 어디에, 언제), 27b 32(맷: 실체, 질), Z28b 1, 29b 24(맷: 질, 시간, 장소, 움직임), 30a 20(서술되는 것), b 22(…같음), 32a 15(맷: 이

것, 어떠함, 어디에), 34b 9(범주), 15, 18, 33, H45b 2(맺: 이것, 질), Θ45b 30, 50b 15(맺: 장소, 질), I52b 22, 53b 27, 54a 6(맺: 양태, 질, 움직임), 18(맺: 무엇, 질), K61a 34(맺: 연속됨), b 21(…의 원리), 63a 22, 28, 65b 6(범주), 12(예: 완전하다, 불완전하다), 68a 9(맺: 실체, 질, 자리, 가함이나 겪음, 어떤 것에 관계 맺음), Λ69a 21(질 다음), b 10(…에 관련된 변화=팽창과 수축, 맺: 무엇, 어떠함, 어디에), M77a 23(수학적인 크기), 82b 4(맞: 질), 83a 5, 11, N88a 1(…의 척도), 24(…의 속성), 31, (반) eidos B999a 3, Γ10a 24, Δ16b 23, ② (of a certain quantity) (일정한) 양인 (것), 일정한 양, 일정량 K66a 19, 20(발휘/실현 상태로), b 18, M84b 1

posopoion [poson 양+poiein 만들다] (generative of quantity) 양을 만들어 내는 (것) M83a 13(두 짝)

posotēs (quantity) 양(量) Z28a 19(맺: 질, 양태), 29a 14(예: 길이, 폭, 깊이), Λ71a 26(…의 원인들, 맺: 색, 소리, 실체)

potamos [piptein 떨어지다?] (river) 강물 Γ10a 14

pote ① (sometimes) 한때, 어느 때 α993b 29, ② (when, time) (범주들 중 하나로서) 언제, 때, 시간 Δ17a 27, E26a 37, Z29b 25, Θ52a 5

poteron (whether) 이런지 저런지 I55b 32, 56a 4, 18 — **poterōs** (in which of two ways) 둘 중 어느 방식으로 Λ75a 11

pothen ① (whence) 어디에서, 무엇을 근거로 A992b 8, K62b 20, N90a 3, 10, ② (from some place) 어디에서 Θ50b 21, Λ69b 26, (반) poi

pou ① (where, place) (범주들 중 하나로서) 어디에, 있는 곳, 장소 Δ17a 26(맺: 무엇, 어떠함, 얼마만큼, 어떤 것에 관계 맺음, 입힘이나 입음, 언제), E26a 37, Z28b 1(맺: 어떠함, 얼마만큼), 29b 25(맺: 어떠함, 얼마만큼, 곳, 움직임), K68b 17(맺: 실체, 관계 맺음, 입힘, 입음), Λ69b 10(무엇, 어떠함, 얼마만큼), ② (somewhere) 어딘가에 K67a 31, N92a 20, ③ (in some degree, perhaps) 어느 정도, 아마도 A986b 28

pous (foot) 발 Δ22b 36(보잘 것 없는), Z38a 15(…의 차이성), 17(…의 종류), 23, H42b 31(맺: 손), I53a 22, N87b 35(맺: 손가락)

pragma [prattein 하다, 행하다] ① (thing, object) (어떤) 것, 사물, 대상 A980b 29, 984a 18(자체), b 30(있는 것), 987a 23(…의 실체), b 28(수), 991b 2(…의 실체), 993a 18(뼈), B996a 10(개별적인), b 4(학문), 16, 00b 1, Γ05b 10(유), Δ24b 24(거짓된), E27b 26, 31(맞: 사유), Z30b 31, 34a 13(생겨난), b 21, 22, 36a 31(…에 대한 정의), 37a 19(하나인), 38a 20(…의 실체), 40b 19(…들의 실체), 41b 29, Θ46b 8(맞: 결여), 47a 2(늘 있는 것), 48a 31(맺: 나쁨), 51a 18, b 2(…의 결합되어 있음과 분리되어 있음), 5, I52b 12(특정, 비: 자연물), 53a 21(…들의 척도=앎과 감각), K64a 24(…의 재료), 65b 7*, Λ75a 1, 3, b 35(맺: 형상), M78a 5(견: 속성), 80a 1(…들의 실체), b 1(비: 감각 대상), N92b 25(…의 만듦의 원인, 재료, 비율, 형상, 무엇을 위해), 93a 4, (비) on, ② (fact) 사태, 사실, 실제 Γ06b 22(맞: 이름), Δ24b 17, M86a 1, (반) onoma, ③ (matter) 일 A984b 15(중대한)

pragmateia ① (investigation) 연구 K59b 18(자연학자의), ② (theory, philosophy) 이론, 철학 A986a 8, 987a 30

pragmateuesthai ① (fix thought on, study) …에 몰두하다, 연구하다, 궁리하다 A987b 2(정의 문제에), 989b 34(자연에 관해 모든 것을), 992b 1, B995b 32, E25b 9, K64b 29, Λ73b 15, M78b 18('도덕적인 뛰어남'의 문제에), (비) zētein, ② (deal with, concern oneself with) 다루다

A987a 22, B997b 21(광학과 화성학이), E25b 17, K59b 10(어떤 종류의 사물을), 64a 3, b 18, N88b 25

praktikē ① (practical science) 실천에 관련된 학문, 실천학 α993b 21, E25b 21, 26b 5, ② (practical) 실천에 관련된 (것) E25b 25(사유), K64a 11, 14, 16

prakton (thing done) 행하여진 (것), 행위 대상, 행위 E25b 23, 24, K59a 36, 64a 14

prattein ① (act, do) 실천하다, (행동)하다, 행하다 A980a 24, 25, 982b 6, α994b 14, 15, Δ23a 18, 25a 9, b 23(견: 만들다), K64a 15, ② (action) 실천 A981a 13

praxis (action, conduct) 실천, 행위, 행동 A981a 17(맺: 생성), 988b 6(맺: 변화, 운동), B996a 26, 27, b 22(맺: 생성, 변화), Γ11a 11, Δ22a 7(맺: 운동), b 5(맺: 운동), Z29b 6, Θ48b 18(끝을 갖는), 21(끝난), 23, M78a 32

presbys (old) 오래된 (것) A983b 33(가장)

priōn [priein 썰다] (saw) '써는 것', 톱 H44a 28, 29

proagein [pro 앞으로+agein 이끌다] (advance) 발전시키다 A985b 24

proagoreuein [pro 앞에서+agoreuein (공개적으로) 말하다] (mention previously) 앞에서 말하다 B998a 17

proaporein [pro 미리+aporein 어려운 점들을 검토하다] (go over the difficulties previously) 어려운 점들을 미리 검토하다 B995b 2

proaskein [pro 미리+askein 연습하다] (train before) 앞서 닦아 놓다, 연습하다 α993b 14

procheiron [pro …앞에+cheir 손] ① (close at hand) 가까이에서 벌어지는 (것) A982b 13, ② (prominent) 두드러진 (것), 현저한 (것) I54b 12(성질)

prodoxazein [pro 이전에+doxazein 생각하다] (think first) 이전에 한 번 생각하다 Γ11b 6

proeidenai [pro 미리+eidenai 알다] (know before) 미리 알다, 선지식을 가지다 A992b 27, 32

proenergein (exercise previously) 미리 발휘하다 Θ47b 33

proepistasthai (know beforehand) 미리 알다 Γ05b 5

proerchesthai [pro 앞으로+erchesthai 가다] (proceed, go forward) (앞으로) 나아가다, 전진하다, 전개되다 A990b 6, B995a 33, N91a 35

progignesthai (become beforehand) 먼저 생겨(나 있)다 Λ70a 21

progignōskein [pro 미리+gignōskein 알다] (know before) 미리 알다 A992b 28—**progignōskomenon** (premiss that which is known before) '미리 알고 있는 것', 선지식 A992b 31

prohairesis [pro 먼저, 앞서+hairein 잡다, 취하다] ① (will) 의지 Δ18b 23, 26, E25b 24, Θ48a 11(견: 욕구), ② (purpose, intention) 의도, 지향 Γ04b 25, Δ15a 27*, 33, 19a 24, 20b 25, K65a 31, 32, ③ (will) 결정권 Δ13a 10, 21

prohairetikos (be fond of) (어떤 것을) 즐기는 (사람) Δ25a 3(거짓말을)

prohaireton (that which is willed) '제 뜻에 따른 것', 선택 대상 E25b 24

prohyparchein [pro 앞에+hyparchein 있다] (exist before) 앞서 (주어져) 있다 A989b 1, 992b 25, 30, Γ09a 26, Z32b 31, 34b 12, 17, Θ49b 17

prōi (morning) 아침 α994b 2, 3(견: 낮)

proienai [pro 앞으로+ienai 가다] (advance) 앞으로 나아가다, 진행하다 A982b 14, 984a 18, K60a 36(무한히)

proimiazesthai [prooimion 서곡, 입구] (begin, make a prelude) 도입하다 B995b 5

prokeimenon [pro 앞에+keisthai 놓이다]

(present) 앞에 놓인 (것), 주어진 (것), 당면한 (것) A989b 29, K59b 20(철학), 60a 11

prolambanein [pro 먼저+lambanein 잡다, 쥐다] (precede) (…보다) 먼저 차지하다, 선점하다 Θ50b 5

propēlakizein [pro …앞에+pēlos 진흙, 똥] (ridicule) '(앞에다) 똥을 던지다', 비웃다 B996a 33

pros ① (contra, against) …에 대한, (누구를) 상대로 Γ08a 30, Z32a 7, K62a 3, ② (according to) …에 따라, …에 몰두하여 A985a 4(생각), Z40a 6, ③ (related to) (어떤 것에) 관계 맺어 Γ03a 33(어떤 한 가지 실재에), 35(건강에), b 1(치료술에), 6(한 가지 원리에), 14(한 가지 실재에), Δ22a 3(일차적인 뜻으로 완전한 것이라 불리는 것들에), Z30b 3(한 가지 것에), H43a 37(한 가지 것에), Θ46a 10(으뜸가는 힘에)—**pros ti** ① (relative, relative term) (어떤 것에) 관계 맺은 (것), 관계된 (것), 관계, 관계 개념 A990b 16(…의 이데아), 20(맞: 그 자체로 있는 것), α993b 22(현재의 특정한 것에), B01b 30(맺: 양태, 운동, 상태, 비율), Γ03b 9(실체에), 11a 1(서로), Δ15장, 18b 11, 21b 10, I54a 25(맺: 모순되는 것), 55b 1(대립된 것), 56b 34, 35, 57a 5, 16(앎과 알 수 있는 것), 36-38, K68a 11, Λ70b 3(…의 요소), M79a 12(…의 이데아), 17, N88a 21-b 2, 32(양이 같지 않음), 89b 6, 14, ② (relatively) 상대적으로 I56b 18, 26, (반) haplōs

prosagein [pros …쪽으로+agein 이끌다] (add) 덧붙이다 Λ74b 4

prosagoreuein [pros …쪽으로+agoreuein (공개적으로) 말하다] ① (name) …라고 부르다 A987b 8('이데아'라고), B996b 10, M78b 32, ② (identify) …라고 말하다 B996b 32

prosapokrinesthai [pros 덧붙여+apokrinesthai 대답하다] (…을) 덧붙여 대답하다 Γ07a 17, 19

prosapophainesthai [pros 덧붙여+apophainesthai 밝히다] 덧붙여 말하다, 주장하다 N89b 16, (견) apophainesthai

prosdeisthai [pros 추가로+deisthai 필요하다] (be in want of) 모자라다 I55a 15

prosdihorizein [pros 추가로+dihorizein 규정하다] (add further qualifications) 단서를 추가로 달다 Γ05b 21, 27, Θ48a 17

prosechein [pros …쪽으로+echein (자세를) 가지다] (attend to) 귀 기울이다 K62b 33

prosēgoria [pros …쪽으로+agoreuein (공개적으로) 말하다] (name) 이름, 명칭 N88a 14

proseinai [pros 덧붙어+einai 있다] ① (reappear) 또 들어 있다 Z29b 19, ② (be added) 추가로 들어 있다, 추가되다 Θ48a 2, M81b 23, ③ (be present) 들어 있다 Θ48a 21

prosepitithenai [pros 덧붙여+epi …위에+tithenai 놓다] (add) …에 덧붙여 놓다 A987a 15

prosgignesthai [pros 덧붙어+gignesthai 생기다] (be added) 덧붙여지다 Θ49a 10, (반) apogignesthai

prosglichesthai [pros …쪽에+glichesthai 매달리다] ① (make additions) 추가적인 규정을 하다 A986a 7, ② (unite with) (어떤 것을 어떤 것에) 접합하다 N90b 31

proshaptein [pros …에+haptein 붙이다, 대다] (apply) '갖다 대다', 적용하다 M83b 18, N91b 33

proshēkein [pros …을 향해+hēkein 가다] ① (must be able to) …할 줄 알아야 하다 Γ05b 8, ② (must) …해야 한다 Γ09b 3, ③ (be proper) '어울리다', '들어맞다', 적절하다 Z36b 9, ④ (be added) 덧붙여지다 Λ74b 4—**proshēkontōs** (fittingly) '들어맞게', 마땅히 I58a 23

proskatēgoreisthai [pros 덧붙여+katē-

goreisthai 서술하다] (predicate in addition) 덧붙여 서술하다 I54a 16

proskeisthai [pros 덧붙여+keisthai 놓여 있다] (be combined with) 덧붙어 놓여 있다 Z29b 31

proslambanein [pros 덧붙여+lambanein 잡다] (add) 더하다 M82b 29, 35

prosō → porrō

prosōpon [pros …쪽에+ōps 눈] (face) 눈쪽, 얼굴 E26a 1(동물의)

prospheresthai [pros …쪽으로+pherein 가져가다] (take) 섭취하다, 먹다 K63a 29, 32

prosphora (application) 적용 B00a 14(원인들의)

prosphyesthai [pros 덧붙어+phyesthai 자라다] (grow attached) 덧붙어 자라다 Δ14b 21, (견) symphyesthai

prostattein [pros …쪽으로+tattein 짜 놓다, 정돈하다] (order) 처방하다 K63a 29, 32(음식물을)

prosthesis [pros 덧붙여+tithenai 놓다] (addition) ① (낱말을) 덧붙임 Γ03b 31, ② (수학에서) 더함 α994b 30, K66b 1, M81b 14, N92b 31, (반) aphairesis — ek prostheseōs (with additional principles) (어떤 것이) 추가되어, 부가되어, 덧붙여져 A982a 27, Z29b 30, 30b 15, 16, 31a 3, 4, M77b 10, 11

prostithenai ① (add) 덧붙이다, 더하다, 보태다, 씌우다, 부가하다 A984a 9(흙을), 986b 16(운동을), Γ07a 9(부정어들을), 13, Z30a 33(맞: 떼어 내다), 40a 30(속성들을), b 34('자체'를), H43b 37(얼마만큼을), 44a 1, 2(맞: 빼다), b 14, I52b 36, 53a 4(얼마만큼을), Λ73b 36, 74a 12(운동들을), M76a 23(특성을), 79b 6, 7, 81b 15(1에 다른 1을), 16, ② (propose) 내세우다, 내놓다 H43a 17 — prostithemenon (added) 더해진 (것) B01b 8, 12(면과 선), 16(분할할 수 없는 것)

protasis [pro 앞에+tithenai 놓다] (premiss, assumption) 전제(前提, 앞에 놓은 것) B996b 31(배중률, 모순율), Γ05b 28, M78a 20, N89a 25

proteron ① (prior) 먼저인 (것), 앞선 (것), 먼저 있는 (것) A989a 16(본성에서), Δ11장, 18b 32(인식에서), 33(정의에서, 감각에서), 19a 2(본성과 실체에서), 7(잠재 상태나 완성 상태의 면에서), Z34b 31(직각이 예각보다, 사람이 손가락보다), 32(상대방 없이 있음에서), 35b 5, 38b 27(정의, 시간, 생성에서), Θ49b 4(발휘/실현 상태가 잠재 상태보다), 11(정의와 실체성에서), 17(시간에서), 50a 2, 4(형상, 실체성, 시간에서), I54a 28(정의에서), 57b 10, M76b 35, 77a 19(생성에서), 27(실체성에서), b 1(정의, 실체성에서), 78a 10(정의에서), 80b 12, 84b 3, 5, 11, 87a 1(직각이, 전체가), (반) hysteron, ② (before) 앞서, 이미 M86a 35, b 16, ③ (prior term) 먼저 (있는) 것, 먼저의 (것) α994a 12(더, 견: 중간 것, 마지막 것), B999a 6 — proterōs (in a prior sense) 앞서 Δ13b 31, (반) hysterōs

prōton ① (first, earliest) (시간적으로) 가장 먼저인 (것), 맨 처음의 (것), 최초의 (것) A982b 11(철학을 한), 983b 6, 29(신들을 논한), 993a 15(철학), N91b 5, ② (first) 맨 앞의 (것), 맨 처음의 (것), 으뜸가는 (것), 으뜸의 (것), 으뜸 … A983a 25(원인), b 9, 989a 1, α994a 14, 19, b 19, B998a 23(구성 요소), 25, b 15(유), Γ03b 16, Δ13a 2, 4, 7, 14, 14a 26, b 18(운동), 27, 15a 7(재료), 13(자연, 비: 본래적인 뜻의), 18b 10(맷: 원리), Z28a 32, 34b 9, 35b 26(심장, 뇌), 37b 30(유), 32(유), H44a 16, b 16(겪는 것), Θ49a 24(재료), 50b 19(필연적으로 있는 것들), I52b 14, 18(척도), 57b 16(반대성), 18(차이성), K61a 12(반대성), 64b 10(자연적인 실체), 67b 8(움직이게 하는 것), Λ69a 20(…

부분=실체), 72a 23(하늘), 75b 22, 24, M78a 13(움직임), 85b 9, 10(여럿), 86a 21(원리, 원인, 요소), N91b 16, 92a 17, 22, (비) archē, aitia A982b 2, (비) kath' hauta Z31b 14, 32a 5, (비) kyriōs Δ15a 13(자연), b 11(필연적인 것), 20a 5(힘), b 14(질), Z30a 10, 31b 14, Θ46a 10(힘), 16, b 15(결여상태), I55a 32(반대성), (비) to katholou A982a 26, b 2, B995b 30, 998b 15(유), Z34b 9, I55b 27 —**prōtē epistēmē**, **philosophia**, **sophia** (first science, philosophy, wisdom) 으뜸 학문, 철학, 지혜 Γ05b 2, E26a 16, K61b 19, 30, 64b 11(자연학?)—**prōtē ousia** (primary substance) 으뜸 실체 Γ05a 35, Z32b 2, 37b 3, I54b 1, Λ73a 30(움직이지 않는), b 2(견: 버금 실체), N92a 8(수, 따로 떨어져 있는 것, 형상)—**prōtē hylē** (first or proximate matter) 으뜸 재료, (맨) 처음의 재료, 가장 가까운 재료 Δ15a 7(청동), 8(물), H44a [18], 23, Θ49a 25, 27(불), (견) Δ16a 20, ③ (nearest, proximate) 가장 가까이 있는 (것), 가장 가까운 (것) Δ16a 20, 22a 16, 24b 10(바탕), Z33a 4, 34a 1(유), K68b 26(곳), Λ70b 27(원인), 71a 18(원리), ④ (immediate) 직접 …하는 (것) Λ70a 1(움직이게 하는 것), b 13, (반) teleutaion, ⑤ (primary) (이데아인 것을 가리켜) 으뜸 … K60b 13(평면), M80a 26(2, 3), b 22, 81a 4(수), 24, b 30, (비) eidētikos, (견) deuteron, ⑥ (primary, primary part) 기본적인, 첫째의 (것), 주요 부분 Δ14b 2(추리), H43b 30, ⑦ (first part or point) 첫 부분 Δ22a 5(한계), ⑧ (prime number) 소수(素數) Θ52a 8—**prōtōs** (in the primary sense, primarily) 일차적인 뜻에서, 으뜸으로, 주로, 맨 먼저 Δ16b 8(하나라 불리는 것), 18b 4(반대되는 것), 22a 3(완전한 것), Z30b 7, Θ45b 27(있는 것), 49b 14(힘이 있는 것), 50b 6(항상 움직이는 것), (비) kyriōs, haplōs, kath' hauto Z28a 30(있는 것), 30a 30, b 5, 31a 13, I52a 18, (반) deuterōs Δ22a 17(어떤 것에 따라), hepomenōs Z30a 22—**prōtista** (first) 가장 먼저 A984b 28

prourgou [pro …을 위해+ergon 결과] (of profit) 도움이 되는 (것) A983b 4, B995a 28, (비) pro ergou

psellizesthai [psellos 웅얼거리는] (lisp) (말을) 웅얼거리다 A985a 5, 993a 15

psēphos (pebble) 조약돌 N92b 13

pseudes ① (false) 틀린 (것), 거짓된 (것) Δ24b 25(사물), M86a 16(전제와 원리), (반) alēthes, ② (false) 거짓인, 진실하지 못한 (사람) Δ25a 2-13—**pseudōs** (falsely) 틀리게 Δ24b 36(진술하다), (반) alēthōs

pseudesthai ① (tell a lie) 거짓말하다 A983a 3(시인들은), ② (speak falsely, say what is false or untrue) 거짓을 말하다, 틀린 말을 하다 Γ08a 29, 30, 11b 28, 12a 4, 5, Δ24b 34, Θ47a 13, 52a 11, (반) alētheuein, alēthē legein ③ (be erraneous, false, wrong) (생각, 판단, 말이) 틀리다, 그르다, 거짓이다 Γ08b 8, Θ51b 4, 15, K63b 22, 35, M78a 34, ④ (deceive) 속이다 Δ25a 8, ⑤ (be guilty of) (잘못을, 거짓을) 저지르다, 범하다 M78a 19(잘못을)

pseudos ① (the false) 거짓 Γ11b 26, Δ29장, Θ47b 13(견: 불가능), 52a 2(맷: 틀림), N89a 20, 28, ② (error) 잘못, 오류 M78a 19, 21, (반) alēthes

psophos (sound) 소리 A980b 23, Z41a 25, Λ71a 26(맷: 색, 실체, 양)

psychē [psychein 숨쉬다, 입으로 불다] (soul) '숨, 입김', 혼 A985b 30(맷: 이성), E26a 5, Z36a 1(=혼-임), 37a 5(=으뜸 실체), H43b 2, 45b 11, Θ46b 1(…의 이성적인 부분), 50b 1, Λ70a 26(견: 이성),

|r|

72a 2, M77a 33, N90a 37, (반) sōma

psychesthai (be cooled) 차갑게 되다 K68a
19(맞: 뜨겁게 되다)

psychos (cold weather) 냉기(冷氣) E26b
33, K64b 37

psychron (cold) 차가운 (것), 차가움(冷)
A984b 6, 986b 34, 989a 28, Γ04b 32,
Z41b 18, Θ47a 5, K67a 7, Λ70b 12, 14,
M78b 21, (반) thermon

psychrotēs (cold) 차가움(冷) B02a 2, Δ20b
9, Θ46b 19, K61a 31(감각 성질), (반)
thermotēs

psyktikon (frigorific) (어떤 것을) 차게 만드
는 (것) Θ46b 19, (반) thermantikon

ptēnon [petesthai 날다] (fowl) 조류 Λ75a
17, (견) plōton, phyton

pterōton [pteron 날개] (with wings) 날개
있는 (것), 날개 달림 Z38a 12, I58a 36,
(반) apteron

ptōsis [piptein 떨어지다] (case) 경우 N89a
27

pyknon (the dense) 촘촘한 (것), 촘촘함, 조
밀한 (것) A985b 12, 988a 30(불보다 더),
989a 14(공기보다 더), 992b 5, H42b 33,
(반) manon, lepton

pyknotēs (density) 촘촘함, 조밀성 H42b
23, (반) manotēs

pyknousthai (be solidified) 촘촘해지다, 촘
촘하게 되다 H42b 28, 30, 43a 10

pylē [도시?] (gate) 문 N93a 18

pynthanesthai ① (ask) 묻다 B00a 20, ②
(learn) 배우다 Λ73b 14

pyr ① (fire) 불 A981b 3(타는), 12(뜨거
운), 984a 14, 985a 26, b 28, 987a 5(물
질), 17(실재), 988b 32(단순 물질), 989a
2(원리), 7(요소), 13, 23, 30(실재), 990a
16(물질), 991b 17, 992a 5(요소), 7,
α993b 25(가장 뜨거운 것), 994a 4, 21,
B01b 33, Γ04b 6, Δ13b 18(물체의 원인),
14b 33, 17b 10(단순 물질), 24a 19(위치

에서 차이가 없는), Z28a 37, b 10(…의 정
의), [34a 18], 40b 8(물질), 41b 14, 16,
18(뜨거운 것), 21(살을 이루는), H42a
8(단순 물질), 44b 2, Θ49a 26, 27(으뜸
재료), 50b 29(변화 상태에 있는 것), I52b
11(-임), 12(요소), 54b 13(금과 비슷한),
K67a 1, 5, 19(무한한 것?), Λ69a 29(개
별적인 것), 70a 19(재료), 71a 14, N92a
4(발휘/실현 상태에 있는), 5, (잠재/가능 상
태에 있는), b 19, 35, ② (Fire) (힙파소스,
헤라클레이토스, 파르메니데스의, 엠페도클
레스의 4원소 중) 불 A984a 7(원리), b 6,
7, 12(원인?), 985b 1, 986b 34, 988a 27,
30, 993a 22, B996a 9, 998a 30, 01a 15,
I52b 10(요소), (맺) aēr, gē, hydōr

pyrinon [pyr 불] ① ('fiery') 불로 된 (것)
Θ49a 26(공기), ② (of parts of fire) 불
의 부분들의 (것), 흙 입자의 (것) N92b
20(수)

pyretos (fever) 열 Δ23a 10

pyrettein (fall ill of a fever) 열병이 나다, 열
이 있다 A981a 12(고열로), E27a 24

pyrron [pyr 불] (red) 붉은 (것) I54b 13(불,
맺: 노란)

rhadion (easy) 쉬운 (것) A982a 11(알
기), 12(감각), 992b 9, α993a 31(진
리에 관한 연구), b 5(진리), 995a 14,
B996a 17, 999a 17, K60b 12, 63b 8,
13, 66a 9, M79b 22, 85a 29(문제를 풀기
가)—**rhadiōs** (lightly, easily) 쉽게 A988
b 29(주장하다), Γ11a 14(확신시키다), 13a
3(배우다), Δ19a 27(변하다), 23a 2(되다),
3(잘리다)

rhastōnē [rhaston 가장 쉬운, 편한 (것)]
(physical comfort) (물질적인) 안락, 편안
A982b 23(맺: 오락)

rhathymōs [rhadion 쉬운+thymos 힘, 뜻,

충동] (lazily, lightly) 안이하게 A985b 20

rhein (be in a state of flux, flow, be transient) 흐르는 상태에 있다, 흐르다, 그대로 있지 않다 A987a 33, K63a 22, 35, M78b 15*, 17, 86a 37, b 9, (비) kineisthai, metaballein, alloiousthai, (반) menein

rhēma [eirein 말하다] (word) '말해진 것', 말 Z40b 34

rhis (nose) 코 E25b 33(오목한), 26a 1(맺: 눈, 얼굴, 살, 뼈), Z30b 17, 19(…의 속성), 29(들창인, 오목한), 32, 33(오목한), 34, 35, 37a 31, 32, K64a 25, 26

rhiza (root) 뿌리 E26a 2, (견) phyllon, phloios

rhopē [rhepein (저울이 한쪽으로) 기울다] (gravity) 중량 I52b 29(아무런, 지나친)

rhysmos → rhythmos

rhythmizein [rhythmos 생김새] (bring into shape) '어떤 모양으로 만들다', 정리하다 Λ75b 12(견해를)

rhythmos [rhein (균일하게) 흐르다] ① (rhythm) 리듬, 운율 N87b 36, ② (contour) 생김새 A985b 15, 16, H42b 14, (비) schēma

| S |

sainein (fawn on, please) (…에게) 살갑게 굴다, (…을) 즐겁게 하다 N90a 37(혼을)

saphes (clear) 분명한 (것) Λ73a 17 — saphōs (clearly, distinctly) 분명하게, 또렷하게 A985a 13, 986b 5(구분되다), 30(말하다), 988a 35(제시하다), 989b 19, 993a 24, Z35b 4

sarx ['뼈를 감싸는 것'?] (flesh) 살(肉) A993a 19, 20, α994a 4(흙에서 생기는), Δ24a 26(맺: 지라), E26a 1(맺: 코, 눈, 얼굴), Z34a 6, 35a 5(재료), 19(맺: 신경), 33, 36b 4, 11, 41b 14, 15(맺: 음절), 18, 21(불과 흙으로 된), 25(맺: 음절), 26, I58b 7, K64a 27(맺: 눈), Λ70a 19(맺: 불, 머리), b 15(뜨거움과 차가움에서 생겨나는), 71a 9(맺: 포도주, 사람), N92b 18(…의 수), (맺) osteon

schēma ① (shape, figure) 모양 A985b 14(견: 순서, 놓임새), 16(비: 생김새), 18, B02a 21, Z33a 14, H42b 14(비: 생김새), 35(맺: 매끄러움, 거침), Λ70a 23(청동구의), N89b 1(맺: 색, 맛), ② (figure) 도형 B996a 13(맺: 수, 길이, 점), 999a 9(…의 종), 10, Δ16a 31, 20a 35(원), 24b 1(평면, 입체), 2, E26b 11, Z33a 3, b 14, H45a 35(평면), I54a 3(직선 …), M79b 5(평면 …), 85a 19(맺: 각), N92b 12(삼각형, 사각형), ③ (guise, appearance) 모습 Γ04b 18, ④ (figure) 형태 Δ16b 34(술어 …), 17a 23(술어의), 24b 13(범주의), E26a 36(술어의), Θ51a 35(범주들의), I54b 29(술어의), 57a 28, Λ74b 2(신화의), ⑤ (pattern) 유형 Z29a 4(드러난 모습의)

schizopodia [schizein 가르다, 쪼개다 +pous 발] (cloven-footedness) 쪽발임 Z38a 15

schizopoun (cloven-footed) 쪽발인 (것) Z38a 14

scholazein [scholē 여가, 틈] (have leisure) 여가를 가지다, 한가한 틈을 가지다 A981b 23, 25

scholē(탈격) [schein 멈추다] (scarcely) 거의 … 아니다, …하기 어렵다 B999a 10, 01a 23

sēlenē (moon) 달 A982b 16(맺: 태양, 별), B997b 17(맺: 태양), Z28b 13(실체, 맺: 별, 태양), 40a 29(하나밖에 없는 것, 맺: 태양), 41a 16, H44b 10(…의 가려짐), Λ73b 17(…의 이동), 22, 36, 74a 12(맺: 태양), N93a 5(…의 이동), 12(맺: 태양)

sēmainein ① (mean) (어떤 것을) 뜻하다, 의미하다 Γ06a 32, b 14, 15, 32,

Δ17a 31(참임을), 32(거짓임을), H42b 27, N89a 8(실체 등을), 17, ② (signify, denote) (어떤 것을) 나타내다 Γ07a 26(실체를), b 17(실체를), Δ17a 23(술어의 형태들이), 24b 14(실체, 질 등을), E26b 1(무엇, 어떠함, 얼마만큼, 곳, 때를), K62a 15(한 가지 것을), N87b 33(척도를), ③ (indicate) 가리키다 A991a 1(실체를), B01b 31(실체를), Z39a 16(보편적인 것이 질을), ④ (predicate) 서술하다 H43b 31

sēmantikon [(어떤 것을) 나타낼 수 있는 (것)] (indicative) 징후(徵候) K61a 6, (비) sēmeion

sēmeion [sēmainein 나타내다] ① (geometrical point) (기하학의) 점(點) B998a 6, ② (sign) 표현(물) Γ12a 24(예: 낱말), H43a 31(예: '집'), 45a 27, ③ (indication) (어떤 점을 드러내주는) 표시, 증거 A980a 21, α993a 31, Γ04b 17, E26b 4, N88a 29, ④ (sign) 표시 M86a 1, ⑤ (symbol) 기호 N93a 22, ⑥ (sign) 구분점 A981b 7, ⑦ (symptom) 징후 Γ03a 36(건강의)

semnon (of dignity) 품위 있는 (것) Λ74b 18(이성)

simon (snub) ① 들창 E25b 31*, 32, 33, 26a 1, K64a 22, 23, 26, ② 들창인 (것), 들창코 Z30b 29, 32, 33, 35, 35a 26, 37a 31, 33, ③ 들창임 Z30b 30, 31, (견) koilon

simotēs (snubness) 들창임, 들창코임 Z30b 17*, 19, 35a 6, 37a 31, K64a 25, (견) koilotēs

sition (food) 음식 K63a 29, 32

sitos ① (wheat) 밀 Δ17b 8(여물지 않은), ② (corn) 낟알 Θ49b 20, 22(잠재 상태로 … 인 재료)

skelos (leg) 다리 Δ16a 3, 12, (맞) brachiōn

skepasma [skepan 덮다, 가리다, 보호하다] (covering) 보호소 H43a 32, 33

skepastikon (receptacle) (어떤 것을) 보호하는 (곳), 보호처 H43a 16

skepsis [skeptesthai 살펴보다] (investigation) '살펴봄', 고찰, 탐구 A986b 13(원인), 18, 987b 32, 992b 9(자연에 관한), B995b 24, Γ05a 22(실체, 공리에 관한), b 1, 08a 31, Z31a 17(실체에 대한), 38b 1, K59b 21, Λ73a 18(별다른), M76a 10, 29, 32, N90a 3, (비) theōria

skepteon → skopein

skeptesthai → skopein

skeuaston [skeuazein 설치하다, 꾸미다] (manufactured article) 제작된 (것) Δ13b 18

skeuazein (construct) 세우다, 설치하다 A984b 27(우주의 생성을)

skeuos ① (instrument) 도구, 기구 Δ14b 29(청동으로 된), Z30b 2(맞: 신체, 행위), ② (utensil) 가재도구 H43b 21(맞: 집)

skiagraphia [skia 그림자+graphein 그리다] (sketch) 음영화(陰影畫), 음영화법으로 그린 그림 Δ24b 23*

sklērotēs (hardness) 단단함 H42b 22, K61a 31, (반) malakotēs

skopein (inquire) 살펴보다, 연구하다 α995a 17, B00a 19(진지하게), Γ05a 33, 10a 2(진리를), Z28b 15, 29a 19, b 25, H42a 23, K59b 18(증명과 인식에 관해), 21, 64b 19, 22, Λ73b 5, M76a 22, 79b 6, (비) theōrein, philosophein

skopos [skopein 살펴보다] (mark) 목표점 A983a 22

skotos (darkness) 어둠 A986a 26, I53b 31(…의 결여=빛), Λ70b 21, 71a 10, (반) phōs

skytotomikē [skytos 가죽+temnein 자르다] (art of shoemaking) 제화술(製靴術) K64b 21(맞: 직조술, 요리술), (비) skytikē

skytikē (art of shoemaking) 제화술 B996a 34, (비) skytotomikē

sōma [부풂?] ① (body, corporeal) 물체, 고체 A985b 9, 988b 24(맞: 비물체적인 것), 989a 5(…의 요소), 990a 14(가벼운, 무거운), 16(수학적인), 992a 13(깊음과 얕음), B998a 28, 01b 27*(맺: 수, 면, 점), 02a 1(복합된), 2(있는 것, 실체), 4(견: 면, 선, 단위와 점), 6, 7, 9(실체, 있는 것), 10, 16, 17, 19(견: 선, 면, 점), 26(실체), b 1, Δ13b 19(…의 원인=불, 흙 등), 14a 32(…의 요소), 33, 16a 9, b 28, 20b 11, Z28b 9(실체), 16(…의 한계=면, 선, 점, 하나), 17(비: 입체), 29a 13, H45a 11, K60a 19, b 15, 63a 26, 66b 23(=평면에 의해 한정된 것), 24(사유되는), 28(복합된), 30, 32, 33, 34(무한한), 36, 67a 1(단순한), 12, 16(모든 것의), 23, 24, 30, 31(무한한), Λ73a 32(원운동을 하는), 74a 31(신적인), M76b 5(견: 면, 선, 점), 20(감각되지 않는), 77b 12(견: 수학적인 대상), 28, 83b 11, 18, 85a 9(맺: 선, 면), N89a 33(맺: 수, 선), 90a 30, 32(자연적인), 34 —**aisthēton sōma** (sensible body) 감각되는 물체 A990a 16, Z28b 21, K66b 24, 67a 7, 28, Λ70b 11, N90a 22, b 18, ② (material, solid) 물질 A984a 7(단순한), 987a 5(물, 불 등), 988a 25, b 30(단순한, 예: 물, 불, 흙, 공기), 989a 2(가장 작은 부분들로 된, 가장 미세한), 11(흙), 21(네 가지), 24, 990a 17(예: 불, 흙), 992a 5, 6(공통된 것), Δ17b 10(단순한 …=흙, 불, 물 등), 11, Z28b 10(자연적인=불, 물, 흙 등), H42a 9(단순한 …=불, 흙, 물, 공기 등), b 13(바탕이 되는 …=재료), Λ69a 30*(공통된 것), ③ (solid) 입체 A992a 19, Δ17b 19, 20a 14*, M77a 27, 31, (비) stereon, ④ (body) 몸, 신체 Γ10b 22, Δ23a 13, Z30b 2, 32b 27, 34a 27, 35b 16, 20, 37a 6(재료, 견: 혼), 9, 41b 7, H43a 17, 35(…의 실체=혼), 44b 30, 45b 12, Θ49a 30(바탕, 맺: 사람, 혼), I58b 23(맺: 재료), K67b 4, 68b 11, Λ70b 28, 71a 3, 75b 35, M77a 34

sōmatikon (corporeal) 물질적인 (것) A987a 4, 6(원리), 988b 23(재료), B01b 11(있는 것), N92b 22(수)

sophia [sophos 지혜로운] (Wisdom) 지혜 A981a 27, b 10, 28, 982a 2, 6, 16(지배적인 학문), 17, 20, 992a 24, B995b 13, 996b 9, 12(목적과 좋음에 관한 학문), Γ04b 19, 05b 1(으뜸 …), K59a 18(원리에 관한 학문), 21, 32, 33, 60a 10, 61b 33(…의 부분들), Λ75b 20(비: 가장 값진 학문)

sophistēs (Sophist) '지혜로운 사람', 소피스트 B996a 32(아리스팁포스), Γ04b 17(견: 철학적 대화술자, 철학자), E26b 15, K64b 29

sophistikē (sophistic) 소피스트술 Γ04b 19(견: 지혜), 23(견: 철학적 대화술, 철학), 26(견: 철학), E26b 15, K61b 8(견: 철학적 대화술), 64b 28

sophistikos (sophistical) 소피스트식의 (논박) Z32a 7, Θ49b 33

sophizesthai (play subtle tricks) 교묘하게 꾸며 내다 B00a 19(신화의 방식으로)

sophos (wise) 지혜로운 (사람), 현자(賢者) A981a 25, b 5(더), 982a 6-21, 987a 3 (비: 철학자)

sōreusis (accumulation) 누적 M76b 29(수학적인 대상들의)

sōros (heap) (단순한) 더미 Z40b 9(흙, 불, 공기), 41b 12, H44a 4, 45a 9, M84b 22(맞: 하나인 것)

sōtēria ① (safety) 구조(救助) Δ13b 15, ② (self-maintenance) 자기 보존성 N91b 18(맺: 자족성)

sōzein (conserve) 보존하다 A983b 13, 18, Z40a 4

sperma [speirein (씨를) 뿌리다] (seed, semen) '뿌려진 것', 씨, 정액 A983b 26(모든 것들의), Δ13b 23(변화나 정지의

근원), Z32a 31, 32, 34a 34, b 1, 6, H44a 35*, Θ49a 2, 14, b 21, 50a 6, I58b 23, Λ72b 35, 73a 1, 2, 3, N91a 16, 92a 17, 32, (견), (비) gonē

sphaira ① (sphere, ball) 구(球), 공 Z33a 30(청동으로 된), b 14(중심으로부터 같은 거리에 있는 도형), 34b 11, 35a 32, ② (sphere)(별들의) 천구(天球) Λ8장, 73b 18

splēn (spleen) 지라, 비장(脾臟) Δ24a 26(맺: 살)

spoudaion (good) 좋은 (것) Δ21b 24(=끝), Θ51a 4(힘)

spoudē ① (seriousness) 진지함 B00a 19, ② (exactness) 엄밀함 Λ73a 22(증명의)

stadion (furlong) 스타디온, 펄롱 Θ53a 3*

stasis [histanai 서게 하다] (rest) (멈춰) 서 있음, 정지 (상태) Γ04b 29, Δ13b 25, E25b 21, K59b 17*, M84a 35, (비) ēremēsis, ēremia, monē, (반) kinēsis, metabolē

stathmos [histanai 서게 하다] (weight) 저울추 N87b 37

statikon (that which can bring things to rest) (어떤 것을) 멈춰 서게 할 수 있는 (것) Δ19a 35, Θ49b 8(원리, 맞: 움직일 수 있는 것)

stenon (narrow) 좁은 (것), (평면의) 좁음 A992a 12, 15, Δ20a 21(실체의 양태, 상태), M85a 11, 17, N88b 8, 89b 13, (반) platy

sterein (deprive) 빼앗다—**sterēsthēnai** ① (be freed of) (어떤 것에서) 벗어나다 Δ15a 24, ② (be denied of) 부인되다 K61a 26—**esterēsthai** (be deprived of) (어떤 것을) 못 갖추다, 결하다, (어떤 것이) 결여되어 있다 Δ19b 6, 22b 24(식물은 눈을), 26(시각을), Θ46a 35, I55b 5, 16—**esterēmenon** (that which is deprived of) (어떤 것이) 결여된 (것) Θ47a 11(어떤 힘이), I55b 16, 21

stereon ① (solid) 단단한 (것), 단단함 A985b 7, (비) plēres, (반) kenon, ② (solid) 입체 A992a 14, b 14, B997a 27, 998a 14, 02a 21, Γ04b 14, Δ20b 5, 24b 1, 2(도형), 3, Z28b 18(맺: 물체), M76b 1, 13, 17(수학적인), 21(움직이지 않는), 22(따로 떨어져 있는), 24(수학적인), 29(감각되는), 31(수학적인), 34(움직이지 않는), 78a 26, 80b 24, 85a 19, 23, 36, b 2, N90b 7, 23, 92a 18(수학적인), (견) grammē, epipedon

sterēsis [sterein 빼앗다] Δ22장, ① (privation) 결여(缺如), 결여 상태, 못 갖춤 Γ04a 11(맺: 부정), 15, 11b 19(실체의), Δ13b 15, 18a 34, 19b 7*, 21a 25, 22b 28, 33, Z32b 3(…의 실체), 33a 14(집 형태의), H42b 3, 44b 33, Θ46a 30, 32, b 8, 14(으뜸가는), I53b 31, 54a 24, 55a 34(완전한), b 2-29, 56a 16, 20, 58b 27, K61a 20-27, 65b 11, (반) hexis, eidos H44b 33, I55b 13, Λ69b 34, 70b 12, (견) antiphasis, enantia, ta pros ti I55a 33-b 29, 57a 36, ② (deprivation) 강탈, 탈취, 빼앗김 Δ22b 31, H44b 14(달빛의)

sterētikon (privative) 결여적인, 결여로서, 결여 상태를 나타내는 (것) I56a 18, 24(부정), K66a 15(원리)—**sterētikōs** (privately) '결여'라는 뜻으로 I56a 29

stigmē [stizein 찌르다] (point) 점(點), 꼭짓점 A992a 19, B01b 27(실체?), 02a 32, b 4, Δ16b 26, 31, H44a 8, b 22, Θ51a 25, K60b 15, 18, M76b 6-35, 85b 27-31, N90b 6(선의 한계), (견) monas K69a 12, M84b 26, 85a 32

stochazesthai [stochos 목표] (aim at) 노리다, 꾀하다 E27a 3(맛의 즐김을)

stoicheiōdes (elementary) 요소적인 (것) A988b 35(가장)

stoicheion [steichein (나아) 가다] Δ3장, ① (letter) 자모(字母) A993a 8*, 10, Δ23a

36, Z34b 26, 27, 35a 11, 14, 38a 7, 41b 13(홀소리와 닿소리), I53a 13(척도), 54a 1(…의 수), M86b 23-32, 87a 8(말의), (견) syllabē, ② (element) '어떤 줄에 들어있는 낱낱', 요소, 원소 A985a 25, 32(네 가지), 986a 1(수들의), b 7, 9(자연의), 987b 19(형상들의, 사물들의), 989a 4(물체들의), 6, 31, 992b 18(있는 것들의), 993a 9, B995b 27, 998a 23(분절음의), 26(기하학의 명제들), 28, 01a 18, 02b 33, Δ14a 26, b 1(증명의), 33(자연물들의), Z41b 31(실재), I52b 13(불), K66b 36, Λ69a 32(실체의), 70b 2, 7, M80b 32(하나=있는 것들의 …), 84b 15(분할되지 않는 것), 86b 20-87a 5, N88b 3(실체의), 15-32, (맺) archē, aitia A983b 11, 989b 30, B998a 22, E25b 5, H42a 5, K59b 23, Λ69a 26, 70a 34-b 16, b 23, 25, 71a 25, M81a 15, 86a 21, b 20, 87a 3, N91a 31, (견) archē Z41b 31, Λ70b 22-26, N87b 13-15, 90b 3, 10, (견) ousia H43b 12, (견) physis Δ13a 20

stoichos [steichein (줄지어 나아) 가다] (product) 곱 N92b 34*

storgē [stergein 사랑하다, 좋아하다] (love) 사랑 B00b 8, (비) philia, philotēs

stratēgos [stratos 떼, 무리, 군대+agein 이끌다] (leader) 지휘관 Λ75a 14

strateuma (army) 군대 Λ75a 13

strephesthai ① (turn on) 관심이 …로 향해 있다 Γ04b 23, ② (move within) …안에 머물다 N93a 9

strongylon [streblon 휘감긴] (round) 둥근 (것), 둥긂 B998a 2, Z33a 33, H45a 26 (청동), 28, Λ70a 3, (견) euthy, sphaira

strongylotēs (roundness) 둥긂 Z35a 14

sykophantēs [sykon 무화과+phainein 보이다: '무화과 밀반출을 적발하는 사람', 고발을 업으로 삼는 사람] (scandal-monger) 험담꾼 Δ21b 18, 20

syllabē [syn 함께+lambanein 잡다, 쥐다] (syllable) 음절 A993a 5, B999b 29, 02b 20(맺: 분절음), Δ13b 18, 14a 31, 23a 36(자모로 된), Z34b 26, 27, 35a 10, 15, 17, 41b 12, 15, 16, 25, 27, 32, H43b 5, M86b 23, 25, 28, 30, 87a 10, N87b 36, 92a 27, 93b 1

syllambanesthai [syn 함께+lambanein 잡다] (be taken together) 함께 잡히다 Z35a 28, 34 — **syllambanomenon** (taken together, concrete) 함께 잡힌 (것) A992a 2(수), B998b 28(차이성들과, 중간의 것들), Z37b 31(맨 처음의 유와) — **syneilēmmenon** (taken together, concrete) (재료와 형상이) 함께 잡힌 (것), 구체적인 (것) E25b 32(재료와, 들창코), Z35a 23(재료가), 25(재료와), 36a 27(…의 부분들), 37b 5(재료와), 39b 21(재료가), I55b 8(수용자와), 58b 2(재료와)

syllogismos ① (inference, syllogism) 추론, 추리 A990b 10, Δ14b 2(으뜸가는), 15b 9, Z34a 31, 32, K62a 4(…을 해내다), M78b 24(…들의 원리), 79a 6, 86b 35, N89a 25, ② (correct inference) 맞는 추론 Δ22a 22, (반) paralogismos

syllogistikon (of syllogism) 추론의 Γ05b 7(원리들)

syllogizesthai [syn 함께+logizesthai 세다, 헤아리다] ① (infer correctly) 맞게 이끌어 내다, 맞는 추론을 하다, 맞는 결론을 내다 Δ22a 21, (반) paralogizesthai, ② (reckon up) (결론을) 이끌어 내다, 추리를 하다 H42a 3, ③ (syllogizing) 이끌어 냄, 추론으로써 증명함 M78b 24 — **syllogisthen** (conclusion) '이끌어 낸 (것)', 결론 Γ12a 20

symbainein [syn 함께+bainein 가다, 걷다] ① (follow) (결과로서 난점, 문제점 등이) 따르다, (…라는) 결론이 나오다 A987a 27, 989a 22, b 1, 16, 990b 19, 991b 24,

B998a 17(터무니없는 점들이), 00b 3, 02b 31, H42a 12, I56b 5, M77a 14(진리와 통념에 반대되는 결과가), 83b 4(실수가), 85a 20(같은 것이), b 6, 86a 13, N91b 22(반론들이), 35, ② (arise, happen) (우연히) 일어나다, 벌어지다, 생기다 A988a 1, E26b 34, ③ (happen to be predicable of, be an accident of, belong to) 간접적으로, 단순히, 우연히 (어떤 것에 그 속성으로서) 딸리다, 딸려 있다 A981a 20, 990b 33, Γ07b 3, Δ17a 11, 12, 16, 17, 19, E26b 6, 36, N93a 11, (비) hyparchein, ④ (attach to, belong to) (어떤 것에 본질적인 속성으로서) 딸리다 M78a 5(사물들에 바로), ⑤ (+ inf.) …하게 되다, …하는 데 이르다 A984b 2—**symbainon** (result, consequence) (어떤 것에) 따르는 (것), 결과들 A990a 2(천체의 활동에), B998a 9(불가능한), Γ09b 33(몹시 곤란한), Z39a 14, 24, Θ46b 33(불합리한), M80a 13, 81b 32, 86b 7(난점), N87b 19, 88b 30(불가능한), 93b 24

symballesthai [syn 함께+ballein 던지다] ① (contribute) 이바지하다, 기여하다 α993b 14, ② (have an influence on) 영향을 미치다 A991a 9(이데아가 감각 대상들에), Λ76a 2(한 실체가 다른 실체에), M79b 13, N90b 15(앞선 것이 뒤진 것에), 26(이데아가 사물들에), 27

symbebēkos [syn 함께+bainein 가다, 걷다] ① (attribute, property) (직접적, 본질적, 필연적으로) 딸린 (것), 딸려 있는 (것), (직접적인, 본질적인, 필연적인) 속성 A989b 3(맺: 양태, 맞: 실체), B997a 19, 24, 26(실체에), 29(유에), 33(실체에), 02a 14(맞: 실체), Γ03a 25*(있는 것의 부분에), 04b 8(양태들에), Δ25a 31(삼각형에, 두 직각을 가짐이), K59a 30(맞: 실체), 33, 61b 4, 8, 28(있는 것의), M78a 18(역학에), N88a 17(수나 크기의, 맺: 양태), (견) A981a 20, 26, M78a 5, ② (accident, the accidental, accidental attribute) (간접적으로, 단순히, 우연히) 딸린 (것), 딸려 있는 (것), (간접적인, 단순한, 우연적인) 속성, 우연 Γ07a 15('희다', '크다'), 32, 35(맞: 주어, 비: 술어), b 2-16, Δ13b 34-14a 20, 15b 29, 18a 1, b 34, 25a 14, 25, E26b 11-31, 27a 1, 14, 20, 26, 27, b 33, Z30a 14, 31b 25, I59a 3(견: 필연적으로 들어 있는 것), K61b 8, M77b 24(움직이는 것에), 35, N93b 17, ③ (accident) (우연히) 딸린 일, (우연히) 따르는 일, 우연 Δ25a 14, 17, 21, 24, 25, 28, E26b 32, K64b 18, 28(비: 있지 않은 것), 31, 32, 65a 1(견: 필연적으로 또는 대개 일어나는 일), 3, 5, 66b 3, ④ (what happened, course of events) 실제로 벌어진 일(의 과정), 사실 A982b 22—**ta kath' hauta symbebēkota** (essential attributes) (어떤 것에) 바로 딸린 것(속성)들, (어떤 것의) 본질적인 속성들 B995b 20(실체에)*, 997a 20, 21(그 자체로), M78a 5(사물들에)—**kata symbebēkos** (in an incidental way, incidentally, by accident) ① (직접적, 본질적, 필연적으로) 딸린 방식으로, 딸려 Z29a 26, ② (간접적으로, 단순히, 우연히) 딸린 방식으로, 딸려, 간접적으로 A981a 19(치료하다), 988b 15(원인, 맞: haplōs), 990b 30, 33(나눠 갖다), B02b 30, Γ03a 30(있는 것, 맞: 있다는 점에서), b 32, 07a 31(있다), 34, b 16(말해지다), Δ13b 6(여럿이다), 14a 8(원인), 15b 16(말해지다), 17, 21, 35(하나다), 17a 7(맞: kath' hauto), 8, 19(있다), b 27(같다), 20a 15, 17, 26(양이다), 21b 8, E26a 34, b 3, 23, 37(관계 맺은 것이다), 27a 7, 8(있거나 생기는 것), 10(있는 것), 12, 17, 32(원인), b 17(있음), Z30b 18(속성), 31a 19-27(있는 것), b 19, 22(말해지다), 32a 2, 33a 30, 34a 25(생겨나

다), 37b 5(한 가지 것이다), 7(같은 것이다), 39b 8, H44b 36(소멸), Θ46b 13(있는 것), 51b 26(틀림), I52a 18(하나다), 57a 28(변하다), 58a 1(차이성을 갖다), b 12(희다), 36(들어 있다), 59a 2(사라지다), K64b 16(있음), 65a 6(있음), 11, 22, 25, 28, 29(있다), 30, 34(원인), b 2, 66b 9(있다), 19(실체에 들어있다), 67b 1*(변하다), 7(움직이다), 12, 28(움직이다), 32(생겨나다), 68a 13(운동), 23, Λ69b 18(생겨나다), 73a 25(움직이다), M79a 26, 29(나눠 갖다), 87a 19(보다), (반) kath' hauto, ③ (according to accidental qualities) (단순히) '딸린 것'(속성)에 따라 Z38a 26(나누다)—**to kata symbebēkos** (that which exists accidentally) (단순히) 딸려 있는 것, 단순 속성 Θ46b 13

symblēton [syn 함께+ballein 놓다] (comparable, associable) '(종류가 같아서) 한 곳에 놓일 수 있는 (것)', 비교될 수 있는 (것) M80a 20, 23, 25(단위들), b 37, 81a 5, 83a 18, 34(수들), 84a 22(단위들), (비) homoeides, adiaphoron, (반) asymblētos

symbolaion [syn 함께+ballein 만나다] (trade) 장사 α995a 11

symmenein [syn 함께+menein 머물다] (be held together) 뭉쳐지다 M77a 24

symmetria [syn 함께+medein 겨누다, 생각하다, 짜내다] ① (commensurability) (정사각형의 대각선과 한 변을) 같은 단위로 잴 수 있음 Γ04b 11, K61b 1, (반) asymmetria, ② (symmetry) 균형 M78b 1*

symmetron (commensurate) (정사각형의 한 변과) 같은 단위로 잴 수 있는 (대각선) Γ12a 33, Δ17a 35*, 19b 24, 27, 21a 5, 24b 20

symperasma [syn 함께+perainein 끝내다, 마치다, 이루다] (conclusion) 결론 Δ13b 20

symphanai [syn 함께+phanai 말하다] (agree) 동의하다 A993a 23, Γ12a 19

sympherein [syn 함께+pherein 가져가다] ① (do good) 도움이 되다, 효과가 있다 A981a 8, 11, ② (be utilitarian) 실리적이다 Λ74b 5

symphōnia [syn 함께+phōnein 소리 나다, 울리다] (harmony) 협화음 A991b 14(수의 비율), H43a 10, N92b 14(수들의 비율), 93a 20, 25, 26

symphora [syn 함께+pheresthai 만나다] (misfortune) 불행 Δ22b 21

symphyein [syn 함께+phyein 자라게 하다] 함께 자라게 하다—**sympephykenai**(pf.) (grow together, in organic unity) 함께 자람, 유기적인 단일체임 Δ14b 21, 24(견: 닿음), 25, Θ46a 28, (견) prosphyesthai

symphysis (organic unity, growing into one) 함께 또는 같이 붙어 (하나로) 자람, 공생, 유기체적 단일성 Δ14b 22, Z40b 15*, K69a 11, Λ70a 11

symphyton (innate) 타고난 (것) A993a 1(지식)

sympiptein [syn 함께+piptein 떨어지다] ① (collapse) 무너져 내리다 Δ23a 20, ② (happen) (일이) 일어나다, 벌어지다 E26b 13

symplekein [syn 함께+plekein 엮다] (combine, put together) 결합하다 Γ07b 2, Δ14a 13, 19, K62b 5—**sympeplegmenon** (combined term) 결합된 것(술어) K63b 23

symplokē (combination) 결합, 결합 작용 E 27b 30(사유의, 맞: 분리), K65a 22(사유의)

symptōma [syn 함께+piptein 떨어지다] (coincidence) 우연의 일치 N93b 17

synagein [syn 함께+agein 이끌다] ① (sum up) (핵심을) 간추리다 H42a 3, ② (collect) (반박점을) 모으다, 수집하다 A986b 5(원리들을), 991a 18, B00b 11, M79b

22, 80a 10, N93b 15

synaition [syn 함께+aition 원인] (joint cause, condition) '(어떤 것에 대해) 같이 원인이 되는 것', 필요조건 Δ15a 21(필수적인 것), b 3(삶과 좋음의)

synakolouthein (be implied in one another) 서로 안에 함축되다 M85a 16

synalētheuesthai (be true at the same time) 함께(동시에) 참이다 K63a 21(모순되는 진술들이)

synamphō (combined thing) (…로) 이뤄진 (것), 결합된 (것) H43a 22

synamphoteron (combined) 둘이 하나로 결합된 (것) K62b 4

synanankazein (force together) 더불어 강요하다 A984a 19

synanhairein [syn 함께+anhairein 없애다] (destroy with) (자신이 없어질 때 다른 것을) 더불어 없애다 Z40a 22, K59b 30, 38, 60a 1

synapophasis [syn 함께+apophanai 부정하다] (joint denial) 동시 부정 I56a 36, b 2

synathroizein [syn 한데+athroizein 모으다] (gather together) 한데 모으다 α993b 3

synchōrein [syn 함께+chōrein 가다, 떠나다] (admit) 받아들이다, 인정하다 Γ06a 27

syndesmos [syn 함께+dein 묶다] (being bound together, connexion) 함께 묶임, 함께 엮임, 결속 Z30b 10, H45a 13, b 11, 13, Θ52a 20

syndiarthroun [syn 함께+diarthroun 구분하다] (piece together) '구분된 것을 함께 놓다', 꿰맞추다 A989b 5

syndyazein [syn 함께+dyo 둘] (couple) 짝짓다 Z30b 16*, 31a 6, H43a 4

synecheia (continuity) 이어짐, 연속(성) Δ16b 9(맺: 형상, 정의), 15, Θ50b 26(운동의)

synechein [syn 함께+echein 가지다] (hold together, keep together) 한데 붙들다

Δ23a 22, K69a 7

syneches [syn 함께+echein 가지다] ① (continuum) 이어진 (것), 연속된 (것), 연속체 Δ16a 1, 4(자연적으로, 인위적으로), 5, 7, 20a 11(한 쪽으로, 두 쪽으로, 세 쪽으로 …=길이, 넓이, 깊이), 23b 32, 24b 7(생성), Z40b 15, I52a 19*(하나), 56b 12, K61b 24, 69a 5-14, Λ74b 29(사유), ② (continuity) 이어짐, 연속 Δ14b 25, K61a 33, 69a 5(일종의 잇닿음), ③ (continuous) 끊임없는 (것) Λ72b 29(생명과 존속) —**synechōs** (continuously) 끊임없이, 연속적으로 K63a 22(흐르고 움직이다), 68b 29(변하다), Λ74a 38

syneirein [syn 함께+eirein 줄지어 세우다] ① (connect coherently) 함께 (일관되게, 체계적으로) 연결시키다 A986a 7, N90b 30, 93b 27, ② (follow the connection of thought) (생각을) 쫓아가다 α995a 10

synengys [syn 함께+engys 가까운] (closely connected with) …와 밀접하게 연관된 B02b 32

synerchesthai [syn 함께+erchesthai 가다] (come together) 한데 모이다 B00b 2

synēthes [syn 함께+ēthos 익숙한 곳] ① (familar with) …와 친숙한 (사람) A987a 32, ② (customary) 익숙한 (것) α995a 3, 4

syngenes [syn 함께+gignesthai 생기다, 태어나다] ① (akin) 같은 종류인 (것) B995b 12(학문), ② (innate) 타고난 (것) Θ47b 31(힘), ③ (homogeneous, of the same kind) 종류가 같은 (것), I53a 25(척도와 측정 대상), ④ (that which homogeneous) '같은 종류의'(동질의) 것으로 된 (것) K67a 12(물체), (비) homoeides, ⑤ (and the like, etc.) 따위, 등(等) M76a 18

synhapsis [syn 함께+haptein 대다, 붙이다] (contact) 서로 닿음, 상호 접촉 K69a 8

synhaptein ① (attach, connect with, link up with, combine) 함께 붙이다, 결합시

키다, 연결하다 E27b 32(맞: 분리시키다), Θ46b 22, M78b 10(수의 본성 문제와), 86a 35, ② (be connected with) (어떤 것과) 관련되다 H42a 16(이데아가 보편자와 유와)

synharmottein [syn 함께+harmottein 어울리다] (be appropriate to) 적합하다 A986b 13

synhedreuein [syn 함께+hedra 자리, 의자] (sit in council with) 함께 앉아 의논하다 A987a 2

synhienai [syn 함께+hienai 보내다, 던지다] (understand) 이해하다 Γ05b 15, K62a 12(서로를), 35

synhistasthai [syn 함께+histasthai 서다] ① (be composed of, be put together, be constructed) (함께) 이루어져 있다, 구성되다 A986b 8(실체가 원소들로, 맞: 빚어지다), 990a 22(세계가 수로), 26(크기가 수로), B998a 29, b 2, Δ17b 12(동물이 물질로), M77a 35(어떤 것이 선들로, 평면들로, 점들로), 80b 18(온 우주가 수들로), 21(으뜸가는 1이), N91a 15(하나가), (비) synkeisthai, ② (be formed) 형성되다 E26a 28(실체가, 자연에 의해), Z34a 33(자연에 의해), 41b 30(제 본성에 따라), H43b 22(자연에 의해), ③ (be founded) 일어나다 A981b 24(수학 계열의 기술들이)

synholon [syn 함께+holon 전체] ① (concrete thing, the compound) (재료와 형상으로 이뤄진) 복합물 B995b 35, 999a 33, b 16, 24, Z29a 5, 35a 21*(…의 부분들), b 22, 29, 32, 36a 2(이 원), 37a 8, 39b 20, I58b 8, K60b 24, M77b 8(흰 사람), ② (concrete) 복합된 (것) Z33b 17(실체), 35a 6(상), b 19(생물), 37a 26, 30, 32(실체), ③ (together) 양쪽 모두 E27b 20

synhoran [syn 함께+horan 보다] (grasp) 파악하다, 이해하다 Θ48a 37(비례된 것을)

synidein [syn 함께+idein 보다] (discover) 알아내다 A984b 2

synienai [syn 함께+ienai 가다] (come together) 합쳐지다 A985a 27(요소들이)

synkeisthai [syn 함께+keisthai 놓이다] ① (put together) 함께 놓여 있다 B998b 2, Δ16b 14, Z39b 6, ② (consist of) …로 이루어져(구성되어) 있다 I57b 33(반대되는 것들로), M81b 29, N88b 15(요소들로), ③ (be combined) 결합되어 있다 B02b 2, Θ51b 3, 9, 11, 19, 34, 35, (반) diērēsthai, ④ (be composed of) 짜여져 있다 A982b 19—**synkeimenon** ① (that which is composed of) …로 이루어진 (것) Λ70b 6(요소들로), M83b 12, ② (that which is combined) 결합되어 있는 (것), 결합된 (것), 결합체 E27b 21, Θ51b 4, M76b 18, 82a 37, (반) asyntheton, ③ (composite) 복합된 (것) I54b 5(실체)

synkephalaioun [syn 함께+kephalē 머리] (summarize) 간추리다, 요약하다 I52a 17

synkrinein [syn 함께+krinein 자르다, 나누다] (aggregate) '떨어져 있는 것들을 한곳에 놓다', 결합하다, 결합시키다 A984a 10, 985a 25, 26, 989a 17

synkrisis (combination) 결합 A984a 15, 988b 32, 35, (반) diakrisis

synkritikon (compressing) 모으는 (것), 집합시키는 (것) I57b 9*, 10, 19(색), (반) diakritikon

synōnymon [syn …이 같은+onoma 이름] ① (synonymous, that which has a similar quality) 한 이름 한 뜻인 (것), 비슷한 성질인 (것) α993b 25, Λ70a 5*, ② (same significance) 같은 뜻을 가진 (것) Γ06b 18*, (견) homōnymon

synousia [syn 함께+einai 있다] (communion) 함께 있음, 공존 H45b 9, 13

syntattein [syn 함께+tattein 짜 놓다] (order together) 정돈하다 Λ75a 16, 19

synteinein [syn 함께+teinein 늘이다, 뻗다]

(point to, be related to) 가리키다, 연결되다 Θ50a 23, Λ74a 18

synthesis [syn 함께+tithenai 놓다] ① (composition, synthesis, combination) 결합, 합침, 함께 놓임 Δ13b 23(맺: 전체, 형상), 14b 37(으뜸가는), E27b 19(맞: 분리), Z39a 12(단위들의), H43a 13, b 6, 7, 8(맺: 혼합), 45b 11(혼과 몸의, 맺: 함께 묶임), 13(맺: 함께 묶임), 15(청동과 세모꼴의), 16(평면과 흰의), K67b 26(맞: 분리), ② (mode of composition) 결합 방식 H42b 16, ③ (juxtaposition) 나란히 놓음, 늘어세움, 병렬 N92a 26

syntheton ① (complex, composite) 복합된 (것), 복합… A993a 9(음), B02a 1(물체), Δ20b 4(수), K66b 27(맞: 단순한 것), Λ75a 5, 8, ② (compound, composed) 합쳐진 (것), 함께 놓인 것, 결합물 Δ23a 31(재료와 형태로), b 2(실체), Z29b 23(다른 범주들에 따라), 39a 17(실체), 40a 18(…의 부분), 41b 11(예: 음절), H43a 30(실체), b 29(실체), Θ51b 19(합쳐지지 않은 것, 예: 흰 나무, 같은 단위로 잴 수 없는 대각선), 27(결합되지 않은 실체), I57b 27(중간의 것), 28, K59b 24(요소들로), Λ70a 14(실체, 비: 이것), b 8, M84b 4(수), N88b 15(요소들로), (반) stoicheion, ③ (compound) 구성된 (것) K60b 11(수들)

syntithenai [syn 함께+tithenai 놓다] (put together, connect, combine) 합치다, 함께 놓다, 결합하다 Γ12a 4, Δ24b 19, H43a 18(재료와 형상을), Θ47a 31, 51b 10(맞: 분리하다), Λ73b 38, M84b 28(미세한 부분들로)

syntomon [syn 함께+temnein 자르다] (short, condensed) 간단한 (것), 요약된 (것) Z41a 20(대답, 맺: 공통된)—**syntomōs** (in a condensed way) 간추려서, 간추린 방식으로 A988a 18

syntribesthai [syn 함께+tribein 문지르다] (be crushed) 뭉개지다 Δ19a 29(맺: 깨지다, 꺾이다)

systoichia [syn 함께+steichein (줄지어) 가다] (column, line) 줄(列), 계열 A986a 23* (원리들의), Γ04b 27(반대되는 것들의), I54b 35(같은 술어의), 58a 13(같은 범주의), K66a 15(반대되는 것들의), Λ72a 31(반대되는 것들의), N93b 12(아름다움의)

|t|

tachos (speed) 빠르기, 속도 I52b 27, 29, 31(느린 것의)

tachy (quick) 빠른 (것), 빠름 I53a 9, 11(운동), (반) brady

talanton [tlēnai 지다, 참다, 재다] (talent) 탈란톤 Θ53a 3*

tapeinon (shallow) 얕음 A992a 13(물체의), 15, Δ20a 22, M85a 12(덩이의), N89b 13, (반) bathy

tarachē [tarattein 뒤집다, 뒤흔들다] (confusion) 혼란 M86a 2

tattein ① (assign) 짜 놓다 M84a 10(이데아들을), N92b 10, ② (place, rank) 자리 매기다, …에 놓다, …의 줄(영역)에 넣다 A986b 7, 987a 1(뜨거운 것과 차가운 것을 있는 것과 있지 않은 것의 줄에), E26b 15(소피스트술을 있지 않은 것의 영역에), M81a 16(이데아를 수에 앞서거나 뒤진 것으로), ③ (arrange, order) 가지런히 하다, 정돈하다 Λ75a 21—**tetagmenon** (that which is placed) (어디에) 놓인 (것) Λ73b 26(천구), 74a 4(밑에 … 별들), 8(맨 아래에 … 행성)

tauto → auto

tautomaton → automaton

tautotēs [tauton 같은] (sameness) 같음, 동일성 Δ18a 7(일종의 하나임), (반) heterotēs

taxis [tattein 가지런히 놓다] ① (order) 순서 A985b 14, 17(비: 상호 접촉), 18, Δ18b 26, Z38a 33, Θ42b 15(비: 상호 접촉), Λ73b 2, ② (order, arrangement) 질서, 정돈 A984b 17, 33, Δ22b 1, K60a 26, Λ75a 13, 14, 15, b 25, M78b 1*, 3, (반) ataxia

technē [techtainein 가공하다, 만들다] ① (art) 기술(技術), …술(術), 솜씨, 손재주 A980b 28(맺: 헤아림), 981a 2, 3, 4(견: 경험, 비: 학문), 5, 12, 13(견: 경험), 16('보편적인 것'의 인식), 25, b 8(비: 학문), 14, 17, 26(견: 학문), B996a 33(목공술, 제화술), b 6, Δ13a 13(지배적인), E25b 23(맺: 이성, 능력), 27a 6(맺: 능력), Z32a 28(맺: 능력, 사유), 32, 34a 9('의술'), 18, 20, 21, 24(형상), H44a 31, Θ46b 3(비: 능력, 맺: 만듦의 학문), 36, 37, 47a 3, b 33, K64a 13(비: 능력), Λ70a 7, 15, 29(예: 의술), ② (science) 학문 A981b 24*(수학 계열의), B997a 5 —**technē**(탈격), **hypo technēs**, **apo technēs**, **kata technēn** (by art) 기술을 통해, 기술의 힘으로, 인위적으로 Δ16a 4, 23b 35, Z32a 12, 20, b 23, 25, 33b 8, 34a 12(산출되다, 생겨나다), 34, Λ70a 6, 17, (반) physei

technitēs (artist) (수공업자, 의사 등의) 기술자, 기술(技術)을 가진 사람, 솜씨가 뛰어난 사람 A981a 26*, b 31(견: 유경험자), Δ13b 33(예: 의사)

tekmērion [tekmairein 표지를 보고 알다, 추리하다] (sign, indication) 증거, …임을 보여 주는 것 N93b 25

teknon [tiktein 낳다] (child) '낳은 것', 아이 Δ13a 9, 31, 23b 4

tēkton [tēkein 녹다] (that which can be melted) 녹는 (것), 녹을 수 있는 (것) Δ15a 10(맺: 즙, 예: 기름, 포도주), 16a 22, 23a 28

tektonikē [tektainein (나무로) 만들다, 짓다] (carpentry) 목공술 B996a 34(수공업, 맺: 제화술), Λ71b 30

telein ① (finish, fulfill) 마치다, 끝내다, ② (수) (be fulfilled) (…할 시간이) 무르익다 B00b 15 —**tetelesmenon** (that which is finished) (이미) 이뤄진 것 α994a 26(견: 이뤄지고 있는 것)

teleion Δ16장, ① (complete) 완성된 (것) M77a 32(물체), ② (complete, perfect) 완전한 (것), 완벽한 (것), 끝내주는 (것) A986a 8(10), Δ16b 17(원의 선), 23a 34(목적을 가지고 있는 것), I55a 11(가장 큰 것), 12, 16(차이성), 58a 15, K65b 12(맞: 불완전한 것), Λ72b 34(먼저인 것), M84a 32(수), N92a 13(더), 15(원리), (반) ateles, ahoriston, ③ (completeness) 완전함, 완전성 Γ05a 12, Δ21b 21(뛰어남), Λ72b 34(맺: 아름다움) —**teleiōs** (completely) 완전히 Δ21b 26(없어지다), 27(파괴되다), I55a 18 —**teleōs** (perfectly) 완전히 K62b 27(흰 것)

teleiōsis (completion) 완전함 Δ21b 20(뛰어남)

teleutaion ① (the last, final term) 끝에 있는 (것), (맨) 마지막의 (것), 끝항 A983b 9, α994a 15, B995b 30, Δ17a 6(맞: 맨 처음의 것), Z32b 17(만듦), 38a 19(차이성), 26, 30, K64b 4(신학), 65a 11, Λ70a 20 (재료) —**teleutaion eidos** (infima species) ① 맨 마지막의 종, 최하위의 종(最下種) Δ16a 30*, 18b 5, K61a 24, ② (the farthest) 가장 멀리 있는 (것) Δ16a 20(바탕), (반) prōton, ③ (finally, lastly) 끝내는, 마지막으로 Γ10a 12, M77a 25, 80a 37

teleutē (death) 죽음 Δ21b 28, (견) telos

telos ① (end) 목적 A983a 32(모든 생성과 운동의), Δ15a 11(생성의), Θ48b 18, 19, 50a 27, Λ74a 30(모든 이동의), (비) to hou heneka α994b 9, B996a 26, Δ13a

33, b 26, H44b 1, K59a 38, (비) peras α994b 16, (비) energeia Θ50a 9, 51a 16, (비) morphē Δ23a 34, ② (end) 끝, 마무리 B999b 10(운동의), Δ21b 25, 29, H42a 4, I55a 12–15

temnein ① (cut) 자르다 Δ17a 29, 30, 21a 18, 23a 3, ② (divide) 분할하다 M80b 29(크기를)

tetarton (fourth) 넷째의 (것) A983a 31(원인), 984a 9, 992b 17(유), Z28b 35(실체), Λ73b 29(천구), M81a 35(단위)—**tetrachōs** (in four senses) 네 가지 방식(뜻)으로 A983a 27(원인은), I54a 24(대립은)

tetragōnon [tettares 넷+gōnia 각] ① (square) 정사각형 A986a 26(견: 직사각형), I54b 6, N92b 12, ② (quadrilateral) 사변형 I54b 2, ③ (square) 제곱수 N93a 7(견: 세제곱수)

tetragōnonizein (squaring a rectangle) (주어진 직사각형을) 정사각형으로 만들기 B996b 21

tetrapoun [tettares 넷+pous 발] (four-footed) 네 발 달린 (것), 네 발 달림 Δ20a 34(말)

tetraxon [tettares 넷+xein 쪼개다] (four sets of) 네 세트의 M76b 32(선)

tetras (4) 4 M81a 23, b 16, 19, 22, 82a 12, 28, 31, 34, 84a 23(자체), N90b 23

tettares (four) 넷, 네 개의 (것), 네 가지 … A984a 8(원소), 985a 32(원소), 33, 989a 21(물질), 992a 4(요소), Γ08b 35, Δ13b 17(방식), Z28b 34, I52a 17(방식), Λ69b 9 (변화), 70b 26(원인과 원리), 32(원인), 73 b 23(천구), 74a 10(행성), M82a 34(단위)

thalatta [thalos 아치형의?] (sea) 바닷물 H43a 24, 25(재료, 바탕)

thateron → heteron

thauma [thaumazein 놀라다] (puppet show) 인형극 A983a 14

thaumasion (wonder) 놀라운 (것), 굉장한 (것) A982b 19, Λ72b 26

thaumaston ① (wonderful) 놀라운 (일), 굉장한 (일) Λ72b 25, ② (strange, surprising) 놀랄 일, 이상한 일 A983a 16, 993a 1, K63a 36, M82b 21, N91b 16

thaumazein ① (admire) 감탄하다 A981b 15, ② (wonder) 의아하게 여기다 A982b 12*, 14, 18, 983a 13, (비) aporein, ③ (be surprised) 놀라다 A983a 20, Γ10b 4

theasthai (see clearly) 분명하게 보다 M86a 31

theion [theos 신(神)] ① (divine power, deity) 신적인 존재 A983a 1, 2, ② (divine) 신적인 (것) A983a 5(가장 … 앎, 맥: 값진), 6, 7, E26a 18, 20, K64a 37, Λ72b 23, 74a 30(물체), b 3, 16(이성), 26(가장, 맥: 가장 값진 것)—**theiōs** (divinely) 신성하게 Λ74b 9(말해지다)

thēly (female) ① 암컷, 암컷임 A986a 25, 988a 5, Z30b 26, 31a 4, I58a 30, 33, b 21(동물의 속성), M78a 8, ② 암컷인 (것) I58a 31(동물), b 23, M78a 6, ③ 여성 Δ24a 36, (반) arren

themelios [tithenai 놓다] (foundation) (집의) 기초, 토대 Δ13a 5

theologein [theos 신+legein 말하다] (frame accounts of the gods) 신들에 대해 논하다 A983b 29*

theologikē (theology) 신학 E26a 19*, K64b 3(견: 수학, 자연학)

theologos (theologian) 신을 논하는, 말하는 사람 B00a 9, Λ71b 27, 75b 26(맥: 자연철학자), N91a 34*

theōrein ① (study) 살펴보다, 연구하다, 탐구하다 A983a 33(원인들을, 충분히), [α995a 20(원인들 및 원리들에 대하여)], B995a 33(난문들을), b 6(원인들에 대하여), 996b 25(원인을), 997a 15(공리들의 참 · 거짓을), 997a 20–33(속성들을), 998a

10, 999a 25(난문을), 01b 14(서투르게), Γ03a 21(있는 것을 있다는 점에서), 25(속성을), b 15, 35(비슷함과 같음 등에 관하여), 04a 1(반대되는 것들을), 10(대립된 것을), b 1, 05a 3, E26a 10, 27b 28(있음/…임과 있지/…이지 않음에 관해), Z28b 7, 29b 2, 38b 34, Θ48a 34, 50a 12, 14, K59a 24, 61b 19(원리를), 64a 26(정의를), M76a 13, 78a 15, 21(각 대상을), 80a 13, 86a 26(견해를), (비) episkopein, ② (explain theoretically) 이론적으로 설명하다 N91a 28

theōrēma ① (proposition, theory) 명제, 이론 M83b 18, ② (theorem) 정리(定理) N90a 13(산학자들의), b 28, 93b 15(수학의)

theōretikē (theoretical science) 이론에 관련된 (학문), 이론학 A982a 1, 29, b 10, α993b 20, Γ05a 16, E25b 25, 26, 26a 7, 8, 11, 19(철학, 예: 수학, 자연학, 신학), 22, 23, b 5, K64a 17, 32, b 2, 3, Λ75a 2 (견) poiētikē, praktikē

theōretikon (investigating) 연구하는, 사색하는 (것) Γ05a 35, Θ50a 12(힘), 13, K61b 11(철학자)

theōria ① (investigation) (학문적인) 연구 A989b 25(모든 있는 것들에 관한), α993a 30(진리에 관한), B995b 19(실체들에 관한), 997a 26(속성들에 관한), Γ05a 29(공리들에 관한), E26b 4(딸려 있음에 관한), Z37a 16(감각되는 실체들에 관한 자연학의), K61a 29(추상을 통해 생겨난 것들에 대한 수학자의), b 7(있는 것들에 대한), 22(일부에 관한 수학의), Λ69a 18(실체에 관한), 73b 6(감각되는, 영원한 실체에 관한 천문학의), ② (act of theorizing, activity of intellectual vision) 연구 행위, 이론적인 활동 Θ50a 36, Λ72b 24(가장 즐거운 것, 가장 좋은 것)

theos [유령, 숨] ① (God) 신(神) A982b 30, 983a 6, 8(모든 것들의 원인, 원리), 10, 984b 27, 986b 25(=하나), B00a 29, b 4(가장 축복받은), Λ72b 25, 29, 30, ② (god) 신 A983b 31, B997b 10, 00a 11(=원리), 32(오래 사는), Γ08a 24, Δ23b 32, Z28a 18, Λ74b 2(=천체), 9(=으뜸 실체), N88a 10

thēr (beast) 들짐승 B00a 31

therapeia [therapeuein 치료하다, 고치다] (cure) 치료 A981a 23

therapeuton (what is cured) '치료되는 (것)', 치료 대상 A981a 23(개별적인 것)

thēreuein (pursue) 쫓아 가다, 사냥하다, 수행하다 K63a 15(진리를), M84b 24, (비) zētein, diōkein

thērion [thēr의 축소형] (wild animal) 야생동물 Λ75a 21(맞: 노예들)

thermainein ① (heat) 뜨겁게 하다, 데우다, 가열하다 Θ46b 6, ② (make warm) 따뜻하게 하다 Z32b 25, ③ (수) (be heated) 뜨겁게 되다 K68a 19(맞: 차갑게 되다), ④ (수) (be made warm) 온기를 갖다 Z32b 20 —**thermainomenon** (that which is heated) 뜨겁게 되는 (것) Δ21a 18 —**thermainon** (that which heats) (어떤 것을) 뜨겁게 하는 것 Δ21a 17

thermansis (heating) 뜨겁게 함, 가열 K67b 12(견: 뜨거움)

thermantikon (that which can heat, that which can produce heat, the caloric) (어떤 것을) 뜨겁게 할 수 있는 것, 데울 수 있는 것 Δ20b 29, 21a 16, Θ46a 27, b 18, (반) psyktikon

thermanton (that which can be heated) 뜨겁게 될 수 있는 (것), 데워질 수 있는 (것) Δ20b 29, 21a 17

thermon ① (hot) 뜨거운 (것) A981b 12, 13(불), 984b 6, 986b 34, 987a 1(있는 것), 989a 28, α993b 25(불, 가장), Z28a 17, 41b 18(불), Θ47a 5, ② (hotness, heat) 뜨거움, 열(熱) A983b 23, Γ04b 32, Θ46a 26, b 6, K67a 7, Λ70b 12(형상으로서 요소), 14, M78b 20, N92b 16, (반) psychron

thermotēs ① (hotness) 뜨거움, 열 α993b 26, B02a 1(양태), Δ20b 9(질), Θ46b 19, K61a 30(반대되는 성질), 67b 11(견: thermansis), ② (warmth) 온기, 체온 Z32b 8, 26(몸 안의), 34a 26, 27, 30

thēsauros (treasure) 보물 Δ25a 16, 17, 19

thesis [tithenai 놓다] ① (position) 위치 Δ16b 26, 22a 23, 24(맺: 장소), 24a 2, 19, 20, 21, K61a 36(상호 …), 68b 31(맺: 형상), Λ73b 32(천구들의), 74a 3, M77b 30, 82a 21, 85b 12(맺: 혼합), N92a 27, ② (position) 입장 Z32a 7, K63b 32, M84a 9, ③ (position) 놓임새 A985b 15(맺: 모양, 순서), 17(비: 방향), 19, Δ22b 2(견: 배치), H42b 14(비: 방향), 19, 43b 9

theteon → tithenai

theton [tithenai 놓다] (that which has position) 위치를 갖는 (것) Δ16b 30(= 점), (반) atheton

thinganein ① (grasp, apprehend) 붙잡다, 파악하다 A986b 23(원인의 본성을), 988a 23(원인을), b 18(원인을), ② (taste) (음식을) 들다 B00a 16(넥타르와 암브로시아를), ③ (contact, come into contact with) 접(接)하다 Θ51b 24(맺: 주장하다), 25(맞: 모르다), Λ72b 21(사유 대상을)

thlaston [thlan 뭉개다, 으깨다] (that which can be crushed) 뭉개지기 쉬운 (것) Θ46a 25

thnēskein (die) 죽다 Z35b 25

thnēton (mortal) 죽는 (것), 죽음을 못 면하는 (것) B00a 13

threphein (let grow, increase) 부풀리다, 기르다 B00b 14

thryloumenon [thrylein 지껄이다, 재잘대다] (frequent saying) 상투적인 말 Γ12b 14

thyra (door) 큰 문 α993b 5

ti, to ① ('what', substance, a definite kind of thing, individual thing, particular thing) 무엇, 실체, 개체, 개물, 개별자 A989b 12, E26a 36, Z29a 20, 24, Θ45b 33, I54a 18, Λ69b 9, N89b 8, (비) tode ti, ousia, ② (복) (individual instances) 개별적인 실물들 H43b 20

ti ēn einai, to ① (what-it-was-to-be, essence) 본질 A988a 34, b 4(형상, 하나), α994a 11, Δ13a 27(…에 대한 정의), b 22(전체, 결합, 형상), 16a 34, b 1, 22a 26(제 자신에 따라 있는 것), 27(칼리아스의), 24b 30, Z28b 34(견: 보편자, 유, 바탕), 29b 2, 14(각 사물의), 20(…에 대한 규정), 26, 30a 3, 12, 17, 29, 31, 32, b 26, 34, 31a 15, 29, b 10, 20(맺: 각 사물), 21, 24, 26(흼의), 29, 30(말의), 32, 32a 10(맺: 각 사물), 37a 21, 33(맺: 각 사물), 38b 3, 4(맺: 바탕), 41a 28, H42a 13(맺: 바탕), 45a 33, b 3, Λ74a 35, (맺) ousia A983a 27*, 988a 34, 993a 18, Γ07a 21, Δ22a 9, Z31a 18, b 2, 32b 2, 14, 35b 16, 38b 14, 17, H42a 17, Λ75a 2, (맺) horismos, logos α994b 17, Δ16a 33, 17b 21, E25b 28, Z30a 6, b 5, 31a 9, 10, 12, 37a 23, H44a 1, 45b 3, (맺) eidos Δ13a 27, Z30a 12, 33b 7, 35b 16, 32, 37a 1, Θ43b 1, 44a 36, Λ75a 2, ② (3격과 더불어) Z31b 7(각 사물의), 30(말의), ③ (2격과 더불어) Z32a 3('하나의')

ti esti, to ① (what a thing is, essence) '(어떤 것은) 무엇인가', (어떤 것의) 무엇임, 실체, 본질 또는 이에 대한 규정이나 정의 A987a 20(말하다, 규정하다), 988a 10, b 29, B996b 20, 997a 31, Δ20a 18, E25b 10, 12, 14, 18, 31, 26a 32(맺: 속성), Z30a 17, 22, 24, 31*, 34a 31, Θ51b

32, K64a 19, M78b 23*, 24, ② ('what', whatness, what a thing is, substance) '(어떤 것은) 무엇인가', 무엇임, 실체 Δ17a 25, 22a 27, 24b 5, 13, E25b 31(비: 정의된 것들), 26a 4, 27b 28, 32, Z28a 11*, 14, 17, 34b 13, H43b 25, I54a 15, K64a 5, 7, 9(실체 및), N89a 34, b 36, 90a 1

timē [timan 높이 평가하다, 존경하다] (honour) 명예 B00b 15

timion ① (honourable, valuable, precious) 값진 (것), 고귀한 (것), 가치 있는 (것) A983a 4(더 … 앎), 5(가장 … 앎), b 32(가장), 33(가장), E26a 21(가장 … 학문, 유), Θ51a 4(실현 상태, 맺: 나은), K64b 4, Λ74b 26(가장, 맺: 가장 신성한), 30, 75b 20(가장 … 앎), ② (honourable) 훌륭한 (것) A981a 31(더), ③ (value) 가치 Λ74b 21

tithenai ① (posit, suppose) 놓다, 가정하다, 전제하다 A990b 1(이데아를 원인으로), B998a 20, 02b 14(형상들을), K63a 23, b 11, 66a 19(운동을 잠재/가능 상태나 발휘/실현 상태에 드는 것으로?), 23, Λ69a 35, M79b 4, 85a 25(보편적인 것을), N92b 1(반대되는 것으로), (비) (좁은 뜻의) poiein, ② (include) (…에) 넣다, 포함시키다, 놓다 A984a 4, K66a 10

tmēma [temnein 자르다] (segment) '잘린 조각', (원의) 호(弧) Z34b 25, 27, 35a 10, 12, 34

tmētikon (that which can cut) (어떤 것을) 자를 수 있는 (힘을 가진) (것) Δ20b 29

tmēton (that which can be cut) 잘릴 수 있는 (것), 잘라지는 (것) Δ20b 30

tode ① (something) 어떤 (특정한) 것, 이것, 저것 α994a 3(맺: 재료), 22, Δ17a 12, Z28a 15, 30a 15, b 18, 33b 13, 19, 36b 23, 41b 2, Θ48b 8, K62a 19, b 18, 23, 65a 8, 9, 16, 68b 13, ② ('this', individual, individual substance) 이것, 이 …, 특정한 것, 개체, 실체 B01b 32*, 03a 9, 10, 12, Δ17b 18, 20a 8, Z28a 12, 30a 5, b 11, 32a 15, 33b 20-24(구들), 37a 9(혼, 몸), b 27, 38b 5, 27, 39a 1, H43b 17, 45b 2, Θ49a 19, I52b 16, K65b 10, 66a 16, 67b 30, Λ69b 11, M86b 26, 35(삼각형), 87a 18, 20(색), 21(A), N89a 11, 14, b 30, 32, 90b 11, 12(감각 대상), (비) ousia Z38b 24, H42b 3, K60b 1, 3, 22, N89b 17, ③ (the following, this) 다음에 나오는 (것), 이것 B999b 25 — **tode ti** ① ('this', individual thing) 이것, 개체(성) Δ17b 18, Z28a 12*, 33a 31, 32, 37a 2, 38b 5, 39a 16, b 4(맺: 동일한 것), N89b 29, ② ('thisness') 이것임, 구체성 Z29a 28, (비) ousia Z30a 19, 38b 25, (비) eidos Δ17b 25*, Θ49a 35, (반) pathos B01b 32*, Z38b 5

todi ① (this, a definite thing) 이것, 이 …, 특정한 것 A981a 8, Γ06a 30, Δ25a 23, E27a 33, b 11, Z32b 6, 7, 19, 20, 21, 33b 3(청동, 구), 10, 41b 7, 26(살, 음절), Θ47b 5, 49a 24(나무, 작은 궤짝), K63a 20, 29(음식), Λ71a 19(아버지), 23(B, BA), N89a 17, ② (the following) 다음과 같은 (것) I52b 13

toichos [teichizein 담을 쌓다] (wall) 벽 Γ07b 21

toionde ① (a 'such') 이러이러한 (것), 어떤(일정한) 질을 가진 (것) Z33a 4(모양), b 23, 24(이것), 34a 6(형상), 35b 11(부분), ② ('such') 이러함, 질 B03a 9, Z33b 22, 39a 2, 16, K66a 16, N89a 11, 14 — **toiondi** ① (such and such) 이런 (것), 이러이러한 (것), 어떤(일정한) 질을 가진 (것) A985b 29(양태), 30, Δ24b 2(평면), 3(입체), Z41a 21(동물), M77b 22, ② (one sort of) 한 종류의 (것) I58a 5(동물), 6, ③ ('such') 이러함, 질 K60b 21, N89a 18

toiouton ① (such and such) 그런 성질의 것이다, 그런 성질을 갖추고 있다 Θ49a 16, ② (such) 그러한 (종류의 것) α994b 9(마지막의 것), B01b 16(분할되지 않는 것), Γ10b 26(필연성), Δ13a 6(부분), E25b 27, H43a 17, I52a 22, K59a 36, Λ70a 25, M77a 33, ③ (and the like) 따위, … 같은 것, 등(等) A980b 24, Z28a 20, N87b 35

tomē [temnein 자르다] ① (section, cut) 잘린(분할된) (선의) 조각 α994b 25(무한히 분할되는 선의), K60b 14, ② (cut) 나눠진 부분 Z38a 28

topikon (for change of place) 장소 변화를 위한 (것) H42b 6(재료, 견: 생성 및 소멸을 위한)

topos ① (place) 곳, 지역, 자리, 장소, 공간 A981b 23, 990a 26, 27, B998a 14(같은), 19(같은), Δ16b 2(견: 시간, 정의), 18b 12, 13, 22a 24(비: 위치), b 1, H42a 34(…의 변화), b 21, 44b 8, Θ50b 15(견: 양 또는 질), I52a 26(맺: 시간), b 17(맺: 형상, 사유), K67a 8, 11, 13, 16, 21, 22, 24, 29, 30, 31, b 10, 35, 36, 68a 8, 10, 19, b 26, 30, Λ69b 13(…에 관련된 변화), 71b 11(…에 관련된 운동), 72b 6, 73a 12(…에 관련된 움직임), N88a 32, 92a 17, 19, 21, 93a 24, ② (region) 영역 Γ10a 29(감각 대상의)

tōs (so) 그렇게 Γ09b 23

tosautachēs (in so many ways) 그만큼 많은 방식(뜻)으로 Δ13b 4('원인'이 말해지다), 17a 24('있음'은), 22a 11('한계'가 '원리'만큼)

tosonde ① (a 'so much') 그만큼인 (것) N92b 21, ② ('so much') 그만큼, 양 N89a 12, 15—**tosondi** (of a certain quantity) 그만큼, 일정한 양 N89a 19

tosouton ① (so much) 그만큼, 그 정도로, 이만큼, 다음만큼 A985b 21, 986b 2, 987a 14, 990a 34(접하다), B00b 18(일관되게 주장하다), Δ14a 20(차이점이 있다), Λ73a 21, 74a 15(있다), b 14(분명하다), ② (so great) 그런 중대한 (것) A984b 14, ③ (in as much as) …한 만큼 그만큼 A984b 3, Γ05a 25, I53a 35, N88b 22

trachy (rough) 거친 (것) M85a 23, N88a 20, (반) leion

trachytēs (roughness) 거칢 H42b 36, (반) leiotēs

tragōdia [tragos 숫염소+ōdē 노래] (tragedy) '디오뉘소스 제에서 숫염소를 바치면서 부르는 노래', 비극 N90b 20(형편없는)

trapeza [tettares 넷+pous 발] (table) '네 발 달린 것', 탁자 A988a 4

tria ① (three) 셋, 세 개의 (것), 세 … Γ08b 34, Δ23b 14, 16, ② (3) 3 M80a 32, 81a 34, ③ (three terms) 세 항 Δ14b 3, ④ (three dimension) 세 쪽(방향), 삼차원 Δ20a 12, K61a 34, b 25

trias ① (three) 셋 Δ24a 18, ② (3) 3 M80a 24, 81a 3(자체), 11(이 특정한), b 12(자체), 82a 22, b 13(자체), 83a 26(가장 앞선), 84a 14, b 4, 85a 1(자체), N90b 23

trichē (in three dimensions) 세 쪽(방향)에서 Δ16b 27(… 분할되는 것=물체)

trichōs (in three senses) 세 가지 방식(뜻)으로 Λ69b 27(있지 않음은)

triērēs [tria 셋] (trireme) (삼단노) 군선(軍船) Γ07b 20, 23, 24, 33, 34, 08a 2, 24

trigōnon [tria 셋+gōnia 각] (triangle) '각이 셋인 것', ① 삼각형 Δ16a 32(이등변 삼각형과 정삼각형), 24b 28, 25a 32*(두 직각을 가짐), E26b 12, Z36b 9(맺: 원), Θ51a 24, 52a 6, I54a 4, 58b 13(청동으로 된), M86b 35(두 직각과 같은 각을 가지는), 36, N92b 12, ② 세모꼴인 (것) H45b 14(청동), 15

tripēchy [tria 셋+pēchys 완척] (three cubits long) 3자(尺)인 (것) Z28a 16, 17

triplasion (treble) 3배 Δ20b 27

tripsis [tribein 문지르다] (rubbing) 문지름, 마찰 Z32b 26

tris (thrice) 세 번 Δ20b 8, N92b 28, 32, (견) hapax, dis

tritēmorion [trition 세 번째의+morion 부분] (a third) '세 번째의 부분', 삼분의 일 ($\frac{1}{3}$) Δ20b 27(맺: 3배)

triton (a third, tertium quid) 세 번째의 (것) I54b 17, K59b 7, M81b 5—**tritos anthrōpos** (the 'third man') (이데아로서의 '사람'과 개체로서의 '사람' 외의) 세 번째 사람 A990b 17, Z39a 2, K59b 8, M79a 13

tritostatēs [triton 세 번째의+stanai 서다] (the third man) (합창단에서) 세 번째 사람 Δ18b 28, (견) parastatēs

tritton (three sets of) 세 세트의 (것) M76b 30(평면들)

tropē [trepein 돌다] ① (turning) 방향 A985b 16, 17, H42b 14, (비) thesis, ② (solstice) (태양의) 지점(至點) A983a 15

trophē [trephein 키우다, 기르다] ① (nutriment) 양분 A983b 23, ② (food) 음식물 B00a 18, Δ15a 21

tropis (keel) (배의) 용골 Δ13a 5

tropos [trepein 돌다] ① (manner of existence) 존재 방식 N90b 25(크기들의), ② (method) (탐구) 방법 α995a 14(학문의), 16(자연학의), ③ (sense) 뜻, 의미 Δ13b 17, 29(원인들의), 23b 4, 15, Z34b 33, 39b 4, I52a 17, ④ (kind, mode) 종류, 방식 B996b 5(원인들의)

trypan (bore through) 구멍을 뚫다 Δ24a 24

tychē [tynchanein 맞추다] ① (luck) 운 A981a 5, 984b 14*, K65a 27-b 3—**apo tychēs** ① (by luck) 운이 좋아 Θ49a 4, ② (by chance) 우연히 Z32a 29*, Λ70a 6(견: 저절로)

tynchanein ① (happen to be, have) (우연히) …하(게 되)다, …이다, …을 갖다 A983a 8, 984a 1, 987a 12, 988a 19, 989b 22, 993a 1, α993b 4, B995a 27, 997a 4, b 1, Γ08b 16, E25b 19, Λ73b 11, 74a 20, M76a 24, 82a 37, ② (reach, attain) '(어떤 것을) 맞추다', (어디에) 이르다, (어떤 것을) 얻다 A983a 22(목표점에), α993a 31(진리를), B998a 21(진리에)—**to tychon** (any chance thing) 아무런 것, 임의의 것, 우연적인 (것) A986a 33, 989b 2, Δ13a 6, 18b 14, 24a 11, 25a 25(원인), K68a 29(변화), Λ69b 29, 74b 24, M82a 3(수), 4(1들), 12(2들)—**ho ti etyche** (whatever else it may chance to be, any) 아무런 것, 임의의 (것), 닥치는 대로의 (것) Δ13a 6, Z33a 28, Λ75a 20, 22—**hōs etyche** (at random) 아무렇게나 Λ71b 35(움직이다)—**to hopoter etyche** (that which is fortuitous, by chance) 그냥 벌어질 대로(의 것), …일 수도 …아닐 수도 있는 (것) E27a 17, b 13, K65a 12, (견) Δ21a 7, (비) apo tychēs, kata symbebēkos—**hopoteron etychen** ① (indifferently) …일 수도 있고 …아닐 수도 있는 (것) Δ21a 7, ② (that which is fortuitous) 그냥 벌어질 대로의 것 E27a 17(견: 우연히 딸려 있는 것), b 13, K65a 12(맺: 생길 수도 생기지 않을 수도 있는 것)—**hopōs etyche** (merely as it chances) 어쩌다 일어난 대로(의 것) K64b 36, 65a 9

typhplon [typhein 수증기 또는 연기가 나다] (blind) 눈먼 (것) Δ22b 26(사람), 28, 23a 4, Θ47a 8, 10(사람)

typhlotēs (blindness) 눈먼 상태 Δ22b 28, Θ52a 3

typos [typtein 치다] (outline) 대충, 대강 Z29a 7(말하다)

typtein (strike) 치다, 때리다 A985a 15

tyrannis (tyranny) 독재정 Δ13a 13, (견) dynasteia, basileia

tyrannos (tyrant) 폭군, 독재자 Δ23a 10

|X|

xanthon (yellow) 노란 (것) I54b 13(불, 맷: 붉은 것)

xenikon (foreign) 낯선 (것) α995a 3(더, 맷: 알아듣기 힘든 것)

xeron (solid) 마른 (것), 고체 I53a 6, (반) hygron

xerotēs (dryness) 마름 H42b 23, (반) hygrotēs

xylon ① (wood) 나무 A984a 23(맷: 청동), 24, Δ14b 30('재료'란 뜻의 자연), Z33a 17, 18, 20, 34b 15, 16, 36a 10(재료, 맷: 청동), 32(맷: 청동, 돌), H43a 7(맷: 돌), 8(맷: 벽돌), 44a 26, 28, 29, b 23(흰), Θ49a 19, 20, 24(상자의 재료), 51b 20(흰), ② (timber) 목재 Z33a 15(맷: 벽돌), H43a 15(맷: 돌, 벽돌), ③ (block of wood) 통나무 Θ48a 32(잠재적으로 헤르메스 상), ④ (복) (pieces of wood) 나무 조각들 Δ16a 1, 8, ⑤ (wooden image, figure) 목상(木像), 목제품 A991a 7, M79 b 2

xylinon [xylos 나무] ('wooden') 나무로 된 (것) Δ14b 30, Z33a 18(조각상), 36a 5(감각되는 것, 맷: 청동으로 된 것), Θ49a 20, 22(상자), I58b 13(원), (견) xylos

xynhienai → synhienai

|Z|

zēn ① (live) 살다 A980b 26(상상과 기억을 통해), ② (keep alive) 생명을 유지하다 A983b 24, ③ (life) 살아 있음, 삶, 생존 H45b 12

zētein ① (seek) 찾다, 추구하다 A988b 19 (원리를), α995a 13(학문과 학문의 방법을), E25b 3(원리, 원인을), H43a 3, I54a 11(하나인 것을), M78b 23(정의를), 84b 31(보편자를), (비) thēreuein, (비) epizētein, ② (ask, inquire) 묻다, 물음을 던지다 Z41a 15, 20, Θ51b 32, I53b 9, 27, 57b 19, M85b 24, 28, N89a 34, b 8, 10, 91a 3, ③ (investigate) 탐구하다 A984a 19, B995b 32, 01b 21, Z29a 34(실체에 대해), K59b 12, ④ (expect) 기대하다 Z34b 2

zētesis [zētein 찾다, 묻다] ① (inquiry, search) 탐구 A983a 12, 22, 984a 31, 986b 26, Z41b 10(맷: 가르침), H43a 38(감각 실체에 대한), K59b 20, ② (question) 물음, 문제 I56a 4, N89a 32, ③ (discussion) 논의 K66b 21

zētoumenon (that which is sought) ① 찾(고 있)는 (것) A982b 8(이름), 983a 21(학문), B995a 36, 996b 3(학문), 4(대상), 33(학문), Z28b 3(당혹스러운), 41a 26, K59b 1(학문), 13, 22, 25, 60a 4, 6, 19(원리), ② (points in question, object of the inquiry) 탐구되(고 있)는 (문제), 탐구 대상 A988a 8, Z41a 33, H45a 25, 27

zōdia [zōon 동물] (zodiac) 황도대(黃道帶) Λ73b 20*, 21, 27, 29

zōē [zēn 살다] (life) ① 삶 Θ50b 1, ② 생명 Λ72b 26, 27, 28, 29(영원한)

zōon ① (animal) 동물 Z36a 17, b 24, 29, I58a 31(암컷, 수컷), Λ74b 6, M85a 26, N91b 29, (반) phyton, ② (living being) 생물, 살아 있는 것, 생명체 Δ23b 32*, Z40b 13, Λ72b 29(가장 좋은 영원한), N88a 10, ③ (living body) '산 것', 생체 H45a 1, (반) nekron

우리말 - 그리스어

원어의 대표적인 뜻만을 실었다. 다른 뜻과 본문에 나오는 곳에 대해서는 그리스어-우리말 찾아보기를 참조하길 바란다. 내용을 인용하는 곳에서는 본문을 조금 바뀐 형태로 각 권의 순서에 따라 정리하였으며, 권수는 그리스어 약칭으로 표시하였다

☞ 관련 용어, 비슷하거나 반대되는 뜻의 말
→ 화살표 뒤에 나오는 낱말을 찾아보기

|ㄱ|

가능태 → 잠재/가능 상태
가능한 (것) dynaton
가다, 걷다 bainein, erchesthai, ienai, poreuein
가르침 didaxis
가리키다 dēloun, sēmainein
가만히 있게 됨 ēremēsis
가만히 있다 ēremein
가만히 있음, 정지 (상태) ēremia
가벼운 (것), 가벼움 kouphon
가열 → 뜨겁게 만듦
가장 가까운 (것) prōton
가정(假定) hypothesis — 있는 것을 이해하려는 사람이 반드시 가져야 할 원리는 (증명이 필요한) 가정이 아니다 Γ05b 16 — 가정들은 증명의 원리이다 Δ13a 15 — 가정들은 결론의 원인('근거')이다 Δ13b 20
가지다, 소유하다 echein
가짐, 소유 hexis
각각의 (것), 각 사물 hekaston
간격, 거리 apostēma, diastēma — 극단들의 간격이 가장 크다 I55a 9 — 유(類)가 다른 것들은 종(種)이 다른 것들보다 훨씬 더 서로 떨어져 있다 I59a 14 — 간격의 부분들은 분할되지 않을 수 없다 M85b 32
간추리다 hypotypoun
감각 aisthēsis — 감각은 개별적인 것(개별자)들에 대해 가장 권위 있는 앎을 제공한다 A981b 11 — 해당 감각에 고유한 대상에 대한 감각만은 거짓이 아니다 Γ10b 2 — 감각은 자신에 대한 감각이 아니며, 감각에 앞선, 감각 외의 다른 어떤 것이 있다 Γ10b 35 ☞ 미각 geusis, 시각 opsis, 청각 akoē, 촉각 haphē, (후각 osmē)
감각기관 aisthētērion
감각 내용 aisthēma
감각되는 (것), 감각 대상 aisthēton — 감각 대상들은 항상 흐르는 상태에 있으며(변하며), 이에 대한 앎은 있지 않다 A987a 33, B999b 4, Λ69b 3 — 감각되는 실체들만 있다고(존재한다고) 말해야 하는가? B997a 34, 02b 12, K59a 39 — 감각 대상들 안에는 규정되지 않음의 본성이 주로 들어있다 Γ10a 3 — 감각 대상은 감각 능력을 가진 생물과 독립적이다 Γ10b 30 — 동물은 일종의 감각 대상이고 움직임에 대한 언급 없이는 정의될 수 없다 Z36b 28 — 감각되는 개별 실체에 대해서는 정의도 증명도 있을 수 없다 Z40a 2 — 감각되는 실체들엔 재료가 있다 H42a 25 ☞ 맛 chymos, 색 chrōma, 소리 psophos
감각하는 (것) aisthanomenon
감각하다 aisthanesthai ☞ 닿다 haptesthai, 듣다 akouein, 맛보다 geuein, 보다 horan, idein, athrein
값진 (것), 고귀한 (것) timion — 가장 신적인 앎이 가장 값진 앎이다 A983a 5 — 가장 오래된 것이 가장 값진 것이며, 가장 값진 것은 맹세이다 A983b 30 — 가장 값진(고귀한) 학문은 가장 값진 유(대상)를 다룬다 E26a 21 — 신학은 있는 것들 중 가장 고귀한 것을 다룬다 K64b 5 — 이성은 '가장 신적이고, 가장 값진 것'을 사유한다 Λ74b 26 — 지혜는 가장 값진 앎이다 Λ75b 20

강연 akroasis
강제(력) bia
강제적인 (것) anankaion, biaion — 강제적인 것은 제 성향과 의도에 거스르는, 방해가 되는 것이다 Δ15a 26, (견) Δ15b 15
강제하다, 강요하다 anankazein
같은 (것), 같음 to auto — 그 재료의 종류나 개수가 하나인 것들이, 그리고 그 본질이 하나인 것들이 같다 Δ18a 6, I54a 32-b 3
(양이) 같은 (것), 같은 만큼인 (것) to ison
같은 종류의 (것) homoeides, homogenes, syngenes
같은 질의 부분들로 된 (것) homoiomeres
같음, 동일성 tautotēs — 같음(동일성)은 일종의 하나임(단일성)이다 Δ18a 7
개념 ennoia ☞ 심상(心像) ennoēma, 인상 phantasia, phantasma
개별적인 것, 개별자, 개체 to kath' hekaston — 개별적인 것은 개수가 하나인 것이다 B999b 34 — 개별적인 것에 대한 정의는 없다 Z40a 28 — 개별적인 사람(아버지)이 어떤 개별적인 사람(자식)을 낳는다 Λ70a 28, (견) Λ73a 1 — 개별적인 것의 원리는 개별적인 것이다 Λ71a 20
거리 apostēma, diastasis, diastēma ☞ 스타디온 stadion
거짓 pseudos — 있는/…인 것을 있지/…이지 않다거나, 있지/…이지 않은 것을 있다/…이다고 말하는 것은 거짓이다 Γ11b 26 — '정사각형의 대각선과 한 변을 같은 단위로 잴 수 있다'는 항상 거짓이며, '너는 앉아 있다'는 때에 따라 거짓이다 Δ24b 20
거짓이다, 틀리다 pseudesthai — 사물들이 있는 상태와 반대로 생각하는 사람은 틀리다 Θ51b 4
거짓인 (것), 틀린 (것), 거짓 pseudes — 거짓인(틀린) 말은 있지 않은 것에 대한 말이다 Δ24b 26
건강 hygieia — 건강은 잘된 일시적인 상태로서 일종의 상태이다 Δ22b 12 — 의술은 건강의 형상(形相)이다 Z32b 13, (견) Λ70a 15 — 건강은 병에 대립된 실체이다 Z32b 3 ☞ 좋은 신체 상태 euexia
건강한 (것) hygieinon, hygies — 건강한 것은 건강에 관계 맺어 '건강하다'고 말해진다 Γ03a 35, K61a 6 — 어떤 것이 건강해지려면 균형이 그것에 들어 있어야 하고, 그러려면 온기가 있어야 한다 Z32b 7
건축술 oikodomikē — 건축가가 환자의 병을 고친다는 것은 간접적으로 딸려 일어난 일이다 E26b 37 — 건축술에서 건축 행위 외에 집이 결과물로서 생겨난다 Θ50a 26 — 건축술은 다른 것을 움직이는 것(운동인)이다 Λ70b 29 — 건축술은 집의 형상이다 Λ70b 33 ☞ 기둥 kiōn, 기초 themelios, 문 pylē, 문지방 oudos, 벽 toichos, 벽돌 plinthos, 보호소 skepasma, 상인방 hyperthyron, 집 oikia, 집을 짓다 oikodomein, 큰 문 thyra
걷기, 걸음 badisis
걷다 badizein, bainein
검토하다 episkopein, exetazein
겪다 paschein — 으뜸가는 힘은 겪음의 힘, 즉 겪는 것 자신에 든 변화의 근원이다 Θ46a 11
겪지 않는 (것) apathes
견해 apophasis, dogma, doxa
결과, 결과물, 활동 ergon — 활동(또는 결과물)은 이르고자 하는 목적이다 Θ50a 22
결여 (상태), 못 갖춤 sterēsis — 반대되는 것들에서 한쪽의 줄은 결여다 Γ04b 27, 11b 18, I55b 27, K61a 20, 63b 17, 68a 6, (견) I55b 14 — 빛이 어둠의 결여이듯 검정색은 흰색의 결여이다 I53b 31 — 양이 같지 않음은 양이 같음의 결여이고, 비슷하지 않음은 비슷함의 결여이지만, (지성이나 덕성 등이) 뛰어남은 뒤처짐의 결여이다 I55b 20 — 원리는 형상과 결여와 재료, 이 세 가지다 Λ69b 34, 70b 12, 19, 71a 9 ☞ 제거 상태 apophora

결합 symplokē, synkrisis, synthesis—참과 거짓은 (대상과 속성의) 결합과 분리에 달려 있다 E27b 19, (견) Γ12a 4—결합과 분리는 사유 안에서 이루어진다 E27b 30, K67b 26 ☞ 못 박음 gomphos, 묶음 desmos, 붙임 kollē, 섞음 krasis
결합되지 않은 (것) → 합쳐지지 않은 (것)
결합된 (것) → 합쳐진 (것)
결혼 gamos
경이(驚異) → 의아하게 생각함
경험 empeiria—학문과 기술은 경험을 거쳐서 인간에게 생겨난다 A981a 2—특정의 병을 앓고 있는 개인에게 특정의 약이나 치료가 도움이 되었다는 견해를 갖는 것은 경험의 문제다 A981a 9—경험은 개별적인 것(개별자)에 대한 인식이고, 기술은 보편적인 것(보편자)에 대한 인식이다 A981a 15 ☞ 무경험 apeiria
계열 → 줄
계층 ethnos
고름(平) homalotēs
고유한 (것) oikeion, idion
고찰 skepsis
고체 sōma, stereon, xeron
고통스러운 (것) lypēron
곧은 (것) euthy
공개 저작들 exōterikoi (logoi)
공기 aēr
공리, 공통된 것 axiōma, ta koina—증명하는 학문들은 모두 공리들을 사용한다 B997a 11—공리들은 가장 보편적이며, 모든 것들에 타당한 원리들이다. B997a 13, Γ05a 20—부분을 연구하는 사람들(기하학자, 산학자 등)은 공리들에 대해 무엇인가를, 예를 들어 그것들이 참인지 거짓인지를 말하지 않는다 Γ05a 30—모순율은 다른 모든 공리들의 원리이다 Γ05b 33—'양이 같은 것들에서 같은 만큼을 빼면 그 나머지들도 같다'는 모든 양에 공통된 것이다 K61b 20—플라톤주의자들은 공리들이 감각 대상들의 경우에는 적용되지 않는다고 생각한다 N90a 36
공통된 (것) koinon
관계 맺은 (것), 관계 pros ti—관계 맺은 것들은 스스로(독립적으로) 있지 않다 A990b 16, M79a 13—관계에서는 직접적인 움직임이 없다 K68a 11, N88a 30—관계 맺은 것들은 모든 것들 중 가장 어떤 실재나 실체가 아니며, 질과 양보다 나중에 있다 N88a 22, 30
관습 → 익숙함
교양 있는 (것) mousikon
구(球) sphaira—구는 중심으로부터 같은 거리에 있는 입체 도형이다 Z33b 14
구분 dihairesis
구분하다 dihairein, dihorizein
구조 diakosmēsis
군대 strateuma ☞ 지휘관 stratēgos
굽은 (것) kampylon
귀납, 예시, 예증 epagōgē
규정 horos, logos—이름은 규정에 대한 표현물이다 Γ12a 23, (견) Γ16b 1, Z30a 5-15—부분들에 대한 규정은 전체에 대한 규정 속에 들어있는가? Z10장—규정이나 형상의 부분들인 것들은 전체보다 먼저다 Z35b 13—형상의 부분들과 복합물의 부분들은 어떤 것들인가? Z11장—살과 뼈 등은 형상이나 규정의 부분들이 아니라 재료다 Z36b 5—복합된 실체에 대한 규정은 그것의 으뜸 실체에 관련해서 성립한다 Z37a 28—복합물은 재료가 함께 잡힌 규정(형상)을 뜻한다 Z39b 22—규정('형상')은 생겨나는 것도 소멸하는 것도 아니다 Z39b 23—바탕(基體)은 실체로서, 어떤 점에서는 재료가고, 어떤 점에서는 규정이나 형태이다 H42a 28—차이성(種差)들을 통해서 이루어진 규정은 형상이나 실현 상태에 대한 규정에 가깝고, 어떤 것 안에 들어있는 것(구성 요소)들에 바탕을 둔 규정은 재료에 대한 규정에 가깝다 H43a

| ㄴ |

않는다 Z37b 19
나무 dendron, xylon ☞ 작은 궤짝 kibōtion, 침대 klinē, 큰 궤짝 kibōtos
나쁜 (것), 나쁨 kakon, mochthēron, phaulon — 나쁜 것들의 경우, 목적이나 실현 상태는 잠재 상태보다 못하다 Θ51a 16
나은 (것) ameinon — 나은 것(상태)에서 끝나야 한다 A983a 18
나중의 (것) hysteron
나타나다 phainesthai
나타내다 dēloun, sēmainein
난문, 어려운 물음 aporia, aporēma, aporoumenon, diaporēma — 찾고 있는 학문과 관련하여 우리는 우선 어떤 점들에 대해 특히 어려운 물음이 생길 수밖에 없는지 검토해야 한다 B995a 24 — 나중의 지적인 수월함은 이전의 난문들의 해결을 뜻한다 B995a 29 ☞ 논쟁거리 amphibētēsimon
남기다 leipein, hypoleipein, kataleipein
낱말 onoma, rhēma — 낱말은 특정한 것을 뜻한다 Γ06a 30
낳다 gennan
내재하다 → 들어있다
넓이 platos — 넓이는 크기 중 두 쪽으로 이어진 것이다 Δ20a 12
노예 andrapodon, doulos — 노예들과 야생동물들은 공동의 것(善)에 조금밖에 기여하지 못하고, 많은 시간을 되는대로 산다 Λ75a 21
논리적인 (것) logikon
논박, 반론 elenchos
논의, 논증 logos ☞ 논박 elenchos
놀라운 (것) thaumaston
놓다, 전제하다 tithenai — 아무것도 놓지(전제하지) 않는 사람은 대화를 파괴하며, 결국 모든 논의를 파괴한다 K63b 11
놓여 있다 keisthai
놓여 있는 (것) keimenon
놓임새 thesis
눈먼 (것) typhlon — 애꾸눈이 아니라, 두 눈 모두에 시력이 없는 사람이 눈이 멀다 Δ23a 4 — 본래 갖도록 되어 있지만, 특정한 시점에 특정한 방식으로 시력을 갖지 못한 것이 눈이 멀다 Θ47a 8
늘어남, 팽창 auxēsis
능가 hyperbolē
능가하다 hyperechein
능력 → 힘

|ㄷ|

다른 (것), 다름, 남인(他) (것), 남임 allo — 다름은 여러 가지 뜻을 갖는다 I54b 15 — 다름은 같음에 대립된다 I54b 15, 22 — 어떤 사람들은 다름(異)과 남임(他)을 하나에 대립시킨다 N87b 26 — 어떤 것이 다른 어떤 것에서 나오는 여러 가지 방식을 먼저 구분해야 한다 N92a 23
다른 (것), 다름(異) heteron — '다름'의 뜻은 '같음'의 뜻에 대립된다 Δ18a 11, I54b 22
다름, 상이성 heteron, heterotēs — '차이 남'과 '다름'은 서로 다르다 I54b 23
단단함과 무름 sklērotēs kai malakotēs
단순히 딸린 (것), 단순 속성 symbebēkos — 보편적인 속성은 제 본성으로 말미암아 사물들 안에 들어있지만, 단순 속성들은 그렇지 않다 Δ18a 1
단순한 (것), 단순함 haploun — 더 단순한 것이 덜 단순한 것보다 더 원리다 K59b 35 — '단순함'은 섞이지 않은 상태에 있음을 뜻한다 Λ72a 34
단위 monas — 단위(하나)는 위치를 갖지 않는다 Δ16b 25, 30, [M84b 33] — 단위는 위치가 없는 점이다 M84b 26, (견) K69a 13 ☞ 차이가 없는 (단위) adiaphoros
단위들로 이루어진 (것) monadikos
단일성 henotēs
닿다, 접촉하다 haptesthai — 극단들이 한곳

에 있는 것들은 서로 '닿은 것'들이다 K68b 27—연속된 것은 닿은 것이어야 하지만, 닿는다고 반드시 이어질 필요는 없다 K69a 10—점들에는 닿음이 있지만, 단위들에는 닿음이 있지 않고 잇따름만 있다 K69a 13, (견) M85a 3
닿음, 접촉 haphē
대각선 diametros—정사각형의 대각선과 한 변은 같은 단위로 잴 수 없다 Δ17a 35, 19b 24, Θ51b 20, (견) A983a 20, Γ12a 33, Δ24b 19, Θ47b 6, I53a 17
대립 antithesis—대립에는 네 가지 방식, 즉 모순, 반대, 관계, 결여 및 소유가 있다 Δ10장, I54a 23
대립되는 (것) antikeimenon—대립되는 것들을 탐구하는 것은 한 학문의 일이다 Γ04a 9—양쪽을 받아들이는 것에 동시에 나와 있을 수 없는 것들은 대립되는 것이다. 예를 들어, 회색과 흰색은 동시에 같은 것(대상)에 들어있지 않다 Δ18a 22—대립되는 것들은 어떤 것 안에 동시에 들어있을 수 없다 I55b 37—대립되는 것들의 동시 부정은 중간의 것이 있고, 일정한 자연적 간격을 가진 것들의 경우에만 성립한다 I56a 35
대상 hypokeimenon, pragma ☞ 감각 대상 aisthēton, 광학의 대상 optikon, 시각 대상 horaton, 인식 대상 epistēton, gnōston, 정의 대상 horizomenon, 사유 대상 noumenon, dianoēton, doxazomenon, noēton, 선택 대상 prohaireton, 수학적인 대상 mathēmatikon, 욕구 대상 epithymēton, orekton, 이성의 대상 noēton, 제작 대상 poioumenon, poiēton, 지성의 대상 dianoēton, 측정 대상 metroumenon, metrēton, 치료 대상 therapeuton, 화성학의 대상 harmonikon, 행위 대상 prakton
대화하다 dialegesthai
더미 sōros
더불어 없애다 synanhairein—'있음'에서 어떤 것보다 먼저인 것은 이 어떤 것과 더불어 없어지지 않는다 Z40a 22—원리인 것들이 없어지면 나머지 것들도 더불어 없어진다 K59b 30, 60a 1—종들은 유들과 더불어 없어진다는 점에서 유들이 더 원리인 듯하다 K59b 38
더와 덜, 정도의 차 mallon kai hētton
더함 prosthesis
덕 → 뛰어남
도구, 가재도구 organon, skeuos ☞ 접시 phialē, 컵 kylix, 탁자 trapeza, 톱 priōn
도덕적인 (것) ēthikon
도시, 도시 국가 polis ☞ 군주정 basileia, 과두정 dynasteia, 다수 통치 polykoirania, 독재정 tyrannis
도형 schēma ☞ 같은 각을 가진 (것) isogōnion, 각 gōnia, 구 sphaira, 균형 symmetria, 기울어진 (것) loxon, 원 kyklos, 사변형 tetragōnon, 이등변 삼각형 isoskeles, 정사각형 tetragōnon, 정사각형으로 만들기 tetragōnizein, 정삼각형 isopleuron, 정육면체 kybos, 중심 meson, 직사각형 heteromēkes, 직선으로 이뤄진 (것) euthygrammon, 호(弧) tmēma
돈 chrēma
돌출부 akrōtērion
동물 zōon—'암컷임'과 '수컷임'은 동물인 점에서 동물에만 들어있는 성질이다 I58a 32, b 22 ☞ 개 kyōn, 교접 ocheia, 나귀 onos, 날개 pteron, 노새 hēmionos, 두더지 aspalax, 들짐승 thēr, 말 hippos, 물고기 ichthys, 박쥐 nykteris, 벌 melitta, 새 oiōnos, 암수(雌雄) thēly kai arren 야생 동물 thērion
동어이의(同語異義) → 한 이름 다른 뜻
되다 gignesthai
되어 가는 (것) gignomenon
두 짝 dyas ☞ 확정되지 않은 (두 짝) ahoristos, 양을 만들어 내는 (것) posopoion
둘 dyas, dyo—'둘'은 맨 처음의 여럿으로서

여럿이며 적은 수이다 B999a 8, I56b 25, M85b 10, (견) N88b 9
뒤따르는 (것) echomenon
뒤따르다, 수반되다 akolouthein
뒤처짐, 악덕 kakia
드러내다 dēloun
들어있다 hyparchein — 사물들의 원리는 그 사물들의 유(類)인가, 그 사물들에 들어 있는 것(구성 요소)인가? B995b 27, 998a 20 — 같은 속성이 같은 관점에 따라 같은 대상에 들어있으면서 동시에 들어있지 않을 수는 없다 Γ05b 10
들창코인 (것) simon — '들창코'에 대한 정의는 사물의 재료와 더불어 진술되지만, '오목함'에 대한 정의는 재료와 무관하다 K64a 23
들창코임 simon, simotēs
따로 (떨어져) chōris — 사물들과 이 사물들의 실체들은, 예를 들어 이데아와 사물은 따로 떨어져 있을 수 없다 A991b 3 — 보편적인 것(보편자)들은 어떤 것도 개별적인 것(개별자)과 따로 떨어져 있지 않다 Z40b 27 — '따로 (떨어져) 있는 것'들은 서로 다른 곳에 있다 K68b 26
따로 떨어져 있(을 수 있)는 것, 독립적인 것 chōriston, kechōrismenon — 다른 범주들은 따로 떨어져 있을 수 없고, 실체만이 따로 떨어져 있을 수 있다 Γ05a 10, Δ17b 25, Z28a 34, Λ70b 36 — 으뜸 철학은 따로 떨어져 있을 수 있는(독립적인), 움직이지(변하지) 않는 것을 다룬다 E26a 16 — 이데아는 플라톤주의자들에 따르면 개별적인 것이자 독립적인 것이다 Z40a 9, M86a 33 — 동물들의 부분들은 따로 떨어져 있는 것이 아니다 Z40b 7 — 재료와 형상으로 된 바탕은 따로 떨어져 있을 수 있다 H42a 30 — 수학적인 대상들은 따로 떨어져 있을 수 없다 K59b 13 — 소크라테스는 보편적인 것(보편자)과 정의를 (개별자와) 따로 떨어져 있는 것으로 놓지 않았다 M78b 30, 86b 4
따로 떼(어 놓)다 chōrizein
따르다, 뒤따르다 akolouthein
딸린 (것), 속성 symbebēkos — 개별 학문들은 있는 것의 일부를 떼어 내어 이것에 딸린 것(속성)을 살핀다 Γ03a 25
땅 gē
떼어 내다, 제거하다 aphairein
떼어 냄, 추상 aphairesis
뛰어남 aretē — 뛰어남은 일종의 완전함이다 Δ21b 20 — 기능이나 지덕이 뛰어남은 기능이나 지덕이 뒤처짐의 결여이다 I55b 20 ☞ 명예 timē, 정의 dikaiōsynē, 지혜 sophia
뜨거운 (것), 뜨거움 thermon
뜨거움, 열 thermotēs
뜨겁게 만듦, 가열 thermansis
뜻, 의미 dynamis, tropos
뜻하다, 의도하다 boulesthai
뜻하다, 의미하다 sēmainein

|ㄹ|

(…)ㄹ 수 없는 (것) adynaton — 'ㄹ 수 없는 것'(불가능한 것)은 그에 반대되는 것이 필연적으로 참인 것이다 Δ19b 23
(…)ㄹ 수 있다 dynasthai ☞ 허용되다 endechesthai
(…)로서, (…)라는 점에서 hē
리듬 rhythmos — 리듬에서는 운보(韻步)나 음절이 바탕이다 N87b 36

|ㅁ|

마지막 (것), 극단(의 것) eschaton, teleutaion
만들다 poiein — 만들어진 것(제작물)들의 운

동인은 만드는 사람(제작자) 안에 들어있다 E25b 22
만들어 내다 gennan
만들어 낼 수 있는 (것) poiētikon
만듦, 산출 poiēsis
많은 (수량), 많음 poly
말, 진술, 이론 logos, apophthegma, lexis, phōnē — 거짓인(틀린) 말은 '있지 않은 것'에 대한 말이다 Δ24b 26 ☞ 낱말 rhēma, 맹세 horkos, 변호 apologia, 속담 paroimia
말하다 legein, phanai, phthengesthai ☞ 구분하여 말하다, 명확하게 설명하다 diasaphēnizein, 긍정하다 kataphanai, prosagoreuein, 논쟁하다 diamphisbētein, 늘여 발음하다 epekteinein, 대화하다 dialegesthai, 더듬다 psellizesthai, 덧붙여 대답하다 prosapokrinethai, 덧붙여 말하다 prosapophainesthai, 동의하다 homologein, koinoun, symphanai, 말대꾸하다 anteipein, 맞는 말을 하다 alētheuein, 묻다 erōtan, eresthai, 반대하다 amphisbētein, diamachesthai, 반박하다 elenchein, 밝히다 apophainesthai, 부르다 kalein, 부정하다 apophanai, 비난하다 epitiman, 서술하다 katēgorein, 앞에서 말하다 proagoreuein, 언급하다 mimnēskein, 인정하다 synchōrein, 탓하다 katapsēphizesthai, 틀린 말을 하다 pseudesthai, 찬양하다 epainein, 추궁하다 dierōtan, 판정하다 krinein
맞는 (것) → 참인 (것)
맞음 → 참
맞추다 tynchanein
맨 처음의 (것) → 으뜸가는 (것)
먹다 esthiein, prospheresthai ☞ 살짝 떼어 먹다 apotrōgein, 아침 식사 ariston, 저녁 식사 deipnon, 빵 artos
먼저인 (것), 먼저 있는 (것), 앞선 (것) proteron — 규정의 부분들은 규정 전체보다 먼저다 Z35b 5, 13 — 혼의 부분들은 복합된 생물보다 먼저다 Z35b 19 — 정의의 면에서 앞선 것들 모두가 실체의 면에서도 앞선 것은 아니다 M77b 2
멈추다 histasthai
면, 표면 epiphaneia ☞ 매끄러움과 거칢 leion kai trachy, 넓이 platos, 넓음과 좁음 platy kai stenon
모든 (것), 우주 pan — 모든 것이 모든 것 속에 섞여 있다 Γ09a 27 — 모든 것은 '있는' 것이고 '하나인' 것이다 K59b 31 — 모든 것은 있는 것으로부터 생겨난다 K62b 25 — 우주를 일종의 전체로 볼 때, 실체가 그중 으뜸가는 부분을 이룬다 Λ69a 19 — 모든 것은 잠재/가능 상태로 있음으로부터 나와 발휘/실현 상태로 있음으로 들어가 변한다 Λ69b 15, N88b 17 — 모든 것은 어떤 것이다가, 어떤 것에 의해 어떤 상태의 것으로 변한다 Λ69b 36 — 우리는 우주의 단순한 이동 말고도, 행성들의 운동을 목격한다 Λ73a 29 — 실체마다 다른 원리를 내놓은 사람들은 우주의 실체를 에피소드의 연속으로 만든다 Λ76a 1
모름, 무지 agnoia — 모름은 앎에 반대된다 Λ75b 23
모방물 → 흉내 낸 것
모순(되는 것들), 모순어 antiphasis — 모순율 Γ3–6장, K5–6장 — 모순되는 술어들은 동시에 서술될 수 없다 Γ07b 17, K62a 19, 63a 21 — 두 개의 모순되는 것들 사이에는 아무것도 없다 Γ7장, I55b 1, 57a 35, K69a 3 — 모든 힘은 동시에, 모순되는 것들에 대한 힘이다 Θ50b 9, 31 — 모순되는 것들, 소유와 결여, 반대성들, 관계 맺은 것들은 대립되는 것들이며, 이중 모순되는 것들이 으뜸가는 대립이다 I55a 38 ☞ 긍정 kataphasis, 부정 apophais
모양 morphē, schēma
모음 eklogē
모자라다, 부족하다 elleipein, prosdeisthai

모자람, 부족 elleipsis
목적, 끝 telos, to hou heneka — 목적은 다른 것을 위해 있지 않고, 다른 것이 목적을 위해 있다 α994a 9 — 살 빼기, 몸을 깨끗이 함, 온갖 약들과 의료 도구들은 건강이란 목적을 위해 있다 Δ13b 2 — 죽음은 비유적으로 '끝'이다 Δ21b 29 — 목적은 어떤 것을 맨 처음 움직이게 하는 것이다 K59a 38 — 모든 이동의 목적은 하늘에서 움직이는 어떤 신적인 물체들 중 하나다 Λ74a 30
목표점 skopos
몸, 신체 sōma ☞ 관절 kampē, 넓적다리 mēros, 뇌 enkephalos, 눈 omma, ophthalmos, 다리 skelos, 담즙 cholē, 발 pous, 뼈 osteon, 살 sarx, 생리혈 epimēnia, katamēnia, 손 cheir, 손가락 daktylos, 심장 kardia, 애꾸눈 heterophthalmos, 얼굴 prosōpon, 이빨 odous, 점액 phlegma, 정강이 knēmē, 정액 gonē, 지라 splēn, 코 rhis, 팔 brachiōn, 팔다리 melos, 피 haima, 힘줄 neuron
무거운 (것), 무거움 bary
무거움, 무게 baros — '무게'는 아무런 중량을 가진 것에 적용되기도 하고, 또 과도한 중량을 가진 것에 적용되기도 한다 I52b 28 ☞ 탈란톤 talanton, 저울추 stathmos, 중량 rhophē
무경험 apeiria
무능력 adynamia
무엇 ti
무엇에 대해, 주어 kath' hou
무엇에 따라 kath' ho
무엇을 위해, 목적 hou heneka — '무엇을 위해'(목적)는 자연에서 생겨나는 것들 안이나 사유를 통해서 이루어진 것들에서 발견된다 K65a 26 — '무엇을 위해'는 '어떤 것 또는 어떤 사람의 좋음을 위해'와 '어떤 좋은 것을 얻기 위해'의 두 가지 뜻이 있다 Λ72b 2
무엇임, 본질, 본질 규정 to ti esti — 선(線)이 무엇인지를 기술하는 정의 속에 '양'이 들어있다 Δ20a 19 — 무엇임은 실체를 뜻하기도 하고, 양, 질 따위의 술어를 뜻하기도 한다 Z30a 18
무지 → 모름
무풍(無風) nēnemia — 무풍은 대량의 공기 안의 고요함이다 H43a 23
무한(한 것), 수 없이 많은 (것), 한정되지 않은 (것) apeiron, ateleutēton — 아낙사고라스는 원리들(의 종류)이 수없이 많다고 주장한다 A984a 13 — 멜릿소스는 하나가 한정되지 않은 것이라고 주장한다 A986b 21 — 피타고라스주의자들은 무한 자체와 하나 자체가, 수가 모든 것들의 실체라고 생각하였다 A987a 16, (견) A990a 9 — 플라톤은 무한을 하나가 아닌 두 짝으로 놓고, 이를 큼과 작음으로 이루어지게 했다 A987b 26 — 무한한 것들을 생각한다는 것은 가능하지 않다 α994b 22, B999a 27 — 속성들은 위쪽으로 무한할 수 없다 Γ07b 9 — 무한한 것은 잠재적으로 있을 뿐, 실제로 따로 떨어져 있지는 않다 Θ48b 16 — 무한한 것은 실현 상태로 있을 수 없다 K66b 11 — 무한한 것은 끝없이 뻗은 것이다 K66b 32 — 무한한 크기는 있지 않다 Λ73a 10 — 수는 무한하거나 유한해야 한다 M83b 36 ☞ 건널(통과) 수 없는 (것) adiexodon
무한성 apeiria
문법학 grammatikē ☞ 닿소리(자음) aphōnon, 분절음, 음성 phōnē, 음절 syllabē, 자모 stoicheion, 홀소리(모음) phōnēen, 협화음 symphōnia
물 hydōr ☞ 강물 potamos, 바다 thalatta, 얼음 krystallos, 우물 phrear
물음, 문제 aporia, diaporēma, epistasis ☞ 난점 aporia, dyschereia, dyskolia
물질, 물체 sōma — 물, 불 따위는 물질이다 A987a 5 — 복합 물체는 물, 불, 흙, 공기로 이루어져 있다 B02a 1 — 물체는 세 쪽(방

향)에서 분할된다 Δ16b 28 ― 물질은 불, 흙 등에 공통된 개념이다 Λ69a 30 ☞ 물체의 깊음과 얕음 bathy kai tapeinon, 덩이 onkos
미각 geusis ☞ 기름기 있는 (것) liparon, 닮과 씀 glyky kai pikron, 맛 chymos, 맛을 갖지 않는 (것) achymon, 매운 (것) drimyn
믿다 hypolambanein, nomizein, pisteuein
믿음 → 생각

|ㅂ|

바깥 항들 akra
바다 thalatta ☞ 삼단노선 triērēs, 배 naus, 선원 nautēs, 키잡이 kybernētēs, 항해 plous, 해적 lēstēs
바탕, 기체(基體), 대상, 주어 hypokeimenon ― 특정한 상태를 잃더라도 이것의 바탕인 소크라테스는 그대로 남아 있다 A983b 15 ― 바탕(재료) 자체는 자신의 변화를 일으키지 않는다 A984a 22 ― 바탕은 목적과 관련하여 가장 가까이 있는 것이거나 가장 멀리 있는 것이다 Δ16a 19 ― 바탕(대상)과 실체는 속성보다 앞선다 Δ19a 5 ― 유(類)는 차이성이 들어서는 바탕이다 Δ24b 3 ― 바탕은 그것에 대해 나머지 것들이 말해지지만, 그 자신은 더는 다른 것에 대해 말해지지 않는 것이다 Z28b 36, 29a 8, (견) A990b 31, B01b 31, Δ17b 13, Z38b 15, K66b 14, M79a 28, N87a 35, b 1 ― 있음의 범주에, 즉 질, 양, 시간, 장소에, 그리고 움직임에 그 바탕이 실체로서 있다 Z29b 23 ― 바탕은 그대로 남아 있지만, 반대되는 성질들은 그대로 남아 있지 않는다 Λ69b 7 ― 반대되는 속성들은 모두 바탕 안에 있다 N87a 37
반대되는 (것) enantion ― 반대되는 것들은 사물들의 원리이다 A986b 3, Γ04b 30, Λ75a 28-32, b 12, N87a 30 ― 모든 반대되는 것들은 있음과 있지 않음, 하나와 여럿으로 환원된다 Γ04a 1, b 27 ― 반대되는 성질들은 동시에 같은 것에 들어있을 수 없다 Γ05b 27, 11b 17, 21, (견) K63b 26 ― 반대되는 것들을 연구하는 것은 동일한 학문의 과제이다 K61a 19, (견) B996a 20, M78b 26 ― 반대되는 성질들은 같은 사물 안에 생겨날 수 없다 Θ46b 16 ― 같은 유 안에 있으면서 가장 많이 차이 나는 것들이 반대되는 것들이다 I55a 27 ― 어떤 실체에 반대되는 실체는 없다 K68a 11 ― 양이 같지 않음(不等)은 양이 같음(等)에, 다름(異)은 같음(同)에, 남임(他)은 나임(自)에 반대된다 M87b 29 ― 반대되는 것은 반대되는 것을 사라지게 한다 N92a 2
반대됨, 반대성 enantiotēs, enantiōsis ― 반대됨은 일종의 차이 남이다 Γ04a 21, I54b 32 ― 반대됨은 가장 크게, 완전히 차이 남이다 I55a 5, 16, 58a 11 ― 반대되는 성질들은 모두 결여에 따라 말해진다 K63b 18
받아들이는 (것), 수용자 dektikon
받아들이다, 수용하다 dechesthai, apodechesthai
발 pous ☞ 두 발 달린 (것) dipoun, 발 달린 (것) hypopoun, 여러 발 달린 (것) polypoun, 쪽발이 아닌 (것) aschiston, 쪽발인 것 schizopoun
발휘/실현 상태 energeia ― 실현 상태는 재료에 대해 서술된다 H43a 6 ― 실현 상태는, 우리가 '잠재적으로'라고 표현하는 방식이 아닌 방식으로, 어떤 사물이 주어져 있음을 뜻한다 Θ48a 31 ― 발휘/실현 상태가 잠재/가능 상태에 앞선다 Θ8-9장 ☞ 완성 상태 entelecheia
발휘/실현되(어 있)다 energein ☞ 미리 발휘하다 proenergein
방법, 방식 tropos
방해하다 kōlyein
방향 tropē ☞ 놓임새 thesis, 두 방향에서

dichē, 모든 방향에서 pantē, 세 방향에서 trichē, 한 방향에서 monachē

배우다 manthanein, meletan, pynthanesthai—벌처럼 (기억력은 갖지만) 소리를 못 듣는 동물들은 배우지는 못해도 영리하다 A980b 23

배움, 학습 mathēsis—기억력과 더불어 청각까지 가진 동물들은 배울 줄도 안다 A980b 24—모든 배움은 선지식을 통해서 이루어진다 A992b 30—어떤 것을 배울 때, 우리는 때때로 가장 쉽게 배울 수 있는 것에서 시작해야 한다 Δ13a 2—배움은 본성상 덜 앎인 것을 거쳐 본성상 더 앎인 것으로 나아감으로써 이루어진다 Z29b 4—어떤 기술에 대한 능력은 배움을 통해 얻어진다 Θ47b 33

배치 diathesis—배치는 장소나 힘 또는 종류와 관련하여, 부분들을 가진 것이 갖는 질서를 뜻한다 Δ22b 1

범주, 술어 katēgoria, katēgorēma, katēgoroumenon—술어의 형태들이 나타내는 것들은 제 본성에 의해(그 자체로) 있다고 말해진다 Δ17a 22—서술되는 것(술어)들에서 어떤 것들은 실체를 나타내고, 어떤 것들은 질, 양, 관계, 능동, 수동, 장소, 시간을 나타낸다 Δ17a 24—'같음', '다름', '반대됨'은 각 범주에 따라 뜻이 여러 가지로 다르다 Δ18a 38—있음의 범주 형태가 다른 것들이 유(類)가 다르다 Δ24b 13, (견) Δ16b 34, I55a 1—'있음'과 '있지 않음'은 범주들의 형태들에 따라 말해진다 E26a 36, Θ51a 35, (견) I58a 14, N89a 27—실체 때문에 다른 범주들이 저마다 있다 Z28a 30—범주들 각각이 서술되는 재료의 있음의 방식은 각 범주들과 다르다 Z29a 22—각 범주에 그 바탕이 있다 Z29b 22—'있음'과 '하나'는 가장 보편적인 술어이다 I53b 21—변화는 늘 '있음'의 범주에 따라 일어난다 K65b 8—(있음의) 범주들은 실체, 질, 장소, 능동과 수동, 관계, 양으로 나뉜다 K68a 8, (견) Z29b 23, 32a 15, N87a 9, 89b 20-25—범주들마다 원리 및 요소가 다른가, 같은가? Λ70a 35

법, 법률 nomos—법률들에서는 신화적이고 유치한 요소들이 이에 대한 사람들의 습관으로 말미암아 앎보다 더 큰 힘을 발휘한다 α995a 4—신화는 법률적인, 실리적인 쓰임에 기여한다 Λ74b 5

변하게 할 수 있는 (것) metablētikon—(어떤 것을) 변하게 할 수 있는 것은 변하는 것의 원인이다 Δ13a 32 ☞ 움직일 수 있는 (것) kinētikon

변하는 (것) metablēton ☞ 움직이는 (것) kinēton, 질 변화를 겪는 (것) alloiōton

변하다 metaballein—모든 것은 어떤 것이다가 어떤 것에 의해 어떤 것으로 변한다 Λ69b 36, (견) A984a 20 ☞ 늘어나다 auxesthai, 변하여 어떻게 되다 metaphyesthai, 사라지다 phtheiresthai, 생기다 gignesthai, 움직이다 kineisthai, 자리를 바꾸다 alattein, 줄어들다 phthinein, 질이 달라지다 alloiousthai, 흐르는 상태에 있다 rhein

변화 metabolē—변화는 대립되는 것으로의 변화이거나 중간에 있는 것으로의 변화이다 Γ11b 35, Λ69b 4—변화는 어떤 것에서 나와 어떤 것으로 가는 것이다 Γ12b 29—변화는 늘 있음의 범주에 따라 일어난다 K65b 7—모든 변화는 대립되는 것들이나 그 중간에 있는 것들로부터 일어난다 K69a 2, Λ69b 3—변화의 변화는 있을 수 없다 K12장—변화에는 네 가지가 있다. 실체에 관련된 변화는 생성과 소멸이고, 양에 관련된 변화는 팽창과 수축이고, 성질에 관련된 변화는 질 변화이고, 장소에 관련된 변화는 이동이다 Λ69b 9 ☞ 이동 phora, 생성과 소멸 genesis kai phthora, 질 변화 alloiōsis, 팽창과 수축 auxēsis kai phthisis

병렬 synthesis

보여 주다, 증명하다 deiknynai, apodeiknynai
보여 줌 dēlōsis
보이는 (것) phaneron
보존하다 sōzein
보편적으로 katholou
보편적인 (것), 보편자 to katholou — 보편적인 것(보편자)은 유(類)가 아니다 A 992b 12, Δ15b 28, (견) Z28b 35, Λ69a 27 — 원리들은 보편적인가, 아니면 개별적인가? B996a 10, 03a 5, M86b 37, (견) B998b 17 — 우리는 개별적인 것(개별자)을 개수가 하나인 것이라고 하고, 보편적인 것을 개별적인 것들에 걸쳐 있는 것이라고 한다 B00a 1 — 보편적인 것은 실체가 아니다 B03a 8, Z13장, 41a 4, H42a 21, I53b 16, K60b 21, M87a 2, (견) Z28b 34, 38b 1, Λ69a 26, 71a 20, M86b 21 — 보편적인 것은 많은 것들에 공통으로 서술된다 B03a 10 — 보편적인 것에 대한 앎, 정의, 학문 B03a 15, Z36a 28, K59b 26, 60b 20, M86b 5, 87a 17, (견) B999a 28, 03a 13 — 보편적인 것은 제 본성으로 말미암아 사물들 안에 들어있다 Δ17b 35 — 정의의 면에서는 보편적인 것이 먼저지만, 감각의 면에서는 개별적인 것이 먼저다 Δ18b 32 — 보편적인 것은 많은 것들을 포함하는 방식으로 보편적이다 Δ23b 29 — 보편적인 것은 여러 사물에 공통된 것이다. 자연적으로 여러 사물에 자연적으로 들어있도록 되어 있다 Z38b 11 — 보편적인 것은 실체가 아니라 질을 가리킨다 Z39a 15 — 보편적인 것들은 어떤 것도 개별적인 것들과 따로 떨어져 있지 않다 Z40b 26 — 사람은 보편적으로 사람의 원리이지만, 보편적인 사람은 있지 않다 Λ71a 22 — 플라톤주의자들은 이데아를 보편적인 것으로 놓으면서, 동시에 개별적인 것으로 놓는다 M86a 32
복합된 (것), 복합물 synholon — 재료와 형상으로부터 복합된 것이 전체로서 생겨난다 Z33b 10-19, H43b 18, M84b 10 — 복합물에 대한 정의는 없으며, 그것은 직관적 사유나 감각을 통해 인식된다 Z36a 5, (견) Z40a 2 — 복합물은 재료+형상이다 Z39b 21, K60b 24 — '복합물'은 예를 들어 흰 사람을 가리킨다 M77b 8 ☞ 둘로 된 것 to amphō
본, 원형 paradeigma
본뜬 것, 모방물 eikōn
본성 physis — 모든 것들의 씨는 습한 본성을 갖는다 A983b 26
본질 to ti ēn einai — 모순율을 부인하는 사람은 실체와 본질을 없앤다 Γ07a 21 — 본질은 일종의 실체이다 Δ17b 22, Z28b 34 — 정의는 본질에 대한 규정이다 Δ17b 22, Z31a 12, (견) Δ16a 33, E25b 28, Z37a 23 — 각 사물의 본질은 그 사물이 자신에 의해 무엇이라고 말해지는 것이다 Z29b 14 — (감각 대상들에 내재한) 형상들에만 본질이 들어있다 Z30a 12 — 각 사물에 관한 앎은 그것의 본질을 알 때 이루어진다 Z31b 7 — 본질은 형상과 으뜸 실체를 뜻한다 Z32b 1, (견) Δ13a 27, Z30a 29 — 형상과 본질의 생성은 없다 Z33b 7 — 혼은 형상이며, 몸의 본질이다 Z35b 16 — 실체와 본질이 한 가지인 것들은 서로 한가지이다 Z38b 14
봄, 보는 것 horan — 우리는 다른 모든 감각보다도 보는 것을 더 좋아한다 A980a 25
부분 meros, moira, morion ☞ 낱낱의 것 meris, 부분이 없는 (것) ameres, 비슷하지 않은 부분 anhomoiomeron, 작은 부분인 (것) mikromeres
부정, 부정어 apophasis ☞ 동시 부정 synapophasis
부족 → 모자람
분리 chōrismos, diakrisis, diallaxis, dihairesis, krisis — 섞여 있는 것은 따로 떨어질 수 있다 A989b 4
분명하게 saphōs ☞ 어렴풋이 amydrōs

분명한 (것) phaneron, saphes
분유(分有) → 나눠 가짐
분절음 phōnē, phthongos
분할, 분리 dihairesis, merismos — 무한한 것에서는 분할이 그치지 않는다 Θ48b 15
분할되는 (것), 분할될 수 있는 (것) dihaireton — 유(類)는 종(種)들로 분할된다 B999a 4 — 한 쪽(방향)에서 분할되는 것은 선이고, 두 쪽에서 분할되는 것은 평면이며, 세 쪽 모두에서 양이 분할되는 것은 물체이다 Δ16b 26 — 양은 구성 요소들로 분할된다 Δ20a 7 — 분할된 것이나 분할되는 것은 여럿이며, 분할되지 않는 것이나 분할 안 된 것은 하나다 I54a 22
분할되지 않는 (것), 분할될 수 없는 (것) adihaireton, atomon — 하나 자체는 분할될 수 없는 것이다 B01b 7, (견) M85b 15 — 분할될 수 없는 점은 둘로 분할되지 않는다 B02b 4 — 분할되지 않는 양은 위치가 없을 땐 단위이고, 위치가 있을 땐 점이다 Δ16b 24 ☞ 하나 hen, 단위 monas, 점 stigmē, 조각낼 수 없는 (것) ameriston
분할하다 dihairein ☞ 분석 또는 분해하다 analyein, 분해하다 dialyein
불 pyr
불가능한 (것) adynaton — '거짓이다'와 '불가능하다'는 다르다 Θ47b 14
불화 → 싸움
비교될 수 없는 (것) asymblētos — 유(類)에서 차이 나는 것들은 비교될 수 없다 I55a 7 ☞ 차이가 나는 (것) diaphoron
비교될 수 있는 (것) symblētos ☞ 차이가 없는 (것) adiaphoron
비난하다 epitiman ☞ 비웃다 propēlakizein, 탓하다 katapsēphizesthai
비슷하지 않은 (것) anhomoion
비슷하지 않음 anhomoion, anhomoiotēs
비슷한 (것), 비슷함 homoion — 앎은 비슷한 것을 통한 비슷한 것의 앎이다 B00b 6 — 질이 하나인 것들은 서로 비슷하다 Δ18a 15, 21a 11 — 큰 정사각형은 작은 정사각형과 비슷하다(닮았다) I54b 6
비유 metaphora, parabolē
비율, 비례 logos, analogia
비정상 pērōsis
빈 것, 빈말 kenon — 무한한 것과 빈 것은 보는 것, 걷는 것과 다른 뜻에서 잠재적으로 있거나 실현되어 있다 Θ48b 10
빠르기, 속도 tachos — 빠르기는 아무런 운동을 하는 것에 적용되기도 하고, 지나친 운동을 하는 것에 적용되기도 한다 I52b 29 ☞ 느림 brady, 빠름 tachy
빼냄, 빼놓음 ekthesis
빼앗음, 탈취 aphairesis

|ㅅ|

사람, 인간 anthropos, anēr — 모든 인간은 본래 앎을 욕구한다 A980a 21 — 사람은 '두 발 달림'이란 질을 가진 동물이다 Δ20a 34 — 사람이 사람을 낳는다 Z32a 25, 33b 32, Λ70a 8, 27, b 34, N92a 16, (견) Θ49b 25, Λ70a 5 — 프로타고라스는 인간이 모든 것들(만물)에 대한 척도라고 주장한다 K62b 13 ☞ 귀먹은 사람 kōphos, 까까머리 phalakros, (성인) 남자 anēr, 내시 eunouchos, 노예 andrapodon, doulos, 눈먼 사람 typhlos, 도둑 kleptēs, 아들 hyios, 아버지 patēr, (사내) 아이 pais, 어머니 mētēr, (성인) 여자 gynē, 일꾼 cheirotechnēs, 자유인 eleutheros, 젊은이 neos, 제자 mathētēs, 증인 martys, 통치자 archōn, koiranos, 폭군 tyrannos, 합창단의 지휘자 koryphaios, 험담꾼 sykophantēs, 창시자 archēgos
사랑 eros
사물, 물건 chrēma, pragma
사실, …는 것 hoti — 경험 있는 사람들은 어떤 것이 어떻다는 사실은 알지만 무엇 때

문에 그것이 그러는지는 알지 못한다 A981a 29, (견) A981b 12—우리가 '왜'라고 물을 때, 어떤 것이 어떻다는 사실 또는 어떤 것이 있다는 것은 분명한 것으로서 주어져 있어야 한다 Z41a 15

사용하다 chrēsthai

사유, 사유 활동 dianoia, noēsis, nous—모든 사유는 실천에 관련되거나 제작에 관련되거나 이론에 관련된다 E25b 25—생성들이나 운동들 중 하나의 단계는 사유이고, 하나의 단계는 산출이다 Z32b 15—개별적인 것들은 사유나 감각을 통해 인식된다 Z36a 5—기하학자의 사유는 기하학적 능력의 발휘 상태이다 Θ51a 30—사유함은 으뜸가는 것(원리)이다 Λ72a 30—사유는 사유 대상에 의해 움직여진다 Λ72a 31—발휘/실현 상태이기 때문에 깨어 있음, 감각함, 사유함은 가장 즐거운 것이다 Λ72b 17—사유와 그 사유 대상은 같다 Λ72b 21, 75b 5

사유 능력 noētikon—눈먼 상태는 누군가가 사유 능력을 전혀 갖고 있지 못할 때와 비슷하다 Θ52a 4

사유 대상 noēton—으뜸가는 욕구 대상과 으뜸가는 사유 대상은 서로 같다 Λ72a 27

사유되는 (것), 사유 대상 dianoēton, noēton

사유물, 사유의 결과 dianoia, noēma ☞ 심상(心象) ennoēma, 인상(印象) phantasia

사태 pragma

산학(算學), 산술(算術) arithmetikē—산학은 기하학보다 엄밀하다 A982a 28, M78a 11—산학은 수를 다룬다 A991b 28 ☞ 같은 단위로 잴 수 있음 symmetria, 양이 같음과 같지 않음 ison—anison, 더하다 proslambanein, 더하기와 빼기 prosthesis—aphairesis, 초과와 부족 hyperochē—elleipsis, 홀과 짝 peritton—artion

살아 있음 zēn—어떤 사람들은 살아 있음은 혼과 몸의 결합이거나 결속이라고 말한다 H45b 12

삶 diagogē, zōē ☞ 안락 rhastōnē

삼각형 trigōnon—'두 직각과 같은 세 각을 가짐'은 삼각형의 속성이다 Δ25a 32, (견) Θ51a 24, M86b 35

상상 phantasia

상상력 phantasia—상상력은 감각 능력과 다르다 Γ10b 3

(일시적) 상태 diathesis, (지속적) 상태 hexis

색 chroia, chrōma ☞ 검정 melan, 나누는 (색) diakritikon, 노랑 xanthon, 무색 achroun, 붉음 pyrron, 심홍 phoinikoun, 엷은 노랑 ōchron, 합치는 (색) synkritikon, 회색 phaion, 흼 leukon

생각, 믿음 doxa, hypolēpsis, phronēsis—(막연한) 생각은 앎과 구분된다 Γ08b 30, Z39b 33 ☞ 판단 krisis, 역설 paradoxon

생각하다, 믿다 dokein, doxazein, hegeisthai, noein, hypolambanein, nomizein, oiesthai, phronein—같은 것이 있으면서/ …이면서 동시에 있지/…이지 않다고 믿을 수 없다 Γ05b 24—한 가지 것을 생각하지 않는다면, 어떤 것에 대해서도 생각할 수 없다 Γ06b 10 ☞ 고려하다 logizesthai, 딴 생각을 하다 allophronein, 비교하다 pareikazein, 사유하다 dianoeisthai, 이전에 한 번 생각하다 prodoxazein, 잘못 생각하다 diapseudesthai, 정신을 쏟다 phrontizein, 함께 연결시키다 syneirein

생겨나는 (것), 어떤 것으로 되어 가는 (것) gignomenon, genēton—생겨나는 것은 어떤 것에 의해 어떤 것에서 나와 어떤 것이 된다 A999b 6, Γ10a 20, Z32a 13, 33a 24, H44b 24, Θ49b 28—있는 것과 있지 않은 것 사이에 어떤 것으로 되어 가는 것이 있다 α994a 28—모든 사물들은 자연에 의해, 기술에 의해, 또는 우발적으로 생겨난다 Z32a 12, Λ70a 6—생겨나는 것들은 모두 재료를 갖는다 Z32a 20—아

무것도 앞서 주어져 있지 않다면, 어떤 것이 생겨난다는 것은 불가능하다 Z32b 31, (견) Γ10a 16, Θ49b 35—형상이나 실체는 생겨나지 않으며, 이 형상의 이름으로 불리는 복합된 실체가 생겨난다 Z33b 17, Λ69b 35, (견) H42a 30, 43b 15, 44b 21—모든 것은 잠재/가능 상태로는 있지만 발휘/실현 상태로는 있지 않은 것으로부터 생겨난다 Λ69b 19, N88b 18

생겨나다, 생기다 gignesthai

생명 zōē

생물 zōon, empsychon—어떤 생물들은 부분들로 나뉘어도 일시적으로 또는 계속 살아 있다 Z40b 13

생성, 생겨남, 어떤 것으로 되어 감 genesis—있음과 있지 않음 사이에 되어 감이 있다 α994a 27—영원한 것이 있지 않다면, 어떠한 생성도 있을 수 없다 B999b 5—생성은 각 범주에서 이루어진다 Z32a 14—생성이나 운동 중 하나의 단계는 사유라 불리고, 다른 하나의 단계는 산출이라 불린다 Z32b 15—단적인 생성과 소멸은 실체에 관련된 변화이다 H42b 1, Λ69b 10, N88a 33—생성과 소멸에 그 밖의 다른 변화들이 수반된다 H42b 4—바탕이 아닌 것에서 바탕으로의 변화는 생성이다 K67b 22, (견) H42b 2, I55b 12, N91b 34—생성과 소멸에 관련된 변화는 운동이 아니다 K68a 2—생겨남의 생겨남은 없다 K68a 15, 33, b 15

(멈춰) 서 있음 stasis

서술되는 것, 술어 → 범주

서술되다 katēgoreisthai—맨 처음의 유(최상위의 류)가 원리인가, 개체들에 대해 맨 마지막으로 서술되는 것(최하위의 종)이 원리인가? B998b 16—일반적으로 말해지는 것은 각 사물에 대해 서술된다 Δ23b 31—실체가 아닌 것이 실체에 대해 서술되고, 실체는 재료에 대해 서술된다 Z29a 23

섞다 kerannynai, mignynai—아무것도 아무런 것과 맘대로 섞이지는 않도록 되어 있다 A989b 2

섞음, 혼합 krasis, mixis ☞ 섞이지 않은 (것) amiges, amikton, 섞인 것 migma

선 grammē, mēkos—선은 한 쪽(방향)에서 분할된다 Δ16b 26, (견) M76b 6—선은 한정된 길이다 Δ20a 14 ☞ 곧음 euthy, 굽음 kampylon, 긺과 짧음 makron kai brachy, 대각선 diametros, 선을 긋다 graphein, 선을 위쪽으로 긋다 anagein, anhēkein, 수직선 epistatheisa orthē, 조각 tomē

성장 → 자람

성질 pathos—실체는 그대로 남아 있고, 성질들만이 변한다 A983b 10—바탕이 되는 실체는 하나이고 나머지 것들은 이것의 성질들이다 A985b 11—피타고라스주의자들은 수를 사물들이 갖는 성질로 여긴 듯하다 A986a 17—뜨거움, 차가움 등의 성질들, 움직임들, 관계들, 상태들과 비율들은 실체가 아니다 B01b 29—같음, 다름 따위는 있다는 점에서 있는 것이 갖는 본질적인 성질이다 Γ04b 6—홀짝, 같은 단위로 재어질 수 있음, 양이 같음, 지나침과 모자람은 수에 고유한 성질들이다 Γ04b 11—선의 성질인 곧음이 면의 성질인 매끄러움에 앞선다 Δ19a 1—움직인다는 점에서 움직이는 것이 갖는 성질이 질이다 Δ20b 17—정의나 시간에서 성질들은 실체보다 앞서지 않는다 Z38b 28—성질들의 바탕은 사람이고, 성질은 '교양 있다'와 '희다'이다 Θ49a 29—'암컷임'과 '수컷임'은 동물의 재료와 몸 안에 들어있는 성질이다 I58b 22—성질에 관련된 변화는 질 변화이다 Λ69b 12—실체가 없으면 성질도 운동도 없다 Λ71a 1, M78a 7—선과 수는 모습과 목소리에 바로 들어있는 성질이다 M78a 16

성품, 성격 ēthos ☞ 세련된 charieis, 어리

석은 euēthes, 정의로운 dikaios, 부정한 adikos, 지혜로운 sophos, 질투하는 phthoneros, 자잘함 mikrologia, 품위 있는 semnon
성향 hormē
세계 kosmos
세우다 kataskeuazein
소멸하는 (것) phtharton — 소멸하는 것과 소멸하지 않는 것은 종류가 다르다 I10장 ☞ 소멸하지 않는 (것) aphtharton
소멸하다 phtheiresthai — 모든 것들은 자신을 이루고 있는 요소들로 다시 분해되어 소멸한다 B00b 25 ☞ 깨지다 klasthai, 꺾이다 kamptesthai, 뭉개지다 syntribesthai, 없어지다, 파괴되다 anhaireisthai
소멸 phthora — 어떤 것의 소멸은 다른 어떤 것의 생성을 뜻한다 α994b 6 ☞ 파괴 상태 diaphthora
소유 → 가짐
소피스트술 sophistikē — 소피스트술은 철학처럼 보이지만 철학이 아니다 Γ04b 26, (견) E26b 14 ☞ 쟁론술적인 (것) eristikon
손가락 daktylos — 죽은 손가락은 이름만 손가락이다 Z35b 24 — 눈 아래를 손가락으로 누르면 대상이 둘로 보인다 K63a 10 — 크기에서는 손가락이나 발이 척도이다 N87b 35
수(數) arithmos — 피타고라스주의자들은 수 10이 완전한 수이며, 수의 모든 본성을 포괄한다고 믿는다 A986a 9, M84a 12, 32 — 피타고라스주의자들은 수가 하나로부터 나오며, 하늘 전체가 수라고 생각한다 A986a 20 — 피타고라스주의자들은 수가 모든 사물들의 실체라고 생각하였다 A 987a 19 — 피타고라스주의자들은 수의 성질들이, 그리고 수 자체가 천체 현상의 원인이라고 한다 A990a 19 — 수는 한정된 여럿이다 Δ20a 13; 수는 단위인 하나들의 다수이다 I53a 30, (견) Z39a 12 — 수는 하나로써 잴 수 있는 여럿이다 I57a 3 — 수는 분할되지 않는 것들로 된 여럿이다 M85b 22 — 수는 재어진 여럿을, 척도인 하나들의 여럿을 뜻한다 N88a 5 — 피타고라스주의자들은 모든 사물들을 수로 환원하여 선(線)에 대한 규정이 둘(2)에 대한 규정이라고 말한다 Z36b 12 — 수나 수를 가진 것은 셀 수 있다 K66b 25 — 모든 수는 특히 추상적인 단위로 된 수들은 서로 양이 같거나 같지 않아야 한다 M82b 5 — 단위는 수들의 재료가 된다 M84b 28 — 수들에서는 서로 닿음(접촉)이 없고, 잇따름(계속)만 있다 M85a 3 — 큼과 작음은 수나 크기의 바탕이 아니라 수나 크기의 속성이다 N88a 17 — 많음과 적음에서 수들이 나온다 N89b 12 — 피타고라스주의자들에 따르면 수들의 성질들이 음계 안에, 우주 안에, 그리고 다른 많은 사물들 안에 들어있다 N90a 24, (견) A985b 29 — 수들은 실체(본질)도 아니고, (사물들이 지니는 일정한) 모습의 원인도 아니다 N92b 16 ☞ 같은 만큼의 수 isarithmos, 그 일부만큼 더 작은 수 hypepimorios, 그 절반만큼 더 작은 수 hyphēmiolios, 두 배로 늘리다 diplasiazein, 두 배 diplasion, 몇 배 pollaplasion, 몇 배 중 한 부분 pollostēmorion, 삼분의 일 tritēmorion, 세제곱 수 kybos, 어떤 것의 일부만큼 더 큰 수 epimorios, 얼마만큼 번 posakis, 짝수 artion, 차이가 없는 (수) adiaphoros, 홀수 peritton
수량 plēthos
수월함 euporia
수학 mathēmata, mathēmatikē — 수학은 오늘날 철학자들에게 철학이 되었다 A992a 32 — 자연학과 수학은 지혜의 부분들이다 K61b 32 ☞ 공리(公理) axiōma, 정리(定理) theorēma
수학자 mathēmatikos — 수학자는 감각 성질들을 떼어 냄(추상의 과정)을 통해 생겨

난 대상들에 대해 연구한다 K61a 28, (견) M78a 21-24

수학적인 (것), 수학의 (것) mathēmatikon—수학적인 엄밀성을 모든 경우에서 요구해서는 안 된다 α995a 15—수학의 원들은 사유되는 원들이다 Z36a 4

수학적인 대상들 ta mathēmatika—사물들 중 (해, 달, 별 등) 천문학이 (수학 계열의 학문으로서) 다루는 대상들을 제외하고는 수학적인 대상들은 움직임이 없는 것들이다 A989b 33—수학적인 대상들은 어느 것도 따로 떨어져 있을 수 없다 K59b 13—수학적인 대상들은 독립된 실체가 아니다 M2장—수학적인 대상들은 감각 대상들보다 있음의 면에서 앞서지 않고, 정의의 면에서만 앞선다 M77b 13 ☞ 면, 표면, 평면 epipedon, epiphaneia, 선 grammē or mēkos, 입체 stereon, 점 stigmē

순서 taxis—실체에서는 먼저와 나중의 순서가 있지 않다 Z38a 33

술어 → 범주

쉬운 (것) rhadion

습관 ethos

습성 hexis

습한 (것), 습함 hygron

시, 시행, 시구, 서사시 epos ☞ 비극 tragōdia, 서정시 melopoiia, 인형극 thauma

시각, 시력 opsis—같은 사람에서 어떤 것이 시각에는 꿀로 보이지만 미각에는 그렇지 않을 수 있으며, 또 두 눈의 시력이 비슷하지 않을 경우, 같은 대상이라 하더라도 눈마다 달리 보일 수 있다 Γ11a 26—시각에서는 봄(見)이 목적이다 Θ50a 24—눈 아래를 손가락으로 누르는 사람들에겐 대상이 둘로 보인다 K63a 10 ☞ 관찰하다 diatērein, 눈을 감고 있다 myein, 바라보다 apoblepein, 보다 blepein, 분명하게 보다 theasthai, 못보다 parhoran, 살펴보다 epiblepein

시간 chronos—운동과 시간은 그것들을 성질로서 가진 사물들이 분할되는 것이어서 어떤 점에서 일종의 양이며, 양들 중에서도 연속된 것이다 Δ20a 29—시간은 항상 있어 왔다. 시간이 없다면 그 전도 그 후도 있을 수 없다 Λ71b 7—시간은 운동과 같거나 운동의 성질이다 Λ71b 10 ☞ 계절 hōra, 나중에 palin, 내일 aurion, 동시에 hama, 미래 to mellon, 방금 arti, 앞으로 opissō, 옛날에 palai, 지금 nyn, 초하루 noumēnia, 춘분과 추분 isēmeria, 하루 hēmera, 해(年) etos

식물 phyton—논박에서 아무 말도 하지 않는 사람은 식물이나 다름없다 Γ06a 15 ☞ 껍질 phloios, 나무 dendron, 밀 sitos, 배아 embryon, 뿌리 rhiza, 잎 phyllon

신(神) theos—어떤 사람들은 신들이 존재하지만 사람이나 동물 모습이라고 주장한다 B997b 10, Λ74b 5—신은 영원한, 가장 좋은 생명체이며, 따라서 그는 끊임없고 영원한 생명과 존속을 갖는다 Λ72b 29 ☞ 신적인 존재 daimonion

신들에 대해 논하다 theologein

신을 논하는 사람 theologos—신을 논하는 사람들은 신들을 원리들로 삼고 신들로부터 다른 모든 것들이 생겨나게 만들면서, 넥타르와 암브로시아를 맛보지 못한 것들은 '죽는 것들'이 되었다고 이야기한다 B00a 11

신적인 (것) theion—가장 신적인 앎은 신이 가장 많이 가질 앎이거나 신적인 것들을 다루는 앎이다 A983a 5—신적인 것은 독립적이고 변하지 않는 것이다 K64a 37—이성은 우리의 감각이나 마음에 나타나는 것들 가운데 가장 신적인 것이다 Λ74b 16

신학 theologikē—이론학들은 실천학, 제작학 같은 다른 학문들보다 더 선호되어야 하며, 신학은 다른 이론학들보다 더 값진 것으로서 선호되어야 한다 E26a 23

신화 mythos

신체 → 몸
실수 hamartia
실재 physis—움직이지 않는 어떤 실재(실체)가 있다 Γ10a 34, (견) Λ69a 33, 6장, 73a 24, 33
실천 praxis
실천에 관련된 학문, 실천학 praktikē—실천에 관련된 학문(실천학)의 목표는 행위이며, 현재의 특정한 것에 관계한다 α993b 21
실체 ousia—실체는 그대로 남아 있고, 오로지 그 성질들만이 변한다 A983b 10, B02a 3—피타고라스주의자들은 수가 모든 사물들의 실체라고 생각하였다 A987a 19, M76a 30, (견) B01b 27—감각되는 실체만 존재한다고 말해야 하는가? B997a 34, 02b 12, K59a 39—실체와 속성은 구분된다 B01b 30, Γ07a 31, Z38b 28, K59a 29, Λ71a 1, M77b 5—공통된 것, 보편적인 것, 유(類)는 실체가 아니다 B03a 9, Z35b 29, 13장, 38b 35, 39a 3, 40b 23, 41a 4, H42a 21, I53b 16, 21, K60b 21, M87a 2, (견) H42a 14, Λ69a 28, 71a 20—일차적으로 '하나'라 불리는 것들은 그 실체가 연속성에서, 형상에서 또는 정의에서 하나다 Δ16b 9—실체가 바탕에 대해 말해지지 않고, 실체에 대해 나머지 것들이 말해진다 Δ17b 13, Z29a 8, 38b 15, K66b 13—어떤 것들은 본성과 실체의 면에서 앞선다. 다른 것들이 없어도 있을 수 있는 것들이 앞선 것들이며, 이것들 없이는 다른 것들은 있을 수 없다 Δ19a 3—실체는 모든 측면에서, 정의, 인식, 시간의 면에서 으뜸간다 Z28a 31, Λ69a 20, 71b 5—나머지 범주들은 실체에 대해 서술되지만, 실체 자신은 재료에 대해 서술된다 Z29a 23—무엇임도 단적으로 실체에 들어있으며, 어떤 점에서는 실체 아닌 다른 범주들에도 들어있다 Z30a 23—형상이 으뜸가는 실체다 Z32b 2—형상이나 이런 뜻의 실체는 생겨나지 않으며, 이 형상의 이름으로 불리는 복합된 실체가 생겨난다 Z33b 17—각 사물의 실체는 그 사물에 고유한 것이며 다른 사물에는 들어 있지 않지만, 보편적인 것은 여러 사물에 공통된 것이다 Z38b 10, 40b 24, (견) A991a 13, M79b 17—바탕(주어)에 대해 말해지지 않는 것은 '실체'라 불리지만, 보편적인 것은 늘 어떤 바탕에 대해 말해진다 Z38b 15—'하나'나 '있음'은 사물들의 실체가 아니다 Z40b 18, I2장, (견) B996a 5, 01a 6—널리 인정되는 실체는 감각되는 실체들이다 H42a 6, 24—플라톤주의자들은 수학적인 대상이 실체라고 주장하였다 H42a 11, M1-3장, (견) Λ69a 35—실체는 으뜸으로 있는 것이며, 이것으로 다른 모든 있음의 범주들이 환원된다 Θ45b 29, Λ69a 20, N88b 4—모든 실체의 생성은 있지만, 점(點)의 생성은 없다 K60b 18—실체에 반대되는 실체는 없다 K68a 11, N87b 2—실체는 세 가지로 감각되는 실체, 즉 영원한 실체와 소멸하는 실체, 그리고 움직이지 않는 실체가 있다 Λ69a 30, 70a 9, 71b 3—감각되는 실체는 변한다 Λ69b 3—실체는 저마다 한 이름 한 뜻인 것의 작용을 통해서 생겨난다 Λ70a 5—실체 없이는 성질도 변화도 없다 Λ71a 1—실체가 없어지면 다른 것들도 없어지게 된다 Λ71a 35—움직이지 않는 영원한 실체가 있어야 한다 Λ6장—수학적인 대상들이 정의의 면에서 앞선 것이라고 해 보아도, 정의의 면에서 앞선 것들이 모두 실체의 면에서도 앞선 것은 아니다 M77b 2—관계는 모든 범주들 중 가장 어떤 실재나 실체가 아니며, 질과 양에 뒤진 것이다 N88a 23, (견) Λ70a 33—나머지 모든 범주들은 실체에 뒤진 것이다 N88b 4
십, 10 deka, dekas—플라톤주의자들은 빔, 비례, 홀수 등을 10 이내에서 생겨나게 한다 M84a 34

싸움 neikos, machē — 싸움은 헐뜯음으로부터 생긴다 Δ13a 9, 23a 30

쓸모 chreia, chrēsis — 우리는 쓸모를 떠나 감각을 그 자체로 즐긴다 A980a 21 — 무지에서 벗어나려고 철학한 사람들은 쓸모 때문이 아니라 이해를 위해 앎을 추구했다 A982b 20

씨, 정액 sperma — 씨는 아직 잠재적으로 사람이 아니다 Θ49a 14

| ㅇ |

(하나가 다른 하나의) 아래에 놓인 (것) hypallēla

아름다운 (것), 아름다움 kalon — 아름다움의 최고 형태는 질서, 균형, 크기가 일정함이다 M78a 36

악기 organon ☞ 뤼라 lyra, 소리가 좋은 (것) euphōnon, 아울로스 aulos, 줄(絃) chordē

악덕 kakia ☞ 부정(不正) adikia

알 수 있는 (것), 앎인 (것) gnōrimon

알다 eidenai, epistasthai, gignōskein, gnōrizein — 우리는 어떤 사물이 무엇인지를 알았을 때, 그 사물을 가장 잘 안다고 믿는다 Z28a 37 ☞ 미리 알다 proeidenai, proepistasthai, progignōskein, 알아내다 gnōrizein, synidein, 이해하다 eidenai, epaiein, synhienai, 파악하다 haptesthai, (hypo)lambanein, synhoran, thinganein

앎, 인식 epistēmē, gnōsis, phronēsis — 최고의 앎은 최고의 인식 대상인 으뜸가는 것(원리)들과 원인들에 관한 앎이다 A982b 1 — 앎은 근본적인 원인들에 관한 것이다 A983a 25 — 헤라클레이토스에 따르면 감각 대상들에 대한 앎은 있지 않다 A987a 34 — 앎은 비슷한 것을 통한 비슷한 것의 앎이다 B00b 5 — 있는 것들에 대한 앎을 얻는 것은 종(種)에 대한 앎을 얻는 것이다 B998b 7, (견) Z31b 6 — 앎은 보편적이다 B03a 15, K59b 26, 60b 20, M87a 10 — 각 사물에 대한 앎은 그것의 본질을 알 때 이루어진다 Z31b 6 — 앎과 감각은 사물들에 대한 척도다 I53a 31 — 앎은 잠재/가능 상태의 앎과 발휘/실현 상태의 앎이 있다 M87a 15 ☞ 꾀 mētis, 사전 지식의 부족 apaideusia

앎의 대상, 인식 대상 epistēton — 최고의 앎은 최고의 앎의 대상(인식 대상)에 관한 앎이다 A982b 1

암브로시아 ambrosia

앞선 (것)→ 먼저인 (것)

양, 얼마만큼 poson, posotēs — 양은 셀 수 있을 때에는 여럿이며, 잴 수 있을 때에는 크기이다 Δ20a 9 — 많음과 적음, 길과 짧음, 넓음과 좁음, 깊음과 얕음, 큼과 작음, 더 큼과 더 작음은 양이 갖는 본질적인 성질들이다 Δ20a 20 — 양은 수의 단위인 하나를 통해 또는 수를 통해 인식된다 I52b 21 ☞ 그만큼 tosouton, 길이 mēkos, 이만큼인 (것) tosonde, 크기 megethos, 큼과 작음 mega kai mikron

양이 같음 ison, isotēs — 양이 같음은 수의 성질이다 Γ04b 11 — 양이 하나인 것들은 양이 같다 Δ21a 12 — 양이 같음은 어떤 점에서 큼과 작음에 대립되어 있다 I5장 — 양이 같은 것들은 본성으로 보아 더 큼이나 작음의 성질을 가질 수 있는 것들이다 I56a 21 — 다른 수보다 크지도 작지도 않은 수는 그 수와 같다 M82b 7

양이 같지 않은 (것) anison

양이 같지 않음 anison, anisotēs

액체 chymos, hygron ☞ 묽게 된 (것) hydares, 녹는 (것) tēkton

얻음 lēpsis

얼음 krystallos — 얼음은 '이렇게 단단해지거나 촘촘해진 물'이다 H43a 9

엄밀한 (것), 엄밀함, 정확한 (것) akribes —

수의 단위가 가장 정확하다 I53a 1—'엄밀함'은 단순함을 뜻한다 M78a 10—크기를 빼놓는(추상하는) 학문(산학)이 그것을 고려하는 학문(기하학)보다 더 엄밀하다 M78a 11—으뜸가는 움직임을 다루는 학문이 가장 엄밀하다 M78a 12

엄밀함 akribologia, spoudē

에피소드의 연속 epeisodiōdes—자연은 형편없는 비극처럼 에피소드(挿話)의 연속은 아니다 N90b 19, (견) Λ76a 1

여가를 가지다 scholazein—이집트에서 여가가 성직자 계층에게 허용되었기 때문에 수학 계열의 학문들이 처음으로 그 모습을 드러냈다 A981b 24

여기(감각 세계)에 있는 (것) deuro

여러 가지 방식(뜻)으로 pollachōs

여러 배 pollaplasion

여럿, 복수 plēthos—여럿은 하나에 대립된다 Γ04a 10—여럿은 셀 수 있는 양이다 Δ20a 8—여럿은 연속되지 않은 부분들로 분할될 수 있는 것이다 Δ20a 10, (견) I54a 21—여럿(복수)은 수의 유(類)이다 I57a 3

여자 gynē—여자는 종(種)에서 남자와 차이 나지 않는다 I58a 30

연구, 이론적인 활동 episkepsis, methodos, pragmateia, skepsis, theōria—이론적인 활동이 가장 즐겁고 가장 좋은 것이다 Λ72b 24—우리의 연구는 감각되는 실체 말고도 다른 어떤 움직이지 않는, 영원한 실체가 있는지 없는지, 있다면 그것이 무엇인지에 관한 것이다 M76a 10

연구하다 episkopein, pragmateuesthai, skopein, theōrein

연속된 것, 연속 syneches—자연적으로 연속된 것들이 인위적으로 연속된 것들보다 더 하나다 Δ16a 4, (견) Δ23b 35—운동이 하나이고 달리 될 수 없는 사물이 연속된 것이다 Δ16a 5—크기 중 한 쪽으로 연속된 것은 길이이고, 두 쪽으로 연속된 것은 넓이이며, 세 쪽으로 연속된 것은 깊이이다 Δ20a 11, (견) K61a 33, b 24—연속은 두 사물들에 대해 동일한 경계가 생김을 뜻한다 K69a 5 ☞ 잇닿은 (것) echomenon, 잇따르는 (것) hexēs, ephexēs

연속(성) synecheia

연습 ethos ☞ 앞서 닦아 놓다 proaskein, 연습을 통해 배우다 meletan

영원한 (것) aidion—영원한 것은 어떤 것도 잠재 상태로 있지 않고 실현 상태로 있다 Θ50b 7—영원한 것들은 어떤 것도 나쁘거나 흠 있거나 파괴된 것이 아니다 Θ51a 20—감각되는 실체 가운데 어떤 것은 영원하며, 어떤 것은 소멸한다 Λ69a 31, (견) Λ69b 25—영원하고, 움직이지(변하지) 않는 실체가 반드시 있어야 한다 Λ71b 4—있지 않음을 허용하는 것은 영원하지 않다 N88b 24—영원한 것들에 대해 생성을 인정하는 것은 이치에 어긋나는 일이다 N91a 12 ☞ 수학적인 대상들 mathēmatika, 항상 있는 (것) aei on, 움직이지 않는 실체 akinētos ousia

영혼 → 혼

예시, 예증 epagōgē, ekthesis

오목한 (것) koilon

오목함 koilotēs

옥타브 to dia pasōn—2:1의 비율이, 일반적으로 수(數)가 옥타브의 원인이다 Δ13a 28, b 33

온기 thermotēs—온기는 건강이거나 건강의 일부이다 Z34a 28

올바른 (것), 정의로운 (것) dikaion

옷 esthēs, himation ☞ 겉옷 himation, 의복 lōpion

완성 상태 entelecheia—재료는 완성 상태의 바탕이다 Z38b 5—각 실체는 완성 상태의 것이며 일정한 실재다 H44a 9

완전한 (것), 완전함 teleion—선들 중 원주가 가장 완전하다 Δ16b 17—완전한 것은 끝(목적)에 이른 것이다 Δ21b 25—완전한 것은 그 바깥에 아무것도 잡을 수 없는

것이다 I55a 12 ☞ 불완전한 (것) ateles
완전함 teloiōsis
왜, 무엇 때문에, 까닭 dia ti, dihoti — 경험 있는 사람들은 어떻다는 사실은 알지만 그 까닭은 알지 못한다 A981a 28 — 감각은 왜 불이 뜨거운지를 말해 주지 않고, 단지 불이 뜨겁다는 사실만을 말해 준다 A981b 12
요구하다 aitein — 모순율을 증명하려는 사람은 처음에 있는 것(증명되어야 할 것)을 요구하는 것처럼 보인다 Γ06a 17, (견) Γ06a 20, 08b 1
요소, 원소 stoicheion — 자연철학자들은 사물들을 이루고 있는 것, 그것들이 생겨 나오는 맨 처음의 것, 그것들이 마지막에 사라져서 되는 것이 사물들의 요소 및 원리라고 말한다 A983b 10 — 사물마다 다른 원인과 요소가 있다 Λ71a 25 — 요소는 시간으로 보아 원리('맨 먼저의 것')이다 M84b 16 — 플라톤 등은 하나, 큼과 작음이 수들의 요소라고 말한다 N87b 15 — 요소들은 자신들로 구성된 사물들에 대해서 서술되지 않는다 N88b 5 ☞ 공기 aēr, 물 hydōr, 불 pyr, 흙 gē
욕망 epithymia, orexis — 실체가 되는 원인은 사람의 경우 이성과 욕구와 몸일 수 있다 Λ71a 3
욕망하다 epithymein, oregesthai — 어떤 것을 욕구하기 때문에 그것을 좋게 생각하는 것이 아니라, 그것을 좋게 생각하기 때문에 그것을 욕구한다 Λ72a 29
우발적으로 automaton
우애 philia, philotēs
우연, 운(運) tychē — 사물들은 기술로써(인위적으로), 자연적으로, 우연히, 저절로 생겨난다 Λ70a 6, (견) Z32a 29, Θ49a 4 — 운은 의도에 따라 어떤 것을 위해 일어난 일들에서 우연히 딸린 원인이다 K65a 30 — 운은 결과가 좋냐 나쁘냐에 따라 좋기도 하고 나쁘기도 하다. 그 규모가 커지면 행운이나 불운이 된다 K65a 35 ☞ 불운 dystychia, 행운 eutychia
우연적인 (것) tychon
우연히 딸린 (것), 우연적인 속성 symbebēkos — 딸려 있거나 딸려 생기는 것들에 대해서는 그 원인도 우연히 딸려 있을 뿐이다 Δ25a 25, E27a 7, (견) K65a 26 — 우연히 딸린 것에 대해서는 어떤 학문도 있을 수 없다 E26b 3, 27a 20, K64b 18, 31, 65a 4 — 우연히 딸린 것은 '있지 않은 것'에 가까운 듯하다 E26b 21 — 어떤 것도 우연히 딸린 방식으로는 소멸되지 않는다 I59a 2 — 우연히 딸린 것은 필연적이지 않으며, 확정되지 않은 것이다 K65a 25
우주 ouranos, to holon, to pan — 우주는 하나다 Λ74a 31
운동 → 움직임
운동인 → 원인
움직여지는 것 to kinoumenon, to kinēton
움직이(게 하)는 것, 운동인 to kinoun, to kinēsan, to kinētikon — 움직이는 것들을 항상 움직이게 하는 어떤 것이 있으며, 다른 모든 것들을 움직이는 하는 으뜸가는 것(原動者) 자신은 움직이지 않는다 Γ12b 30 — 어떤 것을 움직이게 하는 것이나 서게 하는 것도 일종의 원리이자 실체이다 Λ70b 25 — 자신은 움직여지지 않고 다른 것을 움직이는 것은 영원한 것이며, 실체이자 발휘/실현 상태의 것이다 Λ72a 25
움직이다 kinein, pherein
움직이지(변하지) 않는 (것) akinēton — '움직이지 않는 것'은 여러 가지 뜻을 갖는다 K68b 20 — 움직이지 않는 것들은 마치 사랑받는 것처럼 자신은 움직이지 않으면서 다른 것을 움직이게 한다 Λ72b 3 ☞ 움직이지 않음 akinēsia
움직임, 운동 kinēsis — 모든 감각 대상들은 소멸하며, 움직임 중에 있다 B999b 5 — 어떤 움직임도 무한하지 않으며, 모든 움직임엔 끝이 있다 B999b 10, N90b 10 — 운동과 시간은 그것들을 성질로서 가진 사물

들이 분할되는 것이어서 어떤 점에서 일종의 양이며, 양들 중에서도 연속된 것이다 Δ20a 29—모든 움직임은 끝나지 않은 것이다 Θ48b 28—사물들과 따로 떨어져 있는 움직임이란 있을 수 없다 K65b 7—운동과 변화의 종류는 있음의 종류만큼이나 많다 K65b 14, (견) K65b 8—잠재/가능 상태로 있는 것이 그것인 한에서 완성 상태로 실현되어 감이 움직임이다 K65b 16, 23, 33, (견) K66a 27—배우고 있음, 병을 고치고 있음, 걷고 있음, 뛰고 있음, 늙어 가고 있음, 익어 가고 있음은 움직임이다 K65b 20—움직임은 일종의 발휘/실현 상태라고 흔히 생각할 수 있지만, 그것은 끝나지 않은 발휘/실현 상태이다 K66a 20—뜨거움이 아니라 뜨겁게 만듦이 움직임이다 K67b 11—움직임은 다른 움직임이나 가만히 있음에 반대되며, 소멸은 생성에 반대된다 K67b 37—모든 움직임은 일종의 변화이다 K68a 1—세 가지 종류의 움직임이, 즉 질, 양, 장소에 관련된 움직임이 있다 K68a 9—움직임이 생겨난 것이거나 소멸된 것일 수는 없다. 그것은 항상 있어 왔기 때문이다 Λ71b 7, (견) Λ71b 33—다른 모든 움직임들은 장소에 관련된 움직임(이동)보다 나중의 것들이다 Λ72b 8, 73a 12—움직임을 다루는 학문 중 으뜸가는 움직임을 다루는 학문이 가장 엄밀하다. 그 움직임이 가장 단순하며, 그중에서도 균일한 움직임이 가장 단순하기 때문이다 M78a 12 ☞ 원운동 kyklophoria

웅얼거리다 psellizesthai

원리, 근원 archē—사람들은 무릇 신이 모든 사물들의 원인이자 으뜸가는 원리라 생각한다 A983a 9—아낙사고라스는 원리들의 종류가 수없이 많다고 주장한다 A984a 11—피타고라스주의자들 가운데 어떤 사람들은 원리가 10개의 쌍이라고 말하는데, 이를 줄(列)을 만들어 주장한다 A986a 22—반대되는 것들은 있는 것들의 원리이다 A986b 3, Γ04b 31, N87a 30—항상 있는 것(영원한 것)들의 원리들이 가장 참이다 α993b 29—원리들이 종류에서만 하나라면, 어떤 원리도 그 개수가 하나이지 않을 것이다 B999b 25—원리들은 개수에서 하나라고 놓을 경우 불가능한 점들이 따른다 B02b 31—모든 원인들은 원리들이다 Δ13a 17, (견) Γ03b 24—우리는 있다는 점에서 있는 것들이 갖는 원리들 및 원인들을 찾고 있다 E25b 3, (견) Γ1장—인위적으로 만들어진 것들에서 그 근원은, 이성이든 기술이든 아니면 다른 어떤 능력이든 만드는 사람 안에 있다 E25b 22—더 단순한 것이 덜 단순한 것보다 더 원리다 K59b 35—다른 것들을 자신과 더불어 없애는 것이 원리이다 K60a 1—기술은 움직여지는 사물과는 다른 사물 안에 든 원리이며, 자연은 바로 그 사물 안에 든 원리이다 Λ70a 7—좋음은 어떤 방식으로 원리인가? Λ75a 38, (견) Λ75a 12 ☞ 맨 처음의 (것) prōton, 원인 aitia

원운동 kyklophoria—으뜸가는 움직임인 이동 중에서도 원운동이 으뜸간다 I52a 28, (견) Λ71b 11

원인 aitia, aition—원인과 원리는 종류가 네 가지다 A983a 26, B996b 5, Δ2장, H44a 33, Λ70b 26, 32—원인의 개수와 종류는 무한할 수 없다 α2장—원인들의 탐구는 한 학문만의 과제인가, 아니면 여러 학문들의 과제인가? B995b 6—'원리'들의 뜻만큼 많은 뜻으로 '원인'들은 말해진다 Δ13a 17—모든 으뜸가는 원인들은 영원하다 E26a 17—우연히 딸려 있거나 우연히 딸려 생기는 것들에 대해선 그 원인도 우연히 딸려 있을 뿐이다 E27a 8, (견) K65a 6—그 자신은 생겨나거나 사라지지 않는, 생성·소멸의 원리 및 원인이 있다 E3장—원인과 원리는 세 가지로, 하나는 본질에 대한 정의나 형상이며 다른 하나는 이것의 결여이며, 나머지는 재료다

Λ69b 33 — 어떤 것을 움직이는 원인(운동인)들은 그것들이 생겨나게 하는 사물들보다 먼저 생겨난 것으로서 있으며, '본질에 대한 정의'란 뜻의 원인(형상인)들은 그것들이 생겨나게 하는 사물들과 동시에 있다 Λ70a 21 — 원인은 사물 안에 들어있기도 하고, 사물 밖에 있기도 하다 Λ70b 22 ☞ 원리 archē, 야기된 (것) aitiaton, 필요조건 synaition
월식 ekleipsis — 월식은 달빛의 빼앗김이다 H44b 14
위치 thesis — 위치를 갖지 않는 것은 단위이고, 위치를 갖는 것은 점이다 Δ16b 30, M84b 27, (견) M77b 30 ☞ 밑에 hypokatō, 아래에 katō, 앞에 emprosthen, 오른쪽 dexion, 왼쪽 aristeron, 위에 anō, epanō, 위치가 바뀜 metathesis
위치가 바뀜 metathesis
위치가 없는 (것) atheton ☞ 단위 monas, 점 stigmē
유(類) genos — 유는 더 보편적이기에 차이성보다 더 요소다 Δ14b 11 — 종(種)들은 유의 부분들이다 Δ23b 18 — '유'는 차이 나는 두 가지 성질들에 대해 이것들의 실체에 관련하여 진술된, 동일한 대상을 말한다 I54b 30, 57b 38 — 유에서 차이 나는 것들은 서로에게로 가는 길이 없고, 서로 멀리 떨어져 있으며 비교될 수 없다 I55a 6 — 한 유에서 다른 유로 변하는 것, 예를 들어 색에서 형태로 변하는 것은 간접적으로 딸린 방식이 아니고는 가능하지 않다 I57a 27 — 유는 종의 재료이다 I58a 23, (견) H43b 32, 45a 35 — 유가 다른 것들은 종이 다른 것들보다 훨씬 더 서로 떨어져 있다 I59a 14 — 종들이 유들과 더불어 없어진다는 점에서 유들이 더 원인인 듯하다 K59b 38 ☞ 범주 katēgoria, 조류 ptēnon, 어류 plōton
유비(類比), 유비 관계 analogia — 어떤 것들은 그 개수가, 어떤 것들은 그 종(種)이, 어떤 것들은 그 유(類)가 하나이고, 어떤 것들은 유비적으로 하나이다 Δ16b 32 — 우리는 모든 개념들에 대한 정의를 찾을 필요는 없고, 때로는 유비 관계를 파악하는 것으로 만족해야 한다 Θ48a 37 — 보편적으로 그리고 유비적으로 말한다면, 모든 것들에 대해 같은 원인 및 원리가 있다 Λ70a 32
유한(한 것) peras, peperasmenon
으뜸가는 (것), 맨 처음의 (것) prōton — 모든 것들은 으뜸가는 것으로 환원된다 Γ04a 25 — 실체, 양, 질 등의 범주들은 으뜸가는 것들이다 Z34b 9 — 으뜸가는 것에 반대되는 것은 없다 Λ75b 22
음식(물) sition, trophē ☞ 꿀 meli, 꿀물 melikraton, 기름 elaion, 넥타르 nektar, 묽게 된 (것) hydares, 빵 artos, 식초 oxos, 암브로시아 ambrosia, 익히다 pettein, 포도주 oinos
음악 mousikē ☞ 가락(曲) melos, (아울로스의) 가장 낮은 음 bombyx, 네테, 가장 낮은 줄 netē, 가장 높은 음 oxytatē, 휘파테, 가장 높은 줄 hypatē, 파라네테, 두 번째로 낮은 줄 paranetē, 리듬 rhythmos, 4분음 diesis, 시인 aoidos, 아울로스 연주자 aulētēs, 악기 organon, 옥타브 to dia pasōn, 운보(韻步) basis, 음 phthongos, 음계 harmonia, 협화음 symphōnia
음영화(陰影畵) skiagraphia
음절 syllabē — 음절은 자모로 그 정의의 일부가 이루어져 있다 Δ23a 36 — 음절에 대한 규정은 그 부분들인 자모들에 대한 규정을 갖는다 Z34b 26, 35a 10 — 음절은 자모들의 합 이상의 것이다 Z41b 12, Λ70b 5
의견 doxa ☞ 통념 endoxon
의도, 의지 → 제 뜻
의문을 품다 aporein, diaporein, distazein ☞ 해결할 길을 찾다 euporein, 어려운 점들을 미리 검토하다 proaporein
의술, 의학 iatrikē — 의술은 반대되는 것들인

병과 건강에 대한 힘이다 Θ46b 7 — 의술은 건강의 규정(형상)이다 Λ70a 30 — 의술은 어떤 점에서 건강이다 Λ70b 33 ☞ 고열 kausos, (의료) 도구 organon, 마찰 tripsis, 메스 machairion, 병 nosos, 살 빼기 ischnasia, 신체단련 ponein, 아픔 kamnein, 약 pharmakon, 열 pyretos, 의사 iatreuōn, iatros, 정화 katharsis, 징후 sēmeion, 치료 iasis, therapeia

의아하게 생각함, 경이(驚異) thaumazein — 사람들은 어떤 것을 의아하게 생각함으로써 철학하기 시작했다 A982b 12

이것 tode ti, todi — 따로 떨어져 있음(독립성)과 이것임(구체성)은 실체에 가장 많이 들어있는 듯하다 Z29a 29 — 재료는 실제로 이것이 아니라, 잠재적으로 이것이다 H42a 27 — 형상과 이것이 술어일 때에 주어는 재료이다 Θ49a 35 — 이것은 형태의 소유이기도 하고, 그것의 결여이기도 하다 K65b 10

이데아 idea — 이데아는 실체가 아니다 Z14장 — 이데아에 대한 정의는 없다 Z15장 — 이데아들은 보편자와 유와 관련되어 있다 H42a 15 — 이데아는 감각 대상들의 변화 원인이 아니다 M5장

이동 phora — 이동은 장소에 관련된 변화다 Λ69b 12 — 이동은 여러 변화들 가운데 으뜸가며, 그 가운데서도 원운동이 으뜸간다 Λ72b 8

이로운 (것) ōphelimon

이론 dogma, doxa, theōrēma

이론에 관련된 학문, 이론학 theōretikē — 이론에 관련된 학문(이론학)이 제작에 관련된 학문(제작학)보다 더 지혜롭다 A982a 1 — 이론학에 가르침의 능력이 더 많이 있다 A982a 29 — 우리가 찾는 학문은 으뜸 원리 및 원인에 관한 이론학이어야 한다 A982b 9 — 이론학의 목표는 진리이고, 윤리학, 정치학 등의 실천학의 목표는 행위이다 α993b 20 — 이론학의 대상은 정의(定義)와 사유 활동이다 Λ75a 3

(…로) 이루어져 있다 synhistasthai

이름, (낱)말 onoma, prosēgoria ☞ 이름이 없는 (것) anōnymon

이름이 같은 (것) homōnymon — 기술에 의한 것(인공물)은 자연에 의한 것(자연물)과 마찬가지로 이름이 같은 것으로부터 생겨난다 Z34a 22 — 씨는 그 씨가 자라서 되는 것과 이름이 같다 Z34b 1

이성 logos, nous — 힘들 중 어떤 것들은 비이성적인 것이며, 어떤 것들은 이성이 든 (이성적인) 것들이다 Θ46b 2 — 이성적인 힘은 같은 힘이 동시에 반대되는 것들에 대한 힘이다. 예를 들어 의술은 병과 건강에 대한 힘이다 Θ46b 5 — 우리는 미리 발휘해 봄으로써 연습이나 이성을 통한 힘들을 얻어야 한다 Θ47b 34 — 이성적인 힘은 생물 안에 있어야 하지만, 비이성적인 힘은 생물과 무생물 양쪽에 있다 Θ48a 4 — 이성은 혼의 일부이다 Λ70a 26

이성이 없는 (것) alogon

이치에 맞는 (것) eulogon

이치에 어긋난 (것) alogon

이해할 수 있는 (것) gnōrimon

익숙한 (것), 익숙함, 관습 ethos, synēthes — 일꾼들은 습관(단순한 반복)으로써 결과물을 만들어 낸다 A981b 5 — 익숙한 것이 이해하기 쉬운 법이다 α995a 3 — 법률은 익숙함(관습)의 힘을 보여 준다 α995a 4

인간 → 사람

인상 phantasia, phantasma — 사라진 것들에 대한 인상이 남아 있어서 이것으로써 우리는 생각을 한다 A990b 15 — 거짓된 인상을 새기는 사물들은 거짓된 것이다 Δ25a 5

인식 → 앎

인식 대상 → 앎의 대상

인위적인 장치, 해결사 mēchanē

일반적으로, … 일반 holōs — 우리는 행위의 영역에서 각자에게 좋은 것들로부터 출발해서 일반적으로 좋은 것들을 각자에게 좋

은 것들로 만든다 Z29b 6—칼리아스나 소크라테스는 이 청동 구처럼 있지만, 사람과 동물은 청동 구 일반처럼 있다 Z33b 26
잃음 apobolē
입장 thesis
입체 stereon, sōma
입히는 (것), 가하는 (것) poiētikon
잇닿은 (것), 접속된 (것) echomenon—잇따르는(계속된) 것을 닿는(접촉하는) 것은 잇닿은(접속된) 것이다 K69a 1—이어짐(연속)은 일종의 잇닿음(접속)이다 K69a 5
잇따르는 (것), 계속된 (것) hexēs, ephexēs—먼저 있는 것 다음으로 오는 것은 잇따르는(계속된) 것이다 K68b 31
있는 (것), 있음 to on, einai—'있음'은 여러 가지 뜻으로 말해진다 A992b 19, Γ03a 33, Δ7장, 18a 35, 19a 4, 24b 14, E26a 33-b 2, 27b 31, 28a 5, Z28a 10, 30a 21, H42b 25, Θ51a 34-b 2, K60b 32, 64b 15, M77b 17, N89a 7, (견) K67b 25, Λ69b 27, N89a 26—하나도, 있음도 있는 것들의 유 또는 실체가 아니다 B998b 22, 01a 5, Γ05a 9, Z40b 18, H45b 6, K59b 31, Λ70b 7—'있는 것'은 여러 가지 방식으로 말해지지만, 어떤 한 가지 것에 관계 맺어 말해진다 Γ03a 33, b 5—으뜸으로 있는 것은 실체다 Z28a 14—실체, 양 따위는 있음을 규정하는 범주들이다 Z29a 20—'있음'과 '하나'는 모든 것들 중에서 가장 보편적인 술어다 I53b 20—있음과 하나는 있는 것들을 모두 포함하고 있고, 또 본성상 으뜸가는 것들이기 때문에 가장 많이 원리들이라고 사람들은 흔히 생각한다 K59b 27—'있음'은 모든 것들에 대해 서술된다(술어로서 말해진다) K60b 4—있는 것은 완성 상태로 있을 뿐만 아니라, 재료 상태로 있기도 한다 M78a 30 ☞ (있는 것의 속성으로서) 같음과 다름 tauto kai heteron, 양이 같음과 같지 않음 ison kai anison, 먼저와 나중 proteron kai hysteron, 유와 종 genos kai eidos, 비슷함과 비슷하지 않음 homoion kai anhomoion, 전체와 부분 holon kai meros
있다, …이다 einai, hyparchein, parechein ☞ 들어있다 hyparchein, 바탕이 되다 hypeinai, 빠져 있다 apeinai, 안에 들어있다 enhyparchein, 안에 있다 eneinai, 앞서 주어져 있다 prohyparchein, 곁에 있지 않다 apeinai, (앞에) 주어져 있다 pareinai, 추가로 들어있다 proseinai
잊어버림, 망각 lēthē
있음 parousia ☞ 함께 있음, 공존 synousia
있지 않은 (것) to mē on—있지 않은 것은 있지 않은 것으로서 있다 Γ03b 10—있지 않은 것은 움직여질 수 없다 K67b 30—어떤 것도 있지 않은 것으로부터 바로 생겨날 수 없다 Λ69b 19, (견) Λ72a 20
있지 않음, 부재(不在) apousia

|ㅈ|

자라다 auxesthai, phyesthai ☞ 기르다 threphein
자람 auxēsis, physis
자리, 장소 topos—장소는 개별 사물들에 고유하며, 수학적인 대상들은 어디에도 없다 N92a 18 ☞ 가까이에 engys, 공간 chōra, 멀리 porrō, 모든 곳에서 pantē, 밖에 ektos, exō, exōthen, 안에 esō, 어디서든 pantachou, 여기 entautha, 저기 deuro
자연(물) physis—좋은 것들에 반대되는 것들도 자연 안에 있다 A984b 32—소크라테스는 윤리적인 문제들은 다루었지만 자연 전반에 관해서는 전혀 다루지 않았다 A987b 1—자연은 있는 것의 한 가지 유(類)일 뿐이다 Γ05a 34—기술은 움직여지는 것과는 다른 사물 안에 있는 원리이며, 자연은 바로 그 사물 안에 있는 움직임의 원리이다 Δ14b 18, 15a 14, Θ49b 8,

Λ70a 7—재료와 형상으로 이루어진 것은, 예를 들어 동물들과 그 부분들은 자연에 따라 있다 Δ15a 6—목적은 자연물이나 사유물에서 발견된다 K65a 27—자연은 형편없는 비극처럼 에피소드의 연속이 아니다 N90b 19
자연물 physika—자연물들에 대한 정의는 운동에 대한 언급이 있으며, 그것들은 항상 재료를 갖는다 E26a 1, Z36b 29
자연철학자 hos peri physeōs, physiologos
자연학 physikē—자연학도 지혜의 일종이기는 하지만 으뜸 지혜는 아니다 Γ05b 1, (견) K61b 25-30—자연학은 움직임과 서 있음의 근원을 자신 안에 갖는 실체를 다룬다 E25b 20, 26a 12—자연학은 실천학이나 제작학이 아니라 이론학이다 E25b 21-26, 26a 6—자연학은 움직일 수 있는 실체를 연구한다 E25b 28, K61b 6—자연학은 감각되는 실체들을 연구한다 Z37a 15—자연학은 버금 철학이다 Z37a 15—자연학은 움직임(운동)의 근원을 제 안에 가진 것(대상)들을 다룬다 K64a 31
자연학자 physikos—자연학자는 재료가 없지 않은 혼에 대해 탐구한다 E26a 5—자연학자의 연구는 오로지 제 안에 운동과 정지의 근원을 가진 것들에 관계한다 K59b 18
자유인 eleutheros—자유인은 남을 위해서가 아니라 자신을 위해 존재한다 A982b 26—자유인들은 아무것이나 닥치는 대로 하지 않으며 그들의 일은 잘 정돈되어 있다 Λ75a 19
자족적인 (것) autarkes
자체 auto
잠 hypnos ☞ 깨어 있는 상태 egrēgorsis, 꿈 enhypnion
잠재/가능 상태 dynamis—잠재/가능 상태로 있는 것은 규정되지 않은 것이다 Γ07b 28—잠재 상태로 있는 것은 어떤 점에서 실현 상태로 있는 것과 하나이다 H45b 21—발휘/실현 상태가 실체성에서 잠재 상태보다 먼저다 Θ50b 3—영원한 것은 어떤 것도 잠재 상태로 있지 않다 Θ50b 8—(잠재 상태의) 힘은 모순되는 것들에 대한 힘이다 Θ50b 31, (견) Λ69b 14, 70b 13, 75b 22—실현 상태는 생성에서 잠재/가능 상태에 뒤진다 Θ51a 32—잠재/가능 상태로 있는 것은 (발휘/실현 상태로) 있지 않을 수 있다 Λ71b 19
잠재태 → 잠재/가능 상태
장사 symbolaion
장소 → 자리
장소 변화를 위한 (것) topikon
재다 metrein
재료 hylē—수컷은 형상으로서, 암컷은 재료로서 작용한다 A988a 5, Δ24a 35—처음의 재료는 생겨난 사물과 관계하여 처음이거나 일반적으로 처음이다 Δ15a 7—재료는 차이성이나 질의 바탕이다 Δ24b 9—속성들을 벗겨 내면 재료밖에 남지 않는다 Z29a 12, 17—재료는 그 자체로는 실체도, 양도, 그리고 있음을 규정하는 다른 어떤 범주의 것도 아니다 Z29a 20—생겨나는 것들은, 자연에 의해서 생겨나든 기술에 의해 생겨나든, 모두 재료를 갖는다 Z32a 20, H42a 26, 44b 27, (견) E26a 3, H44a 15—맨 처음의 재료는 그 자체로는 알 수 없는 것, 확정되지 않은 것이다 Z36a 8, 37a 27, Θ49b 1—감각되는 재료는 청동, 나무 등 움직이는 재료이며, 사유되는 재료는 수학적인 대상들과 같은 것이다 Z36a 10, (견) Δ23b 1, E25b 34, Z37a 4—재료는 본성상 어떤 것일 수도 있고, 어떤 것이 아닐 수도 있다 Z39b 30—감각되는 실체들은 모두 재료를 갖는다 H42a 25—재료는 실제로 이것인 것이 아니라, 잠재적으로 이것인 것이다 H42a 27, (견) H42b 10, N88b 1, N92a 3—재료의 종류가 다르면 거기에서 나오는 실현 상태나 규정(형상)도 다르다 H43a 12—영원

한 자연적 실체들은 장소와 관련하여 움직이는 재료만을 갖는다 H44b 7, Λ69b 26, (견) H42b 6, Θ50b 22—마지막 재료와 형태는 동일한 것이며, 앞의 것은 잠재 상태로 뒤의 것은 실현 상태로 있다 H45b 18—나무는 잠재적으로 작은 궤짝이며, 작은 궤짝의 재료이다 Θ49a 23—더는 다른 어떤 것에 따라 '그것으로 된 것'이라고 불리지 않는 맨 처음의 것은 으뜸 재료다 Θ49a 26—재료는 잠재 상태로 있다 Θ50a 15, K60a 21, Λ71a 10—재료는 어떤 차이도 낳지 못한다 I58b 6, 14—변하는 것은 모두 재료를 가지는데, 저마다 다른 재료를 갖는다 Λ69b 24—불, 살, 머리 따위의 것들은 모두 재료다 Λ75a 20—반대되는 것들을 갖는 사물들은 모두 재료를 가지며, 재료를 갖는 사물들은 잠재 상태로만 있다 Λ75b 22 ☞ 금 chrysos, 나무 xylon, 돌 lithos, 밀랍 kēros, 벽돌 plinthos, 뼈 osteon, 살 sarx, 양털 erion, 은 argyros, 주석 kattiteros, 청동 chalkos

잴 수 있는 (것) metrēton

적용 prosphora

적은 (것), 적음 oligon

적음 oligotēs

전용(轉用)하다 metapherein

전제 hypokeimenon, hypothesis, keimenon, protasis—전제들은 증명의 원리들이다 Δ13a 16—전제는 결론의 원인이다 Δ13b 20 ☞ 가정이 아닌 (것) anhypotheton

전체 holon—전체를 대충 가질 수 있지만 부분을 정확하게 갖기란 어렵다 α993b 6

전체임, 전체성 holotēs—전체임은 일종의 하나임이다 Δ23b 36

절반 hēmisy

점(點) sēmeion, stigmē—양에서 분할되지 않는 것은 모든 쪽에서 분할되지 않고 위치를 갖지 않을 땐 단위(하나)이고, 모든 쪽에서 분할되지 않지만 위치를 가질 때는 점이다 Δ16b 24, 31, (견) M84b 26—점은 선이 잘리고 분할된 것이다 K60b 15, 18—점들에는 접촉과 중간의 것이 있지만, 단위들에는 그렇지 않다 K69a 13

접촉하다 → 닿다

접하다, 파악하다 thinganein—단순한 사물을 접함과 그 사물에 대한 이름인 낱말을 말함은 참이고, 접하지 못함은 모름을 뜻한다 Θ51b 24

정의(定義) horismos, horos, logos—소크라테스는 최초로 정의의 문제에 몰두했다 A987b 3, M78b 18, 86b 3—형상이나 본, 즉 본질에 대한 정의와 그 유들이, 정의의 부분들이 원인이다 Δ13a 27—최상위의 유(類)들에 대한 정의는 있지 않다 Δ14b 10—모든 정의는 그 자체로 부분들로 분할된다 Δ16a 35—정의는 본질에 대한 규정이다 Δ17b 22, Z30a 7, 31a 11, 37b 11, (견) Z30a 10—실체에 대한 정의는 다른 범주들에 대한 정의 속에 반드시 들어있다 Z28a 35—실체들 말고는 다른 어떤 것들에 대해서도 정의도 본질도 없다 Z31a 10—모든 정의와 학문은 보편적인 것과 형상에 관한 것이다 Z35b 34, 36a 29, K59b 26—감각되는 개별 실체들에 대해서는 정의도 없고, 증명도 없다 Z36a 5, 39b 28, (견) A987b 6, Z40a 5—정의는 차이성들로 이루어진 규정이다 Z38a 8, 29—정의는 확고한 앎에 관련된 것이다 Z39b 32—이데아에 대한 정의는 없다 Z40a 8—정의는 한 가지 대상에 대한 규정이기 때문에 단일한 규정이다 H45a 13, (견) Z37b 25-27—'본질에 대한 정의'란 뜻의 원인(형상인)들은 그것들이 생겨나게 하는 사물들과 동시에 있다 Λ70a 21—흼은 정의의 면에서는 흰 사람보다 앞설지라도, 실체의 면에서는 그렇지 못하다 M77b 6—정의의 면에서 앞서고 더 단순한 것일수록, 그것에 대한 앎은 그만큼 더 엄밀하다 M78a 10

정의를 내리다 dihorizein, horizesthai ☞ prosdihorizein
정지 → 가만히 있음
제 본성상, 스스로 kath' hauto
제 뜻, 의도, 의지 prohairesis — 강제적인 것은 제 성향과 의도에 거스른 것이다 Δ15a 27 — '좋음'과 '나쁨'은 특히 제 뜻을 가진 생물인 사람의 경우에서 질을 나타낸다 Δ20b 25 — 욕구나 의지는 어떤 것의 산출을 위한 결정적인 요인이다 Θ48a 10
제곱 dynamis
제때, 적시(適時) kairos — 피타고라스주의자들은 제때, 올바름, 결혼에 대한 정의를 수들에 연결시켰다 M78b 22
제시하다 apodidonai
제작/창작에 관련된 학문, 제작학 poiētikē — 제작학의 경우, 움직임의 근원은 제작자 안에 있다 K64a 11 — 제작학의 대상은 재료가 빠진 실체와 본질이다 Λ75a 1
조각나는 (것) meriston
조각술 andriantopoiētikē — 조각술뿐만 아니라 청동도 조각상이 있게 된 원인이다 Δ13b 7, 35-14a 15
조류 ptēnon ☞ 날개 있는 (것) pterōton, 날개 없는 (것) apteron
족(族) genos
존재하다 → 있다
종(種) eidos — 종은 유(類)와 차이성(種差)으로 이루어져 있다 Z39a 25, I57b 7, 13
종류 genos, eidos
종속되다 hypēretein
종차(種差) → 차이 남
좋은 (것), 좋음 agathon, kalon, spoudaion — 행위의 목적은 각 사물의 좋음(善)이며, 일반적으로 모든 자연 속에 든 지고(至高)의 선(善)이다 A982b 6 — 목적과 좋음을 위해 다른 것들이 있다 B996b 12 — 많은 것들에서 좋음과 아름다움은 인식과 운동의 원리이다 Δ13a 22 — 좋음은 특히 생물의 경우에서 질을 나타낸다 Δ20b 23, (견) Δ20b 13 — 좋음은 항상 어떤 행동 속에 있지만, 아름다움은 움직여지지 않는 것 안에 있다 M78a 32, (견) B996a 23 — 수학 계열의 학문들은 아름다움이나 좋음에 대해 아무것도 말하지 않는다 M78a 34
주기 perihodos
주어 hypokeimenon
죽음 teleutē — 죽음은 비유적으로 끝이다 Δ21b 28 ☞ 산 것 zōon, 죽는 것 thnēton, 죽은 것, 시체 nekron
줄(列) systoichia — 반대되는 것들에서 한쪽 줄은 결여다 Γ04b 27, K66a 15, (견) Λ72a 31
줄어듦, 수축 phthisis — 양에 관련된 변화는 팽창과 수축이다 Λ69b 11, N88a 30
중간에 있는 (것), 중간의 (것), 사이에 metaxy — 플라톤은 감각 대상들과 형상(이데아)의 사이에 수학적인 대상들을 놓는다 A987b 16, 992b 16, B997b 13, 02b 13, K59b 5, (견) M77a 11 — 두 개의 모순되는 술어들 사이에는 아무것도 있을 수 없다 Γ11b 23 — 모든 것들에서 중간에 있는 것들이 있는 것은 아니다 I56a 34, (견) K69a 14 — 중간에 있는 것은 변하는 것이 변하여 마지막의 상태에 이르기 전에 먼저 지나가도록 본래 되어 있는 상태를 뜻한다 I57a 21, K68b 27 — 중간에 있는 것들은 반대되는 것들과 같은 유에 든다 I57a 29 — 중간에 있는 것은 반대되는 것들 사이에서만 성립한다 K69a 4, (견) Δ23a 7, K61a 20
중요한 (것), 주도적인 (것) kyrion
즐김, 쾌(快) hēdonē
증명 apodeixis — 모든 것들에 대해 증명이 있을 수는 없다 B997a 8, Γ06a 8, (견) Γ11a 13 — '증명의 원리들'이란 모든 사람들이 증명할 때 출발점으로 삼는 공동의 믿음들을 말한다 B996b 28 — 증명은 어떤 것들로부터, 어떤 것에 관한, 어떤 것들의 증명

이다 B997a 9—모순율 같은 원리들에 대해서 직접 증명할 수는 없고, 반대하는 사람을 상대로 한 논박만 있을 수 있다 Γ06a 11, K62a 3—실체나 본질에 대한 증명은 있을 수 없다 E25b 14, K64a 9—감각되는 개별 실체들에 대해선 정의도, 증명도 있지 않다 Z39b 28, (견) M77b 22—증명은 필연적인 것들에 관한 것이다 Z39b 31—증명에서 전제들이 보편적이면 결론도 보편적이다 M87a 23

증명하다 apodeiknynai, deiknynai, epideiknynai

증명하는 학문, 증명학 apodeiktikē—증명하는 학문들은 모두 공리들을 사용한다 B997a 10

지구 gē

지나침, 초과 hyperochē

지배적인 (것) archikon, architektonikon

지식 epistēmē

지혜 sophia—지혜는 으뜸 원인들과 원리들을 다룬다 A981b 28—지혜는 으뜸 원인과 최고의 앎의 대상에 관한 앎이다 A982a 30, 996b 13—지혜가 모든 학문들 중 가장 지배적이고 주도적이다 B996b 10—자연학도 일종의 지혜이긴 하지만 으뜸 지혜는 아니다 Γ05b 1, (견) K61b 33—지혜는 가장 값진 앎이다 Λ75b 20

진리, 진상 alētheia—진리에 관한 연구는 어떤 점에서는 어렵지만, 어떤 점에서는 쉽다 α993a 30

진술 phasis—대립된 진술들은 동시에 참이지 않다 Γ11b 13—대립되는 진술들은 같은 것에 대해 참일 수 없다 K62a 22, 33, (견) K62b 17—대립되는 진술들은 같은 것에 대해 동시에 참일 수 없다 K63b 16

질, 어떠함 poion, poiotēs—질(質)은 어떤 사물의 본질의 차이성을 뜻한다 Δ20a 33—질은 확정된 본성을 갖지만, 양은 확정되지 않은 본성을 갖는다 K63a 27—질은 양보다 나중에 수들에 들어있다 M83a 11—질과 양들은 실체로부터 따로 떨어져 있을 수 없다 N89b 28 ☞ 그러한 (성질, 종류의) 것 toiouton, 이러이러한 (것), 이러함 toionde

질 변화 alloiōsis

질료 → 재료

질서 kosmos, taxis ☞ 무질서 ataxia, 혼란 tarachē

짝, 짝수 artion

|ㅊ|

차가운 (것), 차가움 psychron—감각되는 물체들에서 차가움은 뜨거움의 결여로서 요소이다 Λ70b 12

차이가 없는 (것) adiaphoron—차이가 없는 것은 그 종류가 감각의 면에서 구분되지 않는 것을 말한다 Δ16a 18

차이 나는 (것) diaphoron

차이 나다 diapherein, diechein

차이 남, 차이(성) diaphora—시각을 통해 사물들의 여러 가지 차이성들이 드러난다 A980a 27—차이 남은 다름의 일종이다 Γ04a 21, Δ18a 13—차이성들은 실체가 아니라, 실체와 유사한 것일 뿐이다 H43a 4—차이성들을 통해 이루어진 규정은 형상이나 실현 상태에 대한 규정이다 H43a 19—잠재 상태와 완성 상태를 하나로 만드는 규정을 찾으면서, 이와 더불어 그 둘의 차이성을 찾는 사람들이 있다 H45b 17—'차이 남'과 '다름'은 서로 다르다 I54b 23—차이 나는 것은 모두 유에서 또는 형상에서 차이 난다 I54b 28—완전한 차이성은 같은 유에 든 형상들이 보이는 가장 큰 차이성이다 I55a 28—차이 남은 둘에 공통된 것인 유(類)가 갖는 다름이어야 한다 I58a 7—'유의 차이성'이란 유의 성격을 다르게 만들어 주는 다름을 뜻한다 I58a 8—재료는 어떤 차이도 낳지 못한다

I58b 6—수들이 갖는 차이성을, 단위들이 갖는 차이성을 규정해야 한다 M83a 1 ☞ 상호접촉 diathigē, 생김새 rhythmos, 순서 taxis, 모양 schēma, 방향 tropē, 놓임새 thesis

찬 것 plēres

참모습(眞相) alētheia

참이다, 맞다 alētheuesthai—분리된 것에 대해 그것이 분리되어 있다고, 결합된 것에 대해 그것이 결합되어 있다고 생각하는 사람은 맞다 Θ51b 4—네가 희다는 생각이 맞기에 네가 흰 것이 아니라, 네가 희기 때문에 이를 주장하는 말이 맞다 Θ51b 9 ☞ 동시에 참이다 synalētheuesthai

참인 (것), 맞는 (것), 참 alēthes—모든 것이 참이라는, 거짓이라는 견해들은 옳지 않다 Γ8장—더 많이 참인 것이 다른 것보다 더 가까이 있는 어떤 절대적인 참이 있다 Γ09a 1—있는/…인 것을 있다/…이다고, 있지/…이지 않은 것을 있지/…이지 않다고 말하는 것은 참이다 Γ11b 27—참은 결합되어 있는 것들을 긍정하고, 분리되어 있는 것들을 부정하는 것이다 E27b 20, Θ51b 3, (견) K65a 22—참과 거짓은 사물들 안에 있지 않고 사유 속에 있다 E27b 25, (견) Γ12a 3, E28a 1, K65a 22

찾고 있는 (것), 탐구되고 있는 (것) zētoumenon

찾다, 추구하다 diōkein, epizētein, zētein, thēreuein—우리는 실체들의 원리, 원인, 요소들을 찾고 있다 H42a 5, Λ69a 19—옛 철학자들이 찾고자 했던 것은 바로 실체의 원리 및 요소, 원인이었다 Λ69a 25

찾아냄, 발견 heuresis

책 biblion

척도, 재는 것 metron—척도는 조금이라도 빼거나 보탤 수 없는 듯한 곳에서 정확하다 I52b 36—수의 척도가 가장 정확하다 I53a 1—재는 것(척도)은 항상 재어지는 것(측정 대상)과 종류가 같다 I53a 24—우리는 앎과 감각을 사물들에 대한 척도라 부른다 I53a 31—프로타고라스는 '사람은 모든 것들에 대한 척도다'라고 말한다 I53a 36, K62b 14—척도는 질의 경우에서는 종류의 면에서 더는 분할되지 않으며, 양의 경우에서는 감각에 관련하여 더는 분할되지 않는다 N88a 2

천문학 astrologia—천문학은 수학 계열의 학문이다 B997b 16—천문학은 감각되는 크기를 다루지도 않고 이 하늘을 다루지도 않는다 B997b 35—천문학에서는 하늘의 운동을 균일하고 가장 빠른 운동으로 놓고, 이에 맞춰 나머지 운동들을 판단한다 I53a 10—수학 계열의 학문들 중 철학에 가장 가까운 학문인 천문학은 감각되는, 영원한 실체에 관해 연구하지만, 산학과 기하학은 전혀 실체를 다루지 않는다 Λ73b 5, (견) M77a 1 ☞ 극(極) polos, 달 selēnē, 대(對) 지구 antichthōn, 별 astēr, 순행하다 pherein, 역행하다 anelittein, 운행 phora, 월식(月蝕) ekleipsis, (우주의) 전체 구조 oulomeleia, 지점(至點) tropē, 천구 sphaira, 천체들 pheromena, 초승달 noumēnia, 큰곰자리 arktos, 태양 hēlios, 플레이아데스 성단 Pleidades, 하늘 ouranos, 항성들 aplanē astra, 행성 planētēs, planōmenon, 황도대 zōdia

철학 philosophia—철학은 진리의 학문이다 α993b 20—철학은 있는 것과 그 속성을 연구한다 Γ03a 21, b 15, 20, 05a 3, K61b 5—실체들의 종류가 있는 만큼 철학의 부분들이 있어서, 여기엔 으뜸 철학이 있고, 이것의 뒤를 잇는 철학이 있다 Γ04a 3—철학은 진정한 앎을 추구하지만, 철학적 대화술은 검토하는 기술일 뿐이며, 소피스트술은 철학처럼 보이지만 철학이 아니다 Γ04b 25—움직이지 않는 실체를 다루는 철학이 으뜸 철학이며 이 철학은 보편적이다 E26a 30—으뜸 철학은 공통된

것들의 원리들을 연구한다 K61b 19 ☞ 신학 theologikē, 진정한 앎을 추구하는 학문 gnōristikē, 지혜 sophia
철학자 philosophos — 신화 애호가들도 어떤 점에서 철학자다 A982b 18 — 철학자는 공리(公理)들에 관해 참과 거짓을 탐구한다 B997a 14, Γ05a 21, 35 — 철학자는 실체들의 원리와 원인을 파악해야 한다 Γ03b 18 — 철학자는 모든 것들에 관하여 연구할 수 있는 능력을 갖추고 있다 Γ04a 34, (견) A989b 24 — 추론의 원리들에 관하여 탐구하는 것은 철학자, 즉 모든 실체에 관하여 탐구하는 사람의 일이다 Γ05b 6 — 철학자의 학문은 있는 것의 특정한 부분을 다루지 않고, 있는 것을 있다는 점에서 보편적으로 다룬다 K60b 31 — 철학자는 있다는 점에서 본 있는 것과 그 속성들을 연구한다 K61b 10
철학적 대화술 dialektikē — 피타고라스주의자들은 철학적 대화술을 공유하지 못했다 A987b 32 — 소피스트술과 철학적 대화술의 관심은 철학과 같은 종류의 탐구 대상을 향해 있다 Γ04b 23 — 철학적 대화술은 검토하는 기술일 뿐이다 Γ04b 25 — 소크라테스 당시에는 철학적 대화술의 역량이 충분하지 못했다 M78b 25
철학적 대화술의 방식으로 logikōs — 철학적 대화술적인 성향을 지닌 플라톤주의자들은 보편적인 유(類)가 다른 것들보다 더 실체라고 말한다 Λ69a 28
철학적 대화술자 dialektikos — 철학적 대화술자들은 개연적인 통념들만을 전제로 삼아 연구한다 B995b 20 — 철학적 대화술자들과 소피스트들은 철학자와 겉모습이 같다 Γ04b 17
철학하다 philosophein ☞ 의문을 품다 aporein, diaporein, 의아하게 생각하다 thaumazein
초과 → 지나침
초과하다 hyperechein
촉각 haphē
추론, 추리 syllogismos, logos — 추리의 출발점은 실체 또는 본질이다 Z34a 31, M78b 24 ☞ 결론 syllogisthen, symperasma, 전제 (hypo)keimenon, hypothesis, protasis, 틀린 추론 paralogismos
추론하다 syllogizesthai ☞ 결론이 나오다 symbainein, 전제하다 (hypo)tithenai
추상 → 떼어 냄
추한 (것), 추함 aischron
치료술 → 의술

|ㅋ|

크기 megethos — 양은 셀 수 있는 것일 때에는 수이며, 잴 수 있는 것일 때에는 크기이다 Δ20a 9 — 크기 중 한 쪽으로 연속된 것은 길이이고, 두 쪽으로 이어진 것은 넓이이며, 세 쪽으로 이어진 것은 깊이이다 Δ20a 11, (견) K61a 33, b 24 — 공간적인 크기들의 척도는 크기이다 I53a 25 ☞ 크기가 없는 (것) amegethes, 큼과 작음 mega kai mikron
큰 (것), 큼 mega — 큼과 작음은 양이 갖는 본질적인 성질이다 Δ20a 23

|ㅌ|

타고난 (것) syngenes, symphyton — 앎은 타고난 것인가? A993a 1 — 감각 능력은 타고난 것이다 Θ47b 31
타당하다 hyparchein
탐구 methodos, zētesis
토론하다 dialegesthai
태어나다 gignesthai
틀린 (것) → 거짓인 (것)
틀림, 착오 apatē

| ㅍ |

파괴되다 phtheiresthai ☞ 깨지다 klasthai, 꺾이다 kamptesthai, 뭉개지다 syntribesthai

판단 krisis

팽창 → 늘어남

평면 epipedon — 평면은 두 쪽(방향)에서 분할되는 것이다 Δ16b 27

포함하다 periechein

표시, 표현(물) sēmeion

풍요 euporia

필요한 (것) anankaion

필연 anankē — '어떤 것이 필연적으로 있다/…이다'는 그것이 있지/…이지 않음이 불가능하다는 것을 뜻한다 Γ06b 32, (견) E 26b 28 ☞ 불가피한 (것) ametapeiston

필연적인 (것), 필연적임 anankaion — 필연적인 것은 이렇고 동시에 저렇 수 없다 Γ10b 28, (견) K62a 21 — anankaion(필연적임)은 여러 가지 뜻으로 말해진다 Δ5장, Λ72b 11 — 증명은 필연적인 것(진리)에 관한 것이다 Z39b 31, (견) K64b 30

필요조건 synaition

| ㅎ |

하나(인 것), 한 가지 (것) hen — 하나와 자연 전체는 움직이지 않는다 A984a 31 — 하나는 유(類)나 실체가 아니다 B998b 22, 01a 5-b 25, Γ05a 9, Z40b 18, H45b 6, I2장, K59b 31, Λ70b 7 — 하나와 여럿은 대립된다 Γ04a 10, I54a 20, 56b 32 — '하나'는 여러 가지 뜻으로 말해진다 Δ6장, 18a 35, I52a 15-37 — '하나'라 불리는 것은 그 실체가, 연속성이나 종류, 또는 정의의 면에서 하나다 Δ16b 9, (견) Δ16b 23 — 하나(1)는 수의 원리이자 척도다 Δ16b 18, 21a 12, I52b 18, 24, M84b 18, (견) N88a 6 — 하나는 각 유와 관련된 인식 대상의 원리이다 Δ16b 20 — 실체가 하나인 것들은 서로 같으며, 질이 하나인 것들은 서로 비슷하며, 양이 하나인 것들은 서로 양이 같다 Δ21a 11 — '하나'는 모든 것들의 척도다 I53a 18, N87b 33, (견) Λ72a 33 — '하나'는 '있음'만큼 많은 뜻을 갖는다 I53b 25, 54a 13, 18, (견) Z40b 16 — 사물들 중 어떤 것들은 접촉을 통해 하나이며, 어떤 것들은 혼합을 통해, 어떤 것들은 위치를 통해 하나다 M82a 20 — '하나'는 수가 아니다 N88a 6 ☞ 하나뿐인 것 monachon

하나임, 단일성 henotēs

하늘 kosmos, ouranos — 첫째 하늘은 영원하다 Λ72a 23 — 우주는 하나다 Λ74a 31

하루 hēmera ☞ 낮 hēmera, 밤 nyx, 아침 prōi, 어느 이른 아침에 heōthen, 어느 날 밤에 nyktōr

학문 epistēmē, technē — 학문들 중 그 자체를 위해, 그리고 그것을 알려고 하여 선택된 학문이 그 결과물 때문에 선택된 학문보다 더 지혜다 A982a 14 — 더 지배적인 학문이 종속된 학문보다 더 지혜다 A982a 16, (견) A982b 5, B996b 10 — 더 적은 원리들을 끌어대는 학문들이 원리들이 추가된 학문들보다 더 엄밀하다 A982a 26 — 개별 학문들은 '있는 것'의 일부와 그 속성을 살핀다 Γ03a 23, (견) E25b 8, K64a 1 — 사물의 각 유(類)에 대해 한 학문이 있다 Γ03b 13, I55a 32 — 학문은 주로 으뜸가는 것(원리), 다른 것들이 의존해 있는 것, 그것 때문에 다른 것들이 이름을 얻게 되는 것에 관계한다 Γ03b 16 — 우연히 딸린 것(우연한 속성)에 관한 학문은 있지 않다 E26b 4, 27a 20, K64b 30, 65a 4, M77b 34 — 모든 정의와 학문은 보편적인 것(보편자)들에 관한 것이다 K59b 26, 60b 20, (견) M87a 17 — 반

대되는 것들을 모두 연구하는 것은 동일 한 학문의 과제이다 K59a 22, 61a 19, M78b 26, (견) B996a 20, Γ04a 9, Θ46b 11 ☞ 건축학 oikodomikē, 광학 optikē, 기하학 geōmetria, geōmetrikē, 문법학 grammatikē, 산학(算學) arithmetikē, 수학 mathēmatikē, mathēmata, 신학 theologikē, 실천학 praktikē, 역학 mēchanikē, 음악 mousikē, 의학 iatrikē, 이론학 theōretikē, 자연학 physikē, 제작학 poiētikē, 증명학 apodeiktikē, 천문학 astrologia, 철학 philosophia, 체육 gymnasikē, 추론적인 학문 dianoetikē, 화성학 harmonikē

학습 → 배움

학자 epistēmōn ☞ 기하학자 geōmetrēs, geōmetrikos, 문법학자 grammatikos, 산학자 arithmetikos, 수학자 mathēmatikos, 신화 애호가 philomythos, 자연(철)학자 physikos, physiologos, 철학자 philosophos

한 이름 다른 뜻인 (것) homōnymon

한 이름 한 뜻인 (것), 같은 뜻인 (것) synōnymon — 모순율을 부인할 경우, 모든 것들은 같은 뜻을 가질 것이다 Γ06b 18 — 재료와 형상이 결합된 실체는 저마다 한 이름 한 뜻인 것의 작용을 통해서 생겨난다 Λ70a 5

한계, 경계 peras, horos — '한계'는 각 사물의 실체 및 각 사물의 본질을 뜻한다 Δ22a 8

한데 붙들다 synechein

한정된 (것) aphorismenon, peperasmenon — 한정된 길이는 선이며, 한정된 넓이는 표면이며, 한정된 깊이는 물체이다 Δ20a 13

(어떤 것을) 할 수 있는 (힘을 가진 것) → 힘(능력)이 있는 (것)

함께 hama — 아주 가까이 있는 곳에 있는 것들은 '함께 있는 것'들이다 K68b 26

함께 놓여 있다 synkeisthai

함께 자람 symphysis

합당한 (것) → 이치에 맞는 (것)

합쳐지지(결합되지) 않은 (것) asyntheton — 결합되지 않은 것들이 결합된 것들보다 앞선 것이다 M76b 18

합쳐진 (것), 복합된 (것), 결합된 (것) synkeimenon, syntheton

항상, 늘, 언제나 aei

해, 태양 hēlion ☞ 밤에 숨는 것 nyktikryphes

해결 lysis

핵심 kephalaion

행동, 행위, 활동 praxis, ergon — 목적이 이미 들어있는 움직임은 행위이다 Θ48b 22, (견) Δ22a 7 ☞ 감각 행위 aisthēsis, 보는 행위 horasis, 사유 행위 dianoia, 사유 활동 noēsis, 연구 행위, 이론적인 활동 theōria, 직조 행위 hyphansis, 집을 짓는 행위 oikodomēsis

행복 eudaimonia

행하여지는 (것), (우리가) 행하는 것, 행위 (대상) prakton, praxis — 행하여지는 것(행위 대상)과 의지에 따른 것(선택 대상)은 같은 것이다 E25b 24 — 좋음은 우리가 행하는 것들과 움직임 속에 있는 것들에 들어있다 K59a 36, M78a 32

허구 dogma, plasmatias

현상, 나타나는 것 phainomenon, phaneron — 모든 현상이 참인 것은 아니다 Γ10b 1, 11a 18 — 이성은 우리의 감각이나 마음에 나타나는 것들 가운데 가장 신(神)적인 것이다 Λ74b 15

현실태 → 발휘/실현 상태

협화음 symphōnia — 협화음은 수들의 비율이다 A991b 14, N92b 14 — 협화음은 높은 음과 낮은 음의 이러이러한 혼합이다 H43a 10

형상(形相), 이데아 eidos — 형상(이데아)들은 다른 사물들에 관한 앎을 위해 전혀 도움이 되지 않으며, 자신들을 나누어 갖는 사물들 안에 들어있지 않기 때문에 이것들의 있음을 위해서도 전혀 도움이 되지 않는다 A991a 14, Z33b 27, M79b 18 — 사물들은 형상들에서 나와 있지 않다 A991a 19 — 집의 경우, 형상은 집의 본질에 대한 정의이다 B996b 8 — 형상의 면에서 우리는 모든 것들에 대한 앎을 얻는다 Γ10a 25 — 형상은 재료보다 앞선 것이고, 더 많이 있는 것이다 Z29a 6 — 형상은 본질과 으뜸 실체를 뜻한다 Z32b 1, 35b 32, H44a 36 — 형상은 재료의 원인이며, 형상 때문에 재료는 특정한 것이 된다 Z41b 8 — 실체(본질) 또는 형상이 실현 상태이다 Θ50b 2 — 재료와 형상은 생겨나지 않는다 Λ69b 35, 70a 15, (견) Z33b 17, H43b 17, 44b 22 — 형상은 재료가 변해 들어가는 상태를 말한다 Λ70a 1

형태 morphē — 형태는 드러난 모습의 유형을 말한다 Z29a 4 — 마지막 재료와 형태는 동일한 것이며, 앞의 것은 잠재 상태로 있고, 뒤의 것은 실현 상태로 있다 H45b 18 ☞ 형상 eidos, 모양 schēma, 생김새 rhythmos

혼, 영혼 psychē — 혼은 동물에게 그 있음의 원인이다 Δ17b 16, (견) Z35b 14, H43a 35, M77a 21 — 혼은 움직임의 근원을 갖는다 Θ46b 17 — 죽은 뒤에 혼의 전부가 남지 않고 그 가운데 이성만이 남는다 Λ70a 25 ☞ 감각 (능력) aisthēsis, 계산 logismos, 기억(력) mnēmē, 욕구 orexis, 의지 prohairesis, 이성 logos, nous, 충동 hormē, 상상력 phantasia, 희망 elpis

혼이 든 (것), 생물 empsychon ☞ 혼이 없는 (것) apsychon

혼합 → 섞음

홀, 홀수(임) peritton

화창한 날씨 eudia ☞ 구름 nephos, 냉기(冷氣) psychos, 불볕더위 alea, 무더위 pnigos, 무풍 nēnemia, 바람 pneuma, 빛 phengos, phōs, 어두움 skotos, 얼다 pēgnynai, 폭풍우 cheimōn

확신 pistis

확실한 (것) bebaion

확정되지 않은 (것) ahoriston

환원 anagōgē

환원하다 anagein, anapherein

황도대 zōdia

훼손된 (것), 훼손됨 kolobon

흉내 낸 것, 모방물 mimēma

흉내 냄, 모방함 mimēsis

흙 gaia, gē ☞ 낭떠러지 pharanx, 조약돌 psēphos, 찰흙 pēlos, 흙덩이 bōlos

흰 (것) leukon

흼 leukon, leukotēs

힘, 능력 dynamis, ischys — 힘은 변화나 운동의 근원이다 Δ19a 19 — 모든 힘들은 감각 능력처럼 타고난 것이거나, 아울로스를 불 줄 아는 힘처럼 연습을 통해 얻어지거나, 기술들에 대한 힘처럼 배움을 통해 얻어진다 Θ47b 31

힘없음, 무능력 adynamia — '힘없음'은 여러 가지 뜻으로 말해진다 Δ19b 21

힘(능력)이 없는 (것) adynaton

힘(능력)이 있는 (것) dynaton — 힘이 있는 것은 그 힘을 발휘하지 않을 수 있다 Θ50b 10 ☞ 가릴 수 있는 (것) skepastikon, 낳을 수 있는 (것) gennētikon, 뜨겁게 할 수 있는 (것) thermantikon, 멈춰 서게 할 수 있는 (것) statikon, 받아들이는 (것) dektikon, 볼 수 있는 (것) horatikon, 변하게 할 수 있는 (것) metablētikon, 사라지게 할 수 있는 (것) phthartikon, 생각할 수 있는 (것) noētikon, 서게 할 수 있는 (것) statikon, 움직일 수 있는 (것) kinētikon, (작용을) 입을 수 있는 (것) pathētikon, 입힐 수 있는 (것) poiētikon, 자를 수 있는 (것) tmētikon, 차게 만드는 (것) psyktikon, 힘을 발휘할 수 있는 (것) energetikon

고유명사 및 속담

( ) 안의 본문 출처는 내용으로 볼 때 표제어에 해당되는 인물이나 저술을 가리킨다고 추정되는 곳이다. 1000이 넘는 벡커판 쪽수 표시는 앞의 두 자리를 생략했다. 예) B1001b 7→B01b 7

인명 관련 고유명사

|ㄷ|

|ㄹ|

|ㅁ|

|ㅅ|

|ㅇ|

|ㅈ|

|ㅋ|

|ㅌ|

|ㅍ|

|ㅎ|

신화, 풍습 등에 관련된 고유명사

지명 관련 고유명사

그리스 속담

아리스토텔레스 저술에 관한 언급

『형이상학』에 나온 아리스토텔레스의 다른 저술들에 대한 언급

( ) 안의 것이나 (?)로 표시된 것들은 내용으로 볼 때 해당 저술을 가리킨다고 추정되는 곳이다. 『형이상학』에 대한 언급에서 1000이 넘는 벡커판 쪽수 표시는 앞의 두 자리를 생략했다. 예: B1001b 7 → B01b 7

아리스토텔레스의 다른 저술들에 나온 『형이상학』에 대한 언급

(아리스토텔레스의 『형이상학』은 그의 다른 저술들에서 '으뜸 철학'(prōtē philosophia)이라는 이름으로 언급된다.)

역주서의 각주에 나온, 아리스토텔레스의 다른 저술에 대한 언급

각 저술이 언급되는 곳을 『형이상학』의 권수 약칭과 각주 번호로 표시하였다. 예: Γ8=4권의 각주 8